Axel Springer

Das Buch

Er war der erfolgreichste Zeitungsverleger Deutschlands. Er schuf eines der größten Medienimperien Europas. Er war ein politischer Visionär, der zeitlebens an die deutsche Wiedervereinigung glaubte. Als seine Blätter, allen voran die BILD-Zeitung, gegen die studentischen Aufrührer von 1968 zu Felde zogen, wurden er und sein Konzern zur Zielscheibe bundesweiter Kampagnen und Ausschreitungen. Keine Frage: Axel Springer hat die Geister geschieden, war Leuchtturm konservativer Gesinnung für die einen, reaktionäre Hassfigur für die anderen.

Hans-Peter Schwarz, einer der führenden Zeithistoriker des Landes, hat als erster Biograph freien Zugang zu den Archiven des Springer-Verlages erhalten, auch zu den privaten Aufzeichnungen des 1985 verstorbenen Verlegers. Seine intensiven Recherchen haben sich gelohnt: Erstmals ist nun ein fundierter, kritischer Blick auf den »Mammutverleger«, wie er sich selbstironisch nannte, möglich. Sei es der kometenhafte Aufstieg aus den Trümmern des Zweiten Weltkriegs oder der spektakuläre Besuch bei Chruschtschow in Moskau, seien es die resignierten Verkaufsabsichten auf dem Höhepunkt der 68er Unruhen oder die privaten Turbulenzen – Springers Leben liefert alle Ingredienzen für eine große Biographie. Hans-Peter Schwarz hat sie geschrieben.

Der Autor

Hans-Peter Schwarz, geboren 1934 in Lörrach (Baden), bis zu seiner Emeritierung Professor für Politische Wissenschaft und Zeitgeschichte an der Universität Bonn. Langjähriger Vorsitzender des Direktoriums des Forschungsinstituts der Deutschen Gesellschaft für Auswärtige Politik sowie Herausgeber der *Akten zur Auswärtigen Politik der Bundesrepublik Deutschland*. Zahlreiche Veröffentlichungen zur deutschen Zeitgeschichte, darunter die maßgebliche Adenauer-Biographie.

Hans-Peter Schwarz

AXEL SPRINGER

DIE BIOGRAPHIE

List Taschenbuch

Besuchen Sie uns im Internet:
www.list-taschenbuch.de

Mix
Produktgruppe aus vorbildlich bewirtschafteten Wäldern und anderen kontrollierten Herkünften
www.fsc.org Zert.-Nr. GFA-COC-1223
© 1996 Forest Stewardship Council

Dieses Taschenbuch wurde auf FSC-zertifiziertem Papier gedruckt. FSC (Forest Stewardship Council) ist eine nichtstaatliche, gemeinnützige Organisation, die sich für eine ökologische und sozialverantwortliche Nutzung der Wälder unserer Erde einsetzt.

Ungekürzte Ausgabe im List Taschenbuch
List ist ein Verlag der Ullstein Buchverlage GmbH, Berlin.
1. Auflage Mai 2009

Konzeption: semper smile Werbeagentur GmbH, München
Umschlaggestaltung: bürosüd° GmbH, München
(nach einer Vorlage von Morian & Bayer-Eynck, Coesfeld)
Titelbild: © ullstein bild – Sven Simon
Lektorat: Thomas Bertram
Satz: LVD GmbH, Berlin
Gesetzt aus der Sabon
Papier: Munkenprint von Arctic Paper Munkedals AB, Schweden
Druck und Bindearbeiten: CPI – Clausen & Bosse, Leck
Printed in Germany
ISBN 978-3-548-60901-0

Inhalt

Politisierung in der »Frontstadt« Berlin (1958–1966)

Im »roten Jahrzehnt« (1967–1977)

Lauter Abschiede (1978–1985)

Epilog

Prolog

Axel Springer und »das kurze 20. Jahrhundert«

Am 14. April 1912 stößt die »Titanic« gegen einen Eisberg und versinkt im nächtlichen Atlantik. Als zwei Jahre später der Erste Weltkrieg die Zivilisationskatastrophen des 20. Jahrhunderts eröffnet, wollen manche im Schicksal der »Titanic« ein Vorzeichen erkennen. Drei Wochen nach dem spektakulären Schiffsuntergang, am 2. Mai 1912, wird Axel Springer in Altona geboren. Seine Mutter Ottilie glaubt zwar an die Macht der Sterne, und auch er selbst wird lange Zeit der Astrologie verfallen sein. Doch die Koinzidenz mit dem Untergang des Luxusliners eröffnet eine aufschlussreichere Perspektive als die Feststellung, dass Axel Springer im Sternzeichen des Stiers geboren ist. Sein Lebensbogen fällt nämlich fast präzise in »das kurze 20. Jahrhundert«, wie Historiker die Phase von 1914 bis 1989 im Nachhinein etikettieren. Als er geboren wird, steht das alte Europa bereits kurz vor dem Absturz in den Ersten Weltkrieg. Und als Springer am 22. September 1985 im Martin-Luther-Krankenhaus zu Berlin verstirbt, stehen Deutschland und Europa erneut vor einem einschneidenden Epochenwechsel, ohne es zu ahnen. Wenige Monate zuvor ist Gorbatschow zum Generalsekretär der KPdSU ernannt worden, in atemberaubendem Tempo vollzieht sich danach der Zusammenbruch des sowjetischen Imperiums. Damit geht der Kalte Krieg zu Ende und mit diesem auch »das kurze 20. Jahrhundert«.

Natürlich kann und muss man Springers Lebenslauf mit vielerlei Fragestellungen entschlüsseln. Aber am aufschlussreichsten ist doch die zeitgeschichtliche Perspektive. Axel Springer war eine Persönlichkeit der Zeitgeschichte, genauer gesagt: der Zeitgeschichte dessen, was wir heute »die alte Bundesrepublik« nennen. Vor allem deshalb ist er biographiewürdig.

Wie die meisten Angehörigen seiner Generation hat er die lebenslang nachwirkende politische Prägung in den zwölf Jahren von 1933 bis 1945 erfahren – sozusagen eine Negativprägung. Anders als Millionen seiner Altersgenossen faszinieren ihn weder die sozialistischen noch die nationalistischen oder die militärischen Komponenten des Dritten Reiches. Der damals recht atypische junge Mann führt das Leben eines bürgerlichen Individualisten, der sich so gut es geht durchschlängelt. Doch dann, zwischen 1945 und 1985, wird aus ihm unversehens eine repräsentative Gestalt. Seit den Anfängen der britischen Besatzung in Hamburg scheint er für die in den deutschen Westzonen nunmehr anbrechende Epoche wie geschaffen. Er ist eine Art Prototyp jener umtriebigen, lebenstüchtigen, auch bedenkenlosen Nachkriegsgeneration, der die Bundesrepublik ihre lange Zeit beispiellose Dynamik verdankte. Als Kurt Pritzkoleit im Jahr 1955 *Die neuen Herren* der bundesdeutschen Wirtschaft porträtiert, würdigt er den damals gerade 43 Jahre alten Axel Springer als den größten der »veritablen Presselords«.[1] Bereits da gilt dieser Hamburger Verleger als eine Verkörperung des Wirtschaftswunders.

Schon im Alter von wenig mehr als 40 Jahren hat Springer unternehmerisch alles erreicht, was sonst nur wenigen Zeitungsverlegern in einem langen Leben gelingt. Jetzt wird er von zwei weiteren Leidenschaften gepackt, die ihn bis zum Ende seiner Tage nicht mehr loslassen werden – von der Politik und von der Religion. Die Entdeckung dessen, was er als seine politische Berufung begreift, macht ihn zu einer der einflussreichsten, doch gleichzeitig umstrittensten Persönlichkeiten der »alten Bundesrepublik«. Springers religiöse Überzeugungen sind demgegenüber in der Öffentlichkeit kaum in Erscheinung getreten. Doch bliebe seine zunehmend konservative Frontstellung gegen den vorherrschenden Zeitgeist unverständlich, wollte man dieses Motiv ausblenden.

Als politischer Verleger lässt sich Springer seit Mitte der fünfziger Jahre des vorigen Jahrhunderts auf ein doppeltes Abenteuer ein: auf die Ausdehnung seines Hamburger Zeitungsimperiums in das politische Hornissennest Berlin und, seit Ende der fünfziger Jahre, auf die antikommunistische Politisierung seines Verlags. War er zuvor nur eine Vorzeigefigur des Wirtschaftswunders gewesen, so mutiert er nun zu einer, wenn nicht *der* auf Dauer umstrittensten Gestalt der bundesdeutschen Zeitgeschichte.

Die Polarisierung des Landes erfasst ihn und seinen Konzern, er polarisiert auch selbst und wird zu einem Exponenten der politisch unversöhnlichen Lager: Protagonist des Bündnisses mit den Vereinigten Staaten, kompromissloser Gegner der neuen Linken, Rufer für das freie Unternehmertum, Gegner des sowjetischen Kommunismus, der DDR und der Entspannungspolitik, zunehmend marginalisierter Kämpfer für die Freiheit der Deutschen in der DDR und die Wiedervereinigung Deutschlands. Die Deutschland- und Ostpolitik der Jahre zwischen 1958, als er gewissermaßen in den Kalten Krieg »einsteigt«, und seinem Todesjahr 1985, ist ohne die vielfach schrille, doch zugleich wirksame Springer-Presse nicht denkbar.

Große Teile der Linken in der damaligen Bundesrepublik dämonisieren ihn und sein Verlagsimperium. Dass die Kommunisten in Ost-Berlin ins Feuer blasen, versteht sich von selbst. Für die Achtundsechziger, die jetzt den Marsch durch die Institutionen antreten, ist er eine Figur von gestern und vorgestern, doktrinärer Außenseiter und idealtypischer Kalter Krieger. Doch auch bei liberalen Geistern halten sich lange Zeit die Zweifel an der politischen Urteilsfähigkeit Springers. Sie werden ständig geschürt von Rudolf Augstein im *Spiegel* und von den führenden Journalisten der *Zeit* des Verlegers Gerd Bucerius.

Springer, John Jahr, Bucerius und Augstein sind die beweglichsten Gestalten der »Hamburger Kumpanei«, die in der frühen Bundesrepublik deutsche Pressegeschichte schreibt. Erst bauen sie allesamt im offenen oder verdeckten Zusammenspiel an ihren eigenen Imperien, dann startet die Konkurrenz jene legendären Anti-Springer-Kampagnen, bei denen sich politische Überzeugungen mit Geschäftsinteressen unauflöslich verbinden, genauso wie auf der Gegenseite bei Springer selbst. Heute, da der Kalte Krieg vorbei ist und die innenpolitische Polarisierung von ziemlich leidenschaftslosem Pragmatismus abgelöst wurde, sind die beispiellos giftig geführten Pressekriege zwischen den Springer-Zeitungen auf der einen und den Blättern von Bucerius und Augstein auf der anderen Seite kaum mehr nachvollziehbar. Seinerzeit jedoch haben sie die Bundesrepublik kräftig aufgemischt und deren Grundorientierung im Kalten Krieg recht maßgeblich beeinflusst.

Beim politischen Verleger Axel Springer ist aber noch ein weiterer Aspekt von Bedeutung, der seinerzeit weniger Aufmerksamkeit fand: sein über alle Maßen leidenschaftlicher Einsatz für die Wiedergutmachung an den Juden und seine Liebe zu Israel. Derselbe Mann, den seine Feinde unablässig als deutschnationalen Phantasten karikieren, mahnt seine Deutschen unablässig wie ein Bußprediger, die moralische Schuld aus den Jahren der nationalsozialistischen Diktatur doch ja nie zu vergessen. In einer breiten bundesdeutschen Öffentlichkeit wird sich diese Linie erst nach seinem Tod voll durchsetzen.

Man übertreibt Springers Bedeutung jedenfalls nicht, wenn man feststellt: Er hat so breite Spuren in der Zeitgeschichte der Bundesrepublik hinterlassen wie außer ihm nur noch die Bundeskanzler, die Parteiführer und – auf seine eigene Weise – Rudolf Augstein vom *Spiegel*. Wer Springer porträtiert, muss somit primär seine politische Bedeutung hervorheben. Allerdings war er eine reichere Persönlichkeit als ein Nur-Politiker. Dies nicht nur deshalb, weil er zugleich eine bedeutende unternehmerische Gründergestalt war, vergleichbar mit Persönlichkeiten wie Franz Burda, Max Grundig, Helmut Horten, Reinhard Mohn, Josef Neckermann oder Willy Schlieker, von denen jedoch nicht alle wirtschaftlich überlebten. Das Springer-Imperium hat hingegen über seinen Tod hinaus Bestand. Springer selbst war zudem unter den Konzernbauern seiner Zeit insofern eine Seltenheit, als er sich als profiliert politischer Unternehmer verstand.

Es wäre jedoch verkehrt, ihn allein als politikbesessenen »Mammutverleger« zu begreifen. Sehr reiche Leute betätigen sich nicht selten als Kunstsammler, Musikliebhaber, Mäzene, verschwiegene Wohltäter und Bauherren, so auch er. Dabei kommt in seiner Vorliebe für schöne Möbel, Fayencen, Gemälde, Landhäuser, Villen oder für Konzerte durchaus eine zeitabgewandte, ja zeitfeindliche Seite seines Wesens zum Ausdruck. Je mehr das 20. Jahrhundert sich seinem Ende nähert und je kritischer er selbst die Weltlage betrachtet, umso ausgeprägter wird seine Neigung, sich aus den Disharmonien der Modernität gewissermaßen ins 18. oder 19. Jahrhundert abzusetzen. So baut er das verfallene Schloss Schierensee in Schleswig-Holstein zur strahlenden Residenz im Stil der großen Landbesitzer des 18. Jahrhunderts aus und errichtet auf Schwanenwerder einen ebenso edel ausgestatteten Wohnsitz mit Requisiten des geistigen Preußen. Dorthin zieht er sich zurück, wenn ihn die Berliner oder die Bonner Politik der siebziger und achtziger Jahre sowie die Dauerbelastung als Konzernchef anekeln. Leidenschaftliche Teilnahme an der Tagespolitik und zeitweiliger, im letzten Lebensjahrzehnt immer häufigerer Rückzug in ein geschmackvoll ausgestaltetes Arkadien gingen bei ihm Hand in Hand. Er verstand es also durchaus, den Bedrängnissen des 20. Jahrhunderts den Rücken zu kehren.

Zugleich lebte er aber auch ganz eigenartig in der Zukunft. Je nach Stimmung glaubte er deren verheißungsvolle oder fürchterliche Seiten zu erkennen. Die Sorge vor einem atomaren Armageddon hat ihn seit den fünfziger Jahren nie verlassen. Dabei versteht dieser auf das Heilige Land fixierte Mann den Begriff Armageddon wörtlich: Die verheerenden Zusammenstöße würden sich wahrscheinlich im Nahen Osten ereignen oder von dort ihren Ausgang nehmen. Gegen Ende seiner Tage beschäftigen ihn vor allem die Vorgänge im Heiligen Land und das Schicksal des »auserwählten Volkes«.

Doch immer noch verbreitet er seine Visionen eines wiedervereinigten Berlin und eines wiedervereinigten Deutschland. Zum 70. Geburtstag am 2. Mai 1982, drei Jahre vor seinem Tod, lädt er zur feierlichen Grundsteinlegung der modernsten Großdruckerei Europas ins schleswig-holsteinische Ahrensburg ein. Dort bekommt die versammelte Prominenz, unter ihnen der damalige Oppositionsführer Helmut Kohl, ganz Befremdliches von ihm zu hören: »Auch freut es mich besonders, dass von hier der Transportweg nach Berlin relativ kurz ist – und auch der in andere Städte östlich von Hamburg und Lübeck. Schließlich dürfen wir ja nicht in zu kurzen Zeiträumen denken und müssen darauf vorbereitet sein, eines Tages von hier aus Zeitungen nach Schwerin, Rostock und Neuruppin liefern zu können ...«[2] Gegner seiner visionären Wiedervereinigungspolitik nennen ihn seit langem verächtlich »den

Brandenburger Tor«. Im Unterschied zu seinen Hoffnungen in der zweiten Hälfte der fünfziger Jahre zweifelt nun auch er selbst daran, den Tag der Befreiung der Deutschen in der DDR noch zu erleben, und bekennt bei dieser Gelegenheit: »Wenn ich mich hier als Prophet betätige, dann ist damit die Frage nicht beantwortet, ob der Prophet das gelobte Land auch betreten wird, das er zuvor gesehen hat.« Erst im letzten Lebensjahr 1984/85 fasst er neue Hoffnung.

Der Prophet ... Je älter er wird, desto ruheloser lenkt er seinen Blick über »das kurze 20. Jahrhundert« hinaus: rückwärts, ins 19. und 18. Jahrhundert, sowie in die 2000 Jahre und länger zurückliegende jüdisch-christliche Heilsgeschichte, desgleichen vorwärts in eine Zukunft, die gut oder katastrophal eintreten würde.

Zur Faszination durch die Politik mit ihren Zukunftsängsten tritt bei Springer das religiöse Erweckungserlebnis. Neben den Dimensionen der Gegenwart, der Vergangenheit und der Zukunft versenkt er sich zusehends in eine vierte Dimension: die des Jenseits. In seinen beiden letzten Jahrzehnten wird aus dem zuvor sehr lebenslustigen Springer ein frommer Mann, ein sehr frommer Mann sogar. Alle Berichte seiner Umgebung und Hunderte von Briefen bezeugen dies. Ein politischer Unternehmer, der sich mit großer Konsequenz immer häufiger in eine pietistisch anmutende und zugleich ökumenische Frömmigkeit zurückzieht, der Klöster aufsucht und Schriften über die letzten Dinge studiert – im Deutschland der siebziger und der achtziger Jahre des letzten Jahrhunderts ist das eine seltsame Erscheinung. Letzten Endes führt er seinen Antikommunismus, seine rückblickende Ablehnung des Nationalsozialismus und seine Liebe zu Israel mehr und mehr auf spirituelle Wirklichkeiten zurück, deren er sich in regelmäßigen Gebeten zu vergewissern sucht. In dieser Hinsicht entfernt er sich weit vom 20. Jahrhundert. Seine wachsende Religiosität ist ein weiterer Grund zur Ablehnung des Säkularismus, den er in Ost und West am Werk sieht. Die Entwicklung vom munteren Dandy über den soignierten Lebemann zum schmerzvollen Gottsucher ist zwar in den deutschen Unternehmerbiographien des 20. Jahrhunderts nicht eben der Normalfall, fällt aber religionsgeschichtlich nicht völlig aus dem Rahmen. Springer ist einer jener Typen, von denen es im Volksmund platt, aber nicht ganz unzutreffend heißt: »Fröhlich gelebt und selig gestorben, das heißt, dem Teufel sein Spiel verdorben.« Er selbst erinnert in diesem Zusammenhang gern an die mittelalterlichen Heiligen Franz von Assisi oder Nikolaus von der Flüe. Das verdeutlicht zugleich, wie hoch er den eigenen Rang einschätzt. Ein seltsamer Heiliger war er schon.

So sehr es also geboten ist, in erster Linie die politisch-zeitgeschichtliche Bedeutung Springers biographisch zu erfassen, so wenig darf dabei die komplizierte Psychologie dieser reichen, aber auch gefährdeten und ruhelosen Persönlichkeit beiseitegeschoben werden. Dies gilt nicht nur für seine religiöse Entwicklung. Wer heute Interviews mit Personen führt, die Springer einstmals nahestanden, hört häufig, er sei genial oder doch an die Genialität grenzend gewesen. Dabei wird dann vor allem auf seine Fähigkeiten als Blattmacher, auf sein fast nachtwandlerisches Gespür fürs Marketing, auf seinen überwältigenden Charme, seine Beredsamkeit, sein geradezu feminines Einfühlungsvermögen, sein Selbstbewusstsein und seine im Großen und Ganzen sichere Hand bei der Auswahl talentierter Mitarbeiter verwiesen.

Zugleich aber werden manche befremdliche Hinweise bestätigt. Sein Glaube an übernatürliche Kräfte bezieht sich anfangs besonders auf die Macht der Sterne oder auch auf Erdstrahlen. In einer Art und Weise, die uns lächerlich erscheint, legt er in der Aufstiegsphase und noch weit darüber hinaus großen Wert auf astrologische Gutachten. Esoterische Schriften sind für ihn schon früh eine Leib- und Magenspeise. Überarbeitung oder andere Gründe führen offensichtlich Mitte der fünfziger Jahre zu schizophrenen Schüben, die ihn nur knapp an der psychiatrischen Klinik vorbeischrammen lassen und von den allernächsten Vertrauten nur mühsam verheimlicht werden. Offenbar gehört er auch zu jenen Typen, die zur Aufladung ihrer kreativen Batterien unablässig der erotischen Abenteuer bedürfen. Viermal lässt er sich scheiden. Um seine jeweiligen Ehefrauen wirbt er zwar stets mit großer Intensität, trägt diese auch kürzer oder recht lange auf Händen, irritiert aber zugleich mit zahlreichen Seitensprüngen.

Wutausbrüche, Grobheiten jeder Art, Launenhaftigkeit, abrupte Trennung von jahrelangen Vertrauten, Eitelkeit und Empfänglichkeit für feine oder grobe Schmeichelei, Missgunst, kindliche Freude am Erwerb von Besitz, Bedürfnis nach unablässigen Ortswechseln, Hypochondrie und Lebensekel, Entscheidungsschwäche, gefolgt von Augenblicksentscheidungen, persönliche Ängstlichkeit und eine gewisse Wehleidigkeit – die Latte, die man zu hören bekommt, ist lang.

Doch diejenigen, die eben das aus ihrer Sicht Negative aufgezählt haben, wissen sich im nächsten Moment an genauso viele positive Eigenschaften zu erinnern: Manieren eines Gentleman, wovon auch Tausende von Briefen künden, Sensibilität, langjährige, fürsorgliche Treue gegenüber frühen Freunden oder Mitarbeitern, Nächsten- und Fernstenliebe, Sichkümmern um Kranke oder Hinterbliebene, Großzügigkeit und genuine Freude am Schenken, unüberbietbares Mäzenatentum, dies nicht nur gegenüber jüdischen Einrichtungen, Freude am Schönen, hinreißender Humor, auch Selbstironie, wenigstens in den frühen Jahrzehnten. Widersprüche also, wohin man auch blickt! In den letzten zehn oder fünfzehn Lebensjahren wird Springer etwas ruhiger. Doch die Jahrzehnte, in denen er schöpferisch ist und sein Imperium wie im Rausch expandiert, sind zugleich die der stärksten Disharmonien.

Ein Lebenslauf und ein Charakter voller Widersprüche sind somit zu entschlüsseln, wenn man die Biographie Springers schärfer ins Auge fasst. Was eben als persönliche Merkmale skizziert wurde, sind nun allerdings Veranlagungen oder Verhaltensweisen, die überall und zu allen Zeiten aufzutreten pflegen – bei Schriftstellern, Erfindern, Diktatoren, Schauspielern oder Bohemiens. Sie erklären manches und sind deshalb am gegebenen Ort auch gebührend zu würdigen.

Als Golo Mann einstmals bemüht war, den innersten Kern von Wallensteins Charakter freizulegen, schrieb er: »Wie vielerlei Fremdes nistet da nicht zusammen!«[3] Anders als dieser Condottiere des Dreißigjährigen Krieges war Springer durch und durch Zivilist. Aber ein Nest voller Widersprüche war auch er. Doch gebot er über die Fähigkeit, die unharmonischen Elemente seines Charakters irgendwie ins Gleichgewicht zu bringen und nach außen hin stets *bella figura* zu machen. Springer war nicht nur der genialische Begründer eines Zeitungsimperiums, sondern auch ein begnadeter Schauspieler. Das alles macht ihn interessant. Aber das Hauptinteresse hat doch der Frage zu gelten, wie und warum der politische Verleger Axel Springer zu einer der Schlüsselfiguren deutscher Zeitgeschichte im »kurzen 20. Jahrhundert« werden konnte.

Vorspiel
(1912–1932)

Altona

»Altona ist meine Vaterstadt, Hamburg ist eine schöne Frau, die man erobern muss, Berlin ist ein Mädchen mit Sommersprossen, die hat man gern.« So hat Springer sein Verhältnis zu Altona, Hamburg und Berlin umschrieben.[1] Bewusst oder unbewusst deutete die erotische Metapher an, dass er es mit den Städten, die er sich zum Sitz seiner Unternehmen erkor, ähnlich hielt wie mit seinen Ehefrauen: gelegentlicher Wechsel, ohne dass dies aber seine sentimentale Verbundenheit mit der jeweils Verlassenen stark beeinträchtigte. Altona aber hat er nicht selbst ausgesucht. Dort wurde er geboren, und dort verbrachte er die ersten 30 Jahre seines Lebens. Man sollte allerdings hinzufügen: Aus ihm geworden ist erst etwas, nachdem er das väterliche Nest in Altona verlassen hatte. Doch die Einflüsse, die hier auf ihn einströmten, waren von bleibender Wirkung.

Auf Außenstehende musste es wie eine Marotte wirken, dass Springer stets so provozierend zwischen den beiden Städten unterschied. Immerhin bildeten Hamburg und Altona bereits in den Jugendjahren Springers einen unauflöslich verflochtenen Verkehrs- und Wirtschaftsraum. Zehntausende von Arbeitern, die in Hamburg beschäftigt waren, wohnten in den übervölkerten Wohnquartieren Altonas. Und seit langem schon residierten manche aus dem Hamburger Bürgeradel, die es zu etwas gebracht hatten, in den prachtvollen Villen an der Elbchaussee, also auf Altonaer Grund und Boden. Eigentlich drängte die Entwicklung bereits auf die Eingemeindung Altonas, wie sie denn auch 1937 mit dem Gesetz über Groß-Hamburg zustande kam. Doch in den zwanziger Jahren, als Axel Springer aufwuchs, war Altona noch eine stolze, auf ihre traditionelle Eigenständigkeit pochende Großstadt.

Aus Sicht des frühen 21. Jahrhunderts ist der zähe Eigensinn überhaupt nicht mehr vorstellbar, mit dem die deutschen Städte einstmals im jeweiligen territorialstaatlichen Rahmen ihre Gestaltungsfreiheit verteidigten. Altona hatte 1664 vom Dänenkönig Friedrich III. das Stadtrecht zusammen mit weiteren Privilegien erhalten. Aus dem in günstiger Lage elbabwärts liegenden Städtchen war so der erste Freihafen in Nordeuropa und in der Folge ein für Hamburg lästiger, durchaus ernst zu nehmender Konkurrent geworden. Zeitweilig war das schöne und wohlhabende Altona sogar nach Kopenhagen die zweitgrößte Stadt im Königreich Dänemark.[2] Das goldene Zeitalter der Altonaer Stadtgeschichte, als Kopenhagener Architekten die Flaniermeile Palmaille mit Bauten im Palladio-Stil zur europäischen Sehenswürdigkeit machten[3], ging zwar in den Napoleonischen Kriegen zu Ende, und wirtschaftlich wurde Altona im 19. Jahrhundert von Hamburg endgültig auf den zweiten Platz verwiesen, aber unabhängig blieb es. Auf den Dänenkönig, der 1864 Schleswig-Holstein abtreten musste, folgte Preußen, das gleichfalls kein Interesse an einer Eingemeindung Altonas nach Hamburg zeigte. Die Misere nach der Niederlage im Ersten Weltkrieg machte zwar auch Altona stark zu schaffen, aber in den zwanziger Jahren des 20. Jahrhunderts, also in der Jugendzeit Axel Springers, spielte sich dort ein letzter Akt des Selbstbehauptungswillens ab.

Seit 1924 amtierte in Altona der junge, energische Sozialdemokrat Max Brauer als Oberbürgermeister. Man mag es als List der Geschichte betrachten, dass später ausgerechnet Max Brauer, der 1933 emigrieren musste, in der Wiederaufbauperiode nach dem Zweiten Weltkrieg von 1946 bis1960 zum bedeutenden Ersten Bürgermeister Hamburgs werden sollte. Doch in den zwanziger Jahren begriff sich Brauer als Vorkämpfer der Altonaer Selbstständigkeit. Mit dem starken preußischen Staat im Rücken, so meinte er, müsse und könne es gelingen, die soziale und kulturelle Verkümmerung neben Hamburg zu vermeiden.[4] Er verfolgte das Konzept, durch einen großen Fischzug von Eingemeindungen Altona zur veritablen Großstadt zu machen, und hatte Erfolg damit. Die Stadt vergrößerte ihr Gebiet um mehr als das Vierfache. Damit schien die Eigenständigkeit endgültig gesichert.

Die lange Geschichte Altonas erklärt, weshalb die Bürger der Stadt seit Jahrhunderten Lokalpatrioten waren, deren Identität sich in erster Linie aus der Selbstbehauptung gegen das mächtige und hochmütige Hamburg speiste. Dass Ressentiments gegen die Hamburger, die Altona als »Kleinstadt« betrachteten, die Kehrseite dieses Bürgerstolzes waren, versteht sich. In dieser Traditionslinie, verstärkt durch den Geist der zwanziger Jahre, stand auch der Vater Axel Springers. Als Verleger der Lokalzeitung *Altonaer Nachrichten* fühlte er sich naturgemäß zum Super-Lokalpatriotismus aufgerufen. Der junge Axel Springer hat dieses Altonaer Selbstbewusstsein, Ressentiments mit inbegriffen, gewissermaßen mit der Muttermilch aufgesogen. Im Fall der Familie des Kleinverlegers Hinrich Springer kam eine Besonderheit hinzu. Das mächtige, arrogante, bereits bedrohlich expansive Hamburg verkörperte sich für ihn in der Verlegerfamilie Broschek, die das weit über Hamburg hinaus angesehene *Hamburger Fremdenblatt* betrieb. Es ist psychologisch gut möglich, wenn nicht sogar wahrscheinlich, dass der junge Axel Springer schon früh davon träumte, es »denen« in Hamburg zu zeigen und ein Hamburger Großverleger eigenen

Rechts zu werden. Als ihm das tatsächlich gelang, setzte Springer selbst vergnügt frühe Prahlereien in Umlauf. Er werde, so habe er seinen Eltern gegenüber schon vor dem Aufbruch auf den Hamburger Pressemarkt im Jahr 1945 prophezeit, »das größte Zeitungshaus Europas bauen«.[5] Das habe den Vater befremdet, doch die Mutter habe gemeint: »Bei ihm weiß man es nie genau.« Das mag sich so verhalten haben. Jedenfalls war der Wille, die schöne Frau Hamburg »zu erobern«, allem Anschein nach eine seiner stärksten Antriebskräfte. Deshalb verdient der Lokalpatriotismus seiner Geburtsstadt Erwähnung. Schon so manchem Eroberungszug lag das Ressentiment als Motiv zugrunde.

Die Fixierung auf Hamburg war nur einer von vielen prägenden Einflüssen, die von Altona ausgingen. Zu diesen gehörte auch die im weitesten Sinn kulturgeographische Orientierung Axel Springers. Groß, blond, blauäugig – in Wuchs und Physiognomie war er sozusagen der idealtypische Friese. Und Schleswig-Holstein war und blieb bis zum Lebensende seine engere Heimat. Seit seinen frühen Jugendjahren war er auf Sylt zu finden – »auf der Insel«. Als er, bereits in Berlin verankert, auf die Suche nach einem ihm gemäßen Landsitz ging, entdeckte er Ende der sechziger Jahre Schloss Schierensee nicht allzu weit von Kiel, ließ es kennerisch renovieren, veranstaltete dort fürstliche Soireen und zog sich gern immer wieder dorthin zurück. Auch in Dänemark fühlte er sich wohl. Seine Schwester Inge war in Kopenhagen mit dem aus Bremen stammenden Frank Lynder verheiratet. Gern fuhr Springer auch dorthin, um seine Sammlung norddeutscher, dänischer und schwedischer Fayencen zu komplettieren oder sonstige Antiquitäten einzukaufen. Er liebte auch die anderen skandinavischen Länder. Friede Springer erinnert sich, wie sie mit ihm insgesamt siebenmal wochenlang in Norwegen an einem romantischen Fjord weit nördlich von Bergen Urlaub machte.[6] Der Großraum von Nordsee und Ostsee war sein Zuhause.

Im weiteren Sinn betrachtete Springer auch Berlin als Teil seiner norddeutschen Heimat. Wie so viele Provinzler jener Jahrzehnte fand er die Reichshauptstadt faszinierend. Bevor 1945 der Eiserne Vorhang niederging, lag Berlin gewissermaßen vor der Hamburger Haustür und war mit dem Auto oder dem »Fliegenden Hamburger« rasch zu erreichen. In der zweiten Hälfte der fünfziger Jahre hat Springer dann seinen Lebensmittelpunkt dorthin verlegt – aus Nostalgie, aus politischen Beweggründen, doch auch aus verlagsstrategischem Kalkül. Emotionales, Politisches und Geschäftliches war bei Springer stets irgendwie miteinander verbunden.

Im Übrigen zog es den lebenslang reisefreudigen Springer an zahlreiche andere Orte, die er schön oder spannend oder seiner Gesundheit zuträglich fand. Sein Ferienparadies Nummer eins war und blieb Sylt. Doch wie für viele wohlhabende Hamburger seiner Generation folgte dann die Schweiz als zweitliebstes Ferienparadies. In Gstaad nannte er zeitweilig einen mondänen Wohnsitz sein Eigen, dauerhaft am wohlsten fühlte er sich aber in Klosters. Zeitweilig gehörte auch London zu seinen Lieblingsstädten. Später kam dann noch eine tiefe Liebe zu Israel und zur griechischen Insel Patmos hinzu. Aber die Heimat war das doch nicht. Mit der Schweiz, mit Patmos oder mit Jerusalem verbanden ihn gewissermaßen Luftwurzeln. Die tiefsten Haftwurzeln lagen aber doch in Norddeutschland.

Das Rheinland gefiel ihm zwar, doch zur Bundeshauptstadt Bonn hatte er eher ein Unverhältnis. Und wenn er sich einmal auf den Weg machte, den Senator Burda in Offenburg zu besuchen, so erschien ihm der Schwarzwald mit der Rheinebene als eine schöne, doch auch ferne Region. Es fällt übrigens auf, dass Springer trotz allen Interesses an überregionaler Verbreitung seiner Zeitungen und Zeitschriften im gesamten Bundesgebiet den Schwerpunkt doch in Norddeutschland und im Westen beließ. Von der Ausweitung seines Imperiums nach München hat er sich rasch wieder abbringen lassen. Von seinen politischen Blättern wurde nur *BILD* bundesweit zum großen Erfolg.

Bedenkt man die Prägung dieses jungen Menschen durch Altona, so ist noch ein weiteres, wichtiges Element zu nennen: die religiöse Toleranz. Wenn die Stadt Altona im späten 17. und im 18. Jahrhundert aufblühte, so nicht zuletzt deshalb, weil dort ein freiheitlicherer Geist herrschte als im streng lutherischen Hamburg. Das hatte ganz praktische Gründe. Die Könige Dänemarks und deren weitschauende holsteinische Administratoren wollten die Stadt bevölkern. Religiöse Minderheiten, die anderswo verfolgt wurden, durften sich hier niederlassen, und sie kamen: Mennoniten, Adamiten, Zioniten, Gichtilianer, Katholiken, auch viele

Juden. Wie konservativ und anti-aufklärerisch Axel Springer in fortgerückten Jahren wurde, wird noch zu schildern sein. Immerhin mussten auch seine zahlreichen Gegner ihm zubilligen, dass er in Sachen der Religion von bemerkenswerter Toleranz war. In fortgeschrittenem Alter wurde aus ihm ein Christ von beispielhaft ökumenischer Gesinnung, der sich in den protestantischen, katholischen, griechisch-orthodoxen und jüdischen Traditionen gut auskannte und irgendwie zu Hause fühlte. Geistiges Erbe Altonas? Wahrscheinlich. So sah er es jedenfalls selbst in der Niederschrift »An meine Kinder und Kindeskinder«, wo er gleich eingangs betonte: »Altona war in seiner bemerkenswerten Geschichte eine Stadt der Toleranz, was für mich große Symbolkraft hatte, die nach 1933 mehr und mehr erlosch.« In Bezug auf die Vielfalt der christlichen und jüdischen Denominationen spielte dieser Abkömmling aus dem religiös bunt gescheckten Altona aus voller Überzeugung Nathan den Weisen. Nur wenn es um den Islam ging, war es mit seiner Toleranz vorbei.

Im Falle Springers ist natürlich besonders auf die Juden in Altona zu achten. Dank toleranter Obrigkeiten hatte sich dort schon früh eine starke aschkenasische Gemeinde entwickelt. Die erste mosaische Synagoge dieser anfangs in Hamburg nur ungern geduldeten jüdischen Glaubensrichtung wurde zwischen 1680 und 1684 in der Kleinen Papagoyenstraße zu Altona erbaut.[7] Bis zur Katastrophe auch des Altonaer Judentums im Dritten Reich war sie die führende jüdische Gemeinde in Schleswig-Holstein.[8] Als Axel Springer zur Schule ging, stand die berühmte Synagoge immer noch in der pittoresken, doch langsam zerfallenden Altstadt. Es wird die schöne Geschichte berichtet, wie der ungefähr acht Jahre alte Axel Springer zusammen mit einem Mitschüler beim Zeichnen im Altstadtviertel auf die Synagoge stieß, in der ein eigenartiger Gottesdienst stattfand, bei dem die Männer Kappen auf dem Kopf trugen. Dort erfuhren die Jungen von einem bärtigen Mann mit großen, dunklen Augen, wo sie waren und was sie sahen.[9]

Altona war aber nicht bloß eine Vorzeigestadt der religiösen Toleranz. In den letzten Jahrzehnten des 18. Jahrhunderts wurde hier auch die Pressefreiheit dekretiert. Entsprechend groß war die Anziehungskraft auf Schriftsteller und Verlage. Als die Ideen der Französischen Revolution nach Norddeutschland einströmten, entstand 1792 in der von aufklärerischen Ideen bewegten Stadt auch der erste Jakobinerclub. Man könnte derart lokalhistorische Besonderheiten auf sich beruhen lassen, hätte sich nicht ein direkter Strang des damals in Altona blühenden Verlagswesens ins Haus Springer fortgepflanzt. 1789, im Jahr der Französischen Revolution, hatte König Christian VII. von Dänemark dem 26 Jahre alten Pfarrerssohn und gelernten Buchhändler Friedrich Hammerich das Privileg erteilt, als Verleger und Buchhändler in Altona seinen Wohnsitz zu nehmen. Zu den ersten Büchern des neuen Verlags gehörten die 1794 erscheinenden Reden Robespierres und der Traktat »Über den Ursprung des Despotismus« des Aufklärers Adolph Freiherr von Knigge.

Das Unternehmen überlebte im Auf und Ab der Buchkonjunktur bis ins 20. Jahrhundert. 1909 erwarb Axel Springers Vater zusammen mit einem Kompagnon den inzwischen als Hammerich & Lesser firmierenden Verlag. So wurde das Altonaer Traditionshaus zur Keimzelle des späteren Konzerns. Als Axel Springer am 11. Juni 1945 bei den Briten die erste Lizenz beantragte, eröffnete er den Schriftsatz mit den Worten: »Der Verlag wurde im Jahre 1789 von Johann Friedrich Hammerich gegründet. Schon in der ersten Zeit seines Bestehens errang er einen guten Ruf und wurde allgemein als der ›norddeutsche Cotta‹ bezeichnet ... Zu den ersten Autoren zählten Ernst Moritz Arndt, Klopstock, Gerstenberg und andere. Außerdem erschienen im Verlag die ersten Übertragungen Homers in Deutsche von Joh. Heinr. Voss. Im Geiste des Gründers brachten auch fernerhin alle Publikationen des Verlages etwas von der Atmosphäre des Geburtsortes mit sich: eine besondere Mischung von altüberkommener Kultur und weltoffenem jungem Wollen.«[10] »Atmosphäre des Geburtsortes ... besondere Mischung von altüberkommener Kultur und weltoffenem jungem Wollen ...« Axel Springer besaß stets ein Talent zur knappen, umsichtig geschönten Formulierung dessen, was ihm jeweils wichtig erschien. Die Formulierung bezog sich auf den Verlag, aber ebenso auf das besondere kulturelle Klima Altonas.

Aus den besonderen Bedingungen Altonas im Verlauf der zwanziger Jahre des 20. Jahrhunderts ergab sich noch eine weitere Grundorientierung, von der sich Axel Springer auch nach 1945 lange Zeit leiten ließ: die ganz natürliche, durchaus vertrauensvolle

Nähe zur Sozialdemokratie. Die Elbchaussee mit ihren großbürgerlichen Villen, die Palmaille, auch noch die stattliche Königstraße, wo der Verlag Hammerich & Lesser nach dem Ersten Weltkrieg seinen Sitz hatte – sie bildeten gewissermaßen die Altonaer Schokoladenseite. Tatsächlich aber war Altona damals schon längst eine Arbeiterstadt. Seit den siebziger Jahren des 19. Jahrhunderts galt der Großraum Hamburg, Altona mit inbegriffen, als unbestrittene Hochburg der deutschen Arbeiterbewegung. Als die Ortschaft Ottensen 1889 nach Altona eingemeindet wurde, zählte der Ottenser Arbeiterverein in diesem Zentrum der Fisch- und Tabakverarbeitung, des Maschinenbaus und der Schiffsschraubentechnik[11] zur »Avantgarde der sozialistischen Bewegung«.[12] 1919 dann, bei der ersten Wahl nach Abschaffung des Preußischen Dreiklassenwahlrechts, errang die SPD 36 Sitze im Altonaer Stadtverordnetenkollegium, die noch weiter links stehende USPD sechs Sitze und die linksliberale Deutsche Demokratische Partei (DDP) 14 Sitze. Die Sitzverteilung veränderte sich zwar in der Folge durch den Aufschwung der KPD sowie infolge der Eingemeindungen von 1927, aber im Großen und Ganzen war damit doch die kommunalpolitische Grundkonstellation bis zur Staatskrise der frühen dreißiger Jahre festgelegt. Die Sozialdemokraten spielten die erste Geige, unterstützt von der linksbürgerlichen, treu auf dem Boden der Republik stehenden DDP. Letztere sah, so liest man in der bislang ausführlichsten Studie zur DDP in Preußen, seit dem Umbruch 1918/19 »ihre künftige Aufgabe im neuen Staat in der Mitbestimmung und Mitregierung an der Seite der SPD«.[13] Die DDP war die Partei des staatstragenden Mittelstandes.

In diesem Punkt verband sich wiederum die Familiengeschichte Axel Springers mit der politischen Geschichte Altonas. Hinrich Springer fungierte als Schatzmeister der Deutschen Demokratischen Partei. Daraus ergab sich natürlich auch eine persönliche Verbindung zwischen ihm und dem Oberbürgermeister Max Brauer. Der heranwachsende, durchaus unpolitische Axel Springer hatte damals zwar nur Musik, Fußball und Mädchen im Kopf, bekam aber immerhin so viel mit, dass sich ein bürgerlicher Geschäftsmann in Altona mit der SPD gut zu stellen hatte und dass das auch risikolos, ja eher förderlich war. Fünfzig Jahre später noch erinnerte sich Axel Springer, mit zwei Ausnahmen seien alle

Setzer im Verlag seines Vaters Sozialdemokraten gewesen.[14] Als sich bei den ersten Wahlen nach dem Zweiten Weltkrieg herausstellte, dass die Sozialdemokraten, so wie einstmals in Altona, nun auch in Hamburg zur politisch führenden Kraft avancieren würden, und zudem noch mit dem altvertrauten Max Brauer an der Spitze, betrachtete Springer dies als eine Art natürlicher Ordnung der Dinge. Auch in dieser Hinsicht überdauerte die in Altona mehr instinktiv als politisch bewusst empfangene Grundorientierung die nationalsozialistische Diktatur und hielt sich bis Mitte der sechziger Jahre. Genauso wenig wie sein Vater wurde Axel Springer zum Sozialdemokraten. Später hat er sich enttäuscht von der SPD abgewandt. Doch er war ein bürgerlicher Unternehmer, der sich mit sozialdemokratischen Stadtverwaltungen zu arrangieren verstand und deren Machtausübung lange Zeit für legitim hielt. Auch darin äußerten sich vorpolitische, aber doch wirksame Prägungen durch Altona.

Schließlich noch ein letzter Hauptpunkt in der Springer-Saga: Altona war eine preußische Stadt. Als es Springer unwiderstehlich nach Berlin zog, hat er bei vielen Gelegenheiten auf seine preußischen Wurzeln aufmerksam gemacht, am nachdrücklichsten in der Niederschrift aus dem Jahr 1981. Dort heißt es im ersten Absatz: »Um zehn Uhr kam ich zur Welt. Als Preuße, denn Altona war preußisch, und sein König war deutscher Kaiser in Berlin.« Wie stark er sein Preußentum auch schon in den Altonaer Jahrzehnten empfunden und was er darunter verstanden hat, wissen wir nicht. Dasselbe gilt für die Einstellung seines Vaters. Berlin-Begeisterung zeigte sich zwar schon früh. Doch Axel Springers Preußen-Enthusiasmus mit Betonung auf dem »geistigen Preußen« ist doch wohl erst in den Berliner Jahrzehnten gewachsen.

Das Elternhaus

Zu den Vorschriften, denen sich im Dritten Reich kein Erwachsener entziehen konnte, gehörte die Erstellung eines »Ahnenbogens«. Staatlicherseits lag dem das zugleich absurde und infame Motiv zugrunde, jeder Deutsche solle seine arische »Reinrassigkeit« möglichst bis zurück zu den Ururgroßeltern nachweisen. Immerhin erfahren wir so, woher die Vorfahren Axel Springers kamen und welche Berufe sie ausübten.

Väterlicherseits stammen die Springers aus einem eng umgrenzten Zipfel auf dem rechten Ufer der Unterelbe nördlich von Hamburg. Axel Springers Vater und Großvater waren gebürtige Altonaer. Der Urgroßvater und der 1772 geborene Ururgroßvater wurden in Dörfern im Umfeld von Elmshorn geboren. Wie in diesen Jahrhunderten geringer Mobilität üblich, heirateten sie Mädchen aus dem näheren Umfeld. Immerhin sind die Mutter und die Großmutter Springers in Hamburg geboren. Die Behauptung Axel Springers, gewissermaßen Altonaer Urgestein zu sein, steht also auf wackligen Füßen. In der mütterlichen Linie finden sich gleichfalls in Hamburg geborene Ahnen oder aber solche, die von etwas weiter herkamen: aus dem »alten Land« westlich der Elbe, aus der Gegend um Lüneburg oder aus Soltau. Einer der Ururgroßväter war Bergmann zu Clausthal im Harz. Das Gesamtbild ist jedenfalls klar: Springers Ahnen sind durch die Bank Norddeutsche, durch die Bank Christen lutherischer Konfession und durch die Bank auch das, was man damals »kleine Leute« nannte.

Springers Vater Hinrich Andreas Theodor, allgemein »Heino« genannt, war Buchdrucker, dessen Vater Musiklehrer. Später wird der im höchsten Establishment angekommene Axel Springer zwar bedeutungsvoll feststellen, der Großvater sei »offensichtlich ein bedeutender Dirigent« gewesen,[15] und man denkt dabei unwillkürlich an Gestalten wie Furtwängler, Knappertsbusch oder Karajan. Tatsächlich dirigierte der schon im Alter von vierzig Jahren verstorbene Großvater aber nur den Altonaer Gesangverein.[16] Axel Springers Mutter Ottilie war die Tochter einer Putzmacherin. Ansonsten findet man in der Ahnengalerie Männer aus lauter ehrbaren, aber nicht zum Besitz- und Bildungsbürgertum zählenden Berufen: ein Fuhrmann, ein Farbenhändler, ein Zigarrenhändler, ein Maler, ein Schiffer, ein Steuermann sind dabei, auch ein ganz schlichter Tagelöhner und sogar ein Walfänger.[17] Denn wie das berühmte Nantucket an der atlantischen Ostküste Nordamerikas, von wo aus Kapitän Ahab zur Jagd auf »Moby Dick« auszog, war Altona an der deutschen Nordseeküste einer der wichtigsten Häfen für den Walfang. Die Altonaer Walfänger fuhren im 17., 18. und frühen 19. Jahrhundert bis Grönland und Spitzbergen.[18]

Weshalb überhaupt die Erwähnung der Vorfahren? Nun, der Stammbaum lässt deutlich erkennen, dass Springers Vater der Erste in einer ganzen Abfolge von Generationen war, der es »zu etwas gebracht hat«. 1880 geboren, nach dem Tod seines Vaters schon nach vier Jahren Halbwaise, bestand er 1910 die Meisterprüfung als Buchdrucker, nachdem er im Jahr zuvor zusammen mit einem Kompagnon namens Julius Wagener von dem letzten Abkömmling des Hauses Hammerich, einem kinderlosen Junggesellen,[19] die Buckdruckerei mit dem einstmals renommierten, inzwischen aber ziemlich geschrumpften Verlag Hammerich & Lesser übernommen hatte. Dies war der erste Schritt ins wohlhabende Bürgertum gewesen.

»Ein *self made man* in der besten Bedeutung des Wortes«, so charakterisierte ihn ein guter Bekannter aus den frühen Altonaer Jahren: »Als Mensch grundgütig und großzügig.«[20] Darin stimmten alle überein, die später den Vater des viel erfolgreicheren Sohns beschrieben. »Sehr seriös, ... ein bisschen altvorder, ... sehr ordentlich streng, ... aber liebenswürdig streng«, erinnerte sich Walter Schultz-Dieckmann, guter Freund Axel Springers aus dessen Playboy-Jahren. Er hatte den Vater in den Jahren vor dem Zweiten Weltkrieg kennengelernt.[21] Axel Springer selbst pflegte häufig den ganz außerordentlichen Arbeitsgeist in seinem Elternhaus und in der Firma zu rühmen. Manchmal habe sein Vater die Mutter um drei Uhr morgens geweckt und ihr zugerufen: »Ottilie, mach dich mal munter, ich habe mit dir ein Steuerproblem zu besprechen.«[22] Der Vater sei »ein liberaler Verleger alter Schule gewesen«, vernahmen die Gäste der groß aufgezogenen Feier zum 70. Geburtstag Axel Springers. Zwei wichtige Aufgaben habe er ihn gelehrt: »Seinen Betrieb so zu führen, dass er gesund und erfolgreich ist. Und das Schicksal und Wohlergehen seiner Mitarbeiter ebenso im Auge zu haben wie sein eigenes.«[23]

Man wüsste gern, wie dieser tüchtige, aber anfangs nicht mit Vermögen gesegnete junge Buchdrucker die Mittel für den Erwerb und den Ausbau des Unternehmens aufgebracht hat. Auch die Ehefrau Ottilie, die er 1908 geheiratet hatte, kam aus recht einfachen Verhältnissen.

Doch die meisten Unterlagen des Verlags aus den Jahren vor 1939 sind im Krieg verbrannt. Lange Zeit war wohl die Akzidenz-

Druckerei das eigentliche Standbein der Firma. Doch der Ehrgeiz Hinrich Springers richtete sich von Anfang an darauf, eine eigene Zeitung herauszubringen und damit die bereits vorhandenen Altonaer Blätter zu übertreffen. Bald gründete er zusammen mit dem Kompagnon Julius Wagener die Wochenschrift *Altonaer Bürgerzeitung*. Der Vorgang war für Ottilie Springer bedeutungsvoll genug, um das genaue Datum in ihrem Familienkalender zu vermerken: 15. September 1912. Das ist also, wenn man so will, der eigentliche Gründungstag des Springer'schen Zeitungsimperiums. Kurz zuvor hatten der Verlag und auch die Familie Springer neu erbaute Räume im »Gutenberg-Haus«, Catharinenstraße 39–41, bezogen. Im Jahr 1918 wurde der Sozius Julius Wagener ausgezahlt. Dann kam die Inflationszeit. Springers *Altonaer Bürgerzeitung* musste für wenige Wochen eingestellt werden. Ob der Jungverleger in der Inflation auch seine Schulden losgeworden ist, kann man nur vermuten. Tatsache ist aber, dass es von nun an steil aufwärts ging.

Bei Einführung der Rentenmark überlegte Springer, ob eine Wiederbelebung des Blattes möglich wäre. Ihm war klar, dass der neue Start nur in enger Verbindung mit den Altonaer Bürgervereinen erfolgen konnte. Bei einem Glas Cognac einigte man sich darauf, dass die zehn Vereine mit etwa 3000 Mitgliedern aus einem erhöhten Beitrag monatlich eine Mark an den Verlag zahlten und dafür die *Bürgerzeitung* kostenlos beziehen sollten.[24] So kam am 1. Januar 1924 die *Altonaer Bürgerzeitung* neu heraus. Schon ein gutes halbes Jahr später, am 9. August 1924, startete Hinrich Springer eine mit der *Bürgerzeitung* verbundene Tageszeitung, die *Altonaer Neuesten Nachrichten*.[25]

Als Schriftleiter, heute würden wir sagen: als Chefredakteur, entschied er sich für Edgar Walsemann. Dieser spielte dann bis zu seinem Ausscheiden im Jahr 1935 bei Hinrich Springers Zeitung die maßgebliche Rolle. Der im Gründungsjahr des Blattes 34 Jahre alte Walsemann kam aus der Hamburger Literatur- und Zeitungsszene, wohnte aber seit 1906 in Altona. Anfang der zwanziger Jahre hatte er zwei Zeitschriften redigiert, mit denen er von der zu teuer gewordenen Druckerei Broschek zu Hammerich & Lesser übergewechselt war. Hier veröffentlichte er 1921 auch einen Südseeroman mit dem Titel *Jolante*. Ein Theaterstück Walsemanns zu einem damals aktuellen Thema, »Die Schülertragödie«, wurde auf den Hamburger Bühnen gespielt.[26] Mit Walsemann zusammen kamen weitere Journalisten und Literaten. Springer und Walsemann legten Wert auf junge Redakteure. Ähnlich wie 25 Jahre später Axel Springer sein *Hamburger Abendblatt* in nächtelangen Diskussionen konzipierte, entstand nun unter dem Dach der *Altonaer Neuesten Nachrichten* ein neues, für Altonaer Verhältnisse ambitioniertes Blatt, das nach zwei Jahren schon an die 10 000 Abonnenten zählte.

Die Inflation der Jahre 1921 bis 1923 hatte Hinrich Springer von einer lästigen Konkurrenz befreit. Die seit 1850 bestehenden *Altonaer Nachrichten* waren 1922 eingestellt worden. So gelang es Springer, sich den Titel und die Verlagsrechte zu sichern. Jetzt besaß er einen Traditionsnamen mit entsprechendem Abonnentenstamm für eine veritable, leistungsfähige Tageszeitung.[27] Er fuhr zu Schiff nach Bergen, kaufte dort eine für 16-seitigen Druck geeignete Rotationsmaschine und ließ sie im Keller des Anwesens Königstraße 120–124 installieren.[28] Am 20. Juni 1925 kamen die *Altonaer Nachrichten* neu heraus. Die *Altonaer Neuesten Nachrichten* und die *Altonaer Bürgerzeitung* wurden im Untertitel fortgeführt. Im Dezember 1925 richtete sich der Verlag für die folgenden beiden Jahrzehnte im Kontor und auf dem Fabrikgrundstück der ehemaligen Schokoladenfabrik Gartmann an der Altonaer Königstraße ein, bis die ganze Herrlichkeit im Frühjahr 1945 von Bomben zerstört wurde.

Hinrich Springer wollte eine moderne Zeitung herausbringen nach dem Vorbild der von ihm bewunderten liberalen Blätter aus dem Hause Ullstein, insbesondere der *Vossischen Zeitung*, des Flaggschiffs des deutschen Liberalismus. Dass die *Altonaer Nachrichten* nur ein auf die kleineren Altonaer Verhältnisse zugeschnittenes Abbild sein konnten, verstand sich von selbst. Man entschied sich für ein lebhaftes vierspaltiges Layout. Auf der ersten Seite kam die Politik, unten platzierte man *Human Interest*-Nachrichten, manchmal auch Meldungen aus dem Kulturleben oder wichtige Berichte aus der Lokalpolitik. Auf den Seiten 2 und 3 fand sich neben Anzeigen eine Mixtur von Nachrichten aus Theater, Kunst, Wissenschaft und Sport. Die letzte Seite enthielt – damals ganz wichtig – einen fast ganzseitigen Fortsetzungsroman. Das Blatt kostete zehn Pfennig und trug sich zu einem großen Teil aus den Annoncen. Verbreitungsgebiet der *Altonaer Nachrichten* war Altona, immerhin eine Großstadt von rund 230 000 Einwohnern mit entsprechendem Anzeigenaufkommen. Zum Verdruss der Hamburger Pressehäuser und konkurrierender Lokalblätter schaffte Hinrich Springer auch die Ausweitung ins südwestliche Schleswig-Holstein. Das Blatt stützte sich auf eine leistungsfähige Druckereitechnik. 1927 standen zwei Rotationsmaschinen zur Verfügung, eine 32-seitige und eine 16-seitige.

Bereits 1927 konnte die Zeitung in einer üppigen Jubiläumsnummer das 75-jährige Bestehen der *Altonaer Nachrichten* feiern. Dort fand sich eine Seite, in der die Redaktion unter der Überschrift »Die öffentliche Stimme – Jubiläums-Bekenntnisse einer objektiven Zeitung« ihr Selbstverständnis proklamierte. Das Blatt bekannte sich hier zum politischen und weltanschaulichen Pluralismus. Brav formuliert hieß es: »Die *Altonaer Nachrichten* helfen mit, dass das Gute links wie rechts zu segensreicher Auswirkung gelangt und bald nachdrückliche Praxis wird.« In der Wirtschafts- und Sozialpolitik gab sich die Zeitung gleichfalls zentristisch. Sie trat ein für »einigermaßen erträgliche« soziale Fürsorge sowie Hebung des sozialen Niveaus der Arbeitnehmer bei gleichzeitiger Ablehnung von Sozialisierungsmaßnahmen, »die die Selbständigkeit des Privatunternehmers grundsätzlich ausschalten«. Außenpolitisch wurde das Bekenntnis zur Erhaltung und Förderung des »Deutschtums« mit der Feststellung verbunden, Deutschland dürfe sich nicht nach außen hin politisch und geistig abriegeln. Das Blatt betreibe somit »eine gesinnungsanständige Politik des gesunden Menschenverstandes«.[29] Lokalpolitisch wurde darauf verwiesen, die *Altonaer Nachrichten* hätten sich »mit allen Mitteln« für das »Größere Altona« und den »preußisch-altonaischen Finanzausgleich« eingesetzt. Alles in allem bekannte sich das Blatt also zur politischen Mitte und artikulierte einen liberalen Fortschrittsglauben. 1927 – das war die vergleichsweise ruhigste Periode der Weimarer Republik noch vor der unversöhnlichen Polarisierung mit dem sintflutartigen Anwachsen der extremistischen Parteien.

Was der Schriftleiter Edgar Walsemann bei dieser Gelegenheit als Grundlinie der Redaktion formulierte, waren zugleich die politischen Grundsätze des Verlegers Hinrich Springer. 1924 trat

Hinrich Springer der Deutschen Demokratischen Partei bei.[30] Er wurde deren Schatzmeister. Lokalpolitisch unterstützte er in seiner Zeitung die von Oberbürgermeister Max Brauer mit Schwung verfolgte Politik der Stadterweiterung. Nicht stark genug unterstrichen werden kann, dass das bereits erwähnte gute Verhältnis zwischen dem SPD-Bürgermeister von Altona und dem Vater von Axel Springer diesem später von Nutzen sein sollte, als der aus dem Exil zurückgekehrte Max Brauer zum Ersten Bürgermeister von Hamburg wurde.

Die weit zurückliegende Gründungsgeschichte der *Altonaer Nachrichten* liefert einen gewissen Schlüssel für die spätere Herangehensweise Axel Springers beim Aufbau seines eigenen Zeitungsimperiums. Die geschäftlichen Transaktionen, die zur Gründung der für Altonaer Verhältnisse beachtlichen Zeitung geführt hatten, der Erwerb des stattlichen Anwesens in der Altonaer Königstraße, die Einrichtung der Redaktion, auch die kommunalpolitische Rolle der Zeitung und somit auch die des Verlegers Hinrich Springer – sie waren das große Thema in diesem Haushalt eines zuvor kleinen, nunmehr geschäftlich stark expandierenden Mittelständlers. Wie viel vom Erwerb traditionell eingeführter Zeitungstitel abhängen kann, wie stark es auf die Anschaffung und die Kapazitätsausnutzung leistungsfähiger Druckmaschinen ankommt, wie der Verleger eine muntere Redaktion zusammenbringt, auch wie auf das politische Umfeld zu achten ist – das und vieles mehr hat Springer schon als Schüler in sich aufgesogen.

Zur gleichen Zeit aktivierte Hinrich Springer den Buchverlag. Seit der Vorkriegszeit war Altona stolz auf seine Dichterkolonie. Detlev von Liliencron und Richard Dehmel hatten hier gewohnt. Was Liliencron gelegentlich über das auf die eigene Lokalkultur so stolze Altona zu Papier brachte, konnte freilich nicht immer erfreuen:

> »Auf a-a-a reimt sich auch Altona,
> Der Sinn für Kunst ist nicht weither allda.«[31]

In den Jahren nach dem Krieg waren die Größen der Vorkriegsjahrzehnte aber nur noch Erinnerung. Jetzt kam in Altona eine neue Gruppierung von Künstlern und Schriftstellern *en vogue,* die sich um einen Verleger bemühten und der Verleger um sie. Die literarische Avantgarde ging allerdings nicht bei dem eher am Beschaulichen oder rein Unterhaltenden interessierten Verlag Hammerich & Lesser vor Anker, weder Ernst Barlach noch Hans Henny Jahnn. So wie Hinrich Springers Zeitung nur lokale Bedeutung hatte, waren es auch vorwiegend literarische Lokalgrößen, die sein Buchverlag anzog.

Bei den auf moderate Modernität Abonnierten galt besonders Hans Leip, Jahrgang 1893, als einer der jungen Stars. Er machte als Zeichner, als Journalist und durch zeitgenössische und historische Romane von sich reden. Diese spielten auf vielen Schauplätzen Europas, doch auch in Altona, Blankenese oder auf den Elbhöhen. Nebenbei hatte Leip 1915 den Text zu »Lilly Marleen« verfasst, das in der Vertonung durch den Schlagerkomponisten Norbert Schultze im Zweiten Weltkrieg zum Ohrwurm an allen Fronten wurde. 1920/21 brachte Hammerich & Lesser die vom Autor Hans Leip selbst illustrierten Bücher *Laternen, die sich spiegeln* und *Die Segelfähre* heraus, 1928 folgte *Altona, die Stadt der Parks an der Elbe.* Das verkaufte sich gut. Leip war im Hause Springer ein gern gesehener Gast und freundete sich auch mit dem jungen Axel Springer an. Sein Kondolenzbrief zum Tod von Hinrich Springer charakterisiert Vater und Sohn: »Deinen Vater habe ich sehr gern gehabt. Er war mein erster Verleger und wahrhaft ein Mensch, und so, wie er damals um 1920 das Dasein anpackte und seinen Verlag aufzog und weiter besonnen und gütig war, so habe ich ihn in der Erinnerung, und vieles von ihm sehe ich in Dir wiedererlebt …«[32]

An Autoren, die bei Hinrich Springer immer wieder aufkreuzten, war also kein Mangel. Sein Sohn versäumte es später nie, darauf hinzuweisen, er stamme aus einem für Künstler und Schriftsteller offenen Hause. In den Jahren seiner Erfolge von Mitte der zwanziger Jahre bis weit in die dreißiger Jahre hinein war Hinrich Springer, der durchaus patriarchalische Chef von etwa 80 Arbeitern, Angestellten und Journalisten, über die kleinbürgerlichen Anfänge schon ein gutes Stück hinausgewachsen: ein sozialer Aufsteiger, doch anders als später sein Sohn noch im beschränkten Rahmen Altonas. »Hans im Glück« nannte man ihn in der Königstraße.[33] Sozialgeschichtlich gesehen startete er aus dem Handwerkerstand und mutierte zum Unternehmer. 1927 versteuerte er einen Gewinn von 71 584,89 Reichsmark, 1930 waren es 79 474,66 RM. In den Jahren der Weltwirtschaftskrise erfolgte dann allerdings ein Gewinnrückgang um mehr als die Hälfte.[34]

Dass Hinrich Springer arriviert war, konnte man daran ablesen, wo und wie er wohnte. Von 1912 bis 1925 befand sich der Firmensitz im »Gutenberg-Haus«. »Kaum leserlich«, so ein seinerzeitiger Anwohner, »die Inschrift *Druckerei Hammerich & Lesser*, am Haus und auf dem Glastransparent neben dem Eingang.«[35] In der ersten Etage des vierstöckigen Gebäudes wohnte, wie es sich gehörte, der Hausbesitzer Hinrich Springer. Im Hinterhof lag die Druckerei. In dieser durchaus kleinbürgerlichen Umgebung wuchs Axel Springer in den ersten 13 Lebensjahren heran.

Demgegenüber war die Königstraße bereits eine erste Adresse im damaligen Altona. Heute vermag man sich allerdings kaum mehr ein Bild davon zu machen. Das Altonaer Stadttheater, der Bürgerverein, Grünanlagen, Denkmäler, die Heiligengeistkapelle, Kunsthandlungen, auch das Realgymnasium, das Axel Springer zeitweilig besuchte – alles wurde durch den Bombenkrieg entweder völlig zerstört oder nur partiell wieder aufgebaut. Lediglich ein paar Fotos vermitteln noch einen Eindruck von der damals repräsentativen und auch vom Verkehr noch nicht völlig eroberten Straße.[36] Die Verlagsgebäude und die Springer'sche Wohnung waren jetzt viel großzügiger als im »Gutenberg-Haus«. Doch immer noch herrschte die enge Verbundenheit von Haus und Betrieb.

Das änderte sich, als Hinrich Springers Geschäfte bestens liefen. Wer in Altona arriviert war, den zog es nach der Elbchaussee. So bezog die Familie Springer erst ein Haus am Jenischpark, dann residierte sie, noch vornehmer, im Holckschen Palais, dem sogenannten Säulenhaus, mit stattlichem Rundvorbau und weitem Blick über die Elbe an der Groß Flottbeker Chaussee 186. »In meiner (kindlichen) Erinnerung«, schreibt Axel Springers Ende 1933 geborene Tochter Barbara Choremi, »haben die Großeltern ein großzügiges Leben geführt. Vor dem Säulenhaus gab es das schöne Haus unten an der Elbchaussee ... Dann habe ich Erinnerungen an das Säulenhaus. Auch keine armselige Absteige!« Offenbar reichten die Mittel sogar für den Erwerb eines Hauses in der Heide an der Jesteburger Allee und später für ein Landhaus in Bendestorf.[37]

Nachdem er wirtschaftlich arriviert war, ist Hinrich Springer auch gern auf Reisen gegangen. Erhalten hat sich ein Reisetagebuch, in dem er die Stationen einer Mittelmeerreise im Frühjahr 1931 festgehalten hat. Die Reiseroute führte über die Schweiz und Italien nach Ägypten, Palästina und Syrien. Aber während sich später sein Sohn Axel, wann immer er Israel besuchte, in ekstatische Stimmung versetzen ließ, bekunden Hinrich Springers Reisenotizen, dass er selbst im Heiligen Land ein Mann von großer und diesseitiger Nüchternheit blieb. Er beobachtet das damalige Palästina wie ein interessierter Tourist, vermerkt, wie er im Auto »an kleinen jüdischen Kolonien vorbeikutschiert wird«, deren Bewohner mit saurer Mühe den Boden kultivieren. Auf dem Ölberg überkommt ihn keine besondere Rührung. Hingegen lässt er sich ausführlich darüber aus, wie angenehm er es empfinde, dass in dem von einem deutschen Besitzer geführten Hotel »fast das gesamte Beherbergungspersonal nur deutsch versteht«. Mangels Arbeit in Deutschland müssten die in Jerusalem lebenden Deutschen »ausharren in einer ihnen vollkommen wesensfremden Welt«, denn in Jerusalem herrsche »ein Völkergemisch, wie man es sich bunter nicht vorstellen kann«: »neue« und »alte« Juden, Araber, Armenier, Libanesen und Mischlinge. Nur kurz erwähnt er die Besichtigung der »historischen biblischen Sehenswürdigkeiten, um die Jerusalem so einzig ist«.[38]

Im Leben dieses Vorbildes solider Bürgerlichkeit findet sich nur eine Facette, die etwas aus dem Rahmen fällt. Zwar blieb Hinrich Springer 41 Jahre lang, bis zum Tod, mit derselben Ehefrau verheiratet, dennoch hatte er zur ehelichen Treue ein, so möchte man sagen, typisch Springer'sches Verhältnis. Seine Liebschaften mit anderen Damen waren in der Familie ein offenes Geheimnis. Eine von diesen, eine entfernte Nichte, führte sinnigerweise, wie seine angetraute Ehefrau, den Namen Ottilie. Als der alte Herr in den schweren Nachkriegsjahren in Bendestorf krank darniederlag und der Pflege bedurfte, wohnten die beiden Damen zeitweilig unter demselben Dach.[39] Unnötig zu betonen, dass Sohn Axel auch das genau studiert und daraus seine Schlüsse gezogen hat.

Allem Anschein nach hatten mit Hinrich und Ottilie Springer zwei recht ungleichartige Charaktere zusammengefunden. Er realistisch, sie idealistisch, er ein strebsamer Besitzbürger, sie eine autodidaktische Bildungsbürgerin, er politisch eher vorsichtig und um Ausgleich bemüht, sie unbedingt und emotional. Ottilies geliebter und verwöhnter Sohn Axel ist später nie müde geworden, das Hohelied seiner Mutter zu singen und dabei vor allem zu rühmen, dass sie Hitler und dessen NSDAP von Anfang an leidenschaftlich abgelehnt habe. »In ihrer kompromisslosen Ablehnung des Nationalsozialismus war sie mir das leuchtende Beispiel in jenen schrecklichen Tagen der deutschen Vergangenheit«, berichtete er 1968 bei einem Festakt der jüdischen Brandeis University in Massachusetts, der er einen »Ottilie-Springer-Chair« für westeuropäische Zeitgeschichte gestiftet hatte.[40] Zweifellos trifft das zu. Axel Springers erste Frau wusste zu berichten: »Mit O. O. [so der von ihrer Enkelin Barbara aufgebrachte Kosename] ins Kino zu gehen, das war äußerst gefährlich. Es brauchte Hitler nur auf der Leinwand zu erscheinen, dann fing sie so laut an zu schimpfen, dass man große Angst für sie und sich selber haben musste. Die Wochenschau war ja immer voll Propaganda, und dann ging das Geschimpfe erst recht los. Wenn wir aus dem ›Waterloo‹ rausgingen, schimpfte sie immer noch. Alle konnten das hören. Es wundert mich heute noch, dass ihr nichts passiert ist.«[41] Also eine tapfere, stark emotionale, auch unvorsichtige Frau, deren Einfluss auf die anti-nazistische Einstellung ihres Sohnes kaum überschätzt werden kann. Zugleich hat sie bei ihm jene etwas abgehoben-idealistischen Einstellungen genährt, die wenigstens einen Teil seiner schwierigen Psyche darstellten und später in Dutzenden von Ansprachen zum Ausdruck kamen. So wollte er sie jedenfalls in Erinnerung behalten: »Meine Mutter flößte uns Kindern den Drang nach dem Guten, Wahren, Schönen ein und auch nach dem Anstand in der Politik.«[42]

Zeitgenössische Berichte aus den frühen Jahren über die Schulbildung Ottilie Springers, über ihr Verhältnis zu Hinrich Springer oder ihre Rolle im Verlag existieren nicht. Kindern und Enkeln ist sie nicht zuletzt durch ihre etwas überspannte Verehrung für Goethe denkwürdig geblieben. Sie bekundete damit eine Zeittendenz, die gerade damals ihren Höhe- und Endpunkt erreicht hatte: die breite und vielfältige »deutsche Bildungsreligion«[43], die in Goethe ihre Leitfigur besaß. In den ersten Jahrzehnten des 20. Jahrhunderts hatte der idealistische Goethe- und Schiller-Kult auch Altona voll erfasst. Im Altonaer Museum wurde ein besonderer Goethe-

Saal eingerichtet, der im Sinne Goethe'scher Naturbetrachtungen gehalten war. Hier veranstaltete auch die Hamburger Ortsgruppe der Goethe-Gesellschaft Vorträge und Aufführungen.[44] Dort war Ottilie Springer Mitglied. Darüber hinaus pilgerte sie regelmäßig »mit einer Kiste voller Bücher« nach Weimar.[45] Auch dass sie ihren Salon nach dem Vorbild eines Weimarer Zimmers von Goethe mit Biedermeiermöbeln, entsprechenden Gemälden und den Werken des Dichters als »Goethe-Zimmer« einrichtete, war schon eine besondere Marotte.

Eine andere Marotte war Ottilie Springers Glaube an die Astrologie. Dass der im Zeichen des Stiers geborene Axel Springer selbst lange Zeit diesem Aberglauben anhing und Jahrzehnte hindurch astrologischen Rat einholte, ist seit langem kein Geheimnis mehr. Springers Geburtshoroskop ist allerdings verschollen.[46]

Zweifellos war Ottilie Springer eine eigenwillige, starke Person. Edgar Walsemann, der genug Zeit hatte, sie zu studieren, nannte sie rückblickend »eine sehr energische Dame«. Der schon erwähnte Walter Schultz-Dieckmann, langjähriger Intimus Axel Springers, meinte, sie sei eine »dominierende Frau« gewesen. Zugleich nannte er »sehr geschickt« als weiteren Charakterzug: »Sie konnte mich ... sehr gut einwickeln.«[47] Aber auch: »sehr lebenslustig«. Wie später ihr Sohn, ging auch sie gerne auf Reisen. Nachdem Axel Springer zum mächtigen Hamburger Presselord geworden war, geriet dessen Mutter ebenso ins Visier scharf beobachtender und taxierender Journalisten, die pausenlos untereinander tratschten, allerdings zugleich klug genug waren, kein indiskretes Wörtchen zu schreiben. Man entdeckte ihre Freude daran, die Madame zu spielen, großzügig Geld auszugeben, viel umzuziehen[48] und eine gewisse Schrulligkeit zu kultivieren, Letzteres vielleicht durch Schwerhörigkeit bedingt. Ob diese späteren Charakterzüge auch bereits in den Altonaer Jahrzehnten, als Axel Springer heranwuchs, so stark ausgeprägt waren, ist unbekannt. Doch so ziemlich alle, die Springers Mutter kannten und von ihr hörten, zeigen sich davon überzeugt, dass sie auf die Entwicklung ihres Sohnes stärksten Einfluss nahm und dass er psychisch von ihr abhängig war. Friede Springer, die sie nicht mehr persönlich erlebte (Ottilie Springer verstarb 1960), weiß zu berichten, Axel Springer sei auf seine Eltern »nur selektiv« zu sprechen gekommen. Doch vor seiner temperamentvollen Mutter habe er größten Respekt gehabt und sich oft nicht getraut, ihr vor die Augen zu treten. Des Öfteren sei er bei ihr vorgefahren und habe sich dann wieder zurückkutschieren lassen, ohne das Haus zu betreten.[49] Bei solchen Berichten ist jedoch daran zu erinnern, dass der große Sohn in den Jahrzehnten bis zum schweren Tod Ottilie Springers im Jahr 1960 alles andere als ein makelloses Eheleben geführt hatte. An Gründen, sich einer Standpauke der alten Dame nicht auszusetzen und lieber nach Hause umzukehren, fehlte es selten.

Auf seine Mutter ließ Axel Springer jedenfalls nie etwas kommen. Und je reifer er wurde, umso mehr wurde ihm auch bewusst, dass es sich gehörte, des eigenen Vaters ebenfalls nur in Worten des Respekts zu gedenken. Das war aber nicht immer der Fall. Im Umfeld des großen Tages am 6. Oktober 1966, als er im Beisein der Spitzen von Staat und Wirtschaft der Bundesrepublik das mächtige Verlagshaus an der Kochstraße einweihte, gab er einem Journalisten der *Bunten* ein ausführliches Interview. Es erschien innerhalb der Serie »Deutschlands erfolgreichste Männer«, zu einem Zeitpunkt, da er sich auf dem Gipfel wusste, aber noch nicht, wie wenige Monate später, zur Unperson gemacht wurde, und gehört zu Springers aufschlussreichsten Selbstzeugnissen. »Sein Selbstbewusstsein«, konnte man in diesem rundum positiv gestylten Porträt aus dem Hause Burda lesen, »ist von heiterer Selbstverständlichkeit.«[50] So gab er sich auch beim Rückblick auf sein Elternhaus und das Lebenswerk seines Vaters. Auf die Frage: »Es gab doch etwas wie verlegerische Tradition in Ihrer Familie; wollten Sie die fortsetzen?«, gab er zur Antwort: »Wenn Sie damit die *Altonaer Bürgerzeitung* meines Vaters meinen – nein! Damit wäre ich auf keinen grünen Zweig gekommen.« Nicht wörtlich, aber sinngemäß zusammengefasst, heißt es dann: kleine Druckerei, in der der Vater neben Gelegenheitsdrucksachen Schifffahrtsnachrichten und Mitteilungen der Stadt gegen mäßiges Entgelt druckte. Dass er sich dann noch entschlossen habe, eine Redaktion aufzumachen, sei mutig, aber wenig erfolgversprechend gewesen. Auch die Einkommensverhältnisse im Elternhaus wurden in diesem Interview verschleiert: »Über Geld wurde in unserer Familie nie gesprochen, aber immerhin: Wir konnten leben. Mehr aber auch nicht.« Damals wie später sind somit Springers Selbstaussagen über die eigene Vergangenheit mit Vorsicht zu betrachten. Wie die meisten Menschen, die über ihren Lebensweg berichten, schönte er, verkleinerte er oder berichtete in der Tat völlig wahrheitsgemäß – je nach Bedarf.

Als jedoch mit dem Erscheinen der rundum kritischen »Axel-Springer-Story« Manfred Bissingers im *Stern* vom 12. November 1967 der Privatmann Axel Springer gewissermaßen zum Abschuss freigegeben war, wurde natürlich auch Springers Verhältnis zu seinen so wesensverschiedenen Eltern zum Objekt psychologisierender Journalisten. Bissinger selbst ging noch nicht darauf ein, wohl aber der früher im Hause Springer tätige Journalist Wilhelm Backhaus. »Ich kann Milliarden machen. Ein Psychogramm Axel Springers«, ist der Artikel im *Spiegel* vom 1. Januar 1968 betitelt, in dem nun unter Rekurs auf die Tiefenpsychologie C. G. Jungs die familiären Anfänge von Axel Springer beleuchtet wurden. Die Mutter, »offenbar eine höchst ungewöhnliche Frau«, habe, meinte dieser Autor, »ohne Zweifel eine viel entscheidendere Rolle als der Vater gespielt«. Das ungewöhnlich hübsche Kind sei nach Kräften verwöhnt worden. Das habe eine enge Mutterbindung bewirkt, »durch welche an Identifizierung grenzende Haltung die innere Struktur weiblich betont wurde«. Entwicklungs- und vielleicht auch anlagebedingt sei die weibliche Komponente des Springer'schen Charakters (die »Anima«, um mit C. G. Jung zu sprechen) stark betont worden. Das habe alsdann den für ihn so charakteristischen, typisch weiblichen Stil bedingt, mit dem er sich durchzusetzen pflege und auffalle: Eleganz, intuitives Vorgehen, heftige Gefühlserlebnisse, Neigung, sich an Freunde anzulehnen, Gefallsucht, extreme Anpassung an die Erwartungen der Massen, innere Unsicherheit, kompensiert durch Machtwillen, »femininer Subjektivismus«, Gefühlspolitik. Springers gesamte Begabung, somit sein beispielloser Erfolg seien »vom weiblichen Pol seines Wesens stark begünstigt und gefärbt«.

Diese Interpretation hat Schule gemacht. Sie sagt natürlich über das Frauenbild von Backhaus mindestens genauso viel aus wie über Springer selbst. Nicht allein Springer-Biographen haben diese Deutung aufgegriffen und dabei noch eine Theorie des Narzissmus hinzugefügt. Auch von engen Mitarbeitern Springers ist häufig zu hören, er sei ein recht femininer Charakter gewesen. Wie immer, wenn eine schwierige, widersprüchliche Persönlichkeit zu entschlüsseln ist, bleiben derartige Psychologismen stark spekulativ. Denn es finden sich auch die umgekehrten Zuordnungen. Hans Dieter Müller, dessen Geschichte und Analyse des Springer-Konzerns im Anschluss an das Psychogramm von Backhaus in den ersten Wochen des Jahres 1968 im *Spiegel* als Vorabdruck serialisiert und seither immer wieder ausgeschöpft wurde, meinte: »Axel Springer blieb lange der Sohn seines Vaters, und auch später spielten väterliche Freunde in seinem Leben eine auffällige Rolle ...«[51] Der Journalist Walther Hansemann, auf den gleich einzugehen sein wird, Karl Andreas Voss, Hans Zehrer ...

Wir haben vorgegriffen. Das Phänomen ist aus den Biographien vieler anderer bedeutender Leute bestens bekannt: die Eltern eines bedeutenden Menschen leben zumeist in den nachträglichen Deutungen durch Freunde, Gegner und Biographen weiter, so zutreffend oder unzutreffend diese auch sein mögen. Psychologische Interpretationen eines vielschichtigen Charakters sind immer reizvoll, immer strittig und immer etwas schief. Tatsache ist jedenfalls, dass Springers Eltern für seine Entwicklung von großer Bedeutung waren. Erst 1945, als er zur Eroberung der Hamburger Presselandschaft auszog, löste er sich weitgehend von ihnen, auch wenn die Prägung blieb.

Der junge Mann aus Altona[52]

Als Geburtsstunde Axel Cäsar Springers wurde der 2. Mai 1912, vormittags 10 Uhr, vermerkt. Geburtsort: Altona, Holstenstraße 81 III. Weshalb sich das Ehepaar ausgerechnet auf den Namen Axel verständigt hat, der im Namen der »Axel Springer AG« verewigt werden sollte, wird sich nicht mehr zweifelsfrei klären lassen. Keiner von Springers Vorfahren führte diesen Vornamen. Doch ist zufällig ein längerer Brief Hinrich Springers an seine Mutter erhalten geblieben. Darin berichtete er ihr im Sommer 1904 von einem Besuch bei einem offenbar recht wohlhabenden Onkel, der damals mit seiner als Tante bezeichneten Frau eine Villa in Stockholm bewohnte. Der Gast aus Hamburg wurde von seinen Verwandten »wie ein Fürst« in die feinsten Restaurants und Hotels eingeladen – Lokalitäten, »die Hamburg nicht aufzuweisen hat«.[53] In diesem Brief ist verschiedentlich von Axel die Rede – wahrscheinlich deren Sohn, somit wohl ein Cousin Hinrich Springers. Man kann also annehmen, dass Vater Hinrich diesen Cousin später zum Taufpaten und Namensgeber seines eigenen Sohnes gemacht hat.

Axel Springer hat später den zweiten Vornamen auf den Wunsch seiner belesenen Mutter zurückgeführt. Sie sei eine Verehrerin des in Stuttgart geborenen, seit 1890 in Berlin lebenden schwäbischen Erfolgsautors Cäsar Flaischlen gewesen. Was Ottilie Springer an Flaischlen so anziehend fand, lässt sich nicht ausmachen. Dieser hatte Romane verfasst, desgleichen impressionistische Naturlyrik und anderes mehr. Von 1895 bis 1900 war er Redakteur der technisch und graphisch aufwendig gemachten Kunstzeitschrift *Pan*, entwickelte in Auseinandersetzung mit den damals modischen Strömungen Naturalismus und Symbolismus eine eigene Kunsttheorie und wurde, so belehrt man uns in einer der einschlägigen Literaturgeschichten, seit 1910 »hoch berühmt«.[54] Flaischlen war aber auch, wie man dort gleichfalls nachlesen kann, Urheber eines der flachsten und daher beliebtesten Gedichte jener Zeit: »Hab Sonne im Herzen, ob's stürmt oder schneit, ob der Himmel voll Wolken, die Erde voll Streit.« An derartiger Gebrauchslyrik fand, so weiß man, auch Ottilie Springer ihren Gefallen. Aber ihre Beweggründe für die Namensgebung müssen dahingestellt bleiben. Indes scheint der Name Caesar auch in der Familie Springer oder in der seiner Mutter existiert zu haben, denn in dem eben erwähnten Brief Hinrich Springers aus Stockholm liest man: »Dir, liebe Mutter, Caesar, Magda u. Henry die herzlichsten Grüße.« Wie dem auch sei: Einerseits hat Frau Ottilie mit dieser Namensgebung unbewusst etwas vorausgeahnt, andererseits aber dem künftigen Erbauer des Springer-Imperiums ein zweifelhaftes Geschenk gemacht. Als Springer nämlich seit 1967 zum Objekt heftigster Kritik wurde, eignete sich der Name Cäsar für besonders höhnische Kommentare.

Zu den ersten zwölf Lebensjahren Axel Springers liegen fast keine zeitgenössischen Quellen vor. Natürlich lässt sich über seine in dieser Zeit ausgebildeten Vater- oder Mutter-Komplexe, wie schon erwähnt, trefflich spekulieren. Der hübsche, schon früh gefallsüchtige Knabe sei von der Mutter übermäßig verwöhnt worden – kein seltener Vorgang fürwahr. Von Kinderkrankheiten ist die Rede, doch wer hatte sie nicht. Auch dass man derart angegriffene Kinder gern zur Kur an die See schickte, war in bürgerlichen Familien jener Jahrzehnte gleichfalls nicht unüblich. Natürlich wird man bei solchen Hinweisen hellhörig. Axel Springer laborierte auch später periodisch an irgendwelchen Bronchialkrankheiten. Weshalb soll sich das in der Kinderzeit anders verhalten haben? Recht fassbar ist das alles kaum, und es fällt auch nicht aus dem Rahmen.

Von außen betrachtet, hat Springer jedenfalls eine ziemlich unbeschwerte Kindheit verlebt. Gute alte Zeit, möchte man sagen, an die sich der Verleger selbst später auch ganz gerne erinnerte: keine aufregenden häuslichen Dramen, auskömmliche und zunehmend üppige wirtschaftliche Verhältnisse, genug Personal, das den Eltern zur Hand ging, und ein noch relativ ruhiger Daseinsrhythmus, obwohl sich Europa damals bereits in die »Urkatastrophe« des Ersten Weltkriegs gestürzt hatte. Politisch gärte es zwar heftig in Altona, doch noch kein Gedanke an Bombennächte, Vertreibungen, Emigrationstragödien oder Konzentrationslager, wie sie spätere Generationen auszuhalten hatten. Der Krieg, gefolgt von den auch in Altona wirtschaftlich und politisch schwierigen Nachkriegsjahren, hat in der Familiengeschichte anscheinend keine Spuren hinterlassen. Wir wissen nicht einmal, ob Springers Vater beim Militär war. Es ist dies eher unwahrscheinlich, denn 1918 zahlte er seinen Sozius aus und war nun Alleininhaber der Firma. Derlei Transaktionen pflegt man nicht von der Front in Flandern, in Russland oder von einer Kaserne aus vorzunehmen. Von den bewegten Zeitläuften, in welche das erste Lebensjahrzehnt dieses wohlbehüteten Knaben fiel, erfahren wir erst in Bezug auf die Inflation der Jahre 1921 bis 1923.

Offenbar ist Axel Springer so aufgewachsen wie die Kinder aus Hunderttausenden deutscher Familien, deren Eltern einen erst kleineren, dann anständig wachsenden Gewerbebetrieb besaßen. Das Familienleben spielte sich im väterlichen Unternehmen ab und war unauflöslich darauf bezogen. Neben dem Hauspersonal bildeten die Meister, Buchhalter oder Arbeiter eine Art erweiterter Großfamilie. »Er geisterte mit seiner Schwester Inge oft durch den Betrieb«, wusste Edgar Walsemann vierzig Jahre später von dem damals zwölfjährigen Axel Springer zu berichten.[55] Springer ist sozusagen mit dem Geruch von Druckerschwärze groß geworden. Er sah, dass der Vater jeden seiner Drucker oder Redakteure mit Namen kannte, ihn mit Handschlag begrüßte und sich natürlich auch nach dem Befinden der Familie erkundigte. Man gewinnt zwar den Eindruck, dass ihm der Betrieb seines Vaters bald ziemlich spießig vorkam, aber derartige frühe Beobachtungen, wie man die eigene Firma zu führen hat, sind doch bei ihm haften geblieben. Als er später in Hamburg seine eigenen Unternehmen in viel größerem Stil hochzog, hielt er sich an dieses Vorbild, solange das die Größe des Verlages erlaubte. In den Notizen, die sich Axel Springer für eine Ansprache am 15. Oktober 1949 zum einjährigen Bestehen des *Hamburger Abendblatts* gemacht hat, finden sich ein paar bezeichnende Punkte: »Lehren für das eigene Haus: Jeden einzelnen kennen – Vater nacheifern – Sorgen des kleinen Mannes, Lebenshaltungskosten, Stimulanz des Erfolges – Ideal: Dach für alle – Moralische Genossenschaft – Sozialfonds, frohe und traurige Familienanlässe ...«[56] Die Betriebsfamilie des Axel Springer Verlags mit unablässiger Pflege des Wir-Gefühls und des Stolzes auf die eigene Leistung, aber auch mit individuellen Geburtstagspräsenten, Treueprämien, Aufmerksamkeiten zu besonderen Familienereignissen – sie hat ihre Wurzeln in den Eindrücken, die Axel Springer seit seinen frühesten Jahren in dem patriarchalisch geführten väterlichen Betrieb gewann.

Kinder, die in einer solchen Umgebung aufwuchsen, inhalierten auch das, was man heute hochtrabend und nostalgisch »die bürgerlichen Werte« nennt. Der Begriff ist bekanntlich diffus und beinhaltet viele Facetten. Der Vater orientierte sich an der unternehmerischen Wertetafel. Was Thomas Nipperdey als Merkmale unternehmerischer Mentalität in jenen Jahrzehnten skizziert hat, passt auf Hinrich Springer wie angegossen: »Zum Unternehmer-Sein gehörten bestimmte Talente, zweckrationales, kalkulierendes Handeln und Weitblick, Dynamik, Sinn für Innovation, Risikobereitschaft, Fleiß und Nüchternheit, ein ausreichendes Wissen und das Erkennen und Ergreifen unternehmerischer Gelegenheiten, gehörte Kapital (oder der Zugang dazu) und eine Portion Chancenglück.«[57] Das passt aber genauso und in noch viel stärkerem Maße auf Axel Springer selbst. Wie gleich zu erwähnen sein wird, bäumte er sich zwar seit Beginn der Pubertät gegen den spießigen Lebensstil seines Vaters auf und gewöhnte sich bald ein charakteristisches Doppelleben an – tagsüber Arbeit im väterlichen Betrieb, nachts und im Urlaub ein Boheme-Leben. Früh schon wurde er zum geborenen Verschwender. Sparsamkeit war ihm ein Gräuel. Aber dass er dennoch gewisse typisch unternehmerische Werte verinnerlichte, wenn auch widerwillig, ist evident. Das sollte alle Welt dann in den siebziger Jahren erfahren, als der einstige Dandy und Bruder Leichtfuß Axel Springer einer Öffentlichkeit, die vielfach schon anders tickte, vom hohen Rednerpult aus seine gutbürgerliche Wertetafel ans Herz legte.

Wenn von »bürgerlichen Tugenden« die Rede ist, treten allerdings auch andere Verhaltenscodes ins Blickfeld, die nicht direkt mit dem bürgerlichen Erwerbsleben zu tun haben. Als die Meinungsforscherin Elisabeth Noelle-Neumann in der zweiten Hälfte der siebziger Jahre des vergangenen Jahrhunderts aus einer Vielzahl von Umfragen den rapiden Schwund charakteristisch bürgerlicher Werte konstatierte, subsumierte sie darunter auch Normen von Sitte und Anstand.[58] Dazu zählen so elementare Verhaltensweisen wie gutes Benehmen, Höflichkeit, Sauberkeit, anständige Kleidung. Axel Springer pflegte das bekanntlich im Übermaß. Seitdem er im ersten Matrosenanzug posiert hatte, kultivierte er eine dandyhafte Freude an edlen Anzügen, an edlem englischem Schuhwerk, an feinen Accessoires oder an teurer Sportkleidung. Sicherlich hat ihn Mutter Ottilie, Tochter einer Putzmacherin, darin bestärkt. Das sollte künftig zu seiner Art werden, sich verächtlich von Proleten abzuheben – NS-Proleten, 68er-Proleten. Zu den Proleten zählte er allem Anschein nach auch die mit ihren bürgerlichen Ursprüngen zerfallenen Jugendbewegten der zwanziger Jahre. Bis in seine späten Jahre bekundete er jedenfalls eine geradezu kindliche Freude am Luxus. Daran ist schön zu studieren, wie das in gutem Sinne Bürgerliche dem Bourgeoisen benachbart ist. Prägung durch die Mutter? Wahrscheinlich, jedenfalls auch dies eine Variante bürgerlichen Auftretens in Zeiten, die zusehends unbürgerlicher wurden.

Auffällig ist eben bei dem jungen Axel Springer, wodurch er *nicht* geprägt wurde. Wie stark die Mentalitäten von Söhnen aus bürgerlichen Familien in den Jahren vor und nach dem Ersten

Weltkrieg durch die Jugendbewegung geprägt waren, ist allbekannt. Bei Axel Springer hingegen ist überhaupt nichts davon zu entdecken. Offensichtlich hat er sich von den Wandervögeln, von politischen, von religiösen und oder wie auch immer orientierten Jugendgruppen verächtlich ferngehalten. Etwas Fußballbegeisterung, gut, aber auch hier keine begeisterte, jahrelange Mitgliedschaft in Sportvereinen.

Desgleichen ist keine Beeinflussung des Kindes durch militärische Familientraditionen erkennbar. Zahllos waren in der Weimarer Republik die Söhne von Kriegsteilnehmern, die sich nachträglich an den Taten und Leiden ihrer Väter, ihrer Verwandten und des Soldatentums insgesamt innerlich berauschten und dem nachzustreben suchten. Es gab freilich auch jene anderen Familien, in denen man nur mit Trauer oder Wut an gefallene Väter und Brüder dachte oder überhaupt von den Schrecken des Krieges sprach. Zu den antimilitaristisch Gesinnten gehörte offenbar die Familie Springer. Eigene Verluste waren, soweit zu erkennen, nicht zu beklagen. Doch der Weltkrieg wurde als sinnlose Schlächterei empfunden. Aus dem Abstand von fast 60 Jahren wusste Axel Springer zu berichten, wie er in einer Schulstunde durch entsprechend negative Äußerungen den Lehrer und einen Teil der Klasse befremdet habe.[59] Das ist durchaus glaubhaft. Der Abscheu vor dem Militär und vor dem Krieg sollte sich bei Axel Springer auch später immer wieder bemerkbar machen. Da man im Alter von zehn oder elf Jahren im Unterricht meist nur Überzeugungen zu artikulieren pflegt, die man zu Hause aufgeschnappt hat, ist Springer allem Anschein nach in einem recht pazifistischen Familienmilieu sozialisiert worden.

Auch der sozusagen moralische Imperativ »Seid nett zueinander!«, den er später zur Ideologie seiner populären Zeitungen machte, ist ihm allem Anschein nach in frühester Jugend eingeimpft worden. Unter seinen Papieren hat sich der Brief eines schlichten, mit Axel Springer gleichaltrigen einstigen Spielkameraden erhalten, dessen Familie damals auf der vierten Etage des Gutenberg-Hauses zur Miete wohnte. Das Schreiben war nicht direkt an den reichen Verleger gerichtet, was seinen Wahrheitsgehalt erhöht. Die Familie Springer, so erfahren wir dort, habe bis zum Tode seiner Großmutter, einer Schauspielerin, zum Geburtstag und zum Weihnachtsfest »großzügige Geschenkkörbe« übersandt, was nach dem

Kriege »in liebenswürdiger Weise« von Axel Springer fortgesetzt worden sei. Als sich der Betreffende 1953 meldete, erhielt er eine Stelle im Verlag, erst in der Adrema und dann im Außendienst für *HÖR ZU!*.[60] Großzügig schenken, sich an Geburtstage erinnern, zum Weihnachtsfest eine Freude bereiten, Hilfsbedürftigen Jobs verschaffen, so dies möglich ist, dann, in den Jahren des Dritten Reiches, Ausgegrenzten und Verfolgten helfen – offensichtlich hat Axel Springer dies schon früh im Elternhaus beobachtet. Mitgefühl, Mildtätigkeit, Großzügigkeit, Toleranz – auch solche Einstellungen finden sich im Kanon bürgerlicher Werte, die Axel Springer mehr unbewusst als bewusst in sich aufnahm. Dass er bald auch harte, bizarre und sehr selbstbezogene Charakterzüge entwickelte, wird noch ausführlich darzustellen sein.

Welchen Einfluss die vergleichsweise kurzen Schuljahre auf Axel Springers intellektuelle und charakterliche Entwicklung hatten, lässt sich nicht deutlich erkennen. Im Alter von sechs Jahren wurde er eingeschult. Über die Volksschule, die Ewaldtsche Privatschule an der Altonaer Prachtstraße Palmaille,[61] hat er selbst sich nicht geäußert. »Unsere Schule ... legte den Grund für eine positive Lebensauffassung: Geschichtsbewusstsein, Liebe zur Heimat ... Wissen um Kultur und Bildung ... Hören und Sehen, Musik und bildende Kunst, das Gefühl für Harmonie und Ordnung ...«,[62] schrieb später einer von Springers Klassenkameraden. Er erinnerte sich an das Schulgebet und das abschließende Singen des Liedes: »Ich hab mich ergeben / mit Herz und mit Hand / Dir Land voll Lieb' und Leben, / Mein deutsches Vaterland«. Offenbar muss das auch Springer beeindruckt haben. Als der Großverleger am 6. Oktober 1966 auf dem Gipfel seines öffentlichen Ansehens vor dem versammelten Establishment der Bundesrepublik das Verlagsgebäude in der Berliner Kochstraße einweihte, ließ er seine Festansprache, unterlegt von entsprechender Hintergrundmusik, mit diesem Bekenntnis zu einem moderaten Patriotismus ausklingen:[63] »Ich hab mich ergeben ...«

Nach der dritten Klasse wechselte Axel Springer auf das renommierte Schlee-Realgymnasium in der Altonaer Königstraße. Diese reformerische Schule sollte auf das moderne Leben vorbereiten. Französisch setzte bereits in der ersten Klasse ein, Englisch in der dritten, Latein in der vierten. Das von dem damals angesehenen

Direktor Schlee verfochtene Konzept hielt den Schülern zwei Bildungswege offen: entweder den Gymnasialzweig mit dem Abitur oder den Realschulzweig mit dem Einjährigen.[64] Als Axel Springer eintrat, hatte die Unterstufe sechs Klassen. Es ist anzunehmen, dass der Wahl dieses Schultyps ein Kompromiss zwischen den Eheleuten Springer zugrunde lag. Frau Ottilie wünschte wohl, ihr Sohn möge nach Höherem streben, während der realistische Vater eher an das Ausscheiden mit dem Einjährigen dachte, mit anschließender Lehre im eigenen Betrieb. Insgeheim aber machte sich Vater »Heino« seine Gedanken. Sein Lieblingsautor Hans Leip hörte ihn einmal »mit freundlichem Seufzer« sagen, als sein Söhnchen im Kieler Matrosenanzug zur Tür hinaus war: »Ja, was wird aus Axel werden? Das geschäftliche Erbe wird ihm vielleicht wenig bedeuten.«[65]

Rasch zeigte sich, dass Axel Springer nicht die erforderliche Selbstdisziplin für den gymnasialen Zweig aufbrachte. Seine Schulzeugnisse sind nicht erhalten geblieben. Als er in den 1980 verfassten Aufzeichnungen *An meine Kinder und Kindeskinder* wohl oder übel auch kurz auf die eigene Schulzeit zu sprechen kommen musste, schrieb er: »Bis zur Quarta im angesehenen Schlee-Realgymnasium war ich, nach den Bekundungen der Lehrer, ein sehr guter Schüler. Und dabei ein recht schüchterner Junge. Doch dann kam jener Bruch, wie er sich bei vielen jungen Menschen beim Übergang zum Erwachsenenleben findet. Ich wurde rebellisch und wohl auch exzentrisch; mit jenem Schuß bürgerlicher Jeunesse dorée-Neigung, die in den zwanziger Jahren nach dem verlorenen Ersten Weltkrieg die junge Generation erfasste.«[66] Dem mag so sein. Doch war Springer nicht der einzige Schüler auf dem Schlee-Realgymnasium, dem die Pubertät und der Zeitgeist zu schaffen machten. Weshalb sind bei ihm die Schulleistungen so dramatisch abgesunken, dass er schließlich auf das im Niedergang begriffene Bertha-Lyzeum in Groß Flottbek[67] umgeschult werden musste, von wo er nach der sechsten Klasse abging, um alsbald vom Vater in die Lehre gesteckt zu werden? Da sich Axel Springer später als ungemein befähigter Verleger, auch als gebildeter Mann erwiesen hat, ist das schulische Scheitern doch recht auffällig.

Auch hier ist man auf Vermutungen angewiesen. Die schulische Krise setzte genau zu dem Zeitpunkt ein, als zwei Fremdsprachen zu lernen waren und Latein bevorstand. Mag sein, dass hier erstmals ein Hang zu periodischer Bequemlichkeit auftrat, der bei ihm auch später irritieren sollte. Auffällig ist auch eine weitere Koinzidenz. Der Leistungsabfall erfolgte zeitgleich mit dem geschäftlichen Aufstieg seines Vaters, der jetzt in der Königstraße einen vergleichsweise großen Betrieb installierte. Zwar behielt Hinrich Springer weiterhin die Füße auf dem Boden. Doch seinem von der Mutter wohl immer etwas verzogenen Sohn stieg der neue Wohlstand wahrscheinlich zu Kopf. Zugleich drängte der Vater jetzt stärker als zuvor darauf, den Sohn möglichst bald als Nachfolger zu schulen, zumal dieser offensichtlich in der Schule scheiterte. Empirisch fassbare Belege liegen nicht vor. Doch spricht vieles dafür, dass sich bei Axel Springer damals manches verknäult hat: die Pubertät mit einem von nun an ganz bemerkenswert ungezügelten sexuellen Appetit, Verwöhntheit, Faulheit auch, und der klassische Vater-Sohn-Konflikt. Zunehmend glich er dem Typ des »zufriedenen jungen Herrn«, wie das Ortega y Gasset, ein Zeitgenosse Springers, beschrieben hat: »Der ›junge Herr‹ ist ein Mensch, der zur Welt gekommen ist, um das zu tun, wozu er Lust hat. Denn damit ist tatsächlich die Vorstellung charakterisiert, die sich der Familiensohn vom Leben macht.«[68]

Worauf aber hatte er Lust? Seit ihn seine Mutter einmal nach Berlin mitgenommen hatte, schwärmte er von der dortigen Musik- und Theaterwelt. Jetzt wollte er selbst als Sänger auf der Bühne stehen und sein Publikum mit schönem Bariton verzaubern wie der damals berühmte Richard Tauber. Bestärkt wurde er darin von seinem Schulfreund Hermann Firchow, der sich im Schlee-Realgymnasium seiner annahm und in der Tat selbst die Laufbahn des Opernsängers einschlug, auch wenn ihn diese nicht auf die höchsten Höhen führte. Offenbar war die Familie Springer gesangsbegabt: der Vater und auch der Großvater. So durfte Axel Springer seit der Quarta Gesangsstunden nehmen. Während seiner Lehrlings- und Volontärjahre nahm er bei dem Maestro Otto Eichenbaum in der Goethestraße zu Altona weiterhin insgeheim Unterricht in Gesangskunde und Stimmbildung. Noch viel später, im Sommer 1939, als Axel Springer im Altonaer Betrieb schon längst auf der Schiene des Journalismus rollte, brach er regelrecht aus und nahm im fernen Stettin nochmals für einige Wochen Gesangsunterricht, bis ihn der Kriegsausbruch in den väterlichen Betrieb zurückscheuchte.[69]

Natürlich blickte er von den Höhen seines Verlagsimperiums nur noch voller Ironie auf diese Phase zurück. Im Lauf der Zeit hatte er selbst erkannt, dass sein Organ nicht tragfähig genug war, um eine große Sängerlaufbahn zu ermöglichen. In der Rückschau rühmte der christlich und sehr ernst gewordene Verleger den bewunderten Richard Tauber vor allem als »begnadeten Interpreten des europäischen Liedgesangs«[70] und beklagte ihn als tragisches Opfer nazistischer Barbarei – rassisch ein »Halbjude«, der sich erst zu arrangieren suchte und dann Deutschland für immer verließ. Man geht aber nicht fehl mit der Annahme, dass ihn anfangs vor allem der Operettensänger Tauber faszinierte. Er selbst setzte später seine Gesangskunst gerne ein, wenn er sich mit Schlagern und Operettenmelodien zum Mittelpunkt fröhlicher Gesellschaften machte: »Gern hab' ich die Frau'n geküßt ...«

Zu Springers vielschichtigem Naturell gehörte jedenfalls der lange Zeit übermächtige Drang zur leichten Muse. Es zog ihn nicht nur auf die Bühne, sondern überhaupt in die Welt der Boheme. Das Bürgertum besteht schließlich nicht nur aus Unternehmern mit calvinistischem Leistungsethos oder aus kunstsinnigen Bildungsbürgern. Auch die Boheme ist ein Teil der bürgerlichen Gesellschaft.

Im Alter von 16 Jahren deutete jedenfalls wenig darauf hin, dass aus dem verbummelten Axel Springer etwas Bedeutendes werden könnte. Da ereignete sich das Beste, was einem solchen Typ widerfahren kann. Der Vater nahm den Luftikus von der Schule und zwang ihn, unter seinen gestrengen Augen eine Lehre als Drucker und Setzer zu absolvieren, gefolgt von Volontariaten bei den Papierfabrikanten und Feinpapiergroßhändlern Sieler & Vogel, bei Wolffs Telegraphischem Büro am Hamburger Mönkedamm 7 und schließlich beim *Bergedorfer Anzeiger*. Hier erwarb Axel Springer jenes fachliche Kapital, auf das gestützt er nach 1945 das *Hamburger Abendblatt* und die *Bild*-Zeitung hochzog. Bei Hammerich & Lesser habe er eben das Herstellen von Layouts von der Pike auf gelernt, meinen so ziemlich alle, die ihm später das Prädikat des genialen »Blattmachers« verliehen. Als Lokalredakteur bei der Wolff'schen Nachrichtenagentur und danach in Bergedorf konnte er Erfahrungen vertiefen, die ihm bereits bei der väterlichen Zeitung zugeflogen waren. Viele bewunderten später sein sicheres Gespür für die Erwartungen, mit denen die Leute ihre Zeitung aufschlagen, und dafür, welche Sprache bei ihnen ankommt. Er hatte, meint Christian Kracht, ein »unheimliches Gefühl für den Wunsch der kleinen Menschen. Er wußte, was der kleine Mann auf der Straße lesen wollte.«[71]

Dass ihm die Ausbildung zum journalistischen Profi Befriedigung verschaffte, ist keine Frage. Sonst hätte er nämlich Mittel und Wege gefunden, das Weite zu suchen. Denn in diesen Jahren wurde zusehends deutlich, dass aus dem zuvor eher ruhigen, ja ängstlichen Knaben ein sehr unruhiger Geist geworden war. Zwar wohnte er, wie damals vollkommen üblich, weiterhin zu Hause. Doch schon als Volontär in Hamburg befreite er sich geistig von der wohlgeordneten Enge Altonas. Dabei vollzog sich sein Einstieg in die Hamburger Gesellschaft über die Varietés, die Nachtbar »Tarantella« an der Esplanade (despektierlich »Tarantulla« genannt), die Tanzlokale und die Cafés an der Binnen- und Außenalster. Als Führer in das süße Leben des damaligen Hamburg fungierte der Feuilletonist Walther Hansemann. Bei Tag brachte er dem Volontär Springer bei, wie man lockere und professionelle Berichte schreibt. Nach Dienstschluss zeigte er ihm, wo und mit wem man das Leben genießt. Springer war von diesem skurrilen Original so angetan, dass er ihn zwanzig Jahre später zum Leiter des Feuilletons beim *Hamburger Abendblatt* machte. Jetzt entdeckte Springer auch Sylt. »Westerland und Kampen, überhaupt Sylt«, so einer seiner frühen Freunde, »galten in ganz Deutschland als etwas Besonderes.«[72] Und er berauschte sich an der Vorstellung, eines Tages nach Berlin zu Ullstein zu gehen. Mit dieser Perspektive hatte ihm sein Vater die Pille versüßt, erst in Altona und Hamburg seine Lehrjahre absolvieren zu müssen.

Das widersprüchliche Nebeneinander von starkem Verhaftetsein im Elternhaus bei gleichzeitigen Fluchtbewegungen äußerte sich auch in der großen Liebesgeschichte, die zur ersten Ehe Axel Springers führte. Wie die Fotos aus jener Zeit erkennen lassen, war er jetzt ein blonder Beau, auf den die Mädchen flogen. Zwischen dem 18-jährigen Axel Springer und der schönen, allseits umschwärmten 17-jährigen Hamburgerin Martha Else Meyer, als Jüngste von vier Geschwistern »Baby« genannt, entspann sich eine dreijährige Romanze, tragisch und komisch zugleich, wie sich derlei Vorgänge nicht selten abspielen: Liebesfrühling auf Sylt, Verfrachtung der jungen Dame in ein Schweizer Internat, wohin der Galan ihr folgte, Selbstmorddrohungen ... Verschiedene der Briefe zwischen Mutter Ottilie und ihrem hoffnungsvollen Sohn sind erhalten geblieben.[73] Sie zeigen einen unreifen jungen Mann und hilflose, wenngleich beiderseits begüterte Eltern, die Schlimmes ahnen und sich dem erfolglos entgegenstemmen. Drei Jahre, bis zum Jahr 1933, dauerte das Auf und Ab. Dann bekam Axel Springer endlich seinen Willen, weil ein Kind unterwegs war. Doch genau in dem Jahr, als er schließlich die erste seiner fünf Ehen einging, fiel in Deutschland die Decke herunter.

Im Dritten Reich (1933–1945)

»Gewissensartistik«[1] oder »passiver Widerstand«?

Der Befund ist ganz eindeutig: Vom Anfang am 30. Januar 1933 bis zum Ende am 8. Mai 1945 standen die Springers in innerer Opposition zum Dritten Reich. Doch genauso eindeutig ist: Die Familie suchte sich durchzuschlängeln, auch Axel Springer selbst. Den Normalbürger verlangt nicht nach der Märtyrerkrone, er duckt sich und hofft auf bessere Zeiten. Am kämpferischsten von allen erwies sich Mutter Ottilie.

Aus Sicht der siegreichen Partei galt Hinrich Springer als typische Figur der sogenannten Systemzeit – kritisch zu beobachten, wenngleich nicht so prominent, dass Verfolgung angezeigt war. Es genügte, wenn es gelang, das ohnehin betuliche Blatt dieses gutbürgerlichen Verlegers schnellstens auf Pfiff zu dressieren. Besonders streitlustig waren die *Altonaer Nachrichten* nie gewesen. Eine Lokalzeitung der politischen Mitte muss schließlich bestrebt sein, möglichst ohne Anstoß zu erregen über den Parteien zu stehen. Wer die Jahrgänge 1931, 1932 und die ersten Wochen von 1933 durchmustert, stößt auf Behutsamkeit der Kommentare, der Nachrichtenauswahl und der Überschriften.

Wie es weitergehen würde oder sollte, war den Leitartikeln nicht zu entnehmen. Beklagt wurde vor allem die unversöhnliche Polarisierung. Charakteristisch war der Leitartikel vom 1. Januar 1933. Dort konnte der ratlose Leser einmal mehr lesen, das »Zusammengehörigkeitsgefühl« in Deutschland sei verloren gegangen: »Kaum ein Deutscher haßt einen außerdeutschen Feind so heftig, wie er seinen andersdenkenden Volksgenossen in den Abgrund der Hölle wünscht.« Solle es besser werden, müssten die Deutschen wieder erkennen, dass sie einer »Schicksalsgemeinschaft« angehörten.[2] Das war ein mild formulierter Aufruf zur Wiederentdeckung der Volksgemeinschaft. Heute würden wir sagen: typisch bürgerliches Gutmenschentum. Wenn Axel Springer seit 1948 sein *Hamburger Abendblatt* unter die Devise stellte: »Seid nett zueinander!«, so war das wohl ein Nachklang dieser sympathischen, wenngleich unkämpferischen und völlig wirkungslosen Grundeinstellung.

Der Aufmacher am 30. Januar 1933 lautete »Hitler zum Reichskanzler ernannt«, versehen mit einem Foto des neuen Reichskanzlers in Zivil. Der Leitartikel befasste sich aber ausschließlich mit dem Rücktritt General Schleichers. »War die Kanzlerschaft Schleichers eine Niete?«, wurde im letzten Absatz gefragt. Für eine Antwort sei es noch zu früh: »Aber vielleicht war sie ein notwendiger Übergang zu einer neuen Regierungsform, von der wir heute allerdings noch nicht wissen, wie sie gestaltet sein wird … Es wäre falsch, wollte man die Augen davor schließen, daß dunkle Wolken über Volk und Reich hängen. In die Hand des greisen Reichspräsidenten ist nunmehr eine Entscheidung gelegt worden, die die schwerste seines Lebens sein wird.«[3] Der Artikel war wohl noch vor der Ernennung Hitlers entstanden, brachte aber die Stimmung des republiktreuen Bürgertums gut zum Ausdruck: Unsicherheit, Ahnung kommenden Unheils, Erwartung einer »neuen Regierungsform« und gewisse vage Hoffnungen auf den »greisen Reichspräsidenten«. Tags darauf wurde die neue Reichsregierung als »Das Kabinett der vier Exponenten« vorgestellt: Hitler-Papen-Hugenberg-Seldte. Zum Thema Hitler hieß es nicht ganz ohne Respekt, aber durchaus nichtssagend und schon gar nicht kämpferisch: »Adolf Hitler, der Mann, dem die größte Zahl von Anhängern folgt, die sich jemals für einen Mann oder eine Partei erklärt haben.«[4]

Am 2. Februar, als die Entscheidung für erneute Reichstagswahlen zu kommentieren war, wurde immerhin die Sorge geäußert, die neue Regierung werde im Wahlkampf wohl nicht mehr jene objektive Zurückhaltung an den Tag legen wie frühere Regierungen. Zutreffend, doch wiederum nichtssagend, war alsdann formuliert: »Der kommende Wahlkampf wird die Entscheidung bringen, für Hitler oder für die deutsche Republik.« Ähnlich zurückhaltend hieß es auch vor der Reichstagswahl: »Vor der Entscheidung über Deutschlands Zukunft«. Jeder tue seine Pflicht und wähle![5] Aus dem Nachrichtenteil war jedoch erkennbar, dass die Zeitung aufseiten des heftig angefeindeten sozialdemokratischen Oberbürgermeisters Max Brauer stand. Der Leitartikel vom 6. März aber klang bereits wie eine Dreiviertel-Kapitulation: »Einstweilen hat die nationale Konzentration den Sieg errungen. Jetzt muss ihr die Gelegenheit gegeben werden, zu arbeiten und sich zu bewähren.«[6] Immerhin: Die Lokalzeitung Hinrich Springers zeigte sich nicht willens, mit vollen Backen in das Horn der »nationalen Erhebung« zu blasen.

Beim Rückblick auf jene Wochen aus dem Abstand von fast 40 Jahren legte der inzwischen selbst zum frommen Christen mutierte Axel Springer auch Wert auf die Feststellung, das berühmte »Altonaer Bekenntnis« von 21 evangelischen Geistlichen sei am 11. Januar 1933 im Verlag seines Vaters gedruckt worden, nachdem es zuvor während eines Nachmittagsgottesdienstes in der überfüllten Altonaer Hauptkirche verlesen worden war. Demonstrativ hatte der sozialdemokratische Oberbürgermeister Max Brauer an diesem Gottesdienst teilgenommen.[7] Dieses Manifest war in der Tat nicht ganz unwichtig. »Das Wort und Bekenntnis Altonaer Pastoren in der Not und Verwirrung des öffentlichen Lebens« hatte einen wichtigen Stellenwert in der Vorgeschichte der Bekennenden Kirche. Dort wurden die linken und rechten Ideologien gleicherweise abgelehnt (»eine klassenlose Gesellschaft ohne Hunger, Mühsal und Leid« oder ein »nationaler Zukunftsstaat völliger Gerechtigkeit und Artgemäßheit«). Die Rede war auch von dem Recht des individuellen Christen zum politischen Widerstand. In den überregionalen Zeitungen wurde die Erklärung stark beachtet, wobei die nationalsozialistischen Blätter dagegen polemisierten. So schrieb das *Hamburger Tageblatt,* die Parteizeitung der Hamburger NSDAP: »Wer nicht für uns ist, der ist wider uns – oder er ist für uns tot.«[8]

Die neuen Herren kannten also die Einstellung des Verlegers und der Redaktion. Sie wussten aber auch, dass Hinrich Springer nicht zu den Scharfmachern gehörte. Altona war schon in der dramatischen Endphase der Weimarer Republik ein heißes Pflaster gewesen. »Der Altonaer Blutsonntag« am 17. Juli 1932, bei dem eine stundenlange Schießerei zwischen der SA und den Kommunisten 18 Tote und an die 60 Schwerverletzte forderte, hatte im ganzen Reichsgebiet für Erregung gesorgt. Kein Wunder, dass hier die siegreiche Partei mit ihren Gegnern nun besonders terroristisch aufräumte. Von der Anpöbelei bis zur Ermorderung war alles möglich. Noch bevor die administrative Gleichschaltung der Presse erfolgte, vollzog sich die Gleichschaltung durch Einschüchterung. Axel Springer berichtete rückblickend durchaus glaubhaft, auch sein Vater und der Chefredakteur Edgar Walsemann seien eines Tages von zwei Männern im Trenchcoat in einem Pkw abgeholt und erst nachts wieder freigelassen worden.[9] Wann genau sich das Verhör abspielte, ist unbekannt, wahrscheinlich in den ersten Wochen nach den Märzwahlen. Erschreckt diskutierte die Familie nun die Möglichkeit einer Emigration in die Schweiz, ließ diese Überlegung aber gleich wieder fallen.

Nach dem Ermächtigungsgesetz war noch keine Woche vergangen, da begannen SA und SS bereits mit dem Boykott gegen jüdische Geschäfte. Wie verängstigt auch schon die *Altonaer Nachrichten* waren, zeigt der Bericht über diese Vorgänge. »Abwehr-Boykott gegen deutsche Juden beginnt«, lautete die Schlagzeile. Ein vieldeutiger Leitartikel (»Schluß mit der Greuelpropaganda!«) nahm die parteioffizielle Begründung auf, die Boykotte seien nur eine Antwort auf die »aus dunklen Quellen gespeisten Greuelmeldungen« im Ausland, begrüßte aber zugleich die gleichfalls von der NSDAP verbreitete Ankündigung, alle Deutschen seien aufgerufen, keinem deutschen Juden »auch nur ein Härchen zu krümmen«.[10] »Wie wir hören«, war hier zu lesen, »ist auch in Altona heute morgen vor einigen Geschäften der Stadt durch SA die Kundschaft darauf aufmerksam gemacht worden, dass es sich um jüdische Geschäfte handelt. Im allgemeinen ist aber sicher anzunehmen, dass die Mitglieder der NSDAP sich strikt und wohldiszipliniert an den auf Sonnabend, 10 Uhr morgens, festgesetzten Termin halten werden.« Der Artikel ließ sich somit nach allen Seiten hin interpretieren: als Kotau vor der zu antisemitischen Pöbeleien aufrufenden Partei, als Appell an die anständigen Elemente in der NSDAP oder als Warnung an die jüdischen Mitbürger vor dem, was sich am 1. April ereignen sollte. Offenkundig ist nur eines: Es war bereits ein gewundener Leitartikel in Sklavensprache, wie er drei Monate zuvor noch völlig undenkbar gewesen wäre, von nun an aber auch in den *Altonaer Nachrichten* zur Regel werden sollte.

Doch Hinrich Springer wahrte einen gewissen Abstand zur NSDAP. Auf dem Fragebogen im Jahr 1945 hatte er lediglich zu gestehen: »zwischen 1934 und 1943 als Wagenbesitzer in der Abteilung Automobilclub des NSKK passives Mitglied«, und durch Mitgliedschaft im Reichsverband der Deutschen Presse sei er auch der Deutschen Arbeitsfront (DAF) zwangsweise angeschlossen gewesen.[11]

Wie reagierte nun der noch recht unpolitische Axel Springer selbst auf die neue politische Lage? Man gewinnt den Eindruck, dass ihn damals andere Dinge viel stärker beschäftigten als die Politik. Allerdings war auch er höchstpersönlich von dem parteioffiziellen Antisemitismus betroffen, jedenfalls gestreift. »Baby« Meyer, seine Auserkorene, fiel nämlich gemäß den zwei Jahre später erlassenen Nürnberger Gesetzen in die Kategorie »Halbjüdin«. Vater Eduard Meyer, ein wohlhabender Hamburger Bauunternehmer, war »arischen Geblüts«. »Mutter Mary« aber, wie Axel Springer seine Schwiegermama zeitlebens genannt hat, war eine geborene Seldis und stammte aus einer voll assimilierten jüdischen Familie. »Die waren alle sehr national«, betonte ihre Tochter »Baby« später.[12]

Über die Familie Seldis wissen wir nur wenig. Im Nachlass Axel Springers liegt der Entwurf eines Schreibens an das Reichssippenamt am Berliner Schiffbauerdamm, datiert vom 19. Februar 1943, mit einem Begleitbrief Eduard Meyers an Axel Springer. Verfasser dieser Eingabe war Martha Meyers geschiedener, inzwischen wieder verheirateter einstige Ehemann. Was sich 1933 nicht einmal erahnen ließ, war 1943 Realität: Die als Jüdin gewissermaßen vogelfreie »Mutter Mary« war nach Theresienstadt deportiert worden. Der Schriftsatz, unterstützt von medizinischen Gutachten, sollte nachweisen, dass Frau Seldis nicht jüdischer, sondern lediglich »halb jüdischer« Abstammung sei. Dort findet sich auch die einzig erhalten gebliebene Beschreibung des Lebensstils der assimilierten Familie Seldis. Sie habe durch das ganze Familienleben »rein christlich gelebt«, nur alle Feste der Christen gefeiert, dagegen die jüdischen Festtage nicht. Beide Eltern seien im Gegensatz zu jüdischen Gepflogenheiten im Ohlsdorfer Krematorium verbrannt und auf dem Ohlsdorfer Friedhof unter christlichen Bräuchen beigesetzt worden.[13]

Wie gesagt, die Entwicklung des diskriminierenden Antisemitismus zum Holocaust ließ sich 1933 noch nicht erahnen. Dass man sich aber durch Einheirat in eine aus Sicht der NSDAP nichtarische Familie politisch missliebig machte, kann Axel Springer nicht verborgen geblieben sein, »als« – so Carl Zuckmayer – »Hitler zur Macht kam und jeder Schuft sich von seiner nichtarischen Frau scheiden ließ«.[14] Die Beunruhigung unter jüdischen Deutschen war bereits in den ersten Monaten des Unheilsjahrs 1933 groß. Schon kurz nach der Machtergreifung verließen an die 40 000 deutsche Juden das Deutsche Reich. Der Boykott vom 1. April, willkürliche Entlassungen »jüdischer« Beamter und das unmittelbar nach dem Boykott eingebrachte Berufsbeamtengesetz mit der Forderung nach dem »Ariernachweis« führten vor Augen, dass eine systematische Diskriminierung »jüdischer« Deutscher zu erwarten war, sofern sich das Regime halten würde.

Im April 1933 wurde »Baby« Meyer schwanger. Die Verlobung Ende Juni 1933 nach dreijährigem hinhaltendem Widerstand der beiden Elternhäuser resultierte gewiss in erster Linie daraus. Wohlanständiges bürgerliches Verhalten verlangte nun zwingend die rechtzeitige Eheschließung. Doch dokumentierte das zugleich, dass

Axel Springer selbst mitsamt seinen Eltern gegen den bereits offiziellen, infam vagabundierenden Antisemitismus resistent war. Die Eheverbindung zeigt aber noch ein Weiteres. Man hat später oft gerätselt, weshalb die deutschen Gemeinheiten gegenüber den Juden, bald gefolgt von schlimmsten Verbrechen, ausgerechnet Springer später so stark umgetrieben haben. Darin kam nicht allein die ausgeprägte Toleranz gegenüber den zahleichen Juden Altonas zum Ausdruck. Hinzu traten zugleich auch Erfahrungen im persönlichsten Bereich, über die Springer später allerdings ein auffälliges Schweigen wahrte. In der Niederschrift *An meine Kinder und Kindeskinder* berichtete er über alles Mögliche, was er im Dritten Reich erlebt hatte, ohne aber diesen Zentralpunkt seiner frühen Biographie anzusprechen. Gewiss, ein inzwischen großer und berühmter Mann teilt seinem Nachwuchs nicht gerne mit, dass seine erste Ehe durch eigenes Verschulden scheiterte. Aber schließlich war viel mehr dabei involviert, nämlich Axel Springers ganz persönliche Verbindung mit dem Schicksal der deutschen Juden.

Man muss jedenfalls davon ausgehen, dass Axel Springer im Jahr 1933 vorrangig mit der Regelung seines ins Schleudern geratenen Privatlebens beschäftigt war. Die Notizen von Frau Ottilie im Familienkalender sprechen für sich: »28. Juni 1933 – Axels Verlobung ... 1. Oktober 1933 – Axels Volontärzeit in Bergedorf beendet und Eintritt in unsere Redaktion ... 25. November 1933 – Axels Trauung mit Baby auf dem Standesamt in der Sechslingspforte ... 16. Dezember 1933 – Geburt Barbaras, unseres ersten Enkelkindes ... 17. März 1934 – Kirchl. Trauung Axels und Babys von Pastor Lindemann in der Kapelle in der Bogenstraße in Hamburg zusammen mit Babys Schwester Margot u. Waldemar Brehmer. Hinterher Frühstück im Uhlenhorster Fährhaus nur im Kreise der Eltern ... 1. Juli 1934–25jähr. Geschäftsjubiläum ...«[15]

Als das in jeder Hinsicht aufgewühlte Jahr 1933 zu Ende war, schien alles wieder in geordneten Bahnen zu verlaufen. Vater Springer konnte seine Zeitung weiterführen, wenngleich nur noch als eine Art regierungsoffizieller Propagandaplattform. Axel Springer selbst fand hier einen Unterschlupf. Die Arbeitslosigkeit unter Journalisten war immer noch hoch, und so musste er froh sein, erst einmal bei der väterlichen Zeitung unterzukommen. In der kleinen Redaktion kannte und schätzte man den vergnügten Sohn des Verlegers, dem im Abschlusszeugnis der *Bergedorfer Zeitung* »gute Auffassungsgabe ... geistige Beweglichkeit« bescheinigt wurde: »... hat sich durch sein frisches, lebendiges Wesen bei uns allseits größte Sympathie erworben.«[16] Der Vater war froh, den Sohn und künftigen Erben im eigenen Betrieb verankert und auch privat unter Kontrolle zu haben. Durchaus noch mittellos, aber zugleich anspruchsvoll, durfte der 21-jährige Axel Springer zum Abschluss dieses Jahrs der Eskapaden unter den gestrengen Augen der Eltern sein erstes Ehenest im Holkschen »Säulenhaus« einrichten. Die Hochzeitsreise führte das junge Paar nach Cannes und Nizza.[17] Zu den vielen Anekdoten, die später über Springer kursierten, gehört auch der Ausspruch von Mutter Ottilie, er habe seinen Eltern so ziemlich alles angetan, was Kinder ihren Eltern nur antun könnten. Jetzt erwarte sie nur noch eines: sein Genie.[18]

Inzwischen hatte auch ein politischer Schnupperversuch seinen Abschluss gefunden, der nicht ganz unerwähnt bleiben darf. So hundertprozentig eindeutig war Axel Springers Verhalten gegenüber dem vorherrschenden Zeitgeist im Jahr 1933 nämlich doch wieder nicht gewesen. 1968 wurde im *Spiegel* ein Aufsehen erregendes Foto veröffentlicht: »Reporter Springer« bei der 50-Jahr-Feier der *Bergedorfer Zeitung* am 15. September 1933.[19] Von den 38 Journalisten und sonstigen Mitarbeitern dieser kleinen Redaktion trugen 36 Zivil. Doch die vordere Sitzreihe war eingerahmt von zwei jungen Männern in Uniform mit Hakenkreuzarmbinden – einer von ihnen Axel Springer, arrogant posierend in der Uniform des Nationalsozialistischen Kraftfahrkorps (NSKK).

Viel Gewicht wäre dem nicht zuzumessen, handelte es sich eben nicht um jenen Springer, der später so viel Wesens um seinen inneren Widerstand gegen das NS-Regime machte. Nach 1945 galt das NSKK (Planzahl im Dezember 1933 an die 100 000 Mitglieder) als die vermeintlich unpolitischste Gliederung im Dritten Reich – »die ideale Organisation für regimedistanzierte Bürger mit beruflichen, insbesondere akademischen Ambitionen«.[20] Wenn ein Autofan wie Axel Springer irgendwann im Frühjahr oder Sommer 1933 beitrat, so mochten dem zwei recht unterschiedliche Motive zugrunde gelegen haben. Entweder wollte der Betreffende durch seine Mitgliedschaft im NSKK einer vollen Parteimitgliedschaft ausweichen oder aber die Mitgliedschaft im NSKK als Gelegenheit nutzen, nach Lockerung der am 1. Mai 1933 verhängten Aufnahmesperre in die NSDAP später komplikationslos in die Partei aufgenommen zu werden. Jedenfalls ließ sich damit gegebenenfalls argumentieren.

Welche Überlegungen Axel Springer tatsächlich bewogen haben, dem NSKK als Anwärter beizutreten, und wieweit dies mit den Eltern und der Braut abgestimmt war, ist nicht mehr sicher eruierbar. Die Existenz dieses leicht kompromittierenden Fotos war ihm jedenfalls später unangenehm. Er legte Wert auf die Feststellung, der Organisation nur fünf Monate angehört und sie dann »angewidert« verlassen zu haben.[21] »Man« habe ihm nahegelegt, »mich für die Familie als NS-uniformierten Prellbock herzugeben«. Bei einer anderen Gelegenheit gab er an, nach der »Verhaftung« seines Vaters sei er dem Rat eines Freundes gefolgt, als Autobesitzer und ADAC-Mitglied dem NSKK beizutreten, »weil wir überhaupt keine Beziehungen zur Partei in Altona hatten«.[22] Das klingt plausibel. Wie schon vermerkt, hat es auch Hinrich Springer anschließend für angezeigt gehalten, dem NSKK als passives Mitglied beizutreten.[23]

Nach dem ersten Schock im Frühjahr 1933 hatte Hinrich Springer erkannt, dass auch sein Zeitungsunternehmen im Dritten Reich weiter prosperieren konnte, wenn es sich anpasste. Ab 1935 stiegen die Firmengewinne wieder an. 1937 war das beste Jahr mit einem Reingewinn von 64 074,15 RM.[24] Die Bilanz aus dem Jahr 1939 zeigt, dass die Abonnements der Zeitung im Steuerjahr 1939 etwa 229 000 RM erbrachten, die Drucksachen weitere 108 000 RM und die Anzeigen 179 000 RM. Als Gewinn wurden 46 732,13 RM ausgewiesen.[25]

Auf die politische Linie seiner Zeitung hatte Vater Springer allerdings kaum mehr Einfluss. Am 4. Oktober 1933, vier Tage nach dem Eintritt Axel Springers in die Redaktion der *Altonaer Nachrichten,* war das »Reichsschriftleitergesetz« erlassen worden. Formell machte es den »Hauptschriftleiter« (sprich: Chefredakteur) zur ausschlaggebenden Figur, verpflichtete diesen aber gleichzeitig, den Richtlinien und Weisungen des Propagandaministeriums Folge zu leisten. Der Verleger sah sich, so urteilt ein Presseforscher im Rückblick, »vom Rittmeister zum Zahlmeister degradiert«. Ihm sei nur verblieben, »seinen guten Namen, das Ansehen seiner Zeitung und seine wirtschaftlichen Hilfsmittel für die Verbreitung von Nachrichten und Ansichten des Propagandapparats von Staat und Partei herzuleihen«. Die Rolle eines Redakteurs, jetzt Schriftleiter genannt, sei praktisch die eines »Staatsbeamten« gewesen.[26]

Vorerst indessen bestand noch politisches Einverständnis zwischen Hinrich Springer und seinem langjährigen Chefredakteur Edgar Walsemann, der von Anbeginn an, seit 1924, die Redaktion geleitet hatte. Ende 1934 aber verließ Walsemann die Zeitung mit der Bemerkung »Ich kann nicht länger lügen!« und begab sich zu Blättern, wo er nicht die politische Alleinverantwortung zu tragen hatte.[27] Auch der Nachfolger in der Schriftleitung, Robert Warnecke, gehörte noch der alten, liberalen Mannschaft an. 1937 jedoch wurde die Hauptschriftleitung, sprich Chefredaktion, durch ein NSDAP-Mitglied unumgänglich, allerdings drückte der Parteigenosse offenbar ein Auge zu und meldete nichts Negatives nach oben.[28] Doch auch jetzt verblieb ein Teil des bisherigen Teams in der ohnehin kleinen Redaktion, Warnecke inbegriffen. Listig getarnte Bosheiten oder amtlicherseits unerwünschte Informationen ließen sich noch gelegentlich in den propagandistischen Einheitsbrei einschmuggeln. An der betrüblichen Tatsache politischer Gleichschaltung konnten sie aber nichts mehr ändern.

Am 9. Juli 1936 erschien eine Sondernummer »125 Jahre Hammerich & Lesser«. In vielem erinnerte sie noch an die »Jubiläumsausgabe der *Altonaer Nachrichten*«, die 1927, in besseren Zeiten, erschienen war. Neben Beiträgen, die, ähnlich wie damals, mit schönen Bildern an die Lokalgeschichte des guten alten Altona erinnerten, fand sich aber auch ein Artikel »Der Nationalsozialismus, die lebendige Kraft unserer Stadt«.[29] Zugleich wurde ein Bild des stattlichen Erweiterungsbaus der *Altonaer Nachrichten* abgedruckt, Indiz dafür, dass es – »im vierten Jahr des neuen Reiches« – wirtschaftlich wieder aufwärtsgehe: »Wagemut und Unternehmungslust sind wiedergekehrt.« Kennzeichnend war auch das Blatt des folgenden Tages. Auf Seite 1 fand sich unter der Überschrift »Zinswucher nicht geduldet« ein Leitartikel, der vom parteioffiziellen Reischach-Dienst übernommen werden musste.[30] Dort standen Sätze wie der folgende: »Die jüdischen Geldleute des Inlands und des Auslands steigerten den Zins nach der Inflationszeit ins Unermessliche ...« Im Innern des gleichgeschalteten Blatts wurde über den Jubeltag des 125-jährigen Bestehens berichtet. Demzufolge sah sich jeder Festredner gehalten, von dem mit der Hakenkreuzfahne geschmückten Rednerpult aus dem NS-Regime und vor allem dem Führer Weihrauch zu spenden. Allem Anschein nach war das Blatt wohlgelitten. In einer dieser Ansprachen gab, so war in dem Bericht zu lesen, der Leiter des städtischen Presseamts, Pg. Dr. Schulz, seiner Hoffnung Ausdruck, »dass auch in Zukunft die Zusammenarbeit zwischen Presseamt und Schriftleitung der *Altonaer Nachrichten* ebenso gut und erfolgreich sein möge wie bisher«. Schließlich ging »der Betriebsführer Hinrich Springer« nochmals in die Vollen: »... dass wir diese Feier veranstalten können, dass wir mit Zuversicht in die Zukunft blicken können, haben wir einem einzigen Mann, unserem Führer Adolf Hitler, zu danken. Ihm sei in dieser Stunde das Gelöbnis der unverbrüchlichen Treue gegeben. Unter seiner Führung, nach seinem Willen, ausgerichtet von der nationalsozialistischen Weltanschauung, wird die Betriebsgemeinschaft des Verlags Hammerich & Lesser auch weiterhin das nationalsozialistische Leistungsprinzip erfüllen.«[31]

Dass sich die gleichgeschaltete Zeitung behördlicherseits eines gewissen Wohlwollens erfreute, zeigte sich auch im folgenden Jahr. Im Rahmen des »Leistungskampfes« der deutschen Betriebe erhielt die Druckerei Hammerich & Lesser 1938 und 1939 eines von 35 bzw. 39 Gaudiplomen für hervorragende Leistungen.[32] Jetzt wurden diese Auszeichnungen aber bereits durch einen Hamburger Parteibonzen überreicht. Mit Inkrafttreten des Groß-Hamburg-Gesetzes am 1. April 1938 mussten die *Altonaer Nachrichten* ab dem 1. April den Namen *Hamburger Neueste Zeitung* führen. Es verstand sich von selbst, dass dem Blatt des Altonaer Lokalpatrioten Hinrich Springer nichts anderes übrig blieb, als die Beendigung der Altonaer Stadtgeschichte und der Altonaer Traditionszeitung als weitblickende staatsmännische Entscheidung gewissermaßen mit lautem Trompetenschall zu begrüßen und zugleich in der ersten Nummer ein großes Porträtbild einzurücken mit der Unterschrift: »Reichsstatthalter Gauleiter Karl Kaufmann. Der Treuhänder des Führers für die gewaltigen Vorhaben, die der Hansestadt Hamburg im kommenden Jahrzehnt gestellt sind. Die Versicherung, zu ihrem Teil Helfer zu sein, sei Gruß und Verpflichtung der *Hamburger Neuesten Zeitung*!«[33]

Bei diesen Blättern verdiente sich Axel Springer von 1933 bis 1940 seine journalistischen Sporen. Als Jungredakteur war er anfangs für Handel, Schifffahrt und Sport zuständig. Seinen journalistischen Einstand gab er am 8. Dezember 1933 mit einer schön selbstironisch geschriebenen Reportage »Über den Dächern Altonas«.[34] Dort berichtete er von seinem ersten, bänglichen Flug in einer kleinen Maschine mit einem Freund, der erst vor ein paar Tagen einen Flugschein erworben hatte, der ihn zur Mitnahme von Passagieren berechtigte. Der letzte, eindeutig zuzuordnende Namensartikel Axel Springers beim Blatt seines Vaters war dann eine Konzertkritik vom 21. Februar 1940.[35] Gezeichnete Namensartikel Springers tauchten vergleichsweise selten auf. Einige, sie stammen aus den Jahren 1938/39, befassten sich mit dem deutschen Box-Idol Max Schmeling.[36] Axel Springer suchte Schmeling 1939 persönlich in Stuttgart auf.[37] Seit 1945 sollte er ihn zu seinen engen Freunden zählen.

Nachdem er voll eingearbeitet war, konnte sich Axel Springer in der kleinen Redaktion nicht mehr nur auf seine Lieblingsthemen Sport und Kulturelles beschränken. Ab Sommer 1936 wies ihn das Impressum als Vertreter des Hauptschriftleiters aus. Diese Funktion, später auch die des Chefs vom Dienst, behielt er bis in die Monate nach Kriegsbeginn im September 1939. Daran, dass er vom 1. Januar 1941 bis zur Schließung der *Hamburger Neuesten Zeitung* am 31. Mai 1941 nochmals die Rolle eines Schriftleiters spielte,[38] hat er sich später nicht gerne erinnert. Sportredakteur sei er gewesen »und Lückenbüßer für die verschiedenen Ressorts«, ließ er seine Kinder und Enkelkinder wissen.[39] In Wirklichkeit wurden seit 1937 im Impressum »Politik und Wirtschaft« als seine speziellen Ressorts aufgeführt. Anzunehmen ist also schon, dass er verschiedenste ungezeichnete Beiträge verfasst oder redigiert hat. Genau besehen, war Springer damals allerdings nur eine Art Angestellter, der die Anweisungen der Berliner Propaganda-Apparate zu recyclen hatte. Später äußerte er beim Gedanken an diese Jahre: »Alles langweilte mich zu Tode.« Kein Wunder, dass er sich von der Redaktion entfernte, so oft dies nur irgend möglich war. Zeitweilig fand sich denn auch hinter der Funktion des Stellvertretenden Hauptschriftleiters in Klammern vermerkt: »im Urlaub« oder »verreist«. Alles in allem gewinnt man den Eindruck, dass sich

Axel Springer in der Redaktion der väterlichen Zeitung nicht überarbeitet hat. Einer seiner engen Freunde aus den letzten Friedensjahren erinnerte sich später: »Er kam aus seinem Büro am Frühnachmittag nach Hause ...«[40]

Doch was unter seiner formalen Mitverantwortung damals im Blatt erschien, liest sich nach dem Ende des Dritten Reiches ganz und gar nicht schön, auch wenn er zu seiner Tätigkeit als Stellvertretender Hauptschriftleiter leichthin bemerkte: »Aber das stand nur auf dem Papier.«[41] Niemand kam allerdings in den ersten Nachkriegsjahren auf die Idee, zu recherchieren, was in der unter ernst zu nehmenden Journalisten völlig unbekannten Altonaer Lokalzeitung seines Vaters in den Jahren 1933 bis 1941 so alles geschrieben worden war. Es gab damals viel bekanntere Blätter und bekanntere Journalisten. Ohnehin wusste jedermann, dass die Presse im Dritten Reich zum Propagandainstrument degeneriert war.

Erst in der zweiten Hälfte der siebziger Jahre, als aus Axel Springer längst der große Freund der Juden und Israels geworden war (Ehrendoktor der Hebrew University, Jerusalem, 1976; Leo Baeck-Medaille, 1978), begannen sich einige seiner Feinde für die Artikel der *Altonaer Nachrichten* und ihrer Nachfolgerin, der *Hamburger Neuesten Zeitung*, zu interessieren. Im März 1979 erschien in der rechtsradikalen *Deutschen National- und Soldatenzeitung* ein mit vielen Exzerpten gespickter Angriff unter der Überschrift: »Sind Pogrome naturgemäß? Springers Verantwortung unter Hitler«.[42] Die aus Zitaten montierten Zwischenüberschriften zeigten die Stoßrichtung an: »Das Geschrei des jüdischen Wichtes«, »Begünstigung des Rassenschänders strafbar«, »Geistliche als ›Sittenstrolche und Mörder‹«.

Springer war alarmiert. Sein Sohn Nicolaus, damals im Schweizer Internat, erzählte ihm in einem Telefonat, ein Schulkamerad habe ein Exemplar dieses Blattes. Daraufhin schrieb Springer ihm einen vierseitigen Brief, um den Leidensweg der väterlichen Zeitung im Dritten Reich zu schildern: »Mein Vater, seine ständig bedrohten Mitarbeiter, alte Mitarbeiter aus der Zeit vor 1933, hielten es für eine politische Notwendigkeit, unser kleines Blatt unter den gegebenen Umständen zu erhalten und so wirksam wie möglich einsetzen zu müssen ... Was man damals in einer gegen Partei und Regime eingestellten Heimatzeitung bei total gelenkter Nachrichtenpolitik konnte und man andererseits nicht verhindern konnte, das weiß der geschichtsbewanderte Beobachter längst.« »Unsere« Gegenwehr gegen das Hitlerregime habe sich »taktisch – um Betrieb und Leben zu schützen – vollzogen.«[43]

Zum Glück für Springers Reputation wurde die *Deutsche National- und Soldatenzeitung* allgemein als journalistisches Schmuddelkind betrachtet. Die Springer-Blätter waren klug genug, nicht auf die Provokation einzugehen. Auch andere überregionale Zeitungen griffen das Thema vorerst nicht auf. Doch um sicherzugehen, beauftragte Springer seinen damaligen Sicherheitsbeauftragten Paul Carell, Fotokopien aller relevanten Artikel mit hetzerischer Tendenz sowie der namentlich gezeichneten eigenen Beiträge oder auch nur solcher, die mit den Kürzeln »S« bzw. »s« gekennzeichnet waren, herzustellen. Ebenso sollte durch Analyse des jeweiligen Impressums genau eruiert werden, in welchem Zeitraum Springer welche Funktionen wahrgenommen hatte.

Niemand war einschlägig besser bewandert als Paul Carell. Der gebildete, auch persönlich charmante P. C., wie er allgemein im Verlag hieß, mit bürgerlichem Namen Paul Karl Schmidt, war schon 1931 als Oberprimaner in die NSDAP eingetreten und hatte eine typische Parteikarriere durchlaufen: politischer Leiter im NS-Studentenbund, Gauredner und schließlich zwischen 1940 und 1945 Leiter der Nachrichten- und Presseabteilung des Auswärtigen Amts unter Ribbentrop.[44] Im Jahr 1941 umfasste die von ihm geleitete Abteilung, die mit Pressesteuerung, Analyse der Auslandspresse, Abhören ausländischer Rundfunksendungen und mit Auslandspropaganda befasst war, immerhin 330 Personen.[45] Einer seiner Untergebenen war der spätere Bundeskanzler Kurt Georg Kiesinger. Ab 1949 hatte Schmidt dann als Verfasser von Propagandabroschüren zur europäischen Integration und zum Marshallplan den Anschluss an die veränderten Verhältnisse gefunden, war in der bis 1953 rechtsradikal unterwanderten FDP in Nordrhein-Westfalen tätig gewesen und hatte sich dann als freier Mitarbeiter der Springer-Illustrierten *Kristall* auf Zeitgeschichtspublizistik spezialisiert. Seine Bücher über das Afrika-Korps und den Russlandfeldzug (u. a. *Unternehmen Barbarossa*) machten ihn zum wohlhabenden Mann. Dass er zu den publizistischen Verharmlosern der deutschen Kriegführung gehörte, war schon damals evident. Bei *Kristall* war es 1959 zu einem Aufruhr gekommen, als Schmidt formell in die Redaktion eintreten sollte. Dabei waren bereits bedenkliche Details seiner Tätigkeit im Dritten Reich durch die Presse gegangen. Mitte der sechziger Jahre kamen staatsanwaltschaftliche Vorermittlungen in Gang wegen Beteiligung an Maßnahmen zum Judenmord in Ungarn 1944, doch das Ermittlungsverfahren wurde 1971 eingestellt.[46]

Nach Überzeugung Springers war P. C. aber längst zur Demokratie und zum christlichen Glauben bekehrt – ein dunkler, aber nützlicher Ehrenmann. P. C. ließ also die *Altonaer Nachrichten* sowie die *Hamburger Neueste Zeitung* akribisch analysieren und stellte nach Durchsicht der Materialien ein dickes Dossier für den Fall zusammen, dass die Angriffe fortgesetzt werden sollten. In einem wahrscheinlich von P. C. verfassten Vermerk wurde ausgeführt: »Bei Zitaten aus den *Altonaer Nachrichten* wird durchweg die Herkunfts- und Quellenangabe der zitierten Texte weggelassen, um den Eindruck zu erwecken, es handle sich um redaktionelle Leistungen der Zeitung, während es sich in Wahrheit um Meldungen und Kommentare des DNB (Deutsches Nachrichtenbüro – offizielle NS-Agentur), des Reischach-Dienstes (Dienst der Parteizeitungen), der Antikomintern (Propagandaorganisation des Propagandaministeriums) oder um anderes Material von Propagandakorrespondenzen handelte, deren Abdruck, einschließlich Plazierungsvorschrift, auf der Berliner Reichspressekonferenz oder durch Weisung des Landes- bzw. Gaupropagandaamtes angeordnet war.« In zahlreichen Entscheidungen bei Wiedergutmachungsprozessen sowie in wissenschaftlichen Untersuchungen sei belegt worden, »daß kein Verleger und kein Redakteur die Möglichkeit hatte, solche Abdrucks- und Plazierungsweisungen des Propagandaministeriums und seiner nachgeordneten Dienststellen zu verweigern. Das Schriftleitergesetz (vom 4. 10. 1933) und die Statuten der Reichspressekammer sahen dafür drakonische Strafen vor. Sie reichten vom Verweis bis zur Streichung aus der Schriftleiterliste, d. h. Berufsverbot; in schweren Fällen (besonders bei Verstoß gegen Grundsatzanweisungen in der Judenfrage) Konzentrationslager. Ein Einspruchsrecht des Verlegers gegen Pressanweisungen der Staats- und Parteidienststellen gab es nicht.« Weder der Verleger noch irgendeiner der Redakteure »einschließlich Axel Springer« seien somit für diese verfügten »propagandistischen Pflichtübungen« verantwortlich gewesen, »die sich damals in allen deutschen Zeitungen fanden«.[47]

Die Tätigkeit Paul Carells im Dritten Reich war mehr als fragwürdig gewesen. Es gehört zu den Widersprüchlichkeiten Axel Springers, dass er die eigene Vergangenheit bei der väterlichen Zeitung ausgerechnet von einem einstmals hochgestellten NS-Propagandisten untersuchen ließ. Doch die eben zitierte Notiz gibt die damalige Sachlage zutreffend wieder.

Ende 1979 meldete sich auch der *Spiegel* und erkundigte sich nach verschiedenen befremdlichen Artikeln.[48] Springer war so aufgeschreckt, dass er Augstein anrief und ihm tags darauf einen fünfseitigen Brief schickte. Gestützt auf die Recherchen von P. C. suchte er darin dem »lieben Rudolf« wortreich und detailliert einige der verfänglichen Aufsätze zu erklären. Das »große S oder kleine s war das Signum für das für solche Fragen zuständige Redaktionsmitglied Franc Stefanowski«. Auch hier beharrte er darauf: »Die Redaktion, der der junge A. S. oft genug zu entfliehen versuchte, glaubte leider – wie die meisten nicht nationalsozialistischen Journalisten und Verleger – sich durch elastische Befolgung der verhängnisvollen Weisungen des Regimes der Existenzvernichtung von Person und Zeitung entziehen zu können und Böses in Gutes zu verkehren oder wenigstens in Besseres zu verwandeln. Ein Irrtum! – Die *Altonaer Nachrichten* wurden übrigens nach zahllosen Verwarnungen und nach einem Verfahren mit öffentlicher Rüge ›wegen hinterhältiger Sabotage der antisemitischen Propaganda‹ 1941 zugemacht, – und dies eben nicht nur aus kriegswirtschaftlich bedingten Gründen.«[49] Zur letztgenannten Feststellung finden sich keine Dokumente. Doch *Der Spiegel* stieg nicht auf das Thema ein. Die Chefredaktion des *Spiegel* zeigte sich von Springers Argumentation »voll überzeugt«. Rudolf Augstein teilte Springer mit, er selbst und Erich Böhme hätten den schon umbrochenen Artikel wieder aus dem Blatt genommen.[50]

Springer hat dieser Angriff der *National- und Soldatenzeitung* aber so stark umgetrieben, dass er – dabei wiederum stark unterstützt von Paul Carell – die schon verschiedentlich erwähnte Aufzeichnung *An meine Kinder und Kindeskinder* zu Papier brachte, die in weiten Teilen eine Art Rechtfertigungsschrift gegen die eben geschilderten Verdächtigungen ist. Dabei wies Springer mit Nachdruck auf Verfolgung und seelische Bedrückung von Redaktionskollegen hin. Die Tochter des zeitweiligen Schriftleiters Robert Warnecke sei wegen hitlerfeindlicher Äußerungen erst zum Tod, dann zu zwölf Jahren Zuchthaus verurteilt worden. Dr. Hans E. Meyer, langjähriger politischer Redakteur, sei ins KZ Oranienburg verbracht und dort ermordet worden.[51] Für besonders vorbildlich hat Springer seine eigene Rolle in diesen Jahren aber offensichtlich nicht gehalten. Die kleine Schrift, immerhin eine der wenigen Quellen über Springers journalistische Tätigkeit in diesen Jahren, liest sich recht defensiv und selbstquälerisch. Der von ihm selbst verwandte Begriff »Gewissensartistik« trifft die Sache recht genau.

War Springers Rolle als Journalist im Dritten Reich auch kein besonderes Ruhmesblatt, so ist andererseits kein Zweifel daran möglich, dass er Verfolgten immer wieder unter eigenem Risiko geholfen hat. Erstmals machte er dazu im Juni 1945 im Fragebogen detaillierte und nachprüfbare Angaben. Die Frage »Sind Sie jemals auf Grund ihrer politischen Überzeugung, Ihrer Religion oder Rasse von den Nazis verfolgt worden?« beantwortete er mit »Ja« und vermerkte dazu :«1.) Mehrfache Überwachung und Verhöre durch die Gestapo. Zuletzt Februar 1945. 2.) Nach anfänglicher Ablehnung nur beschränkte Zulassung zum Schriftleiter wegen Mischehe.«[52] Das spezifizierte er mit folgenden Hinweisen: »Ich habe den Nazis durch Unterstützung politisch Verfolgter Widerstand geleistet: Dr. Hans Meyer habe ich zweimal dem Zugriff der Gestapo durch Fluchtbeihilfe und Verbergen entzogen, Geld- und Sachzuwendungen geleistet und die Mutter Dr. Meyers nach dessen schließlicher Festnahme betreut. Dr. Meyer wurde 1940 im Konzentrationslager Oranienburg ermordet. Zeugen: Walther Hansemann ... Fräulein Maria Voss ...«[53] Im Zusammenhang mit der Flucht Hans E. Meyers war er – so berichtete er viel später – im Gestapo-Haus am Neuen Wall verhört worden. Er hatte dem Flüchtigen Geld und »in der Familie zusammengesuchte wertvolle Photoapparate« mitgegeben.[54] Die Sache war nicht zuletzt deshalb verfänglich, weil der homosexuelle Meyer in Straßburg in Gesellschaft eines Matrosen verhaftet worden war. Springer musste befürchten, selbst der Homosexualität verdächtigt zu werden. Man glaubt ihm, dass ihn das Verhör »bis in die seelischen Grundfesten« erschüttert hat. Auch später machte übrigens das unspezifizierte Gerücht über bisexuelle Neigungen des jungen Springer gelegentlich die Runde und fand so auch Eingang in die Stasi-Akten.[55]

Zum Beweis seiner anti-nazistischen Tätigkeit führte Springer des Weiteren im Fragebogen aus, er habe im Jahr 1943 eine Bekannte – »Fräulein Mary Bauck« – »in meiner Wohnung Flottbeker Chaussee 207 während ihrer Flucht vor der Gestapo Neumünster September 1943 verborgen gehalten«. Erwähnt wurde weiter das Schicksal der Tochter von Robert Warnecke, der gleichfalls als Zeuge benannt wurde. Und schließlich: »Nach der Festnahme des Hamburger Buchhändlers Felix Jud, der für lange Zeit ins Konzentrationslager Neuengamme verbracht wurde, unterstützte ich geschäftlich Frau Jud in erheblichem Umfang.« Felix Jud wurde als Zeuge benannt und stellte Springer gern einen »Persilschein« aus: »Ich kenne sowohl Herrn Axel Springer als auch seine Familie seit vielen Jahren und weiß, dass es kaum überzeugtere Gegner des Nationalsozialismus geben konnte ...« Unter Bezugnahme auf die Publikationen des Verlags Hammerich & Lesser bestätigte er: »Die ganze Art der Verlagsarbeit von Hammerich & Lesser war passiver Widerstand gegen die Richtlinien der Reichsschrifttumskammer.«[56]

Im Fragebogen malte Springer die eigene Widerstandstätigkeit noch weiter aus: Er habe »in den vergangenen 12 Jahren durch Aufklärungs- und Zersetzungsarbeit ... über den erweiterten Freundes- und Bekanntenkreis hinaus Widerstandstätigkeit geleistet. Die Aufklärungsarbeit geschah durch Weitergabe von deutscher Antinaziliteratur, die im Ausland gedruckt worden war, durch Verbreitung wesentlicher nichtdeutscher Rundfunknachrichten, durch Gespräche, die offen die Nazis angriffen oder den Zweck hatten, zur Kritik anzuregen.« Dafür gibt es tatsächlich verschiedenste Zeugnisse. Ins Gewicht fällt aber in erster Linie die Hilfe für Verfolgte aus seinem Freundeskreis. Das war »passiver Widerstand« – nicht mehr, aber auch nicht weniger. Auch viel später, als der Herr über das Springer-Imperium längst schon die diktatorischen Kommunisten ins Visier seiner Zeitungen genommen hatte, war er moralisch immer dann am überzeugendsten, wenn er konkrete Hilfe für konkret Verfolgte leistete.

Tanz auf dem Vulkan

Aus heutiger Sicht wird jeder Lebenslauf, der in die zwölf Jahre des Dritten Reiches fiel, fast ausschließlich im politischen Koordinatensystem vermessen. Auch Axel Springer selbst ist, wie eben erwähnt, so verfahren. Nur sollte man sich nicht täuschen lassen. 1933 stand Axel Springer im 21. Lebensjahr, 1945 war er 33. Die Fixierung auf die Diktatur jener Jahre verhüllt doch den Tatbestand, dass dieser quirlige, selbstbewusste, aber noch unfertige junge Mann in erster Linie darauf aus war, die als störend empfundenen politischen Zeitverhältnisse möglichst zu umgehen.

Das NS-Regime störte bei allem, was ihm damals vordringlich erschien: bei der Berufsausübung, die er sich als freien, kreativen Journalismus vorgestellt hatte, ebenso wie bei der Abnabelung vom Elternhaus. Anders als erhofft musste er unter den väterlichen Fittichen verbleiben und dafür noch dankbar sein. Am wenigsten störte ihn die politische Repression bei der Freizeitgestaltung. Verlustieren konnte man sich nämlich noch, NS-Diktatur hin oder her, und genau daran war ihm gelegen. Denn der junge Axel Springer war ungeachtet des frisch eingegangenen Ehestandes ein Bruder Leichtfuß. Man könnte auch sagen: Er war damals *under-worked and over-sexed.* Später, als er der Herr über ganze Heere von Journalisten war, pflegte er gerne zu bemerken: »Ein Journalist brennt wie eine Kerze an beiden Seiten.«[57] Genauso hat er selbst in diesen Jahren gelebt und ein veritables Doppelleben geführt: tagsüber Arbeit in der Redaktion der väterlichen Zeitung, doch nicht zu lange, abends und nachts dann der Besuch von Nachtclubs in Gesellschaft von mehr oder weniger betuchten Hamburger Lebemännern und Lebedamen. Die Fortsetzung des fröhlichen Lebens dieser Clique fand dann an den Wochenenden statt: auf dem Gutshaus eines Mitglieds der vergnügten Runde, in Westerland oder Kampen, wo die Swing-Band Teddy Stauffers aufspielte, oder beim Tanztee im Kurhaus von Travemünde: »Da tanzte man, saß da rum, es ging natürlich um die Damenwelt.«[58] Das Bild vom Tanz auf dem Vulkan ist zwar etwas abgegriffen, doch es illustriert buchstäblich die Art und Weise, wie Axel Springer die ersten acht oder neun Jahre im Hitler-Reich überstand, bis dann der Bombenkrieg und der gesteigerte Terror des Regimes alldem ein Ende setzten.

Ein paar der Mitglieder dieser Clique fielen sogar unter die Nürnberger Gesetze und emigrierten noch rechtzeitig vor Kriegsausbruch, andere, etwa der schwerreiche Robert Dependorf und Walter Schultz-Dieckmann, verblieben im Lande. Sie sollten den Kern einer neuen Clique bilden, die in der Nachkriegszeit bis weit in die fünfziger Jahre hinein zum Kummer der jeweiligen Ehefrauen dafür Sorge trug, dass das Springer'sche Doppelleben in den Nachtclubs und bei nicht besonders moralischen Wochenendpartys seine Fortsetzung fand.

Aus heutiger Sicht ist dieses frohe Treiben der damaligen Hamburger Boheme in den hochpolitisierten dreißiger Jahren auch deshalb erwähnenswert, weil es die Vorstellungen vom Alltag einer bestimmten Schicht des wohlhabenden Bürgertums im Dritten Reich doch etwas korrigieren hilft – auch vom Alltag Axel Springers. Als dieser viel später, alt und fromm geworden, seinen »Kindern und Kindeskindern« Rechenschaft über die zwölf Jahre ablegte, schrieb er mit tiefem Ernst fast ausschließlich über die Beispiele der Infamie und des Terrors, und dies gewiss zu Recht. Aber für sein eigenes Alltagsleben bis weit in die Kriegszeit hinein ist die berühmte Antwort, die er britischen Presseoffizieren auf die Frage gab, ob auch er im Dritten Reich verfolgt worden sei, mindestens ebenso wahrheitsgetreu: »Eigentlich nur von den Frauen!« (Im hochnotpeinlichen Fragebogen der Militärregierung las sich das dann wieder anders. Dort hat er, wie skizziert, seinen passiven »Widerstand« dick unterstrichen.) Es gab eben beides: das Leiden unter der Infamie und die Dolce Vita fern von der Politik. Bei ihm selbst haben lange Zeit die Lustbarkeiten überwogen.

Springer konnte sich das leisten. Angeblich pflegte sich der in jungen Jahren stets zur Selbstironie aufgelegte junge Herr in Gesellschaft gern mit den Worten einzuführen: »Mein Name ist Axel Springer, Sohn reicher Eltern.«[59] So lebte er auch. Ungeachtet des Verdrusses über seinen lockeren Lebenswandel bezahlte ihm der Vater ein anständiges Salär. Als Axel Springer 1945 im Fragebogen für die Briten sein Gehalt bis auf Heller und Pfennig anzugeben hatte, nannte er für die Jahre 1934 und 1935 ein Jahreseinkommen von 7200 bzw. 7800 RM. Zwischen 1937 und 1942 verdiente er zwischen 9000 und 9500 RM.[60] Für die damalige Zeit war dies ein recht ordentliches Gehalt, das ihm allerdings häufig nicht reichte.

Der gestrenge Verleger untersagte zwar seiner Buchhalterin, einer älteren Dame, dem sich oft in Geldnöten befindlichen Sohn mit Vorschüssen auszuhelfen, doch vergebens. »Mit seinem Charme brauchte er sich wahrscheinlich nur auf ihren Schreibtisch zu setzen – jedenfalls war er immer bei ihr in der Kreide«, erinnerte sich schmunzelnd Walter Schultz-Dieckmann.

Unter diesen Umständen war die junge Ehe Axel Springers vorbei, kaum dass sie richtig begonnen hatte. Nach etwas mehr als zwei Jahren verließ er die »Säulenvilla« und bezog ein hübsches Appartement weit weg von Altona, in der feinen Abteistraße in Hamburg-Harvestehude. Am 18. September 1938 wurde die Ehe geschieden. Das Scheidungsurteil bezeichnete Springer als den alleinschuldigen Teil, der Scheidungsgrund: »mehrfache Beziehungen zu anderen Frauen«[61]. Seit wann das Scheidungsverfahren lief und wie die Ehegatten dabei argumentiert haben, ist nicht mehr zu ermitteln. Dass Axel Springer bei der Trennung von dieser offenbar herzensguten jungen Frau eindeutig der Schuldige war, wusste er selbst ganz genau. Nach der Scheidung war somit ein Phänomen zu beobachten, das sich im Fall der gescheiterten Springer'schen Ehen noch des Öfteren wiederholen sollte: Man verblieb beiderseits in freundschaftlicher Verbindung. »Baby«, in zweiter Ehe mit dem Kaufmann Friedrich Funke verheiratet, liebte Axel Springer bis ans Ende seines Lebens, und dieser suchte mit Charme und angeborener Großzügigkeit wenigstens halbwegs zu reparieren, was er übermütig verbockt hatte.

Es stellt sich natürlich die Frage, ob sich Springer nicht auch deshalb von seiner Frau getrennt hat, weil der antisemitische Druck des Regimes die Ehe zusätzlich belastete. Die Parteizeitung *Norddeutsche Nachrichten*, so berichtete später Springers erste »Ex«, habe überall verbreitet: »Der junge Springer hat eine Jüdin zur Frau.« Und sie erzählte zugleich: »Ich glaube ganz bestimmt zu erinnern, dass vom Propagandaministerium ein Brief kam, den Goebbels selbst unterschrieben hatte, dass Axel sich scheiden lassen soll.« Doch fuhr sie fort: »Deshalb sind wir aber nie geschieden worden. Das hatte andere Gründe.«[62] In diesem Sinn äußerte sie sich auch gleich nach Kriegsende, als bei den Briten ein Antrag Axel Springers auf eine Lizenz anhängig war, von dem viel, wenn nicht alles für ihn abhing. Vornehm hat sie bei dieser Gelegenheit formuliert: »Meine im Jahre 1933 geschlossene Ehe wurde im beiderseitigen Einverständnis aus rein persönlichen Gründen 1938 geschieden. Nach wie vor verbindet mich mit meinem früheren Manne die beste Kameradschaft, noch verstärkt dadurch, dass er mir auch nach der Scheidung zu jeder Stunde Schutz und Hilfe gegen Nazinachstellungen angedeihen ließ.«[63] Politisch noch stärker akzentuiert war der »Persilschein« von Springers »Ex-Mutti« Mary Meyer: »Hiermit bestätige ich gern, dass die politische Gesinnung meines früheren Schwiegersohnes Herrn Axel Springer, mit dem mich bis zum heutigen Tag eine herzliche Freundschaft verbindet, jederzeit eindeutig antinationalsozialistisch gewesen ist ... Er war es auch, der mir mit seinem festen Glauben an den Untergang des Hitlerregimes Mut und Zuversicht gab. Ich habe oft während meiner zweieinhalbjährigen Unterbringung im Ghetto Theresienstadt an seinen unbeirrbaren Glauben mich erinnert ... Diese Aussagen gelten im gleichen Maße für die gesamte Familie Springer, die während der Nazizeit eine rühmliche Ausnahme von der Einstellung der bürgerlichen Kreise bildete.«[64]

Die Hauptbeteiligten haben somit Springer exkulpiert und die Scheidung als Resultat einer weit über das Jahr 1945 hinausreichenden langen Phase seiner Biographie begriffen, in der er frohgemut den Lebemann spielte. Aber hat Springer selbst sich später gleichfalls exkulpiert? Zur Beurteilung dieser Frage muss man die heutigen Deutschen völlig unbegreifliche damalige Rechtslage skizzieren.

Gemäß NS-Definition in den Nürnberger Gesetzen vom September 1935 war Axel Springers erste Ehe eine von 972 »Mischehen«, die es damals in Hamburg gab.[65] Seine Ehefrau Martha Springer, geborene Meyer, galt als »Halbjüdin«, in der Gesetzessprache war sie ein »Mischling 1. Grades«. Ihre Tochter Barbara wurde als »Vierteljüdin« bzw. »Mischling 2. Grades« eingestuft. Da Springer rein »arischer« Herkunft war und weder seine Frau noch seine Tochter der jüdischen Religionsgemeinschaft angehörten, besaß »Baby« Springer den Status »vorläufiger Reichsbürger«, während die Tochter den »Deutschblütigen« zugeschlagen wurde. Aufgrund der Ehe mit einem reinblütigen »Arier« war somit »Baby« Springer vor offizieller Verfolgung sicher, was Beschimpfungen als »Jüdin« nicht ausschloss. Aus Sicht des August

1938 verschlechterte die Scheidung ihren Status nicht. Sie war weiterhin – so die bisher gründlichste wissenschaftliche Untersuchung durch Beate Meyer – »bedingt geschützt, wenn sie minderjährige, nicht jüdisch erzogene Kinder versorgte«.[66] Doch zwischen 1942 und 1945 hatten auch Frauen im Status der geschiedenen »Baby« Springer allen Grund zu der Befürchtung, in die Vernichtungspolitik gegen die Juden einbezogen zu werden. Tatsächlich wurde die Gruppe der »Mischlinge« ersten Grades dann doch von Deportation und Ermordung verschont. Aber bis Kriegsende lebten alle Betroffenen in ständiger Angst.

Hat sich Springer insgeheim also doch vorgeworfen, seine »halbjüdische« Frau im kritischen Jahr 1938, als sich der Antisemitismus des Regimes in schnellem Tempo zu verstärken begann, durch die Trennung einem ungewissen Schicksal ausgeliefert zu haben? Seit 1940 war auch in seinem persönlichen Umfeld zu verspüren, wie sich die Judenverfolgung galoppierend verschärfte. Besonders belastend war jetzt das Schicksal seiner Ex-Schwiegermutter Martha Meyer, von Springer noch Jahrzehnte nach der Scheidung liebevoll »Mutter Mary« genannt. Ihre Ehe mit Eduard Meyer war 1937 geschieden worden. Nach den Nürnberger Gesetzen war Martha Meyer »Volljüdin« und deshalb auch gezwungen, den Vornamen »Mathel« anzunehmen. Zwar konnte auch sie geltend machen, ihre Töchter seien als Christinnen getauft und erzogen, somit nicht mosaischer Religion. Aber bereits 1940 wurde sie zusammen mit einem Transport weiterer Leidensgenossinnen nach Theresienstadt deportiert. Jetzt versuchte ihr geschiedener Mann mit Wissen und auch mit Unterstützung Axel Springers, sie freizubekommen. Wie Hunderte in jenen Jahren, die sich in vergleichbarer Lage befanden, suchte Eduard Meyer den rassischen Status seiner »Ex« zu verbessern, indem er mit den erforderlichen Gutachten und eidesstattlichen Erklärungen den Nachweis zu führen suchte, die urkundlich als Jüdin bezeichnete Frau sei tatsächlich nur ein »Mischling 1. Grades«. Bei ihrer Geburt habe ein Fall von »Kindesunterschiebung« stattgefunden. War das erreicht, so würde das auch Rückwirkungen auf den Status ihrer vier Töchter haben. Diese würden dann überhaupt nicht mehr unter die Nürnberger Gesetze fallen. Eine von ihnen war »Martha Springer, geb. Meyer, geb. 23.6.1913 verh. gewesen m. Axel Springer, schuldlos geschieden 18. 8. 1938«. Wörtlich hieß es in dem Antrag: »Die Letztgenannte hat sich nach gütlicher Einigung mit ihrem ehemaligen Mann, der die Schriftstellerlaufbahn[67] einschlagen wollte und sich durch die noch nicht geklärte Abstammungsfrage meiner Tochter in seinem Weiterkommen gehemmt fühlte, schuldlos scheiden lassen. Aus dieser Ehe ist ein in jeder Beziehung reinarisch aussehendes hellblondes Mädchen geboren, das heute im 9. Lebensjahr steht. Diese letztgenannte Tochter Frau Martha Springers hat die Möglichkeit, sich wieder mit einem Vollarier zu verheiraten, doch ist dieses nicht möglich, solange die Abstammung noch in Zweifel gezogen ist.«

Der Zweck des aus heutiger Sicht befremdlich klingenden, mit der vorgeschriebenen Grußformel »Heil Hitler!« endenden Schreibens war eindeutig. Er wurde von Eduard Meyer im Schlusssatz nochmals deutlich betont: »1. meine 4 Töchter als Mischlinge II. Grades und 2. Frau Mathel Meyer als Mischling ersten Grades zu erklären und die Freilassung der unter 2 Genannten aus Theresienstadt, wo sie zu Unrecht hingekommen ist, zu verfügen.«[68] Dass hier als Scheidungsmotiv Springers dessen Wunsch angegeben wurde, als Schriftleiter weiterzukommen, war auf die Erwartungen des Reichssippenamts abgestellt, für das der Antrag bestimmt war. Ob Karriereüberlegungen bei Springers Trennung von seiner ersten Frau insgeheim doch eine Rolle gespielt haben, sei dahingestellt. Vorrangig war allem Anschein nach sein Wunsch, die lästige Ehefessel los zu sein, um sich alsbald wieder in das nächste Eheabenteuer zu stürzen.

Der Entscheid des Reichssippenamts, einer mit dem Reichsinnenministerium verbundenen Dienststelle, ist nicht auffindbar. Allem Anschein nach wurde die Eingabe aber positiv beschieden, sonst wäre »Mutter Mary« kaum aus Theresienstadt freigekommen. So hat sie überlebt, wenngleich in ständiger Angst. Springer selbst hat sie, wie später zu vernehmen war, in Theresienstadt mit Paketen unterstützt. Ausführlich aber ist er nie auf die Vorgänge im Zusammenhang mit seiner Scheidung eingegangen, bei denen er aus der Rückschau keine besonders gute Figur gemacht hatte.

Die Hintergründe, vor denen sich sein munteres Leben in den Friedensjahren des Dritten Reiches abgespielt hat, waren also weder vorbildlich noch besonders moralisch. Später hat er das wohl selbst erkannt, wahrscheinlich schon zu dem Zeitpunkt, als der Antisemitismus des Regimes sich im Krieg brutal kriminalisierte. Tatsache ist und bleibt jedenfalls: Der junge Mann Axel Springer hat aus den Friedensjahren des Dritten Reiches und auch noch aus den ersten Kriegsjahren herauszuholen versucht, was immer das Leben an Vergnügungen und Annehmlichkeiten zu bieten hatte. Das Bild des konsequenten Antifaschisten, das er später von sich zu malen versuchte und an das er dann vielleicht auch selbst glaubte, ist ergänzungsbedürftig. Ein Held war er in den Jahren des Dritten Reiches nicht, eher ein Bruder Leichtfuß.

Noch eine andere Korrektur ist am Platze. Als sich Axel Springer Ende der fünfziger Jahre nach Berlin aufmachte, strahlte er mit hellem Scheinwerfer die politischen Motive seines Berlin-Engagements an. Sie sind gewiss genauso wenig zu bestreiten wie der Umstand, dass der Glanz des Hauses Ullstein den Heranwachsenden bereits in den letzten Jahren der Weimarer Republik geblendet und nach Berlin gelockt hatte. Doch seine Liebe zur damaligen Reichshauptstadt wurzelte auch in emotionalen Schichten, die durchaus vorpolitischer Natur waren. In jenen Jahren der Vorkriegszeit, aber auch noch in den ersten Kriegsjahren, hatte er Berlin als Hauptstadt des süßen Lebens geliebt.

Genauso gern wie nach Sylt ist er damals an den Wochenenden mit dem »Fliegenden Hamburger« nach Berlin gefahren – in die Operettenhäuser, in die Theater und Varietés, vor allem aber, um dort seine neue Flamme zu treffen – ein langbeiniges, freches, echt Berliner Mannequin aus dem renommierten Modesalon Schulze-Bibernell in der Budapester Straße, Erna Küster. Springer fand den Vornamen jedoch zu prosaisch und nannte sie nur »Katrin«.

Die von Schultz-Dieckmann erzählte Geschichte von Springers anfangs erfolgloser Werbung um die schöne Katrin wurde zwar schon des Öfteren erzählt, darf aber hier nicht fehlen. Sie ist so verrückt wie damals der ganze Springer. Wie schon seine erste große Liebe mit »Baby« begann auch diese Liaison auf Sylt. Katrin war bereits mit dem reichen dänischen Grundstücksmakler Camillo Holm liiert, gestand diesem nun auch ihre neue Liebe, und der trug ihr daraufhin an, sie in aller Form zu ehelichen. Springer bekam Wind davon. Am Morgen der auf nachmittags um drei angesetzten Trauung kreuzte er, von Schultz-Dieckmann chauffiert, in der

Mercedes-Limousine seines Vaters auf (»ich kann ohne sie nicht leben«). In einem stundenlangen Gespräch setzte er seine schon damals berühmten Überredungskünste ein, um sie von der geplanten Hochzeit abzubringen; stattdessen solle sie ihn heiraten (er selbst war seit kurzem geschieden). Vergebens. Springer und Schultz-Dieckmann fuhren wieder zurück, wobei dieser zu allem Überfluss auch noch das schöne Auto Hinrich Springers demolierte. Ein Jahr später jedoch verließ Katrin den frisch angetrauten Camillo Holm sowie die Boutique, die sie in Berlin eröffnet hatte, und zog zu Springer auf die Alsterterrassen (»eine furchtbar trostlose Wohnung, so dunkel«, erinnerte sich Schultz-Dieckmann). Katrins Ehe mit Camillo Holm wurde im Juli 1939 geschieden.[69] Am 15. Dezember 1939, der Zweite Weltkrieg hatte schon begonnen, ging Axel Springer mit ihr seine zweite Ehe ein, die immerhin zwölf Jahre dauerte, bis auch sie zerbrach und am 12. Dezember 1951 vor dem Scheidungsrichter endete. 1941 wurde Springer auch zum zweiten Mal Vater. Freund Schultz-Dieckmann, inzwischen bei der Wehrmacht, erhielt unter dem Datum des 7. Februar 1941 einen Brief, in dem Springer das frohe Ereignis als unmittelbar bevorstehend ankündigte. Dem lag ein Zettel bei: »Briefinhalt in wesentlichen Teilen überholt, da – seit einer Stunde – ein Junge (rot unterstrichen) da ist. Axel soll er heißen. Ich bin sehr froh. Dein Axel.«[70]

Auch Springers von Erfolg gekröntes Bemühen, sich unbedingt der Wehrmacht zu entziehen, passt ins Bild. Die Einzelheiten ließen sich unter Bezugnahme auf viele einschlägige Briefe erzählen, die sich erhalten haben. Doch amüsanter und durchaus zutreffend ist der Bericht von Schultz-Dieckmann: »Warum ist Axel Springer nicht Soldat geworden? Er hatte natürlich genau dieselbe Absicht, wie ich sie hatte ... Wir hingen nicht diesem heiligen Krieg des Adolf Hitler an, wir waren uns immer einig darüber gewesen, dass Hitler eine schlechte Sache war, und er zog mich immer mit meinem nationalen Vater auf ... Axel Springer wurde krank. Er hatte eine Bauchspeicheldrüsenerkrankung und ließ sich deshalb vielfach behandeln. Er lag auch zeitweise im Westend-Sanatorium in Berlin. Er sollte immer operiert werden, aber er ist gottlob nicht operiert worden, soviel ich weiß. Wie lange er das hinziehen konnte, sicherlich mit allen Schwierigkeiten, das weiß ich nicht ...« Sarkastisch fügte Schultz-Dieckmann hinzu: »Ich glaube zu wissen, dass nach dem Kriege diese Krankheit nicht mehr so ungeheuer stark auftrat. Ich glaube nicht, dass sie gelogen war, das möchte ich nicht sagen. Ich glaube schon, dass diese Krankheit da war, aber sie war eben da, weil sie da sein musste. Sie wurde ein bisschen gepflegt ... Wenn ich ihn im Krieg besuchte, auf Urlaub, dann fuhr ich nach Bendestorf, wohin er mit seinen Eltern inzwischen evakuiert war. Und dann ging er mit mir über die Heide spazieren und klärte mich erst einmal richtig auf. Er fand, dass ich ein 170, 160, 150, 200prozentiger Nazi geworden war, als Soldat, weil ich ja eben nur von dorther mit Nachrichten versorgt worden war ...«[71]

Es waren eine ganze Reihe physiologischer, aber auch psychosomatischer Krankheitssymptome, an denen Springer periodisch laborierte: Zuckermangel aufgrund eines Tumors an der Bauchspeicheldrüse, hypoglykämische Zustände mit plötzlichen Blutzuckerstürzen, Herzmuskelschwäche, Zustände von Körperversagen, dauernde Asthma-Bereitschaft im Anschluss an Heufieber etc.[72] Offenbar fand der Patient immer wieder verständnisvolle Ärzte. In einer der verschiedentlich zu erneuernden ärztlichen Bescheinigungen war seine Krankheit wie folgt beschrieben: »Es handelt sich um eine ungewöhnlich seltene Erkrankung, ein sogenanntes Inselzelladenom, mit spontanen Hypoglykämien. Infolge dieser Erkrankung ist Herr Springer zu körperlichen Leistungen nicht in der Lage.«[73] Der begehrte »rote Schein«, in dem die dauernde Wehrunfähigkeit bescheinigt wurde, hat ihm bis zum Kriegsende eine beneidenswert zivile Existenz gestattet.

Man meint in diesem für die damalige Zeit nicht besonders typischen Lebenslauf einen Hauch von »Zauberberg« zu erkennen: periodische Untersuchungen, gestrenge, der Krankheit gegenüber eher ratlose, aber gütige Mediziner, monatelange Sanatoriumsaufenthalte, so im Prominenten-Sanatorium »Weißer Hirsch« auf den Loschwitzer Höhen bei Dresden in gepflegter Gesellschaft, das alles in Verbindung mit zahlreichen Reisen kreuz und quer durchs Reichsgebiet. Immer wieder leichter oder manchmal schwerer krank zu sein war auch damals schon einer der für Springer charakteristischen Züge. Das verband sich mit der »Fähigkeit zur Darstellung pflegebedürftiger Gebrechlichkeit«, wie Michael Jürgs diese Befindlichkeit gelegentlich genannt hat.[74]

Nicht ohne Selbstgefälligkeit hat Springer selbst später erzählt, die Briten hätten über ihn gesagt: »the most atypical German they ever saw«.[75] Das gilt ganz besonders für seine partielle »Zauberberg-Existenz« im Zweiten Weltkrieg. Beim Vergleich mit dem Leiden und Sterben von Millionen Soldaten aus seiner Generation hat Springer aber nur selten Verlegenheit empfunden: erstens, so sagte er, »war ich wirklich schwer krank wie wenige junge Leute«,[76] zweitens fühlte er sich auch moralisch vom Kriegsdienst dispensiert: »für Hitler zu kämpfen und zu töten war nicht meine Sache«.

Gegenüber Freunden an der Front fühlte er sich aber gelegentlich doch im Erklärungsnotstand. Der Durchschlag eines Briefs an den alten Schulfreund, einstmals Sänger und jetzt Leutnant, Hermann Firchow hat sich erhalten. Firchow stand seit Jahren an der Ostfront. Der Brief an ihn vom 26. Januar 1945 ist in ironischer Sklavensprache geschrieben, schließlich unterlagen Feldpostbriefe der Zensur. »Inzwischen«, schrieb ein sehr munterer Axel Springer, »ist der große Sturm im Osten losgebrochen ... Es ist ganz selbstverständlich, daß in diesen Tagen, wo die Wünsche und das Mitgefühl eines jeden anständigen Deutschen in der Heimat in erster Linie den Soldaten an den Kampfabschnitten des Ostens gelten, meine Gedanken bei Dir sind ... Ich weiß, daß auch Du meinen guten Zuspruch zum Durchhalten gegen einen unerbittlichen und verbrecherischen Feind richtig verstehen wirst ...« Der zweiseitige Brief war in weiten Teilen Hohn und Spott auf das Regime. Allein die Tatsache, dass es der ganzen Welt bisher nicht gelang, »uns auf die Knie zu zwingen«, sei Beweis genug dafür, »daß das deutsche Volk unter seiner einmaligen, geschichtlich großen Führung unbesiegbar ist. Ich war jetzt gerade wieder in Berlin, wo ich das Glück hatte, hin und wieder aus nächster Nähe die Atmosphäre zu spüren, die um den Propagandaminister Dr. Goebbels, der im Grunde viel mehr ist als ein Propagandaminister, herrscht. Er, zusammen mit seinem Kamerad Himmler sind wohl die Getreuesten unseres Führers, der unbeirrt durch alle Niederungen kriegerischer Rückschläge sein Volk zum Siege führen wird.« In diesem Stil ging es weiter. »Die Vorsehung oder Gott« halte »scheinbar den Untergang bereit«. Doch nicht umsonst stelle Dr. Goebbels in seiner Propaganda immer wieder Friedrich den Großen heraus: »Ein ganzes Volk, das angesichts der sicheren Niederlage erwartungsvoll auf seinen großen König sah, fand, indem es ihm folgte, den Weg zum geschichtlichen Ruhm.« Noch größer werde Hitlers Glanz erstrahlen: »Ist es nicht so, daß schon rein äußerlich die beiden großen Figuren in Deutschlands Geschichte sich ähneln?«[77]

Dieser Brief ist nicht nur ein Beispiel für das, was Springer im Fragebogen wenige Monate nach Kriegsende als »Aufklärungs- und Zersetzungsarbeit« bezeichnet hat. Er zeigt doch zugleich, wie seltsam er sich gegenüber dem Frontsoldaten Hermann Firchow fühlte: »Du weißt auch, daß eine schwere innere Krankheit mich daran hindert, dem Freund aus den Schultagen als Kamerad ins Feld zu folgen.« Doch der Schluss dieses Briefes war wieder die pure Ironie, verbunden mit freundschaftlichem Gedenken: »In diesem Sinne, mein lieber Hermann, wünsche ich Dir Soldatenglück und gute Heimkehr nach dem errungenen Sieg, der dem deutschen Volk winkt, wenn die anstürmenden Feinde erlahmt sind. Dann ist für Dich auch persönlich der Weg frei für Deine künstlerische Laufbahn.«

Letzte Kriegsjahre

Am 2. Mai 1942 war Axel Springer bereits 30 Jahre alt. Bisher hatte er ein recht zielloses Leben geführt: Richard-Tauber-Träume, Phantasien von einer großen Journalistenkarriere bei Ullstein in Berlin, unlustiges Redakteur-Spielen in der politisch gleichgeschalteten väterlichen Lokalzeitung, ambivalentes Verhältnis zum Elternhaus, periodischer Ausbruch in die Dolce Vita, Frauengeschichten, Herumlaborieren an verschiedensten Krankheitssymptomen, die ihn physisch und psychisch beinträchtigten und ihm bis Kriegsende nicht einmal erlaubten, am Luftschutz teilzunehmen. Im Frühjahr 1941 aber war ein Ereignis eingetreten, das diesen auf dem besten Weg zum Scheitern befindlichen jungen Mann zwang, seine bisher ziemlich brachliegenden Energien zielgerichtet einzusetzen.

Im Mai 1941 verfügte die Reichspressekammer für rund 500 Zeitungsverlage eine umfassende Stilllegungsaktion. Die Maßnahme sollte nur für die Dauer des Krieges gelten und wurde mit einleuchtenden Begründungen legitimiert: Papiermangel, Strom- und Bleiknappheit, Freimachen von Arbeitskräften für die Rüstungsindustrie.[78] Darunter fielen auch 300 bis 400 Lokalzeitungen mit niedrigen Auflagen. Objektive Knappheitsprobleme der Kriegsjahre verbanden sich dabei mit den Konzentrationstendenzen des parteioffiziellen Eher-Verlags. Von dieser Schließung war auch die *Hamburger Neueste Zeitung* betroffen. Was alldem vorausging und ob Hinrich Springers Blatt aus politischen Gründen auf die Liste der zur Schließung bestimmten Zeitungen geriet, wie Axel Springer später behauptete, lässt sich nicht mehr zweifelsfrei klären.[79] Jedenfalls begannen die Auseinandersetzungen um das Weiterbestehen seines Lebenswerkes Hinrich Springer gesundheitlich zu zermürben. »Er regte sich auf. Er zerfraß sich. Wie es seine Art war, fraß er das alles in sich hinein ...«, wusste die erste Frau Axel Springers zu berichten.[80] Ein früherer Mitarbeiter schrieb dazu viel später an Springer: »Ich sehe noch Ihren Vater vor mir, wie er mit Tränen in den Augen die Einstellung der *Hamburger Neuesten Zeitung* in der Setzerei bekanntgab. Das Hauptwerk eines einfachen Mannes – eines Schriftsetzers – war mit einem Federstrich ausgelöscht.«[81] Aufregung und Kummer, so glaubt die Familie, führten schließlich zu einer sogenannten Schüttellähmung, die ihn für den Rest seines Lebens weitgehend außer Gefecht setzte. Wahrscheinlich litt Hinrich Springer unter der Parkinson'schen Krankheit.

Die von der Schließung betroffenen Verlage, deren Abonnenten häufig von Parteiverlagen übernommen wurden, erhielten oft eine Entschädigung. Der Satz belief sich auf 15 bis 18 Reichsmark pro Abonnent. »Wegnahme der Zeitung gegen den Preis von 100 000 Papiermark«, hat Axel Springer später den Vorgang geschildert: »Zuviel, um sich damit den Mund abzuwischen, und zu wenig, um die Kosten der Liquidierung bezahlen zu können.«[82] Zeitweilig sah Axel Springer keine Zukunft mehr in der väterlichen Druckerei. Er figurierte dort zwar ab 1. Juli 1941 als Verlagsleiter,[83] übernahm aber gleichzeitig eine auf drei Monate befristete Halbtagstätigkeit als Volontär zur Ausbildung im »Waterloo«-Kino am Dammtor.[84] Dort war er als Kinovorführer und gelegentlich auch als Platzanweiser tätig.[85] Das sei eine »Untertauchstation« gewesen, hat Springer viel später festgestellt. Als Inhaber des »sehr begehrten roten Scheins der Wehrunwürdigkeit/Wehrunfähigkeit« habe er den Nachweis einer Beschäftigung gebraucht. Mag sein, dass dem aber eine ganz andere Absicht zugrunde lag: sich auszahlen zu lassen, ein eigenes Kino oder deren mehrere zu kaufen und so selbständig zu werden. Nach wenigen Monaten fand Springer wieder aus der

Kino-Branche heraus. Platzanweiser in einem Kino – der Vorgang signalisiert nicht nur einen Tiefpunkt in seinem Lebenslauf. Er illustriert auch, wie sicher man sich noch im Sommer 1941 in den deutschen Großstädten fühlte. Bereits ein Dreivierteljahr später, als Lübeck eingeäschert und das alte Köln zerstört war, wurde deutlich, dass der Erwerb von Kinos in deutschen Innenstädten keine besonders bombensichere Kapitalanlage gewesen wäre.

Blieb also wiederum nur der väterliche Verlag Hammerich & Lesser. Wenn es mit der Zeitung nicht mehr ging, so musste man es eben mit dem Büchermachen probieren. Zwei ältere Freunde wiesen dem allem Anschein nach damals recht orientierungslosen Axel Springer diesen Weg: der Hamburger Buchhändler Felix Jud[86] und John Jahr, damals in Berlin.

Der angesehene Felix Jud gehörte zu den guten alten Bekannten der Familie. Ottilie Springer hatte in seiner Buchhandlung unter den Hamburger Colonnaden ihre Goethe-Bücher gekauft. Axel Springer selbst war von Walther Hansemann in den Kreis um Felix Jud eingeführt worden. Jud war sozusagen der Prototyp des systemkritischen Buchhändlers. Nach der Machtergreifung Hitlers konnte man bei ihm im Hinterzimmer missliebige Bücher bekommen und mit Gleichgesinnten die neuesten Nazi-Witze austauschen. Der übermütige Mann nahm kein Blatt vor den Mund und landete deshalb im Dezember 1943 im Konzentrationslager Neuengamme. Zuvor aber hatte er Springer den guten Rat gegeben, den Verlag Hammerich & Lesser auf seinen ursprünglichen Charakter eines Buchverlags zurückzuführen. Schließlich war die Buchproduktion ja auch unter der Regie Vater Springers nie ganz unterbrochen worden. Je schlechter sich der Krieg entwickelte, umso stärker wurde der Bedarf an unpolitischer, entspannender Lektüre.

Viel wichtiger noch war John Jahr. Mit ihm trat die erste jener Verleger-Größen im Lebensroman Axel Springers auf, aus der dann eine Zentralfigur der »Hamburger Kumpanei« werden sollte, die bundesdeutsche Pressegeschichte schrieb. Auf den ersten Blick meint man in dem 1900 geborenen John Jahr den typischen Wendehals zu erkennen. Er hatte eine Nase für alles, was jeweils aktuell war, und verstand es, sich den politischen Konjunkturen geschmeidig anzupassen. Mit 24 gründete er bereits einen Verlag für Sport-Zeitschriften. Weitere Blätter folgten. In den Jahren vor der nationalsozialistischen Machtergreifung fungierte er auch als Anzeigen-Generalvertreter für das kommunistische Verlagsimperium Willy Münzenbergs. Mitglied der KPD war er nicht, aber, so bestätigte ihm 1945 der frühere KPD-Reichstagsabgeordnete Max Schütz, der kommunistischen Bewegung nahestehend.[87]

Im Herbst 1933 war Jahr das Hamburger Pflaster zu heiß geworden. Er musste die Geschäftsführung im dortigen Arminius-Verlag aufgeben, verlegte seinen Tätigkeitsschwerpunkt nach Berlin, trat in die NSDAP ein und fand Anschluss an die neuen Herren. Robert Ley, Vorsitzender der Deutschen Arbeitsfront (»Reichstrunkenbold« mit Spitznamen), Reichsjugendführer Baldur von Schirach, Generaloberst Busch, die Größen der Organisation Todt – mit ihnen und vielen anderen stand er in geschäftlichen und privaten Beziehungen. Bald schon dirigierte dieses verlegerische Multitalent wieder eine Reihe von Unternehmen, in erster Linie die »Reise- und Verlagsbuchhandlung John Jahr« und die »Heimbücherei«. Zudem besaß der künftige Verleger von *Constanze* auch schon im Dritten Reich eine einschlägige Zeitschrift, betitelt *Die junge Dame*.[88]

Seine linken Verbindungen und Überzeugungen hatte John Jahr aber durchaus noch nicht aufgegeben. Äußerst diskret ließ dieser bemerkenswerte Mann auch seine alten Gefährten von der KPD nicht verkommen. »Allein von den sieben Generalvertretern«, so bestätigte ihm einer von diesen im August 1945, waren fünf Kommunisten, die ihrerseits wieder entsprechende Untervertreter beschäftigten.[89] Er half auch verfolgten Juden, ins Ausland zu entkommen, selbst in den schlimmsten Kriegsjahren, als sie wie Freiwild gejagt wurden. Dass dieser abgebrühte Verleger in vertrauter Runde lästerliche Reden führte, verstand sich von selbst. Er würde gern einen Teil seines Vermögens für die Ermordung Adolf Hitlers geben, lautete einer seiner im Nachhinein kolportierten Aussprüche. Die Verbindungen zu den Kommunisten ließ er übrigens auch nach 1945 nicht abreißen. Anfang der fünfziger Jahre, der Kalte Krieg in Deutschland war schon in vollem Gange, musste ihn ein höchst alarmierter Springer einmal warnen. Er gelte bei alliierten und deutschen Diensten als »Rückversicherer«, weil der Verlag »Interzonale Brücke«, an dem er angeblich Beteiligungen besaß, die Zeitschrift *Brücke zwischen Ost und West* herausbringe.[90] John Jahr war also *a man of all seasons*. Von der Weimarer Republik über das Dritte Reich führte ein windungsreicher, aber ununterbrochener Weg in die Bundesrepublik Deutschland, mit Abzweigung in die DDR.

Dass sich der bereits erfahrene, durch alle Reusen schwimmende Hecht und der immer noch romantisch-gefühlvolle Axel Springer »auf der Insel« kennen gelernt haben, ist sicher, wann und wie, muss offen bleiben. John Jahr hat später behauptet: »Unsere Freundschaft begann 1933 auf Sylt. Axel Springer sprach eine junge Frau an, die aber leider verheiratet war – mit mir.«[91] Umsichtig, wie er war, brachte John Jahr dann, als sich auch an der »Heimatfront« die katastrophale Phase des Krieges abzuzeichnen begann, seine Familie auf Sylt unter. Dort suchte ihn Axel Springer häufiger auf.

Von dem Moment an, als nach Schließung der *Hamburger Neuesten Zeitung* die Buchproduktion beim Verlag Hammerich & Lesser reaktiviert werden musste, war John Jahr mit allem zu Diensten, was damals für das Überleben eines Verlagshauses wesentlich war: mit Steuer-Tipps, mit Hinweisen, wie und bei wem man sich für den immer knapper werdenden Betriebsstoff Papier die erforderlichen Bezugsgenehmigungen beschaffen konnte, nicht zuletzt mit Ratschlägen, wo im besetzten Ausland oder in den vom Bombenkrieg noch unberührten Regionen des Reiches Druckereien und Lagerhallen zu finden waren. Vor allem aber stellte er Hammerich & Lesser sein Vertriebsnetz zur Verfügung. Die erhalten gebliebene, von beiden Seiten gelegentlich mit recht ironischen Briefen geführte Korrespondenz zeigt, dass John Jahr bis in die letzten Monate des Dritten Reiches hinein und darüber hinaus bis ins Jahr 1946 Axel Springers wichtigster Geschäftspartner war.

John Jahr und Axel Springer, die nicht zu den Dummköpfen gehörten, waren sich spätestens seit Mitte 1943 darüber im Klaren, dass der Krieg verloren war. Diesem Umstand hatten die geschäftlichen Planungen Rechnung zu tragen. Papier war abzuzweigen und bombensicher einzulagern. Desgleichen schien es ratsam, von den mit Mühe und Not gedruckten Büchern größere Mengen einzubehalten, um alsbald nach Kriegsende damit auf den Markt zu kommen. Neunzig Prozent der fertigen Bücher des Verlags Hammerich & Lesser wurden in Ballsälen in der Lüneburger Heide versteckt. John Jahr nannte dies »das Startkapital in Sachwerten«.[92]

Zugleich schien es sinnvoll, bereits jetzt größere Projekte vorzubereiten, um nach dem Ende der NS-Diktatur mit unbelasteten Autoren und politisch unverfänglichen Themen auf den Markt zu kommen. Im Übrigen, »mein Kleiner«, meinte John Jahr etwas gönnerhaft: »Man muß bei seinen Dispositionen ein bißchen Glück haben, und das hattest Du bisher ja immer.«[93]

So entschloss sich Axel Springer zu einem völlig unpolitischen Verlagsprogramm: »Unterhaltungsromane gehobeneren Niveaus«,[94] Reiseberichte, Krimis, Hamburgensien. Ein paar der Autoren kamen aus dem Altonaer Umfeld, beispielsweise der niederdeutsche Heimatschriftsteller, Journalist und Maler Harry Reuss-Löwenstein oder der Verfasser von Seefahrtsgeschichten und Maler Christian Andresen-Bundesgarder.[95] Andere hatten früher in der *Berliner Illustrirten Zeitung* aus dem Hause Ullstein geschrieben. Bemerkenswert viele gehörten zu den unerwünschten Autoren. Als der aus dem KZ Neuengamme befreite Felix Jud im Herbst 1945 für Axel Springer eine Unbedenklichkeitserklärung schrieb, listete er auf: »Ewald-Gerhard Seeliger (jüdisch verheiratet, zeitweiliges Schreibverbot); Walther von Hollander (Rundfunk und zeitweiliges Schreibverbot); Harry Reuss-Löwenstein (Halbjude, dauerndes Schreibverbot, veröffentlicht unter dem Decknamen Karl Klick); Fritz von Woedtke (Halbjude); Ludwig Hinrichsen (jüdisch verheiratet); Günther Schulz (jüdisch verheiratet); Illa Andreae (angefochten vom SD wegen pro-katholischer Tendenz); Hans Harbeck (KZ-Häftling). Der Verlag hat sich für diese Autoren mit starken Auflagen eingesetzt unter Überwindung großer Schwierigkeiten und Gefahren.«[96] Die genannten Schwierigkeiten wurden vielfach mit Hilfe der Verbindungen John Jahrs überwunden, wobei die Bedürfnisse der Truppenbetreuung für Druckerlaubnis und Papierzuteilung den Ausschlag gaben. In einer Aufstellung vom 1. August 1944 über die Verlagsproduktion waren die meisten der genannten Autoren mit einem Sternchenvermerk versehen: »Dringlichkeitsbescheinigungen (Truppenbetreuung)«.[97] Beliefert wurden mit Vorzug, so fügte Jud hinzu, einwandfrei antinazistische Buchhändler im norddeutschen Raum.

Der Schriftwechsel zwischen Axel Springer und John Jahr lässt nachvollziehen, wie sich Produktion, Lagerung und Auslieferung unter den Bedingungen des Bombenkriegs fortlaufend schwieriger gestalteten. Axel Springer selbst wäre im Februar 1943 im Haus seiner Schwester Inge im Keller der Parkstraße in Hamburg-Othmarschen beinahe ums Leben gekommen. Das Haus wurde nachts von einer Bombe getroffen, der Keller hielt, alle wurden verschüttet, aber ausgegraben, doch zwei der Kinder starben durch Lungenriss.[98] Inge Millies, Springers Schwester, und ihr Ehemann fanden in Springers damaliger Wohnung an der Elbchaussee eine erste Unterkunft und schrien dort lauthals aus dem Fenster in die Nacht hinaus: »Hitler, Mörder unserer Kinder.«[99] Axel Springer selbst vermochte die Erlebnisse dieser Schreckensnacht nie ganz abzuschütteln. Noch ein Jahr darauf schrieb er an eine Bekannte: »Seit dem Februar des vorigen Jahres, wo ich mit meiner Frau im Hause meiner Schwester in Othmarschen, die an diesem Abend ihre beiden wirklich entzückenden Kinder verlor, verschüttet war, will mich kein Mut mehr stärken.«[100] Friede Springer berichtet, ihr Mann sei zeitlebens klaustrophobisch gewesen und habe das auf diesen Vorfall zurückgeführt.

Wo sich Axel Springer aufgehalten hat, als Ende Juli 1943 das Zentrum Hamburgs und große Teile Altonas mit 40 000 bis 50 000 Menschen[101] dem Feuersturm der Operation »Gomorrha« zum Opfer fielen, ist unbekannt. Der Druckerei- und Zeitungsbetrieb in der Königstraße 120 wurde stark beschädigt, blieb aber doch »wie durch ein Wunder« erhalten: »ringsum nur Trümmer«, so Axel Springer ein paar Wochen später.[102] Zusammen mit rund 900 000 anderen Hamburgern flohen die Springers aus der zerstörten Stadt und richteten sich schließlich auf Dauer in ihrem Heidehaus zu Bendestorf ein.

Bemerkenswerterweise hat es der moralisch so hochsensible Axel Springer später vermieden, sich zu dem grauenhaften Geschehen öffentlich zu äußern. Nur einmal, soweit zu sehen, ist er brieflich darauf eingegangen. Ein paar Jahre nach dem Krieg, im Jahr 1950, machte ihm ein befreundeter Engländer heftige Vorwürfe wegen eines Artikels im *Hamburger Abendblatt*, in dem Luftmarschall Arthur Harris heftig angegriffen wurde. Springer entschuldigte sich für die Veröffentlichung und meinte: »Das hätte nicht nötig getan. Ich habe die Tatsache der Zielbombenwerfung ausgesprochener Wohnviertel immer als besonders scheußlich empfunden, aber auch hierfür letzthin immer nur Hitler die Schuld gegeben. Diese Überzeugung wankte auch nicht, als die Springers auf die Probe gestellt wurden und sie ihre eigenen toten Kinder auf dem Arm trugen.«[103]

Gerd Bucerius hat dies übrigens im Rückblick genauso bewertet. 1983 führte er aus: »Ich stand an den drei Angriffstagen auf dem Dach meines Häuschens in der Hamburger Vorstadt. Über mir flogen die englischen Bomber. ›Endlich‹, rief ich immer wieder, ›endlich!‹ Zu lange hatten mir die Alliierten gewartet, um den Weltfeind Hitler niederzukämpfen ... Und dann musste ich gegen Alarmende durch die zerstörten Straßen mit halbverbrannten Toten ... Was habe ich damals gedacht: Grauen und Mitleid, natürlich. Aber auch: Ihr – die Toten – habt es so gewollt und damit unseren Kindern und denen, die es nicht gewollt haben, den Tod gebracht.«[104] Es gibt wenige Äußerungen, die so deutlich die Gesinnung bekunden, die Springer ebenso wie Bucerius damals wie später Hitler und seinen Anhängern entgegenbrachten. Erbarmungsloser Hass auf die polit-kriminellen Nazis war hier beigemischt, aber auch eine tüchtige Portion undifferenzierter Unbarmherzigkeit gegenüber dem eigenen Volk. Die Immoralität des alliierten Bombenkriegs wurde gegen die vorhergehenden Untaten des NS-Regimes aufgerechnet, und das Ergebnis war versteinerte Mitleidlosigkeit.

Wer allerdings meint, für den Sonnyboy sei jetzt »Schluss mit lustig« gewesen, wird durch eine Reihe von Briefen eines Besseren belehrt. Einem Freund schrieb er: »Immer noch wohnen wir auf dem Seradellen-Hof. In den Hamburger Schreckenstagen hausten wir in dem kleinen Heim mit 24 Personen. Offiziell nennt man so etwas ein Sowjet-Paradies. Tagsüber bekämpften sich die Familienmitglieder bis aufs Messer, um nachts bei den Angriffen in schönster Harmonie gemeinsam in die Hose zu machen. Nach der Entwarnung stellte man sich bereits wieder auf Kampf ein. So sind die Menschen. Es ist kein Zufall, dass hier in Hamburg folgender Witz besonders belacht wurde: Wehrmachtsbericht 1944: Die letzten überlebenden Hamburger haben sich gegenseitig umgebracht.«[105] Und Anfang Oktober 1943 bekam John Jahr zu lesen: »Ich bin im Augenblick sehr zufrieden und auch durchaus optimistisch ...«[106]

Grund dafür war gegeben. Ausgerechnet in den Katastrophenwochen Hamburgs hatte Axel Springer nämlich manche der drängenden Fragen gelöst. Im Juli[107] fand sich Vater Hinrich bereit, den nunmehr etwas hoffnungsvolleren Sohn auf 50 : 50-Basis[108] am Verlag Hammerich & Lesser zu beteiligen – für die künftige Entwicklung der Unternehmungen Axel Springers ein ganz entscheidender Vorgang. Seine Häuser behielt der Altverleger aber noch. Doch die jahrelangen, durchaus berechtigten Zweifel an Sohn Axel begannen sich zu zerstreuen: »Hinrich war verwundert, dass der Junge sich nach Schließung der Druckerei sozusagen auf den Hosenboden setzte und nun plötzlich nach Berlin sauste und Papier versuchte zu bekommen«, kommentierte das Lästermaul Schultz-Dieckmann später diese überraschende Entwicklung.[109] Vater und Sohn Springer waren jetzt mit Erfolg bemüht, sich von dem Ballast der Druckerei zu lösen.[110] Die ausgebombte Hamburger Firma Franke & Scheibe übernahm zu den Bedingungen eines finanziell günstigen Kauf-Pacht-Vertrags mit elfjähriger Laufzeit die Druckerei und musste den Springers ein einseitiges Kündigungsrecht für die ersten drei Pachtjahre einräumen.[111] Die Dreijahresfrist ist ein Indiz dafür, mit welcher Kriegsdauer die Springers damals rechneten. Zudem ließ sich der Verlag Hammerich & Lesser die Option einräumen, die eigene Buchproduktion ganz oder teilweise in der verpachteten Druckerei drucken zu lassen. Dem schön ausgedachten Geschäft wurde jedoch kurz vor Kriegsende der Boden entzogen. Frau Ottilie vermerkte unter dem 8. April 1945 in den Kalendernotizen: »Unser Betrieb in der Königstr. wurde restlos durch Bomben zerstört.«[112]

Schon ein Jahr zuvor war dem Betrieb unter dem Datum des 26. August 1944 eine Schließungsverfügung zugegangen, »soweit in ihm schrifttumskammerpflichtige Tätigkeit ausgeübt wird«.[113] Doch was war Verlag, was nur Druckerei? Im Chaos des letzten Kriegsjahres liefen die Arbeiten genehmigt und ungenehmigt irgendwie weiter.

Zunächst fiel jedoch im Frühherbst 1943 die Entscheidung, das Zentralbüro für das ganze Unternehmen weiter in Altona zu belassen, »die eigentliche Verlagsarbeit« aber in der Heide zu tätigen.[114] Zur häufig von ihm selbst aufgewärmten Springer-Saga gehört auch die Geschichte von dem zum Verlagssitz ausgebauten Schweinestall in der Lüneburger Heide, von wo aus sich der Jungverleger in Bendestorf am Telefon mit den Worten zu melden pflegte: »Hier spricht der Mammutverleger.« Ein paar der Getreuen, die seit 1945 in Hamburg zum Kern seiner Mannschaft gehören sollten, werkelten jetzt schon im revitalisierten Verlag. Robert Warnecke von den *Altonaer Nachrichten* betätigte sich als Lektor. Helmut Covents, der den Spitznamen »Moische« nie los wurde und dann bis weit in die fünfziger Jahre als Mädchen für alles und gute Seele des Hamburger Betriebs fungierte,[115] machte die Buchhaltung und war auch ansonsten bei allem zur Hand, was den praktischen Umgang mit Menschen oder Vorschriften anbelangte.

Im Springer'schen Heidehaus selbst vollzog sich jetzt ein Vorgang, der damals und in den Notjahren nach 1945 millionenfach überall in Deutschland das Überleben ermöglichte. Die Großfamilien – Großeltern, Kinder, Enkel, Verwandte der Ehegatten und einige zufällig dazugestoßene Bekannte – drängten sich auf engstem Raum zusammen, stritten um den Zugang zur Feuerstelle oder zum Bad sowie um die spärlichen Rationen, teilten bisweilen widerstrebend, vertrugen sich wieder und sehnten das Kriegsende herbei, nur um dann festzustellen, dass es jetzt genauso lausig oder noch lausiger zuging als in den Jahren und Monaten zuvor.

Nach Möglichkeit flüchtete Axel Springer aus diesem Kommuneleben in sein Büro über dem Schweinestall oder nach Hamburg, nach Berlin und nach Sylt. Diejenigen, die ihn in der Heide besuchten, wussten später ziemlich übereinstimmend zu erzählen, er habe bereits damals von großen Projekten für die Nachkriegszeit geträumt. So schrieb ihm beispielsweise der Schriftsteller und Journalist Walther von Hollander 1970 in der Rückerinnerung: »Sie entwickelten neben den Buchverlagsplänen schon Ihre Pläne für die Gründung des Hamburger Abendblattes, dessen Chefredaktion Sie mir ›anboten‹. Sie waren ein klarer Gegner der Nazis. Sie waren ein sehr toleranter Liberaler, der es sich vorgenommen hatte, nach dem Zusammenbruch sofort einen Neuaufbau zu beginnen.«[116]

Zum Thema Träume vom künftigen Imperium pflegte Springer selbst gern die berühmte Anekdote zu erzählen, die schließlich in den Bericht *An meine Kinder und Kindeskinder* Eingang fand. Sie verdient es, wörtlich zitiert zu werden: »In Bendestorf war es auch, wo ich – als amerikanische und englische Flugzeuge dröhnend mit ihrer Bombenlast über Hannover nach Berlin und über das stille Haus in Richtung Hamburg flogen – zu meinen Eltern sagte: ›Bald wird das freie Wort in Deutschland wieder gelten. Und dann werde ich das größte Zeitungshaus Europas bauen.‹ Da sagte mein Vater: ›Ottilie, ich glaube, der Junge ist verrückt geworden.‹ Doch meine Mutter antwortete: ›Heino, bei ihm weiß man das nicht so genau.‹«[117]

Soll man solche Sprüche als ein Indiz für Springers hochentwickeltes, bisher noch völlig unbegründetes Selbstbewusstsein werten oder eher als Beweis dafür, dass er ein Tagträumer war? An beidem ist etwas dran. Interessant, und auch von Dritten bestätigt, waren aber nicht nur Träume vom Mammutverlag. Genauso aufschlussreich war die Erwartung: »Bald wird das freie Wort in Deutschland wieder gelten.« Die politische Vorstellungswelt des nicht mehr ganz so jungen Mannes war damals noch unfertig. Sie sollte sich in den kommenden Jahrzehnten in vielem auch gründlich verändern. Bei der nervtötenden Arbeit in der gleichgeschalteten väterlichen Zeitung hatte Springer jedoch erfahren, was Pressefreiheit wert ist. Desgleichen kannte er jetzt den Wert der politischen Freiheit. Die Feststellung, er habe als unpolitischer Verleger begonnen, verfehlt somit den Wesenskern dieses von Anbeginn an komplizierten Mannes. Tatsächlich gewann der Begriff »Freiheit« von jetzt an für ihn eine Schlüsselbedeutung – übrigens auch in seinem Privatleben. Dort war und blieb er viel chaotischer, als dies mit dem später so gepflegten Image des konservativen Verlegers vereinbar war. Gewiss wollte er sich sofort nach dem Regimewechsel in Hamburg einen großen Namen machen, reich werden, schwerreich, er wollte den Eltern und Freunden imponieren, vor allem auch demonstrieren, wie man eine gute Zeitung machte, die von den Massen gekauft wurde und nicht mit lächerlichen Auflagen herumkrebste nach Art der *Altonaer Nachrichten*. Aber er war bereits damals und später zugleich ein unbändiger Individualist, und er begann seinen Weg nach oben, wie zu zeigen sein wird, als typischer Liberaler.

Mit eben dieser Gesinnung lag er bei den Briten, die binnen kurzem das Sagen haben würden, in des Wortes wahrer Bedeutung goldrichtig. Dieser unverbrauchte, vom Krieg verschonte junge Mann bedurfte keiner Umerziehung. Das beste Indiz dafür, dass er in den zwölf Jahren nationalsozialistischer Diktatur politisch fast alles richtig gemacht hatte, sollte sich alsbald beim Ausfüllen seines Fragebogens zeigen. Keine Parteimitgliedschaft (nur ein fast unmerklicher Spritzer NSKK), kein Rang in der Wehrmacht, dafür aber alles, was ihn 1945 als »atypischen« Deutschen kennzeichnete: Herkunft aus einer Familie, die durchweg »dagegen« gewesen war, nachweisbare Hilfe für Verfolgte, besonders auch für Juden, seit 1942 Entwicklung eines apolitischen Verlagsprogramms mit Autoren, von denen wiederum viele zu den nachweislichen Gegnern des NS-Regimes gehörten. Nachweislich: das ist sehr wichtig, denn wie bei Gericht musste von der Stunde null an alles und jedes nachgewiesen werden.

Er war aber auch schon ein nachweislicher Profi: gelernter Drucker und Journalist (doch anders als die größeren und nicht so großen Federn, die von 1933 bis 1945 tätig waren, ein Journalist mit weißer Weste), zugleich auch schon ein Jungverleger mit gutem Entwicklungsprofil, mit nützlichen Verbindungen, der zwei Dutzend Autoren an der Hand hatte und ein paar tüchtige Mitarbeiter. In einer politischen Landschaft, in der die meisten der großen Verlage mehr oder weniger stark politisch belastet waren, konnte er außerdem auf die humanistische, aufklärerische Tradition des kleinen, von den Hamburger Großverlegern verachteten Verlags Hammerich & Lesser in Altona verweisen. Das alles verband sich mit Persönlichkeitsmerkmalen, von denen so ziemlich alle schwärmten, die später über ihn berichteten: Jugendlichkeit, Schwung, Einfallsreichtum, Überredungskraft, Charme, Ungeniertheit ... Und dazu traten – urplötzlich, möchte man sagen – rastlose Energie, ja sogar Fleiß, und eine feine Nase für gute Geschäfte, aber ebenso für gute Journalisten und Mitarbeiter. Später pflegte er zwar gerne anzugeben: »Ich hatte nichts außer einem umgebauten Schweinestall in der Heide und einem unbändigen Optimismus. Das war alles.«[118]

Aber so ganz alles war dies eben doch nicht. Etwas mehr brachte er schon mit. Dazu zählte übrigens auch schon eine gewisse Reputation. Die Reaktivierung von Hammerich & Lesser seit 1942 durch den Jungverleger Axel Springer war in der Branche durchaus registriert worden. »Axel Springer hatte einen Ruf schon damals. Ende des Krieges tauchte der Name Axel Springer auf als der eines außerordentlich geschickten Buchverlegers, der es fertigbrachte, große Auflagen herauszubringen. Das war das erste, was ich von ihm hörte« – so Springers späterer Partner Karl Andreas Voss, der als Verlagsdirektor bei Broschek die einschlägige Hamburger Szenerie wie seine Westentasche kannte.[119] Dass Springer durch die Verbindung mit dem umtriebigen John Jahr schon ganz gut »vernetzt« war, zeigte sich unmittelbar nach Kriegsende.

Auch die Szene von Axel Springers Auszug aus der Heide, um in Hamburg sein Glück zu machen, gehört zu den von allen Beteiligten immer wieder erzählten Anekdoten. Am 19. April 1945 war Bendestorf besetzt worden.[120] Die Briten waren bis zur Elbe vorgestoßen, wurden dort aber noch einige Tage aufgehalten. Jetzt saß der Jungverleger diesseits der Süderelbe untätig auf dem Trockenen. Auch als die Wehrmacht in Hamburg am 3. Mai kapitulierte, war die Stadt unerreichbar. *Permits* selbst für kürzeste Reisen waren in den ersten Wochen der Besatzung kaum zu erhalten. Ohnehin fehlte es an Transportmitteln. Da tauchte an einem schönen Junitag John Jahr auf, kutschiert von dem Box-Idol Max Schmeling. Beide hatten sich von Berlin erst nach Sylt und von dort nach Hamburg durchgeschlagen. John Jahr war sich bewusst, dass er im Moment noch politisch belastet war und einige Zeit brauchen würde, um seine antifaschistische Gesinnung nachzuweisen. So kam ihm der weltweit bekannte, renommierte Max Schmeling gerade recht, der sich für eine unpolitische und – so glaubte er – »völlig unbelastete« Figur hielt. Die beiden schmiedeten große verlegerische Pläne und hatten sich darauf verständigt, Axel Springer mit ins Boot zu nehmen.

Fröhlich hatte Max Schmeling bereits am 24. Mai 1945 an die britische Militärregierung geschrieben: »Aufgrund des besonderen Vertrauens, das ich mir als Sportsmann in England wie in Amerika erworben habe, sowie meiner bekannten demokratischen Weltanschauung hoffe ich, auf eine Förderung meiner Pläne rechnen zu dürfen. Mein Bestreben ist darauf gerichtet, an der künftigen Erziehung des deutschen Volkes und insbesondere der deutschen Jugend nach besten Kräften teilzunehmen ... Die Wiederaufnahme Deutschlands in die europäische Völkergemeinschaft setzt voraus, dass jeder Deutsche von Grund auf umlernen muss.«[121] Gedacht war an »die Herausgabe von Tageszeitungen, Zeitschriften, Büchern und Broschüren«.

Wie so viele andere publizistische Pläne, die den Presseoffizieren der Alliierten damals unterbreitet wurden, passte das durchaus ins britische Konzept der Reedukation, wies aber doch viel mehr Schwächen als Stärken auf. Schmeling behauptete in dem Antrag frank und frei, »er habe in jungen Jahren die Verlagsarbeit kennen gelernt«, doch jedermann wusste, dass er seine Talente bisher auf einem anderen Feld erprobt hatte. Ein Box-Champion, der im Dritten Reich den Vorzeige-Sportler gespielt hatte, als Galionsfigur, und ein Verlags-Profi, der sich bis auf Weiteres eher im Hintergrund zu halten hatte – das war keine besonders aussichtsreiche Kombination. An diesem Punkt kam der Verlag Hammerich & Lesser mit Hinrich und Axel Springer ins Spiel, die beide in der Tat fast blütenweiße politische Westen hatten. So enthielt der wahrscheinlich größtenteils von John Jahr formulierte Antrag den folgenden Passus: »Zur Verwirklichung meiner Pläne steht mir der traditionell demokratische, seit über 100 Jahren bestehende Zeitungs- und Buchverlag Hammerich & Lesser, Hamburg-Altona, Königstraße, zur Verfügung. Dieser Verlag war u. a. Herausgeber der *Hamburger Neuesten Zeitung*, deren Erscheinen durch behördliches Verbot im Jahr 1941 eingestellt wurde …«

Unter den Bedingungen des Frühjahrs 1945 war das nicht mehr als ein Schuss ins Blaue. Welche Pressepolitik die Briten verfolgen würden und mit welchen Überprüfungsverfahren gerechnet werden musste, war interessierten Deutschen im Mai 1945 noch völlig unklar. Tatsächlich aber war es den beiden doch gelungen, mit ihrem Begehren zu dem vor Ort in Hamburg zuständigen Presseoffizier, Major William D. Barnetson, vorzudringen. Dieser wünschte Springer zu sehen und ließ ein *Permit* ausstellen. Dass Axel Springer, wie Schmeling später schrieb, »für die Idee einer gemeinsamen Verlagsgründung sofort gewonnen« war, versteht sich von selbst.

Der Einzug des Trios in Hamburg war komödienreif. Axel Springer wollte sofort motorisiert loslegen. Gemeinsam, aber vergeblich bemühte er sich zusammen mit John Jahr, Max Schmeling und dem Schauspieler Gustav Knuth, der sich ebenfalls in der Bendestorfer Kommune eingefunden hatte, einen uralten, während des Krieges aufgebockten und unter Heu versteckten P4 wieder zum Laufen zu bringen. Schließlich wurde der Wagen von Schmeling in Schlepp genommen, und so zog man schließlich nach zweitägiger Fahrt über die Elbbrücken in Hamburg ein.[122]

Hamburger Gründerjahre (1945–1957)

Axel Springer im Jahre null

Auf den ersten Blick bot Hamburg im Jahr 1945 das Bild einer tödlich getroffenen Großstadt. In keiner der einschlägigen Darstellungen bleibt die ausgedehnte Ruinenlandschaft unerwähnt: 280 000 Wohnungen total zerstört, weitere 172 000 beschädigt, nur ein Fünftel unversehrt. Jedem Hamburger standen statistisch nur ganze sechs Quadratmeter Wohnraum zur Verfügung.[1] Das Wohnungselend war in der Tat unbeschreiblich und wurde verschärft durch das Fehlen von Möbeln, Reparaturmaterial und Brennstoff.

Auf den zweiten Blick aber zeigte sich, dass entsprechend dem Konzept der britischen Luftkriegsführung vor allem die Arbeiterviertel verbrannt worden waren, also Stadtteile wie Hamm, Hammerbrook, Wandsbek, Barmbek, St. Pauli, zu großen Teilen auch Altona. Die feinen Wohnviertel in Groß Flottbek oder Blankenese waren hingegen weitgehend unzerstört geblieben. Auch die City und bestimmte Straßenzüge an Außen- und Binnenalster waren teilweise noch erhalten: die Verwaltungsbauten am Alsterufer, das Rathaus, die Universität, das Curio-Haus, die Kunsthalle[2] und – für die folgende Entwicklung besonders wichtig – »Radio Hamburg«, das im September 1945 in »Nordwestdeutscher Rundfunk (NWDR)« umgetauft wurde.[3] Zu den bloß schwer beschädigten, aber immer noch teilweise nutzbaren Gebäuden gehörte auch das Verlagshaus Broschek, Große Bleichen 38–52 (»eine spukhafte Ruine, zur Hälfte eingestürzt, das übrige verwüstet«[4]), in dem seit Dezember 1945 Planungen für *Die Welt* liefen, sowie das Pressehaus am Speersort, wo ab dem 21. Februar 1946 *Die Zeit* erschien.

Wer damals Hamburg mit anderen deutschen Großstädten verglich, der wusste auch, dass die Aufräumarbeiten weiter fortgeschritten waren als anderswo. Das war dem Umstand zu verdanken, dass die große Zerstörung schon 1943 erfolgt war. Seither rollten die Räumfahrzeuge. Dank der rechtzeitigen Kapitulation waren der Stadt weitere Schäden erspart geblieben.

Natürlich hatten die sehr zahlreichen Stäbe der Besatzung erst einmal die meisten heil gebliebenen Bürogebäude, Hotels, Villen oder sonstwie brauchbar erscheinenden Privathäuser von allen deutschen Insassen geräumt und für ihre Zwecke beschlagnahmt. So wurde auch Axel Springers Wohnung an der Elbchaussee requiriert. Doch in den halbdemolierten, vielfach heruntergekommenen Stadthäusern am Rotherbaum oder in Harvestehude, bei denen die Fensterscheiben häufig ausgeblasen waren, durften deutsche Bewohner dicht zusammengedrängt verbleiben. Manchen gelang es auch, sich dort einzunisten, sofern sie gute Verbindungen, Geld und viel Glück hatten, freilich stets überwacht und bedrängt von der städtischen Wohnraumbürokratie. Einer dieser Glücklichen war Axel Springer.

Dem Beobachter, der zu vergleichen wusste, fiel in Hamburg aber noch anderes auf. Wolf Strache, ein Bildjournalist, der unmittelbar nach Kriegsende durch viele deutsche Städte reiste und 1946 in die Hamburger City kam, registrierte erstaunt die Ruhelosigkeit dieser Stadt: »Hier ist wirklich eine Kapitale lebendig geblieben ... zwischen den steilen Klinkerbauten der großen Hochhäuser flutet der Strom der Fußgänger und Wagen in beinahe verdoppelter Stärke. Man sieht auffallend viele Privatautos und neben ihnen die olivgrünen Volkswagen und Jeeps der Militärregierung und die schwerfälligen Lastfahrzeuge, die zum Großmarkt rollen.« Das kulturelle Leben schien »von atemberaubender Vielfalt ... Die Plakatsäulen fassen kaum das bunte Durcheinander der Veranstaltungen. Theater, Kleinkunstbühnen und Varietés, Kabarets und Konzertsäle, Kunstausstellungen und Fortbildungskurse aller Art jagen einander. Viele klangvolle Namen von den Bühnen Berlins sind hierher abgewandert ... Schriftsteller und Journalisten, Rundfunkleute und bildende Künstler führen eine Hochkonjunktur an kulturellen Schöpfungen herauf, die nach den mageren Jahren der Vergangenheit eine neue geistige Prosperität verheißt ...«[5] Allerdings: »Hamburgs Lebensader, der Hafen, liegt verlassen.« Vor allem fehlte die eigene Flotte.

Das Stichwort Schriftsteller und Journalisten spricht einen Vorgang an, dessen Bedeutung für die Entwicklung des Springer-Verlags gar nicht überschätzt werden kann. Ausgerechnet in den ersten Nachkriegsjahren, also geraume Zeit vor Gründung der Bundesrepublik, wurde die gewissermaßen im Koma liegende Hafen- und Industriemetropole Hamburg zur Pressemetropole. Am Anfang stand diesmal nicht Konrad Adenauer (der schlug sich eben erst als Oberbürgermeister von Köln mit den dortigen britischen Autoritäten herum), sondern Sefton Delmer, in der Vorkriegszeit legendärer Berichterstatter aus dem nationalsozialistischen Berlin, im Krieg Chef von Churchills *Psychological Warfare Executive* (PWE) und, damit verbunden, Leiter des Soldatensenders »Calais«. Delmer kam am 14. Juli 1945 eingeflogen, entfesselte einen gewaltigen Wirbel in den beschlagnahmten Büros an der Rothenbaumchaussee und am Mittelweg und baute – nebenbei unter Rückgriff auf 63 Abhörexperten der einstigen Abteilung »Funkaufklärung« des Großadmirals Dönitz – eine Abhörstation auf, die Nachrichten aus der ganzen Welt abfing.[6] Bereits am 8. August nahm der *German News Service – British Zone* (GNS/BZ) seine Arbeit auf.

Daraus wurde der vorerst noch unter strenger britischer Leitung betriebene Deutsche Presse-Dienst, die Keimzelle der späteren Deutschen Presse-Agentur (dpa). Zwar wurde der konservative Sefton Delmer nach dem Wahlsieg von Labour bald abgeschoben, doch zuvor war es ihm gelungen, das britische Hauptquartier davon zu überzeugen, aus Hamburg die Medienmetropole für die Britische Zone zu machen. Seine beiden Hauptargumente waren: erstens sei Hamburg traditionellerweise Deutschlands »Tor zur Welt«, zweitens aber auch ein Hort des »guten Deutschland«. Unbestreitbar fanden sich hier vergleichsweise viele gesunde politische Traditionen: der Unabhängigkeitssinn eines stolzen, anti-zentralistischen Stadtstaates, Weltoffenheit und Gespür für das außenpolitisch Nützliche, unbürokratischer Liberalismus und eine starke, selbstbewusste Arbeiterbewegung.

Wenn sich die britischen Offiziere an ihren Einzug in Hamburg erinnerten, so erschien ihnen die Hansestadt in der Tat als ein Unikum. Während beim Endkampf um Deutschland Partei, Wehrmacht und Waffen-SS Widerstand bis zur letzten Patrone geleistet oder wenigstens propagiert hatten, mit entsprechenden Zerstörungen und Verlusten im Gefolge, fanden sich hier der NS-Gauleiter und Reichsverteidigungskommissar für die Deutsche Bucht Karl Kaufmann und der Kampfkommandant Generalmajor Alwin Wolz trotz anderslautender, strikter Befehle zusammen, um im Kontakt mit den an der Süderelbe stehenden Briten die kampflose Übergabe der Stadt vorzubereiten. In einem Zeremoniell, das an bessere Zeiten erinnerte, übergab der deutsche General am Eingangstor zum Rathaus salutierend die Stadt an den britischen Brigadegeneral Douglas Spurling. Nicht genug damit, nahm der Gauleiter im Rathaus selbst die politische Übergabe vor und ließ bei dieser Gelegenheit wissen, dass für die britischen Herren im Hotel »Atlantic« ein Abendessen vorbereitet sei.

Gewiss änderte dies nichts daran, dass nun auch in Hamburg eine gestrenge Militärregierung eingeführt wurde mit Ausgangssperre ab 22 Uhr, mit Requisitionen, mit Genehmigungspflicht für alles und jedes, mit strikter Pressekontrolle, mit automatischem Arrest für Tausende von Nationalsozialisten und höhere Beamte, mit Entlassungen wegen politischer Unzuverlässigkeit und mit anfangs sehr schematisch praktizierter Entnazifizierung. Doch immerhin war es eine Militärregierung, bei der Ordnung herrschte. Übergriffe und wochenlanges Chaos, wie sie im Jahre null vielerorts auftraten, waren in Hamburg selten und wurden disziplinarisch geahndet. Fraternisierung war anfangs verboten, das Verbot wurde aber schon im Juli 1945 aufgehoben. Vorerst stand zwar eindeutig fest, dass die Besiegten den Siegern bedingungslos zu gehorchen hatten, selbst wenn die von den Briten eingesetzten Amtsträger einstmals Verfolgte, heimgekehrte Emigranten, nachweisliche Gegner des NS-Regimes oder zumindest Nichtmitglieder der NSDAP waren. Aber der Umgang vollzog sich doch in zivilen Formen. Je besser man sich kennen lernte, umso entspannter wurde vielfach das Klima. Misstrauen seitens der Besatzungsoffiziere und Ressentiments auf Seiten der weisungsgebundenen deutschen Amtsträger blieben zwar endemisch, im Großen und Ganzen aber waren die Voraussetzungen für einen vernünftigen Umgang miteinander in Hamburg besonders günstig.

Doch man mochte es drehen und wenden, wie man wollte: In den ersten Nachkriegsjahren der Besatzungsherrschaft ging nichts ohne die Briten. Sie waren vorerst die Türöffner für alle Karrieren: in der Politik, in der Wirtschaft, im Bildungswesen, vor allem aber auch in der Presse. Wenn die Alliierten etwas gelernt hatten, dann, dass sie einen ideologischen Krieg mit weltanschaulich fanatisierten Gegnern geführt hatten. Akzeptabel für Positionen im Informationswesen waren also nur ausgewiesene Angehörige ideologisch verlässlicher »Gegeneliten« (Emigranten, NS-Verfolgte, Angehörige der demokratischen Parteien aus den Weimarer Jahren) oder aber Personen, die es, aus welchen Gründen auch immer, geschafft hatten, sich von den nationalsozialistischen Organisationen fernzuhalten. Leider waren die entsprechenden Personalressourcen gering. Ein Hauptproblem bestand eben darin, dass das Dritte Reich eine totalitäre Zustimmungsdiktatur gewesen war, deren Zugriff sich nur wenige hatten entziehen wollen oder können. Die meisten waren irgendwie kontaminiert. Sollte also das Pressewesen neu aufgebaut werden, dann war eine gründliche Durchleuchtung erforderlich, *screening* lautete der allen deutschen Aspiranten bald bestens bekannte Fachausdruck dafür. Alle Bewerber um Lizenzen und alle, die erneut oder auch erstmals als Redakteure tätig sein wollten, mussten deshalb lange Fragebögen ausfüllen und unbelastete Zeugen für ihre Widerstandstätigkeit oder ihren Verfolgtenstatus, zumindest aber für ihr untadeliges Verhalten im Dritten Reich beibringen. Das galt ganz besonders für Personen, die als Verleger tätig werden wollten. Es war die Zeit der »Persilscheine« und natürlich auch der Denunziationen.

Verleger und Journalisten, die in den zwölf Jahren des Dritten Reiches eine vergleichbare Tätigkeit ausgeübt hatten, unterlagen erst einmal prinzipiell einem Berufsverbot. Nicht lizenziertes Drucken war verboten. Wollten frühere Verleger oder Jungverleger ins Buchgeschäft einsteigen oder eine Zeitung herausgeben, lag die Beweislast für eine politisch weiße Weste prinzipiell bei ihnen, wobei gegen die Entscheidungen der Presseoffiziere kein Widerspruchsrecht bestand. Die Überprüfung eines Lizenzantrags erfolgte mehrstufig. Die erste Hürde bildeten die Presseoffiziere vor Ort nach Art des bereits erwähnten Major Barnetson. Sie führten persönliche Gespräche, sahen die detaillierten persönlichen Fragebögen durch und überprüften die Exposés mit Angaben über Charakter, Zielsetzung, Auflagenhöhe, Erscheinungsweise, Finanzierung, personelle Zusammensetzung der Redaktion, über die technischen Voraussetzungen für den Druck und für die Verbreitung. Blieb der Antrag nicht bereits an dieser ersten Hürde hängen, so ging die Akte mit entsprechenden Stellungnahmen, Fragen und Empfehlungen nach Berlin. Dort erfolgte die gründliche Überprüfung der Angaben zum politischen Vorleben durch die *Intelligence Section*. Diese verfügte über das Archiv der Reichskulturkammer mit den Dossiers von über 250 000 Mitgliedern sowie über die NSDAP-Zentralkartei des US Document Center mit rund elf Millionen Mitgliederkarteien und Aufnahmeanträgen. Im Zweifelsfall wurde der Antragsteller persönlich einvernommen. Auch deutsche Entnazifizierungsausschüsse konnten eingeschaltet werden. Das war die zweite Hürde, an der viele hängenblieben. Nach etwa vierwöchiger Überprüfung ging der Antrag mit den Stellungnahmen der *Intelligence Section* an die Lizenzabteilung PR/ISC[7] beim britischen Hauptquartier in Bünde (Westfalen), die dritte und gefährlichste Hürde. Dort saß seit Ende 1945 der gefürchtete Major »Nick« Huijsman, ein in Südafrika aufgewachsener Brite – ein Mann, der leise, oft schneidend sprach, den selbst seine Vorgesetzten fürchteten und der die Deutschen nicht besonders mochte. Der aus Deutschland emigrierte Michael Thomas, in jenen Jahren Major bei der *Intelligence Section,* also ein Mann, der es wissen musste, vermerkte später, Huijsman sei nur der vierte Mann in dieser »immensen Organisation« gewesen, die deutsche Pressegeschichte schrieb: »In Wirklichkeit war er aber die graue Eminenz der Abteilung und der absolute Zar des Lizenzwesens. Es gab keine Lizenz ohne Huijsman und schon gar nicht gegen ihn.«[8] Hatte er sein Ja gesprochen, so entschied der Chef von PR/ISC, Brigadier W. L. Gibson, letztinstanzlich über Annahme oder Ablehnung. Der regionalen Kontrolleinheit oblag es dann, den oder die Bewerber zu informieren.

So stellten sich einige Grundbedingungen in Hamburg dar, als Axel Springer im Gefolge von Max Schmeling und John Jahr auf der Bildfläche erschien. Springer, durchaus mit einem guten Gedächtnis begabt, hat sich über die kritischen Anfänge im Jahr 1945 nie detailliert geäußert. Wer es erst einmal an die Spitze eines Imperiums geschafft hat, erinnert sich nicht gern jener Zeiten, in denen man »bitte, bitte!« sagen musste. Am einfachsten, so hat es den Anschein, gestaltete sich für diesen Sonnyboy und guten Kenner des Hamburger Terrains die an und für sich schier unlösbare Wohnungsfrage. Es lohnt nicht, seine verschiedenen Bleiben zu erwähnen. Büroräume fand er bei »Bibi« Bibernell, der Freundin seiner Frau Katrin aus besseren Berliner Tagen. Dieser wohlhabenden Dame war es gelungen, mit vielen wertvollen Stoffen und erfahrenen Modistinnen von Berlin nach Hamburg zu entkommen, wo sie in einer Wohnung am Harvestehuder Weg 9, unweit der Außenalster, einen Modesalon aufmachte. Die Adresse ist nur deshalb erwähnenswert, weil dort das erste Hamburger Büro von Hammerich & Lesser eingerichtet wurde, aus dem nach zehn kurzen Jahren »das größte Zeitungshaus Europas« wurde. Kleine Anfänge: »Bibi« mit ihren Damen behielt die drei größten Zimmer, drei weitere vermietete sie an Axel Springer, nachdem dieser die Genehmigung des Wohnungsamtes beschafft hatte.[9] Springer war und blieb ein Genie im Einholen amtlicher Bescheinigungen. So wie er sich zuvor eine Vielzahl von Attesten und Genehmigungen zu verschaffen gewusst hatte, um sich den Wehrdienst zu ersparen, besaß er auch unter dem neuen Regime ein bewundernswertes Talent, sich lebensnotwendige Papiere zu besorgen. Schon am 17. August 1945, keine zwei Monate nach dem Aufbruch nach Hamburg, verfügte er über eine Bescheinigung der Kulturverwaltung, dass er als Verlagsinhaber »beim Wiederaufbau des kulturellen Lebens in Hamburg tätig sein wird«. Ihm solle die Möglichkeit gegeben werden, »die ihm zufallenden Aufgaben ungestört zu erledigen«.[10]

Bisweilen ließ sich dabei auf alte Schulfreunde zurückgreifen. Da war zum Beispiel Erik Blumenfeld. Er stammte aus einer wohlhabenden Familie von Reedern und Kohleimporteuren, deren Firmen im architektonisch avantgardistischen Chile-Haus ihren vielbewunderten Firmensitz hatten. Die beiden waren aufs Schlee-Realgymnasium gegangen, kannten sich aus den Vorkriegsjahren als Fans des Swing-Musikers Teddy Stauffer und befanden sich damals wie später auf der Pirsch nach schönen Damen. Seither hatte Blumenfeld zehnmal mehr erlebt als Axel Springer, so unter anderem die Entlassung aus der Wehrmacht wegen Wehrunwürdigkeit (sein assimilierter Vater galt gemäß den Nürnberger Gesetzen als Jude), die Verhaftung im Jahr 1942 wegen verdächtiger Auslandskontakte, die Verbringung nach Auschwitz und die Entlassung von dort, da ihn seine Mutter, eine zupackende Frau dänischer Herkunft, dank der Hilfe von Himmlers Masseur loszueisen verstand. 1944 entlassen, gelang dem dank eines Englandaufenthalts bestens Englisch sprechenden Blumenfeld sofort die Kontaktaufnahme zu den neuen Autoritäten, und die Briten übertrugen ihm das Verkehrsamt der Stadt Hamburg. Damit war er auch der Herr und Meister über die Vergabe heiß begehrter Bezugsscheine für Kraftwagen sowie von Benzingutscheinen. Ihn suchte Axel Springer jetzt zusammen mit Max Schmeling auf. Blumenfeld beschaffte Ersatz für den fahruntüchtigen P4, und Max Schmeling wurde mit einem Lieferwagen ausgeholfen.[11] Der Vorgang zeigt, wie hilfreich in diesen ersten Anfängen Springers gute Vernetzung in Teilen der Hamburger Szene war. Dieses erste Zusammentreffen in der Nachkriegszeit ist aber vor allem deshalb erinnerungswürdig, weil Blumenfeld, der sich der CDU zuwandte, 1953 den Kontakt zu Adenauer herstellte. Auch später sollte er als CDU-Abgeordneter in Bonn zu den verlässlichsten Fürsprechern der Interessen des Springer-Konzerns gehören. Umgekehrt konnte Springer Blumenfelds Firma freundschaftlich-diskret aushelfen, als diese einmal in Schwierigkeiten geriet. Zu Blumenfelds Frau stand Springer in besonders herzlichen Beziehungen.

Im Sommer 1945 war aber an so weitreichende Entwicklungen überhaupt noch nicht zu denken. Springer hatte sich zwar einen ersten Stützpunkt in Hamburg geschaffen, wo ihm auch ein paar Mitarbeiter aus der alten Firma Hammerich & Lesser zur Seite standen: das Organisationsgenie »Moische« Covents, das auch die Kasse führte, und der Hansdampf in allen Gassen der Kulturszene, Walther Hansemann, der alte und neue Kontakte knüpfte. Genau betrachtet war der Aufbruch zu neuen Ufern jedoch ein Stück Hochstapelei. Den Briten wurde zwar großartig das Bild eines alt etablierten Verlags vorgegaukelt, doch der vielgerühmte Traditionsverlag besaß überhaupt keine Druckerei mehr. Von dem Haus in der Königstraße war kein Stein mehr auf dem anderen geblieben, und für den Zeitungsdruck geeignete Rotationsmaschinen oder auch nur für den Buchdruck geeignete Technik war im Hamburg des Jahres 1945 so rar wie Wasser in der Sahara. Immerhin besaßen Springer und Jahr noch ein wertvolles Papierlager. Unglücklicherweise aber lag es in der Sowjetischen Zone, in Thüringen. Die Versuche, im Juni 1945, rechtzeitig vor dem Abzug der Amerikaner, den Abtransport zu veranlassen, scheiterten. Das einzige Kapital, über das Hammerich & Lesser vorerst verfügte, waren die vorsorglich in den Tanzsälen von Gasthäusern in der Lüneburger Heide gelagerten, bereits gedruckten Bücher. Damit konnte man versuchen, den Verkauf wieder anzukurbeln. Vor allem aber vermochte Axel Springer durch großzügige Buchgeschenke an Briten, die des Deutschen mächtig waren, und an buchbedürftige Deutsche die Illusion eines leistungsfähigen Verlags zu erwecken, der nur auf die Lizenz wartete, um in die Vollen zu gehen.

Das zweite Halbjahr 1945 war für Springer mit seinen Gefährten Schmeling und Jahr eine Periode ungeduldigen Abwartens. Die *Information Control Unit* hatte von Anbeginn an darauf hingewiesen, eine formelle Antragstellung zur Veröffentlichung von Büchern und Zeitschriften werde erst möglich sein, wenn das entsprechende Formblatt vorliege. Bis dahin seien jede Druckvorbereitung und der Druck untersagt.[12] Tatsächlich lag den Antragstellern aber schon Mitte Juni ein erster Fragebogen vor, auf den Springer detailliert Bezug nahm.[13] Er wolle, teilte er den Briten darin mit, neue Schulbücher und Lesehefte aus verschiedensten Gebieten zur politischen Neuorientierung der Schüler herstellen. Geist und Inhalt dieser Hefte müssten die Leser führen (das Folgende war unterstrichen): »zur Freiheit des Denkens; zum Bewußtsein dessen, was Menschenwürde ist; zur Verpflichtung, andere Völker zu achten und zu würdigen; zur unbedingten Arbeit am friedlichen Zusammenleben der Nationen; zur Achtung alles dessen, was Staatsmänner, Wissenschaftler und Künstler zu diesem Zweck getan haben und noch tun. Grundlage dieses Geistes ist das religiöse Gefühl von der Verantwortung alles menschlichen Tuns vor Gott.« Desgleichen müssten alle Hefte auch »fremde, nichtdeutsche Stimmen enthalten«, um »den Anschluß an die übrige Welt zu finden«. Als weitere Programmziele wurden genannt: Übersetzungen »der besten Bücher aus dem Ausland«, Heranziehung bedeutender, seit 1933 verbotener oder nicht geförderter Autoren (ein Vorvertrag mit Erich Kästner sei bereits abgeschlossen). Schließlich beabsichtige Hammerich & Lesser, zum gegebenen Zeitpunkt »seine im Jahr 1941 verbotene Tageszeitung, die 89 Jahre bestand, wieder herauszugeben«. Allem Anschein nach war die Wiederbelebung der *Altonaer Nachrichten* weiterhin ein Wunschtraum des Vaters. Erhalten hat sich der Durchschlag eines Antrags vom 3. Juli 1945 zur »Gründung einer Zeitung für die Wehrmachtsangehörigen in den nordwestdeutschen Sammellagern«. Das Blatt mit einem Umfang von vier Seiten sollte den Titel *Norddeutsche Allgemeine Zeitung* führen und in einer Auflage von 150 000 Exemplaren zweimal wöchentlich erscheinen. Ob und wann der Antrag formell eingereicht wurde, ist unklar.[14]

Natürlich lag diesen und anderen Plänen der dick aufgetragene Wunsch zugrunde, mit einem Reedukationsprogramm die Zustimmung der Militärregierung zu erhalten. Nach dem ganzen Vorleben Axel Springers ist nicht daran zu zweifeln, dass diese Thematik seinen eigenen Überzeugungen aus den Jahren des Dritten Reiches entsprach. Zugleich aber hatte er in seiner Zeit als stellvertretender Hauptschriftleiter der eigenen Zeitungen unter dem NS-Regime gründlich gelernt, wie man seine Absichten den politischen Autoritäten schmackhaft zu machen hatte. Über noch größere Erfahrung in diesem Geschäft verfügte John Jahr.

Im Sommer 1945 fanden auch vorbereitende Interviews mit zuständigen Presseoffizieren statt. Wie im Nachhinein immer wieder berichtet, hatte Axel Springer diese Herren richtig zu nehmen gewusst. Max Schmeling, der wohl persönlich dabei war, resümierte rückblickend: »Auf Major Barnetson machte er durch seine guten Manieren, seine Verhaltensweise, seine Ausstrahlung, sein korrektes Auftreten – ganz *english style* – einen nachhaltigen Eindruck.«[15] Springers lässige Antwort auf die Frage, ob er auch ein NS-Verfolgter sei: »Eigentlich bin ich nur von den Frauen verfolgt worden!«, wurde offensichtlich rasch Thema bei Kasino-Gesprächen. Ob dieser nette junge Mann und seine Kompagnons aber wirklich eine weiße Weste hatten, war überhaupt nicht in Hamburg, sondern durch die *Intelligence Section* in Berlin zu überprüfen.

Schon nach wenigen Monaten war erkennbar, dass das Konzept eines Kompagniegeschäfts zusammen mit John Jahr und Max Schmeling ein Luftschloss war. John Jahr, Parteigenosse seit 1933 und zwölf Jahre lang allen möglichen Größen des NS-Regimes dienstbar, setzte zwar vor allem bei seinen alten Freunden von der Kommunistischen Partei alle Hebel in Bewegung, um den Nachweis zu führen, dass er ein als Parteigenosse getarnter, höchst rühriger Antifaschist gewesen sei. Das gelang ihm auch, allerdings erst 1946. Vorher kam er als Lizenzträger überhaupt nicht in Frage. Nach einer Unterredung mit Major Barnetson räumte Springer deshalb vorsichtig ein, Voraussetzung einer »etwaigen Zusammenarbeit« sei in jedem Fall die vorherige Anerkennung durch die Militärregierung.[16]

Der biedere Max Schmeling aber ließ sich am 26. August 1945 von einer schönen englischen Journalistin zu einem Interview verleiten, in dem er sich damit brüstete, demnächst zusammen mit Hammerich & Lesser eine Lizenz zur Publikation von Büchern zur Reedukation der deutschen Jugend zu erhalten. Was dabei auf britischer Seite hinter den Kulissen passierte, ist nur zu erahnen. Bereits einen Tag nach dem Interview erschien im *Daily Express* ein Bericht, der an Heimtücke nicht zu überbieten war. Unter der Überschrift »Schmeling to school Nazi youth« (»Schmeling soll Nazi-Jugend erziehen«) hieß es, anscheinend ganz anerkennend: »Max Schmeling ... wurde eine der wichtigsten Aufgaben bei der Reedukation der Nazi-Jugend übertragen. Um das Nazi-Gedankengut auszurotten, soll er neue Bücher und Literatur auswählen und publizieren und die Übersetzung britischer, amerikanischer und französischer Werke überwachen ... Er ist der erste Deutsche in der Britischen Zone, dem eine solche Aufgabe übertragen wird ...« Der seit 1789 bestehende Traditionsverlag Hammerich & Lesser, der mit unbefleckter, von den Briten bereits Buch für Buch überprüfter Reputation durch die zwölf Jahre gekommen sei, wurde gleichfalls erwähnt. Dann aber kam ganz beiläufig ein Hinweis auf Schmelings Verwundung als Fallschirmjäger auf Kreta, und der Bericht endete unter der Zwischenüberschrift »Knockout« mit den Sätzen: »Als Max Schmeling im Juni 1936 in New York Joe Louis durch K. o. in der 12. Runde besiegte, sagte er deutschen Journalisten: ›Ich wusste, dass die Gedanken des Führers bei mir waren; sie gaben mir Kraft, diesen stolzen Sieg für die deutsche Fahne zu erringen.‹«[17]

Ein derartiger Bericht im *Daily Express* war geeignet, in London die Informationspolitik der Militärregierung in der Britischen Zone stark zu diskreditieren. Die Reaktion der Presseoffiziere bewies aber, dass hier Profis am Werk waren. Am 28. August, also genau einen Tag nach dieser Veröffentlichung, war nämlich im offiziellen *Hamburger Nachrichtenblatt* der Militärregierung zu lesen, von nun an könnten die Formblätter für Lizenzgesuche auf dem Rathaus abgeholt werden.[18] Keine Rede davon, dass bereits seit längerem Fragebögen ausgegeben worden waren. Zugleich veröffentlichte die Kontrollkommission eine Erklärung des Inhalts, der Verlag Hammerich & Lesser werde keine Lizenz erhalten, solange er mit Schmeling in Verbindung stehe.[19] Das wurde auch im Rundfunk berichtet.

Doch aus Sicht der Presseoffiziere war es nun geboten, eine größere Show zu veranstalten, ohne in London oder Hamburg Porzellan zu zerschlagen. Barsch wurde Schmeling ein paar Tage später von zwei Militärpolizisten vor den Augen des erstaunt dreinschauenden Axel Springer, der die Tür geöffnet hatte, verhaftet und musste bis zur Verhandlung in einer Arrestzelle brummen. Die Anklage warf ihm eine falsche Aussage zur Lizenzierung gegenüber einem Mitglied der Militärregierung vor, denn Schmeling hatte sein törichtes Interview in Gegenwart zweier britischer Offiziere gegeben. Am 10. September fand unter großer Presseaufmerksamkeit eine fünfstündige Verhandlung vor einem Militärtribunal statt. Springer wurde als Zeuge gehört. Der britische Oberstleutnant steuerte das Verfahren so, dass alles auf ein sprachliches Missverständnis hinauslief, dabei sekundiert von Springer, der erklärte, er habe selbst das fragliche Wort, in dem von der Lizenz die Rede war, im Lexikon nachschlagen müssen. Schmeling seinerseits erklärte, er sei mit Springer befreundet, habe deshalb an dem Projekt mitgewirkt und wolle sich dabei vor allem um den Sport kümmern. Am Ende der spektakulären Verhandlung arbeitete der Richter präzise heraus, woran der Militärregierung mit Blick auf die britische Öffentlichkeit vor allem gelegen war: Schmeling habe weder »eine der wichtigsten Aufgaben für die Reedukation der Jugend Deutschlands« erhalten, noch sei er dazu bestellt worden, entsprechende Bücher auszuwählen. Im Übrigen gelte aufgrund der widersprüchlichen Beweislage der Grundsatz »im Zweifel für den Angeklagten«, somit Freispruch. In dem Bericht über die groteske Verhandlung, der am 12. September immerhin in der Londoner *Times* erschien, wurde der feine Schlusssatz zitiert: »Sie können dabei im Gedächtnis behalten, dass wir neben unserer Aufgabe, die deutsche Jugend wieder zu erziehen, auch die Aufgabe haben, hier im Gericht Gerechtigkeit walten zu lassen.«[20]

London war damit zufriedengestellt, den Deutschen gegenüber konnte sich die Hamburger Besatzungsjustiz im Glanz typisch britischer Fairness sonnen, Axel Springer wusste nun ein für alle Mal, dass mit den Briten nicht zu spaßen war, konnte aber gleichzeitig mit Befriedigung registrieren, dass Hammerich & Lesser (in der *Times* zu »Hemmerich and Lessing« verhunzt) in aller Munde und sein Lizenzantrag schon so etwas wie ein Politikum war. Max Schmeling allerdings war psychologisch am Boden zerstört. Einsichtsvoll entließ er seine Kompagnons Axel Springer und John Jahr aus ihrem Wort, stellte aber noch in seinen *Erinnerungen* resigniert fest: »Ich sah mich um und stand noch einmal vor dem Nichts ... Die Box-Karriere war am Ende, einen Beruf hatte ich nicht erlernt und mein Vermögen war verloren.«[21] Vergeblich suchte ihn Axel Springer zu trösten[22] und zählte ihn hinfort zu seinen treuesten Freunden.

Offenbar hatten die Presseoffiziere vor Ort nur abgewartet, bis Schmeling und Jahr aus dem Rennen waren. Eine Woche nach dem Prozess gegen Schmeling übersandte Barnetson die Formblätter für einen Lizenzantrag.[23] Antragsteller waren nun nur noch Hinrich und Axel Springer. Von einer Wiederbelebung der *Altonaer Nach-*

richten war nicht mehr die Rede. Stattdessen wurde erstmals der Plan einer Tageszeitung, *Excelsior*, im Format 40 x 57 cm mit 4–6 Seiten Umfang erwähnt.[24] Tatsächlich geisterte dieser Titel bis zur Gründung des *Hamburger Abendblatts* durch die Springer'schen Planungen. Als Auflagehöhe nannte Springer 250 000 Exemplare. Das Altonaer Lokalblatt, so gewinnt man den Eindruck, war endgültig vergessen. Axel Springer hatte nur noch den Hamburger Zeitungsmarkt im Visier.

Der revidierte Antrag enthielt überhaupt ein großes Programm: populärwissenschaftliche Schriften, Heimatliteratur, Romane, Novellen, Essays, Kunstbücher, pädagogische Schriften, Fachschriften, nautische Veröffentlichungen. Wie zuvor schon pflegte Springer sich auch in diesen frühen Hamburger Monaten am Telefon manchmal selbstironisch mit den Worten zu melden: »Hier spricht der Mammutverleger Axel Springer.«[25] Nach Ausweis dieses Antrags war das aber nicht nur Selbstironie.

Solche Wünsche eilten jedoch den britischen Planungen weit voraus. Im Herbst 1945 kristallisierte sich in London das Konzept heraus, in erster Linie parteiorientierte Zeitungen mit jeweils mehreren Herausgebern zu lizenzieren. Damit sollte ein Comeback der Altverleger und der traditionellen Zeitungen verhindert werden, die im Dritten Reich meist mehr oder weniger stark mit den Wölfen geheult hatten. In jeder größeren Stadt durften Blätter erscheinen, deren peinlich genau überprüfte Herausgeber den wichtigsten politischen Strömungen zuzuordnen waren, sprich: den Sozialdemokraten, den Christlichen Demokraten, den Freien Demokraten, den Kommunisten und nicht parteigebundenen Gruppierungen. Die Auswahl der Lizenzträger lag zu deren Kummer aber nicht bei den politischen Parteien, die allenfalls Vorschläge machen konnten, sondern ausschließlich bei der Kontrollkommission, der gegenüber allein sie verantwortlich waren. Und diese hatte verschiedene Steuerungsmöglichkeiten: Vorzensur oder Nachzensur, Papierzuteilung (nach den ersten Wahlen bildeten die Stärkeverhältnisse der Parteien einen Richtwert), Zuweisung von Druckkapazitäten, schlimmstenfalls Entziehung der Lizenz.[26] Nach diesem Konzept durften im April 1946 in Hamburg die folgenden Zeitungen erscheinen: *Hamburger Echo* (SPD-orientiert; Auflage: 80 000), *Hamburger Allgemeine Zeitung* (CDU-orientiert; Auflage: 80 000), *Hamburger Freie Presse* (FDP-orientiert; Auflage: 80 000), *Hamburger Volkszeitung* (KPD-orientiert; Auflage 80 000).

Seit September 1945 bestanden auch schon Pläne, für die Britische Zone eine qualitativ hochwertige Zeitung unter britischer Eigentümerschaft und Kontrolle, aber mit deutschen Journalisten erscheinen zu lassen. Das Projekt erhielt schließlich den Titel *Die Welt* und erschien gleichzeitig wie die anderen lizenzierten Zeitungen zunächst in einer Auflage von 160 000 Exemplaren, die sich bis Februar 1949 auf über eine Million steigerte. Sitz der *Welt* war Hamburg. Außerdem entschied sich die Militärregierung für die Lizenzierung der gleichfalls zur zonenweiten Verbreitung bestimmten Wochenzeitung *Die Zeit*, gleichfalls mit Sitz in Hamburg. *Die Zeit* durfte noch einen Monat früher als die anderen erwähnten Blätter erscheinen, unterlag aber vorerst einer Auflagenbeschränkung auf 25 000 Exemplare.[27]

Pressemäßig war die Zeitungsmetropole Hamburg jetzt etabliert. Zugleich waren damit auf dem Hamburger Zeitungsmarkt die Rahmenbedingungen geschaffen, mit denen sich Axel Springer in den kommenden drei bis vier Jahren auseinanderzusetzen hatte. Fürs Erste bedeutete das: kein Platz für eine eigene Tageszeitung! Doch immerhin ging es nun mit der Verlagslizenz voran. Am 11. Dezember 1945 erhielten Hinrich und Axel Springer[28] die Lizenzurkunde für den Start des Buchverlags, allerdings mit der präzisen Einschränkung: »ausschließlich von Büchern«.

Wie aus dem Schriftwechsel ersichtlich, war Axel Springer, Juniorchef von Hammerich & Lesser, die treibende Kraft des Verlags. Er kümmerte sich um alles und jedes: um die Autoren, die Papierzuteilung, die Suche nach Druckereien, um Druck und Vertrieb. Bemerkenswert war sein Talent, sich als dynamischer Erbe eines alten Verlags zu präsentieren. Zudem verstand er es, im richtigen Augenblick mit seinen Produkten zur Stelle zu sein. Irgendwie hatte er es trotz der noch ausstehenden Lizenz auch geschafft, einen Abreißkalender für das Jahr 1946 mit dem programmatischen Titel *Besinnung. Ewige Worte der Menschlichkeit* vorzubereiten. Er umfasste 32 Seiten,[29] erschien in einer Auflage von 6000 Exemplaren noch rechtzeitig im Dezember 1945 und ermöglichte etwas Werbung für den wiedererstandenen Verlag. In einem *Stern*-

Interview erinnerte sich Springer 1981: »Die wichtigsten Leute kriegten nun von Axel Springer diese Broschüre, einen Kalender, einen richtigen Kalender. Daraufhin bekam ich eine Einladung zum Pen-Club. Und ich hatte eine Angst davor zu reden. Ich wußte gar nicht, was ich machen sollte. Da bin ich dann ganz verzweifelt durch den Stadtpark gegangen und habe Witze aufgeschrieben. Und ich habe es mit Humor versucht, mit Understatement. Und hatte Erfolg damit.«[30]

Die in Springers erstes Druckerzeugnis aufgenommenen Kalendersprüche markierten natürlich die nach dem Zusammenbruch des Dritten Reiches gültige neue Wertetafel: Friede, Humanität, Naturrecht, Menschenbrüderlichkeit, christliche Religiosität. Bezeichnenderweise galten aber die häufigsten Denksprüche dem Preis der Freiheit. Neben Schillers »Der Mensch ist frei geschaffen, ist frei, und würd' er in Ketten geboren« oder Rousseaus Diktum »Auf seine Freiheit verzichten heißt, auf seine Menschenwürde, Menschenrechte, selbst auf seine Pflichten verzichten« standen weitere Kernsätze liberaler Überzeugungen. Diese und weitere Indizien lassen erkennen, dass Springer mit – heute würden wir sagen – altliberalen Vorstellungen in die Nachkriegswelt eintrat. Sie waren ein Familienerbe, aber auch das Resultat seiner persönlichen Erfahrungen mit der NS-Diktatur. Manche der politischen Auffassungen Springers änderten sich über die Jahre und Jahrzehnte hinweg. Doch die Überzeugung von der überragenden Bedeutung des Grundwerts Freiheit bildete von nun an so etwas wie seine ideologische Grundausstattung. Springer war und blieb, könnte man pointiert formulieren, ein in der Wolle gefärbter Altliberaler, wozu auch eine nationalliberale Komponente gehörte, die in späteren Jahren zusehends stärker hervortrat.

Der Verlag Hammerich & Lesser durfte nun also endlich die in den letzten Kriegsjahren gehorteten Bücher vertreiben. Die Produktion neuer Titel kam jedoch nur schleppend in Gang, vor allem aufgrund von Papiermangel. Es fehlte aber anfangs auch an Druckkapazität. Zudem war Springer selbst nicht gewillt, sich vorrangig auf das Buchverlagsgeschäft zu konzentrieren. Er wollte ein großer Zeitungs- und Zeitschriftenverleger werden. Der Buchverlag sollte nicht mehr sein als eine schmückende Komponente. Mangels anderer Möglichkeiten hatte er sich während der letzten

Kriegsjahre darauf eingelassen. Doch die Einengung auf diese Rolle wäre wohl eine Sackgasse gewesen. Für die Tätigkeit als Verleger anspruchsvoller Literatur fehlte Axel Springer jegliche Vorbildung. Wo hätte er auch die erforderliche breite Kenntnis der deutschen und internationalen Literatur, das sichere Gespür für hohe literarische Qualität, aber auch für neue literarische Tendenzen hernehmen sollen?! Woher die Kenntnisse für einen gediegenen Sachbuchverlag?! Ganz sicher hätte ihm eines seiner großen Handicaps zu schaffen gemacht, das der wissenschaftlich hervorragend ausgewiesene Eduard Rhein, als er mit ihm zerfallen war, auf die Kurzformel brachte: »Axel Springer war sehr kultiviert und weniger gebildet.«[31] Wohl oder übel wäre Springer dann bei der weniger anspruchsvollen Unterhaltungsliteratur geblieben und hätte es somit wahrscheinlich nur zum mittelmäßigen Buchverleger gebracht. Man gewinnt den Eindruck, dass er selbst seine Defizite gespürt hat, wenn auch vielleicht nur instinktiv. Und so wird verständlich, dass dieser umtriebige, immer noch etwas unfertige, aber zugleich erstaunlich einfallsreiche junge Mann, kaum dass er die Lizenz für den Buchverlag erhalten hatte, nach neuen Betätigungsfeldern Ausschau hielt. Der Weg zum Zeitungsverleger war vorläufig versperrt. Doch bei seinen rastlosen Gesprächen im sogenannten Jahre null war ihm zusehends bewusst geworden, dass sich in Hamburg eben ein weiteres Medium zu etablieren begann: der Rundfunk.

Gewiss war der Rundfunk schon lange kein neues Medium mehr. Doch nichts deutet darauf hin, dass Springer sich zuvor schon Gedanken darüber gemacht hatte, dass die E-Medien auch bemerkenswert günstige Möglichkeiten für die Print-Medien boten, so man nur die Nase hatte, diese zu wittern, und die Fähigkeit, daraus Profit zu machen. Springer hatte diese Nase und wurde so zum ersten Print-Verleger der Nachkriegszeit, der mit dem Medium Rundfunk Geld verdiente, sehr viel Geld. Später, seit den frühen sechziger Jahren, als aus ihm längst der mächtige Konzernchef geworden war, ist er in eine Dauerfehde mit den öffentlich-rechtlichen Rundfunkanstalten eingetreten, die dann mehr als zwanzig Jahre lang einen Teil seiner Kräfte verzehrte. Paradoxerweise ist es aber ausgerechnet der öffentlich-rechtliche Rundfunk gewesen, über den er in seinen frühen Anfängen nach oben kletterte.

Die ersten Lizenzen, oder: Auf den Knien der Engländer und des NWDR

Springers Karriere kam also in Gang, weil er die Verwertungsmöglichkeiten des Rundfunks entdeckte. 1945, 1946 und noch 1947 war der NWDR das schlechthin dominierende Medium. Niemals danach war das Radio so wichtig wie in jenen Jahren. Vor dem Startschuss im Frühjahr 1946 existierten in der Britischen Zone überhaupt keine deutschen Tageszeitungen. Auch später waren sie von recht bescheidener Qualität: aufgrund von Papiermangel nur ein kläglicher Umfang, kein tägliches Erscheinen, so gut wie völliges Fehlen intellektueller Diskussionen in den mageren Feuilletons. Demgegenüber erreichten die seit Frühherbst 1945 ausgestrahlten Sendungen des NWDR Millionen Haushalte, sofern diese noch über funktionstüchtige Radioapparate verfügten. Die Musikberieselung späterer Jahrzehnte lag noch in weiter Ferne, Wortsendungen dominierten. Einige weitsichtige britische Presseoffiziere hatten erkannt, dass der Rundfunk vorerst das entscheidende Instrument für die Umerziehung der Deutschen sein würde: Statt propagandistischem Einheitsbrei sollte weltanschauliche Vielfalt ausgestrahlt werden – dies natürlich von den Briten sorgsam überwacht und ausschließlich von Journalisten artikuliert, die wenigstens in einem übereinstimmten, im »Hass auf Hitler« und im »Willen zum demokratischen Rechtsstaat«, so Peter von Zahn, eine der Größen jener Jahre, beim Rückblick auf das Heroenzeitalter des NWDR.[32]

Bemerkenswert war auch die Unvoreingenommenheit der Briten bei der Auswahl der Redakteure. Dass ein Axel Eggebrecht nun in die vorderste Reihe gestellt wurde, verstand sich von selbst. Er kam von der *Weltbühne*, hatte zeitweilig im KZ gelitten und artikulierte einen undoktrinären, jedoch etwas überdrehten utopischen Sozialismus, für den in der damaligen Misere viele empfänglich waren und an dem sich auch Springer nicht störte. Desgleichen konnte es wenig erstaunen, dass der geistig festgezogene kommunistische Parteisoldat Karl-Eduard von Schnitzler dank seiner Mitgliedschaft in der KPD jetzt Chefredakteur des Senders Köln beim NWDR wurde. Auch mit ihm stand Springer in unvoreingenommenem Briefwechsel. Weniger selbstverständlich war, dass ein Frontsoldat wie Peter von Zahn neben ihm seine große Chance als Kommentator erhielt. Immerhin war er vier Jahre lang Leutnant bei einer Propagandakompanie an der Ostfront gewesen, war allerdings seit Frühjahr 1939 mit einer Engländerin verheiratet, die zufällig auch noch mit ihren Kindern auf einem Gut der Stauffenbergs in Wilflingen wohnte und nach dem 20. Juli alsbald verhaftet worden war. Zahn sprach »perfektes Englisch – mit sächsischem Akzent«.[33] Zusammen mit Eggebrecht avancierte dieser unkonventionelle, liberale Journalist zu einer Art Chefkommentator beim NWDR. Aber auch andere ehemalige Soldaten fanden sich ein: der Offizier der Kriegsmarine Ernst Schnabel, bald als Hörspielautor berühmt, und der konservativ eingestellte Arzt und Alt-Berliner Feuilletonist Peter Bamm (wie von Zahn kam auch er von der Hölle der Ostfront, die er später in seinem in humanistischem Geist verfassten Kriegsbuch *Die unsichtbare Flagge*[34] schilderte, das 1952 schnell zum Bestseller wurde).

Man muss diese Namen erwähnen, denn sie haben beim Aufstieg Axel Springers eine gewisse Rolle gespielt. Anzunehmen ist, dass ihn Walther von Hollander in Kontakt mit der munteren Truppe an der Rothenbaumchaussee gebracht hat, von der böse Zungen sagten, »der NWDR sei die einzige Trinkerheilanstalt mit eigenem Rundfunksender«.[35] Hollander war, wie schon erwähnt, einer jener mit zeitweiligem Schreibverbot belegten Autoren gewesen; von ihm hatte Axel Springer 1943 die *Fibel für Erwachsene* mit einer Auflage von 20000 Exemplaren herausgebracht,[36] und alsbald hatte ihn der Jungverleger auch für die neue Produktion eingeplant.[37] Vor dem Krieg hatte er sich in Berlin mit Büchern zur Lebenskunde ein kleines Vermögen erschrieben. *Das Leben beginnt mit 40* lautete einer seiner bezeichnenden Titel. Jetzt lebte er mit seiner Familie auf einem kleinen Gut bei Mölln, und der NWDR setzte ihn als Briefkastenonkel und Berater in Lebensfragen ein.[38]

Springer erfuhr jedenfalls, dass die Mannschaft um Axel Eggebrecht und Peter von Zahn mit Plänen schwanger ging, wenigstens die besten ihrer unsterblichen, über den Sender ausgestrahlten und alsdann zu ewiger Vergessenheit verdammten Features, Betrachtungen und Kontrovers-Stücke im Druck erscheinen zu lassen. Vorbild war der Londoner *Listener*. Es war die Zeit, als da und dort in den einzelnen Zonen und in Berlin Kulturzeitschriften aufblühten, die mangels guter Feuilletonistik in Tages- und Wochenzeitschriften den Hunger nach qualitativ anregendem Lesestoff und nach Orientierung befriedigen sollten. Über die Sender wurden monatlich Dutzende geeigneter Texte ausgestrahlt. An brauchbaren Manuskripten herrschte also kein Mangel, und Hunderttausende von Hörern brannten darauf, manche der im Rundfunk vernommenen Sendungen nachzulesen. Auch aus britischer Sicht schien es geboten, diese Marktlücke zu schließen. So entstand der Plan der *Nordwestdeutschen Hefte.* Der Titel sollte diskret, aber doch deutlich darauf hinweisen, dass diese Neuerscheinung für die Britische Zone bestimmt war.

Warum ging der Auftrag an Axel Springer und nicht an andere Hamburger Verleger, die wie er selbst hinter Lizenzen und Papier her waren – Christian Wegener etwa oder den Goverts-Verlag?[39] In diesem und anderen Fällen erhält man die stereotype Antwort: »Er brachte seinen Charme ins Spiel und machte damit jeden Widerstand unmöglich.«[40] Peter von Zahn präzisierte das noch: »Sein Charme aber war eine fein abgewogene Mischung aus Witz, Schmeichelei, Sachverstand und entwaffnender Selbstironie.« Als Herausgeber fungierten Axel Eggebrecht und Peter von Zahn. Beiträge von ihnen sowie von Walther von Hollander und Frank Thiess wurden auf der Umschlagseite des ersten Heftes angezeigt, das im April 1946 zum Preis von einer Reichsmark erschien. Die Lizenzurkunde wurde im Juni nachgereicht.

Es verstand sich von selbst, dass die freundlichen Helfer nun bei Springer in hohen Ehren standen. Axel Eggebrecht konnte bei ihm den Titel *Weltliteratur. Ein Überblick*[41] veröffentlichen, und von Springers Alt-Autor Walther von Hollander erschien der Nachkriegsroman *Es wächst schon Gras darüber.*[42] Nachdem Springer auch noch mit *HÖR ZU!* ins Geschäft kam, erhielt er dort die bald schon legendäre Kolumne »Fragen Sie Frau Irene«. In ihr gab dieser verständnisvolle, auch in Maßen fortschrittliche Mann anonym und mit gesundem Menschenverstand seinen Senf zu den vielen Problemen des im Krieg und während der Nachkriegszeit chaotisierten Familienlebens.[43] Peter von Zahn, den Springer ganz besonders schätzte, bot er im Sommer 1948 die Chefredaktion des kurz vor dem Start stehenden *Hamburger Abendblatts* an. Doch dieser lehnte ab. Er fürchtete, dass sich zwischen Springers »ausgeprägtem Geschäftssinn« und seiner »Lust an Kapriolen« bald unüberbrückbare Differenzen entwickeln würden.[44]

Unter so günstigen Voraussetzungen waren die *Nordwestdeutschen Hefte* ein todsicheres Geschäft. Springer druckte unbesehen, was durch Eggebrecht und von Zahn ausgewählt wurde, kümmerte sich um Herstellung und Vertrieb und war vor allem auch um ein optisch attraktives Erscheinungsbild der *Hefte* bemüht. Vorgesehen war ein monatliches Erscheinen,[45] »sofern dem nicht Ereignisse höherer Gewalt entgegenstehen« – eine vornehme Umschreibung für die Grundbedingung: nach Maßgabe der Verfügbarkeit von Papier. Die Redaktion übernahm der altbewährte Walther Hansemann. Nach wie vor fehlte es an einer eigenen Druckerei, doch inzwischen hatte Springer in Wandsbek die einigermaßen leistungsfähige Hanseatische Druck- und Verlagsanstalt aufgetrieben[46] und war im Zusammenspiel mit dem in Berlin sitzenden John Jahr weiter rastlos um die Beschaffung von Papier bemüht.[47] Höchste Zeit nun auch, dem Verlag eine etwas größere Unterkunft zu verschaffen. Diese fand sich im dritten Stock des ehemaligen Flakbunkers auf dem Heiligengeistfeld. Zur später immer wieder erzählten Springer-Saga gehörte von nun an auch der beengte Aufenthalt hinter den zwei Meter dicken Betonmauern, in die Fenster gesprengt worden waren, wo der frühere Munitionsaufzug immer wieder ausfiel und wo im Schreckenswinter 1946/47 alle Stein und Bein froren, weil das untere Geschoss völlig offen stand, sodass Springer und sein Team wie auf einem zwei Meter dicken Eisblock saßen.[48]

Parallel zu den Gesprächen über die Herausgabe der *Nordwestdeutschen Hefte* lief ein weiteres Vorhaben, das sich als viel ertragreicher erweisen sollte: der Plan, in Zusammenarbeit mit dem NWDR eine Rundfunkzeitschrift für die gesamte Britische Zone herauszubringen. Auch dabei liefen die Interessen des NWDR und Springers parallel. Wie ein Brief an Bruno E. Werner vom 22. Februar 1946 belegt, schob Springer das Projekt einer »modern und geschmackvoll aufgemachten Programmzeitschrift« zusammen mit dem Projekt der *Nordwestdeutschen Hefte* gleichzeitig auf die Schiene. Die Begründung: »Redaktion, Herstellung und Vertrieb können naturgemäß vereinfacht werden, wenn diese Publikationen in einer Hand liegen.«[49]

Der Titel durchlief eine Reihe von Mutationen. Ursprünglich sollte die Zeitschrift *Radio-Woche* heißen. Im Antrag entschied man sich dann für *Radio-Post*. Als die Lizenz bereits erteilt war, kamen die Betreiber auf die Idee, die Zeitschrift in *Hört mit!* umzubenennen. Die Briten lehnten das aber ab, denn noch erinnerte man sich an die Wachsamkeitsparole aus der Kriegszeit: »Feind hört mit!« So wurde die Zeitschrift schließlich in *HÖR ZU!* umbenannt und begann unter diesem Titel ihre große Karriere.

Nach Ausweis des beigefügten Exposés sollte die Zeitschrift nicht nur die wöchentliche Sendefolge des NWDR anzeigen, sondern auszugsweise auch die Programme anderer deutscher und ausländischer Sender. Daneben skizzierte Springer auch weitere Inhalte: Vorstellungen von Mitarbeitern des Senders in Wort und Bild, eine Sparte »Kritik« nach dem Vorbild der im Sender beliebten Folge »Am runden Tisch« sowie eine Bastlerecke mit Blick auf die Reparaturschwierigkeiten von Rundfunkgeräten.

In dieser Anfangsphase war Springer dem NWDR gegenüber viel zu schwach, um den eigenen Verlag als ausschließlichen Eigentümer durchzusetzen. Es gelang ihm zwar, das Projekt an Land zu ziehen und dafür von der Militärregierung eine Lizenz zu bekommen. Doch musste er anfangs akzeptieren, das Blatt als »Rundfunkzeitschrift des NWDR« herauszubringen. Desgleichen war eine halbjährliche Kündigungsfrist zuzugestehen, jedoch erstmals wahrnehmbar zum 31. Dezember 1949. Im Grundsatz, so sein erster Vorschlag, sollten die Gewinne hälftig geteilt werden, wobei aber wegen der im Verlag anfallenden Kosten bis zu einer Auflage von 100 000, so Springer, keine Gewinnbeteiligung möglich sei. Bei einer Auflage von 100 000 bis 200 000 Exemplaren solle der NWDR 33 1/3 Prozent erhalten, bei einer Auflage von über 200 000 Exemplaren 50 Prozent.[50] Schließlich einigte man sich darauf, den NWDR mit fünf Prozent am Verlagsumsatz der Zeitschrift zu beteiligen.[51] Doch die prinzipielle Herausgeberschaft des NWDR blieb vorerst ein Stachel im Fleisch. Erst im Laufe der Jahre gelang es, den Vertrag so umzugestalten, dass die Herausgeberrechte des NWDR erloschen.[52]

Dennoch war dies eines der besten Geschäfte, die Springer je gemacht hat. Schon im zweiten Quartal 1947 lag die Druckauflage von *HÖR ZU!* bei 250 000 Exemplaren. Durch die Währungsreform wurde das Wachstum nicht gebremst, sondern beschleunigt, jetzt schlugen auch die Annoncen zu Buch. Ende 1949 war bereits eine Auflage von 530 000 erreicht, Mitte 1950 die erste Million, im vierten Quartal 1954 die zweite Million und im ersten Quartal 1959 die dritte Million. Ohne das schon vorauszuahnen, hat Springer im Frühjahr 1946 mit der Rundfunkzeitschrift einen wahren Goldesel in seinen Pferch gelockt.

Offenbar war Springer nun bei den Briten bestens eingeführt. Wer aber stets nur auf das Wohlwollen der Besatzungsoffiziere verweist, sollte dabei nicht die gewaltige Schubkraft des damaligen NWDR vergessen. Der Sender beschäftigte bereits im Herbst 1945 an die 500 Mitarbeiter.[53] Im Frühjahr 1946 trat der überragende Rundfunkjournalist Hugh Carleton Greene für zwei Jahre an die Spitze des Senders. Allem Anschein nach hatte dieser zupackende Manager vom britischen Hauptquartier Handlungsvollmacht erhalten, den »desorganisierten Flohzirkus«[54] auf Linie zu bringen. Greene kannte Deutschland als Korrespondent des *Daily Telegraph* aus der Vorkriegszeit, hatte im Krieg den Deutschen Dienst der BBC geleitet und wurde viel später deren Generaldirektor. Im Übrigen war er der Bruder des bereits renommierten Graham Greene, den viele damals schon wie später für den bedeutendsten britischen Autor der Nachkriegszeit hielten.

Doch Springer hätte mit der Lizenz für die *Radio-Post* wohl kaum so viel Glück gehabt, wäre es ihm im Frühjahr 1946 nicht gelungen, den genialen Eduard Rhein als Chefredakteur zu gewinnen. Der 1900 in Königswinter als Sohn eines Hoteliers geborene Rhein hatte sich bereits ein knappes Vierteljahrhundert lang im Berliner Rundfunkjournalismus getummelt.[55] Damals wie später war er eine Art Hecht im Karpfenteich. Man übertreibt nicht, wenn man ihn als eine Art Universalgenie bezeichnet. Rhein hatte Physik, Biologie und Medizin studiert und war in Berlin zur rechten Zeit zur Stelle, als das Rundfunkzeitalter einsetzte. Dort begann er als Techniker, wurde dann Redakteur bei Ullstein bzw., nach der räuberischen »Arisierung« des Hauses, beim Deutschen Verlag und brillierte im Krieg als Erfinder des Schnellstarters für Radio (1942) sowie des für die Wehrmacht entwickelten mobilen Radar-Geräts FK 1. Seine populärwissenschaftlichen Bücher *Wunder der Wellen*[56] und *Du und die Elektrizität*[57] waren Bestseller.

Daneben besaß er aber auch eine musikalische Ader. Schon in den zwanziger Jahren textete er für den Operettenkomponisten Eduard Künnecke, steuerte aber auch eigene Schlager bei. Außerdem verfasste er, wieder ganz mit links, zwei Romane.[58] Dass Rhein hochgradig selbstbewusst, eigensinnig, aggressiv, doch zugleich von stupender Arbeitskraft war, hatte sich bei den Rundfunkjournalisten schon allgemein herumgesprochen, noch bevor er sich im Frühjahr 1945 mitsamt seiner Erfindung – einem kombinierten Kommando- und Funkmessgerät – auf Lastwagen der Wehrmacht aus Berlin fortbringen ließ und erst einmal im heimischen Königswinter untertauchte, wo er periodisch von amerikanischen Elektronik-Experten befragt wurde. Zu Rheins Eigenheiten gehörte auch die Verbindung mit seinem Freund Will Thederan. Man konnte die beiden nur im Doppelpack engagieren.

Für Springer mit seinen großen Plänen einer *Radio-Post* waren der Rundfunkjournalismus und – um mit Rhein zu sprechen – »Das Wunder der Wellen« ein Buch mit sieben Siegeln. Ihm war klar, oder die Profis vom NWDR machten ihm rasch klar, dass das Projekt nur mit einem einschlägig ausgewiesenen, erstklassigen Chefredakteur Aussicht auf Erfolg hätte. An Aspiranten für eine solche Aufgabe fehlte es im allgemeinen Chaos durchaus nicht. Doch stand es mit diesen ähnlich wie überall: Wer erstklassig war, hatte sich in den Jahren 1933 bis 1945 stärker oder weniger stark mit dem NS-Regime eingelassen und kam deshalb vorerst nicht in Frage. Springer hatte zuerst mit Ludwig Kapeller in Berlin Verbindung aufgenommen, früher Chefredakteur des *Funk* und von *Sieben Tage!* (bevor Rhein selbst dort Schriftleiter wurde), auch er, wie der viel jüngere Rhein, seit den zwanziger Jahren bis zum Jahr 1945 eine Größe des Berliner Rundfunkjournalismus.[59] Doch Kapeller hatte ein Entnazifizierungsproblem, wollte zudem Berlin nicht verlassen und kam auf die abwegige Idee, Rhein solle pro forma als eine Art »Strohpuppe«, ferngesteuert von ihm, Chefredakteur werden.[60]

Die Hamburger Herren entschieden nun, direkt auf Rhein zuzugehen. Die entsprechende Korrespondenz wurde zwar von Springer geführt, doch die Spielführung lag allem Anschein nach beim NWDR, wo inzwischen Hugh Greene die entscheidende Persönlichkeit war. Hier kam die hohe Politik ins Spiel. Rhein stand inzwischen mit dem Funkhaus Köln in Verbindung, wo man gleichfalls an den Plänen einer Radio-Programmzeitschrift bastelte und ihn gern zu deren Leiter gemacht hätte. Doch der Chefredakteur von Radio Köln, Karl-Eduard von Schnitzler, war inzwischen bei den Briten zu Recht in Verdacht geraten. Er hatte im Kölner Funkhaus eine kommunistische Zelle installiert. Die Verhandlungen über die Gründung der *Radio-Post* liefen im Frühjahr 1946. Das waren auch die Monate, in denen die Zwangsvereinigung zwischen der KPD und den Sozialdemokraten in der Sowjetischen Zone für politische Aufregung sorgte. Früher noch als die Amerikaner waren damals London und die britische Militärregierung auf Gegenkurs gegangen. Zugleich mussten auch die Pläne Frankreichs abgewehrt werden, größere Teile des Rheinlandes vom verbliebenen Reichsgebiet abzutrennen und das Ruhrgebiet unter Viermächtekontrolle zu stellen. Jede Art von Eigenentwicklung des ohnehin kommunistisch infiltrierten Kölner Senders schien somit unerwünscht. So fuhr Hugh Greene nach Köln, setzte Schnitzler kurzerhand ab und säuberte die dortige Redaktion.[61]

Es war also nicht nur der vielgerühmte Charme Springers, der Rhein veranlasste, das Angebot Springers und des NWDR anzunehmen, anstelle von Kapeller nun selbst die geplante Rundfunkzeitschrift zu leiten. Nachdem sich aufgrund der politischen Lage die Kölner Aussichten in Rauch aufgelöst hatten, blieb dem heftig Umworbenen keine andere Wahl, zumal sein Gefährte Thederan keine Lust hatte, wieder nach Berlin zurückzukehren, wo Ullstein mit einem Angebot lockte.[62] Als am 11. Dezember 1946 die erste Nummer von *HÖR ZU!* zum Preis von 30 Pfennigen erschien, zeigte sich rasch, dass Springer mit dem Engagement von Rhein das große Los gezogen hatte.

Der Verleger war klug genug, dem kantigen, zugleich aber beispiellos dynamischen Rhein freie Hand zu lassen und sich nur um die Organisation von Papier, um die Unterbringung und um die Einkassierung der Gewinne zu kümmern. Rhein kam dabei nicht zu kurz. Bei anfänglich niedrigem Grundgehalt hatte er sich sehr günstige Bedingungen für die Verwertung der Rechte an seinen Beitragen in *HÖR ZU!* ausbedungen. 1959, als die dritte Million erreicht war, vereinbarte er mit Springer, dass ihm jährlich der Bruttowert von zwölf Anzeigenseiten vergütet würde, was er 1961 weiter steigerte. Damals lag der Preis einer Anzeigenseite bei 57 000 D-Mark, sodass er allein in diesem Jahr 1,1 Millionen D-Mark verdiente.[63] Rhein hatte sich eine Gewinnbeteiligung von einem Prozent ausbedungen, und so machte ihn die Auflagensteigerung wieder rasch zum wohlhabenden Mann. Nach wenigen Jahren konnte er sich an Außenalster und Feenteich eine Traumvilla bauen. Wirtschaftlich war er ohnehin bald von Springer völlig unabhängig, weil er – bereits Chefredakteur von *HÖR ZU!* – so ganz nebenbei ein Patent auf das von ihm erfundene revolutionäre »Füllschriftverfahren« erhalten hatte. Es erlaubte die Herstellung wesentlich dünnerer Schallplatten, der Einspareffekt von Pressmaterial, Versand- und Transportkosten war enorm. Wenn man sich bis zum Ende des Schallplattenzeitalters daran erfreuen konnte, dass große Musikwerke auf einer einzigen Schallplatte gespeichert waren, dann dank des Ingeniums von Eduard Rhein.[64] Auch in seiner Rolle als *HÖR ZU!*-Chefredakteur war er an Einfällen nicht zu überbieten; so machte er beispielsweise den Mecki-Igel in der frühen Bundesrepublik und weit darüber hinaus zu einer Kultfigur. Bald kam er auch auf den Geschmack, das Blatt mit eigenen, gut konstruierten Fortsetzungsromanen zu füllen. Da die Rundfunkzeitschrift in den Wohnungen stets eine ganze Woche auslag, hatte er Woche für Woche Millionen von Lesern. 1950 erschien der erste dieser im Nachkriegsmilieu spielenden Herz-und-Schmerz-Romane unter dem Titel *Ein Herz spielt falsch*[65] und wurde bald verfilmt. Bis zum Ende seiner Zeit als Chefredakteur schrieb Rhein unter dem Pseudonym Hans-Ulrich Horster oder anderen Decknamen insgesamt 13 Romane, von denen zehn verfilmt wurden. *HÖR ZU!* war in der Tat Rheins Zeitschrift.

Kein Wunder, dass dieser von Wuchs kleine, aber mit einem großen Ego ausgestattete Mann so auftrat, als ob ihm das Blatt gehöre. Der gleichfalls mit einem großen Ego ausgestattete Axel Springer sah das nicht besonders gern, ließ den Wärter des Goldesels aber lange Jahre ungestört gewähren, bis es 1964 abrupt zum Bruch kam. Wie stark der Anteil Springers an der Entwicklung des Konzepts von *HÖR ZU!* war, lässt sich heute nicht mehr ermitteln. Dass Eduard Rhein in seinen Lebenserinnerungen die zweifellos überragenden eigenen Leistungen in bestem Licht erstrahlen ließ, versteht sich von selbst. Christian Kracht, der den besten Einblick in die Sachlage besitzt und auch des Öfteren zwischen beiden zu vermitteln hatte, meint, dass Springer persönlich doch beträchtlichen Anteil daran hatte, aus der Rundfunkzeitung so ganz unter der Hand eine Familienzeitung zu machen.[66]

Doch zurück zum Jahr 1946. Der bisher schönste Tag im Leben des Jungverlegers Axel Springer war der 8. Juni 1946. An diesem Tag erhielt er zwei Lizenzen auf einmal: die Lizenzen Nr. 67 für die *Radio-Post* und Nr. 68 für die *Nordwestdeutschen Hefte*. Mit stolzgeschwellter Brust telegrafierte er an John Jahr, der sich wieder einmal auf Sylt aufhielt: »Lizenz für Radio-Post heute erhalten stop Benötige repräsentativen Wagen stop Herzliche Pfingstgrüße an Euch alle Axel Springer.«[67] Anerkennend drahtete Jahr zurück: »Das ist ein ganz dicker persönlicher Erfolg ... Ich wünsche sehr recht bald mitmachen zu können.«[68] Doch auch diese Lizenzen waren immer noch Hinrich und Axel Springer gemeinsam erteilt worden.

Aus Sicht Axel Springers schien eine Neuordnung der Verhältnisse im Verlag Hammerich & Lesser schon seit einiger Zeit unerlässlich. Rechtlich gesehen hätte er seinen Vater ständig an allen Planungen und Entscheidungen beteiligen müssen, obschon dieser, durch seine Erkrankung weitgehend zur Untätigkeit verurteilt, als eine Art Halbinvalide weit weg vom Hamburger Schauplatz in Bendestorf im Heidehaus saß, von wo aus von Zeit zu Zeit Störgeräusche nach Hamburg herübertönten. Um sich freizuschwimmen, hatte Axel Springer Vater Hinrich wissen lassen, er wolle künftig neben dem bisherigen Verlag einen weiteren Verlag unter dem eigenen Namen aufbauen. Seine Argumente: die Verlagsproduktion beginne sich zu diversifizieren, sodass sich zwei unterschiedliche, wenngleich nach wie vor eng miteinander verbundene Verlage optisch besser darstellen würden. Dies sei, meinte er, der beste Weg, »dem Vorwurf der allzu bunten und damit nicht ernsthaft genug anmutenden Produktion zu begegnen«[69]. Außerdem wäre es vielleicht leichter, für zwei Verlage größere Papiermengen zu bekommen. Anfang März 1946, als Axel Springer mitten in den Verhandlungen mit dem NWDR und den Briten stand, hatte er einen schrecklich vorwurfsvollen Brief von Mutter Ottilie erhalten, in dem sie sich bitter beklagte, »dass eine ruhige Aussprache mit Dir so ganz selten möglich ist«. Resigniert schrieb sie, »dass ich Dich als Kind schon jetzt verloren habe«. Den etwas unscharfen, nur angedeuteten Vorwürfen war die Sorge zu entnehmen, Sohn Axel drehe fern in Hamburg ein zu großes Rad mit dem Risiko des Scheiterns. Aufgrund von Entscheidungen, auf die Hinrich Springer praktisch keinen Einfluss mehr hatte, könnten – so wurde angedeutet – die Eltern früher oder später mittellos dastehen. Unterschwellig war darin auch der Verdruss des Vaters zu spüren, der ruhmreiche Verlag Hammerich & Lesser scheine dem ehrgeizigen Sohn nicht mehr gut genug. Damit verband sich die Sorge, bei dem Leben, das Sohn Axel jetzt führe, könne er »aus ernährungstechnischen Gründen« erkranken. Was würde dann aus ihm und (so ließ sich unausgesprochen weiterbuchstabieren) aus seinen groß angelegten Unternehmungen, aus dem Verlag Hammerich & Lesser und aus den alten, ruhebedürftigen Eltern?

Axel Springer reagierte in einem vierseitigen Brief vom folgenden Tage höchst aufgebracht: »Was mir von der Firma Hammerich & Lesser als stolzes Erbe vermacht wurde, ist ein Briefkopf und gemietete Büroräume.« Als einzige Unterstützung seien ihm der Firmenname verblieben und die gute, umfangreiche Buchproduktion der letzten Jahre: »Für das erstere zeichnet Papa verantwortlich, für das zweite ich.« Wortreich verwahrte er sich gegen den unterschwelligen Vorwurf, er wolle etwas für sich »herausschinden«. Auch beim »Axel Springer Verlag« sollten die Eltern zu 50 Prozent am Ertrag beteiligt werden. Tief verärgert schloss er den Brief mit dem Satz: »Wenn Ihr etwas jüngere Leute wäret, könnte ich diesen Brief nicht anders schließen als mit dem Hinweis, dass Ihr Euch eigentlich schämen müßtet und in krasser Undankbarkeit meine wirklich fleißige Arbeit unterbewertet.«[70]

Auf ihre Weise waren beide Seiten im Recht. Axel Springer ließ sich jedenfalls vom Konzept eines zweiten Verlages nicht abbringen, und die Eltern mussten ihn in einer Mischung aus Sorge und Hoffnung wohl oder übel gewähren lassen. Neben Hammerich & Lesser gab es nun künftig auch den Axel Springer Verlag. Nachdem er die beiden Lizenzen erhalten hatte, war der Jungverleger überhaupt nicht mehr zu bremsen. Der Buchverlag war noch nicht in Gang gekommen, da erhielt Paul L'Arronge, dessen Café gegenüber der Staatsoper der Treffpunkt der Künstler und Journalisten im damaligen Hamburg war, von Springer im Sommer 1946 einen

Brief mit der Ankündigung: »Ich hoffe in Kürze den Markt mit meinen Publikationen zu überschwemmen.«[71]

Unablässig setzte Springer nun seinem immer noch kleinen Stab im Flakbunker, aber auch den Briten mit neuen Ideen zu. Schon damals erkannte er, dass sich mit gut gemachten Zeitschriften für spezielle Zielgruppen viel Geld verdienen ließe. Schon zu Anfang des Jahres 1946 hatte er die Lizenz für eine Zeitschrift mit dem Titel *Das Kind* beantragt.[72] Jetzt fand er, noch vordringlicher sei eine Zeitschrift für Frauen und Mütter, betitelt *Die Frau und das Kind*.[73] Das Exposé zeigt, wie damals noch jeder Antrag auf die Bedürfnisse der Reedukation abzustellen war. In der Britischen Zone, so führte Springer dort aus, lebten nach der Volkszählung vom 10. Oktober 1946 weit mehr Frauen als Männer. »Bei der Umerziehung des deutschen Volkes hat die Frau eine nicht zu unterschätzende, wenn nicht sogar die wichtigste Aufgabe zu erfüllen ... Von ihrer Gesittung und Einstellung wird Gesittung und Gesinnung der kommenden Generation abhängen ...« Somit gelte es, die Leserschaft »über den Streit der politischen Richtungen und Meinungen in Tagesfragen hinweg auf gedankliche Wege zu führen, die die Bildung eines politischen Bewusstseins – als erste Grundlage jeder politischen Meinung – gestattet«. Mag sein, dass er damals noch von derart idealen Zielen bewegt war.

Bei genauerem Zusehen zeigte sich aber, dass Springer, wahrscheinlich gut beraten von dem inzwischen politisch rehabilitierten John Jahr, eine Frauenzeitschrift nach bewährtem Vorkriegsmuster herausbringen wollte, mit Frauenthemen, Lebenshilfe, Modeteil, einer Ärzte-Ecke, mit Empfehlungen für die Säuglings- und Kinderpflege, mit Gymnastik-Ratschlägen und natürlich auch einem Kosmetik-Teil. Tatsächlich kam er auch damit zum Zuge. Am 8. Oktober 1947 erhielt er zusammen mit John Jahr die Lizenz für *Constanze*. John Jahr nahm die Zeitschrift unter seine Fittiche und machte daraus die führende bundesdeutsche Frauenzeitschrift der fünfziger Jahre. Springer blieb mit 50 Prozent daran beteiligt.

Nunmehr erkannte er auch die Notwendigkeit, in dem sich allmählich regenden Verbandswesen eine Rolle zu spielen. Schließlich war er ganz und gar nicht allein auf dem Turf. Dank britischer Lizenzierungspolitik waren im Spätsommer 1946 in Hamburg bereits an die 50 Verleger lizenziert worden. Im Frühjahr 1947 wählte ihn der Gründerkreis des »Vereins der Zeitschriftenverleger in Hamburg und Schleswig-Holstein« zu seinem Vorsitzenden. Die Geschäftsstelle wurde im Verlag Hammerich & Lesser untergebracht.[74] Im Herbst desselben Jahres war Springer bereits Vorsitzender des »Zeitschriften-Verleger-Verbandes Nordwestdeutschland«, des Dachverbands für die gesamte Britische Zone.[75] Springers führende Verbandsposition ergab sich schlicht und einfach aus der Tatsache, dass Hammerich & Lesser bereits 1947 »der größte Verlag seiner Art in der britischen Zone« war, so Axel Springer in einem Brief an Hamburgs Bürgermeister Max Brauer.[76]

Bei seinen Ambitionen in den Gründerjahren des Imperiums war ihm die Verbandsposition durchaus von Nutzen. Spätestens jetzt konnte er mit den höchsten britischen und deutschen Stellen »auf Augenhöhe« verkehren. Später hatte er nicht mehr die Zeit, hielt es auch nicht mehr für opportun, persönlich eine Spitzenposition im Zeitungsverlegerverband zu bekleiden. Doch über lange Jahre hinweg steuerte er dessen Politik über seinen Verlagsdirektor Dr. Hans Funk. Dieser fungierte dort ab 1948 als Geschäftsführer und war »so etwas wie der Außenminister des Hauses«.[77] Springer behielt aber auch später die Verbandsebene scharf im Auge.

Seinen Einstand im Kreis der Buchverleger gab er gleichfalls im Jahr 1946. Gestärkt durch die eigenen Lizenzen hielt er Ende September 1946 im Hamburger Presseclub seinen ersten öffentlichen Vortrag[78] über Fragen des Verlagsbuchhandels. Zu Beginn verneigte er sich »als Angehöriger der jüngeren Generation« mit gebührender Bescheidenheit vor berufeneren und älteren Kollegen, um alsbald auf die schwierigen sachlichen Bedingungen einzugehen: die katastrophale Lage des Papiermarkts, aber auch den Mangel an Heftgarn, Pappe, Bezugs- und Vorsatzpapieren. Sodann folgte der Hinweis, dass Leipzig aus den bekannten Gründen »für lange Zeit« ausfallen werde, somit habe Hamburg »die einmalige Chance, eine Verlagsstadt von Rang zu werden«. Ob die Behörden das wirklich schon erkannt hätten? Dann rechnete er im Einzelnen vor, dass es in den verschiedenen für Buchherstellung und Vertrieb wesentlichen Sparten möglich sein würde, gut 10 000 Arbeitsplätze zu schaffen. Bisher fehle es noch an der nötigen Unterstützung.

Interessant für Springers damalige politische Vorstellungswelt waren die Ausführungen, die er als »persönliche Ansicht« zur politischen Aufgabe des Verlegers machte. »Der Nazismus«, so setzte er ein, »ist nun mal nicht durch eine geistige Erhebung der Deutschen hinweggefegt worden, sondern durch die Flugzeuge und Panzer der Alliierten.« Doch: »Der Besiegte ist nicht ohne weiteres der Überzeugte.« Presse, Rundfunk, »auch die langsam aktiver werdenden Parteien« seien damit befasst, »durch Aufklärung zunächst einmal die Massen davon zu überzeugen, warum Deutschland in diese Niederlage hineinrennen musste und welche Konsequenzen sich natürlicherweise daraus ergeben«. Damit sei aber der private Bereich noch nicht erfasst, wo »in den Bereichen des Seelischen, Geistigen und Herzlichen geradezu weiße Flecken entstanden« seien.

Hier liege die Aufgabe des guten Buches. Notwendig sei die Publikation politischer Bücher, »die objektiv den Weg der letzten vierzig Jahre beschreiben«. Notwendig seien somit »revidierte Geschichtsbücher«, die sich ebenso fernhalten müssten »vom Hurrah-Patriotismus« wie von »klageseliger Armesünderstimmung«. Notwendig seien Tatsachenberichte über den Nazismus und seine Vertreter, Bücher, die weniger aggressiv »als von einer tödlichen Objektivität sein müssen«. Ohne sich nach irgendeiner Seite festzulegen, hielt er dann ein Plädoyer für das, was man heute die Dialogkultur nennt. Es gelte, die Jugend »diskussionsfähig« zu machen und Bücher zu publizieren, »die geeignet sind, die Achtung vor dem politischen Gegner zu vertiefen, Bücher, die die Welt des Marxismus, des Sozialismus, des Liberalismus, des Christentums in ihren Grundsätzen objektiv schildern. Es muß der Tag kommen, an dem der junge Deutsche bürgerlicher Herkunft mit dem Vertreter der KP-Jugend eine anständige, auf geistiger Basis beruhende Diskussion führen kann.« Als Zielgruppe identifizierte er den »wenig konzentrationsfähigen Leser«. Ideal sei daher ein Buchtyp, der »geistigen Tiefgang mit unterhaltender Form vereint ... Wir müssen nach Möglichkeit das Volk in seiner Gesamtheit erreichen. Wir müssen es trösten, aufrichten und bilden.« Bei dem Vortrag kam es übrigens zur ersten Wiederbegegnung mit Max Brauer, der eben aus den USA zurückgekehrt war und nun voll in die Hamburger Politik einstieg. »Ich weiß nicht mehr, worüber ich sprach«, äußerte sich Springer aus dem Abstand von 35 Jahren. »Aber während ich sprach, sah ich den einzigen gutgekleideten, gutgenährten Mann. Das war Max Brauer. Dann hat er mich umarmt.«[79]

Diese erste öffentlich artikulierte Positionsbestimmung des damals 34 Jahre alten Springer verdiente eine etwas ausführlichere Erwähnung. Dass er sich damals demonstrativ mit den Zielen der Reedukation identifiziert hat, ist genauso evident wie sein Bestreben, für die eigene Verlagsproduktion einen parteiübergreifenden Standpunkt zu skizzieren – unter Einbeziehung des Marxismus und der »KP-Jugend«, wie mit Blick auf seine späteren Positionen hervorzuheben ist. Sehr viel präziser lässt sich nicht bestimmen, wo Axel Springer damals politisch stand. Bezüglich der großen Streitfragen jener Jahre hat er sich bedeckt gehalten. Wie beurteilte er die Sozialisierungsforderungen der SPD? Nicht zu erkennen. Was dachte er über die Russen in der Sowjetischen Zone und die Kommunisten? Jedenfalls hat er die Kommunisten noch nicht, wie man heute sagt, »ausgegrenzt«. Wie stark hat ihn das Thema Wiederherstellung der Einheit Deutschlands beschäftigt, an dem ihm später so viel gelegen war? Aus der Äußerung über das Schicksal Leipzigs mag man schließen, dass er sich bereits im Spätsommer 1946 ohne sichtliches Bedauern auf eine lange Getrenntentwicklung eingestellt hatte. Ganz stark hat ihn damals offenbar nur eine einzige politische Frage umgetrieben: die Aufklärung über die Verwerflichkeit des Nationalsozialismus. Im Februar 1949 schrieb er einem britischen Freund: »Sie wissen, ... daß ich es immer bedauert habe, daß 1949 nicht eine handfeste Revolution über Deutschland hinweggegangen ist. Es wurde alles schrecklich normalisiert, und das, was wir heute haben, ist im Grunde die Folge dieser damals künstlichen Abhalfterung der Nazis ...«[80]

Er hatte in allen Parteilagern Freunde oder doch gute Bekannte: Erik Blumenfeld, aber auch Gerd Bucerius, mit dem er damals gut auskam,[81] bei der CDU; Felix Jud und den Senatssprecher Erich Lüth bei den Freien Demokraten; Max Brauer bei der SPD. Beim Rückblick auf diese frühen Jahre hat er dies verschiedentlich betont: »Ich komme ja eigentlich von der SPD her ...«[82] Das ist durchaus glaubhaft, auch wenn er eine Parteimitgliedschaft vermied. Die SPD als dominierende Partei, mit der man auszukommen hatte und auch auskommen konnte, war ihm seit seiner Jugend in Altona gut vertraut. Christian Kracht, der ihn seit den frühen fünfziger Jahren genauestens studierte, meinte allerdings: »Er liebte Max Brauer in der Person, aber er liebte nicht die Sozialdemokraten.«[83] Dass es ihn in die Nähe Max Brauers zog, seit dieser im November 1946 zum Ersten Bürgermeister von Hamburg gewählt worden war, kann nicht überraschen. Über die gemeinsamen Erinnerungen an die alten Zeiten in Altona kam man sich rasch nahe. Im Übrigen aber waren persönliche Sympathie und geschäftliche Interessen bei Springer damals wie später nie scharf voneinander zu trennen. Sein Glückwunschschreiben zu Brauers Einführungsrede verband er mit dem Hinweis, er plane schon länger, »die Aufbauarbeit des Hamburger Senats mit einer Broschürenreihe zu begleiten«, dabei von der Überlegung ausgehend, »daß in der Zukunft ein solcher Rückblick sehr dienlich sein und die Arbeit der Männer, die heute das schlimme Nazi- und Nachkriegserbe verwalten, in das rechte Licht rücken würde«. Der Brief schloss mit der Bitte, »diese Dinge« in Kürze mit Brauer zu besprechen.[84] Offenbar betrachtete aber auch Max Brauer lange Zeit den aufstrebenden Axel Springer mit Wohlgefallen. Als Karl Andreas Voss später Rückschau hielt, meinte er: »Der alte Brauer hat ihn immer sehr geliebt ...«[85]

So wurde also 1946 in vielerlei Hinsicht zum Jahr der Weichenstellungen. Offensichtlich war es Springer nun auch gelungen, zu einigen der ausschlaggebenden Besatzungsoffiziere persönliche Beziehungen aufzubauen, die über die Ebene korrekter Geschäftskontakte hinausgingen. Major »Nick« Huijsman gehörte dazu, ebenso der als ziemlich »scharfer Hund« gefürchtete Major Kaye Sely, der in der Berliner Zentrale für die politische Überprüfung der Lizenzbewerber und Journalisten zuständig war. Doch nicht auf alle damaligen Zeitgenossen wirkte der Jungverleger Springer schon voll überzeugend. Der erste Eindruck von Michael Thomas, als »Nick« Huijsman ihn Mitte 1946 mit Springer bekannt gemacht machte, war: »eher ein Leichtgewicht«.[86] Eduard Rhein meinte spöttisch: »Ich habe ihn kennengelernt, als er eben die letzten Eierschalen abgeworfen hatte.«[87] Und selbst Max Brauer hatte noch längere Zeit seine Zweifel, so wusste der bald gut mit Springer befreundete Senatssprecher Erich Lüth zu erzählen: Brauer habe ihn »für ebenso begabt wie wendig« gehalten, jedoch gefürchtet, »der junge Herausgeber und Verleger könne sich übernehmen«.[88]

Diese Gefahr bestand wohl in der Tat in jenen frühen Anfängen. Springer war weder ein solider Kaufmann noch ein kühler Planer und Manager. In Momenten selbstkritischer Offenheit, die bei ihm nicht ganz selten waren, konnte er noch sehr viel später von sich sagen: »Ich bin ein Poet und ein Träumer.«[89] 1946 war er jedenfalls drauf und dran, sich mit einer Fülle von Projekten zu verzetteln, was er auch selbst spürte, bis er im Herbst 1946 Karl Andreas Voss fand. Nach Meinung aller, die Springers Aufstieg damals beobachteten, wurde dieser gestandene Profi zum stabilisierenden Element. Zu Felix Jud soll Springer eines Tages gesagt haben: »Mensch, ich brauch einen, der auf mich aufpasst, ich hab so viele Ideen, ich mach im Handumdrehen pleite, wenn keiner auf mich aufpasst!« So Helmuth Klosterfelde, Springers nachmaliger Chef für das Anzeigenwesen, der 1948 zum Verlag stieß und sich das Verdienst zuschrieb, Voss und Jud miteinander bekannt gemacht zu haben, der dann seinerseits Springer den Rat gab, es mit Voss zu versuchen.[90]

Voss, Jahrgang 1892, war die ideale Kombination von Journalist und Verlagsleiter. In den zwanziger Jahren hatte er für die wenig auflagenstarke, doch angesehene nationalliberal orientierte *Magdeburgische Zeitung* als Wirtschafts- und Parlamentsberichterstatter aus Berlin berichtet und war danach bei diesem Blatt lange Jahre als Verlagsdirektor tätig gewesen. Als Kriegsteilnehmer im Ersten Weltkrieg wurde der zu Beginn des Zweiten Weltkriegs reaktivierte Voss nach dem Frankreichfeldzug im Herbst 1940 im Rang eines Hauptmanns der Nachrichtentruppen entlassen. Während der folgenden fünf Kriegsjahre arbeitete er als technischer und kaufmännischer Direktor beim Verlagshaus Broschek, das dem Verleger auf unschöne Weise entzogen worden war. Zwar hatte die Redaktion des politisch liberalen *Hamburger Fremdenblattes*, ganz ähnlich wie Hinrich Springers *Altonaer Nachrichten*, zu Beginn des Dritten Reiches und noch vor Erlass der gesetzlichen Bestimmungen eine Art »Selbstgleichschaltung« vollzogen,[91] doch der NSDAP genügte das nicht. Der Verleger Broschek war 1936 gezwungen worden, 76 Prozent seines Verlags an die VERA-Verlagsgesellschaft abzugeben, sodass das Haus Broschek von nun an ein NS-Verlag war und das *Hamburger Fremdenblatt* eine Art Parteizeitung.

Nach dem Ende des Dritten Reiches war eine Funktion in der Verlagsleitung von Broschek also ziemlich belastend. In den Jahren seiner Tätigkeit in Magdeburg hatte Voss zwar einige Querelen mit der NSDAP auszustehen, doch 1940 war auch er NSDAP-Mitglied geworden. Natürlich wurde er 1945 entlassen. Als Springer an ihn herantrat, saß Voss als Geschäftsführer des von den Briten sequestrierten *Holsteiner Kuriers* in Flensburg auf dem Trockenen. Ihm war klar, dass er aufgrund seiner politischen Belastung auf längere Zeit als Redakteur mit Berufsverbot zu rechnen hatte. Eine Lizenz als selbständiger Verleger wäre aus Sicht des Jahres 1946 überhaupt nicht in Frage gekommen. Unter diesen Umständen war Voss nur allzu gern bereit, für den bei den Briten so wohlgelittenen Axel Springer als Geschäftsführer zu arbeiten. Vom ersten Gespräch an dauerte es aber noch ein halbes Jahr, bis die Engländer der Einstellung zustimmten.[92]

Im Dezember 1946 begann im ehemaligen Flakbunker auf dem Heiligengeistfeld die Ära Voss. Alle Beteiligten, Springer inbegriffen, spürten schon bald, dass nun ein nüchterner Fachmann die zerfasernden Aktivitäten in die Hand nahm. Anfangs mussten die völlig unterschiedlichen Temperamente Springer und Voss in einem einzigen Raum miteinander auskommen – Springer ständig herumlaufend, türenknallend und unablässig redend, Voss ein Musterbild ruhiger Gefasstheit.[93] Als der Verlag auf Hochtouren lief, verfügten die beiden natürlich über eigene Büros. Der spätere Anzeigenchef Klosterfelde hat gelegentlich von einem Sketch beim ersten Betriebsfest des *Hamburger Abendblatts* im Winterhuder Fährhaus erzählt, in dem Springer und Voss von einigen Mitarbeitern karikiert wurden. Ein paar Redakteure sitzen hemdsärmlig an einem Tisch, das Telefon klingelt: Herr Müller solle zu Herrn Springer kommen. O. k. Der Betreffende begibt sich hemdsärmlig zu Springer. Ein paar Minuten später klingelt wieder das Telefon: »Herr Meier, bitte zu Herrn Voss kommen!« Jetzt bindet sich der Einbefohlene erst einen Schlips um, zieht das Jackett an und begibt sich erst dann zu Herrn Voss: »Der korrekte Mann – Herr Voss. Und der saloppere und großzügigere … Axel Springer.« Zu dem konnte man damals noch in Hemdsärmeln gehen.[94]

In Kenntnis von Springers großzügigem Umgang mit Geld und Versprechungen führte Voss einen eisernen Sparkurs ein. Er hat, um nochmals Klosterfelde zu zitieren, »damals die Finger auf dem Portemonnaie gehalten«. Anders als Springer in seinen Anfängen genoss der in Hamburg weithin bekannte Voss Vertrauenskredit: bei den Papierlieferanten, bei den Druckereien, später auch bei den Banken.

Aus Springers Sicht bestand ein Hauptvorzug des neuen Geschäftsführers in seiner genauen Kenntnis der einschlägigen Hamburger Firmen und in seiner ebenso ausgedehnten Personalkenntnis. Wenn sich bald Top-Journalisten aus Hamburg und Berlin, »Anzeigenhaie« vom Typ Klosterfelde, Vertriebsspezialisten, Spitzendrucker und sonstige Fachleute einfanden, so war dies zu einem Gutteil Karl Andreas Voss zu verdanken. Bei der Arbeitsaufnahme im Hause Springer wusste Voss noch nicht, dass der Jungverleger damals gewissermaßen Tag und Nacht überlegte, wie er eine moderne, parteiunabhängige und in ganz Hamburg populäre Tageszeitung aufbauen könnte. Als er geraume Zeit nach Aufnahme seiner Arbeit davon erfuhr,[95] mag ihm erst recht klar geworden sein, weshalb Springer gerade ihn ausgesucht hatte. Niemand kannte so genau wie er sämtliche Betriebsgeheimnisse, aber auch das Personal aus dem Hause Broschek.

Als das Jahr 1946 mit der seit langem schlimmsten Kältewelle zu Ende ging, waren die ersten Voraussetzungen für Springers Aufstieg geschaffen: drei Lizenzen, zwei Verlage, die sich differenziert einsetzen ließen, ein rudimentärer Verlags-Apparat, wenngleich vorerst nur in dem finsteren Flakbunker, wo man schrecklich fror, zwei unschätzbare Mitarbeiter: Eduard Rhein, der sich gerade eben aufmachte, mit *HÖR ZU!* das erste Geld zu scheffeln, und Karl Andreas Voss, der den Laden zusammenhielt. Dazu kamen beste Verbindungen zu den entscheidenden britischen Presseoffizieren, aber ebenso ins Hamburger Rathaus. Die politischen Perspektiven für Deutschland erschienen in diesem Kälte- und Hungerwinter allerdings so trübe wie nie zuvor und danach. Ob sich Springers Projekte nicht doch als Eintagsfliegen herausstellen würden, war gleichfalls noch nicht ausgemacht. Erst in der Rückschau lässt sich feststellen: Schon 1946 war Springer startklar, jetzt konnte er abheben.

Durchbruch im Wendejahr 1948: Das *Hamburger Abendblatt*

Die Karriere Axel Springers im Jahr 1947 zeigt auffällige Parallelen zur gesamtpolitischen Entwicklung in den damaligen Westzonen: Wichtige Weichenstellungen sind bereits erfolgt, erste Silberstreifen zeichnen sich am Horizont ab, doch alles ist noch in der Schwebe. Erst vom Jahr 1948 an geht es eindeutig aufwärts.

Bei Hammerich & Lesser kam nun die Buchproduktion in Gang. Große Sprünge ließen sich damit aber nicht machen. Mit *HÖR ZU!* und den *Nordwestdeutschen Heften* konnte sich der Verlag jedoch über Wasser halten. Die Lizenz für *Constanze* ließ hoffen. Immerhin kamen *HÖR ZU!* und die *Nordwestdeutschen Hefte* bereits auf eine zonenweit vertriebene Auflage von über einer Million Exemplaren.[96] 55 Betriebsangehörige arbeiteten in dem Unternehmen.[97] Es war eine Mannschaft, die offenbar davon überzeugt war, dass es mit Axel Springer an der Spitze trotz der immer noch andauernden Misere aufwärtsging. Vom ersten Betriebsausflug Ende August 1947 auf einem kleinen Elbdampfer hat sich ein hübsch gedrucktes Heft mit vergnügten Reimereien erhalten.[98] Sie zeigen, wie Springer damals gesehen wurde:

> Romane, Verse, Nordwestdeutsche Hefte –
> Ein wahrhaft fieberischer Schaffensdrang.
> Der Axel fühlte in sich Riesenkräfte
> und platzte fast vor lauter Überschwang.
>
> Wie Pilze mehrten sich die Angestellten,
> als noch »Hör zu« mit Wucht ins Dasein trat.
> So zielbewußten Aufstieg sah man selten.
> Wie sagt doch Faust? – Am Anfang war die Tat!
>
> Jetzt hausen sie in einem Mammutbunker,
> ein fröhliches Gewimmel groß und klein,
> und Axel Springer, wenn auf einen Sprung er
> erscheint, trägt beinah' einen Heiligenschein …

Betrieb! Der Mammut will sein Opfer haben.
Betrieb! Der Axel zuckt die Achseln. Los!
Wer keinen Mut hat, lasse sich begraben.
Wer Flügel hat, braucht keinen Rippenstoß.

Aber Springer erkannte genau, dass er vorerst nur einen Gemischtwarenladen sein eigen nannte. Er würde erst über den Berg sein, wenn es gelänge, den Plan einer eigenen Tageszeitung zu verwirklichen. Dabei spürte er, wie ihm die Zeit davonlief. In Hamburg wiesen die von den Briten ins Leben gerufenen parteinahen Zeitungen bereits stattliche Auflagen auf, desgleichen die überregionale *Welt*. Sie alle waren bestrebt, sich einen Leserstamm zu sichern. Zugleich scheute die britische Militärregierung vorerst vor weiteren Lizenzierungen zurück. Schon für die bisherigen Zeitungen fehlte es an Papier. Aus britischer Sicht war erst einmal die Konsolidierung der Neugründungen abzuwarten. In dieser Phase sondierte Springer, ob er sich nicht an einer der Parteizeitungen beteiligen könnte. Dem Vernehmen nach bot er dem FDP-nahen Blatt *Hamburger Freie Presse* 250 000 Reichsmark für eine »Übertragung« der Lizenz an. Freund Felix Jud, der damals bei den Freien Demokraten eine führende Rolle spielte, unterstützte ihn dabei. Doch der FDP-Vorstand lehnte das mit 18 zu 17 Stimmen ab.[99]

Im Herbst 1947 gab es aber doch Signale, dass ein Anlauf für die Lizenzierung einer überparteilichen Zeitung Erfolg haben könnte. So formulierte Springer einen neuen Antrag. Immer noch trug sein Zeitungsprojekt den erhabenen Namen *Excelsior.*[100] Erst ein paar Monate später war er vernünftig genug, sich auf Anregung Walther Hansemanns für den Namen *Hamburger Abendblatt* zu entscheiden.[101] Springers fünf Seiten umfassendes Exposé vom 15. November 1947 ist aus zweierlei Gründen von Interesse. Zum einen entwickelte er darin das Erfolgskonzept für das *Hamburger Abendblatt*. Zum anderen präzisierte er einige politische Grundauffassungen, die er nicht bloß im *Abendblatt*, sondern später ebenso in der *Bild*-Zeitung zu verwirklichen suchte, bevor er diese ab Ende der fünfziger Jahre politisierte.

»Ich fühle mich den humanitären Forderungen der fortschrittlich gesinnten deutschen Linken verbunden«, proklamierte er hier, fügte jedoch einschränkend hinzu, der Wert »des Individuellen« sei durch nichts zu ersetzen. An anderer Stelle des Antrags bekannte sich der Verleger, dessen Blätter ein Vierteljahrhundert später gegen die sozial-liberale Koalition zu Felde ziehen sollten, zur »liberal-sozialen Tendenz«. Da das Blatt »nicht parteigebunden« sein sollte, setzte er sich in etwas umständlicher Sprache von dem Übermaß an organisierten Gebilden ab, »wie sie heute in politischen Mächten und Parteien und wirtschaftlichen Konzentrationen, in Übertreibungen des staatlichen Anspruchs und des bürokratischen Apparats wuchern«. Fröhlich spielte Springer auf der Klaviatur des Einerseits-Andererseits.

Wie das erwünscht war und wohl auch noch seinen eigenen Überzeugungen entsprach, formulierte er markig: »Mit intransigenten Forderungen einer rein kapitalistisch orientierten Unternehmerschaft« wolle die von ihm geplante Zeitung nichts zu tun haben. Aber zugleich sang er ein paar Absätze weiter das Hohelied der »unternehmerischen Persönlichkeit«, ohne jedoch zu vergessen, dass auch »der breiten Masse wirtschaftlich abhängiger Menschen« ihr Recht zukommen solle. Alles in allem mochte man das als ein Bekenntnis zur sehr moderaten linken Mitte bewerten.

Bereits ein Jahr zuvor, bei der Ansprache vor dem Hamburger Presseclub, hatte sich Springer ja einige programmatische Gedanken gemacht. Viel Neues war ihm seither nicht eingefallen. Teilweise wörtlich wiederholte er einige der damaligen Formulierungen. Die Abkehr »breiter Massen von der Politik« wurde ebenso diagnostiziert wie deren politische Orientierungslosigkeit. Hier liege die Aufgabe einer unabhängigen Presse. Sie müsse zur Diskussion und Kompromissbereitschaft erziehen und bei der Verbreitung »demokratischer Ideen ... ein Übermaß an ideologischen Streitigkeiten vermeiden«. Ganz besonders gelte es, dem »persönlichen Leben« und dem »seelischen Bereich« Beachtung zu schenken, um die »direktionslosen Menschen aufzufangen und in politische Regionen zu führen«.

Im Vergleich mit diesem wohlmeinenden Wischiwaschi waren die Stellungnahmen zur Außenpolitik doch etwas substanzieller. Hier fand sich ein eigener Absatz unter der Überschrift »Bekenntnis zum Westen«. »Möglichkeiten einer künftigen deutschen Außenpolitik«, stellte Springer fest, »sehe ich nur in dem Bekenntnis zu der von den Westmächten vertretenen europäischen und Weltfriedensordnung.« Er selbst habe sich seit 1945 um eine Besserung des Verhältnisses zur Besatzungsmacht bemüht, die »in dem hinter uns liegenden internationalen Bürgerkrieg zwischen Nazis und Antinazis die richtige Seite wählte«.[102] Als Auffassungen, bei denen er persönlich besonders engagiert sei, nannte er in diesem Kontext: »eine klare antimilitaristische Politik« und die »wirksame Bekämpfung jeden Antisemitismus älterer oder jüngerer Prägung«. Nun sind natürlich derartige Ausführungen dazu bestimmt, die entscheidenden Gremien günstig zu stimmen. Doch wenn man sich den Harmoniekurs vergegenwärtigt, auf den Springer bis in die späten fünfziger Jahre seine Redaktionen verpflichtete, gibt es keinen Grund, dies nicht für seine wirklichen Überzeugungen zu halten.

Davon ausgehend skizzierte er alsdann die »Arbeitsmethode« der Tageszeitung, die ihm vorschwebte: niveauvolle Allgemeinverständlichkeit solle sich mit Verzicht auf jede Schulmeisterei verbinden. Dauerndes Vertrauen werde aber nur eine Zeitung gewinnen, »die in die Familie Eingang findet«. Vor 1933 sei in Deutschland das politisch nicht gebundene Blatt die Regel gewesen, daran gelte es anzuknüpfen. Der lokale und familiäre Teil der Zeitung bilde also den inneren Kreis. Dort lasse sich auch Interesse am öffentlichen Leben wecken. Hier, auf der schlichten menschlichen und kommunalen Ebene, führte er aus, »bedeutet die Persönlichkeit viel, die Partei wenig. Dieser oft bespöttelte Lokalteil ist wirklich echtes Leben und eminent politisch.« Befriedigt werden müsse auch »das Bedürfnis nach Entspannung und Erbauung«. Erzählungen, Novellen, Fortsetzungsromane seien immer ein wichtiger Bestandteil deutscher Zeitungen gewesen. Vom Unterhaltungsteil abzusetzen sei das Feuilleton, dessen Nachrichten und kritische Berichte »nur einen Teil der Leser« ansprächen. Hier dürfe nichts überspitzt werden.

Zum Schluss bekannte sich Springer zur wirtschaftlichen Unabhängigkeit des Zeitungsverlegers. Er werde dafür alle Möglichkeiten aus seinen bisher schon lizenzierten Verlagsobjekten nutzen. Buch, Zeitschrift und Zeitung sollten einem einzigen Ziel dienen: »der Wiederentdeckung des Menschen und des Menschlichen, durch die allein ich mir eine politische Wandlung verspreche«.[103] Bald fand der damalige Werbeleiter Hans-Heinrich Schreckenbach für diese Zeitungsphilosophie, mit der Springer in den fünfziger

Jahren sein Imperium aufbaute, den griffigen Werbespruch: »Seid nett zueinander!«

Wie Springer offen einräumte, ging er in vielem von den bewährten Ansätzen der sogenannten Generalanzeiger-Presse aus – allerdings wollte er es nicht bei lumpigen 10 000 Exemplaren wie bei den *Altonaer Nachrichten* bewenden lassen, sondern zielte mit der recht präzise kalkulierten Auflage von 250 000 Exemplaren auf die Weltstadt Hamburg. Er war entschlossen, traditionelle, schon früher bewährte Ansätze mit einem neuartigen Layout zu verbinden, zum Beispiel: »Die letzte Seite hatte keine Anzeigen mehr. Sie war beim Umdrehen der ganzen Zeitung sozusagen eine zweite Titelseite. Sie erhielt einen deutlich lesbaren Kopf, damit in der Straßenbahn auch das Gegenüber erkennen konnte, was er vor sich hatte. Durchgängig suchte man den Satz in großer Type herzustellen, um den alten Leuten das Lesen zu erleichtern. Das Wetter, als allgemein interessierende Nachricht, stand jahrelang auf der ersten Seite. Auf dieser ersten Seite sollte auch nicht nur Politik stehen, sondern aus allen Gebieten das Interessanteste.«[104]

Springer hasste damals das Wort elitär. Er wollte eine rundum populäre Zeitung machen. Christian Kracht, der von Anfang an mit dabei war, sprach in diesem Zusammenhang von Springers »unheimlichem Gefühl für den Wunsch des kleinen Mannes« und erzählte gern, wie der Verleger, wenn er mittags durch die Stadt ging, beim Blick auf dreißig oder vierzig Leute, die vorbeigingen, periodisch wiederholte: »Wie zwinge ich den, stehenzubleiben? Wie zwinge ich den – bei Regen, bei Wind und Wetter, bei schlechter Laune, guter Laune, bei Gesprächen, bei Gedanken im Kopf – stehenzubleiben, in die Tasche zu greifen, 30 oder damals 20 Pfennig zu suchen ... Zwingen Sie den Mann, die Frau zu sagen: ›Bitte einmal das *Hamburger Abendblatt*!‹ Oder: ›Bitte, einmal die *Bild*-Zeitung!‹«[105]

Zweifellos war dies ein populistisches Zeitungskonzept, dazu bestimmt, nicht in erster Linie zu schulmeistern, sondern den Leser so zu packen, wie er war, und damit Auflage zu machen. Doch so ganz unpolitisch glaubte Springer damit nicht zu sein. Wenn er später deswegen kritisiert wurde, pflegte er zu antworten, die politische Normalisierung ohne handfeste Revolution sei nun einmal eine Tatsache, sodass »mir eine Erziehung in homöopathischen

Dosen sinnvoller erscheint als ein kühner chirurgischer Eingriff, der mit Sicherheit die künstlich herbeigeführte Frühgeburt töten würde«. Außerdem, so konnte er Anfang 1949 nach dem Start des *Hamburger Abendblatts* und beim Blick auf die Berge von Leserpost an *HÖR ZU!* bereits argumentieren, stehe er durch seine Zeitungen und Zeitschriften immerhin »mit Millionen von Menschen in Kontakt«.

Als die Springer-Presse zwanzig Jahre später in die Schusslinie geriet, hackten die Kritiker mit Vorliebe auf der »Anpassung an den Massengeschmack«[106] herum, so zuerst Hans Dieter Müller in Bezug auf *HÖR ZU!* in seiner für die damalige Zeit gründlich recherchierten Studie *Der Springer-Konzern.* »Das ›Volk‹«, formulierte er den Hauptpunkt seiner Kritik, stimme nach Meinung Springers »quasi täglich demokratisch für ihn ab, habe ihm also die politisch-publizistische Macht als ›Lehen‹ verliehen.« Müller schloss mit der Feststellung, darin möge allerdings »ein Stück Wahrheit über die wahre Verfassung unserer Gesellschaft liegen: die vollendete Anpassung an die Konsumbedürfnisse, die Perfektion des Verkaufsjournalismus als politisches Mandat«. Wie eben skizziert, hatte Springer sein Konzept aber bereits 1947 entwickelt, als noch niemand von der Konsumgesellschaft der sechziger Jahre auch nur zu träumen wagte. Die politische Apathie der Nachkriegsgesellschaft hat er gleichfalls nicht erfunden. Im Grunde war diese Zeitungsphilosophie in erster Linie ein Alternativkonzept zur zwölf Jahre lang extrem politisierten Presse, unter der Springer gelitten hatte, ohne sich ihr ganz entziehen zu können. Jetzt wollte er es ganz anders machen. Schlaue, weitreichende Überlegungen zur politischen Domestizierung der Arbeiterschaft in der kapitalistischen Klassengesellschaft, wie sie ihm seit 1967 von der »neuen Linken« unterstellt wurden, lagen diesem »Anti-Faschisten« der Jahre 1945 bis 1947 fern. Er witterte einfach die apolitische Stimmung, die in der Luft lag.

Die Briten, die immer noch das Sagen hatten, reagierten auf Springers Lizenzantrag für eine parteiunabhängige Tageszeitung nicht mit ungeteilter Begeisterung. Im Frühjahr 1948 planten sie, in ihrer Zone vier weitere Zeitungen zu lizenzieren, diesmal »parteiunabhängig, liberal, fortschrittlich und gewillt, die Zusammenarbeit zwischen den Parteien zu befördern«,[107] so der zuständige

Presseoffizier G. R. Gauntlett an den Hamburger *Regional Commissioner* Vaughan Berry. »Parteiunabhängig, liberal, fortschrittlich und gewillt, die Zusammenarbeit zwischen den Parteien zu befördern« – eigentlich war dies bis in den Wortlaut hinein das politische Profil, das Springer für das *Hamburger Abendblatt* umschrieben hatte. Doch Gauntlett schlug vor, von den fünf Lizenzbewerbern in Hamburg Axel Springer zu eliminieren, weil dieser bereits über eine Reihe von Lizenzen verfüge. Weitsichtig führte er aus: »Würde man ihm nun auch noch eine Zeitungslizenz bewilligen, wäre das gleichbedeutend mit unserer Zustimmung zur Errichtung eines neuen Ullstein-Konzerns.«

Doch auch gegen andere Bewerber bestanden Bedenken. Mit den Sozialdemokraten Helmut Kalbitzer und Herbert Wehner vom *Hamburger Kurier* wäre eine zu einseitige SPD-Orientierung zum Zuge gekommen. Ein weiterer Bewerber war mit der konservativen Deutschen Partei verbunden und kam gleichfalls nicht in Frage. Am liebsten wäre den Engländern eine Lösung gewesen, bei der parteiunabhängige, bisher noch nicht lizenzierte Journalisten eine Chance bekommen hätten.

Springer aber hatte Glück. In genau jenen Wochen, als die Entscheidung anstand, übertrug die Militärregierung die Zuständigkeit für die Auswahl an einen neugegründeten, vom Hamburger Senat ernannten Beratenden Presseausschuss. Die endgültige Entscheidung lag allerdings weiterhin bei den Besatzungsoffizieren der PR/ISC. Aber die Vorstellungen auf deutscher Seite sollten von nun an in erster Linie maßgeblich sein. Fünf der insgesamt zehn Mitglieder dieses Gremiums wurden von den Verlegerverbänden vorgeschlagen (darunter Ewald Schmidt di Simoni von der *Zeit* und Axel Springer selbst), vier Journalisten unterschiedlicher Orientierung von der Berufsvereinigung Hamburger Journalisten. Einer von diesen war der aus der Schweiz zurückgekehrte Redakteur bei der *Zeit* Ernst Friedländer. Den Vorsitz hatte der Sozialdemokrat Fritz Sänger.[108] Zuerst einigte sich dieses Gremium auf eine Reihe von Auswahlkriterien: einwandfreie demokratische Gesinnung, Presseerfahrung mit guter Kenntnis der Hamburger Gegebenheiten und gesicherte finanzielle Basis. Letzteres war besonders deshalb von Bedeutung, weil am Tag der Entscheidung die Währungsreform in den Westzonen vom 20./21. und 25. (West-Berlin)

Juni 1948 vor der Tür stand. Sie würde, so ließ sich unschwer erkennen, völlig veränderte Bedingungen schaffen. Nicht zuletzt deshalb überzeugte unter den politisch akzeptablen Kandidaten der den Mitgliedern des Gremiums ohnehin gut bekannte Axel Springer am meisten. »Eine ganze Reihe von Leuten hat sich im Ausschuß besonders nett betragen«, wusste er anerkennend zu berichten.[109] Am 17. Juni telegrafierte er an seine Frau Katrin, die sich, um eine Lungenerkrankung auszukurieren, im Kleinwalsertal aufhielt: »Voller Abstimmungssieg! Sehr glücklich. Axel.«[110]

Zweifellos hat Max Brauer bei der Lizenzvergabe eine entscheidende Rolle gespielt. Er habe ihm, so erzählte Springer viel später, »in langen Gesprächen meine Ideen vom Zeitungsmachen, von den Aufgaben eines Verlegers dargelegt«.[111] Da sich Brauer in Amerika an moderne Zeitungen gewöhnt hatte, habe ihn dies wohl beeindruckt. Und er erwähnte in diesem Zusammenhang den Bericht eines Berufskollegen, der an einer Besprechung führender Sozialdemokraten wie Kurt Schumacher, Erich Ollenhauer, Ernst Reuter und Arno Scholz zur SPD-Pressepolitik teilgenommen hatte. Brauer habe bei dieser Gelegenheit ausgeführt: »Ihr werdet euch noch wundern. Demnächst gebe ich in Hamburg einem Altonaer die erste Zeitungslizenz: Axel Springer. Da könnt ihr mal schon heute die Ohren hinter legen.«

Im Verlauf des Genehmigungsverfahrens hatte Brauer sich indes Zurückhaltung auferlegt. Das war schon deshalb geboten, weil die eigenen Parteifreunde nicht brüskiert werden durften. In seinem Schreiben an die Hamburger Militärregierung machte er indessen kein Hehl daraus, dass er Springer für eine »gute Wahl« hielt: »In meiner Meinung besitzt Axel Springer die persönliche und politische Qualifikation, die für das neue Projekt wünschenswert und notwendig ist. Auch jetzt, nach der Währungsreform, scheint die finanzielle Fundierung gesund und angemessen. Als Sohn einer altetablierten Verlegerfamilie ist Herr Springer zudem mit den Lebensverhältnissen und Bedingungen in Hamburg bestens vertraut ...«[112] Die Briten waren's zufrieden. So erhielt Axel Springer aus den Händen des Senatspressesprechers Erich Lüth am 12. Juli 1948 die Lizenz Nr. 1.

Lüth wies später darauf hin, dass Springer dank der Gewinne von *HÖR ZU!* alle Konkurrenten ausgestochen habe. Er war beneidenswert liquide.[113] Im Monatsbericht des Militärgouverneurs wurde über das bevorstehende Erscheinen des *Hamburger Abendblatts* mit der Bemerkung berichtet: »Es kann bei seinem Start auf beträchtliche Schubkraft vertrauen. Die Promoter sind ehrgeizige Leute, die daraus ein in ganz Westdeutschland hervorragendes Blatt machen möchten.«[114] Genau so kam es. Die Startauflage von 100 000 Exemplaren musste zwar anfangs auf 60 000 zurückgenommen werden, aber im Juli 1949 waren bereits 201 000 erreicht.[115] Das Wachstum verstetigte sich. 1953, fünf Jahre nach der Gründung, lag die Auflage bereits bei 332 000 Exemplaren. Jetzt rühmte man das *Hamburger Abendblatt* als erfolgreichste Lokalzeitung der Bundesrepublik.

Für den Jungverleger Springer war der Start dieser Zeitung ein gewaltiger Kraftakt, auch finanziell. »Ich glaube, wir werden gezwungen sein, jede Mark fünfmal umzudrehen, bevor wir sie ausgeben. Es wird eine scheußliche Übergangszeit auch für jedes private Leben werden«, schrieb er zwei Tage nach der Abstimmung über die Lizenz und einen Tag vor der Währungsreform warnend an Frau Katrin.[116] Als Karl Andreas Voss später über die Gründe für den Erfolg befragt wurde, meinte er zwar mit schönem Understatement, das *Abendblatt* sei »eine sehr glatte Sache gewesen«.[117] Seine Mitarbeiter wussten aber zu berichten, dass das riskante Unternehmen vor allem dank der eisernen Sparsamkeit von Voss über die Runden kam.

Noch kein Gedanke daran, in ein stattliches Verlagsgebäude mit eigener Druckerei zu ziehen. Bescheiden waren die Verlagsleitung und die künftige Redaktion inzwischen in den Hinterflügel der »Volksfürsorge« am Alsterufer 61 umgezogen. Die Jahre im Bunker waren vorbei, aber man hockte weiterhin eng aufeinander – »typischer Hintertreppenverlag«.[118] Es fehlte völlig an Kapital. Voss war klar, dass die Unkosten aus den jeweils eingehenden Erträgen von *HÖR ZU!* und *Abendblatt* bezahlt werden mussten. Auch wenn das objektiv die Kosten verteuerte, entschied er sich dafür, vorerst alles »auf Pump« laufen zu lassen – die gebrauchten Möbel, die Schreibmaschinen, die jedes Wochenende wieder zurückgebracht werden mussten, und einige Setzmaschinen, die im Hamburger Umland aufzutreiben waren. Die Transportfahrzeuge liefen auf Wechsel. Alles hing davon ab, dass die täglichen Einnahmen des *Abendblatts* und die wöchentlichen von *HÖR ZU!* nicht versiegten. Negativ wirkte sich auch aus, dass noch jahrelang eine eigene Druckerei fehlte. Voss hatte jedoch mit den Briten, die in der Broschek-Druckerei weiter das Sagen hatten, eine beispiellose Vereinbarung getroffen. Soweit die dortigen Rotationsmaschinen, die eigentlich für die Zwecke der Besatzung beschlagnahmt worden waren, nicht für den Druck der *Welt* liefen, wurde auf ihnen in der Zeit von 10:00 bis 17:00 Uhr das *Hamburger Abendblatt* gedruckt.

Der schlimmste Engpass war das Papier. Importpapier aus dem skandinavischen Raum war zwar schon wieder erhältlich, doch ausschließlich auf Kreditbasis. Nur dank des Vertrauens, das Voss entgegengebracht wurde, gelang es, mit der Firma Schürfeld & Co. entsprechende Vereinbarungen für *HÖR ZU!* und das *Abendblatt* zu treffen. Einmal schrammte der Verlag nur knapp an der Pleite vorbei.[119] Doch Schürfeld verzichtete auf die Mahnung, und so überlebte Springer.[120]

Hinzu kam, dass sich die Zeitung auf einem Markt durchsetzen musste, auf dem sich schon ein halbes Dutzend Wettbewerber etabliert hatte. Die stärksten Konkurrenzblätter erreichten damals eine Gesamtauflage von 600 000 Exemplaren.[121] Eine besonders gefährliche Konkurrenz war jetzt die eigentlich für eine zonenweite Verbreitung bestimmte *Welt.* Nach der Währungsreform hatte sie eine gut gemachte eigene Hamburger Ausgabe auf den Markt gebracht. Zu allem Überfluss begann nun auch das Haus Broschek gegen Springer zu prozessieren, wenngleich vergeblich. Der Broschek-Verlag war immer noch von den Briten sequestriert und trachtete naturgemäß danach, jetzt, nach dem Auslaufen der Lizenzperiode, das *Hamburger Fremdenblatt* möglichst bald wieder auf den Markt bringen zu können.[122] Voller Verdruss musste man bei Broschek nun feststellen, wie Springer mit dem *Hamburger Abendblatt* in die Rolle des *Fremdenblatts* schlüpfte. Schon der Name erweckte bei einstigen Abonnenten entsprechende Assoziationen; verstärkt durch das Layout der Titelei sollte er das auch.

Überdies war es Springer und dem ehemaligen Broschek-Direktor Voss gelungen, ein paar der leistungsfähigsten früheren *Fremdenblatt*-Journalisten sowie ebenso wertvolle technische Mitarbeiter zum *Hamburger Abendblatt* herüberzuziehen. Springer selbst pflegte zwar ausgesprochen panisch zu reagieren, wenn auch nur der Name *Hamburger Fremdenblatt* fiel. Nach Meinung aller, die ihn damals beobachteten, wollte diesen Sohn des kleinen Verlegers der *Altonaer Nachrichten* »eine traumatische Angst«[123] vor dem übermächtigen Haus Broschek immer noch nicht loslassen, aber genauso groß war jetzt bei Broschek die Angst vor Springer.

Das *Hamburger Abendblatt* war Axel Springers ureigenste Schöpfung. Lange blieb es sein Lieblingskind, und später hat er diesen frühen Jahren mit den Worten nachgetrauert: »Die *Abendblatt*-Zeit war überdies die Zeit meiner eigentlichen Liebe zum Beruf.«[124] Wie kurz danach nur noch in die *Bild*-Zeitung investierte er alles, was an originellen Talenten in ihm steckte, in diese Neugründung. Er wusste, dass eine Zeitung nur dann Erfolg hat, wenn die Redaktion wie ein Orchester zusammenspielt. Und jetzt hatte er die einzigartige Chance, jedes Mitglied dieses Orchesters selbst auszusuchen und auf sein Konzept einzuschwören. Christian Kracht gerät bei der Schilderung des Einstellungsgesprächs bei Springer noch nach mehr als einem halben Jahrhundert ins Schwärmen: »Es stand also ein junger Verleger, sehr elegant, sehr ausstrahlend, feinfühlig ausstrahlend im Raum und fragte, was haben Sie bisher gemacht und warum kommen Sie ausgerechnet zu mir …?«[125] Und dann habe ihm Springer von der ersten bis zur letzten Seite das Konzept der Zeitung geschildert, die ihm vorschwebte, dass Kracht zum Schluss nur die Frage blieb: »Darf ich mitmachen?« Diese Siegfriedgestalt verstand zu begeistern, sowohl im Einzelgespräch wie vor der gesamten Redaktion.

Faktisch war Springer sein eigener Chefredakteur. Peter von Zahn, der das wahrscheinlich ausgezeichnet gemacht hätte, hatte ihm einen Korb gegeben. Der zu guter Letzt ernannte Wilhelm Schulze (genannt »Schulze-Tokio«, weil er lange für Ullstein als Korrespondent in Japan tätig gewesen war) war doch eher eine Verlegenheitslösung. Voss hatte abgeraten: »Höchstens Stellvertreter!«[126] Schulze fehlte die Redaktionserfahrung.[127] Vielleicht aber wollte Springer insgeheim gerade einen solchen Chefredakteur, den er notfalls unterbuttern konnte. Teilnehmer an den Redaktionskonferenzen während der vierjährigen Amtszeit Schulzes wussten, dass es bei den Sitzungen zwischen Springer und ihm oft hoch herging: »große Differenzen«, »große Schreiereien«.[128] Springer konnte die Redaktion, wenn er wollte, zum Lachen bringen. Er verstand es, so hat Kracht das gelegentlich formuliert, »den wissenden Clown zu spielen«,[129] befand sich jetzt aber auch in einer Phase, in der er wenigstens intern nicht den Gentleman spielte und oft heftig wurde. Manche Redakteure, die ihn damals erstmals kennenlernten und dann mit ihm ihren Aufstieg nahmen, zogen daraus den richtigen Schluss: ein genialer Blattmacher, aber ein ziemlich unberechenbarer Typ.

Im Übrigen war das *Hamburger Abendblatt* so etwas wie Springers Pflanzschule. Zwei von denen, die dort begannen, stiegen auf bis an die höchste Verlagsspitze: Christian Kracht, damals Lokalreporter, und Peter Tamm, der beim *Abendblatt* zehn Jahre lang für die Schifffahrtsredaktion zuständig war und diese Zeit noch heute als seine schönsten Jahre bezeichnet.[130] Aus anderen wurden Chefredakteure oder Verlagsleiter. Rudolf Michael, Ressortleiter für »Allgemeines«, trieb ab 1952 als Chefredakteur die Auflage von *BILD* in die Höhe. Rolf von Bargen wurde neben seinen wechselnden Funktionen als Verlagsleiter bis zu Springers Tod von diesem auch häufig mit heiklen Sonderaufgaben betraut, die viel Fingerspitzengefühl erforderten. Den von ihm besonders geschätzten Otto Siemer machte Springer 1952 zum Chefredakteur des *Hamburger Abendblatts*, bis er ihn 1965 ungerührt in Pension gehen ließ, als die Auflage kurzfristig zurückging. Für die Außenpolitik war Günther Diehl zuständig, vor 1945 Diplomat im Auswärtigen Amt und seit 1951 wieder dort tätig. Bei seiner Rückkehr nach Bonn in den auswärtigen Dienst war er eine der Persönlichkeiten im Regierungsapparat, auf die Springer sich verlassen konnte. Die Innenpolitik übernahm Wolfgang Köhler. Springer schätzte ihn bald als einen seiner vertrautesten Freunde. Köhler war es auch, der die bis heute auf der ersten Seite laufende Kolumne »Menschlich gesehen« erfunden hatte.

Die Redaktion wies einen gelungenen Mix auf: alte Hasen von Ullstein oder vom *Hamburger Fremdenblatt*, Journalisten, die in den Kriegsjahren bei Propagandakompanien oder Wehrmachtszeitungen tätig gewesen waren, aber auch solche, die erst 1946 angefangen hatten. Über 40 Prozent der Redaktionsmitglieder waren schon in der Weimarer Republik tätig gewesen, bei den Ressortleitern zwei Drittel. Alles in allem wurde eine günstige Mischung der

Generationen erreicht. Auffällig war bei diesem selbst unstudierten, vielleicht eben deshalb sehr erfolgreichen Verleger, dass in seiner neuen Zeitung etwas weniger Akademiker schrieben als bei anderen Blättern und nur bemerkenswert wenige Promovierte. Ein Viertel der Redakteure hatte der NSDAP angehört. Solange die Entnazifizierung noch lief, war auf politische Belastung weiterhin Rücksicht zu nehmen.[131]

Springer beschränkte sich nicht bloß darauf, bei den Redaktionssitzungen oder im Einzelgespräch Tag für Tag sein Konzept für das *Hamburger Abendblatt* zu predigen. Er kümmerte sich auch bis ins letzte Detail um das Layout. War er nicht selbst bei den Redaktionssitzungen zugegen, so riss er häufig bestimmte Artikel aus dem Blatt, versah sie mit Randglossen und leitete sie an den Chefredakteur oder auch direkt an das zuständige Redaktionsmitglied weiter. Oder die Chefredaktion und der Verlagsleiter Hans Funk wurden mit seitenlangen Briefen bombardiert – präzise, einfallsreich, humorvoll, ironisch, bissig, jedenfalls inspirierend.

Zugleich steuerte der Verleger unablässig Ideen zum Marketing bei oder rief zur Erfindung neuer, überraschender Werbemaßnahmen auf. Eine Lokalzeitung, so seine Devise, muss unablässig im Gespräch bleiben. So kam es zu einer langen Abfolge von Gags, die das *Abendblatt* in ganz Hamburg immer wieder zum Tagesgespräch machten und die Konkurrenzblätter blass aussehen ließen. Da ging beispielsweise ein geheimnisvoller Herr Lombard durch die Stadt, und wer ihn entdeckte, erhielt die damals beträchtliche Summe von 100 D-Mark. Oder die Leser suchten die typischste Hamburgerin aus. Oder treue Leser durften auf Verlagskosten in einer weißen Hochzeitskutsche zur Trauung fahren. Oder zum Frühlingsauftakt wurden Maiglöckchensträuße verteilt. Oder das *Abendblatt* unternahm eine Kampagne zur Einführung der damals noch unbekannten Zebrastreifen, weil Springer selbst beobachtet hatte, wie eine ältere Dame beim Überqueren der Fahrbahn dem Verkehr zum Opfer gefallen war. Oder, oder, oder ... Die Liste der Einfälle war lang.

Der Start erfolgte im Herbst 1948, in den kritischen Monaten unmittelbar nach der Währungsreform, die zu einem großen Zeitschriftensterben führte und anfangs auch den Zeitungen stark zu schaffen machte. Die im Lizenzantrag als Fernziel avisierte Auflage von 250 000 Exemplaren wurde zwar vorerst bei weitem nicht erreicht, doch dank kräftiger Werbung verkauften sich die Zeitungen wie warme Semmeln. Das Blatt kostete 20 Pfennig. An allen Litfaßsäulen hingen große Plakate, auf denen im Grün des *Hamburger Abendblatts* das Meer, ein Schiff und die Türme von Hamburg zu sehen waren, dazu das Motto von Gorch Fock: »Mit der Heimat im Herzen die Welt umfassen«.

Der abergläubische Springer hatte das Erscheinungsdatum des Blatts vom 13. auf den 14. Oktober verschoben. In der ersten Nummer fand sich auf der ersten Seite unter »Menschlich gesehen« ein Porträt von Paul Hoffmann, dem »Manager der Europahilfe«, also des Marshallplans. Die politische Spitzenmeldung lautete, gleichfalls Hoffnung machend: »Frankreich ändert seine Deutschlandpolitik«. Aus München steuerte Wolfgang Köhler einen Brief im Geist der Zeit bei: »Von Bäckern und Barackenmenschen«. Das Foto auf der Titelseite zeigte die im amerikanischen Präsidentschaftswahlkampf verschenkten »Dewey-Puppen«, denn man erwartete damals allgemein nicht die Wiederwahl des amtierenden Präsidenten Harry Truman, sondern dessen Ablösung durch den republikanischen Herausforderer, den Gouverneur von New York, Thomas Dewey. Und mitten auf Seite 1 der neuen Tageszeitung des bislang so streng antinazistischen Jungverlegers prangte ein marktschreierischer Hinweis auf die Seite 8: »Hitler, Himmler und die Sterne«. Die Serie führte nicht nur zu einem teuren Prozess mit dem Hellseher Hanussen,[132] sie trug Springer auch politische Kritik ein.

Zur rauschenden Eröffnungsfete in der Alten Volksfürsorge hatten sich viele eingefunden, die Springers Weg seit 1945 und zuvor begleitet hatten. Zusammen mit Redaktion und Belegschaft trat das politische Hamburg auf: zuvorderst Max Brauer, ebenso sein Amtsvorgänger Rudolf Petersen, auch Erik Blumenfeld und Felix Jud sowie die britischen Presseoffiziere. Vor allem aber kamen Springers alte Freunde Max Schmeling mit Anny Ondra, John Jahr und Ernst Rowohlt, den Springer von Sylt her kannte. Nicht fehlen durfte auch Hans Albers. Axel Springer verkehrte jetzt gern im Schauspielermilieu.[133] Max Brauer verließ nun seine Deckung und formulierte herzliche Glückwünsche. Der teure Champagner floss in Strömen.[134] Axel Springer aus Altona war an diesem Abend sichtlich in Hamburg angekommen. Als der sparsame Geschäftsführer Voss sich beklagte, die 10 000 D-Mark, die das kostete, ruinierten die ganze Verlagskalkulation, meinte Springer: »Herr Voss, Sie haben es immer noch nicht kapiert. Sie kommen eben aus Magdeburg, wir sind hier in Hamburg.« Kommentar dazu von Walther Schultz-Dieckmann: »Das war der erste Paukenschlag, den wir gemacht haben.« Doch das Entsetzen von Voss über das sündhaft teure Fest war durchaus nicht gespielt. Das stolze *Abendblatt* und mit ihm die Verlage Axel Springers segelten damals über gefährliche Sandbänke.

Wenige Monate nachdem Axel Springer mit dem *Hamburger Abendblatt* sichtlich in Fahrt gekommen war, starb der schon lange von Parkinson gezeichnete Hinrich Springer in Bendestorf nach qualvollem Leiden.[135] In der Todesanzeige bekannte Axel Springer, was er ihm verdanke: »Toleranz«, »unbeirrbarer Gerechtigkeitssinn«, »Bemühung um Ausgleich und Annäherung«.[136] In einem zweiseitigen Brief an Max Brauer unterstrich er: »Er hat mir die Liebe zu den einfachen Menschen eingeimpft und sie damit zur Grundlage meiner ganzen verlegerischen Existenz gemacht ...«[137] An seine Mutter schrieb Springer aus dem Abstand einiger Wochen: »Ich habe schon vor seinem Tode gemerkt, wie nah ich ihm von jener Zeit an gekommen war, von da ab er mich schalten und walten ließ.«[138] Der knappe Satz sagt alles.

Unbeschadet der Erbansprüche seiner Mutter fühlte sich Axel Springer nun frei, eine weitreichende Entscheidung zu treffen. Er nahm Karl Andreas Voss als Kommanditisten mit einer Zehn-Prozent-Beteiligung in die beiden Verlage auf. Seit seinem Eintritt in die Geschäftsführung hatte Voss seine Unentbehrlichkeit immer wieder bewiesen. Nach Abschluss der Entnazifizierung hätte er durchaus die Option gehabt, auch anderswo im Verlagswesen eine ausbaufähige Position zu erhalten. Somit war jetzt genau der richtige Moment gekommen, ihn fest einzubinden.

Auch in der Funktion des Teilhabers änderte sich an der bisherigen Arbeitsteilung wenig. Die ganzen fünfziger Jahre hindurch blieb Voss der maßgebliche Steuermann des Konzerns. Danach spielte er mehr und mehr nur noch die Rolle der grauen Eminenz und konzentrierte seine Energien bis zu seinem Tod im Jahr 1977 in erster Linie auf sein Gestüt – er war stets ein leidenschaftlicher Reiter gewesen, liebte aber auch den Segelsport. 1967 bekannte

Springer vor dem Hamburger Übersee-Club: »Er war mehr als ein Partner, er war für mich, der ich damals noch ein journalistischer Himmelsstürmer war, immer derjenige, der mich mit dem Boden der wirtschaftlichen und verlagstechnischen Tatsachen verband.« Er halte Voss »für den überlegensten Zeitungsfachmann der Nachkriegszeit ..., dem ich unendlich viel zu verdanken habe«.[139]

Genau ein Jahr nach dem Stapellauf der Zeitung – in Bonn hatte die Regierung Adenauer eben zu arbeiten begonnen – wurde am 15. Oktober 1949 im Winterhuder Fährhaus das einjährige Bestehen des *Hamburger Abendblatts* gefeiert. Von der Ansprache, die Axel Springer damals hielt, sind drei eng beschriebene, von ihm handkorrigierte Schreibmaschinenseiten mit Stichworten erhalten geblieben.[140] Stolz, selbstironisch, auch ein wenig nachdenklich findet sich darin wie in einem Film der in wenigen Jahren vollzogene Aufstieg resümiert. »Letztes Betriebsfest 1947 – Grüner Dampfer Wischhafen ... 55 Betriebsangehörige, Gäste 70. Herrliches Fest von morgens bis abends ... 382 Tänze des Verlegers ... Damals Sitz im Hochbunker Heiliggeistfeld – Dunkel wie im Bergwerk ... Fahrstuhl, aber keine Toiletten ... Wagenpark: Adler junior, meistens nur 3 Räder – Mercedes mit Gasgenerator«. Dann aber: »Personalbestand: Juli '48 92, Dezember '48 237, Juni '49 392, Oktober '49 500. Mit Agenten, Austrägern und Technik außer Hause = 3000 ... Auflage 5 Millionen, Anrede: Mein Führer ...«

Anschließend rekapitulierte Springer (»für die Neuen!«) die Geschichte des Hauses ab 1945, also die Heldensaga von Bendestorf über den Harvestehuder Weg bis zum gegenwärtigen Geburtstag. Von Interesse sind die eingestreuten Bemerkungen zur jeweiligen psychologischen Verfassung und zur Abfolge der riskanten Manöver: »Harvestehuder Weg 9 – Schreibmaschine gemietet – Vergilbte Blätter – Warten auf Buchlizenz – Lebhaft ... Hungriger Bauch – Mit glänzenden Augen Axel Eggebrecht: Ist die Demokratie noch lebenswert? – *HÖR ZU!* – Lizenz abends bei Broschek – Anlaufen der Maschinen. Angst vor der eigenen Courage ... Volksfürsorge ohne Lizenz – Angstträume – Erst das Haus, dann die Zeitung – Sogwirkung – Gestern vor einem Jahr – Ohnmacht vor Sorge – 14. Oktober – Was dann kam, wissen Sie alle ... Hamburger Zeitungswunder ... Neuer Zeitungstyp ... Seit dem 14. Oktober:

28 1/8 Mill. Exemplare Abendblätter, hätte der Zug die Länge von 2 km, das entspricht der Breite der Elbe bei Blankenese ... 4500 to.«

Eingeblendet waren zum Schluss dieser psychologisch aufschlussreichen Notiz einige Formulierungen zur politischen Grundorientierung des *Abendblatts*: »Anständige politische Haltung – Nett zueinander sein – Verständigung suchen – Nicht nur Propaganda ... Objektive Unterrichtung – Kompromisse, Orientierung an den Umständen – Das Gute im Menschen ansprechen – Optimistische Haltung trotz historischem Pessimismus – Friedenssehnsucht der Menschen ...« Springer schloss – unter Bezugnahme auf den kurz zuvor verstorbenen Vater – mit einem Bekenntnis zur Betriebsgemeinschaft: »Lehren für das eigene Haus: Jeden einzelnen kennen – Vater nacheifern – Ideal: ein Dach für alle – Moralische Genossenschaft – Sozialfonds ... Stiftung 30 000 DM – Kritiker, woher das Geld? – Glaube versetzt Berge – Kraft der Wünsche – Unaufhörliches Träumen vom Erfolg, Glauben an den Erfolg ...«

Wandlungen eines anti-nazistischen Idealisten

Von jetzt an segelte Springer auf der Woge des Erfolgs. Alles gelang ihm. Gern kokettierte er damals mit dem Selbstbild, er sei eben ein »sehr krasser Individualist«.[141] Das war er auch, wobei er zugleich zu denen gehörte, die sich in ihrer Haut nie richtig wohlfühlen. Aber eben das lud ihn mit kreativer innerer Spannung auf. In gewisser Weise war er damals typisch für Millionen Deutsche. Eine ganze Gesellschaft stand unter Dampf, wollte aus der Misere heraus, Anschluss finden an die Welt, die Vergangenheit hinter sich bringen, wieder wohlhabend werden. In diesem brodelnden Heer lebens- und erfolgshungriger Individualisten war Springer einer der erfolgreichsten. In Hamburg und bald darüber hinaus bewunderte man diesen Strahlemann als eine Inkarnation des Wirtschaftswunders, das nun ganz Westdeutschland in rauschhafte Tätigkeit versetzte. Anfang der fünfziger Jahre erschien eine Reportage in *Life* über die Bundesrepublik, die den Titel trug: »Germany: A Giant Awakened«. Es gibt keine bessere Kurzformel zur Beschreibung auch des damaligen Hamburg: Wiederaufbaufieber, Bauboom, hektische Arbeit bei Tag und Nacht. Beim deutschen Comeback auf dem Weltmarkt wurde die Stadt erneut zum »Tor zur Welt«. Schiff auf Schiff lief wieder vom Stapel. Statt der demontierten Anlagen arbeiteten modernste Maschinen. Hoffnung allenthalben. Hoffnung und zugleich Vergessen der eben durchstandenen Kriegshölle mit den fast genauso üblen Nachkriegsjahren.

Man muss sich dieses Zeitklima in Erinnerung rufen, will man die Erfolgsgeschichte des Axel Springer Verlags in jenen Jahren richtig einordnen. Das explosionsartige Wachstum war überhaupt nur möglich, weil es damals allgemein und plötzlich wieder steil bergauf ging. Auch Springers politische und psychologische Entwicklung, die nun einsetzte, ist nur vor diesem Hintergrund verständlich. Der »Jungverleger« mutierte gewissermaßen im Handumdrehen zum Großverleger und war auf dem Weg zum »Mammutverleger«. Was vor kurzem noch Selbstironie war, wurde jetzt fassbare Realität. Springer glich nun dem König Midas, in dessen Händen alles zu Gold wurde, was immer er auch anfasste.

Von allen Seiten begann das Geld hereinzuströmen – von *HÖR ZU!*, von der »Halbschwester« *Constanze*,[142] die unter dem Chefredakteur Hans Huffzky aufblühte, vom *Hamburger Abendblatt*. Zum Verlag gehörte inzwischen auch schon eine Illustrierte. Nach der Währungsreform hatte Springer die *Nordwestdeutschen Hefte*, die ihren Auftrag bei seinem Aufstieg erfüllt hatten, kurz entschlossen in die Illustrierte *Kristall* umgewandelt.[143] Auch diesmal bewies er sein gutes Händchen, bat vorerst Eduard Rhein, sich nebenbei auch um dieses weitere Goldeselchen zu kümmern,[144] und fand danach den gleichfalls erfolgreichen Chefredakteur Ivar Lissner. 1953 wurden von *Kristall* bereits 278 000 Exemplare verkauft.

Alles schien jetzt möglich. »Überall bruzzeln Pläne«, liest man in einem der vergnügten Briefe vom Herbst 1949.[145] Einer dieser Pläne war der Bau eines eigenen Verlagshauses. Mitten in Hamburg, am Straßendreieck Kaiser-Wilhelm-Straße, Fuhlentwiete und Neustädter Straße dehnte sich ein großes, abgeräumtes Trümmerareal.[146] Dort sollte ein für die damalige Zeit eindrucksvolles Hochhaus entstehen. Springer wollte endlich über eine eigene Druckerei verfügen und möglichst viele Objekte des jetzt unwiderstehlich wachsenden Verlagsimperiums unter einem Dach vereinen. Kaufverhandlungen, Planungen und Geldbeschaffung begannen bereits 1950. Mit den Baugenehmigungen und dem Hochziehen des dreizehnstöckigen Gebäudes ging es im Deutschland des Wirtschaftswunders fast so schnell wie im heutigen Shanghai. Noch vertat man seine Zeit auch nicht mit großen Feierlichkeiten und Festreden. Am 17. Oktober 1950 rollten einfach die Bagger an: Das war die ganze »Grundsteinlegung«. Schon vor der Fertigstellung des Neubaus kamen im Frühjahr 1951 die Rotationsmaschinen für das *Hamburger Abendblatt* in einem Behelfsbau zum Einsatz.[147]

In den frühen fünfziger Jahren wirkte das nüchtern-funktionale, von unten bis oben verglaste dreizehnstöckige Hochhaus inmitten des leergeräumten Trümmer-Areals wie ein Sprung aus der Nachkriegsmisere in die Moderne. Zwischen den Anfängen im Flakbunker oder in der popeligen Volksfürsorge und diesem architektonischen Ausrufezeichen einer neuen Zeit schienen Welten zu liegen. In Wirklichkeit waren es nur ein paar Jahre. Und Springer hatte vorgesorgt. Der Standort war so gewählt, dass entsprechend dem ständigen Wachstum des Verlags kontinuierliche Erweiterungsbauten möglich wurden.

Sein erstes Fremdkapital beim Aufbau des *Hamburger Abendblatts* hatte Springer noch von der Vereinsbank, Filiale Altona, in der Königstraße bekommen. Als Sicherheit für den so kurz nach der Währungsreform recht hohen Betrag von 150 000 D-Mark diente eine Abtretungserklärung für die Erträge von *HÖR ZU!*. Der Kredit wurde revolviert und fortlaufend zurückgezahlt. Jetzt, beim Bau des Verlagshauses, mussten aber viel höhere Summen mobilisiert werden. Die Finanzierung sicherte Berthold Beitz, damals Generaldirektor des in Hamburg sitzenden Versicherungskonzerns IDUNA. Springer erhielt ein Hypothekendarlehen von 12 Millionen Mark. Die jungen Herren waren befreundet und galten binnen kurzem als Galionsfiguren des Wirtschaftswunders. Beitz ging zwar bald darauf als Krupp-Generalbevollmächtigter nach Essen, doch die frühen Hamburger Ausflüge und Feste in Gesellschaft von Axel Springer, Alwin Münchmeyer, Rudolf Augstein und weiteren Presse- oder Wirtschaftslöwen, von denen jeder den anderen mit modernsten Automobilen zu übertreffen suchte, sind auch für ihn unvergesslich: »Wir waren damals die Könige von Hamburg.«[148]

Springer aber wollte nun nicht allein mit seinem großen Bürohaus ein Zeichen setzen, sondern auch privat repräsentieren. Als nunmehr sehr wichtige Persönlichkeit auf der Hamburger Szene hatte er zwar die Räumung seiner zuvor von den Briten requirierten Wohnung an der Elbchaussee erreicht,[149] doch das genügte jetzt nicht mehr. »Ich habe mir«, teilte er im Oktober 1949 einem fernen Freund mit, »– ich bitte dies sehr vertraulich zu behandeln – ein sehr schönes Grundstück in Falkenstein gekauft. Es liegt auf einem Elbhügel mit prächtiger Aussicht auf den Fluß, der da draußen schon einem Meer gleicht. Es war dies das letzte Grundstück überhaupt, das noch verkäuflich war. Ringsum keine Nachbarn, sondern nur hochherrschaftliche Sitze. Der Kleinsiedlungsbau ist wegen Denkmalschutz verboten. Ich hoffe, im Frühjahr rechtzeitig mit dem Bauen zu beginnen.«[150]

Wie er sich als Bauher aufführte, war charakeristisch für Axel Springer in dieser Periode. Er begann den Bau unter Inanspruchnahme von 7c-Geldern, bei denen aber ein gesetzlicher Plafond von höchstens 110 000 D-Mark vorgeschrieben war. Der wurde rasch überschritten, und nun verfiel Springer noch auf die Idee, auf dem Vorplatz einen teuren Marmorboden verlegen zu lassen, was die gesamte Kalkulation völlig ins Schleudern brachte. Karl Andreas Voss, der das Ganze irgendwie finanziell und vorschriftsmäßig zu regeln hatte, setzte ihn nun ebenso unter Druck wie Freund Walter Schultz-Dieckmann, der als persönlicher Sekretär des Verlegers für die Bauüberwachung zuständig war. Doch wie ein trotziges Kind bestand Springer auf seinem Wunsch, machte eine große Brüllszene, sprach wochenlang nicht mehr mit Schultz-Dieckmann und setzte sich erwartungsgemäß durch. Anfang 1952 konnte er in sein neues Haus einziehen.

Bei Springer waren in dieser Phase die wohlbekannten Verhaltensmerkmale eines Neureichen zu erkennen. Natürlich fühlte er sich jetzt verpflichtet, auch den Freizeitbeschäftigungen der Oberschicht nachzugehen. Wenige Jahre zuvor, so erinnerte sich Peter von Zahn, hatte er noch von seiner tiefen Abneigung gegen Gäule gesprochen.[151] Jetzt aber nahm er Reitstunden und genoss es, mit seiner Reitlehrerin Traute Sington auf dem nassen Sand entlang der Elbe zu galoppieren.[152] Bald begann er auch ein gewisses Interesse am Golfen zu kultivieren.[153] Solange Auslandsreisen nicht erlaubt waren, zog es ihn wenigstens in die renommiertesten deutschen Hotels und immer wieder nach Sylt, wo er sich für seine Kurzaufenthalte in Kampen zunächst ein Häuschen mietete und bald darauf ein schönes Friesenhaus erwarb. Noch Jahre später konnte er ins Schwärmen geraten darüber, wie billig damals die Grundstücke auf Sylt gewesen seien: »50 Pfennig pro Quadratmeter!«[154] Sobald Visa und Devisen keine unerschwinglichen Wunschträume mehr waren, genehmigte er sich dann Auslandsreisen. Im Zug, im Mercedes-Coupé der S-Klasse, bald auch im Flugzeug war er auf Reiserouten unterwegs, auf denen die Deutschen der fünfziger Jahre bald massenhaft zu finden sein würden. Er war dem Feld-Wald-und-Wiesen-Tourismus gute zwei bis drei Jahre voraus. Im Frühjahr 1949 reiste er in die Schweiz und nach Italien. Im Sommer und Herbst 1950 standen beide Länder wieder auf dem Programm, dazu England, Frankreich und Österreich. Von nun an durchstreifte er bei Geschäfts- und Urlaubsreisen, die sich kaum voneinander trennen ließen, fast alle Länder Westeuropas.

Diejenigen, die sich an den Axel Springer jener Jahre erinnern, bekunden übereinstimmend, dass er jetzt vom noch leicht unsicheren Jungverleger zum sehr selbstbewussten Verlagschef gereift war. Aus dem zuvor eher lässigen Bohemien war ein harter Antreiber geworden, der Tag für Tag oft bis weit in die Nacht im Verlag präsent war, wenngleich er an den Wochenenden häufig auf Sylt oder in Bendestorf (»auf dem kleinbürgerlichen Stammsitz meiner Väter«[155]) zu finden war und zunehmend öfter auf Reisen ging. Nach wie vor war er von rastloser Ungeduld erfüllt, dazu leicht erregbar und aufbrausend. Er war damals schon ein Mann mit vielen Gesichtern. Die Außenwelt bestaunte die gut gestylte Fassade des jungen Presselords, in der Redaktion diskutierte er hemdsärmelig als Journalist unter Journalisten, was aber heftige Szenen nicht ausschloss, im Gespräch oder in der Korrespondenz mit guten Freunden gab er sich spöttisch und selbstironisch, dem Mütterchen schrieb er liebe, fürsorgliche Briefe, bei Auseinandersetzungen im kleinen und kleinsten Kreis erschreckte er nicht selten mit schlimmen Wutanfällen. Irgendwie stand er immer unter Dampf. Wenn er sich erregte, wurden Telefone oder Mappen voller Akten zu Boden geworfen, Vorhänge heruntergerissen und Türen zugeknallt. Lange Jahre irritierte das seine nächste Umgebung. Einmal vergaß er sich so sehr, dass er seinen Chauffeur ohrfeigte. Als sein Zorn verraucht war, schämte er sich dessen und kaufte dem Betreffenden einen roten Sportwagen. Erst viel später, als seine Schilddrüsenerkrankung erfolgreich therapiert wurde und zugleich die ruhige Friede Springer in sein Leben trat, wurde es mit seinen Wutanfällen besser.

Arbeitslast, Stress und Erfolg bekamen ihm offenbar gut in diesen frühen Aufbaujahren. Die Gesundheitsbeschwerden aus den Kriegsjahren hatten sich weitgehend verflüchtigt. In der damaligen Korrespondenz sind kaum Hinweise darauf zu finden, dass er sich unwohl fühlte. Es gibt nur wenige Indizien dafür, dass der sensible, jetzt chronisch überarbeitete Mann auch damals gelegentlich an Beschwerden litt, die man vage als psychosomatisch bezeichnet. Viel später wusste er vom Besuch bei einer medizinischen Koryphäe in Düsseldorf zu berichten, die ihm eröffnet habe: »Drei Dinge sind für Sie wichtig: 1. der Mittagsschlaf, der teilt den Tag in zwei Hälften, 2. Massage und 3. einmal im Jahr auf über 1000 Meter Höhe zu sein.«[156] An diesen Rat hielt er sich und entdeckte als Ort, der ihm gesundheitlich gut bekam, Klosters in Graubünden. Doch erst Mitte der Fünfziger führte das hektische Leben zu gravierenden Gesundheitsproblemen. Vorerst noch genoss er das Leben.

Wie schon in den Jahren vor 1945 war er auch danach als Casanova unterwegs. Nicht einmal in den Hungerjahren der ersten Nachkriegszeit hatte er auf gelegentliche Seitensprünge verzichtet. »Axel war wohl einer der Frechsten. Seine Erfolge bei allen hübschen Mädchen, auch bei den Freundinnen seiner Freunde störten doch sehr«, schrieb Gerd Bucerius mit schönem Understatement im Nachruf.[157] Bucerius hatte diese Beobachtung erstmals im Februar 1947 beim Skiurlaub im Kleinwalsertal gemacht, an dem unter anderen neben seiner Frau Ebelin auch Erik und Sibylle Blumenfeld teilgenommen hatten. Als es 1948 und 1949 mit dem Verlag steil emporging, war Springers Ehe mit seiner zweiten Frau Katrin schon ziemlich zerrüttet. Einem Freund, der das Temperament von Katrin Springer kannte, schrieb er im Dezember 1948 ominös: »Wie freue ich mich auf das Weihnachtsfest, das in diesem Jahr im Familienkreis sicher zur Schlägerei ausartet ...«[158] Nach wie vor gebot der Götter- und Frauenliebling Axel Springer über die bemerkenswerte Fähigkeit, sich periodisch wie ein Jüngling unsterblich zu verlieben, damit zugleich aber im bisherigen familiären Umfeld psychologischen Kollateralschaden zu verursachen.

Die neue große Liebe, die nun in sein Leben trat, war Rosemarie Alsen, geborene Lorenz. Anders als Springers bisherige Ehefrauen war die 1920 in Danzig geborene blonde nordische Schönheit eine selbstsichere Gesellschaftsdame. In den ersten Jahren des Dritten Reiches hatte sie ihren Schliff auf ausländischen Internaten erhalten. Gleich ihrem Vater war sie eine begeisterte, talentierte Reiterin. Die Eltern führten erst in Hamburg, dann in Berlin ein großes Haus. Als sie 1937 nach Hamburg zogen, wurden die beiden Lorenz-Töchter rasch zu viel beachteten Schönheiten. Gräfin Waldeck, eine berühmte High-Society-Dame, beschrieb die beiden noch während des Krieges als »wilde Schönheiten mit langen Beinen ... Lieblinge des Reichskanzlers und Debütantinnen, die im ganzen von Deutschland besetzten Europa auffielen; diese schönen, verwöhnten Kinder ...«[159]

Im Krieg heiratete Rosemarie Lorenz den sportlichen Offizier Horst-Herbert Alsen, Sohn eines der größten Zement-Industriellen Norddeutschlands. Wirtschaftlich wohlgebettet, hatte sie die schwierigen ersten Besatzungsjahre gut überstanden, nicht aber ihr Vater. Dieser war einer der ranghöchsten SS-Generäle gewesen, die Nr. 6 nach Heinrich Himmler, dementsprechend wurde er von Lager zu Lager geschleppt, schließlich im März 1948 wegen Verbrechen gegen die Menschlichkeit von den Amerikanern zu zwanzig Jahren Haft verurteilt und in Landsberg eingekerkert. Dass der so eindeutig anti-nazistische Axel Springer derart unvermutet mit der Tochter eines auch in Hamburg bestens bekannten hohen SS-Generals ein furioses Verhältnis einging und diese Frau schließlich heiratete, gehört zu den Merkwürdigkeiten seiner Biographie, die Fragen aufwerfen.

Der 1891 geborene Werner Lorenz hatte seine Laufbahn im preußischen Kadettenkorps begonnen, war als Angehöriger eines Dragonerregiments in den Ersten Weltkrieg gezogen, galt erst bei der Reiterei, alsdann beim Fliegerkorps als tollkühner Soldat, hatte seine kriegerische Karriere nach dem Krieg im Osten bei einem Freikorps fortgesetzt, 1919 eine wohlhabende junge Dame aus bester Familie in Graudenz geheiratet und das Gut Mariensee im Gebiet der Freien Stadt Danzig gekauft, das allerdings wenig abwarf. Ende der zwanziger Jahre stieß er zur Hitler-Bewegung und trat 1931 in die SS ein, wo er im Gefolge Himmlers rasch Karriere machte. Nach der NS-Machtergreifung baute er von Königsberg aus die zuvor winzige Danziger SS zu einer Truppe von 8000 Mann aus, wurde 1934 als Führer des SS-Oberabschnitts »Nordwest« nach Hamburg versetzt, vertrat, inzwischen zum SS-Obergruppenführer ernannt, die NSDAP im Hamburger Staatsrat und erhielt unter anderem den Titel eines »Gaujägermeisters« von Hamburg.

Anders als die meisten hohen SS-Chargen war Lorenz ein weltmännisch gewandter Mann mit Beziehungen in viele Länder, sprachkundig, mit besten Umgangsformen, reisefreudig, umtriebig, ein geschickter Organisator, auch für diplomatische Missionen gut geeignet. Himmler konnte einen solchen Typ gut gebrauchen, geriet jedoch auch immer wieder mit ihm aneinander, denn Lorenz war eigenwillig und selbstbewusst. So wandte er sich beispielsweise dagegen, die ihm unterstellten SS-Leute zum Kirchenaustritt zu veranlassen, ließ seine eigenen Kinder in der evangelischen Kirche konfirmieren und setzte beim Massaker im Anschluss an den sogenannten »Röhm-Putsch« durch, dass eine Reihe bekannter Hamburger Persönlichkeiten von den Proskriptionslisten gestrichen wurden. Auch später stand er im Ruf, sich im Einzelfall gegenüber Juden und NS-Gegnern aus der eigenen Gesellschaftsschicht wie ein Gentleman zu verhalten.[160] Auf der anderen Seite war er natürlich in das kriminelle Treiben der SS verstrickt. 1933 beispielsweise war er als SS-Standartenführer des SS-Abschnitts Königsberg für das KZ Esterwegen zuständig, in dem Regimegegner misshandelt wurden.[161]

Seit 1937 leitete er eine große Organisation, die »Volksdeutsche Mittelstelle«, die auf die sogenannte »Volkstumsarbeit« im Ausland wie im Inland starken Einfluss nahm und im Krieg eine maßgebliche Rolle bei der Aktion »Heim ins Reich« spielte. In unklaren Unterstellungsverhältnissen wirkte Lorenz hier an der Umsiedlung Hunderttausender von Deutschen mit, war aber auch ständig in diplomatischen Missionen unterwegs, vor allem auf dem Balkan. Er verstand es zwar, sich aus der Ermordung der europäischen Juden, von der er sicherlich wusste, herauszuhalten, am Rande hatte seine Organisation aber doch damit zu tun. Als Angeklagter in Nürnberg verwahrte er sich gegen den Vorwurf, in die kriminellen Aktivitäten der SS verwickelt gewesen zu sein. Für die Volksdeutschen habe er nur einen sozialen Dienst geleistet und sich mit Himmler oft gestritten.[162]

Selbstredend war sich Springer von Anfang an über die politische Brisanz der Beziehung zu Rosemarie Alsen im Klaren. Als er sich 1952 brieflich mit der Bitte um Mithilfe an den Bundestagsabgeordneten Erich Mende wandte, der es sich damals zur Aufgabe gemacht hatte, sich für zu Unrecht als »Kriegsverbrecher« Verurteilte einzusetzen, tat er dies mit den Worten: »Ich habe mir in der Nazizeit nicht träumen lassen, dass ich mich eines Tages für einen Mann dieser hohen NS-Charge einsetzen würde. Die genaue Kenntnis von den Taten des Herrn Lorenz zwingt mich, hier für das Recht einzutreten ...« Im Jahr 1980 resümierte er in einem langen Brief an seine inzwischen schon fast zwei Jahrzehnte von ihm geschiedene Frau Rosemarie die wichtigsten Stationen ihrer Beziehung und kam dabei auch auf die ersten Begegnungen zu sprechen: »Die dreißiger Jahre stehen vor meinem geistigen Auge, als wäre es gestern gewesen; als wir jungen Leute von Hamburg damals die beiden bildhübschen Lorenz-Töchter aus der Ferne sahen. Ich war reserviert, weil ich Dich mit dem NS-System in Zusammenhang brachte. Doch dann kam schnell heraus, dass Du nicht nur kein BDM-Mitglied warst, sondern dass Du ab 1934 das Ausland suchtest, Dich im Ausland wohl fühltest und Dir dabei Dein perfektes Englisch und Französisch zulegtest ...« Nach dem Krieg sei er gelegentlich als Patient bei Professor Erich Boden gewesen, dem Chef der Golzheimer Krankenanstalten in Düsseldorf, »der Jude war und das Dritte Reich gut überstanden hatte«. Man habe durch ein Gespräch über Goethe schnell zueinandergefunden, dann habe ihm Boden seine Diagnose eröffnet, bei der Verabschiedung die Tür aufgemacht, und da standen zwei hübsche junge Damen. Boden habe gesagt: »Lieber Axel Springer, das ist Jutta von Kiekebusch und Rosemarie Alsen, zwei Nichten, die mir sehr ans Herz gewachsen sind: die Lorenz-Töchter!« Das war, so deutete Springer in diesem Brief an, der *coup de foudre*. »Ich war verblüfft. Und ich fuhr merkwürdig beunruhigt von Düsseldorf nach Hamburg zurück«, fuhr Springer fort. »Und dann trafen wir uns ... Und kerzengerade führte alles zu dem Entschluß, zusammenzuleben, aber nicht zu heiraten.«[163]

An Heirat war schon deshalb nicht zu denken, weil beide noch nicht geschieden waren. Wie es bei Springer fast schon zur Regel geworden war, wenn er eine neue Bindung einging, verbrachte das Paar die ersten verliebten Wochen auf Sylt. Von Kampen aus schrieb er an Mutter Ottilie: »Im Augenblick fühle ich mich so wohl wie eigentlich nie in den verflossenen 36 Jahren.« Verständlicherweise reagierte diese mit einigem Entsetzen darauf, dass sich der bereits einmal geschiedene, hoffnungsvolle Sohn als Rückfalltäter entpuppte: »Und das alles mit einer Frau, die mit ihrem Ehemann zusammenlebt und in aller Öffentlichkeit Deine Geliebte ist ...«[164] Im Sommer 1949 zog das Paar nach Bendestorf. In dem für Springer in jenen Jahren typischen Briefstil an Freund Kaye Sely, auf den gleich noch einzugehen sein wird, schilderte er das Liebesnest in der Heide ironisch: »Sie fragen mich nach meinen privaten Verhältnissen. Es ist richtig, dass ich jetzt auch schwarze Reitstiefel trage. Das soll trotzdem kein politisches Bekenntnis sein. Ich bin seit geraumer Zeit in der Heide, also in dem kleinen Häuschen, das mir mein Vater hinterlassen hat. Ganz im Ernst: ich bin dort ganz schön zur Ruhe gekommen. Meinem eleganten Lebensstil entspricht es, dass die Pferde am Haus sind.«[165]

Es dauerte Jahre, bis alles geordnet war. Rosemarie Alsen ließ sich zuerst von ihrem Mann scheiden. Alsen heiratete bald darauf wieder. Gutmütig, wie er war, übersandte er Springer, der ihn »gehörnt« hatte, die Anzeige seiner Vermählung mit Helga Ludewig Sarre am 25. November 1950. Diese Heiratsanzeige hat sich im Nachlass Springers erhalten und trägt den ominösen Vermerk »Nicht gratuliert«[166]. Doch bald vertrug und befreundete man sich wieder. Springers Freude darüber, am Falkenstein ein herrschaftliches Anwesen zu errichten, erwuchs auch aus dem Umstand, so mit dem reichen Horst-Herbert Alsen gleichzuziehen, den er dort zum Nachbarn hatte – mit weitreichenden Folgen.

Der Scheidung Axel Springers von seiner eigenen Frau Katrin am 12. Dezember 1951 gingen stürmische Szenen voraus. Auch das Verhältnis Axel Springers zum Sohn Axel erhielt durch die Trennung des Ehepaars einen Knacks. Der neunjährige Junge wurde vorerst in ein Schweizer Internat gesteckt – geläufiges Schicksal von Kindern aus zerrütteten Ehen wohlhabender Eltern. Die wesentlich ältere Tochter Barbara aus erster Ehe war zuvor schon nach Salem geschickt worden, wo sie sich gleichfalls nicht dauerhaft wohlfühlte. In den kritischen letzten Jahren der Ehe mit Katrin suchte Springer seine Frau mit Geschenken und Geld bei Laune zu halten, belohnte sie, so schrieb er in einem seiner nach wie vor übermütigen Briefe nicht ohne Galgenhumor an einen Freund, »für all ihre Herzlichkeit zu Weihnachten mit einem schmucken, über und über verchromten Kleinwagen« und hoffte: »Ich bin zuversichtlich, dass sich die Beziehungen innerhalb meiner weitverzweigten Familie über kurz oder lang herzlich gestalten werden.«[167] Beim Gedanken an die herrschaftlichen Bauten am Falkenstein kam er ins Träumen: »Der Verleger umgeben von seinen Kindern und seinen Frauen.«[168]

Doch der Heirat mit Rosemarie Alsen standen nach der Scheidung immer noch politische Bedenken entgegen. Gewiss beurteilten die Zeitgenossen der frühen fünfziger Jahre Belastungen aus den Jahren des Dritten Reiches toleranter als viele Historiker zu Beginn des 21. Jahrhunderts. Aber die Verbindung mit der Tochter einer der höchsten SS-Chargen, der in Landsberg einsaß, ließ sich in der Hamburger Polit-Szene doch nicht ganz so leichthin abtun. Somit war es nicht unwichtig, dass der einstmals exilierte Bürgermeister Max Brauer gewissermaßen persönlich Absolution erteilte. Als das stolze Haus am Falkenstein erbaut war, zog das immer noch unverheiratete Paar dort ein. Rosemarie aber wusste, dass sie als politisch leprös galt: »Und so verstecktest Du Dich jedes Mal, wenn wichtige Besucher aus der politischen Szene kamen«, erinnerte sich Springer in dem eben erwähnten Rückblick an seine Frau Rosemarie. Eines Tages kamen Max Brauer und Erich Lüth zum Tee. Brauer entfernte sich, schlenderte im Haus herum, entdeckte Rosemarie in der Küche, führte sie ins Kaminzimmer und sagte mit gespielt böser Stimme zu Springer: »Axel, mein Junge, Sippenhaft gibt es bei uns nicht.«[169] Das wurde in Hamburg schmunzelnd weitererzählt, womit diese Klippe umschifft war.

Unter Einsatz seines ganzen Charmes und mittels einer großzügigen Abfindung schien Springer nun das Kunststück zu gelingen, alle Schwierigkeiten dieser frühen »Patchwork-Familie« überwinden zu können. Rosemarie weigerte sich zwar immer noch, die unschwer absehbaren Risiken einer Ehe mit ihm einzugehen, ließ sich aber schließlich überreden. Zwei Jahre nach der Trennung von Frau Katrin und wenige Monate vor der Eheschließung mit Frau Rosemarie schrieb Springer voller Optimismus an Traute Sington über Katrin und Sohn Axel: »Diese Scheidung hat aber nur bewirkt, dass wir menschlich noch näher zusammengerückt sind. Auch mit Rosemarie ist ein sehr gutes Verhältnis zustande gekommen. Im Sommer waren wir alle zusammen mit dem Jungen einige Wochen in Kampen, zu Weihnachten fahren wir alle zusammen mit der ›Italia‹ nach Süden. Ich fühle mich sehr wohl in meiner Rolle, niemandem weh zu tun.«[170]

Die standesamtliche Trauung fand am 16. Dezember 1953 statt. Rückschauend befand Springer kurz und knapp: »Wir heirateten doch. Und wir wurden sehr glücklich.«[171] Wer nicht so ganz glücklich wurde, war Sohn Axel, als er wieder nach Hamburg zurückkam. Er wurde im Turmhaus untergebracht, feudal zwar und mit Elbblick, aber entfernt von Vater und Stiefmutter – ein Kind, das sich zugleich verwöhnt und etwas vernachlässigt fühlte, dazu nicht mit besonderer schulischer Begabung ausgestattet. Die Wurzeln der späteren Tragödie lagen schon in diesen Jahren der spektakulären Karriere des Vaters und der ebenso spektakulären Erfolge der Stiefmutter Rosemarie, die sich damals im Aufstieg zur führenden deutschen Dressurreiterin befand. Wenig später wurde Werner Lorenz vorzeitig aus der Haft entlassen. Als sich Springer und Lorenz kennenlernten, so weiß Rosemarie Springer zu berichten, »verstanden sie sich auf Anhieb, vor allem deshalb, weil beide großen Sinn für Humor hatten«.[172] Dabei war Springer fest davon überzeugt, dass Lorenz im Dritten Reich vielen Menschen selbstlos geholfen hatte.

In den Jahren der sich anbahnenden neuen Verbindung und auch während der Ehe selbst fand die Tatsache, dass Springer sich mit der Tochter eines hohen, in Hamburg nicht besonders negativ bewerteten SS-Generals zusammengetan hatte, in der Öffentlichkeit so gut wie keine Beachtung. Natürlich war der Sachverhalt in der Hamburger Gesellschaft bekannt, auch bei der Presse. Doch Sippenhaft galt in der Tat als unfein. Wer sein Privatleben nicht selbst offen zur Schau stellte, konnte damals durchaus auf Diskretion rechnen. Ohnehin hatten die meisten Verlage und Redaktionen aus der Zeit der zwölf Jahre ihre eigenen politischen Leichen im Keller. Hell beleuchtet wurde die Verbindung erst viel später, als die SED im Jahr 1968 die propagandistische Fernsehserie »Ich – Axel Cäsar Springer« ausstrahlte. Die Männer und Frauen der SS-Familie

Alsen mit ihrem angeblich unermesslichen, aus finsteren SS-Quellen stammenden Vermögen, das über das Ende des Dritten Reiches hinweg gerettet worden sei, wurden darin neben Karl Andreas Voss (angeblich Mitglied des Freundeskreises Heinrich Himmler) als Financiers des ursprünglich tumben, unsicheren Axel Springer persifliert. Horst-Herbert Alsen wurde als homosexueller Mephisto dargestellt. Der Film war schauspielerisch gut besetzt, das Drehbuch aber grotesk und so schludrig recherchiert, dass man selbst beim Springer-kritischen *Spiegel*, wo man ebenfalls über Springers Privatleben bestens Bescheid wusste, nur verständnislos den Kopf schüttelte.[173]

Zusammen mit anderen gleichzeitigen Beobachtungen war die Begegnung mit Rosemarie Alsen in den Jahren seit 1948 zweifellos geeignet, den ursprünglich ziemlich mitleidlos anti-nazistischen Springer zu einer differenzierteren Bewertung des Verhaltens ehemaliger Nationalsozialisten im Dritten Reich zu veranlassen. Der politische Aspekt der Liaison und späteren Ehe war nur einer unter vielen, vielleicht nicht einmal der wichtigste. Wesentlicher war wohl, dass Springer hier auf eine selbstsichere Gesellschaftsdame stieß, die über beste Verbindungen im Kreis ihrer Reiterfreunde im In- und Ausland verfügte. Hinzu kamen persönliche Eigenschaften, wie Springer sie bisher noch nicht oder wenigstens nicht im Übermaß besessen hatte, die aber jetzt auf ihn abstrahlten: die Selbstdisziplin einer Reiterin, die tagtäglich etwa acht Stunden im Sattel saß, der Geschmack für wertvolle Möbel und gediegene Ausstattung der Interieurs, verfeinerte Umgangsformen, Auslands- und Fremdsprachenkenntnis. Nicht zuletzt gewann er in diesen Jahren Freude am Reitsport. Rosemarie Springer bescheinigt ihm, dass er gern und sehr gut ritt: »Auf langen Ausritten, die wir zusammen unternahmen, erwuchsen seine besten Ideen.«[174] Kurz: Von Rosemarie Alsen, von 1953 bis 1962 Rosemarie Springer, ging ein kultivierender Einfluss aus. Erst an ihrer Seite wurde aus dem charmanten, doch zuvor im Umgang häufig recht wahllosen Axel Springer die distinguiert auftretende und repräsentierende Persönlichkeit einer Oberschicht, die in jener Epoche der frühen Bundesrepublik ein Comeback erlebte.

Springer war also damals nicht nur auf bestem Wege, ein Krösus zu werden, sondern schickte sich auch an, den Lebensstil eines

Krösus zu kultivieren. Darüber hinaus wurde aus ihm, wie eben geschildert, jetzt auch politisch ein anderer Mensch. Dabei trifft die Maxime *Cherchez la femme* nur einen Beweggrund seiner damaligen Wandlung, wenngleich einen wichtigen. In jenen Jahren änderten sich die Zeiten ganz allgemein und Springer mit ihnen. Parallel zu seinem publizistischen Aufstieg begann in den Westzonen die deutsche Emanzipation von den Besatzungsmächten. Es waren nicht allein die deutschen Spitzenpolitiker, die von nun an der Militärregierung kritischer und fordernd gegenübertraten. Zugleich ließ die Presse ein gewachsenes Selbstbewusstsein erkennen, und wie Leserbriefe und zeitgenössische Umfragen beweisen, war sie dabei das Sprachrohr ihrer Leser. Somit wusste auch Springer, dass er mit dem *Hamburger Abendblatt* nur dann Erfolg haben würde, wenn er Meinungen artikulierte, die seine Leser wünschten. Außerdem hatte er es jetzt Tag für Tag mit Journalisten, Verlagsleitern, Geschäftsleuten, Technikern und ehemaligen Soldaten zu tun, die lange Zeit, manche bis zum bitteren Ende, von Hitlers neuer Ordnung überzeugt gewesen waren oder doch opportunistisch mitgemacht hatten.

Politisch war 1948 und 1949 alles in Bewegung geraten. Den großen Wendepunkt markierte die Berliner Blockade, als die Deutschen aus schuldbeladenen, energisch kontrollierten Objekten westalliierter Deutschlandpolitik zu einer Art von Partnern der Westalliierten wurden. Die Fronten des Kalten Krieges verliefen von nun an mitten durch Deutschland. In Bonn war seit September 1948 bereits der Parlamentarische Rat bei der Arbeit, und im Frühherbst 1949 trat die Regierung Adenauer ihr Amt an. Dementsprechend hütete sich jetzt auch die britische Militärregierung, die deutsche Presse noch weiter zu gängeln. Doch ausgerechnet in dieser labilen Übergangsphase erfasste eine weitere Demontagewelle das Land – betroffen waren das Ruhrgebiet, aber auch die Werften in Hamburg und Kiel. Besonders die Demontage von Blohm & Voss führte zu großer Erregung. Die Gründe für das widersprüchliche Zusammenfallen der Demontagen mit den Anfängen des für den wirtschaftlichen Wiederaufbau bestimmten Marshallplans waren vielschichtig. Ganz sicher spielte dabei bürokratische Trägheit eine Rolle, vielleicht lagen der britischen Demontagepolitik aber auch, wie viele Deutsche vermuteten, Motive zugrunde, die in erster Linie mit Wirtschaftskonkurrenz zu tun hatten und weniger mit der Furcht vor dem Fortleben des Potenzials für eine neue deutsche Kriegsmaschinerie.

Entsprechend dezidiert war die Kritik auch im *Hamburger Abendblatt.* Im britischen Hauptquartier nahm man das nur mit hochgezogenen Brauen zur Kenntnis. Die Briten befanden sich in einer Zwickmühle. Schließlich sollten die Deutschen an die Demokratie gewöhnt werden, wozu auch die öffentliche Artikulation von Kritik gehört. Darüber hinaus zeichnete sich bereits ab, dass sie eher früher denn später als Verbündete im Kalten Krieg gebraucht würden. Verdrießlich war die deutsche Pressepolemik aus britischer Sicht aber dennoch. Doch was manche Presseoffiziere und deren Vorgesetzte nur insgeheim dachten, wurde dem Verleger Axel Springer jetzt von einem bereits ausgeschiedenen Major der Berliner *Intelligence Section* namens Kaye Sely nachdrücklich unter die Nase gerieben. Die diesbezügliche Korrespondenz wirft ein Schlaglicht auf die Evolution der politischen Auffassungen Springers.

Sely, ein Riese von Gestalt, arrogant im Auftreten, spöttisch, scharfsinnig, zynisch, ein kompromissloser Nazi-Jäger, Frauenheld wie Springer selbst, politisch ziemlich links, doch zugleich antikommunistisch, war, wie mancher Besatzungsoffizier, ein Mann zweier Welten. Er hieß ursprünglich Kurt Wolfgang Friedrich Seltz und war 1900 in München geboren, als Sohn eines jüdischen Juristen und einer erzkatholischen bayerischen Mutter.[175] Der junge Kurt Seltz hatte Deutschland verlassen, war unter dem Namen Kaye Sely Engländer geworden, im Krieg zur Royal Army gegangen, hatte die Witwe eines *Paymaster Captain* der Navy geheiratet, der er sich aber wieder entfremdete, und war schließlich, wie bereits erwähnt, bei der entsprechenden Kommission des Alliierten Kontrollrats mit der Überprüfung der NS-Vergangenheit deutscher Kulturträger und Journalisten befasst – von Wilhelm Furtwängler bis Gustaf Gründgens. Sein Kollege bei der *Intelligence Section*, George Clare, aus dem später einer der besten Freunde Axel Springers wurde, hat ein plastisches Porträt dieses interessanten Mannes und auch seiner politischen Vorstellungen gezeichnet.

Selys Konzept bei der Säuberung der deutschen Kultur- und Presselandschaft war vorausschauend: Hauptaufgabe sei es nicht,

Nazis herauszuwerfen (das freilich auch), sondern die richtigen Deutschen in die Schlüsselfunktionen des neu zu ordnenden Informationswesens und der Kulturszene zu bringen. Offenbar war er zu der Auffassung gelangt, dass Axel Springer einer dieser richtigen Deutschen war. Trotz eines gewissen Altersunterschieds lagen die beiden damals offenbar auf der gleichen Wellenlänge, auch temperamentsmäßig, und freundeten sich an. Im Herbst 1947 war Sely aus der Army ausgeschieden, angeblich weil er mit einer Reihe von Maßnahmen seiner Vorgesetzten nicht mehr einverstanden war,[176] aber wohl auch in der Erkenntnis, dass es an der Zeit sei, sich um eine Position im zivilen Bereich zu kümmern. Zusammen mit seiner Freundin Ruth Hecht, die Axel Springer besonders zugetan war und die Sely bald heiratete, ging er nach Italien, um dort eine Bildagentur aufzuziehen. Der Kontakt mit Springer blieb rege. Man besuchte sich gelegentlich und tauschte witzige, manchmal überdrehte, nicht selten auch politisch strittige Briefe aus. Die freundschaftliche Verbindung hielt bis zum Tod von Sely in den siebziger Jahren. In einem der teils stürmischen, teils freundschaftlichen Briefe, die zwischen 1949 und 1951 gewechselt wurden, schrieb Springer: Die Selys »sind die beiden nettesten Menschen, die ich seit vielen Jahren überhaupt kennengelernt habe«.[177]

Am 1. Dezember 1949, das *Hamburger Abendblatt* war gerade sechs Wochen auf dem Markt, hatte Springer – »Jung-Ullstein«, wie er sich nannte – Sely stolz mitgeteilt, die Auflage liege bereits bei 107 000 Exemplaren, und einen Packen von *Abendblättern* angekündigt.[178] Als Antwort auf die Sendung erhielt er von Freund Sely eine kalte Dusche. Dieser tat so, als nehme er an, Springer habe das *Hamburger Abendblatt* inzwischen verkauft: »Es ist einfach unmöglich, dass der Axel Springer, den ich kannte und schätzte, eine solche Zeitung herausbringt. Ich hätte nie gedacht, dass man noch weiter nach rechts rücken kann als *Die Zeit*. Gegenüber dem *Abendblatt*, wie es sich jetzt darbietet, ist *Die Zeit* ein pazifistisches, höchst liberales Blatt ... Ich habe von Axel Springer viel erwartet und er hat auch viel versprochen. Irgendwie finde ich das alles sehr traurig.«[179] Springer antwortete mit einem recht defensiven vierseitigen Brief. Er wies die Vorwürfe zurück, deutete an, er liege viel eher auf der Linie Bürgermeister Brauers, und verwahrte sich ganz besonders gegen den Vorwurf, das *Abendblatt* plädiere für eine »Re-Militarisierung«. Das Blatt habe »allerlei schwarze und graue Bemühungen um eine neue deutsche Wehrmacht« aufgedeckt sowie »klipp und klar gesagt, dass wir so oder so gegen eine deutsche Wiederaufrüstung sind und dass wir selbst im Atomkrieg lieber ohne Waffen in der Hand eingehen wollen als mit Maschinenpistolen unter dem Arm«. Genauso könne man dem *Abendblatt* in keinem einzigen Fall »Englandfeindlichkeit« nachweisen. Die Generallinie sei »versöhnlich«. Von der Kritik an bestimmten Vorgängen bei den Demontagen wollte Springer aber nicht abgehen und verwies dabei auf englische Stimmen, die gleichfalls Kritik daran übten. Zum Teil werde gegen Deutschland »eine Politik der Vergeltung betrieben, die nichts, aber auch gar nichts mit den schrecklichen Untaten dieses Volkes zu tun hat«.

Springers Hauptverteidigungslinie aber war der Hinweis auf die Stimmung der Leser: »Heute gilt es, eine Riesenzahl von Menschen, in denen nun einmal – Gott sei's geklagt – nicht allzuviel menschlicher Anstand und schon gar kein Erinnerungsvermögen ruht, unauffällig auf den richtigen Weg zu führen. Mit messerscharfen Argumenten und klaren Angriffen gegen noch vorhandene falsche Ansichten isolieren Sie sich so, daß Sie überhaupt keinen politischen Wirkungsgrad als Zeitungsmann mehr besitzen. Wenn Sie die Dame verführen wollen, müssen Sie sie erst einmal ins Zimmer hineinbekommen. Sonst bleibt es bei der schönen Absicht ...«[180]

In seiner Antwort wischte Sely das Argument, Springer wolle die Leser »unauffällig auf den richtigen Weg führen«, ironisch vom Tisch: »Bei allem Zynismus bin ich irgendwie ein blöder Idealist, der immer noch nicht gelernt hat, dass Zeitungsverlegen primär mit Geldverdienen verknüpft ist und daß alles übrige auf diesen Hauptfaktor abgestellt ist ...« Das *Abendblatt* sei eben »nicht die Zeitung, die Sie uns wachträumend schilderten, als sie noch ein Lizenzfötus war«. Begütigend billigte er dem einstigen Lizenz-Bewerber Springer Idealismus zu (»Sie hatten es wirklich so vor«), meinte aber dann: »Daß es anders gekommen ist, als der Idealist Axel es sich erträumt hat, liegt eben daran, daß der Verleger Springer seine Leser nicht verärgern darf.« Eigentlich hätte Springer dies alles wissen müssen, schließlich komme er ja aus einem Zeitungshaus.[181]

Nach diesem heftigen Austausch vertrugen sich die beiden wieder, wechselten erneut ironisch aufgedonnerte Briefe und sprachen sich auch persönlich aus. Immerhin konnte es sich Springer nicht verkneifen, in einem späteren Brief von den »vier überflüssigen Besatzungsmächten« zu sprechen und eine dort tätige Dame als »Befreierin« zu apostrophieren.[182] Im Juni 1950 kam es wegen eines kritischen Artikels im *Hamburger Abendblatt* über Luftmarschall Arthur Harris erneut zum Krach. Sely ersuchte jetzt darum, ihm das Blatt nicht länger zuzustellen, und bemerkte pointiert: »Die Lektüre der Zeitung hatte während der letzten Monate nur noch den Reiz, daß man an ihrem Ton die sukzessive Rückgabe allgemeiner Machtverhältnisse in deutsche Hände recht genau ermessen konnte, der Ton wurde nämlich proportionell rüder.« Sein zorniger Brief endete mit dem Satz: »Zu einer Zeit, da das Wohlwollen der Besatzungsmacht noch etwas galt und Sie beste Beziehungen zu den Besatzern unterhielten, mußten Sie sich doch köstlich über unsere Arglosigkeit amüsiert haben.«[183]

Springer ließ den Brief einen Monat lang liegen und antwortete dann nochmals begütigend, in der Bundesrepublik sei das *Hamburger Abendblatt* immer noch »die maßvollste Zeitung«. Doch dann kam der Kernsatz: »Der Zeitungsverleger ist nun einmal im weitesten Sinne Angestellter der Firma Deutschland …« Im Übrigen nehme er »als sehr krasser Individualist in all diesen Dingen einen anderen Standpunkt ein als die Allgemeinheit«. Prinzipiell widersprach Springer also dem Vorwurf nicht, auf die Lesermeinung Rücksicht nehmen zu müssen, stets aber mit der Begründung, nur so die Leser beeinflussen zu können. Zugleich differenzierte er zwischen der Meinung des Privatmanns Axel Springer und der Pressepolitik des Verlegers. In der Folge ließen die beiden Freunde, die sich immer noch sympathisch fanden, ihren Streit auf sich beruhen. Doch der Vorwurf, Springer passe sich der Massenmeinung an, um viel Geld zu verdienen, wurde ihm von anderen später immer wieder gemacht und war kaum zu entkräften.

In den Jahren von 1949 bis 1951 kam in diesem verschwiegen geführten Disput vor allem auch die Tatsache zum Ausdruck, dass die Deutschen wieder Oberwasser hatten. Kaye Sely bemühte sich in der Folge, mit seiner Bildagentur bei *Kristall* ins Geschäft zu kommen. Springer half ihm dabei. Der vor kurzem noch von britischem Wohlwollen abhängige »Jungverleger« saß nun am längeren Hebel. Er zögerte nicht, dies auch physiognomisch zu signalisieren. In den Jahren der Besatzung hatte er sich nach britischem Vorbild einen flotten Oberlippen-Schnäuzer wachsen lassen. Im Februar 1950 teilte er Sely mit: Im Zuge der deutschen »Verselbständigung ... habe ich mich vom Tragen eines anglophil wirkenden Schnauzbarts kolonialen Stils abhalten lassen. Mein zauberhaftes Jungsgesicht bietet sich der erstaunten Umwelt wieder ohne die Schamhärchen unterhalb der Nase an. Ich halte dieses Ereignis doch für so bedeutsam, daß ich ein Photo beilegen möchte.«[184]

Springers flexible, wenngleich nicht ganz widerstandslose Anpassung an das veränderte politische Zeitklima ergab sich auch aus dem Umstand, dass er nun unablässig mit Journalisten und sonstigen Zeitungsleuten zu tun hatte, die im Dritten Reich irgendwie mitgemacht hatten. Zwar hatte auch er sich mit vielen unschönen Kompromissen durchgeschlängelt, aber er war doch innerlich »dagegen« gewesen. Nun stieß er auf die Mehrheit derer, die innerlich und vielfach auch als Parteigenossen »dafür« gewesen waren. Manche hatten ihren Irrtum eingesehen, andere nicht, passten sich aber den veränderten Gegebenheiten an. So wie das unter Adenauer neu etablierte Auswärtige Amt nicht ohne Diplomaten auskommen konnte, die NSDAP-Mitglieder gewesen waren, so wie später die Bundeswehr auf Offiziere der Wehrmacht zurückgreifen musste, blieb auch der Presse nichts anderes übrig, als wenigstens teilweise auf politisch mehr oder weniger stark belastete Journalisten und Verlagsleiter zurückzugreifen. Nach der »Entbräunung« vor den Entnazifizierungsausschüssen stand ihrer Anstellung nichts mehr im Wege. Beim *Hamburger Abendblatt* waren die Gegebenheiten nicht prinzipiell anders als beispielsweise bei der *Zeit* oder bei vielen anderen Blättern.

Politisch gesehen war die Redaktion des *Hamburger Abendblatts* eine Mischung aus überzeugten NS-Gegnern, aus »Ehemaligen« und aus jungen Nachwuchsjournalisten.[185] Als Chefredakteure griff Springer auf völlig Unbelastete zurück, die keine Parteigenossen gewesen waren. »Schulze-Tokio« (Jg. 1896) war ein alter Ullsteiner. Otto Siemer (Jg. 1898), Chef vom Dienst und Stellvertretender Chefredakteur, der als Leutnant den Ersten Weltkrieg überlebt hatte, war es gleichfalls gelungen, sich als Nicht-PG durch die Medienlandschaft des Dritten Reiches zu schlängeln. Der schon in den Tagen der *Altonaer Nachrichten* bewährte Walther Hansemann (Jg. 1900), jetzt Leiter des Feuilletons, war ein erbitterter Gegner des NS-Regimes gewesen, desgleichen Springers einstiger Mentor Edgar Walsemann (Jg. 1890), nunmehr zuständig für Leserbriefe und unter dem Pseudonym Jan Brass als Hamburger Wochenplauderer fungierend. Nicht der Partei angehört hatte auch Adam Vollhardt (Jg. 1910), anfangs Korrespondent beim Frankfurter Wirtschaftsrat, danach Korrespondent in Bonn, später Chefredakteur für besondere Aufgaben und von 1963 bis 1968 persönlicher Assistent des Verlegers. Andere leitende Redakteure aber waren Parteigenossen gewesen, wenngleich keine Alt-PGs vor 1933: Rudolf Michael (Jg. 1918), Ressortleiter Allgemeines, Günther Diehl (Jg. 1916), Ressortleiter Außenpolitik, Wolfgang Köhler (Jg. 1913), Ressortleiter Innenpolitik, der Wirtschaftsredakteur Gert Löhr (Jg. 1913), Georg Zimmermann (Jg. 1901), Ressortleiter Lokales (auch er kam von den *Altonaer Nachrichten*). Unter den einstigen Soldaten war naturgemäß die Marine stark vertreten. Hermann Rasch (Jg. 1914) war U-Boot-Kommandant gewesen und begann jetzt als Volontär. Auch der Politikredakteur Rolf von Bargen (Jg. 1921) hatte sich im Krieg als U-Boot-Offizier ausgezeichnet, Peter Tamm war Fähnrich bei der Marine gewesen. Der Ressortleiter Sport Georg H. Meurer (Jg. 1905) hatte im Rang eines Hauptmanns bei der Wehrmacht gedient. Den ehemaligen Soldaten war natürlich überhaupt nichts vorzuwerfen, ganz im Gegenteil. Nach dem sozialen Abstieg der ersten Nachkriegsjahre war das Ansehen ehemaliger Offiziere und Frontsoldaten jetzt wieder im Wachsen. Nur passte eben diese Mannschaft ins Zivil versetzter Krieger schlecht zu dem einstigen Anti-Militaristen Axel Springer. Bei genauerem Hinsehen hatten sich auch die ehemaligen Parteigenossen in der Redaktion nach Ausweis ihrer Lebensläufe, die der Verleger sorgfältig zu prüfen hatte, nichts zuschulden kommen lassen außer politischer Blindheit oder politischem Opportunismus.

Axel Springer, der als Nazi-Hasser und Anti-Militarist in die Nachkriegszeit gestartet war, sah sich also nun zum toleranten Umgang mit früheren Parteigenossen und mit Wehrmachtoffizieren veranlasst. In den Anfängen hatte er sich alle, die nicht klar »dagegen« gewesen waren, möglichst vom Leibe gehalten. Jetzt wurde er nachsichtiger. Von nun an achtete er primär auf die funktionale Eignung, ohne sich noch groß um das politische Vorleben zu kümmern. Ihm genügte es, wenn seine Redakteure oder Manager entnazifiziert worden waren, ihren Irrtümern abgeschworen oder sie stillschweigend hinter sich gelassen hatten. Das galt später selbst für einen ehemaligen SS-Hauptsturmführer wie Horst Mahnke, der vom *Spiegel* kam und den Springer 1960 zum Chefredakteur von *Kristall* und in den kritischen Jahren 1965 bis 1968 zu einem seiner engsten Berater machte. Auch der bereits erwähnte Paul Carell, immerhin von 1940 bis 1945 Pressechef Ribbentrops, war so ein Fall. Doch wer mit der einstigen Nummer 6 bei Himmler familiären Umgang pflegt, kann auch Personen mit vergleichbarer Vergangenheit gegenüber nicht mehr den Moralapostel spielen.

Ähnlich indifferent begegnete Springer aber auch gewendeten Kommunisten. Bernhard Menne, der für ihn die *Welt am Sonntag* zum großen Erfolg machte, war bei ihm ebenso wohlgelitten wie William S. Schlamm, der später an seiner Seite gegen die APO zu Felde zog. Das alles begann schon früh. Spätestens 1948, als es darum ging, eine erstklassige Redaktion für das *Hamburger Abendblatt* aufzubauen und mit seinen Ideen zu inspirieren, war auch Axel Springer in der deutschen Normalität angekommen. Sein Pragmatismus verstärkte sich in der Folge noch. Wer wie er die besten Journalisten, die besten Verlagsleiter, die besten Vertriebsleiter und die besten Techniker bekommen wollte, durfte – so sah er das jetzt – nicht mit einem Übermaß an Purismus danach fragen, ob sie mehr oder weniger »angebräunt« waren oder nicht. Insofern begab auch er sich auf den weithin praktizierten Weg pragmatischer Personalpolitik, worüber sich später die kritischen Studenten bei der APO empörten. Wurde er auf die Problematik angesprochen, wie von Kaye Sely, so gab er zur Antwort, er wolle auf seine behutsame und allein aussichtsreiche Methode seine politisch labilen Leser-Millionen an die Demokratie heranführen. Mag sein, dass das damals für ihn immer noch ein gewisses Anliegen war. Im Vordergrund stand das sicherlich nicht mehr. In erster Linie war er in diesen Jahren von dem Ehrgeiz erfüllt, die populärsten Zeitungen mit den höchsten Auflagen zu machen. Der nächste Schritt auf diesem Weg war die Erfindung der *Bild*-Zeitung.

BILD: »eine unernste, besser gesagt anti-konventionelle Zeitung«

Gegen Ende der fünfziger Jahre wird es zu den axiomatischen Wahrheiten gehören, dass Springers politische Macht in erster Linie auf der *Bild*-Zeitung beruht. Demgegenüber ist eines sicher: Als er 1952 das Blatt konzipierte, lag ihm dieser Gedanke noch recht fern. Anfang Februar, knappe fünf Monate vor dem Start seines neuen Projekts, skizzierte er brieflich, was ihm vorschwebte: »eine unernste, besser gesagt anti-konventionelle Zeitung«[186]. Und im Januar 1953, als noch offen war, ob aus dem ehrgeizigen Projekt ein Flop werden würde oder eine Rakete, ermahnte er den Chefredakteur Rudolf Michael: »Ich finde, wir sollten die politischen Schlagzeilen nicht kultivieren. Das wäre eine ganz falsche Richtung für die *Bild*-Zeitung.«[187]

Die Planungsunterlagen für *BILD* sind nicht erhalten geblieben. Man muss sich also auf Springers eigene, in diesem Punkt recht verlässliche Erinnerungen und auf die Berichte von Angehörigen der Kerntruppe stützen, die das Blatt damals mit hochgezogen hat. Sicher ist eines: So wie in den ersten Jahren des *Hamburger Abendblatts* begriff sich Springer auch diesmal als eine Art oberster Zeitungsmacher. Die teilweise erhalten gebliebene Korrespondenz mit Rudolf Michael lässt erkennen, dass Fragen der politischen Orientierung anfangs nur eine marginale Rolle spielten. »Parteipolitisch neutral, vor allem soziale Initiative«, hat Michael 1964, aus zehnjährigem Abstand, die ursprüngliche Grundlinie formuliert.[188] In diesem Punkt musste Springer anfangs nur dann und wann korrigierend eingreifen. Das begann sich seit Mitte der fünfziger Jahre allmählich zu ändern, als der Verleger mit fast jeder Größe auf dem Bonner Parkett persönlich bekannt war und politisch fetzige *BILD*-Schlagzeilen in der Bundeshauptstadt schon um 9 Uhr morgens zu besorgten Telefonaten führten. Was Springer in den Anfangsjahren aber fast ausschließlich interessierte, waren Fragen des Layouts und der Inhalte zur Erzielung hoher Verkaufszahlen.

Warum hat sich Springer schon so frühzeitig auf das Abenteuer mit einem völlig neuen, bislang unerprobten Zeitungstyp eingelassen? Schließlich begannen seine neuen Blätter erst jetzt so richtig

Gewinn abzuwerfen, und der teure Neubau des Verlagsgebäudes war immer noch nicht fertig.

Eine erste Antwort ergibt sich beim Blick auf die Stimmung, von der er in den frühen fünfziger Jahren getragen wurde. Er befand sich im Schaffensrausch. Alles war ihm bisher gelungen. Die Ideen flogen ihm weiterhin zu. Doch Ideen hatte er auch schon zuvor in Hülle und Fülle gehabt. Jetzt aber verfügte er erstmals in vollem Umfang über die zwei Faktoren, ohne die sein Aufstieg zum »Mammutverleger« undenkbar gewesen wäre: über einen vergleichsweise großen Apparat und über Geld. Beim *Hamburger Abendblatt* stand ihm eine talentierte, ehrgeizige Mannschaft von Journalisten, Technikern, Marketingfachleuten und Vertriebsspezialisten zur Verfügung, die er auf neue Projekte ansetzen konnte. Dazu eröffneten die Monat für Monat stärker anschwellenden Einnahmen finanziellen Spielraum. Die Aufwärtsbewegung seiner Blätter machte Springer kreditwürdig. Eduard Rheins *HÖR ZU!* lag im ersten Quartal 1952 bei 1,3 Millionen. Die Illustrierte *Kristall* warf ebenso schöne Erträge ab wie die Frauenzeitschrift *Constanze*.

Allerdings stand der Verlag weiterhin unter Kostendruck. Das *Hamburger Abendblatt* befand sich zwar schon in der Gewinnzone, doch der teure Papierimport und die große Redaktion belasteten die Bilanzen. Der ehrgeizige Neubau an der Kaiser-Wilhelm-Straße mit den teuren Rotationsmaschinen, die vor Fertigstellung des Hochhauses provisorisch in Baracken untergebracht werden mussten, war für die Buchalter um Karl Andreas Voss ein Albtraum. Kein Wunder, dass Springers Idee auf allseitigen Widerstand stieß, als er seine Direktoren von der Absicht in Kenntnis setzte, allen bereits recht drückenden Belastungen zum Trotz nun so schnell wie irgend möglich eine »unkonventionelle Zeitung« mit dem verrückten Titel *BILD* auf den Markt zu werfen. Aber wie zumeist in diesen Anfangsjahren hört er nicht auf die Bedenkenträger.

Mit dem Verweis auf Springers damalige Hochstimmung ist aber noch wenig darüber gesagt, weshalb er ausgerechnet die Idee einer täglich erscheinenden Massenzeitung aufgriff und ihr ein ganz unverwechselbares Profil verlieh, ohne das der Erfolg undenkbar gewesen wäre. Soweit ersichtlich, erwuchs das Konzept der *Bild*-Zeitung aus einer ganzen Reihe von Beobachtungen. Den ersten

Anstoß gab wohl die Konkurrenz auf dem Hamburger Zeitungsmarkt. Fast zur gleichen Zeit wie Springer mit dem *Hamburger Abendblatt* war Heinrich Braune mit der Zehn-Pfennig-Zeitung *Hamburger Morgenpost* gestartet. Dieser Ableger der SPD-Zeitung *Hamburger Echo* zielte auf das Arbeitermilieu. Anfang 1952 wurden schon über 100 000 Exemplare verkauft. Springer ging das nach eigenem Bekunden »schließlich auf die Nerven«.[189]

Springer war auch insofern ein sehr moderner Verleger, als er schon früh die damals erst in Gang kommende Umfrageforschung für genaue Leseranalysen nutzte. Dabei zeigten ihm die Untersuchungen zum *Hamburger Abendblatt*, dass die meisten Leser dieser Zeitung – 90 Prozent! – an weiten Teilen des Inhalts fast gar kein Interesse hatten. Was mit Heißhunger verschlungen wurde, waren gut bebilderte und kurze Berichte. Ein Massenblatt mit entsprechenden Inhalten schien somit erfolgversprechend. Bei der Auswahl der Stoffe, so insistierte Springer deshalb nach dem Start von *BILD* wieder und wieder, solle sich die Redaktion »die Leitzahl 80 % interessierte Leser« zum Ziel setzen.[190]

Schon in diesen Jahren kannte sich Springer auf dem Londoner Zeitungsmarkt gut aus, wo derartige Ware hohe Gewinne erzielte. Rosemarie Springer berichtet, wie er bei einem dieser frühen Besuche Tag für Tag einen Packen Boulevardzeitungen aufs Zimmer im Hotel »Savoy« schleppte und Blatt für Blatt genau analysierte.[191] Das mochte auch ein Konzept sein für das Massenblatt, das Springer 1952 vorschwebte: *human interest stories* schon auf der ersten Seite, viel Sport, Wetter, Horoskope, lebhafte Bebilderung, Orientierung am schlichtesten Massengeschmack, eine Fülle höchst unterschiedlicher Nachrichten nach dem Grundsatz: »Wer vieles bringt, wird manchem etwas bringen.« Rudolf Michael, der erste Chefredakteur von *BILD*, pflegte dieses Prinzip gern in einem anschaulichen Bild zu verdeutlichen: »Es ist wie in einem Hotel, wo in einem Zimmer ruhig geschlafen, in dem nächsten stürmisch geliebt und in einem dritten einer umgebracht wird ... So ist das Leben.«[192] Am stärksten ließ sich Springer vom *Daily Mirror* inspirieren. Mit dessen Herausgeber Cecil King stand er früh in persönlicher Verbindung. Dieser war umsichtig genug, dem von allem Britischen entzückten Jungverleger beim Besuch in London den roten Teppich auszurollen und ihn mit Informationen spicken zu lassen, wofür Springer sich dann beim Gegenbesuch Kings in Hamburg gebührend revanchierte.

Allerdings verfolgte Springer zu Beginn eine fixe Idee, die ihn fast um den Erfolg gebracht hätte. Die Zeitung, so legte er kategorisch fest, solle weitgehend auf packende Fotos mit langen Bild-Unterschriften abgestellt sein und ansonsten nur wenige Textteile enthalten. Daher auch der Name *BILD*. Wahrscheinlich stimmt es, dass Springer seit 1951 auf die kommende Macht des Fernsehens aufmerksam geworden war. Der nimmermüde Eduard Rhein, seit den zwanziger Jahren ein Prophet des Informationszeitalters, mit dem Springer oft diskutierte, machte damals in *HÖR ZU!* unablässig auf die jeweils kommende Informationstechnik aufmerksam: erst die Radiosendungen über UKW, dann das Fernsehen ...[193] 1950 hatte der NWDR im Hochbunker auf dem Heiligengeistfeld bereits mit ersten Fernsehsendungen experimentiert. In den USA und in Großbritannien war die Entwicklung des neuen Mediums bereits viel weiter. Ob Springer schon damals seinen späteren Lieblingsslogan erdacht hatte, »die *Bild*-Zeitung ist die gedruckte Antwort auf das Fernsehen«,[194] ist nicht mehr festzustellen. Dass ihn das Thema Fernsehen schon früh stark beschäftigte, ist aber sicher.

Springer machte sich über alles Gedanken, besonders über den Preis. Anfänglich trug er sich mit dem Gedanken, ein solches Blatt für bloß fünf Pfennig herauszubringen. Doch der erfahrene Eduard Rhein widersprach ihm mit dem Argument: »Wat nix kost, dat taugt auch nix! Vox populi.«[195] Eine Rolle bei den Überlegungen spielte auch der Umstand, dass Springer demnächst in der Kaiser-Wilhelm-Straße über einen für die frühe Nachkriegszeit sehr beachtlichen Maschinenpark verfügen würde. Während einer Übergangsperiode würde zwar auch *BILD* bei Broschek gedruckt werden müssen. Doch nun galt es, die eigenen Rotationsmaschinen voll auszulasten.

Die Strategiesitzungen zu dieser neuen Idee des Verlegers wurden in den Monaten April bis Anfang Juni 1952 auf dem Falkenstein abgehalten. Dass Springer seine Pläne jetzt hoch über der Elbe auf einem der schönsten Landsitze Hamburgs diskutieren konnte, hob sein damals ohnehin schon grenzenloses Selbstbewusstsein. Der prächtige neue Wohnsitz signalisierte aber auch den eher zweifelnden Mitarbeitern, dass sie es hier mit einem Ausnahmemenschen zu tun hatten, dem bisher alles gelungen war, was er angepackt hatte. Zugegen waren neben Springers Partner Karl Andreas Voss, der dem *BILD*-Abenteuer besonders skeptisch gegenüberstand, die *Abendblatt*-Redakteure Rolf von Bargen, Rudolf Michael und Otto Siemer, dazu die Vertriebs- und Anzeigenchefs. Springer selbst erzählte später gern, er habe mit seinem Plan anfangs nur Gelächter geerntet. Ähnlich wie kurz zuvor beim *Hamburger Abendblatt* kam er auch jetzt mit eigenen Ideen fürs Layout. Ein erster Entwurf war diesmal von Frau Rosemarie zusammengeklebt worden.[196]

Schon in diesem Planungsstadium bekam Springer zu hören, so viele gute Fotos, wie täglich benötigt würden, gebe es gar nicht. Aber er verbiss sich in sein Konzept. Auch in der leidenschaftlich diskutierten Formatfrage setzte er seinen Willen durch: »Ich will groß sein ... alles fehlt, wenn Größe fehlt!«[197] Nur im Großformat könnten viele Fotos zur Geltung kommen. Springers Grundgedanke: Die für den Kauf entscheidende erste Seite, desgleichen die gleichfalls nur mit Fotos ausgestattete letzte Seite, solle »wie ein Schaufenster mit reicher Auslage wirken«. Dagegen standen aber die Bedenken: Wie wird der Leser mit dem großen Format in der Straßenbahn fertig werden? Und – ein in Hamburg naheliegender Gedanke: Ist das Großformat nicht auch anfällig für Regen und schlechtes Wetter? Den Ausschlag gab das Vertriebsgenie Arthur Szimmetat mit dem Argument, der Leser müsse den Eindruck haben, dass ihm für 10 Pfennig etwas geboten werde. Außerdem seien die Arbeiter im Ruhrgebiet an das Großformat gewöhnt. Nur die Berliner seien mit dem Kleinformat vertraut. 1956 entschied man sich übrigens bei der Gründung von *Bild am Sonntag* für das kleine »Berliner« Format, diesmal mit der Überlegung, so lese sich die *BamS* am Sonntagmorgen »wie ein Buch«.

Charakteristisch für Springers Konzept der anfänglich bloß vierseitigen *Bild*-Zeitung waren auch die Überlegungen zur zweiten und dritten Seite. Hier sollten nur Text und feste Bestandteile zu finden sein. Seite 2 links oben wurde für eine nachdenkliche Ecke reserviert: Foto eines künstlerischen Bildes, ein gehaltvoller Spruch und ein kurzer, allgemein menschlicher Leitartikel von Hans Zehrer. Der nachmals für Springer so wichtige Zehrer trat also hier erstmals in einem Verlagsprodukt auf – als »Hans im Bild«, und dies für die kommenden neun Jahre. Ebenso sollten hier Nachrichten aus der Wirtschaft zu finden sein, dazu eine Ecke für Frauen, vertraulich klingende Kurzmeldungen (»Ins Ohr gesagt«), eine Zeichnung und »Lilli« von Beuthin. Für die dritte Seite legte der damals Sternen-Gläubige Axel Springer Wert darauf, dem Astrologen Hans Genuit Platz für das tägliche Horoskop einzuräumen. Im Übrigen sollte hier Vermischtes für weitere Aufmerksamkeit sorgen: Preisausschreiben, daneben auch Comicstrips, die in jenen Jahren aus Amerika kommend ihren Siegeszug in der Bundesrepublik antraten. Die allgemeine Devise des Verlegers für die *Bild*-Zeitung lautete: »Geschmack einer Vanilleschnitte am frühen Morgen«.[198]

Springers Originalkonzept von *BILD* lässt also deutlich erkennen, dass die Philosophie des *Hamburger Abendblatts* (»Seid nett zueinander!«, »Menschlich gesehen«) weiterhin maßgebend war. Doch in völliger Abkehr von einer traditionellen Tageszeitung sollte nur noch ein Minimum von Politik ins Blatt, somit würde es auch keine Redaktionen für Innenpolitik, Außenpolitik oder Wirtschaft geben. Es entsprach diesem Konzept, dass bewährte Redakteure und Manager aus dem *Hamburger Abendblatt*, die bereits auf die leserfreundlichen, somit Auflage machenden Ideen eingeschworen waren, nun die Kommandohöhen der *Bild*-Zeitung besetzten. Als Verlagsleiter fungierte von 1954 bis 1965 Rolf von Bargen, unter dem das Blatt gestartet worden war. Chefredakteur von Oktober 1952 bis 1958 wurde der damals immerhin schon 62 Jahre alte Rudolf Michael, einstmals, im Dritten Reich, Innenpolitiker beim *Hamburger Fremdenblatt* und in einem noch früheren Lebensabschnitt fünf Jahre lang Abgeordneter der Deutschen Volkspartei in der Hamburger Bürgerschaft. Politisch hatte dieser exemplarische Bürger somit die Stationen Nationalliberalismus und Nationalsozialismus durchlaufen, um nun – glücklich entnazifiziert und gereift – bei der Erkenntnis zu landen, dass nicht allein er selbst, sondern auch die Leser des postideologischen Zeitalters von Politik die Nase voll hatten und vor allem nach Unterhaltung verlangten. Beim *Abendblatt* hatte er sich als Redakteur für die letzte Seite bewährt, wo Vermischtes aufbereitet wurde. Nach der ersten Seite, so war Springer überzeugt, war die letzte Seite die wichtigste des ganzen Blattes.

In diesem Geist machte Rudolf Michael *BILD* zum viel beneideten Erfolgsblatt. Als er 1958 die Chefredaktion abgab, lag die Auflage bei 2,8 Millionen. Die politische Essenz des unter seiner jovialen Leitung aufblühenden Blattes lässt sich nicht besser umreißen als mit den Worten Hans Dieter Müllers: »Wäre ein Historiker späterer Jahrhunderte auf die ersten sechs Jahrgänge der *Bild*-Zeitung angewiesen, so könnte er die wichtigsten innen- und weltpolitischen Ereignisse kaum in Umrissen rekonstruieren; sie kommen zum großen Teil gar nicht vor, und wenn, dann nur als punktuelle, explosionsartige Ereignisse, die für einen kurzen Moment unter den Tierfreunden, kleinen und großen Dieben, Schönheitsköniginnen, armen Rentnern und Selbstmördern aus Liebeskummer Aufruhr stiften und dann ebenso spurlos wieder verschwinden wie Naturkatastrophen, wenn die Wasser wieder ablaufen.«[199]

Beinahe wäre *BILD* zu einem Misserfolg geworden. Die anfänglichen Schwierigkeiten hingen nicht zuletzt mit dem übereilten Start des Projekts zusammen. Man hatte, wie gesagt, im April 1952 mit ernsthaften Überlegungen begonnen und befand sich Anfang Juni 1952 immer noch in der Planungsphase. Alles spielte sich vorerst im Rahmen des *Hamburger Abendblatts* ab, die neue Redaktion war noch gar nicht eingerichtet. Sie konstituierte sich erst im Oktober 1952, als alles schon auf Hochtouren lief. Doch auch jetzt wurde vorerst mit einer gegenüber den späteren Dimensionen von *BILD* geradezu lächerlich kleinen Mannschaft gearbeitet. Rolf von Bargen wusste später zu berichten: »Die *BILD*-Redaktion hatte im Anfang im Hinterhaus der Volksfürsorge an der Alster zwei Räume oben unter dem Dach, in denen sich die Start-Redaktion zusammendrängte. Später kam ein großer niedriger Mansardenraum hinzu, in dem acht Schreibtische standen.«[200]

Für den überhasteten Start am 24. Juni 1952 gab es drei Gründe. Springer erreichte die – wie sich dann zeigte, falsche – Mitteilung, *Die Welt* wolle aus ihren damaligen Nöten herauskommen, indem sie in Hamburg eine täglich erscheinende Straßenzeitung nach dem Vorbild typographisch aufgelockerter Londoner Blätter herausbringen werde. Ein zweiter Grund: die Olympischen Spiele in Helsinki standen vor der Tür, goldene Gelegenheit für den Start eines modernen Massenblatts. Der dritte Grund wurde nur von einigen

Eingeweihten hinter vorgehaltener Hand weitererzählt: Der Verleger vertraute auf ein Horoskop mit der Voraussage, dass die Sterne an diesem Tag besonders günstig stünden. So wurden mit dem für Springers Neugründungen schon gewohnten Tamtam die ersten 455 000 Exemplare auf den Markt geworfen: weißgekleidete Zeitungsverkäufer, unterstützt von einer Blaskapelle, priesen »Deutschlands modernste Zeitung« an: »Heute kostenlos, ab morgen überall für 10 Pfennig«.

Tatsächlich lief der Straßenverkauf aber nicht wie erwartet. Trotz heftiger Werbeanstrengungen konnte oft nur ein Zehntel der Startauflage von einer Million verkauft werden. Auch der Verzicht auf Inserate schmälerte die Erträge. Als Hauptursache für die Zurückhaltung der Leser stellte sich Springers Konzept heraus, sowohl die Vorderseite als auch die Rückseite nur zu bebildern. Offenbar wünschten die Leser in den U-Bahnen und Straßenbahnen oder um 9 Uhr bei der Frühstückspause mehr Lesestoff. Sie ließen sich nicht nur mit knalligen Schlagzeilen locken. Im Dezember stagnierte die Auflage bei 245 000 Exemplaren. »Die Umstellung auf Text wurde schon im ersten halben Jahr zu einer Lebensfrage für *BILD*« – so Rolf von Bargen, der Dirigent des Blattes in der Startphase. Erst jetzt gab Springer dem Drängen der Redaktion nach. Der 7. Januar 1953, als der Verleger sich von seiner fixen Idee verabschiedete, wird von allen Beteiligten in der Rückschau als Wendepunkt betrachtet. Im März war mit der Druckauflage von 452 000 Exemplaren das ursprüngliche Planziel fast erreicht. Im Juli 1953 lag man bereits bei 846 000, und schon im September 1953 wurden täglich 1,3 Millionen Exemplare verkauft.

Nun begann die verstärkte bundesweite Ausdehnung. Die unaufhörlich wachsende Zentralredaktion nahm ihren Sitz im neuen Verlagsgebäude. Von hier aus wurde Ende 1953 in Essen die Ruhrgebietsausgabe gestartet. 1954 kamen Regionalausgaben in Frankfurt und Berlin hinzu, 1956 folgte München. Für den Erfolg von *BILD* war nicht nur das journalistische Konzept maßgeblich, sondern zwei weitere Faktoren spielten eine Rolle, die im Hinblick auf das lange Zeit ungebremste Wachstum manchmal unterschätzt werden. Der Verlag verfügte über eine hervorragende Logistik und er war wohlhabend genug, die jeweils modernste Drucktechnik zum Einsatz zu bringen. Das begann schon in den Anfängen von *BILD*.

Telebild-Maschinen erlaubten die unverzügliche Übermittlung von Agenturbildern an die Zentralredaktion und die Regionalredaktionen. Später traten weitere Formen elektronischer Übermittlung hinzu.

Doch auch die leistungsfähigste Technik kann die journalistische Kreativität nicht ersetzen. In dieser Hinsicht aber war der Blattmacher Springer bis weit über die Startphase hinaus ausschlaggebend. Man schmälert den Erfolg Michaels und seiner Redaktion nicht mit der Feststellung, dass der Verleger auch von der Direktionsetage des neuen Verlagsgebäudes aus immer noch als der große Chefdirigent agierte. Wie zuvor beim *Abendblatt* tauchte er in diesen Anfängen häufig bei Redaktionssitzungen von *BILD* auf und hielt seinen Chefredakteur fast täglich mit Telefonaten, mit beschriebenen Zeitungsausrissen und mit Briefen in Atem. Später, als politische Größe, liebte es Springer, vor Hunderten von Zuhörern große Reden zu halten zur Rolle der Presse, zur Verantwortung des Verlegers und auch zur Rolle der eigenen Zeitungen. Wer aber erfahren möchte, wie er in den Anfängen seine Blätter mit Lob, mit Kritik, vor allem aber mit Einfällen hochpuschte, begegnet dem einfallsreichen Blattmacher vor allem in den Briefen an Rudolf Michael.

Alles regte ihn auf und reizte zu Verbesserungsvorschlägen. Ein Dauerthema waren die Fotos: »Churchills Bild ist falsch geschnitten. Man hätte bis an das Gesicht des Negers herangehen müssen. Im übrigen gilt für schmalspaltigen Umbruch, daß nur eine Sache gezeigt wird ...«[201] Oder er reklamierte: »Ein offenes Wort: ich war gestern dabei, als man sich die Bilder für Seite 1 ansah. Man rief: nichts dabei! Ich sah drei gute. Heute morgen fand ich einige dieser Bilder wieder: Im Kleinformat! Ich spreche es noch einmal aus: ... Ein Bild weniger und eins dafür doppelt so groß« (der Satz ist im Brief unterstrichen!). In diesem Stil fuhr er fort: »Bildauswahl Seite 3 ein glatter Skandal«. Dann nochmals ein Hinweis »zur Erinnerung«: »Mit dem Textschriftgrad muß gespielt werden, um bildhafte, frische, anziehende, plakatartige Wirkungen innerhalb der Normalaufmachung zu erzielen. Es gilt hier das gleiche wie bei den Bildern: die ungleichen Größen ergeben den Reiz und bieten eine wunderbare, unkonventionelle Gelegenheit, irgend etwas zu betonen. Hoffentlich auch wiederum etwas ganz Unkonventionelles oder gar Abseitiges.«[202] In solchen Briefen fehlte es selten an Seitenblicken auf die Zielgruppen, häufig die Frauen. Von ihnen hat Springer auch als Leserinnen immer viel gehalten. Immer noch mit der Bild-Kritik befasst, rügte er: »Heute wäre das Bild meiner Wahl das Kinderbild gewesen. Ein hoher Prozentsatz Frauen liest *BILD*. Nur in Ausnahmefällen erfreuen sich Frauen an nackten Frauen, wie Sie wissen. Aber an reizenden Kindern finden sie Gefallen ...«[203]

In allen seinen Blättern galt Springers Aufmerksamkeit stets dem Sportteil, am stärksten aber interessierte ihn der von *BILD*. »Der Sportteil in *BILD* macht mir immer noch Sorge. Auch heute ...« Darauf folgten verschiedene Beispiele. Danach: »Die Tennisberichterstattung ist dünn. Warum hat man in der Hamburger Ausgabe nicht etwas mehr gebracht?«[204] Als die Ergebnisse eines Spiels der legendären Fußballweltmeisterschaft 1954 nicht am nächsten Morgen in sämtlichen Ausgaben von *BILD* zu lesen waren, wurde er fuchsteufelswild und wies dem Verlagsleiter Hans Funk im Detail nach, wie man es durch intelligenteren Maschineneinsatz hätte anders und schneller machen können. Mit Blick auf die kommenden zwei Weltmeisterschaftsspiele am Sonntag und Dienstag ersuchte er um Absprachen zwischen Redaktion, Vertrieb und Verlagsleitung, damit sich derartige Pannen nicht wiederholten: »Eine Morgenzeitung ohne Ergebnis – der Leser interessiert sich nicht für die Ursachen – kann unseren Tod bedeuten.«[205]

Der in den klugen Feuilletons viel belächelte Redaktionsdackel Rübezahl fand in Springer den kompromisslosen Fürsprecher. Und: »Warum erscheint, entgegen unserer festen Verabredung, ›Lottchen‹ überhaupt nicht mehr in der *Bild*-Zeitung?«[206] Selbst die »Hans im Bild«-Kolumne des ansonsten geschätzten Hans Zehrer entging gelegentlich nicht Springers Unwert-Urteilen. So begründete dieser seine Kritik an Zehrers Kolumne vom 7. Oktober 1955 (»eine große Unmöglichkeit«) mit den Worten: »Dort wird die Formulierung ›Geschichtsbewußtsein‹ und andere Unverständlichkeiten dem verdutzten *BILD*-Leser vorgesetzt. Die Stärke von ›Hans im Bild‹ muss in seiner klaren, populären Sprache liegen.«[207]

Fünf Jahre lang, bis zu der zunehmenden, vom Verleger gewollten Politisierung von *BILD* seit Beginn des Jahres 1958, hielt Springer jedenfalls an der ursprünglichen Erfolgsformel fest: unpolitische *human interest stories* eher biederen Zuschnitts, Geschichten »mit Herz«, Eingehen auf das Unterhaltungsbedürfnis der Leser, spannende Information, Allgemeinverständlichkeit, dies verbunden mit Aktionen, in denen sich das Blatt als »Sprachrohr des kleinen Mannes« in Szene setzte. Doch die unpolitische *Bild*-Zeitung war genauso das Sprachrohr ihres Verlegers, der damit in erster Linie Auflage machen wollte, sich aber noch nicht in die Politik verbissen hatte.

Eine Reihe von Briefen an Michael, beginnend um 1955, zeigt zwar, dass Springer von nun an stärkere politische Rücksichten nehmen wollte oder – so glaubte er – nehmen musste. Dabei ging es aber nicht eigentlich um politische Richtlinien oder gar um Politisierung, viel eher darum, dass die für *BILD* charakteristischen Zuspitzungen ihm keinen Ärger machen sollten. Rücktrittsforderungen gegenüber Ministern, so rügte er, sollten mit ihm abgesprochen werden.[208] Als eine Papst-Vision ins Lächerliche gezogen wurde, kritisierte er, »dass ein geradezu lebensgefährlicher Mangel an Takt in die *BILD*-Redaktion eingezogen ist«,[209] und er bat den Chefredakteur, sich mit ihm und Herrn Voss zusammenzusetzen, »um über die politische Linie der *Bild*-Zeitung zu sprechen«. Doch wenn der Verleger dem Chefredakteur beispielsweise in Bezug auf französische Empfindlichkeiten in Sachen Fremdenlegion allzu kecke Vergröberungen und Zuspitzungen vorwarf, machte dieser auf den Charakter des Boulevardblatts aufmerksam: »Ich weiß, beim *Hamburger Abendblatt* ist die Vorsicht ein hochbewertetes Element, bei *BILD* ist, fast möchte ich sagen, die Unvorsichtigkeit die Richtlinie.«[210] Im Großen und Ganzen aber hat Springer doch das ursprünglich unpolitische Konzept, für das Rudolf Michael stand, bis zum Jahr 1958 mitgetragen.

Beim Aufstieg Springers jedenfalls markiert das fast gescheiterte, schließlich aber glorreich geglückte Abenteuer der Gründung von *BILD* den Durchbruch zur Spitze. Zuvor war er schon reich. *BILD* machte ihn sehr reich. Und ohne dass er dies damit eigentlich angestrebt hätte, begründete die *Bild*-Zeitung seine politische Machtposition in der frühen Bundesrepublik. Das verstärkte sich weiter, als 1956 *Bild am Sonntag* ins Leben gerufen wurde und schon 1958 eine Druckauflage von über einer Million erreicht hatte. Regionale Boulevardzeitungen ahmten zwar Springers Erfolgsrezept nach, ohne jedoch seinen Vorsprung je einholen zu können. *BILD* und *Bild am Sonntag* machten Springer bundesweit zum König der Massenpresse.

Feine Geister rümpften jedoch die Nase. Bundespräsident Heuss erzürnte den stolzen Verleger sehr, als er diesem mit Blick auf *BILD* ins Gesicht sagte: »Sie sind der Verderber der Presse.«[211] Doch den fochten derartige Vorwürfe nicht an. Nicht zufrieden damit, dass sich sein rasch improvisiertes Massenblatt *BILD* im Frühjahr 1953 schließlich am Markt durchzusetzen begann, ließ Springer sich unverzüglich auf einen weiteren Coup ein. Er kaufte *Die Welt.*

1953: Kauf der *Welt* mit dem Segen Adenauers

Die Bedeutung des Kaufs der *Welt* für die Verlegerkarriere Springers kann schwerlich überschätzt werden. Bisher hatte er mit Massenblättern und einer starken Regionalzeitung Erfolg gehabt. *Die Welt* aber gab ihm – so eine Stimme aus dem Jahr 1955 – »das Relief des großen, seriösen, politisch einflußreichen Verlegers«.[212]

Das war schon damals richtig beobachtet, und es galt noch viel mehr für die kommenden Jahre und Jahrzehnte. Auf einen Schlag erhob dieser geschickt durchgezogene Kauf Springer weit über die anderen Verleger, die mit ihren Gemischtwarenläden für den Massenkonsum gleichfalls wirtschaftlich reüssierten, also die John Jahr, Franz Burda, Heinz Bauer und wie sie alle hießen. Doch hat Springer wirklich schon beim Kauf daran gedacht, sich mit diesem Prestigeblatt eine politische Plattform zu schaffen? Rückblickend wissen wir zwar, welch entscheidende Bedeutung dieser Kauf für seine Entwicklung zum politischen Verleger gehabt hat. Aber war es ihm auch im Frühjahr 1953 wirklich schon klar, worauf er sich einließ? Hat er geahnt, dass sich von nun an auch sein Verhältnis zu den Kräften im politischen Raum grundlegend verändern würde, ja verändern musste?

Aus Sicht des damaligen Bonn verhielt es sich ähnlich. So wie die große Politik von nun an Springer nicht mehr gleichgültig sein konnte, konnte auch Springer den Herren auf dem Bonner Parkett nicht mehr gleichgültig sein. Das zeigte sich bereits bei den Kaufverhandlungen. Anders als bei Springers bisherigen Zeitungsgründungen nahm das politische Bonn, Adenauer zuvörderst, an den Kaufverhandlungen über *Die Welt* aufmerksam Anteil, zumal sich damals das Hauptaugenmerk auf die kommende Bundestagswahl am 6. September 1953 richtete.

Genau besehen, reichte die Vorgeschichte dieses Kaufs, der sich 1953 ein halbes Jahr lang hinzog, bis ins Jahr 1945 zurück – bei Springer, bei der *Welt* und seitens der Briten. Zwischen 1949 und 1953 kam eine weitere Vorgeschichte auf dem Bonner Parkett hinzu. Aus der nach wie vor von den Briten dirigierten britischen *Welt* wurde in jenen Jahren eine Art Zankapfel zwischen der immer noch ausschlaggebendenen Bürokratie des britischen Hohen Kommissars, der zunehmend wichtiger werdenden Regierung Adenauer und der sozialdemokratischen Opposition sowie den Gewerkschaften. Dazu kamen verschiedenste Verleger, die in Hamburg und weiter entfernt wie die Geier darauf lauerten, ob, wann und zu welchem Preis die wertvolle *Welt*-Gruppe einem von ihnen als Beute zufiele. Einer dieser Geier war Axel Springer.

Ganz am Anfang seiner Beziehungen zur *Welt* stand das Welken der Träume dieses damals noch unreifen jungen Mannes. Als er im Sommer 1945 zusammen mit Max Schmeling und John Jahr ins zerbombte und besetzte Hamburg einfuhr, hatte er sich allen Ernstes vorgestellt, eine eigene Tageszeitung herausbringen zu können. Diese Überlegungen mussten aber schon im Frühwinter 1945 auch deshalb auf Eis gelegt werden, weil ihm klar wurde, dass die Militärregierung andere Pläne hatte. Unter der direkten Kontrolle britischer Offiziere sollte nur eine einzige große, überparteiliche deutsche Zeitung für die gesamte Zone geschaffen werden, eben *Die Welt.* Zu ihrem Druckort und zum Sitz der Redaktion wurde das von der Militärregierung beschlagnahmte Verlagsgebäude von Broschek bestimmt, zum Chefredakteur Hans Zehrer.

Springer und Zehrer kannten sich seit den Kriegsjahren. Man hat später viel darüber geschrieben, hier sei ein unreifer junger Mann dem klugen Guru begegnet und habe sich von diesem umgarnen lassen. Was die beiden in dem mit Büchern vollgestopften, reetgedeckten Kampener Häuschen Zehrers oder bei Strandspaziergängen alles besprochen haben, wissen wir nicht. Verzichtet man auf Spekulationen, dann lassen die erhaltene Korrespondenz und Springers spätere Erzählungen dreierlei erkennen. Erstens fanden die beiden Ehepaare Zehrer und Springer (er war damals noch mit Katrin verheiratet) einander ausgesprochen sympathisch, zweitens bewunderte Springer in Zehrer den Berliner Journalisten von Welt aus dem Hause Ullstein, und drittens waren sich die beiden einig darin, dass es mit dem Dritten Reich verdientermaßen zu Ende ging, je eher, desto besser. Ob Zehrer damals viel Aufhebens davon gemacht hat, dass er als Herausgeber der *Tat* in den letzten Jahren der Weimarer Republik mit zu deren intellektuellen Totengräbern gehörte, sei dahingestellt.

Jedenfalls darf man als sicher annehmen, dass die beiden sich gründlich austauschten, als Zehrer zwischen Dezember 1945 und März 1946 im Verlagsgebäude Broschek von den Briten mit dem Aufbau der ersten Redaktion der *Welt* beauftragt wurde. Zehrers neue publizistische Karriere wurde dann abrupt beendet, weil aus Kreisen der Hamburger SPD kritisch an dessen politisch fragwürdige Rolle gegen Ende der Weimarer Republik erinnert wurde. Unmittelbar nach der Absetzung Zehrers hatte Springer einen Trostbrief nach Sylt gesandt: »Ich habe noch sehr deutlich unsere Gespräche während der Nazizeit in Kampen in Erinnerung. Wenn mir damals jemand gesagt hätte, daß Sie heute solche Schwierigkeiten haben würden, so hätte ich's für einen schlechten Scherz gehalten.«[213] Er werde »immer ein Propagandist für Hans Zehrer bleiben«. Zehrer antwortete erfreut: Der Brief Springers habe ihn »als erster erreicht«. Der »Abschuß« in Hamburg sei »leider ein Volltreffer geworden«, schrieb er melancholisch, meinte aber dann zutreffend, doch etwas voreilig: »Ich bin nicht zweifelhaft, daß ich wieder auf dem Plan erscheinen werde, und zwar in nicht allzu langer Zeit.«[214] Springer kannte jedenfalls genau die britischen Pläne, aus der *Welt* so etwas wie eine »deutsche *Times*« zu machen, und dieses Bild setzte sich fest. Die frühe Verbindung zu Zehrer verdient an dieser Stelle aber auch deshalb Erwähnung, weil Springer ihn, kaum dass er Eigentümer der *Welt* geworden war, ohne zu zögern zum Chefredakteur ernannte.

Nach seinem Sturz hatte Zehrer zwischen 1946 und 1953 als Chefredakteur des von Bischof Hanns Lilje herausgegebenen *Sonntagsblatts* in Hannover ein anderes Betätigungsfeld gefunden, während die Geschichte der *Welt* jetzt erst richtig begann. Axel

Springer kannte natürlich schon damals in Hamburg jeden nicht ganz unwichtigen Journalisten, saß außerdem gewissermaßen auf den Knien der britischen Kontrolloffiziere und konnte sich somit aus erster Hand über die Vorgänge bei der Zonenzeitung informieren. Er bewunderte damals *Die Welt*, ihr modernes Layout, auch die deutliche Trennung von Nachricht und Meinung. Karl Andreas Voss, der alles, was sich im Hause Broschek tat, mit Argusaugen beobachtete, meinte später, das sei vor allem das Verdienst des britischen Kontrolloffiziers Julius Hollos gewesen: »Es war Hollos, der Typ des Zeitungsmachers, der ganz scharf auf die Nachricht ausging, der einen neuen Typ geschaffen hat, den wir im deutschen Journalismus noch nicht kannten: Überschrift sechs Zeilen fette Borgis, vier Zeilen und so weiter ...«, ein Decrescendo der Nachricht von der Überschrift ins Detail hinein.[215] Auch andere meinten, der aus Prag stammende, dann nach England emigrierte, politisch liberale Hollos sei »die Seele der Zeitung« gewesen.[216] Kein Wunder, dass ihn Springer später wieder zur *Welt* holte.

Mit Hilfe von Voss trat Springer auch bald mit der *Welt* in Geschäftsbeziehungen. Voss, wie erinnerlich einstmals kaufmännischer Direktor bei Broschek und mit dem Verlagsleiter der *Welt* Heinrich Schulte schon aus den Vorkriegsjahren bekannt, gelang es, einen Druckvertrag für das *Hamburger Abendblatt* zu schließen. Je unsicherer gegen Ende der Besatzungszeit wurde, ob und wie lange *Die Welt* noch fortgeführt würde, umso nervöser wurde Springer bei dem Gedanken, wie lange dieser damals für ihn lebenswichtige Druckvertrag fortbestehen würde, wenn die Broscheks wieder frei über ihr Eigentum verfügen durften. Noch besaß er keinen eigenen Maschinenpark und musste befürchten, die Familie Broschek werde nach erfolgter Freigabe ihres Betriebs alsbald mit aller Kraft versuchen, das *Hamburger Fremdenblatt* wiederzubeleben.

In den britischen Akten findet sich ein Briefwechsel aus den Jahren 1949/50 zwischen Springer und den britischen Instanzen. Der für die Leitung der *Welt* zuständige britische Kontrolloffizier, Oberstleutnant McRitchie, weder zuvor noch danach ein besonderer Freund Axel Springers, teilte ihm in einem leicht fischigen Brief mit, »daß nämlich unsere eigene Lage so unsicher ist, daß wir Ihnen keine Sicherheiten in Form einer Vertragsverlängerung bieten können«[217]. Springer hatte aber vorsorglich ein großzügiges Freistellungsangebot für den Fall gemacht, dass *Die Welt* Hamburg vor Ende 1954 verlasse,[218] und erhielt schließlich doch die gewünschte Verlängerung. Es versteht sich, dass er schon mit Blick auf diese Geschäftsverbindung alles, was sich bei der *Welt* tat, genauestens beobachtete. Schließlich war diese auch eine direkte Konkurrenz auf dem Hamburger Zeitungsmarkt, die zweifellos noch gefährlicher würde, wenn sie von den Briten verkauft und in andere Hände übergehen würde.

Mit der *Welt* war es zuerst kontinuierlich aufwärtsgegangen, auch noch nach der Währungsreform. Im Februar 1949 wurde mit 1 005 000 Exemplaren der Höchststand erreicht.[219] Von da an ging's bergab. Immerhin genoss *Die Welt*, die ab 1. Juli 1949 zum täglichen Erscheinen überging, in der Übergangsphase von der Militärregierung zur frühen Bundesrepublik gegenüber den deutschen Zeitungen weiterhin einen beneideten Wettbewerbsvorteil. Sie besaß eine umfangreiche Redaktion, konnte aus dem Londoner Nachrichtenpool schöpfen und hatte in der gesamten Britischen Zone von Hamburg über Essen, wo sich eine zweite große Druckerei befand, bis Köln ein dichtes Vertriebsnetz aufgebaut. Aber sie wurde von der deutschen Konkurrenz und zunehmend auch von den Lesern weiterhin als britische Zeitung betrachtet, die sie ja tatsächlich auch war. Der »Zonenpresserat«, in dem die Verleger von 55 Zeitungen saßen und in dem Springer von Anfang an eine maßgebliche Rolle spielte, wurde deswegen verschiedentlich bei der britischen Informationskontrolle vorstellig.[220] Die britische Kontrollkommission war sich der »latenten Feindschaft«[221] bei den deutschen Zeitungen voll bewusst, wollte aber auf die Möglichkeiten eines von ihr gesteuerten Blattes nicht verzichten. Noch war nicht absehbar, wie lange die westalliierte Kontrollperiode in der jungen Bundesrepublik andauern würde, als diese im Frühherbst 1949 ins Leben trat.

Zumindest wünschten die nun im Bonner Raum angesiedelten Instanzen der britischen Hohen Kommission, auf die endgültigen Eigentumsverhältnisse und die politische Orientierung des Blattes Einfluss zu nehmen. *Die Welt* sollte – wie auch immer das praktisch zu regeln wäre – eine pro-britische Tendenz aufweisen, zugleich natürlich eine zuverlässige Stütze der Demokratie sein, aber auch, obwohl niemand das offen zugab, mit ihrer Orientierung für Ziele eintreten, die der Londoner Regierung als wünschenswert erschienen. Damit hing auch die Frage der künftigen Eigentümerschaft zusammen. Solange in London Labour regierte, gab es in der britischen Hohen Kommission eine starke Neigung, beim Verkauf darauf zu achten, dass die SPD und vielleicht auch die Gewerkschaften in den Leitungsgremien der *Welt*-Gruppe einen maßgeblichen Einfluss erhielten. Umgekehrt wünschte die Regierung Adenauer genau das zu verhindern.

Am 13. September 1949, also wenige Tage vor Bildung der ersten Bundesregierung unter Adenauer, wurde ein neues Statut erlassen. Rechtlich war das Blatt bisher als GmbH betrieben worden. Das Stammkapital in Höhe von 20 000 Reichsmark war vom Oberfinanzpräsidenten zur Verfügung gestellt worden. Gemäß dem neuen Statut mussten nun auf britische Anordnung hin 20 000 D-Mark unentgeltlich an neue Gesellschafter übergeben werden. 90 Prozent der Anteile wurden von sechs deutschen Treuhändern gehalten, von denen zu erwarten war, dass sie den damaligen Erwartungen der britischen Reedukationspolitik entsprachen, zehn Prozent verblieben in englischer Hand. Die Treuhänder waren allesamt bei der *Welt* angestellt, somit von dem in britischem Besitz befindlichen Zeitungsverlag wirtschaftlich abhängig. Der Wert des Unternehmens war natürlich um ein Vielfaches höher als die ursprüngliche Einlage. Schon bei der Umstellung von Reichsmark auf Deutsche Mark lag er bei 1 000 000 D-Mark. Mitte 1950 belief sich das Gesamtvermögen auf 4 200 000 D-Mark.[222]

Ein Beirat nahm faktisch Funktionen wahr, die mit denen eines Aufsichtsrats zu vergleichen waren. Ihm gehörten fünf Personen an: Oberstleutnant Steel McRitchie, britischerseits von 1949 bis 1953 die entscheidende Persönlichkeit und naturgemäß weisungsgebunden. Im Privatberuf war er Verlagskaufmann: »ein Gentleman, manchmal zu temperamentvoll für einen Briten«, zäh, fair und mit der Fähigkeit ausgestattet, die Sache von der Person zu trennen.[223] Deutscherseits war die maßgebliche Figur im Beirat Heinrich Schulte. Nach Rückkehr aus der Gefangenschaft hatte dieser begabte, durchsetzungsfähige Manager erst Druckerei und Vertrieb in Essen in Schwung gebracht und war seit 1948 Verlagsleiter und alleiniger Geschäftsführer des anfangs rasch wachsenden, aber insgesamt schwierigen Unternehmens, das in Hamburg, Essen und Berlin drei Druckorte hatte, in dem seit 1949 ein Chefredakteur auf den anderen folgte, wo die Briten immer noch letztlich das Sagen hatten und dessen Zukunft zusehends unsicherer wurde. Nach der ungesunden Expansion, die bis zur Auflage von einer Million führte, hatte Schulte, so bemerkte Karl Andreas Voss später spitz, aber zutreffend, »das napoleonische Heer über die Beresina zurückzuführen«.[224] Das tat er mit großem Geschick, und bald erwarb Schulte sich den Spitznamen »König Heinrich«.

Dem Beirat gehörten aber ebenso leitende Journalisten der *Welt* an. Der profilierteste war Fritz Küstermeier. Wegen illegaler Tätigkeit für die SPD war er seinerzeit verhaftet worden und zwölf Jahre lang eingesperrt gewesen. Die Redaktion beeindruckte er durch eine – so ein Redaktionsmitglied – »für uns fast unfassbare Freiheit von Haß«.[225] Nach dem Sturz Zehrers setzten die Briten ihn als Chefredakteur ein, wobei anfangs alle wichtigeren Artikel einem britischen Kontrolloffizier vorzulegen waren. Vier Jahre lang nahm dieser ungeschwätzige, präzise und noble Mann die schwierige Aufgabe mit ruhiger Festigkeit wahr, konnte sich aber zu Beginn der Übergangsperiode 1949/50 nicht mehr halten und wirkte jetzt im Beirat mit. Ein weiteres Beiratsmitglied, Bernhard Menne, war in den Jahren vor 1938 maßgeblich im *Prager Mittag* tätig gewesen,[226] alsdann nach London emigriert und verfügte aus diesen Jahren über gute Verbindungen zur Labour Party. Ab 1948 machte er als Chefredakteur die *Welt am Sonntag* zur vielgelesenen Sonntagszeitung. Seine starke Stellung im Beirat resultierte auch aus dem Umstand, dass die *WamS* schöne Gewinne einfuhr, während die Auflage der *Welt* absackte.

Ebenso verwirrend wie die Struktur der Leitungsgremien der *Welt* war in den Übergangsjahren von 1949 bis 1953 auch das Bild, das die Redaktion bot. In dem kurzen Zeitraum zwischen Januar 1950 und dem September 1953, als *Die Welt* an Springer fiel, amtierten hintereinander drei Chefredakteure bzw. ein Dreierkollegium als Chefredaktion. Die politische Linie war widersprüchlich. So unterstützte der persönlich joviale, aber politisch stockkonservative Leitartikler Adalbert Worliczek bedingungslos den Westkurs Adenauers, auch dessen heftig umstrittene Bereitschaft zu einem deutschen Verteidigungsbeitrag, während ein Großteil der stark von Küstermeier geprägten Redaktion viel eher mit der SPD sympathisierte. Generationsgegensätze kamen hinzu, Auseinandersetzungen zwischen Redaktion und Beirat, desgleichen Spannungen, die aus dem Umstand resultierten, dass auch die Redaktion einem Schrumpfungsprozess unterlag.[227]

Unvermeidlicherweise konnte sich somit *Die Welt* der heftigen politischen Polarisierung zwischen Regierung und Opposition nicht entziehen, welche die damalige Frühphase der Bundesrepublik prägte. Dass die Briten sich zurückziehen würden, war offensichtlich. Doch wem würde das Blatt zufallen? Oder noch präziser gesagt: Wem würde die britische Kontrollkommission die wichtige Zeitung in die Hände spielen? In diesem Zusammenhang war die politische Lage in London nicht ganz unwichtig. Dort regierte bis zum Oktober 1951 Labour, wo SPD und Gewerkschaften naturgemäß auf eine gewisse Sympathie rechnen konnten. Seit Oktober 1951 amtierte aber wieder Winston Churchill an der Spitze der Konservativen.

Aus Sicht der Regierung Adenauer waren die Verhältnisse bei der *Welt* unerfreulich. Aufgrund seiner bisherigen Tätigkeit als CDU-Vorsitzender in der Britischen Zone vermochte Adenauer die Bedeutung dieser Zeitung bestens einzuschätzen. Auch durch seinen kurzzeitigen Pressechef Paul Bourdin, zuvor ebenso kurz Chefredakteur der *Zeit*, war er mit den dortigen Gegebenheiten bestens vertraut. Die Jahre 1950 und 1951 waren die schwierigsten in Adenauers gesamter Amtszeit. Die Umfragewerte sanken in den Keller. Bei den Auseinandersetzungen um einen deutschen Wehrbeitrag zeigten sich erhebliche Teile der veröffentlichten Meinung gleichfalls kritisch. Somit war der Bundeskanzler geradezu verzweifelt bemüht, Einfluss auf die Presse zu gewinnen. Was er mit der *Welt* und auch mit der *dpa* unter dem Sozialdemokraten Fritz Sänger im Sinn hatte, teilte ein Informant der britischen Kontrollkommission brühwarm mit. Bei einer Besprechung im engsten Kreis habe der Bundeskanzler »sofortige Aktion« verlangt mit dem Ziel, sich dieser beiden Objekte »zu bemächtigen«.[228]

Adenauers wichtigster Mitstreiter beim Griff nach der *Welt* war der *Zeit*-Verleger und CDU-Abgeordnete Gerd Bucerius. Adenauer hielt damals große Stücke auf Bucerius und dieser auf Adenauer. Beide hatten sich das Temperament scharfer Rechtsanwälte bewahrt, die keinem Streit aus dem Weg gehen und lieber einen Prozess zu viel als zu wenig führen. Adenauer machte somit Bucerius zum Beauftragten für die Verhandlungen mit den Briten über das Schicksal der *Welt.* Sein diesbezügliches Schreiben war von lakonischer Kürze: »Sehr geehrter Herr Bucerius! Halten Sie bitte *Die Welt* an der Hand.«[229] Erwähnenswert ist in diesem Zusammenhang, dass auch Bucerius und Springer in der ersten Hälfte der fünfziger Jahre in gutem Einvernehmen miteinander standen.[230]

Im Sommer 1950 schon hatte Bucerius die Beamten des Bundesfinanzministeriums auf Trab gebracht, gegen die von den Briten verfügte Übertragung des Stammkapitals der *Welt* auf die derzeitigen Gesellschafter erforderlichenfalls mit einer Anfechtungsklage vorzugehen.[231] Begründung: Die 20 000 D-Mark Stammkapital seien in vollem Umfang vom seinerzeitigen Oberfinanzpräsidenten zur Verfügung gestellt worden und somit als Reichsvermögen anzusehen. Tatsächlich – so das Ziel – gehöre *Die Welt* also gar nicht den Briten, sondern dem Bund in seiner Eigenschaft als Rechtsnachfolger des Deutschen Reiches. Weshalb die Bundesregierung diesen Vorstoß unternehmen sollte, ging aus einer diesbezüglichen Aufzeichnung des Bundesfinanzministeriums deutlich hervor: »Die nunmehrigen Inhaber der Geschäftsanteile sind die Angestellten des Verlages *Die Welt.* Soweit bekannt, gehören die deutschen Gesellschafter der Sozialdemokratischen Partei an oder stehen ihr zumindest ideenmäßig nahe.«[232] Adenauer entschloss sich, auf dem Wege einer vorsorglichen Anfechtungserklärung gegen die Hohe Kommission vorzugehen, und ließ sich das im Bundeskabinett absegnen.[233]

Unter den Bedingungen des Jahres 1950 war das eine Frechheit, und so sahen das auch die Briten. Doch Bucerius mit Adenauer im Hintergrund versuchte im Zusammenspiel mit dem Bundespresseamt erst einmal von dieser Position aus durchzukommen, wenngleich vergeblich. Wie er sich die Weiterentwicklung vorstellte, ging aus einer kurzgefassten Denkschrift an Adenauer vom 1. Dezember 1950 hervor, wo er nicht mit Kritik sparte: »*Die Welt*, in der Zeit der englischen Leitung der Redaktion journalistisch hervorragend, ist heute gerade mittelmäßig, ein Generalanzeiger mit gutem (aber auch schlechter gewordenem) Nachrichtendienst. Nichts an dem Blatt rechtfertigt die Heraushebung zu einer besonderen oder gar nationalen Institution.« Bucerius zog daraus den Schluss: »Ich glaube nicht, dass eine Zeitung ohne starke Verlegerpersönlichkeit leben kann; am wenigsten eine überregionale Zeitung mit hohem Niveau ... Man sollte das Unternehmen im ganzen zu einem möglichst hohen Preis verkaufen. Mögliche Käufer wären z. B.: Broschek, Dumont-Schauberg (früher *Kölnische Zeitung*), Springer-Verlag Hamburg, die Gewerkschaften (die schon eine große Wochenzeitung, die *Welt der Arbeit*, haben).«[234]

Damit war in knappen Worten, auch schon unter Bezugnahme auf Springer, mit dem sich Bucerius damals gut verstand, bereits jene Lösung skizziert, zu der es auf manchen Wegen und Umwegen im Herbst 1953 dann kommen sollte. Böse Zungen seitens der britischen Presseoffiziere flüsterten allerdings: Wenn Bucerius fordere: »Verkauft *Die Welt* an den Höchstbietenden!« und »Ein starker Verleger muss her!«, denke er dabei an sich selbst.[235] Dieser Meinung waren übrigens auch alle Deutschen, die damals bei der *Welt* das Sagen hatten. Ihre Missstimmung ergab sich auch aus dem Umstand, dass Bucerius keinen Hehl aus seiner Verachtung für das derzeitige Management machte – »Herren zweiter Garnitur«.[236]

Es lohnt nicht, auf die verschiedenen Lösungsmodelle einzugehen. Natürlich versuchte auch die SPD-Opposition in ihrem Sinne auf die Entwicklung Einfluss zu nehmen. Schließlich verlor man bei der Hohen Kommission die Geduld. Der britische Hohe Kommissar richtete ein persönliches, an Deutlichkeit nicht zu überbietendes Schreiben an Adenauer, in dem er dessen Aufmerksamkeit auf »die Tätigkeit von Beamten des Bundesministeriums der Finanzen« lenkte, die ihn mit Besorgnis erfülle. Er bat den Bundeskanzler, dieser Angelegenheit seine persönliche Aufmerksamkeit zu schenken, ersuchte ihn, die eingeleiteten Rechtsschritte zurückzunehmen, und drohte, andernfalls könne er die »Welt-Verlagsgesellschaft« nicht daran hindern, den Streitfall vor deutsche Gerichte zu bringen.[237] Wie die vier dicke Leitz-Ordner füllenden britischen Akten über das Hin und Her in den Jahren 1950 bis 1953 erkennen lassen, waren die Briten selbstverständlich bis ins Detail darüber informiert, dass der Angriff auf ihre Positionen bei der *Welt* auf Adenauer höchstpersönlich zurückging. Dieser musste nun wohl oder übel klein beigeben[238] und das Kabinett über die gescheiterte Attacke informieren, um den Anfechtungsbeschluss formell zurücknehmen zu lassen,[239] obschon der kämpferische Bucerius weiterhin für eine gerichtliche Klärung plädierte.[240]

Adenauer zog sich vorerst zurück, Kirkpatrick, der britische Hohe Kommissar, genauso. Doch spätestens jetzt wussten alle Beteiligten, dass das Schicksal der *Welt* eine Frage der hohen Politik war. Die Verkaufsverhandlungen mit Springer sind ohne Kenntnis dieser Vorgeschichte überhaupt nicht zu verstehen.

Eine Reihe von Vorgängen trieb die Sache nun voran. *Die Welt* geriet 1951 in die roten Zahlen. Im Herbst 1951 wurde Labour abgelöst, so dass sich das Netzwerk der SPD in London nun noch viel schwerer aktivieren ließ als zuvor. Und spätestens seit Unterzeichnung des Deutschlandvertrages im Mai 1952 war auch allen britischen Instanzen sonnenklar, dass die westlichen Regierungen und deren Bürokratien in Deutschland alles zu unterlassen hatten, was den Wahlsieg Adenauers bei der Bundestagswahl 1953 gefährden könnte.

Im April 1952 entschied sich die britische Hohe Kommission, *Die Welt* meistbietend zu verkaufen, natürlich ohne Gefährdung ihrer demokratischen Überparteilichkeit und – so wollten es die britischen Instanzen weiterhin – unter stillschweigender Voraussetzung einer englandfreundlichen Orientierung des künftigen Verlegers. Die Norddeutsche Bank, bei der *Die Welt* verschuldet war, wurde beauftragt, vertrauliche Verhandlungen mit den Interessenten zu führen. Auf Basis dieser Verhandlungen sollte dann der Beirat mit den Kaufinteressenten weiter verhandeln und sich für den Käufer entscheiden, bei letztinstanzlicher Zuständigkeit Londons. Naturgemäß traten nun sehr praktische Gesichtspunkte in den Vordergrund, nämlich die technische und finanzielle Leistungsfähigkeit der Käufer und deren Reputation auf dem Zeitungsmarkt. Vor allem die Briten waren daran interessiert, genau über die finanziellen Hintergründe der Interessenten informiert zu werden. Ihre Sorge war groß, finanziell potente, aber hochkonservative Alt-Verleger mit fragwürdiger politischer Vergangenheit könnten über Strohmänner zum Zuge kommen. Von den Kaufinteressenten wurde somit der Nachweis verlangt, dass sie den Kauf möglichst mit eigenem Geld tätigen konnten oder doch über die Herkunft der Mittel genaue Auskunft gaben. In dieser Situation wurden die deutschen Mitglieder des Beirats, die Bucerius als »Herren der zweiten Garnitur« apostrophiert hatte, zu Schlüsselfiguren, überwacht zwar noch, aber nicht mehr zu bremsen durch den britischen Vorsitzenden, Oberstleutnant Steel McRitchie.

Naturgemäß fanden sich verschiedenste Interessenten. Schon in der zweiten Jahreshälfte 1952 zeichnete sich aber mit der Ullstein AG eine Lösung ab, gegen die keine Seite prinzipielle Einwände erheben konnte. Die Restitution des im Dritten Reich entwendeten Ullstein-Vermögens war einer der berühmten Wiedergutmachungsfälle. Inzwischen hatte die Verlagsleitung mit Karl Ullstein wieder ihren Sitz in Berlin genommen, und die Familie stand überall erneut in hohem Ansehen. Bereits im Herbst 1952[241] hatte das Foreign Office signalisiert, mit Ullstein im Prinzip einverstanden zu sein. Erhebliche Zweifel bestanden allerdings, ob die Bundesregierung mit dieser Lösung zufrieden sein würde. Das Hauptproblem jedoch lag darin, dass sich die Ullsteins mit den Verhandlungen viel zu lange Zeit ließen. Weshalb, war nicht ganz klar. Wahrscheinlich konnten sich die eigenwilligen Mitglieder der ausgedehnten Familie untereinander nicht rechtzeitig einigen. Im März 1953, als sich die Bundestagswahl bereits am Horizont ankündigte, verhandelte man immer noch mit den Ullsteins, daneben mit der SPD-nahen *WAZ*-Gruppe als Alternative.[242] Nur von diesen beiden lagen differenzierte, ernsthafte Angebote vor. Bucerius, der sich anfangs ebenfalls beworben hatte und von dem man annahm, dass er die Unterstützung der Bundesregierung besaß, kam nicht mehr in Frage. Deutlich war die starke Position der deutschen Mitglieder des Beirats, ganz besonders des mächtigen Betriebsleiters Heinrich Schulte und von Bernhard Menne, dessen *Welt am Sonntag* sich zur tragenden Säule der Verlagsgruppe entwickelt hatte. Bei ihnen verband sich naturgemäß die Frage nach dem Käufer mit Unsicherheiten über die eigene kurz- und mittelfristige Zukunft. Daher ihr zeitweiliges Bestreben, die Entscheidung am liebsten bis nach der Bundestagswahl hinauszuzögern.[243]

Bundespressechef von Eckardt, das Sprachrohr Adenauers, verhielt sich in dieser Phase verdächtig schweigsam. Das Foreign Office drängte darauf, jetzt möglichst rasch mit Ullstein abzuschließen, sofern dieses Haus nur mit den im Einzelnen komplizierten Erwartungen einverstanden wäre. Dabei spielte einerseits der britische Wunsch eine Rolle, finanziell möglichst günstige Bedingungen zu erzielen, andererseits stand auch die Bedingung im Raum, aus einem kleineren Teil des Vermögens der *Welt*-Gruppe (25 bis 30 Prozent) eine Stiftung zu errichten, um mit deren Hilfe die Unabhängigkeit der Zeitungen zu gewährleisten. Mitte April tauchten in der Presse schon Spekulationen auf, Ullstein habe *Die Welt* gekauft. Daraufhin erschien am 17. April in dem Blatt ein Dementi des Inhalts, Verhandlungen mit Ullstein seien schon längere Zeit im Gang, aber noch nicht abgeschlossen; außerdem machten auch die Verhandlungen mit anderen Interessenten Fortschritte,[244] was nunmehr zu besorgten Telefonaten von Ullstein führte.

Genau in diesem Moment betraten Springer und Karl Andreas Voss die Bühne. Man muss die beiden im gleichen Atemzug nennen. Alles deutet auf Voss als den eigentlichen Kopf bei dieser komplizierten Transaktion. Am 14. April fand der erste Besuch von Springer und Voss bei Direktor Bechtolf von der Norddeutschen Bank statt, bei dem die beiden das »sehr ernsthafte« Kaufinteresse des Springer-Verlags darlegten.[245] Springer selbst hat sich nie zusammenhängend über die *Welt*-Kampagne geäußert. Ihr Verlauf ist aber aus den Tag für Tag zwischen den britischen Instanzen hin- und hergehenden akribischen Fernschreiben und Briefen rekonstruierbar. Rückblickend meinte Voss zutreffend, Springer sei bei dem Kaufentschluss noch nicht ausschließlich politisch motiviert, sondern von verschiedenen Beweggründen bestimmt gewesen. Ein Hauptmotiv: *Die Welt* war nun einmal auf dem Markt, und das musste jeden Verleger reizen. Der Prestigeaspekt spielte eine wichtige Rolle. Dazu kam der Wunsch, eine Konkurrenz zum *Hamburger Abendblatt* möglichst zu verhindern. Den Zeitungsmacher Springer, und auch das klingt glaubhaft, habe es zudem gereizt, noch einen anderen Typ Zeitung unter dem Verlagsdach zu haben. Er soll gesagt haben: »Ich habe nun *Abendblatt*, habe *BILD*, das ist nun der dritte Typ.«[246] Als die Verhandlungen einsetzten, begründeten Springer und Voss ihr Interesse vor allem auch damit, ab Herbst 1954 im eigenen Hamburger Verlagsgebäude freie Druckkapazität zu bekommen, während die Ruhrgebietsausgabe von *BILD* in der bisherigen *Welt*-Druckerei in Essen hergestellt werden könne.[247]

Wenn auch die Motive Springers damals noch nicht politischer Natur waren, so wusste er doch genau, dass sein Vorstoß zu so später Stunde der politischen Absicherung bedurfte. Ein kennzeichnender Brief ist erhalten geblieben, den er am Silvestertag 1952 an Günther Diehl in Bonn schrieb, damals Leiter des Pressereferats im Auswärtigen Amt. An seinen allzeit vergnügten außenpolitischen Redakteur beim *Hamburger Abendblatt*, der beim Diktat des Leitartikels stets einen Hut aufsetzte, erinnerte er sich immer noch gern und begann leicht seufzend: »Ich reise sehr ungern nach Bonn, was Sie sicherlich verständlich finden werden. Andererseits bedauere ich es, relativ wenig vom dortigen politischen Leben zu hören.« Hamburg liege »doch sehr am Rande der politischen Ereignisse«. »Ein neues, wohl schicksalsschweres Jahr will beginnen«, fuhr er dann fort und lud Diehl nach Hamburg ein: »Ich möchte so gern in ganz vertrautem Kreise in Ruhe bei mir zu Hause die politische Zukunft im Zusammenhang mit den Springer-Objekten erörtern. Es ist meine Überzeugung, daß Sie uns dabei am besten helfen könnten.« Der Teilnehmerkreis solle sich auf Otto Siemer, Rudolf Michael und Karl Andreas Voss beschränken.[248] So warf Springer in diesen Wochen seine Netze aus.

In ähnlicher Weise knüpfte er Fäden zum Pressesprecher und damaligen Intimus Adenauers, Felix von Eckardt, und zu Erik Blumenfeld. Von Eckardt war für die Hamburger Presseszene besonders aufgeschlossen. Sein Vater war einstmals Redakteur beim *Hamburger Fremdenblatt* gewesen. Blumenfeld und von Eckardt arrangierten dann den Termin bei Adenauer am Rande des Hamburger CDU-Parteitags Ende April 1953. Zu Bucerius vermied Springer in Sachen Kauf der *Welt* einen Kontakt. Als er nämlich zwei Tage nach dem Besuch in der Deutschen Bank beim zuständigen Beamten der Hohen Kommission vorsprach, wo es schon stark zur Sache ging, äußerte er nämlich die Vermutung, »Ullstein-Bucerius« wollten wohl auch *Die Welt* kaufen, vernahm aber bei dieser Gelegenheit, dass Bucerius bei Ullstein nicht mit von der Partie sei.[249]

Schon beim ersten Gespräch in der Norddeutschen Bank fiel dem dortigen Direktor auf, dass Springer und Voss offensichtlich sehr gut über die Preiserwartungen unterrichtet waren, die bei den Verhandlungen mit Ullstein eine Rolle spielten.[250] Fragt man, woher dieses Wissen stammen konnte, so liegt die Antwort auf der Hand: von Heinrich Schulte. Voss und Schulte waren alte Bekannte, und allem Anschein nach hatte sich Schulte zu einem Deal mit Springer entschlossen. Bernhard Menne, auf den es im Beirat gleichfalls mit ankam und dessen Position im Fall eines Verkaufs an Ullstein oder die *WAZ*-Gruppe besonders gefährdet war, drehte gleichfalls bei. Wirtschaftlich gesehen war der Kauf durch Springer aus beider Sicht die optimale Lösung. Ob und wann Schulte und Menne die Zusage erhielten, im Fall des Kaufs mit zeitlich unbeschränkten Verträgen ausgestattet zu werden, ist nicht mehr zu eruieren. Aus den britischen Akten ist erkennbar, dass die Frage von Vertragsverlängerungen oder Abfindungen schon 1952 mit den Briten heftig erörtert worden war.[251] Erfahrungsgemäß spielt die Weiterbeschäftigung der Spitzenleute bei großen Verkäufen oft eine wichtige, doch schwer nachweisbare Rolle.

Der britische Beiratsvorsitzende Steel McRitchie roch den Braten sofort.[252] Als er seinen Vorgesetzten von dem Gespräch zwischen dem Beirat, Springer und Voss berichtete, meinte er in einer Mischung aus Verärgerung und Bewunderung, es sei ein »gut inszeniertes Treffen gewesen, bei dem jeder einzelne Schritt offensichtlich im vorweg arrangiert gewesen sei«. Allem Anschein nach waren Springer und Voss, dabei unterstützt von den deutschen Beiratsmitgliedern, jetzt entschlossen, in das Angebot Ullsteins einzusteigen und es, falls erforderlich, zu überbieten. Springer machte jede Konzession, um die mit Ullstein gerungen werden musste, beruhigte Schulte und Menne bezüglich ihres Schicksals und war bereit, auf alle britischen Bedingungen einzugehen. Der Verkaufspreis von 1,3 Millionen könne schneller gezahlt werden als von den anderen Kandidaten. Das Recht der in Aussicht genommenen Stiftung, jede Schließung der *Welt*-Betriebe in Hamburg oder Essen mit einem Veto zu verhindern, wurde genehmigt. Eine Entlassung von Schulte und Menne bedürfe auch der Zustimmung der Stiftung. Die *Welt*-GmbH solle völlig unabhängig vom Springer-Verlag bleiben, die Springer-Gruppe werde nur die gegenseitige Benutzung der Betriebe, des Maschinenparks, des Transports und des Vertriebs ermöglichen. Die Gewinne aus der *Welt*-Gruppe sollten zwei Jahre lang nur bei ihr investiert werden. Wenn das Springer-Gebäude Ende 1953 fertig sei, könne *Die Welt* dort einziehen. Einen besonderen Trumpf hatte sich Springer bis zum Schluss aufgespart, als er wissen ließ, er werde zusammen mit Herrn Voss abends den Bundeskanzler treffen. Höflich bat er um die Erlaubnis, Adenauer darüber informieren zu dürfen, dass auch der Springer-Verlag jetzt unter den Kaufinteressenten sei.

Zusammenfassend konstatierte McRitchie: Wirtschaftlich sei das unzweifelhaft die beste Lösung für *Die Welt* und, so fügte er hinzu, auch für die deutschen Beiratsmitglieder. Für London sei der Vorschlag gleichfalls attraktiv, da der Kaufpreis früher gezahlt werde als von den anderen Gruppen. Nach dem Zusammentreffen mit Adenauer sei wohl auch mit dessen Unterstützung zu rechnen. Dasselbe gelte für den Hamburger Senat. Das entscheidende Argument gegen Springer sei aber, führte McRitchie weiter aus, dass der Kauf der *Welt* ihn zum mächtigsten Verleger in Deutschland machen werde. Schon jetzt sei Springer mit dem *Abendblatt,* mit *BILD* und mit der schon im Planungsstadium befindlichen *Bild am Sonntag* »unangreifbar«. Obwohl Springers Angebot die besten wirtschaftlichen Aussichten für *Die Welt* biete, müsse man sehr daran zweifeln, ob die britische Regierung ein so weitreichendes Monopol zulassen solle.[253] Bei dieser ablehnenden Position blieb McRitchie von nun an und erwirkte, dass seine formell niedergelegten Besorgnisse auch dem Foreign Office mitgeteilt wurden.

Perfekt im Timing folgte auf die gut verlaufenen ersten Gespräche das Zusammentreffen mit Adenauer am 21. April 1953. Dieser hatte eben seinen ersten, sehr erfolgreichen Besuch in Washington absolviert und flog wie ein Triumphator nach Hamburg zurück, wohin die CDU für den 18. bis 21. April ihren Bundesparteitag anberaumt hatte. Der Parteitag eröffnete die Vorwahlkampfperiode für die Bundestagswahl, die kurz danach auf den 6. September terminiert wurde und der CDU in einer Art Erdrutsch fast die absolute Mehrheit bescheren sollte. So weit gingen die Hoffnungen im April 1953 aber noch nicht. Der CDU war jedenfalls klar, dass sie sich vor allem im Norden der Bundesrepublik, das hieß zugleich: unter der evangelischen Wählerschaft, entscheidend verbessern musste. Der Parteitag in Hamburg signalisierte ihre stark auf Norddeutschland zielende Wahlstrategie. In diesem Zusammenhang spielte natürlich die Presse eine entscheidende Rolle. Ein Verleger wie Springer, dessen Zeitungen und Zeitschriften über wachsenden Einfluss geboten, musste zumindest in der Grundlinie wohlwollender Überparteilichkeit bestärkt werden.

Dass die Springer-Presse schon auf dem Wege dorthin war, bestätigte der aufstrebende CDU-Politiker Erik Blumenfeld dem Bundeskanzler. Das *Hamburger Abendblatt*, versicherte er ihm, »ist eine sehr geschickt gemachte bürgerliche Zeitung, die in alle Lager hineinstrahlt und uns, in Sonderheit in den letzten 12 Monaten, große Dienste geleistet hat«.[254] So war es naheliegend, dass sich Adenauer trotz seines vollgepackten Kalenders, der nicht einmal die Teilnahme am gesamten Parteitag erlaubte, die Zeit für einen Termin mit Springer nahm, den er noch nicht persönlich kannte. Diese erste Begegnung, der bis zu Adenauers Tod zahlreiche weitere folgten (viele aus Sicht der beiden positiv, andere sehr stürmisch), verlief sichtlich günstig. Sie überzeugte Adenauer davon, dass Springer der richtige Käufer für *Die Welt* sei. Man darf annehmen, dass vor allem Felix von Eckardt den Bundeskanzler in dieser Einschätzung bestärkte.

Selbstverständlich wirkte der Empfang bei Adenauer wie ein Signal, ganz besonders auf die Spitze der britischen Hohen Kommission. Wie die folgenden Monate zeigten, verstand es Adenauer, soweit das in seiner Macht stand – und diese war bereits sehr beachtlich –, alle zwischenzeitlich bei den Briten auftauchenden Schwierigkeiten aus dem Weg zu räumen. Wie Springer seinen berühmten Charme einsetzte und was im Einzelnen besprochen wurde, wissen wir nicht. Das interessanteste Detail erzählte Springer kurz danach Heinrich Schulte. Als er dem Kanzler davon Mitteilung machte, dass er jetzt auch unter den Kaufinteressenten sei, habe sich Adenauer mit der Bemerkung an von Eckardt gewandt: »Ich dachte, diese Sache ist schon vor drei Wochen mit Pferdmenges abschließend geregelt worden.« Als Financier und Strippenzieher für die CDU war der mit Adenauer befreundete Bundestagsabgeordnete und Bankier Pferdmenges bereits in den frühen Jahren der Bundesrepublik eine Legende. Schulte gab diese Information an McRitchie weiter, und dieser vermutete daraufhin, vielleicht zu Recht, Ullsteins Bankkredit komme von der Oppenheim-Bank.[255] Dies würde Adenauers Zurückhaltung in den voraufgegangenen Monaten erklären: Er wäre demnach mit dem Verkauf an das mit Pferdmenges liierte Haus Ullstein einverstanden gewesen. Von Eckardt hat übrigens später brieflich abgestritten, zwischen Adenauer und Springer sei überhaupt vom Kauf der *Welt* gesprochen worden; Springer habe das erst nach dem Gespräch offenbart. Doch dieser Brief war an einen Verleger gerichtet, der den Verkauf an Springer verhindern wollte,[256] und von Eckardt wusste genauso gut wie Adenauer, dass es drei Arten von Wahrheit gibt: die Wahrheit, die reine Wahrheit und die lautere Wahrheit.

Jetzt schien alles wie geschmiert zu gehen. Am 6. Mai reichte Springer ein differenziertes Kaufangebot ein. Ullstein protestierte gegen die Berücksichtigung des spät eingestiegenen Springer-Verlags, musste sich aber sagen lassen, *Die Welt* würde Ullstein schon längst gehören, hätten seine Leute die Verhandlungen nicht so lange hingeschleppt.[257] Im Ganzen aber nahm Kurt Ullstein die Schlappe sportlich.[258] Von einem Konkurrenten abgehängt zu werden mehrt zwar nie das Prestige, doch wahrscheinlich waren die Ullstein-Erben, so mutmaßten die Briten, tatsächlich nicht so recht kaufbereit.[259] Im Übrigen hatte Springer wie ein Gentleman gehandelt und Karl Ullstein gleich zu Beginn darüber informiert, dass auch er nun die *Welt*-Gruppe zu erwerben wünsche.[260]

Am 12. Mai befasste sich der Beirat mit den Angeboten und entschied sich mehrheitlich mit den Stimmen der deutschen Beiratsmitglieder, der Hohen Kommission Springer als Käufer vorzuschlagen. McRitchie stimmte dagegen und begründete dies wie folgt: »Es würde gegen den Sinn seiner 7jährigen Arbeit in Deutschland verstoßen, wenn er nunmehr helfen würde, ein Empire im Verlagswesen Deutschlands zu schaffen.«[261] Den Gesellschaftern, allesamt Verlagsangestellte, die sich vom Verkauf an Springer eine gesicherte Zukunft erhofften, blieb keine andere Wahl, als ihre Anteile zurückzugeben.[262]

An der Spitze der Hohen Kommission, wo der Springer gewogene Pressechef Lance Pope für den Hohen Kommissar Sir Ivone Kirkpatrick dessen Schriftsätze ausarbeitete, schien jetzt der Verkauf an Springer die ideale Lösung. McRitchies Bedenken, mit Springer wachse in Deutschland ein neuer Hugenberg heran, wurden als unbegründet beiseitegeschoben.[263] In den Persönlichkeitsprofilen, die damals für London erstellt wurden, fehlte nie der Hinweis, Springer sei »persönlich sehr englandfreundlich« und habe seit 1945 beste Beziehungen zu den britischen Dienststellen unterhalten. »Er ist intelligent, belesen, bewundert die britische Lebensart und bekundet ein spürbares Bestreben, so auszusehen und sich so zu geben wie das, was er für einen britischen Gentleman hält«, schrieb Lance Pope mit leichter Herablassung. Er gehöre keiner Partei an. In der ersten Nachkriegszeit habe er zur SPD tendiert, zum einen aus Hass gegen die Politik der ehemaligen deutschen Rechten, zum anderen, weil er es allein den Sozialdemokraten zutraute, wenigstens etwas aus dem Schiffbruch zu retten. Als ein Mann von unabhängiger Einstellung habe er sich aber bald von der SPD abgewandt. »Ein fortschrittlicher, unabhängiger Liberaler«, so könne man ihn am ehesten bezeichnen. Ein gewisses Anzeichen von Instabilität sei nur in seinen Eheverhältnissen zu sehen. Er sei (so schrieb Pope fälschlich und etwas voreilig) schon dreimal geschieden und lebe gegenwärtig mit seiner Geliebten zusammen. Das sei ihm aber nie vorgeworfen worden und habe »keinesfalls irgendwie seine Effizienz beeinträchtigt«.[264]

Von besonderer Bedeutung für die Hohe Kommission war der Umstand, dass Springer jetzt sowohl die Unterstützung Adenauers als auch Max Brauers besaß.[265] Dass Max Brauer den jungen Axel Springer als eine Art Liebling betrachtete, war bekannt. Doch entscheidend für Brauer war wohl der Gesichtspunkt, dass *Die Welt* beim Kauf durch Springer sicher in Hamburg verblieb. Im Übrigen spürte die Hamburger SPD schon damals, wie wichtig das *Hamburger Abendblatt* für die Stimmung in der breiten Öffentlichkeit war. 1953 war somit die Einstellung in der Hamburger Politszene gegenüber dem Springer-Verlag schon ähnlich wie bald darauf die der Bonner Politiker gegenüber der *Bild*-Zeitung und der *Welt*: Niemand wollte es sich mit dem mächtigen Verleger verderben.

So schien bereits alles in trockenen Tüchern, auch aus Sicht Adenauers und der Hamburger CDU. Doch am 19. Mai richtete der wachsame Erik Blumenfeld, dazu höchstwahrscheinlich von Springer veranlasst, einen alarmierten persönlichen Brief an Adenauer: »In der Angelegenheit Verkauf *Die Welt* lief alles bis vor einigen Tagen nach Plan und Wunsch, wie Sie ja aus London schon wissen. In diesen Tagen ist die Firma Broschek & Co. aufgetreten und macht Ansprüche geltend aufgrund moralischer Forderungen aus der Vergangenheit des *Hamburger Fremdenblatts* und der Tatsache, dass die Druckerei-Maschinen in den Gebäuden der Firma Broschek & Co. in Hamburg seit Jahr und Tag *Die Welt* herstellen. Ich möchte hierzu bemerken, daß die Firma Broschek & Co.

in keiner Weise weder durch die Gesellschafter, noch durch die geschäftlichen Persönlichkeiten geeignet ist, unser politisches Vertrauen zu besitzen.«[266] Adenauer sandte den Brief postwendend an von Eckardt und ließ Blumenfeld mitteilen, »daß er sich der Sache der *Welt* annehmen werde«.[267]

Was war geschehen? Offenbar funktionierte die zeitliche Synchronisation im damaligen Hamburg perfekt. Im Februar 1953 hatte die britische *Property Control Division* die beschlagnahmten Teile des Broschek-Vermögens endlich freigegeben – mit welchen Absichten gerade damals, als die Verhandlungen über den Verkauf der *Welt* in vollem Gange waren, ist unbekannt. Doch der Hamburger Senat hatte alsbald Einspruch dagegen eingelegt. Broschek klagte daraufhin beim Hamburger Landesverwaltungsgericht. Am 11. Mai, genau einen Tag vor der entscheidenden Sitzung des Beirats der *Welt*, bei der die Entscheidung für den Verkauf an Springer gefallen war, hatte das Gericht die Freigabe der Broschek'schen Unternehmen und die Absetzung des Treuhänders angeordnet. Tags darauf hielten die bislang zerstrittenen Erben (zwei Töchter des 1946 verstorbenen Firmenchefs Kurt Broschek, die auch die Vormundschaft für die Enkel wahrnahmen) eine Gesellschafterversammlung ab und fassten den Beschluss, sich unter Verweis auf ihr »moralisches Recht«, alsbald um den Kauf der *Welt* zu bewerben.[268] Es erstaunt nicht, dass McRitchie und der mit ihm zusammenspielende Vorgesetzte beim britischen Hohen Kommissar, Michael Robb, sich unverzüglich zu entschiedenen Befürwortern der moralischen Ansprüche der Broscheks machten. Ebenso wenig kann erstaunen, dass der Hohe Kommissar Kirkpatrick, Adenauer und auch die politische Szene Hamburgs dies, den Blick fest auf den Wahltag gerichtet, mit schönen, bedauernden Worten beiseitewischen wollten.

Broschek verfügte jedoch über Anwälte mit offenbar guten Verbindungen nach London. Irgendwie gelang es der Broschek-Lobby, bis zum amtierenden Staatssekretär Frank Roberts durchzudringen. Zum Befremden des Hohen Kommissars[269] kamen London plötzlich erhebliche Bedenken bezüglich des schon fast perfekten Kaufs.[270] Broscheks »moralischer Anspruch« schien nicht unberechtigt, Rechtsbedenken des britischen Finanzministeriums gegen bestimmte Aspekte des komplizierten Verkaufs wurden erwähnt, eine Verbesserung des Angebots von Springer sollte erreicht werden.

Das Hin und Her hat seinen Niederschlag in einem großen Berg britischer Akten gefunden. Was alles an verschlungenen Motiven eine Rolle spielte, ist schwer zu durchschauen und interessiert auch nicht mehr. Nicht ganz auszuschließen ist, dass das nunmehr unablässige Drängen Adenauers über seine engsten Mitarbeiter Blankenhorn und von Eckardt in London für Verstimmung sorgte. Die deutsch-britischen Beziehungen waren in jenen Monaten etwas aufgeraut, seit Churchill am 15. Mai 1953 im Unterhaus einen leidenschaftlichen Appell an die Nachfolger des im März 1953 verstorbenen Stalin gerichtet und ein Gipfeltreffen angeregt hatte. Das passte weder in Adenauers Wahlkampfplanung noch in die Ostpolitik der neuen Eisenhower-Administration. Der Volksaufstand in der DDR am 17. Juni und ein leichter Schlaganfall Churchills kurz darauf beendeten allerdings die Hoffnungen auf ein Tauwetter im Ost-West-Konflikt.[271]

Vor diesem weltpolitischen Panorama, das sich zu allem Überfluss auch noch im Vorfeld der Bundestagswahl entfaltete, war der Verkauf der *Welt* zwar nur ein Thema dritter Ordnung, aber aus Sicht hoher Herren im Foreign Office könnte es sich eben deshalb geeignet haben, dem viel zu selbständigen Bundeskanzler zu zeigen, dass die Bundesrepublik immer noch dem Besatzungsstatut unterlag. Jedenfalls hatte London keine Bedenken, die Sache monatelang in der Schwebe zu lassen – dies im klaren Wissen darum, dass Adenauer auf einen alsbaldigen Abschluss noch vor der Bundestagswahl drängte. Den Akten lässt sich indes nur entnehmen, dass die Briten auf alle Fälle von Springer noch größeres Entgegenkommen auf verschiedenen Feldern erwarteten. Ein Hauptproblem war die Tatsache, dass sie zusätzlich für »London Services« die ganz ungebührliche Summe von einer Million D-Mark verlangten. Das Geld sollte teilweise der *Welt*-Stiftung zufließen, wobei sich die unterschiedlichsten kniffligen juristischen, finanziellen und steuerlichen Fragen ergaben.[272]

In dieser Lage war Springer zu fast jeder Art von Entgegenkommen bereit. Gleich zu Beginn schon hatte er versprochen, die bereits weit fortgeschrittenen Planungen für *Bild am Sonntag* hinauszuschieben,[273] um der *Welt am Sonntag* vorerst nicht selbst

Konkurrenz zu machen. Die Briten ließen sich zudem von ihm versichern, dass er nicht auch noch im Begriff sei, den *Spiegel* zu kaufen.[274] Gleichzeitig wurde auch die redaktionelle Unabhängigkeit der *Welt* von ihm feierlich bekräftigt – woran er sich übrigens auch bis zum Tod Heinrich Schultes im Jahr 1963 alles in allem gehalten hat. Desgleichen ließ er sich zu einem Versprechen an das Haus Broschek veranlassen, wenigstens noch für ein halbes Jahr nach dem Kauf *Die Welt* dort drucken zu lassen. Diese Zusage fiel ihm aber nicht besonders schwer, denn die Maschinen im eigenen Neubau standen überhaupt noch nicht zur Verfügung.[275]

Nach außen hin blieb Springer verbindlich und ließ sich nichts anmerken. Doch seine engsten Mitarbeiter wussten später von seinem »tiefen Hass« auf das Haus Broschek zu berichten, Hass gemischt mit Angst.[276] »Ein Trauma aus Altonaer Tagen«, meinte man kopfschüttelnd. Die plötzliche Stagnation der Kaufverhandlungen erregte ihn somit zutiefst. Verärgert nahm er zur Kenntnis, dass Schulte und Menne – wie sie sagten, pro forma – nach dem Kaufgesuch der Broscheks auch mit diesen noch ein Sondierungsgespräch geführt hatten.[277] Christian Kracht, jetzt Springers Assistent, wurde nach London entsandt, um dort die Lage zu erkunden und Schönwetter zu machen.[278] Entscheidend aber war, und das wusste Springer, dass Adenauer während all der kritischen Monate durch die Herren seiner Apparate ständigen Druck auf die Briten ausübte. Außerdem bestand ein informeller Draht zwischen ihm und Springer. Dreimal ließ sich der Kanzler direkt durch Christian Kracht Dokumente und Informationen in sein Rhöndorfer Privathaus überbringen.[279] In den britischen Akten ist von zunehmendem Ärger des Bundeskanzlers die Rede,[280] der sich nach dem Wahlsieg vom 6. September zu der von Blankenhorn überbrachten Mitteilung steigerte, Adenauer sei ausgesprochen wütend und überlege, an wen in London er einen persönlichen Beschwerdebrief senden solle – an Churchill oder an den Außenminister? Er erwarte jetzt sofortiges Handeln.[281] Noch am gleichen Tag erhielt Adenauer vom amtierenden Hohen Kommissar einen Brief, in dem dieser die Unterzeichnung der Verträge für den folgenden Tag ankündigte.[282]

Am 17. September 1953 wurden die Kaufverträge unterzeichnet und drei Schecks über insgesamt 1 378 567 D-Mark überreicht. Zugleich erhielt die Norddeutsche Bank weitere Schecks in Höhe von 600 000 D-Mark.[283] Das war noch nicht alles. Insgesamt kostete die Transaktion Springer beim Kauf an die 2,7 Millionen DM. Da einerseits auch künftig noch Zinszahlungen anfielen, andererseits Steuergewinne zu verzeichnen waren, sind die Gesamtkosten schwer zu beziffern.[284] Genau besehen hat Springer sein »Flaggschiff«, wie er *Die Welt* von nun an gern nannte, recht billig erworben.

Schon die kurzfristigen Vorteile waren beträchtlich. Indem er den leistungsfähigen Druck- und Vertriebsapparat der *Welt* mit immerhin fast 1000 Mitarbeitern übernahm, konnte er sich die Druckerei in Essen sichern, wodurch die rasche Ausbreitung von *BILD* im Ruhrgebiet und im Rheinland stark begünstigt wurde. Jetzt dominierte er auch ganz eindeutig auf dem Hamburger Zeitungsmarkt und brauchte den Endkampf mit dem Broschek-Verlag nicht mehr zu fürchten. Und alle Beobachter waren sich einig darin, dass dieser 41 Jahre alte Aufsteiger nun auch schon die führende Rolle auf dem bundesdeutschen Zeitungsmarkt spielte.

Das brachte nicht nur Prestige ein, sondern auch Neid. In einem Bericht an das Foreign Office stellte der amtierende Hohe Kommissar J. G. Ward Anfang 1954 fest: »Springer ist nun der bei weitem mächtigste Zeitungsverleger in Westdeutschland. Die Ausweitung seiner Aktivitäten vom Feld leichtgeschürzter Zeitschriften zum seriösen politischen Journalismus hat natürlich die Missgunst seiner Kollegen geweckt, die ihm nun vorwerfen, er habe bereits ein ›Zeitungsimperium‹ errichtet, das größer sei als das des berüchtigten Hugenberg.«[285] Von außen betrachtet war Springer nun ein politischer Verleger, auch wenn er in dieser Eigenschaft ein niedriges Profil einzunehmen versuchte.

Wie wichtig er war, ist ihm spätestens während der Kampagne zum Kauf der *Welt* aufgegangen, als sich Adenauer mit bemerkenswertem Nachdruck für ihn einsetzte. 14 lange Jahre, bis zum Tod Adenauers, war er nun in dessen Kalkül eine publizistische Größe, mit der zu rechnen war, die ihm gegenüber aber auch, so sah es der Bundeskanzler, zu einer gewissen Dankbarkeit verpflichtet war. Umgekehrt konnte sich auch Springer dem Einfluss Adenauers nicht entziehen. Dieser hatte ihm ganz handgreiflich die Wahrheit des Slogans vor Augen geführt: »Auf den Kanzler kommt es an«. Noch hatte der lebhafte Gedankenaustausch zwischen beiden nicht eigentlich begonnen, der sich während der Berlin-Krise von 1958 bis 1962 und danach bis zu Adenauers Tod stark intensivierte. Je mächtiger Springer als Verleger wurde, desto weniger war er zwar gesonnen, sich von irgendeinem Politiker vereinnahmen zu lassen, auch nicht von Adenauer, aber mit dem Kauf der *Welt* war Springer doch in den Bannkreis des »Alten« getreten, der seinerseits fest entschlossen war, ihn nicht mehr von der Angel zu lassen.

In gewisser Weise markiert das Jahr 1953 auch den Abschluss der Jahre, in denen Springer dank enger Beziehungen zu den britischen Kontrolloffizieren seinen Aufstieg vollzogen hatte. Er war zwar entschlossen, die englandfreundliche Linie seiner Blätter weiterzuführen und tat dies auch. Aber der Verkauf der *Welt* bedeutete doch auch: »Good-bye, Britain!« Von jetzt an war das Bonner Parkett viel wichtiger als die Korridore von Whitehall oder Springers Netzwerk zur *Information Control Division.*

Die Darstellung dieses einschneidenden Vorgangs in Springers Karriere wäre allerdings unvollkommen, würde man nicht zwei Nachspiele erwähnen. Das erste vollzog sich sofort nach dem Kauf: die Ernennung Hans Zehrers zum Chefredakteur der *Welt.* Das zweite ließ noch ein paar Monate auf sich warten: Springers Endspiel gegen das Haus Broschek.

Das Nachspiel der Ernennung Zehrers war im Grunde das Vorspiel für Springers künftigen Kurs. Auch in dieser Hinsicht kann die Bedeutung des Kaufs der *Welt* schwerlich überschätzt werden. Springer hatte Zehrer im August 1953 beim Aufenthalt in Kampen die Chefredaktion angeboten.[286] Vor dem Verkauf war das aber nicht bekannt. Als die Briten davon hörten, zeigten sie sich nicht alarmiert. Der amtierende Hohe Kommissar Ward streifte in einem seiner Kabel nach London zwar Zehrers Vergangenheit, auch dessen Absetzung als Chefredakteur der *Welt* im Jahr 1946, wies dann aber auf dessen Entnazifizierung und Tätigkeit bei dem »angesehenen« protestantischen *Sonntagsblatt* hin. Seine Erwartung: »Er dürfte sich als ein zufriedenstellender Chefredakteur für *Die Welt* erweisen.«[287]

Eine gründliche Analyse von Lance Pope, der die Akte Zehrer eingehend studiert hatte, zeigt, dass dessen Vorleben genau durchleuchtet worden war. Einerseits, führte Pope aus, sei es zutreffend, dass Zehrer einer der führenden Köpfe des *Tat*-Kreises in der Weimarer Republik gewesen sei – einer nationalistischen, ultrakonservativen, revolutionären Gruppe von Intellektuellen, welche die Monatszeitschrift *Die Tat* veröffentlichten. Dass der *Tat*-Kreis zumindest dazu beigetragen habe, der NSDAP den Weg zu bahnen, sei bekannt. Andererseits habe Zehrer sich aber von den Nationalsozialisten abgegrenzt und sei nach Sylt gezogen, wo er mittelalterliche Philosophie studiert und auch Springer getroffen habe. Springer habe Zehrer ernannt, weil er mit ihm befreundet sei und ihn für den mit Abstand fähigsten Chefredakteur halte, der verfügbar sei. Vernünftigerweise gebe es keinen Grund zum Verdacht, dass Zehrer heute noch nationalistische Tendenzen verfolge. Springer sei davon überzeugt, aber genauso Felix von Eckardt.[288]

Die kritischsten Stimmen kamen aus Kreisen der SPD. Fritz Sänger, Chef der *dpa*, der Springer im Jahr 1948 noch unterstützt hatte, als sich dieser um die Lizenz für das *Hamburger Abendblatt* bewarb, richtete einen langen, enttäuschten Brief an Karl Andreas Voss, der – obschon als »privat!« gekennzeichnet – seinen Weg auf die britischen Schreibtische fand. Er habe beobachtet, dass *Die Welt* in den letzten Wochen des Wahlkampfs »die Linie der objektiven Berichterstattung seit dem Besitzerwechsel verlassen hat«. *Die Welt* sei »eine Richtungszeitung« geworden,[289] die nun auch faktisch den von der CDU geführten Hamburg-Block unterstütze (der eben erst Max Brauer entthront hatte).

Demgegenüber war die Niederringung des Hauses Broschek in der Tat ein Nachspiel, gewissermaßen der krönende Abschluss eines Vierteljahrhunderts Springer'scher Abneigung gegen das einstmals mächtige, vom Vater Hinrich Springer gefürchtete Hamburger Verlagshaus. »Springer hat mit jedem Löffel Suppe von den Eltern am Mittagstisch reichlich die schwierigen Vergleiche zwischen uns kleinen *Altonaer Nachrichten* bekommen und die Angst vor den Großen, was die alles können und wir nicht«,[290] urteilt im Rückblick Christian Kracht, der im Jahr 1954 als Assistent Springers den Auftrag wahrnahm, das Kapitel Broschek ein für alle Mal zu schließen. Nachdem die Firma endlich vollständig zurückgegeben worden war, bemühten sich nämlich die Broschek-Erben, Antje Broschek zuvörderst, um ein Comeback des *Hamburger Fremdenblatts*.

Doch Springer war vorbereitet. Als die Konkurrenz-Zeitung im

September 1954 knappe zwei Monate lang erschien, um alsdann zu kapitulieren, hatte sich das *Hamburger Abendblatt* längst einen festen Abonnentenstamm und eine große Menge Anzeigenkunden erworben. Wie die Hamburger Insider wussten, wurde der Endkampf nicht mit besonders feinen Mitteln ausgetragen. Um Anzeigenkunden zu gewinnen, hatte Broschek den Anschein einer hohen Auflage erweckt, Scheinannoncen wurden geschaltet und weitere Tricks versucht, mit denen David Goliath zu überwinden hoffte. Springers Anwälte klagten und erreichten eine einstweilige Verfügung. Sie untersagte dem Konkurrenten die Veröffentlichung von Anzeigen, die nicht von echt zahlenden Kunden stammten. Als ein entsprechendes Extrablatt dies in die Öffentlichkeit herausschrie, war das Konkurrenzblatt schon fast gestorben.

Dem folgte die finanzielle Erdrosselung. Antje Broschek hatte sich mit zwei Financiers verbündet, die ihrerseits Bankkredite aufgenommen hatten. Hinter einem dieser Kreditgeber steckte Springer. Das Haus Broschek war von allen Seiten umstellt. Als die Financiers binnen kurzem zahlungsunfähig waren, bedeutete dies auch das Ende für das *Hamburger Fremdenblatt*. Springer wusste, dass man einem geschlagenen Gegner goldene Handschellen anlegen soll. Das wankende Haus, so bot er an, werde von ihm Druckaufträge und eine Geldspritze erhalten. Dafür müsse es sich aber vertraglich verpflichten, seine Druckereien nur nach Zustimmung Springers für Dritte arbeiten zu lassen, vor allem aber keine Konkurrenzblätter mehr herauszubringen.

Während der Kapitulationsverhandlungen im Hause Broschek war Springer beim Golfen in Baden-Baden. Frühmorgens rief er bei Kracht an, denn er hatte eben im Radio gehört, dass Broschek das *Hamburger Fremdenblatt* einstelle. Er gratulierte und fragte dann sofort: »Haben Sie auch daran gedacht, den Titel mit zu erwerben? Die können übermorgen wieder drucken, und wir müssen den Titel am Leben erhalten. Deshalb nehmen wir den Titel in die Unterzeile des *Hamburger Abendblatts*.«[291] Kracht musste also nochmals verhandeln und sicherte Springer den Titel, der daraufhin wie der Skalp eines erlegten Gegners als Unterzeile im *Hamburger Abendblatt* erschien.

Aus den Höhen seiner Direktionsetage konnte Springer nun wie Polykrates in Schillers Gedicht über Hamburg hinwegblicken, das er wenigstens durch seine Printmedien weitgehend beherrschte. Als ein Journalist Anfang September 1954 den jetzt gerade 42 Jahre alten Verleger in seinem provisorischen Büro an der Kaiser-Wilhelm-Straße aufsuchte (der Kampf mit dem *Fremdenblatt* hatte gerade eben begonnen), wirkte dieser auf den Reporter wie ein junger Beaverbrook, einer der berühmtesten Pressezaren im damaligen Großbritannien. Springer bemerkte mit einigem Stolz, dass aus den noch nicht ganz fertigen Bauten vielleicht das größte Verlagszentrum in ganz Europa werden könnte. Doch weil ihm auch daran lag, das Bild eines unteutonischen »deutschen Presse-Lords« zu vermitteln, deutete er auf den Hubschrauberlandeplatz auf dem Dach des Verlagsgebäudes und meinte lässig: »So kann ich das Büro verlassen und bin in 15 Minuten auf meinem Golfplatz!«[292]

Es gab Stunden, da träumte er bereits weit über Hamburg hinaus. Zu Beginn der Verhandlungen über den Kauf der *Welt* hatte ihm Hans Zehrer geschrieben: »Ich habe mir das Problem *Welt* noch einmal unter folgender Voraussetzung durch den Kopf gehen lassen ...: Frühjahr 1954 erhalten wir die Einheit Deutschlands zurück. (Das ist durchaus möglich. Es steht 70 : 30). Berlin wird wieder Bundeshauptstadt. Was geschieht dann? ... Berlin wird in 5 Jahren die modernste Stadt Europas sein, mit großen wirtschaftlichen Verbindungen nach Osten und Südosten. (Es wird Wien ablösen!) Wer noch etwas ›auf dem Kasten hat‹, wird nach Berlin gehen. Vorbild: die Zeit 1924–1932. Bonn wird abgeschrieben und seine Riesenbauten werden versteigert ... Gut! Und Axel Springer sitzt in Hamburg. Wenn Sie über die frühere Rolle von Broschek und *Hamburger Fremdenblatt* hinauswollen – und das müssen Sie doch – dann müßten Sie neben der Sicherung der lokalen Hamburger Plattform den Angriff auf die Bundesebene (Einheit) vorbereiten. Denn alle anderen Städte außerhalb Berlins werden dann wieder das werden, was sie immer waren, nämlich Provinzstädte. Mit *HÖR ZU!*, *Kristall* und *BILD* reichen Sie in die Einheit hinein. Mit der *Welt* würden Sie auch hineinreichen, weil sie heute die einzige Tageszeitung auf Bundesebene ist. (Allerdings müßte sie anders gemacht werden als bisher.) Daraus ergibt sich: 1.) *Welt* und *Welt am Sonntag* mit langsamer Umstellung auf die kommende Einheit. 2.) Eine stärkere Dependance Springer in Berlin a) entweder im Zusammengehen mit Ullstein b) oder selbständig ... Das genügt eigentlich. Alles andere kombinieren Sie besser als ich. Ich möchte aber, daß Sie mich in Ihre Berliner Kombinationen, falls die Ihnen einleuchten, miteinkombinieren.«[293]

Man übertreibt nicht, wenn man das einen schicksalhaften Brief nennt. Aus Zehrers Sicht war hier zudem eine Art Geschäftsgrundlage für eine mögliche Zusammenarbeit formuliert. Ob Springer der Verlockung folgen würde, war noch nicht entschieden. Aber die Botschaft ließ ihn nicht mehr los: weg von Hamburg, weg vom *Hamburger Abendblatt*, weg vom Froschkrieg mit den Broscheks, hin nach Berlin im Bunde mit Ullstein oder aber selbständig! Auch der Kauf der *Welt* wäre nach diesem Konzept nur von instrumentaler Bedeutung für ein höheres Ziel. Ebenso würden alle anderen Verlagsobjekte ihren Endzweck nicht allein im Geldverdienen erhalten: Auch sie würden zu Instrumenten für einen höheren Zweck, den Zehrer vage mit dem Wort »Einheit« umschrieben hatte. Springers Zukunft also: kein Zeitungsmacher mehr mit Objekten bloß für den Massenkonsum, vielmehr politischer Verleger in Berlin und im Dienste eines idealen Ziels!

Der politische Verleger

Axel Springer war jetzt ein politischer Verleger. Ein ganz unpolitischer Mensch ist er ohnehin nie gewesen. 1945 hatte er die Bühne mit anti-nazistischen Überzeugungen betreten. Somit brauchte er sich nicht zu verbiegen, als die britischen Kontrolloffiziere nach deutschen Lizenzträgern Ausschau hielten. Von Anfang an stand er im Lager der politischen Kräfte, die im Westen des zerbrochenen Deutschen Reiches eine neue, gereinigte westliche Demokratie aufbauen wollten. Allerdings hatte er dann die Goldgrube von Massenblättern entdeckt, in denen das garstige politische Lied nur als Hintergrundmelodie zu vernehmen ist. Doch bereits als Verleger einer führenden Lokalzeitung nach Art des *Hamburger Abendblatts* musste er wohl oder übel auch in der Tagespolitik taktfest sein. Das verstärkte sich, als er mit seinen Zeitungen in die Dimension der Bundespolitik eindrang. Man hat zwar später häufig behauptet, die Zeitungen Springers seien erst seit 1958 politisiert worden. Für die Ost- und Deutschlandpolitik trifft dies zu. Aber wer *Die Welt* verlegt, wer über die *Bild*-Zeitung gebietet und zudem noch mit *Welt am Sonntag* und *Bild am Sonntag* die beiden einflussreichsten Sonntagszeitungen auf den Markt bringt, der ist bereits ein politischer Verleger, ob er das will oder nicht. In dieser Rolle war es völlig unmöglich, sich den Telefonaten, Briefen und anderen direkten Ansprachen aus dem politischen Raum zu entziehen. Wenn Springers Blätter wieder einmal irgendeinen Minister angriffen, wenn der Bundeskanzler nicht genügend gebauchpinselt wurde oder wenn wichtige oder weniger wichtige Regierungsmaßnahmen kritisiert worden waren, dann wandten sich die Betroffenen eher früher als später an den Verleger.

Das hatte schon mit dem *Hamburger Abendblatt* begonnen. Natürlich muss eine Lokalzeitung, wenn sie sich nicht als Parteiblatt begreift, einen glaubhaft überparteilichen Kurs steuern. Dennoch gilt auch der Grundsatz, sich in erster Linie mit den Kräften gutzustellen, die im Rathaus das Sagen haben. Von dort kommen die interessantesten lokalpolitischen Informationen. Im Falle Springers war der enge Kontakt zum Ersten Bürgermeister Max Brauer besonders wichtig. Er schätzte ihn, lag in vielem auch politisch auf Brauers Linie und galt nicht zu Unrecht als Protégé dieses bedeutenden sozialdemokratischen Stadtoberhaupts. Die Freundschaft wurde aber bei der Bundestagswahl 1953, der die Hamburger Bürgerschaftswahl auf dem Fuß folgte, stark lädiert. In Vorwahlzeiten und in den heißen Phasen von Wahlkämpfen darf sich eine vielgelesene, prinzipiell überparteiliche Lokalzeitung nicht dem Vorwurf der Einseitigkeit aussetzen. Wie geschildert, befand sich Springer damals in einer Zwickmühle – er durfte einerseits Max Brauer nicht verprellen, brauchte aber andererseits auch Erik Blumenfeld, der sich beim Bundeskanzler für den Kauf der *Welt* einsetzte.

Allerdings kam Springer nun mehr und mehr der Umstand zu Hilfe, dass er mit dem *Abendblatt*, mit *BILD* und mit der *Welt* auf dem Hamburger Meinungsmarkt ein großes Gewicht hatte. Jetzt war er stark genug, selbst zu definieren, was jeweils überparteilich war. Anfang 1954 schrieb der vom Hamburg-Block entthronte Max Brauer dem »lieben« Axel Springer auf dessen Neujahrsglückwünsche hin einen bitteren Brief: »Daß Sie mir im übrigen nicht nur mit der *Welt*, sondern auch mit dem *Hamburger Abendblatt* große Sorge gemacht haben, ist wohl kein Geheimnis.«[294]

Springer antwortete umgehend: »Ihre Beurteilung des *Hamburger Abendblatts* finde ich ungerecht. Sie verkennen auch sicherlich die Möglichkeiten und Absichten unseres Hauses. Daß die andere Seite ebenfalls mit uns unzufrieden ist, kann uns angesichts der Überparteilichkeit meines Blattes nicht überraschen.«[295] Die Ironie der Hamburger Lokalgeschichte wollte es übrigens, dass der aus dem Rathaus vertriebene sozialdemokratische Patriarch nun ausgerechnet in der »Alten Volksfürsorge« sein Büro erhielt, während Springer von dort aus zu den Höhen seines neuen Verlagshauses aufgestiegen war.

Ähnliche Probleme ergaben sich auf Bundesebene. Springer hatte nun zu lernen, dass *Die Welt* und bald auch *BILD* im politischen Bonn unter Dauerbeobachtung standen. Bundespressechef von Eckardt war ihm zwar gewogen, aber auch er war in erster Linie das Sprachrohr Adenauers. Naturgemäß war Letzterer fest entschlossen, bei nächster sich bietender Gelegenheit die Dankbarkeit des Verlegers einzufordern. So erhielt Springer im Mai 1954 einen rügenden Brief des Bundeskanzlers, weil dessen Saarpolitik in der *Welt* kritisch glossiert worden war. Adenauer dementierte (alles »bis auf unbedeutende Kleinigkeiten frei erfunden«) und ließ den Verleger wissen: »Ich kann Ihnen gegenüber nur mein tiefstes Bedauern darüber ausdrücken, daß ein Blatt wie *Die Welt*, an deren Entwicklung, wie Sie wissen, ich persönlich Anteil genommen habe, sich in einer solchen Weise auswächst, daß es in wichtigen Dingen völlig falsche Nachrichten bringt, sie gleichzeitig, wie es hier geschehen ist, mit persönlichen Angriffen auf mich versieht, die ganz unmöglich sind ... Ich bitte Sie dringend, endlich nach dem Rechten zu sehen.«[296] Der Ärger des Bundeskanzlers war verständlich. Adenauer befand sich damals wieder einmal in einer kritischen Phase seiner Westpolitik. Das Schicksal der EVG stand auf des Messers Schneide, und über die Saarfrage war auch im Regierungslager keine Einigkeit zu erzielen.

Adenauer erging es jedoch wie kurz zuvor Max Brauer. Verdrossen musste er konstatieren, dass Springer bereits zu mächtig geworden war. Springer war nicht unflexibel, und im Fall der Saarpolitik zeigte sich, dass er begründete Kritik aus dem Bundeskanzleramt durchaus aufnahm. Aber er wollte freundlichst umschmeichelt und nicht grob herumkommandiert werden. Schließlich stellte er jetzt etwas dar, auch auf internationaler Ebene. Schon einige Wochen zuvor hatte Blumenfeld in einem Brief an den Bundeskanzler darauf hingewiesen, Springer sei inzwischen nach England und nach Amerika gereist, »um dort von den großen britischen und amerikanischen Zeitungsverlegern empfangen zu werden«. Adenauer möge ihn doch einmal zu einer Aussprache empfangen.[297] Auch von Eckardt legte sich ins Zeug, und so kam es bei einem Essen, das Adenauer für Springer und Zehrer gab, zu einer klärenden Aussprache.[298]

Da schon in jenen frühen Jahren der Bundesrepublik in Bonn wenig geheim blieb, erfuhr auch die SPD von diesen Differenzen. Deren Pressechef Fritz Heine behauptete nun öffentlich, Adenauer habe damit gedroht, befreundete Bankiers anzuregen, eine Konkurrenz-Zeitung Springers finanziell zu unterstützen.[299] Im Zusammenhang damit kam auch das Gerücht auf, Springer sei *Welt*-müde.[300] Schon fragte der Kölner Verleger Reinhold Heinen deswegen bei ihm an, er habe gehört, *Die Welt* solle ohne die Druckereien verkauft werden, und er habe Interesse.[301] Springer dementierte und betonte zugleich, Adenauer habe ihm nie, »wie die SPD so genau zu wissen vorgibt, eine Drohung zukommen lassen«.[302] Man mag das glauben oder auch nicht.

Damals wie später hat Springer auf Beschwerden über seine Blätter zur Antwort gegeben, schließlich seien die Redaktionen unabhängig. Es existieren aber hinlänglich viele Briefe, aus denen deutlich wird, dass er auch schon damals über die Chefredakteure die Grundlinie seiner politischen Blätter bestimmte. Natürlich wusste er, dass Grundsätze immer im Einzelfall der Konkretisierung bedürfen. Somit lassen sich schon für diese Frühzeit des Verlagsimperiums Hinweise, Wünsche und Kritik im Einzelnen finden. Im Großen und Ganzen befolgte er aber noch den Grundsatz, die Redaktionen an der langen Leine laufen zu lassen. Indem er Chefredakteure seines Vertrauens einsetzte, konnte er jederzeit eine Feinsteuerung vornehmen. Er war aber selbst Journalist genug, um zu wissen, dass Chefredakteure ein Recht auf ihre eigene Meinung haben und auch verpflichtet sind, sie gegenüber dem Verleger zu äußern. Schließlich werden sie von diesem eher früher als später für den wirtschaftlichen Erfolg ihres Blattes verantwortlich gemacht.

Offenbar war Springer damals entschlossen, einen unabhängigen Kurs der Halb-Distanz zwischen der Regierung Adenauer und der SPD einzuhalten. Hans Zehrer versicherte ihm, genau dies sei auch seine Linie als Chefredakteur der *Welt*: »Ich steuere mich und das Blatt ganz unabhängig durch. Ich bin kein Adenauer-Blatt geworden. Deshalb ab und zu der Ärger mit dem Alten. Ich halte auch immer den Faden zur SPD. (Deshalb möchte ich gerne mit Ollenhauer sprechen, wenn er wieder bei Ihnen ist.) Denn wir sollen ja genauso existieren, wenn die SPD mal rankommen sollte. Aber auch das ist nicht Taktik bei mir, sondern meine wirklich souveräne und unabhängige Meinung«.[303]

Nicht ganz leicht zu beantworten ist die Frage, was damals bei Springer verlegerische Taktik, was tiefergehende politische Überzeugung gewesen ist. Es verbietet sich, wie das bisweilen geschieht, von der jeweiligen Linie der Blätter naiv Rückschlüsse auf die Meinung des Verlegers zu ziehen. Auf *Die Welt* hat er zwar über Zehrer Einfluss genommen, aber doch mit Zurückhaltung. Schließlich hatte er sich den Briten gegenüber feierlich verpflichtet, die Unabhängigkeit des Blattes zu respektieren. Der 1953 recht Springer-kritische, stets wohlinformierte Michael Robb in der Britischen Botschaft wusste nach einem Gespräch mit dem Verlagsleiter der *Welt*, »König Schulte«, im Juni 1955 nach London zu berichten, die Unabhängigkeit der *Welt* innerhalb des Springer-Verlags werde voll respektiert. Springer greife gegenüber Zehrer oder Menne nur selten ein.[304] Im Übrigen gehe es der *Welt*-Gruppe wirtschaftlich gut. Schulte sei der Meinung, die politische Position des Chefredakteurs Zehrer sei zwischen dem rechten Flügel der SPD und dem linken Flügel der CDU angesiedelt. Freilich sei Zehrer aber vor allem ein Unheilsprophet. Die Redaktion selbst neige eher nach links als nach rechts.

Über die politische Einstellung des Verlegers wusste der Hamburger Generalkonsul J. K. Dunlop Näheres zu berichten. Er verkehrte damals im Hause Springer und konnte seinen Londoner Oberen im März 1955 Beruhigendes mitteilen. Springer sei ein entschiedener Anhänger der europäischen Zusammenarbeit und ganz allgemein der Zusammenarbeit der westlichen Welt. Auch in der Frankreichpolitik sei er vernünftig. Ganz entschieden lehne er den Versuch Thomas Dehlers ab, aus der Saarfrage nationalistisches Kapital zu schlagen. Im Licht der Herausforderung durch 600 Millionen Chinesen sei das Problem von einer Million Saarländern keine Frage, durch welche der Frieden in der westlichen Welt ruiniert werden dürfe. Deshalb werde er den ganzen Einfluss seiner Blätter nutzen, um die öffentliche Meinung zu verstetigen und klarzumachen, dass die Saarfrage ruhig und objektiv studiert werden müsse.[305] Dunlop wusste nach seinem Gespräch mit Springer auf dessen Wohnsitz Falkenstein noch mehr zu berichten. Springer habe es im Krieg verstanden, sich dem Wehrdienst zu entziehen. Doch jetzt halte er einen deutschen Wehrbeitrag für notwendig und sei dezidiert gegen die negative Einstellung der SPD. Dabei äußerte er sich auch kritisch in Bezug auf Max Brauer, weil dieser 1953 gegen die EVG gestimmt hatte. Und wie bisher befürworte er mit Nachdruck die britische Außenpolitik unter Churchill und Eden. Deutschland müsse eben lernen, eine geduldige Politik zu betreiben. Dunlop glaubte, dass ihm Springer nicht nach dem Munde rede, und fügte hinzu: Bemerkenswert sei, dass Springer eine tief religiöse Persönlichkeit sei. Seit 1953, so lässt sich aus diesen und anderen Berichten[306] schließen, lag Springer somit außenpolitisch auf der Adenauer-Linie – vorerst.

Wie sind nun diese allem Anschein nach zutreffenden Einschätzungen mit der Tatsache vereinbar, dass Hans Zehrer seit September 1953 als Chefredakteur der *Welt* amtierte und zweifellos bei Springer in hohem Ansehen stand? Dem Briefwechsel zwischen Springer und Zehrer ist zu entnehmen, dass Springer diesem im August 1953, also noch während des Tauziehens um den Kauf des Blattes, »auf der Insel« die Chefredaktion der *Welt* anbot.[307] Zwischen den beiden wurde vereinbart, Zehrer solle erst einmal ein Jahr lang als Chefredakteur amtieren. Dann werde man gemeinsam betrachten, »ob es so geht«. Springer und Zehrer waren damals der Auffassung, wenn *Die Welt* am Markt überleben wolle, bedürfe sie dringend eines neuen Profils: andere Aufmachung, schnellere und bessere Berichterstattung aus Bonn und den ausländischen Metropolen, interessantere thematische Gestaltung, neue Top-Journalisten mit Biss …

Die ersten, sicher mit Springer präzise abgestimmten Personalentscheidungen nach dem Kauf ließen noch kein ganz klares Bild erkennen, wohin die Reise gehen würde. Zehrer hatte nämlich gleich zu Beginn seinen alten Gefährten aus den Tagen der *Tat*,

Ferdinand Friedrich Zimmermann, mit Autorennamen Ferdinand Fried, in die Wirtschaftsredaktion geholt. Anders als Zehrer war Zimmermann ein aktives, auch durch antisemitische Äußerungen belastetes NSDAP-Mitglied gewesen. Wie so viele war zwar auch er inzwischen durch eine Spruchkammer »entbräunt« worden, aber wie konnte Springer mit seiner schon damals sprichwörtlichen Sensibilität für das Leiden der Juden der Einstellung eines Redakteurs zustimmen, der 1937 ein Machwerk unter dem Titel *Der Aufstieg der Juden*[308] veröffentlicht hatte?! Manche sahen ebenso Giselher Wirsing auf dem Weg in die Redaktion, auch er ein Journalist bei der *Tat*, danach gleichfalls ein sehr aktiver Anhänger Hitlers mit hohem SS-Rang. Inzwischen war der im Internierungslager Ludwigsburg auf die harte Tour umerzogene Wirsing zwar in der Bundesrepublik »angekommen« und fungierte zusammen mit dem eindeutig anti-nazistischen Eugen Gerstenmaier bereits als Herausgeber von *Christ und Welt*,[309] doch zur Berufung Wirsings kam es dann doch nicht. Er schrieb nur gelegentlich als freier Mitarbeiter für *Die Welt*. Andererseits wurde auch gleich von Anfang an Sorge dafür getragen, Adalbert Worliczek, der die Politik Adenauers jahrelang mit glühenden Leitartikeln verteidigt hatte, aus dem Blatt zu entfernen. Daraus mochte man den Schluss ziehen, dass Springer den im seriösen Journalismus tödlichen Verdacht vermeiden wollte, *Die Welt* werde jetzt von der Bundesregierung ferngesteuert. Ein anderer Grund für diese energische Säuberung lag wohl auch darin, dass Worliczeks Frau in London gegen den Verkauf an Springer Stimmung gemacht hatte.[310]

Springer und Zehrer wussten jedenfalls genau, dass *Die Welt*, die sie wieder auf 250 000 Exemplare hochbringen wollten,[311] gewissermaßen auf dem Präsentierteller lag. Ihre journalistischen Qualitätsmaßstäbe waren durchaus hoch, gleichzeitig wünschten sie eine gewisse Distanz zu Adenauer zu signalisieren, und so wurde in den folgenden Jahren eine Gruppe talentierter, politisch recht heterogener Journalisten angeworben, die der *Welt* bis Ende der fünfziger Jahre Profil verliehen.

Willy Haas, in den Jahren der Weimarer Republik Gründer der bereits legendären *Welt der Literatur*, und Friedrich Luft wurden fürs Feuilleton gewonnen. Es kamen der Außenpolitiker Peter Grubbe, damals schon ein prononciert linksliberaler Journalist (und erst in den achtziger Jahren als Alt-Pg. und Kriegsverbrecher enttarnt),[312] Conrad Ahlers, Letzterer zuvor bei der Pressestelle im »Amt Blank«, sowie Wolfgang Höpker, bisher Chefredakteur von *Christ und Welt*, es kam der Amerika-Kenner Herbert von Borch, aber auch der damals schon prononciert linke Erich Kuby.

Die politisch spektakulärste Verstärkung der Redaktion war im Herbst 1955 die Einstellung des nationalliberalen Adenauer-Kritikers Paul Sethe, der sich mit den anderen Herausgebern der *FAZ* wegen Adenauers Westpolitik überworfen hatte. Die Einstellung Sethes wirft auch einiges Licht auf die damalige Linie des Verlegers. Zehrer und seine Herren, so schrieb Springer an Ernst Friedländer, hielten Sethe für einen der besten deutschen Journalisten, nicht nur in schreibender Funktion, sondern auch als »virtuoser Blattmacher«. Er selbst schätze an ihm seine außerordentliche Spannweite: »Die *Frankfurter Illustrierte* trieb er 1934 mit den Folgen ›Graue Eminenz‹ und ›Europäische Fürstenhöfe‹ in hohe Auflagen.« Dann eine aufschlussreiche Feststellung: »Ich könnte mir denken, daß das Palais Schaumburg gewisse Bedenken haben wird. Das könnte mir im Hinblick auf die schlechte Behandlung der zahmen Springerpresse an sich nur recht sein. Auch als Unterstreichung unserer Unabhängigkeit, die durch das permanente Wohlwollen nach dieser Seite bei einigen Lesern etwas in Frage gestellt ist. Ich will aber die Bestellung Sethes in keinem Fall in diesem Zusammenhang sehen.« Im Übrigen sei er sicher, die Bedenken gegen Sethe würden sich in kurzer Zeit als überholt erweisen.[313] Alles in allem war das jedenfalls eine politisch alles andere als uniforme, aber eben deshalb interessante Redaktion. Manche Beobachter schlossen daraus, Zehrer habe wieder zu seinen liberalen Anfängen bei der *Vossischen Zeitung* zurückgefunden. Denn die wichtigste Persönlichkeit bei der *Welt* war natürlich Zehrer selbst, der keinen Moment zögerte, das Blatt zum Sprachrohr seiner derzeitigen Weltanschauung zu machen.

Doch was war Zehrers Weltanschauung? Schon in der damaligen Öffentlichkeit wurde er seine Vergangenheit als führender Kopf des *Tat*-Kreises nie völlig los. Allen Kundigen war bewusst, dass Zehrer in den Krisenjahren von 1931 bis 1933 der Weimarer Republik und ihren Parteien ohne Bedauern das Totenglöckchen geläutet hatte. Dieser publizistische Propagandist für den nur ein

Vierteljahr lang als Reichskanzler amtierenden, 1934 ermordeten General Schleicher war gewiss ein Gegner der Hitler-Partei gewesen, aber zugleich der Befürworter eines autoritären Staates, wie immer dieser auch strukturiert sein würde. Wo der damals 34 Jahre alte Zehrer in jener Zeit politisch stand oder, besser gesagt, umherirrte, hat Paul Sethe wohl am treffendsten 1966 in seinem Nachruf auf Zehrer formuliert. Zehrer und seine Freunde hätten in den letzten Jahren der Weimarer Republik ein Bild entworfen, »das die Leser verzauberte: den Staat der Autorität, der sich ›zwischen Liberalismus und Diktatur‹ bewegte; die Verwaltung und die Polizei ohne Parteieneinfluß; die Herrschaft des Kapitalismus gebrochen; Vertretung des Volkes durch die natürlich gewachsenen Stände statt durch künstliche Parteien; die Rechte der Massen anerkannt durch einen nationalen Sozialismus; die Wirtschaft losgelöst aus den Verflechtungen der Weltwirtschaft, die doch – sah man es nicht an sechs Millionen Arbeitslosen? – nur Unheil über Deutschland gebracht hatte«.[314] Zehrers zugleich auch von Hitler propagierte Idee einer Verschmelzung von Nationalismus und Sozialismus, meinte Sethe in diesem Zusammenhang, »lag in der Luft ...«. Man könne aber Zehrer deshalb nicht als Wegbereiter des Nationalsozialismus bezeichnen.

Doch genau das warfen ihm schon in den frühen fünfziger Jahren manche Sozialdemokraten und Linksliberale vor. Diese Deutung verstärkte sich zunehmend. Im Jahr 1962, Zehrer war noch Chefredakteur der *Welt*, hat der Politologe Kurt Sontheimer in seiner einflussreichen Studie *Antidemokratisches Denken in der Weimarer Republik* Zehrer zusammen mit Edgar Jung, Ernst Jünger, Ernst Niekisch und weiteren Intellektuellen der »Konservativen Revolution« zu Recht als einen »unbewussten Wegbereiter des Nationalsozialismus in Deutschland« charakterisiert.[315] Ein paar Jahre zuvor schon hatte Sontheimer die Ideen des *Tat*-Kreises etwas überzogen gar als »Salon-Nationalsozialismus« bezeichnet und zugleich Befürchtungen artikuliert, die sich mit Zehrers maßgeblicher Rolle an der Seite Axel Springers verbanden: »Die *Tat* gehört als Zeitschrift der Vergangenheit an. Können wir jedoch ebenso sicher sein, daß diejenigen, die ihr einst zu großer Wirksamkeit verhalfen, und die heute zum großen Teil wieder führende Positionen in der deutschen Publizistik einnehmen, unserer gegenwärtigen Lage mit Prinzipien gegenübertreten, die an der historischen Erfahrung geläutert sind?«[316]

Demgegenüber glaubte Springer Zehrer besser zu verstehen. Man gewinnt den Eindruck, dass für ihn der Ruhm des jungen Zehrer, der einstmals liberaler Star-Journalist bei der *Vossischen Zeitung* im Hause Ullstein gewesen war, alle späteren Irrungen und Wirrungen überstrahlte. Schriftliche Zeugnisse fehlen zwar, aber vieles spricht dafür, dass Zehrer schon bei den Unterhaltungen auf Sylt während der Kriegszeit Axel Springers ohnehin schon überhitzte Verehrung für das Haus Ullstein und zugleich die nostalgische Sehnsucht nach dem Berlin der zwanziger Jahre verstärkt hat. Zugleich hatte Springer damals Zehrer als Gegner des NS-Regimes erlebt. So fiel es ihm nicht schwer, dessen fragwürdige Aktivitäten bei der *Tat* ebenso auszublenden wie die Publizistik bei der *Täglichen Rundschau*, dem halboffiziösen Sprachrohr des Reichskanzlers Schleicher.

Wie der mit bester Personalkenntnis ausgestattete, sehr selbstbewusste Zehrer um die Jahreswende 1945/46 unter englischer Oberaufsicht eine Redaktion für *Die Welt* zusammenbrachte, schien Springer ein weiteres Indiz für die journalistischen Meriten dieses einstigen »Ullsteiners« zu sein. Zudem hatte er in den Kriegsjahren und in den frühen Nachkriegsjahren auf Sylt den stark religiösen Zehrer erlebt, der in der Misere der ersten Nachkriegsjahre eine religiös fundierte Umkehr als Voraussetzung für das Weiterleben Deutschlands forderte. Sicher hat Springer auch registriert, wie sich dieser als Journalist von ihm so bewunderte Intellektuelle unmittelbar nach dem Krieg für kurze Zeit mit Gruppierungen einließ, die eine an den Lehren Edmund Burkes orientierte konservative Partei aufziehen wollten.

Als Chefredakteur des *Deutschen Allgemeinen Sonntagsblattes* hatte der sehr wandlungsfähige, konservative Protestant Zehrer, der später des Neo-Nationalismus bezichtigt wurde, mit beträchtlicher Intensität das Ende des Nationalstaats diagnostiziert. In jenen Jahren gehörte er zu den Rufern, die eine Erneuerung Europas in christlich-abendländischem Geist proklamierten. Noch einer der ersten Leitartikel, mit denen Zehrer im Herbst 1953 bei der *Welt* seinen Einstand gab, diagnostizierte das Ende des Nationalstaats: »Wir verlassen jenes künstliche Gebäude der Mitte, das sich einmal Nation und Nationalstaat nannte. Wir kehren einerseits zurück in die vornationalen Bezirke des ›Unten‹, in die Heimat, die Landschaft und den Raum. Wir drängen auf der anderen Seite über den Nationalstaat hinaus in das ›Oben‹ und suchen das neue Gehäuse des Großraums und der kontinentalen Einheit bis ganz oben hinauf zur Gemeinschaft aller Nationen in einem Völkerbund oder einem Weltbund.«[317] In gewisser Hinsicht war Zehrer also auch ein früher Theoretiker der Globalisierung.

In den folgenden Jahren bei der *Welt* wandte Zehrer sich weiterhin mit Nachdruck gegen einen wiedervereinigten, neutralisierten und mit einer eigenen Armee versehenen »Nationalstaat zwischen den großen Weltmächten und den anderen Staaten Europas«. Das würde »das Rad der Geschichte weit zurückdrehen und uns gleichzeitig alle jene geschichtlichen Probleme und Konflikte von neuem bescheren, denen wir gerade mit knapper Not entronnen sind«.[318] Hans Zehrer wies somit eine Biographie mit Brüchen auf, wobei es auch den weltmännisch vergnügten Zehrer gab, der auf Sylt den erfolgreichen Unterhaltungsroman *Percy auf Abwegen*[319] verfasst und damit seine Kasse aufgebessert hatte. In einem seiner vielen Briefe an Springer in gestochener Schrift mit kleinen, schwer lesbaren Buchstaben (sodass Springer sich gelegentlich eine Schreibmaschinen-Abschrift anfertigen ließ) hat Zehrer gelegentlich in Bezug auf sich selbst gemeint, »daß ich ein ›linker Mann von rechts‹ bin«.[320] Dieser sehr bewegliche Geist liebte ganz offenkundig das Schwelgen in Selbstwidersprüchen.

Aber es gab auch offenkundige Kontinuitäten in Zehrers nie ganz festgelegtem Denken. Stichworte müssen genügen: Anti-Rationalismus, Skepsis gegenüber der technischen Welt, Skepsis auch gegenüber den politischen Parteien, ein für viele ärgerlicher Elitismus, permanentes Krisenbewusstsein und Katastrophenstimmung, die Überzeugung, kommende Dinge genauer vorherzuahnen als der Durchschnitt, Religiosität und schließlich Freude am Entwerfen großer Geschichtstableaus, dies bei beständiger Offenheit für das Unerwartete und den Wandel. Zehrer war somit vieles, nur kein einfach gestrickter Nationalliberaler vom Schlage Paul Sethes oder gar ein geistig kurzgeschorener Deutschnationaler. Eben diese schwer fassbare, anregende Vielfalt, verbunden mit bemerkenswertem journalistischem Talent und einem weitgespannten Netzwerk, machte aus Springers Sicht den Reiz Hans Zehrers aus. Unter den vielen Journalisten, die in den Zeitungen und Zeitschriften Springers schrieben oder die er sonst kannte, war Zehrer der interessanteste Kopf, auch der erfahrenste und politisch ehrgeizigste.

Wie dominant war von jetzt an der Einfluss Zehrers auf Springers politische Orientierung? Springers damaliger Intimus Christian Kracht ist noch heute der Meinung: »Zehrer hat einen ungeheuren Einfluß auf ihn ausgeübt«,[321] schränkt das allerdings auf die beiden Jahre vor der Moskau-Reise ein. In den Jahren von 1953 bis 1958 hat Zehrer Springer in der Tat stark beeinflusst, nur darf man nicht glauben, der inzwischen sehr selbstbewusste Verleger habe sich der geistigen Führung Zehrers willenlos und ausschließlich bewundernd hingegeben. Springer behandelte Zehrer erst einmal nicht viel anders als die Chefredakteure des *Hamburger Abendblatts* oder von *BILD*. Keine Spur von Ehrfurcht gegenüber dem großen »Guru«, wie häufig zu lesen ist. In regelmäßigen Abständen wurde Zehrer unsanft zurechtgestoßen, am intensivsten in den Anfängen seiner Amtszeit. Dabei ging es in starkem Maße um die neue Form, in die das Blatt gegossen werden sollte, aber immer wieder auch um den Nachrichtenteil.

»Heute heftige Kritik an der *Welt*«, begann einer dieser schonungslosen Verlegerbriefe, worin sich Springer besonders darüber erregte, dass die eben von ihm erworbene Zeitung ihren guten Namen als »schnelles Nachrichtenblatt« verlieren könne.[322] Auch die Leitartikel und Glossen wurden nicht ausgespart: »Ein offenes Wort: heute empfand ich die Leitglosse als einen Rückfall in die verkehrte Form ... die Glossenleser wollen eben ein Junctim zum Tagesereignis hergestellt sehen. Ich leide wie ein Hund, daß Ihr mit der heutigen populären Philosophie auf der ersten Spalte der ersten Seite der ersten Tageszeitung Deutschlands Euren Gegnern eine Angriffsfläche bietet.«[323] Manchmal missfielen auch die Inhalte. Zehrer, der so gern die riesigen Gewitterwolken der Geschichtsspekulation durch die Seiten der *Welt* ziehen ließ, musste sich von Springer belehren lassen, dass es der Leser nicht schätze, aus seinen dem Tag zugewandten Erwartungen durch »philosophische Tiefgründigkeiten« herausgerissen zu werden: »Das Element der großen Aussprache über die letzten Dinge sollte in einer Tageszeitung überhaupt nicht überzogen werden.«[324]

Natürlich ersparte Springer seinem Chefredakteur auch nicht die Weitergabe von Briefen, in denen das Blatt heftig kritisiert wurde. So wusste beispielsweise Hermann F. Arning, der damals als Hausjurist des Verlags seinen Aufstieg nahm, von einem Gespräch in der feinen Hamburger Gesellschaft recht Betrübliches zu berichten: »Die *Bild*-Zeitung wurde allgemein verurteilt. Über *Die Welt* wurde zum Ausdruck gebracht, daß sie unter der Führung des Herrn Zehrer keineswegs besser geworden sei. Man könne nicht täglich die Auslassungen des Herrn Zehrer lesen. Herr Zehrer sei früher im Rahmen des *Sonntagsblattes* besser am Platze gewesen. Man hat den Eindruck, daß er schwimme; seine Artikel, auch auf seinem ureigensten Gebiet, seien unkonzentriert und seien zum Teil unverständlich, zum Teil so verworren, daß man damit nichts anfangen könne …«[325]

Springer flocht in seine kritischen Ermahnungen immer auch Lob ein. Er liebte die süß-sauren Briefe, doch das Saure überwog zumeist. Das wurde zwar oft mit »herzlichen« oder »herzlichsten«, manchmal aber auch nur mit »schönen« Grüßen garniert. Doch Zehrer spürte durchaus, dass Springer ganz bewusst den Boss herauskehrte, und sparte nicht mit Bekundungen einer gewissen Unterwürfigkeit: »Ich brauche Ihre Spritzen öfter. Dazu sind Sie schließlich als Leser meines Blattes da.« Bisweilen forderte er vom Verleger geradezu politische Direktiven an: »Wenn Sie Politik machen, müssen Sie mir einen Tip geben …«[326] Wie bei so vielen, die ein neues Amt antreten, wimmelte es in seinen Berichten über den Zustand der *Welt* von Unwert-Urteilen über die Arbeit der Vorgänger. »Küstermeier, der das Blatt versaute«[327] galt ihm als die schlimmste *bête noire*. Einige hochrangierende, namentlich genannte Redakteure seien »ausgesprochene Flaschen. Schade, daß sie durch lange Verträge gesichert sind.«[328] In der Konsolidierung der *Welt*, so klagte er anfangs immer wieder, sah er »die bisher schwerste Aufgabe meines Lebens. Ich habe es nie für möglich gehalten, daß ein Blatt so abgeforstet sein kann und daß Redaktionen so in Unordnung gebracht werden können. Dieses Blatt war voll Unheil …«[329] Oder er seufzte: »In welche Redaktion haben Sie mich vor einem Jahr gesteckt?«[330]

Gelegentlich ließ er auch selbst Dampf ab. Als Springer seinen 40. Geburtstag beging, erhielt er von Zehrer eine ironische Gratulation im Zarathustra-Stil, die mit den Worten begann: »Der größte Verleger aller Zeiten hatte Geburtstag. Und es kamen die Alten und die Jungen, Männer, Frauen und Kinder. Und es war eine gewaltige Schar. ›Alles meine Familie!‹ sagte der größte Verleger aller Zeiten – und er lächelte gerührt. Da bogen sich die Tische und die Schränke faßten es nicht. Und die Blumen sprengten das Zimmer, und sie mußten nach draußen getragen werden ... ›Alles mein Geld!‹ sagte der größte Verleger alles Zeiten – und er lächelte wieder gerührt.« In diesem Stil ging es weiter. Springer war offensichtlich erbost, denn er schrieb über den Geburtstagsbrief, zweimal dick unterstrichen, »nichts« – also: keine Antwort formulieren![331] Eigentlich neigte er damals noch zu jungenhafter Selbstironie. Aber allzu ironisch durfte ihm nicht einmal Hans Zehrer kommen.

Nach einem Jahr erstattete dieser gewissermaßen Vollzugsmeldung. Am 1. Oktober 1954 werde das Blatt, »wie vorgenommen, fertig sein«. Nach den monatelangen Klagebriefen hielt Zehrer die Zeit für gekommen, die erneuerte Redaktionsmannschaft lauthals zu loben: »Wir haben ein fabelhaftes Team!«, »Ich bin sehr stolz auf die Redaktion ...«, bekam Springer jetzt zu lesen. Falls erforderlich, könne das Blatt »auch ohne mich weiterlaufen ...« So viel dickes Lob der Mitarbeiter diente aber nicht zuletzt dazu, den Verleger endlich um einen festen Fünfjahresvertrag über 3000 D-Mark zuzüglich Versorgungskosten zu bitten, nebst Wohnung und Dienstwagen zuzüglich Urlaub von sechs Wochen Dauer.[332]

Auffällig ist, wie vergleichsweise wenig in diesem beiderseits munter geführten Briefwechsel der politische Kurs des Blattes zur Sprache kam. Doch schließlich sah man sich dauernd, und es hat den Anschein, als ob Springer und Zehrer damals auf derselben Wellenlänge lagen. In einem der Briefe vom Herbst 1954 skizzierte Zehrer die Kreise, aus denen Kritik kam: »a) Adenauer glaubte, es wird ein offizielles Adenauerblatt, und er hatte Grund dazu. b) Englische Kreise ärgerten sich, daß ihnen die *Welt* nicht mehr gehört. Obwohl wir – ebenfalls meine Ansicht – die englische Weltpolitik stützten, was Herr Dunlop mir ausdrücklich bestätigte. c) Die ›left-liberals‹, die gerade in der *Welt* eine große Rolle gespielt hatten, sahen sich ausgeschaltet. Das sind diese Linksintellektuellen, die nur Unfug anrichten. d) Die lieben Kollegen, deren Kritik nach den ersten 3 Nummern einsetzte und die sich heute die Nase wischen. e) Und schließlich alle die, die Ihnen Ihr Werk neiden und mir die Knüppel mit ›Niveau-Drücken‹ usf. in die Beine schmeißen.«[333]

Zehrer verstand sich auch auf die Kunst sublimer Schmeichelei. In dem Silvesterbrief von 1954 bestätigte er Springer, »daß Sie ein großartiger Verleger sind. Sie haben mich in der kritischen ersten Zeit sehr gestützt und sind dann zur richtigen Zeit kritisch geworden.«[334] Der Schlusssatz dieses Briefes verdient es, wörtlich zitiert zu werden. Darin war von einem bislang gut versteckten Fernziel die Rede, über das zwischen den beiden bereits Übereinstimmung bestand. Zuerst formulierte Zehrer den Gedanken, ihm sei das Haus, gemeint war der Verlag, genauso ans Herz gewachsen wie Springer selbst: »Nicht zuletzt deshalb, weil es eigentlich gar keine Existenzberechtigung hat und ganz gegen den Zeitgeist aufgebaut wird und im Grunde seit 1933 überholt ist. Aber gerade dieses ›Trotzdem‹ reizt mich ebenso wie Sie. Ich wünsche uns beiden, daß wir in den nächsten Jahren von Hamburg aus diesen kleinen Fleck Erde mit seinen 67 Millionen erobern werden.« »Dieser kleine Fleck Erde mit seinen 67 Millionen« – damit war das geteilte Deutschland gemeint, das es wiederzuvereinigen galt.

»Muß der Grövaz seinen Sitz in Berlin haben?«

»Die Besprechung am Freitag, 5. August, habe ich höchst erregend gefunden«, schrieb Otto Siemer, Chefredakteur des *Hamburger Abendblatts*, damals ein Intimus Springers, am 8. August 1955 an seinen Chef und fügte eine vierseitige Aktennotiz darüber bei.[335] Dies ist die erste bisher bekannte Aufzeichnung, der sich entnehmen lässt, mit welchen Überlegungen Springer sich auf den Weg nach Berlin gemacht hat. Der Vermerk ist überschrieben: »Berlin als Hauptstadt nach der Wiedervereinigung«. Springer hat bei dieser Unterredung offenbar ein phantastisches Bild der alsdann zu erwartenden »explosionsartigen Entwicklung« gezeichnet: Möglicherweise führe das zur Vermehrung der Einwohner »durch Zuwanderung« von 2,8 Millionen um weitere ein bis zwei Millionen. Das wären Leute, »die ihre Chance suchen. Also Spekulanten und

Pioniere. Es wird möglicherweise einen Boom geben, wie ihn die Welt in diesem Umfang noch nicht erlebt hat.«

Berlin, wurde des Weiteren ausgeführt, werde dann auf sich konzentrieren: das deutsche Parlament; ein Länderparlament (wie immer es heißen wird); die Regierung mit allen Ministerien; die Zentren der Banken; eine »machtvolle mittlere Industrie (Elektrotechnik, Maschinenfabriken usw.); das Zentrum der Filmwirtschaft; ein höchst lebendiges Theater; die Konfektion. Resultat (im Original unterstrichen): »Berlin wird dann ein Brutofen für wirtschaftlich-politischen Optimismus und überschäumende Lebensfreude. Dieses Klima wird für Zeitungen von geradezu tropischer Fruchtbarkeit sein.«

An die Kurzskizze dieses Traumbilds schloss sich die Frage an: »Muß der ›Grövaz‹ seinen Sitz in Berlin haben?« (»Gröfaz«, »größter Führer aller Zeiten«, so hatten Spottvögel einstmals Adolf Hitler genannt. »Grövaz«, »größter Verleger aller Zeiten«, durften engste Vertraute damals auch noch den recht selbstironischen Axel Springer nennen, wenigstens dann, wenn er gut gelaunt war.) Siemers protokollierte weiter: »Vorläufige (oder doch jedenfalls mögliche) Antwort: Ein amerikanischer Verleger regierte seinen Konzern von seiner Dampfjacht aus. Per Telefon, per Funk, per Telegramm. Und ließ sich in der Abgeschlossenheit und Muße etwas einfallen.« Mit diesem Hinweis ist Springer wohl damals den Einwänden seines Hamburger Teams begegnet, deutete aber zugleich an, wie auch er selbst eines Tages den eigenen Großverlag zu dirigieren gedächte.

Darauf folgte eine kritische Analyse der Berliner Zeitungen. Diese seien »weit davon entfernt, in Deutschland Vorrang zu haben«. Die verlegerische und journalistische Potenz Berlins sei »abgestorben oder abgewandert«. Jahre der Abgeschlossenheit und des politischen Kampfes hätten eine Atmosphäre erzeugt, die »steril gemacht« und zu einer »mit Ressentiments geladenen Grundhaltung geführt hat«. Wahrscheinlich werde sich »der Berliner« alsbald nach der Wiedervereinigung durch die nun gegebenen Chancen und dank Zuwanderung von Neuberlinern »ruckartig« in das zurückverwandeln, was er immer war: »ein optimistischer, zupackender Mensch mit Herz«. Die Zeitungen aber würden vermutlich nicht in der Lage sein, »den notwendigen Stilwandel genauso schnell zu vollziehen. Die Verleger werden es sich wünschen, aber sie werden nicht über den erforderlichen Ideenreichtum und die notwendige Tatkraft verfügen; die Journalisten werden verklemmt sein und es darum nicht schaffen.«

Doch es gebe eine Antwort auf diese zu erwartende Misere: »Im Springer-Haus sitzt die verlegerische Potenz, im Springer-Haus ist auch der journalistische Zugriff in Übung. Das Springer-Haus könnte mit den vorhandenen Objekten oder abgewandelten vorhandenen Objekten oder auch neuen Objekten den Berlinern die richtige Kost bieten. Der »Grövaz« müsse also auch in Berlin einen Sitz haben. Es ist aufschlussreich, das Folgende wörtlich zu zitieren.

»Frage: Muß auch die Zeitungsproduktion in Berlin liegen:

HÖR ZU!	nein (vielleicht später doch, um vom Klima zu profitieren)
Kristall	nein
Constanze	vielleicht
Welt	ja (Schwerpunkt und Zentrale)
Welt am Sonntag ..	ja (Schwerpunkt und Zentrale)
BILD	ja (mit einem Schwerpunkt)

Hamburg behält sein Gewicht dank *HÖR ZU!*, *Kristall*, *Constanze* (Teil), *BILD* (Teil), HA.«

Auf die Frage nach dem »persönlichen Einsatz« des »Grövaz« findet sich im Stenogrammstil vermerkt: »Neuartige Arbeitsweise auf der Ebene des Konzernherrn. Beteiligung bei X mit dem Endziel, auf 25 % zu kommen (aber das müssen Juristen im einzelnen untersuchen). Beobachtung der Stoßrichtung und die Lenkung der Stoßrichtung der einzelnen Objekte.«

Zu der künftigen Problematik einer Durchdringung der Berliner Blätter mit Springer'schem Geist enthält der Vermerk eine interessante Überlegung: »Können sich die einzelnen Objekte ankonkurrieren und wieweit? Dürfen und sollen sie sich im Typus sehr annähern und sollen sie dann eventuell vereinigt werden? (Erinnerung an einen Ausspruch des ›Grövaz‹: Mit den gleichen Modeschnitten am gleichen Platze einmal ein Geschäft machen mit *Abendblatt*-Schnitten, ein zweites Mal mit *BILD*-Schnitten, ein drittes Mal mit *Constanze*-Schnitten usw.)«

Wenn in Berlin »neue Redaktionen aufzumachen sind (und das wird nötig sein)«, taucht, so heißt es in dieser Aufzeichnung, »auch die brennende Frage nach den Personen auf«. Berlin habe sicher »kaum noch Personalreserven«. Man werde also Journalisten aus Hamburg und dem übrigen Deutschland holen müssen. In diesem Zusammenhang werden ein paar Namen genannt: von Bargen (wertvoller als Zeitungsmacher denn als Verlagsleiter?), Köhler (vielleicht ein Chefredakteur mit natürlicher Autorität). Möglicherweise könnten die Hamburger Redaktionen von *BILD* und *Hamburger Abendblatt* als Journalistenschulen dienen. Das Kurzprotokoll endet mit den Worten: »Geltender Grundsatz: In Hamburg gewonnene Rezepte nach Berlin verpflanzen und dort möglicherweise modifizieren, um so dann auch wieder Anregungen für Hamburg zu gewinnen.«

Es gibt wenige Dokumente, in denen Springers Art zu planen so deutlichen Niederschlag gefunden hat. Dem Ganzen liegt das zugrunde, was man mit dem den späteren 68ern lieben Begriff als »konkrete Utopie« bezeichnen kann. Die Wiedervereinigung wird als bereits vollzogene Tatsache begriffen. Selbstverständlich ist die industrielle und personelle Auszehrung der einstigen Reichshauptstadt bereits Mitte der fünfziger Jahre ein offenes Geheimnis. Das wird aber hier gedanklich überspielt mit der Vorstellung einer schlagartigen Revitalisierung durch Rückverlagerung der politischen Funktionen, durch Reanimierung der ökonomischen und kulturellen Potenz der Jahre vor der Katastrophe, auch durch Zuwanderung von »Spekulanten« und »Pionieren«. Der operative Ansatz Springers durch Einstieg mit einem Anteil von 25 Prozent bei Ullstein ist bereits ohne Namensnennung angedeutet (»Beteiligung bei X«), doch auf dem Brief von Siemers ist handschriftlich vermerkt »Ullstein«, und die Aufzeichnung wurde auch tatsächlich im Bestand Ullstein abgelegt. Bloß angedeutet sind die organisatorischen und psychologischen Probleme, die sich ergeben könnten, wenn die Berliner Ullstein-Zeitungen aufgefrischt würden und das dynamische Hamburger Zeitungshaus teilweise nach Berlin verpflanzt werden würde.

Schon das Datum der Aufzeichnung – 8. August 1955 – ist denkbar aufschlussreich. Vom 18. bis 23. Juli 1955 hatten sich in Genf die Großen Vier, die Staats- bzw. Regierungschefs der USA, Großbritanniens und Frankreichs, mit den neuen Herren im Kreml zum ersten Entspannungsgipfel getroffen. Ein Ende des Kalten Krieges schien möglich. In allen Zeitungen war vom »Geist von Genf« die Rede. Schon zuvor war Adenauer nach Moskau eingeladen worden. Was die dann im September stattfindenden Besprechungen erbringen würden, war damals allerdings ebenso offen wie das Ergebnis der für den Herbst 1955 terminierten Außenministerkonferenz zur Deutschlandfrage. Anfang Juni war Hans Zehrer im »Blauen Express« zu einer fast dreiwöchigen Erkundungsreise nach Moskau gereist und hatte zu Beginn der Reise in einem Interview mit einem Journalisten des DDR-Rundfunks erklärt, er glaube, dass die Sowjets die Idee der Koexistenz ernst nähmen.[336] In seinen vielbeachteten, nach der Rückkehr in der *Welt* erschienenen Berichten aus Moskau war zu lesen, wie dort ein neues Lebensgefühl der nach-stalinistischen Sowjetunion zu beobachten sei, mit einer eindrucksvoll sachlichen, nach Westen hin aufgeschlossenen technokratischen Elite.[337] Allerdings hatte Chruschtschow Ende Juli, also wenige Tage vor der Besprechung am 5. August, in Ost-Berlin kompromisslos die sowjetische Zwei-Staaten-Doktrin bekräftigt. Aber in der westlichen Welt und ganz besonders im Springer-Verlag wurde damals mit Starkströmen der Hoffnung gearbeitet. Wie aussichtsreich die Lage seinerzeit noch erschien, kam in einem erst viel später bekannt gewordenen Schreiben des amerikanischen Außenministers John Foster Dulles von Mitte August 1955 an Bundeskanzler Adenauer zum Ausdruck: »Ich glaube, daß die Einigung Deutschlands ›in der Luft liegt‹ …«[338]

Springers ursprüngliche Entscheidung, sich finanziell und politisch in Berlin zu engagieren, ist nur auf dem Hintergrund der in die Koexistenzpolitik gesetzten Hoffnungen voll verständlich. Diese Phase begann im Frühjahr 1955 mit Unterzeichnung des Österreichischen Staatsvertrages, und sie endete im November 1958 mit dem Berlin-Ultimatum Chruschtschows.

Zweifellos hat Hans Zehrer in diesem Zusammenhang eine inspirierende Rolle gespielt. Bis ins Jahr 1957 kündete er die Wiedervereinigung als nahe bevorstehend an und hat offenbar auch selbst daran geglaubt. Zugleich verstand er es, Springers Nostalgie nach der großen Zeitungsstadt Berlin in den zwanziger und dreißiger Jahren zu nähren. Aber auch Zehrer selbst war ein Nostalgiker auf der Suche nach der verlorenen Zeit seiner jungen Jahre, die er als stolzer Redakteur bei der »Vossischen« im Hause Ullstein erlebt hatte. Die Entwicklungen der Jahre 1955 und 1956 schienen ihm recht zu geben. Im Februar 1956 hielt Chruschtschow auf dem XX. Parteitag der KPdSU seine berühmte Geheimrede, in der er mit den Verbrechen Stalins abrechnete. Die Rede wurde rasch in Ost und West bekannt. In den folgenden Monaten kam es zur großen Krise des Ostblocks: Entstalinisierung in der Sowjetunion selbst, Aufstand in Posen im Juni 1956, »Polnischer Oktober« 1956, wobei Moskau eine Explosion der Freiheitsbewegung nur durch die Zulassung einer nationalkommunistischen Regierung in letzter Minute verhindern konnte, schließlich die Ungarische Revolution. Ende 1956 hatte Moskau die Lage durch brutale Gewaltanwendung gegen Ungarn stabilisiert. Doch niemand im Westen konnte sicher vorhersagen, ob und wie die Erschütterung in der Sowjetunion und im sowjetischen Hegemonialsystem weitergehen würde.

Nostalgische Optimisten von der Art Zehrers gaben die Hoffnung immer noch nicht auf. In der Silvesterausgabe 1956 der *Welt* veröffentlichte Zehrer einen Artikel unter der Überschrift »Berlin 1960«. Er begann mit den Sätzen: »Dies ist kein Wunschbild. Was wir an dieser Jahreswende erhoffen, wird eines Tages Wirklichkeit sein: Berlin – Hauptstadt eines wiedervereinigten Deutschlands! Wird es in zwei Jahren, wird es in vier Jahren soweit sein?« In dem futuristischen Stück wurde die Wiedervereinigung auf das Jahr 1957 verlegt. Adenauer habe mit einem »gesamteuropäischen Plan« vom Frühjahr 1957 die Wiedervereinigung gebracht und amtiere jetzt – 1960 – mit seinen 85 Jahren als fescher Bundespräsident im Schloss Bellevue, während die CDU gegenwärtig in Gesamtdeutschland in der Opposition sei. Worauf es Zehrer aber vor allem ankam, war die Schilderung der Lage in Berlin: »Es ist die Epoche der zweiten Gründerjahre, und sie stellt sich dar wie die erste: es wird gebuddelt ... Jetzt sind diejenigen fein heraus, die à la baisse spekuliert und sich rechtzeitig hier niedergelassen haben. Viel schlechter sind hingegen diejenigen dran, die zu spät kamen und nun Federn lassen müssen.« Zehrers Wachträume bezüglich der Zukunft Berlins, die er zuvor nur Springer vertraulich mitgeteilt hatte, wurden nun öffentlich gemacht: »In fünf Jahren wird dies die größte und modernste Stadt Europas sein ... Und hätten

Sie jemals gedacht, daß Deutschland noch soviel Intelligenz besitzt ... Hätten Sie jemals gedacht, daß Berlin noch einmal in so kurzer Zeit zum geistigen und kulturellen Zentrum Europas werden würde?« Mit dem Traum von der Wiedererstehung Berlins verband sich natürlich der Hass auf das provinzielle Bonn: »Hätten wir nicht gelacht, wenn man uns im Jahr 1956 gesagt hätte, daß wir einmal alle ein Notopfer Bonn kleben müßten?«

Man mag lange darüber streiten, wer damals der größere Berlin-Nostalgiker war: Hans Zehrer oder Axel Springer. Für Springer war Berlin die Stadt seiner frühen Ullstein-Träume und danach der vergnüglichen Dandy-Zeit in Gesellschaft des Mannequins Katrin aus dem Salon Bibernell. Selbst beim Rückblick auf die letzten Kriegsjahre, als der Jungverleger des Öfteren den in Berlin domizilierten Mentor John Jahr aufgesucht hatte, verbanden sich unvergessliche Erinnerungen mit der bereits schwer von den Bombenangriffen gezeichneten Reichshauptstadt. Mitte der fünfziger Jahre floss Springer die Bezeichnung »Reichshauptstadt« wie selbstverständlich in die Feder, dies in Verbindung mit dem strategischen Zeitungskonzept, »von dort aus in das Reich hineinzugehen«.[339] Und noch 1959 bekannte er sich zu der Verpflichtung, »alles in unserer Möglichkeit stehende für die Reichshauptstadt zu tun«.[340]

Da neugierigen, dicht an der Quelle sitzenden Journalisten wenig von dem zu entgehen pflegt, was im eigenen Haus vor sich geht, war es im Pressemilieu von Anfang an bekannt, dass Zehrer bei Springers Hinwendung nach Berlin maßgeblich mitgewirkt hatte. Aber man tut gut daran, Zehrers Rolle bei Springers Berlin-Kampagne nicht zu überschätzen. Wer immer allein Zehrer als den großen Drahtzieher und Springer als dessen gläubigen Jünger betrachtet, übersieht dabei, dass Springer inzwischen ein gestandener Mann mit eigenständigem Urteil, einem kaum mehr zu überbietenden Selbstbewusstsein und darüber hinaus gleichfalls ein Berlin-Nostalgiker gewesen ist.

Außerdem war Zehrer damals nicht der Einzige, der zu bedenken gab, es sei jetzt höchste Zeit, rechtzeitig in Berlin Fuß zu fassen. Die Zeitungsstadt Berlin im wiedervereinigten Deutschland – das war ein Thema, das die »Kumpanei« der Hamburger politischen Verleger erst insgeheim, dann zusehends öffentlich ganz leidenschaftlich beschäftigte. Mehr als in anderen Zentren der damaligen Bundesrepublik fand sich in Hamburg eine gesteigerte Sensibilität für die Veränderungen im Ostblock, für Berlin und für die Probleme des geteilten Deutschland.

Als ungestümster dieser Stürmer und Dränger erwies sich in jener Phase Gerd Bucerius. Neben seinen vielen anderen Projekten war er von 1952 bis 1957 Bundesbeauftragter für die Förderung der Berliner Wirtschaft. Derartige Aufgaben übernimmt man nur, wenn man von der Sache überzeugt ist. Besser als viele andere kannte Bucerius die Probleme West-Berlins und trug sein Teil dazu bei, der Abwanderung von Firmen entgegenzuwirken und dem Investitionsbedarf durch gezielte Wirtschaftsförderung abzuhelfen. Genauso besaß er ein Gespür für die dortigen Möglichkeiten, die eintreten würden, sobald sich die Wiedervereinigung abzeichnete. Bucerius war auch Kaufmann genug, sich selbst schon rechtzeitig ein Stückchen vom Kuchen zu sichern. Obschon er in jener Phase knapp bei Kasse war, hatte er 1953 mit Hilfe der Darlehen von Freunden zehn Prozent des Kapitals der Ullstein AG treuhänderisch für den *Zeit*-Verlag erworben, um – so eine Aktennotiz vom 7. Juli 1955 – »gute Geschäftsbeziehungen zu einem Berliner Druckhaus zu haben und für den Fall der Wiedervereinigung gerüstet zu sein. Wer nach der Wiedervereinigung als erster in Berlin druckt, wird die Zone gewinnen.«[341]

Die Formulierung in dieser Aktennotiz deckt sich bis in die Wortwahl mit den Begründungen, die Springer zur gleichen Zeit für seine eigenen Berlin-Pläne gegeben hat. So wie Springers *Welt* drängten seit Frühjahr 1955 auch *Zeit* und *Stern* die Bundesregierung zur Koexistenzpolitik. Im Sommer 1956 startete Bucerius im Deutschen Bundestag eine Initiative mit dem Ziel, »den Sitz der Hauptstadt der Bundesrepublik nach Berlin zu legen«.[342] Und im Oktober 1956, als die Krise in Polen ihrem Höhepunkt zutrieb, suchte er den skeptischen Kanzler in einem kämpferischen Brief mitzureißen: »Die Schwäche des Ostens wird jeden Einspruch verhindern. Aber der Moment der Schwäche des Gegners muß ausgenutzt werden. So ungefährdet wie heute können wir gewißlich nicht wieder nach Osten vorstoßen ...«[343]

Hinsichtlich der Zukunftserwartungen Berlins waren sich Springer und Bucerius in den Jahren 1955 und 1956 jedenfalls völlig einig. Als Bucerius Anfang 1956 Axel Springer bat, zum zehnjährigen Erscheinen der *Zeit* zur Frage »Was ist *Die Zeit?*« eine Zuschrift zu übersenden (»freundlich, boshaft, sachlich, zugespitzt, wie's gefällt, möglichst ganz persönlich«),[344] schrieb dieser zurück: »Sie fragen: Was ist *Die Zeit*? Nun, ein respektables Blatt. Seit 10 Jahren lese ich es; oft mit Zustimmung, immer mit Interesse. Insbesondere die kurzen Beiträge. Im nächsten Dezennium möge die Auflage unaufhörlich wachsen. Vor allem östlich der dann längst nicht mehr existierenden Zonengrenze, ganz zu schweigen von Großberlin.«[345]

Damals waren Springer und Bucerius aber nicht nur durch dieselben politischen Erwartungen miteinander verbunden, sondern ebenso durch komplementäre Geschäftsinteressen, in die auch John Jahr, Rudolf Augstein und der wohlhabende Druckereibesitzer[346] Richard Gruner mit verwoben waren. Seit den frühen fünfziger Jahren existierten zwischen ihnen Über-Kreuz-Beteiligungen oder sonstige Verlagsbeziehungen. Springer war mit John Jahr befreundet. Lange Zeit waren die beiden über die unter dem Chefredakteur Hans Huffzky prächtig florierende *Constanze* miteinander verbandelt. Im Januar 1955 wurde John Jahr dort allerdings Mehrheitsaktionär; von seinen ursprünglich 50 Prozent Anteilen hatte ihm Springer 25 Prozent abgegeben.[347] Jahr seinerseits hielt damals eine 50-Prozent-Beteiligung an Rudolf Augsteins *Spiegel*. Er hatte sich dort 1950 zu dem sagenhaften Preis von 15 000 D-Mark eingekauft.[348]

Zwischen Springer und Bucerius bestanden anfangs keine Verflechtungen bei Verlagsobjekten. Verlegerisch wurde Bucerius über Jahrzehnte hinweg, genau gesagt bis zum Jahr 1972, durch die Erträge des *Stern* über Wasser gehalten. Seit 1951 verfügte er über 87,5 Prozent des Nannen-Verlags; 12,5 Prozent hielt Richard Gruner.[349] Doch *Die Zeit*, das Lieblings- und Schmerzenskind von Gerd Bucerius, befand sich seit den frühen fünfziger Jahren in einer Art Dauerkrise. Alles, worüber man nur streiten kann, war umstritten: der politische Kurs des Blattes ebenso wie die Eigentumsverhältnisse. Das Blatt verlor kontinuierlich an Auflage. 1955, als die weltpolitische Entwicklung Bucerius und Springer die Fata Morgana einer Wiedervereinigung vorgaukelte, waren es noch gerade 44 000 Exemplare.[350]

Kein Wunder, dass Bucerius, der sich seit Jahren mit einigen seiner Gesellschafter vor Gericht zankte, schon geraume Zeit vorher Überlegungen angestellt hatte, mit Springer zusammenzugehen. Gedacht war daran, aus der *Zeit* eine Sonntagszeitung zu machen und den Apparat der *Welt* für den Vertrieb zu nutzen. Bucerius überlegte aber auch, »in dieser oder jener Form den *Stern* durch das Haus Springer verwalten zu lassen«.[351] Springer war nicht abgeneigt, hatte aber die Frage nach Bucerius' Kapitalstärke aufgeworfen. Dieser lieh sich 600 000 D-Mark und überwies sie an Springer. Die Pläne der Zusammenarbeit waren also im Jahr 1955 schon recht weit gediehen. Springer war übrigens über Bucerius' treuhänderischen 10-Prozent-Anteil am Hause Ullstein genau im Bilde. Die Herren Bucerius und Springer hatten ihr Vorhaben mit Handschlag ohne Vertrag geschlossen. Als sich die juristischen Auseinandersetzungen zwischen Bucerius und anderen Gesellschaftern des *Zeit*-Verlags aber immer weiter zuspitzten, verlor Springer das Interesse an der Zusammenarbeit mit dem sprunghaften, auch notorisch streitsüchtigen Bucerius, überwies ihm die 600 000 D-Mark zurück und der guten Ordnung halber im Juli 1955 auch noch Zinsen in Höhe von 57 400 D-Mark.[352]

So lagen die Dinge im Jahr 1955. »Die Hamburger Kumpanei«, wie man dieses verknäulte Netzwerk der Hamburger Verleger in der Branche genannt hat, bestand durchweg aus scharfen Rechnern oder doch aus Verlegern, die sich in ihren Häusern auf Herren verließen, die scharf rechnen konnten – bei Springer waren das Karl Andreas Voss und der sichtlich kommende Mann, Christian Kracht, bei Augstein war das der Verlagsleiter Hans Detlev Becker (mit dem Kracht seit seinen frühen Zeiten beim *Spiegel* befreundet war). Je nach den Umständen, manchmal auch nur je nach Laune, spielte man in dieser Kumpanei zusammen oder auch in Maßen gegeneinander. Die politischen Feldschlachten der sechziger und frühen siebziger Jahre lagen noch in weiter Ferne. Indessen war doch bereits eine gewisse ideologische Nähe der *Zeit*, des *Spiegel* und des *Stern* zu erkennen. Die ergab sich schon aus der räumlichen Nähe. Die Redaktionen nahmen zumeist ihr Mittagsmahl bei Melzer unweit des Pressehauses ein, wo ein Steak mit Bratkartoffeln, einem Bier und einem Schnaps nur 4,50 D-Mark kostete.[353] Demgegenüber war *Die Welt* an der Kaiser-Wilhelm-Straße trotz durchaus noch vorhandener politischer Übereinstimmungen geographisch etwas weiter entfernt. Es gab aber noch einen weiteren Unterschied: Springer war unter diesen politischen Verlegern oder denen, die, wie John Jahr oder der fröhliche Lebemann Richard Gruner, nur am Geldverdienen interessiert waren, finanziell die eindeutig stärkste Potenz.

Welche Strategie hat Springer bei seiner Absicht verfolgt, unverzüglich in Berlin Fuß zu fassen? Von Anfang an ist eine deutliche Zweigleisigkeit zu erkennen: einerseits der Erwerb von Grundstücken, um dort eine eigene Großdruckerei für den West-Berliner Markt und im Falle einer Wiedervereinigung für den Markt in Brandenburg und Sachsen zu bauen, andererseits der Weg über die Beteiligung bei Ullstein.

Genau besehen ging das Engagement in Berlin viel weiter zurück. Der konkrete Beginn lässt sich genau datieren. Am 5. August 1952 wurden in Berlin 50 000 Werbeexemplare von *BILD* kostenlos verteilt. Danach sind anfänglich allerdings nur 17 000 Exemplare täglich verkauft worden. Springer hat somit in Berlin ganz klein angefangen. Doch schon im August 1953 war er zum großen Verdruss der Westberliner Verleger bei 150 000 Exemplaren angekommen. Heutige Leser können sich die Schwierigkeiten des Vertriebs kaum mehr vorstellen. Das Blatt wurde in Hamburg gedruckt. Der Transport im Lastwagen durch die damals allgemein als Ostzone bezeichnete DDR war nicht möglich. Auch ein normaler Postzug existierte noch nicht. So verschaffte sich der Verlag die Genehmigung, einen Waggon an den Alliierten Interzonenzug DUS 80637 anzuhängen. Die Zeitungen wurden von Hamburg per Lastwagen bis Mitternacht in Helmstedt oder Braunschweig angeliefert und von dort auf einen plombierten Waggon verladen, der unkontrolliert durch die DDR fuhr und um 5:33 Uhr in Lichterfelde eintraf.[354] Als die DDR ab 1963 gegen Springers »Griff nach Berlin« zu trommeln begann, war auch dies einer der Vorwürfe: *BILD* und alsdann auch *Die Welt* seien in der ersten Zeit von Springers »ausländischen Freunden« in einem an den Militärzug angehängten Postwaggon nach Berlin transportiert worden.[355] Ab 1954 erfolgte der Transport mit dem Flugzeug, allerdings zu erheblichen Kosten.

Daraus resultierten Überlegungen, die aktuellen Springer-Zeitungen in West-Berlin zu drucken. Mitte 1955 gab die Verlagsleitung grünes Licht für offizielle Sondierungen. Bezeichnenderweise fand die erste maßgebliche Unterredung im November desselben Jahres zwischen Springers dafür zuständigem Verlagsdirektor Hans Funk und dem über lange Jahre hinweg sehr mächtigen Bezirksbürgermeister von Berlin-Kreuzberg, Willy Kreßmann, im Vorraum des Fraktionszimmers der SPD im Schöneberger Rathaus statt. Die für West-Berlin und somit auch für Springers Berlin-Engagement so typische Verfilzung von Parteien, Verwaltung und Kommerz hätte nicht schöner verdeutlicht werden können. Kreßmann verwies in diesem Zusammenhang auf das brachliegende Trümmergrundstück, auf dem ursprünglich der Scherl-Verlag gestanden hatte und über das jetzt der Berliner Senat verfügte. Der Scherl-Block lag zwischen Zimmer-, Jerusalemer, Koch- und Markgrafenstraße. Allerdings gab es dort auch noch Grundstücke anderer Eigentümer, unter anderem die einer über die ganze Welt verstreuten jüdischen Erbengemeinschaft. Die Einzelheiten der schwierigen Verhandlungen interessieren nicht. Entscheidend ist, dass Springer unabhängig vom Engagement bei Ullstein planmäßig Grundstücke im alten Zeitungsviertel nahe der Grenze zum sowjetischen Sektor zusammenkaufen ließ. Das erste Grundstück wurde am 30. Oktober 1956 gekauft. Das große, der Stadt Berlin gehörende 12 500 m^2 große Scherl-Areal wurde im Frühsommer 1957 für rund eine Million D-Mark erworben. Seit der Generalbereinigung des Verhältnisses zwischen Ullstein und dem Berliner Senat besaß die Stadt Berlin aber auch das Areal an der Kochstraße, das früher Ullstein gehört hatte. In komplizierten Verhandlungen erwarb Springer in den Jahren 1957 bis 1959 auch dieses Grundstück sowie weitere Grundstücke in dem Block zwischen Zimmer-, Linden- und Jerusalemer Straße.

Im Oktober 1957 begann Ullstein mit Springer als Partner mit dem Bau des »Graphischen Zentrums«. Bei dieser Gelegenheit machte er die Bekanntschaft des vor kurzem zum Regierenden Bürgermeister gewählten Willy Brandt.[356] Offenbar war Springer auf Anhieb von Brandt angetan, bei dem alles stimmte: die gleiche Generation (Springer war Jahrgang 1912, Brandt Jahrgang 1913), die eindeutig anti-nazistische Einstellung im Dritten Reich, doch auch die politische Orientierung Brandts, der damals auf dem reformerischen, rechten Flügel der SPD operierte. Beide waren auch Männer von ausgesprochenem Charisma. Kaum war die erste Bekanntschaft gemacht, schrieb Springer an Karl Ullstein: »Ich glaube, man sollte alles tun, um den neuen Berliner Bürgermeister aufzubauen.«[357] Ein gutes Verhältnis zu Brandt war auch deshalb wesentlich, weil die Meinungen in der Berliner SPD zum Springer-Verlag zuvor recht geteilt gewesen waren. Brandts Amtsvorgänger Otto Suhr hatte das Eindringen Springers nach West-Berlin überhaupt nicht gern gesehen. Er mochte die *Bild*-Zeitung nicht und sah im Hamburger Springer-Verlag wohl auch nicht ganz zu Unrecht eine Gefahr für den sozialdemokratischen *Telegraf* und die *Nachtdepesche* von Arno Scholz, aber ebenso für Ullsteins *B. Z.*

Natürlich spielten bei Springers Grundstückskäufen und bei den Bauten Steuerbegünstigungen eine erhebliche Rolle, die damals gewährt wurden, um der ziemlich ausgebluteten, isolierten Stadt Kapital aus dem Bundesgebiet zuzuführen. Außerdem gelang es in Verhandlungen mit dem Bundesfinanzminister, rund drei Millionen D-Mark an Mitteln aus dem *European Recovery Program* zu günstigen Kreditbedingungen zu erhalten. Je länger Springer vor Ort als Investor aktiv war, umso deutlicher wurde den politischen Instanzen der Stadt Berlin und des Bundes, dass die Interessen komplementär waren. Springers Berlin-Engagement lag die Erwartung zugrunde, 1957 oder 1958, vielleicht auch etwas später, werde ein Wiedervereinigungsprozess in Gang kommen. Als aber Ende 1958 Chruschtschows Berlin-Ultimatum über die Stadt hereinbrach und von da an vier Jahre lang für größte Verunsicherung sorgte, wurde sonnenklar, dass sich Springer hier auf äußerst riskante Investitionen eingelassen hatte. Doch war er nun fest entschlossen, auf keinen Fall mehr zurückzuweichen, und das nicht allein aus politischen Gründen. Auch jetzt bestand nämlich die Möglichkeit, die Investitionen in den Bau einer modernen Großdruckerei und eines hoch aufragenden Verlagsgebäudes zu einem erheblichen Teil aus Steuervergünstigungen zu finanzieren.

Der zweite strategische Ansatz zur Ausbreitung nach Berlin war der Erwerb einer Beteiligung am Haus Ullstein. Die Ullsteins hatten nach dem Krieg große Schwierigkeiten, wieder auf dem Berliner Markt Fuß zu fassen. Nach dem Zusammenbruch des Dritten Reiches wäre die Rückgabe des ihnen im Jahr 1934 abgepressten Vermögens eigentlich reine Formsache gewesen. Ullstein war seit 1921 eine Familien-AG im alleinigen Besitz der zahlreichen Erben

Leopold Ullsteins und schon in den Jahren der Weimarer Republik eine Zielscheibe nationalsozialistischer Agitation gegen die »verjudete Presse« gewesen. Der Zugriff der NSDAP auf Ullstein im Juni 1934 war ein geradezu klassischer Fall räuberischer »Arisierung«. Max Winkler, ein Strohmann des Eher-Verlags der NSDAP, hatte das europaweit bewunderte Zeitungsimperium für den relativ lächerlichen Betrag von 10,6 Millionen Mark gekauft: fünf Tageszeitungen, 13 Wochenzeitungen und Zeitschriften mit entsprechend großem Abonnentenstamm, die Verlage Ullstein und Propyläen, auch die von dem jungen Axel Springer bewunderten imposanten Verlagsgebäude an der Kochstraße und das unter der Oberleitung Rudolf Ullsteins 1926 erbaute Druckhaus Tempelhof, Europas modernste Großdruckerei.[358] Natürlich belief sich der Wert des Vermögens auf ein Vielfaches der Kaufsumme, die durch Sonderabgaben und sonstige Steuern weiter zusammenschmolz.

Unter regimekonformer Leitung erschienen danach die bisher schon florierenden Zeitungen und Zeitschriften größtenteils weiter, so die renommierte *Berliner Illustrirte Zeitung*. Im »roten Riesen« am Teltowkanal wurde nun neben den einstigen Ullstein-Blättern eine Teilauflage des *Völkischen Beobachters* gedruckt, desgleichen *Das Reich* und die während des Krieges in zwanzig Sprachen im besetzten Europa vertriebene Propagandazeitschrift *Signal*. Im April 1945, als die Rote Armee schon in Berlin eindrang, war das letzte Druckerzeugnis in dem geraubten Verlag die Flugblatt-Zeitung *Der Panzerbär*. Damals lag die Kochstraße aber bereits in Trümmern. Nur das Druckhaus Tempelhof blieb relativ unbeschädigt, doch wurden viele der verbliebenen Maschinen von den Russen noch vor dem Einzug der Amerikaner in ihren Sektor schleunigst demontiert.

Die amerikanische Militärregierung, in deren Sektor der Verlagskomplex Koch-, Charlotten-, Markgrafen- und Besselstraße sowie der Bezirk Tempelhof fielen, verfuhr ähnlich wie die Briten in Hamburg mit dem Haus Broschek. Für den Deutschen Verlag, in dem Ullstein aufgegangen war, wurde ein Treuhänder eingesetzt, und über die mit größten Schwierigkeiten teilweise wiederhergestellten Rotationsmaschinen im Druckhaus Tempelhof liefen nun die *Allgemeine Zeitung*, später *Die Neue Zeitung* der US-Militärregierung, desgleichen der frisch lizenzierte *Tagesspiegel* und andere Blätter. Aus einer ganzen Reihe von Gründen zeigten sich aber weder die Amerikaner noch der Berliner Senat zur Restitution an das Haus Ullstein bereit. Der Berliner Senat unter Leitung des Regierenden Bürgermeisters Ernst Reuter, der nicht zu den Ullstein-Fans gehörte, argumentierte damals, Ullstein habe 1934 vor dem Bankrott gestanden, die Kaufsumme sei also angemessen gewesen, und jetzt gehöre der Besitz dem Land Berlin in seiner Eigenschaft als Rechtsnachfolger des NS-Vermögens. Im Hintergrund opponierten natürlich die inzwischen etablierten Berliner Zeitungen, insbesondere die Parteipresse, die bei der Rückkehr von Ullstein eine neue, starke Konkurrenz auf dem ohnehin mehr als saturierten Berliner Zeitungsmarkt befürchtete.

So kam es, dass die von den Ullsteins angerufene Wiedergutmachungskammer erst Anfang Januar 1952 die Rückgabe des Druckhauses Tempelhof an die Familie Ullstein verfügte. Die Grundstücke in der Kochstraße verblieben jedoch beim Land Berlin zur Abgeltung der Schulden des Deutschen Verlags. Auch der Ullstein Verlag, der Ullstein Buchverlag und der Propyläen Verlag wurden rückerstattet. In der Folge wurde die Ullstein AG unter dem Aufsichtsratsvorsitzenden Rudolf Ullstein wiedererrichtet.[359] Gewisse Analogien zum Schicksal des Hamburger Hauses Broschek zeigten sich nun erneut. Es gelang nicht mehr, den ziemlich erloschenen Stern wieder zum Strahlen zu bringen. Der Berliner Zeitungsmarkt war aufgeteilt. Ullstein versuchte zwar wieder mit den traditionellen Titeln zu reüssieren und hatte durchaus einigen Erfolg damit. Zu dem Zeitpunkt, als Springer 1956 bei Ullstein einstieg, hatte die *Berliner Morgenpost* eine Auflage von 223 000 Exemplaren, und die *B. Z.* lag bei 239 000 Exemplaren – beides jedoch keine strahlenden, sondern für den kleinbürgerlichen Geschmack in der isolierten »Frontstadt« aufbereitete Blätter. Anknüpfend an die Ullstein-Zeitschrift *Das Blatt der Hausfrau* brachte Ullstein auch vierzehntägig *Brigitte* heraus, ohne sich aber gegen die übermächtige Konkurrenz von *Constanze* voll behaupten zu können. Ähnlich erging es der *Radio-Revue*, die von Springers *HÖR ZU!* spielend abgehängt wurde. Von den wiederbelebten Unternehmungen erinnerte vor allem der recht gut florierende Ullstein Verlag an den einstigen Glanz des Verlagshauses.

Ullstein litt unter einem dreifachen Handicap. Erstens fehlte es an Kapital, denn die weitverzweigten, weltweit zerstreuten Familienstämme verhielten sich so, wie das in aller Welt Brauch ist: Sie verlangten nach Dividenden und zeigten sich ungern bereit, eigenes Geld zu investieren. Das zweite Handicap war der Verlust des Hinterlandes. Die Ullstein-Blätter sahen sich weitgehend auf den übersättigten West-Berliner Markt beschränkt. An eine Expansion in die Bundesrepublik war zum einen schon aufgrund von Kapitalmangel nicht zu denken, zum anderen aber auch nicht, weil die Insel West-Berlin unter einem nicht korrigierbaren Standortnachteil litt. Schließlich ein drittes Handicap: der Mangel an jungen, einfallsreichen, dynamischen Journalisten und Verlagsleitern. Die einstige Zeitungsstadt Berlin mit Hunderten ehrgeiziger, talentierter Journalisten war intellektuell stark ausgeblutet.

Man muss sich die Gesamtheit dieser Bedingungen vor Augen führen, um die Bedeutung der Ullstein-Kampagne Axel Springers einschätzen zu können. Aus Sicht der bereits wieder prosperierenden Verleger in Westdeutschland, wie man die Bundesrepublik in Berlin damals oft nannte, war Ullstein ein Übernahmekandidat. In der Tat blieb den Ullsteins gar keine andere Wahl, als gewissermaßen mit dem Hut in der Hand im Bundesgebiet nach Beteiligungen zu suchen, um die dringend erforderlichen Kapitalspritzen zu erhalten. Seit 1954 stellten sich denn auch die üblichen Verdächtigen ein: John Jahr, der es auf das Konkurrenzblatt *Brigitte* abgesehen hatte, zusammen mit Rudolf Augstein[360], Gerd Bucerius, der sich den schon erwähnten Anteil von zehn Prozent sicherte, Helmut Kindler in München und andere mehr. Was sich in den Jahren 1952 und 1953 bei den Bemühungen der Ullstein AG um den Kauf der *Welt* gezeigt hatte, wiederholte sich nun nochmals. Die Erben-Stämme erwiesen sich als zu schwerfällig und erwarteten bei einem Verkauf ihrer Anteile viel mehr, als die Investoren zu geben bereit waren.

Der einzige kaufentschlossene Verleger war Axel Springer. Bei ihm kam Verschiedenes zusammen. Von früher Jugend an war Ullstein für ihn der Traumverlag gewesen. Selbst der erloschene Stern blendete ihn, genauer gesagt: Er war wild entschlossen, ihn wieder zum Strahlen zu bringen. Mit dieser Fixierung auf »das Haus der Eule« verband sich seine – wie sich rasch zeigen sollte – falsche Lagebeurteilung in Sachen Wiedervereinigung. Angesichts der denkbaren Alternative, seine Mittel zur West- und Süderweiterung im Bundesgebiet einzusetzen, entschied er sich dafür, rechtzeitig in Berlin zur Stelle zu sein. Schließlich ein weiterer, entscheidender Faktor: Springer war erfreulich liquide und konnte es sich leisten, für die vorerst verfügbaren Ullstein-Anteile ein paar hunderttausend Mark mehr zu bezahlen als die Konkurrenz. Die *Spiegel*-Journalisten, die schon damals jeden seiner Schritte genau analysierten, behaupteten, der Kaufpreis von zwei Millionen Mark, mit dem er sich am 4. September 1956 bei Ullstein die Sperrminorität von 26 Prozent sicherte, habe 440 000 Mark über dem Nennwert des Aktienpakets gelegen.[361] Anders als später hielt Springer sich in dieser Phase noch mit öffentlichen Bekenntnissen zurück. Doch schon jetzt zitierte ihn *Der Spiegel* mit dem Ausspruch: »Werten Sie es als Bekenntnis zu Berlin ... Zumal ich an die Wiedervereinigung glaube.«

Zu den hausinternen Diskussionen in Hamburg über diesen Kauf liegen nur spärliche Aufzeichnungen vor. Noch hielt sich das Engagement auch in finanziell überschaubaren Grenzen. Seit Mitte der fünfziger Jahre schwamm der Springer-Verlag geradezu im Geld. Doch wer Springer genauer kannte, sah voraus, dass er sich nicht damit begnügen wollte, bloß den Fuß in der Tür zu haben. Ob sich dieser erste Schritt nach Berlin schon kurzfristig auszahlen würde, hing natürlich vom Wiedervereinigungskalkül ab.

Zu dieser Frage existiert ein denkwürdiger Briefwechsel aus dem Vorfeld zwischen Springer und seinem zeitweiligen Intimus Kaye Sely, der in Como seinen festen Wohnsitz genommen hatte. Unter Bezugnahme auf einen vorangegangenen Gedankenaustausch hatte Springer am 10. Dezember 1955, also im Vorfeld der Ullstein-Kampagne, in seinem aufgesetzt-burschikosen Stil an den Freund aus der Besatzungszeit geschrieben: »Über Berlin sollten Sie alter Quatschkopf sich trotzdem Gedanken machen. Ich will mich eventuell dort doch nur interessieren, um Prophylaxe zu üben und nicht etwa später gezwungen zu sein, das Hamburger Kunststück noch einmal zu wiederholen. Dann möchte ich mich in ein zwar älteres, aber gemachtes Bett legen«[362] – damit war augenscheinlich das Haus Ullstein gemeint. Sely antwortete postwendend und gab zu bedenken, »dass es sehr wohl auf unbestimmte Zeit bei dieser Trennung zwischen Ost und West bleiben kann ... Ohne die russische

Besatzung hätte das übrige Europa gegen ein gespaltenes Deutschland vielleicht gar nichts einzuwenden.« Aber selbst angenommen, es käme zur Wiedervereinigung und Berlin würde wieder zur Hauptstadt eines geeinten Deutschland, »wie sieht es dann aus?« »Die Russen werden alles daransetzen, eine Ostzone zu evakuieren, die auf lange Zeit für das übrige Land als kräftigste Wirtschaftsbremse wirkt. Ob die Regierung in Berlin sitzt oder nicht, halte ich für reichlich belanglos, ich würde mich vielmehr umhören, was die Schwerindustrie, die früher in Berlin ansässig war und die inzwischen nach Westen gewandert ist, bereit ist, erneut in Berlin zu investieren, wohlgemerkt nicht mit dem Mund, sondern mit Geld. Davon allein hängt meines Ermessens die Zukunft von Berlin ab.«[363] Goldene Worte! Springer zog es vor, darauf nicht zu antworten.

Da er die prekäre Lage des Hauses Ullstein genau kannte, darf vermutet werden, dass er es nicht bei der Sperrminorität belassen wollte. Klug und charmant, wie er war, kehrte er den Ullsteins gegenüber natürlich erst einmal seine besten Seiten heraus. Die Ullstein AG war beim Amtsgericht Charlottenburg eingetragen, und so konnte er sich wie jeder andere Interessierte ein Bild davon machen, wer von der Familie Ullstein wie viele Aktienanteile hielt.[364] Tatsächlich war er wohl von Anfang an ziemlich entschlossen, aufs Ganze zu gehen. Bereits im Vorfeld der Ullstein-Kampagne von 1956 war zwischen John Jahr und Springer davon die Rede, »daß wir nicht nur das Paket von 28 %, sondern auch die weiteren 20 % erwerben wollen«.[365] Wie sich dann zeigte, waren aber Elisabeth Ullstein und ihr Bruder Karl noch nicht verkaufsbereit. Springer wartete also ab. Doch der Berliner *Telegraf* hatte schon zum Abschluss von Phase I der Ullstein-Kampagne in einer Schlagzeile die Frage gestellt: »Schluckt Springer Ullstein?«[366] Vier Jahre später war es so weit.

Dass Springer von Anfang an den Plan verfolgte, Ullstein durch eine eigene Großdruckerei erforderlichenfalls auszumanövrieren, bewiesen seine parallel vorgenommenen Grundstückskäufe im alten Zeitungsviertel. Selbstverständlich sahen es die Verlagsleiter von Ullstein mit denkbar größtem Missbehagen, dass Springer dort die Alternative einer eigenen Großdruckerei vorbereitete. Den Ullsteins wäre es viel lieber gewesen, hätte sich der Minderheitsaktionär darauf beschränkt, sein Kapital allein auf die Modernisierung und Erweiterung des »roten Riesen« am Teltowkanal zu konzentrieren, den bis 1960 die Ullstein AG besaß. Aber ebenso selbstverständlich war Springer nicht gesonnen, sich darauf einzulassen. Zahlreiche Gespräche und Briefwechsel konnten vorerst daran nichts ändern. Immerhin operierte Springer anfangs zurückhaltend. Er wusste genau, wie viel Misstrauen ihm anfangs aus dem Hause Ullstein selbst, aber auch in der Berliner Polit- und Wirtschaftsszene entgegengebracht wurde. Außerdem wollte er um fast jeden Preis den Anschein einer feindlichen Übernahme vermeiden. Sein Ziel war ehrgeiziger. Der Sohn des kleinen Verlegers in Altona wünschte gewissermaßen mit dem Segen der entthronten Dynastie in den Königshermelin des Hauses Ullstein zu schlüpfen. Das gelang ihm auch, wenngleich erst nach mehr als dreijähriger Kampagne.

Vorerst hatte sich Springer aber noch mit zwei Herren der »Hamburger Kumpanei« zu arrangieren: mit Gerd Bucerius und mit John Jahr. Am einfachsten war die Verständigung mit Bucerius. Als die Verhandlungen Springers mit Ullstein noch im Gange waren, hatte dieser kurz und bündig an Christian Kracht geschrieben: »Natürlich hatte ich mit den Ullstein-Anteilen mehr im Sinn als eine Kapitalbeteiligung. Aber wenn Ihr dort Pläne habt, scheide ich aus. Treuhänder für Euch zu sein ist Ehre und Vergnügen. Bitte nicht für J. J. Einen so langen Löffel habe ich nicht.«[367] 1957 verkaufte er seine Anteile an Hammerich & Lesser, und das, wie Ralf Dahrendorf feststellt, »mit einem gehörigen Gewinn«.[368]

Etwas schwieriger war die Verständigung Springers mit John Jahr. Die beiden alten Freunde und Konkurrenten waren anfangs zusammen auf die Pirsch gegangen. Als Springer urplötzlich allein mit Ullstein abschloss, fühlte sich Jahr düpiert oder tat wenigstens so. Seine Version der Kampagne war die: Er selbst habe zwei Jahre lang – also wohl 1954 und 1955 – mit den Ullsteins ernsthaft verhandelt. Erst über ihn sei Springer ins Geschäft gekommen.[369] Im Herbst 1956 kam es zwischen den beiden Herren zu einem säuerlichen Briefwechsel.[370] Springer erkannte aber rasch, dass es John Jahr in erster Linie darum ging, die Konkurrenz-Zeitschrift *Brigitte* am Aufkommen zu hindern oder noch lieber zu kaufen. Letzteres geschah. Seit dem Jahr 1957 erschien *Constanze* mit dem Untertitel *Brigitte*. Fürs Erste hatte also die »Hamburger Kumpanei« Springers großen Schritt nach Berlin ohne zerfleischenden Streit überstanden.

Wie bisher schien Springer immer noch alles zu gelingen. Weiterhin eilte er von Erfolg zu Erfolg – auf dem faktisch von ihm beherrschten Hamburger Zeitungsmarkt, in Nordwestdeutschland, aber auch im ganzen Bundesgebiet mit *BILD*, mit *HÖR ZU* (in deren Namen jetzt das Ausrufezeichen weggefallen war) und mit der *Welt*, letztere mit Schwerpunkt im Norden und im Westen. Nun baute er in Berlin ein zweites Standbein auf, mit dem Ziel, sich kurzfristig auf den Berliner Zeitungsmarkt auszudehnen, auf mittlere Sicht aber mit gesamtdeutscher Perspektive.

Würde das auf Dauer gut gehen? Wer Zeit hatte, Springer Mitte der fünfziger Jahre ganz aus der Nähe zu studieren, fragte besorgt, ob er dem Tempo auf Dauer gewachsen sein würde. Wie verkraftet ein Glückskind, das nicht einmal Abitur hat, physisch und psychisch den schwindelerregenden Aufstieg quasi aus dem Nichts zum Mammutverleger? Einer derjenigen, die entsprechende Sorgen zu Papier brachten, war der britische Generalkonsul Dunlop. Nach einer Unterredung mit Springer auf dem Falkenstein im März 1955 teilte er dem Foreign Office mit, Springer habe überhaupt nicht gesund ausgesehen, und schloss mit der Betrachtung: »Ich denke, dass sein labiler Gesundheitszustand vielleicht einer der gefährlichsten Aspekte des gegenwärtigen Springer-Imperiums darstellt.«[371]

Sinnkrise

Nach außen gab Springer den Siegfried: beispiellos erfolgreich, glänzend im Auftreten, zupackend, sportlich, weltkundig und weit gereist, zunehmend politisch erfahren, großzügig, aber auch *nouveau riche*. Er zeigte seinen Reichtum und ließ dies alte Freunde wissen, selbst wenn er die Prahlerei mit Selbstironie zu tarnen suchte: »Übers Wochenende bin ich nach Hamburg gekommen, fliege aber morgen mit Hugh Cudlipp vom *Daily Mirror* wieder nach Kampen. Einschließlich unserer Damen. Sie sehen, man tut etwas für seine neuen Verbündeten … Zu Ehren von Cudlipp landen wir am Gästehaus, nicht am großen Haus«, schrieb er am

13. August 1955 an Kaye Sely, ein paar Tage nachdem er, wie eben geschildert, seine Hamburger Getreuen auf die Ullstein-Kampagne eingestimmt hatte. Und damit die Briefempfänger erkannten, wie geschäftig er war, trug der Brief an den Freund die Unterschrift der Sekretärin, die dieses gehetzte Leben zu organisieren hatte: »Ihr gez. Axel S. (für Herrn Springer, der eilig fortmußte: L. Buhre[372])«.[373] In plattes Deutsch übersetzt lautete diese kurze Botschaft: Ich bin rund um die Uhr beschäftigt. Ich fliege jetzt im eigenen Hubschrauber. Ich verkehre auf gleich zu gleich mit dem berühmten Hugh Cudlipp vom *Daily Mirror.* Ich erinnere mich zwar noch an die Besatzungsjahre, doch diese liegen weit, weit zurück; die Besatzer sind zu Verbündeten geworden. Ich bin immer noch ein *homme à femmes*, stolzer Ehemann einer rassigen Reiterin. Ich habe mir inzwischen auch auf Sylt standesgemäße Wohnsitze gekauft …

Der Kauf schöner Wohnsitze war inzwischen zu einer Marotte Springers geworden. Das weitläufige Anwesen auf dem Falkenstein schien ihm bereits zu eng. So nahm er in London an der Upper Brook Street ein Haus mit Butler und sonstigem Personal in Erbpacht. Erstmals zeigte sich hier sein Faible für ganz alte und ganz stilvolle Häuser. Das am Hyde Park gelegene Anwesen stammte aus dem 17. Jahrhundert. Ende der sechziger Jahre hat er dann seiner Neigung zum Alt-Gediegenen mit dem Erwerb von Schloss Schierensee in denkbar größtem Stil Ausdruck gegeben. Auf Sylt diente ihm ein Friesenhaus mit reetgedecktem Dach in Kampen am Ende des Hobokenwegs als Wochenend- und Urlaubsaufenthalt. Er hatte es vom Verleger Peter Suhrkamp kurz nach der Währungsreform für sage und schreibe 45 000 D-Mark gekauft. Als ihm ein Arzt regelmäßige Aufenthalte im Gebirge empfahl, doch auch weil ihn die Ungarn-Krise vom Herbst 1956 an die exponierte Lage der Bundesrepublik erinnert hatte, erwarb er in Klosters ein Anwesen mit dem bescheiden klingenden Namen »Wyvern Hüsli«. Später kam noch eine Berghütte in Rougemont hinzu, oberhalb von Gstaad. Als es ihn schließlich nach Berlin zog, erfuhr er, dass die stattliche Villa in der ehemaligen Helfferichstraße 7 in Dahlem, jetzt in Bernadottestraße umbenannt, auf dem Markt war. Die Eltern seiner Frau hatten das Haus vor dem Zweiten Weltkrieg gekauft. Springer überzeugte sich bei dieser Gelegenheit einmal mehr davon, dass sich die Familie Lorenz gegenüber der jüdischen Besitzerin Gräfin Ompteda im Dritten Reich anständig verhalten hatte. Auch dies also ein Hauskauf mit stark gefühlsmäßiger Vorgeschichte.[374] Desgleichen erwarb er zusammen mit Frau Rosemarie bei Bad Bramstedt in Schleswig-Holstein einen schönen alten Hof mit ausgedehnten angrenzenden Ländereien. Ähnlich wie das Haus auf Sylt war auch das Gutshaus »Halloh« mit seinem Pferdegestüt bis zur Scheidung der beiden ein beliebter Aufenthaltsort Springers. Damals ritt er auch selbst noch gerne und ausdauernd.

Man gewinnt somit den Eindruck, dass bei Springers Hauskäufen verschiedene Beweggründe zusammenkamen: sentimentale Erinnerungen; Gesundheitsprobleme, die ihn gerne die Schweizer Berge und Sylt aufsuchen ließen; ebenso Freude daran, in schönem Luxus zu leben und stilvoll zu repräsentieren; das alles aber verbunden mit innerer Unruhe, die zu ständigem Kulissenwechsel veranlasste. Zu den Symptomen innerer Unrast gehörte auch wie bisher schon sein nicht zu bremsender Reisedrang. In den frühen und mittleren fünfziger Jahren war er fast ständig unterwegs – in Westeuropa, am Mittelmeer, in Skandinavien, in den USA und in Kanada.

Von außen betrachtet war er somit ein Mann, der unaufhörlich in Bewegung war, unaufhörlich erfolgreich auch und entschlossen, das Leben in großem Stil zu genießen. Doch zu heiterem Daseinsgenuss war er überhaupt nicht in der Lage. Seine zusehends labile psycho-somatische Verfassung kannten nur die Nahestehenden. Springer hat es immer verstanden, sich zu tarnen. Doch wenigstens vertrauten Freunden gegenüber deutete er jetzt gelegentlich an, dass ihn Stressprobleme beunruhigten. Ein paar Monate nach dem eingangs erwähnten, recht übermütigen Brief an Sely erhielt dieser eine weitere Mitteilung, diesmal aus Düsseldorf, wo sich Springer in der Klinik des Herzspezialisten Professor Erich Boden, Onkel seiner Frau Rosemarie, zum Check-up eingefunden hatte. In dem Antwortbrief an Springer resümierte Sely leicht besorgt: »Erst Halsgeschichten, dann Influenza, gebrochener Finger, Nierensteine und jetzt das Herz ...« Nach Meinung Selys waren die »Herzsperenzchen« deutliche Stress-Symptome. Barsch, wie er sich gern gab, warf er Springer die Frage an den Kopf: »Beherrschen Sie das Geschäft oder dominiert der Laden Sie?« Entsprechend nachhaltig riet er von den »Berliner Verlagsplänen« ab: »Sie sollten sich vielmehr angelegen sein lassen, wie Sie Ihr Leben geruhsam genießen können, statt wie Ihr Geschäft weiter auszubauen wäre ...«[375]

Springer gab darauf zur Antwort: »Ich selten dämliches Wirtschaftswunder habe ein gesundes Herz. Das hat der Jiddenprofessor festgestellt. Was nicht gut ist, ist das Gefäßsystem ... Auf Ihre alberne Frage, ob ich das Geschäft beherrsche oder das Geschäft mich, habe ich mir heute Reitstiefel angezogen. So flaniere ich durch alle Abteilungen und herrsche offensichtlich. So stellen Sie Ahnungsloser sich doch wohl einen echten Wirtschaftswunderling von 1955 vor?« Und in einem Postskriptum dieser auch von Springers Seite burschikos geführten Korrespondenz fügte er hinzu: »Immer noch warte ich auf Vorschläge von Ihnen, wo ich mir in der Schweiz ein bescheidenes Eigenheim hinstellen kann. Der Schwager vom SS-General hat mir gesagt, daß ich wegen der labilen Gefäße einige Male im Jahr über 1000 m hoch sein muß.«[376]

Ähnliche Hinweise auf Stressphänomene finden sich da und dort in der Korrespondenz dieser Jahre. Einer seiner wenigen Vertrauten war Wolfgang Köhler, damals Korrespondent für das *Hamburger Abendblatt* in New York. In einem langen Brief aus dem gleichen Zeitraum kam Springer auch ihm gegenüber auf die Krankheitssymptome zu sprechen, von denen auch Sely gegenüber die Rede war – Nierenkolik, Nierensteine –, und meinte dazu: »Im Grunde aber sind das nur Folgen einer jahrelangen Überanstrengung ... Wir alle, lieber Herr Köhler, sind ein wenig am Rande unserer Kräfte ... Die Nachkriegsjahre haben alle, die ganz aus sich herausgegangen sind, gefährlich geschwächt.« In diesem Zusammenhang erwähnte er beiläufig: »Ich habe noch so lebhaft in Erinnerung, wie ich bei beiden Besuchen in Amerika sofort zusammenklappte. Sie und Ihre Frau haben sich damals so rührend um mich gekümmert ...«[377] Auch vom Check-up bei Rosemaries Onkel in Düsseldorf war hier die Rede. Dieser habe »eine bei mir schon konstitutionell vorhandene Gefäßschwäche« diagnostiziert, die durch rücksichtslose Arbeit leicht zur Gefahr werden könne: »Ich füge mich strikt seinen Anordnungen und arbeite mit halber Kraft, was mir auch sehr gut bekommt. Ich halte mich nicht nur meinetwegen daran, sondern auch aus Verantwortung Rosemarie, den Kindern und dem ganzen Geschäft gegenüber.«[378]

Die Kinder – auch dies ein Thema, das der seelischen Beruhigung nicht dienlich war. Wie bei reichen und zugleich geschiedenen Leuten oft üblich, wurde der hoffnungsvolle, aber auch etwas lästige Nachwuchs dann, wenn es geboten erschien, ins Internat gesteckt. Periodisch meldete sich bei Springer jedoch das schlechte Gewissen, die eigenen Kinder – leider, leider – vernachlässigt zu haben. Denn wie es gleichfalls bei Internatsverschickungen öfters vorkommt, fühlten sich die jungen Leute dort nicht hundertprozentig gut aufgehoben. Bald trieben sie einigen Schabernack, bald ließen die Schulleistungen zu wünschen übrig. In den Pubertätsjahren ergaben sich zusätzlich die für dieses Alter wohlbekannten erotischen Komplikationen.

Wenn er an seine Freunde schrieb, erweckte Springer zwar den Eindruck, mit den Problemen der bereits einigermaßen kompliziert zusammengesetzten Großfamilie ganz gut fertig zu werden. Die Korrespondenz mit den Kindern oder deren Müttern zeigt aber, dass ihm dies nicht so recht gelang, nicht gelingen konnte, denn der Verlag und manches andere daneben hatte Vorrang. Immer wieder machte der vielbeschäftigte Vater dann die üblichen Anläufe, zu den Kindern, wie man so sagt, »ein kameradschaftliches Verhältnis aufzubauen«, schrieb lange Briefe, bald verständnisvoll, bald ernstlich ermahnend, führte lange Ferngespräche, unternahm dann und wann eine gemeinsame luxuriöse Reise oder lud »die ganze Mischpoke«(also die Kinder und die Damen seiner Patchwork-Familie)[379] zum Weihnachtsfest nach Kampen ein. Ein vernünftiges Vater-Kinder-Verhältnis konnte sich unter solchen Umständen nicht entwickeln.

Kein Wunder, dass sich Tochter Barbara und Sohn Axel ihm gegenüber so verhielten, wie er selbst sich im eigenen Elternhaus aufgeführt hatte. Der Vater mochte toben, dennoch heiratete Tochter Barbara gegen seinen Willen und bekam mit 19 Jahren Nachwuchs. Springer, der immer noch mit Vorliebe den jugendlichen Liebhaber spielte, war nun im Alter von 41 Jahren bereits Großvater. In der Folge emanzipierte sich die Tochter völlig vom Vater – eine Entwicklung, die diesem letzten Endes am besten behagte. Er schätzte es, vom eigenen Nachwuchs möglichst in Ruhe gelassen zu werden, was aber nie so recht gelang. Wer wen mehr nervte, der Vater seine Kinder oder die Kinder den Vater, lässt sich im Nachhinein nicht mehr eruieren.

Mit Frau Rosemarie verband ihn offensichtlich eine tiefe Bindung. Wenn es Springer schließlich gelang, seine frühe Midlifecrisis zu überwinden, dann in erster Linie dank der Hilfe dieser klugen und energischen Frau, die ihm leidenschaftlich zugetan war. Aber die alten Freunde und auch der eigene Jagdtrieb veranlassten ihn nach wie vor, häufig über den Zaun zu grasen. Gelegentlich nahm ihn dann Freund Zehrer ins Gebet. Im Juni 1953, die Kampagne für den Kauf der *Welt* war eben in vollem Gange, erhielt Springer einen umsichtig formulierten, für die Verhältnisse des Gentleman Zehrer aber doch überdeutlichen Brief. Eben war in *Time* unter der Überschrift »Germany's Press Lord« ein Bericht über Springer erschienen, mit einem Bild des Verlegers zusammen mit Adenauer. Zehrer, der feinste Schmeichelei mit offener Kritik zu verbinden verstand, meinte dazu: »Ja, das sind Sie jetzt! Ein Presselord in Deutschland – vergleichbar nur mit den großen Namen des Auslands wie Beaverbrook, Northcliff, Hearst und so weiter. Sie sind durch Ihr Werk wirklich das geworden, was man einen großen Mann zu nennen pflegt.« Doch das war nur der Ausgangspunkt, um Springer zu sagen: »Ihr Ruf wandelt sich, aber zu langsam! Und das liegt m. E. daran, dass Sie den Bruch mit den Leuten des Aufsteigers noch nicht radikal genug vollzogen haben.«[380] Damit deutlich wurde, was gemeint sei, nannte er den Namen Dependorf, der Springer, so wurde getuschelt, immer wieder einmal zu Sexpartys an seinen Swimmingpool einlud. Solche Leute, gab Zehrer zu bedenken, hingen sich »quatschenderweise« an Springers Rockschöße. Auf die Gefahr hin, dass Springer ihm das übel nehme, empfahl er ihm »eine halbjährige Fastenkur einzuführen und viele Brücken hinter sich abzubrechen«. Springer nahm es durchaus nicht übel, bot vielmehr Zehrer ein paar Wochen später das Amt des Chefredakteurs der *Welt* an. Doch auf das zur Gewohnheit gewordene erotische Doppelleben konnte und wollte Springer nicht gänzlich verzichten, achtete jedoch sorgfältig darauf, dass nichts von seinen Eskapaden in die Regenbogenpresse gelangte.

Wer Springer genau kannte, wusste aber, dass sein Doppelleben noch in anderen Dimensionen spielte. Der »Mammutverleger« war nicht nur ein Frauenheld, der periodisch ausbrach, sondern eigenartigerweise zugleich ein für alles Esoterische aufgeschlossener Mensch und ein Gottsucher. Seitdem seine Mutter für ihn das erste Horoskop hatte anfertigen lassen, glaubte er an die Astrologie. Im damaligen Deutschland befand er sich damit in zahlreicher Gesellschaft. Einer Allensbacher Repräsentativumfrage zufolge antworteten auf die Frage: »Glauben Sie an einen Zusammenhang zwischen dem menschlichen Schicksal und den Sternen?« im Februar 1950 30 Prozent der Befragten mit »Ja«, 50 Prozent antworteten »Nein«, und weitere 20 Prozent zeigten sich unentschieden.[381] Im Verlauf der fünfziger Jahre war die Zahl der Astrologie-Gläubigen nur langsam rückläufig. Springers Zeitschriften und Zeitungen mit ihren Astrologie-Ecken leisteten solchem Aberglauben Vorschub.

Bei Springer war das anscheinend mehr als bloße Spielerei. Kaum, dass er über einiges Kapital verfügte, erschien 1948, als der Lizenzierungszwang wegfiel, im Axel Springer Verlag eine esoterische Zeitschrift mit dem Titel: *Merlin. Archiv für forschenden und praktischen Okkultismus, Grenzwissenschaften, Schicksalskunde und esoterische Tradition*, herausgegeben von Dr. Herbert Fritsche. Nach drei Folgen ließ Springer sie wieder einschlafen – aus welchen Gründen auch immer. Einige Überschriften der einschlägigen Aufsätze zeigen, was hier breitgetreten wurde: »Hellsehen als Forschungsweg«, »Die Seele und ihre Hüllen«, »Okkulte Bewegungen der Gegenwart«, »Magie im Tiefschlaf«, »Meine Erweckung zur Seherschaft«, »Okkulte Visite im nächtlichen London«, »Krankheit als Anruf«. Aufschlussreich war die dem ersten Heft vorangestellte Bestimmung von »Aufgabe und Ziel« dieser »wichtigsten Wissenschaft«. Sie begann mit den Sätzen: »Eine Wiener Ärztin befragte vor etwa einem Jahrzehnt systematisch die in die Kliniken eingelieferten geretteten Selbstmörder nach dem Motiv der Tat. Die Antwort lautete einheitlich: ›Mein Leben hatte keinen Sinn mehr!‹ ... Die vitale Bedeutung der Frage nach dem Sinn des menschlichen Lebens ist es, durch die die Erforschung der ›Welt hinter dem Schleier‹ zu einem der größten Anliegen unserer Kultur wird. Dieser ›Welt hinter dem Schleier‹ wird sich die Zeitschrift *Merlin* widmen.« Unter Fortfall alles Sektiererisch-Engen und lediglich Weltanschaulichen sollten den Lesern breite und schmale Pfade »zum Realen« gebahnt werden: »... denn das Überweltliche ist die realste Realität.« Vorangestellt war der Einführung ein

Motto des Theosophen Swedenborg: »Ohne die jenseitige Welt ist die diesseitige ein trostloses Rätsel.«[382]

Die esoterische Eintagsfliege wäre nicht der Erwähnung wert, hätte sie nicht Axel Springer zum Verleger gehabt. Allem Anschein nach wurde dieser selbstironische junge Mann, der so scharf hinter dem Erfolg, dem Geld und den Damen her war, insgeheim von der Sinnfrage umgetrieben und glaubte an jenseitige Mächte. Als aus ihm später ein frommer Christ geworden war, hat er die Spuren zu verwischen gesucht. Springers Korrespondenz enthält zwar eine Reihe von Briefen, die er mit seiner Astrologin Ina Hetzel und mit deren Konkurrenten Hans Genuit geführt hat. Doch im Nachlass ist kein einziges Horoskop erhalten geblieben. Michael Jürgs, der diese Seite der Springer'schen Existenz hell und geboten spöttisch beleuchtet hat, konnte noch ein paar Spuren auffinden.[383] Christian Kracht, seit den frühen fünfziger Jahren zunehmend ein Intimus von Springer, betont in Interviews, Springer habe sich dreimal wöchentlich zur Scheffelstraße 12 fahren lassen, wo Ina Hetzel wohnte, um dort unerkannt sein Horoskop abzuholen. Springer wünschte, dass dies möglichst unbeobachtet vor sich ging. Der Fahrer war angewiesen, nicht vor dem Haus zu parken. Von diesen Besuchen, so Kracht, »kam er immer gut gelaunt und frohen Mutes zurück«.[384] Wichtige Entscheidungen seien danach terminiert worden: etwa das Startdatum des *Hamburger Abendblatts* oder auch die Stunde, zu der Springer bei seinem berühmten Besuch in Moskau Chruschtschow den Brief mit seinen Fragen zustellen ließ.[385] »Selbst Unterschriften für wichtige administrative Beschlüsse wurden danach festgelegt«, erinnert sich Christian Kracht.

Wie lange Springer auf Astrologie und Esoterik etwas gegeben hat, lässt sich nicht mehr feststellen. »In den letzten 20 Jahren Axel Springers«, so versichert Friede Springer, »spielten Astrologie und Esoterik keine Rolle mehr.« Sie habe auch nie ein Horoskop zu Gesicht bekommen.[386] Aus dem Tagebuch, das Hans Zehrer 1964/65, in seinem letzten Lebensabschnitt, führte, geht hervor, dass dieser gleichfalls in vertrauten Beziehungen zu der Astrologin Ina Hetzel stand. Sie bediente auch ihn mit Horoskopen.[387] So wurde Springer von seinem zeitweiligen Mentor Hans Zehrer, der sich zugleich als gläubiger Christ verstand, im Glauben an die Astrologie bestärkt.

Dem Bekunden derer zufolge, die ihn genau kannten, ist Springer in den fünfziger Jahren überhaupt auf Esoterik abgefahren. Er soll sich vor Erdstrahlen gefürchtet haben und sei an PSI-Phänomenen interessiert gewesen. Zugleich begann in dieser Phase eine sehr auffällige Hinwendung zu Praktiken und Vorbildern christlicher Askese. Von welchem Zeitpunkt an er in mystische Vorstellungswelten eintauchte und wer ihn auf diese Spur setzte, ist nicht mehr eindeutig zu klären. Rosemarie Springer, die trotz ihrer Herkunft aus der Familie eines SS-Generals mehr christlich-kirchliche Substanz in die Ehe einbrachte als der ziemlich kirchenfern aufgewachsene Axel Springer, weist auf Einflüsse Hans Zehrers hin. In dem dichten Schriftwechsel zwischen Springer und Zehrer sind sie aber nicht erkenntlich.

Da die Ursprünge dieser Neuorientierung in den verfügbaren schriftlichen Quellen nicht auszumachen sind, muss man sich also erst einmal an die Phänomene halten, von denen die Springer Nahestehenden berichten. Es steht zweifelsfrei fest, dass er sich im Turmhaus unterhalb seiner neuen Villa am Falkenstein ein verdunkeltes Gebetszimmer einrichtete. Es sei wie eine Mönchsklause gewesen: unbequeme Holzbank vor einem Eichentisch, auf dem die Bibel lag, zur Seite ein uraltes Holzkreuz aus Bayern und an den Wänden drei Bilder, vor denen Springer meditierte. Christian Kracht, schon damals ein Kunstliebhaber und Kunstsammler, hatte dafür ein Ölbild von Lucas Cranach gekauft: »Der Schmerzensmann«. Als sich später herausstellte, dass es sich um eine Fälschung handelte, versuchte Kracht, es wieder zurückzubekommen. Doch Springer wollte es behalten. Daneben hingen die Bilder der Heiligen Nikolaus von der Flüe und Franz von Assisi, beides Gestalten, die ihn von jetzt an faszinierten.

Der Schweizer Nationalheilige Nikolaus von der Flüe war eine Gestalt des Spätmittelalters: wohlhabender Bauer aus dem Kanton Unterwalden, Vater von zehn Kindern, ein Mann des öffentlichen Lebens und ein tapferer Krieger. Nach einem Bekehrungserlebnis verließ er seine Familie und begab sich in den »Ranft« – eine wilde Schlucht, wo er zwanzig Jahre lang bis zu seinem Tod in einer finsteren Hütte ohne jeden Komfort lebte. In dieser Zeit fanden sich Abgesandte der damals verfeindeten Schweizer Kantone bei ihm ein, die er durch einen Schiedsspruch versöhnte und somit den Bestand der Eidgenossenschaft sicherte. In den Jahren der Bedrängnis durch das Dritte Reich zwischen 1933 und1945 hat man sich in den gläubigen Milieus der Schweiz seiner besonders intensiv erinnert. Die Heiligsprechung erfolgte 1947. Zur Hütte im »Ranft« kamen danach viele Besucher, auch Axel Springer zusammen mit Frau Rosemarie. Diese berichtet, wie stark Springer der Besuch in der engen Klause erschüttert habe, in der man nicht einmal aufrecht stehen konnte: »Ich fürchtete damals, er werde ein Gelübde tun, sich von seinem gesamten Vermögen zu trennen.«[388] Was Springer an Nikolaus von der Flüe besonders beeindruckt hat, war die Verbindung von Asket und Friedensstifter.

Daneben Franz von Assisi. Offenbar hat er sich in dieser Gestalt selbst wiedererkannt: ein reicher, gut aussehender, sangesbegabter junger Mann, der am Luxus und an willigen Damen seine Freude hatte. Franz von Assisi wandelte sich bekanntlich nach einem Bekehrungserlebnis völlig, schenkte all seine Habe den Armen, pflegte die Aussätzigen, gründete den Franziskanerorden und predigte den Vögeln. Auch er war heiliggesprochen worden.

Springer verbrachte in seinem Gebetsraum ganze Nächte, betete, meditierte und dachte über die eigene Bestimmung nach. Allem Anschein nach waren Rosemarie Springer, Christian Kracht und Springers Sohn Axel, der gleichfalls im Turmhaus ein Appartement bewohnte, die Einzigen, die über diese verborgene Seite des umtriebigen Großverlegers voll informiert waren. Andere, die Springers mystisch-asketisches Doppelleben nicht kannten, wunderten sich dann und wann über befremdliche Wünsche, ohne sich aber viel dabei zu denken. Weshalb, so musste sich Rudolf Michael fragen, erregt sich der unverfälscht protestantische Verleger darüber, dass sich *BILD* über eine Papst-Vision leicht mokiert hatte?[389] Weshalb, so kam Kaye Sely ins Grübeln, hatte ihm Springer im Dezember 1955 geschrieben: »Heute eine ernsthafte Anfrage: was muss ich anstellen, um vom Papst empfangen zu werden? Dieser Wunsch hängt natürlich überhaupt nicht mit meiner Zeitungsarbeit zusammen.«[390] Als die Sache nicht voranging, winkte Springer selbst ab und tarnte sich mit der Bemerkung, von den katholischen Kanzeln werde oft gegen *BILD* gewettert: »Wegen der nackten Mädchen, die wirklich gar nicht drin sind.«[391] Doch Springer ging es dabei wohl nicht um PR, sondern um das Gesprach mit dem Heiligen Vater, der, so wie er selbst, Visionen hatte und diese sehr ernst nahm.

Was damals zum Ausbruch kam, war jedenfalls nicht nur der übliche Stress des Managerdaseins, dem durch gelegentliche Auszeiten, Kuren und Sport abzuhelfen ist. Springer befand sich offenbar in einer Sinnkrise, die zu Momenten erhitzter Religiosität führte. Seinen nächsten Vertrauten berichtete er gelegentlich von Visionen, wie sie aus den Berichten mittelalterlicher und frühneuzeitlicher Mystiker wohlvertraut sind. Die moderne Wissenschaft des 19. und 20. Jahrhunderts interpretiert solche Phänomene anders. »Wer Visionen hat, gehe zum Psychiater«, hat Max Weber diesbezüglich festgestellt. Alles, was Springer zu erfahren glaubte – Elevationen, Stigmatisierung, Engelserscheinungen, Erwähltheitsglaube, Todeswunsch in der Hoffnung, als Messias wiederzukehren –, ist als Erscheinungsform psychischer Störungen zu begreifen, schlimmstenfalls als Anzeichen beginnender Schizophrenie.

Somit stellt sich die Frage, weshalb Springer sich nicht psychiatrisch behandeln ließ. Dafür gab es verschiedene plausible Gründe. Er selbst wünschte dies nicht, da er ja an die Realität des Überirdischen glaubte und glauben wollte, gemäß der eingangs erwähnten Feststellung des Theosophen Swedenborg: »Ohne die jenseitige Welt ist die diesseitige ein trostloses Rätsel«. Zudem trat die Krankheit anfangs nicht massiv auf. Die wenigen, die das registrierten, konnten also erst einmal hoffen, dass sie sich bei schonender Lebensweise verflüchtigen würde. Schließlich war Springer größtenteils sehr aktiv. Wie bisher geschildert, hat er schließlich in den Jahren 1954 bis 1958 weitreichende, durchaus zweckrationale und betriebswirtschaftlich tragfähige Entscheidungen getroffen. Dass Karl Andreas Voss daran maßgeblichen Anteil hatte, versteht sich. Rosemarie Springer, die als Einzige den vollen Überblick hatte und im Nachhinein feststellt: »Es war noch viel schlimmer, als in den bisherigen Biographien zu lesen ist«, erkannte natürlich genau, dass ein für psychisch krank, wenn nicht gar für schizophren erklärter Verleger für die Leitung des Großverlags nicht mehr in Frage gekommen wäre. Dann wäre das ganze, allein auf Springer gegründete Gebäude ins Wanken geraten. Sie wandte sich an ihren Onkel in Düsseldorf, Professor Boden. Er war kein Psychiater, hatte den angeschlagenen Axel Springer aber immerhin gründlich untersucht. Boden gab den Rat, ihren Mann ruhig zu halten, für Stressvermeidung zu sorgen und vorerst keine psychiatrische Hilfe in Anspruch zu nehmen.

Fotos aus jenen Jahren zeigen einen ungesund aussehenden, zur Fülle neigenden, aus dunkel umrandeter Brille traurig und abgehoben dreinschauenden Axel Springer. Der Tiefpunkt dieser Krisen war 1957 erreicht, als Springer das Haus am Falkenstein bald über ganze Wochen hinweg nicht mehr verlassen wollte. Es waren damals im Wesentlichen Rosemarie Springer und Springers Assistent Christian Kracht, die ihn nach außen abschirmten, wenn depressive Schübe oder visionäre Verzückungen auftraten. Auf den Berichten der beiden beruhen wohl auch in erster Linie die Darstellungen, die diese Krankheitsphasen im bisherigen Schrifttum über Springer gefunden haben. Kracht beispielsweise erinnert sich, Springer habe sich damals nur noch von Milchsuppen ernährt, um hager wie Christus zu werden, und habe ihm eines Tages beide Handflächen gezeigt, mit den Worten, hier sei er stigmatisiert. Der realistische Kracht war allerdings der Meinung, das komme nur vom Tragen des Köfferchens, das Springer damals meist bei sich führte.[392]

Wie es zur Überwindung der Krise kam, braucht hier im Detail nicht zu interessieren. Dreierlei ist jedenfalls klar: Die psychische Krise fiel offensichtlich mit religiösen Erschütterungen zusammen. Die Überwindung der Krise ist im Wesentlichen Springers Frau zu verdanken. Und schließlich wäre Springer nicht Springer gewesen, hätte sich alles nicht auch mit einer erotischen Verrücktheit verbunden, bei der »ein blonder Engel« die Hauptrolle spielte, der nicht seine Ehefrau war.

Die Erkrankung war noch nicht überwunden, da stand im Herbst 1957 eine USA-Reise an. Christian Kracht, der voll eingeweiht war, wurde von Springers Frau beschworen, ihren Mann auf dem Luxusliner keinen Moment aus den Augen zu lassen. Sie fürchtete einen Suizid. In New York und Santa Barbara in Kalifornien wurde Springer erneut von Visionen bedrängt, zugleich von dem »blonden Engel«. Springer kam krank zurück und wurde dann urplötzlich geheilt.

Er selbst ist später nur selten auf diese kritischen Zustände zu sprechen gekommen. Schon die Erinnerung daran machte ihm zu schaffen. Einmal hat er sich gegenüber Ben Witter dazu geäußert. Er hatte diesen in den Hamburger Anfängen als Lokalreporter der *Welt* kennen und schätzen gelernt. Witter war der Autor einer später in der *Zeit* erscheinenden, gern gelesenen Serie, betitelt »Spaziergänge mit Prominenten«. Im Dezember 1967, die Vorgänge lagen schon zehn Jahre zurück, bat Witter um ein Gespräch mit dem Verleger, gegen den damals bereits die Kampagne der APO »Enteignet Springer!« in vollem Gange war. Springer fand sich zwar nicht zu einem Spaziergang bereit, lud Witter aber in sein Arbeitszimmer im 19. Stock des Berliner Verlagshauses ein. Während er dort nervös hin und her lief, kam Springer abrupt auf die Krise von 1957 zu sprechen: »Ich bin fünfundfünzig. Vor zehn Jahren hatte ich eine Krise. Unter anderem fragte ich mich, warum der Zigarettenfabrikant Reemtsma auf einen Brief von mir nichts von sich hören ließ. Abends klingelte es. Reemtsma stand vor der Tür. Wir kamen gar nicht auf den Brief zu sprechen. Ich traute meinen Ohren nicht, er sprach von meinen Problemen. Zwischendurch sagte er fast gleichgültig: ›Erfolg ist eine Eigenschaft.‹ Er ging und nahm meine Probleme mit. Ich war sie los.«[393] Es gibt Grund zu der Annahme, dass Philipp F. Reemtsma, ein Nachbar der Springers in Blankenese, dem seine Gesundheit damals gleichfalls zu schaffen machte, auf Anregung Rosemarie Springers kam.[394]

Aufschlussreich ist auch ein Brief, den Springer 1984 an Harald Vocke schrieb, damals Chefredakteur der *Deutschen Tagespost* in Würzburg. Springer schätzte Vocke als Orient-Kenner und als gläubigen Mann, der auch ein Herz für die Christen im Libanon hatte. Zu Weihnachten 1983 hatte ihm Vocke ein Buch Wilhelm Schamonis mit dem Titel *Wie sie Gott wiederfanden*[395] zugesandt. Der Band enthielt Bekehrungsgeschichten von Augustinus bis ins 20. Jahrhundert. In Springers handgeschriebenem Dankesbrief fanden sich, so Vocke, die Sätze: »Eine ganz große Freude haben Sie mir mit Schamonis ›Wie sie Gott wiederfanden‹ gemacht. Wes das Herz voll ist ... Anfang 1957 sagte Hans Zehrer zu mir: ›Axel, Sie leben zwanzig Jahre vor Ihrer Zeit und landen im Glauben.‹ Dann geschah es an einem Sonntagmorgen in der St. Severin-Kirche auf Sylt. Und dann hielten mich alle für verrückt. Vierzig Pfund Gewichtsabnahme, ein Jahr Fasten. England, Amerika. Ich würde es nie wagen, auch nur ein wenig davon aufzuschreiben.

Schließlich in Santa Barbara wuchs in mir der Entschluß, nach Moskau zu gehen. Unter Nächstenliebe verstand ich auch das Leiden der Mitteldeutschen.«[396]

Offenbar hat ihn damals ein Buch des Zürcher Kirchenhistorikers, Mystikers und Pfarrers Walter Nigg stark beeindruckt. Springer verehrte Nigg von nun an als geistliche Autorität, suchte ihn verschiedentlich auf und korrespondierte mit ihm. Sein Generalbevollmächtigter Heinrich Prinz Reuß, zu dem er auch in Glaubensfragen Vertrauen hatte, bekam von Springer 1978, im Verlauf einer langwierigen Krankheitsperiode, zu hören: »Während meiner nicht leichten Zeit in den letzten sechs Monaten habe ich mich noch mehr mit Religion beschäftigt als sonst. Ich machte ungeheure Entdeckungen. Das alles passierte mir übrigens vor dreimal sieben Jahren schon einmal. Damals fand ich Nigg.«[397] Neben der Bibel, schrieb Springer ein paar Jahre später an Nigg, seien ihm »Ihre Bücher, die ich alle kenne und immer wieder lese, die liebsten der Welt. Immer wieder danke ich Ihnen, daß in einer großen Krise meines Lebens, die ich nicht zu deuten wußte, eines Ihrer Bücher mir die Erkenntnis brachte.«[398]

Derart spärliche, aber doch eindeutige Äußerungen bestätigen die sonst nur von Dritten überlieferten Berichte von der Krise im Jahr 1957. Zehrers von Springer häufig zitierter Ausspruch wird hier präzise auf Anfang 1957 terminiert. Der seit langem sehr fromm gewordene Springer erinnerte sich offenbar bis ins Jahr vor seinem Tod an ein Bekehrungserlebnis, wiederum zeitlich einzugrenzen wohl auf das Jahr 1956 und lokalisierbar in St. Severin auf Sylt. Er erinnerte sich auch an seinen verwirrten Geisteszustand und an verschiedenste Vorgänge im Jahr 1957. Am bemerkenswertesten ist: Er führte den Entschluss, »nach Moskau zu gehen«, auf die Vision vom Herbst 1957 im kalifornischen Santa Barbara zurück. Diejenigen, die einen gewissen Zusammenhang zwischen dem Sendungsbewusstsein, das ihn im Januar 1958 nach Moskau trieb, und dem schizophrenen Schub des Vorjahres herstellen, können sich auf Springer selbst berufen. Im Rückblick erwähnte er dabei allerdings keinerlei nationale Beweggründe, sondern insistierte darauf, »Nächstenliebe« sei das Hauptmotiv gewesen.

1957: Auf Linkskurs

1957 war für Springer nicht nur das Jahr, in dem er beinahe durchdrehte. Es war zugleich das Jahr, in dem er die Blätter seines Hauses stärker als je zuvor oder danach auf Linkskurs brachte. Das unruhige Aufbegehren gegen die offizielle Bonner Politik führte schließlich zu dem Entschluss, Chruschtschow im direkten Gespräch von den Vorzügen eines eigenen Wiedervereinigungsplans zu überzeugen.

Als es 1954 und 1955 um die Westverträge ging, war Springer zusehends auf die Linie Adenauers eingeschwenkt. Er hatte auch den Mut des Kanzlers anerkannt, zu Verhandlungen nach Moskau zu reisen. »Daß sich der alte Mann auf den Weg gemacht hat, um 10 000 Gefangene frei zu bekommen«, so hörte ihn seine Umgebung, verdiene aufrichtige Bewunderung. In humanitären Fragen war Springer stets erregbar. Stundenlang saß er vor dem Fernseher, als der erste Transport in Friedland eintraf.[399] Adenauer war nach den anstrengenden Verhandlungen längere Zeit erkrankt, und so verfehlte Springer nicht, ihn im Herbst 1955 mit Rosen zu beschenken. Nach einem Aufenthalt auf dem Petersberg übersandte er ihm den Strauß mit freundlichst formuliertem Begleitbrief: »Bei meinen Spaziergängen, die mich vom Petersberg her öfter in die Nähe Ihres Wohnhauses führten, habe ich Ihnen stille, herzliche Genesungswünsche geschickt. Erlauben Sie mir bitte, daß ich diesen – zugleich im Namen aller Redaktionen meines Hauses – noch einmal Ausdruck verleihe, nachdem ich nach Hamburg zurückgekehrt bin.«[400]

Seit dieser artigen Geste kühlte die Sympathie jedoch merklich ab. Im Jahr 1956 war Springer davon überzeugt, die Wiedervereinigung sei möglich, ja stehe nahe bevor. Deshalb registrierte er kritisch, dass Adenauer in der Ostblock-Krise des Jahres 1956 erst einmal auf sicher spielte. Während er selbst sich bereits auf den Weg nach Berlin machte, würgte der Bundeskanzler die Berlin-Initiative von Freund Bucerius unwillig ab. Zwar wusste auch Springer nicht genau zu sagen, was nun eigentlich geschehen solle. Er war aber von einer vagen Grundstimmung bewegt, man müsse mit Moskau irgendwie, und möglichst entschieden, ins Gespräch kommen. Darin bestärkte ihn Hans Zehrer, mit dem er frühmorgens fast täglich telefonierte, um die Linie der *Welt* festzulegen. Christian Kracht ist der Ansicht, dass sich der politische Einfluss Zehrers ganz besonders in den Jahren 1956 und 1957 verstärkte. In seiner »großen Schaffenszeit« sei Springer ein ganz unersättlicher Geschäftsmann gewesen, von nun an hätten ihn aber der Papierpreis, die Auflagenzahlen seiner Blätter oder neue Kaufgelegenheiten nicht mehr besonders interessiert.[401] Mag sein, dass das auch mit der Sinnkrise Springers zusammenhing, die sich damals verstärkt bemerkbar machte. Aus Sicht Krachts war Zehrer jedenfalls »ein finsterer Mann« und der Hauptverantwortliche für die Politisierung Springers. Die große Zeit innerhalb des Betriebs sei nun, so Kracht, zu Ende gewesen.

Man schmälert Zehrers damalige Rolle nicht, wenn man zugleich unterstreicht, dass Springer seit 1953 gelernt hatte, sich auf dem Bonner Parkett zu bewegen, und dass er von vielen Seiten Informationen bezog. Er pflegte jetzt umsichtig seine eigenen politischen Verbindungen, die ebenso ins Bundeskabinett hineinreichten wie zur oppositionellen SPD und – seit dem Koalitionsbruch vom Frühjahr 1956 – auch zur FDP. Im Hamburger Umfeld und seit 1956 in Berlin traf er ständig hinlänglich viele Politiker und kundige Journalisten und bildete sich im Gespräch mit ihnen seine Meinung.

Einer seiner besten Kontakte ins Bonner Milieu lief damals wie später über den Bundespressechef Felix von Eckardt, der in diesen Jahren noch in hoher Gunst bei Adenauer stand. Von Eckardt und Botschafter Blankenhorn waren seit Herbst 1956 und während des ganzen Jahres 1957 diejenigen, die mit Nachdruck für Entspannungsinitiativen, für Rüstungskontrollverhandlungen und für Phasenpläne zur Wiedervereinigung plädierten, mit dem Endziel eines geordneten Rückzugs östlicher und westlicher Streitkräfte und mit freien Wahlen im Jahr 1960 zur Schaffung einer provisorischen Regierung, »die die Verfassung für das Reich ausarbeitet«. Das wiedervereinigte Deutschland sollte von den USA und von der Sowjetunion eine umfassende Sicherheitsgarantie erhalten. Von Eckardt dachte damals an einen Phasenplan, den Adenauer nach entsprechender Abstimmung mit Präsident Eisenhower im Mai 1957 vorlegen sollte.[402] In diesen Überlegungen spielte auch der Gedanke eines »National-Rats« aus Vertretern der Bundesrepublik und der

DDR eine gewisse Rolle. Eine Korrespondenz zwischen Felix von Eckardt und Springer ist für 1956 nicht nachweisbar; doch derlei vertrauliche Planungsüberlegungen pflegt man nicht brieflich niederzulegen. Auffällig ist aber schon, dass Zehrer ausgerechnet am 31. Dezember 1956 seinen bereits erwähnten Leitartikel »Berlin 1960« veröffentlichte.[403] Wie erst viel später bekannt geworden ist,[404] haben die entscheidenden Gespräche über die hier skizzierten Initiativen von Eckardts und Blankenhorns, bei denen sich Adenauer schließlich gegen die Vorschläge aussprach, in der ersten Januarwoche 1957 stattgefunden – ein ziemlich sicheres Indiz dafür, dass einiges von den Überlegungen in die Hamburger Direktionsetage Springers durchgesickert war. Springer selbst hatte im November 1956 in einem Brief an die maßgeblichen Herren der *Bild*-Zeitung nachdrücklich angemahnt, auf »die Bedrohung des Friedens« alarmierend aufmerksam zu machen, und gleichzeitig empfohlen, »darauf zu achten, ob Anstöße aus der CDU zu einer Neuorientierung der Alt-Pakt-Außenpolitik (sic!) erfolgen würden«[405].

In Springers Korrespondenz ist gut erkennbar, wie sich seit Herbst 1956 in seinen Weisungen an Rudolf Michael, den Chefredakteur von *BILD*, ein drängender Ton bemerkbar machte. Offenbar hielt es der Verleger nun für geboten, jetzt auch die bisher unpolitisch gehaltene *Bild*-Zeitung im Sinne seiner damaligen politischen Befürchtungen einzusetzen. Unmittelbar im Anschluss an die Vorgänge in Ungarn und die Sueskrise schrieb er am 8. November 1956 an Michael: »Ich will Ihnen nicht verschweigen, dass ich nach unserem Gespräch sehr unglücklich nach Hause gegangen bin. Was ich mit meinen Vorschlägen meinte, war dieses: allerhöchste Verantwortung in schicksalsschweren Jahren unseres Volkes, höchste Qualität, höchste Sachkenntnis. Daß bei der Realisierung – ich meine bei der Umgießung in *BILD*-Form – ein gigantischer journalistischer Ringkampf einsetzen muß, ist mir selbstverständlich klar …«[406]

Natürlich war es auch Springer bewusst, dass sich die sowjetische Führung seit Sommer 1955 vorerst auf eine Zwei-Staaten-Doktrin festgelegt hatte und den Dialog zwischen Bonn und Ost-Berlin anmahnte. Doch wie viele mit ihm schöpfte auch er aus der Entstalinisierung und der Ostblock-Krise des Jahres 1956 neue

Hoffnung. Hatte der Kreml seit 1945 nicht schon zahlreiche Kehrtwendungen in der deutschen Frage vollzogen? Kurz vor der Bundestagswahl 1957 kam die DDR-Regierung mit einem Konföderations-Angebot heraus und schlug dabei die Errichtung eines »Gesamtdeutschen Rats« mit beratendem Charakter vor, bestehend aus den Vertretern der Parlamente. Den Schritten »in Richtung Wiedervereinigung« sollte allerdings ein Abkommen über die strittigen Grundfragen der Sicherheitspolitik vorangehen, das in zentralen Punkten jedoch nicht die Zustimmung der Westmächte finden konnte: Verbot der Lagerung und Herstellung von Atomwaffen auf dem Boden Deutschlands, Ausscheiden beider deutscher Staaten aus der NATO und dem Warschauer Pakt sowie »gemeinsames oder einzelnes Ersuchen an die vier Mächte auf baldige oder schrittweise Zurückziehung ihrer Truppen aus Deutschland«.[407] Selbstverständlich lehnte die Bundesregierung dies ab, während die SPD dafür plädierte, die Vorschläge auszuloten. Dabei legte der SPD-Vorsitzende Ollenhauer einen eigenen Plan mit Kompromissmöglichkeiten vor. Springer selbst sah in diesen Monaten zwar keinen Grund, sich persönlich zu äußern, zumal er durch seine psychische Krise hinlänglich absorbiert war, was er aber tatsächlich über die Zwei-Staaten-Problematik dachte, geht aus einer kurzen Notiz hervor, die er am 4. November 1957 den Chefredakteuren seiner Zeitungen unter dem Vermerk »Streng vertraulich« zugehen ließ und in der er kritisierte, er habe »in unseren Blättern« zwei Meldungen vermisst oder nicht gefunden. Das sei erstens die Erklärung des Labour-Politikers Bevan in den USA, »wonach die Staatsform der Demokratie im Atomzeitalter eine Farce ist«. Zweitens vermisse er »die Erklärung Chruschtschows, daß eine Wiedervereinigung der ›beiden deutschen Staaten‹ nur durch Gespräche Bonns mit Ostdeutschland möglich ist. Jede andere Lösung bedeute Krieg (Abgesehen von dem Wort ›Krieg‹ die natürliche Lösung)«.[408] Zumindest die Top-Journalisten im Springer-Verlag wussten von nun an, dass ihr Verleger gegen Direktgespräche mit Ost-Berlin keine grundsätzlichen Einwände hatte. Zehn Jahre später hätte man das so formuliert: Springer lag 1957 auf »Anerkennungskurs«.

Das Jahr 1957 brachte weitere dramatische Entwicklungen, die den damals seelisch besonders labilen Axel Springer stark beeindruckten. Im Frühjahr 1957 begann sich deutlich abzuzeichnen, dass die USA und Großbritannien, tatsächlich aber auch die Bundesregierung, auf eine Ausrüstung der NATO mit taktischen Atomwaffen hinarbeiteten. Am 5. April 1957 sprach sich Adenauer auf einer Pressekonferenz mit dem Argument für die Ausrüstung der Bundeswehr mit taktischen Atomwaffen aus, diese seien nichts anderes als eine Weiterentwicklung der Artillerie. Auch »unsere Truppen«, so erklärte er, müssten die neuesten Typen haben und die neueste Entwicklung mitmachen: »Das sind ja beinahe normale Waffen.«[409] Bei genauerem Hinsehen zeigt sich, dass *Die Welt* schon vor der Pressekonferenz Adenauers bestrebt gewesen war, das Thema »Atomwaffen auf deutschem Boden« publizistisch in den Brennpunkt zu rücken. Ein Leitartikel Zehrers vom 16. März unter dem Titel »Der Schock« hatte die Äußerung des kommandierenden Generals der zweiten alliierten taktischen Luftflotte erwähnt, »daß seit einiger Zeit hierzulande Atombomben gelagert und Flugzeuge stationiert seien, die sie tragen könnten«. Die Öffentlichkeit werde dadurch in eine veränderte Wirklichkeit gestellt: »Was sie bisher am Bikini-Atoll und in der australischen Wüste wähnte, befindet sich nun schon mitten unter ihr.«[410] Im April und Mai 1957 ging es dann gewissermaßen Schlag auf Schlag. Adenauers verharmlosende Erklärung vom 5. April provozierte schon eine Woche später, am 12. April, die »Göttinger Erklärung« von 18 deutschen Atomwissenschaftlern, in der diese vor der Entwicklung warnten und zugleich ankündigten, sich persönlich nicht an einer Atomrüstung beteiligen zu wollen. Am 27. April traf eine warnende Note der Sowjetunion mit drohendem Unterton ein. Es folgten leidenschaftliche Anklagen der Opposition im Deutschen Bundestag bei einer Debatte am 10. Mai, dies alles verbunden mit sehr kritischen Pressekommentaren. Die weitverbreiteten Befürchtungen kristallisierten sich in dem Schlagwort »Atomtod«.

Springers bis in seine Jugendjahre zurückreichenden pazifistischen Neigungen machten sich wieder bemerkbar. Schon in den Wochen manifester Kriegsgefahr im Herbst 1956 während der Ungarischen Revolution und der Sues-Intervention waren sie erneut hochgekommen. Innerlich widerstrebend hatte er sich von der Unvermeidlichkeit der Wiederbewaffnung überzeugen lassen, fürchtete aber nun die atomare Katastrophe. Mit großer Aufmerksamkeit verfolgte er nach der Ernennung von Franz Josef Strauß zum Verteidigungsminister die rüstungspolitische Diskussion und war sichtlich entschlossen, mit seinen Blättern gegen die atomare Bewaffnung der Bundesrepublik zu Felde zu ziehen. Als der in der deutschen Öffentlichkeit hoch geachtete Urwaldarzt Albert Schweitzer im Februar 1957 vor der Atomgefahr warnte, sandte Springer prompt eine Notiz an Zehrer: »Die Stellungnahme von Albert Schweitzer scheint mir geradezu sensationell zu sein. Kann sich *Die Welt* nicht um diesen Brief oder einen Auszug daraus bemühen?«[411] Und zur »Göttinger Erklärung« vermerkte er in einem PS, gleichfalls an Zehrer: »Die Aktion der 18 – *mußte* sein!« Die Anti-Atompublizistik seiner Blätter wurde also von Springer voll unterstützt, wenn nicht gar initiiert. Dass im Jahr 1957 Springers psychisch-religiöse Erschütterung zur Angst vor einer Atomkatastrophe beitrug, ist denkbar. Wer unter dem Bild des heiligen Franz und des »Schmerzensmannes« stundenlang betet und meditiert, kann strategischen Überlegungen zur eventuellen Atomkriegsführung wohl wenig abgewinnen.

In Springers damals ohnehin tief aufgewühlter Vorstellungswelt vermischte sich das Grauen eines künftigen Atomkrieges mit den Grauen der jüngsten Vergangenheit. So pilgerte der mächtige, doch zugleich von Ängsten heimgesuchte Verleger 1957 nach Bergen-Belsen. Ohne zu wissen, welche Leiden sich dort vollzogen, hatte er während des Krieges in Bendestorf nicht weit von dem KZ Bergen-Belsen entfernt sein vergleichsweise ruhiges Leben geführt. Nach dem Zusammenbruch traf er auf Augenzeugen. Derek Sington, mit dem er sich in der Besatzungszeit anfreundete, hatte als britischer Offizier zu den Befreiern gehört und voller Entsetzen Tausende ausgemergelter Häftlinge inmitten von Leichenbergen entdeckt. Traute Kafka, Springers Reitlehrerin in den ersten Besatzungsjahren, war eine der Geretteten. Sie heiratete 1948 Derek Sington, und die beiden gehörten künftig zu Springers engsten Freunden. Die Geister von Bergen-Belsen ließen ihn nicht mehr ruhen. Im Frühjahr 1957 rief Erich Lüth zu einer Gedenkstunde in dem einstigen KZ. 50 000, so die Veranstalter, folgten dem Ruf. Einer von ihnen war Axel Springer, zusammen mit Sohn Axel. Die beiden begaben sich an einem regennassen Tag noch vor der Veranstaltung dorthin und ließen die Atmosphäre des Lagers auf sich

1 Das Stammhaus des Verlags Hammerich & Lesser, Königstraße 120–124, Altona.

2 Hinrich und Ottilie Springer mit ihren Kindern Axel und Inge beim Wintersport in Oberhof/Thüringen, 1929.

3 Axel Springer im zeitgemäßen Matrosenanzug, März 1925.

4 Als Lehrling in der Feinpapiergroßhandlung Sieler & Vogel in Hamburg, 1930 (hinten rechts).

5 Junge Liebe auf Sylt: Axel Springer mit Martha Meyer 1932, ein Jahr vor ihrer Heirat.

6 Axel Springer (2. Reihe, 1.v.l.) in NSKK-Uniform bei der 50-Jahr-Feier der *Bergedorfer Zeitung*, 15. September 1933.

7 Zu Beginn des Dritten Reiches: Gymnasiasten des renommierten Christianeums auf der Königstraße vor dem väterlichen Verlagshaus.

8 Aus einer Porträtserie von Freund Walter Schultz-Dieckmann, Juni 1938.

9 Hamburger Anfänge: Der Flakbunker auf dem Heiligengeistfeld.

10 Axel Springer (2.v.r.) in der Setzerei des *Hamburger Abendblattes*, Ende 1948.

11 Urlaub im Kleinwalsertal, Frühjahr 1947 mit (v. l.) Gerd Bucerius, Ebelin Bucerius und Sibylle Blumenfeld.

12 Swinging Hamburg, 1947 (v. r.): August Graf Kageneck, Paul L´Arronge, Max Schmeling, Axel Springer, Ilse Werner, Gisela L'Arronge, Anny Ondra, unbekannt.

13 *HÖR ZU* erreicht die 1-Million-Marke: Glückwünsche des Verlegers für den Chefredakteur Eduard Rhein, August 1950.

14 Springers Wohnsitz am Falkenstein in Hamburg-Blankenese.

15 Mit Ehefrau Katrin, 1949.

16 Mit Berthold Beitz, damals Generaldirektor der Iduna, und Sohn Axel, Juni 1950.

17 Mit John Jahr, Anfang der 50er Jahre.

18 Werbung für die *Bild-Zeitung*, Pfingsten 1953.

19 Vertrauliches Gespräch mit dem Kanzler (v. l.): Axel Springer, Konrad Adenauer, Erik Blumenfeld, Karl Andreas Voss, Christian Kracht.

20 Er stand auf seines Daches Zinnen ... Mit Bundeskanzler Konrad Adenauer im Hamburger Verlagshaus, September 1957.

21 Mit Max Brauer (links) und dem SPD-Vorsitzenden Erich Ollenhauer in der Eingangshalle des Hamburger Verlagshauses, September 1957. Im Hintergrund eine Gedenktafel für Vater Hinrich Springer.

22 Amerika-Reise mit Christian Kracht, November 1957.

23 Beim Presseinterview in den USA, November 1957.

24 Juniorpartner der Ullsteins (1. Reihe v.l.): Rudolf Ullstein, Axel Springer und Karl Ullstein bei der Grundsteinlegung des Graphischen Zentrums Berlin, 5. Oktober 1957.

25 Mit Willy Brandt, dem Regierenden Bürgermeister von Berlin, Mai 1958. Hinter Brandt Rosemarie Springer und Rut Brandt.

26 Ehefrau Rosemarie beim Dressurderby in Klein Flottbek, 1957.

27 Mit Ehefrau Rosemarie. Das einzige Photo von der Moskaureise im Januar 1958.

28 Mit (v.l.) Ernst Lemmer, Bundesminister für Gesamtdeutsche Fragen, und Willy Brandt, Regierender Bürgermeister von Berlin, bei der Grundsteinlegung des Berliner Verlagshauses, 25. Mai 1959.

29 Mit Ehefrau Helga beim Richtfest des neuen Verlagshauses in der Berliner Kochstraße, 7. Juli 1965. Links Heinz Ullstein, rechts Hans Wallenberg.

30 Mit Hans Zehrer und Hulda Seidewinkel, um 1963.

wirken. »Den Jungen«, schrieb Springer Jahrzehnte später an Erich Lüth, »hat der Eindruck nie verlassen!«[412] Springer hatte dem jungen Mann gesagt: »Nimm Deine Hände und geh ins Erdreich hinein. Mache Deine Erfahrungen. Es kann sein, daß Du einmal mein Nachfolger sein wirst. Dann sollst Du wissen, was einmal in Deutschland geschehen konnte.«[413]

Doch die Sorge vor einem Atomkrieg hat Springer damals am stärksten umgetrieben. Unablässig schürten *Die Welt* und *BILD* die Ängste der Öffentlichkeit. Besonders in den Wochen bevor Springer den Entschluss zur Reise nach Moskau fasste, wurde die Tonlage von Zehrers Leitartikeln zusehends schriller. Unter der Überschrift »Krieg und Frieden« plädierte er am 16. November 1957 für einen »überzeugenden und glaubwürdigen Appell an den Gegner und an die Weltöffentlichkeit, mit dem sich die Politik allein aus jener Verstrickung befreien kann, in die sie durch die Techniker und die Militärs geraten ist«.[414] Ein anderer Leitartikel vom 14. Dezember 1957 trug die Überschrift: »Kein Spiel mit dem Feuer!«[415] Neben dem Willen, in der deutschen Frage voranzukommen, war somit die Sorge vor einem Atomkrieg eines der Hauptmotive, durch die Springer sich zur Reise nach Moskau veranlasst sah. Ein weiterer Impuls war sicherlich die unablässig wiederholte Behauptung Zehrers, Deutschland stehe »mitten in dem großen Wendepunkt der ersten Nachkriegszeit«,[416] und es gelte, der Erste zu sein, den Schritt in »das Neue« zu wagen. Man überzeichnet nicht mit der Feststellung, dass Zehrer damals konsequent bemüht war, Springer gegen Adenauer scharfzumachen.

In Worten, die wie ein Widerhall der seit den frühen fünfziger Jahren zu vernehmenden Adenauer-Schelte Rudolf Augsteins klangen, gab Zehrer in einem langen Schreiben an Springer seiner Sorge über diesen »greisen Stadtvorsteher« Ausdruck, »dessen Simplizität durch die 81 Jahre immer unverhüllter zutage tritt. Jene obskure Mischung aus altem Hindenburg und primitiv denkendem Führer, der zur Gattung der ›terribles simplificateurs‹ gehört, die die ohnehin kommune Masse nicht besser, sondern schlechter und bornierter machen«.[417] Auch an dem Nachwuchs dieses »Provinzdiktators« ließ er nun kein gutes Haar mehr. Jener »schlabbrige Brentano«, jener »affige Schröder«, jener »primitive Strauß, Metzgers Bester«, jener »aufgequollene Würmeling«:

»Das alles ist wieder so prächtig ›deutsch‹, dass einem die ganze Konfirmation wieder hochkommen kann ... Und mich beschäftigen die Heilrufe!« Offenbar wusste sich Zehrer mit Springer einig in der quälenden Sorge vor einem Comeback des Nationalismus: »Ähnlich wie vor 1933! Von den Individualisten der Mitte – heute FDP – ist wie damals wenig zu halten. An die Stelle der KPD ist die SPD getreten. Was bleibt uns also anderes übrig als das, was ich schon einmal ergebnislos versucht habe: in der CDU – damals NSDAP – zu wirken und zu versuchen, etwas Besseres daraus zu machen?« Alles werde sich allerdings sofort in dem Augenblick ändern, »wo der Alte nicht mehr dran oder da ist, oder wo wir die Einheit haben. Dann geht es überhaupt erst los in Deutschland. Und ich habe es in der Nase, daß wir bereits in den Vorwehen dieser Entwicklung stehen, die sich – ohne daß es uns bewußt wird – mehr und mehr beschleunigt. Dafür bringen wir vor der anderen Presse einige Aktiva mit, nämlich: die Glaubwürdigkeit unserer Unabhängigkeit; das Interesse der Russen und der Oststaaten gerade an der *Welt*; die freundliche Duldung der SPD. Alle drei beurteile ich positiv für die Zukunft.«

Derartige Briefe, mit denen Springer im Jahr 1957 des Öfteren bedacht wurde, waren nicht allein charakteristisch für die sterile Aufgeregtheit Zehrers und dessen unverbesserlichen Hang zu Fehlprognosen. Sie zeigen auch, in welchem emotionalen Qualm Springer sich damals bewegte. Seine Antwortbriefe an Zehrer bekunden jedoch gleichzeitig, dass er nicht willens war, sich davon völlig benebeln zu lassen. Er befand sich jetzt auf einem Schlingerkurs: Einerseits zog es ihn nach links, also zur Adenauer-kritischen SPD und FDP, andererseits war er doch der Meinung, dass Adenauer die Bundesrepublik hochgebracht hatte. Sprach also nicht auch manches für dessen realpolitische Ansätze? Und wäre es nicht doch denkbar, dass sich Adenauer an die Spitze der Tendenz zur Entspannungspolitik setzte, wie von Eckardt und Blankenhorn ihm dies anrieten?

So verurteilte er zwar den Vorstoß des Bundeskanzlers zur Ausrüstung der Bundeswehr mit taktischen Atomwaffen, wollte aber nicht, dass seine Blätter im Bundestagswahlkampf in eine Konfrontation mit Adenauer hineingezogen wurden, und nach der Bundestagswahl erst recht nicht. Gewiss, antwortete er Zehrer, der klassische Ausspruch »des Alten«, die Welt sei in Gut und Böse einzuteilen, sei eine »unglaubliche Vereinfachung«, was wohl auch viele seiner Fehler erkläre: »Trotzdem lasse ich an ihm, was die Vergangenheit anbetrifft, viele gute Haare. Jeder flexiblere, gebildetere, phantasievollere, gütigere, religiösere Mann hätte möglicherweise nicht jene heutige, gar nicht ungünstige Ausgangsbasis geschaffen. Die Einsichtigen wissen ja längst, daß Erfolge auch die Folge von Fehlern sein können. Das sind dann eben schöpferische Fehler.« Aber gemach – es sei besser, sich taktisch zu verhalten: »Ob man nun gleich den Alten und die Seinen an ihren verantwortungslosen Äußerungen aufhängt, ist eine Frage der Taktik. Viel Feind, viel Ehr! Man erschwert damit auch eine Umkehr.«[418]

In einem solchen Antwortbrief steckte etwas mehr an gesundem Menschenverstand als in dem langen Erguss Zehrers. Das hielt diesen aber nicht davon ab, ein paar Wochen später einmal mehr zu schreiben: »Wir sind heute mitten in einer entscheidenden Wende der Nachkriegszeit und müssen höllisch aufpassen, das Erreichte zu halten und als erste in das Neue zu gehen. Denn in dieser Wende wird, wie immer, eine Wachablösung der Personen stattfinden ...«[419]

Doch statt der vorhergesagten oder erhofften »Wachablösung« fuhr Adenauer den größten Wahlsieg seiner vierzehnjährigen Kanzlerschaft in die Scheuer. Das hielt den jetzt ziemlich von der Rolle geratenen Zehrer aber nicht davon ab, keine vier Tage nach der Bundestagswahl zu behaupten, »der Alte« scheine gar nicht mehr da zu sein, und Springer gegenüber zu versichern, er lasse in der *Welt* »Stück für Stück das ›Nein‹ vorbereiten« gegen die Atomraketen.[420] Springer aber blieb weiterhin vorsichtig. Auf den überdrehten Brief hin sandte er Zehrer ein Buch mit Fotos und empfahl diesem, »das bekannte Photo aus Budapest« zu betrachten: »Gerade weil Sie in dieser Frage gutwillig sind und ich das letztlich auch für die einzige Möglichkeit halte, muß man dennoch immer sich vor Augen halten, mit wem man es zu tun hat. Diese Gesichter kennen wir beide. Sie unterscheiden sich nur von den uns bekannten deutschen Visagen der Vergangenheit durch die größere Konsequenz ...«[421] Die vorliegende Korrespondenz Springers mit Zehrer lässt jedenfalls schon im Jahr 1957, also noch vor der verunglückten Reise zu Chruschtschow, deutlich Springers Eigenwilligkeit erkennen, aber auch eine beginnende Distanz zu diesem Stürmer und Dränger in den Fragen der Koexistenzpolitik und des Ost-West-Dialogs.

Im Herbst 1957 verstärkte sich aber nicht allein bei Springer der Eindruck, dass die Sowjetunion unter dem permanent reisenden, redenden, lockenden und drohenden Chruschtschow in der weltpolitischen Offensive sei und gute Aussichten habe, damit voranzukommen. Am 4. Oktober 1957 brachte die Sowjetunion als Erste der beiden Supermächte den Erdsatelliten »Sputnik« in eine Umlaufbahn um die Erde. Die USA waren vorerst technologisch abgehängt. Zugleich konnte kein Zweifel mehr an dem atomaren Patt bestehen. Auch Amerika war durch sowjetische Interkontinentalraketen verwundbar. Fast gleichzeitig hatte der polnische Außenminister Adam Rapacki in den Vereinten Nationen – natürlich mit der Billigung Moskaus – einen Plan vorgelegt, in dem er für den Fall eines Abkommens über die Denuklearisierung beider deutscher Staaten auch ein Verbot der Lagerung von Atomwaffen auf polnischem Territorium vorschlug.

Ein starker Impuls für Springers persönliche Aktivität ging von den sogenannten »Reith Lectures« aus, die George F. Kennan im Spätherbst 1957 in der Londoner BBC hielt und die weltweite Aufmerksamkeit fanden. Kennan, während der Kriegsjahre und danach in maßgeblicher Funktion an der amerikanischen Botschaft in Moskau, hatte 1947 Trumans *Containment*-Politik konzipiert. Damals galt er als einer der besten Sowjet-Kenner und zugleich als schärfster Gegner der sowjetischen Außenpolitik. Relativ früh kamen ihm aber Bedenken. In der Teilung Deutschlands sah er eine Kriegsgefahr, und 1948/49 hatte er im letzten Moment versucht, die Gründung der Bundesrepublik zu verhindern, um stattdessen eine einvernehmliche Lösung mit der Sowjetunion bei einem phasenweisen Abzug der Besatzungstruppen auszuhandeln. Er hielt »die Militarisierung des Ost-West-Konflikts« für ein großes Verhängnis und empfand einen besonderen Horror vor den Planungen zur Atomkriegsführung. Jetzt, im Herbst 1957, unterzog er in der Vortragsreihe die Ostpolitik des Westens einer scharfen Kritik. Er plädierte dafür, die Truppen der vier Mächte aus Deutschland abzuziehen. Die britische Labour-Linke, die SPD, aber auch die kritischen Journalisten bei der *Welt* betrachteten ihn von nun an als einen Kronzeugen der *Disengagement*-Politik, aus der in einer Abfolge von Schritten vielleicht die Wiedervereinigung Deutschlands resultieren könnte, das dann keinem Militärblock mehr angehören würde und dessen Sicherheit international garantiert wäre.

Als Springer die Überlegungen Kennans zu lesen bekam, war er elektrisiert. Brachte dieser nicht zum Ausdruck, was ihn selbst schon seit Längerem beunruhigte? An Rudolf Michael von der *Bild*-Zeitung schrieb er am 6. Dezember: »Großartig fand ich von USA aus den Beitrag Kennan-Bevan-Schmid auf Seite 1 der *Bild*-Zeitung. Großartig war auch die klare und entschiedene Stellungnahme gegen die Lagerung von Atombomben und gegen den Aufbau von Raketenbasen in Deutschland. Selbst wenn einige Leser meckern sollten: Wir behalten recht.«[422]

Am 9. Dezember erhielt er einen Brief von Zehrer, eben habe Manfred Pahl-Rugenstein aus Köln angerufen, warum man in Hamburg nicht den Versuch mache, Kennan zu einem Besuch einzuladen: »Ich könnte mir vorstellen, dass es eine Sensation wäre, wenn Kennan in Hamburg über seine Vorstellungen über Deutschland sprechen würde, und zwar zur gleichen Zeit, da in Paris die NATO tagt ... Wäre das evtl. eine Sache für Axel Springer, ihn einzuladen und in Hamburg sprechen zu lassen?« Springer setzte schwungvoll und mit kräftigem Ausrufezeichen ein »ja!« auf den Brief[423] und suchte über Karl Ullstein, in dessen Verlag die »Reith Lectures« erscheinen sollten, Kennans Kommen zu erreichen.[424] An Derek Sington in London schrieb er am 11. Dezember 1957: »Unsere Blätter finden sich so in Übereinstimmung mit seiner Grundhaltung, daß ich gerade versuche, ihn zu einem Besuch in Hamburg mit Vorträgen in unserem Haus und in der Universität anzuregen.« Kennan konnte dann zwar keinen Termin einrichten,[425] doch als Springer wenig später einen eigenen Deutschlandplan skizzierte, um ihn Chruschtschow vorzuschlagen, ließ er sich dabei auch von Grundgedanken der »Reith Lectures« inspirieren.

Über die unmittelbare Vorgeschichte des Entschlusses, zu Chruschtschow nach Moskau zu reisen, liegen nur spärliche Aufzeichnungen vor. Ein Brief Zehrers an Springer vom 22. Dezember lässt heftige politische Aktivitäten auf der Direktionsetage des Verlags erahnen. Dort riet Zehrer dazu, man solle den Kanzler-Intimus von Eckardt »kommen lassen und ihn aushorchen, ohne etwas von unseren Plänen laut werden zu lassen«. Aber von welchen Plänen? War damals schon an die Reise zu Chruschtschow gedacht? Wohl kaum. In dem genannten Brief war davon die Rede, möglicherweise werde »der Kampf« in den ersten drei Monaten 1958 hart werden. Und Zehrer gab hier den Rat, »einen kleinen Generalstab« zu bilden, »der das Schützenfeuer aus den einzelnen Organen jeweils einheitlich leitet«. Zugleich müssten auch alle Vertreter im Ausland »mitinstruiert« und einbezogen werden sowie »alle Gleichgesinnten (Atomforscher, Professoren, Kirchenleute, Wirtschaftsführer)«. Es hat den Anschein, als sei Springer damals in erster Linie auf die Atombewaffnung fixiert gewesen, die er für verhängnisvoll hielt und gegen die er publizistisch kräftig agitieren wollte.

Wahrscheinlich war der eigentlich auslösende Faktor für die Reise zu Chruschtschow dann doch ein Erlebnis, das Springer emotional stark aufwühlte. Nach der Rückkehr aus Moskau hat Springer im Hamburger Presseclub eine aufschlussreiche Ansprache gehalten, deren Wortlaut erhalten geblieben ist und in der er darauf ausführlich einging. Da der Vorgang später häufig kommentiert wurde und da auch Springer selbst immer wieder darauf zurückkam, ist es angebracht, diese Passage im Wortlaut zu zitieren: »An diesem Jahresende war ich in Berlin. Ich hatte in meinem Hause lange politische Unterhaltungen. Das war am 31. Dezember. Und dann sagte ich zu meiner Frau: ›Jetzt wollen wir noch etwas frische Luft schnappen!‹ Wir fuhren zum Brandenburger Tor, zu dem es mich magisch hinzog. Es war sieben Uhr abends, ein kalter Abend, der schöne Berliner Himmel voller Sterne, und der Mond erleuchtete die Szene. Vor mir das Brandenburger Tor mit den verheißungsvollen Gerüsten des Wiederaufbaues, im Rücken der deutsche Reichstag, auch schon mit einigen Zeichen des Wiederaufbaus versehen, und dann – meine Damen und Herren – fuhr, wie bestellt, in einem Selbstfahrer ein Amputierter über diesen leeren Platz vom Westen zum Brandenburger Tor hin, einer jener Landser, die ihre beiden Beine verloren haben. Er fuhr über diesen Platz durchs Brandenburger Tor in den Ostsektor. Für mich war in diesem Bilde das ganze deutsche Schicksal eingefangen. Ich geniere mich nicht, Ihnen zu sagen, daß ich geheult habe wie ein Schloßhund und nach Hause gefahren bin. Ich habe nicht Silvester gefeiert, weil ich nicht glaube, daß es etwas zu feiern gibt in Deutschland. Dann bin ich am Sonntag nach Düsseldorf geflogen und war am Montag beim Botschafter Smirnow, dem ich die Bitte vortrug, mit Herrn Chruschtschow über die Wiedervereinigung zu sprechen.«[426]

So weit Springer am 25. Februar 1958, wenige Wochen nach der verunglückten Moskau-Reise. Er wusste damals genau, dass er jetzt Gegenstand allgemeiner Aufmerksamkeit war und dass die Konkurrenzblätter auch die Möglichkeit hatten, jede seiner Aussagen genauestens zu recherchieren. Unter diesen Umständen verbot es sich zu flunkern. Man muss also davon ausgehen, dass sich der Vorgang so zugetragen hat. Manches spricht also in der Tat dafür, dass Springers Entschluss, nach Moskau zu fahren, spontan gefasst worden ist. Dabei schob sich das in den Überlegungen des Jahres 1957 (und auch bei Kennan) immer präsente Wiedervereinigungsthema vor das Thema Anti-Atomtod-Kampagne, das ihn jedoch weiter beschäftigte, wenngleich abgeschwächt. Im Hamburger Presseclub richtete er die Aufmerksamkeit fast ausschließlich auf die Wiedervereinigungsproblematik: »Auch ich habe jahrelang nicht nach links und rechts geguckt und nur an den Aufbau dieses Hauses gedacht. Aber von einem gewissen Zeitpunkt an war plötzlich diese Verpflichtung in mir erwacht, dass wir etwas tun müssen, um die Wiedervereinigung herbeizuführen. Und ich muß Ihnen sagen, meine Damen und Herren, mich läßt dieser Gedanke überhaupt nicht los.« Die Sorge vor einem Atomkrieg kam aber durchaus auch noch zur Sprache, denn er führte in diesem Kontext aus, man müsse etwas dafür tun, »daß dieses Deutschland kein neues Pulverfaß abgeben darf, aus dem heraus ein neuer Weltbrand entstehen kann«. Noch am 8. Januar, also eine Woche vor der Abreise Springers, fand sich in dem Informationsblatt *Welt und Wirtschaft* die Nachricht: »Axel Springer hat kürzlich der Redaktion des *Hamburger Abendblattes* Weisung gegeben für die politische Linie: ›Kritisch gegenüber der USA-Politik! Kritisch gegenüber der Bonner Außenpolitik! Keine Atomwaffen, keine Raketen-Basen, atomwaffenfreie Zone!‹« Und acht Tage später wurde berichtet: »Wir haben unsere Meldung erst veröffentlicht, nachdem uns Axel Springer selbst die Richtigkeit bestätigt hatte.«[427]

Bezüglich der Motive, die Springer zu seiner Moskau-Reise veranlassten, ist auch nochmals an das Erlebnis in Santa Barbara einige Wochen zuvor zu erinnern. Als Auslöser des Entschlusses, »nach Moskau zu gehen«, hat er, wie bereits erwähnt, gleichfalls auf seine starke psychische Erschütterung hingewiesen, dies verbunden mit dem Stichwort »Nächstenliebe«. In diesen stark emotional bedingten Entschluss flossen nun die gesamten Überlegungen ein, die ihn seit Herbst 1956 ständig beschäftigten. Allem Anschein nach hat Springer in den beiden Wochen vor der Abreise nach Moskau in Bonn und Berlin verschiedene Spitzenpolitiker gesprochen. Dass Willy Brandt dazugehörte, erwähnte dieser in seinen Memoiren. Christian Kracht berichtet, er habe Springer zur Moskau-Reise ermutigt.[428] Staatssekretär Globke im Bundeskanzleramt wurde zugetragen, Springer habe seine Fragen an Chruschtschow auch mit Max Brauer, Carlo Schmid, Fritz Erler und Herbert Wehner abgestimmt.[429] Auch mit Adenauer ist Springer Anfang Januar 1958, also kurz vor der Abreise nach Moskau, im Hause Erik Blumenfelds in Hamburg zusammengetroffen. Dieser riet dringend ab. Doch Springer soll ihm, so erinnert sich Rosemarie Springer, geantwortet haben: »Ich habe diese Idee, und ich setze sie durch.«[430]

In diesem Zusammenhang ist noch ein weiterer Anstoß erwähnenswert: Springers Aberglaube. Eduard Rhein berichtete, Springer sei im Januar 1958 plötzlich in seinem Büro erschienen und habe ihm zwischen Tür und Angel mitgeteilt, er sei auf dem Weg nach Moskau, um die Wiedervereinigung beider Staaten zu holen. Rhein behauptete, sich an einen in feierlichem Ernst und siegessicherem Ton geäußerten Ausspruch zu erinnern: »Wir werden Redaktionen in Königsberg, Leipzig, Breslau, Dresden errichten, mit *HÖR ZU* und *BILD* vielleicht sogar bis Wien vorstoßen und unsere Auflagen verdreifachen.« Auf den Einwand »Sie glauben das im Ernst?«, sei die Antwort Springers erfolgt: »Die Sterne standen nie günstiger als jetzt.«[431] Tags darauf habe er, Rhein, auf telefonische Nachfrage vom Sekretariat Springers erfahren, dieser sei zusammen mit Frau Rosemarie, Hans Zehrer und Christian Kracht »auf einem weiten Weg nach Osten« und würde nach drei oder vier Tagen zurückkommen.

Ist dieser von Rhein kolportierte Bericht glaubhaft? Rhein war ein ungläubiger Naturwissenschaftler. Seitdem er Springer genauer kennen gelernt hatte, reagierte er auf dessen Glauben an Horoskope verächtlich. Er beargwöhnte vor allem den Einfluss der Astrologin Ina Hetzel. Allerdings ist dabei zu berücksichtigen, dass Rhein die spätere abrupte Entlassung als Chefredakteur von *HÖR ZU* nie verwinden konnte. Hat er in seinen *Erinnerungen* den damals schon verstorbenen Verleger also nicht nachträglich lächerlich zu machen versucht, indem er seine Reise nach Moskau als Ausfluss astrologischen Aberglaubens verspottete? Doch Christian Kracht, auch er allerdings kein Sternengläubiger, bestätigt diese Information. Er selbst sei im Auftrag Springers vom Moskauer »Hotel National« aus mit einem langen Brief zum sowjetischen Außenministerium entsandt worden. Dieses Schreiben enthielt Springers Wiedervereinigungsplan. Unterwegs wurde er durch einen Fahrer abgefangen, der ihn wiederum im Auftrag Springers bat, in eine Nebenstraße zu gehen, der Brief müsse zurück, das Datum stimme nicht. Allem Anschein nach war die Zeitverschiebung von Ina Hetzel nicht einkalkuliert worden.[432] Wer die Personen aus dem Umfeld Springers befragt, hört immer wieder, dass bei diesem doch stark von irrationalen Impulsen gesteuerten Mann völlig unerwartete Umschwünge oft zu beobachten waren. Abergläubisch, wie er damals noch war, hat er sich also möglicherweise durch ein törichtes Horoskop zu der törichten Moskau-Reise bewegen lassen.

Wie Springer auf die Idee kam, Chruschtschow einen eigenen Wiedervereinigungsplan zu unterbreiten, ist nicht mehr feststellbar. Besonders erstaunlich war es nicht, dass auch Springer sich nun daran versuchte, aus verschiedensten Modulen einen eigenen Deutschlandplan zusammenzubasteln. Diplomaten, Politiker, Journalisten im In- und Ausland waren damals bei der Herstellung von Phasenplänen zur Abrüstung und zur Lösung der deutschen Frage so eifrig wie die Bäcker beim Backen von Semmeln. Es ist kein Zweifel daran möglich, dass Springer diese Überlegungen selbst zu Papier gebracht hat. Erhalten geblieben sind dreizehn undatierte, von ihm handschriftlich beschriebene Blätter mit dem Briefkopf »Hotel Petersberg«. Die Skizze trägt die Überschrift »Wiedervereinigungsplan in fünf Etappen«.[433]

Die leicht überarbeitete Fassung der ursprünglich handschriftlich fixierten Überlegungen hat Springer nach der Ankunft in Moskau unter der Überschrift »Wiedervereinigungsplan in fünf Phasen« in einen Brief an Leonid Iljitschow, den Leiter der Presseabteilung des sowjetischen Außenministeriums, eingearbeitet.[434] Da kein anderes Dokument Springers außen- und deutschlandpolitische Vorstellungen vor dem Gespräch mit Chruschtschow so genau auf den Punkt bringt wie dieser Phasenplan, ist eine wörtliche Wiedergabe geboten.

»*Wiedervereinigungsplan in fünf Phasen.*[435] –

Phase eins. Sowjetrussisches Angebot an die USA, England und Frankreich, zum Viermächtestatus von Berlin zurückzukehren. – Sofortige Wiederherstellung der Einheit Berlins. – Totale Entpolitisierung des Stadtraumes Berlin. Gemeinsamer kommunaler Aufbau der Stadt Berlin durch alle in den Westsektoren und im Ostsektor zugelassene Parteien und Organisationen. – Wahlen für Gesamtberliner Stadtverordneten-Versammlung unter Viermächtekontrolle. – Keinerlei Bindung des gewählten Regierenden Bürgermeisters, seiner Stadtregierung und aller Organe des freien Berlin an die Regierungen der Bundesrepublik und der DDR. – Schaffung eines unter Viermächtekontrolle stehenden Korridors entlang der Autobahn Berlin–Helmstedt. – Erlaß eines Berlin-Gesetzes, wonach keinem Deutschen die Zugehörigkeit zu einem Nachrichtendienst gleich welcher Art gestattet ist. – Übernahme der in der Bundesrepublik gültigen sozialen Verpflichtungen (Rentenreform) für den im Ostsektor wohnenden Bevölkerungsteil. Es empfiehlt sich die einheitliche D-Mark-Währung bei Neufestsetzung einer für die DDR günstigen Relation zwischen D-Mark West und Ost-Mark. Gleichzeitig mit der Wiederherstellung der Einheit Berlins erfolgt der Beitritt der Bundesrepublik und der DDR zum kontrollierten Atomwaffenfreien Raum, der die beiden Teile Deutschlands, Polen und die Tschechoslowakei umfaßt.

Phase zwei. Einsetzung einer gesamtdeutschen Sachverständigen-Kommission, von den Regierungen der Bundesrepublik und der DDR ernannt, die die Zusammenführung beider Teile auf der Basis eines föderativen Gesamtdeutschlands vorbereiten soll. Dies unter Berücksichtigung einer vernünftigen Zusammenführung geschaffener sozialer Tatbestände in der DDR mit dem in der Bundesrepublik gültigen Wirtschafts-, Sozial- und Schulsystem. Hierbei Sicherung der Mithilfe von Presse, Rundfunk und Kirche für einen reibungslosen Ablauf.

Phase drei. Nach anderthalb Jahren freie Wahlen für eine in Berlin einzusetzende Regierung. Unter freien Wahlen wird verstanden: Zulassung aller in beiden Teilen Deutschlands vorhandenen wahlfähigen Parteien und Organisationen, denen zum Zweck ihrer Wahlpropaganda gleiche geldliche Mittel und gleiche Redezeit in den Rundfunksendungen zur Verfügung stehen. Zulassung einer Wahlpropaganda in den Zeitungen erst zwei Monate vor Abhaltung der Wahlen, wobei den Zeitungen zur Pflicht gemacht wird, nur die auf die Zukunft gerichteten konstruktiven Wahlprogramme bekanntzugeben, ohne den Blick in die unglückliche Vergangenheit Deutschlands in den letzten drei Jahrzehnten zu werfen. Einhaltung dieser Grundsätze und Überwachung der Wahl durch Viermächtekontrolle.

Phase vier. Unmittelbar nach erfolgter Wahl und Konstituierung der neuen deutschen Regierung: Friedensvertrag, Regelung der Grenzfragen, Abzug der fremden Streitkräfte aus beiden Teilen Deutschlands, Viermächtekontrolle der gesamtdeutschen, nicht atomar ausgerüsteten Streitkräfte. – Deutschland verpflichtet sich, keinerlei Koalitionen oder Militärbündnisse einzugehen, die sich gegen irgendeinen Staat richten, der mit seinen Streitkräften am Krieg gegen Deutschland teilgenommen hat. (Grundriß eines Friedensvertrages der Sowjetregierung mit Deutschland vom 10.3.1952).

Phase fünf. Garantie der Unverletzlichkeit deutschen Gebietes durch die Regierung der UdSSR, der USA, Großbritanniens und Frankreichs.«

In dem Brief an Leonid Iljitschow, der Springer den Weg zu Chruschtschow ebnen sollte, finden sich weitere aufschlussreiche Feststellungen. Springer hat dieses Schreiben zwar erst nach der Ankunft in Moskau verfasst, doch kam darin das Selbstverständnis zum Ausdruck, das ihn nach Moskau geführt hatte. »Sie wissen, Herr Iljitschew, daß ich als Besitzer des größten Presseunternehmens in Westdeutschland einen Teil der unabhängigen öffentlichen Meinung repräsentiere, und nur als solcher kann ich zu Ihnen sprechen. Es wird Ihnen nicht entgangen sein, daß die Organe meines Hauses, insbesondere *Die Welt*, *BILD* und *Hamburger Abendblatt*, seit Jahren eine politische Richtung vertreten, die einen Ausgleich und eine Verständigung mit der Regierung der UdSSR und eine Freundschaft zwischen unseren beiden Völkern anstrebt ...« Zugleich spreche er auch »als Kenner der öffentlichen Meinung meines Landes«, die sich zu drei Vierteln gegen die atomare Bewaffnung richte. Unter Bezugnahme auf den letzten Brief des Ministerpräsidenten Bulganin[436] begrüßte er alsdann »mit tiefer Zustimmung« die von diesem vorgeschlagenen *Disengagement*-Vorstellungen, die mit Deutschland beginnen sollten. Indem er die sowjetischen Vorstellungen zu einer »atomaren Neutralität« weitgehend akzeptierte, schrieb er weiter, die Bemühungen der »fortschrittlichen Kräfte, darunter auch diejenigen meines Hauses«, würden durch »das Problem einer Wiedervereinigung des deutschen Volkes« gehemmt, wenn nicht zurückgeworfen. Allerdings halte er »direkte Verhandlungen zwischen den beiden deutschen Staaten« für derzeit unmöglich, bitte vielmehr, die Sowjetunion möge bereit sein, »als große vermittelnde Weltmacht ... die hohe Aufgabe einer aktiven Vermittlung zwischen beiden Staaten und eines gerechten und unparteiischen Schiedsrichters« zu übernehmen.

Es war also ein ziemlich weit nach links geratener »Mammutverleger«, der Mitte Januar 1958 bei Chruschtschow antichambrierte. Kein Gedanke daran, dass er die hier geschilderten Vorstellungen bloß aus taktischen Überlegungen formuliert hätte, um Chruschtschow für die Wiedervereinigung günstig zu stimmen. Sie entsprachen vielmehr seiner tiefen Überzeugung. Springer hat damals die sowjetischen Grundpositionen zu Fortschritten in der deutschen Frage größtenteils akzeptiert, auch wenn er alles andere wollte als ein kommunistisches Gesamtdeutschland. Er war neutralistisch, atom-pazifistisch und sichtlich uninteressiert an der Integration in die freie Welt oder in Westeuropa. Er gab sich auch mehr als gutgläubig und war das damals wohl auch. Sein Mangel an realistischer Vorsicht zeigte sich nicht zuletzt in den Vorstellungen, die er zur Berlin-Regelung in Phase 1 entwickelte. Bezüglich des mehr als delikaten Berlin-Status ist selten so viel Naivität auf so wenigen Seiten enthüllt worden. Man hat Springer später oft einen Romantiker genannt. Was er Chruschtschow hier ablieferte, war aber nicht romantisch, sondern schlicht unprofessionell – der Schulaufsatz eines Gutmenschen. Wer, wie Springer, ausgerechnet der sowjetischen Weltmacht die Rolle eines »gerechten und unparteiischen Schiedsrichters« zwischen den Interessen der Bundesrepublik und denen der DDR (implizit also auch zwischen West-Berlin und Ost-Berlin) zubilligte, konnte nicht einmal von den sowjetischen Diplomaten ernst genommen werden.

Springers Ausführungen zur eigenen Rolle waren gleichfalls entlarvend. Ganz offen gab er in dem Begleitbrief zu, dass er – der Verleger – die Blätter seines Hauses nach eigenem Gutdünken dirigiere. Der einstmals so gelehrige Schüler der Briten, der jahrelang insistiert hatte, die Presse müsse in erster Linie für die Objektivität der Nachrichten bürgen und die Meinungen davon streng getrennt halten, war inzwischen schon weit auf dem Weg vorangekommen, seine Zeitungen als Kampfpresse zu orchestrieren. Noch kämpfte er für die Koexistenzpolitik, gegen die Atombewaffnung und für ein weitgehendes Aufgreifen der östlichen Positionen in der deutschen Frage.

In der Biographie Springers war die Reise nach Moskau aber auch deshalb ein Wendepunkt, weil er sich erstmals persönlich exponierte. An und für sich kam es schon in den fünfziger Jahren nicht ganz selten vor, dass sich Herausgeber und Chefredakteur einer großen Zeitung gemeinsam auf den Weg machten, um einen Staatschef zu interviewen. Doch Springer war hinter viel mehr her als bloß einem großen Interview. Er wollte, so offenbarte er seinen sowjetischen Gesprächspartnern, in seiner Eigenschaft als größter deutscher Verleger und zugleich als eine Art selbsternannter Sprecher der »fortschrittlichen Kräfte« in der Bundesrepublik ein gewichtiges, ja entscheidendes politisches Gespräch führen.

Neben Springer bestand die Reisegesellschaft aus Frau Rosemarie, Christian Kracht, Hans Zehrer und einem Butler. Springer hatte es sich seit langem angewöhnt, möglichst nicht ohne seine sprachkundige Frau zu verreisen. Der nie um einen Ausweg verlegene Christian Kracht, bereits viel mehr als bloß der Assistent des Verlegers, schien auch in Moskau unentbehrlich. Dass Hans Zehrer dabei war, verstand sich von selbst. Er galt nach der ersten Moskau-Reise im Sommer 1955 bereits als Russlandkenner. Allerdings hatte er Flugangst und nahm auch diesmal den Zug, während alle anderen mit der SAS von Kopenhagen aus flogen – an Direktflüge mit der Lufthansa war noch nicht zu denken. Gleichzeitig mit Zehrer und Kracht zu reisen war jedoch keine besonders gute Idee. Kracht verabscheute insgeheim Zehrer, dem er die Politisierung des Verlages und die Fixierung Springers auf Berlin vorwarf. Ohnehin glaubte er, so berichtet er heute, auch damals schon nicht mehr an eine kurz bevorstehende Wiedervereinigung und hegte Zweifel am Sinn der Reise.[437] Kein Wunder, dass er zur Erledigung dringender Geschäfte bald wieder zurückreiste, nachdem sich der auf vier bis fünf Tage veranschlagte Aufenthalt in die Länge zog.

Moskau galt damals als ein recht gefährliches Pflaster. Springer setzte vor der Abreise testamentarische Verfügungen für seine Kinder auf und gab Kracht Vollmachten für den Fall, dass ihm etwas zustieße. Auf dem Flughafen in Kopenhagen gab er dänischen Journalisten Interviews. Dem Reporter Gunnar Buchwald soll er dabei gesagt haben: »Ich weiß wohl, daß es Leute gibt, die mich für naiv halten. Aber ich glaube an eine Wiedervereinigung binnen fünf Jahren.«[438]

Politisierung in der »Frontstadt« Berlin (1958–1966)

Ein neuer Lebensabschnitt

Erst der Entschluss, seinen Schwerpunkt nach Berlin zu verlagern, machte aus Springer den großen Zeitungsmagnaten, »der seine Überzeugungen mit Donnerhall verbreitet« – so der britische Historiker A. J. P. Taylor über die einstmaligen Gewaltigen der Londoner Fleet Street,[1] mit denen Springer manches gemein hat. Es lohnt sich, Axel Springer an diesem Wendepunkt seines Lebensweges einen Moment lang mit den berühmten Gestalten zu vergleichen, die seinerzeit in England Pressegeschichte geschrieben haben. Er hat diese großen Vorbilder in England größtenteils persönlich gekannt, sie genauestens studiert und auch kopiert, anfangs vor allem Cecil King, den Herrn des *Daily Mirror* mit seinen rund fünf Millionen Auflage, und dessen bulligen walisischen Chefredakteur Hugh Cudlipp.

Dass sich Springer mit *BILD* den *Daily Mirror* zum Vorbild genommen hat, ist von Branchenkennern früh erkannt worden. Dessen Erfolgsrezept – »ein berauschendes Gebräu von großformatigen News mit Biß, Crime, Sensationalismus, Astrologie, Sentimentalität, Fürsorglichkeit für die kleinen Leute und Sex«[2] – war zu großen Teilen auch das Erfolgsrezept von *BILD*. Doch dem Jungverleger Springer imponierte genauso die ausladend-arrogante Persönlichkeit Cecil Kings, mit dem er in London und Hamburg verschiedentlich zusammentraf. Dieser Neffe des in verrücktem Größenwahn verschiedenen Lord Northcliff besaß in den Jahrzehnten, als Springer loslegte, rund 38 Prozent der überregionalen englischen Zeitungen. Er residierte, »umgeben von kostbaren Möbeln und Silber«, in Chelsea und ließ 1961 für den *Daily Mirror* zum Preis von 9,5 Millionen Pfund in Holborn einen Glaspalast erbauen, »das großartigste Zeitungsgebäude der ganzen Welt« (so King selbst). King verfügte dort über einen privaten Aufzug, ein Speisezimmer, eine Küche, ein Bad und einen offenen Kamin. Mit den Verlagsbauten in Hamburg und in der Berliner Kochstraße eiferte Springer diesem Vorbild nach. Mitte der sechziger Jahre ließ er sogar seine Berliner Direktionsetage mit der zufällig verfügbaren Originalvertäfelung aus dem alten Gebäude der Londoner *Times* ausstatten.

Auch Cecil King rührte gerne in der britischen Politik herum, dies meistens von linken Positionen aus. Doch »wenn Politik und Auflagenhöhe sich in die Quere kommen, hat die Auflagenhöhe immer Vorrang«, charakterisierte ihn sein Zeitgenosse Anthony Sampson.[3] Springer verhielt sich anfangs genauso, änderte diese Grundeinstellung aber zunehmend seit seiner Hinwendung nach Berlin. Von jetzt an tendierte er eher zum Selbstverständnis des berühmten Lord Beaverbrook, auch dieser damals ein *monstre sacré* der britischen Presse. Seitdem Beaverbrook im Jahr 1916, mitten im Ersten Weltkrieg, den *Daily Express* gekauft hatte, übte er eine diktatorische Kontrolle über seine Zeitungen aus – Zusammensetzung der Redaktionen entsprechend seinen höchst subjektiven Präferenzen, Insistieren auf seiner jeweiligen politischen Grundlinie, tägliche Telefonate mit den Chefredakteuren, die seine Kampagnen und Rachefeldzüge durchzuführen hatten.

Verglichen mit Beaverbrook blieb Springer vorsichtiger, zumal er über viel mehr Zeitungen und Zeitschriften gebot als dieser. Nur die *BILD*- und die *Welt*-Gruppe sowie die Berliner Blätter eigneten sich zur fulminanten Politisierung. Außerdem war der wesensmäßig eher konfliktscheue Springer wenigstens anfänglich auf Tarnung bedacht. Nie hätte er öffentlich erklärt, was Beaverbrook 1948 ungeniert vor einem Presseausschuss bekannt hatte: »Ich mache die Zeitung allein, um Propaganda zu machen, aus keinem anderen Grund.« Und Springer unterschied sich noch in einem anderen Punkt von Beaverbrook. Dieser Freund Lloyd Georges und Winston Churchills hatte überhaupt keine Bedenken gehabt, Regierungsämter zu übernehmen. Im Ersten Weltkrieg spielte er den Propagandaminister, im Zweiten Weltkrieg war er zeitweilig einer der einflussreichsten Akteure in Churchills Kriegskabinett – »ein Lieblingshöfling«, wie er sich selbstironisch nannte.[4]

Springer hingegen scheute stets davor zurück, ein Regierungsamt zu übernehmen. Mag sein, dass ihn das Beispiel Alfred Hugenbergs schreckte, mit dem ihn seine Gegner oft verglichen. Er war nie bereit, ein Bundestagsmandat anzustreben. Seine Konkurrenten Bucerius und Augstein zeigten sich in dieser Hinsicht viel unbekümmerter, bewiesen ihm allerdings zugleich, dass es berühmte »Presselords« in den Fraktionen des Deutschen Bundestags nicht weit bringen. Springer vermied es auch, selbst in den Jahren seiner heftigsten Berliner Politisierung, einer Partei anzugehören. Zeitlebens gehörte er bloß zu den »Nahestehenden«, die aus dem politischen Raum unentwegt um publizistischen Feuerschutz, aber ebenso um Parteispenden angepumpt wurden. Direkte politische Machtausübung im parlamentarischen System war also nicht seine Sache. Zum politischen Teamspieler eignete er sich nicht. Dazu war er wenig mehr als zehn Jahre nach dem Krieg schon viel zu stolz und zu mächtig. So benutzte er seine politischen Blätter je länger je mehr wie der legendäre Beaverbrook. Er verstand sie als hochragende Kanzeln, von denen aus seine rechtgläubigen Chefredakteure nebst ihren Hilfspredigern die Botschaft ihres Herrn und Meisters zu verkünden hatten.

Dabei vergaß er aber nie ganz das Geschäft. Sackte die Auflage ab, weil sein Klerus zu eifrig Botschaften verbreitete, die viele Leser nicht so recht hören wollten, dann fand er stets Argumente, die verantwortlichen Chefredakteure abzulösen, ohne jedoch zuzugeben, dass er selbst der Hauptschuldige war. Vergleicht man somit – was erhellend ist – den politischen Verleger Axel Springer mit zeitgenössischen englischen Pressemagnaten, so kommt man zu dem Ergebnis, dass er wie Cecil King begann und sich immer stärker in Richtung des Selbstverständnisses von Beaverbrook entwickelte.

Auch sonst änderte sich viel, nachdem Springer den Entschluss gefasst hatte, sich als Berliner zu definieren. Sein steiler Aufstieg in Hamburg hatte eine vergleichsweise einfache Choreographie aufgewiesen. Ein Schritt war auf den anderen gefolgt. Ein jeder war größer als der vorhergehende, jeder riskanter, jeder führte in schwindelerregendere Höhen. Gewiss spielte sich Springers Leben auch in dieser Phase auf verschiedensten Ebenen gleichzeitig ab, die er mühsam zu integrieren hatte. Aber er war ein geborener Schauspieler, und so glückte ihm das Rollenspiel in den einzelnen Bezugskreisen: *Darling* der Briten, »Grövaz« in der Hamburger Zeitungs- und Polit-Szene, Verlagschef, Zeitungsgründer, Tänzer auf dem Bonner Parkett, bundesweit wirksamer politischer Verleger, aber auch Bauherr, Ehemann, Liebhaber ... Zeitweilig ließ ihn das buchstäblich fast verrückt werden. Aber alles blieb doch noch halbwegs überschaubar.

Das Berlin-Engagement komplizierte die Choreographie. Aus dem Großverlag wurde ein Konzern mit zwei administrativen Brennpunkten: Hamburg und Berlin. Die von Springer gewollte Politisierung zwang ihm die Rolle eines Politikers auf, oder präziser formuliert: eines Medienpolitikers. Das nötigte ihn zum Spagat zwischen seinen politischen Zielen und dem Drang, der ihn nach wie vor beherrschte, sein Verlagsimperium weiter und weiter auszudehnen – nach Süden, in den Bereich der *Special Interest*-Zeitschriften, ins Fernsehgeschäft. Die Politisierung veränderte auch sein Verhältnis zu den Redaktionen und den leitenden Mitarbeitern. In der Berliner Politszene herrschte zudem ein anderes Klima als in Bonn. Und je leidenschaftlicher er sich in die große Politik einmischte, umso unentrinnbarer verfiel er dem Schicksal des Politikers. Er wurde zum Spielball von Ereignissen, über die er keine Kontrolle hatte: Chruschtschows Griff nach Berlin, die undurchsichtige Deutschlandpolitik Amerikas, der Mauerbau, das Bonner Personalkarussell, die Reaktion des DDR-Regimes auf sein Berlin-Engagement, schließlich die Berliner Studentenrevolte mit der Parole »Enteignet Springer!«.

Ein vergleichbarer Vorgang vollzog sich bei der Konkurrenz der Großverlage. Als damals mächtigster politischer Verleger vermochte er im Medienbereich viel zu bewirken. Aber auch hier sah er sich seit den frühen sechziger Jahren in ein sehr viel komplizierteres Machtspiel verwickelt als früher. Zudem zwang ihm das Dauerwachstum des Konzerns eine Abfolge schwieriger Entscheidungen auf: organisatorische Entscheidungen, Personalentscheidungen, nicht zuletzt Kauf- und Verkaufsentscheidungen.

Das alles gab diesem Lebensabschnitt ein eigenes Gepräge. In der Hamburger Phase, so lässt sich vereinfacht formulieren, war er noch weitgehend seines eigenen Glückes Schmied. Mit dem unbekümmerten Schwung seiner jungen Jahre wagte er den Aufstieg, hatte Erfolg damit und kletterte weiter nach oben. Die Vorwärts- und Aufwärtsbewegung hielt zwar auch in der ersten Berliner Phase noch an, doch die Widersprüche verstärkten sich, und die Widerstände wuchsen auch schon vor der Peripetie in den Jahren 1967 und 1968, als der Götterliebling binnen weniger Monate zum Buhmann der Nation wurde.

Diese kompliziertere Choreographie fordert dem Biographen eine etwas veränderte Darstellung ab. Die wichtigen oder die besonders kennzeichnenden Vorgänge und Handlungsstränge müssen für sich und in Längsschnitten behandelt werden: das Schlüsselerlebnis des Zusammenstoßes mit Chruschtschow; die »freundliche Übernahme« von Ullstein; die Management-Probleme des Zeitungskonzerns; Springers Propagandakampagnen gegen Ulbricht und gegen Chruschtschow, zeitweilig auch gegen Kennedy; der Einsatz von *BILD* als Propagandainstrument; die Unruhe bei der *Welt,* in der sich die kommenden Kontroversen schon anbahnten, wobei er selbst manches auslöste, das dann 1967 über ihn hereinbrach;

doch auch die Positionierung in der Bonner Politszene Mitte der sechziger Jahre; die Zerwürfnisse in der »Hamburger Kumpanei«; die Entdeckung des Themas Israel; die Identifizierung mit Berlin; und schließlich sein unruhiges Privatleben.

Wie die vorhergehenden Kapitel sucht auch dieser perspektivische Ansatz die komplizierte Psychologie Springers zu erhellen. Vieles muss kombiniert werden; mehr als Annäherungen sind auch hier nicht möglich. Erst der älter gewordene, gereifte, kränkere, frömmere und in seinen politischen Anschauungen jetzt völlig kompromisslose »Mammutverleger« wird sich wieder leichter entschlüsseln lassen.

Januar 1958: Der Zusammenstoß mit Chruschtschow und die Folgen

Die Reise zu Chruschtschow stand von Anfang an unter keinem guten Stern. Die beiden Vorgespräche mit Botschafter Smirnow in Bonn hatten nicht viel mehr erbracht als ein Visum und die Annoncierung bei der Presseabteilung des Außenministeriums. Als Springer auf dem Flughafen Scheremetjewo ankam, setzte bereits die Ernüchterung ein: keine VIP-Behandlung, nur eine Intourist-Vertretung und scharfe Sicherheitskontrolle, wie sie damals Vorschrift war. Die Reisegesellschaft wurde stundenlang vom KGB befragt und musste ihre Pässe abgeben. Liz Taylor, die zur gleichen Zeit eintraf, um in Moskau einen Film zu drehen, erging es zwar nicht besser, aber Springer regte sich furchtbar auf und sagte: »Wir sollten wieder zurückgehen, wir werden nicht erwartet.« Immerhin war doch ein Herr der deutschen Botschaft zugegen, der den Verleger ins Hotel »National« fuhr. Dort musste er 17 Tage lang antichambrieren, bis sich Chruschtschow schließlich doch zu einem Gespräch bereitfand.

Aus sowjetischer Sicht war Springer nur einer unter vielen westlichen Pressegrößen und Geschäftsleuten, die damals um einen Empfang bei Chruschtschow nachsuchten. Das Jahr 1957 war für den Sowjetführer ein sehr erfolgreiches Jahr gewesen: erneute Stabilisierung des Ostblocks, Entmachtung der innerparteilichen Rivalen Molotow, Malenkow und Kaganowitsch sowie von General

Schukow und Start des »Sputnik«. Entsprechend groß war damals sein Selbstbewusstsein. Er glaubte noch an die Produktivkraft des eigenen Systems und verkündete öffentlich, die Sowjetunion werde innerhalb von drei Jahren mehr Fleisch, Milch und Butter produzieren als die USA (was einen Zuwachs von 40 Prozent bedeutet hätte).[5] Die Amerikaner bekamen zu hören, dass ihr eigenes Land nun durch atomar bestückte Interkontinentalraketen tödlich verwundbar sei. Zugleich entschloss er sich hochmütig, es mit China auf die harte Tour zu versuchen. Ein Chruschtschow, dem dermaßen der Kamm geschwollen war, dachte auch nicht im Traum daran, den westlichen Vorstellungen in der Wiedervereinigungsfrage entgegenzukommen, selbst wenn sie von so »fortschrittlichen« und neutralistischen Personen wie Springer propagiert wurden.

Zugleich hatte Chruschtschow auf seinen vergleichsweise häufigen Auslandsreisen die Bedeutung der Pressepolitik erkannt. Neben Springer empfing er in diesen Monaten den amerikanischen Pressezaren Randolph Hearst, dazu eine Menge französischer, britischer, italienischer, amerikanischer, mexikanischer und selbst australischer Korrespondenten oder außenpolitischer Analytiker.[6] Der diskussionsfreudige und schlagfertige Chruschtschow machte sich bei diesen Gelegenheiten ein Vergnügen daraus, die eigenen Positionen möglichst drastisch und ohne feine Diplomatie zu präsentieren. Es versteht sich, dass er das mit der Erwartung verband, seine Stellungnahmen in den jeweiligen Presseorganen breit publiziert zu sehen.

Hinzu kam ein weiterer Umstand. Während Springer im Hotel »National« auf dem Trockenen saß und, vom Nachrichtenstrom weitgehend abgeschnitten, drei Wochen lang seine Zeit mit Besichtigungsfahrten in Moskau verbrachte, war die »Wiedervereinigung« im Bonner Bundestag ganz urplötzlich zu einem heißen Thema geworden. Am 22. Januar 1958 hatte Chruschtschow in Minsk eine polemische Rede gehalten und dabei die Amerikaner, aber auch Adenauer angegriffen. Er bestritt, dass 1955 eine Wiedervereinigung durch freie Wahlen vereinbart worden sei, bekräftigte erneut die Zwei-Staaten-Theorie, forderte eine Akzeptanz des Status quo in der deutschen Frage und verwies einmal mehr auf die Möglichkeit einer Konföderation[7], so sich Bonn und Ost-Berlin darauf einigen könnten, nachdem natürlich die DDR als gleichberechtigter Verhandlungspartner akzeptiert wäre. Vor dem Hintergrund der neuerlichen Stellungnahme Chruschtschows fand außerdem am 24. Januar eine große Debatte im Deutschen Bundestag statt. Zu nächtlicher Stunde nahmen dort Adenauers frühere Minister Thomas Dehler von der FDP und Gustav Heinemann, jetzt SPD-Abgeordneter, eine schonungslose Abrechnung vor. Grundtenor: Adenauer habe die Wiedervereinigung überhaupt nie richtig gewollt. Adenauer selbst griff nicht ein, saß nur wie versteinert auf der Regierungsbank und die Antwort von Seiten der CDU/CSU fiel ziemlich kläglich aus. Dass Chruschtschow nach dieser abermaligen öffentlichen Festlegung Springer keinen Zentimeter entgegenkommen würde, verstand sich eigentlich von selbst. Aus seiner Sicht konnte das Gespräch nur den Zweck haben, seine kompromisslose Position durch ein Interview mit dem Hamburger Verleger erneut zu unterstreichen.

Als Springer sich, vom Bewusstsein der eigenen Sendung erfüllt, vom Hotel »National« aus um einen Termin mit Chruschtschow bemühte, machte er somit befremdliche Feststellungen. Die Presseabteilung des sowjetischen Außenministeriums war nach Kräften bemüht, das beabsichtigte private Gespräch zu einer Bitte um ein Interview herabzustufen. Dabei schnurrte die Liste der Punkte, die Springer ansprechen wollte, auf 15 Fragen zusammen. Natürlich wussten die sowjetischen Diplomaten genau, dass man einem Chruschtschow allenfalls ein paar Fragen stellen durfte, dann würde er loslegen. Nach einigem Hin und Her tippte Rosemarie Springer auf der Schreibmaschine des Korrespondenten Gerd Ruge, der sich damals zufällig auch im Hotel »National« aufhielt, einen langen Begleitbrief zu Händen des Pressechefs im Außenministerium, Leonid F. Iljitschow. Das Schreiben enthielt die erwünschten 15 Fragen und Springers Fünf-Punkte-Wiedervereinigungsplan. Als Springer schließlich von Chruschtschow empfangen wurde, bestand über die Form des Gesprächs immer noch keine Klarheit. Der sowjetischen Seite war nur an einem Interview gelegen, während Springer immer noch weitreichende Absichten hegte.

Über die fast zweistündige Unterredung liegen verschiedene Aufzeichnungen vor.[8] Sie zeigen einen Chruschtschow, der die bekannten Positionen mit Entschiedenheit vertrat. Springer selbst hat später berichtet, die Unterredung sei lautstark und auch von seiner Seite mit großer Härte geführt worden. Die überlieferten Protokolle lassen die Dramatik nicht erkennen. Wahrscheinlich sind sie geglättet worden. Doch auch Springer mag, wie das bei nachträglichen Berichten über kontroverse Unterredungen häufig geschieht, das Wortgefecht dramatisiert haben. Zweifellos hat er die Wiedervereinigungsfrage sehr eindeutig thematisiert und dabei mit Nachdruck auf die Massenflucht aus der DDR hingewiesen. Wie im »Wiedervereinigungsplan« schon vermerkt, hat er auch den Gedanken einer von beiden Regierungen autorisierten »Expertenkommission« angesprochen. Zur Möglichkeit innerdeutscher Gespräche habe er aber nach eigenem Bekunden ausgerufen: »Herr Chruschtschow, mit Ulbricht nie! Und Konföderation ist für mich der Beginn eines Bürgerkrieges!«[9] Da Springer nicht unsensibel war, muss ihm spätestens während der Unterredung klar geworden sein, wie schrecklich er sich verrannt hatte.

Rosemarie Springer berichtet, dass ihr Mann nach der Unterredung stumm und völlig gebrochen ins Hotel zurückkam. Wenigstens hatte er die Geistesgegenwart besessen, Chruschtschows Anerbieten dankend abzulehnen, ihn in einer sowjetischen Militärmaschine zurückfliegen zu lassen. Die erfolglose Rückkehr wäre sonst noch schimpflicher erschienen. Er charterte eine SAS-Maschine, konnte aber wegen Nebel in Kopenhagen nicht landen. Später erzählte er: »Ich habe dem Kapitän gesagt, also hören Sie, fliegen Sie von mir aus nach Afrika, aber nicht nach Moskau zurück, da will ich nicht wieder hin!«[10] Bei der Zwischenlandung in Stockholm fand er dann am Newsticker im Grand Hotel das Interview zwischen ihm und Chruschtschow ausgehängt. Iljitschow hatte es ihm kurz vor der Unterredung mit Chruschtschow bereits gezeigt, das Blatt aber zerrissen und in den Papierkorb geworfen, als Springer ihm erklärte, unter diesen Umständen fahre er sofort nach Hause. Nun war das Interview wieder aufgetaucht, und Springer wurde vollends klar, dass er sich unüberlegt zum dummen August der sowjetischen Propaganda hatte instrumentalisieren lassen.

Bei der Rückkehr nach Hamburg erfuhr er, dass seine erfolglose Reise inzwischen weithin bekannt geworden war. Vom Regierungslager aus, doch auch in vielen Zeitungen schlugen ihm jetzt Hohn und Spott entgegen. Globke brachte das in einem Brief an

Adenauer auf den Punkt: »Springer und Zehrer sind von Moskau wie begossene Pudel zurückgekehrt.«[11]

Besonders deprimiert war Zehrer. Nach der Rückkehr war er jeder Äußerung auch der eigenen Redaktion gegenüber aus dem Weg gegangen, indem er zu Hause blieb. Als jedoch die Übersetzung des von Moskau verbreiteten angeblichen Interviews Springers mit Chruschtschow in der Rohfassung vorlag, übersandte er diese an Springer, zusammen mit einem vierseitigen Demissionsschreiben.[12] Die Veröffentlichung des Interviews, so argumentierte er, »würde uns in Westdeutschland weit zurückwerfen«. Die Absicht der Reise, zu einer Entspannung beizutragen, würde fast in ihr Gegenteil verkehrt. Zudem fänden sich in dem Text Formulierungen hinsichtlich Berlins, »die in der westdeutschen Öffentlichkeit eine Welle von Unruhe auslösen müssen«. Besonders *Die Welt* käme bei einer Veröffentlichung in die peinliche Lage, »ihren Lesern das Gegenteil dessen mitteilen zu müssen, was sie erwartet hatten, und die gegnerische Presse würde sich diese Gelegenheit nicht entgehen lassen, aus allen Rohren zu schießen«. Außerdem wäre er dann persönlich gezwungen, »Ihnen meinen Rücktritt als Chefredakteur anzubieten, und müßte Ihnen darüber hinaus dringend anraten, diesen Rücktritt anzunehmen. Denn nach diesem problematischen schriftlichen Ergebnis der Reise muß einer in die Wüste gehen, und das kann in diesem Fall nur der für die bisherige Politik der *Welt* Verantwortliche sein ...« Zehrer regte deshalb vorsichtig an, in Moskau vor einer Veröffentlichung dieses Manuskripts zu warnen. Sollten die Sowjets bereit sein, den Text nicht im Wortlaut zu veröffentlichen, könne er – wie vor zweieinhalb Jahren schon – eine Reihe von Berichten über seine Eindrücke in Moskau veröffentlichen, »in denen das erstaunlich neue Klima« in der Sowjetunion beschrieben würde. In diese Reportage könnten dann auch wörtliche Passagen aus dem sowjetischen Manuskript einfließen, in denen zwar die so stark betonte Notwendigkeit von Verhandlungen zwischen den Regierungen der Bundesrepublik und der DDR wörtlich enthalten wäre, ohne aber den Schluss über die positiven Beziehungen zwischen Bonn und der DDR außer Acht zu lassen. Abschließend bat Zehrer um ein längeres Gespräch mit Springer noch am gleichen Abend.

Zehrers Brief wirft kein besonders günstiges Licht auf das journalistische Selbstverständnis des Chefredakteurs der *Welt*. Er hatte sich nun aus erster Quelle überzeugen können, wie negativ die Sowjetunion seinem Entspannungskurs gegenüberstand, regte aber an, das den Lesern seiner Zeitung möglichst zu verschweigen – wenn nur die Sowjets dabei mitspielen würden.

Springer lehnte Zehrers Demission ab. Die beiden Herren erkannten auch, dass die Publikation des Interviews nicht mehr zu verhindern war, und so brachte *Die Welt* am 7. Februar 1958 den Text unter der Überschrift »Einheit nur über Bonn-Ostberlin«.[13] Tags zuvor hatte Paul Sethe mit dem Leitartikel »Brücken schlagen« einen positiven Akzent zu setzen versucht.[14] Doch beschönigen ließ sich nicht viel. Springer konnte sich nur noch um Schadensbegrenzung bemühen. Am 10. Februar suchte er Vizekanzler Ludwig Erhard auf, der es sichtlich genoss, anlässlich der Urlaubsabwesenheit des Bundeskanzlers an der großen Politik mitzuwirken.

Der siebenseitigen Niederschrift,[15] die Erhard an Adenauer schickte, ist zu entnehmen, wie sich Springer aus der Affäre zu ziehen suchte. Er habe seinen Bericht, so Erhard, mit einer soziologischen Analyse der Lebensformen und des Lebensgefühls des russischen Volkes begonnen, insbesondere auch der Studenten. Diese Schicht würde »nach dem Westen blicken«. Der Kommunismus sei »heute wesentlich nur noch als ein Instrument der Macht lebendig«. Der ideologische Unterbau gehe immer mehr verloren. Erhard meinte dann: »Mit uns stimmt Springer in der Auffassung überein, daß das wirtschaftliche und finanzielle Kräftepotential der Sowjetunion von der Freien Welt überschätzt werde.« Vieles führe zu einer »Überforderung der russischen Kraft«: die Notwendigkeit, der Bevölkerung mehr Konsum- und Verbrauchsgüter zur Verfügung zu stellen, die Ansprüche der Satelliten (China, Polen), die Versuche der Demonstration von Einfluss in dritten Ländern (arabischer Raum). Unter diesen Umständen sorge sich Springer vor der Gefahr, dass »eine Diktatur nur allzu leicht nach außen ausbricht, wenn die Bedrängnis im Innern immer größer wird«. Zudem sei die Angst Russlands vor Deutschland echt. Das sei die Basis, von der aus Chruschtschow geneigt wäre, eine Verständigung zwischen den Vereinigten Staaten und der Bundesrepublik herbeizuführen. Nur diese beiden Länder stünden im Blickpunkt der russischen Aufmerksamkeit.

Erhards Meinung von Springer war günstig: »Es ist unverkennbar, dass sich Springer der außenpolitischen Vorstellung der Bundesregierung stärker angenähert hat. Er beklagt zwar die Starrheit der deutschen Haltung, der gegenüber er aber die deutsche Strategie bei der NATO-Konferenz voll bejaht. Er ist mit uns der Überzeugung, daß wir in der Frage der Wiedervereinigung nicht das geringste Risiko eingehen dürften und immer der Zustimmung unserer westlichen Freunde, insbesondere Amerikas versichert sein müssen; aber er sagt: Es müsse uns eben auch etwas einfallen.« Schließlich wolle Chruschtschow zu einem Modus vivendi mit den USA und der Bundesrepublik kommen. Im Übrigen aber glaube Springer nicht, »daß brauchbare Lösungen rasch heranreifen könnten, sondern daß alles aus kleinsten Ansätzen heraus entwickelt werden müsse«. Und Erhard meinte: »Er rückte deutlich von den Vorstellungen der SPD und FDP ab.«

Bezeichnend war, dass Springer auch jetzt nicht von seinen besonders unausgegorenen Ideen zur Phase 1 seines »Wiedervereinigungsplans« abgehen wollte. Auf Erhards Frage, wie sich ein kleiner, ungefährlicher Anfang zu einer Verständigung im Hinblick auf das Problem der Wiedervereinigung machen ließe, sagte er: »Man sollte in Berlin den Versuch unternehmen, auf der Grundlage freier Wahlen nach Maßgabe eines modifizierten Viermächtestatus diesem Gemeinwesen die Chance zu geben, die getrennten Teile Berlins in politischer, wirtschaftlicher und sozialer Hinsicht wieder zusammenzuführen. Es würde sich an diesem kleinen Modell erweisen, welche Entwicklungen sich vollziehen und welche praktischen Wege sich bei einer ›Wiedervereinigung‹ als brauchbar erweisen.« Ein solcher Vorschlag solle gepaart sein »mit der Eröffnung eines international garantierten Korridors zwischen Berlin und der Bundesrepublik« – eine Idee, die Springer schon länger faszinierte.[16] Er betonte jedoch, »daß die Bundesregierung nicht unmittelbar mit Pankow Gespräche führen und verhandeln könne«.

»Aphorismenhaft« kam Springer Erhard gegenüber auf das Problem der Oder-Neiße-Linie zu sprechen. Grund zum Optimismus bestehe nicht: »Das Beste, was man erwarten könnte, wäre schließlich dies, daß im Falle einer wirklichen Entspannung die Sowjets und Polen möglicherweise bereit sein könnten, etwa durch die Rückgabe von Stettin oder Breslau eine Geste der Verständigung zu machen.« Als Kaufpreis für eine solche Lösung betrachte er eine starke Intensivierung des Wirtschafts- und Handelsverkehrs mit der Sowjetunion, woran diese stark interessiert sei.

Über den politischen und militärischen Status eines wiedervereinigten Deutschlands, ließ Erhard Adenauer wissen, habe Springer sich nicht ausgelassen. Aber er habe immer wieder betont, dass nach seiner Meinung keine Lösung denkbar wäre, die das deutsche Volk des Schutzes und der Sicherheit berauben würde.

Der Schadensbegrenzung diente auch ein Vortrag, den Springer am 25. Februar 1958 vor dem Hamburger Presseclub hielt. Er war immer ein brillanter Verkäufer seiner jeweiligen Vorhaben gewesen, so auch hier, als es darum ging, einen halbwegs geordneten Rückzug anzutreten. Locker, witzig, ganz augenscheinlich guter Dinge skizzierte er die Vorgeschichte der Moskau-Reise und ging dann, wie auch schon Erhard gegenüber, recht anschaulich auf seine Beobachtungen in der sowjetischen Hauptstadt ein, anschaulich und ironisch. So wusste er von den Russen zu sagen: »Sie lieben die Deutschen, weil sie gründlich und manchmal von jenem tierischen Ernst befallen sind, der den Russen auch eigen ist.« Dass er sich von den *Disengagement*-Ideen noch nicht völlig verabschiedet hatte, ging aus der folgenden Bemerkung hervor: »Es kann immer nur so sein, daß der Rapackiplan mit der Frage der Wiedervereinigung gekoppelt ist.« Bezüglich seiner Unterredung mit Chruschtschow bat er um Nachsicht, dass er etwas geheimnisvoll tue: »Aber es muß so sein.« Bei der Gelegenheit erwähnte er seinen Vorschlag einer »Expertenkommission« und hielt es für geboten, geistig über die Zonengrenze hinüberzusprechen, vielleicht durch eine Plenarsitzung des Bundestages in Berlin. Dieser spätere Protagonist einer harten Abgrenzungspolitik plädierte hier sogar dafür, »im Gespräch mit der Ostzone ein Wort der Ermunterung hinüberzusprechen, bis in jene Kreise von anderthalb Millionen von SED-Mitgliedern hinein, damit nicht etwa eine Verhärtung aus der Gefahr heraus entsteht und eine Nacht der langen Messer kommt«. Zum Abschluss zitierte er einen seiner Kritiker, der geschrieben hatte: »Nicht Herr Springer ist der Gesprächspartner von Herrn Chruschtschow, sondern der Bundeskanzler Dr. Adenauer«, und bemerkte dazu: »Ich bin ganz der Meinung dieses Kritikers.«

So unprofessionell also die Reise zu Chruschtschow gewesen

war, so professionell war die Schadensbegrenzung. Erhard hatte durchaus richtig beobachtet: Springer näherte sich nun wieder der Adenauer-Linie an, wenngleich weiterhin mit dem Wunsch: mehr Beweglichkeit, mehr Einfälle, auch: mehr Dialogpolitik! Das war genau die Linie, auf die – so wusste er vermutlich – auch Blankenhorn und von Eckardt den Kanzler seit Längerem zu drängen suchten, ebenso wie auch der neue Bundesminister für Gesamtdeutsche Fragen, Ernst Lemmer. Als Adenauer im April 1958 Chruschtschows Abgesandten, den stellvertretenden Ministerpräsidenten Anastas Mikojan, in Bonn zu Gesprächen empfing, schien die Dialogpolitik auf gutem Wege und Springer erneut im Mainstream der bundesdeutschen Ost- und Deutschlandpolitik verortet.

Trifft es also zu, dass das Zusammentreffen mit Chruschtschow bei ihm die große antisowjetische Wende bewirkt hat? Aus der Rückschau wollte er das selbst so sehen. 1982 befragte ihn sein Gesinnungsfreund Gerhard Löwenthal zur Moskau-Reise von 1958, die nunmehr schon über zwanzig Jahre zurücklag. Jetzt stellte Springer fest: »Das wurde zu einem zentralen Erlebnis meines ganzen politischen Daseins.«[17] Während er es in der Phase der Schadensbegrenzung vermieden hatte, auch nur das kleinste böse Wort über Chruschtschow zu äußern, meinte er nun: »Ich habe in diesen drei Wochen in die Fratze des Unrechts gesehen«, und erwähnte in diesem Zusammenhang Kurt Schumachers Wort von den »rotlackierten Nazis«. Außerdem fügte er hinzu: »Das ganze Gespräch stand ja unter einer großen Lüge, weil bereits das Chruschtschow-Ultimatum im Grunde schon vorbereitet war.«

»Chruschtschow-Ultimatum« – das ist wohl das Stichwort. Überblickt man Springers Äußerungen im Verlauf des Jahres 1958, so gewinnt man den Eindruck, dass er auch nach dem sehr unbefriedigenden Zusammentreffen mit Chruschtschow eine Dialogpolitik mit der Sowjetunion immer noch für aussichtsreich hielt, wenngleich viel vorsichtiger und illusionsloser als zuvor. Der eigentliche Durchbruch seines kämpferischen Anti-Sowjetismus kam erst, als Chruschtschow Ende November 1958 sein auf sechs Monate befristetes Berlin-Ultimatum übermittelte. Jetzt sah er auch an Chruschtschow nur noch die negativen Züge: »Ich habe in die Fratze des Unrechts gesehen …«

In einem wesentlichen Punkt erfolgte allerdings schon im Frühjahr 1958 eine deutliche Umorientierung. Vizekanzler Erhard, der durchaus scharf zuhören konnte, hatte sich aus der eben erwähnten Unterredung mit Springer auch eine auffällige Überlegung notiert: »Springer glaubt, daß das Bedürfnis Chruschtschows, mit Amerika und uns zu einem Modus vivendi zu kommen, so groß sei, daß er die Machthaber der Sowjetzone über die Klinge springen ließe.«[18] Wie Springer aus dem Zusammenstoß mit Chruschtschow ausgerechnet eine solche Schlussfolgerung ziehen konnte, ist schleierhaft. Tatsächlich hatte ihm dieser mit aller Klarheit das genaue Gegenteil ins Gesicht gesagt. Doch auch Wunschdenken ist eine politische Realität. Wenn man 1958 der Meinung war, die UdSSR habe ein überragendes Interesse an wirtschaftlicher Zusammenarbeit mit dem Westen, mochte es in der Tat sinnvoll erscheinen, die wirtschaftliche und politische Schwäche der DDR mit hellem Scheinwerfer auszuleuchten.

Es ist schon von den Zeitgenossen bemerkt worden und lässt sich durch die heute verfügbare Korrespondenz erhärten, dass Springer im März 1958 in abrupter Kehrtwendung seine sämtlichen politischen Zeitungen anwies, ab sofort die DDR scharf zu attackieren. Die Chefredaktion von *BILD* erhielt eine barsch formulierte »Feststellung« des Verlegers, in der er an der Kommentierung der Konföderationspläne der DDR scharfe Kritik übte. Und dieselbe Redaktion, die er bis kurz vor der Moskau-Reise gegen die Atombewaffnung scharfgemacht hatte, bekam nun zu hören: »Am nächsten Tag wurden dann drei Millionen *BILD*-Leser knieweich gemacht durch Hinweise auf amerikanische Flugzeuge mit Atombombenlast über Deutschland. Wo steuert *BILD* hin?« Im nächsten Absatz wurden, was Springer betraf, die letzten Reste seiner eigenen Anti-Atom-Kampagne liquidiert: »*BILD* muß wissen, daß für Leute, die Hilde Benjamin[19] hinter Schloß und Riegel gebracht hat, eine atomwaffenausgerüstete Bundeswehr leider nicht der letzte Schrecken ist. Propagiert *BILD* den Rapacki-Plan um den Preis eines Ulbricht-Deutschland?« Der Zurechtweisung war eine Besprechung Springers mit den Chefredakteuren vorausgegangen, in der Springer den Wunsch geäußert hatte, künftig das Thema Flüchtlingsstrom aus der DDR hochzuziehen: »Ich lese keine Zeile in *BILD* über den Strom der Flüchtlinge und die anderen Dinge, über die wir ausführlich gesprochen haben.« Abschließend stellte er fest: »*BILD* soll und muss sein Temperament beibehalten. Es muss sich aber bei schwierigen politischen Themen mit befreundeten Herren anderer Redaktionen unseres Hauses abstimmen und im Urteil anreichern.«[20]

Ein verlagsinternes Protokoll über die erwähnte Besprechung mit den Chefredakteuren ist nicht auffindbar. Doch offenbar ist darüber im Verlag viel geredet worden. Im Stasi-Archiv findet sich unter dem Datum 1. März 1958 ein Bericht »von einer zweifelhaften Quelle – Mitarbeiter im Axel-Springer-Konzern«. Man sei übereingekommen, eine differenzierte Politik zu betreiben. Beim größten Teil der Zeitungen solle die »oppositionelle Linie« mit Unterstützung der SPD und FDP überwiegen. *Die Welt* solle gegenüber der DDR »indifferent« bleiben – diese weder stützen noch gegen sie hetzen. Eine verbindliche Linie zur Berichterstattung über die DDR sei noch nicht gefunden. Die *Welt am Sonntag* »müsse in ihrem politischen Teil auf den Berliner Markt zugeschnitten und kompromißlos gegenüber der DDR sein, ›Schwierigkeiten der SED‹ dramatisieren und die Kalte-Kriegspolitik fortsetzen«. Springer plane, in Moskau ein eigenes Büro zu errichten mit Heinz Schewe als Sonderkorrespondent, um durch »unpolitische, aber positive Berichterstattung« das Klima für eine große Springer-Redaktion in Moskau zu schaffen. Springer-Redaktionen in den übrigen sozialistischen Ländern würden vorbereitet, wobei Springer Wert auf seriöse Repräsentanten lege. Das Warschauer Büro solle personell verstärkt werden. Ziel dieser Linie: »Aufweichung der DDR und der Länder des sozialistischen Lagers«. Interessant ist besonders auch der Hinweis, dass bei dieser Besprechung die Fernsehfrage eine Rolle gespielt habe. »Die Springer-, Henkel- und eine Gruppe des Flick-Konzerns würden sich um den Aufbau eines privaten Fernseh-Sendernetzes in Westdeutschland bewerben mit unterschiedlicher Begründung.« So solle dem Bundeswirtschaftsministerium gegenüber argumentiert werden, das zweite Netz solle vor allem ein »Schaufenster der sozialen Marktwirtschaft« sein. Dem »Bundesministerium für gesamtdeutsche Fragen« habe Springer empfohlen, die Fernseh-Relaisstationen an der Zonengrenze auszubauen, um die »Versorgung« der gesamten DDR sicherzustellen. Gegenüber dem Bundeskanzleramt sei dasselbe Argument gebraucht worden, wobei man den Wünschen der Bundesregierung im Programmteil weit entgegenkommen könne.[21]

Wie gesagt: »zweifelhafte Quelle«. Manche der Aktivitäten des Hauses Springer im Jahr 1958 sind hier richtig vorhergesagt, sodass der Bericht glaubhaft klingt, anderes befindet sich in einem gewissen Widerspruch zu den verlagsinternen Dokumenten. Auffällig ist, dass sich der harte Kurs gegenüber der DDR allenfalls angedeutet findet.

Auf sehr viel sichererem Boden findet man sich bei der Interpretation eines sehr entschieden formulierten Schreibens, das Springer drei Tage nach dem eben erwähnten Brief an die *BILD*-Chefredaktion von seinem Urlaubsort Klosters aus an die Chefredakteure Zehrer (*Die Welt*), Michael (*BILD*), Siemer und Dr. Hiss (*Hamburger Abendblatt*) sowie Menne (*Welt am Sonntag*) richtete.[22] Er erinnerte an »unsere Abmachung«, die wir »gemeinsam« über das Problem der Sowjetzone getroffen haben, war also in Kenntnis der Eigenständigkeit der Chefredakteure immerhin noch bemüht, die Form einer gemeinsamen Vereinbarung zu wahren. Hauptpunkte waren: »Bis zur Wiedervereinigung sollte jeden Tag (ohne Ausnahme) auf der ersten Seite unserer Blätter zumindest eine Meldung über die Vorgänge in der Ostzone stehen«, beispielsweise »Zeugnisse der Unfreiheit, Flüchtlinge aus der politischen Prominenz und aus Kreisen der Wissenschaft ... Mit besten journalistischen Mitteln, so stellten wir damals fest, sollte am Einzelfall die ungeheuerliche Tatsache den Lesern vor Augen geführt werden, dass einfache Menschen aus ihrer Heimat in die westlichen Gebiete flüchten.« Springer erwähnte auch den Grund für das Insistieren auf seinem Wunsch: »Da wir zur Zeit in einem politischen Kampf um eine gute Ausgangsposition für gesamtdeutsche Gespräche in dieser oder jener Form stehen, können ›schöne Objektivitäten‹ nur unter den Tisch fallen ...« Allem Anschein nach war bei der erwähnten Besprechung das Argument erörtert worden, man müsse »der Riesenzahl von Ostflüchtlingen« die Zahl der Rückwanderer entgegenhalten. Mit derartigen Hinweisen, so Springer, helfe man aber nur »den Meistern der bedenkenlosen Propaganda im Osten«.

Was in den Blättern bisher zum genannten Thema »Ostzone« erschienen war, seien »Routinearbeiten, die niemanden aufrütteln könnten oder geeignet waren, eine propagandistische Wirkung auf die Ostzone auszuüben ...« Springers Kritik an der Arbeit in den Redaktionen gipfelte in der Feststellung: »Ich will Ihnen sagen, wie unsere Zeitungen, zugespitzt formuliert, von außen aussehen: Gefahr in Algerien, Besorgnisse um Sumatra, Belanglosigkeiten aller Schattierungen, Streit der Meinungen und immer wieder Streit der Meinungen um das Wie einer deutschen Außenpolitik, Wehrpolitik, Innenpolitik. Nichts aber ist zu sehen von dem, was die deutsche Politik überhaupt erst in Gang setzt: die an Verstand und Gefühl appellierenden Nachrichten in Wort und Bild, die die ungeheuerliche Tatsache der Teilung eines Landes mitten in Europa in das Bewusstsein der Russen, der Deutschen und der übrigen westlichen Menschen heben.«

Mit diesem Brief, den er betont unpersönlich formulierte (»Sehr geehrte Herren!«, keine Grußformel, nur Unterschrift A. S.), hatte Springer eine weitere Schwelle bei der Politisierung seiner Zeitungen überschritten. Eine Reihe von Tendenzen, die von nun an bestimmend zutage treten sollten, fand sich hier gebündelt.

Der erste Hauptpunkt war die kompromisslose Bekämpfung des kommunistischen Regimes in der DDR. Von nun an galt bis zu seinem Lebensende im Jahr 1985 der Grundsatz, Unterdrückung, wirtschaftliche Missstände und humanitäres Verschulden der DDR mit allen journalistischen Mitteln zu thematisieren. Ein paar Wochen später brachte Springer das in einem Brief an Zehrer auf den Punkt: »Ich versuche, das Haus anzustiften, klug auf die Ostzone zu kloppen.«[23] Mit wem er sich dabei verbunden wusste, war in demselben Absatz dieses bezeichnenden Briefes zu lesen: »Vorgestern war Brandt hier, übermorgen kommt Lemmer zu mir.«

Das verband sich mit einem zweiten Hauptpunkt: Mit langem Atem wirkte Springer von jetzt an darauf hin, dass alle seine politisch wirksamen Blätter zumindest gegenüber der DDR dieselbe Linie verfolgten. Die anfängliche Vielfalt der Zeitungen – das gemütvolle *Hamburger Abendblatt*, die populär-unpolitische *Bild*-Zeitung und eine prononciert politische, aber doch vor allem um objektive Nachrichtenvielfalt bemühte *Welt* – unterlag von jetzt an einem gewissen Zwang zum politischen Gleichklang. Gleichklang ist nicht Gleichschritt und erst recht nicht Gleichschaltung. Springer wusste genau, dass Journalisten zumeist selbstbewusste, spöttische und falls erforderlich zum Wechsel hin zu einem anderen Blatt bereite Leute sind. Sie wollen in Diskussionen überzeugt werden und lassen sich nur ungern durch barsche Briefe steuern. Das gilt erst recht für Chefredakteure, zumal diese sich in Redaktionen zu behaupten haben, in denen sich nicht bloß Jasager finden. In Springer selbst steckte auch immer noch viel zu viel vom früheren Journalisten. Ohnehin vertraute er auf seine Überredungsgabe, sodass von der Höhe der Schweizer Alpen ausgehende Boss-Briefe wie die eben genannten nicht zur Regel wurden. Schließlich verfügt ein Verleger über viele feine und weniger feine privatrechtliche und presserechtliche Mittel zur Einflussnahme. Im Falle der Springer-Presse lag das stärkste Mittel der Einflussnahme im finanziellen Eigeninteresse der Journalisten. Längst hatte es sich in der Branche herumgesprochen, dass Springer-Journalisten erheblich höhere Gehälter bezogen als ihre Kollegen bei anderen Zeitungen. Besonders die Herren in leitenden Positionen erhielten Spitzengehälter, dies verbunden mit gleichfalls recht ansehnlichen Zusatzleistungen.

Die Tendenz vom Gleichklang hin zum politischen Gleichschritt war jedenfalls spürbar, und sie verstärkte sich zusehends, je mehr sich der Verleger mit seiner politischen Sendung identifizierte. Doch auch der politisierte Springer war und blieb harmoniesüchtig und, wenn es sich irgendwie machen ließ, auf die Wahrung des schönen Scheins bedacht. Unvermeidliche Trennungen gingen zumeist mit großzügigen Abfindungen Hand in Hand. Noch lieber setzte er Chefredakteure bloß hausintern um, wenn sie nicht richtig spurten. An sachlichen Begründungen herrschte niemals Mangel. In dem zusehends riesiger werdenden Verlag fanden sich überall Sessel, auf denen ausgewechselte Chefredakteure Platz nehmen konnten. Böse Zungen behaupteten, Springer verfahre dabei nach dem Grundsatz: »Halbe Funktion, doppeltes Gehalt.«

Vor dem Zäsurenjahr 1958 hatte noch ein dritter Faktor für Unruhe gesorgt: In den ersten Jahren der Politisierung des Verlages war Axel Springer ein vorsichtiger Herrscher. Dass Verleger großer politischer Blätter Wert darauf legen, eine allgemeine Grundlinie befolgt zu sehen, ist immerhin noch nachvollziehbar. Doch Journalisten finden es ebenso wie ihre Leser befremdlich, wenn der Verleger von seinem Recht Gebrauch macht, abrupte Kurswechsel seiner Blätter anzuordnen. Eben dies vollzog sich jetzt. Zuerst während des gesamten Jahrs 1957 starkes Drängen auf ost-westliche

Koexistenzpolitik, auf Anti-Atom-Kampagne, auf Kritik an der Adenauer-Regierung, jetzt jedoch – ab März 1958 – Gegenkurs zur Anti-Atomtod-Kampagne der SPD und Konfrontation mit der DDR, bald auch (nach dem Berlin-Ultimatum vom Spätherbst 1958) scharfe Frontstellung gegen die Sowjetunion. Eben noch hatte sich Springer bei seinem Auftritt im Hamburger Presseclub mit großer Geste gegen die Vorstellung verwahrt, »dass Journalisten in diesem Hause Angestellte sind«,[24] und nun behandelte er in den oben erwähnten Briefen seine Chefredakteure, wenngleich etwas verbrämt (»unsere Abmachung«, »gemeinsam«), genau so.

Damit verband sich ein vierter Hauptpunkt. Springer legte nicht bloß Wert darauf, in den Bereichen Ost- und Deutschlandpolitik, sondern bald auch in der gesamten Außen- und Sicherheitspolitik die Kommentierung im Sinne seiner Vorstellungen zu vereinheitlichen. Er insistierte von nun an auch auf politisierter Nachrichtenpolitik. Wie ein Luchs verglich er Nachrichtenauswahl und Nachrichtenpräsentation der eigenen Blätter miteinander, aber auch mit denen anderer deutschen Zeitungen oder der britischen Presse. Wie viel er in den berühmten Ausrissen mit dem Kürzel A. S. am Rande oder in zahllosen Telefonaten anregte oder rügte, ist nicht mehr nachvollziehbar. Doch existieren zahlreiche Briefe an die Chefredakteure, die seine Einwirkung auf die Nachrichtenpolitik belegen. Was ihm jeweils politisch als sehr wichtig und richtig erschien, sollte auch auf die erste Seite. Die Immoralität des DDR-Regimes, so sah er es, legitimierte diese Praxis. Damit setzte er aber seine Grundsätze aufs Spiel, auf denen er seit den frühen Anfängen mit dem *Hamburger Abendblatt* und anfangs auch bei der *Welt* bestanden hatte: unbedingte Objektivität der Nachricht und eine denkbar weitgespannte Vielfalt. Natürlich war ihm auch weiterhin klar, dass die Reputation einer Zeitung von der sachlichen Richtigkeit und vom Reichtum der Information abhängt. Wer die Flut seiner Briefe und Vermerke liest, mit denen er in den folgenden Jahrzehnten in ständig neuen Anläufen dem Abonnentenschwund und dem Schwund von Anzeigenkunden der *Welt* zu begegnen suchte, kann sich diesem Eindruck nicht entziehen. Aber er verfolgte eben zugleich die gegenläufige Tendenz: starke Einflussnahme auf die öffentliche Meinung durch gezielte, nicht selten auch selektive Nachrichtenpolitik.

Schließlich der fünfte Hauptpunkt: ein gewisser Primat der Politik gegenüber der Gewinnmaximierung. In seinen glorreichen Anfängen war der Verlag groß und mächtig geworden, weil Springer, so hatte er eben bei dem denkwürdigen Auftritt im Hamburger Presseclub bekannt, »nur an den Aufbau dieses Hauses« dachte. Doch jetzt zeigte er sich des Öfteren bereit, erforderlichenfalls auch Verluste in Kauf zu nehmen, um die politische Botschaft rüberzubringen. Schon 1957, als er noch auf Linkskurs lag, hatte er Rudolf Michael von der *Bild*-Zeitung wissen lassen, in Sachen entschiedener Stellungnahme gegen die Lagerung von Atombomben in Deutschland müsse eine klare Meinung auf Seite 1 artikuliert werden – »auch wenn die Auflage nicht weiter steigen sollte«. Das blieb zwar hausintern nicht unumstritten, und auch Springer fühlte sich häufig hin- und hergerissen zwischen seinen politischen Absichten und dem Wunsch, hohe Auflagen zu erzielen und das Verlagsimperium zu vergrößern. Kritische Beobachter waren sich nicht einig darüber, ob er in erster Linie ein gerissener Geschäftsmann war, der sich den Luxus der Politik leistete, oder ein Verleger, der sich in die Politik verrannt hatte und das nur noch mühsam mit den Geschäftsinteressen in Einklang zu bringen vermochte.

Im Konfliktfall setzte sich aber doch häufig der Medienpolitiker gegen den Geschäftsmann durch. Dies galt ganz besonders für die zusehends riskanteren Investitionen im politisch gefährdeten West-Berlin, die den Hamburger Direktoren schlaflose Nächte bereiteten. Springer blieb zwar weiterhin der »Mammutverleger«, somit rastlos um die Ausweitung seines Verlagsimperiums bemüht und mit feiner Nase für gute Geschäfte, aber praktisch begriff er sich zugleich als eine Art Politiker. Überzeugungstäter hat man diesen Typ später genannt. Er war nunmehr zusehends willens, sein Verlagsimperium politisch zu instrumentalisieren. Natürlich konnte er auch in dieser Hinsicht nicht ungebremst schalten und walten, und mit den Widersprüchen zwischen Politisierung und kommerziellem Erfolg hatte er bis an sein Lebensende zu ringen.

So hat die Donquichotterie seiner Moskau-Reise doch Verhaltensweisen und Tendenzen in Gang gesetzt, die für Springers politische Biographie künftig bestimmend sein sollten. Bei der Entwicklung seiner Unternehmungen zum Großverlag hatte er es bislang vermieden, sich demonstrativ in Szene zu setzen. Anders als sein Hamburger Verleger-Kollege Gerd Bucerius dachte er nicht daran, sich etwa als Bundestagsabgeordneter politisch zu exponieren. Und anders als Rudolf Augstein, der sich als Herausgeber des *Spiegel* von Anbeginn an mit scharfen, wenngleich oft unter Pseudonym erscheinenden Leitartikeln in Szene setzte, hatte er seine politischen Präferenzen bisher unter der Decke gehalten. Ohnehin lag ihm die Rolle des verbindlichen Gutmenschen zeitlebens mehr als die des Kämpfers. Mit dem Entschluss jedoch, bei Chruschtschow mit dem Ziel der Wiedervereinigung vorzusprechen, hatte er sich erstmals aus der Deckung gewagt und dies auf denkbar unvorsichtige Weise. Er steckte dafür die verdienten Prügel ein, war nun aber nicht mehr bereit, wieder in die Rolle des Verlegers zurückzuschlüpfen, der seine Blätter unbemerkt aus dem Hintergrund dirigiert. Von jetzt an agierte er als öffentliche Figur. Ein gewisser Trotz mag ihn dazu motiviert haben, vielleicht auch gekränkte Eitelkeit, dazu Hass auf den brutal-übermütigen Chruschtschow, der ihn hatte abblitzen lassen. Zweifellos fühlte er sich aber jetzt von der Überzeugung getragen, mit ganzer Person für eine Sache einstehen zu müssen, die er als moralisch richtig empfand.

Wer im Nachhinein mit gewissem Erstaunen registriert, wie vergleichsweise rasch der ursprünglich ganz anders gepolte Springer auf seine neue Rolle als Kämpfer für Berlin und die Einheit Deutschlands abgefahren ist, der darf das spezifische Berliner Klima jener Jahre nicht vergessen. Aus dem Rückblick nach 50 Jahren ist die dort vorherrschende Stimmung in ihrer Mischung aus Zorn, Angst, Druckempfindlichkeit, Aufbegehren und deutschlandpolitischer Unruhe nur noch schwer vorstellbar. West-Berlin fand sich isoliert inmitten der DDR, aber vor dem Mauerbau noch mit porösen Sektorengrenzen, sodass die dortige Unterdrückung tagtäglich zu spüren war. Entrüstung mischte sich mit der Sorge, irgendwann überwältigt oder von den Schutzmächten »verkauft« zu werden. Vor allem im Medienbereich bestand eine denkbar enge Symbiose von antikommunistischer Kampfpresse, Berliner Senat und politischen Parteien, Geheimdiensten der westlichen Schutzmächte und Behörden der Bundesregierung, alle – trotz vieler Rivalitäten – geeint in der Überzeugung, dass die Freiheit West-Berlins tödlich bedroht sei und wohl nur aufrechterhalten werden könne, wenn es gelänge, die Teilung Deutschlands irgendwie zu überwinden. Es war die Mentalität einer belagerten Stadt, deren Einwohner nicht wissen, wann sich die Belagerungsarmee gegen die Stadtmauern in Bewegung setzt. Somit erschien die deutsche Teilung aus Berliner Sicht so unnatürlich, wie sie tatsächlich war, das DDR-Regime so skandalös, wie es tatsächlich war, und auch die Sowjetunion so gefährlich, wie sie tatsächlich war.

Seitdem Springer ständig nach Berlin flog, um dort seine Unternehmungen voranzubringen und auch in der Bernadottestraße ein *pied-à-terre* gekauft hatte, inhalierte er gewissermaßen die »Frontstadt«-Mentalität. In »Westdeutschland«, wie die Bundesrepublik von Berlin aus hieß, mochte man sich trotz anderslautender Bekundungen faktisch mit der Teilung abgefunden haben. In Berlin war sie die alle Überlegungen beherrschende Realität. Von besonderer Bedeutung war in diesem Zusammenhang die Massenflucht aus der DDR. Dass allein im Jahr 1957 monatlich zwischen 19 000 und 27 000 Deutsche unter Zurücklassung ihrer gesamten Habe in West-Berlin die Notaufnahme beantragten, insgesamt also über 260 000 Menschen in einem einzigen Jahr, fand in Presse, Rundfunk und Fernsehen der Bundesrepublik wenig Beachtung. Spießbürgerliche Gleichgültigkeit, so erkannte Springer jetzt, charakterisiere die diesbezügliche Medienberichterstattung. Viele, die ihn genau kannten, bestätigen, dass Hypersensibilität für fremdes Leiden zu den positiveren Eigenschaften Springers gehörte. Auch das Entsetzen über die Erfahrungen im Dritten Reich mit Gewissensnot, Bespitzelung, Beraubung und Staatsterrorismus, die vor dem Zweiten Weltkrieg Zehntausende in die Emigration getrieben hatten, wirkten bei ihm noch nach.

Je genauer er die Bedingungen in Berlin persönlich kennenlernte und je klarer er sich dessen bewusst wurde, was sich in der DDR abspielte, umso stärker beschäftigte ihn »die ungeheuerliche Tatsache, ... dass einfache Menschen aus ihrer Heimat in die westlichen Gebiete flüchten«. Dass die Redaktionen im schönen Hamburg dies nicht so empfinden wollten wie er, empörte ihn und führte zu den eben geschilderten hart formulierten Weisungen, in denen wir aus heutiger Sicht autoritäre Eingriffe eines autoritären Verlegers in die »innere Pressefreiheit« sehen. Seiner Entschlossenheit zur Dramatisierung lag gewiss auch die Absicht zugrunde, die DDR bei Deutschlandverhandlungen in die Defensive zu zwingen und moralisch bloßzustellen. Doch die späteren Angriffe aus der DDR und seitens vieler bundesdeutscher Springer-Kritiker, Springers Deutschlandpolitik resultiere nur aus kruder antikommunistischer Ideologie, aus Geschäftsinteressen, aus Geltungssucht oder aus Hass auf Chruschtschow, der ihn kalt hatte abfahren lassen, verkannten oder unterschlugen mit Absicht diese genuin humanitären Motive.

Springers Politisierung, die sich in West-Berlin vollzog, war somit verständlich. Sie führte ihn aber fast unvermeidlich in die späteren Turbulenzen. Wenn ein »Mammutverleger«, dem der größte Zeitungsverlag in Europa gehört, sich schwungvoll, um nicht zu sagen: ganz hemmungslos auf seine politische Sendung stürzt, dann ist es nur eine Frage der Zeit, bis die Politisierung des Verlagshauses zum großen Politikum wird. Erstaunlich ist nur, wie wenig sich dieser ansonsten mit feinen Antennen ausgestattete Mann der Risiken dieser Entwicklung bewusst war. Mit der Bemerkung »I learnt my lesson!« steckte er den verunglückten Ausflug nach Moskau weg und stürzte sich geradezu übermütig in seine Berliner Projekte: Bau einer riesigen Verlagszentrale und Großdruckerei an der Kochstraße, Übernahme des Hauses Ullstein, Expansion auf dem Berliner Zeitungsmarkt, Griff nach dem Fernsehen, Allianz mit Willy Brandt, dem neuen Shootingstar der SPD, aber nun auch wieder mit Adenauer, das alles in Verbindung mit einer schonungslosen Zeitungskampagne gegen die DDR und die Sowjetunion. »Jeden Tag trommle ich in meinen Zeitungen gegen das Unrecht, das in der Zone geschieht«, teilte er dem amerikanischen Journalisten George Bailey im November 1959 mit. »Manchmal ist mir so, als ob wir im Jahr 1932 wären. Die Roten in der Zone sind die Nachfolger der Braunen ... Die Geschichte wiederholt sich doch oft. Nur die Vorzeichen sind verändert.«[25]

»Freundliche« Übernahme von Ullstein

Am 29. Dezember 1959 verkauften die Ullsteins ihren Aktienbesitz an Springer. Im Grunde war das ein Vorgang, wie er sich häufig ereignet. Eine vom Unglück ereilte, überschuldete Familien-AG wirft das Handtuch. Die tüchtigsten der Erben haben nochmals versucht, das berühmte Unternehmen erneut flottzumachen, und sind dabei gescheitert. Andere Angehörige des Clans haben keine Lust mehr und wollen lieber Kasse machen. Der Konzern fällt an einen potenten Minderheitsaktionär, der alle Beteiligten auszahlt und den Laden mit kräftigen Geldspritzen wieder auf die Beine bringt.

Aber das Haus Ullstein war eben kein Unternehmen wie viele andere, sondern das berühmteste deutsche Zeitungshaus. Demgegenüber war Axel Springer aus Altona ein Nobody. Es war wie im Märchen: Ein junger Ritter aus vergleichsweise einfachen Verhältnissen hat urplötzlich ein ruhmreiches Königreich erobert und lässt sich mit dem Hermelin der abgedankten Herrscher bekleiden. So verstand Springer den Vorgang. Auch die Konkurrenz konstatierte dies verdrossen. Der aus ihrer Sicht ohnehin schon viel zu mächtige Axel Springer zehrte nun auch noch vom Prestige der Ullsteins.

Springer kannte die Vorbehalte, die ihm in der Branche entgegengebracht wurden. So war er mit großer Umsicht und unter Entfaltung seines ganzen Charmes bemüht, sich des Traditionshauses möglichst ohne offene Differenzen zu bemächtigen. Das Ganze sollte wie eine Art Fusion aussehen und ihn als großzügigen, dankbaren Erben der großen Verlegerfamilie erscheinen lassen. Desgleichen bekundete er beim Bestreben, den Berliner Zeitungsmarkt zu okkupieren, längere Zeit Verständnis für die Sorgen der kleineren und größeren Berliner Zeitungsverleger. Gegenüber der altvertrauten, aber zunehmend misstrauischen »Hamburger Kumpanei« der John Jahr, Gerd Bucerius und auch Rudolf Augstein verhielt er sich im Zusammenhang mit der Übernahme von Ullstein übrigens ähnlich. Nur kein Krach! Lieber Konzessionen machen, die ihn etwas kosteten, aber – obwohl er schon im Geld schwamm – auch wieder nicht allzu viel. So verkaufte er 1960 John Jahr seinen restlichen 25-Prozent-Anteil an *Constanze*[26] und stellte die Pläne zur Reaktivierung der *Berliner Illustrirten* zurück, weil Gerd Bucerius um den *Stern* fürchtete und finstere Drohungen ausstieß, notfalls in den eigenen Zeitungen gegen den Monopolisten Springer zu Felde zu ziehen.[27]

Das Raffinement der Machtergreifung bei Ullstein war bewundernswert. Als Springer 1956 bei Ullstein eingestiegen war, hatte er seine Planungen für die Errichtung eines Großdruckerei- und

Verlagsgebäudes auf dem Scherl-Areal durchaus fortgesetzt, ja intensiviert. Dass dies auf der Direktionsetage der Ullstein AG Existenzängste wecken musste, war evident. Karl Ullstein und sein Management hätten es viel lieber gesehen, wenn Springer kräftig in die Modernisierung des Druckhauses Tempelhof investiert hätte. Auch ihm selbst erschien dieser Ansatz anfangs plausibel.[28] Doch hatte er sich nach dem Einstieg im Jahr 1957 auch mit Ullstein verständigt, auf dem alten Ullstein-Areal im Zeitungsviertel eine gemeinsame moderne Berliner Zeitungsdruckerei zu errichten. Ullstein fehlte jedoch das Kapital für eine paritätische Beteiligung auf längere Sicht. Springer aber wollte sich nicht bremsen lassen. Dabei erklärt der Blick auf Ullstein Springers damalige Bauwut nur teilweise. Maßgeblich war schon in den Jahren 1958/59 der politische Wille Springers, in West-Berlin ein gewaltiges architektonisches Ausrufezeichen seines Glaubens zu errichten, dass Berlin und Deutschland bald oder doch irgendwann in günstiger Stunde wiedervereinigt sein würden.

Manchmal ist ein Blick auf die Modelle von Gebäuden aufschlussreicher als die Analyse vieler öffentlicher Bekundungen. Im August 1958, also wenige Monate vor Chruschtschows Berlin-Ultimatum, war ein beschränkter Wettbewerb ausgeschrieben worden.[29] Die anlässlich der Grundsteinlegung im Mai 1959 vorgestellten Entwürfe der Architektengemeinschaften Professor Sobotka/Müller (Berlin) und Dr. Bega/Dr. Franzi (Mailand) ließen alle Anzeichen des Gigantismus erkennen. Für die technischen Einrichtungen sollte auf dem 15 000 m² großen Gelände unmittelbar angrenzend an die Sektorengrenze ein 150 m langer, 60 m breiter und 15 m hoher Stahlbeton-Skelettbau für die technischen Anlagen errichtet werden. Daneben war – vorerst nur im Modell – ein quadratischer, 130 m hoher Wolkenkratzer mit 35 Stockwerken vorgesehen. Er sollte die Berliner Springer-Redaktionen beherbergen und – so hieß es vage – »eine geistige Zentrale« in der deutschen Hauptstadt darstellen.[30] 130 Meter – damit wäre dieser Turm im damaligen Berlin das zweithöchste Gebäude nach dem Funkturm gewesen. Die Dimension schrumpfte schließlich auf 19 Stockwerke zusammen, doch die Pläne beweisen, wie hoch Springer damals hinauswollte.

Die unmittelbare Nähe zur Sektorengrenze hatte zwar praktische

Gründe. Da dank jahrelanger Zukaufpolitik in erster Linie zusammenhängende Grundstücke im alten Zeitungsviertel verfügbar waren, musste Springer wohl oder übel dorthin, wenn er in großem Stil bauen wollte. Hans G. Funk, der mit den Käufen beauftragte Direktor, hielt ihm nach dem Ausscheiden aus dem Hause Springer in einer Reihe griesgrämiger Briefe vor, er habe ihm die Zustimmung zum Kochstraßenprojekt, damit »bewußt« Bau direkt an der Sektorengrenze, »geradezu abtrotzen« müssen, weil Springer noch auf Tempelhof fixiert gewesen sei.[31] Springer ärgerte sich erst über diese Hinweise, war aber fair genug, dies später in Anwesenheit Funks öffentlich zu bestätigen.[32] Doch bei dem Entschluss, ausgerechnet diese ausgedehnten Trümmergrundstücke zu erwerben, spielten natürlich nicht nur praktische Überlegungen eine Rolle. Nostalgische Erinnerungen an das berühmte Zeitungsviertel, wo sich einstmals die Verlage Ullstein, Mosse und Scherl befunden hatten, bewogen Springer ebenso zu dieser Investition wie die Überlegung, in Erwartung einer baldigen Wiedervereinigung jetzt in denkbar günstiger Lage mitten in Berlin ein eigenes Zeitungshaus zu errichten, obgleich dieses Areal vorerst noch in Randlage an der Sektorengrenze lag.

Am 25. Mai 1959 nahmen Springer, Willy Brandt, Ernst Lemmer, aber auch Karl Andreas Voss, gemeinsam die Grundsteinlegung des riesigen Baus vor, dessen Kosten sich schon 1963 auf 21 Millionen D-Mark beliefen.[33] Bei dieser Gelegenheit entwickelte Springer erstmals zusammenhängend jene Grundgedanken seines Berlin-Engagements, die er im folgenden Vierteljahrhundert unzählige Male wiederholte. Seit den frühen Anfängen unter der britischen Pressekontrolle wusste er eines ganz genau: Wer auf dem Feld der Medienpolitik etwas erreichen will, muss für seine Vorhaben ein idealistisches Feuerwerk abbrennen. Das war ihm nie schwergefallen. Doch diesmal war es ihm besonders ernst damit.

Erinnert man sich daran, dass von da an weitere gut 30 Jahre ins Land gingen, bis die Wiedervereinigung gelang, so war das Goethe-Zitat, mit dem er anhob, weitschauend gewählt, zumal es als eine Art Selbstporträt Springers verstanden werden kann: »Die Künstler sind wie die Sonntagskinder. Nur sie sehen Gespenster. Doch wenn sie ihre Geschichte erzählt haben, dann sieht sie jedermann.«[34] Mit leicht wilhelminischem Zungenschlag, der ihm bei solchen Anlässen zu Gebote stand, ging es dann weiter: »Wer Realpolitik betreiben will, der muß auch kühne Pläne haben ... deshalb bauen wir in Berlin, deshalb bauen wir in die Zukunft hinein.« Dann beschwor er die großen Verlage des alten Zeitungsviertels, von dem nur noch Trümmergrundstücke geblieben waren: Ullstein, Mosse und auch Scherl. Eingedenk des Umstandes, dass aus dem Scherl-Verlag unter Hugenberg ein schwarz-weiß-rotes, tendenziell republikfeindliches Haus geworden war, erwähnte er beiläufig, dass August Scherl seinen Verlag bereits vor Ausbruch des Weltkrieges verkauft habe. Im gleichen Atemzug legte er ein Bekenntnis zu Gustav Stresemannn ab, »dessen politischem Wollen ich mich verpflichtet fühle, nicht erst heute, sondern vom Vater überkommen ...« Und um jeden möglichen Kritiker mundtot zu machen, weil er ausgerechnet auf einem Grundstück des Scherl-Verlags sein neues Verlagshaus errichtete, ließ er die Zuhörer wissen: »Ich habe gestern am Grabe von Gustav Stresemann auf dem Luisenstädtischen Friedhof einen Kranz niedergelegt.« Man müsse »Berlin als politische Idee wollen«, fuhr er fort, richtete dann ein paar kritische Worte an die Menschen in Westdeutschland, »die keine sentimentale Liebe zu Berlin haben«, deutete bescheiden an, wie sein Haus, das so sehr »vom Glück gesegnet« sei, ganz anders sei, und erwähnte anschließend – unter Bezugnahme auf Ernst Reuter und ohne schon seinen künftigen Lebenslauf zu kennen – das Schicksal von Mose: »Gleich dem Propheten hat er das Gelobte Land wohl aus der Ferne erblicken dürfen, doch war es ihm nicht mehr vergönnt, sein Volk selbst dorthin zu führen.«

Auch Willy Brandt, mit dem Springer damals fast ein Herz und eine Seele war, wagte sich an eine Prognose und meinte, dass »die Wege zur Wiederherstellung unserer staatlichen Einheit über dieses Berlin laufen werden«.[35] Im Grundstein wurde eine Urkunde eingemauert, unterschrieben von Springer und Brandt,[36] deren Kernsatz lautete: »Daß wir heute diesen Stein unmittelbar am Rande der Sektorengrenze legen, ohne ängstlich auf das Ergebnis der weltpolitischen Verhandlungen zu warten, ist ein Beweis unseres unerschütterlichen Glaubens an die geschichtliche Einheit dieser Stadt und an die geschichtliche Einheit Deutschlands.« Bei seinen Hammerschlägen sprach Springer die Worte: »Einigkeit und Recht und Freiheit.«

Später hat Springer behauptet, der Gedanke, »unser Hauptquartier von Hamburg nach Berlin zu verlegen«, sei bei ihm in dem Augenblick gereift, als Chruschtschow beim Zusammentreffen im Januar seine kompromisslose Linie in der Deutschlandfrage artikuliert habe.[37] Sicher ist jedenfalls, dass er spätestens jetzt, im Frühjahr 1959, zum massiven und riskanten Berlin-Engagement entschlossen war. Willy Brandt war einen Monat zuvor als Erstem die Ehre zuteilgeworden, das Modell des Wolkenkratzers in Springers Dahlemer Villa zu bestaunen.[38] Dort waren die beiden Herren auf Vorschlag Springers auch übereingekommen, die Grundsteinlegung demonstrativ zwei Tage vor Ablauf des Berlin-Ultimatums vorzunehmen, diese Drohung aber nur beiläufig und verächtlich zu erwähnen.

Auf der Hamburger Leitungsebene waren die massiven Investitionen in Berlin stark umstritten. 1956 hatte Springers Partner Karl Andreas Voss die Beteiligung bei Ullstein noch begrüßt und hätte es am liebsten gesehen, wäre damals schon der Kauf des ganzen Unternehmens möglich gewesen. Schließlich hatte er einige seiner besten Jahre in Berlin verbracht, dort auch mit Stresemann verkehrt[39] und war prinzipiell ähnlich national eingestellt wie Springer selbst. Die politische Lage nahm sich damals auch noch hoffnungsvoll aus und nicht so bedrohlich wie seit dem Chruschtschow-Ultimatum, das seit November 1958 alles überschattete. Nun kamen Voss und manch anderem Bedenken, zumal Springer jetzt darauf drängte, mittelfristig auch den Firmensitz nach Berlin zu verlegen.[40] Voss war nicht der Einzige, der vor einem Über-Engagement warnte. Noch nachträglich schalt Springer gelegentlich seine Hamburger Direktoren, die fast ausnahmslos dagegen gewesen waren. Die wirtschaftlichen Gegenargumente waren evident. Eben erst hatte der Verlag die Erweiterung des Komplexes an der Hamburger Kaiser-Wilhelm-Straße vorgenommen.[41] Jetzt sollte eine weitere Zentrale errichtet werden, wieder auf einem ausgedehnten Trümmergrundstück, doch diesmal auf politisch höchst gefährdetem Terrain. Solange die Teilung andauerte, würde somit an einer faktischen Zweiteilung des Verlags mit den Standorten Hamburg und Berlin kein Weg vorbeiführen.

Immerhin konnte Springer dem seinerseits auch eine Reihe von Argumenten entgegenhalten, selbst für den Fall, dass die Wiedervereinigung auf sich warten ließ. Nach der Verlagerung des Hauptquartiers nach Berlin könnte dies zu einer erheblichen Steuerersparnis führen. Als die Holding 1967 tatsächlich von Hamburg nach Berlin verlegt wurde, sahen dies Springers Konkurrenten genauso. Jetzt machte Gerd Bucerius seinen Kompagnons die folgende Rechnung auf: »Springer zahlt seine Steuern in Berlin, 20 v. H. weniger als Sie und ich; bei 100 Mio. Jahreseinnahmen bleiben ihm also etwa 15 Mio. D-Mark mehr übrig.«[42] Zu den steuerlichen Vergünstigungen kamen noch weitere Vorteile, die vom Berliner Senat und vom Bund zu erwarten waren. Die Fluchtbewegung aus Berlin während der sechziger Jahre zwang dazu, die Ansiedlung neuer Unternehmungen in Berlin fast um jeden Preis zu forcieren. Zudem hatte Chruschtschows Berlin-Ultimatum aus Sicht eines wagemutigen Verlegers auch sein Gutes: Solange die Unsicherheit andauerte, sanken die Grundstückpreise, Aktionäre wie die Ullsteins wurden angesichts der unsicheren Zukunftsaussichten verkaufsbereiter, und dies zu günstigeren Bedingungen für Springer.

Springers Hauptargument aber ließ sich in dem Satz zusammenfassen: »Selbst wenn das Berlin-Engagement vorerst kostspielig wird, das Geld ist da!« Als Quasi-Alleineigentümer (abzüglich der zehn Prozent, die Karl Andreas Voss hielt), ohne drückende Schuldenlast, konnte er sich alles oder doch fast alles leisten. Auch dazu nochmals eine Beobachtung von Gerd Bucerius, der den Moloch Springer-Verlag mit allergrößten Bedenken unablässig wachsen sah, dabei lange Zeit zwischen freundschaftlicher Bewunderung und Panik schwankend. Am 1. Februar 1960, kurz nach Springers Kauf von Ullstein, schrieb er an Springer: »Ich schätze die Auflage Ihrer Blätter bereits auf 10 Millionen (*HÖR ZU:* 3,4 Mio., *BILD:* 3,2 Mio., *Kristall:* 480 000, *Welt:* 250 000, *Welt am Sonntag:* 435 000, *Hamburger Abendblatt:* 325 000, *Neues Blatt:* 725 000, *Berliner Morgenpost:* 225 000, *B.Z.*: 300 000) ... Wenn Zeitungen etwas erreichen können (sie können es), dann haben Sie schon jetzt die Mittel: die größte Pressemacht, die es je in Europa gegeben hat ... Gegen Sie gibt es keinen Wettbewerb mehr: Sie stehen außerhalb des Marktes. Wer alles machen *kann, darf* nicht mehr alles machen.«[43]

Springer zeigte sich vorerst nicht ganz unempfänglich für diese Ermahnung, denn tatsächlich hatte er wenige Monate zuvor das

Haus Ullstein geschluckt. Fusion nannte er das freundlicher- und vorsichtigerweise. Es lohnt nicht, die einzelnen Manöver zu schildern, mit denen Springer Zug um Zug – bis zum bitteren Ende ein Gentleman oder doch fast ein Gentleman – das Haus Ullstein an sich brachte. Dank der Finanzspritze aufgrund der Beteiligung Springers hatte Ullstein zwar in den Jahren 1957 bis 1959 wieder Boden unter die Füße bekommen, doch 1959 waren erneut satte 14 Millionen an Schulden aufgelaufen und engten den Handlungsspielraum ein. Nach der endgültigen Übernahme durch Springer stellte sich heraus, dass bei Ullstein Eigenkapital und Fremdkapital im Verhältnis von 22,5 : 77,5 zueinander standen – ein denkbar ungesundes Verhältnis.[44]

Bei der Übernahme fuhr Springer zweigleisig. Einerseits überzeugte er die bei Ullstein in Berlin tätigen Familienmitglieder davon, dass Ullstein auch nach dem Verkauf innerhalb seines Hauses eine eigene Einheit bleiben würde, andererseits ließ er insgeheim die Aktien aufkaufen, sodass der Verlagsleitung in Berlin schließlich gar keine andere Option mehr blieb als die Übergabe. Christian Kracht hatte sein Meisterstück geleistet und mit zäher Freundlichkeit jeweils im Einzelgespräch die Erben, nicht zuletzt die lange widerstrebende Elisabeth Ullstein, zum Verkauf veranlasst. Chruschtschows Berlin-Ultimatum half kräftig mit. Wer einmal wie die Ullsteins große Teile seines Vermögens eingebüßt hat, weil es einem halbverrückten Diktator gelungen ist, die Hand auf Berlin zu legen, möchte dieselbe Erfahrung kein zweites Mal machen.

Spätabends am 29. Dezember 1959 war es so weit. Möglichst unerkannt fuhren die Ullsteins einer nach dem anderen zum Notar. Kracht, der alles eingefädelt hatte und von einem versteckten Winkel aus schweigend die Ankunft der Familie beobachtete, meinte beim Erzählen gedankenvoll: »Ich dachte, hier geht eine große Familie zu Ende.«[45] Auffällig war übrigens der Gleichmut, mit dem die Öffentlichkeit das Ende der Ullstein-Dynastie registrierte. Willy Brandt und die in Berlin maßgebenden Kreise erkannten natürlich genau, dass das frische Geld, das mit Springer in die Stadt floss, unter den obwaltenden Umständen viel wertvoller war als die schwierigen alten Herrschaften aus dem Haus mit dem klangvollen Namen.

Anfangs hielten einige der Ullsteins noch an der Illusion fest, es habe ein Zusammenschluss zweier Großunternehmen stattgefunden und keine einseitige Übernahme. Auch Springer wollte um jeden Preis den Eindruck vermeiden, dass sich eine feindliche Übernahme vollzogen habe. Der Senior Rudolf Ullstein wurde »Ehrenvorsitzender« des Aufsichtsrats,[46] was immer dies auch funktional bedeuten mochte. Karl Ullstein und Fritz Ross, der Schwiegersohn von Hans Ullstein,[47] verblieben im Aufsichtsrat, Heinz Ullstein im Vorstand. Auch der bisherige Finanzdirektor, Dr. Maurer, dessen Doktortitel sich später als gefälscht herausstellte, konnte seinen Posten vorerst behalten. Das entscheidende Sagen im Aufsichtsrat hatten aber jetzt Springers Statthalter Christian Kracht in seiner Funktion als Generalbevollmächtigter für Ullstein und Springers Justitiar Hermann F. Arning. Da sich in den Jahren der Berlin-Krise kaum jemand in Hamburg danach drängte, das warme Hamburger Nest zu verlassen, rechnete es Springer dem damals erst 32 Jahre alten Peter Tamm vom *Hamburger Abendblatt* hoch an, dass er sich ohne langes Überlegen bereit erklärte, als Verlagsleiter der *Berliner Morgenpost* und der *B. Z.* vor Ort die notleidenden Ullstein-Zeitungen nach den Hamburger Erfolgsrezepten umzukrempeln. Wer sich wie Kracht und Tamm in Berlin bei der Einschmelzung von Ullstein bewährte, trug bei Springer den Marschallstab im Tornister.

Spätestens jetzt richtete sich das Interesse der Verleger und Journalisten der Konkurrenzblätter auf Christian Kracht. Ihm war das Kunststück gelungen, seinem Verleger den Ullstein-Konzern gewissermaßen auf dem Silbertablett zu servieren. Es ist zwar richtig, dass sich Springer auch beim Aufbau seines Hamburger Imperiums stets weitgehend auf Karl Andreas Voss verlassen hatte, der die komplizierten juristischen Details ebenso meisterte wie die gleichfalls komplizierten Finanzierungen und die noch komplizierteren Verhandlungen mit vielen Interessierten. Aber Springer hatte sich doch in starkem Maß höchstpersönlich um die neuen Projekte *HÖR ZU*, *Hamburger Abendblatt*, *BILD* und *Die Welt* gekümmert. Im Falle der Übernahme Ullsteins hat man hingegen den Eindruck, dass er den bewährten Kracht weitgehend an der langen Leine laufen ließ. Kracht erinnert sich an die Worte, mit denen Springer ihn beauftragte: »Ja, ich betrete dieses Haus nicht selbst, das ist Ihre Spielwiese.«[48] Springer und Kracht wussten allerdings beide genau, dass es, um einen Konzern zu schmieden, der Juristen bedarf. Bei den Verhandlungen erwies sich Hermann F. Arning, der ehrgeizige und durchsetzungsfähige Leiter von Springers Rechtsabteilung, als unentbehrlich. So ergab es Sinn, dass der neue Eigentümer ihn zusammen mit Kracht in den Aufsichtsrat von Ullstein bugsierte.

Springer hatte zwar bei der Übernahme schöne Worte gefunden, die ihm stets zu Gebote standen und an die er in dem Moment, wo er sie formulierte, wohl auch glaubte. Doch vier Monate später schon machte der Senior Rudolf Ullstein in einem Beschwerdebrief die bittere Bemerkung: »Die mir verbundenen Mitglieder meiner Familie und ich haben bei den Verhandlungen, die zur Übertragung der Majorität an Sie führten, es als ebenso wichtig wie sympathisch empfunden, welches tiefgehende Verständnis gerade Sie der psychologischen und menschlichen Situation und der Bedeutung der Pflege der Tradition des ›Ullstein-Geistes‹ entgegengebracht haben.« Leider aber sehe die Realität ganz anders aus: »Was mich und, wie ich überzeugt bin, auch meine Neffen bei der tatsächlichen Entwicklung der Dinge in der letzten Zeit aufs tiefste enttäuscht hat, ist, daß eine Reihe wichtiger und grundsätzlicher Fragen offenbar in Hamburg angeordnet und zum wesentlichen in Berlin durchgeführt sind, ohne daß diese entscheidenden Dinge auch nur vorher im Vorstand und Aufsichtsrat zur Erörterung gelangt sind.«[49] Springer wiegelte ab: »Bitte, sehr verehrter Herr Ullstein, haben Sie doch Vertrauen zu uns.«[50] Aber die offene Machtübernahme durch die Hamburger war nur noch eine Frage der Zeit. Mit gewohnter Akribie hatte Christian Kracht die Bilanzen der vergangenen Jahre untersucht. 1961 stellte er fest, dass der Finanzdirektor Maurer, bisher eine Schlüsselfigur im Hause Ullstein, Millionen unterschlagen hatte. Das warf auch ein schlechtes Licht auf die Kompetenz der früheren Eigentümer.

Schließlich verblieb nur noch Heinz Ullstein im Verlag. Er war ein Typ nach dem Herzen Axel Springers. Als Schauspieler, Romanautor, Drehbuchschreiber und fröhlicher Lebemann hatte er vor 1933 in einer Familie debütiert, wo sich ohnehin wenige Kinder von Traurigkeit fanden. Im Dritten Reich war der Tausendsassa im Lande verblieben, hatte sich in den ersten Monaten des räuberischen Regimes in der Verlagsleitung auch als zynischer Opportunist erwiesen, war dann in die Verfolgungsmühle geraten und körperlich schwer misshandelt worden, ließ sich aber nicht einmal beim Putzen von Güterwagen vom Erzählen bissiger Juden-Witze abhalten. Glücklich davongekommen, mischte er seit 1945 wieder mit, aber lässig und in zunehmend klarer Erkenntnis, dass es mit der Familie zu Ende ging. In Springer, der gleichfalls kein Kind von Traurigkeit war, sich dabei aber als so tüchtig erwies wie der alte Leopold Ullstein und offenbar über unbegrenzte Mittel gebot, erkannte er einen zwar illegitimen, aber vom Glück gesegneten Erben des Hauses Ullstein, außerdem einen großzügigen Eigentümer, der es ihm erlauben würde, finanziell anständig versorgt und in Würde seine Tage zu beschließen. Wenn Springer 1977 in der Grabrede feststellte, Heinz Ullstein habe maßgeblich zur Verlagsehe zwischen den Häusern Ullstein und Springer beigetragen,[51] so traf das zu. Nach dem Verkauf des Verlages galt seine Loyalität dem neuen Herrn,[52] und als Schauspieler, der er stets war, erlaubte er diesem huldvoll, bei einer Abfolge feierlicher Anlässe mit ihm als Mittelpunkt das Schauspiel der würdigen Erbfolge zu zelebrieren.

Praktisch noch wichtiger als die stillschweigende Kapitulation der Ullsteins war für das Gelingen der Übernahme die Rolle der Belegschaften. Das Haus Ullstein umfasste rund 4500 Angestellte und Arbeiter. Gemäß den gesetzlichen Vorschriften saßen im sechsköpfigen Aufsichtsrat auch zwei Arbeitnehmervertreter. Wie zumeist bei Übernahmen schlug den Hamburgern eine gemischte Stimmung entgegen: teils Sorge, von jungen und schneidigen Hanseaten kommandiert zu werden, teils Hoffnung auf die dringend benötigte Finanzspritze. Nach Überwindung von Anfangsschwierigkeiten fanden Kracht und ganz besonders Tamm den richtigen Ton. Im Verlauf von wenigen Jahren gelang es, aus den Ullstein-Zeitungen Springer-Blätter zu machen. Als Springer 1967 von der Studentenbewegung attackiert wurde, zeigte sich, dass die Integration geglückt war. Man mochte die Linie der Berliner Springer-Presse kritisieren oder begrüßen, eines war jedenfalls unbestreitbar: Ihre Journalisten und Belegschaften standen zum Springer-Verlag und auch zum Verleger.

Schon in den fünfziger Jahren galt Springer als ein besonders sozialer Arbeitgeber. Auch später erwähnte er gern das Bonmot eines hohen Gewerkschaftsbosses: »Für Unternehmer wie Sie brauchten wir keine Gewerkschaften.«[53] Er übernahm die Berliner Unternehmungen in der Absicht, aus Ullstein eine »Springer-Familie« zu machen. So hatte er trotz einiger Bedenken der Hamburger Kassenwarte nicht gezögert, die bekanntermaßen außergewöhnlich günstigen Sozialleistungen seiner Hamburger Betriebe auf das Haus Ullstein zu übertragen. Auch in Berlin zögerte er nie, erforderlichenfalls auch im Einzelfall aus der eigenen Schatulle auszuhelfen. Er schenkte gerne, wusste aber auch, dass sich das im Betrieb herumsprach. Sehr wesentlich für seine Akzeptanz bei den Belegschaften von Ullstein war aber, dass er sich von vornherein als »Wahlberliner« einführte und schließlich auch seinen ersten Wohnsitz nach Berlin verlegte. Damit entsprach er zwar nur einem Grundmuster, das sich seit der Kaiserzeit herausgebildet hatte. Unternehmerische Sachsen, Rheinländer, Hamburger oder Badener zogen gern nach Berlin, wo sie die selbstgefällige Lokalbevölkerung aufmischten und sich stolz als »Wahlberliner« aufspielten. Doch seit den letzten Kriegsjahren hatte ein nicht mehr zu stoppender Abwanderungsprozess nach »Westdeutschland« eingesetzt. Dass sich mit Springer einer der reichsten Westdeutschen in dieser Hinsicht antizyklisch verhielt, machte ihn nicht nur bei den Ullsteinern, sondern in ganz Berlin sympathisch. Gerne half er dem durch großzügige Gesten nach, so, wenn er 4000 Taxifahrern zur Feier der Einweihung seines Berliner Verlagshauses am 6. Oktober 1966 eine goldene Armbanduhr schenkte. Das war zwar typisch neureich, aber eben deshalb gefiel es den Berlinern.

Aus dem Haus Ullstein wurde so innerhalb weniger Jahre ein museales Artefakt unter dem Dach des Springer-Konzerns. Zug um Zug wurde der formal noch eigenständige Ullstein-Komplex in den Verlag Axel Springer & Sohn überführt. Das Druckhaus Tempelhof wurde für neun Millionen Mark[54] an das Haus Weitpert in Stuttgart verkauft. 1964 schied der letzte Generaldirektor, Peter Galliner, aus, unter anderem aus Ärger darüber, dass die Hamburger Konzernleitung mit Plänen schwanger ging, ausgerechnet den angesehenen und auch profitablen Ullstein-Buchverlag an eine Londoner Verlagsgruppe zu verkaufen. Jetzt schlug die Stunde von Peter Tamm. Springer machte ihn zum Vorsitzenden der Verlagshäuser Ullstein und Axel Springer & Sohn in Berlin. Die früheren

Ullstein-Zeitungen *Berliner Morgenpost* und *B. Z.* und die Berliner Ausgaben der *Welt*, der *Welt am Sonntag* und von *HÖR ZU* wurden im Verlagskomplex an der Kochstraße zusammengefasst. Als 1966 das stolze Scheiben-Hochhaus fertig war, wurde der Ullstein-Tradition freundlichst am Eingang gedacht. Über der modern gestalteten Glastür ließ der Verleger pietätvoll in schlichten Buchstaben nebeneinander die Namen »Ullstein« und »Axel Springer« setzen. Und vor dem Eingang stand groß die berühmte Ullstein-Eule. Doch hoch auf dem Dach ließ die riesige Leuchtschrift »Axel Springer Verlag« ganz Berlin wissen, wem der Laden gehörte.

Das Regime der Manager

In der Geschichte der Bundesrepublik war Axel Springer eine der erfolgreichsten Unternehmerpersönlichkeiten. Das erkannten bereits die Zeitgenossen. »Im fruchtbaren Klima des deutschen Wirtschaftswunders sind uns schon wieder veritable Presselords erwachsen, die – anders als die Häupter der alten Verlagsdynastien – nur wenige Jahre wie jene Generationen brauchten, um ihre Macht auf dem Markt der öffentlichen Meinung zu begründen. Der größte unter ihnen ist Axel Springer ...«,[55] schrieb Kurt Pritzkoleit im Jahr 1955.

Besonders ausgeprägt war damals der Aufbau großer, sehr großer oder doch weithin sichtbarer Unternehmen durch individualistische Verleger im Medienbereich. John Jahr, Gerd Bucerius, Rudolf Augstein, Richard Gruner von der »Hamburger Kumpanei« traten dabei ebenso ins Blickfeld wie Reinhard Mohn, der Chef von Bertelsmann, oder Franz Burda in Offenburg. Mit großer Eigenwilligkeit leiteten sie ihre Unternehmungen selbst, gingen untereinander Allianzen ein, begannen sich seit Mitte der sechziger Jahre zeitweilig zu bekriegen, repräsentierten jedenfalls in einer schon weitgehend von Managern gesteuerten Wirtschaftslandschaft der Großunternehmen das Privatunternehmertum.

Das Paradebeispiel des journalistischen Verlegers war Axel Springer. Mit seinen Zeitungen und Zeitschriften, die ein breites Segment abdeckten, war er fast durchweg erfolgreich, und so wuchs sein Imperium über drei Jahrzehnte hinweg rascher als die

Verlage der Konkurrenz. In der Branche wurde zwar nicht neidlos, aber doch generell anerkannt, dass dies weitgehend seine persönliche Leistung war. Selbst Rudolf Augstein, der seit Mitte der sechziger Jahre mit zunehmendem Spaß Springer-Schelte betrieb, wollte dies nicht bestreiten. Noch im Herbst 1966, als er bereits die große Anti-Springer-Kampagne anwarf, nannte er den Konzern Springers eine »grandiose Schöpfung«.[56]

Springer selbst entsprach in vielem dem Typ des selbständigen Unternehmers. Mit Ausnahme seines Minderheitspartners Karl Andreas Voss hat er trotz häufigen Schwankens niemandem erlaubt, die Macht über sein Imperium mit ihm zu teilen. Erst gegen sein Lebensende hat er die Burdas hereingenommen und war schließlich sogar bereit, einen Teil des Unternehmens an die Börse zu bringen. Doch es war bezeichnend, dass er diesen von ihm rasch bereuten Entschluss nur wenige Monate überlebte. Der Politik, den Bankiers, den Konkurrenten, den Gewerkschaften und einer Vielzahl von Kritikern gegenüber hielt er zäh an seiner Unabhängigkeit fest. Als der Kapitalismus der bundesdeutschen Unternehmer unter Beschuss geriet, trat er mit weitgespannten Ansprachen wie ein Wanderprediger vor das politische und gesellschaftliche Establishment und warb dort für die Unabhängigkeit des am Markt erfolgreichen und zugleich sozial verantwortlichen Unternehmertums.

Den Mitarbeitern seines Hauses gegenüber war er geradezu die Inkarnation des paternalistischen Firmenchefs, dies sehr erfolgreich und mit dem allerbesten Gewissen. Indem er die Mitarbeiter seines Imperiums spürbar besser bezahlte als die Konkurrenz, dies verbunden mit höheren freiwilligen Sozialleistungen, sicherte er sich deren fast bedingungslose Unterstützung. Allem Anschein nach lag dem nicht primär ein machiavellistisches Kalkül zugrunde, sondern Hinneigung zur Betriebsfamilie, verbunden mit genuiner Großzügigkeit. Auch seinen Journalisten gegenüber verhielt er sich paternalistisch. »Er verstand uns auszunehmen wie die Weihnachtsgänse«, hat Günther Diehl im Rückblick auf seine Jahre beim *Hamburger Abendblatt* gestöhnt.[57] Doch Springer war davon überzeugt, dass auch die Journalisten einen Paternalismus akzeptieren, der ihnen durch goldene Fesseln erträglich gemacht wird. Sein Wille, sich von niemandem in die eigenen Entscheidungen und Unternehmungen hereinreden zu lassen, weder von der

Politik noch von den Gewerkschaften, noch von Redaktionskollektiven der eigenen Blätter, war sehr stark ausgeprägt. Ende der sechziger und Anfang der siebziger Jahre, als die Forderung nach »innerer Pressefreiheit« in der Zeitungslandschaft grassierte, hätte er eher das ganze Imperium verkauft, als in Redaktionsstatute einzuwilligen.

Mit dem Herr-im-Hause-Prinzip verband sich das Prinzip »Dies alles ist mein Geld, mit dem ich machen kann, was ich will«. Formell unterschied er zwar genau zwischen Betriebsvermögen und Privatvermögen, faktisch aber behielt er beides unter seiner exklusiven Kontrolle. Für seine eigene Person hielt er einen luxuriösen Lebensstil für angemessen, der dem der lombardischen oder oberdeutschen Kaufleute des 16. Jahrhunderts oder dem der erfolgreichen Hamburger Reeder und Bankiers des 18., 19. und frühen 20. Jahrhunderts entsprach – stilvolle Stadthäuser oder ländliche Villen, zu guter Letzt ein prächtiges Schloss in Schleswig-Holstein. Ein Spitzenmanager Springers will nicht abstreiten, dass der Verleger allein in den Jahrzehnten, die er übersehen konnte, mehr als eine Milliarde Mark für seine privaten Bedürfnisse und Investitionen abzweigte. Dass ein sehr reicher Unternehmer in diesen stattlichen Anwesen ruhelos umherzog, getrieben von puritanischem Sündenbewusstsein und zeitweilig dazu disponiert, am liebsten in einem spartanisch eingerichteten Gebetsraum zu meditieren, gehört zu den Widersprüchen von Springers harmoniesüchtiger, aber zugleich unharmonischer Wesensart. Doch auch darin blieb er der Großunternehmer, der sein Dasein so gestaltete, wie es ihm richtig dünkte. Übrigens entfiel ein erheblicher Teil der aus dem Betrieb entnommenen Summen auf Stiftungen, auf karitative Schenkungen, nicht zuletzt auch auf politisch motivierte Projekte. Dieses bemerkenswert großzügige Mäzenatentum entsprach gleichfalls dem klassischen Bild des schwerreichen Großunternehmers, der nach freiem Ermessen pflanzt und begießt, was ihm fördernswert erscheint.

Springers Unternehmungen, so mag deutlich geworden sein, waren ursprünglich als riesiger Familienbetrieb konzipiert. Je mehr sie allerdings in die Breite wuchsen, umso weniger konnte auch er dem Zwang entgehen, sie als Konzern zu strukturieren. Spätestens nach der Übernahme des Hauses Ullstein war dieser Punkt erreicht. Die Einrichtung eines »Regimes der Manager« war ganz zwangsläufig, auch wenn er nicht daran dachte, das Steuer aus der Hand zu geben. Die Spannungen, die daraus resultierten, dass ein sehr eigenwilliger Medienunternehmer alles in der Hand behalten wollte, gleichzeitig aber ein Management brauchte, das wie die Manager aller Zeiten einen eigenen Machtwillen entwickelte und nur noch partiell steuerbar war, hat ihm zusehends zu schaffen gemacht. Früher hatte er sich selbstironisch als »Mammutverleger« bezeichnet. Jetzt war er es tatsächlich. Aber er konnte nur expandieren und die Mittel zur Sicherung seiner Selbständigkeit erwirtschaften, weil er sich widerwillig, häufig schimpfend und die Rolle des Herrn im Hause spielend, aber doch auch einsichtsvoll auf »das Regime der Manager« einließ.

Ohnehin ließ sich bei genauerem Zusehen erkennen, dass der Aufstieg zum Imperium auch bisher schon in nicht unerheblichen Ausmaßen einem typischen Zeitungs-Manager zu verdanken war – dem sich diskret im Hintergrund haltenden Karl Andreas Voss. Springer selbst wusste immer genau, dass er selbst alles Mögliche war, nur kein nüchterner Manager. Er war klug genug gewesen, Voss als Juniorpartner fest an sich zu binden, und hat sich dazu auch später immer wieder dankbar beglückwünscht. Manchmal, wenn einer etwas von ihm wollte, sagte er fröhlich: »Gehen Sie zu Karl Andreas Voss, ich bin hier nur der Zirkusdirektor.«[58] Natürlich durfte man sich durch solche Sprüche nicht täuschen lassen. Was er nie öffentlich sagte, aber wohl dachte: Mit einem Zehn-Prozent-Anteil konnte ihm der Verlagsmanager Voss nicht gefährlich werden, war aber in der Funktion des Partners persönlich ganz vital am gesunden Wachstum des Verlages interessiert. Vom Temperament her passte Voss diese Rolle. Gerne ließ er Springer den Part des genialen Verlegers spielen, während er selbst im Hintergrund die Fäden zog und häufig auch das entwirrte, was der charismatische, zugleich aber schwer steuerbare Meister durcheinandergebracht hatte. Das war lange Zeit gut gegangen. Die beiden ergänzten sich und waren sich in den Hamburger Jahren auch über die Expansionsstrategie weitgehend einig.

Das änderte sich, als Springer Ullstein schluckte und mit Macht darauf aus war, in Berlin ein großes politisches Rad zu schlagen. Manches kam nun zusammen. Ungeachtet seiner Sympathie für die alte Reichshauptstadt war und blieb Voss doch auf den Firmensitz Hamburg orientiert. Er zweifelte daran, ob aus dem Ausflug nach Berlin viel Gutes erwachsen würde. Bei der Einweihung des neuen Verlagshauses machte er dem stolzgeschwellten Axel Springer zwar die Freude, nachträglich zu versichern: »Sie haben mit diesem Schritt recht gehabt!«[59] Aber in den Jahren der endgültigen Hinwendung nach Berlin gehörte er doch zu den Skeptikern. Er war inzwischen ein älterer Herr, feierte 1962 seinen 70. Geburtstag, wünschte häufiger auf seinem Gestüt in Schleswig-Holstein zu sein und verspürte keine große Lust mehr, die Bürde einer Verschmelzung des in Hamburg beheimateten Springer-Verlags mit Ullstein auf sich zu nehmen. Besser als jeder andere wusste er, dass aus dem ohnehin schon komplizierten Verlag jetzt ein riesiger, zu fortwährendem Wachstum verurteilter Pressekonzern geworden war, dessen Struktur neu geordnet werden musste. Das wollte er sich nicht mehr antun. Freiwillig-unfreiwillig, das ist nicht mehr genau zu eruieren, trat er also ins zweite Glied zurück und erlebte dabei das in solchen Fällen fast unvermeidliche Tauziehen über die Höhe der Erträge und die Weiterbeteiligung daran. Ausgezahlt wurde Voss 1970 bei Umwandlung der Verlage in eine AG. Zur Abgeltung seiner künftigen Gewinnansprüche erhielt er 15 Millionen D-Mark.[60]

Der Verleger sah sich nun wohl oder übel gezwungen, ein neues Management einzusetzen. In Verbindung damit wurde es auch unerlässlich, für das sehr groß gewordene Imperium eine neue Organisationsstruktur zu finden. Es bezeugt das damals noch gute Gespür Springers für die Erfordernisse des Konzerns, dass er dabei nicht wie später nach Industriemanagern Ausschau hielt, sondern die eigentlich recht kühne Entscheidung traf, bewährte Journalisten aus dem eigenen Haus erst in die Position von Verlagsleitern zu bringen, dabei deren Fähigkeiten fürs Top-Management zu erproben und sie dann mit der Verantwortung für die Konzernleitung zu betrauen, natürlich ohne dabei je die Zügel aus der Hand zu geben. Öffentlich sichtbar traten nun zunehmend zwei Manager eines ganz besonderen Typs hervor: erst Christian Kracht, dann Peter Tamm.

Im Hintergrund war Kracht seit dem Jahr 1954 mit rasch sich ausdehnenden Zuständigkeiten als Assistent des Verlegers tätig gewesen. Sein faktischer Einfluss hatte rasch zugenommen, auch wenn er klug genug war, sich mit Blick auf den maßgeblichen Manager Karl Andreas Voss noch behutsam im Hintergrund zu halten. Niemand auf den höheren Verlagsebenen war somit besonders erstaunt, als Springer Christian Kracht in die Spitzenpositionen brachte. 1960 ernannte er den damals erst 39-Jährigen zum Generalbevollmächtigten für die Ullstein AG, zugleich aber zum Geschäftsführer des Verlags Axel Springer & Sohn. Kracht sollte Ullstein aus den roten Zahlen herausbringen und zugleich die Verflechtung der Verlagsbereiche in Hamburg und in Berlin sicherstellen. Beides gelang ihm. 1963 zog Springer ihn wieder aus Berlin ab und übertrug ihm die Aufgabe, in Hamburg die bislang noch getrennten Verlage Springers – Axel Springer & Sohn und das Traditionshaus Hammerich & Lesser – mit den daranhängenden Zeitungen und Zeitschriften zusammenzuführen. Als allein zeichnungsberechtigter Geschäftsführer der ASV GmbH, seit 1965 mit dem Titel eines Generalbevollmächtigten, war Kracht nun eindeutig die Nummer zwei nach dem Verleger und erhielt freie Hand, dem Konzern eine neue Leitungsstruktur zu verpassen.

Etwas zeitversetzt vollzog sich der Aufstieg Peter Tamms – auch er im Jahr 1960 noch ein Jungmanager von 32 Jahren. Von 1960 bis 1962 war er im Gefolge Christian Krachts Verlagsleiter bei Ullstein gewesen, vor allem mit Zuständigkeit für die Berliner Zeitungen, von 1964 bis 1968 amtierte er bereits als Vorsitzender der Verlagshäuser Ullstein und Axel Springer & Sohn. Als Hans Dieter Müller im Jahr 1968 seine ebenso kenntnisreiche wie Springer-kritische Analyse des damaligen Springer-Imperiums veröffentlichte, meinte er in Bezug auf den robusten Peter Tamm: »Der administrativ begabte, aufstiegssichere Manager wird verschieden beurteilt, den einen gilt er als der geborene ›Zweite Mann‹, den anderen schon heute als der Kronprinz.«[61]

Früher als gedacht musste Christian Kracht im Jahr 1970 nach dem missglückten Bertelsmann-Deal über die Klinge springen. Mit dem an Kracht statuierten Exempel stellte der Großunternehmer Axel Springer damals vor sich selbst wie nach außen hin klar, dass er nach wie vor über die alleinige verlegerische Autonomie verfügte. In Bezug auf Tamm erfüllte sich jetzt die Prognose »Kronprinz«, wenn auch mit sichtlicher Einschränkung. Nach der bisherigen Dominanz von Kracht hielt Springer von jetzt an ein Gleichgewichtssystem für geboten. Tamm hatte als Alleinvorstand der nunmehrigen Axel Springer Verlag (ASV) AG die herkulische Aufgabe der Feinsteuerung eines buntscheckigen Zeitungs- und Zeitschriftenverlags zu schultern, in der Erwartung, dem Verleger Jahr für Jahr satte Erträge abzuliefern. Doch in die dem Axel Springer Verlag übergeordnete Holding mit dem Verleger als Alleininhaber berief Springer nun in Stellvertreterposition selbstbewusste Industriemanager, zu deren Aufgaben es nicht zuletzt gehörte, den selbstbewussten Tamm zu kontrollieren und ihm seine Grenzen aufzuzeigen.

Die sechziger Jahre stellten somit eine Übergangsphase dar. Springer sah sich zwar genötigt, ein »Regime der Manager« einzusetzen. Doch diese kamen aus dem eigenen Haus, hatten prägende Jahre in den Redaktionen des Verlags verbracht, kannten die Eigenart jedes einzelnen Chefredakteurs und Verlagsleiters ebenso wie die Besonderheiten der jeweiligen Blätter, zeigten sich auch gründlich mit den Erfordernissen der Technik, des Vertriebs und des Anzeigengeschäfts vertraut und fühlten sich Springer durchweg in Loyalität verbunden, zumal er ihre Leistungen hervorragend honorierte, waren aber auch mit dem alles andere als berechenbaren Führungsstil des Konzernherrn bestens vertraut.

Auf lange Sicht bewährte sich in der Tat der Grundsatz, dass ein Zeitungs- und Zeitschriftenverlag mit inzwischen Hunderten kapriziöser Journalisten und mit an die zehn noch kapriziöseren Chefredakteuren der wichtigsten Blätter dann am besten gedeiht, wenn die Manager so etwas wie eine journalistische Mentalität besitzen. »Gewerbetreibender Verlagsgeschäftsmann war er von Haus aus und auch später nie, sondern stets ein leidenschaftlicher und kreativer ›Zeitungsmann‹«, hat Herbert Kremp, der hinlänglich Gelegenheit hatte, Springer zu studieren, den Sachverhalt auf den Punkt gebracht: »Daher auch die führende Rolle, die er dem Journalisten in der Verlagshierarchie zusprach ...«[62] So ließ Springer anfangs Kracht an sehr langer Leine laufen, so hielt er trotz mancher Differenzen an Peter Tamm fest, der kein pflegeleichter Mann war, so holte er Kracht zwischenzeitlich nochmals an Bord und plante zum Schluss, mit Matthias Walden wieder einen Journalisten an die Spitze zu hieven.

Das Haus Springer war deshalb allerdings kein ungestörtes Eldorado der Journalisten. Die vielfach bundesweit renommierten Direktoren der Bereiche Technik, Vertrieb, Anzeigenwerbung – also die Matuschke, Szimmetat, Kripahle und wie sie alle hießen – wachten zusammen mit den jeweiligen Vertriebsleitern eifersüchtig darüber, dass die Bäume der journalistischen Riege nicht in den Himmel wuchsen. In der Branche war man sich bald neidvoll, bald ängstlich, jedenfalls unisono darüber einig, dass der Springer-Konzern seine Schlagkraft vor allem auch aus seiner technischen und organisatorischen Modernität bezog. Nachdem der Konzern eine gewisse Größe erreicht hatte, erforderte dies aber ein starkes Maß an zentraler Planung und Kontrolle aller Bereiche. Auch dieser Punkt war Anfang der sechziger Jahre erreicht.

Als Alleinverleger, der für jede Maßnahme mit dem eigenen Vermögen haftete, legte Springer naturgemäß Wert darauf, vor allen wichtigen Entscheidungen gefragt zu werden. Jahresbudgets, große Investitionsvorhaben wie die Errichtung von Druckereien und der Grundstückserwerb, der Kauf oder Verkauf von Zeitungen und Zeitschriften, Kooperationen, die Gründung neuer Objekte gehörten dazu. Selbstverständlich mussten auch alle wichtigen Personalentscheidungen über seinen Schreibtisch laufen. Kein Chefredakteur, kein Direktor der großen Verlagsbereiche, kein Vertriebsleiter der einzelnen Blätter, aber auch kein Korrespondent in den wesentlichen Hauptstädten wurde ernannt, versetzt oder entlassen ohne Springers ausdrückliche Genehmigung. Und bei den Zeitungen, die ihm am Herzen lagen, insbesondere bei der *Welt*, waren die Chefredakteure auch gehalten, die Personalvorschläge der wesentlichen Ressorts mit ihm abzustimmen.

Da Springer schon seit Mitte der fünfziger Jahre als politischer Verleger agierte, war die Abstimmung der politischen Linie ein Dauerproblem. Die Heterogenität der Verlagsprodukte, von *HÖR ZU* und *Kristall* über das *Hamburger Abendblatt* und die Blätter in Berlin bis hin zu *BILD*, *Welt* und den Sonntagsblättern, von denen allesamt Auflagensteigerung erwartet wurde, erzwang natürlich ein starkes Maß an differenziertem Eingehen auf die jeweiligen Leserschichten. Schließlich wussten die zuständigen Chefredakteure und Verlagsleiter genau, der Verleger würde sie letztlich doch am Verkaufserfolg ihrer Blätter messen. Somit plädierten sie Springer gegenüber des Öfteren dafür, die politische Grundlinie irgendwie auch auf die Erwartungen der Leserschaft abzustimmen, was aber dem nunmehr politisch aktivistischen Verleger oft nicht behagte.

Die Top-Manager mussten also das Kunststück vollbringen, den Konzern auf Wachstumskurs zu halten, wobei es aber dem Verleger unbenommen war, wenigstens einen Teil seiner Blätter politisch einzusetzen. Sie mussten loyal sein, zugleich aber hinlängliche Zähigkeit besitzen, um der launischen Primadonna an der Verlagsspitze mit guten Argumenten Paroli zu bieten. Sie mussten in dem riesig gewordenen Konzern dank Sachkompetenz und eigener Ausstrahlung das Vertrauen nachgeordneter Manager und Chefredakteure besitzen, ohne aber je zu vergessen, dass der Verleger immer wieder erbarmungsloses Durchgreifen erwartete.

Wenn die Quadratur des Kreises vergleichsweise lange gelang, so deshalb, weil sich der Verleger mit Christian Kracht einen einzigartigen Helfer herangezogen hatte. Wer die Biographie Springers begreifen will, muss auch diejenige Christian Krachts studieren, der seit 1954 als eine Art rechte Hand Springers tätig war, nach dem Rückzug von Karl Andreas Voss im Jahr 1963 unbestritten zur Nummer 2 im Springer-Imperium wurde und nach seiner abrupten Entlassung im Jahr 1970 dann zwischen 1980 und 1983 nochmals eine Schlüsselrolle spielte, bis es zum endgültigen Bruch kam. In gewisser Hinsicht war Krachts Aufstieg innerhalb des Verlags genauso spektakulär wie der Axel Springers selbst. Springer kam immerhin aus einem Verlagshaus, wenngleich einem kleinen, und hatte sich stets wie ein Abkömmling der Oberschicht aufgeführt. Kracht hingegen war geradezu die Inkarnation des Selfmademan.

Zehn Jahre jünger als Springer, stammte Kracht aus einer Arbeiterfamilie im holsteinischen Meldorf (»streng sozialdemokratisches Haus«[63]), hatte es verstanden, beim Hanseatischen Infanterieregiment 76 den langen Krieg mit bloß einer Verwundung lebend zu überstehen und gehörte 1945 im Alter von 24 Jahren zu jener erstaunlich lebenstüchtigen Generation, die sich nicht verloren fühlte, sondern sich mit großer Energie und Wendigkeit entschlossen zeigte, irgendwie zu überleben und rasch Boden unter die Füße zu bekommen. Gerne erzählt er noch heute davon, wie ihm seine Findigkeit auf dem Schwarzmarkt im Dezember 1945 dabei half, bei der Redaktion anzuheuern, die unter der Leitung

Zehrers damals im halbzertrümmerten Broschek-Haus *Die Welt* herausbringen sollte. Wie so vielen Angehörigen seiner Generation waren auch ihm Schuldgefühle nicht fremd. In Opposition zum Vater, der ein kämpferischer Sozialdemokrat gewesen war, hatte er sich von der Hitler-Jugend einfangen lassen. Entsprechend heftig war die Enttäuschung, als das Regime den Wagen an die Wand fuhr und die großen NS-Herren sich zusehends als Polit-Kriminelle entpuppten.

In den ersten Nachkriegsjahren versuchte sich Kracht auch an einer Jugendzeitschrift des Titels *Benjamin* und initiierte dort Wiedergutmachungsaktionen der Art »Laßt uns Oradour wieder aufbauen!« Der Jungjournalist Kracht hatte ein Gespür für verlassene Jugendliche, fürs Flüchtlingselend, aber auch für die Verwicklung der Besatzungsmacht in die Nachkriegsmisere, als Korruption kein Fremdwort war, weder für die Deutschen noch für die Besatzer.

Kracht landete dann zeitweilig im Team Rudolf Augsteins, das in Hannover zum merklichen Verdruss der Briten *Die Woche* herausbrachte. Im Frühherbst 1948 wurde Kracht nach einem persönlichen Gespräch von Springer als Lokalredakteur beim *Hamburger Abendblatt* angestellt. Dass ihm seine Zeit bei der *Welt* und beim *Spiegel* künftig sehr von Nutzen sein würde, versteht sich. Vor allem zu Hans Detlev Becker, dem Verlagsleiter des *Spiegel*, bestand ein freundschaftliches Verhältnis. Es musste später von Kracht und Becker immer dann reaktiviert werden, wenn der streitsüchtige Augstein und der überhebliche Springer wieder einmal aneinandergeraten waren.

Christian Kracht entdeckte also in Springer sein großes Vorbild, und Springers Umfeld bemerkte rasch, dass der große Verleger an dem einfallsreichen, stets gut informierten Kracht einen Narren gefressen hatte. Kracht, dem man über die Jahrzehnte hinweg nicht nur unermüdlichen Fleiß, sondern zugleich eine scharfe Beobachtungsgabe attestierte, hat Springer offenbar genauestens studiert. Er kopierte dessen Verhandlungsgeschick, den Lebensstil und auch die Manierismen. Selbstverständlich erkannte er dabei mit scharfem Blick auch die evidenten Schwächen Springers. Eine davon, vielleicht die ausgeprägteste, war der Mangel an fundierter Auslandskenntnis und demzufolge an entsprechender Sicherheit im Auftreten gegenüber englischen, amerikanischen oder französischen Geschäftsleuten. Im Ausbildungsgang Springers fehlten die längeren Auslandsaufenthalte. Sein Englisch und sein Französisch erlaubten ihm nicht die Führung komplizierter Verhandlungen oder auch nur anspruchsvoller Diskussionen. Er musste sich dabei stets auf andere verlassen: auf Frau Rosemarie, auf George Clare in London, später auf Ernst Cramer und von Anfang an auf Christian Kracht, der ihn auf vielen Reisen in die USA oder nach England begleitete, aber auch immer wieder auf selbständige »Einkaufstour« entsandt wurde.

Der unstudierte und anfangs ebenso auslandsunkundige Kracht hatte Anfang der fünfziger Jahre das große Los gezogen, als er ein Stipendium für die State University von Montana in Missoula, im fernsten Nordwesten der USA, erhielt, wo er Journalismus studierte und die Amerikaner so gründlich kennen lernte, wie das nur an einer Provinzuniversität möglich ist. Im Auswahlgremium für das Stipendium in Amerika saß damals übrigens Marion Gräfin Dönhoff. Springer versprach dem »Wirbelwind Christian Kracht«[64] die Fortzahlung seines Gehalts und eine Wiedereinstellung, und so machte sich dieser von Amerika aus nützlich. Von seiner Ankunft in New York bis zum Ende eines Volontariats beim *San Francisco Chronicle* schrieb er – so die dem Verfasser genannte Zahl – sage und schreibe 460 Briefe mit Beobachtungen an verschiedenste Empfänger im Springer-Verlag, darunter viele mit Durchschlag an Axel Springer.

Nach seiner Rückkehr arbeitete Kracht in der *BILD*-Redaktion, aber 1954 holte Springer ihn als Assistent an seine Seite. Von nun an wurde er in alle Verlagsgeheimnisse eingeweiht, desgleichen in Springers sehr bewegtes Privatleben. Auch dieses bedurfte einer ordnenden Hand. Stets hat Springer uneingeschränkt von seinem Recht Gebrauch gemacht, aus den eigenen Verlagen erhebliche Mittel zur freien persönlichen Verfügung abzuziehen. Auf der Direktionsebene hielt zwar Karl Andreas Voss alle Fäden in der Hand, im weit gefächerten privaten Bereich aber brauchte Springer gleichfalls ein Organisationsgenie, das ein Minimum an Ordnung in den genial-chaotischen Arbeitsstil und in die vielfältigen privaten Verpflichtungen des Verlegers brachte.

Dabei deckte der Bereich Privatleben ein breites Spektrum ab, so etwa Hauskäufe und die Einstellung absolut vertrauenswürdigen Personals für die Springer'schen Immobilien, Vermögensanlagen, Überwachung der Zahlungen an Kinder und geschiedene Ehefrauen, aber auch heikle Gespräche über Scheidungsfragen, bei denen Springer nicht gern persönlich in Erscheinung treten wollte. Zu Krachts Aufgabenkreis gehörte darüber hinaus verständnisvolles Zuhören bei langen Spaziergängen im nächtlichen Park am Falkenstein, wenn der Verleger nicht schlafen konnte, plötzlich spät nach Mitternacht nach Gesellschaft verlangte und dabei mehr oder weniger weitreichende Weisungen erteilte. Der Assistent hatte dann am kommenden Morgen mit gesundem Menschenverstand selbständig zu entscheiden, ob diese Einfälle wirklich umgesetzt oder stillschweigend vergessen werden sollten. Ebenso hatte sich das Multitalent Kracht zunehmend um das Ausbügeln von Differenzen in den Spitzenpositionen des unaufhörlich wachsenden Verlags zu kümmern, aber auch vertrauliche Kontakte zu den Parteien, zur Verwaltung und zu konkurrierenden Verlegern zu pflegen, dies ganz besonders dann, wenn der vorsichtige Springer vorerst im Hintergrund bleiben wollte. Da aus dem vielseitigen Kracht bald auch ein kunstverständiger Mann und Sammler geworden war, beauftragte Springer ihn gern auch mit der Beschaffung schöner Möbel oder Kunstgegenstände.

Das alles und Dutzende weiterer solcher Aufgaben waren strengstens vertraulich zu erledigen. Meist lagen explizite Weisungen Springers vor, die dieser selbstverständlich jederzeit zu dementieren in der Lage war. Manchmal hatte Kracht auch ohne Weisung tätig zu werden, dies jedoch in begründeter Vorahnung dessen, was der sprunghafte Verleger wahrscheinlich wollte und was dem Wachstum des Imperiums dienlich war. Kracht war somit nicht der Mann fürs Grobe, sondern für die eher delikaten Aufgaben, die eines feinen Händchens bedurften.

In vielem hat der gelehrige Kracht den bewunderten Herrn und Meister kopiert. In manchem war ihm dieser aber doch eher ein abschreckendes Beispiel. Während Springer ein cholerisches Temperament hatte, das häufig mit ihm durchging, sprach Kracht stets nur leise und gut artikuliert. Während Springer dem einen dies und dem anderen jenes erzählte, sodass oft schwer herauszufinden war, wozu er sich verpflichtet hatte, sicherte Kracht den Geschäftsgang und andere laufende Dinge mit präzisen Vermerken oder Briefen ab, womit er sich auch selbst absicherte. Hinzu kam, dass Springer gelegentlich fröhlich zechte und dann im Kreise der Journalisten oder der »Hamburger Kumpanei« kompromittierende Äußerungen von sich gab, von denen in den kritischen Jahren besonders der *Stern* oder Rudolf Augstein höhnisch Gebrauch machten. Demgegenüber war Kracht ein Muster an Mäßigung – kein Tropfen Alkohol, kein Wort zu viel, vor allem nicht über den Chef, dafür aber gutes Essen. Kurz, die beiden ergänzten einander lange Zeit bestens. 1955 eröffnete Springer Kracht sogar das Recht zur Einsichtnahme in seine Konten – ein einzigartiger Vertrauensbeweis in einem Imperium, das so ganz auf der Macht des Geldes beruhte.[65]

Zu Springers Schwächen, die Kracht genau registrierte, gehörte auch der Umstand, dass der »Mammutverleger« nie gelernt hatte, Bilanzen zu lesen, nichts vom internationalen Finanzgeschäft verstand und überhaupt alles, was mit Geld, Finanzmanövern, Zinsen oder Steuern zu tun hatte, gern auf andere Schreibtische abschob. Auch Kracht selbst hatte zwar nie Betriebswirtschaft studiert, erkannte aber die eigenen Kenntnislücken und nahm deshalb von einem bestimmten Zeitpunkt an in seiner knapp bemessenen Freizeit, genauer gesagt: ab morgens sechs vor Dienstbeginn, Privatstunden in Buchhaltung und anderen Künsten der Betriebswirtschaftslehre, wie sie damals an der Universität Hamburg den BWLern beigebracht wurden. Bald wusste er über Theorie und Praxis des modernen Managements mehr als Karl Andreas Voss und seine Mannschaft. Natürlich konnte er auch die Altersringe zählen. Wie lange würde Voss das nach allen Seiten expandierende Imperium noch steuern wollen? Und wer würde ihm nachfolgen?

Nach der Übernahme von Ullstein durfte Kracht aus dem Schatten des Herrn und Meisters heraustreten. Als Beauftragter für den Berliner Konzern konnte er nun erstmals seine Vorstellungen von moderner Betriebsführung erproben und meldete Springer nach wenigen Jahren, dass sich der Ullstein-Verlag wieder in den schwarzen Zahlen befinde. Springer, der seine Spitzenleute fürstlich zu entlohnen pflegte, erwies sich Kracht gegenüber als besonders großzügig. Mit einem Jahreseinkommen von 1,1 Millionen galt Kracht schon Anfang der sechziger Jahre als einer der höchstbezahlten deutschen Manager. Und der verstand sein Salär gut anzulegen, sodass er sich in wirtschaftlich völlig unabhängiger Position befand, als es gegen Ende der sechziger Jahre im Verhältnis der beiden zu kriseln begann.

Zunächst jedoch, in den Jahren seit 1963, hatte Kracht freie Hand, die Verlage Axel Springers zusammenzuführen. Er begann mit der Neuordnung des Hamburger Imperiums. Die dortigen Verlagsobjekte wurden in der Holding »Axel Springer Verlag GmbH« zusammengefasst und erhielten ein übergeordnetes Direktorium unter der Bezeichnung »Geschäftsführerversammlung«. Ihr gehörten an: Axel Springer, Karl Andreas Voss und Christian Kracht. Hinzugezogen wurden die Geschäftsführer der Tochtergesellschaften *Die Welt* (Hans H. Schreckenbach) und der Ullstein GmbH (Peter Galliner). Als Hauptaufgaben der Holding wurden festgelegt: monatliche Herstellung eines Überblicks über die Vermögenslage und die Ertragskraft des Gesamthauses, gestützt auf eine Ergebnissammelstelle, die Errichtung einer Clearing-Stelle für den internen Geldausgleich und die einer Konzernrevision.[66] Die Geschäftsführer der einzelnen Geschäftseinheiten wurden angewiesen, monatlich kurzgefasste Bilanzen und Ergebnisrechnungen für den Vormonat vorzulegen zwecks Erstellung einer konsolidierten Konzernbilanz.[67] 1964 legte Kracht die erste konsolidierte Jahresbilanz vor. Das Gesamtergebnis belief sich auf 65 883 000 D-Mark, 6 390 000 D-Mark mehr als 1962.[68]

Als die Ullstein-Gruppe in Berlin ihre Selbständigkeit innerhalb des Konzerns mehr und mehr einbüßte, übertrug Kracht (stets mit Rückendeckung Springers) *grosso modo* das in Hamburg schon erprobte Leitungsmodell auf den gesamten Konzern. Unter Leitung des Generalbevollmächtigten waren die Zeitungsgruppen (außer der *Welt*) in der Geschäftsführerkonferenz ebenso vertreten wie jetzt auch die Bereiche Technik, Vertrieb und Anzeigen. Später traten noch Steuer und Revision hinzu. Orientiert an dem Modell von General Motors, suchte Kracht dem Konzern eine möglichst vertikale Organisationsstruktur zu verpassen.[69] Gestützt auf seine Stabsabteilung von Betriebswirten, überblickte er die jeweilige Ertragslage der Produktionseinheiten, den Investitionsbedarf und den *cash flow*. Er hatte Springer von der Notwendigkeit eines Gesamtfinanzplans für den Konzern überzeugt, ließ sich von diesem in wöchentlichen Sitzungen eine Vielzahl operativer Entscheidungen absegnen, orientierte ihn durch Monatsberichte über den Geschäftsgang und bereitete dort, wo Springer sich Personalentscheidungen vorbehalten hatte, die entsprechenden Beschlüsse vor. Bis zu den Krisen, die 1967 begannen und im Jahr 1970 gipfelten, funktionierte das System ohne größeres Knirschen. Kracht steuerte in enger Fühlungnahme mit Springer den Apparat, Springer selbst behielt sich die weitreichenden Entscheidungen vor.

Anders als Kracht stand Peter Tamm dem Verleger nie besonders nahe. Psychologisch mochten die beiden geradezu als Kontrastfiguren begriffen werden: Springer hochsensibel, intuitiv, zur Sprunghaftigkeit neigend, rastlos, eher konfliktscheu, lange Jahre polygam, zunehmend idealistisch, zunehmend politikfixiert, aber auch von Sinnfragen umgetrieben und mit pazifistischen Neigungen, Tamm dagegen seelisch robust, zupackend, diszipliniert, ein genauer Rechner, einmal festgelegte Geschäftsstrategien zielklar und unbeirrbar verfolgend, ein Realist, ein Kämpfer, verlässlicher Familienvater, konservativ zwar auch er, aber ohne die für Springer charakteristische Überhitztheit. Wie Springer war aber auch Tamm ein Gegner des Sowjetkommunismus. Beide waren sie deutsche Patrioten, Springer mehr von romantischen Empfindungen und vom Leiden an den Teilungstragödien bewegt, Tamm ein realistischer Deutschnationaler. Beide waren sie auch leidenschaftliche Sammler, stark an historischen Dingen interessiert und wenig auf Geld achtend, wenn es darum ging, ein schönes Stück zu erwerben. Tamms Leidenschaft galt dabei den Schiffen, die seit Menschengedenken die Weltmeere durchpflügten, den maritimen Militaria, historisch einmaligen Dokumenten, Gemälden, Schiffsmodellen oder Uniformen. Über den Kauf einer Kanone aus Nelsons Geschwader oder des Modells einer aus Gold gefertigten spanischen Galeone konnte er sich genauso freuen wie über eine besonders ertragreiche Jahresbilanz der Axel Springer AG, die er erwirtschaftet hatte. Während der langen Jahrzehnte, die er in Spitzenpositionen des Hauses Springer tätig war, investierte er große Teile seiner nicht unbeträchtlichen Einkünfte in dem schließlich verwirklichten Traum, in Hamburg das weltweit größte Marinemuseum zu errichten.

1928 geboren, war Tamm vom Krieg geprägt. Er machte nie ein Hehl aus seiner soldatischen Einstellung. Springer, durch und durch Zivilist, befremdete es zwar, wenn er erfuhr, dass einer seiner wichtigsten Top-Manager im Auto mit Vorliebe Marschmusik hörte, doch den kümmerte das nicht. Tamms Vater hatte im Ersten Weltkrieg bei den U-Booten gedient. Er selbst wurde schon mit 15 Jahren für die Bergung von Opfern der alliierten Terrorangriffe mit dem Kriegsverdienstkreuz ausgezeichnet. Er meldete sich freiwillig als Seekadett, überstand den großen Schlamassel im Jahr 1945 ohne seelisches Trauma, musste nach dem Krieg nochmals zur Schule und studierte anschließend Wirtschaftswissenschaft, während er gleichzeitig beim *Hamburger Abendblatt* arbeitete. Zehn Jahre lang war er dort tätig, erst als freier Mitarbeiter, dann als Schifffahrtsredakteur. Bis heute meint er, das sei seine glücklichste Zeit gewesen, nicht zuletzt deshalb, weil er die Möglichkeit hatte, alle zwei Jahre bei der Handelsmarine anzuheuern, um sich auf fernen Meeren herumzutreiben und Stoff für seine Reportagen zu finden. Er war mit Leib und Seele Hamburger, Journalist und Seefahrer, in den fünfziger Jahren nicht wissend oder nur erahnend, dass der Reiz ferner Häfen und Länder schon bald durch den Massentourismus und durch die Fernsehberichterstattung der Trivialisierung anheimfallen würde.

Dann wurde ihm Christian Kracht zum Schicksal. Die beiden kannten sich und schätzten einander seit den Anfängen beim *Abendblatt*. Kracht überredete ihn zu einem anderthalbjährigen verlagsinternen Ausbildungsgang, bei dem Tamm durch alle Abteilungen geschleust wurde. Springer wurde auf ihn aufmerksam, doch es wollte ihm nicht einleuchten, dass sein begabtester, für diese genuin Hamburger Sparte eigentlich unentbehrlicher Schifffahrtsredakteur ins Management gehen sollte. Aber es imponierte ihm, dass Tamm, ohne mit der Wimper zu zucken, mitten in der Berlin-Krise mit seiner Familie als Geschäftsführer nach Berlin zog, um die Ullstein-Blätter aus den roten Zahlen herauszubringen. Dabei hatte er rasch Erfolg. Ebenso gelang es ihm, aus den früheren Ullstein-Zeitungen waschechte Springer-Zeitungen zu machen. Wenn die Redakteure, Setzer, Fahrer, Sekretärinnen und sonstigen Mitarbeiter der *Berliner Morgenpost* und der *B. Z.* binnen weniger Jahre zu eingeschworenen Springer-Leuten wurden, so war das in erster Linie Tamms Verdienst. Man kannte ihn als harten, aber verlässlichen Chef, durchsetzungsfähig nach außen, loyal nach innen, mit klaren Freund- und Feindbildern. Eines seiner großen Talente bestand darin, in seinen Stäben und weit darüber hinaus Wir-Bewusstsein zu generieren – eine Fähigkeit, die auch Springer in seinen Anfängen ausgezeichnet hatte. Zugleich schaffte er es, die defizitären Berliner Zeitungen binnen kurzer Zeit in die schwarzen Zahlen zu bringen.

Wahrscheinlich war diese Führungsfähigkeit einer der Gründe, warum Springer im Jahr 1968, als sich sein Verhältnis zu Kracht abzukühlen begann, diesen ihm so ganz wesensfremden, damals erst 40 Jahre alten Mann an vielen anderen seiner bereits länger dienenden Direktoren vorbei zum Vorsitzenden der Geschäftsführung des Axel Springer Verlags und zum allein zeichnungsberechtigten Geschäftsführer für alle Bereiche der Unternehmensgruppe ernannte. Tamm brachte Springer die von diesem erwartete Loyalität entgegen, wusste aber auch, wann und wie selbständige Entscheidungen gefragt waren, bisweilen gegen den spürbaren Willen des Verlegers. Ebenso wie Kracht, der es ihm vorgemacht hatte, verstand auch Tamm es, den Konzern auf Wachstum zu trimmen und für Springer Jahr für Jahr hohe Erträge zu erwirtschaften.

Wer wem mit größerem Misstrauen nachspionierte – Springer Tamm oder Tamm seinem Verleger –, ist schwer zu entscheiden. Befragt man die heute noch lebenden Akteure, so geben sie jede Menge Geschichten zum Besten: Zusammenstöße, Unmutsbekundungen und beiderseitige Unwert-Urteile im Kreis der Vertrauten, periodische Entschlüsse, sich zu trennen, gefolgt von Versöhnungsszenen. Wenn Springer oft unwillig von den »Flanellmännchen« redete, so meinte er damit den Beritt Peter Tamms in dessen Hamburger Hauptquartier an der Kaiser-Wilhelm-Straße. Doch während Springer in seiner Korrespondenz über die zeitgenössischen politischen Größen oft äußerst kritisch herzuziehen pflegte, war er klug genug, sich in seinen Briefen nicht negativ über den mächtigen und sehr nützlichen Hausmeier auszulassen. Tamm seinerseits versichert auch heute noch jedem, der auf Springer zu sprechen kommt, dass er diesen für ein verehrungswürdiges Zeitungsgenie halte, das – leider, leider – von Unternehmensführung keine Ahnung und zur ruhigen Führung des Tagesgeschäfts nicht das Sitzfleisch gehabt habe. In seinen Geburtstags- und Weihnachtsgrüßen, die Springer von ihm wie von allen, die ihm nahestanden, jährlich erwartete und die er prüfend studierte, variierte Tamm knorrig die Stichworte »Dankbarkeit«, »Respekt« und vor allem »In Treue fest!«, vermied aber stolz jeden langen Schmus oder auch triefende Frömmelei, womit andere den Verleger zu beeindrucken suchten. Tatsache ist, dass ausgerechnet dieser Springer so wesensfremde Manager sich länger gehalten hat als jeder andere und nach Springers Tod das »Regime der Manager« perpetuierte.

Der Redaktionelle Beirat

Wenn von der Organisationsreform des Konzerns zwischen 1963 und 1968 die Rede ist, darf der Redaktionelle Beirat nicht ausgespart bleiben. Der Verdacht, es handele sich um eine Art Politbüro zur Bewusstseinsmanipulation durch die Springer-Presse, hat in den bald ausbrechenden Kontroversen eine gewisse Rolle gespielt. Denn natürlich fragte sich jedermann ganz zu Recht: Wie schafft es ein Verleger, 18 höchst heterogene Zeitungen und Zeitschriften auf seine Linie zu trimmen?

Der Redaktionelle Beirat wurde im Zusammenhang mit der Errichtung der Holding Axel Springer GmbH am 1. August 1963 eingesetzt. Ihm gehörten die Chefredakteure der wichtigen Blätter sowie wenige leitende Verlagsmitarbeiter an. In einem Brief an Otto A. Friedrich, den Vorsitzenden der *Welt*-Stiftung, teilte Springer diesem mit, das Ganze sei »praktisch eine Entwicklungs- und Forschungsabteilung zur Überprüfung und Weiterentwicklung unserer Zeitungen«. Den letzten Anstoß dazu hätten Ausführungen von Friedrich selbst gegeben, in denen dieser beklagte, »daß Unternehmungen in Deutschland für Forschung und Entwicklung zu wenig täten«.[70] Als Aufgabenbereiche des Beirats wurden festgelegt: Unterstützung und Beratung des Verlegers »bei der kurz- und langfristigen ideellen, journalistischen und politischen Planung für das Gesamthaus; bei der Beobachtung eigener und fremder Zeitungs- und Zeitschriftenobjekte; bei der Beobachtung – national und international – der Entwicklung auf dem Gebiet der elektronischen und Nachrichten-Übermittlungstechnik; bei der Planung neuer Objekte«.[71] Ernst Cramer, aufsteigender Stern in Springers Imperium, wurde anfangs mit der Koordination beauftragt. Gedacht war somit in erster Linie an ein Beratungs- und Informationsgremium einer noch aufzubauenden Stabsabteilung, deren Hauptaufgabe die Vorbereitung und Analyse von Zukäufen sein sollte, dies auch im Zusammenhang mit Springers Fernsehinteressen.[72]

Politische Überlegungen verstanden sich in diesem Zusammenhang von selbst. Springer begriff sich als politischer Verleger, und seine Fernsehinteressen führten direkt in den politischen Raum. Springer selbst, meint Cramer, habe keine sehr präzisen strategischen Vorstellungen gehabt, wohin der Beirat steuern solle. Auch hier pflegte der oft nicht sehr entscheidungsfreudige Verleger nach längeren Diskussionen gerne zu sagen: »Meine Herren, Sie werden das schon richtig machen.«[73]

Anfangs fand dieses Gremium keine öffentliche Beachtung. Im Allgemeinen gingen auch die lange Zeit noch nicht sehr zahlreichen Kritiker Springers davon aus, dass er in erster Linie über die Chefredakteure auf die Linie seiner Zeitungen einwirke, wie das auch tatsächlich der Fall war. Seit die Frage der Pressekonzentration jedoch in der öffentlichen Meinung hohe Wellen schlug, fand das neue Steuerungsinstrument des Verlegers zunehmend Beachtung. Soweit erkennbar, stieg die rechtsradikale *Deutsche National- und Soldatenzeitung* im August 1967 zuerst in das Thema ein. In einem Frontalangriff mit dem Titel »Ist Axel Springer ein nichtjüdischer Zionist?« fand sich die Behauptung: »Die Übereinstimmung maßloser Hetze gegen die *National-Zeitung* ist ganz offensichtlich nicht das Werk einzelner selbständiger Chefredakteure, sondern es dürfte eine im ›Redaktionellen Beirat‹ des Springer Konzerns nicht gegen den Verleger beschlossene konzertierte Aktion sein.« Ironisch wurde festgestellt, das sei eine bedeutsame Verbesserung gegenüber der »Reichsschrifttumskammer«.[74] An und für sich war die Vermutung logisch: Wenn ein einzelner Verleger sein Presseimperium politisch zentral steuern will, braucht er ein Steuerungsgremium, das die Chefredakteure voll einbezieht.

Die Kritiker von links griffen die Thematik ihrerseits auf. In dem breit ausgewalzten Artikel »Die Axel-Springer-Story«, mit dem der *Stern* im November 1967 die Serie der Presseattacken eröffnete, zitierte Manfred Bissinger den 1964 im Unfrieden mit Springer geschiedenen kurzzeitigen Generaldirektor von Ullstein, Peter Galliner, mit den Worten: »Springer beeinflußt seine Zeitungen nicht mehr auf so subtile Weise wie früher. Heute erledigt er das durch den Redaktionellen Beirat, der nur noch aus Jasagern besteht.«[75] Noch weiter ging Hans Dieter Müller in seiner, man kann ruhig sagen, »klassischen« Studie zum Springer-Konzern. Für ihn gliederte sich die Konzernwelt in »zwei Sphären«, in den »Geschäftsführungsbereich Administration« unter dem Hausmeier Christian Kracht und in den »Geschäftsführungsbereich Verleger Axel Springer«, »der sich mit dem Führungsinstrument des ›Redaktionellen Beirats‹ über die Redaktionen stülpte und Zweck und Ende ausschließlich in der politischen Steuerung fand ...«[76] Die ebenso gründliche wie tendenziöse, in den ersten Monaten des Jahres 1968 im *Spiegel* in Fortsetzungen erscheinende Studie hat das Bild von Verlag und Verleger für lange Zeit fixiert, vor allem bei der Studentenbewegung. Als es im Februar 1970 beim Prozess gegen den APO-Anwalt Horst Mahler vor dem Berliner Landgericht zur ersten und einzigen direkten Konfrontation der Springer-kritischen Linken mit dem als Zeugen geladenen Axel Springer kam, nahm Horst Mahlers Verteidiger Otto Schily dazu Springer ausdrücklich ins Gebet und fragte: »Ist es richtig, daß die von vielen Betrachtern und Lesern Ihrer Zeitungen festgestellte einheitliche Ausrichtung Ihrer Zeitungen ... darauf zurückzuführen ist, daß ein solches Gremium existiert ...?«[77]

Wie stellt sich die Funktion des mythenumwobenen Redaktionellen Beirats nun tatsächlich dar? In den Jahren 1963/64, als Ernst Cramer die Geschäftsführung wahrnahm, befand sich dieser spezielle Stab des Verlegers im Aufbau. Drei Monate nach Übernahme des Auftrags hatte Cramer immer noch kein Büro. Im Konzern wurde die Sache also offenbar nicht als besonders dringlich betrachtet.[78] Protokolle über die Tätigkeit des Beirats in dieser Phase sind nicht vorhanden. Im Verlag war zwar bekannt, dass Springer Cramer als einen der kommenden Männer betrachtete. Aber im Kampf um die Nachfolge Zehrers war er schon bei der *Welt* auch umstritten gewesen und hätte damals sicher noch nicht das Gewicht gehabt, im Auftrag des Verlegers selbstbewusste Chefredakteure operativ zu dirigieren. Ohnehin waren diesen bereits die häufigen persönlichen Eingriffe des Verlegers lästig. An einer gegenseitigen Abstimmung oder gar an Gängelung in einem Gremium konnten sie erst recht keine Freude haben. Die Spitzenmanager Kracht, Tamm, Galliner bei Ullstein und auch Arning, der im Konzern für die E-Medien zuständig war, aber genauso die Verlagsleiter der einzelnen Blätter achteten zudem genau darauf, dass möglichst niemand in ihre Zuständigkeiten eingriff. Springer selbst war, wie jedermann im Hause wusste, einerseits sehr impulsiv, andererseits für langfristige politische Planung unbegabt, sodass nicht zu erwarten war, dass ausgerechnet er seine oft sprunghaften Impulse durch Beratungsgremien oder eine Stabsabteilung kanalisieren lassen würde.

Der Arbeitsstil änderte sich, als Horst Mahnke mit der Geschäftsführung betraut wurde. Mahnke war in zweierlei Hinsicht ein Mann mit Vergangenheit. Zwischen 1952 und 1959 hatte er als Leiter des Ressorts Außenpolitik in Augsteins *Spiegel* eine maßgebliche Rolle gespielt. Er war dann als Chefredakteur zur Springer-Illustrierten *Kristall* gegangen, die sich seit Anfang der sechziger Jahre im Abwärtstrend befand, dann wieder zulegte, aber schon 1963 insgesamt fünf Millionen D-Mark Verluste einfuhr[79] und schließlich Ende 1966 eingestellt wurde. In Vorahnung kommender Dinge wollte Mahnke sich verändern, während Springer einen Berater in seiner Nähe wünschte, der noch viele persönliche Drähte zu dem ihn zusehends beunruhigenden *Spiegel* hatte und ihn mit regelmäßigen vertraulichen Berichten über die dortigen Vorgänge versorgen könnte.[80] So schien dieser umtriebige und ehrgeizige Mann die ideale Besetzung für eine Art Horchposten zur Observierung des deutschen und internationalen Zeitschriftenmarkts zu sein.

Mahnke hatte aber noch eine zweite Vergangenheit, die in die Jahre des Dritten Reiches zurückführte. Im Rang eines SS-Hauptsturmführers hatte er im SD-Hauptamt der SS das Referat »Marxismus, Sozialismus und Freimaurerei« geleitet. Im Russlandfeldzug zog er mit der Einsatzgruppe B, die eine breite Blutspur von Judenmorden hinter sich ließ, bis vor die Tore Moskaus[81] und fand nach dieser »Frontbewährung« anschließend im auswärtigen Dienst Unterschlupf. Er schwor jeden Eid, an den Morden in Russland selbst keinen Anteil zu haben. Bei Kriegsende hatte er sich zunächst unter falschem Namen versteckt, wurde 1946 vom Nachrichtendienst der US-Armee CIC (Counter Intelligence Corps) verhaftet, im Spezial-Internierungslager Bad Nenndorf festgehalten und dort von den Briten, die ein Geständnis von ihm wollten, so schwer misshandelt, dass ihm dies bei der Entnazifizierung als strafmindernd angerechnet wurde. So kam er schließlich als Mitläufer mit einer Geldstrafe von 400 D-Mark davon und galt seither als rehabilitiert. Mit Unterstützung des Netzwerks seiner früheren Kameraden vom Sicherheitsdienst heuerte er beim *Spiegel* an und wechselte von dort zu Springer.[82]

Manche haben später gefragt, warum der bezüglich deutscher Schuld so sensible Springer sich Mahnke nicht vom Leibe gehalten hat. Doch Springers Toleranzschwelle gegenüber früheren NS-Aktivisten war seit langem gesunken. Mahnke war entnazifiziert. Seine langjährige Tätigkeit beim *Spiegel* schien hinlänglich zu beweisen, so Ernst Cramer, »daß er kein Nazi mehr ist«. Außerdem war Mahnke ausgesprochen nützlich, umgänglich und gebildet. Selbstverständlich wusste er, wo Springer zu packen war, und schrieb ihm kundige Briefe über das »johanneische Christentum« in Russland,[83] zu »hochaktuellen Christus-Deutungen«[84] oder über das »Evangelium« von Jakob Lorber.[85]

Ein Mann wie Mahnke verstand sich auf Organisation. Er war das, was die Briten als einen *empire builder* bezeichnen. In den Jahren seiner Geschäftsführung von 1965 bis 1968 wurde er mit seinem rasch wachsenden Stab auf verschiedensten Feldern aktiv: Planung systematischer PR-Kampagnen für die Person des Verlegers und die Springer-Gruppe;[86] intensive innerbetriebliche Information über die Unternehmenspolitik; Durchführung empirischer Umfragen mit unternehmenspolitischer Zielsetzung; dazu Informationssammlung über Konkurrenten (beispielsweise 1965, im Auftrag Springers, über den Bertelsmann-Konzern oder 1967 über den im Hause besonders verdächtigen Präsidenten des Bundeskartellamts Eberhard Günther oder über gegnerische Journalisten,[87] nicht zuletzt über Augstein[88]).[89] Dazu kam die Analyse politischer Strömungen und einzelner Politiker in Bonn und in Berlin.[90] Mahnke machte seine Stabsabteilung zusehends zum Ausspähungsinstrument, wie er das zuvor beim *Spiegel* und noch früher beim SD gelernt hatte. Dass ein Mann wie er die zentrale Nachrichtensammelstelle zu einer Art Policy-Abteilung fortentwickeln wollte, war fast zwangsläufig.

Mahnke war noch kein Jahr im Amt, da überraschte er Springer mit dem Vorschlag, den Persönlichen Referenten des Verlegers – damals Adam Vollhardt – auf eine reine Adjudantenfunktion zu beschränken und die Stelle eines »Dirigenten der Stabsstellen« zu schaffen, der den Stabsstellen Redaktioneller Beirat, Elektronische Publikationen und Information vorgesetzt wäre. Dieses Führungssystem habe sich in allen zivilen und militärischen Befehlszentren bewährt. Sein Ehrgeiz ging noch weiter: dieser »Dirigent« solle »an sämtlichen wichtigen Besprechungen« teilnehmen, die Springer über Angelegenheiten des Hauses führte, die Konferenzen vorbereiten und deren Durchführung überwachen.[91] Den Namen des »Dirigenten« brauchte er gar nicht zu benennen.

Selbstverständlich war im Hause allgemein bekannt, dass die einstmals von Christian Kracht wahrgenommene Stelle danach nie mehr adäquat besetzt worden war. Der in administrativen Dingen zur Chaotik neigende Springer wollte frei sein und nach jeweiliger Laune ungebremst in allen Töpfen herumrühren. Das Prinzip »Teile und herrsche!« erschien ihm viel praktischer als ein Generalstab, der ihn selbst zur Disziplin gezwungen hätte.

Dass die Betriebsamkeit Mahnkes bei den von seinem Ehrgeiz Bedrohten Gegenaktionen hervorrief, versteht sich von selbst. So blieb es bei seinen eingeschränkten Zuständigkeiten. Ebenso gering war unter den Chefredakteuren die Neigung, den Beirat durch ständige Teilnahme aufzuwerten. Im Jahr 1967 zeigte sich allerdings der Nutzen eines solchen Gremiums. Je stärker der Konzern in politisch bewegtes Fahrwasser geriet, umso mehr schätzte es Springer, im Kreis seiner Top-Journalisten und Verlagsleiter die Lage zu erörtern und dabei auch klarzumachen, wo seine jeweiligen Prioritäten lagen. Die Beobachtung der Außerparlamentarischen Opposition rückte jetzt in den Vordergrund, verbunden mit der Entwicklung von Überlegungen zur Gegenpropaganda.

Spätestens jetzt kam allen Beteiligten aber auch die Problematik des Beirats deutlich zum Bewusstsein. Selbst Mahnke erkannte nun, wie selbstmörderisch es wäre, aus dem Redaktionellen Beirat ein Instrument zur politischen Steuerung der Chefredakteure zu machen. In einem Brief an den Verleger wies er im Juni 1967 auf das Gerücht hin, Springer beabsichtige, die Chefredaktionen der Tageszeitungen und der Zeitschriften unter die zentrale Leitung von »Redaktionsdirektoren« zu stellen: »Meine Meinung: Die Unterordnung der Chefredakteure der Tageszeitungen unter einen ›Redaktionsdirektor‹ würde die Argumentation unserer Gegner verstärken, dass wir die Meinungen unserer Zeitungen gleichschalten wollten.«[92]

Mahnke musste jetzt auch deshalb kalte Füße bekommen, weil über ungesühnte NS-Verbrechen und fragwürdige Lebensläufe im Dritten Reich zunehmend gründlicher recherchiert wurde, auch von den Staatsanwaltschaften. Jetzt war es Ernst Cramer, der bedenklichen Hinweisen auf das Vorleben Mahnkes nachging. Nach einem siebenstündigen Gespräch mit einem Journalisten, der über Mahnke recherchierte, schrieb er einen alarmierenden Bericht an Springer. Der Reporter habe ihn gefragt, »weshalb AS einem ehemaligen Offizier der Einsatzgruppen ›unabhängig von einer möglichen Bestrafung durch die Gerichte‹ in einer ›hohen Position‹ halte«. »Neu war mir die Tatsache«, schrieb Cramer weiter, »daß gegen M. noch ein Verfahren läuft ... Wenn das stimmt – und das müßte wohl noch nachgeprüft werden –, plädiere ich sehr dafür, M. noch weiter aus der Schusslinie zu entfernen.«[93] Jetzt erst hielt es Springer für geboten, Mahnke noch rechtzeitig vor einem öffentlichen Eklat fallen zu lassen wie eine heiße Kartoffel. Ohne besonderes Aufsehen wechselte dieser als Hauptgeschäftsführer zum Verband Deutscher Zeitungsverleger. Die Geschäftsführung des Redaktionellen Beirats übernahm nun Ernst Cramer. Er ließ das problematische Gremium sanft entschlafen.

Der spätere Verdacht gegen den Redaktionellen Beirat zu Zeiten Mahnkes war also begründet. Der war damals die politisch problematischste Figur im engsten Umkreis Springers. Ganz offensichtlich lag dem Verleger viel daran, aufs Genaueste über alle Schritte seiner Gegner unterrichtet zu werden. Lange Zeit behagte es ihm, dass Mahnke eine Art Spionageapparat aufzog. Auch die PR-Vorschläge Mahnkes hatten Hand und Fuß. Als 1967 urplötzlich die Angriffe losgingen, war Springer anfangs sehr froh, mit der Stabsstelle Mahnkes über einen Analyseapparat und ein Planungsgremium für die Abwehr zu verfügen.

Demgegenüber hielt sich die nachmals vielerörterte Steuerungsfunktion des Redaktionellen Beirats gegenüber den Chefredakteuren in Grenzen. Mahnke gelang es auch nicht, eine Vertrauensposition bei Springer zu erringen, wie sie beispielsweise Christian

Kracht, Ernst Cramer, Peter Tamm, Rolf von Bargen oder auch noch bis zu seinem Sturz im Jahr 1967 Hermann F. Arning besaßen. Immerhin war er auf bestem Wege, in den engsten Kreis um Springer vorzustoßen, als er von seiner Vergangenheit eingeholt wurde.

Propagandakampagnen für Berlin

Was eben beim Blick auf Springers Übernahme von Ullstein festzustellen war, gilt auch für die Anfänge der Kampagne Springers gegen die Berlin- und Deutschlandpolitik der Sowjetunion. Eigentlich war er harmoniesüchtig, auch in seinen außenpolitischen Vorstellungen. Doch wer ihm in den Weg trat und sich seinen oft idealistisch formulierten Wünschen nicht beugte, lernte einen anderen Springer kennen.

Anfangs hatte er sich der Illusion hingegeben, in den Differenzpunkten der Deutschlandpolitik könne man mittels Koexistenzdialog und bei weitgehendem Eingehen auf die sowjetischen Interessen ohne Krach durchkommen. Mit dieser Überzeugung war er zu Chruschtschow gereist. Auch danach noch, in den Jahren 1958 und 1959, verbiss er sich in die Vorstellung einer Verhandlungslösung. Erst der vier Jahre andauernde Druck auf das freie West-Berlin mit Kriegsgefahr und Mauerbau war die entscheidende Phase seiner künftigen Grundorientierung. Von nun an sah er im Kampf gegen den Sowjetkommunismus eine seiner Lebensaufgaben. Etwas pointiert kann man sagen, dass dieser wesensmäßig eher verbindliche als kämpferische Mann durch Berlin-Krise und Mauerbau gewissermaßen in die Rolle des Kalten Kriegers geprügelt worden ist, und das auf Dauer. Bemerkenswerterweise hielt er mit langem Atem sogar dann noch daran fest, als die öffentliche Meinung in der Bundesrepublik, die politische Klasse inbegriffen, bereits längst auf die Entspannungspolitik eingeschwenkt war.

Dabei hielt er zwar weiterhin an der Forderung nach Wiedervereinigung fest, doch das war jetzt nur noch ein wichtiger Aspekt unter anderen. Zusehends begriff er die ungelöste deutsche Frage mitsamt der prekären Lage West-Berlins als Teilaspekt des säkularen Kampfs zwischen der totalitären Sowjetunion und der »freien Welt«. Vom Zeitpunkt des Berlin-Ultimatums an bis in sein Todesjahr 1985 sah er Moskau in unablässiger Offensive. Die Reaktion der westlichen Demokratien erinnerte ihn demgegenüber an die Appeasementpolitik der dreißiger Jahre. Den Wendepunkt, von dem an auch er von überzogenen deutschlandpolitischen Offensivideen abrücken musste, bildeten die Jahre 1958/59.

Seit Frühjahr 1958, also noch bevor die Sowjetunion mit dem Chruschtschow-Ultimatum andere Saiten aufzog, hatte Springer seine politischen Zeitungen gegen Ulbrichts DDR anschreiben lassen. Zugleich setzte er sich in der bundesdeutschen Öffentlichkeit an die Spitze einer Kampagne für West-Berlin, bei der er zugleich größere Sensibilität für das Leiden der Deutschen in der DDR und für die Wiedervereinigung einforderte.[94] Noch energischer als zuvor schon wies er seine Chefredakteure an, kategorisch zu verlangen, »daß alles hintangestellt wird, was nicht dazu dient, das deutsche Flüchtlingsproblem auf die internationale Tagesordnung zu bringen«.[95] Das Bonner Establishment verachtete er wegen dessen Untätigkeit in der Wiedervereinigungsfrage. Dabei sparte er Adenauer nicht ganz aus, »den man wohl mit Recht als den ungeeignetsten Mann für eine aktive Wiedervereinigungspolitik halten muß«.[96] Diese kritische Einschätzung nahm er noch im Herbst 1959 vor, als Chruschtschows Vorstoß gegen das freie Berlin schon in vollem Gange war.

Die eigentlichen Adressaten seiner Berlin-Kampagne im Jahr 1958 saßen somit ursprünglich einerseits in Ost-Berlin, andererseits aber auch in Bonn. Über die Zeitungen und in persönlichen Gesprächen drängte er auf mehr Sitzungen des Deutschen Bundestags und von Bundestagsausschüssen in Berlin. Seine Hoffnung, eine verstärkte politische Präsenz des Bundes in Berlin könne auf die DDR ausstrahlen, war allerdings schon damals ziemlich illusionär.

Kurze Zeit glaubte Springer, dass nur eine breite Volksbewegung die Politik zum Handeln veranlassen könne. So wurde er zum »Erfinder« der Kampagne »Macht das Tor auf!«[97] Teilweise von ihm selbst finanziert und von seinen Zeitungen orchestriert, sollte eine breite Öffentlichkeit durch bundesweiten Verkauf von Anstecknadeln mit dem Brandenburger Tor auf die Abschnürung an der Zonengrenze und zusehends auch Berlins aufmerksam gemacht werden. Er selbst stellte sich am 27. November 1958, natürlich von

Fotografen schönstens abgelichtet, in Hamburg mit einer Sammelbüchse auf die Straße. Zufällig war das genau der Tag, an dem die sowjetische Regierung den USA, Großbritannien und Frankreich ihre drohende Note zur »spruchreif gewordenen Frage der Lage Berlins« übergeben ließ. Darin wurde eine entmilitarisierte »Freistadt West-Berlin«, der Abzug der westlichen Garnisonen, die Kontrolle der Verbindungswege nach Berlin durch die DDR und deren formelle Anerkennung als zweiter deutscher Staat gefordert – verbunden mit einem auf ein halbes Jahr befristeten Ultimatum.[98]

Somit erwies sich Springers Propagandakampagne des Jahres 1958 als ein Schlag ins Wasser. Er hatte die Bonner Bundestags-Fraktionen zu einer verstärkten Berlin-Präsenz ermuntert. Er hatte die westdeutsche Öffentlichkeit aufgerüttelt, die Massenflucht aus der Zonenrepublik zur Kennntnis zu nehmen. Er hatte sich in der Kampagne »Macht das Tor auf!« engagiert. Doch Moskau und »Pankow«, wie man die Regierung in Ost-Berlin damals nannte, waren dadurch nicht verhandlungsbereiter geworden, ganz im Gegenteil. Und je stärker sich das SED-Regime durch die Massenflucht aus der DDR bedroht sah, umso intensiver bearbeitete Ulbricht die Moskauer Genossen, West-Berlin auf welchem Wege auch immer von der Bundesrepublik abzukoppeln.

Spätere Vorwürfe, die Thematisierung der Fluchtbewegung durch die Springer-Presse hätte diese angeheizt oder gar überhaupt erst ausgelöst, halten allerdings der Überprüfung nicht stand. Die Flüchtlingswelle war das Resultat der scharfen Repression in der DDR. In den Jahren 1960/61 wurde sie durch die angespannte internationale Lage verstärkt. Bei jüngeren DDR-Übersiedlern spielte natürlich auch die Anziehungskraft der prosperierenden Bundesrepublik eine Rolle. Die Statistiken sprechen jedenfalls eine eindeutige Sprache. Im Jahr 1957, also noch bevor die Springer-Zeitungen seit März 1958 in das Thema eingestiegen waren, hatten rund 261 000 Menschen unter Zurücklassung ihrer Habe und ihres gesamten sozialen Umfelds die DDR verlassen. Doch ausgerechnet 1958 und 1959, als Springers Zeitungen schon voll auf das Thema eingestiegen waren, gingen die Zahlen wieder zurück auf 204 000 bzw. 143 000 Flüchtlinge. 1960 stiegen sie erneut auf 199 000 an, lagen somit noch weit unter den Zahlen von 1957. Erst die Kriegsgefahr in Verbindung mit der Befürchtung einer

Schließung aller Fluchtwege ließ die Zahl der Flüchtlinge im Jahr 1961 bis zum 13. August auf 207 000 anschwellen. Somit trifft es zwar zu, dass die Springer-Presse die zuvor moralisch ziemlich unsensible bundesdeutsche Öffentlichkeit mitsamt der gern katzenpfötig auftretenden Bonner Politik auf den skandalösen Vorgang der Massenflucht mitten in Deutschland aufmerksam gemacht hatte. Ein ursächlicher Zusammenhang zwischen Fluchtbewegung und Berichterstattung lässt sich hingegen nicht erkennen.

Man muss Springers Berlin- und Deutschlandpolitik der Jahre 1958 bis 1963 im zeitgeschichtlichen Kontext sehen. In der Flüchtlingsfrage hatte sich die Springer-Presse zwar früher erregt als die meisten anderen Medien, früher auch als die Bundesregierung. Doch dass die DDR eine Diktatur sei, die nicht anerkannt werden dürfe, war im damaligen Bonn und in West-Berlin politisches Allgemeingut. Selbst die SPD befand sich auf dem Weg, die Adenauer'sche Westpolitik zu übernehmen – Brandt in vorderster Linie. Konfrontiert mit dem Berlin-Ultimatum, hatten die Sozialdemokraten zwar letztmals mit ihrem »Deutschlandplan« für einen weiteren Phasenplan und eine Fortsetzung des geduldigen Verhandelns plädiert, und ihre Positionen im Frühjahr 1959 hatten einiges mit den Springer'schen Vorstellungen des Jahres 1957 gemein, die dieser bis zum Zusammentreffen mit Chruschtschow für richtig gehalten hatte. Doch nach der gescheiterten Genfer Außenministerkonferenz vom Sommer 1959 begannen jetzt auch führende Sozialdemokraten, auf eine konfrontative Defensivstrategie umzuschalten, mit dem Hauptziel, West-Berlin zu halten, ohne vorerst auf die Wiedervereinigung zu hoffen. Angesichts des atomaren Patts und aufgrund der Erpressbarkeit des Westens in der Berlin-Frage wurde die Forderung nach der deutschen Einheit insgeheim schon als perspektivlos angesehen, wenngleich man sie für gut geeignet hielt, um den Osten moralisch zu diskreditieren.

Dass Willy Brandt, der aufsteigende Stern in der SPD und im Jahr 1961 sogar Kanzlerkandidat, in Sachen Berlin-Status auf besonders kompromisslosen Positionen bestand, wurde damals allgemein erkannt. Die Springer-Presse galt in jenen Jahren als eine Art Lautsprecher des Berliner Senats. Springer und Brandt trafen sich regelmäßig. Auf der nachgeordneten Ebene wurde die taktische Linie bis in die Einzelheiten abgesprochen. Das fiel seitens des Senats in den

Aufgabenbereich des Senatspressesprechers Egon Bahr und von Senatsdirektor Hans E. Hirschfeld. Springer beauftragte damit Adam Vollhardt, seinen Chefredakteur für Sonderaufgaben. Schwerpunktsetzung und Slogans der Berlin-PR im westlichen Ausland, Inlandspropaganda, Pressepolitik gegenüber der Sowjetunion – all das wurde »auf dem kleinen Dienstweg« besprochen. Der finanzstarke Springer-Konzern war dabei eher der Gebende, die Presseabteilung Willy Brandts die dankbare Empfängerin.

Charakteristisch war beispielsweise ein Brief Egon Bahrs an Adam Vollhardt, in dem er gewisse Leitsätze zur politischen Tendenz der Berlin-Werbung übermittelte (natürlich nur als »Vorschläge«) und mit einer Empfehlung an Herrn Springer schloss: »dankbar, ... in dieser Form von Ihnen mit beteiligt zu werden.«[99] Doch das war nicht der einzige Dankesbrief von Bahr und Willy Brandt an den »sehr verehrten Herrn Springer«.[100] Im März 1960 ließ Springer eine »Message from Berlin« in 110 der größten und einflussreichsten Zeitungen und Zeitschriften der USA veröffentlichen (»Kostenpunkt rund DM 800 000«), auch dies in engstem Zusammenwirken mit der Senatskanzlei.[101] Selbstverständlich begrüßte der bedrängte Willy Brandt Springers Bereitschaft, die »Berlin-Lobby« in der Bundesrepublik, in den USA und bei den anderen Schutzmächten mit allen verfügbaren publizistischen Mitteln, aber auch finanziell, nach besten Kräften zu unterstützen.

Die Verbindung Springers mit Willy Brandt ging indes weit über das Lobbying für Berlin hinaus. Nach der Abkühlung des Verhältnisses zur sozialdemokratischen Vatergestalt Max Brauer hatte Springer in dem jugendlichen, durch die Emigration gewissermaßen geadelten Regierenden Bürgermeister seine sozialdemokratische Zukunftshoffnung erkannt: höchster Repräsentant Berlins, Rufer zur Wiederherstellung der Einheit Deutschlands, Sozialdemokrat vom rechten Flügel, wirtschaftsfreundlich, eindeutig auf Westkurs, weltoffen, aber verlässlich antikommunistisch. Dazu ein Mann mit großer Ausstrahlung. Die beiden gehörten, wie schon erwähnt, derselben Generation an. Beide wirkten sie wie Siegfried-Gestalten, und beide glaubten sie daran, eine große Zukunft vor sich zu haben.

Brandt hatte gerade eben sein neues Amt als Regierender angetreten, da schrieb Springer an Ullstein: »Ich glaube, man sollte alles tun, um den Berliner Bürgermeister aufzubauen.«[102] Die Sympathie beruhte auf Gegenseitigkeit. Brandts Vorgänger Otto Suhr hatte dem Eindringen Springers auf den Berliner Zeitungsmarkt skeptisch gegenübergestanden. Brandt jedoch erkannte sofort die großen Vorteile einer engen Verbindung mit dem westdeutschen »Mammutverleger«, der es sich in den Kopf gesetzt hatte, partout ein Wahl-Berliner zu werden. So wusste Brandt es sehr zu schätzen, dass die Springer-Zeitungen seinen weltweiten Reisen nach Washington, Neu-Delhi oder Tokio als eine Art Sonderbotschafter Berlins nach Kräften große Publizität verschafften. Dies diente schließlich nicht nur Berlin, sondern machte ihn auch zugleich bundesweit bekannt. Egon Bahr hat das viel später kurz und knapp wie folgt formuliert: »Springer verhalf Brandt zu außenpolitischem Ansehen und einem Gewicht in Westdeutschland, das der Regierende Bürgermeister bis dahin nicht gehabt hatte.«[103]

Die Zusammenarbeit zwischen Brandt, Bahr und Springer war in jenen Jahren des Einsatzes für die Wiedervereinigung und des Abwehrkampfs gegen Chruschtschows Berlin-Offensive von beträchtlicher Intimität. Anfangs zogen Brandt wie Springer ihren Nutzen daraus. Doch erklärt das auch die Erbitterung des Letzteren, als er später ausgerechnet aus dem Umfeld des SPD-Vorsitzenden und Bundeskanzlers Willy Brandt zum unbelehrbaren »Kalten Krieger« erklärt wurde. Im November 1971, als Springer mit Brandt über dessen »neue Ostpolitik« bereits tödlich verfeindet war, schrieb er im Rückblick auf diese frühen Jahre enger Zusammenarbeit an seine erste Frau »Baby«: »Damals glaubte ich, mit ihm zusammen in meiner bekannten Maßlosigkeit das Jahrhundert in die Schranken fordern zu können. Nunmehr sieht alles anders aus.« Dabei spielte er auf ein altes Foto vom 5. Oktober 1957 an, das ihn zusammen mit Brandt bei der Grundsteinlegung des Graphischen Zentrums in der Kochstraße zeigte,[104] zwei Tage nach dessen Wahl zum Regierenden Bürgermeister.[105]

Die freundschaftliche Allianz zwischen Springer und Brandt erstreckte sich über ziemlich genau sechs Jahre, von 1957 bis zum Jahr 1963, als die Berlin-Krise ebenso auslief wie die Ära Adenauer. Von da an kam gegenseitiges Misstrauen auf. Allerdings bestand Springer in der Phase bester Arbeitsbeziehungen auch dem Berliner Senat gegenüber auf dem Grundsatz, dass gute Geschäfte die beste Grundlage für Freundschaft sind und nicht umgekehrt. Es wird noch zu schildern sein, wie er auf Brandt einzuwirken suchte, ihm in Berlin die Tür zur Beteiligung an einem Privatfernsehen zu öffnen, und wie er dabei enttäuscht wurde. Vorerst aber hatten Brandt und Springer in Walter Ulbricht denselben Gegner.

Springers Feldzug gegen die DDR erfasste auch das Feld der Rundfunk-Zeitschriften. *HÖR ZU* stellte den Druck von Rundfunk- und Fernsehprogrammen aus der DDR ein. In der Folge war Springer intensiv bemüht, auch die von ihm unabhängigen Programmzeitschriften zum Boykott zu veranlassen, und schlug sich vor Gericht mit dem Hamburger Kommunistenblättchen *Blinkfüer* herum, das sich gegen seine Boykott-Appelle erfolgreich zur Wehr gesetzt hatte.[106] Bundespressechef von Eckardt bekam von ihm zu hören: »Ich bin der Meinung, lieber Felix, dass die Ankündigung von Ostzonenprogrammen im Grunde den Tatbestand der Mithilfe zur Verbreitung von kommunistischem (gesendeten) Schriftgut erfüllt. Aber keiner rührt sich in unserer freiheitlichen Demokratie.«[107] Am meisten ärgerte ihn, dass auch der Berliner Zeitschriftenhändlerverband sich seinen Boykott-Aufrufen widersetzte.

Der langgezogene Abwehrkampf um Berlin führte aber nicht nur zum Schulterschluss mit Willy Brandt. Auch Bundeskanzler Adenauer erkannte, dass es nun höchste Zeit war, die Pressemacht Springers zur Verteidigung der Berlin-Positionen zu nutzen, zumal dieser jetzt wieder auf Regierungskurs lag. In den Jahren von 1955 bis Anfang 1958 hatte zwischen den beiden zumeist Funkstille geherrscht. Adenauer sah Springer damals auf neutralistischen Abwegen. Nach Eingang des Berlin-Ultimatums änderte sich das schlagartig. Von nun an begann ein regelmäßiger Meinungsaustausch: Besuche Springers in Bonn zu ausführlichen Gesprächen oder – hohe Ehre – am Urlaubsort Adenauers in Cadenabbia, ausführliche Briefe Springers, bisweilen im Umfang von Denkschriften, an den Bundeskanzler, prompte, wenngleich knappe, aber zumeist sehr freundlich gehaltene Antworten Adenauers.

Anfangs wurde der Gedankenaustausch noch von dem Misstrauen des Bundeskanzlers gegen die kurz zurückliegende Koexistenzpolitik Springers überschattet, die Adenauer als blauäugig bewertet hatte. Nach einem längeren Gespräch, das der Kanzler mit

Springer führte, hielt Adenauer ein paar Tage später brieflich Springers Auffassung fest, »daß der Kommunismus auf der ganzen Linie im Rückzug sei ... Wenn das Ihre Ansicht sein sollte, so muss ich Ihnen leider sagen, daß sie m. E. nicht richtig ist. Genau das Gegenteil ist der Fall. Der Kommunismus dringt auf der ganzen Erde ständig weiter vor, abgesehen von Nord- und Südamerika sowie Australien.«[108] Springer verwahrte sich heftig dagegen: »Ich war allerdings sehr erschrocken, dem Brief Ihre arg vereinfachende Feststellung entnehmen zu müssen, ich hielte den Kommunismus für ungefährlich. Gerade weil ich es nicht tue, erscheint mir die rein defensive Geisteshaltung so vieler mit ihrem Los außerordentlich zufriedener Bundesbürger unzureichend.« Unter Bezug auf die Unterhaltung unterstrich er, »daß nach meiner Meinung speziell im Herzen Europas mit ausschließlich militärischem Denken keine Fortschritte in Richtung einer Ausweitung unserer freiheitlichen Ordnung zu erreichen sind«.

Erwähnenswert ist, dass Springer im Sommer 1959, als die Genfer Außenministerkonferenz festgefahren war, für einen Entspannungskurs gegenüber Polen eintrat. In einem Schreiben an Felix von Eckardt, der immer noch sein vertrautester Kontaktmann in Adenauers Umfeld war, (und mit Abschrift an Gerstenmaier, Erhard, Lemmer und Blumenfeld) kam er auf seine »vielen vergeblichen Versuche« zu sprechen, »in persönlichen Gesprächen den Herrn Bundeskanzler von einer veränderten Haltung gegenüber Polen zu überzeugen ...«[109] Er schreibe diesen Brief »in Sorge um die mögliche Unterlassung einer starken und weithin sichtbaren Geste der Bundesregierung gegenüber Polen am 20. Jahrestag des deutschen Überfalls auf dieses Land ...« Und er verlangte nachdrücklich eine Erklärung zum 1. September, am besten durch den Bundeskanzler. Bei dieser Initiative spielte Springers stets sehr lebhafte »Verabscheuung Hitlerscher Taten in Polen« ebenso eine Rolle wie der Gedanke, im Propagandakrieg zwischen Ost und West etwas Ballast abzuwerfen. Man dürfe, so argumentierte er, es »unseren vielen erbitterten Feinden überall auf der Welt« nicht so leicht machen mit der Aufrechterhaltung ihrer törichten These, »daß wir in Westdeutschland alle miteinander Revanchisten, Militaristen und üble Nachfolgeerscheinungen Hitlers seien. Zu einer vernünftigen Wiedervereinigungspolitik gehört bestimmt auch, dass wir uns immer wieder bemühen, Bösartigen und auch Schlechtinformierten den Wind aus den Segeln zu nehmen.«

Im Mittelpunkt des Gedankenaustauschs mit Adenauer stand jedenfalls die Berlin-Propaganda. So wie Springer mit dem Berliner Senat eng zusammenarbeitete, zeigte er sich auch Adenauer gegenüber bereit, sein Pressehaus in diskretem Zusammenwirken mit dem Bundespresseamt, dem Bundesminister für Gesamtdeutsche Fragen und dem Auswärtigen Amt zum Einsatz zu bringen. »Ich glaube, wir sollten die nächsten ein bis zwei Jahre energisch propagandistisch nutzen und dadurch den Machthabern in der Zone das Konzept verderben, hoffähig zu werden, oder – man muß das leider im Hinblick auf manche Länder, zu denen nicht nur die unterentwickelten gehören, sagen – hoffähig zu bleiben«, gab er Adenauer zu bedenken.[110] Wozu die Propaganda in die DDR hinein führen sollte, blieb im Ungewissen. Delegitimierung der SED-Diktatur? Sicher. Verstärkung der politischen Labilität in der DDR? Auch das hielt Springer für nützlich. Doch machte er sich vorerst wenig Gedanken über die möglichen Gegenmaßnahmen der Sowjetunion zur Unterbindung der 1960 erneut dramatisch anschwellenden Massenflucht oder gar über die Konsequenzen eines Aufstands analog zum 17. Juni 1953 in der DDR oder zum ungarischen Volksaufstand vom Herbst 1956.

Springer plädierte damals auf dem Korrespondenzweg und in den Unterredungen mit Adenauer durchgehend für kompromisslos harte Positionen gegenüber der DDR und Moskau. Bald legte er dem Bundeskanzler nahe, bei den westlichen Verbündeten auf »wirtschaftliche Sanktionen« zu drängen, die notfalls eingesetzt werden müssten,[111] bald wies er auf die großen Gefahren westlicher Sondierungen hin, und selten unterließ er es, das Erfordernis gezielter Rundfunk- und Fernsehpropaganda in die DDR hinein zur Sprache zu bringen.

Wie so häufig bei Springer verbanden sich dabei genuin politische Ziele mit geschäftlichen Interessen. Springer drängte damals ins Fernsehgeschäft, wollte seinen Pressekonzern zum E-Medien-Konzern erweitern und sah, so Willy Brandt im Rückblick, in einem »Sonder-Sender mit der Spezialaufgabe für Mitteldeutschland«[112] »eine Art Büchsenöffner für den Bund«.[113] Auf Springers persönliche Einladung hin gründeten die West-Berliner Zeitungsverleger im Juni 1960 eine »Fernsehgesellschaft der Berliner Tageszeitungen« (FBT), mit dem Ziel, vom Berliner Senat eine Sendeerlaubnis zu erhalten.[114] Die Zielsetzung war im Gesellschaftervertrag mit ziemlich offenen Worten formuliert: Der Sender solle einen wichtigen Beitrag leisten »zum Kampf der Berliner Bevölkerung um ein freiheitliches, demokratisches Leben« – Codewort für die Absicht, den Widerstandswillen der unter dem Dauerdruck der Berlin-Krise psychologisch labilen Westberliner zu stärken. In dem Antrag auf Erteilung einer Sendelizenz war zudem dezidiert von der Einflussnahme auf die ostdeutsche Bevölkerung und vom Kampf gegen den DDR-Kommunismus die Rede.

Adenauer, die Bundestagswahl 1961 fest im Blick, hatte sich seinerseits in ein zweites Fernsehprogramm verbissen. Als er mit seinen Plänen bei den Ministerpräsidenten der Länder auf starken Widerstand stieß, versuchte er – auch von Springer dazu ermutigt – eine »Deutschland-Fernseh-GmbH« nach dem Modell der Pläne für das Berliner Verlegerfernsehen zu gründen. Adenauers damals noch getreuer Bundesinnenminister Gerhard Schröder präsentierte die Idee mit dem Argument: »Sogar Herr Springer gründet eine GmbH, und das soll der Bund nicht können, was Herr Springer kann!«[115]

Bekanntlich hat das Bundesverfassungsgericht dem Bundeskanzler diesen Plan aus der Hand geschlagen. Doch Übereinstimmung zwischen Springer und Adenauer ergab sich auch in diesem Punkt. Selbst nach dem Urteil des Bundesverfassungsgerichts bedrängte er Adenauer weiterhin wegen einer Mithilfe bei verschiedenen Maßnahmen der Propaganda mittels des Einsatzes von E-Medien, darunter auch eine »Förderung der Pläne der Fernseh-Gesellschaft Berliner Zeitungsverleger, um schnellstens in Berlin den beiden Ostzonenprogrammen entgegentreten zu können«.[116] Aber der Bundeskanzler konnte und wollte sich nun auf diesem Feld nicht mehr stark exponieren. Durch das Fernsehurteil des Bundesverfassungsgerichts vom 28. Februar 1961 waren ihm vollends die Hände gebunden. Springer wollte dies partout nicht einsehen. Einen mahnenden Brief an den Bundeskanzler vom 23. Mai 1961 schloss er mit dem hoheitsvollen Satz: »Ich will nicht verschweigen, dass ich mich nach den mehrfach so ganz und gar ergebnislosen Unterhaltungen auch persönlich enttäuscht fühle.«[117] Adenauer antwortete darauf mit einem dreiseitigen, für seine Verhältnisse bemerkenswert entschuldigenden Schreiben, in dem er auf die verfassungsrechtliche Zwangslage verwies und handschriftlich hinzusetzte: »Schenken Sie bitte auch in Zukunft diesen Fragen Ihr besonderes Interesse.«[118]

Springer musste seine Hoffnungen, in der Fernsehsache voranzukommen, also erst einmal begraben. Doch davon abgesehen, konnte er sich in den Jahren 1959 bis 1963, als er auf den verschiedensten Ebenen gegen Chruschtschows Berlin-Drohung zu Felde zog, in weitgehendem Einverständnis wissen mit der Bundesregierung, mit dem Berliner Senat, aber zusehends auch mit der im Bund oppositionellen SPD. Nie zuvor und danach war er bei allen Parteien so wohlgelitten, allerdings auch schon als eigenwillige Primadonna gefürchtet. Längst hatten es sich die meisten Spitzenpolitiker angewöhnt, ihn von Gleich zu Gleich zu behandeln, jederzeit für intensive Gespräche zur Verfügung zu stehen und sich sogar, wie Adenauer in dem eben erwähnten Brief, recht wortreich zu rechtfertigen.

Allerdings führte die Berlin-Krise zum Zwist mit seinen alten Freunden und Förderern aus der Phase, als er stark pazifistisch gestimmt und noch nicht von seiner Berliner Aufgabe besessen gewesen war. So kam es beispielsweise bei einem Empfang des Hamburger Senats im Jenisch-Haus zu einem großen Krach mit Bürgermeister Max Brauer. In einem dreiseitigen brieflichen Erguss an seine Chefredakteure (mit Durchschlag für den Freund Erich Lüth im Rathaus) machte Springer von Brauers »dröhnenden Reden« Mitteilung: »Er sprach von unseren Blättern als den schlechtesten Zeitungen überhaupt, von Verantwortungslosigkeit, Dummheit und Geschäftemacherei …« Er, Springer, erfuhren seine Herren, so sie es nicht schon wussten, habe demgegenüber Brauers zögernde Haltung »in der Auseinandersetzung mit der Sowjetzone« kritisiert. Sodann listete er auf, was ihm an der Haltung des Hamburger Rathauses alles missfiel: keine klare »Abgrenzung gegen das Ulbricht-System«, keine echte politische Führung für den Mann auf der Straße, keine Wachsamkeit gegenüber den täglichen Besuchen von geschulten Ostagenten »bei manchmal sehr anfälligen Leuten in Hamburg, die in ihren Wohnungen aufgesucht werden«, »politisch-taktisch völlig unfruchtbare Anti-Atomstimmung«, genereller Unwille, »das Volk« in Sachen Wiedervereinigung »wachzurütteln«.[119]

Eine Hauptsorge, von der Springer damals umgetrieben wurde, war die Unsicherheit in Bezug auf den Widerstandswillen der westlichen Deutschlandmächte. Zudem machte er sich Gedanken über die Auswirkung der DDR-Propaganda auf die blockfreien Länder und über das Fehlen zuverlässiger Informationen aus dem Ostblock. Bedurfte es daher nicht eines eigenen Informationsdienstes, um präzise zu erfahren, was in den wichtigen Hauptstädten vor und hinter den Kulissen ablief? Im Juni 1959, die Außenministerkonferenz der vier Deutschlandmächte in Genf war in vollem Gange, skizzierte er kurz vor einem gemeinsamen Flug nach London in einem handgeschriebenen Brief an Christian Kracht sein neues Vorhaben: »*Unter uns:* ich glaube, Clare und Hollos müssen zusammenfinden und wir machen einen richtigen großen Dienst für das ganze Haus. Es ist toll, was alles *nicht* in unsere Blätter gelangt. Dafür müssen wir eben *große* Mittel einsetzen. Mit meiner *Oberverantwortung!*«[120] Julius Hollos und George Clare waren gute alte Bekannte aus den nun schon weit zurückliegenden Jahren britischer Besatzungszeit in Hamburg. Beide stammten aus der einstigen k.- u. k. Monarchie, beide waren rechtzeitig emigriert und besaßen jetzt die britische Staatsbürgerschaft, beide waren nach dem Krieg britische Presseoffiziere gewesen. Springer machte Hollos, der einstmals eine Schlüsselrolle bei der *Welt* gespielt hatte, zum Chefredakteur des Springer-Auslandsdienstes (SAD), und Clare fungierte jahrzehntelang als sein engster Berater in London, nicht zuletzt in Finanzfragen. Neben den Korrespondenten seiner Blätter verfügte der Verleger somit nun auch über ein hauseigenes Nachrichtenbüro. Kein anderer Verlag in Deutschland besaß einen derartigen Informationsdienst.

Ob Springer in diesen kritischen Jahren der Berlin-Krise ungeachtet der optimistisch-voluntaristischen Rhetorik wirklich noch an eine baldige Wiedervereinigung glaubte, ist eher zu bezweifeln. Auch ihm dämmerte jetzt, dass sich die Bundesrepublik in der Defensive befand. Seine vertrauliche Korrespondenz aus diesen Jahren war auf einen alarmierten, wenn nicht gar pessimistischen Ton gestimmt. »Ich muß Ihnen gestehen«, schrieb er im November 1959 an den amerikanischen Journalisten George Bailey, »daß ich über den Lauf der Dinge in der Welt ziemlich verzweifelt bin. Das deutsche Volk ist 1945 nicht noch einmal davongekommen, sondern die Prüfung beginnt erst ...«[121] Ob das freie West-Berlin überleben würde, war ihm durchaus unklar. Der DGB-Vorsitzende Ludwig Rosenberg erhielt wenige Wochen später einen Brief, in dem sich die Sätze fanden: »Manchmal habe ich das bedrückende Gefühl, dass die fürchterliche Position von Willy Brandt in der Bundesrepublik gar nicht begriffen wird. Ich bin der Überzeugung, dass Berlin ohne einen moralischen Rückhalt in der Bundesrepublik, von dem die ganze Welt erfährt, im Grunde nicht zu halten ist.«[122]

Springers wichtigste Waffe im Propagandakrieg waren natürlich die eigenen Zeitungen. Im Großen und Ganzen unterschied sich deren Grundlinie nicht von derjenigen anderer Berliner Blätter. In einer differenzierten Darstellung der Berliner Presselandschaft aus der Feder von Kurt L. Shell, die 1965 erschien, also noch vor Beginn der Anti-Springer-Kampagnen, wird festgestellt: »Die Presse hatte sich fast ausnahmslos die Rolle des ›Hüters des Vorpostens‹ zu eigen gemacht.« Ungeachtet aller Unterschiede in Akzentsetzung und Nuancen hätten die Berliner Zeitungen ihre Aufgabe darin gesehen, »durch Ansporn oder Kritik die Bevölkerung und die Führung Berlins in ihrem Durchhaltewillen zu bestärken und jede Unterstützung Berlins von außen – durch die Bundesregierung, die westlichen Verbündeten oder die Neutralen – zu fördern.« Kritik sei nur geäußert worden, wenn die Redakteure ein Nachlassen der Einsatzbereitschaft für Berlin oder ein Abgehen vom »harten« Kurs zu bemerken glaubten. Schon damals gaben die meisten der Befragten an, sie seien regelmäßige Leser der Springer-Zeitungen *Berliner Morgenpost, B. Z., BILD* und *Die Welt.* Die Untersuchung erbrachte aber auch, dass die Springer-Zeitungen keine ganz kohärente Linie steuerten, dies ganz besonders nach dem 13. August, als *BILD* schrille Kritik an den Schutzmächten übte, während die *B. Z.*, das Springer'sche Konkurrenzblatt zu *BILD*, sichtlich abwiegelte.[123] Dass Springer seine politischen Blätter im Propagandakrieg um Berlin aus allen Rohren feuern ließ, ist bekannt und schon oft dargestellt worden. Doch ist eben zu berücksichtigen, dass die gesamte Berliner Presse ausnahmslos die harte Linie verfolgte – die auf CDU-Kurs liegenden Zeitungen *Tag* und

Kurier ebenso wie der sozialdemokratische *Telegraf* und der mit keiner Partei zu identifizierende *Tagesspiegel*.

Da Springer der mit Abstand potenteste Verlag war, führte er auch auf eigene Kosten Sonderaktionen durch, ganz besonders in den USA. Seine Propagandakampagne hatte im Wesentlichen drei Hauptadressaten im Visier: die westlichen Schutzmächte, die bundesdeutsche Öffentlichkeit und die Westberliner. So wie 1948/49, in den Jahren der Blockade Berlins, sollten Washington, Paris und London erkennen, dass die Westberliner jeglichem Druck standhalten würden, falls nur die Schutzmächte auch nicht die geringsten Konzessionen machen würden. Auf dem Höhepunkt der Kampagne ließ er Peter Boenisch ein englischsprachiges Sonderheft der *Berliner Illustrirten* herstellen. Die mit großem Aufwand produzierte Zeitschrift von 108 Seiten Umfang, deren Deckblatt mit einem Porträtfoto von Kennedy aufgemacht war, kostete Springer rund eine Million D-Mark und wurde in einer Auflage von 200 000 Exemplaren an führende Persönlichkeiten in den USA versandt.[124]

Wie so oft, wenn Springer aus primär idealistischen Gründen eine Kampagne durchzog, fehlten die materiellen Überlegungen dennoch nicht ganz. Springer hatte den Titel *Berliner Illustrirte* aus dem Ullstein-Erbe erhalten und zeitweilig geplant, ein eigenes Blatt unter dem Traditionsnamen herauszubringen. Auf Bitten von Gerd Bucerius, der sich um den *Stern* sorgte, hatte er zwar darauf verzichtet, doch die Sonderpublikation mochte auch dazu beitragen, das Recht an dem Titel zu untermauern,[125] für den er schließlich an den Verleger Franz Karl Maier, der seinerseits Ansprüche auf den Titel erhob, nochmals 500 000 D-Mark zahlte,[126] ohne aber, aus Furcht vor dem Zorn der »Hamburger Kumpanei«, jemals zu wagen, dieses Prestigeprojekt auf die Schiene zu bringen.

Dass Springers Berliner Blätter auf Jahre hinaus keinen Gewinn abwarfen, wusste er freilich genau. Noch im Jahr 1965, als die Berlin-Krise längst vorbei und er selbst bombenfest auf dem Berliner Zeitungsmarkt etabliert war, beliefen sich die Zuschüsse für die Berlin-Ausgaben von *BILD*, *Welt* und *Welt am Sonntag* immer noch auf 4,6 Millionen D-Mark jährlich.[127]

Als durchschlagende Waffe in der Auseinandersetzung um Berlin betrachtete Springer aber mehr und mehr die *Bild*-Zeitung. *BILD* und in Berlin die *B. Z.* wiesen natürlich alle Merkmale von

Boulevardzeitungen auf: sensationelle Aufmachung, reichlich Illustrationen und viel Raum in der Berichterstattung für *sex and crime*. Ein gewisser Seriositäts-Discount ist bei derartigen Blättern geboten. Dass sich Boulevardzeitungen bei einer Krieg-in-Sicht-Krise oder beim Blick auf die Tragödien des Mauerbaus krasser artikulieren als seriöse Tageszeitungen, bedarf keiner besonderen Betonung.

»Der Westen tut NICHTS …«: *BILD* und die Berlin-Krise

Je unentrinnbarer Chruschtschows Druck auf West-Berlin wurde, umso unbedenklicher setzte Springer zur Stärkung des Widerstandswillens im selbstzufriedenen »West-Deutschland« zielbewusst *BILD* ein. An Hans Wegner, der in Berlin eine leitende Position bekleidete und Abwanderungsgelüste zu *Kristall* im schönen und sicheren München erkennen ließ, schrieb er im November 1959: »*BILD* kommt jetzt auch in die große Prüfung. *BILD* wird zu beweisen haben, ob es zur Rettung Deutschlands beitragen kann. Das hört sich fast zu großartig an, kann aber doch die volle Wahrheit sein. Im Grunde ist *BILD* vermutlich das stärkste Instrument unseres Hauses in politischer Hinsicht. Leute wie Zehrer und andere haben das schon längst erkannt …«[128] Von solchen Überlegungen ausgehend, suchte er nach einem Journalisten, der völlig auf seiner Linie lag und das Blatt schonungslos politisierte. Er fand ihn in Karl-Heinz Hagen.

Hagen war ein waschechter Berliner aus jüdischer Bankiersfamilie mit Kölner Hintergrund (sein Großonkel war der berühmte Kölner Bankier Louis Hagen, ein großer Förderer Adenauers). Claus Jacobi meint, vermutlich sei er »der intellektuellste Chef« gewesen, der das Blatt je leitete.[129] Jedenfalls war er der politisch bedenkenloseste, wohl auch der konservativste und mit seinen 40 Lebensjahren der bis dato jüngste. Er kam von Ullstein, hatte dort fünf Jahre lang als scharfer Blattmacher die Boulevard-Zeitung *B. Z.* hochgebracht und sich danach als Redaktionsdirektor der *B. Z.* und der *Berliner Morgenpost* bewährt. Von ihm konnte zweierlei erwartet werden: erstens die schonungslose Politisierung von *BILD*, um die

Leserschaft der gesamten Bundesrepublik gewissermaßen mit dem Berliner Frontstadt-Geist zu imprägnieren, zweitens aber auch die Modernisierung des Blattes. Man befand sich am Anfang der sechziger Jahre, eines der gewalttätigsten Jahrzehnte der zweiten Jahrhunderthälfte. Hagen und Springer spürten beide, dass die beschaulichen Jahre der Bundesrepublik, für die ein Kulturkritiker das Bild eines »klimatisierten Biedermeier« gefunden hatte, zu Ende waren. Ein neuer, brutaler Stil war angesagt, auch in den Massenblättern.

Als Hagen im November 1960 seinen Posten antrat, waren Springers Erwartungen ganz eindeutig. Hagen ging mit Feuereifer ans Werk, brachte seine »Moabiter Keulenriege« aus den Jahren bei der *B. Z.* in die Redaktion, warf aus *BILD* fast alles heraus, was der eher beschauliche Rudolf Michael in den Tagen eingeführt hatte, als die Devise »Seid nett zueinander!« noch hoch im Kurs stand, verpasste der Zeitung ein großflächiges Layout und machte *BILD* zu einem fetzigen, aufpeitschenden Blatt voll greller Effekte. Politisch wurde aus der *Bild*-Zeitung in diesen Jahren globaler Hochspannung von 1960 bis 1962 – und auch das war von Springer so gewollt – ein Kampfblatt gegen die Kommunisten in Ost-Berlin und in Moskau, die sich allem Anschein nach auf dem Kriegspfad befanden. So ließ sich nach Meinung Springers und Hagens dem Defätismus in der Bundesrepublik am besten begegnen. Über die drastischen Formulierungen ging Springer gleichmütig, im Grunde billigend hinweg: »Daß *BILD* holzschnittartig formuliert, ist ein Gebot der Massenzeitung.«[130] Will Tremper, ein Mitglied der Clique von Lebedamen- und -männern, Journalisten und Schauspielern, die es sich damals in Springers Dahlemer Villa wohl sein ließen, wusste es noch besser. Hagen hatte ihm erzählt, »daß Axel Springer auf dem Höhepunkt der Kampagne, bis kurz vor dem Mauerbau, ständig in der Chefredaktion erschienen war und die brutalsten Zeilen sogar selbst entworfen hatte«.[131] In den Wochen nach dem Mauerbau setzte sich das fort.

Springer, der ohnehin zu Übersteigerungen neigte, befand sich im Sommer 1961 in einem Zustand höchster Erregung. Eine Reise in die USA im Februar hatte ihn tief misstrauisch zurückkehren lassen. Würden die Amerikaner fest bleiben? Bei einem Abendessen mit CIA-Direktor Allen Welsh Dulles und anderen Geheimdienst-Experten hatte er die Befürchtung geäußert, die Sowjets könnten »einen eisernen Vorhang um Berlin legen, der so undurchlässig wäre wie der entlang der Zonengrenze«. Die anwesenden CIA-Experten glaubten nicht an diese Möglichkeit, Dulles hielt sich bedeckt. Über eine Trennlinie durch Berlin wurde nicht gesprochen.[132] In den folgenden Monaten nahm Springers Pessimismus noch zu. Am 29. Juli 1961, nach einem Gespräch mit dem amerikanischen Botschafter Walter Dowling, richtete er einen langen, warnenden Brief an Bundesaußenminister Heinrich von Brentano, in dem er Besorgnisse zusammenfasste,[133] die er zuvor auch schon dem Bundestagspräsidenten Eugen Gerstenmaier in einem ähnlichen Schreiben mitgeteilt hatte.[134]

Die dort formulierten Überlegungen belegen, dass Springer die langfristige Entwicklung ziemlich zutreffend prognostizierte. Sie zeigen zugleich, wie sich bei ihm in diesen Monaten jene Verhärtung gegenüber aller Realpolitik herauszubilden begann, die seiner Ost- und Deutschlandpolitik für das folgende Vierteljahrhundert ihr Gepräge geben sollte. In der Unterredung mit Dowling, so teilte er Brentano mit, habe er diesem seine schweren Sorgen vor einem sogenannten »Separat-Friedensvertrag« der Sowjetunion mit der DDR mitgeteilt. Faktisch wäre das ein Teilungsvertrag. Und was bedeute das in der Praxis? »Der eiserne Vorhang wird perfekt heruntergehen. Mit verschiedenfarbigen Bezirksausweisen in der Zone, mit offener oder getarnter Staatsgrenze durch Berlin ... mit brutaler Kontrolle der ganzen Zonengrenze wird der ›Staat‹ dicht gemacht. Folge: 17 000 000 gehen in ein perfektes Staatsgefängnis, Ulbrichts Griff nach der zu erwartenden Resignation total.«

Springers Misstrauen gegenüber den westlichen Schutzmächten war jetzt deutlich gewachsen. Er traute es den Bündnispartnern zu, gleichmütig über die Teilung hinwegzugehen. »Verrat oder Schwäche des Westens. Jeder zweite Fliehende in Marienfelde glaubt jetzt schon daran, dass der Westen nicht einmal den Versuch einer Gegenwehr machen wird. Darum Flucht ...«, habe er Dowling vorgehalten. »Oder soll wieder Ungarn gespielt werden? Nach zwei Jahren vergessen und vergeben?« Doch was tun? Wichtig sei, so hatte Springer von Dowling gefordert, die Einsetzung »der wirtschaftspolitischen Waffe«: »Verzicht der westlichen Welt auf Handel mit dem Ostblock ... zunehmende diplomatische Vereisung

Rußlands ... Wink mit großangelegter Selbstbestimmungspropaganda in den Satellitenraum hinein!« Doch wie die Westmächte zu Sanktionen bewegt werden sollten, wusste Springer allerdings selbst nicht.

Ausgeprägt war damals auch sein Pessimismus bezüglich der Lebensfähigkeit eines vom Osten abgetrennten West-Berlin. »Zukunft West-Berlins. Ohne Besserungsschein für die Zukunft halten die Berliner nicht durch ... Zukunftsbild für West-Berlin nach drei Jahren: anwesend, Besatzungsmächte und Rentner. Der Osten hat elegant sein Ziel erreicht.« So habe er, ließ er von Brentano wissen, gegenüber dem amerikanischen Botschafter Dowling seine Befürchtungen formuliert. Dieser Brief vom 29. Juli beweist jedoch auch, dass Springer damals eine totale Abriegelung Ost-Berlins und der DDR entlang der Sektorengrenzen nicht vorausgesehen hat. Was er erwartete, war eine ziemlich wasserdichte Abriegelung der Zonengrenze rings um Berlin sowie eine offene oder getarnte Staatsgrenze mitten durch Berlin (»von Pankow vorgesehene technische Einzelheiten erspare ich mir hier«).

Allem Anschein nach sickerten dann kurz vor dem Mauerbau am 11. August gewisse Informationen über die »totale Absperrung« West-Berlins durch, von denen wohl auch Springer Wind bekam. Wie der Brandt-Biograph Peter Merseburger erst 2002 zutage förderte, hatte der Regierende Bürgermeister Willy Brandt durch einen Bericht des Ostbüros der SPD vom 4. August erfahren, dass eine Absperrung West-Berlins geplant sei und die dafür erforderlichen Einheiten der Nationalen Volksarmee bereitstünden. Auch der Leiter der Senatskanzlei wurde davon unterrichtet.[135] 19 Exemplare dieses Berichts des Agenten V 610, seinerzeit ein leitender Mitarbeiter im DDR-Innenministerium, wurden damals im Westen verteilt. Die Geheimdienste der Westmächte kannten ihn, auch Adenauer hat ihn über BND-Chef Reinhard Gehlen erhalten.[136]

In einem Brief an Henry Kissinger vom Juni 1982 hat Springer festgestellt, er habe die Teilung Berlins vorhergesehen und sei »von Pontius zu Pilatus, sprich: von Konrad Adenauer zu Willy Brandt gerannt. Doch keiner wollte mich hören.« Am Freitag, den 11. August, habe er in Bonn den Leiter der United States Information Agency Ed Murrow gewarnt, wir würden alle auf die Zufahrtsrouten nach Berlin starren: »Die größere Gefahr sei aber ein Angriff auf Berlin selbst durch Teilung der Stadt.«[137]

Als frühmorgens am Sonntag, dem 13. August der Ostsektor zunächst mit Stacheldraht abgesperrt wurde, fuhr Springer zusammen mit Peter Boenisch ratlos und in größter Erregung kreuz und quer durch West-Berlin. Tags darauf stellte sich Ed Murrow mit Gefolge ein. Empört über die Untätigkeit Amerikas erging Springer sich in düsteren Warnungen: »Heute ist hierzulande der Neutralismus geboren.« Murrow habe daraufhin mit Präsident Kennedy telefoniert und sei zwei Stunden später mit der Neuigkeit gekommen, der Präsident werde Vizepräsident Johnson und General Lucius D. Clay nach Berlin entsenden, um die öffentliche Moral zu stärken. Am folgenden Tag habe ihn Botschafter Dowling in seiner Residenz in der Spechtstraße gefragt, wie wohl die Berliner Bevölkerung darauf reagieren würde, wenn amerikanische Truppen die Stacheldrahtsperren mit Gewalt entfernen würden. »Sehr positiv!«, will Springer geantwortet haben.

Als die NVA ohne sichtliche Gegenmaßnahmen mit dem Mauerbau begann, verdichtete sich Springers Verdacht gegen die »Leisetreter« in Bonn und Washington. George Bailey, der ihn in diesen Tagen aufsuchte, berichtet: »Als ich zu Springer kam, raste er vor Wut: ›Ich habe fast alle Beweise beisammen‹, sagte er. ›Nur ein Glied fehlt mir noch, dann habe ich es sicher, daß die Abriegelung von Ost-Berlin eine abgekartete Sache war, daß die westlichen Alliierten mit den Russen unter einer Decke stecken, daß sie den Bau dieser verdammten Mauer erlaubt haben.‹«[138] Aus diesem Verdacht, der Adenauer mit einbezog, entstanden die Schlagzeilen der *Bild*-Zeitung vom Mittwoch, dem 16. August:

> *Der Westen tut NICHTS!*
> *Präsident Kennedy schweigt …*
> *Macmillan geht auf die Jagd …*
> *… und Adenauer schimpft auf Willy Brandt*

Da in der Welt des Journalismus wenig verborgen bleibt, wurde rasch bekannt, dass Springer die Schlagzeilen zusammen mit Karl-Heinz Hagen selbst formuliert und diese gegenüber der ursprünglichen Fassung noch verschärft hatte. Indem er damit das demagogische Potenzial der *Bild*-Zeitung unter Beweis stellte, machte er nicht nur Zeitungsgeschichte, sondern auch Zeitgeschichte. Keine spätere historische Darstellung des Mauerbaus und der Wahlkampfschlacht von 1961, in der diese Sätze nicht hervorgehoben figurieren. Die Vorwürfe gegen die Amerikaner und ebenso gegen Adenauer blieben lange Jahrzehnte hindurch in der deutschen Erinnerungskultur haften, wahrscheinlich bis heute.

Adenauer reagierte umgehend. Springer hatte ihm tags zuvor einen Leitartikel von Sebastian Haffner zugesandt. Haffner war damals der geradezu idealtypische Kalte Krieger, somit ein Liebling Springers, der ihn auch nach dem Mauerbau mit hoch emotionalen Kolumnen gegen die Mauer anschreiben ließ. Mehr noch als Haffners Artikel »Noch einmal davongekommen?« in der *Welt*[139] vom 15. August erregte Adenauer natürlich die Schlagzeile in *BILD* vom folgenden Tag. Sie schadete ihm im Wahlkampf, und sie ärgerte ihn auch deshalb, weil die Reaktion des Westens durchaus zutreffend beschrieben wurde. Da damals in allen westlichen Kabinetten die Sorge grassierte, die Sowjetunion werde etwas gegen die Zugangswege unternehmen und damit vielleicht den Krieg um Berlin auslösen, hielt es auch Adenauer für selbstmörderisch, durch die von Springer geforderten »Gegenmaßnahmen«[140] den ohnehin als ziemlich unsteuerbar geltenden Chruschtschow zu noch riskanteren Schritten zu verleiten.

Das entrüstete Fernschreiben des Bundeskanzlers an Springer vom Vormittag des 16. August war ein »echter Adenauer«: »ich fürchte, sie beurteilen die lage nicht richtig. was jetzt in berlin geschehen ist, ist der allererste anfang einer reihe weiterer massnahmen gegen uns bis zur unmittelbaren kriegsdrohung. wenn die dinge wirklich ernst werden, wohin wird sich dann die nervositaet der deutschen und der presse noch steigern? ich stehe ihnen gern zu einer muendlichen aussprache am donnerstag zur verfuegung. – ich finde die heutige bildzeitung unmoeglich, insbesondere ›adenauer schimpft auf willy brandt‹. ich habe auf die beschimpfungen brandts in nuernberg vom vergangenen samstag sehr massvoll in regensburg geantwortet. brandt hat in beleidigendster weise unsere partei und die bundesregierung angegriffen zu einer zeit, als ihm genau bekannt war, dass eine aktion gegen berlin beabsichtigt sei. ich lege auf eine besprechung mit ihnen groessten wert.«[141]

Dreierlei an diesem Fernschreiben ist bemerkenswert: Erstens bewies Adenauers Bereitschaft zu einer alsbaldigen Unterredung, welches politische Gewicht der Herausgeber von *BILD* damals besaß, zweitens bekundete seine Feststellung, er habe in Regensburg »sehr maßvoll« geantwortet, für wie unerheblich er den Schlag unter die Gürtellinie – »Herr Brandt alias Frahm« – hielt, und drittens – dies die interessanteste Information – legte die durchaus zutreffende Feststellung des Bundeskanzlers, Brandt habe schon im Vorfeld der Sperrmaßnahmen »genau« gewusst, dass eine Aktion gegen Berlin beabsichtigt sei, natürlich die Frage nahe: War das nicht auch Adenauer »genau« bekannt gewesen?

Springer antwortete umgehend, er beurteile die Lage genauso wie Adenauer, sei auch bereit zu kommen, stellte dann aber klar: »Nicht die Presse hat die Nervosität in die Bevölkerung getragen, sondern das Ausbleiben einer klaren und schnellen Stellungnahme Ihrer Regierung – verstärkt durch viele erstaunliche Reaktionen aus der westlichen Welt.«[142] Es folgte eine stürmische Unterredung im Bundeskanzleramt am folgenden Tag. Adenauer führte die Unterredung in Gegenwart seiner damaligen engsten Vertrauten, Staatssekretär Globkes und des Fraktionsvorsitzenden Heinrich Krone; Springer wurde von Adam Vollhardt begleitet, der im Jahr 1974 über die Unterredung ein vierseitiges Gedächtnisprotokoll angefertigt hat.[143]

»Man kam sofort«, berichtete Vollhardt, »ohne die sonst üblichen Höflichkeitsfloskeln, in kühler Atmosphäre zur Sache. Der Bundeskanzler gab mit einer Handbewegung und den Worten ›Bitte, Herr Springer‹ dem Verleger das Wort.« Springer wiederholte seine schon vor dem Mauerbau gemachten Beobachtungen. Die schon seit langem gespannte Atmosphäre in und um Berlin sei jetzt »in einer kaum mehr vorstellbaren Weise verschärft«, und die Lage sei katastrophal: Resignation der Wirtschaft, Verlagerung der Konten nach Westdeutschland, »viele Berliner versuchten, sich ein zweites Bein in der Bundesrepublik zu sichern«. Er erwähnte seine Unterredung mit Dowling von Ende Juli 1961, verwies auf die Verantwortung der Amerikaner, die keine Gegenmaßnahmen ergriffen und am 13. August den Stacheldraht nicht sofort entfernt hätten. Wenn das so weitergehe, bleibe es bei dem »Staatsgefängnis« für 17 Millionen Deutsche in der DDR, während West-Berlin »bald nur noch aus Angehörigen der Besatzungsmächte und Rentnern« bestehe. Als er feststellte, mangels Aktivität der Amerikaner müsse man wenigstens von der Bundesregierung entsprechende Maßnahmen erwarten, fiel Adenauer, der – so Vollhardt – »bis dahin mit steinernem Gesicht schweigend zugehört« hatte, Springer ins Wort und meinte, »der Flüchtlingsstrom und die jüngste Entwicklung seien schließlich eine Folge der vorausgegangenen Pressekampagnen«. Springer wies das zurück, und Adenauer gab sich nun eine arge Blöße, indem er behauptete, Berlin sei im Übrigen schon lange geteilt mit Militär in Ostberlin. Springer hielt ihm entgegen, das stimme überhaupt nicht, Globke mischte sich ein und korrigierte zum Ärger Adenauers dieses »Mißverständnis«. Adenauer ritt jetzt weiter auf den »systematischen Pressekampagnen« herum und sagte Springer ins Gesicht, daran seien die Springer-Zeitungen »maßgeblich« beteiligt. Das abrupte Ende der Unterredung wurde von Vollhardt wie folgt geschildert: »Bei diesen Worten des Bundeskanzlers sprang Springer erregt auf, wandte sich an Herrn Vollhardt und sagte: ›Kommen Sie, wir gehen!‹ Und so geschah es – ohne förmliche Verabschiedung. Verblüfft blieben Adenauer, Dr. Globke und Dr. Krone sitzen.« Springer hat später gern erzählt, er habe die Tür zum Arbeitszimmer Adenauers so kräftig hinter sich zugeschlagen, dass der Kalk von der Wand rieselte – derart dramatische Geschichten werden, wie man weiß, beim Wiedererzählen immer schöner!

Krone, von dem es in Bonn hieß: »Im Falle eines Falles klebt Papa Krone alles«, versuchte auch jetzt zu vermitteln, doch vorerst blieb es erst einmal bei dem heftigen Zerwürfnis mit Adenauer. Die gegenseitige Verstimmung legte sich erst im Frühjahr 1962, als Adenauer unter dem Druck amerikanischer Konzessionsbereitschaft und anderen Kummers dringend der publizistischen Unterstützung bedurfte. Springer erhielt jetzt einen reizenden Brief: »Von Herrn Krone habe ich gehört, daß Sie sich einer Operation haben unterziehen müssen. Ich hoffe, daß Sie sehr bald wiederhergestellt sind. Die politische Lage ist so bewegt, dass Ihre intensive Mitarbeit sehr wünschenswert ist. Ich wünsche Ihnen gute Besserung und bin mit besten Grüßen Ihr ergebener Adenauer.«[144] Von jetzt an begannen wieder periodische Besprechungen und Briefwechsel, die ziemlich ungetrübt bis zu Adenauers Tod andauerten.

Springer selbst war auch später nicht davon abzubringen, eine alsbaldige Entfernung des Stacheldrahts durch amerikanische Truppen am 13. August hätte die Sowjetunion wahrscheinlich veranlasst, die NVA zurückzupfeifen und den Sperrgürtel möglicherweise zwischen die Demarkationslinie und den Ostteil der Stadt zurückzuverlegen.[145] Aus den bisher bekannt gewordenen sowjetischen Archivalien ist aber bekannt, dass gemäß der Planung vom Juli 1961 die sowjetischen Truppen im Hintergrund bleiben sollten, es sei denn, der Westen unternehme »provokative« Vorstöße.[146] Welche Befehle der kurz vor dem Mauerbau zum Oberkommandierenden ernannte Weltkriegs-Heros Marschall Konjew für den Fall eines »provokativen« Vorstoßes zur Beseitigung der Absperrung mit sich führte, ist unbekannt. Die DDR-Führung war jedenfalls auf Kampfhandlungen vorbereitet. In dieser in den kommenden Jahrzehnten viel diskutierten Frage hat Springer jedenfalls stets an der Meinung festgehalten, die Mauer wäre vielleicht durch einen umgehenden Militäreinsatz der Amerikaner zu verhindern gewesen – auch er liefert also ein schönes Beispiel dafür, dass aus einstigen Pazifisten nicht selten die schärfsten »Falken« werden.

Dass Adenauers Vorwurf, Springers Kampagne gegen die Massenflucht habe diese nennenswert beeinflusst, ziemlich unsinnig war, ist evident. Schließlich war *BILD* nicht Morgen für Morgen an den Zeitungskiosken oder vor den Fabriktoren Leipzigs, Dresdens oder Ost-Berlins für einen Zehner zu kaufen. Hingegen spricht vieles dafür, dass die gnadenlos kritische Kampagne, die *BILD* und andere Springer-Zeitungen vom Mauerbau bis zum Ende der Berlin-Krise gegen jede Spur westlicher Konzessionsbereitschaft führten, tatsächlich Wirkung zeigte. Schlagzeilen von der Art »Wird Deutschland jetzt verkauft?« vom 25. September 1961 und die Agitation im Frühjahr und Sommer 1962 halfen zweifellos Adenauer, der entschlossen war, die Berlin-Krise, wenn irgend möglich, stur auszusitzen und jede amerikanische Nachgiebigkeit zu torpedieren. So wie zuvor die Not der Flüchtlinge hielt *BILD* nun die Maueropfer im öffentlichen Bewusstsein. Die unablässige emotionale Visualisierung der Mauermorde trug gleichfalls dazu bei, keine Stimmung der Nachgiebigkeit aufkommen zu lassen und die öffentliche Entrüstung so lange am Kochen zu halten, bis

Chruschtschow die Krise einschlafen ließ. Kein Wunder, dass Springer bei Adenauer erneut *persona grata* war.

Dennoch kamen Springer nun auch selbst Bedenken. Am 2. Dezember 1961 überfiel er Chefredakteur Karl-Heinz Hagen aus heiterem Himmel mit heftigen Vorwürfen. Die gesamte *Bild*-Zeitung, wie er sie seit einem Jahr gemacht hatte, wurde nun, so stellte Hagen empört fest, »in Grund und Boden kritisiert«. Springer habe von ihm verlangt, *BILD* wieder wie früher zu gestalten, »mit etwa 5-prozentiger Aufwertung der Politik«. Bis zum Spätherbst 1961, beklagte sich der getreue Chefredakteur, habe er von Springer nur Belobigungen erfahren: »Nicht ein einziges Wort der Kritik sei ihm gegenüber laut geworden.« Hagen gewann den Eindruck, dass Springer »eine Drehung um 180 Grad gemacht habe«, zeigte sich jedoch nicht willens, diesen Sinneswandel mitzumachen, und sagte Springer, er solle sich dann eben einen anderen Chefredakteur suchen.[147]

Über Springers Motive lässt sich nur spekulieren. Hatte Adenauer ihn davon überzeugt, dass ein moderaterer Kurs angebracht sei? Oder Willy Brandt? Oder die Amerikaner? War er nachdenklich geworden, weil sich das bis vor kurzem ungebrochene Wachstum der *Bild*-Zeitung verlangsamte? In einem Jahr mit völlig neuem Konzept und kräftiger Politisierung lag die Druckauflage unter Hagen im vierten Quartal 1961 nur um rund 145 000 Exemplare höher als ein Jahr zuvor, und über das ganze Jahr 1961 hinweg war die Entwicklung recht ungleichmäßig. Da Hagen vorher wie nachher als hochtalentierter Blattmacher galt, mochte das tatsächlich an der überzogenen Politisierung gelegen haben.

Nach einigem Hin und Her schied Hagen mit wie üblich großzügiger Abfindung aus und machte Peter Boenisch Platz. Dieser hatte sich in der Branche einen Namen gemacht, weil er die Jugendzeitschrift *Bravo* hochgezogen hatte. Auch die von ihm hergestellte Sondernummer der *Berliner Illustrirten* hatte ihm hohes Lob eingebracht. Er entpolitisierte *BILD* allerdings durchaus nicht so konsequent, wie manchmal behauptet wird. Vor allem im August 1962 ging es nochmals hoch her, als Boenisch über zehn Tage hinweg die deutsch-amerikanischen Gegensätze hochspielte. Aus Washington kamen damals erneut Nachrichten über Kennedys alarmierende Nachgiebigkeit in der Berlin-Frage. Zugleich wurde in diesen Tagen der 18-jährige Peter Fechter direkt am Rande des Baugeländes in der Berliner Kochstraße ermordet.

Springer selbst war hellauf empört und machte in der Folge den Ort an der Mauer, wo Peter Fechter verblutet war, zur Gedenkstätte. *BILD* titelte: »Vopos ließen Flüchtling verbluten – Amis sahen zu«.[148] Kurz darauf formulierte Boenisch eine Schlagzeile, die an die besten Zeiten Hagens erinnerte: »Berlin-Krise wird heiß!«.[149] Er ließ auch dem Kolumnisten Sebastian Haffner freien Lauf, der diesmal demagogisch wie eh und je geradezu zum Aufruhr hetzte. Egon Bahr reagierte »mit äußerstem Entsetzen« und legte sich bremsend ins Zeug. Springer sah sich genötigt, Boenisch auf den Falkenstein zu zitieren und ihn scharf an die Kandare zu nehmen.[150] Im Großen und Ganzen aber puschte Boenisch die Auflage von *BILD* vorerst wieder mit unpolitischen Themen: Sport, Hochzeiten, Unglücksfälle, Herz-Schmerz-Geschichten und Verbrechen. Schon im ersten Jahr seiner Amtszeit als Chefredakteur steigerte er die Auflage um 320 000 Exemplare, und im vierten Quartal 1964 hatte *BILD* die Vier-Millionen-Marke überschritten.

In Bezug auf die politische Rolle von *BILD* zeigte die Berlin-Krise Verschiedenes ganz deutlich. Springer setzte dieses wirksamste Massenorgan mit größter Selbstverständlichkeit als Instrument seines politischen Willens ein. Als er wenig später zur Zielscheibe heftigster Angriffe wurde, suchte er zwar die Heiligenlegende zu verbreiten, als Verleger mische er sich nicht über Gebühr in die Arbeit seiner Chefredakteure ein, doch die Orchestrierung von *BILD* bewies das genaue Gegenteil. Indessen vergaß er nie, dass die *Bild*-Zeitung seine wertvollste Milchkuh war. Milchkühe lassen sich nicht ungestraft in Schlachtrösser verwandeln. Diese Lehre aus der Berlin-Krise 1961 und 1962 vergaß er ein paar Jahre lang nicht, bis Boenisch, von Springer ermuntert, *BILD* beim Auftauchen der Linksradikalen in Berlin erneut politisierte. Jedenfalls konnte der Verleger bei der Abfolge der Chefredakteure von Michael über Bezold zu Hagen und Boenisch befriedigt feststellen, wie vergleichsweise einfach es war, über sie das Blatt in die eine oder die andere Richtung zu steuern.

Differenzen über den Kurs der *Welt*

Im Januar 1966 fand im Büro Springers eine abendliche Besprechung über die *Welt* statt. Der kleinen Runde lag eine recht alarmierende Leitstudie des Leiters der Arbeitsgruppe Marketing, Otmar Ernst vor, bei der 80 ausgesuchte Personen befragt worden waren, die als *Welt*-Leser in Betracht kamen.[151] Gute Noten hatten die außenpolitische Information, der Sport und der Wirtschaftsteil erhalten (letzterer »aber im Schatten der *FAZ* stehend«). Zur innenpolitischen Information meinte Ernst mit gebührender Behutsamkeit: »Sie wird manchmal als einseitig empfunden.« Ernst sprach davon, der *Welt* werde zum Teil eine etwas »nationalistische Haltung« vorgeworfen, und teilweise herrsche das Gefühl vor, »daß Meinung und Nachricht nicht exakt genug getrennt würden«. In der Studie fand sich auch die kritische Feststellung: »Die Einflußnahme des Verlegers Axel Springer auf *Die Welt* wird im allgemeinen als zu stark eingeschätzt …«

Aus dem Schlusswort Springers wurde in dem Protokoll festgehalten: »Seiner Meinung nach sei eine Zeitung ohne Richtung chancenlos. Im Gegenteil, gerade auch die eindeutig festgelegte Richtung könne das Band zwischen der Zeitung und ihren Lesern, das *Die Welt* nach den Ausführungen von Herrn Dr. Ernst vermissen lasse, bilden und festigen.« Zur Image-Aufbesserung empfahl Springer die Veröffentlichung von »großen Stoffen«, wie sie beispielsweise *Der Spiegel* regelmäßig bringe.

Diese abendliche Strategiesitzung fand noch vor der konzertierten Kampagne statt, die *Spiegel, Stern* und *Zeit* seit Ende 1967 gegen Springer führten, auch gegen *Die Welt*. Die Zusammenkunft beleuchtete schlaglichtartig die damalige Lage der Zeitung, kann aber zugleich als internes Resümee eines bereits acht Jahre währenden Kraftaktes auf Seiten Springers begriffen werden, mit der *Welt* den schier unmöglichen Spagat zwischen dem Konzept einer sehr anspruchsvollen Qualitätszeitung und einer zugleich sehr meinungsstarken Richtungszeitung zu schaffen. Darüber hinaus war diese Erörterung auch eine Art Abgesang auf die seit langem qualvoll zu Ende gehende Ära Zehrer, der in seiner Funktion als Chefredakteur noch an ihr teilnahm, ein halbes Jahr später verstarb und vom Verleger postwendend zur Ehre der Altäre erhoben wurde.

Die innere Krise der *Welt* war zu großen Teilen eine Folge der Hinwendung Springers nach Berlin und verschärfte sich im gleichen Takt wie die Berlin-Krise. Zugleich kam darin eine Reihe weiterer Ursachen zum Tragen: der anfangs noch unentschiedene Grundsatzstreit um das, was man später die Meinungshegemonie in der Bundesrepublik genannt hat, und die zunehmende Konkurrenz im Medienbereich. Was sich in den Jahren der langen Berlin-Krise in der *Welt*-Redaktion vollzog, war zwar viel unspektakulärer als die Schlagzeilen der *Bild*-Zeitung. Doch die Fernwirkungen der Ressentiments, der untergründigen Allianzen und der Polarisierungen, die sich damals dort aufbauten und 1967 urplötzlich zutage traten, haben das Image Springers im deutschen Journalismus nachhaltig verändert, und zwar durchaus negativ.

In den Jahren, da Zehrer eindeutig dominierte, besonders zwischen 1955 und 1958, hatte sich *Die Welt*, so stellte Herbert Kremp in der Rückschau pointiert fest,[152] im Mainstream der Kritik an Adenauer eine feste Position an den Universitäten errungen. Das begann sich nun zu ändern.

Springers Impulse, auch in der Redaktion der *Welt* das Feuer seiner Berlin-Begeisterung und seines Kampfeswillens für Berlin zu entfachen, stießen hier auf völlig andere Mentalitäten. Man kann nicht stark genug unterstreichen, dass sich die Redaktion im schönen und ruhigen Hamburg befand, das sich in jenen Jahren zur unbestrittenen Pressemetropole der Bundesrepublik mauserte. Die Gedanken des Verlegers kreisten Tag und Nacht um Berlin. Doch derart überzogener Frontstadt-Geist war bei der *Welt* nicht zu erzeugen, viel eher Befremden, Spott und eine gewisse Besorgnis, ob der unsteuerbare Verleger möglicherweise auf längere Sicht vorhatte, auch *Die Welt*, ungeachtet der offensichtlichen technischen Schwierigkeiten, irgendwie nach Berlin zu verpflanzen.

Manche der Herren waren schon lange bei der *Welt* tätig. Sie hatten den Aufstieg des jungen Axel Springer beobachtet, waren nicht besonders beglückt, als dieser *Die Welt* erwarb, und verachteten ihn als oberflächliche, unintellektuelle Figur. Gert von Paczensky, eine Art journalistisches Urgestein der *Welt* von 1947 bis 1960, zugleich auch eines ihrer stark linksorientierten Redaktionsmitglieder, fand dafür in einem viel beachteten, gekonnt herabsetzenden und seither immer wieder ausgeschriebenen *Spiegel*-

Artikel vom November 1967 die Formulierung: »Als Springer die *Welt* kaufte (über die Umstände wird sich noch vieles sagen lassen), wurde er von der Redaktion als Parvenü und Eindringling empfunden.«[153] »Parvenü« und »Eindringling« – das waren wichtige Stichworte. Hans Zehrers Rolle (er war zum Zeitpunkt von Paczenskys Artikel bereits verstorben) wurde nachträglich als die des charmanten, fähigen Redaktionsleiters dargestellt (natürlich mit Schwächen), der aber unter den zunehmenden Eingriffen des Verlegers litt, vom Erfordernis einer Redaktion mit beträchtlicher Meinungsvielfalt überzeugt war und gelegentlich auch Springers naive Vorstellungen ironisierte. Außerdem habe sich bis 1963 der Verlagsleiter Schulte, gestützt auf das *Welt*-Statut, der »Gleichschaltung« widersetzt.

Aus Springers Sicht entsprachen Paczensky und seine Gesinnungsgenossen dem Typus des kritischen, alles besser wissenden Intellektuellen, der sich schon vom Chefredakteur nichts sagen ließ, erst recht nicht vom Verleger, und der in einer Zeitungsstadt wie Hamburg nur zu gerne der Versuchung erlag, in eine bessere Position bei der Konkurrenz oder beim Rundfunk zu wechseln.

Ähnlich wie Paczensky haben die Gegner Springers später von den Machtkämpfen bei der *Welt* in den Jahren von 1959 bis zum Tod Hans Zehrers im Sommer 1966 viel hergemacht. In der Tat zeigten sich hier erstmals Symptome, die sich in den kommenden Jahren und Jahrzehnten verschärften. Fest stand aber immer noch, dass *Die Welt* aus der damaligen Zeitungslandschaft weiterhin herausragte. 1959, als die Unruhe begann, lag die verkaufte Auflage im Jahresschnitt bei 217 000 Exemplaren. Ende 1963, als Hans Zehrer die Leitung der Redaktion in die Hände Hans Wallenbergs legen musste, wurde sogar eine verkaufte Auflage von 235 000 registriert. Und im Jahr 1966, als Zehrer am 23. August seiner Krebserkrankung erlag, wurden täglich weiterhin durchschnittlich 238 000 Exemplare verkauft. Einerseits war *Die Welt* somit immer noch die verkaufsstärkste überregionale Tageszeitung, andererseits war jedoch die Stagnation offenkundig. Die redaktionsinternen, aber auch von außen geschürten Intrigen um *Die Welt* waren daher politisch alles andere als unerheblich: Es ging um nicht mehr und nicht weniger als um den Kurs der größten bundesdeutschen Qualitätszeitung. Aus Sicht aller Beteiligten war die Kursbestimmung der *Welt* ein politisch sehr lohnendes Ziel. Die Auflagenhöhe schwankte zwar bereits erheblich von Quartal zu Quartal, doch durchaus auf hohem Niveau. Noch war das Blatt nicht in den roten Zahlen.

Indessen war die personelle Fluktuation seit Ende der fünfziger Jahre viel höher als bei einer kerngesunden Redaktion. Natürlich wurde das von den Konkurrenzblättern besonders kritisch registriert und kommentiert. Die spürbare Unruhe in der Redaktion hatte zwei wesentliche Ursachen. Zum einen ging den politisch links oder linksliberal orientierten Redaktionsmitgliedern der prononcierte Westkurs während der Berlin-Krise zu weit, wobei sie nicht zu Unrecht den Verleger als die treibende Kraft der Umorientierung betrachteten. Zum anderen war da die schwindende Führungskraft Zehrers. Der Chefredakteur hatte inzwischen nicht mehr die Energie und auch keine große Lust mehr, den Laden weiter in Schwung zu halten. Man hat zwar im Nachhinein immer wieder gesagt und geschrieben, er und Springer hätten sich bezüglich der Ost- und Deutschlandpolitik auseinandergelebt. Gewiss spielte das eine nicht ganz unwichtige Rolle. Offen oder verdeckt hatte Zehrer einen politischen Kurs verfolgt, der Deutschland in die frühere Mittellage zurückführen sollte, und das setzte auch eine Verständigung mit der Sowjetunion voraus. Der 1958 sich verschärfende und von Jahr zu Jahr unerbittlicher werdende Ost-West-Konflikt stellte diesen Kurs in Frage. Doch während die neue Lage Springer zu trotziger Konfrontation reizte, wurde Zehrer unsicher und müde. Auch ihm war natürlich klar, dass die seit dem Berlin-Ultimatum Chruschtschows völlig veränderte Situation jetzt einen anderen Kurs der Redaktion erzwang. Und er stellte sich durchaus auf die neue Lage ein, aber unfroh.

Wahrscheinlich war Zehrers Ruhebedürfnis der wichtigste Faktor bei der Redaktionsmisere in den folgenden Jahren. Zehrer wurde zeitweilig krank und musste längere Kuraufenthalte einlegen, was der Redaktionsleitung nicht dienlich war. Dazu kam die Beobachtung, dass Springer inzwischen in Bonn über viel bessere Kontakte zu den höchsten Stellen verfügte als er selbst und als politischer Verleger naturgemäß ungleich größeres Gewicht besaß.

Anderes kam hinzu. Zehrer wollte nicht einleuchten, warum der Aufbau eines weltweiten und teuren Springer-Auslandsdienstes erforderlich sei, worauf der Verleger sich auf Drängen von Julius Hollos eingelassen hatte. Würden die ohnehin schon drückenden Steuerungsprobleme des Chefredakteurs dadurch nicht noch verschärft? Desgleichen plagte ihn die Missachtung, mit der Springer seine weitgespannten kommerziellen und politischen Berlin-Pläne betrieb, ohne ihn noch groß zu konsultieren. Bisweilen schrieb er ihm ganz verzweifelte Briefe: »Mein Kopf reicht nicht aus, um die ganze Welle von Papier zu bewältigen, die täglich auf mich zukommt. Ich weiß, das alles kann erst anders und besser werden, wenn wir in Berlin sitzen werden. Um eines aber möchte ich Sie heute schon bitten: am Aufbau der Berliner Organisation möchte ich zumindest beratend beteiligt sein!«[154]

Wahrscheinlich hat Springer lange Zeit nicht richtig erkannt, dass Zehrer in der Redaktion ein komplizierteres Spiel spielte und wohl spielen musste, als er ihm mitteilen wollte. Zehrer hatte den Redaktionsfrieden zu wahren, kannte auch die schon damals stark verbreitete linksliberale Stimmung in den konkurrierenden Blättern, desgleichen in der eigenen Redaktion, er war selbst ein Mann mit Vergangenheit, die durch redaktionsinterne Kräche nicht wieder aufgewühlt werden sollte, und vor allem wollte er seine Ruhe haben – Ruhe nicht zuletzt zum Verfassen seiner weitgespannten, vielfach ausufernden Leitartikel, wozu Springer gelegentlich spitz bemerkte: »Es geht ein zu feuilletonistischer, philosophischer, vom Harten weggehender Zug durch unsere Zeitung«.[155]

Wie so oft, wenn Springer eines seiner Blätter mißfiel, suchte er zuerst die »zeitungsdramaturgische Linie«[156] zu verbessern. Aber *Die Welt* litt auch an einem Geburtsfehler. Trotz bundesweiter Verbreitung lagen ihre Schwerpunkte doch weiter in Nord- und Westdeutschland und in Berlin. Die *Frankfurter Allgemeine* war im Begriff gleichzuziehen, und der Ausbreitung in den bayerischen Raum stand die *Süddeutsche Zeitung* entgegen. Springer warf das zu gleichen Teilen dem Verlagsleiter Heinrich Schulte und Zehrer vor und gab zugleich der durch das Stiftungsstatut garantierten selbständigen Stellung der *Welt* innerhalb des Konzerns die Schuld, worin ihn sein juristischer Syndikus Hermann F. Arning mit scharfmacherischen Schriftsätzen bestärkte.[157]

Im Großen und Ganzen erschien Springer die Redaktion zu selbstgefällig, zu linkslastig und in der Blattgestaltung nicht mehr kreativ genug. Einen ersten Anlauf zur Revitalisierung unternahm der Verleger im Juli 1958 mit der Ernennung Ernst Cramers zum stellvertretenden Chefredakteur. Er hatte Cramer 1955 auf Empfehlung des Münchener Schriftstellers Hans Eberhard Friedrich kennengelernt.[158] Nach einem Gespräch auf dem Falkenstein teilte er diesem mit, er halte Cramer für einen reizenden und klugen Burschen. Und was am wichtigsten sei: »Er versteht wohl wirklich etwas vom Zeitungsmachen. Ich danke Ihnen für diese Bekanntschaft und werde Ernest J. Cramer nicht aus den Augen verlieren.«[159]

Cramer war ein Mann mit einem eindrucksvollen Lebenslauf[160], der skizziert werden muss, will man die später sehr enge Verbindung zu Springer verstehen. 1913 geboren, entstammte er einem frommen, national orientierten jüdischen Elternhaus in Augsburg. In den ersten Jahren des Dritten Reiches arbeitete er auf einem landwirtschaftlichen Lehrgut, das die Reichsvertretung der Juden in Schlesien unterhielt. Nach der »Reichskristallnacht« war er sechs Wochen im KZ Buchenwald eingesperrt, wurde freigelassen und wollte auf Bitten des Reichsverbandes noch ein Jahr lang als Leiter einer anderen Landwirtschaftsschule weiter in Deutschland arbeiten. Ein grober Beamter rettete ihm wohl das Leben, als er ihm sagte: »Wenn du in sechs Wochen noch da bist, holen wir dich wieder.« Am 18. August 1939, also quasi im letzten Moment, wanderte Cramer nach Amerika aus, was er noch heute mit den Worten kommentiert: »Der liebe Gott ist immer freundlich zu mir gewesen.« Seine beiden Eltern und der jüngere Bruder wurden nach dem Osten deportiert und ermordet.

In den USA studierte Cramer erst Landwirtschaft, meldete sich 1941 freiwillig zur Army und erhielt am 13. März 1943 die amerikanische Staatsbürgerschaft. Dieses Datum, so Cramer, habe sich ihm auch deshalb eingeprägt, weil er, ansonsten mit einem guten Schlaf gesegnet, die ganze Nacht danach unruhig über die Frage gegrübelt habe: »Was habe ich getan?« Immer noch habe er sich als Deutscher gefühlt, und jetzt: ein Amerikaner. Jahrelang habe ihm das Loyalitätsproblem eines Doppelstaatlers zu schaffen gemacht. Bei der Army kam er zu den sogenannen »Ritchie Boys« der Psychological Warfare Division, wo viele aus Deutschland oder aus Ländern der früheren k. u. k. Monarchie geflohene Juden für Abhördienste, Rundfunkpropaganda, Gefangenenbefragung oder Spionage ausgebildet wurden. Hier traf er auf verschiedene Journalisten, die später ebenfalls zu Springer fanden, wie der Emigrant Hans Wallenberg, in den zwanziger Jahren bei Ullstein Chefredakteur der Auslandsausgabe der *Vossischen Zeitung* und dann bei der *B. Z. am Mittag* (»der seltsamste Major, den ich je getroffen habe«), oder der fesche, allzeit aufgedonnerte Hans Habe.

In den ersten Besatzungsjahren war Cramer bei der Militärregierung in Bayern mit Lizenzierungsfragen und der Durchleuchtung von Presseleuten und Kulturträgern befasst. Von 1948 bis 1954 war er stellvertretender Chefredakteur der *Neuen Zeitung*, als deren Herausgeber und Chefredakteur zeitweilig Hans Wallenberg fungierte. Von 1954 bis 1958 arbeitete er als Verkaufsleiter bei UP. In dieser Funktion begab er sich im Frühjahr 1958 nach Hamburg, um den Springer-Verlag als Kunden zu gewinnen. Springer verwickelte ihn alsbald in ein politisches Gespräch. Er hatte vor kurzem seine Erfahrungen mit Chruschtschow gemacht, ohne aber bereits, meint Cramer, einen so abrupten Kurswechsel vollzogen zu haben, wie oft behauptet werde. Springer sei eben aus Amerika zurückgekommen und habe ihm vorgetragen: »Cramer, wir müssen aufpassen, daß wir nicht von den Amerikanern überrannt werden.« Er habe ihm kräftig »contra« gegeben und sei nach einer heftigen Diskussion mit dem Eindruck geschieden, dass der Springer-Verlag nach dieser Auseinandersetzung wohl kaum Kunde von UP werden würde. Am anderen Tag frühmorgens habe ihn Kracht angerufen: Springer wolle ihn nochmals sprechen, und dieser habe ihm dann die Stelle des stellvertretenden Chefredakteurs der *Welt* angeboten mit Zuständigkeit für die politische Linie. Auf die erstaunte Bemerkung Cramers, seine eigenen Auffassungen und die Springers seien doch, wie sich gestern gezeigt habe, diametral entgegengesetzt, antwortete Springer: »Mr. Cramer, I have enough yes-men in my house!«

So weit also die Vorgeschichte dieses Journalisten, aus dem seit Mitte der sechziger Jahre eine Schlüsselfigur im Hause Springer wurde. Natürlich imponierte dem Verleger, dass Cramer ein Jude war und zugleich deutscher Patriot. Zudem schätzte er es, in Cramer einen Mitstreiter mit weitgespannten Verbindungen in die USA zu gewinnen. Er hatte bei der wenig erfreulich verlaufenen

Amerika-Reise im Februar 1958 erkannt, dass er im Verlag einen in Washington und New York gut eingeführten Reisemarschall brauchte, der ihm helfen könnte, ein eigenes, weit oben aufgespanntes politisches Netzwerk aufzubauen. Und augenscheinlich wollte Springer bei der *Welt* mit Hilfe des prinzipiell pro-amerikanischen Cramer eine gewisse Kurskorrektur durchsetzen.

In der Redaktion wurde Cramer nicht freundlich empfangen. Verdachtsgründe gab es ausreichend: ein Fremder, vom Verleger persönlich entsandt und in direktem Kontakt mit diesem, ein direkter, unzeremoniöser, hemdsärmliger Amerikaner, ein Mann zudem, der überhaupt nicht verleugnete, dass er seit dem Krieg keine Berührungsängste gegenüber Geheimdiensten hatte, ein energischer Blattmacher auch, wie gleichfalls schnell deutlich wurde, der vieles ändern wollte. Nicht zuletzt Zehrer war irritiert, reagierte aber diplomatisch, indem er Cramer bat, jeden Donnerstag seine viel zu langen Leitartikel durchzusehen, und dessen Veränderungen bereitwillig übernahm. Cramer selbst aber lernte den Führungsstil Springers rasch kennen. Kaum war er in die Redaktion eingetreten, da machte ihn Hans-Wilhelm Meidinger darauf aufmerksam, dass auch er schon seit 1954 als stellvertretender Chefredakteur gleichfalls für Politik zuständig sei. Die Herren arrangierten sich; jeder machte abwechselnd einen Tag lang das Blatt. Dann stellte sich noch ein dritter stellvertretender Chefredakteur ein, dem Springer dasselbe versprochen hatte wie Ernst Cramer.

Bald wurde Hans Zehrer bewusst, dass ihn Springer freundschaftlichst umzingelt hatte. In einem ziemlich betretenen Brief bat er den Verleger um ein klärendes Gespräch zu folgenden Themen: »1.) Die Stellung Hans Zehrers. 2.) Die Abgrenzung und Einordnung der neuen Herren und ihrer Kompetenzen. 3.) Das neue Bild der *Welt*.« Wie später noch häufig, verband Springer nämlich auch jetzt seine Wünsche nach Kurskorrektur mit Forderungen nach einem neuen Layout, neuen Themen, mehr Aktualität, stärkerer Internationalisierung, besserer Redaktion der Meldungen – dies und manches mehr in der Tat Punkte, auf die es ankam, bei denen er aber auch seine eigene Meisterschaft ausspielen konnte. Das alles rumorte Ende der fünfziger Jahre in der Redaktion, ließ sich aber bislang noch unter der Decke halten. Nicht mehr verheimlichen ließ sich hingegen ein Prozess der Abwanderung, der in den Jahren 1959 begonnen hatte und sich ziemlich ungebremst fortsetzte.

Den Anfang machte der Linksaußen Erich Kuby. Er hatte 1957 ein Deutschlandbuch geschrieben mit dem Titel: *Das ist des Deutschen Vaterland. 70 Millionen in zwei Wartesälen.*[161] Springer, der sich damals selbst auf Linkskurs befand, hatte das Buch mit Wohlgefallen gelesen, ganz besonders das Kapitel über sich selbst und seinen Verlag. In Gegenwart Hans Zehrers hatte er das Einstellungsgespräch geführt und Kuby am 13. Dezember 1957 eingestellt, unmittelbar vor seiner Moskau-Reise. Dass die beiden voneinander enttäuscht waren, als Springer den Kurs wechselte, konnte nicht erstaunen.[162] Doch der Verlust Kubys mochte noch verschmerzt werden.

Der eigentliche Auslöser für den nächsten, schon gefährlicheren Auszug aus der Redaktion, von dem besonders von Paczensky später viel Aufhebens machte, war Rudolf Augstein. Augstein bewunderte den Verleger Springer, fand ihn auch menschlich amüsant, hielt ihn aber zugleich für einen politischen Toren und stand ihm in einer Mischung aus Hochachtung, Neid und periodischen Anwandlungen von Bosheit gegenüber. Für einen großen Kriegszug gegen den »Mammutverleger« fühlte er sich allerdings noch nicht stark genug. Aber er hatte bereits Freude daran, diesen gelegentlich in einer eigenen Kolumne zu verspotten oder durch größere oder kleinere Berichte im *Spiegel* ärgern zu lassen. So machte es ihm jetzt auch Spaß, eine ganze Anzahl von Journalisten an sich zu ziehen, die sich in der *Welt* nicht mehr wohlfühlten. Ende der fünfziger Jahre war ihm der *Spiegel* nämlich auch etwas langweilig geworden. Und da er über die Jahre hinweg etwas Kapital angesammelt hatte, packte ihn der Ehrgeiz, die ehrwürdige *Deutsche Allgemeine Zeitung (DAZ)* in Gestalt einer Wochenzeitung wiederzubeleben.[163] Augsteins Planungen erreichten ihren Höhepunkt im Jahr 1960, als die Berlin-Krise immer noch in der Schwebe war. Wohin die Tendenz gehen sollte, war nicht ganz klar. Paul Sethe, den Zehrer mit Springers Billigung 1955 zur *Welt* geholt hatte, der aber inzwischen einem ausgebrannten Vulkan glich, sollte Chefredakteur sein. Je länger, je mehr war aus Sethe ein »Bismarckianer« mit unglücklichem Bewusstsein geworden. Man mochte ihn für einen Nationalliberalen oder Alt-Konservativen halten, jedenfalls war er stark rückwärtsgewandt und mit der Gegenwart zerfallen. Augstein, der selbst Bismarck-Verehrer war, fühlte sich mit Sethe durch den gemeinsamen Helden verbunden. Ganz besonders wichtig für ihn war aber, dass Sethe als journalistische Symbolfigur des Aufbegehrens gegen Adenauer galt. Zudem erfreute ihn der Gedanke, jemanden, dessen Ruhm immer noch groß war, von Springer abzuwerben. Damals wie auch später lag in Augsteins Innerem der Nationalist mit dem Linksliberalen im Streit, und Chruschtschows Berlin-Ultimatum machte alles noch komplizierter. Anders als Sethe drängten Gert von Paczensky, Gösta von Uexküll oder Peter Grubbe, die damals gleichfalls *Die Welt* verließen und sich von Augstein anwerben ließen, zu linksliberalen Ufern.

Die Pläne Augsteins waren allerdings finanziell noch unausgegoren. Selbst der Titel war ein Problem. Springer, der Augsteins Treiben mit Missfallen verfolgte, ohne aber schon stark alarmiert zu sein, machte sich ein Vergnügen daraus, ihm zeitweilig in der Titelfrage juristische Knüppel zwischen die Beine zu werfen, was Augsteins Sympathie für ihn nicht verstärkte. Doch schließlich ließ sich Springer von Augstein zum Verzicht auf den Titel bewegen. Wenn aus dem Blatt schließlich nichts wurde, so lag das indes nicht an Springer, sondern hatte andere Gründe. Auch der Kölner Verlag Schwab erhob erfolgreich Anspruch auf den Titel, Augsteins Partner John Jahr machte finanzielle Bedenken geltend, in der *Spiegel*-Redaktion war man gleichfalls nicht glücklich über die Pläne, und die für die neue Wochenzeitung in Aussicht genommene Redaktionsmannschaft zeigte ebenfalls wenig Neigung, sich dem Herausgeber Augstein unterzuordnen.[164] Schließlich musste dieser im Sommer 1960 ziemlich blamiert alles auf die lange Bank schieben, genauer gesagt: die ganze Sache abblasen.

Dennoch war in der *Welt*-Redaktion jetzt eine Wanderungsbewegung in Gang gebracht, die schwer zu stoppen war. Die Trennung von Springer und Sethe vollzog sich noch in allen Formen. Sethe versicherte Springer seiner Bewunderung und schrieb, er sei sicher, »daß das Schicksal Sie noch zu einer bedeutenden Rolle für unser Volk bestimmt hat«. Zugleich aber stellte er klar, dass unüberwindliche Gegensätze der »Überzeugungen« bestanden. Und da Conrad Ahlers im *Sonntagsblatt* geschrieben hatte, »Paul Sethe und seine Kollegen wollten nicht Untertanen Springers sein«, präzisierte dieser seine Äußerungen: »Ich glaube ein zuverlässiger, immer zu Kompromissen bereiter Bundesgenosse zu sein. Leider habe ich nicht das Talent zum Untertanen, auch nicht gegenüber einem Mann, den ich so bewundere wie Axel Springer.«[165] Springer seinerseits erwiderte »herzlichst«, er glaube, »dass wir beiden wieder ganz einer Meinung (nicht wörtlich zu nehmen, bitte!) sein werden, wenn die Politik nach vorn wieder offen ist. Und das wird geschehen.« Ein wenig habe er den Weggang auch »als menschliche Schlappe für mich« betrachtet, weil es ihm nicht gelungen sei, Sethe gegenüber sachlich überzeugender zu sein.[166] Allem Anschein nach lagen die Differenzen also in zwei Punkten: zum einen in Springers Erwartung, die Redaktion der *Welt* solle den von ihm für richtig gehaltenen Kurs mit vertreten, zum anderen in der Frage, welche Strategie der Sowjetunion gegenüber die beste sei. Doch blieben die beiden Herren weiterhin in brieflicher Verbindung. Als Springers *Bild*-Zeitung in den kritischsten Monaten der Berlin-Krise Sperrfeuer schoss, sandte ihm Sethe, wie eben erwähnt, verschiedentlich anerkennende Briefe. Doch das war ein privater Austausch. Entscheidend war die öffentliche Signalwirkung von Sethes Ausscheiden im Frühjahr 1960.

In anderen Fällen wurden im Zusammenhang mit der ersten Absetzbewegung von der *Welt* deutlichere Worte gewechselt. Der Korrespondent in Washington, Joachim Besser, warf Zehrer bei der Kündigung vor, Sethe sei »die Lebensluft abgeschnitten« worden, er seinerseits wähle die Freiheit. Zehrer sagte ihm daraufhin auf den Kopf zu: »Sie haben seit langem ein Angebot Augsteins, und man hat Sie jetzt gedrängt, sich zu entscheiden. Sie wissen genau, daß Sie selber keine Veranlassung haben, die Liberalität der *Welt* zu bezweifeln, denn ich habe Ihnen in Ihrer Arbeit nie etwas in den Weg gelegt bis hin zu Ihrem Aufenthalt in Amerika, dessen recht kostspieliges Ergebnis wahrscheinlich nicht ganz unseren beiderseitigen Erwartungen entspricht ...«[167]

Die vielschichtigen Gründe für diese Welle des Fortgangs von der *Welt*, der weitere folgten, lassen sich wohl in drei Stichworten zusammenfassen: Springers Konformitätsdruck, Augsteins Abwerbung und Zehrers reduzierte Führungskraft. Ein besonders spektakulärer Abgang ereignete sich inmitten der *Spiegel*-Krise im Oktober 1962. Ohne vorerst nach außen sichtbar zu werden, ging damals ein Riss durch den Verlag. Genauso wie die Blätter von Gerd Bucerius hatte auch Christian Kracht der von der Polizei besetzten *Spiegel*-Redaktion technische Hilfe zur Fortführung ihrer Arbeit angeboten. Springer gab Weisung, diese Anordnung rückgängig zu machen. So wie Adenauer, der ihm wohl Details über die Ergebnisse der Durchsuchung beim *Spiegel* mitgeteilt hatte,[168] glaubte auch Springer an einen »Abgrund von Landesverrat«. Der Schlag gegen den *Spiegel* war erfolgt, als die Kuba-Krise ihrem Höhepunkt zutrieb. Heute wissen wir aus sowjetischen Dokumenten, dass Chruschtschow entschlossen war, alsbald nach der Stationierung nuklear bestückter Mittelstreckenraketen auf Kuba die Zustimmung des Westens zum mittelfristigen Abzug der westlichen Truppen aus West-Berlin zu erzwingen.[169] Damals war das nur zu vermuten. Springer war somit nicht im Unrecht, wenn er vor dem Hintergrund der Gefahr eines Dritten Weltkriegs die Verhaftung Augsteins billigend in Kauf nahm. Auch in der *Welt* zeigte man Verständnis für das Vorgehen der Bundesregierung und spielte den Vorgang herunter.

Das führte zum Bruch mit Sebastian Haffner. Springer hatte sich geschmeichelt gefühlt, als sich der schon damals renommierte Haffner nach dem Zerwürfnis mit dem *Observer* gerne bereitfand, seit 1960 als freier Mitarbeiter in der *Welt* gegen Ulbricht, gegen das Berlin-Ultimatum Chruschtschows und dann vor allem auch gegen den Mauerbau anzuschreiben. Ein paar Jahre lang lagen die beiden auf der gleichen politischen Wellenlänge. Als Haffner 1959 einen kritischen Artikel gegen die Massenflucht aus der DDR verfasst hatte, ließ Springer den Beitrag in der *Welt* nachdrucken und dankte Haffner gleichzeitig persönlich. Dieser zeigte sich in seinem Antwortbrief besorgt über »die zunehmende Aufweichung im Westen (auch in Westdeutschland)« und bekundete seine Bereitschaft, »der derzeitigen Appeasement-Tendenz entgegenzuwirken und die Unhaltbarkeit der deutschen Teilung wieder ins Bewusstsein zu rücken«.[170]

Die Spalten der Springer-Zeitungen standen Haffner von jetzt an offen. In den kritischen Jahren 1961 und 1962 hat Haffner als Kolumnist bei der *Welt* auf der Pauke des Kalten Krieges getrommelt. Doch wenige Tage nachdem die Kuba-Krise abgeklungen war, gab er am 2. November 1962 einen bundesweit vielbeachteten Fernsehauftritt bei »Panorama«, wo inzwischen von Paczensky als Chefredakteur fungierte, und warnte: »Wenn die deutsche Öffentlichkeit sich das gefallen läßt, wenn sie nicht nachhaltig auf Aufklärung dringt, dann adieu Pressefreiheit, adieu Rechtsstaat, adieu Demokratie.«[171] Einen Monat später übersandte Zehrer Springer eine von Haffner verfasste Kolumne mit der Bemerkung: »Es ist dies der dritte Artikel, den ich rausschmeiße. Im ersten plädierte er für ein Zusammengehen mit der Sowjetunion, im zweiten hatte er die *Spiegel*-Affäre als Super-Augstein behandelt ... und hier als drittes, nachdem wir *Die Welt* mit außerordentlicher Vorsicht und Verantwortung durch die innenpolitische Krise gesteuert haben, wird alles, und zwar posthum, wieder aufgerissen, Strauß wird als Verfassungsverräter angeklagt und soll hinter Gitter ..., dem Bundeskanzler wird bescheinigt, dass die Mitwisserschaft gottlob nicht strafbar sei. Und dann kommt das Allerschlimmste: es wird eine SPD-FDP-Regierung propagiert als letzter und einziger Ausweg, die ich persönlich bis aufs Letzte bekämpfen würde und Sie wahrscheinlich doch auch.«[172] Zehrer begrüßte den Bruch mit Haffner. Dieser wechselte nun mit großer Geste von der *Welt* zum *Stern* und machte *Die Welt* fortan überall schlecht, weil sie seine kritischen Artikel in der *Spiegel*-Affäre nicht gebracht hatte.

Haffners Positionswechsel war für weitere Redakteure bei der *Welt* ein Signal, sich zu den linksliberalen Blättern zu verändern oder zum Fernsehen, dessen Magazinsendungen zusehends die Deutungshoheit errangen. Zu guter Letzt hatten sich etwa zwei Dutzend Redakteure davongemacht. Am verdrießlichsten, zugleich auch am rätselhaftesten war und blieb der Fall Haffner. »Ich glaube nicht, dass Sebastian Haffner erpresst wird oder gekauft ist«, schrieb Zehrer an Springer. »Er will nur immer sehr apart sein und hat mir einmal in einer langen Auseinandersetzung gesagt, es käme ihm gar nicht so sehr darauf an, daß, was geschrieben ist, richtig ist und ob es durchzusetzen sei. Hauptsache sei, dass es die Leute aufrege und zu Diskussionen führe.« Seine Haupttriebfeder: »... immer anders zu sein als die anderen. Er ist eigentlich der Prototyp des Feuilletonisten, der ohne politische Verantwortung im Topf der Politik herumrührt, aber gerade deshalb in seiner Wirkung besonders gefährlich ist. Ich halte diese Clique, die sich da um Bucerius gesammelt hat, für bedeutend gefährlicher als Rudolf

Augstein und seine Leute ...«[173] So kündete sich im Gefolge der *Spiegel*-Affäre die Polarisierung zwischen den Hamburger Pressehäusern an.

Von Springer selbst sind zur *Spiegel*-Affäre keine dezidierten schriftlichen Stellungnahmen auffindbar. Freund Kaye Sely, der fern in Italien bei der Beobachtung der Affäre befremdet feststellte, wie zurückhaltend die Springer-Presse auf das Thema einstieg, richtete einen langen Brief an Springer: »Erstens, was da in Deutschland geschieht, erfüllt mich mit tiefer Sorge. Zweitens vermisse ich eine wirklich demokratische Reaktion dort, wo ich sie am zuversichtlichsten erwartete, nämlich in Ihren Blättern. Drittens frage ich mich, ob Sie dieses Menetekel, das dem *gesamten* deutschen Pressewesen entgegenflammt, nicht erkennen können oder wollen.«[174] Springer wollte sich nicht streiten und antwortete nur: »Über die ›*Spiegel*-Affäre‹ wäre so viel zu sagen, dass man sich zusätzlich Briefpapier kaufen müßte.«[175]

Inzwischen wissen wir seit langem, dass in diesen Wochen die Hegemonie der konservativen Kräfte im Geistesleben der Bundesrepublik mit einem großen Knall zu Ende ging, während die linksliberale Ära einsetzte, wenngleich vorerst noch unklar war, was und wer sie dominieren würde. Ein Journalist wie Haffner, der damals nicht weit von der Freien Universität entfernt in Dahlem wohnte, erlebte, wie selbst in der »Frontstadt« Berlin Tausende von Studenten den Verteidigern des *Spiegel* zujubelten. Die akademische Jugend und Journalisten wie Haffner, die eine Nase für Kommendes hatten, glitten nach links, während Springer nur mit den höchsten Spitzen des Regierungs-Establishments telefonierte. Ob Springer anders reagiert hätte, wenn er persönlich im Direktkontakt mit den Studenten die Veränderung des Klimas beobachtet und seine Schlussfolgerungen daraus gezogen hätte, muss Spekulation bleiben. Früher war er ein Mann mit feinen Antennen gewesen. Dass er zum politischen Umsteuern fähig war, hatte er verschiedentlich bewiesen. Ließ ihn diesmal sein Instinkt im Stich? Oder hat damals und später sein zorniger Anti-Sowjetismus alle anderen Überlegungen verdrängt? Wahrscheinlich spielte beides eine Rolle. Jedenfalls kann die mittel- und langfristige Bedeutung der *Spiegel*-Affäre auch für ihn und das Schicksal seiner Zeitungen nicht hoch genug eingeschätzt werden. Noch war unklar, welche

Kräfte sich mittelfristig durchsetzen würden. Doch seine allmähliche Isolierung im Medienbereich datiert von diesem Zeitpunkt an.

Das Frühjahr 1963 brachte den Tod des Verlagsdirektors Heinrich Schulte. Allgemein nahm man damals und später an, fortan habe niemand mehr Springers Wunsch im Wege gestanden, *Die Welt* noch stärker als bisher schon auf seinen eigenen Kurs einzuschwören. Er selbst wollte das aber gar nicht so sehen. Das geht aus einem Brief hervor, den er wenige Wochen nach Schultes Tod an Otto A. Friedrich, Generaldirektor der Phoenix-Gummiwerke, Vorsitzender der *Welt*-Stiftung und langjähriger Bewunderer Springers, richtete. Schulte habe noch nie ein Recht gehabt, wie man im *Spiegel* habe lesen können, die unabhängige Gestaltung der politischen und personellen Richtlinien des Verlags gegenüber Springer durchzusetzen: »Das *Welt*-Haus soll ja gar nicht unabhängig von seinem Majoritätsbesitzer, sondern unabhängig von bestimmten politischen und anderen Interessengruppen geführt werden.«[176] Darüber habe es zwischen ihm und Schulte auch nie eine Meinungsverschiedenheit gegeben. In den folgenden Sätzen bekundete er sein eigenes Selbstverständnis als Verleger: »Da ich … kein Händler mit bedrucktem Papier bin, sondern ein politischer Mensch, berufe ich Chefredakteure meines Vertrauens. So ist es auch zu erklären, daß wie ein roter Faden – bei aller Freiheit der Chefredakteure – durch unsere Blätter eine Politik für Berlin, für Gesamtdeutschland zu spüren ist.«

Friedrich gegenüber hatte er zwar weiterhin sein Vertrauen in Zehrer bekundet. Doch erkannte er genau, dass eine Umgliederung an der Spitze erforderlich war. Es galt, für den verdienten, aber ziemlich ausgebrannten Chefredakteur einen Abgang zu finden, der ihn das Gesicht wahren ließ. Nach verschiedensten Gesprächen schrieb ihm Zehrer, Gentleman bis zuletzt, am 17. Oktober 1963 einen Brief,[177] in dem er den Wunsch formulierte, sich nunmehr, nach zehn Jahren an der Spitze der *Welt*, im Rahmen seines Vertrags »aus der unmittelbaren ›Tagesarbeit‹ des Chefredakteurs« zurückzuziehen. Er wolle nach Berlin übersiedeln, von dort aus weiter für die *Welt* schreiben und den grundsätzlichen Kurs des Blattes bestimmen. Sein Vorschlag für die Leitungsspitze der *Welt*: Hans Wallenberg, ein guter Freund seit den inzwischen mehr als 30 Jahre zurückliegenden Ullstein-Tagen. Wallenberg sollte als Geschäftsführender Redakteur mit Weisungsbefugnis gegenüber der Redaktion amtieren, Hans-Wilhelm Meidinger (den Zehrer als Chefredakteur nicht durchsetzen konnte) wäre dessen Stellvertreter in der Chefredaktion. Für sich selbst sah Zehrer eine Rolle vor, bei der er von der Tagesarbeit entlastet wäre, weiterhin aber die Position in der *Welt*, nicht zuletzt auch das Gehalt des Chefredakteurs behielte, im Übrigen aber mehr Zeit zum Schreiben und Reisen hätte.[178] Für den *Spiegel* und andere Blätter kam der Wechsel zwar einer fast völligen Entmachtung Zehrers gleich, tatsächlich aber war es eher der Rückzug eines müde gewordenen älteren Herrn, dem die Arbeit über den Kopf gewachsen war.

Wie häufig in solchen Fällen, wechselten bei Zehrer von jetzt an Perioden der Verzweiflung über die Entfernung vom Ort des Geschehens in Hamburg (somit auch von Springer) mit der Einsicht in die eigene körperliche Hinfälligkeit. Er begann Tagebuch zu schreiben und vermerkte in knappen, vielfach bitteren Notizen sein Auf und Ab der Gefühle dem Verleger gegenüber, der ihn oft wochenlang links liegen ließ, dann und wann wieder mit Bekundungen lebhaftester Freundschaft überhäufte oder ihm gelegentlich seitenlange Briefe schrieb, ihm aber immer rätselhafter wurde. Dass Zehrer seine Zweifel an der Zukunft der *Welt* und am Geisteszustand Axel Springers nicht allein dem Tagebuch, sondern auch Dritten anvertraute, ist sicher. Manche Negativinformationen, die später im *Spiegel* und anderswo erschienen, hatten in ihm ihre Quelle.

Verständnislos reagierte Zehrer auf Springers Scheidung von seiner im Verlag allgemein beliebten Frau Rosemarie. Die Astrologin Ina Hetzel, die weiterhin im Hintergrund an den Fäden zog, hatte ihm wieder einmal einen Brief mit Informationen geliefert: »Glaubte gestern, ganz klar zu sehen, nachdem Ina Hetzel mir schrieb, A. S. erträgt keinen neben sich, der mehr ist als er. Das ist ganz primitiv, aber das allein erklärt eigentlich alles.« Bitter vermerkte er mit Blick auf die dritte Scheidung Springers, aber auch auf die eigene großzügige Versorgung: »Geld spielt ja keine Rolle. Nur weil er rasch aus der Sache herauskommen und keinen Ärger haben will. Dazu hat er auch viel zuviel Schiß vor der Öffentlichkeit …«[179]

Die Scheidung Springers, auf die Zehrer hier anspielte, lag schon weiter zurück. Lange Zeit hatte sich Springer in den Erfolgen seiner Frau Rosemarie gesonnt, die in den späten fünfziger und frühen sechziger Jahren als führende Dressurreiterin bundesweit und international viel Renommee genoss.[180] Die Gründe für die Entfremdung brauchen hier nicht zu interessieren. Über Springers polygamen Lebenswandel wurde zwar in der Hamburger Society hinter vorgehaltener Hand getuschelt, doch verstand er es, sein Privatleben aus der Klatschpresse herauszuhalten. Seine Frau Rosemarie, eine Dame von Welt, war entschlossen, die Ehe nicht in die Brüche gehen zu lassen.

Ausgerechnet in den Jahren 1960 und 1961, als die Berlin-Krise Springer, so möchte man meinen, Tag und Nacht in Atem hielt, hatte er die Zeit für ein neues Verhältnis gefunden. Der Gesellschaftsskandal bestand darin, dass er seinem Nachbarn, dem Industriellen und häufig abwesenden Sportsmann Horst-Herbert Alsen, nun schon zum zweiten Mal die Frau ausspannte, ob als Verführer oder als Verführter mag dahingestellt bleiben. Tatsache ist jedenfalls, dass er seiner dritten Ehefrau in einer unerfreulichen Szene eröffnete, es sei für ihn zwingend, mit Helga Alsen, allgemein »Mausi« genannt, eine neue Ehe einzugehen.[181] Mit der Abwicklung der Sache wurden Christian Kracht und der Justitiar Arning beauftragt. Sie überbrachten einen Brief, in dem eine Abfindung von einer Million angeboten wurde. Das Angebot war nur scheinbar großzügig, denn es bestand Gütergemeinschaft. Frau Rosemarie zerriss den Brief, verzichtete auf ihre sehr viel weiter reichenden Ansprüche und ließ Springer ausrichten, er solle darüber befinden, was er ihr lassen wolle. Springer entschied, ihr auf Lebenszeit Gut und Gestüt »Halloh« zu überlassen, wo sie in besseren Tagen häufig zusammen geritten waren.

Mit welchen Argumenten Springer zur Ehescheidung veranlasst wurde, kann nur vermutet werden. Die Eheschließung mit Helga Alsen, die zwei Kinder in die Ehe mitbrachte, vollzog Springer reichlich unzeremoniös. Die Scheidung von Frau Rosemarie erfolgte am 1. Februar 1962, die standesamtliche Trauung mit Helga Alsen, die schwanger war, fand am 9. März 1962 in einem Hotelzimmer des »Grand Hotel Dolder« in Zürich statt. Ein Sohn wurde Mitte September 1962 ebenfalls in Zürich geboren. Springer gab ihm den Namen seines Lieblingsheiligen Nicolaus.

Es waren solche und andere Vorgänge, die im engsten Umkreis

Springers Irritationen hervorriefen. Bei dem enttäuschten, an den Rand geschobenen und entsprechend verbitterten Hans Zehrer waren sie besonders stark. Bewusst oder unbewusst verpasste Springer seiner Umgebung unablässig Wechselduschen. Solange Zehrer auf Deck war, aber auch noch in der Berliner Zeit, hatte er neben sachlichen oder herzlichen Briefen periodisch irgendwelche Nasenstüber erhalten, oft in einer süß-sauren Mischung aus Herzlichkeit und versteckter Bosheit, bisweilen aus Hotels, in denen Springer stilvoll Urlaub machte und sich in schlaflosen Nächten über die eigenen Zeitungen ärgerte. Nach bewegter Klage über die ostpolitische Aufweichung in der seinerzeitigen Bundesrepublik (»es ist anstrengend, in dieser Zeit auf Urlaub zu sein!«) bekam der formell immer noch als Chefredakteur der *Welt* amtierende Zehrer gelegentlich Folgendes zu lesen: »Eine wie langweilige, ungekonnte Zeitung, ohne jeden Pfiff ist doch *Die Welt*. So ledern, so brav in der falschen Richtung … Lauter kleine Leute tun ihr Bestes! Gute Nacht (es ist ½ 4:00 nachts. Ihr Axel).«[182]

Als Springer aber klar wurde, dass Zehrer erneut gefährlich erkrankt war, schrieb er ihm nur noch zarte, ermutigende, auch von frommen Betrachtungen durchzogene Briefe, so etwa im März 1966 aus dem Berner Oberland, wo er sich selbst erholte: »Ich laufe sehr viel, und es geht mir auch schon besser. Ich sitze in vielen Gebirgskirchen herum und lese das Johannisevangelium in der Deutung Christi …«[183] Kurz vor Zehrers Ende erhielt dessen Frau Bill einige handgeschriebene Zeilen: »Ich denke jeden Tag und jeden Abend an Zehrer + Sie.«[184]

So war Springer in der rechten Stimmung für die Grabrede bei den Beisetzungsfeierlichkeiten in der Dorfkirche zu Berlin-Dahlem. Aus dem Verstorbenen, dem er selbst hart zugesetzt hatte, wurde nun wieder »der große Journalist, Patriot und Gottsucher Hans Zehrer«: »Er hat zu den wenigen gehört, die das Thema der Wiedervereinigung in jenen gefährlichen Jahren am Leben gehalten haben, da es nicht nur aus der internationalen Politik, sondern, weit schlimmer noch, aus Westdeutschland zu schwinden drohte …« Ein Kämpfer gegen »die Trägheit des Herzens« sei Zehrer gewesen.[185]

Auf diesen hohen Ton waren künftig alle Erinnerungen an Zehrer gestimmt. Je frommer Springer selbst wurde und je weiter er sich innerlich von seinen Zeitungen entfernte, umso inniger wurde des »Gottsuchers« gedacht. 1975 schrieb Springer an Georg Schröder, langjähriger *Welt*-Korrespondent in Bonn, der die Vorgeschichte kannte, sodass man ihm in Bezug auf das eigene Blatt nichts vormachen konnte: »Ich schreibe am alten Schreibtisch Hans Zehrers, den ich zu dem meinen gemacht habe. Wie sehr der Freund mir fehlt! Nicht als aktiver Journalist so sehr, sondern als deutender Gesprächspartner in den Abendstunden nach der mehr vordergründigen Tagesarbeit, wenn man anfangt, nach dem Sinn der Dinge zu fragen.«[186]

Die Unruhe um *Die Welt* war aber auch nach Zehrers Tod nicht zu Ende. Jetzt erst fing jener Rhythmus so recht eigentlich an, der die folgenden beiden Jahrzehnte charakterisierte: periodischer Wechsel der Chefredakteure, chronische Unzufriedenheit des Verlegers mit der Ausstrahlung, der politischen Akzentsetzung und der Machart des Blattes, Stöhnen über die Kosten der Zeitung, die zusehends in die roten Zahlen geriet, Unfähigkeit, dieses komplizierte Instrument jemals ganz mit seinem politischen Willen zu durchdringen.

Welche Einblicke vermittelt die hier skizzierte Evolution der *Welt* in die Biographie Axel Springers? Da ist erstens die Grundbedingung seiner Psychologie, dass er zwar einerseits ein harmoniesüchtiger, zugleich aber auch ein sprunghafter und selbstbezogener Mensch, ein kühl kalkulierender Verlagschef und ein zäher Politiker war, der seine Legitimation nicht aus Wahlen, sondern aus den Kaufentscheidungen seiner Leser bezog. Die Rollen des Politikers, des Verlagschefs und des herzlichen, auch dankbaren Gentleman ließen sich aber nicht in Einklang bringen. Das Verhältnis zwischen Springer und Zehrer illustriert diese Ansammlung konstitutiver Widersprüche, an denen sich auch andere Getreue Springers aufrieben. Wenn jedoch der Tod, so wie bei Zehrer, die unlösbaren Konfigurationen beendete, trat das Harmoniestreben ganz in den Vordergrund und überlagerte alle bitteren Erinnerungen, verfälschte sie aber auch.

Ähnlich ist er nach dessen Rückzug auch mit Karl Andreas Voss verfahren. Ein vergleichbarer Vorgang war darüber hinaus auch bei der Ikonisierung des Vaters Heino Springer oder Springers 1960 verstorbener Mutter zu beobachten, der er gegen Ende ihres

Lebens zusehends ausgewichen war, weil sie ihn wegen seines unsteten Privatlebens manchmal mit Vorwürfen überschüttete. Im Grunde hat er sich seinen geschiedenen Damen gegenüber ähnlich verhalten: unablässiges Bemühen, die durch eigenes Verschulden zerbrochene Beziehung nicht nur durch großzügige Abfindungen, sondern auch durch reizende Telefonate, Briefe, Geschenke oder sonstige Gesten irgendwie harmonisch zu erhalten. Dafür sprach gewiss auch der Umstand, dass drei dieser Damen die Mütter seiner drei Kinder waren, wie auch die komplizierte Vaterbeziehung zu diesen und die jeweiligen Unterhaltsansprüche. Er wollte wesensmäßig der Sonnyboy bleiben, als der er begonnen hatte, später dann der feine Gentleman und noch später der christliche Hausvater. Insofern war der nachträgliche Kult um Zehrer eher der Regelfall einer Psyche, die, wenn es um Politik und ums Geschäft ging, vor Verletzungen nicht zurückscheute, den Verletzten oder vom Tod Ereilten dann aber posthum ein schönes Gedenktempelchen errichtete.

Der zweite Punkt, in dem die Auseinandersetzungen um den Kurs der *Welt* einen grundlegenden Einblick gestatten, betrifft Springers Selbstverständnis als Verleger. In diesem Punkt muss der Kontext der Zeitumstände beachtet werden. Bis in die späten sechziger Jahre hinein waren zumindest die bedeutenderen politischen Verleger in der Bundesrepublik ohne größere Skrupel von der Überzeugung durchdrungen, dass der Verleger nicht nur sein Geld in seine Blätter investiert und allein das geschäftliche Risiko trägt, sondern dass er zugleich den politischen Kurs seiner Zeitungen verantwortet. Rudolf Augstein, Gerd Bucerius und Axel Springer in Hamburg, die Ullsteins in Berlin, die Friedmanns in München oder Anton Betz von der *Rheinischen Post* in Düsseldorf unterschieden sich in dieser Hinsicht nicht fundamental. Sie schworen zwar allesamt auf die Pflicht zur journalistischen Objektivität, verbanden diesen Schwur aber zugleich mit der Überzeugung, die Meinungsfreiheit des Verlegers rechtfertige eben auch, dass er die eigenen Blätter am langen oder kürzeren Zügel der eigenen Meinung führt. Chefredakteure oder andere Redaktionsmitglieder, die damit nicht konform gingen, mochten eben in Gottes oder drei Teufels Namen zur Konkurrenz gehen oder zum öffentlich-rechtlichen Rundfunk.

Dieses Verlegerbild begann sich um die Mitte der sechziger Jahre zu wandeln. Es war kein Zufall, dass Paul Sethe einer der Ersten war, der dies kritisch auf den Punkt brachte: »Pressefreiheit ist die Freiheit von 200 reichen Leuten, ihre Meinung zu verbreiten. Journalisten, die diese Meinung teilen, finden sich immer ...«[187] Sethe hatte seine Erfahrungen mit der *FAZ*, mit Springer, mit Bucerius und mit Augstein gemacht; er wusste, wovon er schrieb. Als jedoch seit 1967 die Reformbewegung die Forderung nach »Demokratisierung« auf ihre Banner schrieb, wurde das Beharren auf der Meinungsfreiheit des Verlegers zum Brandmal erklärt, das den typisch undemokratischen, autoritären Boss kennzeichne.

Jetzt kamen überall die Forderungen nach »innerer Pressefreiheit« aufs Tapet. Das Postulat der Meinungsfreiheit wurde nun vorwiegend – für viele ausschließlich – als Meinungsfreiheit der Redakteure definiert und richtete sich gegen den Herr-im-Hause-Standpunkt des Verlegers. Manche der politischen Verleger gingen in die Knie oder simulierten jedenfalls den Kniefall: Bucerius, Augstein oder die Inhaber der *Süddeutschen Zeitung*. Springer aber, der Mächtigste der deutschen Verlagsherren, dachte überhaupt nicht daran, vom Prinzip der Meinungsfreiheit des Verlegers mit allen presserechtlichen Konsequenzen abzurücken. Somit hatte es seine innere Logik, dass diejenigen, die zwischen 1959 und 1966 aus unterschiedlichsten, vielfach auch politischen Gründen der *Welt* den Rücken gekehrt hatten, nunmehr den Kurswechsel der *Welt* als ganz und gar skandalösen Vorgang darstellten.

»AS befahl die Schwenkung«, hat Gert von Paczensky seine sehr kritische Darstellung der Geschichte der *Welt* unter der Ägide Springers überschrieben.[188] Vorerst noch unausgesprochen lag seinen Vorwürfen die neue Doktrin vom Primat der »inneren Pressefreiheit« zugrunde. Springers *Welt* galt ihm als eine Art Negativfolie für die künftigen Forderungen. Dass diese Abrechnung ausgerechnet in Rudolf Augsteins *Spiegel* erschien, zeugte von bemerkenswerter Chuzpe. Keine Wochenzeitschrift in der Bundesrepublik hatte sich so prononciert wie *Der Spiegel* als ein Magazin profiliert, das Augstein, sicher brillanter als Springer und auch aus der Redaktion nicht immer unangefochten, in Richtung seiner sehr subjektiven Verleger-Meinung gesteuert hatte.

Springer selbst ebenso wie seine Gegner aus den unterschiedlichsten Lagern, die sich langsam zu sammeln begannen, betrachteten den Kampf um *Die Welt* als Ausdruck des Streits um die »Deutungshoheit« in der Bundesrepublik, wie man das später genannt hat. Wie war deren bisherige Außenpolitik zu bewerten? Wie die Innenpolitik? Und wohin sollte die Reise gehen? Dies alles geschah noch einige Jahre vor der Studentenbewegung, vor der sozialliberalen Politik der inneren Reformen und vor der neuen Ostpolitik. Aber in der *Welt* und im Meinungsstreit um *Die Welt* hatte die Zukunft in der Spätzeit Adenauers und in den Jahren der Kanzlerschaft Erhards bereits begonnen.

»Kann ein Politiker es riskieren, ihm die Stirn zu bieten?«[189]

Als der Gründungskanzler Konrad Adenauer am 15. Oktober 1963 abtrat, war die Frühzeit der Bundesrepublik zu Ende. Sie war nicht nur die Ära Adenauer gewesen. Neben ihm, durch ihn, manchmal gegen ihn und schließlich wieder eng mit ihm zusammen hatte auch Springer in diesen 14 Jahren seinen Aufstieg zu einer beispiellosen publizistischen Machtposition vollzogen. Gestützt auf *BILD* und *Die Welt* verkehrte er mit den Spitzenpolitikern schon seit langem von Gleich zu Gleich. Neben und über der Parteiendemokratie war er zu einer politischen Größe eigenen Rechts emporgewachsen.

Nichts charakterisiert Springers politisches Profil besser als eine Äußerung Adenauers in einem Interview mit Peter Boenisch, jetzt Chefredakteur von *BILD*, elf Tage vor dem Rücktritt des Kanzlers. Boenisch hatte gefragt: »Von welchem deutschen Politiker glauben Sie, Herr Bundeskanzler, daß er Ihre Politik am besten und am durchschlagendsten fortsetzen kann? Wer hat auch Ihre größten Sympathien? ADENAUER: Herr Springer. Darauf waren Sie nicht gefaßt, und dagegen können Sie auch nichts sagen. BOENISCH: Vor allem kann ich das schlecht drucken. ADENAUER: Aber ich spreche in vollem Ernst. Springer hat doch ein sehr großes Verständnis und er hat auch den genügenden Weitblick. Und Springer hat – das gehört zum Politiker, ist aber die seltenste Eigenschaft – Mut. Die Politiker leiden fast alle unter Mangel an Mut. Ich will gar nicht sagen, aus Mangel an Kühnheit, sondern an Courage.« Boenisch hat erst 1976 von diesem Interview berichtet.[190] Adenauer hatte nicht nur offen zum Ausdruck gebracht, wie wenig er von seinem Nachfolger Ludwig Erhard hielt, sondern zugleich auch signalisiert, wie viel er sich – politisch ausmanöviert, wie er damals war – von der Presse-Unterstützung Springers erhoffte, die ihm dann auch zuteil wurde. Darüber hinaus ist seine Feststellung ein Beleg dafür, dass der parteilose Axel Springer im damaligen politischen Establishment der Bundesrepublik eine Spitzenposition einnahm, und das nach Adenauers Meinung bereits viel näher beim konservativen Flügel der CDU als bei der SPD.

Solange der Druck auf Berlin die großen Parteien auf West-Kurs zwang, waren Springer beide Volksparteien lieb und wert. Im Herbst 1961 hätte er am liebsten eine Große Koalition gesehen, für die er *BILD* heftig trommeln ließ. Als es Adenauer nochmals gelang, eine Regierung aus CDU/CSU und FDP zu bilden, war er nicht besonders zufrieden. Dem neuen Bundesaußenminister Gerhard Schröder brachte er Misstrauen entgegen, weil er ihn in der Berlin-Frage für einen Defätisten hielt. Springer und Schröder waren zwar beide Sylt-Liebhaber, mochten sich aber auch deshalb nicht, weil jeder den anderen für arrogant hielt.[191]

Adenauer hielt er je länger desto mehr seine Sturheit zugute, mit der dieser die vierjährige Berlin-Krise ausgesessen hatte. Nach dem großen Krach im Gefolge des Mauerbaus hatte der Verleger sich bald wieder mit dem Kanzler ausgesöhnt. Wie Adenauer betrachtete auch Springer in den Jahren 1962 und 1963 die Entspannungspolitik Kennedys mit größtem Misstrauen und ließ *BILD* schrill dagegen anschreiben, erst unter Hagen als Chefredakteur, doch genauso unter Peter Boenisch. Dass Kennedy, der ein langes Gedächtnis hatte, bei seinem triumphalen Berlin-Besuch ungerührt an der Kochstraße vorbeigefahren war, wo Springer sich auf einem Treppchen postiert hatte und eine Begrüßung erwartete, konnte zwar kaum erstaunen, trug aber gleichfalls nicht zu seiner Sympathie für den Präsidenten bei.

Springer lebte von nun an in einer geradezu panischen Angst vor jeder Art von ostpolitischer Auflockerung, wo immer sich diese bemerkbar machte – sei es in Bonn, im Berliner Senat, in Washington oder in London. In einer Reihe von Gesprächen und Briefen bestärkte er Adenauer jetzt in der Auffassung, »dass wir uns in den wirtschaftlichen Beziehungen mit der Sowjetunion äußerste Zurückhaltung auferlegen müssen«.[191] Da sich Erhard und Schröder in den Fragen des Osthandels sehr viel aufgeschlossener zeigten als Adenauer, betrachtete er die im Herbst 1963 gebildete Regierung Erhard gleichfalls mit Vorbehalt. Schröders Israelpolitik verstärkte noch Springers Abneigung gegen den Außenminister. Im damaligen Bonn galt die *Bild*-Zeitung als ein Boulevardblatt, das unmittelbar nach dem Nahostdebakel von 1965 (zehn arabische Staaten brachen nach der Bonner Anerkennung Israels die diplomatischen Beziehungen zur Bundesrepublik ab) und kurz vor dem CDU-Parteitag mit der Schlagzeile: »Minister Schröder – der Versager des Jahres« unablässig und atemlos gegen Gerhard Schröder Stimmung machte.[192]

Kein Wunder also, dass Springer für Adenauer nach dessen Rücktritt den roten Teppich zur *Welt* ausrollte. Kaum war die Regierung Erhard im Amt, erhielt der grollende, politisch vereinsamende Adenauer von Springer einen werbenden Brief: »Wie einst Bismarck nach seinem Rücktritt, so sagte ich, sollten Sie als Warner, Mahner, Kritiker oder als Förderer und Ermutiger, wie immer die Umstände es fordern, den großen Schatz Ihrer politischen Erfahrung ausbreiten.« Er lud ihn ein, »*Die Welt* als die Zeitung, als das Forum zu betrachten, von dem aus Ihre Äußerungen in wirksamster Form eine breite, zur politischen Urteils- und Willensbildung fähige Öffentlichkeit diesseits und jenseits der Grenzen erreichen«.[193] Schon zuvor hatte er sich bemüht, Adenauers Memoiren für den Ullstein Verlag zu sichern, dies auch mit dem Versprechen von Vorabdrucken in der *Welt*.[194] In beiden Punkten wollte Adenauer seinem Wunsch zwar aus einer Reihe von Gründen nicht entsprechen, was Springer aber nicht davon abhielt, in der Außen- und Koalitionspolitik zunehmend auf den »alten Herrn« von Rhöndorf zu hören, der jetzt vor allem zwei Feinde im Visier hatte: seinen Nachfolger, Bundeskanzler Ludwig Erhard, und den Bundesaußenminister, Gerhard Schröder.

Als Springer und Adenauer dann im Jahr 1966 fast zur gleichen Zeit erstmals Israel erlebten, bildete die Sympathie für den jungen jüdischen Staat ein weiteres Band zwischen den beiden. Später hat Springer häufig erzählt, wie ihm Adenauer wieder und wieder dreierlei ans Herz gelegt habe: »Herr Springer, an drei Dinge müssen Sie immer denken. Es gibt keine gültigen Verträge mit dem atheistischen Osten. Seien Sie immer besorgt vor dem immer noch unausbalancierten deutschen Volk und seien Sie immer gut Freund mit den Juden und mit dem Volk Israel.«[195] Nach manchem vorangegangenen Hin und Her wurde somit aus Springer in den letzten Lebensjahren des Altkanzlers ein Adenauer-Fan, und das blieb er bis ans Ende seiner Tage.

In der CDU waren es somit eher die Herren des Adenauer-Flügels, mit denen Springer in jenen Jahren gute persönliche Beziehungen unterhielt, also Heinrich Krone, Eugen Gerstenmaier und Rainer Barzel. Auch den Draht zu Franz Josef Strauß ließ er nicht abreißen. Ein Briefwechsel von Ende 1961 dokumentiert, dass sie beiderseits ihre Verbindung für nützlich erachteten.[196] Von der späteren Intimität war aber noch nichts zu verspüren. Dass der Sturz von Strauß über die *Spiegel*-Affäre die Sympathie Springers für diesen eher verstärkte, versteht sich von selbst. Jedenfalls stand Springer zu einem Teil der zusehends zerstrittenen CDU/CSU-Führung in positiver Verbindung.

Demgegenüber begann sich die Sympathie für Willy Brandt jetzt abzukühlen. Die Passierscheinverhandlungen des Berliner Senats verfolgte Springer mit Misstrauen. Egon Bahrs Tutzinger Formel »Wandel durch Annäherung« weckte in ihm Befürchtungen. Bahr, mit dem er sich lange Jahre gut verstanden hatte, suchte ihn zwar zu beruhigen. Er schildert in seinen Memoiren, wie Springer ihn auf den Klenderhof einfliegen ließ und seinen Argumenten zuhörte: »Zum ersten Mal würden wir«, so gab ihm Bahr zu bedenken, »nach vielen Rückzügen wieder einen Schritt nach Osten machen und Menschen, wenn auch nur für Stunden, in ein Gebiet bringen, das ihnen versperrt worden ist ...« Springer soll sich überzeugt gezeigt haben.[197] Doch das Misstrauen blieb. Gelegentlich traf er sich auch noch mit Brandt persönlich zum Meinungsaustausch. Die Zeiten jedoch, da er sich mit ihm eins gefühlt hatte, waren vorbei. Zur Wahl Brandts ins Amt des Parteivorsitzenden der SPD übersandte er ihm im Februar 1964 von Klosters aus einen handgeschriebenen Glückwunsch, fügte aber im gleichen Satz hinzu, »daß mich in diesem Zusammenhang – wie Zehrer – vieles beunruhigt«.[198] Mit Sorge erfüllten ihn jetzt besonders die Vorstöße von Heinrich Albertz, ursprünglich die rechte Hand Willy Brandts als Leiter der Senatskanzlei, zwischen 1963 und 1966 Bürgermeister und zugleich Leiter des Ressorts für Sicherheit und Ordnung, schließlich, nach Brandts Wechsel ins Bonner Auswärtige Amt, während einiger kritischer Monate im Jahr 1967 Regierender Bürgermeister von Berlin. Hinter dessen Slogan »Mut zur Wahrheit!«[199] mochte sich vieles verbergen, wahrscheinlich aber irgendeine Form von Akzeptanz des SED-Regimes.

Für Springer gab es damals und später nur ein einziges Feld, auf dem er persönlich vor indirekten Kontakten mit den Machthabern in der DDR nicht zurückschreckte: beim äußerst verschwiegenen Freikauf politisch Verurteilter. Die Vorgänge sind noch nicht vollständig rekonstruierbar. Im Frühjahr 1963 nahm der Westberliner Rechtsanwalt Jürgen Stange mit Springer Verbindung auf, um ihm zu signalisieren, ein Freikauf von Häftlingen aus der DDR sei möglich. Springer unterrichtete Rainer Barzel, der damals für kurze zehn Monate als Bundesminister für gesamtdeutsche Fragen amtierte. Die beiden trafen sich, und Barzel gab nach Rücksprache mit Adenauer grünes Licht für weitere Gespräche Springers in Berlin.[200] Dabei traf Springer auch zweimal mit dem Ost-Berliner Anwalt Wolfgang Vogel zusammen.[201] Aus vielen guten Gründen hielt Springer mit solchen Kontakten hinter dem Berg. Doch wird glaubhaft berichtet, dass er selbst in verschiedensten Fällen Häftlinge auch mit eigenen Mitteln freikaufte. In solchen rein humanitären Fragen hatte er keine Berührungsängste.

Im Übrigen blieb er gegenüber den innerparteilichen Strömungen und Machtkämpfen in der Berliner SPD der sechziger Jahre genauso auf Distanz wie einstmals gegenüber den Hamburger Sozialdemokraten. Am stärksten fühlte er sich mit Karl Schiller verbunden. Es war eine Freundschaft der Außenseiter. Schiller, ein guter alter Bekannter aus frühen Hamburger Tagen, amtierte zwischen 1961 und 1966 als Wirtschaftssenator von Berlin und beobachtete die ständigen Positionskämpfe zwischen den Parteiflügeln (linke »Keulenriege« gegen den rechten »Pfeifenclub«) genauso voller Verachtung wie Springer.

In Bonn wie in Berlin hielt sich Springer auch jetzt an Sozialdemokraten vom rechten Parteiflügel, die in Sachen Deutschlandpolitik bedingungslos patriotisch waren und in Sachen Wirtschaftspolitik ebenso bedingungslos auf dem Boden der sozialen Marktwirtschaft standen, zugleich aber auch für seine Firmeninteressen Verständnis zeigten.

Über die koalitionspolitischen Präferenzen Springers nach der Bundestagswahl 1965, die von Erhard hoch gewonnen worden war, existiert eine interessante Notiz Horst Mahnkes, der damals einen gewissen Einfluss auf die Politik Springers nahm. Demzufolge hatte »das Haus« fünf Nahziele: »1. den bisherigen Außenminister Gerhard Schröder, den Ludwig Erhard erneut in den Chefsessel der Koblenzer Straße hieven wollte, auszuschalten; 2. die Freien Demokraten, die geschwächt aus der Wahlschlacht hervorgegangen waren, noch weiter zu schwächen; 3. dagegen den Vorsitzenden der bayrischen CSU, den ehemaligen Verteidigungsminister Franz Josef Strauß, zu stärken; 4. nach Möglichkeit die Große Koalition von CDU/CSU und SPD, wenn nicht schon in der ersten, dann doch wenigstens in der zweiten Halbzeit der neuen Legislaturperiode durchzusetzen, und schließlich 5. den zu erwartenden Angriff des Deutschen Gewerkschaftsbundes auf das Wirtschaftssystem der Bundesrepublik abzuwehren.«[202]

Mitte der sechziger Jahre hielt Springer in der Tat eine Große Koalition für geboten, in der sich bei beiden Parteien genügend Spitzenpolitiker finden würden, die das erstreben würden, was er für richtig hielt: Sicherung Berlins, Festhalten am Ziel der Wiedervereinigung, Einwirkung auf entspannungsskeptische Kräfte in Washington, unbedingt Israel-freundliche Politik und Widerstand gegen linke Gewerkschaften, insbesondere die IG Druck und Papier und die IG Metall.

Aus Sicht der politischen Klasse nahm der Herr des Springer-Imperiums damals eine einzigartige Position ein: so mächtig und so gefürchtet wie ein Landesfürst oder ein Kabinettsminister, persönlich mit allen maßgeblichen Personen auf dem Bonner oder Berliner Parkett bestens bekannt. Er konnte jederzeit einen Termin bekommen, wobei die Herren zumeist zu ihm kamen und nicht er zu ihnen. Allerdings hatte seine Macht ein Handicap. Die Größen im politischen Spiel behandelten ihn zwar wie ein rohes Ei, weil sie das Schadenspotenzial seiner Zeitungen fürchteten und deren Unterstützung begehrten. Sie wussten aber zugleich, dass auch Springer mit zäher Beharrlichkeit sehr irdische Geschäftsinteressen verfolgte: Er wollte ins Fernsehgeschäft. Doch auf diesem Feld operierten noch andere Interessenten, die ebenfalls nicht verprellt werden durften: die Intendanten der Rundfunk- und Fernsehanstalten; die mit diesen verbundenen Ministerpräsidenten der Länder; die Kirchen; und die Konkurrenten Springers aus der »Hamburger Kumpanei« mit der *Zeit*, dem *Spiegel* und dem *Stern*. In dieser Hinsicht musste auch Springer erfahren, wie Politiker Interessenten gegenüber taktieren, selbst wenn diese sehr mächtig sind: Sie versprechen vieles, pflegen dann nach einiger Zeit einzuräumen, dass rechtliche oder widrige personalpolitische oder machtpolitische Hemmnisse – leider, leider – vorerst im Wege stünden, doch man werde sich weiter bemühen ...

Im April 1964 war es Springer und seinen Verleger-Freunden gelungen, die Einsetzung einer Expertenkommission durch den Deutschen Bundestag zu erreichen, deren Aufgabe darin bestand, die Wettbewerbsverhältnisse zwischen Presse, Funk und Fernsehen zu untersuchen.[203] Sie erhielt nach ihrem Vorsitzenden die Bezeichnung Michel-Kommission. Springer erhoffte sich davon eine Unterstützung seiner Thesen, wonach die Verlagerung von Werbung auf die Fernsehanstalten ruinöse Folgen für die Zeitungsverlage hätte. Aber die Untersuchungen der Kommission gingen im Schneckentempo voran. 1967, als die Große Koalition ihre Arbeit aufnahm, lag immer noch kein Bericht vor. Im Springer-Verlag war bekannt, dass vor allem das Innenministerium – erst unter dem CSU-Minister Hermann Höcherl, dann unter dem eigenwilligen CDU-Minister Paul Lücke – seinen Fernsehplänen sehr reserviert gegenüberstand. Auch im wissenschaftlichen Schrifttum begannen jetzt in größerer Zahl die Untersuchungen kritischer Experten zum Thema Pressemonopole zu erscheinen. Nunmehr setzte die Regierung Kiesinger eine Kommission ein, die nicht nur die Gefährdung der wirtschaftlichen Existenz von Presseunternehmen, sondern zugleich die Folgen der Konzentration für die Meinungsfreiheit in der Bundesrepublik untersuchen sollte. Ihr gehörten drei Journalisten, vier Persönlichkeiten des wirtschaftlichen und öffentlichen Lebens, drei Rundfunkintendanten und sechs Verleger an, darunter auch Axel Springer. Doch als Eberhard Günther, der Präsident des Bundeskartellamtes, Vorsitzender dieses Gremiums wurde, schrillten bei Springer alle Alarmglocken. Günther hatte nämlich im September 1966, als Augstein seine Kampagne gegen den Monopolisten Springer eröffnete, in einem Leserbrief zum Ausdruck gebracht, er teile »die meisten Ihrer Bedenken in Bezug auf das Wachsen des Hauses Springer«.[204]

Die Feststellung, Springer habe 1966, auf dem Gipfel seiner publizistischen Macht, einen unwiderstehlichen politischen Einfluss ausgeübt, bedarf somit einer gewissen Relativierung. Er war mächtig, aber alles andere als allmächtig, und erweckte in allen politischen Lagern mehr Misstrauen als Sympathie. Was Springers Bonn-Beauftragter im Mai 1965 Hans Zehrer im Vertrauen mitteilte, war durchaus genau beobachtet: »Bei allen Parteien herrscht eine große Feindschaft gegen A. S., die sich erst nach den Wahlen auswirken wird.«[205]

Im Nachhinein kann die Einweihung des Berliner Neubaus an der Kochstraße am 6. Oktober 1966 als Höhepunkt und Endpunkt seines parteiübergreifenden Einflusses auf die Bonner Politik begriffen werden. Springer hatte die Feierlichkeiten monatelang generalstabsmäßig vorbereiten lassen. Sie sollten vieles symbolisieren: den Erfolg des Axel Springer aus Altona, der diesen Prachtbau genau zum 85. Geburtstag seiner 1960 verstorbenen Mutter einweihte und ihrer herzlich gedachte; die enthusiastische Hinwendung nach Berlin; den Trotz gegenüber der DDR; und den Willen zur Wiedervereinigung. Vor allem aber sollte dieser Tag der versammelten Prominenz vor Augen führen, dass die Bundesrepublik Deutschland, der deutsche Kernstaat im Westen, im Axel Springer Verlag eine ihrer stärksten Stützen besaß – »nicht regierungstreu, aber staatsloyal«.[206]

Die 560 Gäste glichen einer Heerschau des Establishments der Bundesrepublik. Bundespräsident Lübke, der Regierende Bürgermeister Brandt und Vizekanzler Mende hielten Ansprachen. Adenauer, der sich in Cadenabbia erholte, schickte eine Grußbotschaft. Dass Bundeskanzler Erhard und Außenminister Schröder abwesend waren, konnte niemanden erstaunen. Doch zugegen waren Prinz Louis Ferdinand, Chef des Hauses Hohenzollern, Franz Josef Strauß, Franz Burda, Herbert von Karajan, natürlich der alte Gefährte Max Schmeling, aber auch Günter Grass und Rudolf Augstein.

Springer nahm die Veranstaltung zum Anlass der Verkündung

seines deutschlandpolitischen Credos und schloss in dem ihm eigenen Pathos mit den Worten des Liedes: »Ich hab' mich ergeben/Mit Herz und mit Hand/Dir Land voll Lieb' und Leben/Mein deutsches Vaterland.« Nachdrücklich gedachte er der jüdischen Verleger und Journalisten im einstigen Zeitungsviertel, vergaß nicht zu erwähnen, dass das Hochhaus auf der alten Jerusalemer Straße stehe, und wies dann in längeren Ausführungen auf die Vorhaben der Axel Springer Stiftung in Jerusalem hin. Feine Ohren mochten dem entnehmen, dass der »Mammutverleger«, ohne dies schon so pointiert zu formulieren, künftig neben Deutschland mit Berlin in Israel einen weiteren Schwerpunkt seines Lebens sah. Von Hamburg war nicht mehr die Rede. Stolz benannte er jetzt die Kosten des nach siebenjähriger Bauzeit vollendeten Gebäudes: Rund 100 Millionen habe alles gekostet, und 3000 Menschen würden nun hier arbeiten.

In Kenntnis der Kritik an seiner Gigantomanie, die ihm bereits entgegenschlug, gab er sich aber demütig: »Ich bin der Meinung, daß Zeitungen zwar an der Politik teilhaben, aber nicht Politik machen sollen. Zeitungen haben die Politik zu begleiten, zu erklären, sie zu kritisieren, sie zu fördern ...« Einen Journalisten wie Augstein beeindruckte das überhaupt nicht. Mit Blick auf die Festivitäten hatte er ein paar Tage zuvor einen warnenden Artikel unter der Überschrift »Ave Cäsar« veröffentlicht, in dem sich zusammen mit artigen Verbeugungen vor Springers »grandioser Schöpfung« die Charakteristik fand: »Er ist nun einmal das sichtbarste Symbol einer Wohlstandsgesellschaft, die sich den klassischen Wildwuchs-Kapitalismus früherer Gründerzeiten glaubt leisten zu können.«[207]

Noch sarkastischer äußerte sich Gerd Bucerius ein paar Wochen später gegenüber seinen beiden Kompagnons von Gruner + Jahr: »Springer hatte eingeladen, als sein Hochhaus in Berlin eingeweiht wurde. Davon gibt es viele in Berlin. Zu ihm aber kamen: der Bundespräsident, der Regierende Bürgermeister von Berlin, der Vizekanzler Mende, Bundesminister, Vertreter der vier Parteien, Strauß, Schmidt (Hamburg), Augstein, viel Wirtschaftsprominenz. Die müssen ja. Kann ein Politiker es riskieren, ihm die Stirn zu bieten?« Nur wenige Monate später, als der Sturm gegen den Springer-Konzern losbrach, war diese Frage landauf, landab zu hören. Rasch machte Springer nun eine Erfahrung, die keinem erspart bleibt, der im politischen Leben an die Spitze gelangt: Sobald einer der politischen Granden von lautstarken Gegnern zur Unperson erklärt wird, vollziehen sich genauso parteiübergreifend die Absetzbewegungen. Viele betrachteten Springer jetzt als leprös, und selbst die oppositionelle CDU, mit der er sich seit Herbst 1969 wohl oder übel eng verbündete, begrüßte den neuen Bundesgenossen mit sehr gemischten Gefühlen.

Spannungen in der »Hamburger Kumpanei«, oder: Kannibalen unter sich

Wer meint, Springer würde sich in den Jahren seines frühen Berlin-Engagements nur auf Ullstein und die große Politik konzentriert haben, verkennt die Betriebsamkeit dieses rastlosen Mannes. Aber Springer war damals nicht nur Antreiber, sondern zugleich Getriebener.

In den Jahren, als er sich in Berlin festsetzte, war der bundesdeutsche Zeitungs- und Zeitschriftenmarkt in den Sog einer rasanten Entwicklung geraten. Stichworte wie Konzentration, Zeitungssterben bei der Lokalpresse, Revolutionierung und zugleich Verteuerung der Drucktechnik durch Farbdruck, Kostenexplosion, Konkurrenz von Print-Medien und E-Medien, Fusionsfieber umschrieben die neue Lage. Die sechziger Jahre waren ein bis dahin beispielloses Jahrzehnt der Übernahmen, der geplatzten Verbindungen, des Untergangs oder der Umgründung von Verlagshäusern.

Nicht allein der Springer-Konzern war auf rastloser Jagd nach Marktanteilen, nach Zeitungen oder ganzen Verlagen. Alle Großverleger verhielten sich so, vorausgesetzt, sie verfügten über hinlängliche Finanzkraft. Ralf Dahrendorf, der diese Vorgänge mit Blick auf Gerd Bucerius geschildert hat, nennt dies den »Kannibalismus der großen Verleger«.[208] Jeder war auf seine Weise ein aggressiver Kannibale, und da Springer der mächtigste unter ihnen war, kann es kaum erstaunen, dass dies die schwächeren besonders lebhaft ressentierten. Doch vom Bazillus des Gigantismus waren sie alle mehr oder weniger stark befallen, Springer aber zweifellos am stärksten, da er auch wirtschaftlich der potenteste war.

Dass er nicht erkannte, wie Übergröße Neid und Furcht erweckt, wie sie zu Gegenallianzen führt, die Politiker aufschreckt, somit auch verwundbar macht, war wohl sein größter Fehler in diesem Jahrzehnt, als ihm anfangs alles zu gelingen schien.

Springers Expansionsdrang war schier grenzenlos. Nur mit Mühe war er in der Phase großer finanzieller Anspannung durch den Ullstein-Kauf davon abzubringen, sich zusammen mit Jean Prouvost, dem Verleger von *Paris-Match* und *Figaro,* auf eine große Zeitschrift in deutscher und französischer Sprache einzulassen.[209] Desgleichen reizte es ihn, mit der *Berliner Illustrirten* in das damals bundesweit blühende Illustriertengeschäft einzusteigen. Peter Boenisch, sein neuer Shootingstar, war mit den Planungen befasst und sah sich bereits als jungen Herausforderer Henri Nannens vom *Stern.* Doch wieder musste sich Springer dem Kostenargument beugen. Außerdem hatte ihm der *Stern*-Verleger Gerd Bucerius im Februar 1960 einen groben Brief geschrieben und mit Krieg gedroht: »*Quick* und *Stern* könnten nicht tatenlos zusehen, wenn ein Übermächtiger mit unbegrenzten Mitteln auf den Markt tritt. Sie beherrschen schon jetzt den deutschen Vertriebsapparat; Sie bestimmen die Papierpreise; Sie haben die größten Druckereien Europas ... die größte Pressemacht, die es je in Europa gegeben hat.«[210] Und er hatte ihn, wie schon berichtet, drohend ermahnt: »Wer alles machen *kann, darf* nicht mehr alles machen.« Springer hatte zwar heftig zurückgeschrieben, seine Pläne aber doch auf Eis gelegt.

Was Springer neben dem Schicksal Berlins damals vor allem umtrieb, war der Eintritt in das Fernsehzeitalter. Aus seiner Sicht war das eine doppelte Herausforderung. Zum einen galt es, die führende Position auf dem Feld der Programmzeitschriften zu verteidigen. Zum anderen, und das war noch wichtiger, war er zutiefst von der Überzeugung durchdrungen, dass die Verleger – sprich: der »Mammutverleger« – so wie in Amerika und in England auch in Deutschland am Fernsehgeschäft beteiligt werden müssten. Da sich bei den ARD-Anstalten damals ein Linkstrend abzeichnete, verbanden sich Springers geschäftliche Interessen bruchlos mit seinen politischen Überzeugungen.

Bei den Programmzeitschriften besaß er zwar mit *HÖR ZU* eine führende Position – Eduard Rhein hatte die Zeitschrift im ersten

Quartal 1960 auf 3,5 Millionen hochgetrieben und deckte damit zwei Drittel[211] des entsprechenden Marktes ab –, doch die Konkurrenz billigerer Blätter war stark. So unternahm er 1961 zusammen mit Franz Burda einen Versuch, für fünf Millionen D-Mark die *TV-Fernseh-Woche* zu erwerben, scheiterte aber am Hamburger Heinrich-Bauer-Verlag, der zwei Millionen mehr bot.[212] Ein Jahr später brachte er eine österreichische Ausgabe von *HÖR ZU* heraus, für die aber schon 1963 Verluste in Höhe von 2,5 Millionen zu verzeichnen waren.[213] Dennoch ließ er auf dem Programmzeitschriftenmarkt nicht locker und kaufte 1966 die *Funk Uhr*, aus der er die billige Schwester von *HÖR ZU* machen ließ. Die Führungsposition auf diesem Anzeigenmarkt wollte er sich um keinen Preis nehmen lassen.

Aber viel wichtiger als die Dominanz auf dem Markt der Programmzeitschriften war für Springer die direkte Beteiligung am Fernsehen. In wenige Vorhaben jener Jahre hat er so viel Energie gesteckt und mit keinem ist er so eklatant gescheitert. Seit seinen frühen Besuchen in London war ihm die Problematik »Presse und Fernsehen« geläufig. Aber er vermied vergleichsweise lange die öffentlichen Festlegungen. Zur Plattform seiner ersten großen Proklamation wählte er im Juni 1961 die Münchener Hauptversammlung des Bundesverbands Deutscher Zeitungsverleger. Die dort entwickelte Argumentationslinie[214] hat er in der Folgezeit wenig verändert, nur angereichert und immer stärker dramatisiert:[215] Erstens, so führte er von nun an wieder und wieder aus, sei das Fernsehen eine Grundtatsache des zeitgenössischen Medienzeitalters. Das Fernsehen müsse deshalb als die übermächtige Konkurrenz zur Zeitung erkannt werden. Es gefährde auch das Kulturgut Film, dessen Tage gezählt seien. Dass sich die Menschen von der Bilderwelt faszinieren lassen, war für Springer durchaus nachvollziehbar. Es ist viel bequemer, sich im Fernsehen scheinbar informieren zu lassen, als Zeitungen zu studieren. »Marconi schlägt Gutenberg« – diese These hat er unablässig wiederholt. Zweitens, so argumentierte er weiter, besitze das bis in die Abendstunden sendende Fernsehen einen Informationsvorsprung, den die Morgenblätter kaum aufholen könnten – auch das ein schlechthin nicht kompensierbarer Wettbewerbsnachteil für die Zeitungsverlage. Drittens entziehe das Fernsehen den Zeitungen in starkem Maße Werbekunden mit der Folge eines Zeitungssterbens bei gleichzeitigem Zwang zur Konzentration. (Springers Standardbeispiel aus dem Jahr 1966: die Produktion einer einzigen Monatslieferung der *Welt* koste 21 Mark; der Leser zahle aber nur 6,80 je Stück. 14,20 Mark müssten durch den Anzeigenerlös gedeckt werden.)[216] Viertens betrachtete er das deutsche öffentlich-rechtliche Fernsehen als einen besonders unfairen Konkurrenten: Anders als der Zeitungsverleger könnten die Rundfunkanstalten nicht bankrott gehen, würden aber in zunehmendem Maß Werbeeinnahmen absaugen. Fünftens ergab sich daraus für ihn ganz zwingend, dass der Wettbewerbsnachteil des unverzichtbaren Informationssystems und Kulturguts Presse durch ein Verlegerfernsehen korrigiert werden müsse. Schließlich (mit dieser Überlegung hielt er anfangs hinter dem Berg, formulierte sie aber in den siebziger Jahren sehr nachhaltig) sei das Fernsehen sechstens politisch linkslastig.[217] Auch dagegen, so glaubte er, könnte ein Verlegerfernsehen korrigierend wirken.

Bekanntlich war das Thema Verlegerfernsehen in den Jahren 1959 bis 1967 stark umstritten.[218] Adenauer hatte es zeitweilig befürwortet, war aber mit seinen Fernsehplänen vor dem Bundesverfassungsgericht aufgelaufen. Springer mit seiner starken Stellung im Bundesverband Deutscher Zeitungsverleger war nicht der Einzige, der auf ein Verlegerfernsehen drängte. Augstein, John Jahr und Gerd Bucerius suchten in bestimmten Phasen gleichfalls ins Geschäft zu kommen. Sie verstanden sich aber besser zu tarnen und ließen ihre Blätter vorsichtiger schreiben, während Springer sich in zunehmend polemischer formulierten Grundsatzreden persönlich exponierte. Er war am aggressivsten, auch am offenherzigsten in seiner Kritik an den ARD-Anstalten sowie am ZDF und ließ die *Bild*-Zeitung unter Boenisch besonders in den Jahren 1962/63 mit Schlagzeilen und Leserzuschriften eine heftige Kampagne veranstalten. Desgleichen suchte er auf allen denkbaren Wegen auf die Politik einzuwirken – auf Adenauer, auf Brandt, auf den gesamten SPD-Vorstand, auf die CDU/CSU-Länderministerpräsidenten bis hin zu seiner Lobby von CDU-Bundestagsabgeordneten um Erik Blumenfeld und Berthold Martin. Natürlich wehrte er sich gegen die Unterstellung »Springer will ins Fensehgeschäft«[219] und betonte immer wieder, er setze sich ganz selbstlos für die gesamte Presse aller Schattierungen ein. In der Tat hat er verschiedene Formen genossenschaftlicher Trägerschaft durch eine Vielzahl von Verlegern propagiert. Doch jedermann wusste selbstverständlich, dass der mächtigste Verlag schon aufgrund seiner immensen Mittel gegebenenfalls dominieren würde.

Ob er wirklich den Ausspruch getan hat, er würde all seine Zeitungen für einen einzigen Fernsehsender hergeben, sei dahingestellt. Gesagt haben könnte er es. Aber sein ungestümes Drängen war kontraproduktiv. Er machte sich damit das Establishment der Intendanten und Redaktionen bei den E-Medien zu Feinden. Im Jahr 1967, als er von allen Seiten unter starken Beschuss geriet, kochte auch die Fernsehfrage nochmals hoch und vergrößerte seine Schwierigkeiten. Hermann F. Arning, Springers Bevollmächtigter für elektronische Publikationsmittel, hatte einen Redakteur von *HÖR ZU* beauftragt, beim ZDF, wo er früher tätig gewesen war, nach kompromittierenden Informationen zu forschen. Das ZDF steckte damals in einigen Schwierigkeiten, und Arning suchte nach einem Druckmittel, um Springers Fernsehpläne doch noch voranzubringen. Der Redakteur wurde auch fündig, doch *Der Spiegel* trat das anrüchige Vorgehen nun in allen Einzelheiten breit.[220] Als er auch noch mit der Aufdeckung eines Beratervertrags in Höhe von 2000 D-Mark monatlich nachlegte,[221] den Arning mit dem auf Medienfragen spezialisierten CDU-Landtagsvizepräsidenten Arthur Schwinkowski geschlossen hatte, musste Springer ihn schleunigst aus dem Verkehr ziehen. Christian Kracht, der angeblich »aus einer Händlerschürze des *Spiegel*« von dem vorgesehenen Artikel erfahren hatte, schrieb einen vorwurfsvollen Brief an Arning, ließ die von ihm geleitete Abteilung »Elektronische Publikationsmittel« »zum Schutz des Hauses« erst einmal stilllegen und schickte ihn in Urlaub.[222]

Spiegel und *Stern,* denen institutionelles Ausspionieren alles andere als fremd war, ließen sich die Gelegenheit nicht entgehen, die fehlgeschlagene Operation groß aufzubauschen. Die liberale Presse warnte besorgt davor, dem »Meinungsmoloch« Springer nun auch noch die Tür zu einem Verlegerfernsehen zu öffnen,[223] und Augstein – süffisant wie gewohnt – schrieb dem »lieben Axel« in einer vor Hohn triefenden Kolumne ins Stammbuch: »Im Verleger-Aquarium der Bundesrepublik gibt es seltsame Fische, aber doch keinen Hai, der einen so großen Magen hat wie Sie.«[224]

Wir haben etwas vorgegriffen. Doch intensive, aber erfolglose Aktivitäten, die sich über lange Jahre hinziehen, müssen wohl oder übel vom Ende her betrachtet werden. Paradoxerweise verstärkte ausgerechnet Springers völlig fehlgeschlagener Versuch, ins Fernsehgeschäft einzusteigen, die Sorge vor seinem Gigantismus. Dieser Meinung war nicht nur die wesentlich geschickter operierende Konkurrenz, sondern eine breite Öffentlichkeit.

Mochte der Griff nach dem Fernsehen auch misslungen sein, so war Springer auf dem Markt der Printmedien umso erfolgreicher. Welche Motive lagen dieser Expansion zugrunde: pure Gefräßigkeit, anonyme Gesetzlichkeiten des Kapitalismus oder weitreichende unternehmerische Überlegungen? Geistig anspruchslose Gegner, deren es viele gab, hielten es mit der sozialdarwinistischen These von der puren Gefräßigkeit: Dieser Mann schluckt alles, was er nur immer bekommen kann! Das war teilweise richtig, aber eben nur teilweise, denn der psychisch komplizierte Springer war nicht einfach nur ein Vielfraß.

Seit 1967, nachdem der Neomarxismus wie eine Erweckungsbewegung über die deutschen Universitäten hinweggegangen war, hielten es viele mit der kapitalistischen Erklärung: Springer als Symbolfigur des bundesdeutschen Kapitalismus. Augstein hatte in Momenten, da er mit paramarxistischen Theoremen kokettierte, keinerlei Hemmungen, über den Rivalen zu lästern: »Die neokapitalistische Gründerordnung, der alle Mächtigen ihre Macht und alle Reichen ihren Reichtum danken, sprengt mit ihm ihre Fugen.«[225]

Betrachtet man die Vorgänge nicht so dramatisierend, dann zeigt sich, dass Springer und Kracht damals im Zeitungs- und Zeitschriftenbereich eine zielgerichtete Expansionsstrategie verfolgten: Es ging erstens um eine Arrondierung der Felder, auf denen der Konzern ohnehin schon dominierte, bei gleichzeitiger Abwehr von Wettbewerbern, zweitens um eine »Süd-Expansion« auf den Münchener Zeitschriften- und Zeitungsmarkt und drittens, damit zusammenhängend, um eine Ausdehnung auf den rasch wachsenden, eminent profitablen Markt der *Special Interest*-Zeitschriften.

Diese Erklärung ist für den Wachstumsschub des Konzerns in den frühen und mittleren sechziger Jahren die plausibelste. Dabei gilt es auch den zunehmend härteren Konkurrenzkampf der Großverlage zu berücksichtigen, aus dem Springer sich nicht einmal dann hätte ausklinken können, wenn er es gewollt hätte. Und zur Erklärung des Kampfs der Giganten gehört auch die Beobachtung, dass der schließlich eröffnete Krieg zwischen der einstigen »Hamburger Kumpanei« deshalb so unerbittlich und heftig wurde, weil sich die Kontrahenten seit Jahrzehnten genauestens kannten und in besseren Zeiten freundschaftlich miteinander verkehrt hatten.

So verstanden, gehörten zur Arrondierungsstrategie Springers die bereits erwähnten Bemühungen, die eigene dominierende Position auf dem Markt der Rundfunk- und Fernsehzeitschriften zu konsolidieren. Desgleichen wünschte er sein Gewicht bei den Boulevardzeitschriften noch zu verstärken. Als der Düsseldorfer *Mittag* in Schwierigkeiten geriet, schnappte er sich 1963 zusammen mit Anton Betz das Blatt. Doch schon 1964 belief sich der Verlust auf 4,2 Millionen mit steigender Tendenz, und so stieß er den Verlustbringer 1967 wieder ab.[226] Bei der Abwehrstrategie bekam es Springer gelegentlich mit Rudolf Augstein zu tun, wann immer dieser seinen Traum einer eigenen Wochenzeitschrift realisieren wollte. Das hatte sich schon bei den Reibereien um dessen Pläne einer *Deutschen Allgemeinen Zeitung* gezeigt. Später kaprizierte sich Augstein sogar auf das Vorhaben, Springer mit einer Wochenzeitung namens *Heute* ausgerechnet in Berlin ideologische Konkurrenz zu machen, wo dieser am stärksten war. Auch damit scheiterte er. Auf dem Markt der Boulevardzeitungen, der Programmzeitschriften und in Berlin blieb der Springer-Konzern der nicht einholbare Marktführer.

Weit in die Zukunft weisend schien hingegen die Expansionsstrategie, auf die sich Springer mit dem Ausgreifen auf den Münchener Zeitschriftenmarkt einließ. 1965 kaufte er den Kindler & Schiermeyer Verlag. Wie sich zeigte, hatte er damit den Rubikon überschritten. Springer in München: Das weckte überall stärkstes Misstrauen, nicht zuletzt beim Süddeutschen Verlag. Würde Springer vielleicht auch bei dem nicht besonders erfolgreichen *Münchner Merkur* einsteigen und damit die liberale *Süddeutsche Zeitung* herausfordern? Würde *BILD* künftig noch stärker mit der *Abendzeitung* konkurrieren? Noch viel größere Sorgen machten sich Bucerius und John Jahr. In München erschien die Illustrierte *Quick*, die seinerzeit mit 1,7 Millionen Auflage kurz hinter dem *Stern* mit

1,8 Millionen lag.[227] Karl-Heinz Hagen als Chefredakteur und der von ihm unzertrennliche Günter Prinz hatten dieses Konkurrenzblatt zum *Stern* zusammen mit den anderen Gefährten der »Moabiter Säulenriege« in Schwung gebracht. Könnte sich Springer nicht versucht sehen, nach *Quick* und *Revue* zu greifen, die Theodor Martens und Diedrich Kenneweg 1965 gekauft hatten, aber rasch wieder abstoßen wollten?[228] Schon dass nach dem Kauf von Kindler & Schiermeyer die seinerzeit von Peter Boenisch hochgezogene und mit an die 700 000 verkauften Exemplaren weiterhin erfolgreiche Jugendzeitschrift *Bravo* jetzt bei Springer war, irritierte.

Noch stärker wurden die Besorgnisse, als Springer ein Jahr später das *Eltern Magazin* kaufte. Die verkaufte Auflage dieser kleinen Zeitschrift lag zwar nur bei knapp 100 000, doch zur gleichen Zeit wurde bekannt, dass Springer erneut Karl-Heinz Hagen und dessen Mannschaft anheuerte, um, wie alsbald zu erfahren war, bei Kindler & Schiermeyer mit größtem Werbeaufwand *Eltern. Die Zeitschrift für die schönsten Jahre des Lebens* herauszubringen. Für sie fungierte Hagen als Herausgeber, assistiert von Peter Bachér, der 1968 Chefredakteur wurde. *Eltern* war auf Anhieb ein Erfolg. Im Spätsommer 1967 wurde bereits eine Million Exemplare verkauft.[229] Die Pläne von Gruner + Jahr, eine eigene »Zeitschrift für Mütter und Väter« unter dem läppischen Titel *es* herauszubringen, wurden dadurch konterkariert. Daneben wurde noch, wiederum in München, die Zeitschrift *twen* auf die Rampe geschoben. Sie hatte »Leser über 20« im Visier. Während sich zuvor der *Stern* gerühmt hatte, die besten Fotos zu bringen, machte ihm nun *twen* Konkurrenz. Mit am alarmierendsten war die Ankündigung Springers, 1968 ein Projekt mit dem Arbeitstitel *Orion* starten zu wollen. Das Vorhaben wurde tatsächlich im März 1968 unter Leitung von Karl-Heinz Hagen und Günter Prinz als *Jasmin. Zeitschrift für das Leben zu zweit* mit einer Druckauflage von 1,5 Millionen Exemplaren gestartet.[230] Ein eingeheftetes, aufzuschneidendes Erotik-Lexikon wirkte als besondere Attraktion. Etwas Derartiges hatte es auf dem deutschen Zeitschriftenmarkt bisher noch nicht gegeben. Die Auflage schoss in die Höhe wie eine Rakete. Springer sprach zwar verächtlich von einem »Fick-Blatt«, hielt sich aber anfangs an die Maxime: »Geld stinkt nicht!«

Die Neugründungen florierten auch deshalb, weil sie zur sexuellen Revolution der sechziger Jahre passten und diese zugleich verstärkten, allerdings nicht im Kommune-Stil mit Matratzenmief, vielmehr geduscht, parfümiert, im Edelkitsch und wohl versehen mit sogenannter psychologisch-pädagogischer Lebenshilfe. Springer war, wie gesagt, nicht ganz glücklich über seine neuen Blätter, deckte aber nun eine denkbar breite Palette ab: von der inzwischen als eher bieder geltenden *HÖR ZU* und der Herz-Schmerz-Illustrierten *Das Neue Blatt* über die grelle *Bild*-Zeitung bis zur zusehends konservativen *Welt* und den flotten Münchener Blättern, in denen die freizügigen Lebensformen der späten sechziger Jahre propagiert wurden.

Bucerius, aber auch John Jahr betrachteten den Einbruch in ihre Illustrierten-Domäne als Kampfansage. Als im Jahr 1967 urplötzlich die Anti-Springer-Kampagne losbrach, galt es zwar bald als ausgemacht, dass Springer sie sich allein wegen seines Gigantismus in Tateinheit mit antiliberaler und antisowjetischer Einstellung selbst eingebrockt habe. Und da war sicher viel dran. Doch die Kampagne der Bucerius-Blätter *Zeit* und *Stern* (*Die Zeit* politisch hochmoralisch argumentierend, der *Stern* fetzig, frech, bisweilen unter der Gürtellinie) und Augsteins eigener Feldzug im *Spiegel* (boshaft, brilliant und, wie der *Stern*, stark personalisiert) wird nur voll verständlich, wenn man erkennt, dass es (zwar nicht in erster Linie, aber doch auch) um massive Verlegerinteressen ging.

1969, als sprichwörtlich schon viel Blut geflossen war, formulierte Bucerius einmal den denkwürdigen Satz: »Auf diesem Markt ist nicht Kooperation die natürliche Lösung, sondern Mord.«[231] Lange Zeit versuchten es die Beteiligten noch mit einer stets von Argwohn getrübten Kooperation. Als Bucerius im *Stern* und Augstein im *Spiegel* Ende 1967 gegen Springer den berühmtesten Krieg in den Annalen der deutschen Presselandschaft eröffneten, waren dem bereits bissige Briefwechsel und unschöne Unterredungen vorausgegangen, aber ebenso Waffenstillstandsvereinbarungen und Fusionsbemühungen. Tatsächlich aber war Springers Kauf von Kindler & Schiermeyer in Tateinheit mit dem Start einer neuen Generation von Zeitschriften gewissermaßen der Funke, der das Pulverfass entzündete. Zum Verständnis des Folgenden ist daher ein Blick auf die komplizierte Vorgeschichte geboten.

Erste Differenzen zwischen den bald abwertend, bald respektvoll als »Hamburger Kumpanei« bezeichneten Großverlegern hatten sich schon um die Wende von den fünfziger zu den sechziger Jahren ergeben. Aber Springer scheute damals noch den Konflikt mit den altvertrauten Gefährten. Nach dem Kauf von Ullstein im Jahr 1960 hatte er seine letzten *Constanze*-Anteile an John Jahr verkauft, während dieser sich seinerseits aus Augsteins *Spiegel* zurückzog und zu dessen Plänen einer Wochenzeitschrift auf Distanz ging. Seither galt zwischen dem alten Freundespaar John Jahr und Axel Springer eine Art stillschweigendes *Gentlemen's Agreement*: Der mächtig expandierende John Jahr würde sich vom Markt der Fernsehzeitschriften und Tageszeitungen fernhalten, den Springer als eine Art *chasse gardée* betrachtete, während Letzterer seinerseits John Jahr nicht mit Illustrierten und Frauenzeitschriften Konkurrenz machen würde. Im Grunde hatten sich auch Bucerius und Springer auf dieser Linie verständigt, als Springer seine Pläne mit der *Berliner Illustrirten* verschob und schließlich aufgab. Springer wusste allerdings, dass Augstein und Bucerius sich periodisch versucht sahen, Allianzen gegen seine Übermacht zu schmieden, aber noch nahm er das nicht allzu ernst.

Der erste Versuch war 1960 unternommen worden, als Augstein mittels Über-Kreuz-Beteiligungen ein Bündnis von *Spiegel, Zeit* und *Stern* zustande bringen wollte. Der nachmals berühmte Vertrag[232] vom 15. August 1960 zwischen Augstein, Bucerius und Richard Gruner (der in einer der größten Druckereien Europas den *Stern* druckte) hatte die folgenden Anteile vorgesehen: *Spiegel* (Augstein 50 %, Bucerius 25 %, Gruner 25 %) und *Zeit* (Bucerius 50 %, Augstein 50 %). Neben dem Wunsch, damit Steuern zu sparen und den Vertrieb zu verbessern, war sicherlich auch die Absicht maßgebend, damit eine Anti-Springer-Allianz zu schaffen. »Wir repräsentieren persönlich und quantitativ ein Verlagspotential, das sich sehen lassen kann, sogar verglichen mit dem Springers, dessen schöpferisches Ingenium uns allerdings abgeht. Wir sind verrückt, wenn wir nicht alles tun, um den Konzern auf die Beine zu stellen«, schrieb Augstein an seinen neuen Kompagnon Gruner.[233] Die Ehe war jedoch bereits gescheitert, bevor sie noch recht vollzogen war, und führte zur Freude von Springer bei Bucerius und Gruner zu jahrelangen Vorbehalten gegen Augstein. Dass zwei Verleger von so notorischer Eigenwilligkeit und von ebenso notorischem Unabhängigkeitsstreben wie Augstein und Bucerius überhaupt auf die Idee hatten kommen können, sich aneinanderzufesseln, war vielen Beobachtern ein Rätsel, bald wohl auch den beiden selbst.

Ähnlich rätselhaft ist auch, was Bucerius im Jahr 1963 bewog, ausgerechnet Springer seine 7/8-Anteile am *Stern* anzubieten, nachdem er noch zwei Jahre zuvor an Christian Kracht geschrieben hatte: »Es ist meine Überzeugung, als Verleger und als Politiker, daß die publizistische Macht des Hauses Springer an die äußerste Grenze dessen gekommen ist, was ein Staat hinnehmen kann. Ich glaube, es ist Ihr Glück, daß bisher nur die wenigsten überhaupt eine Vorstellung von Eurer Machtposition haben.«[234] Was immer auch seine verschlungenen Motive gewesen sein mögen, Tatsache ist jedenfalls, dass Bucerius sich damals gut vorstellen konnte, den bereits als übermächtig erkannten Springer zum Eigentümer der größten und interessantesten deutschen Illustrierten zu machen.[235] Als Bucerius nach einer offenbar gut verlaufenen Unterredung mit Springer das Angebot handschriftlich präzisierte, prahlte er: »Der *Stern* erlöst für Anzeigen fast so viel wie *HÖR ZU*. Wir haben mehr Anzeigenseiten als *Life* (USA-Ausgabe). Der *Stern* verdiente 1962 DM 14 Mio. Wir drucken von Heft 39: 1 673 000. Tendenz steigend, Remission 9 v.H. …« Allerdings machte er den »lieben Axel« auf zwei Punkte aufmerksam: »Gruner hat 1/8« und, zweitens, Gruner selbst wolle den *Stern* erwerben. Allerdings: »Den Kaufpreis kann er nicht bezahlen, ohne sich unsinnig zu verschulden (Gruner ist vorsichtig, schläft schlecht bei Risiken), deshalb bietet er mir eine Beteiligung an Gruner & Sohn an, die er aber überbewertet …«

Springer konnte diesem Brief entnehmen, was er aber ohnehin schon wusste, nämlich, dass Bucerius einer der pfiffigsten Unterhändler war. Sein Angebot erfolgte keinesfalls definitiv und bedingungslos. Eines aber war offensichtlich: Das alles wurde hinter dem Rücken von Henri Nannen verhandelt, der den *Stern* hochgebracht hatte und dessen Lebensinhalt er war. Aber die Dauerkräche von Bucerius mit Nannen waren in der Branche bestens bekannt. Die Gespräche zogen sich hin, zeitweilig unter Einschaltung von Ebelin Bucerius und Christian Kracht. Ebelin Bucerius war eine kluge Geschäftsfrau, Axel Springer aber zugleich seit ewigen

Zeiten sehr sentimental verbunden. Und Kracht tat in diesen Jahren vor dem Sturm, der dann 1967 und 1968 losbrach, sein Bestes, zwischen den Primadonnen Springer, Bucerius, Augstein und John Jahr nach Kräften zu vermitteln. Wenn es nicht schon viel früher zum großen Krieg kam, dann ganz wesentlich aufgrund seiner Bemühungen.

Zum Abschluss zwischen Bucerius und Springer kam es nicht, angeblich, weil Gruner auf seinen satzungsmäßigen Rechten bestand, vielleicht aber auch, weil Bucerius nur darauf aus war, in den Verhandlungen mit Springer den Wert seiner Anteile am Nannen-Verlag zu testen. Dieser lag schon im Frühjahr 1965 bei 43 bis 53 Millionen.[236] Dem folgte der große Coup: Am 30. Juni 1965 gründeten Richard Gruner, John Jahr und Bucerius nach anderthalbjährigen Verhandlungen die Gruner + Jahr GmbH & Co. KG. Gruner, bei dem unter anderem der *Stern* und *Constanze* gedruckt wurden, hielt 39,5 Prozent der Anteile. John Jahr versammelte unter dem neuen Dach seine Frauenzeitschriften *Constanze, Brigitte* und *Petra,* aber auch *Capital* und *Schöner Wohnen*. Sein Anteil wurde auf 32,25 Prozent festgelegt. Dritter im Bunde war Bucerius mit 28,25 Prozent; er brachte den *Stern* und die immer noch defizitäre *Zeit* ein.[237] Zumindest Bucerius dachte auch bei dieser Gründung daran, gegen den gigantischen Springer-Verlag einen für die damalige Zeit gleichfalls beachtlichen Giganten ins Leben zu rufen. Springers Jahresumsatz lag damals bei 750 Millionen D-Mark, aber Gruner + Jahr kam immerhin auf 400 Millionen und war somit der zweitgrößte Konzern in der Branche. John Jahr suchte allerdings abzuwiegeln, während er zugleich drohte, und wurde vom *Spiegel* mit den Worten zitiert: »Wir sind keine Anti-Springer-Formation. Solange er keine Frauenzeitschrift herausgibt, machen wir keine Fernsehzeitschrift; solange er keine Illustrierte herausgibt, machen wir keine Tageszeitung.«[238]

Springer erkannte natürlich, dass hier ein Gegengewicht gegen sein Imperium geschaffen worden war. Die Schwerpunkte der beiden Konzerne lagen zwar immer noch auf unterschiedlichen Feldern, doch seit der *Spiegel*-Affäre war *Die Zeit* stark im Aufwind, und Henri Nannen war ebenfalls auf dem Weg, den *Stern* zu politisieren. Springers Antwort ließ keinen Moment auf sich warten. 13 Tage nach der Gründung von Gruner + Jahr kaufte er dem

Münchner Verleger Helmut Kindler, der sich anschließend als schwerreicher Mann ins Tessin zurückzog, seine sehr leistungsfähige Druckerei in München ab, zusammen mit der Jugendzeitschrift *Bravo*.[239] Kindler hatte Kasse gemacht und gleichzeitig die hoch verschuldete *Revue* an den Hamburger Heinrich Bauer Verlag verkauft, der nun neben *Quick* auch die *Neue Illustrierte* besaß, aber zunehmend als Übernahmekandidat galt.

Will man die Konstellation des Jahres 1966 verstehen, aus der sich dann der erbitterte Kampf der Giganten ergab, darf die Präsenz der anderen Großverleger nicht ganz übersehen werden. Einer der neuen Giganten war damals schon Reinhard Mohn mit Bertelsmann in Gütersloh, ein anderer Franz Burda in Offenburg. Beide verfügten über erhebliches Investitionskapital, waren aber bislang vorsichtig genug gewesen, die Finger von politischen Blättern zu lassen. Augstein war der Maverick in der Branche, einerseits stark politisiert (obschon damals Claus Jacobi als Chefredakteur des *Spiegel* das Blatt in Maßen zu entpolitisieren versuchte), andererseits aber mit den Großen der »Hamburger Kumpanei« noch ziemlich zerstritten, somit auch etwas isoliert. Als Spielführer erschienen die beiden Großverlage, Springer einerseits, Gruner + Jahr andererseits. Beide lagen auf der Lauer, zu welchen Zügen sich die Konkurrenz entschließen würde. Noch war Springer im Vorteil. Sein Imperium verfügte über größere finanzielle Schlagkraft. Aus Furcht vor seinen politischen Zeitungen fraßen ihm die Parteien aus der Hand, sodass vorerst aus dem politischen Raum keine Gefahr drohte. Auch die Interessen der drei Eigentümer von Gruner + Jahr waren nicht deckungsgleich. Außerdem hatte Springer zwei Jahrzehnte lang Gelegenheit gehabt, deren unterschiedliches Temperament zu studieren.

Aus Sicht Springers war Gerd Bucerius der gefährlichste Gegner im Hause Gruner + Jahr. Er hatte ein streitbares, leicht erregbares Naturell – »unberechenbar und immer unter Dampf«.[240] Springer gegenüber fühlte er sich erstmals in gestärkter Position. *Stern* und *Zeit* waren als scharfe politische Waffen einsetzbar, auch von der Ertragslage her gesehen im Aufwind. Im Konvoi der neuen Kompagnons konnte er sich sicherer fühlen, musste freilich immer bemüht sein, John Jahr oder Gruner, am besten beide, auf seine Seite zu ziehen. John Jahr, im Grunde immer noch unwandelbar mit

Springer befreundet, was periodische Verstimmungen nicht ausschloss, suchte in der Regel zu vermitteln und bei Friedensschlüssen oder bei der Vermittlung von Waffenstillständen seinen Schnitt zu machen. Auch Richard Gruner sah vor allem auf die Kasse und wünschte, in seinem vergnügten Leben an der Côte d'Azur und anderswo nicht durch politische oder sonstige Querelen allzu sehr gestört zu werden. Daneben musste Springer auch auf Augstein ein scharfes Auge haben, obschon dieser nicht mit den mächtigen Herren von Gruner + Jahr in einem Boot saß.

Wesensmäßig war Augstein mindestens genauso streitsüchtig wie Bucerius, hatte aber zugleich auch Freude an der Bosheit und am Streit um des Streites willen. Er hielt jetzt die Zeit für gekommen, Springer im Nachrichtenteil des *Spiegel,* ganz besonders aber in Form vergifteter eigener Kolumnen mit dem stereotyp wiederholten Vorwurf der ganz unmäßigen Pressekonzentration politische Schwierigkeiten zu machen. Dabei lag er mit Bucerius und dessen Blättern auf gleicher Wellenlänge, wenngleich er als Verleger, verglichen mit Gruner + Jahr oder Springer, nur in der zweiten Liga spielte. Dies alles sah Springer, das meiste gewiss zu Recht. Doch er wollte vor sich selbst und erst recht nicht nach außen zugeben, dass er mit seinem Gigantismus ein Hauptgrund für die Besorgnisse der Konkurrenten war, auch für deren Neid.

Im Frühjahr 1966 hatte sich jedenfalls so viel Zündstoff angesammelt, dass der kleinste Anlass den Krieg der Giganten auslösen konnte. Dieser Anlass, so hat es den Anschein, war im Mai 1966 gegeben. Er ging bezeichnenderweise auf Springers Aktivitäten zur Aufmischung der Münchner Zeitschriftenszene zurück. Dabei war übrigens Christian Kracht der Spielführer. Er wollte jetzt nicht bloß den allmächtigen Generalbevollmächtigten spielen – das sicher auch –, sondern vor allem sich selbst, insgeheim aber wohl auch dem genialen Herrn und Meister einmal zeigen, was für ein begabter Blattmacher auch in ihm steckte. So pendelte Kracht unablässig zwischen Hamburg und München hin und her, das Wichtigste wurde oft mit dem auf ihn eingeschworenen Team im Flugzeug erledigt, und die Mannschaft um Karl-Heinz Hagen und Günter Prinz in München konnte so sicher sein, bei ihren Projekten durch die fast unerschöpflichen Geldmittel des Hauses Springer unterstützt zu werden.

Am 11. Mai 1966 erhielt John Jahr von dem in der Branche bereits legendären Chefredakteur Hans Huffzky eine alarmierende Mitteilung: »Springer hat das Eltern-Magazin gekauft. Diesen Entschluß Springers, der in seiner Abseitigkeit überhaupt nicht in die große Konzeption des Springer-Verlags hineinpaßt, halte ich für eindeutig gegen uns gerichtet ...« Die Planung der Zeitschrift *es* sei selbstverständlich gefährdet, wenn Springer kurz zuvor »mit einem total aufgemöbelten Elternmagazin auf den Markt kommt ...«[241] Nun war auch John Jahr ernsthaft böse. Das stillschweigende *Gentlemen's Agreement*, sich auf die jeweils eigenen Märkte zu beschränken, schien damit gebrochen. Noch am gleichen Tag machte er seinen Partnern von dem Springer'schen Ausgreifen Mitteilung und kündigte an, sich mit Springer in Verbindung zu setzen, »sobald wir klar sehen«. Er schloss mit dem Satz: »Bewahrheiten sich unsere Vermutungen, dann will ich ihm wenigstens persönlich sagen, dass *er* nach über zwanzigjähriger Freundschaft das Kriegsbeil zwischen ihm und mir ausgräbt.«[242] Am folgenden Tag schrieb er in verbindlichem, fragendem Ton an Springer, um sich dann erst einmal für 14 Tage in den Urlaub ins Hotel Römerbad, Badenweiler, zu verabschieden.[243]

Für Bucerius war das ein hochwillkommener Anlass. Endlich wusste er einen zornigen Partner John Jahr, der im Verhältnis zu Springer bisher stets gebremst hatte, an seiner Seite. Wiederum einen Tag später richtete auch Bucerius einen Brief voll heftiger Vorwürfe an Springer. Das Schreiben erinnert in manchem an den Brief, den er ihm Anfang 1960 geschrieben hatte, als ihm die Planungen für die *Berliner Illustrirte* panische Angst eingejagt hatten. Es lohnt sich, die Hauptpunkte dieses drohenden Schreibens wiederzugeben, waren es doch genau jene Vorwürfe, die Springer seit 1967 im *Stern*, in der *Zeit*, im *Spiegel* und von allen, die jetzt darauf einstiegen, unablässig um die Ohren geschlagen wurden.

»Schon heute beherrschen Sie«, bekam Springer zu lesen, »nahezu die gesamte Presse in Hamburg; nahezu die gesamte Presse in Berlin – der *Tagesspiegel* lebt nur noch von Ihrem Geld und weiß das. – Mit *BILD* und *Welt* üben Sie im ganzen Bundesgebiet einen wachsenden Einfluß aus. – Im Ruhrgebiet (Düsseldorf) haben Sie den maßgebenden Anteil am *Mittag* erworben. Überall bohren Sie sich hinein. – In München haben Sie vor knapp einem Jahr einen der großen deutschen Verlage erworben mit einer Jugendzeitschrift, die über eine Million verkauft. Auch die Jugend gerät so unter Ihren Einfluß. – Die Vertriebswege beherrschen Sie schon heute. Kein Grossist kann es sich noch erlauben, Befehle Ihres Hauses zu mißachten – zum Nachteil anderer Zeitungen und Zeitschriften. – Ihr politischer Einfluß wächst ins Ungemessene. Soviel Macht kann kein Staat hinnehmen, wenn er nicht auf seine Souveränität verzichten will. – Jetzt wollen Sie auch noch *Quick* und *Revue* kaufen, nachdem die Kollegen in München in Bedrängnis geraten sind. Sie kaufen nicht mehr einzelne Objekte, sondern die großen deutschen Verlagshäuser. Über eine Milliarde Umsatz im Zeitungsgewerbe, mehr als 50 Prozent des gesamten Grossistenumsatzes würden Sie dann beherrschen ... – Die Verfassung will eine pluralistische Ordnung, also die Mitwirkung vieler an der politischen Meinungsbildung. Eine Macht, wie Sie sie aufbauen, verletzt die Verfassung. – Bitte überlegen Sie sich Ihren nächsten Schritt auf das ernsthafteste.«[244] Durchschläge sandte er nicht nur an die Partner John Jahr und Gruner, sondern bezeichnenderweise auch an Rudolf Augstein.[245]

Springer antwortete umgehend mit einem sechsseitigen Brief, der seinerseits an Schärfe nichts zu wünschen übrig ließ. »Vor nicht allzu langer Zeit«, ließ er Bucerius wissen, »haben Sie mir in Ihrer Hamburger Privatwohnung in der Warburgstraße das jetzt zu Ihrem Konzern gehörende Objekt *Stern* zum Kauf angeboten. Damals bewegte Sie offenbar nicht die Furcht über die wachsende Macht des Hauses Springer.« Dann spielte er die Information aus, dass Gruner + Jahr selbst lebhaftes Interesse an den Illustrierten des Heinrich Bauer Verlags (also an *Quick, Revue, Neue Illustrierte*) bekundet hätte, als Theodor Martens und Diedrich Kenneweg Verkaufsabsichten zeigten: »Falsches Pathos und unfaire Argumente sollen also offenbar das konkrete Wettbewerbsmotiv verschleiern. Es ist eine unerhörte Dreistigkeit, wenn ausgerechnet der *Stern*-Verleger sich aus Konkurrenzgründen plötzlich als besorgter Staatsbürger aufspielt.« Sollte es Bucerius gelingen, die Illustrierten der Gruppe Martens/Kenneweg zu erwerben, würde Gruner + Jahr von den fünf Wochenillustrierten drei in der Hand haben mit einer Gesamtauflage von nahezu fünf Millionen Exemplaren: »Das würde einen Marktanteil von immerhin 60 Prozent bedeuten, wobei die politisierte Illustriertenpresse sogar zu 100 Prozent in Ihrer Hand wäre ... Von wem wird also tatsächlich die pluralistische Ordnung, und von wem die Meinungsbildung und von wem die Verfassung bedroht!«[246]

John Jahr teilte er mit, er habe von Bucerius einen »unmöglichen Brief« erhalten,[247] erklärte sich aber zugleich mit herzlichen Grüßen gesprächsbereit. Bucerius merkte, dass er sich zu früh aus dem Fenster gelehnt hatte, und sandte Springer zum Tod von Hans Zehrer einen besinnlichen Brief (»Langsam geht es also auf uns los ...«).[248] Springer reagierte erfreut und regte eine Besprechung zu viert mit John Jahr und Gruner auf dem Klenderhof oder am Falkenstein an.[249]

Allem Anschein nach spielten Bucerius und Augstein aber damals bereits »über Bande«. Anfang August hatte Augstein unter dem Titel »Lex Springer« den Wunsch nach einer gesetzlichen Beschränkung der Marktmacht Springers geäußert, allerdings hinzugefügt: »Der Bundestag wird nichts tun.« Einige Kernsätze seiner Invektive wurden aber künftig immer wieder zitiert: »Springers Konzern wächst, nicht gerade wie eine Lawine, aber wie ein gefräßiger Tumor. Kein einzelner Mann in Deutschland hat vor Hitler und seit Hitler soviel Macht kumuliert, Bismarck und die beiden Kaiser ausgenommen. Kein westliches Land ist bekannt, in dem ein einzelner Mann 40 Prozent der gedruckten Nachrichten und Meinungen kontrolliert ...«[250]

Zwischen den Hamburger Streithähnen wurde aber nochmals der Versuch einer Generalbereinigung unternommen, wobei Kracht einmal mehr die Rolle des Vermittlers zufiel. Am 22. August 1966, Augsteins Kolumne »Lex Springer« war gerade drei Wochen alt, gab *Der Spiegel* bekannt, demnächst werde das Blatt auf den Tiefdruckmaschinen Springers in Ahrensburg und Darmstadt gedruckt. Es handle sich »um Fertigungsprobleme großindustriellen Zuschnitts«. Selbst »die bedeutendste Tiefdruckerei des Kontinents, Gruner + Jahr« könne den Auftrag ab 1967 nicht mehr übernehmen. Aber deshalb, so wurde tröstend und durchaus zutreffend erklärt, würden weder die Springer-Zeitungen den *Spiegel* schonen noch *Der Spiegel* Springer nicht mehr kritisieren.

Springer selbst konnte dem Argument Krachts wenig entgegensetzen, seine Großdruckereien seien so durch einen zehnjährigen

Druckvertrag ausgelastet. Schon im ersten Jahr brachte der Auftrag Springer 250 Millionen D-Mark ein.[251] Wohl war ihm nicht dabei, zumal er sich verpflichten musste, während der Laufzeit dieses Vertrages keine dem *Spiegel* vergleichbare Zeitschrift herauszubringen. Kracht erzählt gern die schöne Anekdote, wie er Springer gefragt habe, ob auch er die *Spiegel*-Herren bei Tisch empfangen wolle, als er diesen das imponierende Druckhaus Ahrensburg zeigte. Als Antwort soll Springer nur auf ein Stück Papier gekritzelt haben: »Führen Sie die Leute zum Scheißhaus!«[252]

Vor Unterzeichnung des Vertrags trafen die beiden Sylt-Liebhaber Augstein und Springer im Sommer 1966 auf dem Klenderhof zusammen. Ein Jahr später, als *Der Spiegel* die Feindseligkeiten gegen Springer bereits eröffnet hatte, kam dieser in einer Ansprache auf der Betriebsversammlung in Hamburg in recht flauen Worten auf die damalige Unterredung zu sprechen. Er habe Augstein gesagt: »Wenn Sie Ihr Blatt bei mir drucken lassen wollen, wir haben nichts dagegen, wenn Sie Ihre entschieden anderen politischen Ansichten vortragen, dann tun Sie das, und wenn Sie uns damit an den Kragen wollen, dann tun Sie das, das drucken wir auch.« Nur unfaire persönliche Angriffe im Stil der Attacken des *Spiegel* gegen Adenauer und Strauß solle es nicht geben. Springer führte dazu aus: »Ich habe damals in Form eines Gentlemen's Agreement eine ganz klare Antwort bekommen. Nein, es handle sich um die Austragung der echten politischen sachlichen Unterschiede und um nichts anderes, keine Unfairness und gar nichts.«[253] Wahrscheinlich kam dabei auch der Vorwurf zur Sprache, kein anderer Deutscher habe an der deutschen Spaltung mehr verdient als Springer.[254]

Wenn es sich so verhielt, wie von Springer geschildert, so bezog sich das *Gentlemen's Agreement* nur auf persönliche Angriffe gegen den Verleger. Falls die Angriffe sich gegen jene Bereiche richteten, »wo auch geschäftliche Schädigung für den Drucker« damit verbunden sei, sollten sich »unsere beiden Hausmeier« (Christian Kracht und Hans Detlev Becker vom *Spiegel*) zusammensetzen. Springer bemerkte etwas resigniert und mit einem maliziösen Schlenker gegen Augstein, ohne diesen aber beim Namen zu nennen: »Nun, meine Damen und Herren, an diese Abmachung hat man sich nicht gehalten« – denn es sei ja auch nur ein *Gentlemen's Agreement* gewesen. Und er schloss diesen Teil seiner Ansprache an die eigene Belegschaft mit den Worten: »Ich ziehe keine Konsequenzen daraus, ich würde sagen, drucken wir es, das bleibt immer noch bestehen, daß wir soviel Manns sind, andere Meinungen, auch wenn sie böse sind, zu drucken, um zu zeigen, daß wir eine ganze Menge hinnehmen können.«

Man kann aus diesen gewundenen Ausführungen dreierlei schließen: Springer bedauerte wohl im Nachhinein, sich nicht durch klare vertragliche Absprachen besser abgesichert zu haben, er warf dieses Versäumnis in verhüllten Worten Christian Kracht vor, doch er wollte und konnte sich überhaupt nicht aus dem Druckvertrag herauswinden. So blieb es bei der denkwürdigen Tatsache, dass die gefährlichsten Angriffe gegen ihn und seinen Konzern ausgerechnet auf den eigenen Druckmaschinen produziert wurden. Krachts Hoffnung, der zehnjährige Druckvertrag würde im Verhältnis zum *Spiegel* zu einer psychologischen Entlastung führen, erfüllte sich jedenfalls nicht.

Genauso wenig führte Krachts im Auftrag von Springer unternommener Versuch zum Ziel, die Front bei Gruner + Jahr durch ein formelles *Gentlemen's Agreement* aufzulockern. Dabei war an nicht mehr und nicht weniger gedacht als an eine Aufteilung des Markts zwischen den beiden größten Pressegiganten bei gleichzeitiger Kooperation in verschiedenen Bereichen. Die Verhandlungen zogen sich bis in den Herbst 1967 hin. Richard Gruner und John Jahr leuchtete das Kooperations-Konzept ein, Kracht drängte auf Seiten Springers. Worauf es Springer besonders ankam, war die politische Neutralisierung von Gruner + Jahr, genauer gesagt: der Bucerius-Blätter. Ein Vermerk John Jahrs über eine Besprechung mit Kracht vom 9. Dezember 1966 enthält auch den Satz: »Beim Agreement setzt Kracht voraus, dass die *Zeit* oder der *Stern* oder eine andere unserer Zeitschriften wie *Capital* das Thema der Konzentration des Springer-Verlages nicht aufnimmt.«[255] Tatsächlich aber scheiterten alle Versuche, das Kriegsbeil zu begraben, ständig an zwei Personen: Springer und Bucerius. Beide dachten nicht in erster Linie ans Geschäft, sondern folgten ihren politischen Überzeugungen.

Wie negativ Bucerius Springer damals einschätzte, lässt sich aus einem Brief ersehen, den er im Dezember 1966 an seine Partner schrieb.[256] Das Versöhnungstreffen, zu dem Springer die Eigentümer von Gruner + Jahr im Briefwechsel nach Zehrers Tod eingeladen hatte, war zustande gekommen, hinterließ aber einen Scherbenhaufen – jedenfalls zwischen Springer und Bucerius. Erneut zeigte sich bei dieser Gelegenheit, dass die Kontrolle des Zeitschriftenmarkts weiterhin ein Hauptpunkt des Konflikts war. Konkret ging es jetzt um die Sorge von Bucerius, Springer sei entschlossen, den Heinrich Bauer Verlag aufzuteilen, sich selbst dabei die besten Stücke zu sichern und Gruner + Jahr »die Ursachen der Pleite, nämlich die Illustrierten«, zuzuschieben. Weiterhin ging es auch um Springers Münchener Blätter. »Eben erst«, schimpfte Bucerius, »hat er mit einem Webeaufwand (den nur er sich leisten kann) und indem er schamlos die redaktionellen Teile – vor allem von *BILD* – für die Werbung benutzte, *Eltern* durchgesetzt (mit so viel Sex, wie wir es bisher überhaupt noch nicht gewohnt waren) …«

Entscheidend aber war jetzt für Springer wie für Bucerius das Thema Konzentration. Beide sahen darin eine primär politische Frage. »Dann fiel das Stichwort: Konzentration«, resümierte Bucerius diesen besonders stürmischen Teil der Unterredung: »Ich werde Springers Pose nicht vergessen. Er diskutierte nicht mit uns, sondern belehrte uns, daß ›Konzentration‹ ein Spruch linksintellektueller Kreise sei, erfunden, seiner Politik (vor allem in Berlin) zu schaden. Konzentration sei wirtschaftlich nötig und politisch ungefährlich; die ›Linke‹ vor allem im Fernsehen übermächtig. Es sei Zeit, unseren Redakteuren zu verbieten, über die Konzentration zu schreiben. – Ich wagte einige Zweifel. Ob nicht z. B. die Springer-Presse bei Bundestagswahlen drei Prozent der Stimmen von der CDU weg zur SPD bringen könne, oder umgekehrt. Wenn ja: bestimmt dann nicht Springer darüber, ob Erhard oder Brandt Kanzler wird? Ob wir dann nicht (statt des preußischen Drei-Klassen-Wahlrechts) das Ein-Mann-Wahlrecht hätten? – Noch nie bin ich als Gast so behandelt worden, wie daraufhin von Springer. ›Andere versuchen, mich (ihn!) zu belehren, wie man Zeitungen machen muß. Sie versuchen mich zu belehren, wie man Politik machen muß. Ich danke Ihnen – ja, ich danke Ihnen.‹ – Er weiß eben alles. Diskussion ist Widerspruch, Widerspruch ist Lästerung. Er ekelt sich vor mir.«

Bucerius' Abscheu vor Springer war genauso groß wie Springers Widerwille gegen Bucerius. Sein Brief an John Jahr und Gruner wimmelte von Unwerturteilen: »politischer Querkopf«, »flegelhafte Machtbekundung«, »dieser Mann ist ein Paranoiker, der schon Züge medizinischen Größenwahns zeigt«. »Springers Griff auf die deutsche Presse ist übermächtig; er kann mit uns allen machen, was er will ...« Verschiedentlich wiederholte Bucerius seine Auffassung, dass Springer nicht mehr ganz normal sei: »Mit kranken Menschen darf man nicht zürnen. Aber ich habe Angst vor Springer. Wir sind ihm im Wege ... Noch vor fünf Jahren«, gab er seinen Partnern zu bedenken, »war er, jedenfalls nach außen, nur Charme. Allerdings: wer könnte bescheiden bleiben, wenn alles hinter einem herläuft: Geld, Zeitungen, Frauen, Politiker ...«

John Jahr ließ sich von dem zornigen Erguss nicht besonders beeindrucken und schrieb recht kühl zurück: »Ihren Brief in Sachen Springer habe ich sorgfältig und mit großem Interesse gelesen. Ich finde ihn sehr interessant, wenngleich ich sagen muß, dass ich nicht in allen Punkten mit Ihnen übereinstimme.«[257] Tatsächlich liefen die Verhandlungen zwischen den Häusern Springer und Gruner + Jahr noch bis in den Herbst 1967 weiter. Pressionen und einseitige Vorstöße wechselten sich dabei ab mit dem Versuch, zwischen den beiden Giganten doch noch zu einem allseits profitablen Deal zu kommen. Doch nach wie vor rannten sich alle Sondierungen an den zwei Hauptakteuren Bucerius und Springer fest.

Springer verdächtigte Bucerius einer Doppelstrategie: einerseits Kooperationsgespräche hinter den Kulissen, andererseits zusehends schrillere Angriffe im *Stern* und, stillschweigend von ihm genährt, auch beim *Spiegel*. Bucerius hielt Springer weiterhin für eine öffentliche Gefahr und einen unberechenbaren Gigantomanen. Verschiedentlich stellte er seinen Partnern, die sich am liebsten mit Springer verständigt hätten, die Kabinettsfrage. Nach einer Besprechung zwischen Springer, Kracht und John Jahr Anfang August 1967 stand sogar die Überlegung im Raum, dass Springer die Zeitschriften-Objekte des Kindler & Schiermeyer Verlages an Gruner + Jahr abgeben und dafür einen »Minoritätsanteil« bei Gruner + Jahr erwerben solle. Damals stand Springer bereits unter heftigem öffentlichem Beschuss, und John Jahr zweifelte an der Realisierbarkeit des Vorhabens.

Bucerius aber schrieb kompromisslos zurück: »Zwischen S und mir gibt es keine Partnerschaft. Ich halte ihn für bedenklich und für den Staat gefährlich.« Die Gespräche schienen bereits so weit gediehen, dass er in aller Freundschaft seinen Rückzug aus Gruner + Jahr anbot: »Vielleicht läßt sich zwischen S' Eintritt und meinem Austritt aus G + J eine Verbindung herstellen?«[258] Doch die Verhandlungen liefen sich fest, wie Bucerius vorhergesagt und gewünscht hatte. Springer gelang es letztlich nicht, die drei Partner von Gruner + Jahr auseinanderzudividieren. Ein grundlegender Sachverhalt zeigte sich ganz deutlich. John Jahr und Richard Gruner verfügten zwar zusammen über mehr als 70 Prozent der Anteile an Gruner + Jahr, und beide waren gegenüber Springer ganz und gar nicht auf Krawall frisiert, sondern auf einen günstigen Deal. Doch in dem heißen politischen Jahr 1967 setzten sich nicht die unpolitischen Kapitalisten durch, sondern der kämpferische Minderheitsaktionär Bucerius, der nur über 28,5 Prozent der Anteile verfügte. Er und Augstein waren fortan die treibenden Kräfte im Kampf gegen Springer. John Jahr und Richard Gruner aber gaben die Hoffnung nicht auf, sich irgendwann und irgendwie doch noch der Blätter bei Kindler & Schiermeyer zu bemächtigen.

Verankerung in Berlin

Es ist schon häufig festgestellt worden, dass die Einweihungsfeierlichkeiten vom 6. Oktober 1966 in vielerlei Hinsicht eine Art Höhe- und Endpunkt im Lebensweg Axel Springers markierten. Die Hamburger Jahre waren jetzt endgültig abgeschlossen. 1967 wurde der Unternehmenshauptsitz nach Berlin verlegt. Steuerliche Gründe waren dafür sicher auch maßgeblich, aber aus Springers Sicht zählte in erster Linie die politische Geste. Allerdings musste der größte Teil des Unternehmens schon aus praktischen Gründen weiterhin in Hamburg verbleiben. Neben dem Verlegerbüro, dem Informationsbereich und der Gesamtanzeigenleitung befanden sich in dem Areal an der Kochstraße nur noch die Berliner Blätter. Das Konzernmanagement sowie die Zentralredaktionen der großen Blätter *BILD*, *Die Welt*, *HÖR ZU*, *Hamburger Abendblatt* sowie andere Zeitungen und Zeitschriften des Unternehmens blieben weiterhin in Hamburg. Springer selbst residierte im 19. Stock der Kochstraße, von wo sein Blick täglich auf den Checkpoint

Charlie und den Todesstreifen fiel. Er legte Wert darauf, die Sitzungen der Spitzengremien grundsätzlich in Berlin abzuhalten, um den Hamburger Managern deutlich zu machen, wo nach dem Willen des Verlegers die politische Bestimmung des Hauses Springer lag. Die Folge war naturgemäß eine gewisse Entfremdung von den Hamburger Redaktionen, auch von der Konzernleitung um Christian Kracht und später Peter Tamm.

Persönlich hielt sich Springer jetzt am liebsten in Berlin auf. Der stolze Hamburger Wohnsitz am Grotiusweg des Falkenstein war ihm verleidet. Er erinnerte ihn an zwei gescheiterte Ehen. Seitdem er sich zusehends nach Berlin orientierte, bewohnte er lange Zeit die herrschaftliche Villa in der Dahlemer Bernadottestraße. Doch als die nahegelegene FU in Dahlem zum Brennpunkt der Unruhe wurde, zog er seinen neuen Wohnsitz auf Schwanenwerder vor. Er hatte den schönen Platz zufällig am Sonntag, dem 13. August 1961 entdeckt, als er zusammen mit Peter Boenisch im Zustand größter Erregung in der Stadt unterwegs gewesen war. Wenige Tage später kaufte er das Trümmergrundstück – »als die vollen Möbelwagen aus Berlin nach dem Westen rollten und die Hotelhallen leer wurden«.[259] Zeitgeschichtlich war das kein ganz unproblematischer Standort. In den Jahren des Dritten Reiches hatte Hitlers und Himmlers übel beleumundeter Leibarzt Theo Morell ebenfalls dort seine Villa gehabt. Springer ließ sich jetzt einen gläsernen Pavillon im Stil der sechziger Jahre errichten.

In diesen Jahren begann er auch in die Geschichte des längst zerbrochenen Preußen einzutauchen. Zu Berlin bestand seit den zwanziger und dreißiger Jahren eine tiefe emotionale Bindung. Nun erfassten Springers stets romantisch schweifende Sympathien auch ein nostalgisch verklärtes Preußen. Der schwarze Adler mit den scharfen Krallen war aus seinem Preußenbild allerdings ausgeblendet. Keine Rede von Militarismus, von preußischer Landräuberei und vom wilhelminischen Bombast, wohl aber vom Edikt von Potsdam, das den verfolgten Hugenotten Heimstatt gewährte, von der preußischen Aufklärung und von der Judenemanzipation. Es war »das geistige Preußen«, das für Springer zählte. Er liebte den Klassizismus Schinkels und Schadows, ihn beeindruckten die idealistischen preußischen Reformer, und ihn rührte die Erinnerung an den Todesmut der Yorck von Wartenburg, Tresckow, Moltke,

Kleist, Witzleben und Schwerin beim Widerstand gegen die Tyrannei im Jahr 1944, »der noble Abschied nun ganz als Opfer und nicht als Täter«, um mit den Worten Wolf Jobst Siedlers zu sprechen.[260] Siedlers melancholisch veredeltes Preußenbild hat Springer damals stark beeindruckt. Er schätzte ihn als den Porträtisten edler preußischer Traditionen und war als Verleger auf seinen Ullstein-Verlagsdirektor stolz, der den Verlag mit repräsentativen Reihen und zeitgeschichtlichen Bestsellern wieder zum Erblühen brachte.

Indem Springer seinen Arbeits- und Lebensmittelpunkt ganz demonstrativ nach Berlin verlegte, hatte er sich allerdings, ohne das zu ahnen, zugleich mitten ins Wespennest gesetzt. Unter den Bedingungen des Kalten Krieges bedeutete der Kauf von Ullstein zusammen mit den Bauten im einstigen Zeitungsviertel ein gewisses finanzielles Risiko. Aber Springer wusste sich dabei von der Frontstadt-Gesinnung in West-Berlin getragen und gewissermaßen psychologisch abgeschirmt. Doch kaum war die prächtige Einweihungszeremonie für das Verlagsgebäude an der Kochstraße verrauscht, wurde aus der FU innerhalb weniger Monate eine Art revolutionäre Zelle. Und eine der ersten Zielscheiben, die sich die Strategen der »neuen Linken« aussuchten, war der »Mammutverleger« Axel Springer. Schwer vorstellbar, dass die Anti-Springer-Kampagnen der Jahre 1967 und 1968 ein solches Ausmaß angenommen hätten, wäre Springer in Hamburg geblieben. Doch die antikommunistische Trutzburg des Axel Springer Verlags an der Sektorengrenze stellte ein ideales Ziel für Demonstrationen dar, die über das Medium Fernsehen auf die gesamte Bundesrepublik ausstrahlten.

Erst die endgültige Verankerung in Berlin machte Springer auch zu einer von der breiten Öffentlichkeit der Bundesrepublik wahrgenommenen Größe. Im politischen Raum, in der Wirtschaft und erst recht branchenintern kannte man ihn natürlich schon seit den frühen fünfziger Jahren mehr oder weniger genau. Je nach den Umständen wurde er bewundert, respektiert, gefürchtet oder gehasst. Für eine breite Öffentlichkeit in Hamburg und seit den frühen sechziger Jahren auch in Berlin war er gleichfalls schon lange eine vertraute Gestalt, mit der sich eher positive Assoziationen verbanden. Doch außer im *Spiegel*, dessen Herausgeber und Redaktion ihn seit seinen frühen Anfängen kritisch observierten, fanden sich in bundesdeutschen Zeitungen kaum größere Springer-Porträts. Dies änderte sich ab Herbst 1966.

Offenbar hat es Springer selbst anlässlich der Berliner Verlagseinweihung für wünschenswert gehalten, weithin sichtbar und selbstverständlich rundum positiv in die Illustriertenpresse zu kommen. Franz Burda machte ihm diese Freude und brachte am 22. Oktober 1966 in der *Bunten* ein reich illustriertes, mit vielen persönlichen Details angereichertes Porträt, das er selbst mit einer Hommage an den »Konkurrenten« einleitete, den er seit 15 Jahren kenne und schätze: »So ist er mein bester Geschäftsfreund geworden, dessen Werk ich meinen Respekt, dessen Persönlichkeit ich meine ganze Hochachtung bezeugen möchte.«[261] Das war das erste große Persönlichkeitsporträt, allerdings auch für längere Zeit das letzte, in dem die Person und Leistung Springers rundum positiv gewürdigt wurden.

Vom Frühjahr 1967 an erschien dann eine dichte Abfolge von Porträts, die bestenfalls gemäßigt kritisch, zumeist aber sehr kritisch oder offen herabsetzend waren und alle einen gemeinsamen Grundtenor hatten: »Ein Mann beherrscht Millionen Deutsche.«[262] Und noch massenwirksamer waren die Fernsehbilder mit Tausenden erregter Studenten, mit den Plakaten »Enteignet Springer!«, mit Prügelszenen, Wasserwerfern und brennenden Autos. Jetzt erst wurde die Person Axel Springer bundesweit hell beleuchtet, aber als sehr problematische, polarisierende Größe.

Springer entdeckt Israel

Kurz bevor Springer mit dem Umzug in die Kochstraße gewissermaßen endgültig in seiner Schicksalsstadt Berlin ankam, hatte diese stets auf der Suche befindliche romantische Seele ihre zweite Schicksalsstadt entdeckt: Jerusalem. Im Juni 1966 reiste Springer erstmals nach Israel. Rund dreißig weitere Reisen sollten folgen. Man übertreibt nicht, wenn man feststellt, dass er dort von nun an so etwas wie ein zweites Vaterland fand.

Weshalb er für das Erlebnis Israel disponiert war, ist schon geschildert worden. Zu deutschen Juden hatte er seit den Jugendjahren in Altona ein unverkrampftes, herzliches Verhältnis gehabt. Diese Affinität verstärkte sich während der Judenverfolgung im Dritten Reich. Ob und wie stark bei ihm auch ein nagendes persönliches Schuldgefühl als Antriebskraft wirkte, weil er sich von seiner »halbjüdischen« Frau nach schon länger dauernder Entfremdung im kritischen Jahr 1938 getrennt hatte, wird sich nicht mehr klären lassen. Geäußert hat er sich dazu nie, ganz auszuschließen ist es aber nicht. In Hamburg gehörte er dann zusammen mit Freunden wie Erik Blumenfeld und Erich Lüth schon in der Frühzeit der Bundesrepublik zu denen, die in besonderer Weise dazu aufriefen, die deutsche Schuld und die Wiedergutmachung nie zu vergessen. Seiner Faszination durch den Ullstein Verlag war immer auch ein starkes Element der Bewunderung für die kulturelle Bedeutung jüdischer Verlagshäuser beigemischt. In den fünfziger Jahren zeigte er sich zudem nachhaltig bemüht, jüdische Emigranten an sich zu ziehen, beispielsweise Bernhard Menne, Ernst Cramer, Hans Wallenberg, Georg Hollos, George Clare und manche andere. Allerdings beschäftigten ihn die Themen »Deutsche und Juden« und »Christen und Juden« noch nicht so vorrangig wie seit der ersten Reise nach Israel. Diese Reise hat seine positive Grundorientierung ganz außerordentlich verstärkt. Neben der Einheit Deutschlands und der Freiheit Berlins wurde nun die Zukunft Israels, aber auch die Schuld Deutschlands an der Judenvernichtung, zu einem seiner großen Themen – dies lange, bevor diese Problematik in allen Teilen der deutschen Öffentlichkeit voll durchgedrungen war.

Eigentlich muss man fragen, warum dieser stets reisefreudige, neugierige Mann nicht schon viel früher nach Israel aufgebrochen ist. Später, als die Israelis und alle Freunde des Judentums ihn als einen ihrer wichtigsten Freunde in Deutschland schätzen gelernt hatten, wurde häufig die Frage aufgeworfen, wer denn eigentlich die erste Israel-Reise angeregt habe. Dass Adenauer dabei eine Rolle spielte, liegt auf der Hand. Der Bundeskanzler war kurz zuvor, Anfang Mai 1966, ins Heilige Land gereist. Erik Blumenfeld und der israelische Botschafter Asher Ben Nathan, so meint Ernst Cramer, mögen gleichfalls dazu beigetragen haben.[263] Man könnte vermuten, dass auch von Cramer selbst bestimmte Anregungen ausgegangen sind. Doch dieser war kurz zuvor bei Springer in Ungnade gefallen. Er hatte in der *Welt* seit Jahren beim Richtungsstreit kräftig mitgemischt, womit er sich, angefangen bei Hans Zehrer, nicht nur Freunde machte. Im Herbst 1965, so berichtet Cramer, habe Springer in größerem Kreis darauf gedrängt, den Außenminister Gerhard Schröder zu stürzen. Er, Cramer, habe skeptisch gefragt: »Und wer soll sein Nachfolger werden? Abs, oder wer sonst?« Springer habe ihn daraufhin zum Gespräch unter vier Augen gebeten, mit den Worten: »Wir müssen uns trennen. Sie können wählen: sofort mit Abfindung oder Weltreise und danach?« Cramer entschied sich für die Weltreise: Südostasien mit Indonesien, Singapur, drei Wochen Vietnam, Japan, USA. In Amerika erreichte ihn ein Telefonat: »Zurückkommen, um Springer nach Israel zu begleiten!« Von da an sei die Beziehung bruchlos gewesen, und wann immer es möglich war, begleitete Cramer Springer künftig nach Israel.

Nach Springers Tod meldete sich auch eine Dame zu Wort, die ebenfalls behauptete, ursächlich für Springers Israel-Reise gewesen zu sein: die österreichische Journalistin Barbara Taufar. Zum fraglichen Zeitpunkt arbeitete sie bei *BILD*, danach für den *Spiegel*. 30 Jahre später, im Jahr 1994, hat sie in einem Buch mit dem Titel *Die Rose von Jericho*[264] über eine genau ins Jahr 1966 fallende Affäre mit Springer berichtet. Ihrer Schilderung zufolge hat Springers Reise nach Jerusalem im Bett mit Barbara Taufar begonnen. Als der NDR später Springers Leben als Vorlage für eine 14 Millionen Mark teure Soap Opera mit Heiner Lauterbach aufgriff, fand natürlich auch diese Episode Eingang ins Drehbuch.[265]

Das Springer-Bild, das Barbara Taufar in ihrem Bericht überliefert hat, weckt in der Tat Kintopp-Assoziationen, ist aber möglicherweise doch naturgetreu: einerseits ein leicht entflammbarer Verleger, der wie ein Pennäler des Nachts mit ihr händchenhaltend um die Alster herumläuft, aber auch Wert darauf legt, den Geschlechtsakt wie ein gutes Essen im stilvoll eingerichteten Liebesnest zusammen mit Champagner und Kaviar zu zelebrieren, andererseits ein für alles Übersinnliche offener Mann, der nächtelange Gespräche über die Mystiker Jakob Lorber oder Emanuel Swedenborg liebt und mit echter Erschütterung ihr Lügenmärchen vernimmt, dass sie Jüdin sei.

In Wirklichkeit war Barbara Taufar überhaupt keine Jüdin. Ihr

Vater war bei der SS. Doch damals und später blieb sie nicht die einzige Tochter aus politisch belasteter Familie, die sich in verständlichem, doch auch etwas verdrehtem Schuldgefühl zu den Juden hingezogen fühlte und dann auch zum Judentum konvertierte. Nun verdienen solche Berichte, die nach dem Tod des einzigen Zeugen erscheinen, stets ein gewisses Maß an Skepsis. Springer soll auf die Worte Barbara Taufars hin, sie sei Jüdin, auf die Knie gesunken sein und gesagt haben: »Du hast soviel von der Vorsehung gesprochen. Jetzt ist mir alles klar, warum wir uns getroffen haben ... Du weißt gar nicht, was es mir bedeutet, in Dir eine Jüdin zu finden. Du repräsentierst für mich die sechs Millionen Toten. Ich weiß seit langem, daß ihre Todesschreie wie eine schwarze Wolke des Verhängnisses über Deutschland hängen. Wenn es mir nicht gelingt, diese schwarze Wolke des Unheils zu durchstoßen, wird es eine Katastrophe geben. Die Juden sagen, dass die Gerechten die Pfeiler sind, auf denen die Welt steht. Ich will einer der Gerechten sein. Ich muß etwas tun, sonst wird Deutschland zugrunde gehen.«[266] *Se non è vero, è ben trovato*, heißt es in einem italienischen Sprichwort. Wenn es nicht wahr ist, ist es gut erfunden. Barbara Taufar schrieb auch, dass sie von Springers Einstellung nach Israel berichtet habe. Ob sie damals für den Mossad arbeitete, muss offen bleiben. Ernst Cramer meint, sie habe ihre eigene Rolle nachträglich hochgespielt: »Man mußte die Barbara hinnehmen ...«[267]

Auf sichererem Grund befindet man sich bei dem Bericht Ernst Cramers über Springers erste Begegnung mit Israel. Noch war es eine rein private Reise, organisiert von Xiel Federmann. Dieser war 1935 oder 1936 aus Sachsen emigiert, hatte es in Israel zu etwas gebracht, ihm gehörten verschiedene Hotelketten, und er wurde von nun an einer der engsten Freunde Springers. Federmanns Sohn fuhr Springer und Cramer nach Haifa und an den See Genezareth, der auf Springer einen ähnlich tiefen Eindruck machte wie auf alle, die ihn erstmals erblicken. Ein französischer Pater beeindruckte ihn mit dem Satz: »Wissen Sie, hier ist der Herr spazierengegangen. Wer das nicht glaubt, dem ist nicht zu helfen.«

Von Tel Aviv fuhr die Reisegruppe nach Jerusalem. Damals, im Juni 1966, war der israelische Teil Jerusalems eine Enklave. Im Unabhängigkeitskrieg Israels 1948/49 hatte die jordanische Armee die Altstadt besetzt, auch das einstmals jüdische Viertel. Mit Mühe und Not konnten sich die israelischen Verteidiger in Westjerusalem in dem Dreieck zwischen Yaffa Street, King George Street und Ben Yehuda Street halten. Dazu kam die Enklave auf dem Mount Skopus mit der Hebräischen Universität und der Hdassah-Klinik. In Westjerusalem wohnten inzwischen wieder an die 200 000 Juden. Die Stadt war aber nur durch eine stark bedrohte Verbindungsstraße mit dem Hauptteil Israels verbunden. Als Springer zum ersten Mal von Tel Aviv nach Jerusalem emporfuhr, lagen beiderseits dieser Straße noch Hunderte von Fahrzeugwracks aus den verlustreichen Kämpfen des Unabhängigkeitskrieges. Israel hatte das exponierte Jerusalem demonstrativ zur »Ewigen Hauptstadt« erklärt und die jüdische Bevölkerung durch Neueinwanderer zu stärken versucht. Doch angesichts der prekären Verkehrsverhältnisse war es eine Herkulesarbeit, Firmen zu Investitionen in Jerusalem zu überreden. Die beiden Teile der Stadt wurden seit dem Waffenstillstand durch einen Korridor mit Stacheldrahtverhauen, Schutzmauern aus Beton, Minenfeldern, zerschossenen Häusern und leeren Straßen geteilt. Immer wieder kam es dort zu Schießereien. Im Vergleich mit Tel Aviv oder Haifa machte Jerusalem im Jahr 1966 mit seinen ärmlichen Menschen einen schäbigen, bedrückenden Eindruck, voller Müllberge und voller Bettler.

Einige Monate vor Springers Eintreffen war Teddy Kollek zum Bürgermeister Jerusalems gewählt worden. Der damals 54 Jahre alte Kollek stammte aus Wien und hatte seinen politischen Aufstieg in der engsten Umgebung David Ben Gurions vollzogen, zeitweilig als Generaldirektor des Amts des Ministerpräsidenten. Seitdem er die neue Aufgabe übernommen hatte, galt er als hemdsärmliger Macher, nicht zuletzt als ein Mann, der mit zähem Geschick überall Geld für das verarmte Westjerusalem aufzutreiben verstand – bei den staatlichen Behörden in Tel Aviv ebenso wie bei wohlhabenden amerikanischen Juden. Obwohl die Stimmung in Israel 1966 ähnlich defätistisch war wie in Berlin und in der Bundesrepublik nach dem Mauerbau, glaubte Kollek an die Wiedervereinigung Jerusalems. Kaum war er gewählt, da stoppte er einen Plan, das Rathaus von der gefährdeten Grenze weg zu verlagern. Seine Argumente waren dieselben wie die Springers, als dieser sich an der Sektorengrenze in der Kochstraße festgesetzt hatte: Eines Tages werde die Stadt wiedervereinigt, und dann liege das Rathaus wieder mitten in der Stadt. Im Dezember 1966, ein halbes Jahr vor der unerwarteten Wiedervereinigung Jerusalems im Sechstagekrieg, hatte er einen großzügigen »Masterplan« in der Presse lanciert, der skizzierte, wie Westjerusalem und die Altstadt zusammengeführt werden sollten.[268]

Man muss sich die Lage des geteilten, ziemlich hoffnungslosen Jerusalem im Jahr 1966 vor Augen führen, um zu verstehen, warum Springer gleich nach seinem Eintreffen so ungeheuer fasziniert von der Stadt war. Alles hier erinnerte ihn an das geteilte Berlin. Und in Kollek stieß er auf einen Bürgermeister, der genauso wie er selbst an die Wiedervereinigung der geteilten Stadt glaubte. Nach seiner Ankunft im King David Hotel telefonierte Springer mit ihm. Kollek bot an, ihn im Hotel abzuholen, doch Springer winkte ab und machte seine Visite im Rathaus. Der Bürgermeister führte die Gäste aufs Dach. Achtzig Meter entfernt lag ein jordanischer Wachtposten hinter seinem MG. Kollek erklärte Springer, weshalb er darauf bestanden hatte, mit seinem Amtssitz an der Demarkationslinie zu verbleiben, und prophezeite: »Eines Tages wird diese Grenze wegfallen.« Mit den Worten: »Dann werde ich in Ihrer Mitte sein«, ging Springer bewegt auf ihn zu. Offenbar sprang der Funke schon beim ersten Gespräch mit Teddy Kollek über.

Springer war ein echter politischer Philanthrop. Vor Antritt der Reise hatte er zunächst überlegt, etwas Demonstratives für die Amerikaner in Vietnam zu tun. Jetzt erhielt Israel die Vorfahrt. Doch was ihm bisher von seinem Stab an Hilfsmaßnahmen irgendwo im Lande vorgeschlagen worden war, hatte ihn nicht begeistern können. Erst hier, im geteilten, der Investitionen so sehr bedürftigen Jerusalem, verspürte er eine große Aufgabe. Auf seine Frage hin, ob es irgendwo Bedarf gebe, erwähnte Kollek das Israel-Museum in Jerusalem: »Was wir brauchen, ist ein Gebäude für die Bücher.« Springer sprang sofort darauf an und sagte die Finanzierung von Bibliothek und Auditorium des Israel-Museums zu. In der Ansprache am 6. Oktober 1966 bei der Einweihung des Springer-Hochhauses in Berlin konnte er die Stiftung für die Archäologische Bibliothek des Israelischen Nationalmuseums bereits bekannt geben. Die versammelte bundesdeutsche Prominenz vernahm mit einiger Verblüffung, dass Springer in seiner Ansprache die Berliner Einweihung mit der parallelen Bauplanung in Jerusalem so demonstrativ verknüpfte. Ausdrücklich erwähnte er, Bürgermeister Kollek habe »die Einweihung des Hauses hier und den geplanten Neubau in Jerusalem« unter einen gemeinsamen Nenner gestellt. Von nun an war ein charakteristischer Parallelismus zu beobachten: Springer verteilte seine Sympathie und seine Gaben zusehends gleichmäßig auf Berlin und Jerusalem. So wie er sich Mitte der fünfziger Jahre aufgemacht hatte, um Berliner zu werden, begab er sich jetzt von Berlin aus auf den Weg nach Jerusalem.

Ein Mann in den besten Jahren: Versuch eines Persönlichkeitsprofils

Wer Springer in dieser ersten Berliner Phase nahestand, erkannte eines genau: Dieser Mann war eine Ansammlung von Widersprüchen, jetzt noch ausgeprägter als zuvor schon. Er war nicht streitsüchtig, viel eher harmoniebedürftig, wünschte als feiner Herr zu gelten und scheute den Ruf eines Grobians. Am liebsten spielte er weiterhin die Rolle des großzügigen Strahlemanns, der möglichst allen wohltut und deshalb Sympathie zu ernten hofft. Das galt nicht nur für sein Privatleben. In gewisser Hinsicht kennzeichnen solche Einstellungen auch den Stil der Feldzüge, mit denen er sein Imperium ausdehnte. Ihm lag viel am Image eines fairen, ausgleichenden und aus idealistischen Motiven handelnden Verlegers. Damit verbanden sich Stilgefühl und hoch entwickelte Sensibilität für die jeweiligen Partner – sofern er sensibel sein wollte. Von den hemmungslosen Zornesausbrüchen früherer Jahre wurde er zwar weiterhin dann und wann heimgesucht, oder er hat sie gespielt. Alles in allem hatte er sich aber nun doch besser in der Gewalt. Er hatte auch durchaus ein Gewissen, wenngleich oft ein schlechtes, da er vom unmäßigen und selbstbezogenen Leben nicht lassen wollte oder konnte. Wenn er sich klarmachte, dass er verletzend gehandelt hatte, war er um Wiedergutmachung bemüht, zwar nicht immer, aber doch häufig. Später, als er sich konsequenter an die Lehren der Bergpredigt zu halten suchte und regelmäßig betete, verstärkte sich dieser Zug. Das war die eine Seite.

Es gab aber auch die andere Seite. Springer konnte über Leichen gehen, wenngleich nicht buchstäblich, denn er gehörte eher zu den

Empfindsamen und Wehleidigen. Waren Chefredakteure oder Manager auszuwechseln, Übernahme-Deals auszuhandeln, die Bedingungen einer Scheidung festzulegen oder kürzere Liaisons zu beenden, dann scheute er im Allgemeinen die direkte Konfrontation. Aber er ging keiner brutalen Entscheidung aus dem Weg, falls ihm dies geschäftlich oder politisch geboten schien, wenn er sich an die Wand gedrückt fühlte oder wenn es ihm einfach so beliebte. Nach Art vieler großer Herren erwartete er, dass seine Untergebenen sämtliche erlaubten, aber gegebenenfalls auch viele unerlaubte Tricks einsetzten, um Widerstände aus dem Weg zu räumen. Die schmutzigen Details hielt er sich gerne vom Leibe. Seine Ichbezogenheit war sagenhaft und erinnerte an die einer Operndiva. Er konnte sachlich sein, gut zuhören und rational argumentieren, wechselte aber in den zahllosen Sach- und Personalfragen, die über den Schreibtisch eines Konzernchefs laufen, vielfach abrupt seine Meinung. Auch seine Launenhaftigkeit war die einer Diva. Immerhin traten jetzt die Depressionen seltener auf. Aber seine Stimmungsschwankungen waren weiterhin groß. Harmoniesucht und Schonungslosigkeit, Idealismus und Machtbesessenheit, Frömmigkeitsanwandlungen und hektisches Sündenleben koexistierten bei ihm ungeschieden nebeneinander. So wird man zum »Mammutverleger«, hinterlässt aber gleichzeitig eine stets wachsende Zahl enttäuschter Getreuer, ein paar gebrochene Herzen und unglückliche Kinder.

Versuchen wir, diese allgemeinen Beobachtungen noch etwas zu spezifizieren. Dabei dürfen gewisse grundlegende Bedingungen nicht übersehen werden. In den Vorstandsetagen der Wirtschaft sind Machtkämpfe, so hat dies der Wirtschaftshistoriker David S. Landes schön auf den Punkt gebracht, »ein integraler Bestandteil des Arbeitsalltags«.[269] Auch bei den Printmedien sind Richtungsstreit, Machtkämpfe, Intrigen und brüske Entscheidungen der Spitzenfiguren nicht die Ausnahme, sondern die Regel. Da Springer seit 1967 sehr umstritten war, somit auch unter besonders scharfer Beobachtung stand, war es für seine vielen Gegner natürlich naheliegend, Verhaltensweisen und Entscheidungsabläufe, die eher alltäglich sind, ein wenig über Gebühr zu moralisieren.

Dies gilt auch für sein Privatleben. Geben wir nochmals David S. Landes das Wort, der beim Vergleich der spektakulären Unternehmerfamilien von den Fords über die Agnellis bis zu den Guggenheims resümierend festgestellt hat: »Schaut man sich die Eignerfamilien der großen Unternehmensdynastien genauer an, so erscheinen sie als Aristokraten der modernen Industriegesellschaft; nicht nur aufgrund der wirtschaftlichen Macht, die sie verkörpern, sondern auch aufgrund ihres nicht selten extravaganten und exzentrischen Lebensstils ...«[270] So wies auch Springers Lebensstil die Merkmale jener internationalen Oberschicht der sehr Reichen und notorisch Bekannten auf, für die sich damals der Begriff »Jetset« einbürgerte.

Das war sehr wörtlich zu nehmen. Springer fand nun, es sei an der Zeit, sich einen Jet zuzulegen, eine Aero Commander. Allerdings waren Firmenjets in jenen Jahren in Großunternehmen noch keine Selbstverständlichkeit. Für den sparsamen Karl Andreas Voss war der Kauf deshalb, wie es heißt, ein sicheres Anzeichen von Größenwahn.[271] Doch Springer sah das anders. Ein eigener Jet erleichterte schließlich die Geschäfts- und Urlaubsreisen, zeigte aber zugleich, dass er nun in derselben Liga spielte wie die Agnellis, die Dassaults, die Onassis oder die Rockefellers. Bei Lichte besehen war es noch nicht ganz dieselbe Liga, aber Springer suchte sich solchen Vorbildern zu nähern. Einen Hubschrauber hatte er sich schon früher geleistet, und natürlich musste dann auch noch die Jacht »Schierensee« diese standesgemäße Grundausstattung bequemer Verkehrsmittel abrunden. Schließlich hatte ja auch sein gehörnter Freund Horst-Herbert Alsen seinen Wohnsitz auf eine Jacht im Mittelmeer verlegt, und Henri Nannen pflegte sich seit Mitte der sechziger Jahre auf der kostspielig umgebauten »Positano III« zu entspannen.[272]

Beim Erwerb weiterer Wohnsitze hielt sich Springer weiterhin in dem für ihn üblichen Rahmen. Wie bisher schon tat er sich auch jetzt keinen Zwang an, wenn ein besonders stattliches Anwesen auf den Markt kam oder wenn ihn wieder einmal der Bauteufel packte. So ließ er sich in Gstaad einen sehr ansehnlichen Wohnsitz bauen, Haus Sunnmat, wohin sich nach der Scheidung Frau Helga zurückziehen durfte.[273] Und 1963 kaufte er von Bimba Baldner den berühmten Klenderhof in der Nähe seines Hauses am Hobokenweg. Er erfüllte sich damit einen infantilen Traum. 30 Jahre zuvor hatte er »Baby« Meyer, die ihn anhimmelte und ihm damals noch alles glaubte, versprochen, diesen Bau werde er kaufen. Seither war das Anwesen durch viele Hände gegangen und wurde jetzt Gästehaus des Verlages, Konferenzzentrum für Strategiesitzungen, aber auch »Schauplatz von mancher Liebelei«, wie Claus Jacobi augenzwinkernd zu berichten weiß.[274]

Das Stichwort Liebelei erinnert daran, dass bei Axel Springer das Geschäftliche und das Erotische weiterhin munter nebeneinanderher liefen. Jesus Christus, Franz von Assisi und Nikolaus von der Flüe, so hat man den Eindruck, traten wieder etwas zurück. Merkur und Venus waren und blieben vorerst Springers bevorzugte Gottheiten. Auch in diesem Punkt unterschied er sich nicht vom stilbildenden Jetset der Kennedy-Jahre. Wohl aber verstand er es wie zuvor schon, seine erotischen Eskapaden aus den Illustrierten herauszuhalten.

Das Tempo seiner Scheidungen nahm zu. Im Februar 1962 hatte er die Ehe mit Frau Rosemarie brüsk beendet und überstürzt Helga Alsen geheiratet. Als Friede Riewerts im Herbst 1965 im Haus am Grotiusweg ihren Dienst als Kindermädchen antrat, fiel ihr schnell auf, dass es auch in der neuen Ehe bereits kriselte. Springer und seine Frau waren ständig getrennt auf Reisen. Befanden sich beide zu Hause, wechselten sie kaum ein Wort miteinander. Das Personal berichtete von Schreiszenen und auffälligen Abwesenheiten des Hausherrn.[275]

Die diskreten Amouren Springers in jenen Jahren waren allem Anschein nach zahlreich, doch zumeist kurz. Nur eine dieser Beziehungen ist von biographischem Interesse: die schon erwähnte Affäre mit der österreichischen Journalistin Barbara Taufar. Tatsache ist, dass die vierte Ehe mit Frau Helga ebenso scheiterte wie die voraufgegangenen, nur schneller. Springer warf ihr das viele Herumreisen und ihre Verschwendungssucht vor, sie ihm seine dauernden Affären.[276] Auch diese Scheidung fiel ähnlich kostspielig und von Seiten Springers ähnlich großzügig aus wie die früheren.

So wie Springers Eheleben und die parallelen Affären ähnelte auch das Verhältnis zu seinen Kindern einem Stück aus dem Lehrbuch des Privatlebens vieler Leute mit zerrütteten Ehen. Nachdem sich die Tochter aus erster Ehe bereits aus seinem näheren Umfeld entfernt hatte, spürte er in dieser Phase, wie ihm auch sein ältester Sohn entglitt. Springer gab sich zwar einige Mühe, aus ihm einen brauchbaren Konzern-Erben zu machen, doch blieben seine Bemühungen punktuell und daher ziemlich wirkungslos.

Hier nur ein Beispiel für viele. Ausgerechnet in den Tagen politischer Hochspannung während des Mauerbaus erhielt Springer vom Kommandeur der 3. Panzerdivision, bei der Sohn Axel einen achtwöchigen Lehrgang für Reserveoffiziersanwärter absolvierte, einen bedenklichen Brief. Zwar habe Axel Springer die Vorauswahl bestanden, stehe aber im letzten Drittel. Er erscheine »manchmal etwas unkonzentriert und mehr mit anderen Dingen beschäftigt als mit soldatischen«.[277] Axels Leidenschaft war damals schon das Fotografieren. Und offenbar war ihm sein Hobby etwas wichtiger als der Lehrgang. Außerdem wandelte er auf Freiersfüßen. Bezeichnenderweise fand Vater Springer erst mehr als zwei Monate später die Zeit für einen ermahnenden Brief an seinen Sohn: »Manchmal fürchte ich, daß Du gar nicht weißt, wie sehr jeder Dir ansieht, daß Du zu keiner Ruhe und Konzentration kommst. Das ist doch nicht der Weg eines jungen Mannes. Ganz abgesehen davon, daß Du nun einmal verpflichtet bist, Deine Soldatenzeit mit Anstand abzureißen ... Mein Junge, geh' nicht an mir vorbei. Ich muß Dich vor Fehlwegen bewahren. Wir haben noch so viele schöne Jahre gemeinsam vor uns ...«[278]

Zu seinem 21. Geburtstag erfreute Springer seinen Sohn mit einem Telegramm, das gleichfalls Bände spricht: »Lieber Axel, am heutigen Geburtstag wünsche ich Dir, daß Vernunft, Disziplin und die Annahme väterlichen Rates Dir den Lebensweg erleichtern helfen. Vati.«[279] Es waren dies exakt die Wochen, in denen der besorgte Vater in Zürich seine vierte Ehe einging. So hatte es seine innere Logik, dass sein Sohn im selben Jahr gleichfalls heiratete. Es kann niemanden erstaunen, dass Axel Springer sich jetzt genauso erbittert und genauso erfolglos gegen diese Verbindung seines eigenen Sohnes stemmte, wie dies Anfang der dreißiger Jahre seine Eltern getan hatten, als er um jeden Preis »Baby« Meyer heiraten wollte. Das Zerwürfnis zwischen Vater und Sohn war diesmal jedoch heftiger. Und fast unnötig zu sagen, dass die Ehe des Sohnes ähnlich ins Schleudern kam wie Springers erste Ehe.

Immerhin war aus dem unkonventionellen, immer zur Ironie aufgelegten jungen Mann ohne großes Zutun des Vaters ein hervorragender Pressefotograf geworden, der in der Branche weltweit in hohem Ansehen stand. Springer erkannte genau, dass die leidenschaftliche Beschäftigung mit Sportfotografie unter dem Namen Sven Simon ein Versuch war, sich vom dominierenden Vater freizuschwimmen. Ob aber der älteste Sohn je das Zeug haben würde, eine leitende Rolle im Konzern zu spielen, bezweifelte er.

Blieb noch der zweite Sohn Nicolaus aus der vierten Ehe mit Frau Helga. Eigentlich wäre jetzt noch einmal Gelegenheit gewesen, die Fehler zu korrigieren, die zur Entfremdung von den Kindern aus den beiden ersten Ehen geführt hatten. Aber Springer war auch in diesem Punkt ein Wiederholungstäter. Ein Hauptgrund, warum »Mausi« im Frühjahr 1966 ihren Mann schließlich verließ, war dem Vernehmen nach Springers Wunsch, »die Gören« abzuschieben – die beiden Kinder aus Helga Alsens erster Ehe ins Internat und den eigenen Sohn Nicolaus aufgrund der häufigen Abwesenheit in die Obhut der Mutter.[280] Begründung: Er selbst könne einfach nicht mit Kindern leben. Nach der Scheidung blieb Nicolaus dann auch bei Frau Helga in Gstaad. Der Kontakt Springers zu beiden riss zwar nicht ab, doch an eine nachhaltige erzieherische Heranbildung des Zweitgeborenen zu einer leitenden Funktion im Konzern war vorerst nicht zu denken. Als Springer seit Mitte der siebziger Jahre intensivere Anstrengungen unternahm, Nicolaus stärker an sich zu binden und seine Entwicklung zu steuern, war es zu spät.

In Sachen Familienleben hatte sich somit in dem hier interessierenden Lebensabschnitt Springers gegenüber früher nichts geändert. Er war und blieb ein Lebemann, der die Vielzahl seiner Seitensprünge mit Geld kaschierte und für den der eigene Nachwuchs eine Priorität zweiter oder dritter Ordnung darstellte. In den Jahren von 1958 bis 1966 jedenfalls, als nach der dritten auch die vierte Ehe Springers in die Brüche ging, wurden somit bereits die Voraussetzungen für die Sorgen seiner späten Jahre geschaffen, als ihm die eigene Endlichkeit zunehmend bewusst wurde, desgleichen auch sein Versäumnis, sich rechtzeitig um die möglichen Erben des gigantischen Konzerns gekümmert zu haben.

Im engeren Umfeld Springers wusste man, dass es in seiner Nähe noch eine höchst einflussreiche weitere Frau gab: Hulda Seidewinkel. Sie war alles in einer Person: Innendekorateurin seiner Villen, Protokollchefin, *maitresse de plaisir*, Aufseherin über die Liebesnester des jederzeit entflammbaren »Mammutverlegers«, kurz: neben den Ehefrauen oder in Ermanglung der Ehefrauen die weibliche Nummer 1 a in Springers Hofstaat. Nur mit dem Chef selbst habe sie nie etwas gehabt, so behauptet die zweimal gut verheiratete, gut geschiedene und von Springer finanziell verwöhnte Tochter aus gutem Industriellenstall in Hildesheim, der nichts Menschliches fremd war.

Sie kümmerte sich um alles, was normalerweise der Frau des Hauses obläge. Ihr Einstieg war die Einrichtung des Berliner Hauses in der Bernadottestraße gewesen, eine Aufgabe, die ihr die mit täglichen acht Reitstunden ausgelastete Frau Rosemarie gern überließ. Von da an wurde Hulda Seidewinkel von Springer mit üppigen Budgets ausgestattet. Der Vielbeschäftigte überließ ihr alles, was irgend mit Geschmack und Repräsentation zu tun hatte, bis hin zur Beschaffung der Vertäfelung der 18. und 19. Etage im Berliner Verlagshochhaus, die teilweise aus dem umgebauten Allerheiligsten der Londoner *Times* stammt. Auch die Organisation der Einweihungsfeier am 6. Oktober 1966 war ihr Werk. Was sie neben ihren offensichtlichen Organisationstalenten so unverzichtbar für Springer machte, soll der weltkundige Heinz Ullstein gelegentlich auf die Kurzformel gebracht haben: »Wie alle Leute, die wirklich etwas können, ist sie eine völlig Verrückte und der Umgang mit ihr daher ein Vergnügen.«[281] So wurde sie auch zur Vertrauten Springers und später, nach dem Tod des Verlegers, zur Informantin seiner Biographen. Wenn von dem Mann Axel Springer in seinen besten Jahren die Rede ist, darf Hulda Seidewinkel jedenfalls nicht vergessen werden. Wie viele Fäden sie gezogen, wen alles sie hat aufsteigen oder stürzen lassen, gehörte zu den Staatsgeheimnissen dieser lange Zeit sehr diskreten Gesellschaftsdame, und es wird sich nicht mehr aufklären lassen.

Neben Hulda Seidewinkel gab es noch eine andere, völlig im Hintergrund gehaltene Strippenzieherin, über deren finstere Einflüsse man nur tuschelte: die Astrologin Ina Hetzel. Manche, die in jenen Jahren unerwartet vom hohen Postament gestürzt wurden, gaben ihr die Hauptschuld daran, so Eduard Rhein. Über Rheins abrupten Sturz im Jahr 1964 wurde in den Chefetagen des Springer-Konzerns viel getuschelt. Schließlich war er ein Gefährte fast der ersten Stunde, eine ähnlich bizarr-genialische Gestalt wie

Axel Springer selbst und fast zwanzig Jahre lang eine der großen Zugnummern im Springer-Zirkus. Immerhin hatte er mit den Einnahmen von *HÖR ZU* Springers kometenhaften Aufstieg überhaupt erst ermöglicht und die Auflage der Programmzeitschrift dann auf über 4½ Millionen emporgetrieben. Doch Springer kam jetzt zu der Auffassung, dass Rhein nicht mehr der richtige Mann war, um die Spitzenposition von *HÖR ZU* auf dem viel stärker als früher umkämpften Markt der Rundfunk- und Fernsehzeitschriften zu behaupten. Außerdem wollte sich damals Hans Werner Bluhm, der selbstbewusste Chefredakteur von *Bild am Sonntag*, nicht willenlos den politischen Direktiven des Verlegers fügen.[282] So ernannte Springer kurzerhand Bluhm zum Chefredakteur der weitgehend unpolitischen *HÖR ZU* und schickte Rhein in denkbar kränkender Form in Pension.[283] Noch in seinen Memoiren aus dem Jahr 1990 hatte Rhein seinen »Rausschmiß« nicht verwunden und malte ein sehr negatives Bild von der »dicken, humpelnden Vettel«, die Springer oft heimlich in ihrer Wohnung besuchte und fürstlich honorierte.[284] Sie habe den Verleger in nahezu bestürzendem Ausmaß beeinflusst.

Was auch immer die Motive für auffällige personalpolitische Entscheidungen jener Jahre gewesen sein mögen, so ließ Springer jedenfalls in dieser frühen Berliner Zeit größere Härte als zuvor erkennen und, soweit das überhaupt möglich war, ein noch größeres Selbstbewusstsein.

Größere Härte: Von jetzt an häuften sich die Fälle, in denen er alte Vertraute oder verdienstvolle Journalisten entweder sachte, aber doch unerbittlich, beiseiteschob oder Knall auf Fall abservierte. Beispiele für treue Gefährten, die äußerst behutsam und unter Wahrung aller Formen abgeschoben wurden, sind Karl Andreas Voss oder Hans Zehrer. Verglühende Sterne … Anschauungsunterricht für die kränkende Entfernung aus den bisherigen Funktionen bot die brüske Absetzung Karl-Heinz Hagens oder eben Eduard Rheins. Auch der allerdings nicht pflegeleichte Hans Frank, zunächst die Nummer drei in den Hamburger Anfängen und bei der Hinwendung nach Berlin Springers Beauftragter, führte bewegende Klage über den Undank des Verlegers. Desgleichen wollte Otto Siemer vom *Hamburger Abendblatt* nicht verstehen, weshalb ihn sein Chef ungerührt pensionieren ließ, als er zur Auffassung kam, der getreue Gefährte sei nun lange genug Chefredakteur gewesen. Springers gegenüber früher doch kälterer Stil ist damals von manchem im Hause genau registriert worden. Er war allerdings berühmt dafür, den Sturz oder die Versetzung auf einen Abschiebebahnhof im großen Konzern dem Betroffenen fast immer auf das Angenehmste zu vergolden. In diesem Punkt verhielt er sich seinen Spitzenchargen gegenüber ebenso großzügig wie bei seinen Ehescheidungen.

Seitdem er jedoch unter den frühen Gefährten ziemlich unsentimental aufgeräumt hatte, fühlte sich in den Spitzenpositionen des Verlags oder der Springer-Zeitungen niemand mehr so recht sicher. Die alte Kameraderie machte einer Stimmung angespannter Vorsicht Platz. Jeder wusste, dass auf den verbindlich auftretenden, aber zugleich schwer fassbaren Verleger unkontrollierbare Einflüsse einwirkten. Im Grunde war das völlig natürlich, aber der große Chef war nun doch deutlich anders als früher: unnahbarer, undurchschaubarer, noch brüsker in seinen Entscheidungen.

Kein Wunder, dass böse Zungen schon vom Springer'schen Königshof sprachen und bald auch schrieben. Wie in der Sage, wenn sich ein begeisternder Prinz an die Spitze der Truppe setzt, um ein Königreich zu erobern, waren die Jahre des Aufstiegs die schönsten gewesen. In jener inzwischen schon fernen Anfangszeit hatte Springer eine Gruppe kreativer, gleichfalls erfolgsbesessener Profis um sich geschart, er war selbst begeistert gewesen, hatte somit auch verstanden, sein Umfeld zu begeistern, und den Fähigsten und Getreuesten ihre Plätze an der Sonne zugewiesen. Damals hatte er auch noch den direkten Kontakt zur Betriebsfamilie gehabt. Diese gute alte Zeit war vorbei. Das Königreich war gewissermaßen erobert, aus der »Betriebsfamilie« war eine unübersehbare Schar von an die 12 000 Frauen und Männern geworden, und die alten Gefährten hatten sich zu machtbewussten Managern oder Chefredakteuren entwickelt. Auch jetzt waren sie noch auf Eroberungen aus, aber doch viel stärker als früher darauf konzentriert, nach den Gesetzen eines Großkonzerns ihren Claim zu verteidigen oder ihn auszuweiten, dabei stets darauf bedacht, dem »Mammutverleger« nicht zu missfallen.

Erschwerend wirkte sich dabei die starke Politisierung aus. Diese Gefahr ist bei einem Zeitungskonzern naheliegender als bei anderen Großunternehmen. Doch weil Springer seit Längerem ungebremst auf dieser Schiene fuhr, verstärkte das die Spannungen im Axel Springer Verlag. Mitte der sechziger Jahre, noch bevor die Stürme der APO-Jahre das Haus erschütterten, herrschte im Umfeld Springers bereits eine ziemliche Malaise. Selbst engste Mitarbeiter entdeckten an dem Chef zusehends bedenklichere Züge. Kennzeichnend dafür ist der letzte Tagebucheintrag Hans Zehrers vom 7. Mai 1965, kurz vor der offiziellen Geburtstagsfeier Axel Springers in Kampen: »Sprach mit Vollhardt, der maßlos auf die Zustände im Haus und die Unrast und Überheblichkeit von A. S. schimpfte. Sehr große Sorgen um den ganzen Laden. Christian Kracht ebenfalls, der nicht an der Sache teilnehmen will, um die Schau nicht mitzumachen. Die Ratten verlassen das sinkende Schiff? Vollhardt erzählte aus Bonn: bei allen Parteien herrscht eine große Feindschaft gegen A. S. … A. S. ist nicht mehr normal; er wird den Laden in Grund und Boden zurücklassen und alle Leute mit ihm auch!«[285]

Im »roten Jahrzehnt« (1967–1977)[1]

»Enteignet Springer!«

In der Biographie Springers markieren die Jahre 1967/68 eine tiefe Zäsur. Biographisch am wichtigsten war die psychologische Rückwirkung der Anti-Springer-Kampagne, die urplötzlich losbrach. Vor 1967 begriff sich Springer als Liebling der Götter: beispiellos erfolgreich, beispiellos reich, beispiellos gebauchpinselt von den Häuptlingen aller politischen Parteien, beispiellos gefürchtet von der Konkurrenz und in der veröffentlichten Meinung kaum kritisiert, sah man einmal ab von ein paar Wespen beim *Spiegel* oder bei der linken Studentenschrift *konkret*. Das änderte sich nun schlagartig. Der Götterliebling wurde vom hohen Postament gezerrt und landauf, landab in der Republik als öffentliche Gefahr bezeichnet.

Axel Springer hat nie ganz die Sehnsüchte des verwöhnten Kindes abgelegt, möglichst von allen geliebt und verhätschelt zu werden wie einstmals von Mutter Ottilie. Sein Harmoniestreben war stark ausgeprägt. Charmant, aber auch gefürchtet, war er bisher damit durchgekommen. Doch auf einmal wurde Prinz Charming zum Buhmann erklärt. Urplötzlich, so schien es, liebte ihn niemand mehr, genauer gesagt, nur noch ganz wenige: ein paar Nahestehende und Freunde, vielleicht noch die Angehörigen seiner Betriebsfamilie. Der öffentliche Liebesentzug hat auf ihn wie ein Schock gewirkt und ihn im tiefsten Innern dauerhaft verunsichert. Ganz abgesehen von den politischen und gesetzlichen Barrieren, die sich nun vor seinem Expansionsdrang auftürmten, lähmte das auch seinen bisher sieghaften Willen, den Mammutverlag immer weiter auszudehnen. Er wurde nicht mutlos, aber sehr, sehr vorsichtig und spielte andauernd mit dem Gedanken, den umstrittenen Konzern zu verkaufen. Der Lack war ab. Siegfried war gewissermaßen dort getroffen, wo er am verwundbarsten war: bei seiner Sehnsucht nach allgemeiner Anerkennung und Beliebtheit.

So viel zur subjektiven Komponente der Zäsur in den Jahren 1967/68. Dem lag eine objektive Veränderung seines öffentlichen Erscheinungsbildes zugrunde. Zuvor war Springer nicht viel mehr als ein außerordentlich erfolgreicher Zeitungsverleger gewesen. Sein politischer Ehrgeiz und die Größe des auf Dauerwachstum programmierten Konzerns hatten zwar schon mancherorts irritiert: in der politische Klasse, bei der Konkurrenz aus dem Kreis der Verleger, in den Führungsetagen der E-Medien und nicht zuletzt bei den Machthabern in Ost-Berlin, die sich herausgefordert sahen. Millionen Bundesbürger lasen die *Bild*-Zeitung oder *HÖR ZU*, aber deren Verleger Axel Springer nahmen sie kaum zur Kenntnis und wenn, dann durchaus bewundernd.

Das änderte sich nun schlagartig. 1967 und 1968 wurde aus Springer innerhalb kürzester Frist die umstrittenste Persönlichkeit in der damaligen Bundesrepublik – umstrittener als Strauß, Brandt, Wehner oder Kiesinger, die sich in der Großen Koalition zusammengefunden hatten. Was erstaunt, ist die Plötzlichkeit, mit der er jetzt von einer lautstarken Minderheit zur öffentlichen Gefahr erklärt wurde. Von nun an war und blieb Springer eine polarisierende Größe. Eine Allensbach-Blitzumfrage vom Juni 1968, also kurz nach den heftigen Anti-Springer-Demonstrationen während der Osterunruhen, zeigt das. Immerhin kannten jetzt 89 von 100 Befragten den Namen Springer. Je 22 der Befragten hatten »eine gute Meinung« bzw. »keine gute Meinung«. Bemerkenswert aber war die Zahl derer, die unentschieden waren und kein Urteil hatten: immerhin 45. Eindeutig war die Antwort auf die Forderung nach Enteignung: Die Hälfte aller Befragten war dagegen, zehn waren dafür, und ein Drittel hatte von der Forderung noch gar nichts gehört.[2] Helga Springer, die recht witzig sein konnte, gab ihm gelegentlich zu bedenken: »Du musst dem Dutschke dankbar sein, der hat dich bekannt gemacht.«[3] Doch die Dankbarkeit Springers gegenüber den radikalen Studenten hielt sich in Grenzen.

Jedenfalls hat kein deutscher Unternehmer in der immerhin schon sechs Jahrzehnte umfassenden Geschichte der Bundesrepublik bis zum heutigen Tag derart heftige Emotionen ausgelöst und ein so beispielloses Maß an Kritik erfahren. Auch im europäischen Vergleich fallen die Kampagnen gegen Springer völlig aus dem Rahmen. Allenfalls die Feindschaft gegen Berlusconi, auch er bezeichnenderweise ein Medienmogul, ist damit zu vergleichen. Doch Berlusconi stürzte sich mitten in die heiße Küche der Politik. Springer wollte zwar auch in den Töpfen mitrühren, verharrte aber dennoch zögernd an der Türschwelle, bekam dabei aber mehr Hitze ab als die meisten der Bonner Chefköche.

Wie und warum es zu dem von nun an nie enden wollenden Zorn auf Springer kam, ist offenkundig. In der Geschichte der Bundesrepublik waren die Jahre 1967/68 eine ebenso einschneidende Zäsur wie in der Biographie Springers. Das Land erlebte damals einen Aufstand der Jungen, genauer gesagt: der Universitätsjugend. Die politischen Ziele der Studentenbewegung blieben zwar unklar, und bereits kurz nach dem Aufbruch war sie in eine Vielzahl von Strömungen, Organisationen und Sekten zersplittert, aber 1967 und 1968 bestand an der Stoßrichtung kein Zweifel. Das Pathos des Aufbruchs war antiautoritär. Die Protestbewegung baute sich den Popanz eines homogenen »Establishments« auf (so das aus Amerika kommende Schlagwort), dessen Funktionsträger angeblich alle Kommandohöhen der Gesellschaft besetzt hielten und unauflöslich vernetzt waren. Regierungen, Parlamente, die Parteien, die Verwaltungen und die Gerichte, Polizei, Bundeswehr, die Industrie, die Banken, die Gewerkschaften, selbstverständlich auch die Universitäten, wo die Bewegung ihren Ausgang nahm, ganz besonders aber die Medien – sie alle waren Teil eines Machtkartells. Dieses »Establishment« schien vielfach moralisch kontaminiert. Die Gründe für das moralische Versagen wurden auf Hunderten von Teach-ins und Demonstrationen nächtelang erörtert. Erste und schlimmste Schuld: die Mitwirkung höchster oder auch weniger hochgestellter Funktionsträger im Dritten Reich; zweite, ähnlich schlimme Schuld: die offene oder stillschweigende Unterstützung für die USA beim Vietnamkrieg; dritte Schuld, auch sie unverzeihlich: die Ausbeutung der »Dritten Welt«; schließlich viertens, auch diese Schuld nicht zu vergessen: die Legitimierung des brutalen Polizeieinsatzes gegen die von hoher Moralität bewegte Protestbewegung.

In diesem Feindbild spielte der Springer-Verlag eine Schlüsselrolle. Die politische Generation der Achtundsechziger hat seit ihren Berliner Anfängen in den Jahren 1966 und 1967 und seit dem Heldenjahr 1968 mit großem Geschick ihren eigenen Mythos geschaffen. Ein Kernelement dieses Ursprungsmythos war der Kampf gegen die sogenannte »Pogrom-Hetze« und die Macht der Springer-Zeitungen. Georges Sorel, der Theoretiker des politischen Mythos, dessen einstmals berühmte Studie *Über die Gewalt* jetzt wiederentdeckt wurde, hatte das Buch mit der Frage geschlossen: »Was ist vom Kaisertum Napoleons übrig geblieben?« Seine Antwort: »nichts als das Heldengedicht der großen Armee«.[4] Genauso könnte man fragen: Was ist von den Anfängen der 68er-Bewegung in Berlin, Hamburg oder München übrig geblieben? Die Antwort wäre: das Heldengedicht der großen Kampagne »Enteignet Springer!« mit allem, was sie für Tausende erregter Studenten und für Millionen von Fernsehzuschauern oder *BILD*-Lesern so unvergesslich machte: riesige Teach-ins, Angriffswellen wütender Demonstranten gegen die von Polizei geschützten Verlagshäuser, brennende Lastwagen, Wasserwerfereinsatz, Prügeleien ... Die Springer-Gegner waren von der Überzeugung beseelt, in »ziviler

Notwehr« zu handeln. Ihnen erschien der »Mammutverleger«, so einer jener damaligen Kämpfer im Rückblick, »als dämonische Überfigur und geheimer Herrscher der Republik«.[5]

Die Erregung der Berliner Demonstranten des Jahres 1967 hatte nachvollziehbare Gründe. Ein Hauptanliegen der »neuen Linken«, wie die Bewegung mangels geeigneter Begriffe genannt wurde, war der Protest gegen das Engagement Amerikas im Vietnamkrieg. Er verband sich mit Entrüstung über das sehr brutale Vorgehen des Berliner Senats und der Polizei. Vorgänge, die man später nur achselzuckend zur Kenntnis genommen hätte – das Amerikahaus in der Nähe des Bahnhofs Zoo von studentischen Demonstranten mit Eiern beworfen, das Sternenbanner von ihnen nicht etwa verbrannt, sondern bloß auf Halbmast gesetzt! –, führten im politischen Raum zu heftigsten Reaktionen. Und stets begriffen sich die Zeitungen Springers – *B. Z.*, die *Berliner Morgenpost* und *BILD* – als Lautsprecher der weit überwiegenden, empörten Mehrheit der Bevölkerung sowie von Abgeordnetenhaus und Senat. Grobianismus war damals auf allen Seiten an der Tagesordnung: bei den protestierenden Studenten, bei der Polizei, bei der politischen Führung Berlins und auch bei den Boulevardzeitungen. Die Grobheit der journalistischen Studentenbeschimpfung war bemerkenswert und ist aus Sicht des gegenwärtigen, sich viel milder gebenden Zeitalters nicht mehr nachvollziehbar. Kein Wunder, dass sich in den Demonstranten eine ohnmächtige Wut auf die Zeitungen und auf den Verleger, der etwa 80 Prozent des Berliner Zeitungsmarktes kontrollierte, aufstaute. Sie verstärkte sich jedes Mal, wenn das sehr harte Eingreifen der Polizei gegen nicht genehmigte und zunehmend gewaltsame Demonstrationen von den Springer-Blättern mit Nachdruck gebilligt wurde. Dem Real-Grobianismus der Protestbewegung entsprach der Verbal-Grobianismus der Zeitungen.

Heute ist aus den Emotionen der Jahre 1967 und 1968 längst die Folklore einer Protestbewegung geworden. Dass es eine tolle Zeit war, glauben immer noch die meisten derer, die inzwischen ins milder stimmende Pensionsalter eingetreten sind. Humanistisch gestimmte Geister wie Hano Strasser, deren Aktivismus in den demokratischen Mainstream einmündete, blicken nun in ihren Memoiren nostalgisch zurück: »Als wir noch Götter waren im Mai.«[6] Gretchen Dutschke, deren Mann sich als Führer einer revolutionären Bewegung verstanden hatte, empfindet das ähnlich: »Wir hatten ein barbarisches, schönes Leben.«[7] Und wer, wie Gerd Koenen, bald bei der Sekte der Maoisten landete und viel später erst zur Vernunft kam, sieht nun in der »Enteignet Springer!«-Kampagne ein Dilemma zwischen »narzißtischer Selbstinszenierung« und »medialer Vermittlung«.[8] Jedenfalls bildet die Anti-Springer-Kampagne ein besonders farbiges Prunkstück in der Folklore der 68er-Bewegung.

Man muss auf die Wucht dieser Bewegung und die bis heute fortwirkende Faszination ihrer damals todernst genommenen Selbstinszenierung hinweisen, will man die Gestalt Axel Springers in der Geschichte der Bundesrepublik richtig einordnen. Als die erste Phase der Unruhen in der zweiten Jahreshälfte 1968 abflaute, war Springers Image bei der künftig zusehends tonangebenden »neuen Linken« dauerhaft fixiert: ein faschistoider, reaktionärer Großverleger, auf dessen Gefährlichkeit man periodisch zurückkommen würde.

Aber man kann die Kampagne »Enteignet Springer!« nicht allein mit der Studentenbewegung in Verbindung bringen. Gewiss hat sie dort die stärkste Aufmerksamkeit gefunden und die dauerhaftesten Fixierungen bewirkt. Tatsächlich aber fanden sich bei der Anti-Springer-Kampagne noch andere Kräfte zusammen, denen Springer aus unterschiedlichsten Gründen im Wege stand. Es wäre ein Grund zum Verwundern gewesen, hätten die Propaganda-Apparate der DDR-Regierung bei Auslösung und Verstärkung der Kampagne nicht aus dem Hintergrund viele Fäden gezogen. Des Weiteren haben die Gegner Springers aus der mit ihm zerfallenen »Hamburger Kumpanei« gleichfalls ihren Part gespielt. Geschäftsinteressen und politische Überzeugungen ließen sich dabei aufs Schönste miteinander verbinden. Naturgemäß konnte der mächtige Axel Springer Verlag bei keinem der konkurrierenden großen Blätter viel Unterstützung erwarten. Auch die Springer-Kritiker beim Fernsehen, allen voran Gert von Paczensky, haben die Entrüstung geschürt und am Kochen gehalten, dabei diskret ermutigt von den Fernsehintendanten und deren Chefredaktionen. Seit Herbst 1967 sind auch die Größen aus den Reihen der Linksintellektuellen mit dem Netzwerk der Gruppe 47 sowie einige Buchverleger hinzugekommen. Damals hat sich Günter Grass erstmals als eine Art Saint-Just der Springer-Kritiker profiliert und neben ihm Heinrich Böll. Sie waren gewissermaßen die Verfolger vom Dienst. Und schließlich ergab sich der in solchen Fällen übliche Mitläufer-Effekt. Viele wollten einfach auf den fahrenden Zug aufspringen, in dem die Katzenmusik gegen den »Mammutverleger« spielte.

Welches Gewicht hatten die Einflüsse, die von Ost-Berlin ausgingen? Als die Kampagne 1967 in Fahrt kam, wollte Springer nicht so recht glauben, dass zahllose Studenten schlicht und einfach über »die Hetze« – so empfanden sie die Berichterstattung – seiner Blätter entrüstet waren. Ebenso wenig machte er sich klar, wie stark große Teile der Öffentlichkeit unter dem Eindruck eines Déjà-vu-Komplexes standen: Konjunktureinbruch 1966, Aufstieg der NPD, Notstandsgesetzgebung ... Steuerte die Bonner Demokratie nicht auf eine Existenzkrise zu wie einstmals die Weimarer Republik, und spielte der Springer-Verlag dabei nicht die Rolle des seinerzeitigen Hugenberg-Konzerns?

Der von seiner eigenen demokratischen Rechtschaffenheit überzeugte Axel Springer erklärte somit die urplötzlich einsetzende Einschwärzung seines Images mit Verschwörungstheorien. Im Oktober 1967, als die Kampagne bereits mehrere Monate im Gang war, aber noch nicht mit den Osterunruhen vom April 1968 ihren Höhepunkt erreicht hatte, hielt er es für geboten, im altvertrauten Hamburger Übersee-Club wieder einmal eine Grundsatzrede zu halten. Gestützt auf Vorarbeiten im Redaktionellen Beirat skizzierte er dort erstmals die vier Grundsätze seines Hauses, die künftig auch in die Arbeitsverträge eingingen:

»1. das unbedingte Eintreten für die friedliche Wiederherstellung der deutschen Einheit und Freiheit;

2. die Aussöhnung zwischen Juden und Deutschen; dazu gehört auch die Unterstützung des Lebensrechts des jüdischen Volkes;

3. die Ablehnung jeder Art von politischem Extremismus;

4. die Bejahung der freien sozialen Marktwirtschaft.«[9]

Nachdem er sich so als ein Verleger der »breiten konservativen Mitte« definiert hatte, wurde Ulbricht als Drahtzieher der Kampagne von ihm hell angestrahlt. »Ich weiß zuverlässig«, führte er aus, »daß zum ersten Mal die Parole ›Enteignet Springer!‹ jenseits der Mauer geäußert wurde.« Am 21. April 1966 habe Ulbricht aus

Anlass des 20. Gründungstages der SED dazu aufgerufen, die Macht des Springer-Konzerns »zu beseitigen«. Springer stützte sich dabei auf eine 14-seitige Studie zum Thema: »Die These von der ›Enteignung des SPRINGER-Verlags‹. Ihr Ursprung und ihre Wirkung«. Die Dokumentation war in der Stabsabteilung Horst Mahnkes erstellt, im Redaktionellen Beirat erörtert, vom Verleger gebilligt und dann als Broschüre versandt worden, unter anderem an alle Bundestagsabgeordneten.[10] Im Originaltext der Ansprache Ulbrichts war dem Thema Springer nur ein einziger, doch augenscheinlich gewichtiger Satz gewidmet: »Von besonderer Bedeutung ist, die Zeitungskonzerne wie den Springer-Konzern u. a. unter Kontrolle zu nehmen und damit der Hetze des kalten Krieges und der Kriegshetze einen Riegel vorzuschieben.«[11]

Springer hielt Ulbricht allerdings nicht für den Alleinverursacher der Kampagne. Etwas geheimnisvoll, auch leicht drohend, sprach er bei seinem Hamburger Vortrag »von merkwürdig vielen Gruppen«, über deren Zusammenhänge, Hintermänner und Finanzierung eines Tages öffentlich zu sprechen sein werde. In diesem Zusammenhang ließ er auch ein paar Sätze über »handfestes Konkurrenzdenken« fallen. Jeder im Saal wusste, wer damit gemeint war.

In der eben erwähnten Dokumentation war in der Tat ein großer Bogen geschlagen worden. Ulbrichts verschiedentlich von der SED im *Neuen Deutschland* verstärkte Forderung sei von westdeutschen Publizisten aufgegriffen worden, zunächst am 1. August 1966 von Rudolf Augstein in dem *Spiegel*-Artikel »Lex Springer«.[12] Von da an sei die »Enteignungsthese« wie ein Ball zwischen Ost-Berlin und bestimmten Gruppen in der Bundesrepublik hin- und hergespielt worden, bis schließlich wiederum *Der Spiegel* am 10. Juli 1967 unter der Überschrift: »Wir fordern die Enteignung Axel Springers!« ein Interview mit Rudi Dutschke brachte.[13]

Kein Zweifel daran, dass Springer diese Ursprungsthese für zutreffend hielt. Bei einem etwas gründlicheren Studium der Dokumentation hätte er allerdings feststellen können, dass Ulbricht den Begriff »Enteignung« noch gar nicht verwendet hatte. Auch Augstein hatte bloß gewisse Möglichkeiten der Kartellgesetzgebung angedeutet, die damals bereits in der wissenschaftlichen Diskussion waren. Sicher hoffte er, Springer mit Hilfe des Bundeskartellamtes irgendwie zu bedrängen. Doch zwischen Machtbegrenzung und Enteignung liegen, wenn nicht Welten, so doch schier unüberwindbare Hindernisse.

Erstmals, so die Dokumentation, tauchte der Begriff »Enteignung« am 13. Mai 1967 in dem *Berliner Extrablatt* des SDS auf.[14] Als die Bewegung mit der Erschießung des Studenten Benno Ohnesorg am 2. Juni 1967 ihren Märtyrer erhielt, wurde der »Pogrom-Hetze« der Springer-Presse die Hauptschuld an der Tragödie angelastet. Jetzt griffen unterschiedlichste Gruppen die Enteignungsthematik auf – der Sozialistische Deutsche Studentenbund (SDS), der Republikanische Club, die »Falken« und die in der »Kampagne für Abrüstung« (KfA) zusammengeschlossenen Gruppierungen. Mehr als Vermutungen über die Urheberschaft der SED ließen sich also damals nicht formulieren.

Im Visier der Stasi

Welches Bild der Verwicklung des SED-Staats in die Kampagne lässt sich heute erkennen? Wie nachhaltig ist das Ministerium für Staatssicherheit (MfS) daran beteiligt gewesen? Lückenlose Klarheit ist auch nach Öffnung der Ostberliner Archive nicht zu gewinnen. Bekanntlich sind die Archivalien der Hauptverwaltung A (HVA), aus denen die West-Arbeit der Stasi rekonstruierbar wäre, in den Monaten vor dem Zusammenbruch der DDR im Jahr 1990 fast völlig beseitigt worden. Einiges ist aber erhalten geblieben, und vieles lässt sich aus anderen Quellen erschließen. Dank der detaillierten Studie von Hubertus Knabe über die Stasi im Westen ist *ein* Sachverhalt unbestreitbar: die Steuerungsgremien der Berliner Studentenbewegung – der SDS, der AStA der Freien Universität, die »November-Gesellschaft« oder der Republikanische Club in der Wielandstraße – waren fast durchweg von Stasi-Spitzeln und von Einflussagenten durchsetzt. Dasselbe gilt für bundesweit operierende Organisationen wie »Die Falken« und den Arbeitsausschuss der »Kampagne für Abrüstung«, bei denen die Forderung nach Enteignung Springers schon im Juli 1967 zum Hauptthema wurde.[15]

Auch der Einfluss von SED und Stasi auf oppositionelle Zeitschriften des Typs *konkret* war nachhaltig. Ungewollt geriet übrigens auch Rudolf Augstein in Kontakt zu Stasi-Agenten. Er war zwar der Letzte, der dazu disponiert gewesen wäre, sich seine Themen ausgerechnet von SED-Funktionären vorgeben zu lassen, die er als Holzköpfe betrachtete. Doch Anfang 1966, also noch in der frühen Entstehungsphase der Studentenbewegung, hatte er, wie bereits erwähnt, den Plan verfolgt, in Berlin eine Wochenzeitung mit dem Titel *Heute* herauszubringen. Damit wollte er die damalige Deutschlandpolitik aufmischen und zugleich auch in der schon moussierenden Protestbewegung publizistisch präsent sein. In der Gruppe, von der die Nullnummer vorbereitet werden sollte, befanden sich mit Walter Barthel und Peter Heilmann auch zwei Stasi-IMs, die künftig in der APO eine wichtige Rolle spielen sollten. Als Augstein das Projekt wegen fehlender journalistischer Professionalität dieser Berliner Truppe aufgab, brachten einige aus dieser Gruppe das *Berliner Extrablatt* heraus, wo sich am 13. Mai 1967, also noch vor der fatalen Anti-Schah-Demonstration mit den Ausschreitungen der Polizei, die Forderung fand: »Die Westberliner Teile des SPRINGER-Konzerns müssen im Lebensinteresse unserer Stadt enteignet und einer gesellschaftlichen Kontrolle unterworfen werden.«

Springer selbst war natürlich schon viel früher ins Visier der Stasi geraten. Berichte aus den fünfziger Jahren sind jedoch nur bruchstückhaft erhalten. Der erste stammt aus dem Jahr 1954. Nach dem Kauf der *Welt* war der Verleger offenbar auch für das Ostberliner MfS von Interesse. Der seinerzeitige Stasi-Informant berichtete von Gerüchten, wonach Springer die *Die Welt* wieder verkaufen wolle und »ernsthaft« daran denke, »seine Blätter in absehbarer Zeit auch in der DDR zu vertreiben«. Deshalb wolle man die Blätter weitgehend »entpolitisieren«. Erst sei an einen »ostdeutschen« Vertrieb von *Kristall* und *Constanze* gedacht. Die *Bild*-Zeitung solle nachfolgen.

Das Interesse der Ostberliner Spionage nahm natürlich zu, als sich Springer auf den Weg nach Berlin machte. Er hatte noch gar nicht definitiv über sein Engagement auf dem Berliner Zeitungsmarkt entschieden, da fand im Dezember 1954 schon eine in seinem Auftrag erstellte Marktanalyse mit dem Vermerk »Streng geheim!« ihren Weg auf die Stasi-Schreibtische.[16] Allem Anschein nach hatte das MfS auch einen Informanten bei Ullstein, der Briefe und Besprechungsprotokolle herausschmuggelte. Am Heiligen Abend 1957 beispielsweise ging beim MfS ein Bericht ein, Springer plane, seinen Einfluss in West-Berlin zu verstärken. Karl Ullstein wolle »nur noch den Tod des 80jährigen Seniorchefs Rudolf Ullstein abwarten, um sich vom Axel-Springer-Verlag auszahlen zu lassen und nach den USA zu gehen«.[17]

Als Springer Anfang 1958 mit der Reise zu Chruschtschow gewissermaßen in die hohe Politik einstieg, wurde er erst recht interessant. Der Botschafter Ost-Berlins hatte von der sowjetischen Regierung einen Bericht über die Gespräche erhalten.[18] Fast zeitgleich ging bei der Stasi ein Bericht aus Hamburg ein. Allerdings, so wurde einschränkend angemerkt, stamme der Bericht »von einer zweifelhaften Quelle«, einem Mitarbeiter im Axel-Springer-Konzern.[19] Springer habe mit leitenden Verlagsmitarbeitern über Pläne zur Verstärkung des Einflusses in Westdeutschland und »zur Aufweichung« der DDR beraten. Der Verlag werde sich zusammen mit dem Henkel-Konzern und einer Gruppe des Flick-Konzerns um den Aufbau eines privaten zweiten Fernsehnetzes bemühen. Springer selbst habe dem gesamtdeutschen Ministerium den besonderen Ausbau der Fernseh-Relaisstationen an der DDR-Grenze empfohlen. Zugleich plane der Springer-Verlag, in Moskau und in den übrigen sozialistischen Ländern durch »seriöse Repräsentanten« präsent zu sein.[20]

Für die folgenden Jahre sind weiterhin nur bruchstückhafte Aufzeichnungen erhalten geblieben. Zu erkennen ist, dass seit Anfang 1961 verschiedene Abteilungen des MfS verstärkt mit der Sammlung von Informationen beauftragt wurden.[21] Seit 1962 existieren umfangreichere Materialsammlungen, so unter anderem ein 25 Seiten umfassender, detaillierter Informationsbericht zum Verlagsaufbau und zu den politischen Querverbindungen (Auswärtiges Amt, Wehner mit dem Ostbüro der SPD, Brandt, Bahr, Barsig). Hier wurde auch auf die Person Springers eingegangen. Dabei fand seine dritte Ehe mit der »bekannten Dressurreiterin« Rosemarie Lorenz besondere Aufmerksamkeit. Ihr Vater sei der ehemalige SS-Obergruppenführer Werner Lorenz, 1946 zu 20 Jahren Zuchthaus verurteilt, später zu 15 Jahren begnadigt. Die Spruchkammer in West-Berlin habe ihn am 11. August 1958 zu 50 000

D-Mark »Buße« verurteilt, »die von Springer bezahlt wurde«. Seither lebe er in Düsseldorf und sei auf jedem Empfang, den Springer gebe, anzutreffen.[22]

Springer beschäftige in seinem Presseimperium ausschließlich Mitarbeiter, »die zutiefst antikommunistisch eingestellt sind«. Genannt wurde Hans Zehrer und – an zweiter Stelle – Ernst J. Kramer (sic!), der im September 1958 plötzlich im Impressum der *Welt* als stellvertretender Chefredakteur aufgetaucht sei. Dieser ehemalige Presseoffizier der US-Armee habe als Gewährsmann des Bonner »Kriegsministers« Strauß und des Pentagon die Aktionen des »Amtes für psychologische Kriegführung« mit den Presseerzeugnissen des Springer-Verlags abzustimmen: »Der Pressefeldzug zur Aufputschung der westdeutschen Bevölkerung begann unmittelbar nach dem Eintritt von Kramer.« Neben weiteren Journalisten wurde auch der »ehemalige CIC-Agent Karl-Heinz Hagen« aufgelistet.

Augenscheinlich achtete das MfS damals vor allem auch auf die Querverbindungen verschiedenster Journalisten des Springer-Verlags zu amerikanischen und deutschen Geheimdiensten. Viele der in diesem Bericht aufgelisteten Namen und Funktionen fanden dann teilweise wörtlich Eingang in ein 79 Seiten starkes Propagandapamphlet,[23] das der Ostberliner Verband der Deutschen Journalisten Anfang 1963 unter dem Titel *Hetzer, Fälscher, Meinungsmacher. Axel-Springer-Pressekonzern der Ultras* veröffentlichte. Die dort artikulierten Hauptvorwürfe lauteten: Kriegshetze; Zusammenarbeit mit amerikanischen Geheimdiensten, dem Pentagon und dem Bonner Verteidigungsministerium; maßgebliche Tätigkeit ehemaliger Nazis und SS-Angehöriger im Springer-Konzern; maßgebliche Mitwirkung bei der Fluchthilfe und Bewusstseinsmanipulation der westdeutschen und der Westberliner Bevölkerung. Springer führe einen »permanenten psychologischen Krieg« gegen die Leser seiner Blätter: »Sie sollen zu einer gedanken- und willenlosen Masse degradiert werden, die bedingungslos den politischen Scharfmachern hinterhertrottet.«[24] In den kommenden Jahren stützten sich die DDR-Medien bei ihrer Anti-Springer-Kampagne stark auf die in diesem Pamphlet gesammelten Angaben. Im gleichen Jahr erschien in Ost-Berlin auch ein Buch von Franz Knipping, betitelt *Jeder vierte zahlt an Axel Cäsar*.[25] Damit lagen die wesentlichen Materialien für die folgende Kampagne bereit.

Offensichtlich war die Firma »Horch und Guck« auch unterwegs, um die privaten Lebensumstände Springers und seiner Mitarbeiter auszuspähen. Der Verleger habe 1963 für eine Million Mark »den sogenannten Klenderhof auf Sylt« gekauft und ihn wie ein kleines Appartement-Idyll einrichten lassen. Das Anwesen sei als »Klausurstätte« für Leitartikler und wichtige Mitarbeiter gedacht. In der Bevölkerung sei aber bekannt geworden, »daß im Klenderhof Groß-Orgien gefeiert werden«. Mit Zustimmung der Gemeinde, deren Repräsentanten in einer langen Nacht von Springer und seinen Freunden »unterspült« worden seien, knattere der Privathubschrauber an manchen Tagen mehrere Male über die Insel, obwohl dort absolutes Auto- und Lärmverbot bestehe.[26]

Bis ins Jahr 1966 befasste sich das MfS so gut wie ausschließlich mit dem Sammeln von Informationen. Operative »Maßnahmen« gegen den Verlag sind bisher nicht dokumentiert. Die Medien-Propaganda der DDR hatte sich zwar schon längst auf den Springer-Verlag eingeschossen. Ihm wurde vor allem seine aktive Fluchthilfe vorgeworfen. Doch Ulbrichts Rede vom 21. April 1966 markierte in der Tat einen Wendepunkt. Von jetzt an begann der Versuch, in der Bundesrepublik und in West-Berlin für ein aktives Vorgehen gegen den Springer-Verlag Stimmung zu machen. Dabei waren vor allem die »Reisekader« der SED aktiv. Der erste Bericht über einen politischen Bildungsabend der Jusos im Gewerkschaftshaus zu Neuß zum Thema »Presse- und Meinungsfreiheit und ihre Bedrohung durch Axel Springers Pressekonzern« datiert vom 5. Mai 1966, 14 Tage nach Ulbrichts Ansprache. Die Mehrheit der jüngeren SPD-Mitglieder, ist in dem Bericht zu lesen, habe aber dort leider die Meinung vertreten, Springer mache seine Politik »nur als wendiger privater Geschäftsmann«.[27] Die Stimmung änderte sich jedoch in den kommenden Monaten.

Eine nicht unwichtige Rolle bei den von Ulbricht initiierten Planungen der SED spielte von Anfang an das Vorhaben, einen agitatorischen Fernsehfilm über Axel Springer zu drehen. Die erste Folge wurde im März 1968 vom DDR-Fernsehen unter dem Titel »Ich – Axel Cäsar Springer« mit großem Tamtam ausgestrahlt. Die Planungen begannen aber bereits im Sommer 1966, also kurz nach Ulbrichts Rede und vergleichsweise lange bevor das Thema »Enteignet Springer!« im Frühjahr 1967 auf die Agenda kam. Die Agitationsabteilung des Zentralkomitees beauftragte Karl Georg Egel und Harry Czepuck mit dieser Aufgabe. Egel hatte schon mehrere Agitprop-Drehbücher verfasst. Czepuck, stellvertretender Chefredakteur des SED-Zentralorgans *Neues Deutschland,* kannte das Bonner Parkett, wo er eine Reihe von Jahren als Korrespondent für sein Blatt tätig gewesen war.

Von Anfang an gab es eine enge Verbindung zur Stasi. Im Herbst 1965 war die Westkommission der SED errichtet worden. Ihre Aufgabe bestand in der Entwicklung von Strategien und operativen Maßnahmen gegen die Bundesrepublik. Die Leitung hatte das Politbüromitglied Albert Norden. Unter Verweis auf Ulbrichts programmatische Feststellungen zum Springer-Konzern in der Rede vom 21. April 1966 informierte Norden in einem Brief Erich Mielke, den Minister für Staatssicherheit der DDR, über den Plan einer Fernsehdokumentation oder vielleicht sogar eines Fernsehspiels zur Entlarvung des Springer-Konzerns, bat um Unterstützung bei der Materialbeschaffung und fügte einen 16 Punkte umfassenden Fragenkatalog bei.[28] Der Brief belegt nicht nur, dass die Anti-Springer-Agitation von den höchsten DDR-Funktionären ausging, und dies noch bevor sich die Studentenbewegung auf den Springer-Konzern einzuschießen begann, sondern dass auch schon einige Zentralelemente des Agitprop-Fernsehfilms über die Karriere Springers skizziert waren.

Die erste der 16 Fragen beinhaltete bereits eine Hauptthese des künftigen Drehbuchs: »SS-Obergruppenführer Lorenz (Schwiegervater von Springer) war zeitweilig Leiter der volksdeutschen Mittelstelle der SS, teilweise war er Leiter des SS-Wirtschaftsamtes. Damit stand er im Zusammenhang mit der Verwaltung des SS-Vermögens ... In der Geschichte soll möglichst davon ausgegangen werden, daß Verwalter des SS-Vermögens sich Springer ausgesucht haben und ihm die erste finanzielle Starthilfe zum Ankauf der *Welt* und zum Aufbau seines Pressemonopols gegeben haben.« Norden erhielt postwendend Antwort, allerdings mit der Präzisierung: »Lorenz hatte nichts mit SS-Finanzen zu tun, das war Pohl.«[29] Damit war der Idee, den Agitprop-Film an der Person von Lorenz aufzuhängen, eigentlich schon weitgehend der Boden entzogen.

Im Februar 1967 reiste Egel zu Recherchen innerhalb der Springer-kritischen Szene in die Bundesrepublik. Sein Bericht wurde von Werner Lamberz von der Abteilung Agitation immerhin für so interessant erachtet, dass er ihn Ulbricht direkt zuleitete.[30] Egel hatte sich unter anderem an die Professoren Eugen Kogon (Darmstadt) und Helmut Ridder (Marburg) gewandt sowie an Karl Gerold, den Chefredakteur der *Frankfurter Rundschau,* dazu an die Journalisten Gösta von Uexküll und Erich Kuby. Relativ früh, so der Bericht, habe er seine Gesprächspartner gebeten, ihm bei der Materialbeschaffung über Springer zu helfen. Nachdem er ihnen Konzeption und Einzelheiten der gegen Springer gerichteten Geschichte erzählt habe, seien sie aufgetaut: »Sie schienen wie ausgewechselt, hörten fasziniert zu, freuten sich, lachten, begannen Einzelheiten aus ihrem Kenntnisbereich über Springer und seine Mitarbeiter zu erzählen, erklärten sich manchmal, ohne daß ich sie bitten mußte, bereit, für mich zu recherchieren ...« Kuby habe ihm die auf Springers Betreiben nicht veröffentlichte *Spiegel*-Story über Springer kurzzeitig überlassen. Gerold habe erst laut auf die DDR geschimpft, dann aber, als er ihn nach dem Gespräch zur Tür brachte, leise gesagt: »Ich wünsche Ihnen alles Gute. Hauen Sie Springer in Ihrer Geschichte die Beine weg. Bei uns kann man das nicht mehr.« Egels Schlussfolgerung: »Auf der Plattform des Hasses gegen den Springer-Konzern ist offenbar eine breite praktische Bündnisgenossenschaft möglich.«

Diese Zeilen wurden Anfang Februar 1967 geschrieben. Ein halbes Jahr später war die »praktische Bündnisgenossenschaft« Wirklichkeit. Die überzogen groben Berichte und Kommentare von *BILD* und der Berliner Springer-Zeitungen bereiteten dafür bei zahllosen Mitläufern der Studentenbewegung den emotionalen Nährboden, während deren Führungsgruppen (nicht wenige von ihnen Stasi-IMs) das demagogische Potenzial des Themas erkannt hatten. Einer Aktennotiz vom 27. Oktober 1967 ist zu entnehmen, dass beim ZK eine Arbeitsgruppe zur Unterstützung der Anti-Springer-Kampagne in Westdeutschland und West-Berlin gebildet wurde. Ihr gehörten Funktionäre des Zentralkomitees, des Verbands Deutscher Journalisten, des FDJ-Zentralrats, der Westabteilung und der Stasi an.[31] Unmittelbar verantwortlich für die Unterstützung der Kampagne waren der Verband Deutscher Journalisten und der FDJ-Zentralrat. Diese wurden beauftragt, umgehend einen gemeinsam erarbeiteten Entwurf für einen – wie es in schönem

Funktionärsdeutsch hieß – Plan vorzulegen, »der die in Abstimmung mit den Vorhaben der westdeutschen und Westberliner Kräfte gegen Springer (Republik. Club, Studenten) geeigneten Maßnahmen zur Unterstützung dieser Kräfte enthalten soll«.

Dem Protokoll ist die Ostberliner Sicht des Stands der Kampagne zu entnehmen: »*Methoden:* Demonstrationen, Flugblätter, Plaketten, Boykott; *Kräfte:* Studenten (SDS, SHB), linke – liberale Intelligenz, Journalisten (Gr. 47), Gewerkschaften, Kreise; *Orte:* (Universitäten) – Kampagne f. Abrüstung, Ostermarschbewegung.« Die Diskussion berührte auch kritische Punkte: »*bisheriger Mangel:* 1. Zielsetzung mangelhaft, 2. keine einheitlichen Maßnahmen und Aktionen, 3. Rolle Springers im Ausland, 4. Losung ›Enteignet Springer‹ nicht ratsam (sonst weniger Anhänger).« Einigkeit bestand darin, den künftigen Schwerpunkt auf das in Kreisen der APO geplante Springer-Tribunal zu legen, das im Januar 1968 durchgeführt werden sollte.

Die MfS-Unterlagen lassen deutlich erkennen, dass Ost-Berlin über die Pläne des Springer-Tribunals genau informiert war.[32] Die Leitung aller Anti-Springer-Aktionen werde künftig bei der »Kampagne für Abrüstung« liegen. Dem Sekretariat des Springer-Tribunals, geleitet von dem Schriftsteller Peter Schneider, sei daran gelegen, »in allen Fragen unabhängig von irgendeiner Vereinigung oder Organisation zu erscheinen«, also: Distanz zum Sozialistischen Deutschen Studentenbund, auch zum Republikanischen Club (mit dessen Unterstützung man rechne). Weiter hieß es in dem »streng vertraulichen« MfS-Einzelbericht: »Das Sekretariat des Tribunals ist auch daran interessiert, die von ihnen gesuchten Kontakte zur DDR öffentlich nicht bekannt werden zu lassen.«

Das damals vorgesehene Personaltableau des Tribunals stellte sich wie folgt dar: »Ankläger: Heinrich Hannover, Rechtsanwalt; Beisitzer: Enzensberger, Schriftsteller, Nierumant [sic!], Schriftsteller; Vorsitzender: Prof. Ridder; Stellv. Vors.: R. Schmid, Oberlandespräsident [sic!] (Stuttgart); weitere Mitglieder: Bloch, Journalist, Heinrich Böll, Schriftsteller).« Vorgesehen sei auch ein Volksbegehren gegen Springer mit Unterschriftensammlung. Mögliche Zusammenstöße mit Polizei und Verfassungsschutz während des Tribunals würden einkalkuliert und erwartet. Sie sollten dann als Beweis der Richtigkeit der Thesen des Tribunals und zur Mobilisierung der Massen gegen Springer und das Bonner System ausgenutzt werden.

Die in dem Agentenbericht aufgeführten Stichworte zur Konzeption beinhalten in Kurzform die gewissermaßen »klassischen« Vorwürfe gegen den Springer-Konzern:

»Zum Apparat des Springer-Konzerns:
- die Konzentration
- die Verflechtung mit dem Staatsapparat
- die Begünstigung Springers durch den Bonner Staat
- redaktionelle Fragen, der Beirat in Hamburg
- Springers Auslandsdienst
- Geheimdienst des Springer-Konzerns
- Personalpolitik des Konzerns (nazistische Vergangenheit)
- Springer persönlich (Produkt seines Konzerns) und Springers staatliche Machtfunktionen (Usurpator der staatlichen Macht)

Zur Politik des Springer-Konzerns:
- Springers Ideologie
- der Antikommunismus als ›neuer‹ Faschismus (rot ist gleich braun)
- Frontstadtpolitik Springers
- die Verschleierung der Krise (Feind- und Bedrohungsideologie)
- Konstruktion des inneren Feindes (Mordberichterstattung)
- Kampf gegen Minoritäten (Gastarbeiter, Studenten)
- Vorbereitung eines Bürgerkrieges
- Außenfeinde (Kriegsberichterstattung über Vietnam, die dritte Welt, die deutsche Wiedervereinigung als Befreiungstat)
- Springer-Presse und Faschismus (Umwandlung des Antifaschismus in Antikommunismus).«

Komplikationen ergaben sich in der Folge, weil die Veranstalter des Tribunals auch Wolf Biermann in der Rolle eines kommissarischen Verteidigers (mit der Aufgabe, Springer »von links« zu verteidigen) oder als Zeugen dabeihaben wollten.[33] Biermann befand sich damals an den westdeutschen Universitäten bereits im Zenit seines Rufs als antikapitalistischer Protestsänger. Er hatte auch in der DDR eine große Fan-Gemeinde. Die Überprüfung erbrachte jedoch Bedenkliches. Oberst Kistowski, Leiter der Hauptabteilung VII (Abwehrabteilung) teilte hausintern mit, »dass es sich bei dem im Schreiben genannten Biermann um den in der Hauptstadt der DDR lebenden Schriftsteller und Sänger Biermann handelt, der in der Vergangenheit durch feindlich-provokatorische Veröffentlichungen in westdeutschen und Westberliner Publikationsorganen in Erscheinung getreten ist«. Auch die Schriftsteller Enzensberger und Kipphardt erweckten Bedenken; sie seien bei der Linie XX »operativ angefallen« und würden dort bearbeitet.[34] So standen die Dinge beim MfS, bevor die Kampagne »Enteignet Springer!« nach dem Anschlag auf Dutschke in der Osterwoche 1968 neue Dynamik erhielt.

Und was wurde in der Zwischenzeit aus der Fernsehserie »Ich – Axel Cäsar Springer«? Eigentlich hatte sie von Anfang an hohe politische Priorität. Spitzenschauspieler wie Horst Drinda, Ingrid Sander, Evelyn Cron oder Irma Münch waren eingeplant. Doch ein Berg von Protokollen und Briefen zeigt, dass hier nicht nur ein Propaganda-Machwerk produziert wurde; die Arbeit an der Serie war zugleich ein Paradebeispiel für technischen Pfusch, Cliquenwirtschaft und träge Arbeitsmoral im real existierenden Sozialismus. Im Herbst 1967 drängte die SED, wenigstens den ersten Teil vorzeitig fertigzustellen und zu senden.[35] Dazu kam es aber erst am 17. März 1968, wenige Wochen vor den »Osterunruhen«, dem Höhepunkt der Anti-Springer-Kampagne. Aber die Serie erwies sich als Schuss in den Ofen.

Der aufwendige Doku-Film war wirr konstruiert. Er sollte den Nachweis führen, dass der spektakuläre Aufstieg des Springer-Konzerns aus dem heimlich vor Kriegsende 1945 beiseitegeschafften SS-Vermögen finanziert worden sei. Als große Bösewichte wurden präsentiert: der Vorzeigekapitalist Alsen, Großunternehmer in Zement und Schiffen; dessen Sohn Hans-Herbert Alsen, angeblich ein SS-Offizier, sowie SS-Obergruppenführer Lorenz. Zur grauen Eminenz, die Springer den in aller Herren Länder (auch in Palästina) verborgenen SS-Schatz als Startkapital zuführte, wurde Karl Andreas Voss gemacht, auch er angeblich ein hoher SS-Mann. Der junge Axel Springer selbst wurde als ebenso schwächliche und willfährige wie schlaue und machtgierige Figur persifliert. Bisexuell sei er, ganz lächerlich der Astrologie hörig und zugleich von Ödipuskomplexen traumatisiert. Der im Hamburger Milieu der Besatzungsjahre bestens bekannte Major Hujsmans kam ebenso ins Bild wie Hugh Greene, dazu alle Kapitalisten, die den Drehbuchschreibern als vorzeigenswert erschienen: Berthold Beitz, Philipp Reemtsma, dazu die Reeder Willy Schlieker und Erik Blumenfeld. Auch der Bankier Hermann Josef Abs und Bundesbankpräsident Blessing durften nicht fehlen. Auf dessen Bedeutung hatte bei der schon erwähnten West-Reise Karl Georg Egels Professor Eugen Kogon aufmerksam gemacht: »Man könne das Phänomen Springers und das Wachstum seines Konzerns und seiner Politik nicht richtig darstellen, wenn man die Rolle von Abs und Blessing nicht berücksichtigt.«[36] Desgleichen wurden NS-belastete Journalisten in großer Zahl vorgeführt, Hans Zehrer zuvörderst, doch auch Horst Mahnke. In den anschließenden Folgen, deren letzte im September 1968 ausgestrahlt wurde, dominierten dann die aktuellen Unholde Franz Josef Strauß, die Offiziere der Organisation Gehlen und Herbert Wehner, nicht zu vergessen der amerikanische Agent Ernst Cramer.

Der in der Tat romanhafte Aufstieg Axel Springers wurde so zur antikapitalistischen Räuberpistole umgearbeitet. Springer sah sich den Streifen in Gesellschaft seiner engsten Mitarbeiter an und zeigte sich höchst amüsiert.[37] Die Springer-Gegner in der Bundesrepublik fanden die Serie peinlich. »Zeitgeschichte auf der Hintertreppe« lautete der verächtliche Untertitel der Rezension in der *Zeit*, die sich damals auf dem Kriegspfad gegen Axel Springer befand. Unbekannt blieb, dass die Serie angesichts so offenkundiger sachlicher Verdrehungen selbst von der Stasi als problematisch eingestuft wurde. Am 12. August 1968 fand in der Pressestelle des MfS eine Aussprache Egels mit Generalleutnant Markus Wolf und den Offizieren der HVA und der Abteilung Agitation über die »Konzeption« der Serie statt. Verbindlich und vernichtend zugleich hieß es in dem kurzen Protokoll der immerhin vierstündigen Unterredung: »Die inhaltliche Seite erstreckte sich in starkem Maße auf die Probleme der Außenpolitik der imp. Mächte in den vergangenen Jahren und jener Momente, die zur Person Springer jeweils in der Filmgestaltung eingearbeitet werden könnten. Im wesentlichen waren es jedoch Erwägungen, deren Beweisführung nicht in jedem Fall gegeben ist.«[38] Das hielt die SED jedoch nicht davon ab, die missglückte Serie mit dem Nationalpreis der DDR auszuzeichnen.

»Die Parole der Enteignung stammt von drüben«, hatte Springer im Herbst 1967 festgestellt. Seine Vermutung wird durch die Aktenfunde in Ost-Berlin im Großen und Ganzen bestätigt. Diese erklären aber nur einen Teil der Kampagne. Man kann nicht nachdrücklich genug unterstreichen, dass die geschickt eingespeiste Propaganda nur deshalb Gehör fand, weil erst die Berliner Protestbewegung, dann die Studentenschaft bundesweit über die in der Form sehr grobe Agitation von Springers Zeitungen empört war. Je revolutionärer sich der harte Kern der Bewegung gerierte, umso schriller fiel die gespielte oder echte Empörung über die »Pogrom-Hetze« aus. Dass aber SED und Stasi teilweise Regie führten, ist evident. Es wäre auch unverständlich gewesen, hätten sie sich gegenüber dem feindlichen Springer-Verlag anders verhalten.

Frühjahr 1967: Auf dem Gipfel internationaler Anerkennung

Man würde Springers Biographie im Jahr 1967 verzeichnen, wollte man sie ausschließlich in die Perspektive der Studentenbewegung rücken. Die Agitation der Berliner Studenten gab ihm zu denken, gewiss. Man sieht sich im geliebten Berlin nicht gern und dazu noch vom akademischen Nachwuchs monatelang »durch den Kakao gezogen«.[39] Doch in den Anfängen des für ihn so kritischen Jahres beschäftigten ihn andere Fragen sehr viel stärker. Unversehens hatte er im ersten Halbjahr 1967 den Gipfel internationalen Ansehens erreicht. In zwei Ländern war er jetzt auf höchster Ebene hochwillkommen: in Israel und in den USA.

Springer war immer ein stürmischer Liebhaber. Hatte er sich erst einmal für eine Dame, eine Stadt oder eine wichtige Sache begeistert, dann konnte es ihm gar nicht schnell genug vorangehen. Diese Beobachtung bewahrheitete sich einmal mehr bei seiner neuen Leidenschaft für Israel. Im Juni 1966 hatte er bei der ersten Begegnung mit Jerusalem Feuer gefangen. Ein halbes Jahr später war er schon wieder in Israel, diesmal zur Grundsteinlegung für die Bibliothek des Israel-Museums im immer noch geteilten Jerusalem.

Aus Rücksicht auf die jüdischen Empfindlichkeiten gegenüber allen Deutschen hätte er sich durchaus bereitgefunden, diskret ganz im Hintergrund zu helfen. Doch Teddy Kollek erkannte genau, dass ein Axel Springer, der sich offen zu Israel bekannte, hundertmal mehr wert war als ein anonymer Wohltäter.[40]

Im April 1967 fand er sich ein drittes Mal in Israel ein. Die Kunde von dem großzügigen Mäzen aus der Bundesrepublik, der zugleich ein sehr einflussreicher Pressezar war, hatte sich natürlich in Windeseile verbreitet. Teddy Kollek, der in dem kleinen Land jeden kannte, der politisch einflussreich oder interessant oder beides zugleich war, öffnete alle Türen. Springer saugte alle hier angebotenen Informationen und Stimmungen in sich auf, um diese zu Hause oder auch in den USA weiterzugeben. Wenige Monate vor dem Sechstagekrieg befand sich Israel damals in einer der kritischsten Phasen seiner Geschichte. Im Innern herrschte eine ziemliche Malaise, der Terrorismus der neu gegründeten Fatah-Bewegung machte sich schon bemerkbar, Syrien und Ägypten waren unversöhnlich. Viele Israelis sahen in dem ägyptischen Präsidenten Nasser einen zweiten Adolf Hitler.

Kurz nach der Israel-Reise begab sich Springer in die USA. Ein Vortrag im New Yorker Leo-Baeck-Institut gab ihm Gelegenheit, sich zur jüdisch-deutschen Kulturgemeinschaft zu bekennen und gleichzeitig damit zur deutschen Verantwortung. Wie zuvor und danach bei vielen Gelegenheiten formulierte er hier einen Gedanken, den er sehr ernst nahm: »Die neue Führungsschicht in Deutschland hat diese ›Firma Deutschland‹ nicht nur mit den Aktiva, sondern auch mit den Passiva übernommen, und für sie haben wir geradezustehen.«[41]

Jetzt gelang ihm auch, von Ernst Cramer eingefädelt, der protokollarische Durchbruch ins Weiße Haus. Schon früher war er in Amerika gut eingeführt gewesen. Nun wurde er erstmals vom Präsidenten empfangen. Ein Hauptgrund dafür war natürlich die Tatsache, dass die Regierung von Lyndon B. Johnson jetzt alle Hände voll zu tun hatte, dem sich auch in Europa rasch verbreitenden Vietnam-Protest entgegenzuwirken. Das Zeitungshaus Springer galt als verlässlichste proamerikanische Bastion in der Bundesrepublik. Außerdem war auch im Weißen Haus nicht unbekannt, dass der »Mammutverleger« im israelisch-amerikanischen Netzwerk seit Neuestem *persona gratissima* war. Springer selbst zögerte keinen Moment, dem Präsidenten seine neue Liebe zu Israel vor Augen zu führen. Wohl in Unkenntnis der Tatsache, dass man im Weißen Haus Tag und Nacht die rasch dunkler werdenden Kriegswolken über Israel mit größter Sorge beobachtete, hielt er es für angezeigt, Johnson vor einem bald ausbrechenden Nahostkrieg zu warnen. Da bekannt war, dass die Falken um Generalstabschef Rabin im israelischen Generalstab auf eine Konfrontation drängten, während Ministerpräsident Eschkol und große Teile des Kabinetts sorgenvoll zögerten, fand diese Lageeinschätzung des frisch aus Israel kommenden und entsprechend informierten Besuchers einiges Interesse. Springer hatte sich damals aber auch die geniale Idee in den Kopf gesetzt, Israel müsse Mitglied der NATO werden. Diesen absurden Rat gab er dem Präsidenten und dessen Beratern.

Noch lange Jahre nach dieser Unterredung war er überzeugt, damit den Stein der Weisen gefunden zu haben. Wie wenig er sich mit amerikanischer Höflichkeit auskannte, zeigt auch seine Feststellung: »Im Weißen Haus war man begeistert.«[42] Das Befremden über so viel realpolitische Unschuld änderte aber nichts an der Tatsache, dass Springer nach dem Besuch beim Präsidenten nun auch in den USA als große Respektsperson galt, mit entsprechendem Auftrieb für sein eigenes Selbstwertgefühl. Kaum zurückgekehrt, verlieh ihm Bundespräsident Lübke am 1. Juni 1967, also am Vorabend der fatalen Anti-Schah-Demonstration, in seinem Berliner Amtssitz Schloss Bellevue »für besondere Verdienste um Staat und Volk« das Große Verdienstkreuz mit Stern der Bundesrepublik Deutschland.[43]

In Berlin beschäftigte Springer im Mai 1967 emotional vor allem die Kriegsgefahr im Nahen Osten. Ob ihm die Prügelszenen während des Schah-Besuchs und die Erschießung des Studenten Benno Ohnesorg am 2. Juni 1967 wirklich sehr nahegingen, mag dahingestellt bleiben. Ernst Cramer erinnert sich, dass Springer wiederholt konsterniert gefragt habe, wie so etwas passieren konnte. Doch bewertete er den Vorgang eher als einen Unfall. Sein Kopf war so voll mit den dramatischen Ereignissen in Israel, dass er die psychologische Tragweite der Vorgänge am 2. Juni nicht wahrnahm.[44] Den ihm vom *Stern* zugeschriebenen Ausspruch, »Was glauben Sie, wie viele schlaflose Nächte ich seitdem verbracht habe!?«,[45] hat Springer als »frei erfunden« bezeichnet.[46] In seinen Augen waren die aufgebrachten Studenten weiterhin nur eine aufgehetzte Minderheit, der man nicht nachgeben durfte. Dass die DDR-Regierung gegen ihn wühlte, wusste er gleichfalls seit langem. Auch das war zu ertragen.

Was ihn damals wirklich aufwühlte, war die Gefährdung Israels und seiner Freunde in Jerusalem. Genau in den Tagen vom 5. bis 10. Juni, als die APO mit großem Geschick den unglücklichen Benno Ohnesorg bundesweit zum Horst Wessel der Studentenbewegung stilisierte, rollte der Sechstagekrieg ab. Vor der Auslösung des Krieges war in Israel selbst und auch bei glühenden Israel-Freunden wie Springer die Stimmung äußerst gedrückt gewesen. Doch dann vernichtete die israelische Luftwaffe die Luftstreitkräfte Ägyptens, Syriens und Jordaniens, die Armee besetzte den Sinai, das westliche Jordantal, die Golanhöhen und beendete die Teilung Jerusalems. Alle Springer-Zeitungen lieferten natürlich publizistisches Sperrfeuer für Israel und entfachten nach dem Sieg einen wahren Sturm der Begeisterung. Später kam Springer selbst bei einer seiner Ansprachen in Israel auf einen Spaßvogel zu sprechen, der damals gesagt haben soll: »Während des Sechs-Tage-Kriegs hat Axel Springer sechs Tage lang israelische Zeitungen herausgebracht. Sein Instinkt für Verkaufsmöglichkeiten hat ihn allerdings daran gehindert, die Zeitungen in hebräischer Sprache zu drucken.«[47]

Springer selbst war zutiefst bewegt und begab sich unverzüglich an den Schauplatz der Ereignisse. Schon am 9. Juni, der Krieg befand sich in der letzten Phase, flog er zusammen mit Ernst Cramer und seinem Freund Pierre Pabst nach Tel Aviv. Tags darauf führte ihn Bürgermeister Teddy Kollek im wiedervereinigten Jerusalem herum. Zwei Tage zuvor hatten israelische Fallschirmjäger das vor zwanzig Jahren verlorene jüdische Viertel zurückerobert und die Altstadt besetzt. Springer war überwältigt: Jerusalem nicht mehr geteilt, das kleine Israel siegreich, die große Koalition der Araber geschlagen, Hunderte von sowjetischen Panzern zerstört! Auf Fotos von seinem Spaziergang in der Altstadt wirkt er wie ein Traumwandler. Abends betrachtete er Jerusalem vom Ölberg aus, und Teddy Kollek hörte ihn sagen: »In dieser Stadt muß ich mir mein zweites Heim bauen.«[48] Beim Abschied vor dem »King David

Hotel« steckte Springer Bürgermeister Kollek ein von Ernst Cramer vorbereitetes Papier mit den Worten in die Brusttasche seines Hemdes: »Das können Sie für den Wiederaufbau der Altstadt brauchen.« Nach einigen Schritten auf dem Weg zu seinem Wagen zog Kollek es heraus und sah, dass es ein Scheck über eine Million D-Mark war. Er kehrte noch einmal zurück und umarmte Springer.

Während Springer ansonsten vor allem Militärischen eher zurückschreckte, imponierte ihm jetzt die israelische Armee. Man überspitzt nicht, wenn man feststellt: Bis zum Ende seines Lebens blieb er ein moderater deutscher Patriot, dachte und handelte aber zugleich wie ein israelischer Nationalist. In dieser Stimmung besuchte er Israels Verteidigungsminister Mosche Dayan, der jetzt auf dem Gipfel seines Ansehens stand. Auch David Ben Gurion empfing ihn. Darüber hinaus brachte diese Reise Springer auch seinem Sohn wieder etwas näher. Sven Simon war als Fotograf unterwegs und zeigte sich in dieser Zeit genauso begeistert proisraelisch wie der größte Teil der damaligen deutschen Öffentlichkeit. Von Tel Aviv aus flog Springer nach Rom. Seit dem Empfang bei Johnson war er wieder von seiner Berufung überzeugt, durch guten Rat irgendwie doch an den Rädern der Weltpolitik drehen zu können. Bei einem Treffen mit dem aus Deutschland stammenden Kurienkardinal Bea suchte er diesen davon zu überzeugen, es sei nun höchste Zeit, dass der Vatikan Israel diplomatisch anerkenne.[49] Das geschah natürlich nicht. Der ökumenisch gestimmte Lutheraner Axel Springer blieb zwar weiterhin ein Verehrer der Päpste, aber zugleich ein Verächter der zaghaften Diplomatie des Vatikans gegenüber Israel und im Ost-West-Konflikt.

Ungeachtet seiner Umstrittenheit – oder wahrscheinlich genau deshalb – galt Springer jetzt und in den folgenden Jahren als eine der wichtigsten Persönlichkeiten in Deutschland. Im April 1970 brachte das US-Wochenmagazin *Esquire* die Fotos der »100 wichtigsten Leute in der Welt«. Auf der Basis von Eliten-Interviews wählte die Redaktion vier Deutsche aus: den Bankier Hermann Josef Abs, den Politiker Franz Josef Strauß, den Schriftsteller Günter Grass und den Verleger Axel Springer. Aus dem deutschen Sprachraum wurde noch der Schweizer Reformtheologe Hans Küng ausgewählt.[50] Derartige Listen sind natürlich immer fragwürdig. Aber dass Springer, der damals regelmäßig in Washington und New York auftrat und über rund 1200 Journalisten gebot, international als deutsche Persönlichkeit von erheblichem Gewicht gewertet wurde, steht außer Zweifel.

»Der große Orlog«: Gerd Bucerius und Rudolf Augstein

Mitte Juni 1967 kehrte Springer aus Israel zurück, und die Hochstimmung war bald verflogen. Woche für Woche wurde er jetzt darüber informiert, wie die APO von nun an in verschiedensten Universitätsstädten der Bundesrepublik Springer-Hearings organisierte. Erst jetzt kam die Anti-Springer-Kampagne so richtig in Schwung. Im universitären Milieu ging Springers Image rasant auf Talfahrt.

In einer Allensbach-Umfrage vom Juli 1966, bei der Studierende aus vorgelegten Karten aussuchen konnten, welche Persönlichkeiten »für Sie in irgendeiner Art ein Vorbild sein könnten?«, war Springer immerhin noch von acht Prozent der Befragten genannt worden, zwischen Willy Brandt mit zehn Prozent und Ludwig Erhard sowie dem Fußball-Idol Uwe Seeler mit sieben Prozent. Doch auf Platz 1 rangierte Carl Friedrich von Weizsäcker mit 42 Prozent; als vorbildlicher Manager kam Berthold Beitz mit 28 Prozent auf Platz 3. Als Nummer 5 folgte mit 24 Prozent Rudolf Augstein. In den Antworten auf dieselbe Frage im Juli 1967 nannten nur noch vier Prozent Axel Springer. Er lag damit zwischen Mao Tsetung (5 %) und dem Playboy Gunter Sachs (2 %). Augstein (23 %) hatte sich kaum verändert.[51]

Viel stärker als sein Imageproblem bei den Studenten beunruhigte Springer im ganzen Jahr 1967 jedoch der Zwist mit den einstigen Freunden der »Hamburger Kumpanei«. Geschäftsinteressen und politische Meinungsverschiedenheiten verknäulten sich dabei ziemlich hoffnungslos. Die APO-Studenten, so lässt sich seine Stimmung in diesem Jahr zusammenfassen, waren gewiss recht lästig (außerdem für den Ästheten Axel Springer ekelerregend), doch die publizistischen Angriffe gegen die Übermacht seines Hauses und die Vorgänge im politisch-parlamentarischen Raum waren gefährlich. Bei ruhiger Analyse der Konzentrationsdiskussion im Jahr 1967 führt kaum ein Weg an der Erkenntnis vorbei, dass Bucerius und Augstein die schärfsten Treiber waren, während einige zehntausend APO-Studenten zornig, aber vorerst ziemlich folgenlos herumrannten oder noch an Aktionsplänen bastelten.

Seit dem völlig danebengegangenen Versöhnungsgespräch vor Weihnachten 1966 spürte Springer, dass ihn Gerd Bucerius mit einer Mischung aus Furcht und Kampfbegier verfolgte. Der habe sich, meinte er später, »seit Jahren in eine missionarische Gegnerschaft zu meinem Haus verbissen«.[52] Wie Bucerius selbst Springer einschätzte, brachte er Anfang März 1967 in einem Brief an die Partner bei Gruner + Jahr zu Papier: »Leider haben wir es ja bei Springer mit einem Paranoiker zu tun, er hält eine jede Machtvermehrung für ihm zustehend.«[53] Weitere Vorstöße des *Spiegel* waren gleichfalls zu erwarten, seitdem Rudolf Augstein im August 1966 mit der Kolumne »Lex Springer«[54] den Startschuss für die Konzentrationsdiskussion abgefeuert hatte. Springer war ein Verleger, der immer zuallererst nach den Auflagezahlen fragte. Deshalb alarmierte es ihn, dass sich die Blätter dieser Gegner deutlich im Aufwind befanden. Vor allem Henri Nannen schien sichtlich entschlossen, den *Stern* zu politisieren. Sebastian Haffner, der gewendete Kalte Krieger, war dort vor Anker gegangen und überzog von der neuen Plattform aus das Haus Springer mit Invektiven. Sie waren so giftig, dass sogar die Redaktion des *Stern* es für angezeigt erachtete, sich in einem Vorspruch vorsichtig zu distanzieren, als Haffner einige Wochen nach dem fatalen 2. Juni 1967 in seiner Kolumne schrieb: »Von Springer, dem eigentlichen Herrn des gegenwärtigen West-Berlin, über Albertz und Duensing führt eine ununterbrochene Kette der Komplizenschaft zu den Direkttätern.«[55]

Die Springer-Zeitungen gifteten entsprechend zurück. Aber Springer blieb auch weiterhin ein Geschäftsmann und nicht bloß der oberste Kriegsherr seiner Blätter. Deshalb hielt er es fast bis zum Ende des kritischen Jahres 1967 für geboten, in eigener Person oder über Christian Kracht mit John Jahr und Richard Gruner unterschiedlichste Arrangements im Spiel zu halten. Bald sprach man über Teilarrangements, sprich: fette Druckaufträge, bald über denkbar weitreichende Gesamtarrangements, sprich: den bereits erwähnten Verkauf der Münchner Kindler & Schiermeyer-Zeitschriften und sogar eine Beteiligung Springers bei Gruner + Jahr.[56]

Obschon Bucerius im Besitz von *Stern* und *Zeit* bei Gruner + Jahr über den größten politischen Einfluss verfügte, war er doch der Minderheits-Gesellschafter. Das ließ ihn anfangs noch zögern, seinen Blättern die Zügel schießen zu lassen. So richtete er beispielsweise am 18. Juli 1967 einen handgeschriebenen Brief an Springer (»Lieber Axel ... Herzliche Grüße Immer Ihr Buc«), in dem er auf die Gerüchte zu sprechen kam, Springer mache nun doch »eine große Frauenzeitschrift«. Wie auch früher schon gab er ihm erneut zu bedenken: »Springer in diesem Augenblick mit seiner gewaltigen Kapitalkraft wieder im Angriff, das schadet uns allen ... Wenn Sie zum Angriff übergehen, müssen die Betroffenen sich um weitere Konzentration bemühen; sie sind ja alle in Gefahr. Und das kann einfach nicht gutgehen ... Ich weiß nicht, warum wir uns in einer Kommission[57] um gemeinsame Lösungen bemühen, wenn Sie gleichzeitig den großen Orlog beginnen.«[58] Wohlgemerkt: Es ging dabei überhaupt nicht um Politik, sondern um Konkurrenz auf dem von Gruner + Jahr sorgsam gehüteten Markt der Frauenzeitschriften. Auch bei Burda ertönten damals alle Alarmglocken. Richard Gruner telegrafierte am 3. August 1967 an Bucerius, Springer wolle im Februar 1968 mit »Orion« *(Jasmin)* auf den Markt kommen: »Burda will möglichst gemeinsam mit uns und anderen Verlagen eine groß angelegte Kampagne gegen die Marktbeherrschung des Hauses Springer führen. Er denkt an die Ansprache der Öffentlichkeit durch Anzeigen in Zeitungen und Zeitschriften und Schreiben an alle Bundestagsabgeordnete unter der Überschrift: ›Wie lange noch ...‹«[59]

Vier Tage später feuerte *Der Spiegel* den ersten Schuss des »großen Orlogs« ab, bei dem sich die Hamburger Zeitungsbarone zum Vergnügen der Republik einige Monate lang bis aufs Messer bekämpften und der Springers Position in der Konzentrationsdiskussion empfindlich schwächte. Unter der Rubrik »Affären« brachte das Magazin eine große, für das Haus Springer recht peinliche Enthüllungsstory: »Springer-Fernsehen: Aus dem süßen Leben«. Auf neun Seiten wurde in allem Detail geschildert, wie Hermann F. Arning, Springers Bevollmächtigter für elektronische Publikationsmittel, zwei Journalisten von *HÖR ZU* ohne Wissen des Chefredakteurs Hans Bluhm angeheuert habe, um im ZDF mit verbotenen Mitteln Unregelmäßigkeiten auszuspähen.[60]

Der Artikel war offensichtlich gut recherchiert. Die Zeitungen hatten nun ihren Sommerloch-Skandal. Die *Süddeutsche*, der *Stern*, vor allem aber *Die Zeit* stiegen kräftig auf das Thema ein. Deren Chefredakteur Josef Müller-Marein fragte in gespielter Sorge um Springers Ansehen: »Kann das alles wirklich wahr sein?« Er wünsche von Herzen, dass Springer dementiere: »Wenn nicht: Adieu, Axel Springer!« Der Springer-Verlag hatte sich erst in auffälliges Schweigen gehüllt, doch jetzt ließ sich Axel Springer dazu provozieren, unter der Überschrift »Und nun auch noch Agentenchef«[61] eine wortreiche, aber ziemlich lahme Stellungnahme zu veröffentlichen. Er habe »keine Spione« losgeschickt, doch seien zwei Journalisten seiner Redaktion in den Besitz von Informationen gekommen, »denen nachzugehen journalistische Pflicht war«. Schließlich sei Recherche ein legitimes Mittel des Journalismus und werde vom *Spiegel* als höchste journalistische Tugend in Anspruch genommen. Damit machte er aber alles nur noch schlimmer. Von allen Seiten wurde ihm nun vorgehalten, dass Ausspähung im Auftrag des mit Fernsehfragen befassten Justitiars etwas anderes sei als übliche journalistische Recherchen.

Auf Vermittlung von Bundesfinanzminister Strauß kam schließlich ein Gespräch zwischen dem ZDF-Intendanten Karl Holzamer und Springer zustande. Letzterem blieb keine andere Wahl, als Holzamer einen gewundenen Entschuldigungsbrief zu schreiben, dessen Kernsatz lautete, »daß, wenn bei den vor längerer Zeit gegenüber Ihrer Anstalt geführten Recherchen auf unserer Seite Fehler unterlaufen sind, ich das bedauere und nicht billige«[62]. Zugleich bat Springer Bundesinnenminister Lücke, ihn von der weiteren Mitarbeit in der Günther-Kommission zu befreien. Arning musste von seiner Aufgabe als Beauftragter für elektronische Publikationsmittel entbunden werden. Ein paar Wochen später verlor er auch seinen Posten als Justitiar, weil *Der Spiegel* einen dubiosen Beratervertrag mit einem schleswig-holsteinischen CDU-Abgeordneten ausgrub, der zugleich Mitglied des NDR-Verwaltungsrats war.[63]

Wenig hat Springer in dem für ihn ziemlich verheerenden Jahr 1967 so sehr geschadet wie diese Affäre. Erneut beschäftigte das Thema »Meinungsmonopolist« wochenlang die Presse. Der SDS und andere linksradikale Gruppen konnten sich nun bei ihrer Forderung »Enteignet Springer!« auf diese breite Kritik beziehen. Am schlimmsten für Springers Reputation war jetzt die Kritik auf den Seiten der *Zeit*. »Wenn Axel Springer ein Demokrat ist, sollte er sich über die Existenz jedes Blattes freuen, das er nicht besitzt. Wenn nicht, stoppt Springer!« Mit diesen Worten endete ein salbungsvoller Leitartikel Müller-Mareins mit der Überschrift »Axel Springers Fall« auf der ersten Seite der *Zeit*.[64] Entsprechend mobilisierend wirkten solche und andere Aufforderungen in der seriösen Presse auf die nicht mehr ganz so seriösen Anti-Springer-Kampagnen in den Universitätsstädten und in den Republikanischen Clubs.

Immerhin liefen die Gespräche über eine Verbindung zwischen Gruner + Jahr mit dem Hause Springer hinter den Kulissen weiter. Bucerius frohlockte jetzt: »S Gesicht ist zerkratzt; ich würde sehr empfehlen, sich nicht mit ihm zu verbünden«, schrieb er am 14. August seinen Partnern und drohte vorsichtig mit seinem Ausscheiden im Falle einer Beteiligung Springers.[65]

Doch zwei Wochen später, als es so schien, als werde sich Springer tatsächlich von den Münchener Zeitschriften trennen, meinte er schon wieder fröhlich: »Unsere – der *Zeit* vor allem – Attacken und meine Haltung in der Lücke-Kommission dürften dazu beigetragen haben. Macht Springer aber wirklich ernst, kann man sich wieder mit ihm unterhalten.«[66] Wie der nüchterne John Jahr den Zeitungskrach einschätzte, zeigt seine Antwort an Bucerius: »Springer selbst will und muß wahrscheinlich aus der Schußlinie der Angriffe heraus, um auf die Dauer ernsthaften Unannehmlichkeiten aus dem Wege zu gehen. Ich sehe keine Möglichkeit, ihm auf gesetzgeberischem Wege Einhalt zu gebieten, weil er zuviel Freunde im Parlament und wohl auch in der Regierung hat. Aber die sich verstärkenden Angriffe in der Öffentlichkeit müssen auch dem Stärksten mit der Zeit unangenehm sein.«[67] So sollte es auch kommen. Aber erst musste noch vieles geschehen.

Kaum war die Diskussion um Arnings Ausspähung des ZDF abgeschlossen, da wurde schon ein neues Thema hochgezogen. Einige Springer-Zeitungen hatten eine Falschmeldung der *tarantel-press* übernommen, hinter der angeblich, wie viel später zu erfahren war, die Desinformationsabteilung von »Mossad« steckte.[68]

Der 80 Jahre alte, in der DDR lebende jüdische Schriftsteller Arnold Zweig, so hieß es, habe sich in einem Brief nach Israel über den in seinem Umfeld grassierenden Antisemitismus geäußert und das Leben in der DDR als »Hölle« bezeichnet.[69] Zweig hatte alsbald dementiert. Günter Grass nahm das zum Anlass, Springer in der Fernsehsendung »Panorama« scharf anzugehen. In einer danach veröffentlichten Dokumentation, betitelt »Der Fall Axel Springer am Beispiel Arnold Zweigs«, kritisierte er, »daß es den Zeitungen des Springer-Konzerns in der Bundesrepublik und in West-Berlin immer noch möglich ist, mit wahrhaft faschistischen Methoden Zweckmeldungen zu verbreiten«.[70] Die *Bild*-Zeitung titulierte ihn daraufhin als »Dichter mit der Dreckschleuder« und kritisierte besonders, dass Grass alle bei Springer tätigen Journalisten »über einen Kamm schere ... Grass erfindet gewissermaßen die Springer-Sippe und den Springer-Juden.«[71] Es lohnt nicht, auf die Abfolge von Beschuldigungen, Erklärungen, Gegenbeschuldigungen und Klageschriften einzugehen. Wesentliches Ergebnis: Von nun an stießen viele linke Schriftsteller zur Anti-Springer-Bewegung. Auch sieben Verleger nahmen dies zum Anlass eines öffentlich bekundeten Anzeigenboykotts.

Mitte Oktober des nicht allein für Springer aufregenden Jahrs 1967 griff die Anti-Springer-Kampagne auf das Literatur-Establishment der Bundesrepublik über. Die in den Medien und Verlagen voll etablierte Gruppe 47 fand sich zu ihrem 20. Treffen in der »Pulvermühle« des oberfränkischen Ortes Waischenfeld zusammen und beschloss einen in der Geschichte des deutschen Pressewesens einmaligen Boykott. 71 der rund 100 Teilnehmer verpflichteten sich, in keiner Zeitung oder Zeitschrift des Springer-Konzerns zu schreiben, und ersuchten ihre Verleger, nicht in den Springer-Blättern zu inserieren. Nun waren Beiträge von Günter Grass, Peter Rühmkorf, Martin Walser und anderen Gleichgesinnten ohnehin nicht häufig in den Feuilletons der Springer-Zeitungen zu finden. Aus Sicht Springers war der Boykott aber doch eine mittlere Katastrophe. Er war einstmals stolz darauf gewesen, dass Schriftsteller, die etwas galten, im Vaterhaus zu Altona aus und ein gingen. Jetzt erklärten ihn die Repräsentanten der zeitgenössischen Literatur zum Aussätzigen und forderten ihresgleichen auf, sich vor Ansteckung bei den Springer-Zeitungen zu hüten.

Es war nur logisch, dass sich der Flächenbrand im Literatur-Milieu auf der Frankfurter Buchmesse fortsetzte. Wie schon in der »Pulvermühle« streckten dort Scharen erregter Studenten den Fernsehkameras ihre »Enteignet Springer!«-Plakate entgegen. Die entsprechenden Demonstrationen waren ein Lehrbuchbeispiel dafür, wie sich im Fernsehzeitalter negative Publizität herstellen lässt. Springer musste es auch als Schlag ins Kontor empfinden, dass sieben mehr oder weniger potente Verleger den in der Geschichte der Bundesrepublik ganz ungewöhnlichen Entschluss fassten, dem Aufruf der Gruppe 47 zum Anzeigenboykott gegen alle Springer-Blätter tatsächlich Folge zu leisten. Es waren dies Siegfried Unseld (für Suhrkamp und Insel), Heinrich Maria Ledig-Rowohlt, Otto F. Walter (für den Luchterhand Verlag), Klaus Piper, Carl Hanser, Klaus Wagenbach und Reinhold Neven-DuMont (für Kiepenheuer & Witsch).[72]

Am 11. November 1967 kam ein neues Element in die Kampagne. Erstmals geriet nun die Biographie des Verlegers in die Schusslinie. Der damals 27-jährige Manfred Bissinger, in jenen Jahren ein Favorit Henri Nannens und – so später Hermann Schreiber – »ein Leitwolf« der Achtundsechziger im *Stern*,[73] veröffentlichte »Die Axel-Springer-Story«.[74] Dass dies kein schmeichelhaftes Porträt war, versteht sich von selbst. Erwähnenswert ist aber, dass das Manuskript schon drei Wochen vor Erscheinen dem Verleger Gerd Bucerius vorlag und von ihm mit präzisen Informationen angereichert wurde. Zum kleineren Teil handelte es sich dabei um sachliche Richtigstellungen, zum größeren Teil um Verschärfungen im Ton. In einem wesentlichen Punkt hielt Bucerius allerdings auf Distanz: »Das ›Tribunal‹ sollten wir scharf kritisieren … Es erinnert peinlich an das Stockholmer Tribunal gegen die USA.« Bucerius fügte dem noch vier zuverlässig verbürgte Anekdoten bei, die Springers Fixierung auf die Wiedervereinigung und seinen Hochmut in Protokollfragen in spöttisches Licht tauchten. Die kritische Darstellung einer Persönlichkeit der Zeitgeschichte vom Format Springers schien Bucerius jedenfalls vertretbar. Die ermunternde Billigung der persönlich attackierenden Publikation bewies deutlich, wie weit Bucerius und Springer sich in wenigen Wochen voneinander entfernt hatten.[75]

Bucerius hatte den Artikel am 23. Oktober durchgesehen. Acht

Tage später schrieb ihm John Jahr: »Kracht rief mich Freitag nacht (23 Uhr) in Berlin an und sagte, daß im nächsten *Stern* ein Artikel erscheinen solle, der über die private Sphäre von Springer berichte, seine vier Frauen, seine zahlreichen Häuser usw. aufzähle und noch einiges dazu. Woher er seine Kenntnis hat, wollte er mir nicht sagen. Er betonte aber, daß er ein etwaiges Eindringen in die Intimsphäre seines Verlegers als besonders unfreundlichen Akt betrachte. Ihm lägen genaue Fotos über Dein angebliches 4-Millionen-Franken-Objekt im Tessin vor, und er würde nicht zögern, unmittelbar nach einem solchen Angriff in allen Springer-Blättern mit entsprechenden Veröffentlichungen zu antworten.« Jahr fügte hinzu: »Ich habe in dem Gespräch mit Kracht keine Stellung bezogen, würde aber auch einen Artikel, wie Kracht ihn andeutete, als einen gewissen Höhepunkt der Geschmacklosigkeit ansehen. Ich kann mir das auch gar nicht vorstellen, denn wo soll es hinführen, wenn wir anfangen, unsere persönlichsten Lebensgewohnheiten zu publizieren. Deshalb möchte ich annehmen, daß Kracht einer Ente aufgesessen ist. Aber Du mußt es natürlich wissen, um festzustellen, was möglicherweise beim *Stern* in Vorbereitung ist.«[76] Bucerius ließ sich aber von seinen Kompagnons nicht umstimmen,[77] beauftragte vielmehr unverzüglich seinen Rechtsanwalt, eine Schutzschrift aufzusetzen. Diese war dazu bestimmt, einen möglichen Antrag Springers auf eine einstweilige Verfügung gegen das Erscheinen des *Stern* Nr. 46 kostenpflichtig zurückzuweisen.

Einen größeren Raum in der Schutzschrift nahm die Begründung der Entscheidung ein, auch den Hinweis darauf zu bringen, dass Springer zum vierten Mal verheiratet war. Da Springers bewegtes Ehe- und Liebesleben seiner Biographie einen gewissen Sex-Appeal verleiht, mag es interessieren, wie Bucerius diese Einsichtnahme in die Intimsphäre begründen ließ: »Angesichts der gerichtsbekannten, in den Springerblättern, insbesondere in der *Bild*-Zeitung propagierten Moralbegriffe erschien es aber nicht nur juristisch zulässig, sondern auch publizistisch vertretbar, ja sogar geboten, daß der Verleger in seinem Privatleben mit den in seinen Blättern verbreiteten Einsichten nicht so recht übereinstimmt. Die *Stern*-Veröffentlichung selbst ergibt, wie behutsam und schonend die Antragsgegner hierbei verfahren sind. Hätten es sich die Antragsgegner zur

Aufgabe gemacht, Herrn Springer an den in seinen Blättern propagierten Moralbegriffen tiefergehend zu messen, so hätte sich diese Prüfung in der bloßen Mitteilung der vier Ehen keinesfalls erschöpfen können.« Der Bericht sei jedenfalls gründlich überprüft und hätte mehrere Redakteure und Reporter des *Stern* einige Wochen lang beschäftigt.[78]

Springer vermied es jedoch, den *Stern* mit einer einstweiligen Verfügung zu überziehen. Er hätte sich damit nur blamiert, folgte dabei aber auch dem guten Rat seines Freundes John Jahr[79] sowie den Warnungen der eigenen Rechtsabteilung.[80] Doch auch so war für genügend Unfrieden gesorgt. John Jahr schrieb einen deutlichen Brief an Henri Nannen. Die Angriffe gegen die Person Springers seien »gehässig« und »einer der führenden Welt-Zeitschriften unwürdig«.[81] Außerdem ermächtigte er Freund Springer zu dem Hinweis, dass er vor kurzem in Berlin öffentlich festgestellt habe: Er kenne Springer seit gut 25 Jahren und wisse, dass er »stets ein liberaler Mann war und ist, außerdem ein exzellenter und mit Abstand der erfolgreichste Verleger der Nachkriegszeit«.[82] Dies ließ Bucerius natürlich nicht ruhen. Vorwurfsvoll schrieb er an Jahr: »Du hast die Berliner Rede nicht mit uns abgestimmt. Sie kam wie ein Blitz aus heitrem Himmel und hat mich ziemlich lächerlich gemacht – vor allem in der Lücke-Kommission. Die Chancen, etwas gegen Springer zu erreichen, sind nicht sehr groß; Deine Rede in Berlin hat sie vermindert.«[83] Auch aus diesem Brief wird der enge Zusammenhang zwischen dem persönlichen Angriff auf Springer und dem Bestreben von Bucerius erkennbar, in den Beratungen der Günther(= Lücke)-Kommission gegen Springer voranzukommen.

Auf allen Seiten wurde nun schmutzige Wäsche gewaschen. Nannen machte das Telefonat Krachts mit John Jahr öffentlich, während der Kress-Report (von wem wohl informiert?) berichtete, Bucerius habe vor zwei Jahren noch Springer den *Stern* angeboten.[84] Kracht seinerseits machte sich ein Vergnügen daraus, Bucerius Kopien von dessen diesbezüglichen Briefen zu übersenden.[85] So vernahm die inzwischen ziemlich linke *Stern*-Redaktion bei dieser Gelegenheit erstmals und ohne großes Vergnügen, dass Bucerius vor nicht allzu langer Zeit den Verkauf ihres Blattes ausgerechnet an Springer erwogen hatte. Die einstige »Hamburger

Kumpanei« zeigte sich also stark zerstritten, und John Jahr mahnte Bucerius vorerst vergebens: »Wir sollten unsere Kräfte auf unsere eigenen Aufgaben konzentrieren und nicht auf die Bekämpfung unserer Mitbewerber.«[86]

Mehr denn je zeigte sich Springer aber im Herbst 1967 davon überzeugt, dass ein Großteil seiner politischen Schwierigkeiten in der Monopolkommission auf Bucerius zurückging. In einem fünfseitigen Brief an den ihm gewogenen Bundeswirtschaftsminister Schiller spießte er ganz besonders einen in der Günther-Kommission erwogenen Vorschlag auf, die Bundesregierung solle an die Großunternehmen der deutschen Presse appellieren, »bis Ende 1968 keine Verlagsobjekte zu starten, die die wirtschaftliche Existenz der bereits bestehenden Verlage gefährden«. Gemeint sei damit aber »nicht Rücksichtnahme auf die Kleinen, sondern ein Stillhalteabkommen der Großen unter sich«. Sein Haus solle daran gehindert werden, »die Zeitschrift *Jasmin* auf den Markt zu bringen, die seit 1½ Jahren vorbereitet wird«.[87]

Springer selbst aber war nun entschlossen, Gruner + Jahr herauszufordern, damit aber zugleich die Günther-Kommission. In ganzseitigen Anzeigen ließ er das Erscheinen von *Jasmin* für den März 1968 ankündigen. Wolf Schneider, Anfang der siebziger Jahre zeitweilig Chefredakteur der *Welt,* weiß zu erzählen, dass Kartellamtspräsident Eberhard Günther kurz vor dem Erscheinen der in der Branche gefürchteten und in der Tat sehr erfolgreichen Zeitschrift gesprächsweise gewarnt habe: »Herr Springer, machen Sie es doch sich und uns nicht so schwer – lassen Sie *Jasmin* sein.« Doch Springer, trotzig und immer noch auf Expansion bedacht, soll geantwortet haben: »Ach, kommen Sie vom SDS?«[88]

Wie die monatelangen Verhandlungen mit Gruner + Jahr beweisen, war sich Springer in dieser Phase aber nicht mehr recht darüber im Klaren, ob er die Münchner Pläne auf Biegen und Brechen weiterverfolgen sollte. Doch er wurde vom eigenen Apparat vorangetrieben. Bei Kindler & Schiermeyer brannte das talentierte Dioskurenpaar Karl-Heinz Hagen und Günter Prinz darauf, mit seinen Kreationen ganz groß herauszukommen. Sie wussten, wo der Verleger zu packen war, der in Erinnerung an die ungerechte Abservierung Hagens Ende 1961 insgeheim immer noch ein schlechtes Gewissen hatte. Im Herbst 1967, als jedermann auf ihn eindrosch, gehörten die beiden zu der kleinen Zahl derer, die ihn mit derben Worten ermutigten. Sie übersandten ihm einen Kupferstich Friedrichs des Großen, unter dem ein missmutiges Wort des Alten Fritz zu lesen war: »Sehe Er hier, mit solchem Gesindel muß ich mich herumschlagen.«[89]

Vor allem Christian Kracht wollte sich selbst und auch Springer beweisen, dass er auf seine Weise als Spriritus Rector der Münchner Blätter gleichfalls ein ebenso erstklassiger Blattmacher war wie einst sein Chef in den Hamburger Anfängen. Wenn es in München gelang, mit ganz unpolitischen Zeitschriften viel Geld einzuspielen, mochte Springer zugleich einsehen, wo die eigentliche Zukunft des Konzerns lag – nicht in der Politisierung, die bloß in stürmische Gewässer führte, sondern eher auf dem unpolitischen Zeitschriftenmarkt. Doch genau dieses genuin unpolitische Konzept heizte unter den besonderen Bedingungen der Jahre 1967/68 die Konzentrationsdiskussion an und führte bei Gruner + Jahr, wo Jahrs *Constanze* ins Trudeln geraten war,[90] zu Existenzangst. Kracht selbst, Springers entscheidender Spielmacher in diesen Jahren, geriet jetzt ungewollt, aber unvermeidlich in Gegensatz zur einstigen »Hamburger Kumpanei«. Auch Springer, dem Eifersucht nicht ganz fremd war, spürte nun misstrauisch, dass sich sein bislang treuester Gefährte Christian Kracht auf einem Egotrip befand und den Konzern zusehends dominierte.

Inzwischen ging die Jagd auf Springer weiter. Der nächste Angriff ließ nicht lange auf sich warten. Diesmal kam er wieder vom *Spiegel.* Und jetzt wurden Karriere und Privatleben Springers noch heller ausgeleuchtet als zuvor in dem *Stern*-Artikel von Manfred Bissinger. Am 1. Januar 1968 erschien ein Psychogramm Axel Springers aus der Feder von Wilhelm Backhaus. Backhaus hatte von 1959 bis 1964 als Kolumnist im *Hamburger Abendblatt* geschrieben. »Ein früherer Sozialfall unseres Hauses«, suchte Springer ihn im Fernsehen wegzuwischen.[91]

Es war ein erster Versuch, die komplizierte Psyche des umstrittenen Springer ans Licht zu ziehen. Da sich zuvor niemand die Mühe gemacht hatte, über gängige Klischees hinaus die tieferen Antriebe des Verlegers zu verstehen, blieben manche der dort zu lesenden Stichworte hängen: »Monarch und Sonnenkönig der Presse«, »stark weibliche Einfühlung«, »Narzißmus«, »Verliebtheit in sich selbst«, »Gefallsucht«, »vorwiegend emotionale Grundlagen seines ganzen Charakters«. Der Verleger wurde als eine Ansammlung von Widersprüchen porträtiert: »Gemisch von Naivität, Weichheit, Charme, Schwäche, Machthunger, Gefühlsüberschwang und Tatsachenblindheit«.[92] Erstmals wies Backhaus auch auf Aspekte der Springer'schen Psyche hin, die bislang nur Insidern bekannt gewesen waren. »Tiefenschichten« der Faszination durch die Astrologie und durch mystische Religiosität seien es, die sein Sendungsbewusstsein speisten.

Anschließend brachte *Der Spiegel* über zwei Monate hinweg Auszüge aus einer Studie Hans Dieter Müllers. Die Redaktion verpasste der Serie den knalligen Titel: »Ich werde Deutschland wiedervereinigen, ob Sie es glauben oder nicht«.[93] Springer dementierte, dies je gesagt zu haben,[94] ohne aber den ihm zugeschriebenen Ausspruch aus der Welt schaffen zu können. Tatsächlich hatte Müller eine gründlich recherchierte, mit zeitgemäß linkem Touch geschriebene Untersuchung erarbeitet, die noch im gleichen Jahr als Buch erschien.[95] Horst Mahnke meinte zu dieser »vom Standpunkt des Linksintellektuellen«[96] verfassten Darstellung in einer Hausmitteilung für Springer ahnungsvoll und durchaus zutreffend: »Die eigentliche Gefahr dieser Veröffentlichung sehe ich darin, daß dieses Buch das Bild der Persönlichkeit Axel Springers und der Institution des Hauses in den sogenannten meinungsbildenden Schichten auf Jahre hin fixieren wird.«[97]

Der Spiegel hatte es vermieden, Springer im Stil der »neuen Linken« zu verteufeln. Er wurde eher als eine Art geniales Nervenbündel porträtiert, das von irrationalen Antrieben beherrscht werde. Seine weitreichende Macht in der öffentlichen Meinung beruhe auf dem exzellent gemanagten, supermodernen Mammutverlag und dem sogenannten »neuen«, ganz auf den Massengeschmack eingestellten Journalismus. Diese geschickt komponierte Serie, die das Psychogramm des Verlegers mit einer Unternehmensanalyse verband, wirkte in die Breite und festigte das Bild eines nicht einmal unsympathischen, aber doch autoritär-konservativen, wesensmäßig gefährlichen und auch ziemlich verrückten Verlagschefs.

Wie Springer Ende 1967 selbst die Lage beurteilte, hat er kurz und knapp in den Notizen zu einem Kurzvortrag vor der Kieler CDU präzisiert. »Angriffe auf drei Ebenen«, formulierte er dort:

»a) Studenten, die einen Kristallisationspunkt für ihren Unmut brauchen und kommunistische Forderungen (Enteignung) aufgegriffen haben,
b) Konkurrenten (Bucerius),
c) Kommission[98], deren Anschlag auf die freie Marktwirtschaft von der Bundesregierung souverän zurückgewiesen wurde.«

Dass das Bundeskabinett der Großen Koalition momentan von einer gesetzlichen Begrenzung der Größe von Presseverlagen absah, wurde von Springer zwar erleichtert begrüßt, doch mehr als ein Teilerfolg war das wohl nicht. Inzwischen hatte man in der Konzernspitze den Ernst der Lage voll erkannt. Im Dezember wurde ein eigener Arbeitsstab gebildet, der zweimal wöchentlich in der Berliner Verlagszentrale tagte. Hier liefen die Informationen zusammen,[99] und man entschied über Gegenmaßnahmen. Vordringlich schien die Sympathiewerbung. Dem sollte ein Interview Springers mit Klaus Harpprecht im ZDF Anfang Februar 1968 dienen. Bei dieser Gelegenheit führte Springer aus, er und sein Haus seien inzwischen »zur Symbolfigur dieses Staates geworden, den wir Bundesrepublik nennen«. Stets hätten einzelne Zeitungshäuser bestimmte Epochen begleitet – August Scherl das Kaiserreich, Ullstein die Weimarer Republik, dann Franz Eher Nachfolger, »der die tausend Jahre mit Hitler nicht ganz durchhielt«: »Und heute würde ich sagen, daß der Ullstein/Springer Verlag eine Symbolfigur der Bundesrepublik ist.«[100]

Im Fernsehen gab sich Springer immer noch gelassen. Je weiter es aber ins Jahr 1968 hineinging, umso mehr fühlte er sich umstellt. Vertrauten gegenüber ließ er zusehends erkennen, wie stark die Angriffe ihn nervten. »Es ist keine Übertreibung, daß tagtäglich etwa 100 falsche, lügenhafte, unterstellende, halbwahre Dinge über unser Haus verbreitet werden«, seufzte er bald in einem Brief an seinen Verleger-Kollegen Hans Albert Kluthe.[101]

Die Osterunruhen

Die Kampagne »Enteignet Springer!« war in den ersten Monaten des Jahres 1968 abgeflaut. Das Hauptziel der APO war jetzt der Kampf gegen die Notstandsverfassung. Doch Springers Berater konnten keine Entwarnung geben, ganz im Gegenteil. Die ursprünglich vorwiegend in Berlin aktive APO mit ihren Forderungen, Feindbildern und Protestformen hatte inzwischen viele Universitäten der Bundesrepublik erfasst. Aus den »Enteignet Springer!«-Aktivitäten in Berlin war ein bundesweites Netzwerk geworden. Die Forderung nach »demokratischer Kontrolle der Presse«, »Boykott der Springer-Zeitungen« oder Redaktionsstatuten wurde vom SDS und in den Republikanischen Clubs weiter am Kochen gehalten und zum Thema von Vollversammlungen oder Kommissionen gemacht.

So waren alle Voraussetzungen für die Osterunruhen gegeben. Am Gründonnerstag, den 11. April 1968, schoss der verwirrte, schon zweimal vorbestrafte Maler Josef Bachmann auf Rudi Dutschke und verletzte ihn lebensgefährlich. Auf einem unverzüglich in der Technischen Universität Berlin veranstalteten Teach-in gaben Bernd Rabehl und seine Freunde die Parole aus: »Der Hauptschuldige sitzt in der Kochstraße«.[102] Via Fernsehen und Telefon verbreitete sich diese Bewertung innerhalb von Stunden im gesamten Bundesgebiet. Der erste Ansturm auf das von über 350 Polizisten geschützte Springer-Hochhaus erfolgte nach dem Teach-in. Aus einem etwa 2000–3000 Teilnehmer starken studentischen Demonstrationszug heraus wurde die Fassade mit Steinen und brennenden Fackeln beworfen, einzelne Gruppen drangen bis zum Windfang der Eingangshalle vor und wurden wieder hinausgeworfen. Kraftfahrzeuge wurden in Brand gesetzt, Scheiben gingen zu Bruch, Wasserwerfer traten in Aktion. Es war ein Aufruhr mit Szenen, wie sie inzwischen weltweit beinahe alltäglich geworden sind. Damals, im ersten Jahrzehnt des voll entwickelten Fernsehzeitalters und in der bis dahin so friedlichen Bundesrepublik, beeindruckten diese Bilder ungeheuer. In der folgenden Freitagnacht und am Samstag ging es weiter: Straßenblockaden, Verbrennung von Springer-Zeitungen, weitere Attacken auf das inzwischen weiträumig gesicherte Hochhaus, prügelnde Polizisten, rote Revolutionsfahnen, von Wasserwerfern durchnässte Studenten und Studentinnen, blutbeschmierte Polizisten, blutbeschmierte Demonstranten, Psychodramen jeder Art ... Alles wurde vielfach im Großformat gefilmt. Die Vorgänge beeindruckten auch deshalb so stark, weil sich die Republik im Osterurlaub befand und hinlänglich Zeit hatte, sich vor dem Fernseher zu entrüsten oder zu gruseln.

In der Nacht auf Karfreitag kam es auch in Hamburg, Köln, München und weiteren Städten, wo sich Springer-Zentren befanden, zu Belagerungen, Massendemonstrationen und Versuchen, die Auslieferung der Zeitungen zu behindern. Besonders blutig ging es in München zu. Ein Fotoreporter wurde durch einen Steinwurf getötet, ein Student durch eine Holzbohle. Etwa 300 Demonstranten stürmten die Münchner Redaktionsräume von *BILD* und verwüsteten die Büros.[103]

Besonders denkwürdig in der Biographie Springers sind jedoch die Ausschreitungen in Berlin. Noch der viel später aufgesetzte, nüchterne Bericht des Bundesanwalts an den Bundesjustizminister vermittelt einen Eindruck von den spektakulären Vorgängen am Gründonnerstag: »Gegen 22.00 traf der die gesamte Strecke von Mahler ... angeführte Demonstrationszug in der Kochstraße ein. Außer roten Fahnen wurde eine Anzahl brennender Fackeln mitgeführt. Die Demonstranten an der Spitze des Zuges, die zunächst untergehakt marschiert waren, nahmen jetzt die Fahnenstangen quer. Aus der Menge ertönten Rufe wie ›burn Springer burn‹ und ›Leute, macht die Fackeln aus, wir brauchen sie fürs Springer-Haus‹; Sprechchöre riefen: ›*BILD* hat mitgeschossen‹ ... Unter Rufen wie ›Haut dem Springer auf die Finger‹, ›Springer raus aus Berlin‹, ›Springer – Mörder‹, ›Schütz – Mörder‹, wurden die Glaswände des Hochhauses und die den Eingang schützenden Polizeibeamten mit Steinen, insbesondere Pflastersteinen, und brennenden Fackeln beworfen ... Andere Demonstranten, unter ihnen Kunzelmann, Langhans und Teufel, überkletterten die Einzäunung eines auf der gegenüberliegenden Straßenseite befindlichen, zum Springer-Konzern gehörenden Parkplatzes. Sekunden später loderten im Führerhaus eines der dort abgestellten Auslieferungsfahrzeuge Flammen auf, im weiteren Verlauf wurden etwa 10 Fahrzeuge umgestürzt und angezündet. Sie brannten völlig aus. Hinzukommende Feuerwehr wurde mit Steinen beworfen ...«[104]

Man muss die Details dieser nächtlichen Schlachten vor dem Axel Springer Verlag in Erinnerung rufen, um die psychologischen Auswirkungen recht zu verstehen. Im Gedächtnis der breiten Öffentlichkeit verband sich von nun an der Name Axel Springer mit einem Aufruhr, wie ihn Deutschland seit den bürgerkriegsartigen Szenen in der Schlussphase der Weimarer Republik nicht mehr erlebt hatte. Mitleid mit Springer kam dabei kaum auf, viel eher das unklare Empfinden, dass ein dermaßen angefeindeter Zeitungskönig an der Wut nicht ganz schuldlos sein könne. Von nun an wurde Springer sein polarisierendes Image nicht mehr los.

Die Vorgänge hatten auch psychologische Rückwirkungen im Springer-Verlag selbst. Bisher hatte die Belegschaft mit ganz bemerkenswerter Entschiedenheit zu ihrem Verleger gestanden. Die Lastwagenfahrer machten sich einen Sport daraus, Boykottsperren gegen die Zeitungsauslieferung zu durchbrechen. In der wilden Nacht vom Gründonnerstag auf Karfreitag waren es die Arbeiter in der Kochstraße gewesen, von denen die Eindringlinge aus dem Verlagsgebäude hinausprügelt wurden. Der unumstrittene Kommandant war damals Peter Tamm. Wie stets im blauen Blazer anständig gekleidet, hatte er die Verteidigung organisiert. »Endlich kommt etwas Licht in dieses Gebäude«, soll er bemerkt haben, als einige Lastwagen in Flammen aufgingen. Die kämpfende Truppe schätzt Kommandeure, die kaltes Blut beweisen, wenn es ringsherum knallt. Dem »Admiral« wurde von jetzt an noch größerer Respekt entgegengebracht als bisher schon.

Aber wo war in den kritischen Stunden Axel Springer geblieben, gegen den sich doch der ganze Aufruhr richtete? Bald sprach es sich herum, dass er überhaupt nicht auf Deck war. An dem fatalen Gründonnerstag, als Dutschke angeschossen wurde, flog er eben aus Amerika nach Hamburg zurück. In den USA hatte er zwei Tage zuvor an der jüdischen Brandeis University zum Gedenken an seine Mutter den Ottilie-Springer-Lehrstuhl für westeuropäische Zeitgeschichte gestiftet und eine bewegende Rede zur Bedeutung der Juden im deutschen Geistesleben gehalten.[105] Amerika befand sich damals gleichfalls in schlimmer Verfassung. Die Ermordung Martin Luther Kings hatte in verschiedenen Städten zu Ausschreitungen geführt. Im Zentrum Washingtons gingen ganze Häuserblocks in Flammen auf.

Eigentlich hatte Springer geplant, Ostern in Berlin zu verbringen, wo momentan alles drunter und drüber ging. Die Sicherheitsbehörden gaben ihm jedoch den dringenden Rat, sich tunlichst von der Stadt fernzuhalten. Christian Kracht drängte gleichfalls, sich lieber nach Gstaad zu begeben. Während auf dem Ku-Damm und vor dem Springer-Hochhaus immer noch Hochspannung herrschte, während auch von Hamburg und anderswo ständig neue Lagemeldungen einliefen, stand Springer zusammen mit Christian Kracht und Friede Riewerts drei Stunden lang in seiner Maschine auf dem Hamburger Flughafen Fuhlsbüttel, telefonierte, diskutierte und flog schließlich in die Schweiz, von wo er erst am Dienstag nach Ostern zurückkehrte. Natürlich höhnten nun seine Gegner, er sei, als es kritisch wurde, in die Schweiz geflohen. Es stimmt zwar, dass Springer unisono den Rat erhielt: »Nicht nach Berlin!«,[106] doch in kritischer Lage hat der Chef zu entscheiden. Springer hat damals einen ähnlichen Fehler gemacht wie seinerzeit der darob von ihm heftig gescholtene Adenauer, als dieser sich von vielen besorgten Ratgebern bestimmen ließ, am 13. August 1961 nicht sofort nach Berlin zu fliegen. Derlei wird von den Beteiligten nie vergessen und selten verziehen. Doch physischer Mut gehörte nicht zu den hervorstechendsten Eigenschaften Axel Springers. »Er glich«, so hat Peter Tamm das in diesem Zusammenhang formuliert, »einem scheuen Reh auf der Lichtung.«[107]

Noch heute gehört es zu den schönsten Anekdoten Tamms, wie Christian Kracht ihn im Auftrag Springers, der wohl danebenstand, von Gstaad aus anrief, um sich nach dem Stand der Dinge zu erkundigen. Als er gute Ratschläge geben wollte, brüllte Tamm ins Telefon: »Sagen Sie Herrn Springer, er kann entweder hierher kommen oder mich am Arsch lecken.« Tamm hat weder früher noch später gezögert, Springers verlegerischen Weitblick zu rühmen. Doch von nun an war der Beziehung zu ihm insgeheim auch ein Element der Verachtung beigemischt. Der bald spürbare Bruch zwischen Tamm und Kracht hat wohl gleichfalls in diesen Tagen begonnen.

Schon zuvor hatte Springer deutlich gemacht, wie ihm die APO Berlin verleidet hatte, wenigstens zeitweilig. Vor laufenden Kameras hatte er ein paar Wochen vorher beim ZDF-Interview festgestellt, »dass diese Stadt unappetitlich geworden ist in der letzten Zeit«.[108] Nun verleidete sie ihm auch sein Unternehmen. Kurzfristig kehrte zwar wieder etwas Ruhe ein. Die APO hatte jetzt Wichtigeres zu tun. Sie überschlug sich in den folgenden Wochen mit Demonstrationen gegen die Notstandsgesetzgebung. Doch *Die Zeit* und *Der Spiegel* hielten den Topf noch am Kochen. Einerseits schrieb Theo Sommer nun entschieden gegen »die Schreibtischtäter« des SDS an und sah in den Sitzblockaden gegen Springer einen Angriff auf die Pressefreiheit.[109] Andererseits war kurz zuvor in der *Zeit* eine kritische Erklärung von 14 Intellektuellen zu lesen gewesen. Sie unkten von einem »autoritätsbestimmten Nationalismus« und von den durch die Springer-Blätter manipulierten »unmündigen Massen«. Nachdenklich musste machen, dass neben den »üblichen Verdächtigen« auf Seiten der Linken wie Heinrich Böll, Theodor W. Adorno, Walter Jens oder Alexander Mitscherlich auch Golo Mann unterschrieben hatte, der sonst nicht zu den Aufgeregten gehörte.[110] Und eine Woche nach den Osterkrawallen erschien ein Bericht von Uwe Nettelbeck aus Berlin mit heftigen Vorwürfen gegen die Springer-Zeitungen wegen Verbreitung von Falschmeldungen und der Unterdrückung von Nachrichten. Es folgte eine gerichtliche Auseinandersetzung zwischen dem Axel Springer Verlag und der *Zeit,* bei der teilweise die *Zeit*-Anwälte, teilweise die Springer-Anwälte obsiegten.[111]

Demgegenüber gab die Berichterstattung im *Spiegel* den Springer-Zeitungen ziemlich eindeutig die Hauptschuld an den Gewalttaten. Die am 22. April erschienene Nummer des Magazins führte den Titel »Studenten auf den Barrikaden«. Berichterstattung und Bebilderung ließen keinen Zweifel am Verursacher der Unruhen, die nach den Berliner Anfängen inzwischen die ganze Republik erfasst hatten. Die Rebellen hätten sich auf den »langen Marsch« begeben: »Dort, in der sogenannten deutschen Hauptstadt, in der Axel Springer 70 Prozent des Zeitungsmarktes beherrscht, entwickelten die Studenten ihr kritisches Bewußtsein ... Als sie ihrem Unbehagen Ausdruck gaben und Protest auf die Straße trugen, wurden sie erst von der Springer-Presse verteufelt, dann von der Polizei verprügelt.«[112] Ein weiterer Artikel im gleichen Heft unter dem Titel »Was er will«[113] zitierte aus dem eben erwähnten Aufruf der 14 Intellektuellen und führte vor allem Golo Mann als Kronzeugen an, der in der *Zeit* geschrieben hatte: »Die jüngsten Ereignisse haben gezeigt, daß es für den Konzern praktisch nichts mehr gibt, was er nicht tun kann, wenn er will ...« Deshalb würde aus den Beratungen der Günther-Kommission kein Gesetz gegen ein »grundgesetzwidriges Meinungsmonopol« herauskommen, vielmehr werde auch dieses Papier »rheinab schwimmen«.

Noch greller wurden Licht und Schatten in den folgenden Nummern verteilt.[114] Akribisch wurde dort über viele Seiten hinweg von Polizeibrutalitäten berichtet. Unter der Überschrift »Eine *BILD*-Schlagzeile ist mehr Gewalt als ein Stein am Polizisten-Kopf. Eine Dokumentation über die Osterunruhen und ihre Ursache: die Rolle des Verlagshauses Axel Springer« wurden Dutzende martialischer Formulierungen aus Springer-Zeitungen und den dort abgedruckten Leserbriefen aufgelistet, gefolgt von empörten Äußerungen auf studentischen Flugblättern gegen »Pogrom-Journalismus«. So zeigte man ein Flugblatt, auf dem die Köpfe Julius Streichers und Axel Springers nebeneinanderprojiziert waren. Über dem Porträtfoto Streichers stand fett gedruckt MÖRDER, darunter der Text: »Julius Streicher hetzte in seiner Zeitung *Der Stürmer* zum Judenmord. Er wurde dafür zum Tode verurteilt.« Über dem Foto von Springer stand ein großes Fragezeichen; die Unterschrift lautete: »Axel C. Springer hetzt zum Studentenmord. Er wurde bisher nicht verurteilt und hetzt und hetzt und hetzt ...«[115]

Die Osterunruhen, gefolgt von den heftigen Presseangriffen, machten Springer klar, dass die politische Diskussion um die Pressekonzentration nicht mehr allein durch Lobbyarbeit in Bonn beiseitezuschieben war. Am 25. April, zwei Wochen nach dem Anschlag auf Dutschke, beklagte er sich im Kreis der leitenden Herren des Verlags bitter. Dank intensiver Einflussnahme von ihm selbst und seines kleinen Arbeitsstabes sei die Günther-Kommission drauf und dran gewesen, als Höchstgrenze 50 Prozent des Anteils an den deutschen Tageszeitungen zu empfehlen. »Mein erster heimlicher Gedanke, den ich nur vor Freunden äußere, war, da haben wir noch ’nen gewissen Spielraum nach oben ... Aber jetzt, nachdem der irrsinnige Junge da den Dutschke angeschossen hat, flammt das also alles wieder auf ...« Er fühle sich an seine Erfahrungen als junger Mensch erinnert: »Man muß nur Terror genug gegen einen Mann oder eine Gruppe oder gegen eine Rasse anwenden, um genügend Feiglinge dahin zu bringen, den Angegriffenen nicht Unter den Linden zu grüßen.«

Jetzt hatte er auch die eigentliche »Quelle der Verketzerung dieses Hauses« identifiziert: »Das ist nicht der *Stern* [der werde von »jungen Kreisen« gar nicht gelesen] ... Das ist auch nicht die irgendwie genau, ziemlich perfide, aber doch behutsamer formulierende *Zeit,* das ist *Der Spiegel. Der Spiegel,* der in diese jungen Gehirne eingedrungen ist, das Strahlende zu schwärzen, den Anständigen zum Kriminellen zu machen, mit der Wahrheit zu lügen, der anfing, ganz kontinuierlich in Etappen zu sagen: ›Das ist der Mann, der an der Teilung Deutschlands gewinnt, das ist der Mann, der die Mauer gebaut hat, das ist der Mann, dessen persönlicher Reichtum die größte Anklage gegen das kapitalistische Prinzip ist, und und und und und.‹ *Der Spiegel* ist es gewesen, der in diese Unverbildeten, würde ich sagen, Überkritischen – Vater-Sohn-Problem alles potenzierend hinzu – diese Saat eigentlich hineingelegt hat.«[116] Das Blatt, das bei Axel Cäsar drucken lasse, wolle sich offenbar auch durch die heftigen Angriffe vor einer kritischen Leserschaft freischwimmen.

Mit allem Nachdruck beschwor Springer in dieser Ansprache seine leitenden Herren, sich auf keinen Fall auf eine Diskussion zum Thema Meinungsmonopol einzulassen. Das Haus habe zwar »auf dem Teilmarkt der Tageszeitungen« eine starke Stellung, aber mehr auch nicht. Eine Diskussion darüber, »irgend etwas aufzugeben, was wir haben«, »den Besitzstand angreifen zu lassen« – das komme überhaupt nicht in Frage: »Ein großes Haus müssen wir bleiben«, und die Grundlinien der Politik seien weiterhin unveränderbar. Entscheidend aber sei jetzt: »keine Fehler machen, keine Formfehler, keine Sprachfehler«. Und ganz leise ließ er bei dieser Gelegenheit anklingen, auf dem Zeitschriftenmarkt hätten »wir manchmal etwas zu sehr hingelangt«. Darauf müsse man jetzt achten.Vorsicht also, mehr Vorsicht ...!

Manche haben sich damals und später gefragt, ob Springer sich über die Beweggründe und Anliegen der Protestgeneration je tiefere Gedanken gemacht hat. Für die Forderung nach Hochschulreform war er anfangs offen und ließ seine Zeitungen auch entsprechend schreiben. Hingegen fehlte ihm die Geduld, sich mit den heterogenen Strömungen der »neuen Linken« differenziert zu beschäftigen. Ideologien hatten ihn nie stark interessiert, die marxistische Ideenwelt schon gar nicht. Etwas ratlos bekannte er Ende

Oktober 1967 vor einer Betriebsversammlung: »Dabei ist die Person und das Haus Springer gar nicht entscheidend. Dass es den Verleger trifft, ist mehr Zufall als Absicht. Die Ursache der schäumenden Haßausbrüche liegt nicht in gesellschaftlichen oder politischen Mißständen, sondern in einem seelischen Gärungsprozess, einem Stau von Aggressionen, dessen medizinische Behandlung angezeigt erscheint ... Wenn ich diese ganz links außen und nihilistischen jungen Leute sah, dann habe ich eher an einen Krankheitszustand als an ein politisches Programm denken können ...«[117] Die Rollläden gingen bei ihm auch deshalb vergleichsweise früh herunter, weil ihm dreierlei ziemlich evident zu sein schien: die subkutane Fernsteuerung der Berliner APO durch Ost-Berlin, die frühe, ziemlich rabiate Fokussierung auf ihn selbst mitsamt seinen Zeitungen und die Infragestellung der amerikanischen Schutzmacht in West-Berlin. So ergriff er alsbald schonungslos Partei, ohne jede Bemühung um wohlwollendes Verständnis.

Zudem begriff er sich als gebranntes Kind der frühen dreißiger Jahre und glaubte deutliche Parallelen zwischen der APO und der nationalsozialistischen Agitation zu erkennen. Aus seiner Sicht wurden die aufgeregten Studenten von schlauen kommunistischen Demagogen ferngesteuert, irritierten ihn aber zugleich als unerwachsene junge Leute mit wenig Verstand und schlechten Manieren. Anders als Augstein oder Bucerius in jenen Jahren wollte er sich auch nicht auf persönliche Diskussionen mit Wortführern der radikalen Bewegung einlassen. Dazu hatte er weder Lust noch Zeit. Der Versuch wäre ihm wahrscheinlich auch schlecht bekommen.

Dass auch eine Art Kulturrevolution in Gang kam, somit eine Infragestellung der eigenen Wertewelt, spürte er wohl. Seine Antwort darauf bestand in sichtlicher Hinwendung zur traditionellen Religiosität eines konservativen Luthertums und zu den Werten des »geistigen Preußen«. Das verband sich mit einem erlebnisoffenen, tief emotionalisierten Eintauchen ins jüdische Milieu. So befanden sich Springer und die gegen ihn protestierenden Studenten auf sehr unterschiedlichen, weit voneinander entfernten Planeten.

Tatsächlich war der »Mammutverleger« aber zutiefst getroffen. Der Einzige, der dies vorerst vernahm, war Christian Kracht. Sein Bericht über ein Gespräch mit Springer im Gefolge der Osterunruhen 1968 spricht für sich: »Wie üblich holte ich AS vom Flughafen Hangar B für Privatflugzeuge ab, um auf dem Weg ins Büro alle Ereignisse im Verlag und die Post der letzten Woche zu besprechen. Er kletterte aus der Maschine – es war ein Aero Commander –, war aschfahl im Gesicht und sagte nur: ›Lassen Sie uns noch ein wenig um den Hangar gehen.‹ Es regnete. Seine Worte: ›Ich habe keine Lust mehr. Suchen Sie einen Käufer. Es muss aber mindestens eine Milliarde rausspringen.‹ AS war tief beeindruckt von den Tumulten persönlich und um den Verlag. Die *Spiegel*-Veröffentlichung um die Machtzusammenballung hatte er im Flugzeug gelesen. ›Arbeiten Sie geräuschlos.‹ Ich habe versucht, alle schriftlichen Darstellungen über diesen Vorgang zu vermeiden.«[118]

Freilich kannte Kracht seinen Verleger. Er wusste, wie oft dieser ihm des Nachts Aufträge erteilt hatte, von denen er schon am nächsten Morgen nichts mehr wissen wollte. Doch diesmal schien es ernst. Und so begann Kracht erstmals Überlegungen anzustellen, die in den folgenden zwei Jahren immer wieder hin und her zu wenden waren: Wie hoch beziffert sich der Wert des ganzen Verlages? Totalverkauf? Oder nur Teilverkauf? An wen und zu welchen Bedingungen? Wie lassen sich derart riesige Transaktionen möglichst steuerlich unschädlich durchführen? Und wie kann der Verleger sicherstellen, dass seine vier Grundsätze in den dann verkauften Zeitungen weiterhin Geltung behalten? Diskrete Sondierungen, Verhandlungen Krachts oder anderer Vertrauter, auch unablässiges Schwanken Springers rissen von nun an nicht mehr ab.

1968: Springers Wendejahr

»Deutschland ist ein Irrenhaus.« Diesen Satz fügte Springer handschriftlich einem langen Brief in anderer Sache an, der Ende April herausging.[119] Doch ganz Europa schien in diesen Wochen im Fieber. Paris wurde von den Mai-Unruhen erschüttert, die Staatspräsident Charles de Gaulle und die Fünfte Republik beinahe in die Knie zwangen. In der Tschechoslowakei geriet im »Prager Frühling« die kommunistische Diktatur ins Rutschen, bis die Ostblock-Divisionen am 20./21. August das Land besetzten. Auch in den USA kam es im verrückten Jahr 1968 zu Turbulenzen. Verdienterweise wurde Präsident Johnson zum politischen Opfer des Vietnamkrieges, den er arrogant begonnen, ängstlich geführt und moralisch verloren hatte. Robert Kennedy wurde erschossen. Die Ghettos brannten.

Verglichen damit war die Pressekonzentration in der Bundesrepublik eigentlich ein Thema dritter Ordnung. Nach Auffassung Springers war der Angriff auf sein Presseimperium nur ein Symptom genereller Infragestellung der Privatwirtschaft und der freiheitlichen Republik. Ähnlich wie die radikale Linke wähnte auch er das Land in einer vorrevolutionären Krise. Überall schienen die kurz zuvor noch sicheren Ordnungen im Rutschen begriffen. »Das Destruktive ist ein Zeichen unserer Zeit«, schrieb er in diesen Monaten an einen Pastor in Schleswig-Holstein.[120]

Was ihn in den Jahren der Kulturrevolution besonders irritierte, war der Linksabmarsch der evangelischen Kirche. Die Berliner Kirchenleitung unter Bischof Scharf warb um Verständnis für die Kritik der radikalen Studenten. Nach dem Attentat auf Dutschke bezeichnete Professor Helmut Gollwitzer, der Linksaußen im protestantischen Berlin, Springer im Radio »als den eigentlichen Herrn der Bundesrepublik«.[121] Die Repräsentanten der evangelischen Akademikerschaft überzogen ihn mit scharfen öffentlichen Erklärungen und gaben den Presseorganen seines Hauses »eine Mitverantwortung an den Unruhen und den damit verbundenen Gewalttaten«.[122]

Doch die größte Gefahr, so sah er es jetzt, ging vorerst nicht von der APO aus, sondern von der Günther-Kommission zur Untersuchung der Konzentration im deutschen Pressewesen. Springer hatte ihr gegenüber von Anfang an falsch taktiert. Als mächtigster von sechs Verlegern, die an dieser 17 Experten umfassenden Kommission mitarbeiteten, hatte er seine Mitwirkung an den Beratungen zur Monopolproblematik hoheitsvoll ruhen lassen, weil die Bundesregierung in Gestalt des Präsidenten des Bundeskartellamts Eberhard Günther einen seiner Kritiker mit dem Vorsitz betraut hatte. Damit schafft man sich in einer Kommission keine Freunde und begibt sich der Möglichkeit, den eigenen Kritikern mit guten Argumenten entgegenzutreten. Gerd Bucerius wirkte dort nämlich höchst agil mit. Die Arbeit der Kommission ging jedoch nicht flott voran – nach weitverbreiteter Meinung, weil Springer irgendwie auf der Bremse stand. Als Termin für die Vorlage ihres Berichts hatte das Kabinett Kiesinger den April 1968 genannt. Nachdem das Thema durch die Osterunruhen wieder hochgekommen war, bestand natürlich gesteigerter Handlungsbedarf.

In dieser Lage war Bucerius mit einem Vorschlag durchgedrungen, der Springer zumindest psychologisch in die Defensive zwingen sollte. Wenn ein Verlag über einen Marktanteil von 20 Prozent an den Tages-, Sonntags- oder Publikumszeitschriften verfüge, solle die Pressefreiheit als »gefährdet« betrachtet werden. Würden 40 Prozent überschritten, dann sei die Pressefreiheit »beeinträchtigt«. Dann solle das Unternehmen »entflochten« werden. Das Haus Springer lag damals, wie jedermann wusste, mit seinen Zeitungen bei 39 Prozent. Mit Blick auf Springers seit dem Start von *Eltern* und *Jasmin* rasch stärker werdende Position auf dem Zeitschriftenmarkt hatte sich Bucerius aber noch etwas Besonderes einfallen lassen. Falls ein Verleger sowohl auf dem Zeitungs- als auch auf dem Zeitschriftenmarkt eine beherrschende Position einnahm, sollte die Gefährdung bereits bei einem zehnprozentigen Anteil am Zeitschriftenmarkt beginnen. Bei 15 Prozent liege bereits eine Beeinträchtigung vor und das Unternehmen müsse entflochten werden. Springers Zeitschriftenanteil lag damals bei 18 Prozent. Am 22. Mai entschied sich die Kommission mit Zweidrittelmehrheit für diesen Vorschlag. Empört und nicht ganz ohne Grund schrieb Springer an Bundeskanzler Kiesinger: »Die Empfehlung der Günther-Kommission gleicht dann auch einem Maßanzug, zugeschnitten auf einen einzelnen Verleger. Die auf dem Weg einer amerikanischen Versteigerung durch den Vorsitzenden herausgelockten Prozentsätze bedeuten die Einmauerung eines einzelnen Verlagsunternehmens in der Bundesrepublik.«[123]

Schon zuvor hatte sich Freund John Jahr unmittelbar nach den Osterunruhen mit einem Brief an Axel Springer gewandt. Klugerweise schrieb er gar nichts von den Münchner Blättern, sah vielmehr in der *Bild*-Zeitung und im Übergewicht der Berliner Blätter den »Angelpunkt der Hauptangriffe« und fuhr dann fort: »Mir ist zum Beispiel der Gedanke gekommen, daß Du mit der *Berliner Morgenpost* und der *B. Z.* eine Aktiengesellschaft gründen könntest, bei der die Majorität bei Freunden liegt, um Dich von der redaktionellen Verantwortung zu entlasten.« Taktvoll, aber auch ein klein wenig herablassend regte er »weitgehende Entschlüsse« an und sandte zugleich eine Kopie des Briefes an Kracht, der sicher ebenfalls versuchen werde, »Eurer Misere« entgegenzutreten.[124] Die Antwort Springers: »Natürlich mache ich mir sehr viele Gedanken und veranstalte Überlegungen dieser und jener Art. Das Ei des Kolumbus zu finden ist wahrscheinlich unmöglich. Deine Idee kommt mir natürlich überraschend. Aber wo gibt es Freunde, und welche sind es, die bereit wären, ein solches Problem mit seinen vielen Risiken anzupacken?«[125] Postwendend schrieb Jahr einen weiteren Brief, den Springer an Kracht und Tamm weiterreichte. Man solle nichts überstürzen, doch gelte es, »irgend etwas zu unternehmen, was man als Aktion der Beschränkung ansehen könnte«.[126] Freundschaftlich fügte er hinzu: »Ich kann mir vorstellen, daß Du Dich nicht unentwegt diesem trouble aussetzen willst, dessen Ende ich nicht absehe.«

Selbstverständlich wusste auch Springer, dass der so eindeutig von der Konkurrenz ausgeknobelte Kommissionsbeschluss vorerst nur empfehlender Natur war. An eine Umsetzung in ein Monopolgesetz durch die Große Koalition war erst einmal nicht zu denken. Noch einen Tag vor der Abstimmung hatte er selbst tapfer erklärt, ohne gesetzlichen Zwang denke er gar nicht daran, einen Teil seiner Blätter zu verkaufen.[127] Jetzt aber geriet er in Panik.

Und siehe da: Urplötzlich waren nicht die Berliner, wohl aber die Münchner Blätter wieder im Gespräch. *Jasmin* unter dem Chefredakteur Günter Prinz hatte inzwischen gewaltig eingeschlagen. Die Startauflage hatte knapp unter einer Million gelegen. Schon im zweiten Quartal 1968 lag die Druckauflage bei 1,5 Millionen. Vom Heim- und Elternmagazin *Eltern* wurden 1,1 Millionen Hefte verkauft; von der Jugendzeitschrift *Bravo* 778 000. Am 20. Juni 1968 übermittelte Jahr ein persönliches und vertrauliches Fernschreiben an Kracht, in dem er für die Übernahme von Kindler & Schiermeyer, wo diese Blätter erschienen, nebst Schwesterfirma die stolze Summe von 70 Millionen D-Mark anbot. Das Angebot war mit einer Reihe von Bedingungen verknüpft, von denen drei erwähnt werden müssen: Das Duo Karl-Heinz Hagen und Günter Prinz müsse bereit sein, weitere zwei Jahre für das Unternehmen in der bisherigen Form tätig zu sein; zweitens solle sich Springer verpflichten, für die nächsten zehn Jahre keine Konkurrenzblätter direkt oder indirekt zu verlegen; schließlich müssten Bucerius und Gruner einverstanden sein, was Jahr aber kurzfristig zu erreichen gedachte.[128] Bucerius, der genau erkannte, dass Springer damit nicht nur ein großes Geschäft machen, sondern vor allem unter den 15-Prozent-Plafond des Vorschlags der Günther-Kommission abtauchen wollte, reagierte höchst missmutig, aber nicht gänzlich ablehnend. Springer, so meinte er, biete jetzt seine schlechtesten Zeitungen zum Verkauf an: »... schlecht nicht kommerziell, sondern moralisch (soziologisch) gemeint ... Springer hat mit Sex und Kitsch die Blätter hochgepeitscht; jetzt bietet er sie Nachfolgern an, die das Tempo zurückstecken oder ihren Ruf gefährden müssen.«[129] Doch das war nur Theaterdonner. Vier Tage später wäre er sogar bereit gewesen, zu den von Kracht geforderten 75 Millionen D-Mark abzuschließen.[130] Der Verkauf an Gruner + Jahr scheiterte aber, so hat es den Anschein, an dem Widerstreben von Hagen und Prinz, denen die Vorbehalte von Bucerius gegen die *Jasmin*-Formel bekannt waren, die Sonderverträge hatten und sich nicht hereinreden lassen wollten.[131]

Wie zumeist bei solchen Transaktionen hatte Springer mehrere Eisen im Feuer. Parallel wurde auch mit dem Bauer-Verlag verhandelt, bei dem damals die *Neue Revue* und *Quick* erschienen sowie weitere Blätter der Tabloid-Presse. Aus einer Reihe von verschlungenen Gründen entschied sich Springer indessen in einer Serie hektischer Verhandlungen, weder an Gruner + Jahr noch an den Heinrich-Bauer-Konzern zu verkaufen. Der Zuschlag ging an den in der Öffentlichkeit ziemlich unbekannten Hans Weitpert, dem eine Reihe von Großdruckereien gehörte, unter anderem 70 Prozent des Druckhauses Tempelhof.

Die Nachricht, dass Springer mit Wirkung vom 1. Juli 1968 *Jasmin, twen, Eltern* und *Bravo* für schätzungsweise 100 Millionen D-Mark an Weitpert verkaufen würde sowie das *Neue Blatt* an den Heinrich-Bauer-Verlag, schlug in der Branche ein wie eine Bombe. Nie zuvor im Pressewesen war eine so große Transaktion über die Bühne gegangen. Immerhin hatte Springer ein Drittel seiner Massenblätter mit einem Viertel seiner Auflage abgestoßen.[132] In weiten Teilen der Branche ebenso wie in Bonn war man jetzt des Lobes voll. »Akt der Selbstdisziplin« war der entsprechende Bericht in der Springer'schen *Berliner Morgenpost* überschrieben.[133] Die Bundesregierung und der Deutsche Bundestag verfügten nun über ein gutes Argument, die Vorschläge der Günther-Kommission vorerst nicht in Gesetzesform zu gießen. Diese durften, wie bereits prophezeit, »rheinab schwimmen«. Springer, so schien es, hatte sich mit einer raschen Frontbegradigung aus der politischen Schusslinie manövriert.

Die Nah- und Fernwirkungen waren jedoch gravierend. Beim Hin und Her um den Verkauf der Münchner Blätter zerbrach allem Anschein nach das Vertrauensverhältnis zwischen Springer und Kracht. Mitte September 1968 wurde bekannt gegeben, dass Kracht unter Beibehaltung seiner Generalvollmacht »auf seine Bitte hin« nur noch für die Finanzpolitik des Gesamtunternehmens verantwortlich zeichne. Den Vorsitz der Axel Springer AG werde Peter Tamm übernehmen. In der *Süddeutschen Zeitung* wertete man das als Anzeichen »tiefer Resignation des mit 1,3 Millionen Jahresgehalt dotierten Generalbevollmächtigten«.[134] Über die Gründe für die Unstimmigkeiten wurde viel spekuliert. Die *Zeit* sah darin ein Zeichen für politische Differenzen. Kracht sei lange Zeit allein darauf bedacht gewesen, die wirtschaftliche Kraft des Unternehmens zu stärken: »Doch seit geraumer Zeit durch Springers politische Extravaganzen und dessen Lieblingsvorstellung von einer nationalen Kampfpresse irritiert, mühte er sich immer beharrlicher um politische Mäßigung, wollte vor allem *Die Welt* in eine liberalere Zeitung zurückverwandeln.«[135] Andere glaubten, dass Kracht verärgert sei, weil Springer ausgerechnet auf die von ihm so erfolgreich gestarteten Münchner Blätter lässig verzichtet habe. »Diesen Würgegriff am Hals seiner Kinder«, zitierte *Der Spiegel* einen der Hamburger Springer-Direktoren, habe Kracht »nie verwunden«.[136] Noch waren Springer und Kracht bemüht, kein Wörtchen von dem Streit nach außen dringen zu lassen. Aber der Teilrückzug Krachts war doch ein Signal, dass eine Ära zu Ende ging.

Vor dem Hintergrund der Verstimmung während der Osterunruhen zeigt Tamms Beauftragung auch, dass Springer nicht nachtragend war. Er wusste, dass Tamm einen politisch kompromisslosen, loyalen Kurs steuern würde, und verlangte nun nach einem starken Mann, der ihn stützte. Auch im Verlegerbüro wurde jetzt Klarschiff gemacht. Endlich ließ sich Springer davon überzeugen, dass Horst Mahnke nicht mehr zu halten war. Der von diesem favorisierte Redaktionelle Beirat war ins öffentliche Gerede gekommen. So entschloss Springer sich, seine politischen Blätter wieder direkt, ohne große Gremienwirtschaft, oder, was dann häufiger der Fall war, durch Personen seines Vertrauens zu steuern. Im Juni 1968 wurde bekannt gegeben: »Herr Axel Springer hat Herrn Ernst J. Cramer beauftragt, die Leitung des ›Büros des Verlegers‹ zu übernehmen.« Dabei blieb es bis 1985.

Cramer wurde der Mann seines engsten Vertrauens, der künftig auch über die allergeheimsten Verkaufs- und Beteiligungsangelegenheiten informiert war. Die Beauftragung Cramers war eine Art personalpolitischer Akzentuierung der vier Grundlinien. Er sollte darüber wachen, dass das Haus proamerikanisch, proisraelisch, antitotalitär (sprich: antinazistisch und antikommunistisch), der sozialen Marktwirtschaft verpflichtet sowie innenpolitisch auf einer Linie blieb, die Springer als »konservative Mitte« bezeichnete. Cramer war von nun an, neben manch anderem, der »Außenpolitiker« des Konzerns. Ihm an die Seite trat Claus Dieter Nagel, der für die Innenpolitik, die Politik in Berlin und auch für alles, was mit dem Verhältnis zur DDR zu tun hatte, zuständig war. Nicht zuletzt oblagen ihm Strategie und Taktik gegenüber der »neuen Linken«. Auch Nagel war ein ausgeprägt konservativer Mann: Er hatte eine sehr lebhafte militärische Vergangenheit als junger Offizier und war seit den frühen Berliner Jahren Redakteur bei der *Welt am Sonntag,* ein begeisterter Reiter, auch ein Christ nach dem Herzen Springers, jederzeit bereit, für diesen durchs Feuer zu gehen und dessen Erwartungen in einer Art von »Kriegsloyalität« (so ein früherer Top-Journalist im Interview) operativ umzusetzen. Wie Cramer verblieb auch Nagel bis zu Springers Tod in dieser Funktion. Die beiden Ernennungen belegen den Wunsch Springers, sich fortan mit Beratern zu umgeben, die starke Überzeugungen hatten und – anders als ihr Chef – über eine stabile Psyche verfügten. Ihr langes Verbleiben in dieser Funktion signalisierte auch, dass Springer sich selbst und seinen Kurs nun nicht mehr zu ändern gedachte.

Noch eine andere Vertraute gewann im Jahr 1968 in Springers Biographie deutlichere Konturen: Friede Riewerts. Über die Anfänge dieser Beziehung sind wir durch die Biographie Inge Kloepfers unterrichtet. Gestützt auf Interviews und Aufzeichnungen von Friede Springer, hat sie einfühlsam geschildert, wie aus der Erzieherin von Springers Sohn Nicolaus nach dem Scheitern der vierten

Ehe erst die neue Geliebte und dann in den Jahren seit 1968 die Lebensgefährtin wurde. Allem Anschein nach hat Springer zweimal eine Midlifecrisis durchgemacht. Die erste fiel in die Jahre 1956 und 1957, die zweite in die Jahre 1966 bis 1968. In beiden Fällen waren sowohl Ehekrisen mit im Spiel als auch ein verstärktes politisches Engagement und die Sinnfrage. Entscheidend bei der zweiten Krise war aber die politische Anti-Springer-Kampagne.

Zu Springers Verunsicherung trug damals der Hass bei, der ihm von großen Teilen der akademischen Jugend entgegenschlug. In Friede Riewerts aber fand er eine schöne junge Frau, die an ihn glaubte. Sie kam aus einer soliden Gärtnerfamilie auf der Insel Föhr, war humorvoll, praktisch, mit gesundem Menschenverstand begabt, unverbildet und geradeheraus. Sie bewies ihm, dass nicht die ganze »Jugend« gegen ihn war, und gab ihm das Gefühl, so etwas wie ein neues Leben beginnen zu können – dies allerdings mit der gebotenen Ehescheu des viermal Geschiedenen. Manches wiederholte sich auch diesmal. Erst versteckte er sie ähnlich wie viele Jahre zuvor Frau Rosemarie. Gute Gründe dafür gab es mehr als genug. Sein Verlag glich einer Art Königshof mit den dazugehörigen Intrigen und Bosheiten. Springer wusste genau, wie man hinter seinem Rücken seit langem schon über seine Amouren spottete. Als er im Herbst 1967 ein Appartement in List für gemeinsame Stunden in gehöriger Distanz zu seinem Anwesen in Kampen erwarb, folgte er erneut seinem seit 1930 periodisch auftretenden Drang, Sylt auch als eine Art Liebesinsel zu nutzen. Zur neuen Lebensfreude, derer er in den Jahren 1967/68 besonders bedurfte, gehörte auch – wie jeder, der ihn kannte, wusste – eine neue Liebe. Mit Friede Riewerts hatte er nun auch wieder Gesellschaft bei seinen Reisen in die USA, nach Israel, England, Dänemark, Norwegen und Schweden.

Offenbar bewirkten die gemeinsame Entdeckung und der Kauf von Gut Schierensee südlich von Kiel im Jahr 1968 eine definitive Festigung der Verbindung. Springer entdeckte dort einen prächtigen, wenngleich heruntergekommenen Landsitz mit immerhin 538 Hektar Grund und Boden. Daraus würde sich mit viel Umsicht, Geschmack und Geld ein fürstliches, ihm gemäßes Anwesen machen lassen. Friede Riewerts ihrerseits erhielt in der Überwachung der Restaurierungsarbeiten eine Aufgabe, die ihrer praktischen, zupackenden Art entsprach. Springer sah jetzt eine neue Lebensperspektive. Es besteht ein durchaus enger Zusammenhang zwischen der Verbindung mit Friede Riewerts, dem Kauf von Schierensee, dem komplizierten Ausbau des Anwesens zum schönsten Schloss in Schleswig-Holstein und den Versuchen, den Mammutverlag, der nur Ärger einbrachte, ganz oder teilweise abzustoßen.

Man könnte meinen, Springer sei im verrückten Jahr 1968 nur mit dem Schicksal seines Verlages, mit der bedrohlichen Weltlage, mit Israel und mit der Neuordnung seines Privatlebens befasst gewesen. Doch dann findet man in seinen Papieren Briefe, die erkennen lassen, dass ihn auch ganz anderes beschäftigte. Klaus Harpprecht hatte ihn in dem ZDF-Interview gefragt, ob er ein glücklicher Mensch sei. Nun schrieb er einer Bekannten, dass er »manchmal – ja« geantwortet habe, Harpprecht aber nicht gesagt habe, »daß das Glück da ist, wenn der Glaube stärker ist als der Unglaube. ›Herr, ich glaube, hilf meinem Unglauben!‹ – Es gibt keinen Tag, an dem ich nicht wirklich stärkende Bücher zur Hand nehme.« Damit meinte er »das Buch der Bücher«, also die Bibel, doch auch andere fromme Veröffentlichungen christlicher Inspiration.[137] Häufiger als zuvor tauchten von nun an religiöse Themen in seiner Korrespondenz auf. Sicher spielte die Entdeckung des Heiligen Landes dabei eine Rolle. Zudem drängte ihn die Linksentwicklung der evangelischen Kirche in Berlin, seine eigenen Glaubensüberzeugungen offen und kontrovers zu artikulieren. Kommt der APO also auch das Verdienst zu, aus dieser seltsamen Mixtur von Sternen-Gläubigem mit periodischen Franz-von-Assisi-Anwandlungen, Großverleger, Politiker ohne Wahlamt und Lebemann einen ökumenischen Christen von fast pietistischer Lebensart gemacht zu haben?

So war das Jahr 1968 für Springer in vielerlei Hinsicht ein Wendejahr, privat, ganz besonders aber als Verleger. Die Langzeitwirkung des Verkaufs der Münchner Blätter ist schwerlich zu überschätzen. In den Jahren 1967 und 1968 mit seinen vielen Feinden konfrontiert, erkannte Springer, dass er selbst dem unbeschränkten Wachstum des Konzerns Einhalt gebieten musste – bevor andere es täten. Resignation spielte dabei zweifellos eine Rolle, auch Verunsicherung. Die Selbstbeschränkung des noch immer deutlich führenden Axel Springer Verlages bedeutete allerdings gleichzeitig ein stärkeres, ungebremstes Wachstum der konkurrierenden Konzerne.

Mit dem Verkauf des Kindler & Schiermeyer-Verlages an Weitpert war ein Bäumchen-wechsle-dich-Spiel in Gang gekommen. Weitpert hatte sich für den Kauf bei der Commerzbank hoch verschuldet, und nach einer längeren Hängepartie landeten die Münchner Blätter schließlich doch noch bei Gruner + Jahr.[138] Springer hingegen verzichtete auf weitere Expansion, musste wohl oder übel darauf verzichten, während sich Gruner + Jahr nach vorn schoben, zusammen mit dem vorerst noch wenig beachteten Haus Bertelsmann. 1969 machte Gruner + Jahr bereits 563 Millionen Umsatz, Bertelsmann kam auf 630 Millionen, der Springer-Konzern lag mit 900 Millionen zwar immer noch weit an der Spitze,[139] aber der Abstand verringerte sich. Nach zwanzigjährigem Aufstieg war Springer politisch ausgebremst. Doch genauso wichtig war die psychologische Auswirkung der Kampagne. Der bisherige Götterliebling war im Innersten angeschlagen. Von nun an verzehrte er sich in einer widersprüchlichen Doppelbewegung: Einerseits flüchtete er vor dem eigenen Mammutverlag, andererseits hielt er zäh an seinem Imperium fest.

Alles verkaufen?

Am 2. und 3. Oktober 1968 fand auf dem Klenderhof eine Strategiesitzung über *BILD* statt. Axel Springer hatte den engsten Führungskreis zu der Besprechung gebeten: Christian Kracht, Peter Tamm, Rolf von Bargen, Verlagsleiter von *BILD*, Peter Boenisch, immer noch *BILD*- Chefredakteur, in den Jahren 1967/68 umstrittener denn je, doch weiterhin Springers Liebling. »Sinn des Gespräches war es«, ist in dem Protokoll mit wünschenswerter Deutlichkeit zu lesen, »den Inhaber über Situation und Planung der *Bild*-Zeitung zu unterrichten.«[140]

Voraufgegangen war im Juni 1968 eine Krisensitzung zur Zukunft von *BILD* unter dem Vorsitz von Peter Tamm.[141] Dabei hatten die zuständigen Herren übereinstimmend festgestellt, dass sich das Blatt in einer vielfachen Krise befinde. Am alarmierendsten war der Auflagenverlust von 600 000 Exemplaren infolge der politischen Angriffe. Strukturell besonders kritisch erwies sich die Konkurrenz der »Tagesschau« im Fernsehen: Wolle *BILD* weiterhin aktuell bleiben, müsse der Andruck künftig auf 21 Uhr verlegt werden. Als nicht mehr modern, so konstatierte Boenisch, würden auch die Inhalte betrachtet: »zu aufdringlich«, »zu grob in der Formulierung«, zu »unästhetisch« in der Darstellung. Auch hier mache sich die Konkurrenz des Fernsehens bemerkbar, das sich einer gehobenen Sprache bediene und für ein anspruchsvolles Milieu inszeniere. Bisher ziele *BILD* auf die »Arbeiterschicht klassischer Prägung«. Doch inzwischen sei daraus eine selbstbewusste, konsumfreudige Mittelschicht mit neuen Freizeitinteressen geworden, was zu einer Entfremdung zwischen Zeitung und Leser geführt habe. Kritisch erschien auch die Lage der Technik. Mittelfristig gehöre dem Offsetdruck die Zukunft. Das erfordere aber teure Investitionen. Bisher habe *BILD* erst die Zuwachsraten erwirtschaftet und dann das erweiterte Geschäft durch Investitionen gesichert. Jetzt sei das Umgekehrte geboten: erst Vorleistungen, dann Geschäftserweiterung. Man war übereingekommen, dem Verleger ein massives Investitionsprogramm von 50 Millionen D-Mark vorzuschlagen sowie verschiedene inhaltliche Änderungen.

Diese Linie wurde nun Anfang Oktober 1968 behutsam vorgetragen. Schließlich wusste man, wie stark sich Springer in den politischen Kampf verbissen hatte. Doch dann erlebte der engste Kreis einen ganz erstaunlich resignierten Verleger. Springer weigerte sich, die Investition von 50 Millionen im technischen Bereich zu genehmigen. Seine Begründung dafür wirkte auf die Anwesenden alarmierend. Maßgebend für sein Zögern seien Erkenntnisse und Einsichten, an denen er als Unternehmer nicht vorbeikönne. Nach dem Einmarsch von Truppen des Warschauer Paktes in die Tschechoslowakei am 20. und 21. August rechne er eher mit Krieg als mit Frieden. Darüber hinaus räumte er ein, dass die Angriffe der letzten Monate sichtlich Wirkung gehabt hätten: »Er könne sie nicht einfach abschütteln.« Die Art und Weise, wie er die Zukunft seines Zeitungsverlages sah, war an Pessimismus gleichfalls nicht zu überbieten. Dem Fernsehen gehöre die Zukunft: »Mit hoher Sicherheit sei die überregionale Tageszeitung zum Sterben verurteilt.« Sie hätte den Aktualitätswettbewerb längst verloren. Lediglich der Lokalpresse könne noch eine Überlebenschance gegeben werden.

Offenbar spielte Springer bei dieser Sitzung auf Zeit, denn zum Abschluss signalisierte er eine nächste Besprechung in etwa drei

31 Mit (v.l.) dem Bundesminister für Gesamtdeutsche Fragen, Erich Mende, Bundespräsident Heinrich Lübke und dem Regierenden Bürgermeister von Berlin, Willy Brandt, beim Blick über die Berliner Mauer anläßlich der Einweihung des neuen Verlagshauses, 6. Oktober 1966.

32 Das Verlagshaus in der Berliner Kochstraße, 1966.

33 *Spiegel*-Herausgeber Rudolf Augstein (Mitte) als Gast der Einweihungsfeier, 6. Oktober 1966.

34 Die »Hamburger Kumpanei« (v.l.): John Jahr, Gerd Bucerius, Richard Gruner.

35 Blick vom Ölberg auf Jerusalem, Mai 1970.

36 Mit Ernst Cramer (links) und Bürgermeister Teddy Kollek (rechts) in Jerusalem, 1970.

37 Axel Springer jr., Pseudonym Sven Simon, beobachtet ein Fernsehinterview seines Vaters mit Klaus Harpprecht, Februar 1968.

38 Auf dem Kurfürstendamm, Anfang 1968.

39 Anti-Springer-Plakat in Berlin, Februar 1968.

40 Anti-Springer-Ausschreitungen vor dem Berliner Verlagshaus nach dem Attentat auf Rudi Dutschke am Gründonnerstag, 11. April 1968.

41 Titelblatt des *Spiegel*, 1. Januar 1968.

42 Einvernahme des Verlegers Axel Springer als Zeuge in einem Prozeß gegen APO-Anwalt Mahler. Auf der Anklagebank Horst Mahler, ganz rechts auf der Verteidigerbank Mahlers Anwalt Otto Schily, 6. März 1970.

43 Kurzvisite auf Sylt, 1970.

44 Mit (v.l.) Peter Boenisch, Ex-Ehefrau Helga und Ernst Cramer auf Sylt, 1970.

45 Mit Friede Riewerts, seiner fünften Ehefrau.

46 Mit Friede Riewerts auf der Yacht »Schierensee« in der Ägäis, Frühsommer 1972.

47 Mit Peter Tamm in der Bernadottestraße, Berlin, September 1976.

48 Am Schreibtisch in der 19. Etage des Berliner Verlagshauses mit seinen Vertrauten Ernst Cramer (links) und Claus Dieter Nagel (rechts).

49 Die beschädigte Verlagszentrale an der Hamburger Kaiser-Wilhelm-Straße nach einem Bombenanschlag des »Kommando 2. Juni« am 19. Mai 1972.

50 Mit seinen Chefredakteuren Herbert Kremp (Mitte) und Claus Jacobi, 1975.

51 Mit dem CDU-Vorsitzenden Helmut Kohl, 11. Januar 1976.

52 Mit Bundeskanzler Helmut Schmidt, 1977.

53 Mit Außenminister Hans-Dietrich Genscher beim Bundespresseball, 1979.

54 Mit Ehefrau Friede beim Hamburger Presseball, 10. Januar 1982.

55 Die Burda-Brüder Franz, Hubert und Frieder (v.l.), München 1982.

56 Bernhard Servatius, Aufsichtsratsvorsitzender der Axel Springer AG, 1986.

57 Mit Ehefrau Friede im Weißen Haus bei Präsident Ronald Reagan, 18. Mai 1982.

58 Hauskonzert des Cellisten und Freundes Mstislaw Rostropowitsch auf Schwanenwerder, Berlin, 16. Juni 1981.

59 Luftaufnahme von Gut Schierensee in Schleswig-Holstein.

60 Auf Patmos, Anfang der 80er Jahre.

61 Das letzte gemeinsame Foto von Axel und Friede Springer, Klosters, 15. August 1985.

Monaten. Jeder der Anwesenden schied von Kampen mit der Frage: Was hat der Verleger vor? Am besten war Christian Kracht darüber informiert. Seit der Szene am Hangar B des Hamburger Flughafens im Frühjahr 1968 wusste er, dass Springer sein Mammutverlag zum Hals heraushing, jedenfalls zeitweilig. Kurz danach hatten bereits Gespräche über einen Teilverkauf an Konrad Henkel begonnen. Der stark liquide Henkel wollte 40 Prozent des Verlags übernehmen und hätte in den Springer-Blättern zugleich einen hohen Rabatt für die Waschmittelwerbung erhalten. Aber die Sache zerschlug sich.[142] Kracht entwickelte jedoch weiter Konzepte für Teilverkäufe oder Gesamtverkäufe, analysierte das Für und Wider der Alternativen, berechnete den Buchwert, den Verkehrswert und bosselte an Steuersparmodellen. »Sie beauftragten mich, die Konsequenzen zu zeigen, die bei einer Veräußerung von 49 Prozent Ihrer Anteile am Gesamtunternehmen auftreten ...«, begann ein neunseitiges Memo, das er ausgerechnet am 31. Dezember des wilden Jahres 1968 für Springer erstellte. Nichts verdeutlicht besser als dieses Datum, wie stark seine Konkurrenten, die Bonner Politiker und die APO den Verleger weichgekocht hatten.

Bei seinen öffentlichen Auftritten spielte Springer natürlich weiterhin den Unerschütterlichen. In eben jenem Dezember 1968, als er den Verkauf auf Raten planen ließ, erinnerte er auf einem Betriebsfest an einen Empfang für Sammy Davis jr., den er einige Wochen zuvor zu einer Wohltätigkeitsveranstaltung für Israel in die Berliner Philharmonie geholt hatte. Klaus Schütz, der neue Regierende Bürgermeister von Berlin, war als Ehrengast gleichfalls zugegen. Sprechchöre hätten damals gerufen: »Brecht dem Schütz die Gräten, alle Macht den Räten!« und »Springer raus!« Wie aber sehe es heute aus: »Der Regierende hat gute Gräten behalten und der Springer, immer noch total unenteignet, steht vor Ihnen (langanhaltender Beifall), und der bleibt hier (Beifall) und nicht nur zögernd und zagend, sondern mit der ganzen Zuversichtlichkeit für diese kostbare Insel der Freiheit.«[143]

Christian Kracht war damals auch damit beauftragt, erhebliche Teile des Vermögens im Ausland anzulegen. Seit dem Eingreifen des Warschauer Paktes in der Tschechoslowakei befürchtete Springer Überraschungsaktionen gegen West-Berlin und die Bundesrepublik. Das Trauma des 13. August 1961 wirkte weiterhin nach.

Wie wenig man auf das Urteilsvermögen von Bonner Spitzenpolitikern geben durfte, hatte ihm Helmut Schmidt am 20. August 1968 bewiesen. Schmidt war damals Vorsitzender der SPD-Fraktion und galt bundesweit als bedeutender strategischer Kopf. Er hatte Springer bei einer Unterredung auf Sylt mit der ihm eigenen Überzeugungskraft darüber belehrt, dass die Russen überhaupt nicht in Prag einmarschieren könnten. Ein paar Stunden danach war es so weit. Von nun an hielt Springer alles für möglich. Wie er sein Entkommen im Fall einer Überraschungsoffensive allerdings organisierte, ermangelt nicht grotesker Züge. Keine Improvisation! Alles musste bestens vorbereitet sein: Fluchtwohnungen in Schleswig-Holstein, Dänemark und Norwegen, selbst ein gut verstecktes Schlauchboot mit Luftpumpe zum Aufblasen am Nord-Ostsee-Kanal, um heimlich überzusetzen! Vor allem aber: wohlgefüllte Auslandskonten und Immobilien in Florida, England und in der Schweiz! Der Gedanke, als Bettler ins Exil zu gehen, war für Springer ein Albtraum.

Neben Kracht traten nun auch weitere Akteure auf. Der wichtigste von ihnen war Walter Blüchert, ein Makler mit Sitz in der Schweiz, der bei fast allen großen Transaktionen deutscher Verlage mitmischte. Springer betrachtete ihn als seinen Freund. Es gab in den folgenden Jahren bis zu Springers Tod kaum ein Verkaufsprojekt, an dem Blüchert nicht irgendwie beteiligt war, bis hin zu der fatalen Entscheidung über den Börsengang und die Beteiligung Kirchs im Frühjahr 1985, ein Vierteljahr vor Springers Tod. Ein anderer war der Münchner Anwalt Lois Erdl, auf den sich Springer besonders bei den Deals 1969 und 1970 stark gestützt hat. Ernst Cramer, in den Springer von nun an unbedingtes Zutrauen setzte, spielte in diesem Zusammenhang gleichfalls eine Rolle. Jetzt und auch später suchte er Springer von den Vorteilen einer transatlantischen Verbindung zu überzeugen. Die Zukunft, so plädierte er wieder und wieder, gehöre den Konzernen, die im Bereich der E-Medien führend seien. Außerdem spreche auch die Unsicherheit in Europa für Investitionen in Nordamerika.

Tatsächlich erwog Springer im Frühjahr 1969 eine Verbindung mit Xerox oder mit McGraw-Hill. Zusammen mit Kracht und Cramer sondierte er bei John McCloy von der Chase Manhattan Bank. Für den Wunsch nach einem Zusammengehen mit Xerox nannte er McCloy drei Gründe. Er habe keine Nachkommen, die das Unternehmen leiten könnten. Er wolle sich »mit der Zukunft liieren«, also eine Verbindung mit einem Unternehmen eingehen, das über ein Know-how für elektronische Projekte verfüge. Außerdem gehe er jetzt auf die Sechzig zu. Bei den großen elektronischen Vorhaben und Verpflichtungen des Hauses sollte er nicht mehr Alleininhaber sein. Doch die Sondierungen führten nicht weiter.[144] Springer war indes selbstkritisch genug, sich einzugestehen, dass er den amerikanischen Markt nicht kannte. Außerdem wusste er, dass auch Tamm von derlei riskanten Unternehmungen wenig hielt.

Parallel zu den Sondierungen in den USA lief ein Draht zu Karl Klasen, Sprecher der Deutschen Bank. Klasen unterhielt beste Beziehungen zum innersten Hamburger Establishment in Wirtschaft und Politik, nicht zuletzt zur Rechten in der SPD, damals Karl Schiller, Helmut Schmidt und Herbert Weichmann. Springer schätzte ihn gleichfalls, und so sondierten Kracht und Blüchert auch beim ihm.[145] Die Gespräche zogen sich bis in die zweite Jahreshälfte 1969 hin, das Projekt zerschlug sich aber, weil Klasen der Milliarden-Deal zu heiß war.[146]

Im Juni 1969 konkretisierten sich Springers Verkaufsabsichten. Der Druck seitens der APO hatte zwar nachgelassen, und gesetzgeberische Maßnahmen der Großen Koalition zur Begrenzung der Pressekonzentration waren fürs Erste ebenfalls vom Tisch, doch dafür ertönte jetzt bei allen großen Blättern der Ruf nach Redaktionsstatuten. Den Anfang machte der *Stern*. Dort willigten Gerd Bucerius und John Jahr am 17. Mai in ein entsprechendes Statut ein, das aus Sicht Springers zwei höchst gefährliche Bestimmungen enthielt. »Vor einer Veränderung der Besitzverhältnisse«, hieß es in Artikel IV, »muß der Redaktionsbeirat informiert und gehört werden.« Im Klartext hieß das: Die Redaktion bekam die Möglichkeit, einen eventuellen Käufer oder Mitinhaber zu vergraulen. Artikel V sah vor, dass der Verleger den Chefredakteur erst nach Beratung mit dem Redaktionsbeirat bestimmen durfte. Widersprach der siebenköpfige Beirat mit Zweidrittelmehrheit, so verpflichtete sich der Verleger, einen Chefredakteur weder abzuberufen noch einzusetzen.[147] Was dort stattfand, war praktisch eine Machtergreifung Nannens an der Spitze des Redaktionsbeirats. Überall machte nun der frech-ironische Toast Erich Kubys bei der Unterzeichnung die Runde: »Wir trinken Ihren Sekt ohne schlechtes Gewissen – Sie schlürfen Ihren Champagner aus unseren Hirnschalen.«

Tatsächlich rumorte es auch bei Springers *Welt*, die in der Person von Herbert Kremp wenige Monate zuvor einen neuen Chefredakteur erhalten hatte. Vorangegangen war »die liberale Ära Hollos«.[148] Kremp selbst machte den aufmüpfigen Redakteuren zwar klar: »Bei mir gibt es kein Redaktionsstatut. Schließen Sie das aus Ihrem Kopf aus. Dann machen wir die Zeitung hier zu.« Doch auch qualifizierte Redakteure, erinnert er sich, hätten an »Kellerkonferenzen« teilgenommen. Kremp bat seinen Kartell-Bruder, den Rechtsanwalt Bernhard Servatius, um eine presserechtliche Expertise. Dieser hatte zuvor schon für die Eigentümer von Gruner + Jahr beim Streit über ein Redaktionsstatut beim *Stern* ein Gutachten erstellt. Er vertrat die Auffassung, die Vereinbarung rechtsverbindlicher Redaktionsstatute stoße auf gravierende verfassungsrechtliche Bedenken. Kremp sandte das Gutachten an Springer, der Servatius noch nicht persönlich kannte, doch nun mit untrüglicher Nase spürte, dass hier ein Jurist auf dem Turf war, der die Forderung nach Redaktionsstatuten mit schöner juristischer Logik ad absurdum führte und den es an Land zu ziehen galt.[149]

Springer zeigte sich jedenfalls durch die Forderung nach journalistischer Mitbestimmung höchst alarmiert. Bei einem Gespräch mit Kracht, Tamm, Cramer und Erdl drohte er an, er werde »ohne Rücksicht auf den Inhalt« ein Redaktionsstatut kompromisslos ablehnen. Er malte ein düsteres Zukunftsbild und rief aus: »Ich hasse meinen Beruf!«[150] Auch die Drohung eines eventuellen Streiks der Redaktionen mit hohen wöchentlichen Verlusten hatte bei den Überlegungen ein gewisses Gewicht. Allein für den Fall eines einwöchigen Punktstreiks in den technischen Betrieben mit Außendruckorten wurden für die erste Woche Kosten und ein Gewinnausfall zwischen 3,1 und 4,2 Millionen D-Mark veranschlagt, dazu kämen mögliche Schäden aus Nichterfüllung der Lieferantenverträge zwischen einer und acht Millionen D-Mark.

Unausgesprochen wirkte sich noch ein zweiter Vorgang aus. Wenige Wochen zuvor hatte Richard Gruner vorexerziert, wie man alles verkaufen konnte, um sich auf der eigenen Jacht im Mittelmeer oder in New York ein sorgenfreies Leben zu gönnen. Gruner hatte für seine 25 Prozent am *Spiegel* im Februar 1969 an die

40 Millionen eingestrichen und Augstein damit für kurze Zeit zum Alleininhaber gemacht. Zugleich verkaufte er in zwei Etappen seine sämtlichen Gruner + Jahr-Anteile für rund 135 Millionen an Gerd Bucerius und John Jahr, die ihrerseits 25 Prozent ihrer Anteile für 87 Millionen an Bertelsmann weiterverkauften.[151]

Diese Vorgänge zeigten Springer nicht nur, dass man mit genügend Entschlusskraft alles loswerden kann. Sie ließen ihn auch erkennen, wo jetzt der potenteste Käufer saß – in Gütersloh. Dort hatte Reinhard Mohn ohne großes Aufsehen einen beachtlichen Verlag aufgebaut. Springers Laune wurde nicht besser, als er zur gleichen Zeit konstatieren musste, dass Gruner + Jahr in diesen aufregenden Monaten auch noch die Münchner Blätter *Jasmin, Eltern* und *twen* schluckte, die er voreilig verkauft hatte. Es gab jetzt deutliche Anzeichen, wie nun auch bei ihm der Traum von einem sorgenlosen Privatleben Gestalt annahm. Im Herbst 1968 hatte er für acht Millionen D-Mark Schloss Schierensee erworben. Zwar wusste er noch nicht, dass ihn die Instandsetzung das Zehnfache des Kaufpreises kosten würde,[152] aber er ahnte, was auf ihn zukam. Außerdem verdross ihn, dass Horst-Herbert Alsen, Richard Gruner oder Henri Nannen mit »Positano III« als Eigentümer schöner Jachten auf dem Mittelmeer kreuzten. So ließ auch er sich eine Jacht für seine Bedürfnisse umbauen und gab ihr den Namen »Schierensee«.

Somit traten nun die Verkaufsüberlegungen in ein konkretes Planungsstadium. Springer machte klar, dass er entschlossen war, einen Teil des Eigenkapitals in welcher Konstruktion auch immer dem Risiko zu entziehen. Auf die Frage von Christian Kracht, wie viel Geld er denn entnehmen wolle, antwortete Springer: »500 Millionen«. Zuvor war in Sondierungen beim Bauer-Verlag schon getestet worden, wie viel das gesamte Unternehmen unter Brüdern wert sei. Bauer hatte für 26 Prozent des Konzerns 250–300 Millionen angeboten. Der Gesamtwert lag also, so schloss Springer daraus, bei etwa 1,2 Milliarden.

Da in den kommenden anderthalb Jahrzehnten unterschiedliche Möglichkeiten einer Realisation der Vermögenswerte in unterschiedlichster Gestalt wieder und wieder auftauchten, um erneut zu verschwinden, ist es von Interesse zu sehen, welche Alternativen sich anboten: a) Entnahme des Gewinns und der persönlichen

Steuern; b) Entnahme der Stillen Einlagen; c) Beleihung der privat gehaltenen betriebsnotwendigen Grundstücke; d) Ausgründung der technischen Betriebe zu einer Tiefdruck-Hochdruck AG mitsamt allen Gebäuden und Grundstücken; e) Beleihung der Titelwerte; f) Verkauf von 49 Prozent der Gesellschaftsanteile; g) separater Verkauf der *Welt* GmbH.

Springer ließ keinen Zweifel daran, dass er schnell zu Geld kommen wolle. Im Schlussgespräch wurde die Entnahme des Jahresgewinns 1969 zum gegenwärtigen Zeitpunkt festgelegt sowie – über Kredite finanziert – die Entnahme der Stillen Einlagen. Die Maßnahmen c), d), e) und f) wurden verworfen. Stattdessen führte Springer aus, er wolle jetzt das gesamte Unternehmen abstoßen und nicht bloß eine Unterbeteiligung von 49 Prozent.

Mehr und mehr kam jetzt die Überlegung ins Spiel, den gesamten Axel Springer Verlag an Reinhard Mohn zu verkaufen. Eine erste Besprechung zwischen Springer, Kracht, Mohn, dem Bertelsmann-Generalbevollmächtigten Manfred Köhnlechner und dem Makler Blüchert fand am 15. Oktober 1969 statt. Die sozialliberale Koalition war bereits eine feststehende Tatsache. Eine Woche später, am 21. Oktober, wurde Willy Brandt zum Bundeskanzler gewählt. Als Gründe, warum er sich aus dem Unternehmen zurückziehen wolle, nannte Springer: 1. keine potenten Nachfolger aus der Familie; 2. angeschlagene Gesundheit; 3. »Lebensziel gesetzt, mit 60 Jahren aus der aktiven Arbeit ausscheiden zu wollen«.[153] Dann prüften Springer und Mohn im Gespräch »ihre politischen Standpunkte«: Mitbestimmung, Israel-Politik, Wiedervereinigung, soziale Marktwirtschaft. Springer, so Krachts Protokoll, sei es darauf angekommen, festzustellen, »ob Herr Mohn das Unternehmen im Sinne des Gründers Axel Springer weiterführen würde«. Dabei sei »eine totale Übereinstimmung« erzielt worden. Springer bezeichnete das Treffen als »Auftakt des Kennenlernens«. Mohn äußerte noch einmal den Wunsch, »daß er zu einem möglichst frühen Zeitpunkt 100 Prozent des Axel Springer Verlags übernehmen möchte«. Man kam überein, dass Kracht und Köhnlechner die Substanz des Unternehmens ermitteln und auch über eventuelle Formen des Übergangs sprechen sollten. Dabei sei auch die vorherige Umwandlung des Axel Springer Verlages in eine Aktiengesellschaft zu prüfen.

Nachdem sich die Besucher verabschiedet hatten, erklärte Springer Kracht gegenüber, seine Preisvorstellung sei eine Milliarde D-Mark, wobei 500 Millionen beim Übergang des Geschäfts zu zahlen seien und der Rest in zwei Jahresraten à 250 Millionen. Er selbst sei noch für drei Jahre bereit, als Aufsichtsratsvorsitzender zu fungieren. Kracht solle überlegen, wie der Übergang möglichst geräuschlos vor sich gehen könne, und vorerst ausschließlich Dr. Erdl zur Beratung hinzuziehen. Zum Schluss beteuerte Springer, er wolle sein Unternehmen entweder verkaufen oder in eine Aktiengesellschaft umwandeln und die Aktien im Markt breit streuen: »Er möchte auf alle Fälle als Alleinunternehmer aus dem Risiko heraus.«

Sowohl aus Sicht Springers als auch für den Bertelsmann-Verlag sprachen starke Argumente für die Umwandlung in eine Aktiengesellschaft. Bei Springer waren die Überlegungen Ende 1969 so weit gediehen, dass er Kracht anwies, die bisherigen Teile des Verlags in eine Aktiengesellschaft umzuwandeln und dabei Karl Andreas Voss auszuzahlen.[154] Die Rechtsform der AG erleichterte auch das phasenweise Vorgehen: erst Teilverkauf, dann Verkauf weiterer Aktien, dabei, je nach Lage, Festhalten an der Aktienmehrheit oder wenigstens einer Sperrminorität.

Denn je genauer alle Aspekte des Gesamtverkaufs analysiert wurden, umso größer wurden Springers Zweifel an dem ursprünglichen Konzept, den gesamten Verlag in einem einzigen großen Aufwasch abzustoßen. Ausgerechnet in dem Moment, als alles zügig in Gang kam, schlug die politische Großwetterlage um. Eigentlich wäre die Bildung der sozialliberalen Koalition eher geeignet gewesen, die Verkaufsverhandlungen zu beschleunigen. In der SPD dominierten zwar die rechten Sozialdemokraten, doch genauso wie in der FDP rumorte auch bei der SPD ein lautstarker linker Flügel, der auf Redaktionsstatute und Entflechtungen drängte. In dieser Hinsicht ließ der Slogan »Mehr Demokratie wagen!« wenig Gutes erwarten. Entscheidend aus Springers Sicht war aber, dass Bundeskanzler Brandt bereits in seiner Regierungserklärung fast beiläufig festgestellt hatte: »Auch wenn zwei Staaten in Deutschland existieren, sind sie doch füreinander nicht Ausland; ihre Beziehungen zueinander können nur von besonderer Art sein.«[155] Springer war dadurch aufs Höchste alarmiert. Die bisherige Kernstaatsdoktrin war damit stillschweigend über Bord geworfen. Von nun an galt die verhasste Zwei-Staaten-Doktrin mit der Konsequenz moralischer Gleichsetzung der freien Bundesrepublik mit dem Zwangsregime in der DDR. Damit verband sich der generelle Ansatz der »neuen Ostpolitik«: »Entspannung«, »Anerkennung der Realitäten«, somit auch: der Realitäten des geteilten Berlin. Walter Blüchert, weiterhin einer der Hauptakteure bei den Verhandlungen mit Bertelsmann, bekam in einem Weihnachtsbrief Springers vom 23. Dezember zu lesen: »Ich sehe große Schatten auf uns zukommen, und dabei denke ich weniger an mein Haus als an die westliche Gesellschaft. Es sieht so aus, als stünden wir wieder einmal vor einer großen Bewährungsprobe.«[156] In Wirklichkeit dachte Springer aber vor allem auch an »sein Haus«. Er war jetzt wieder fest entschlossen, sich allem entgegenzustemmen, was von der Regierung in Gang gesetzt wurde: »neue Ostpolitik«, Anerkennung der DDR, innere Reformen ... Für die Springer-Blätter war aus seiner Sicht einmal mehr der Ernstfall eingetreten. Dabei eröffnete die denkbar schmale parlamentarische Basis der sozialliberalen Bundesregierung für die CDU/CSU-Opposition besonders günstige Möglichkeiten. Publizistische Meinungsführerschaft schien nicht nur geboten, sondern auch aussichtsreich.

Soeben hatte Springer auch für *Die Welt* mit Herbert Kremp einen Intellektuellen verpflichtet, der geradezu darauf brannte, den Kampf aufzunehmen. Im August 1967 war der damalige Chefredakteur der *Rheinischen Post* einer der Ersten gewesen, der Springer in der Kontroverse mit Augstein vom *Spiegel* und Müller-Marein von der *Zeit* publizistisch unterstützt hatte: »Augstein und den ihm politisch Anverwandten«, hatte er zu dem Wirbel um Hermann F. Arning geschrieben, »geht es nicht um Kritik an dem Springer-Verlag in einem tatsächlich problematischen Einzelfall, sondern um die Eröffnung eines breit angelegten Angriffs gegen einen anderen großen Verlag, dessen ganze politische Richtung ihnen nicht behagt.« Dabei kritisierte Kremp auch *Die Welt*. Sie habe sich bis zur Stunde gescheut, »dies deutlich zu sagen«.[157]

Springer hatte immer ein Faible für junge und zupackende Chefredakteure gehabt. So einen Mann konnte er jetzt brauchen. Als Kremp am 1. Januar 1969 die Leitung der Redaktion der *Welt* übernahm, war er gerade 40 Jahre alt. Er kannte den Bonner Betrieb aus seiner Korrespondentenzeit in den kritischen Jahren der

Kanzlerschaft Adenauers von 1959 bis 1961 und hatte dann ein paar Jahre beim *Tag* in Berlin als politischer Redakteur gearbeitet, sodass ihm, für Springer ganz unverzichtbar, ein zumindest leichter Berliner Stallgeruch anhaftete. Kremp war dann sechs Jahre lang Chefredakteur der *Rheinischen Post* des konservativ-katholischen Verlegers Anton Betz gewesen, Springers verlässlichsten Mitstreiters in Sachen Verlegerfernsehen.

Allerdings hatte Kremp das Schicksal der *Welt* lange genug von außen studiert, um zu wissen, was er von Springer fordern musste: Aufbau einer völlig neuen Redaktionsspitze mit weitreichenden Vollmachten; das Versprechen Springers, zur Redaktion »nur über den Chefredakteur Kontakt aufzunehmen«; zudem ein neues Konzept und eine neue Struktur für die Zeitung.[158] Das alles versprach ihm der Verleger und hielt sich recht lange daran. Hinsichtlich ihrer politischen Richtung »steht die Zeitung in der Mitte, sie lehnt jede Radikalität und jede extreme Stellungnahme ab«, erklärte Kremp mit voller Rückendeckung Springers bei der Übernahme der Redaktionsgeschäfte.[159] Die von Kremp gegen gewisse Bedenken Springers durchgesetzte Bestellung Lothar Rühls zum stellvertretenden Chefredakteur sollte die politische Spannweite dokumentieren. In seiner Not zeigte Springer sich sogar bereit, Kurt Becker als Leitartikler wieder zurückzuholen. Dieser zog es jedoch vor, bei der *Zeit* zu bleiben.

Doch genau in dem Moment, als Springers »Flaggschiff« mit teilweise neuer Mannschaft wieder auf Kurs ging, begann die heftige Auseinandersetzung mit der sozialliberalen Regierung Brandt um die »neue Ostpolitik«. Kremp stürzte sich mit Elan ins Getümmel. Von einem Kurs der politischen Mitte war nicht mehr die Rede. Bald machte ein griffiger Ausspruch von ihm die Runde: »Wir sind nicht konservativ, wir sind rechts.«[160] Die temperamentvolle Korrespondenz zwischen Springer und Kremp in den kommenden Jahren zeigt, dass Springer sich erneut, wie einst in den Anfängen des *Hamburger Abendblatts* und nach dem Kauf der *Welt*, mit einem seiner Blätter identifizierte. Unablässig überschüttete er den kämpferischen, allerdings auch auf Wahrung der redaktionellen Selbständigkeit bestehenden Chefredakteur mit Lob, Anregungen und Kritik und wollte scheinbar alles sein, nur nicht der Verleger, der sich von der eigenen Truppe entfernte.

Auf diese Gegenläufigkeit der Vorgänge in den ersten Monaten der Regierung Brandt ist also zu achten. Ausgerechnet zu Beginn dieser Phase hatte Springer sich voreilig entschlossen, den ganzen Verlag zu verkaufen. Bei realistischer Betrachtung, wozu er je nach Stimmung durchaus in der Lage war, musste er sich jedoch bald viele besorgte Fragen stellen. Würde bei einem Totalverkauf allein die Verpflichtung der an Bertelsmann zu verkaufenden Blätter auf die vier Essentials stark genug sein, seine Zeitungen weiter auf Kurs zu halten? Wie mächtig würde er in der zeitlich begrenzten Rolle des Aufsichtsratsvorsitzenden sein? Hatte er nicht selbst nach der Übernahme von Ullstein vorexerziert, wie man schwächere Partner erst unterwirft und dann ausbootet? Welche Rolle würde der machthungrige Köhnlechner spielen? Welche der verbindliche, aber letztlich auch undurchsichtige Reinhard Mohn, der seinen Generalbevollmächtigten an der langen Leine laufen ließ? Und was würde aus der eigenen Mannschaft bei einem Gesamtverkauf – aus Tamm, Kracht, Cramer, vor allem aber aus den Redaktionen, nicht zuletzt bei der *Welt*, die bisher weitgehend loyal die Springer-Fahne hochgehalten hatten, sich unter den Kollegen bei anderen Zeitungen aber zusehends stigmatisiert vorkamen? Und wie würde sich künftig das Verhältnis zu Bucerius, John Jahr und deren Blättern gestalten? Immerhin befand sich Gruner + Jahr mit einem Anteil von 25 Prozent bereits teilweise unter dem Dach von Bertelsmann. *Die Zeit* und der *Stern* spielten schon längst die schmissigste Musik auf dem *band waggon* der Entspannungspolitik; konnte die Koexistenz der Springer-Blätter unter demselben Konzerndach gut gehen? Außerdem: Wie sähen die kartellrechtlichen Konsequenzen aus, wenn sich verschiedene der politisch besonders profilierten Zeitungen und Zeitschriften urplötzlich, sei es vollständig oder auch nur teilweise, in dem gesichtslosen Großkonzern Bertelsmann wiederfänden? Und was würde alle Welt über Springer, den einstmals mächtigsten deutschen Verleger, sagen, wenn er nun sang- und klanglos im Bertelsmann-Konzern verschwände?

Die Lösung aus Springers Sicht konnte somit nur in einem Teilverkauf liegen, der ihm weiterhin für eine absehbare Zeit die volle Kontrolle über die eigenen Zeitungen sicherte. Diese Entscheidung habe er, wie er später betonte, vom 1. Januar 1970 an getroffen, dem Tag, als das Bertelsmann-Angebot einging, einen 75-prozentigen oder höheren Aktienanteil zu kaufen.[161] Eine kleine Lösung war aber nicht im Sinne Reinhard Mohns. Dieser hatte von vornherein deutlich gemacht, dass er den Springer-Verlag zu 100 Prozent kaufen wolle. Zur Sicherung seines Einflusses selbst dann, wenn er drei Viertel seines Vermögens verkaufen würde, schwebte Springer aber jetzt immer noch eine Sperrminorität von 25,1 Prozent vor, verbunden mit einem lebenslangen Vorsitz im Aufsichtsrat. Dass er seinen Einfluss durch einen zeitlich befristeten Aufsichtsratsvorsitz minimieren würde, hatte er inzwischen eingesehen.

Damit gefährdete er allerdings den Deal. Kracht und Köhnlechner sahen sich somit vor eine heikle Aufgabe gestellt. Mohn musste davon überzeugt werden, dass er eher früher als später den gesamten Springer-Verlag erhalten würde, selbst wenn in einem ersten Schritt nur ein Teilkauf erreichbar war. Springer seinerseits erwartete, dass ihm mindestens eine Sperrminorität mit dem Aufsichtsratsvorsitz verblieb, um die politische Linie seiner Blätter weiterhin zu gewährleisten. Auf dieser Basis wurde eine Unterzeichnung der Verträge für den 29. Dezember 1969 vorgesehen. Bertelsmann sollte gegen Zahlung von 650 Millionen einen Anteil von 74,9 Prozent erhalten.

Doch jetzt traten Schwierigkeiten bei Bertelsmann auf. Der Konzern war zwar schon reich, doch ohne Kredite war ein Kauf dieser Größenordnung nicht zu stemmen. Reinhard Mohn suchte die Transaktion über die Westdeutsche Landesbank abzuwickeln, die Hausbank von Bertelsmann.[162] Deren Vorstand Ludwig Poullain war auch bereit dazu. Doch die WestLB war keine Privatbank, und so musste die Politik eingeschaltet werden. Aufsichtsratsvorsitzender war der SPD-Finanzminister Hans Wertz. Er hatte natürlich den Ministerpräsidenten Heinz Kühn zu informieren, und so erfuhren auch die Spitzen der Regierung in Bonn zu ihrer Freude davon, dass Springer den größten Teil seines Verlags verkaufen wollte. Mit viel geringerer Freude wurden allerdings die Bedingungen registriert, die damit verbunden waren. Springer hatte nämlich in der Satzung die vier Essentials verankern lassen (»sein Glaubensbekenntnis«, spottete man in Bonn). Die Übernahme von Anteilen durch die SPD-kontrollierte WestLB war somit daran gebunden, sofern die Satzung nicht geändert wurde. Dafür wäre aber gemäß

Aktienrecht eine Dreiviertelmehrheit erforderlich gewesen, die Springer nicht zugestand. Dies erschien der SPD so inakzeptabel, dass sie ablehnte. Bauchgrimmen bereitete auch der Gedanke, die WestLB könne sich politisch beflecken, weil sie Anteile an der *Bild*-Zeitung hielt.

Nun versuchte man auf einen anderen Financier umzusteigen. Bei dieser Gelegenheit tauchte Berthold Beitz erneut in der Biographie Axel Springers auf. In Beitz' Haus verhandelte Kracht mit Friedel Neuber, dem Präsidenten der Rheinischen Sparkassen. Nach wie vor ging es um den Verkauf von 74 Prozent, doch wieder erfolglos. Schließlich setzte sich endgültig der Gedanke durch, erst einmal mit 33 1/3 Prozent für 313 Millionen D-Mark bei Vertragsabschluss den Anfang zu machen. Jetzt war die WestLB wieder im Geschäft. Sie stellte die Kaufsumme zur Verfügung. Reinhard Mohn verpflichtete sich im Gegenzug, nach Umwandlung in eine Aktiengesellschaft die WestLB mit 25 Prozent an Bertelsmann zu beteiligen. Einmal mehr vereinbarten alle Beteiligten vertraglich strenge Verschwiegenheit. Springer argumentierte später, die Geheimhaltungsklausel sei vor allem deshalb in den Vertrag aufgenommen worden, damit Bertelsmann sich zu optimalen Bedingungen von seinem Anteil an Gruner + Jahr trennen könne.[163] Formell sollten die Aktien der Springer AG, wohl auch aus steuerlichen Gründen, erst zu Springers 60. Geburtstag, also am 2. Mai 1972, übertragen werden, wobei Bertelsmann aber sofort nach Vertragsabschluss am Gewinn zu beteiligen war. Was das weitere Vorgehen betraf, so war eine komplizierte Regelung vorgesehen. Springer räumte Bertelsmann ein Vorkaufsrecht für weitere Verkäufe ein.[164] Dazu kam eine unwiderrufliche Kaufoption Bertelsmanns auf weitere 17 Prozent bei Springers Tod.

So wurde das Hamburger Hotel »Vier Jahreszeiten« einmal mehr zu einem Schauplatz in der Biographie Axel Springers. Insgeheim, aber doch stilvoll, wie es sich gehörte, und zugleich auf neutralem Grund und Boden unterzeichneten Christian Kracht und Manfred Köhnlechner am 17. Februar 1970 die Verträge. Es sah so aus, als habe sich Springer von dem in schwachen Stunden unüberlegt gefassten Entschluss, ausnahmslos alles zu verkaufen, ganz geschickt gelöst. Die Last des Verlages war er zwar nicht los, aber immerhin war ihm ein Einstieg in den Ausstieg gelungen. Vertraglich war er jedoch nicht zu weiteren Verkäufen verpflichtet. Indessen wurden seine Erben für den fernen Tag seines Todes einer Kaufoption Bertelsmanns unterworfen. Springer behielt jedenfalls weiterhin die volle Kontrolle über sein Unternehmen, ganz besonders über seine Zeitungen. Allerdings wusste niemand vorherzusagen, ob sich der starke Minderheitsaktionär wirklich so pflegeleicht verhalten würde wie erhofft.

Überhaupt nicht nachvollziehbar ist, wie die erfahrenen Unternehmer Springer und Mohn angesichts der Kompliziertheit der Transaktion unter Beteiligung unterschiedlichster interessierter Stellen und im Licht der damaligen politischen Polarisierung nur einen Augenblick daran glauben konnten, die Vereinbarungen könnten geheim bleiben. Wenn die Vereinbarungen aber aufgedeckt würden, musste, wenn nicht die Hölle, so doch ein mittelschweres Gewitter losbrechen. So geschah es denn auch.

Am 23. Februar, eine knappe Woche nach Abschluss des Deals, teilte Peter Tamm der Presse in denkbar harmlos klingenden Worten mit: »Die Verlagshäuser Springer und Bertelsmann sind übereingekommen, ihre Interessen im Bereich audiovisueller Kommunikationsmittel und ihrer Buchverlage zu koordinieren.« Dass bereits finanzielle Transaktionen getätigt worden waren, mochte man aus der Mitteilung allenfalls erschließen, Bertelsmann werde künftig »die Unternehmensführung« des Ullstein Buchverlages, Berlin, übernehmen. Doch bleibe die Geschäftsführung durch Wolf Jobst Siedler und weitere Verlagsangestellte in der bisherigen Form bestehen. Noch kein Wort, wie abgesprochen, von der viel weiter gehenden Verbindung![165] Doch schon einen Tag später gab Tamm im Namen des stellvertretenden Aufsichtsratsvorsitzenden der Axel Springer Verlag AG, Christian Kracht, Folgendes bekannt: »Der heute 57 Jahre alte Verleger Axel Springer, Alleinaktionär der Axel Springer Verlag AG, wird das Haus Bertelsmann zu einem Drittel an seinem Unternehmen beteiligen. Die Aktien werden frühestens 1972 nach Vollendung des 60sten Lebensjahres des Herrn Axel Springer übertragen ... Eine Übertragung weiterer Anteile der Axel Springer Verlag AG an das Haus Bertelsmann oder andere ist weder vereinbart noch beabsichtigt. Verhandlungen darüber werden nicht geführt.«[166]

Was war vom 23. auf den 24. Februar geschehen? Offenbar

hatte Christian Kracht, der sich damals ebenso wie Ludwig Poullain in Arosa aufhielt,[167] davon erfahren, dass Nannens *Stern* fünf Tage später die Bombe platzen lassen würde. Als Überschrift des noch in der Planung befindlichen Artikels war vorgesehen: »Ausverkauf bei Springer 1«. Springer, so sollte dort öffentlich gemacht werden, habe bereits ein Drittel seines Imperiums an Bertelsmann verkauft. Gravierender war die Feststellung, Springer wolle »Stand letzter Sonntag null Uhr« 74 Prozent seines Presseimperiums verkaufen und nur noch eine Sperrminorität von 26 Prozent behalten. Ludwig Poullain wurde mit dem Satz zitiert: »Das Geschäft läuft in Etappen. Die restlichen Anteile, die Springer noch hält, sollen in absehbarer Zeit ihren Besitzer wechseln.« Damit, so der *Stern,* trete »der größte deutsche Meinungsmacher« ab.[168]

Am 25. Februar erwirkten Springer und Kracht mit eidesstattlichen Versicherungen[169] eine einstweilige Verfügung, die dem *Stern* diese Behauptungen untersagte. Als der Artikel schließlich am 1. März 1970 im *Stern* erschien, war nur noch von der Absicht Springers die Rede. Walter Blüchert wurde dort mit den Worten zitiert: »Er wollte mal alles verkaufen, mal zehn Prozent, mal nur ein Viertel, dann wieder bot er 48, 60 oder 33 Prozent. Am attraktivsten schien ihm noch die Möglichkeit, 74,9 Prozent abzugeben und eine Sperrminorität von 25,1 Prozent zu behalten, verbunden mit dem lebenslänglichen Vorsitz im Aufsichtsrat.«[170]

Warum ausgerechnet der *Stern* den Handel öffentlich machte, hatte seine innere Logik. Der über Gruner + Jahr mit Bertelsmann schon teilweise am Bertelsmann-Haken hängenden Redaktion schauderte es bei dem Gedanken, zusammen mit den verhassten Springer-Blättern vielleicht eher früher als später in einem Super-Konzern zu landen, in dem Bertelsmann, Gruner + Jahr und Springer gemeinsam das Sagen hätten. Besonders aktiv war auch diesmal Gerd Bucerius. Er hatte bereits im Sommer 1969, kurz nachdem Bertelsmann 25 Prozent der Anteile von Gruner + Jahr erworben hatte, davon erfahren, dass Bertelsmann auch mit Axel Springer über den Eintritt in den Verlag verhandle. Von ihm zur Rede gestellt, hatte Köhnlechner ausweichend geantwortet und auf die vereinbarte Vertraulichkeit hingewiesen. Bucerius drängte Köhnlechner daraufhin, »jede Möglichkeit wahrzunehmen, sich bei Springer zu beteiligen. Der deutschen Presselandschaft werde das ganze oder auch nur teilweise Ausscheiden Springers nur guttun.«[171] Nannen gegenüber räumte er ein: »Ich selbst habe Bertelsmann in dieser Richtung nach vorn gestoßen.«[172]

Später gingen Springer Mitteilungen zu, Köhnlechner habe bereits vor Abschluss der geheim zu haltenden Verträge Bucerius über die schwebenden Verhandlungen und die Verträge unterrichtet.[173] Dem *Spiegel* lagen damals noch reizvollere Informationen vor. Zwischen Bucerius und Köhnlechner seien viel weitreichendere Pläne besprochen worden: Wenn Bertelsmann Mehrheitsaktionär bei Springer werde und Bucerius mit seinen Anteilen bei Bertelsmann aussteige, könnte Letzterem dafür, nebst anderen finanziellen Gegenleistungen, *Die Welt* zur Verfügung gestellt werden.[174]

Bucerius schrieb kurz und knapp zurück: »Die Ihnen zuteil gewordene Information ist falsch. Es gibt keine Verabredung zwischen Bertelsmann und mir über einen Verkauf meiner Anteile bei Gruner + Jahr.«[175] Als Springer drei Monate später in einem langen Brief Mohn um Lösung des Vertrags bat, machte er diesen Punkt zu einem seiner gravierenden Vorwürfe.[176] Bucerius habe sogar mit einer veränderten Redaktionsliste der *Welt* »bereits offen hantiert«.

Jedenfalls herrschte anfangs großer Jubel im Lager der Springer-Gegner bei gleichzeitiger Verlegenheit im Hause Springer. Schon einen Tag nach Erscheinen des *Stern*-Artikels autorisierte Springer seine Juristen, mit einer Unterlassungs- und Widerrufsklage gegen die Zeitschrift vorzugehen sowie diesbezügliche eidesstattliche Erklärungen vorzulegen.[177] Umgekehrt war der *Stern* um den Nachweis bemüht, dass Springer tatsächlich 74 Prozent habe verkaufen wollen. Erste Zeugenvernehmungen wurden bereits durchgeführt.

Man kann es sich sparen, die beiderseits hektischen Schachzüge nachzuzeichnen. Manche der Beteiligten trauten einander das Schlimmste zu, andere suchten zu vermitteln. Bei Gruner + Jahr breitete sich nun die Erkenntnis aus, dass man drauf und dran war, eine erneute Konzentrationsdebatte loszutreten, die sich diesmal auch gegen das eigene Haus und gegen Bertelsmann richten könnte. Bucerius spürte, wie ihm erneut das Misstrauen der *Stern*-Redaktion entgegenschlug. Reinhard Mohn behielt vergleichsweise lange die Nerven und signalisierte Springer, sie beide sollten das Vorhaben gemeinsam durchziehen.[178] Am 10. März schrieb er ihm:

»Es ist meine Hoffnung und Überzeugung, dass wir die derzeit unerfreulichen Randerscheinungen unserer Firmenverbindung bald ausgeräumt haben werden«, und ließ ihm anbieten, entweder er selbst oder Peter Tamm solle Mitglied des Aufsichtsrats der Bertelsmann AG werden.[179] Doch Tamm war von Misstrauen gegen Köhnlechner erfüllt. Ihm grauste vor der Verbindung, die Christian Kracht weitgehend selbständig ausgehandelt hatte. Aber auch bei Mohn wuchs das Misstrauen gegen den eigenen Hausmeier, der ihm einen Haufen Schwierigkeiten eingebrockt hatte. Erstmals machte das Haus Bertelsmann politische Schlagzeilen, was Mohn bisher klug zu vermeiden verstanden hatte. Vielleicht wurde ihm auch erst jetzt völlig klar, wie verhasst Axel Springer war und wie sehr die Verbindung mit ihm Bertelsmann bei der bislang so unverbellten Expansion des Unternehmens kompromittierte. Desgleichen kam ihm die Unvereinbarkeit zwischen Bucerius und Springer voll zum Bewusstsein.

Springer aber, der ursprünglich gehofft hatte, die Bürde des Verlags ganz oder doch wenigstens teilweise in die Hände eines weltanschaulich gleichgestimmten Partners zu legen, hatte nun das Gefühl, in ein Haifischbecken gefallen zu sein. Sein schon länger schwelendes Misstrauen in die Künste seines einstmals so geschätzten Paladins wuchs. Böse Zungen behaupteten, Kracht habe seinen Verhandlungsspielraum mit Köhnlechner überschritten und diesem in der Tat den baldigen Verkauf von insgesamt 74 Prozent des Springer-Konzerns versprochen. Köhnlechner selbst gab sich die Blöße, ausgerechnet bei einer rauschenden Fete von Nannens *Stern* im Fahrstuhl des »Maritim« am Timmendorfer Strand am 10. Mai vor Zeugen mit der reizvollen Aussicht zu prahlen, »unsere Produkte *Stern* und *BILD* in Gütersloh zu koordinieren«.[180] Zwar war man vernünftig genug, den rufschädigenden Zivilprozess im gegenseitigen Einvernehmen einschlafen zu lassen. Doch am 3. Juni richtete Springer ein 15-seitiges Schreiben an Reinhard Mohn, eine Art Scheidebrief. Das Dokument war verbindlich abgefasst und juristisch gründlich abgeklopft. Der Staranwalt Bernhard Servatius verdiente sich in diesen Wochen seine Sporen bei Axel Springer. Aber Springers Beschwerden waren so zwingend formuliert und mit so vielen für Köhnlechner peinlichen Details gespickt, dass Mohn jetzt erkannte, es sei wohl am besten, im Guten auseinanderzugehen.

Durchaus glaubhaft hatte Springer nochmals die Überlegungen skizziert, die ihn zum Teilverkauf bewogen hatten. Er sei davon ausgegangen, dass hier »zwei Familienunternehmen aneinanderrücken würden: Ich hoffte, mein Lebenswerk gesichert sehen zu können im engen Zusammengehen mit einem vom Ursprung und der Überzeugung ähnlichen Unternehmen.«[181] Die zweite Überlegung, warum er das Aktienpaket »letztlich doch Ihnen« verkauft habe, sei noch wichtiger gewesen. »Mein Haus ist im wesentlichen ein Zeitungshaus, das Ihrige hat sein Schwergewicht auf ganz anderen Gebieten. Mich hat gelockt, daß zwei so verschieden geartete Häuser sich nähern und daß wir Aktivitäten nun entwickeln würden auf einem Markt, den es heute praktisch noch gar nicht gibt und der deshalb auch keiner öffentlichen Kritik oder gar Kontrolle unterstehen kann; ich dachte an die neuen Medien.« Allerdings hätte ihn die Sorge vor einer Wiederbelebung der Konzentrationsdebatte »mit ihren schwerwiegenden Folgen gerade für unseren Beruf fast davon abgehalten, ein Aktienpaket an Sie zu veräußern«. Eine wesentliche Voraussetzung dafür sei aber das Versprechen seitens Bertelsmanns gewesen, die Beteiligung bei Gruner + Jahr rückgängig zu machen: »Anders hätte ich die Gespräche gar nicht geführt.« Jedwede Verbindung zwischen diesem Verlag und dem eigenen Haus, »und sei sie noch so indirekt«, müsse »zu politisch unliebsamen, ja untragbaren Konsequenzen führen«. Problematisch sei schon die Massierung der Verlagsobjekte. Ebenso problematisch aber sei die Heterogenität der Zeitungen: »Ich bin nicht der Meinung, daß ein Verlag eine Art Warenhaus sein darf, in dem alles zu haben sein kann – von der Sexpostille bis zum ernsthaften Informationsblatt, vom Propagandajournal der Linken bis zur konservativen Zeitung.« Statt aber, wie versprochen, durch Trennung von Gruner + Jahr die Voraussetzungen zur gedeihlichen Zusammenarbeit zu schaffen, halte Bertelsmann mit aller Gewalt an den Beteiligungen fest und suche über Dr. Bucerius sogar die Mehrheit: »Was sich mir vorher als Familienunternehmen darstellte, entpuppte sich als rastloser Aufkaufbetrieb für Verlagsanteile, der alles greift, was ihm in die Hände kommt.« Dazu komme noch die Finanzierung. Lange Zeit sei signalisiert worden, »wir sind überaus flüssig«. Jetzt aber zeige sich, dass die Beteiligung am Springer-Verlag erst die Grundlage für einen hochverzinslichen Kredit über die gesamte Kaufsumme abgab: »Was wir jetzt erleben, ist die riskante Durchführung der berufsfremden Idee eines willkürlich zusammengekauften und durch Schachtelverträge erst noch zu finanzierenden Verlagsmonstrums …«

In diesem Stil ging es über 15 Seiten hinweg weiter. Besonders störte Springer der Verstoß gegen die Vertraulichkeit der Transaktion. Schon bei Vertragsunterzeichnung sei Dr. Köhnlechner klar gewesen, dass die Vereinbarung bereits Dritten bekannt war, Horst Ehmke im Bundeskanzleramt ebenso wie Gerd Bucerius. »Sie haben mir den Mond verkauft«, beklagte sich Springer. Allerdings war er bemüht, die Schuld für seine Täuschung allein dem Top-Management bei Bertelsmann zu geben. Ein vorhergehendes Telefonat zwischen dem von Springer mit der Sache beauftragten Rechtsanwalt Servatius und Mohn hatte nämlich erkennen lassen, dass der Eigentümer von Bertelsmann über entscheidende Vorgänge im Vorfeld des Vertragsabschlusses nicht oder nur unvollständig informiert war. Mohns Generalbevollmächtigter Köhnlechner und Bucerius, so unterstrich Springer, hätten zusammengespielt. Letzterer hätte seine im Hause Gruner + Jahr verschwiegene Mitwisserschaft auch damit gerechtfertigt, »das Haus Springer müsse zerschlagen werden«. Die Rolle des Bankiers Ludwig Poullain wurde gleichfalls kritisch gewürdigt.

Schließlich bat Springer Mohn, »aus einer Sache ohne Zerwürfnisse herauszukommen, die durch die Entwicklung jede vernünftige Lebensfähigkeit verloren hat«. Er tat dies nicht ohne Hinweis auf seine Entschlossenheit, »notfalls mit juristischer Hilfe die Nichtigkeit der zwischen uns getroffenen Vereinbarungen festzustellen oder sie aufzuheben«.

In einer längeren nächtlichen Verhandlung im »Interconti« in Hannover gelang es Tamm, den Verkauf rückgängig zu machen. Wie er Springer am kommenden Morgen den Erfolg meldete, gehört zu Tamms schönsten Anekdoten: »Mein Verleger: das Reichsgebiet ist wieder feindfrei.«[182] Springer hasste zwar militaristische Sprüche, war aber diesmal zutiefst dankbar, dass er von einem Albtraum befreit war. An Matthias Walden schrieb er: »Man kann es einem Freund ruhig gestehen, ich bin wie ausgebrannt nach der fünfmonatigen Anstrengung, den Vertrag zu lösen. Nach 8 Tagen Wirksamkeit der Vereinbarung hatte ich den ungeheuren Fehler gemerkt. Und es war viel Kriminelles im Spiel!«[183] An Freund Xiel Federmann in Haifa berichtete er freudig, doch auch mitgenommen, für ihn sei »die Wiederherstellung der Unabhängigkeit meines Hauses von vordringlicher Bedeutung: Was das an Arbeit, an Nerven und an schlaflosen Nächten gekostet hat, vermag man sich kaum vorzustellen. Erst jetzt, da ich das Ganze hinter mir habe, merke ich, wie sehr mich das ausgelaugt hat.«[184] Dass die wirren Vorgänge überall zu Kopfschütteln führten, bedarf keiner besonderen Betonung. Bernhard Servatius erinnert sich, wie Franz Josef Strauß damals zu ihm sagte: »Ist Axel Springer noch normal?«[185]

Neue Leute und neue Verkaufspläne

Hausintern führte der geplatzte Deal zu weitreichenden personellen Veränderungen. Springer und Mohn hatten bei dem monatelangen öffentlichen Streit so viel Gesicht verloren, dass zwei Sündenböcke geschlachtet werden mussten: Manfred Köhnlechner bei Bertelsmann und Christian Kracht bei Springer. Springers Verhältnis zu Kracht war schon länger gestört. Nun wurde ihm zugetragen, Kracht habe Köhnlechner versprochen, ihm bald auch noch die zur Bertelsmann-Mehrheit fehlenden Anteile zu beschaffen. Das mag stimmen oder auch nicht. Nach Lage der Dinge musste Kracht diesen Anschein erwecken, denn für Reinhard Mohn war die teure Investition nur attraktiv, wenn er in absehbarer Zeit die Aktienmehrheit bekäme. In dieser Hinsicht hing alles von dem Zeitpunkt ab, zu dem Kracht solche Gespräche geführt hat. Auch doppelbödige Weisungen des häufig schwankenden Verlegers, in denen sich Kracht verfangen haben mag, lassen sich nicht ausschließen.

Wie Springer gestimmt war, illustriert ein handschriftlicher Geburtstagsglückwunsch an Peter Boenisch vom 30. April 1970. Genauso wie sein Chef war auch Boenisch im Sternzeichen des Stiers geboren. Er gehörte damals zu den treuesten Paladinen des Verlegers. So machte Springer dem »lieben Peter« als Geburtstagsgeschenk ein unwiderrufliches Kaufangebot für ein Grundstück auf Sylt zu dem sagenhaften Preis von 50 Pfennig pro Quadratmeter, für den er selbst es als junger Mann erstanden habe. Diesem Angebot fügte er zwei Sätze hinzu: »Wir können den Betrag aber auch versaufen. Nicht gerade auf das Wohl der Verräter in unserem Hause!«[186]

Springer hatte seinerzeit zwei Probleme gleichzeitig zu lösen. Zum einen brauchte die neugegründete Axel Springer Verlag AG einen Vorstandsvorsitzenden. Dafür kam nach Lage der Dinge nur der bewährte Peter Tamm in Frage. Nach den Erfahrungen mit dem jahrelang allmächtigen Generalbevollmächtigten Kracht hielt es Springer jedoch für geboten, im Aufsichtsrat ein personelles Gegengewicht zu dem machtbewussten Tamm zu installieren. So verfiel er auf die Idee, den bisherigen Flick-Manager Eberhard von Brauchitsch als stellvertretenden Aufsichtsratsvorsitzenden ins Haus zu holen und diesen zugleich auch mit der Verwaltung seines privaten Vermögens zu betrauen.

Der damals 43 Jahre alte von Brauchitsch, ein Neffe des Generalfeldmarschalls Walther von Brauchitsch und Cousin des Rennfahrers Manfred, hatte sich seine Sporen beim Wiederaufbau der Lufthansa verdient, war dann von dem alten Friedrich Flick engagiert worden und fungierte seit 1965 als geschäftsführender Gesellschafter der Friedrich Flick KG. In der Branche galt er als einer der fähigsten Manager, aber auch als massive Persönlichkeit. 1970 war er wegen einer Unstimmigkeit mit Friedrich Karl Flick aus dem Flick-Konzern ausgeschieden. Springer kannte ihn seit 1967, von Brauchitsch seinerseits bewunderte Springer,[187] und so wurden sich die beiden im Sommer 1970 ohne große Umschweife einig. In der Phase, als Springer seinen Konzern in eine Aktiengesellschaft umwandelte, schien von Brauchitsch aufgrund seiner Erfahrung mit einer komplizierten Holding genau der richtige Mann. Und da ihm der Ruf vorausging, zum Schluss sogar den harten Flicks auf die Nerven gegangen zu sein, schien er aus Springers Sicht genau der richtige Mann zur Domestizierung von Tamm.

Anfang August 1970, als der verunglückte Verkauf rückgängig gemacht war, zögerte Springer keinen Moment, sich von Kracht zu trennen. Die Details der Trennung sind deshalb von Interesse, weil sie zeigen, wie Springer in solchen Fällen verfuhr. Rechtsanwalt Bernhard Servatius, Springers neue Entdeckung, hatte den Vertrag mit von Brauchitsch aufgesetzt und erfuhr, dass die Ablösung Krachts durch von Brauchitsch soeben in den Abendnachrichten des Fernsehens verkündet worden sei. Von Springer vernahm er ziemlich entsetzt, dass bisher niemand mit Kracht über seine Ablösung gesprochen hatte, und drängte darauf, die mehr als peinliche, aber möglicherweise auch explosive Angelegenheit im Gespräch mit Kracht persönlich zu regeln. Dieser befand sich im Schlafwagen von Hamburg auf dem Weg in die Schweiz. Handys waren damals noch nicht in Gebrauch. In Telefonaten mit verschiedenen Bezirksdirektionen der Bundesbahn via Streckentelefon und Zugführer wurde der Zug schließlich auf freier Strecke gestoppt, um das Telefonat zu ermöglichen. Servatius bat Kracht, er möge sich unverzüglich von Frankfurt nach Hamburg zurückbegeben und von da aus nach Sylt.

Dort vereinbarte Servatius mit Kracht die – wie zumeist bei Springer – großzügige Regelung über sein Ausscheiden. Als Springer, der sich im Klenderhof aufhielt, von Servatius telefonisch erfuhr: »alles in trockenen Tüchern!«, war er zunächst nicht bereit, Kracht persönlich zu verabschieden, ließ sich aber dann doch dazu bewegen. Servatius schob Kracht ins Haus und ging selbst am Watt spazieren; Kracht kam nach kurzer Zeit wieder heraus. So waren wenigstens die Mindestanforderungen ans Protokoll bei Trennungen erfüllt.[188]

In Springers Verlagsgeschichte bildet das Jahr 1970 eine Zäsur. Auf den ersten Blick veränderte die Umwandlung des Axel Springer Verlages in eine Aktiengesellschaft nicht allzu viel. Von Brauchitsch als Generalbevollmächtigter war prinzipiell genauso von Springer abhängig wie Peter Tamm in seiner Funktion als Vorstand der AG. Tatsächlich aber ging von der Möglichkeit, fortan Aktienanteile zu verkaufen, ein ständiger Anreiz aus. Wichtiger noch war ein anderer Aspekt. An der Spitze des Konzerns begann nun das Jahrzehnt der Industriemanager. Erst kam Eberhard von Brauchitsch, der allerdings schon nach 18 Monaten wieder zu Flick zurückkehrte, dann Heinrich Prinz Reuß bis zu seinem Tod im Jahr 1980.

Als Springer von Brauchitsch verpflichtete, wollte er dreierlei: einen starken Mann; einen Manager, der nicht von den Print-Medien kam und der den Konzern definitiv ordnete und zugleich diversifizierte; und einen geschickten Vermögensverwalter. Als starker Mann gab von Brauchitsch eine überzeugende Vorstellung. Er war ein harter Konservativer, dem der Kampf gegen die sozialliberale Regierung ausgesprochenen Spaß machte. Springer, dem immer wieder einmal Anwandlungen von Defätismus zu schaffen machten, sah sich von ihm darin bestärkt, mit allen Mitteln gegen Brandt, Ehmke und Bahr zu Felde zu ziehen. Hausintern stritt er sich, wie zu erwarten, mit Peter Tamm, der ihm allerdings gewachsen war.

Auf Vorarbeiten von Servatius fußend, hat von Brauchitsch dem Konzern die bis ins Todesjahr Springers funktionsfähige Organisationsform gegeben.[189] Die wichtigsten Steuerungsinstrumente waren zwei Kommanditgesellschaften: die mit Beherrschungsverträgen ausgestattete Axel Springer Gesellschaft für Publizistik KG und eine weitere, gleichfalls auf Beherrschungsverträge gestützte KG für alle privaten Vermögensinteressen. In der Publizistik KG waren drei Bereiche vereinigt: die Axel Springer Verlag AG unter dem Vorstand Peter Tamm mit allen Zeitungen, Zeitschriften und Buchverlagen, zweitens die Ullstein AV für die audiovisuellen Programme (Springer wollte weiterhin in die Zukunft investieren, wobei er leider auch viel Geld verbrannte), schließlich drittens eine weitere Beteiligungsgesellschaft, die das Versicherungswesen und die Altersversorgung umfasste. An der Spitze der Geschäftsführerkonferenz der Publizistik KG stand Axel Springer als nunmehriger Alleininhaber. Neben ihm amtierte immer noch der 1970 inzwischen 76 Jahre alte Karl Andreas Voss. »Wenn der das wünscht, dann trage ich ihn vom Schreibtisch ins Grab«, hatte Springer mit großer Geste erklärt.[190] Das stärkste Gewicht in der Holding neben Springer hatte von Brauchitsch. Er fungierte zugleich als stellvertretender Aufsichtsratsvorsitzender der Axel Springer Verlag AG. Als Vertreter der journalistischen Belange in der Gesellschaft für Publizistik figurierte Peter Boenisch, der sich an Tamm aber gleichfalls die Zähne ausbiss.

In der Organisationsstruktur hinterließ von Brauchitsch also breite Spuren. Nicht ganz so erfolgreich war er bei der Mehrung des Springer'schen Privatvermögens. Als er weitergezogen war, erzählte Springer gern, mit welchen Worten sich der bisherige Flick-Manager bei ihm eingeführt hatte: »Ich warne Sie davor zu glauben, Sie seien ein reicher Mann. Sie sind höchstens wohlhabend. Aber ich mache Sie zum reichen Mann.«[191] Vielleicht ging er zu früh.

Springer, der normalerweise keinen Gefallen an Mitarbeitern mit großem Ego fand, bewunderte von Brauchitsch und hätte ihn gern gehalten. Als der alte Friedrich Flick starb, der von Brauchitsch ohne dessen Wissen testamentarisch zum persönlich haftenden Gesellschafter bestimmt hatte, war Springer anfangs höchst verärgert und durchaus nicht bereit, Brauchitsch aus seinem Fünfjahresvertrag zu entlassen.[192] Schließlich ließ er ihn im Guten ziehen. Mit Heinrich Prinz Reuß entschied er sich für einen Nachfolger, der in Stil und Auftreten der Antityp seines Vorgängers war. Reuß kam aus dem Vorstand des Tabakhauses Brinkmann, war wie von Brauchitsch Jurist, hatte zuvor im Bankgewerbe sowie bei den Hamburger Werften Erfahrungen gesammelt und brachte Ruhe ins Haus Springer.

Im Frühjahr 1970 entdeckte Springer auch den Rechtsanwalt Bernhard Servatius. Dieser galt seit Mitte der sechziger Jahre als brillanter Strafverteidiger, als er für die wegen Mordes angeklagte Eva Mariotti entgegen allen Erwartungen einen Freispruch erwirkt hatte. Seither hatte er sich auf Wirtschaftsrecht verlegt mit besonderer Spezialisierung im Presserecht. John Jahr hatte die beiden auf Wunsch Springers bei einem Abendessen zusammengebracht. Der mächtige Springer, den zum Mandanten zu haben der Traum jedes Anwalts war, beeindruckte Servatius, indem er ihn bei der Verabschiedung mit perfekter Höflichkeit fragte, ob er ihn am kommenden Vormittag in seiner Kanzlei zu einer Besprechung aufsuchen dürfe.[193] An Servatius gefiel dem fromm gewordenen Springer auch, dass er Berater der Deutschen Bischofskonferenz sowie des Heiligen Stuhls war und schon damals über gute Verbindungen ins politische Bonn verfügte. So hatte er beispielsweise gerichtsfeste Hinweise von Servatius erhalten, dass der damalige Leiter des Bundeskanzleramts, Horst Ehmke, über die streng vertraulichen Verkaufsverhandlungen mit Bertelsmann vorweg unterrichtet gewesen war. Nach seinem Einstand bei der Bertelsmann-Krise wurde der subtile Jurist von Springer mit der Ausarbeitung von Expertisen für Käufe und Verkäufe betraut, die man lieber einer privaten Sozietät als der eigenen Rechtsabteilung anvertraut. Springer hätte ihn gerne ganz an den Konzern gebunden, doch Servatius zog es vor, seine Unabhängigkeit zu wahren. Er war mit den Interna des Verlags bald bestens vertraut und erkannte, dass Springer zusehends von der Frage umgetrieben wurde, wie er sein Lebenswerk einerseits sichern und andererseits loswerden könne. Auch politisch lag er auf Springers Linie und sah in dem Verlag eine Art Bollwerk gegen den Linkstrend im öffentlichen Leben der Bundesrepublik.

Springer selbst fühlte sich an der Spitze seines riesigen Konzerns zunehmend unwohl, auch unsicher. Wie sollte er als Autodidakt die aktienrechtlichen, steuerrechtlichen oder bilanztechnischen Finessen richtig beurteilen, auf die es nun so entscheidend ankam? Er war weder Jurist noch Betriebswirt, weder Ingenieur noch im Bankgeschäft erfahren. Zeitlebens hatte er sich auf Manager verlassen und war bisher gut damit gefahren. Aber die Steuerungsprobleme eines Großkonzerns waren in den siebziger Jahren doch viel schwieriger als in der Aufbauphase. So verfuhr er nach dem altbewährten Prinzip »teile und herrsche«, hörte sich ruhig, meist eher unruhig, die ihm von verschiedenen Seiten unterbreiteten Optionen an, zögerte Entscheidungen hinaus, entschied manchmal abrupt, revidierte aber nicht selten bereits getroffene Beschlüsse. In den Berichten derer, die man im Nachhinein befragt, ist die Formulierung »unablässiges, auch unkalkulierbares Schwanken« immer wieder zu hören. Als durchgehende Führungsschwäche wurden seine häufigen Abwesenheiten von der Konzernzentrale gewertet. Auf den obersten Etagen zog man daraus die zutreffende Schlussfolgerung, dass er dem Moloch, der ihm in den siebziger Jahren ganz allein gehörte, zunehmend fremd gegenüberstand.

Trotz aller Unsicherheiten und trotz manchen Schwankens tat Springer aber instinktiv das in dieser Lage wohl einzig Richtige: Er erlaubte auch in den siebziger Jahren eine konservative Geschäftspolitik. Manchmal etwas verunsichert, letztlich aber doch zäh, hielt er an dem Konzept fest, von dem er am meisten verstand und mit dem das Haus groß geworden war: Der Springer-Konzern sollte weiterhin ein politisches Zeitungshaus bleiben, unter seinem Dach aber auch zahlreiche modern aufgemachte, unpolitische Zeitschriften versammeln. Die verfügbaren Titel sollten weiterentwickelt werden. Wie bisher waren massive Investitionen in modernste Technologie unerlässlich. In den siebziger Jahren hieß das: maximaler Ausbau des Vierfarben-Offset-Druckverfahrens, 1973 beispielhaft realisiert im Druckhaus Kettwig. Abenteuerliche Vorstöße in branchenfremde Bereiche vermied er. Anders als beispielsweise Gruner + Jahr oder Bertelsmann riskierte er sein Geld nicht gerne auf den westeuropäischen Märkten. An entsprechenden Machbarkeitsstudien und Projektplanungen hatte es auch schon früher nicht gemangelt. Aber Springer hatte doch stets ein – von den Verhandlungspartnern nicht immer geschätztes – Geschick darin besessen, sich im vorletzten oder im letzten oder auch im allerletzten Moment zurückzuziehen. Den deutschen Sprachraum kannte er: die Bundesrepublik, Österreich, die Schweiz. Hier fühlte er sich sicher und wusste abzuschätzen, wie der Hase lief.

Doch vor dem riesigen amerikanischen Markt, den er nicht kannte, scheute er zurück. Proamerikanische politische Orientierung war eine Sache, Verflechtung mit amerikanischen Mediengiganten eine andere. Als Ernst Cramer, George Clare in London und Peter Boenisch im Vorstand der Holding im Jahr 1973 das »Projekt Wallstreet Journal« starteten und dabei eine Verbindung mit dem Management von Dow Jones einfädelten, ließ er die Herren zwar an der langen Leine laufen. Ihr Argument, »wir brauchen Dow Jones, um wieder nach vorne stoßen zu können«, leuchtete ihm ebenso ein wie deren Erwartung, sich so wenigstens teilweise den politischen Fesseln entziehen zu können, die das Wachstum des Hauses Springer seit 1968 behinderten.[194] Doch er war auch nicht unglücklich, als sich das Vorhaben an den zu hohen Preisvorstellungen der Amerikaner sowie manch anderem totlief und Peter Boenisch nach der entscheidenden Verhandlung in seiner drastischen Art feststellte: »Das Ding ist so kaputt wie der Adler in Schierensee.«[195]

Springers Neugier auf technische Neuentwicklungen war immer noch nicht erloschen. Er spürte durchaus das Potenzial der audiovisuellen Medien, er wusste, welche Revolution sich mit der Satellitenübertragung ganzer Zeitungen ergeben würde, und er träumte von den Möglichkeiten, die Handschellen der Fernsehentscheidung des Bundesverfassungsgerichts via Satellitenfernsehen irgendwie abstreifen zu können. Aber persönlich verfügte er über keinerlei Kenntnisse, um einigermaßen sicher beurteilen zu können, welche Neuentwicklungen verheißungsvoll waren und wo ein Flop drohte. In einem seiner Briefe formulierte der zeitweilige österreichische Medienzar Gerd Bacher, um den sich Springer damals bemühte: »Die elektronischen Medien sind den Printern bis zur Unheimlichkeit fremd, die Umsetzung von der Theorie in die Praxis unbekannt.«[196] Das traf auf Axel Springer in vollem Umfang zu. So versenkte er zwar wiederholt eine Menge Geld in entsprechenden Projekten, aber nie zu viel und nie zu wagemutig. Er war und blieb der idealtypische Printer.

Führt man sich diese Tatsache vor Augen, dann hat man eine Erklärung dafür, warum Peter Tamm in dem Kräfteparallelogramm rivalisierender Top-Manager des Hauses Springer das größte Gewicht hatte. Tamm war der unbeirrbare Exponent jener konservativen Geschäftspolitik, die seinem Herrn und Meister vorschwebte. »Er führte den Verlag souverän und hielt seinem Verleger den Rücken frei für dessen Arbeit mit den Zeitungen, aber auch für die publizistische Tätigkeit, die Artikel und Reden sowie für Reisen und Phasen des Rückzugs nach Schierensee, in die Schweiz, nach Jerusalem oder auf die Insel Patmos.« So hat das der gute Beobachter Gerd Naeher aus der Binnenperspektive beschrieben.[197] Die inzwischen verfügbaren Quellen bestätigen dieses Urteil. Gegen Ende der siebziger Jahre und in den frühen Achtzigern waren die Beziehungen zwischen Springer und Tamm zeitweilig bis zum Zerreißen gespannt. Doch im »roten Jahrzehnt« war Tamm im Management die unersetzliche Zentralfigur.

Auch unter der neuen Regie gingen die Verkaufspläne munter weiter. Die Spitzenmanager, die inzwischen die Gemütsschwankungen des Chefs zur Genüge kannten, vermochten sich auch gar nicht vorzustellen, dass nach dem Kraftakt des Rückkaufs im Juli 1970 nun Ruhe einkehren würde. Dafür war die politische Lage viel zu unsicher. Zudem war in der Medienbranche das Zeitalter des Kannibalismus ganz und gar noch nicht vorbei, sondern dauerte mit stärker gewordenen Konkurrenten ungebremst weiter an. War es nicht auch hier geboten, irgendwie mitzumischen, etwa durch Kooperationsabkommen, durch Schachtelbeteiligungen oder durch Teilverkäufe, denen Zukäufe anderer Objekte gegenüberstanden?

Da Springer in den kommenden Jahren immer wieder zurückzuckte, lohnt es nicht, auf Details der Verkaufsprojekte einzugehen. Nach dem Kladderadatsch der Bundestagswahl im November 1972 wurde er erneut von resignativen Überlegungen erfasst.

So ließ er 1973/74 erneut über Minderheitsbeteiligungen verhandeln, gelegentlich schaltete er sich auch persönlich ein. Bei den schwierigen binnen- und weltwirtschaftlichen Bedingungen jenes Zeitraums kamen auch genuin ökonomische Überlegungen zum Tragen. Manches sprach dafür, durch Teilverkäufe neues Kapital zu beschaffen zur technischen Modernisierung der vorhandenen Objekte, für behutsame Neuentwicklungen, zur Stärkung im Zusammengehen mit potenten Partnern oder auch zur Expansion auf Teilmärkten, die nicht von der Garotte des Kartellrechts gewürgt wurden. Aus solchen und anderen Erwägungen heraus kam es zu den Verhandlungen mit Dow Jones und 1974 zu Gesprächen mit einem Bankenkonsortium aus Dresdner Bank, Bayerischer Hypo und Bayerischer Landesbank. Wie zuvor schon beim geplatzten Bertelsmann-Deal hätte Springer keine prinzipiellen Bedenken gehabt, 25 Prozent des Konzerns abzugeben. Wie irgendein Privatmann, der die zahllosen juristischen Fußangeln und Implikationen von Verkaufsverträgen nicht überblickt, hielt er sich dabei stets an das Fassbare, nämlich den Kaufpreis. Da die Geschäfte nicht mehr ganz so gut liefen wie in den Monaten des Bertelsmann-Deals, musste er allerdings etwas zurückstecken. Doch mindestens 200 Millionen für 25 Prozent sollten es schon sein. Da die Interessenten aus verschiedensten Gründen so hoch nicht gehen wollten, erledigten sich weitere Überlegungen.

Beim Blick auf die Redaktionen seiner politischen Zeitungen, die er in die große Abwehrschlacht gegen alles, was links war, geführt hatte, glaubte Springer bei solchen diskreten Verkaufsmanövern ein gutes Gewissen zu haben. Er würde sich in jedem Fall die persönlichen Zuständigkeiten für diese Blätter sichern, in welcher juristischen Form auch immer. Ohnehin gab es die Verpflichtung auf die vier Essentials, die seine Verlagsleiter sogar von jedem einzelnen Redakteur bei der Einstellung verlangten. Vor den Spitzenmanagern im eigenen Haus rechtfertigte er seine Wünsche nach der Hereinnahme von Partnern mit der ständigen Klage, er müsse schon seit langem die ganze Bürde des Konzerns allein auf seinen Schultern tragen und bedürfe der Entlastung. Dennoch verblieb bei den Insidern ein schales Gefühl. Derselbe Verleger, der seine Zeitungen unablässig gegen die Linken anschreiben ließ und sich öffentlich mehr und mehr als Vorkämpfer des freien Unternehmertums in die Schanze schlug, ließ insgeheim bald diese, bald jene Gruppe seiner Manager über Teilverkäufe verhandeln, deren Bekanntwerden das Haus genauso erschüttern könnte wie seinerzeit der Verkauf an Bertelsmann. Musste man daraus nicht doch den Schluss ziehen, dass Springer mürbe wurde? Solche Zweifel stellten sich allerdings erst in den Jahren 1973/74 ein, und auch das nur bei den wenigen, die Springer mit den Sondierungen und Verhandlungen beauftragte. Zuvor jedoch war die Lage anders. 1970, 1971 und 1972, während des Ringens um die Ostverträge, suchte Springer mit dem geballten Einsatz seiner Zeitungen Willy Brandt in die Knie zu zwingen.

Kampf gegen die Ostverträge

Im April 1973 erschien in der linksliberalen *Washington Post* ein gut recherchiertes Porträt Axel Springers. Sein Feldzug gegen die »neue Ostpolitik« wurde dort wie folgt charakterisiert: »All die früheren Schlachten Springers sehen wie Teegesellschaften aus, verglichen mit seinem jetzigen Kampf-bis-aufs-Letzte gegen Willy Brandts Politik verbesserter Beziehungen mit dem kommunistischen östlichen Europa. Springers Zeitungen warfen alles, was sie hatten, in die erfolglosen Kampagnen, Brandts ›Goodwill‹-Verträge mit dem Ostblock zu vereiteln und des Kanzlers Regierung in den Bundestagswahlen des vergangenen November zu schlagen … Obwohl Springer diese Kämpfe verlor, wird er von der Regierung Brandt immer noch als gefährlichster Widersacher angesehen.«[198]

Genauso sah man es im Regierungslager. Die Presseprofis dort waren sich über die Schlüsselrolle der Springer-Zeitungen von Anfang an im Klaren. Schon im Februar 1970, die Kontroverse um die »neue Ostpolitik« steckte erst in ihren Anfängen, hatte Conny Ahlers das Schimpfwort »Kampfpresse« in Umlauf gebracht. In den guten alten Hamburger Tagen hatte er bei der *Welt* begonnen, war während der *Spiegel*-Affäre zur bundesweiten Berühmtheit geworden und arbeitete jetzt als Regierungssprecher für Willy Brandt. Die Polemik wegen seiner Angriffe, bei denen er *BILD* auch Nachrichtenfälschung vorwarf, zog sich über Wochen hin und beschäftigte schließlich den Deutschen Bundestag, wo sich Brandt von Ahlers distanzierte.[199] Doch Springer und seine Journalisten mochten, so lange sie wollten, darauf verweisen, dass auch auf den *Spiegel*, *Die Zeit* oder den *Stern* die Bezeichnung »Kampfpresse« im vollen Wortsinne zutraf. Das Schlagwort blieb allein an den Zeitungen des Springer-Verlags kleben.

Ebenso wie die Befürworter der »neuen Ostpolitik« waren auch deren Gegner davon überzeugt, dass Springer jetzt eine Hauptrolle im Lager der Opposition spielte. Nennen wir nur ein einziges Beispiel. Ein besonders bissiger Kritiker der sozialliberalen Regierung war der schillernde Hans Habe. Lange Jahre war er im Lager der amerikanischen Linksliberalen zu finden gewesen, jetzt ließ er sich an scharfem Antikommunismus von niemandem übertreffen. In einem langen Brief an Springer vom April 1971 feierte er diesen als wichtigsten Exponenten des »Widerstands« gegen die sowjetische Westpolitik. Der Gegner wisse, »daß, zumindest in Deutschland, zwischen der von Moskau gewollten Entwicklung und einer Rückkehr zur Vernunft nichts steht als Ihre ›Massenmedien‹. Daher der erbitterte Kampf ... Millionen von Deutschen blicken nach wie vor mit Hoffnung und Vertrauen auf das von Axel Springer geleitete Unternehmen. Der demokratische Konservatismus hat in Deutschland keine nennenswerte andere Stimme. Die Marktwirtschaft hat keine anderen Organe ...«[200] Habe war nicht ganz uneigennützig. Damals hoffte er, Springer zur Gründung eines »Anti-Spiegel« mit über einer Million Auflage überreden zu können – mit ihm selbst als zeitweiligem Chefredakteur. Doch Habe stand mit seiner Einschätzung nicht allein. Dass solche Hymnen auf Springers auch zuvor schon hoch entwickeltes Sendungsbewusstsein beflügelnd wirkten, versteht sich.

Es war damals unklar, wie vollständig Brandt und Bahr die bisherigen offiziellen Positionen der Deutschlandpolitik über Bord werfen würden. Ebenso unklar war, ob und wie weit sie mit ihrer »neuen Ostpolitik« aus dem westlichen Konvoi ausscheren wollten. Genauso blieb die Zukunftsperspektive der sozialliberalen Koalition bis zur Bundestagswahl am 19. November 1972 unentschieden. Wie verschiedene Landtagswahlen bewiesen, zeigte die Wählermeinung heftige Ausschläge. Die CDU/CSU-Opposition steuerte einen schwankenden Kurs, innerhalb von FDP und SPD versuchte sich eine Minderheit an Bremsmanövern, teils offen, teils taktisch verhüllt, mit dem Resultat, dass Brandt Mitte 1972 schließlich die parlamentarische Mehrheit verloren ging. Das öffentlich-rechtliche Fernsehen, große Teile der meinungsbildenden Presse (*Süddeutsche Zeitung, Spiegel, Stern*, selbst die zeitweilig recht handzahme *FAZ*) plädierten in der deutschen Frage für eine Anerkennung der Realitäten. Bedingungslosen Widerstand leisteten nur der Bund der Vertriebenen sowie Franz Josef Strauß und sein Anhang in der Bundestagsfraktion (auch er unablässig taktierend, doch momentan entschlossen, die Regierung über die »neue Ostpolitik« zu stürzen). Doch die oppositionelle, ihrer selbst nicht sichere CDU war damals wie später weder eine besonders kämpferische noch eine besonders intellektuelle Partei. Sie setzte auf die »schweigende Mehrheit«, bedurfte dazu aber der meinungsbildenden Zeitungen.

So blieb der bedingungslosen Opposition im Kampf um die »Meinungsführerschaft« weitgehend nur die Springer-Presse, in erster Linie *Die Welt*. Nie zuvor und danach spielte Springer eine derartige politische Schlüsselrolle wie in den Jahren der Kanzlerschaft Willy Brandts von 1969 bis 1972, die durch unsichere Mehrheitsverhältnisse und starke Ausschläge der Wählerstimmung gekennzeichnet waren. Im Nachhinein lässt sich die heftige Polarisierung nur noch schwer nachvollziehen. Wer diese Jahre miterlebt hat, weiß, dass das innenpolitische Klima später nie mehr so brutal und unversöhnlich war wie damals. Auch nachdem die sozialliberale Koalition seit November 1972 über eine bombensichere Mehrheit verfügte, dauerte die Polarisierung an. Erst der Rücktritt Willy Brandts führte zu einer gewissen Beruhigung.

Nie zuvor und danach engagierte Springer sich aber auch persönlich so leidenschaftlich wie beim Kampf gegen die »neue Ostpolitik«. Das Schimpfwort »Kampfpresse«, das seine Gegner den Springer-Zeitungen anhängten, behagte ihm natürlich nicht. Der Begriff »Richtungszeitungen« gefiel ihm besser. Damit war jedoch dasselbe gemeint, und er wusste dies auch engagiert zu rechtfertigen: »Die Medien sollen aber dem Bürger das Rüstzeug für seine politischen Entscheidungen geben, und das ist nur durch Klarheit zu erreichen und nicht durch eine Abstinenz von jedem politischen Bekenntnis. In allen großen und bewährten Demokratien sind die wichtigsten Blätter Zeitungen, die klare Standpunkte beziehen, das gilt für Amerika ebenso wie für die Schweiz, für England ebenso wie für die skandinavischen Länder«, belehrte er in einem langen Brief den Hamburger SPD-Senator Heinz Ruhnau.[201]

Die vorangegangenen Angriffe der APO hatten einen eher schwankenden, manchmal auch defätistischen Springer erkennen lassen. Noch in den Wochen des Regierungswechsels Ende 1969 war er drauf und dran gewesen, sein Zeitungsimperium zu verkaufen. Doch als es sich abzeichnete, dass Brandt mit seiner sozialliberalen Koalition den sowjetischen Wünschen realpolitisch entgegenkommen wollte, war er überhaupt nicht mehr zu zügeln. »Das Wort ›Realitäten‹ bringt mich um«, rief er bei einem Fernsehinterview im Juni 1970 aus.[202] Jetzt begann die Phase, in der er, wie eingangs zitiert, auf den »Kampf bis aufs Letzte« programmiert war.

Seine 1967 und 1968 so auffällige Wehleidigkeit schien verschwunden. Spinger selbst führte die positive Veränderung auch darauf zurück, dass eine Untersuchung in der Mayo-Klinik ihm im Jahr 1969 endlich die physiologischen Ursachen seiner Dauerschwankungen zwischen Hochstimmung und Depression aufgezeigt hatte. »Sehr oft mochte ich nicht mehr, manchmal auch konnte ich nicht mehr«, gestand er dem alten Gefährten Otto Siemer in einem Weihnachtsbrief von 1969: »Die Mayo-Klinik mit ihrem Herausfinden der Schilddrüsen-Ursache (sie funktioniert nicht mehr – aber das läßt sich heutzutage offensichtlich durch künstliche Gaben korrigieren) hat das Können wieder hervorgezaubert ... Es gibt nur einen Grund, weiterzumachen: Man darf nie aufgeben! Und das ist eine entzückende Erkenntnis!«[203]

In gewisser Hinsicht reagierte er dabei nur auf die politische Polarisierung in den Jahren der Regierung Brandt. Aber er war zugleich ein Hauptakteur dieser Polarisierung; er erachtete sie für zwingend geboten und blies kräftig ins Feuer. Sein Alarmismus war kaum mehr zu übertreffen. »Ich behaupte«, führte er im Frühjahr 1972 in einer leidenschaftlichen Rede vor der Deutschen Atlantischen Gesellschaft in Stuttgart aus, »daß wir zu einer Art letzter Schlacht für die Freiheit angetreten sind.«[204] Aussprüche wie dieser kennzeichneten die gesamte Periode seit dem Spätherbst 1969, als der neugewählte Bundeskanzler Willy Brandt erstmals seinen Kurswechsel in der Deutschlandpolitik skizzierte, bis zum Rücktritt Brandts am 6. Mai 1974, den Springer mit den Worten kommentierte: »Ich habe vor lauter Glück kaum schlafen können.«[205] Auch danach ließen seine Sorgen zwar nicht nach, da er Helmut Schmidt und dessen SPD künftig genauso wenig über den Weg traute wie zuvor seinem einstigen Idol Willy Brandt. Aber es waren doch vor allem die Kanzlerjahre Brandts, in denen sich Springer als so kampflustig erwies wie nie zuvor und danach.

Dabei hegte er durchaus Zweifel, ob er nicht auf verlorenem Posten stand. An Hans Habe in Ascona schrieb er in einem Jahresrückblick am 29. Dezember 1971: »Der politische Verfall der westlichen Welt scheint kaum noch aufzuhalten zu sein. Es muß einfach ein Wunder geschehen.«[206] Doch zugleich tauchte in seinen Ansprachen und in der Korrespondenz immer wieder der Satz auf: »Wir müssen durchhalten ...« Und der früher so antimilitaristisch disponierte Springer fügte in einem dieser Briefe hinzu: »›Semper paratus‹« (allzeit bereit!) ist das Motto der amerikanischen Marines ...«[207]

Warum hat Springer damals die »neue Ostpolitik« so bedingungslos bekämpft? Sollte sie nicht »menschliche Erleichterungen« bringen? Wurde sie nicht offiziell als »Friedenspolitik« begriffen? Und hat die Entwicklung der Ereignisse nicht doch gezeigt, dass der Alarmismus überzogen war? Im Ernst konnte aber niemand von ihm etwas anderes erwarten als heftigste Ablehnung der Anerkennungspolitik. Wenn ausländische Besucher bei ihm auftauchten, brauchte er sie nur ans Fenster zu führen, um seine tiefsten Beweggründe zu veranschaulichen. In dem eingangs erwähnten Artikel der *Washington Post* findet sich eine aufschlussreiche Passage über ein Interview mit dem Verleger in der 19. Etage des Hochhauses in der Kochstraße: »Im Innern des Büros gibt es all den weiträumigen Luxus – stattlich schöne Holzverkleidung, Kunstgegenstände im Schein warmen Lichtes, brennende Holzkloben im Kamin –, den man von einem Mann erwartet, der mit wenig mehr als einer Schreibmaschine auf einer Holzkiste begann und es zum Besitzer von Deutschlands größtem Zeitungshaus brachte. Aber dieses Bild endet mit fröstelnder Abruptheit am Fenster. Draußen, nur spärliche wenige Meter weg, steht die häßliche Ziegel- und Zementnarbe der Berliner Mauer, mit ihrem Stacheldraht, ihrem kahlen ›Todesstreifen‹ und ihren mit Geschützen und Scheinwerfern gespickten Wachttürmen. Für Springer und diejenigen seiner 12 000

Mitarbeiter, die in der Westberliner Befehlsstelle seines Verlagsimperiums arbeiten, ist die Mauer eine ständige Ermahnung, seinen langen Kreuzzug gegen die Teilung Deutschlands immer wieder neu aufzunehmen.« Der Besucher registrierte »das schlanke, gute Aussehen eines angenehm alternden Matinee-Idols«, doch selbst bei einer so flüchtigen Begegnung mit ihm werde sein »bemerkenswertestes Attribut« sofort klar: »ein fast mystischer Glaube an die moralische Richtigkeit seiner eigenen Gedanken«.[208]

In diesen Jahren heftigster ostpolitischer Kontroversen nahm Springers außenpolitisches Weltbild jene Züge an, die sich dann bis zu seinem Tod nicht mehr verändert haben. Dabei spielten historische Analogien eine entscheidende Rolle. Je älter er wurde, umso quälender erinnerte er sich an die Rechtlosigkeit in den Jahren des Dritten Reiches. Beim Blick aus dem Fenster seines Arbeitszimmers nach Ost-Berlin bekümmerte er sich täglich aufs Neue, dass »die roten Nachfolger der Braunen«[209] in Gestalt der DDR eine zweite Diktatur auf deutschem Boden installiert hatten. Kurt Schumachers Wort, die Kommunisten seien »rotlackierte Nazis«, hat er in immer neuen Varianten wiederholt. Sklaverei »damals wie heute«, ein System, »das sich vom Nationalsozialismus nur durch Namen und Couleur unterscheidet«.[210] In gewisser Hinsicht stellte die »neue Ostpolitik« Brandts und Bahrs seine eigene Biographie in Frage. Die politischen Heroen seiner jungen Jahre waren Schumacher und Ernst Reuter gewesen. Sie verkörperten für ihn die doppelte Moralität des Antifaschismus und des Antikommunismus.

Die nationale Idee gab bei ihm zwar noch eine Art stimmungsvolle Hintergrundmusik ab. Argumentativ begründete er aber jetzt sein eigenes Wiedervereinigungsstreben libertär. Es ging ihm nicht mehr primär um die abstrakte Einheit des deutschen Volkes, sondern um die Befreiung der Ostdeutschen. Dabei blieb er von jetzt an. Wer seine zahllosen Stellungnahmen studiert, erkennt genau, dass die nationale Einheit allein für ihn kein Wert an sich war. »Eine wirklich freie deutsche demokratische Republik«, beteuerte er 1968 im Fernsehen, »in der die vollen Menschen- und Freiheitsrechte gelten: diese Form der ›Wiedervereinigung‹ würde ich akzeptieren – als eine Folge des von uns begonnenen und mit Pauken und Trompeten verlorenen Krieges. Dafür würde ich an der Grenze gern einen kleinen Ausweis ziehen, um in den anderen freien deutschen Staat zu gehen.«[211] In einer Grußadresse an US-Präsident Jimmy Carter kam er im Jahr 1978 auf einen bereits weiter zurückliegenden Gedankenaustausch mit Henry Kissinger zu sprechen. Der habe ihn gefragt: »Spricht so nicht letztlich ein deutscher Nationalist?« Seine Antwort: »Nein, ich bin für die Freiheit.« Es lohnt sich, die anschließenden Überlegungen im Wortlaut zu zitieren. Sie beweisen, wie nahe Springer einem Konzept der Zweistaatlichkeit war, das man damals als »Österreich-Lösung« bezeichnet hat: »Wenn es als Folge des Zweiten Weltkrieges einen zweiten deutschen Staat geben müßte, in dem aber jeder Bürger dieselben Freiheiten genießen könnte wie bei uns; wenn er lesen könnte, was er will; wenn er ohne Furcht seine Meinung sagen könnte; wenn er seinen Arbeitsplatz aussuchen und seine Partei wählen und jederzeit über die Grenze gehen könnte; und wenn er sicher sein könnte, daß es nicht der Staatssicherheitsdienst ist, der morgens um sechs an der Tür klopft; einen solchen Staat könnte ich akzeptieren.«[212]

Dass ausgerechnet die SPD nun ein Arrangement mit dem Regime in Ost-Berlin suchte, erregte ihn zutiefst. Jetzt sah er den Westen, die Bundesrepublik inbegriffen, in der Rolle Englands und Frankreichs während der Vorkriegsjahre von 1933 bis 1939: Appeasement der Totalitären, illusionäre Hoffnung, so den Frieden zu sichern. Wieder und wieder zitierte er Willy Brandts Ausspruch auf einer Kundgebung am 1. Mai 1962: »Die DDR ist weder deutsch noch demokratisch noch eine Republik.« Brandt, so sah er es jetzt, »mit dem ich jahrelang Schulter an Schulter hier in Berlin stand«, hatte seine eigene Vergangenheit verraten. »Der Abschied von ihm ist mir schmerzlich geworden, aber die Sache geht vor«, schrieb er im November 1971 an seine erste große Liebe »Baby«, die sich immer noch um ihn sorgte und ihn bewunderte.[213]

Versuche, die Differenzen gesprächsweise oder auf dem Korrespondenzwege zu kitten – mit Egon Bahr Ende 1969 oder in einem Gespräch mit Bundeskanzler Brandt gewissermaßen auf »neutralem Boden« im Sylter Ferienhaus seines Freundes Rolf von Bargen –, hatten in Missklängen geendet. Den Dialog mit Bahr, als er den Verzicht Brandts auf die Wiedervereinigung in Freiheit konstatierte, schloss er mit den Worten ab: »Ich habe begriffen.«[214] Bahr bedauerte darauf in seinem Antwortbrief, »daß Sie an der falschen Front kämpfen«.[215] Die Unterredung mit Brandt beendete

Springer mit der höhnischen Bitte, er möge als Bundeskanzler doch dafür sorgen, dass seine Telefone nicht mehr abgehört würden. Das störe doch in einem freien Staat. Zuvor hatte ihm Brandt zu bedenken gegeben: »Sie müssen doch einsehen, Herr Springer, daß die Vereinigten Staaten als die Nummer eins von der Weltbühne abgetreten sind?« Besonders verletzt fühlte sich Springer von pauschal hingetupften Spitzen Brandts, in denen dieser sich gegen die »Rechtspresse«, gegen »Schreibtischtäter« oder gegen »blanken Haß« bei bestimmten Zeitungskonzernen wandte. Meint er damit vielleicht sogar »mich selbst?«, rief er im September 1972 in einer Art vorgezogener Wahlkampfansprache bei einer Tagung der Buch-, Zeitungs- und Zeitschriftengrossisten in Lindau aus.[216]

Die zunehmende Schwäche des Westens gegenüber der zusehends aggressiven Sowjetunion erschien Springer als weitere Analogie zu den Vorkriegsjahren 1935 bis 1939. In diesem Punkt wurde er von seinen israelischen Freunden bei jedem Besuch in Israel erneut geimpft. Dort war die sowjetische Expansion mittels Waffenlieferungen und diplomatischer Unterstützung für die arabischen Gegner des Judenstaates eine Tatsache. In Europa diagnostizierte er unter dem Deckmantel der Entspannungspolitik dasselbe Expansionsstreben. Auch die Nazis, wurde er nicht müde zu betonen, hätten jahrelang den Friedensbegriff missbraucht. Die Sowjets, so führte er immer wieder aus, wollten Deutschland und das übrige Europa »täuschen, schwächen und zur Übernahme vorbereiten – natürlich wenn irgend möglich ohne Krieg«.[217] Ernst Cramer, der atlantischste seiner Mitarbeiter, führte ihm gesprächsweise oder auch in Briefen unermüdlich das sowjetische Ziel einer europäischen Domino-Theorie vor Augen: 1.) Abzug der Amerikaner aus Europa, 2.) Zerfall der NATO und der EWG, »da ein Land nach dem anderen zu möglichst günstigen Bedingungen den Anschluß an die Sowjetunion, ja sogar den Schutz des östlichen Bündnisses suchen wird«, 3.) »Neutralisierung, dann Jugoslawisierung und schließlich Sowjetisierung der Länder West- und Nordeuropas.«[218] Springer leuchtete dies ein, und so trug er diese Analyse jetzt in zahlreichen öffentlichen Reden oder auch in Zeitungsartikeln vor, die vielfach von Cramer ausformuliert waren.

Natürlich machte er sich weiterhin Sorgen um West-Berlin. Noch mehr als bisher verbiss er sich in die Überzeugung, in der alten deutschen Hauptstadt gehe es ums Ganze – deutschlandpolitisch und sogar weltpolitisch. Das zwischen den vier Mächten vereinbarte Berlin-Abkommen vom 3. September 1971 bezeichnete er als »eine Friedhofstille bringende Lösung des Problems«.[219] Die Stadt, so warnte er im Oktober 1971 vor dem National Press Club in Washington, leide »an einer schweren, schleichenden Krankheit«.[220] Auch Westdeutschland sah er auf der schiefen Ebene: »Die Unterwanderung in der Bundesrepublik nimmt rapide zu.« Das Land drohe, aus einer »Pax Americana« in die »Pax Sovietica« abzurutschen.

Seit den späten sechziger Jahren begriff er sich als eine Art Bürger zweier Vaterländer: Deutschlands und Israels. Somit beschäftigte auch die Analogie der aktuellen kommunistischen Judenfeindlichkeit zum nationalsozialistischen Antisemitismus unablässig seine politische Vorstellungswelt. Noch Ende der fünfziger Jahre hatte seine besondere Aufmerksamkeit auch der Versöhnung mit Polen gegolten. Jetzt aber sah er, natürlich beinflusst von seinen Freunden in Israel, die polnische Regierung auf antisemitischem Kurs. In einem sechsseitigen Brief an den Regierenden Bürgermeister von Berlin, Klaus Schütz, begründete er nun – subjektiv zweifellos ehrlich – seine Ablehnung einer Anerkennung der Oder-Neiße-Linie auch damit, dass sich seit Monaten »eine Welle des Hasses« über die jüdischen Einwohner Polens ergieße.[221] »Neo-Antisemitismus« entdeckte er nicht zuletzt in der Sowjetunion.

Welche Konzepte zur westlichen Selbstbehauptung hat er damals und später gesehen? Ein analytischer Kopf war er nie. Was er verabscheute, war ihm sonnenklar. Der Entwurf langfristiger Strategien war nie seine Stärke. Doch entdeckt man in seinen Briefen und Reden, auch aus der späteren Zeit, zumeist dieselben Ansätze, auf die er häufig zurückkam. Springers zehn Gebote der Weltpolitik, könnte man das nennen. Erstens: Hände weg von dem leprösen DDR-Regime!; somit zweitens: weg mit der Regierung Brandt!; danach: weg mit Schmidt!, überhaupt: weg mit der SPD! (ob die CDU wirklich besser und tapferer sein würde, war eine offene Frage); drittens: bedingungslose Unterstützung Amerikas und der NATO (Springers großer Kummer dabei: die oft schlimmen Fehler der Amerikaner); viertens: Ablehnung aller sowjetischen Vorschläge, die eine Schwächung des Westens zur Folge haben könnten (also

Nein zur Europäischen Sicherheitskonferenz und größte Skepsis gegenüber den Rüstungskontrollvorschlägen aus dem Ostblock); fünftens: Kampf dem Osthandel und den Krediten an Ostblock-Regierungen, die letztlich nur die Regime in Moskau, Warschau und Ost-Berlin stabilisieren helfen!; sechstens: publizistische Unterstützung der Dissidenten in der Sowjetunion und im ganzen Ostblock (diese Möglichkeit entdeckte er 1970, als Solschenizyn auftauchte, dann erneut 1980 beim Auftreten von Solidarność); siebtens: Werben um Verständnis für alle Regierungen, die sich dem geostrategischen Vordringen Moskaus widersetzen (im Nahen Osten, auf der Iberischen Halbinsel, in Afrika, in Lateinamerika); deshalb auch achtens: fest an der Seite Israels! (aus Gründen der Moral, aber auch, weil man in Jerusalem die sowjetische Gefahr klarer erkenne als in anderen westlichen Hauptstädten, überhaupt: Jerusalem war in Springers Augen noch wichtiger als Berlin, »die Endschlacht ums Überleben der gesitteten Welt« finde dort statt[222]); neuntens: die »chinesische Karte« dürfe nicht abgewertet werden!;[223] schließlich zehntens: Durchhalten im Kampf gegen den linken »Zeitgeist«, der schwäche, blind mache und kapitulationsbereit (ob dieser Kampf aber wirklich erfolgreich sein würde, wer weiß?!).

Diesen zehn Geboten ließe sich ein Bäckerdutzend weiterer Warnungen, Hoffnungen oder Befürchtungen zur Seite stellen. Besonders originell waren solche Auffassungen nicht. Es waren Positionen, wie sie in den frühen siebziger Jahren ganz unabhängig von der jeweiligen Parteizugehörigkeit von den konservativen Antikommunisten in Washington, London, Paris und Jerusalem verfochten wurden. In der Bundesrepublik geriet Springer damit sehenden Auges in eine Minderheitsposition. 1970, als er sich in die Kampagne gegen die »neue Ostpolitik« warf, war dies noch nicht so deutlich erkennbar wie Mitte oder Ende der siebziger Jahre. Seine Überzeugungen wurden erst in den achtziger Jahren wieder international mehrheitsfähig, als Margaret Thatcher und Ronald Reagan auftraten. Doch dieser Meinungsumschwung vollzog sich nur in den angelsächsischen Demokratien. Große Teile der öffentlichen Meinung in Deutschland bequemten sich erst nach dem Zusammenbruch des Ostblocks dazu, die zwei Jahrzehnte lang stigmatisierte Verurteilung der kommunistischen Regime zu übernehmen. Von nun an erschienen Springers einstige Unwert-Urteile, die zu seinen Lebzeiten als abwegig betrachtet worden waren, ganz einleuchtend. Jetzt galt der verstorbene Verleger selbst bei früheren Kritikern als Visionär, der erstaunlicherweise recht gehabt habe.

Seit den Jahren des Kampfes gegen die »neue Ostpolitik« Brandts war Springers politisches Weltbild also gewissermaßen versteinert. Dass er jetzt über eine eigene, vergleichsweise kohärente Programmatik verfügte, kam auch in seiner Publizistik und seinen öffentlichen Auftritten zum Ausdruck. Früher hatte er vorzugsweise zu pressepolitischen Themen gesprochen, dann und wann auch zu Fragen, die ihm besonders am Herzen lagen: Berlin, Israel, die deutsche Schuld gegenüber den Juden. 1967 und 1968 sah er sich zudem zur Selbstverteidigung gegen die Angriffe der APO und der Kritiker der Pressekonzentration genötigt. Doch seit 1970 erschien von ihm ein kontinuierlicher Strom allgemeinpolitischer Aufsätze. Als Plattformen zur Verkündigung seiner Botschaft benutzte er *Die Welt*, die *Welt am Sonntag* oder die *Berliner Morgenpost*. Dazu kamen breit angelegte Reden im In- und Ausland.

Ansprachen vor großem Auditorium hatten ihm immer Freude gemacht. Jetzt suchte er geradezu die Öffentlichkeit. Demonstrativ bekannte er sich beim »Tag der Heimat« im September 1970, kurz nach Unterzeichnung des Deutsch-Sowjetischen Vertrages, zum »Bund der Vertriebenen«. Dort formulierte er jene Überzeugungen, die ihm 1990 posthum den Ruf des Visionärs einbrachten. »Wir dürfen Berlin und den Berlinern nicht die Vision rauben, einmal wieder praktizierende Hauptstadt zu werden«, und: »Denn wir wissen, daß 25 Jahre nur ein kurzer Stoßseufzer der Geschichte sind.«[224] Die Antwort auf solche Prognosen aus dem Springer-kritischen Lager lautete kurz und bündig: »Der Brandenburger Tor.«[225]

Wohl oder übel bequemte sich dieser geschworene, zugleich neiderfüllte Gegner der öffentlich-rechtlichen Rundfunkanstalten jetzt auch dazu, seine Botschaft, wenn möglich, in ARD und ZDF rüberzubringen. 1970, während Klaus Harpprecht sich als Redenschreiber für Willy Brandt engagierte (ohne aber mit Springer gebrochen zu haben), drehte die Fernsehjournalistin Renate Harpprecht in Farbe die 45-minütige Dokumentation »Einige Tage im Leben des Axel Springer«, in der vor allem der Privatmensch Springer gezeigt wurde. Springer bedankte sich freundlichst (»darf ich Ihnen sagen, daß ich im allgemeinen recht zufrieden bin«), vermerkte aber zugleich: »Meine Freunde waren nicht alle von dem Axel-Springer-Film begeistert. Sie hätten wohl lieber mehr Politik und weniger Privates gesehen. Ihre Freunde werden auch nicht ganz zufrieden sein; einige der Besprechungen lassen das ja klar erkennen.«[226] Renate Harpprecht verwahrte sich im *Spiegel* gegen den Vorwurf, sie sei eine politische Journalistin.[227] Natürlich wusste sie, wie stark sie sich damit bei der Springer-kritischen Presse exponiert hatte. In einem Leserbrief an *konkret,* wo sie besonders heftig kritisiert wurde, wies sie darauf hin: »Mit Schlamm, Habe und Gerhard Löwenthal habe ich eines gemeinsam: die jüdische Herkunft.« Zwar teile sie deren Ansichten nicht, habe sich auch – ohne Mitglied der SPD zu sein – in der Wählerinitiative »Dafür« zu Willy Brandt bekannt. Doch sie habe es für richtig gehalten, Springer »eine faire Gelegenheit zur Selbstdarstellung« zu geben.[228] Der Vorgang ist in zweierlei Hinsicht interessant. Er zeigt die Unversöhnlichkeit der Polarisierung, zugleich aber auch die Tatsache, dass es fast ausschließlich jüdische Intellektuelle waren, die Springer damals und später öffentlich verteidigten oder auf den Bildschirm brachten.

Das hatte schon während der Anti-Springer-Kampagne der APO begonnen. Hans Habe beispielsweise war einer der wenigen, die dem Verleger Ende 1967 mit einem offenen Brief, »Die Parforcejagd auf Axel Springer«,[229] zur Seite traten. Seit den längst vergangenen Zeiten bei den »Ritchie Boys« im Zweiten Weltkrieg und später als Herausgeber der *Neuen Zeitung* gehörte Habe zum weitgespannten Netzwerk Ernst Cramers, war aber damals noch nicht Kolumnist bei Axel Springer. Dieser begnadete Polemiker war auf seinem gewundenen Weg inzwischen bei konservativen Positionen angelangt und hatte einen Heidenspaß daran, sich mit Augstein und den Bucerius-Blättern zu streiten. Zeitweilig wurde Habe so zu einem neuen Liebling des bedrängten Verlegers.

Inmitten des Kampfgetümmels im Jahr 1971 wollte der quirlige Publizist mit Wohnsitz in Ascona Springer auch einen alten Traum der deutschen Rechten erfüllen: die Gründung eines Anti-*Spiegel.* Seit er schreiben gelernt hatte, ging Habe immer in die Vollen. Auch als Verkäufer von Zeitschriftenkonzepten war er nicht zu verachten. In einem dreißigseitigen Exposé für den Verleger führte er schwungvoll aus: »Die Kräfte der Finsternis ... werden die Bundesrepublik genauso lang beherrschen, als es dem *Spiegel* gestattet ist, eine Monopolstellung einzunehmen. Es ist nur leicht übertrieben, wenn ich sage: Dieses Regime ist *Der Spiegel* ... Ohne den *Spiegel*, der mit bewundernswerter Klugheit den Ton angibt, hätte sich das Regime Brandt/Scheel kein einziges Jahr gehalten. Wenn wir beklagen, daß sich fast die gesamte Meinungsbildung in der Hand der Linken befindet, dann sprechen wir in Wirklichkeit vom *Spiegel*. Wenn wir sehen, daß die Großindustrie feig zurückweicht, dann nur, weil sie den *Spiegel* fürchtet. *Der Spiegel* ist ein umgekehrter gelber Stern. Die Halbgebildeten, die in jedem Land das Gros der modernen Gesellschaft ausmachen, sind stolz, *Spiegel*-Leser zu sein. Was im *Spiegel* steht, ist das letzte Wort ... Dabei ist *Der Spiegel* tatsächlich das Organ einer Minderheit. Aber was soll die Mehrheit tun – worunter ich in diesem Fall die meinungsbildende und meinungsentscheidende Minderheit verstehe –, wenn sie ihrerseits keine Waffe besitzt?«[230]

Im Mai 1971 trug er Springer und Tamm im Hochhaus an der Kochstraße seine Pläne persönlich vor. Springer zeigte sich begeistert, auch Tamm war von Habes Enthusiasmus angetan,[231] eine solche Zeitschrift persönlich in Gang zu bringen: »Bei niemand anderem hielte ich es für möglich, daß ein diskussionsreifes Produkt das Ergebnis der von Ihnen geplanten Parforcetour sein würde.«[232] Monatelang wurden im Verlag entsprechende Pläne hin und her gewälzt. Habe hatte dafür den Decknamen »Die Zeitschrift« vorgeschlagen, daraus wurde dann das Projekt »Bonanza«. Anfangs herrschte Optimismus. »Unter einer Million Auflage möchte ich mich nicht begnügen«, ließ Habe den Verleger wissen.[233] Als Erscheinungsdatum fasste er den Herbst 1972 ins Auge, ein Jahr vor der regulären Bundestagswahl 1973.[234] Doch das Vorhaben blieb stecken. Zu viele Personen waren damals bei Springer mit Planungen befasst. Wolf Schneider, zuvor Verlagsleiter beim *Stern*[235], der zu Springer gewechselt war, brachte bereits das monatlich erscheinende, recht kämpferische Magazin *Dialog* heraus. Hans Habe meinte dazu: »Es handelt sich hier um einen schlechteren *Spiegel* + schlechteren *Stern*«,[236] während Schneider sich durchaus vorstellen konnte, diese Zeitschrift gegebenenfalls zum Kern eines Gegen-

Spiegel zu machen. Peter Boenisch stritt sich nun im Vorstand der Holding mit Peter Tamm herum und ließ für alles Mögliche Planungsstudien erstellen. Eberhard von Brauchitsch, Springers neuer Großmogul an der Spitze der Holding, verfolgte seine eigenen Prioritäten. Springer selbst neigte zur Konsolidierung der vorhandenen Objekte und wollte die Ressourcen vor allem auch fürs Kassettenfernsehen einsetzen.[237]

In der Branche verbreitete sich damals allmählich die Auffassung, bei Axel Springer sei verlegerisch die Luft raus. Er selbst veranlasse zwar immer neue Anläufe, könne sich aber – so Claus Jacobi im Dezember 1971 – »zu einem harten Entschluß nicht durchringen«. Genau diesen Eindruck erweckte er bei Hans Habe. Mit viel Lob überzuckert (»großartige, sternstundengleiche ›Bonanza‹-Ideen«), teilte ihm der Verleger etwas betripst mit: »Wichtiger als selbst das wichtigste neue politische Druckwerk ist heute die Erhaltung unserer finanziellen Basis, die unsere Unabhängigkeit gewährleistet.«[238] Warum es mit den Anti-*Spiegel*-Plänen nicht voranging, hatte aber noch einen anderen Grund: Springer hatte sich seinerzeit beim Abschluss des Druckvertrags mit dem *Spiegel* verpflichtet, kein Konkurrenz-Magazin herauszubringen. Alle Ideen, diese Einschränkung zu umgehen – etwa durch ein *Welt am Sonntag*-Magazin[239] –, krankten an dieser grundlegenden Tatsache. So blieb *Der Spiegel* weiterhin konkurrenzlos.

Springer schreckte somit vor finanziell riskanten Neugründungen zurück, war jedoch entschlossen, mit seinen Richtungszeitungen so entschieden wie möglich weiterzukämpfen. Ernst Cramer und Claus Dieter Nagel, jetzt im operativen politischen Geschäft seine engsten Mitarbeiter, bestärkten ihn darin. Mit einem Anflug verbliebener Selbstironie, einstmals sein Markenzeichen, schrieb Springer in einem seiner Neujahrsbriefe 1971: »Die Kombo, wie Freund Nagel zu sagen pflegt – das sind das Triumvirat Ernst Cramer, Claus Dieter Nagel und seine Majestät selbst –, hat geradezu gegen alles gewütet, was links von der Mitte Unheil über Deutschland bringen will und auch schon in reifem Maße gebracht hat.«[240]

Das war die eine Seite: der kämpferische Axel Springer. Genauso ausgeprägt aber war auch damals die andere Seite: der Verleger, den die Ertragssituation auch seiner politischen Blätter nie ruhen ließ. Nachdem die Auflage von *BILD* erstmals seit dem Jahr 1968 einen Knick bekommen hatte, prüfte Springer Monat für Monat nervös die Verkaufszahlen. Im zweiten Quartal 1971 lagen sie bei 3 399 154 Exemplaren gegenüber 4 346 057 im zweiten Quartal 1967. Im politischen Bonn hatte es zwar wie eine Bombe eingeschlagen, als Peter Boenisch der Scoop gelungen war, im April 1970 Teile des Bahr-Papiers und im August 1970 vorab den Text des Moskauer Vertrages zu veröffentlichen. Springer verwahrte sich gegen den Verdacht, davon gewusst zu haben, versicherte aber, dass, wäre er der verantwortliche Redakteur gewesen, »ich keine Sekunde gezögert hätte, ihn zu veröffentlichen«.[241] Nur wirkte die stärkere Politisierung von *BILD* auf die Käufer eher abschreckend. Eine Repräsentativumfrage des *Spiegel* im Sommer 1972 zeigte, wo die *BILD*-Leser politisch angesiedelt waren: 46,2 Prozent bezeichneten sich als SPD-Wähler, 7,5 Prozent favorisierten die FDP und nur 29,8 Prozent die CDU/CSU.[242]

Im August 1971 warf Peter Boenisch das Handtuch, wurde allerdings zugleich mit erhöhten Bezügen in den Vorstand der Holding befördert. Jetzt sollte der bereits legendäre Blattmacher Günter Prinz die Auflage mit neuem Konzept und bekannter Härte wieder hochbringen. Genau drei Jahre brauchte er, um erneut die Vier-Millionen-Grenze zu überspringen; 1977 wurde erstmals die Fünf-Millionen-Marke erreicht. Ähnlich wie 1961 bei der Ablösung von Karl-Heinz Hagen lautete das Rezept auch diesmal: etwas weniger Politik, viel Sport, jede Menge *human interest*, dazu hinlänglich viel *sex and crime*. Zeitgleich mit *BILD* war übrigens auch für *Bild am Sonntag* ein neuer Chefredakteur zu ernennen. Springer entschied sich für Peter Bachér, der erst dieses Blatt wieder hochbrachte, um alsdann auch den Sinkflug von *HÖR ZU* zu stoppen und die Auflage dieser frühesten Zeitschrift Axel Springers nochmals auf über vier Millionen zu bringen. Beim Blick auf Springers starke Fixierung auf seine »Richtungszeitungen« dürfen jene weitgehend unpolitischen Blätter nicht unerwähnt bleiben, deren Erträge zur Deckung des Defizits der »Richtungszeitungen« unverzichtbar waren. Hier zeigte sich auch, dass Springer weiterhin ein gutes Händchen für Top-Journalisten hatte.

In den Jahren des Kampfs gegen die Ostverträge war *Die Welt* Springers Sprachrohr. Da die internationale Lage in den Jahren von 1970 bis 1972 genauso kompliziert war wie die innenpolitische Szenerie, war sie von allen Springer-Zeitungen das einzige Blatt, das zur umfassenden publizistischen Auseinandersetzung in der Lage war. Politisch lag Herbert Kremp aus voller Überzeugung auf Springers Wellenlänge. Er war auch einer der wenigen im engeren Umfeld Springers, der eine überlegte Konfliktstrategie besaß und über beste Beziehungen zu den vielfach zerstrittenen Granden in der CDU/CSU verfügte. Am meisten erhoffte er sich damals genau wie sein Herr und Meister von Franz Josef Strauß, hielt aber auch zu maßgeblichen FDP-Leuten Kontakt, ganz besonders zu Bundesinnenminister Hans-Dietrich Genscher.

Obwohl Kremp mit kühler Leidenschaft bei der Sache war, drängte ihn Springer unablässig, das Blatt noch schärfer und noch kompromissloser auszurichten. Ganz besonders insistierte er darauf, bestimmte Nachrichten, »die für uns wesentlich sind, zu erkennen, richtig zu bewerten und entschieden ins Blatt zu bringen«.[243] Meldungen über DDR-Flüchtlinge, ließ er Kremp beispielsweise im Mai 1970 wissen, »sollten grundsätzlich immer auf Seite eins stehen«.[244] Auch »die Schweinereien der APO (im wahrsten Sinne des Wortes)« müssten dokumentiert werden – »wenn irgend möglich mit Photos«.[245] Einwände, dass eine tendenziöse Nachrichtenpolitik kontraproduktiv sei, wollte er nicht hören. Vom Chefredakteur und einigen seiner Getreuen zeigte er sich zwar überzeugt, beklagte sich aber gern über die »Kraftlosigkeit der *Welt*«, wenn der Antreiber Kremp einmal im Urlaub sei. So drängte er darauf, »die Chefredaktion zu verstärken mit Leuten, die a) Zeitung machen können, b) politisches Temperament besitzen und c) was ich nicht aufhören kann zu predigen, nicht an wichtigen Nachrichten vorbeigehen ...«[246] Hatte er den Eindruck, dass die Bundesregierung zu positiv ins Blatt kam, rügte er das als »Hofbericht«.[247] Als in der »Geistigen Welt« zweimal die Forderung nach Mitbestimmung zu lesen war, überdies noch in der Silvesternummer, schrieb er an Kremp: »Sie wissen, daß das bei mir ein Tollpunkt ist. Die Forderung nach Mitbestimmung, gleichgültig in welcher Form, darf ganz einfach nicht in der *Welt* stehen.«[248]

Unablässig hatte Springer am Feuilleton etwas zu kritisieren. Seit 1969 lebte er mit dem Linksprotestantismus auf Kriegsfuß. Hinzu kam, dass sich sein jetzt ganz vorbehaltloser Konservativismus mehr und mehr aus religiösen Wurzeln speiste. So las er philosophische und theologische Aufsätze in den Feuilletons seiner Zeitungen besonders aufmerksam. Kremp gab er diesbezüglich zu bedenken: »Das Feuilleton der *Welt* – Feuilleton im weitesten Sinne – entspringt vielfach und glattweg atheistischer Haltung. Man merkt das manchmal vor lauter Anpassung an das Gängige gar nicht mehr. Unser Auftrag aber lautet anders. Es heißt auch hier, gegen den Strom der Zeit zu schwimmen.«[249] Wer diesen regen, für Springers Befindlichkeit so aufschlussreichen Briefwechsel liest, findet regelmäßig wiederkehrende Klagen »über die in Teilen so hervorragende, in anderen Teilen so unzulängliche und im ganzen so gefährdete *Welt*«.[250]

Die erhalten gebliebene Korrespondenz lässt erkennen, dass Springer den jeweiligen Kurs der *Welt* nicht einfach diktiert hat. Die komplizierten Steuerungsprobleme einer großen Tageszeitung waren ihm ebenso bekannt wie das Selbstwertgefühl von Journalisten. Dass sich Chefredakteure wie Diven fühlten, hatte er seit langem gelernt. Diese wussten aber genauso, dass der Verleger eine launische Super-Diva war, die man nicht reizen durfte. Dazu kam nun die Grundbedingung jeder heftigen politischen Auseinandersetzung. Der Chef erwartete unbedingte Loyalität und wollte letzten Endes auch den taktischen Kurs bestimmen. Seit den frühesten Anfängen war er gegenüber seinen Journalisten gewohnt gewesen, eine offene Sprache zu führen – verbindliches Lob, auf das man aber nicht allzu viel geben durfte, gemischt mit pointierter Kritik. Längst zeigte er sich nur noch ganz sporadisch in den Redaktionen. Dies hing nicht zuletzt damit zusammen, dass er sich nun fast ausschließlich in der Berliner Verlagszentrale aufhielt, während die Redaktionen der *Welt* und der *WamS*, von *BILD* und von *Bild am Sonntag* weiterhin in Hamburg saßen. So hielt er sich an die Chefredakteure, arbeitete aber auch jetzt – immer vom konkreten Beispiel ausgehend – überdeutlich heraus, was ihm gefiel und was ihm nicht gefiel, was er wollte und was er verabscheute.

Kremp selbst hält bis heute daran fest, dass er sich durchaus nicht gegängelt fühlte. Er erwarte von einem Verleger, »dass er sich nicht nur als Gewerbetreibender verhält und zeigt, sondern seine Zeitung ›verantwortet‹ ... Andernfalls geht der Chefredakteur nicht zu diesem Verleger und der Verleger engagiert nicht diesen Chefredakteur.«[251] In der Personalpolitik hatte Kremp freie Hand –

bis auf eine Ausnahme, als Friedrich Karl Fromme 1972 zur *Welt* wechseln wollte. Dass sich Springer in allem, was das Layout und die Machart des Blattes betraf, für den schlechthin unüberbietbaren Profi hielt und sich dabei wie ein Schulmeister aufführte, musste in Kauf genommen werden. »Er kramte immer etwas raus, was nach *Bild*-Zeitung roch, irgendwelche Kästen, irgendwelche Bebilderungen, irgendwelches Dingsbums, also nichts, was mit der Substanz von Texten zu tun hatte«, meint Kremp beim Rückblick auf das Verhältnis zwischen ihm und Springer in dieser Phase intensiver Kommunikation.[252] Doch auch gegenüber seinem aus allen Rohren feuernden Flaggschiff *Die Welt* blieb Springer der Verleger, der nie die Kostenseite vergaß und brieflich wie mündlich häufig darauf zurückkam.

Im Nachhinein ist es ein Grund zum Staunen, dass es Springer gelang, in dieser Phase der »Kampfpresse« seine Blätter auf Kurs zu halten. In Berlin mit seiner Fronstadt-Tradition, wo die Springer-Zeitungen dominierten, war dies vergleichsweise einfach. Ganz anders lagen die Dinge in dem ausgedehnten Hamburger Presse-Biotop mit seiner Unzahl von Bekanntschaften, Verwandtschaften und Liebschaften. Hier dominierten die Anhänger der sozialliberalen Regierung oder auch schon jüngere Journalisten aus der Achtundsechziger-Generation, denen die reformerischen Sozialdemokraten viel zu schlapp waren. Bei *BILD* arbeitete ein besonderer Typ von Journalist, der sich deutlich von der Meinungspresse abhob. Die Abwanderungstendenzen besonders in der *Welt* waren jedoch spürbar. Und jeder, der hier schrieb, war gewissermaßen politisch gebrandmarkt. Entsprechend kritisch war die Nachwuchslage und entsprechend hohe Gehälter wurden gezahlt.

Stattliche, deutlich höhere Gehälter – dies war eines der Mittel, mit deren Hilfe Springer seine Leute bei der Stange hielt. Er selbst gab bei jeder Gelegenheit den Schlager von Fritzi Massary aus den zwanziger Jahren zum Besten: »Ich liebe das Geld, weil es Freiheit mir gibt!« Dieser Verleger, der nie müde wurde, von seinen Idealen zu sprechen, hat auch nie am Geld gespart. Beinahe verschwenderische Großzügigkeit beim Salär – das galt für die Drucker, Fahrer, Sekretärinnen, es galt für die Redakteure, und es galt erst recht für die Chefredakteure und die Herren im Management an der Spitze. Auch im gesamten »roten Jahrzehnt« lagen die Springer-Leute an der goldenen Fessel. Hinzu kam die Größe des Verlages. Ablösungen von der Position eines Chefredakteurs wurden selbstverständlich als bitter empfunden. Niemand lässt sich gerne vorwerfen, dass ihm die Redakteure davonlaufen, dass die Auflage stagniert, dass er das Blatt nicht mehr richtig macht oder dass er Taugenichtsen in der Redaktion zu viel Spielraum lässt. Wer aber länger bei Springer war, wusste, dass er nicht ins Bodenlose fiel, sondern versetzt wurde, bis vielleicht – in einem Jahr oder in zwei oder drei Jahren – die Sonne der Gnade wieder über ihm leuchten würde.

Peter Boenisch war so ein Fall. 1961 war er von Kindler & Schiermeyer zu Springer gekommen. Mit der berühmten Sondernummer der *Berliner Illustrirten* hatte er seinen Einstand gegeben. Springer war von dem jungen Frechdachs, der zudem aus einer im Dritten Reich rassisch verfolgten Familie kam, ganz entzückt und überwies ihm zum Weihnachtsfest 1960 einen Bonus von 20 000 D-Mark,[253] damals wie heute eine ganz hübsche Summe. Mariam Lau hat den gealterten Beau Peter Boenisch mit wenigen Strichen porträtiert: »Hedonistisch, weltgewandt, politisch geschmeidig bei konservativen Grundsätzen, gewitzt und leicht verrucht, jedem Hofschranzentum abgeneigt …«[254] Dass Axel Springer auf diesen Typ abfuhr, sagt auch manches über ihn selbst aus. Von 1961 an war Boenisch über zehn tumultuöse Jahre hinweg Chefredakteur von *BILD* – hochmütig, erfolgreich, gewissenlos und ähnlich umstritten wie sein Chef, für den er manche Prügel einzustecken hatte, bis er im Herbst 1971 gehen musste. Doch unverzüglich holte ihn Springer mit verbesserten Bezügen ins hohe Management, machte ihn 1974 zum persönlichen Beauftragten für *Welt* und *WamS*, und von 1978 bis 1981 war er Chefredakteur der *Welt*, die damals, zu Springers Leidwesen, in Bonn beheimatet war. Boenisch wurde zum Teil des Bonner Establishments, das Springer zutiefst verhasst war. Nach Ansicht des Verlegers war Boenisch viel zu freundlich zu Helmut Schmidt, aber auch allzu willfährig gegenüber Helmut Kohl, als dieser an die Macht kam. Vor allem war der langjährige Favorit dem Verleger zu selbstbewusst, und so kam es im Jahr 1981 zum endgültigen Bruch mit Springer. Immerhin konnten viele Verlagsmitarbeiter an Boenischs Beispiel über 20 Jahre hinweg studieren, wie großzügig der Verleger war, wenn man sich als tüchtig erwies und richtig spurte. Zu studieren war hier aber auch, wie abrupt und kränkend Springer gegebenenfalls die Trennung vollzog – eine Warnung für alle, die bei ihm hoch aufgestiegen waren.

Der materielle Faktor muss also gebührend berücksichtigt werden, wenn man fragt, weshalb die große Mehrzahl der Top-Journalisten und Top-Manager des beispiellos angefeindeten Verlages dennoch bei Springer blieb. Natürlich fiel dabei auch der Umstand ins Gewicht, dass ein Kernbestand aus den Hamburger Anfängen stammte, in denen Springer persönlich fasziniert hatte. Hinzu kam die Überzeugung des Einzelnen. Antikommunismus, Amerika-Orientierung, der Glaube an die Überlegenheit der Marktwirtschaft und ein noch ungebrochenes Nationalgefühl wirkten als eine Art Hintergrundideologie, die in den Jahren der Polarisierung abrufbar war. Von Gewicht war auch der Faktor persönliche Treue – eine Einstellung, die heute kaum mehr nachvollziehbar ist. Im Übrigen empfand die einstmalige Kriegsgeneration, die inzwischen die Spitzenpositionen erklommen hatte, das erbitterte Ringen um die »neue Ostpolitik« wie eine Art Fronteinsatz, bei dem Kameradschaft, Kampfgeist und Einsatzbereitschaft gefragt waren. Das galt für die Angehörigen dieser Generation im Regierungslager – etwa Conny Ahlers, Horst Ehmke, Helmut Schmidt. Es galt aber erst recht für die Gegner der »neuen Ostpolitik« im Hause Springer.

Charakteristisch für diese Stimmung war ein Weihnachtsbrief Peter Tamms aus dem Jahr 1972, wenige Wochen nach dem Wahlsieg Willy Brandts, den Springer als schwere persönliche Niederlage empfand. Tamm war kein Mann vieler Worte, aber auch kein Mann, der sein Licht unter den Scheffel stellte. »Allem zum Trotz«, las Springer, »hat gerade in diesem Jahr Ihr Unternehmen ein Rekordergebnis erzielt.« Dann erinnerte er an den Ausspruch des japanischen Admirals Tojo nach der Schlacht von Tsushima: »Nach der Schlacht bindet den Helm fester!«, und übersandte Springer eine Gedenkmünze für Friedrich II. von Preußen (»der es in seiner Zeit auch schwer hatte«). Das sei ein Symbol für die heutige Zeit: »... auf der Vorderseite das Porträt Friedrichs II. und auf der Rückseite der Fahnenträger und die beiden Trommler der Preußischen Gardegrenadiere.«[255] Auch solche Bilder wirken auf den heutigen Leser sehr fremd. Der erneut tief verunsicherte Springer aber war empfänglich dafür.

Die stabilisierende Rolle Tamms in der kritischen Phase des »roten Jahrzehnts« kann gar nicht überschätzt werden. Der sensible, von seiner Konstitution her überhaupt nicht kampffreudige Springer bedurfte ständig der starken Figuren, die ihn hielten und ihm gelegentliche Anwandlungen von Defätismus ausredeten. Kremp, der das Auf und Ab am Springer-Hof genau, oft auch amüsiert beobachtete, meint dazu: »Die Stabführung lag bei Peter Tamm, der alles tat, um den Laden zusammenzuhalten.«[256] Alle schriftlichen Zeugnisse, die verfügbar sind, bestätigen diese Einschätzung.

Das Jahr 1972 lässt einen rastlosen Springer erkennen, der sich mit allen Mitteln einer Ratifikation der Ostverträge entgegenstemmte. Als der Abgeordnete Herbert Hupka, Bundesvorsitzender der Landsmannschaft Schlesien, am 29. Februar 1972 die SPD-Bundestagsfraktion verließ, schrieb er ihm noch am gleichen Tag einen aufgewühlten, handschriftlichen Brief, in dem die Gesamtheit der Befürchtungen über den »verderblichen Kurs der SPD auf so vielen Gebieten« zum Ausdruck kam: »Sie alle, die gesellschaftspolitischen Umsturzversuche, die Demokratisierung der Universitäten, die Demokratisierung der Wirtschaft, der Machtantritt der Gewerkschaften, das schamlose Schöntun mit der Arbeitsfront-Gewerkschaft des Ostens. All diese Dinge sind nur eine Innenpolitik, die systemüberwindend und satellitenreif machen soll. Das Wählervolk ist belogen worden. Der Ihnen diese Zeilen schreibt, hat oft in früheren Zeiten der SPD den Vorzug gegeben. Ich hatte geglaubt, daß die SPD bis zum letzten für das Selbstbestimmungsrecht kämpfen würde. Und zudem hatte der Schleswig-Holsteiner Sehnsucht nach Mitteldeutschland, nach Schlesien, Pommern und noch mehr.«[257] Auffällig ist bei diesem Brief die Bezugnahme auf die an Polen gefallenen ehemaligen deutschen Ostgebiete. Nur Springers engste Umgebung wusste, dass er damals insgeheim noch von einer teilweisen Restitution dieser verlorenen Gebiete träumte. »Was die Chancen, die Möglichkeiten anbelangt, Schlesien, Pommern, Ostpreußen je wieder einzubringen in einen freien deutschen Staat, da bin und war ich, so glaube ich wenigstens, immer schon pessimistischer als Sie«, hatte ihm Ernst Cramer Ende 1970 geschrieben.[258] Woher bei ihm die Intensität dieser Illusionen kam, ist schwer zu ergründen. Soweit bekannt, hatte er sich persönlich überhaupt nie in den verlorenen Provinzen aufgehalten. Doch Postulate wie Selbstbestimmung und Heimatrecht, dies verstärkt durch die Fähigkeit, fremdes Leid mitzuempfinden, waren bei ihm stets stärker als die Bereitschaft zur Akzeptanz realpolitischer Bedingtheiten. Im Übrigen war der Bund der Vertriebenen die einzige Großorganisation, von der die »neue Ostpolitik« bedingungslos abgelehnt wurde.

In die Monate politischer Hochspannung um die Ratifikation der Ostverträge im April und Mai 1972 passte perfekt auch ein Bombenanschlag auf Springers Hamburger Zentrale an der Kaiser-Wilhelm-Straße. Am 27. April war die CDU/CSU mit einem konstruktiven Misstrauensvotum zum Sturz Willy Brandts im Bundestag gescheitert. Der 28. April erbrachte bei der Abstimmung über den Kanzlerhaushalt ein Patt zwischen Koalition und Opposition. Der erste Anschlag der RAF mit einer Rohrbombe auf amerikanische Einrichtungen im IG-Farben-Haus in Frankfurt wurde am 11. Mai unternommen, gefolgt von weiteren Attentaten auf Einrichtungen der Polizei und auf das Auto eines Bundesrichters. Am 17. Mai entschied sich die CDU/CSU-Bundestagsfraktion für die Enthaltung bei der Abstimmung über die Ostverträge und ließ diese damit stillschweigend passieren. Zwei Tage später, am 19. Mai, explodierte ein Sprengkörper im Korrektur-Saal des Springer-Hochhauses, und zwei weitere Sprengsätze detonierten in den Toiletten. 17 Arbeiter und Angestellte wurden verletzt. Tags darauf wurden noch drei Sprengkörper gefunden. Ein paar Tage später ging ein Bekennerschreiben bei *BILD* und bei der *Süddeutschen* ein, unterschrieben vom »Kommando 2. Juni«,[259] der Splittergruppe der RAF um Ulrike Meinhof.[260]

Springer hatte sich am 19. Mai nicht in Hamburg aufgehalten, wusste aber, dass er auf derAbschussliste stand. Am Tag danach besuchte er die Verletzten und ordnete zugleich strenge Sicherheitsvorkehrungen an. Das Haus Springer – »von Anfang an ein offenes Haus, jeder sollte zu uns kommen, uns besuchen, mit uns sprechen können«[261] – verwandelte sich jetzt bis zum heutigen Tag in eine Art Hochsicherheitstrakt. Springer selbst erhielt verschiedenste Drohbriefe. Der Personenschutz für ihn wurde verstärkt. In einer Reihe von Briefen an Politiker, die ihn ihrer Betroffenheit versichert hatten, formulierte er leicht melodramatisch: »Inzwischen ist ja einiges geschehen, und ich schreibe diese Zeilen noch sehr unter dem Eindruck der Explosionen in meinem Hamburger Haus und bei den Amerikanern in Heidelberg – erschrocken, aber fest entschlossen, den eingeschlagenen Weg zu Ende zu gehen.«[262]

Von nun an galt er bei den Sicherheitsdiensten als eine der durch den Terrorismus am stärksten gefährdeten Persönlichkeiten der Bundesrepublik. Bis zu seinem Lebensende war er Tag und Nacht von Leibwächtern umgeben. Über seine psychische Belastung durch die Bedrohung hat er sich öffentlich nicht geäußert. Auch in seinen Briefen kam er künftig kaum darauf zu sprechen. Doch wenn ein sensibler Mensch jahrelang im Schatten eines jähen Anschlags auf ihn selbst oder seine engsten Angehörigen steht, verändert ihn das. Am meisten fürchtete er sich vor einer Entführung mit anschließender Folter. Nach der Entführung des Arbeitgeber-Präsidenten Hanns Martin Schleyer trug er zeitweilig eine Kapsel mit Zyankali um den Hals, »weil ich Schmerzen schlecht ertrage«.[263]

Selbstverständlich nahm er den Anschlag zum Anlass, in einem Fernsehinterview mit Gerhard Löwenthal eine gewisse Lässigkeit höchster Amtsträger gegenüber der Terrorismusgefahr zu kritisieren: »Der rote Faden, der sich durch die Bekundungen der Bevölkerung zieht, ist, daß man sagt, zu viele hätten jahrelang weggesehen und den Kopf in den Sand gesteckt, wenn nicht gar sympathisiert mit diesen Leuten.« Er schloss mit der Feststellung: »Und wenn Sie mich steinigen, ich bin der Meinung: Wir brauchen mehr Staat! Selbstverständlich Staat aus einer inneren, echten Autorität heraus geboren.«[264]

Die Jagd auf die Terroristen erregte die ganze Bundesrepublik, nicht nur Axel Springer, und drängte das Drama der Ostverträge beiseite. Nach der Verhaftung von Andreas Baader, Holger Meins, Jan-Carl Raspe, Gudrun Ensslin und Ulrike Meinhof in der ersten Junihälfte 1972 schien erst einmal Ruhe eingekehrt. Springer war weiterhin auf Kampf bis zum Letzten fixiert. Nach der Ratifikation der Ostverträge hielt er sich an der »Gemeinsamen Erklärung« fest. In einem PS an seine Exfrau Helga vom 26. Juni 1972 schrieb er: »Die Resolution des Deutschen Bundestages füge ich allen geschäftlichen und privaten Briefen bei. Sie ist mein Strohhalm.«[265]

Bisher hatte er auf die Unionsparteien gehofft und sie publizistisch unterstützt. Nach deren Tolerierung der Ostverträge würde er auch die CDU nicht mehr gewählt haben, hätte es nur eine Alternative gegeben, erklärte er später. »Historisch gesehen«, bemerkte er höhnisch, sei sie »bei den Ostverträgen ins Bordell gegangen« und habe sich dort enthaltsam verhalten. Doch bei den obwaltenden Umständen hielt er die CDU immer noch für das kleinere Übel.[266] Beim Rücktritt von Bundeswirtschafts- und Finanzminister Karl Schiller im Juli 1972 fasste er neue Hoffnung. Es ergrimmte ihn, dass die CDU nicht bereit war, den mit der SPD zerfallenen Schiller als ihren Kandidaten zu präsentieren. Die Bundestagswahl 1969, so Springers Argument, sei von Schiller gewonnen worden. Er lastete es dem CDU-Vorsitzenden Barzel an, Schiller im Juni 1972 die kalte Schulter gezeigt zu haben. Wenige Tage vor der vorzeitig auf den 19. November angesetzten Bundestagswahl richtete er ein beschwörendes Schreiben an Barzel: »Nur Karl Schiller ist fähig, seine 1969er Wähler über die für manche schwer zu nehmende Hürde der Christlichen Demokraten zu heben. Karl Schiller ist geeignet, als reinrassiger Wirtschaftsliberaler viele FDP-Wähler zu verunsichern und dadurch Stimmen zu den Unionsparteien zu bringen.«[267] Zu befürchten stehe, so schloss dieser Brief, »daß bei einem Verlust der Wahlen vom 19. November – der Grundvertrag gibt einen Vorgeschmack – als letzte Konsequenz die Bundesrepublik unter die Botmäßigkeit des Ostens gerät«.

Seine Gefährtin Friede Riewerts suchte ihn aufzuheitern: »Ganz Föhr wählt CDU, ich habe eben telephoniert! Es waren große Versammlungen und Aufrufe gegen Steffen, und alles aktiv für die CDU ...«[268] Doch wie jedermann kannte auch Springer die Umfragen und ahnte, dass »die Schicksalswahl«, so nannte er sie, bereits verloren war. Eine Mitteilung an seinen Seelsorger von der altlutherischen Gemeinde, Pastor Schöne, vom 8. November, zehn Tage vor der Wahl, schloss er resigniert: »Mit herzlichen Grüßen und mit gefalteten Händen im Hinblick auf teuflische Geschicklichkeiten, was die politische Hinrichtung unserer Stadt und des Landes anbelangt ...«[269]

Als das Wahlergebnis vorlag, neigte er dazu, in düsterem Pessimismus zu versinken. Der energische, ganz und gar nicht zum Aufgeben bereite Peter Tamm, der die Labilität seines Chefs zur Genüge kannte, brachte ihn aber dazu, bei einer Reihe von Zusammenkünften mit Redakteuren seiner Zeitungen und mit Top-Leuten seines Hauses im Journalistenclub der Berliner Verlagszentrale richtungsweisende Ansprachen zu halten, die Mut machen sollten.

Springer sah ein, dass er sich nicht verzagt geben durfte, auch dass einiger Dank an die loyalen Mitstreiter am Platze war. »Wir haben das geschrieben, an was wir glaubten«, erklärte er, und bekannte: »Ich habe mich nie so wohl und so erfüllt in meinem Verlegerleben gefühlt wie eben in dem letzten Jahr, in den letzten zwei Jahren. Und Sie alle haben es richtig gemacht ...«[270] Heftige Manöverkritik übte er an der CDU. »Barzel als Spitzenkandidat ... eine Kateridee. Die Masse sucht Autorität, die er nicht ausstrahlt ... Große Teile des Volkes haben in Brandt gefunden, was sie instinktiv suchten. Das wollten sie.«[271] Schuld daran sei »sicherlich der Zeitgeist«. Wiederholt beteuerte er gegenüber seinen Redakteuren und Managern: »Wenn jetzt heute irgend jemand im geheimen die Frage an mich richten sollte, ›Und was nu, Herr Springer‹, kann ich nur sagen: weitermachen!« »Geschicktere Zeitungen zu machen, um also dann bei Preisgabe unseres Standpunktes Auflage zu machen, das ist also bei mir nicht drin ... An unseren vier Essentials kann sich nichts ändern!«

Doch immer wieder ging sein Pessimismus mit ihm durch. Mit Bezug auf Berlin meinte er: »An dieser Stadt wird sich vermutlich zuerst das Schicksal erfüllen.« Mit Bezug auf Deutschland klagte er: »Wir sind sicherlich auf dem Nullpunkt der Geschichte Deutschlands in den letzten 100 Jahren angekommen.« Und in Bezug auf den eigenen Verlag bemerkte er düster, »der Freiheitsraum« werde »uns in Zukunft möglicherweise beschnitten«. Einmal mehr hörten seine Leute dann die Dauerklage des Print-Verlegers über das Fernsehen: »Natürlich ist uns das Fernsehen in der vordergründigen Wirkung irrsinnig überlegen. Brandt kommt im Fernsehen an, Schmidt kommt im Fernsehen an. Barzel kommt nicht an im Fernsehen ...« Springer endete seine schweifenden Ausführungen vor den Redakteuren der *Welt* und der *Welt am Sonntag* mit dem Versprechen weiterzukämpfen. »Ich bin«, erklärte er, »in Hochstimmung, weil ich in Kampfstimmung bin ... Aber wir müssen jetzt«, schloss er, »um jede Bastion kämpfen, auch um unsere eigene.«

Unmittelbar nach der Wahl hatte ihm der konservative Publizist Klaus Mehnert von New York aus geschrieben: »Sie sind eine ungewöhnliche Gestalt in unserer an Profilen nicht sehr reichen Bundesrepublik. Seit ich gestern das Wahlergebnis hörte, habe ich mir Gedanken darüber gemacht, wie das auf Sie wirkte ...« Er sei, führte er aus, als junger Mann von 16 Jahren ein »Todfeind des Versailler Vertrags« gewesen. Jetzt aber – mit 66 – verfechte er den Moskauer und den Warschauer Vertrag. Darauf fragte er: »Was macht Axel Springer und sein Konzern?« Ablehnen und bekämpfen? »Oder Sie könnten sagen: ›Ich habe mit allen mir zur Verfügung stehenden Mitteln gekämpft, ich habe verloren, die Entscheidung des Volkes ist anders ausgefallen, und nun ist davon auszugehen.‹« »Sie haben«, schloss er, »den Kopf voll mit der für Sie vielleicht wichtigsten Entscheidung Ihres Lebens.« Wie immer auch die Entscheidung ausfalle, er möge sie klar aussprechen »und nicht getarnte Kurskorrekturen vornehmen, sofern Sie überhaupt eine Kurskorrektur ins Auge fassen«.[272]

Seine öffentliche Antwort auf derartige Ratschläge gab Springer auf dem jährlichen Adventstee am 17. Dezember 1972 im Verlagshaus mit dem Blick auf die Mauer. »Breschnew hat über Bismarck gesiegt«, konstatierte er bei dieser Gelegenheit, führte dann aber breit aus: »Von uns die Zustimmung zur deutschen Teilung zu verlangen, ist die Erwartung, dass wir uns wehrlos machen. Wer seine Hand dazu reicht, gehört nicht zu uns.«[273] Auf die Frage »Gibt es einen Trost?« antwortete er: »Den gibt es natürlich immer. Für uns ist das Tröstliche, daß der Ablauf der Geschichte sehr häufig unlogisch ist.« Mehnert bekam zur Antwort: »War die Naziherrschaft historisch richtig, weil Hitler eine Mehrheit gewonnen und das Ausland sich zunächst mit ihm abgefunden hatte? ... Handeln Demokraten historisch richtig, wenn sie sich zum bloßen Vollstrecker eines angenommenen Volkswillens machen?« Er blieb weiterhin skeptisch: »Ob wir am Ablauf des Geschehens etwas ändern können, ich weiß es nicht. Aber ich werde mich nicht schuldig machen, indem ich ein konformistisches Ja sage, während mir Überlegung, Erfahrung, Nachdenken und Gefühl befehlen, nein zu sagen.«[274]

Wider den Linksprotestantismus

Es wäre verkehrt, Springers Kampf gegen die APO und gegen die »neue Ostpolitik« Brandts allein als politische Kontroverse zu verstehen. Gewiss, das war sie in starkem Maße. Aber genauso wie die »neue Linke« ihre Ziele gesamtgesellschaftlich definierte, ergab sich auch Springers Ablehnung aus einem dazu völlig konträren Gesamtbild der Bestimmung der Welt und des Menschen. Er begriff die Auseinandersetzung mit den Neomarxisten und dem Kommunismus des Ostens als eine Art Kulturkampf. Dabei speiste sich sein Widerstand von Anbeginn an vergleichsweise stark aus genuin religiösen Überzeugungen.

Seit den Osterunruhen 1968 musste er sich gegen heftige Beschuldigungen linksprotestantischer Wortführer oder Gruppierungen zur Wehr setzen. Auffällig war die Ernsthaftigkeit, mit der Springer dabei die Kontroverse ins Theologisch-Grundsätzliche hinüberspielte. Gerne verwies er dabei auf das in seiner Altonaer Taufkirche verkündete »Altonaer Bekenntnis« vom 11. Januar 1933. Dessen Verfasser seien Vorläufer der Bekenntnissynode von Barmen gewesen und hätten eine grundlegende theologische Einsicht formuliert: »Das Reich Gottes ist auf dieser Erde nicht herzustellen – nicht der ewige Friede, nicht die vollkommene Gerechtigkeit, nicht die allgemeine Glückseligkeit.« Dies sei sein eigener Standort in der evangelischen Kirche. Somit bewertete er die aktuelle Sympathie für eine »Theologie der Befreiung« im linksprotestantischen oder linkskatholischen Raum als Anzeichen einer grundsätzlichen Verwirrung: »Ich wehre mich nicht gegen das brüderliche Wort, mit äußerster Entschiedenheit aber gegen Tendenzen, die Kirche und ihre Organisation zu einer *pressure group* revolutionärer Bestrebungen zu denaturieren.« In der Ideologisierung des öffentlichen Lebens sah er »einen neuen Totalitarismus« heraufziehen, vergleichbar demjenigen im Zeichen des Hakenkreuzes.[275] Dieselbe Position markierte er in den folgenden Jahren wieder und wieder.

Ansonsten beschränkte er sich vorwiegend darauf, in seinen Zeitungen gegen die linksradikalen Strömungen anschreiben zu lassen. Doch wenn er eine besonders markante Manifestation der revolutionären Theologie entdeckte, griff er persönlich zur Feder. »Wo soll das mit Euch Theologen noch hinführen?«, zitierte er beispielsweise aus dem *Tagebuch eines Landpfarrers*, nicht ohne hinzuzufügen, dass dieses Buch »in Kampen wieder einmal auf meinem Nachttisch lag«. Der Adressat dieses langen, grundsätzlichen Schreibens war Martin Saller, Chefredakteur des *Hamburger Abendblatts*, wo im Dezember und Januar 1968/69 eine Serie »Rebellen im Namen Christi« erschien, die Springer äußerst missfiel.[276]

Saller verlor seinen Posten und wurde »herzlichst«, so Springer in einem vornehm formulierten Brief zur »Wachablösung«, als Korrespondent nach Tokio entsandt,[277] doch die Unruhe in den Kirchen ging weiter.

Noch sah Springer in den linken Theologen und deren Anhängern bloß »exzentrische Minoritäten«. Doch in den folgenden Jahren registrierte er mit steigendem Befremden, wie die Positionen radikaler Außenseiter zum *mainstream* wurden. Er verstand sich als Verteidiger traditionell lutherischer Überzeugungen, von denen die offiziellen Kirchenleitungen spürbar abzurücken begannen. An Bischof Kurt Scharf (immer noch: »hochverehrter Herr Bischof«) schrieb er am Silvestertag 1971: »Ich bin als lutherischer Christ, der als Verleger mitten in den öffentlichen Auseinandersetzungen dieser Zeit steht, in hohem Maße darüber beunruhigt, daß mir die Kirche ständig und unaufgefordert politische, wirtschaftliche und unternehmerische Ratschläge erteilen will, und andererseits mehr und mehr darauf verzichtet, mir das bereitzustellen, wofür ich die Kirche tatsächlich brauche: nämlich für den Frieden mit Gott, für Trost und Zuspruch und auch für die Gewissenserforschung am absoluten Maßstab des Evangeliums.«[278]

Inzwischen hatte Springer bereits die Unierte Kirche Berlin-Brandenburgs verlassen und war in die altlutherische Kirche Brandenburgs eingetreten, doch nicht ohne seinen Prokuristen Weisung zu geben, die dabei gesparten, sehr erheblichen Kirchensteuerbeträge ausnahmslos für kirchliche und mildtätige Zwecke bereitzustellen. Dem Superintendenten seiner bisherigen Kirche gegenüber begründete er den Austritt mit dem Schweigen der »Großkirche, die sich doch mehr und mehr als irdische Ordnungsmacht verstanden sehen will« gegenüber der Mauer und schloss mit den Worten, er fühle sich wohler »in einer bescheidenen, ganz auf das Wort gestellten Freikirche, die sich konsequenterweise der politischen Diakonie enthält«.[279]

Die prinzipiellen, von Springer stets mit theologischer Begründung geführten Auseinandersetzungen mit führenden Repräsentanten der evangelischen Kirche setzten sich bis in die achtziger Jahre hinein fort. Er verblieb bis zum Ende seines Lebens bei den Altlutheranern.

Springers spirituelle Entwicklung, die in seinem Denken und

Handeln immer breiteren Raum einnahm, war künftig durch ein hohes Maß an ökumenischer Öffnung gekennzeichnet. Die zeitgenössischen Päpste hatte er immer heimlich bewundert. Seine durchgehende Zuneigung zu den Juden ließ ihn auch die jüdische Religion als Bestandteil der göttlichen Heilsgeschichte verehren. Als er unerwartet 1972 die Insel Patmos fand und dort einen seiner Wohnsitze errichtete, entdeckte er erstaunt die Schönheit der griechisch-orthodoxen Riten. Klöster, kleine Glaubensgemeinschaften und einzelne Geistliche, denen er vertraute, faszinierten ihn dann, wenn sie sichtlich von der modernen Zeit abgewandt waren und ihm Ruhe gaben. Immer lieber und zusehends konsequenter versenkte er sich in ein rein spirituelles, bald auch stark eschatologisch eingefärbtes Christentum. Das alles hatte bereits in den späten sechziger Jahren begonnen, verstärkte sich von Jahr zu Jahr und erklärt vieles.

Auch bei Springers Einsatz für die Dissidenten im Ostblock spielten religiöse Motive eine wichtige Rolle. Alexander Solschenizyn faszinierte ihn nicht bloß als politischer Verbündeter im Abwehrkampf gegen den Kommunismus. In ihm erkannte er vor allem auch eine von tiefer Religiosität inspirierte Ausnahmeerscheinung von quasi prophetischem Rang, eine Art Bruder im Geiste. »Die beiden A. S. denken in gleicher Richtung«, schrieb er gelegentlich an Günter Prinz.[280]

Die Dissidenten

Die Dissidentenbewegung in der Sowjetunion hatte 1965 begonnen. An die hundert Menschen demonstrierten damals in Moskau aus gegebenem Anlass für die Schriftsteller Andrej Sinjawski und Juli Daniel – aus Sicht der KPdSU ein unerhörter Vorgang.[281] Von jetzt an bezeichnete die sowjetische Nomenklatura die Abweichler im eigenen Land mit dem Begriff Dissidenten. Doch erst 1970 rückte deren Schicksal voll ins Blickfeld der westlichen Öffentlichkeit. Die Verleihung des Literaturnobelpreises an Alexander Solschenizyn, das – wie wir heute wissen – vom Politbüro beschlossene Verbot, den Nobelpreis persönlich entgegenzunehmen, die im selben Jahr erfolgende Gründung des Komitees für Menschenrechte durch den Atomphysiker Andrej Sacharow, die Hexenjagd und die anschließenden Prozesse gegen weitere Dissidenten erregten nun im Westen die Intellektuellen von rechts bis halblinks, allerdings kaum die westlichen Regierungen.

Als Solschenizyn im Februar 1974 zwangsweise mit Aeroflot nach Frankfurt ausgeflogen wurde, dann einige Tage bei Heinrich Böll Unterkunft fand, um von dort nach Norwegen und weiter nach Zürich zu reisen, folgten ihm große Schwärme von Journalisten auf Schritt und Tritt. Zusammen mit Sacharow, der aber in der Sowjetunion blieb, war Solschenizyn jetzt der Superstar der Dissidenten. Genauso spektakulär wie seine Ausbürgerung war kurz zuvor das Erscheinen des *Archipel Gulag* bei der Y. M. C. A. Press in Paris gewesen. Im Jahr 1974 wurde das Buch zur Weltsensation. Innerhalb kürzester Zeit waren in Deutschland und Frankreich jeweils 1,2 Millionen Exemplare verkauft.[282] Bald schrieb man vom Solschenizyn-Schock, den das Erscheinen des Buches in der linken französischen Kulturszene ausgelöst hatte, und nicht nur dort. Von den Reaktionen in der westlichen Presse hatte Solschenizyn besonders ein Satz in der *Frankfurter Allgemeinen* beeindruckt: »Vielleicht werden wir irgendwann einmal die Veröffentlichung des *Archipel* als ein Zeichen dafür betrachten, dass der Zerfall des kommunistischen Systems begonnen hat.«[283] Der zwangsexilierte Nobelpreisträger war nur einer von vielen, die damals in den Westen verjagt wurden. Man sprach nun von einer »dritten Welle der Emigration« – nach der ersten unmittelbar im Anschluss an die Oktoberrevolution und der folgenden während des Zweiten Weltkriegs und kurz danach.[284]

Springer verfolgte die Vorgänge mit starker Erregung. Er gehörte zu jenen Deutschen, die von Russland stets besonders fasziniert waren. In seiner näheren Umgebung fanden sich verschiedene Personen mit russischen Wurzeln. Irina Pabst, die Frau seines engsten Freundes Pierre Pabst, war Russin. Peter Boenisch, der Solschenizyn spontan sein Ferienhaus auf Sylt zur Unterkunft anbot,[285] hatte eine jüdische Russin aus Sankt Petersburg zur Mutter. Auch der 1966 verstorbene Hans Zehrer hatte Springer unablässig auf die Bedeutung des russischen Volkes aufmerksam gemacht, das nicht mit den Bolschewisten gleichgesetzt werden dürfe. Springer selbst und Friede Riewerts waren zu dieser Zeit mit dem langwierigen Umbau von Schloss Schierensee befasst. Caspar von Saldern, ursprünglicher Eigentümer und Bauherr des Schlosses, hatte in den sechziger Jahren des 18. Jahrhunderts zeitweilig als Botschafter der Zarin Katharina der Großen in Warschau residiert. Im Katharinensaal des Schlosses, in dem Springer zur Tafel bat, prangten Staatsgemälde der Zarin und ihres Gemahls, des Zaren Peter III.[286]

In erster Linie bekümmerte Springer das individuelle Schicksal der Dissidenten. Er war überhaupt eine Art Genie des Mitleidens. Wer seine Korrespondenz durchgeht, ist erstaunt über Hunderte von Briefen, in denen er nahestehenden oder auch entfernteren Kranken, Hinterbliebenen oder sonstwie vom Unglück Verfolgten Mut zusprach. Dasselbe galt für die Opfer kollektiver Tragödien. Nicht allein die Erinnerung an das Leiden der von den Deutschen ermordeten Juden hat ihn buchstäblich Tag und Nacht umgetrieben. Genauso war für ihn jetzt der Gedanke an die Quälerei russischer oder auch tschechischer Dissidenten in Willkürprozessen, Straflagern, Gefängniszellen, psychiatrischen Kliniken oder auch im verwirrenden Exil ein Albtraum.

In seiner Verzweiflung über die westliche Entspannungspolitik hat er natürlich auch das politische Potenzial der Dissidentenbewegung rasch erkannt. Machiavellistische Überlegungen, die Bürgerrechtsbewegung im Ostblock gezielt zur Destabilisierung einzusetzen, lagen ihm hingegen persönlich eher fern. Heute wäre er einer unserer großen Menschenrechtsathleten – eine Mixtur aus Jimmy Carter, Heiner Geißler und Claudia Roth. Seinerzeit, in den siebziger Jahren, war die Menschenrechtsfrage noch nicht so in aller Munde wie wenig später schon. Eine breitere westliche Öffentlichkeit war eben erst dabei, sie als globales Postulat zu entdecken. Dass Springer die Sprengkraft der Forderung genau erkannt hatte, zeigt ein Interview, das er 1977 mit der von ihm gegründeten Zeitschrift *Kontinent* führte. Auf die Frage, ob er wirklich glaube, »daß die Freiheit eine Chance hat«, gab er zur Antwort: »Dieses Wort und der Begriff der Freiheit sind für mich die geistige Kernspaltungsformel unserer Epoche.«[287]

Hinsichtlich der Dissidenten dachte er nicht zuletzt daran, wie deren Auftreten ihm innenpolitische Entlastung verschaffen könnte. Für bedenklicher als den Druck des Ostblocks hielt er damals die politisch-psychologische Erosion des Westens. Der Begriff *competitive decadence* zur Bezeichnung der inneren Erosionsprozesse in West und Ost ist zwar erst später von Zbigniew Brzezinski in die Diskussion eingeführt worden, über die Sache selbst aber war Springer sich durchaus im Klaren. Mit seiner Forderung nach Freiheit im Ostblock fühlte er sich marginalisiert. Ein paar Jahre später seufzte Golo Mann in einem Brief an Marion Gräfin Dönhoff von der *Zeit*, dass er »im Moment bei der deutschen Intelligentsia, die ja nun zu neun Zehnteln ›linksliberal‹ bis ›ultralinks‹ ist, nur noch als greiser Idiot gelte«.[288] Axel Springer empfand genauso.

Springer sah in Solschenizyn viel mehr als bloß einen politischen Dissidenten. In seinen Augen war mit ihm ein prophetischer Gottesmann in den ungläubigen Westen gekommen. Am 29. März 1974, als der erste Rummel um Solschenizyns Ankunft schon etwas abgeklungen war, sandte Springer ihm einen feierlichen, taktvollen und ganz demütigen Brief nach Zürich. Darin teilte er ihm mit, dass er während seiner Gefährdung unablässig für ihn gebetet habe, und fügte hinzu: »In einer Zeit, in der die Einsicht in Recht und Unrecht im freien Westen schweren Schaden nahm, hat Gott Sie geschickt ... Wir bedurften der Ermutigung durch Sie und Ihre Mitstreiter.« Dezent verwies er auf die Rolle seiner Zeitungen, die Solschenizyns Botschaft »in gebotener Gründlichkeit, an der es viele andere fehlen ließen«, veröffentlichen durften. Schließlich bat er ihn, einmal nach Berlin zu kommen, in die Stadt, »für die ich lebe und arbeite und deren Beispiel mich die Verteufelungen klaglos ertragen läßt, denen mein Haus und ich selbst seit Jahren ausgesetzt sind«.[289]

Springer begrüßte Solschenizyn somit als gottgesandten Verbündeten im Kampf gegen die Befürworter der Entspannungspolitik, die seinerzeit in allen westlichen Hauptstädten politisch den Ton angaben. Er hoffte, ihn im persönlichen Gespräch im Büro in der 19. Etage, hoch über der Mauer, für eine Zusammenarbeit gewinnen zu können. In welcher Form und zu welchen Bedingungen dies möglich sein würde, müsste sich in der Unterredung mit ihm herausstellen. Zu der erstrebten Begegnung kam es aber erst im Jahr 1980, als Springer Solschenizyn im US-Bundesstaat Vermont aufsuchte.

Solschenizyn hatte gute Gründe, Springers Werbung mit Zurückhaltung zu begegnen. Er musste sich in der ungewohnten westlichen Welt zurechtfinden. Von rechts bis links drängten Verleger, Journalisten und unterschiedlichste Emissäre auf ihn ein, um sich seiner Werke zu versichern und ihn für das jeweils eigene ideologische Lager zu requirieren. Springer und sein Verlagsleiter Wolf Jobst Siedler hätten Solschenizyn und andere Star-Dissidenten gern bei Ullstein herausgebracht, doch bestanden bereits Bindungen zu anderen Verlagen, in Deutschland zu Piper und Luchterhand. Auch im Westen fühlte sich Solschenizyn weiterhin vom KGB verfolgt und bespitzelt, sodass eine Reise ausgerechnet nach West-Berlin wenig empfehlenswert schien. Der Mittelsmann, mit dessen Hilfe Springer einen Kontakt herstellte, war der amerikanische Journalist George Bailey. Springer kannte ihn von früher her. Bailey war mit einer Urenkelin Leopold Ullsteins verheiratet, sprach Russisch und schien der ideale Verbindungsmann zu sein.

Im Haus Springer kam man zu der Überzeugung, es sei geboten, den exilierten Dissidenten, aber auch denen, die noch im Ostblock verblieben waren, eine publizistische Plattform zu zimmern. Aus den Überlegungen, Sondierungen, Gesprächen und Abmachungen kristallisierte sich der Plan einer Zeitschrift heraus, die vorerst in russischer und deutscher Sprache erscheinen sollte, wobei als Nahziel auch Ausgaben in weiteren europäischen Sprachen ins Auge gefasst wurden. Den Namen der Zeitschrift, *Kontinent,* hatte Solschenizyn sich einfallen lassen.[290]

Liebend gern hätte Springer Solschenizyn selbst als Herausgeber gewonnen, doch vergebens. Immerhin fand sich dieser im Umgang höchst schwierige Prophet vorerst bereit, zur ersten Nummer von *Kontinent* im Juni 1974 ein Geleitwort zu schreiben. Programmatisch begann er: »Das Erscheinen der neuen Zeitschrift *Kontinent* ruft auch neue Hoffnungen wach. Seitdem in der UdSSR alle Versuche, im Samisdat literarische Schriften herauszubringen, die nicht der Parteiideologie folgen, im Keim erstickt wurden, seitdem auch *Novi Mir*, die einzige Zeitschrift, die mit ehrlicher Fragestellung den Dingen auf den Grund ging, gleichgeschaltet ist, bedeutet die Gründung von *Kontinent* den ersten Versuch der russischen Intelligenzija, gegen den Willen politischer Machthaber und über alle Staatsgrenzen hinweg ein neues Forum für geistiges Schaffen zu finden.«[291] Die Zeitschrift sei als »internationales Organ« geplant, solle deshalb auch nichtrussische Schriftsteller und Leser ansprechen: »*Kontinent* könnte eine wahre Stimme Osteuropas sein ... Die Intelligenzija Osteuropas spricht eine einzige Sprache, die des Wissens um das Leiden ... Wehe Westeuropa, wenn seine Ohren taub bleiben.« In ähnlichem Sinn war ein weiteres Geleitwort Sacharows verfasst mit der Unterschrift »Moskau, 1. September 1974«. Das erste Heft enthielt Beiträge von Solschenizyn selbst, von Andrej Sinjawski, von Kardinal Mindszenty und des Rumänen Eugène Ionesco aus der Pariser Intelligenzija. Im folgenden Heft schrieben unter anderem Leszek Kolakowski, Ota Filip, aber auch Graham Greene, Robert Conquest und Ignazio Silone. Das vierte Heft mit dem im März 1974 nach Paris emigrierten Wladimir Maximow als geschäftsführendem Herausgeber enthielt eine Redaktionsliste, in der unter anderen Raymond Aron, Saul Bellow, Milovan Djilas, Arthur Koestler und Ignazio Silone figurierten.

Springer pumpte viel Geld in das Unternehmen. Allein für die ersten vier Hefte der russischen Ausgabe waren 250 000 D-Mark vorgesehen.[292] Für die Organisation des Projekts war der Ullstein Verlag mit Wolf Jobst Siedler zuständig. Anfangs hatte es den Anschein, als sei es gelungen, *die* repräsentative literarische Dissidentenzeitschrift zu gründen, mit starker Ausstrahlung sowohl nach Russland hinein als auch in ganz Westeuropa. Der KGB, damals unter der Leitung Juri Andropows, reagierte alarmiert. Schon Ende 1974 wurden beträchtliche Mittel für operative Agentenmaßnahmen und Destabilisierungsversuche gegen Solschenizyn und *Kontinent* zur Verfügung gestellt.[293]

Springers innenpolitische Gegner reagierten gleichfalls heftig. Günter Grass spielte weiterhin die Rolle des Generalstaatsanwalts bei den Anti-Springer-Kampagnen. Wolf Jobst Siedler vom Ullstein Verlag hatte Grass um ein Begrüßungswort für *Kontinent* gebeten. In einem offenen Brief in der *Zeit* belehrte er nun Andrej Sinjawski und Alexander Solschenizyn darüber, mit wem sie sich eingelassen hatten: »In den Produkten des Springer-Konzerns – mögen sie *Bild*-Zeitung oder *Welt am Sonntag* heißen – geschieht tagtäglich genau das, was Ihnen, wenn auch in totalitärem Ausmaß, in der Sowjetunion widerfuhr: durch doktrinäre Meinung verfälschte Information, Verteufelung des politischen Gegners, Appelle an die latente Gewaltbereitschaft der sogenannten schweigenden Mehrheit, die Einstufung von Angeklagten als schon Verurteilte – all das, was Ihren Schriftstellerkollegen seit Jahren Anlaß gibt, um den Bestand der Demokratie in der Bundesrepublik zu bangen.«[294]

Heinrich Böll sprang Grass alsbald vehement zur Seite. Vor Kurzem hatte der Nobelpreisträger von 1972 den ins Exil verbannten Solschenizyn als Erster gastlich empfangen. Jetzt kritisierte er *Kontinent* als Vehikel übelster Hetze und Denunziation. Böll war ein viel komplizierterer Fall als Grass. In manchem glich er Axel Springer, den er sich zum Feindbild erkoren hatte. Auch er war ein Mann, den echtes Mitgefühl für alle Gekränkten und Verfolgten umtrieb. Auf seine Weise war er religiös und zugleich ein Moralist von hohen Graden. Als Präsident des Internationalen P.E.N.-Clubs hatte er sich mit großem Nachdruck für verfolgte Dissidenten eingesetzt, sehr konkret und zugleich geboten kritisch gegenüber den Moskauer Machthabern. Wie Springer war auch Böll von Schuldgefühl gegenüber den Menschen Osteuropas motiviert. Doch die beiden standen auf den entgegengesetzten Seiten der Barrikade. Der Anarcho-Demokrat Böll sah keinen fundamentalen Unterschied zwischen den Mächtigen in der Bundesrepublik, die auf idealistische Linke Jagd machten, und den Machthabern im Ostblock. Mehr und mehr steigerte er sich in den Gedanken hinein, selbst die Terroristen der RAF zur verwirrten Minderheit zu stilisieren – Männer und Frauen, die durch Provokationen radikalisiert, erbarmungslos gejagt, zuletzt perfide liquidiert worden seien. Entsprechend unversöhnlich führte er seinen Feldzug gegen *BILD*. Fast zeitgleich zu den Händeln um *Kontinent* erschien Bölls Roman *Die verlorene Ehre der Katharina Blum oder: Wie Gewalt entsteht und wohin sie führen kann.*[295] Im Hause Springer betrachtete man diese Persiflage auf den *BILD*-Journalismus als Polit-Schmonzette. Doch das Buch sowie die Verfilmung haben wohl mehr in die Breite und Tiefe gewirkt als ganze Berge von Anti-Springer-Resolutionen.

Im Herbst 1974 war somit die Kakophonie um die Dissidenten komplett. Als Springer von Grass als ein Geistesverwandter Stalins eingestuft wurde, stellte Solschenizyn trocken fest: »Ich bin absolut überzeugt, dass Springer nicht 40 Millionen Menschen im Archipel Gulag ermordet hat.«[296] Umgekehrt persiflierte Böll die Springer-Journalisten und im Hintergrund den mächtigen Verleger als zynische Schreibtischtäter.

Kontinent hätte sich natürlich bei Erscheinen keine bessere Reklame wünschen können als einen bundesweiten Literatenstreit. Dennoch verlief die Entwicklung des Projekts nicht so brillant, wie Springer sich das erhofft hatte. Dafür gab es viele einleuchtende Gründe. Solschenizyn war nicht bereit, seine Produktivität, seine Zeit und seinen sagenhaften Ruf mit der Herausgabe einer Emigrantenzeitschrift zu verschleudern. Ideologisch war die antisowjetische Emigration viel zu heterogen, als dass eine gemeinsame Plattform herstellbar gewesen wäre. Tief religiöse Emigranten nach Art Solschenizyns, säkulare Emigranten, autoritäre Antikommunisten, demokratische Antikommunisten, Russisch-Orthodoxe, Katholiken, Juden, Russen, Polen, Tschechen, Dissidenten aus den Völkern des Balkans, Schriftsteller der ersten Welle der Emigration nach 1917, die in Paris ihre Hochburg hatten, und Emigranten der frühen siebziger Jahre – sie alle rangen um Beachtung und propagierten ihre jeweiligen Ziele. Dazu kamen die üblichen persönlichen Querelen, dies alles zielbewusst verschärft durch KGB-Agenten. Dass die CIA auf westlicher Seite gleichfalls mitmischte, versteht sich. *Kontinent* war und blieb zwar die repräsentativste Zeitschrift der Dissidentenbewegung, wurde aber doch nicht zu dem erhofften großen Sammelbecken mit mächtiger Ausstrahlung. Die Dissidenten der siebziger Jahre und deren Verleger erlebten das übliche Schicksal jeder Emigrantenpresse. Die Emigration zerfiel in eine Vielzahl von Cliquen, die sich aneinander abarbeiteten. Dementsprechend existierten in der westlichen Welt bereits Ende der siebziger Jahre an die hundert Zeitschriften der russischen Emigration.[297]

Springer ließ Wladimir Maximow und George Bailey, später Cornelia Gerstenmaier, die Tochter Eugen Gerstenmaiers, mit *Kontinent* experimentieren. Gelegentlich lud er renommierte Exilierte nach Berlin oder auf Schierensee zu Gesprächen ein und ließ sich trotz aller Schwierigkeiten in seiner Unterstützung des Unternehmens nicht beirren. Über die Jahre hinweg – so Ernst Cramer im Jahr 1983 – blieb er »ein begeisterter Leser dieser Zeitschrift, von deren Wichtigkeit er überzeugt ist«.[298] Er war und blieb auch der Meinung, mit *Kontinent* eines der wichtigsten Instrumente im Kalten Krieg geschaffen zu haben, und legte besonderen Wert auf die russische Ausgabe, deren Texte im Untergrund der UdSSR zirkulierten und teilweise über *Radio Liberty* verbreitet wurden.

1981 wusste Springer an Walter Stoessel, den frisch ernannten Unterstaatssekretär im U.S. State Department, Erwähnenswertes zu berichten. Einer der international angesehensten russischen Dissidenten habe ihn unlängst gefragt: »Wissen Sie, welchen Deutschen der Kreml am meisten fürchtet?« Er, Springer, habe geantwortet: »Natürlich Franz Josef Strauß.« Der Besucher habe erwidert: »Nicht er, Sie sind das.« Auf Springers etwas ungläubigen Blick habe dieser Besucher die Gründe dafür aufgezählt: »Springers zäher Kampf für die Freiheit, Springers Bedeutung als Exponent von Big Business und die Macht der Springer-Zeitungen.«[299] Bescheiden, wie er sich manchmal zu geben wusste, äußerte Springer in diesem Brief gewisse Zweifel am Einfluss seiner Zeitungen. Er wehrte sich auch gegen die etwas naive Vorstellung, Big Business zu repräsentieren. Big Business, so schrieb er an Stoessel, sei, anders als er, am Osthandel interessiert. Aber das Lob als standhafter Kämpfer für die Freiheit im Ostblock genoss er wie süßen Honig. Begierig auf gute Nachrichten, wie er damals war, ließ er sich von den Emigranten auch gerne in dem Glauben bestätigen, der Niedergang und das Ende des Sowjetreichs würden bald beginnen – sicher in fünf Jahren.[300]

Zu seinen liebsten Gästen gehörte der 1978 exilierte Dirigent und Cellist Mstislaw Rostropowitsch, in dem er zugleich den großen Musiker verehrte. Dessen Konzerte auf Schloss Schierensee oder auf Schwanenwerder rührten ihn zutiefst. »Man blieb lange zusammen und war erschüttert und zu Tränen gerührt. Dein musikalisches Gebet wurde von allen als ein Gebet für die Freiheit aller Menschen empfunden«, schrieb er ihm enthusiastisch nach einem dieser Konzertabende.[301]

Doch dass sich Solschenizyn seinem Werben um eine Begegnung entzog, ließ Springer nicht ruhen. 1980 war es schließlich so weit. Der Prophet kam allerdings nicht zu ihm, der Berg musste zum Propheten kommen. Springer fuhr von Boston aus durch den Indian Summer von Vermont zu dem verschlafenen Städtchen Cavendish und von dort zu der berühmten, mit weiträumigem Eisenzaun und Stacheldraht sowie durch elektronische Kameras gesicherten Datscha hoch über den Wäldern, wohin sich Solschenizyn zurückgezogen hatte. In Springers Begleitung befanden sich seine engsten Vertrauten – Frau Friede, Ernst Cramer, George

Bailey und Irina Papst. Die beiden Letzteren fungierten als Dolmetscher.

Solschenizyn hatte Wert auf ein Vier-Augen-Gespräch mit Dolmetscher gelegt. Springer selbst hat keinen ausführlichen Bericht über das Treffen hinterlassen. Wir besitzen nur den Bericht von George Bailey, der dolmetschte.[302] Die beiden führten offenbar eine locker schweifende Unterredung. Springer brannte darauf, bei dieser lange ersehnten Begegnung seine innersten Beweggründe, Sorgen und Erwartungen zu artikulieren, in der Hoffnung auf ein Echo. So brachte er vieles zur Sprache, was ihn damals umtrieb: seine Endzeiterwartungen, sein Leiden an der Kapitulationsbereitschaft des Westens und seine Kritik an der fehlenden »Führungsfähigkeit« der westdeutschen Eliten.

Bei Erörterung der Schuldfrage im Zusammenhang mit den Gräueln der totalitären Regime in Deutschland und in Russland ergab sich eine bezeichnende Meinungsverschiedenheit, die aber nicht ausdiskutiert wurde. Springer erklärte, er persönlich habe immer noch ein schlechtes Gewissen, obwohl er die Nazis stets abgelehnt habe, selber nie Soldat gewesen sei und sogar für den Sieg der Roten Armee gebetet habe. Viel von dem, was er erreicht habe und tue, sei vom Schuldgefühl motiviert und als Versuch der Wiedergutmachung zu verstehen. Solschenizyn unterschied demgegenüber zwischen dem russischen Volk, das er als Opfer begriff, und den polit-kriminellen Kommunisten. Als Springer ihn nach der Zahl der Opfer fragte, die der Kommunismus in der Sowjetunion gefordert habe, verwies Solschenizyn auf die neuerliche Berechnung eines russischen Professors in seinem Archiv: Bisher seien es 110 Millionen Menschen.

In dem Bericht Baileys findet sich ein sprechendes Detail. Während der Unterredung habe Springer Solschenizyn unverwandt angeblickt und dessen Hand eine volle Viertelstunde zwischen seinen Händen gehalten, was diesem nicht sehr angenehm gewesen sei. Während der Unterredung lag Springer offenbar vor allem daran, Solschenizyn zu einem großen Auftritt nach Berlin zu bekommen, am liebsten auch noch nach Jerusalem. Solschenizyn aber hatte eine klare Priorität: ungestörte Fertigstellung seiner schriftstellerischen Vorhaben in der Datscha in Vermont und deren Verbreitung auch in Deutschland. Unvermittelt fragte er Springer, ob dieser bereit sei, seine sämtlichen Werke – 14 Bände insgesamt – in einer deutschen Übersetzung herauszubringen. Diese Bitte eines weltberühmten Autors war eine zweischneidige Sache – einerseits das Entzücken, andererseits der Albtraum jedes Verlegers. Was damit alles an praktischen Fragen, insbesondere urheberrechtlicher Art, verbunden war, hätte Springer durchaus geläufig sein müssen. Doch auf diese und andere Vorschläge Solschenizyns antwortete er nur – so Bailey – »mit der rhythmischen Regelmäßigkeit eines Refrains: ›Mit dem größten Vergnügen‹.«

Aus den angestrebten großen Projekten wurde natürlich nichts. Solschenizyn blieb in seinem Atelier in Vermont, und Springers Mitarbeiter überzeugten den Verleger von der Undurchführbarkeit dieser Pläne. An der Finanzierung von *Kontinent* hielt Springer aber bis an sein Ende fest. Die Zeitschrift wurde in der Tat mehr und mehr zu einem Ost-West-Forum gesamteuropäischer Menschenrechtspolitik. George Bailey nannte den Gründer von *Kontinent* und Helfer der Dissidenten in seinem Nachruf einen »praktischen Visionär«.[303] Und »Slava« Rostropowitsch schrieb: »Er hatte eine zehrende Neugier für den Tag und für Entwicklungen, die in der Luft lagen.«[304]

»Ob wir am Ablauf des Geschehens etwas ändern können ...?«

Im Jahr 1973 war Springers ostpolitischer Pessimismus kaum mehr zu übertreffen. »In Berlin gibt es einen Übergriff nach dem anderen, die (unglücklichen) Abkommen werden nicht respektiert. Die Bevölkerung nimmt ab ...«, schrieb er an den israelischen Botschafter in Paris, Asher Ben-Nathan. »Die militärische Großraumlage ist verheerend«, fuhr er fort, »trotz der verschiedenen Friedenskaiser diesseits und jenseits des Atlantik«, und gab dann zahlreiche detaillierte militärische Informationen weiter. Sie waren offenkundig dazu bestimmt, auch in Israel die entsprechende Alarmstimmung zu verstärken: »Entspannung!! In Wahrheit wird die DDR zu einem gigantischen Aufmarschgebiet für mächtige Offensivheere und eine einzige Abschußrampe für atomare Raketen gegen Zivilräume bis an den Atlantik (einschließlich Nordatlantik), die Bereiche der ostafrikanischen Küste und das östliche Mittelmeer mit Israel.« Das lange Schreiben war durchsetzt mit Ausdrücken des Ekels beim Blick auf die völlig sorglose Überflussgesellschaft: »Die deutsche Menschheit aalt sich an den Stränden hierzulande und im Ausland.« Springer schloss seine Ergüsse mit den Worten: »Lieb' Vaterland magst ruhig sein! Ich muß mich daran gewöhnen, immer auf der falschen Seite zu stehen. – Die ganze Welt läßt sich von Breschnew umarmen! Mich hat er glücklicherweise ausgelassen.«[305]

Aufschlussreich ist, wen er mit Kopien dieses Briefes bedachte: den Fernsehjournalisten Gerhard Löwenthal beim ZDF (»die einzige Säule, die uns genehm ist«[306]), den bereits todkranken Baron Guttenberg, dessen moralischen Ernst er bewunderte, und Paul Schmidt-Carell, »gewendeter« einstiger Pressechef Ribbentrops, der in den siebziger Jahren zu Springers engerem Kreis gehörte und für die Sicherheitsmaßnahmen zuständig war. Warnende und resignierte Briefe dieser Art schrieb er bis zum Amtsantritt Reagans zu Dutzenden. Angst vor der übermächtigen Sowjetunion, Verzweiflung über die sorglose Entspannungspolitik des Westens und die fast sichere Gewissheit, dass der Dritte Weltkrieg kurz bevorstehe, verließen ihn während der ganzen siebziger Jahre nicht mehr. Den Atomkrieg hatte er seit seinen frühen Hamburger Jahren gefürchtet, als er noch mit der Atomtod-Bewegung sympathisierte. Zunehmend stärker verband sich diese Furcht nun mit Endzeiterwartungen, die ihre Wurzeln in der urchristlichen Eschatologie hatten.

Dazu kamen die Sorgen um die Mediengesetzgebung und die Mitbestimmung. Sie absorbierten einen großen Teil seiner politischen Aktivitäten in den Jahren 1972 bis 1976. Springers Befürchtungen für seinen Verlag waren sehr konkret. Die überzeugend legitimierte Regierung Brandt, so erwartete er, würde nun mit einem Bundespresserechtsrahmengesetz Ernst machen. Ihn schauderte auch vor den Plänen zur paritätischen Mitbestimmung in Großbetrieben. »Es geht um nicht mehr und nicht weniger als um die Erhaltung der freiheitlichen Demokratie in Deutschland. Und es geht – das gehört dazu – um die Erhaltung meines Hauses; denn diese keiner Partei angehörende Stimme soll zum Schweigen gebracht werden.«[307] Die Instrumente zur Gängelung waren seit Jahren in der Diskussion: Einengung der Richtlinienkompetenz des Verlegers, Redaktionsstatute, Abschaffung des Tendenzschutzes, verstärkte Mitbestimmung der Betriebsräte, Bundes- und Landesmedienausschüsse …

Springer erinnerte sich noch lebhaft an die Erfahrungen bei der väterlichen Zeitung, als das »Reichsschriftleitergesetz« die Verleger politisch entmachtet hatte. Wie 1968/69 beim Kampf gegen eine Konzentrationsgesetzgebung wurden nun im Hause Springer Arbeitsgruppen gebildet, Expertisen in Auftrag gegeben und Lobbying-Strategien entwickelt. Zugleich war Springer bemüht, Verbündete zu mobilisieren. Franz Burda von der *Bunten* im badischen Offenburg, ein Verleger nach seinem Herzen und auch einer der wenigen Kollegen, mit denen er per Du war, erhielt am 7. März 1973 einen besorgten Brief (mit Durchschlägen an Gleichgesinnte im Verlegerverband), in dem Springer mit knappen Worten sein Credo umriss: »Nun mußt Du darauf achten, daß Dir nicht mit dem Presserechtsrahmengesetz der SPD Dein Werk zerstört wird. – Der Verleger trägt allein das Risiko. Er delegiert redaktionelle Aufgaben oder nimmt sie selbst wahr. – Niemand kommt für den Schaden auf, es sei denn der Verleger, wenn sein Blatt oder seine Blätter nicht marktkonform gemacht werden. – Auch Offenburg wird nicht aus einer Gesetzgebung ausgespart werden. Auf Deine Stimme kommt es wesentlich an. Die Stimme eines Verlegers und Unternehmers par excellence.«[308]

Nicht allein Springer war sorgenvoll gestimmt. Befriedigt registrierte er einen Bericht Herbert Kremps vom SPD-Parteitag Mitte April 1973. Dort wurde mitgeteilt, auch Bucerius bemühe sich neuerdings (nach Rücksprache mit der *Süddeutschen*), im Gespräch mit Brandt, Schmidt und Wehner »die Sozialdemokraten von jeglicher Medienpolitik gesetzgeberischer Art im Bund und in den Ländern abzubringen«. Was Kremp von einem Abschiedsessen für Gräfin Dönhoff berichtete, war für Springer beruhigend und beunruhigend zugleich. Bucerius und Theo Sommer hätten die Bedenken vorgetragen und argumentiert, die Auswirkungen einer Gesetzgebung könnten die liberalen Verlage »härter treffen« als zum Beispiel den Springer-Verlag. Der Vormarsch der Linken sei beim *Spiegel* nur äußerst mühsam und unter großen Verlusten zu bremsen gewesen. Ähnlich verhalte es sich bei der *Frankfurter Rundschau.* Brandt und Helmut Schmidt hätten sich anfangs verschlossen gezeigt und erklärt, dass Maßnahmen gegen »die Polit-Arbeit« des Konzerns, vor allem *Die Welt*, getroffen werden müssten. Deren »internationale Ausstrahlung« bereite große Sorgen. Schmidt habe festgestellt, er halte es für eine »Schande«, dass eine Zeitung wie *Die Welt*, die »gefährlicher als die CSU sei«, in seiner Heimatstadt Hamburg erscheine. Nicht auszuschließen sei, dass die Argumentation dieser Zeitung sich im Lauf der Legislaturperiode »ausbreite wie eine Flechte«. Bucerius sei daraufhin grundsätzlich geworden und habe gesagt, dass man mit der Pressegesetzgebung ja niemandem das Schreiben verbieten könne, vor allem nicht den »Rechts-Ideologen« in Springers Hamburger Redaktionen. Darauf erhielt er zur Antwort, man müsse die Strategie so anlegen, dass »Springer entmutigt werde«. Bucerius erwiderte, dass der Preis zu hoch sei für dieses Ziel, wenn alle Verleger zahlen müssten: »Man zünde ja auch sonst das Haus nicht an, wenn man ein Schnitzel braten wolle.«

Helmut Schmidts Feststellung, *Die Welt* habe im liberalen Hamburg nichts mehr verloren, hat Springer ihm nie verziehen. Hingegen nahm er befriedigt zur Kenntnis, dass Bucerius es jetzt für angezeigt hielt, die Angriffe seiner Blätter auf *Die Welt* und *BILD* einzustellen, um dem Appetit auf ein Presserechtsrahmengesetz keine Nahrung mehr zu geben. Der Springer-Konzern, so wurde ihm über die Linie der *Zeit* berichtet, sei künftig als »zahnloser Papiertiger« darzustellen bei gleichzeitiger Verstärkung von Gerüchten über Springers erneute Verkaufsabsichten.[309]

Springer war jetzt für die meisten Sozialdemokraten zur *bête noire* geworden, sah aber bei der FDP gewisse Ansatzpunkte. In den Berichten, die ihn kontinuierlich erreichten, wurde 1973 und bis zum Sturz Brandts im Mai 1974 des Öfteren die Frage hin und her gewendet: Wer wird den Sozialisierungstendenzen der »Genossen« entschiedener entgegentreten: Walter Scheel oder Hans-Dietrich Genscher? Es war bekannt, dass der für die Pressegesetzgebung zuständige Innenminister Genscher den Tendenzschutz erhalten wollte. Die Gefahr ging vom linken Flügel der FDP aus.

Auch in den Presserechtsfragen entstand nach Installierung der Regierung Schmidt-Genscher, gefolgt von der Wahl Walter Scheels zum Bundespräsidenten, eine neue, aus Springers Sicht teils günstige, teils ungünstige Lage. Genscher übernahm nun das Auswärtige Amt und wurde Parteivorsitzender der FDP. Doch Werner Maihofer, der damals dem linken FDP-Flügel zugerechnet wurde, übernahm jetzt das Innenministerium, wo Staatssekretär Gerhard Baum weiter auf ein Presserechtsrahmengesetz hinarbeitete.

Nach dem Kanzlerwechsel beeilten sich bemerkenswerterweise sowohl Schmidt als auch Genscher, Springer im Sommer 1974 aufzusuchen, natürlich zu unterschiedlichen Terminen. Schloss Schierensee bot jetzt den angemessenen Rahmen. Springer konnte die neuen Herren wie ein großer Herr empfangen. Beide hielten es in den Anfängen der neuen Regierung für angezeigt, den vierjährigen Streit mit dem Springer-Konzern wenn nicht zu beenden, so doch auf Sparflamme zu reduzieren.

Zuerst kam Helmut Schmidt. Offenbar verstanden die Kontrahenten es diesmal, ihre beiderseitigen Vorbehalte unter der Decke zu halten. Das Thema Presserechtsrahmengesetz spielte bei den Gesprächen eine wichtige Rolle. Schmidt schrieb in seinem Dankesbrief freundlich, leichte Hoffnungen erweckend, aber zugleich vieldeutig: »Zunächst nochmals besten Dank für das Teilnehmen-Lassen an den schönen Schätzen auf Schierensee, für Gespräch, Brief und Drucke der mich immer interessierenden Kapitänsbilder (besitze selbst auch zwei). – Zur Absicht eines Presserechtsrahmengesetzes: ich selbst beurteile sie eher skeptisch, bin aber mit meinem Urteil noch nicht fertig und erkenne andererseits, daß die Sache schon weit vorgetrieben war, als ich sie vorfand.«[310]

Alsdann stellte sich Genscher ein. Springer ahnte oder wusste bereits, dass Genscher in Sachen Wiedervereinigung genauso dachte wie er selbst. Zum Neujahr 1974 hatte ihm der damalige Innenminister eine Karte mit dem Leipziger Turm in Halle gesandt und daraufgekritzelt: »Ihre Sorge teile ich, sie bezieht sich aber nicht nur auf ein Teilgebiet. Wir sollten uns bald sehen.«[311] Springer hatte zurückgeschrieben: »Manchmal habe ich den Eindruck, als sogenannter Nichtbetroffener der einzige in unserem Lande zu sein, der sich nach drüben sehnt.«[312]

In einer umfassenden Analyse vom 1. Februar 1973 hatte Kremp dem Verleger eine zutreffende Beschreibung der Strategie des Bundesinnenministers im Kabinett Brandt skizziert: »Offenbar verfolgt Genscher aber das Ziel, sich in das hilflos gewordene und von den guten Geistern der CDU verlassene Bürgertum – was auch immer dieses Wort heute bedeuten mag – einzuschmeicheln und einzuschmuggeln.« Er hatte auch gleich ein Psychogramm mitgeliefert: »Die Schlauheit, die sich in der biedermeierlichen Eulenspiegelhaftigkeit seiner Physiognomie heute mehr noch als früher ausdrückt, ist nach meiner psychologischen Einschätzung die Dominante des Charakters.« Kremp empfahl deshalb Vorsicht, fügte aber hinzu: »Angesichts der Absichten der SPD, das Gefäß der Macht nun randvoll zu füllen, benötigt die FDP einen Ersatz für die zeitungslose Propaganda einer liberalen Linken, die heute schon erkennbar in die Zielgerade der SPD einläuft. Es entsteht Raum – auf jeden Fall für Überlegungen.«[313]

Mit solchen Ratschlägen gespickt, empfing Springer den neu ernannten Außenminister und FDP-Vorsitzenden Genscher am 14. August 1974 auf Schierensee so gewinnend wie einstmals ein Fürst einen Standesgenossen. Der Verleger schilderte dem Gast seine großen Sorgen wegen der Presserechtsgesetzgebung und wegen der Forderung der Gewerkschaften, den Tendenzschutz für Verlage aufzuweichen. Genscher signalisierte, dass er gewillt sei, in der Frage eines Pressegesetzes auf Zeit zu spielen. Die Forderung nach Einbeziehung von Presseverlagen in die geplanten Mitbestimmungsregelungen lehnte er ab und behielt diese Linie auch bei den Kabinettsberatungen bei. Genauso wichtig war für Springer, in Genscher einen Bundesaußenminister zu finden, der an der Teilung Deutschlands genauso litt wie er selbst. Von jetzt an bestand zwischen beiden eine beständige Vertrauensbasis. Im politischen Bonn achtete man zwar damals und später vorwiegend auf Springers Nähe zu Franz Josef Strauß, und dies durchaus nicht zu Unrecht. Die weniger auffällige Verbindung zu Genscher aber war genauso wichtig. Genscher erfreute sich einer guten Presse, und Springer wusste, bei wem in der FDP er mit seinen Sorgen Gehör fände.

Wie sich zeigte, hatte es aber auch Helmut Schmidt mit dem Presserechtsrahmengesetz nicht eilig. Nach seiner Wiederwahl im Dezember 1976 schob er das Problem den Sozialpartnern zu. Sollten diese doch versuchen, sich über die innere Pressefreiheit zu einigen. Erst wenn das scheitere, wolle sich das Kabinett wieder damit beschäftigen. Damit war die für Springer lebenswichtige Frage auf den Sankt-Nimmerleins-Tag verschoben. Beide Male hatte er also mit stillschweigender Lobbyarbeit Erfolg: 1968/69, als sich das Kabinett Kiesinger mit der Pressekonzentration zu befassen hatte, und nunmehr erneut in Sachen Tendenzschutz und Presserechtsrahmengesetz.

Besonders verdross Springer in jenen Jahren die Medienpolitik der CDU. Seit der verlorenen Bundestagswahl war Barzel bei ihm abgemeldet. Bei einer Unterredung mit Ludwig Erhard kurz nach der Wahl, in der beide die Wahlkampfführung scharf kritisierten, hatte ihn Erhard darauf hingewiesen, dass Helmut Kohl aus Rheinland-Pfalz der kommende Mann sei. Schon bei dieser Unterredung hatte das Thema Medienpolitik breiten Raum eingenommen.[314]

Bald danach gingen Springer von allen Seiten Informationen zu, Barzel befinde sich auf Linkskurs und der Gewerkschaftsflügel um Hans Katzer gewinne an Einfluss. Auch bei der CDU arbeite man nun an einem Medienpapier. Entsprechend kritisch beleuchtete jetzt *Die Welt* jeden Schritt des CDU-Vorsitzenden.

Anders als bei der SPD gilt bei der CDU die eiserne Regel, dass ein Kanzlerkandidat nur einmal die Wahl verlieren darf und dann nicht mehr antreten soll. So verlor Barzel im Mai 1973 bei einer Rebellion der CDU/CSU-Fraktion den Fraktionsvorsitz, im Juni 1973 wurde er als Parteivorsitzender durch Helmut Kohl abgelöst. Im September 1973 teilte der Bonner Korrespondent der *Welt,* Hans-Erich Bilges, mit, »Barzel ist von Haß unserem Haus gegenüber zerfressen«.[315] Er bezeichne Kremp und Bilges als die beiden Journalisten des Springer-Konzerns, die »auf Weisung Springers den Auftrag hatten, ihn abzuschießen«.

Helmut Kohl und dessen Generalsekretär Kurt Biedenkopf waren für Springer unbekannte Größen. Kremp versorgte ihn deshalb mit amüsierten Beschreibungen, die es in sich hatten: Der »Pfalzgraf« habe schon im vergangenen Jahr lebhaftes Interesse an Kontakten »mit uns« gezeigt. Die Größe des Amtszimmers von Kohl sei den leiblichen Massen des Ministerpräsidenten angemessen: »Es ist, wenn Sie so wollen, ein ins Katholische übertragener und durch das Rhein-Pfälzische lustig gemachter Göring-Stil: Kohlhall.« Doch registrierte er bei Kohl »Schlauheit« und meinte: »Kohl kann Menschen gewinnen, er ist unideologisch, ein guter, zuverlässiger Handwerker, programmatisch auf nichts festgelegt. Er personifiziert nicht die Tür, die zuknallt oder aufgeht, sondern die Angel, in der sie sich bewegt«. »Katholisch« sei er »(nicht als Zielhaltung, sondern ›in der Wolle gefärbt‹ – das ist ein wesentlicher Unterschied)«. Allerdings ließ Kremp in diesen ersten Bericht an den Verleger, der sich ein Bild von dieser Supernova in der CDU machen wollte, sehr Beunruhigendes einfließen: »Mir ist bekannt, dass seine Nüchternheit gegenüber der nationalstaatlichen Geschichte Deutschlands – nicht gegenüber Deutschland als Kulturbegriff – Herzenskälte ausstrahlt. Er hat intern die gegenwärtigen Berlin-Abmachungen als ›nicht schlecht‹ bezeichnet. Er hat andererseits die Ostpolitik Brandts stets kritisiert – mit Blick auf die Sicherheitserfordernisse der Bundesrepublik. Kohl ist ein Pragmatiker in diesem Sinne ...«[316] Doch besonders wichtig, vielleicht auch anerkennenswert: »Er repräsentiert die ›wiederzugewinnende Fähigkeit‹ der Unionsparteien, mit der FDP zu koalieren«, dies deshalb, weil er als »Mann ohne Eigenschaften« gilt, genauer gesagt: ohne »störende« Eigenschaften. Was sehr für ihn spreche: »Er macht einen ausgeruhten Eindruck.«[317]

Nachdem Kohl zum Nachfolger Barzels gewählt worden war, bekam Springer zu lesen, Kohl sei »ein milder Reformator« ohne konservative Härte: »In meinen Augen gleicht Kohl einem Pilze-Sammler im grünen Waldesgrund. Es hat gerade geregnet, und er hofft auf reichliche Ernte. Gott geb's.«[318] Nach einem fünfstündigen Gespräch mit Kohl registrierte Kremp außerdem: Die Außenpolitik sei für ihn weitgehend Terra incognita. Er zeige aber ein besonderes Interesse an Frankreich: »Für einen Bundeskanzler Kohl hätte die politische Einigung Westeuropas Priorität.«[319] Schon damals zeichnete sich das koalitionspolitische Konzept deutlich ab, die FDP aus der Umarmung durch die SPD herauszulösen. Und was Springer besonders missfiel: dass Kohl, so Kremp, keine große Energie zeige, der damals in der CDU moussierenden Sympathie für eine erweiterte Mitbestimmung entgegenzutreten.

Was Springer somit aus denkbar wohlinformierter Quelle über den neuen CDU-Vorsitzenden vernahm, ließ ihn vorerst vorsichtigen Abstand halten. Ein zweiter Barzel »von fortschrittlich-katholischer Weltanschauung« war das Letzte, was er sich wünschte. Die Positionen Kohls und Biedenkopfs in der Mitbestimmungsfrage und in der Medienpolitik waren ihm höchst verdächtig; besser also, man konzentrierte sich in diesem Zusammenhang auf die FDP. Besonders bedenklich: die »Herzenskälte« gegenüber der Geschichte des deutschen Nationalstaats! Mit der »Einigung Westeuropas« konnte Springer weder früher noch später etwas anfangen. Und Frankreich? Es war für ihn ein schönes Urlaubsland, ein früherer Erbfeind auch, der zum Glück jetzt versöhnt war, aber keine weltpolitische Potenz wie die USA.

Man muss hinzufügen: Kohl hielt seinerseits genauso Distanz zu Springer. Ab und zu ein höflicher Gedankenaustausch, höfliche Festtagsgrüße, höfliche Glückwünsche zu Springers Ehrendoktorwürden in Amerika und in Israel, aber alles in allem Abstand. Wärme oder gar Vertrauen hat sich zwischen den beiden nie entwickelt. Jeder nahm den anderen, wie er halt war. Aus Kohls Sicht war das Misstrauen groß und durchaus begründet, dass der mächtige Verleger, dessen Blätter vor allem die CDU-Anhänger beeinflussten, viel mehr für Franz Josef Strauß übrig hatte als für ihn.

Was Springer über die Jahre hinweg an Strauß so anziehend fand, ist auch heute nicht ganz erklärbar. Aus dem verfügbaren Briefwechsel und anderen Materialien lässt sich kein eindeutiges Bild gewinnen. Leicht zu beantworten ist viel eher die Frage, warum Strauß sich so sehr um Springer bemühte. Seit der *Spiegel*-Affäre kam er bei der liberalen Presse nie mehr aus der Verdachtzone heraus. Er brauchte also die *Springer*-Zeitungen wie der Alkoholiker die Flasche. Auf Springer aber hätten manche Züge und Handlungen von Strauß eigentlich befremdlich wirken müssen. Zum Militär hatte er nie eine besondere Affinität. Der Erzzivilist Springer und der impulsive, bedenkenlose Verteidigungsminister Strauß passten nicht so recht zusammen. In der zweiten Hälfte der sechziger Jahre hatte Strauß zudem auffällig häufig erklärt, zum Bismarck-Reich führe kein Weg mehr zurück. Keinem anderen hätte Springer eine solche Einstellung durchgehen lassen. Für derbe Volksredner mit animalischer Ausstrahlung hatte der ästhetische Springer ebenso wenig ein Faible. Und weshalb Springer ausgerechnet Strauß die Duzbrüderschaft gestattete, während er ansonsten bei großer Vertrautheit in feiner Hamburger Art den Vornamen mit dem »Sie« verband, bleibt gleichfalls ein Rätsel. Alle anderen Politiker wusste er durch ein Übermaß an Höflichkeit auf Distanz zu halten.

Immerhin gab es vieles, was Springer an Strauß gefallen hat. Für

Strauß sprach die Tatsache, dass Augstein ihn zeitweilig zum Buhmann der Nation erklärt hatte. Auf dem Hintergrund der Bonner Leisetreterei gefiel ihm auch der lautstark artikulierte Antikommunismus von Strauß. Im Kampf gegen die Ostverträge hatte Strauß zudem sein Herz für den deutschen Nationalstaat wiederentdeckt. Strauß war auch lange Zeit der einzige Unionspolitiker, der kräftig gegen die Hochrüstung des Ostblocks und die globale Expansion Moskaus zu Felde zog. Und gab es in der Union einen zweiten, der Strauß an politischem Temperament gleichkam? Kiesinger, Barzel, Kohl, Stoltenberg?

Tatsache ist jedenfalls, dass Strauß in den siebziger Jahren bei Springer *persona gratissima* war. In einem Hauptpunkt stimmten nämlich beide spätestens seit dem Krisenjahr 1972 überein: Die CDU war ein schlapper Verein. Somit musste man genau über die Gründung einer vierten, unverfälscht konservativen Partei nachdenken. Verschiedentlich schickte Springer den gut beobachtenden Kremp als eine Art Minenhund nach München. Springer wusste, dass Strauß seit der verlorenen Wahl vom 19. November 1972 mit dem Plan einer vierten Partei schwanger ging. Drei Bundesparteien, so glaubte er, seien ein »arithmetischer« Unsinn. Letzten Endes werde ein »rechtes Pendant« zur CDU gebraucht.[320]

Das war eine Überlegung, die auch Springer einleuchtete. Er hat sich zwar zeitlebens aus dem Parteileben herausgehalten, aber so viel wusste auch er, dass die Gründung einer neuen Partei nur dann gelingen kann, wenn ihr die Errichtung von Freundeskreisen, Arbeitsgemeinschaften, Initiativen und anderem mehr voraufgegangen ist. So ließ er sich dazu bewegen, den prononciert antikommunistischen, konservativen Bund Freies Deutschland (BFD) in Berlin zu unterstützen, und versenkte dabei viel Geld. Schwankend, wie er oft war, wollte er sich aber nicht rechtzeitig entscheiden, ob der BFD als Vorfeldorganisation der CDU oder als Testballon für die Möglichkeiten einer vierten, konservativen Partei agieren sollte. Die CDU-Führung reagierte sauer. Im Herbst 1974 wurde Springer eine Äußerung des CDU-Generalsekretärs Biedenkopf hinterbracht, der vor den CDU-Landesgeschäftsführern erklärt hatte: »Es ist wieder einmal Herr Springer, der alles kaputtmacht! Wir müssen uns von Springer und der Politik seiner Blätter distanzieren. Der Mann ist schädlich.«[321] Springer schrieb erbittert an den

Rand des Vermerks: »Mir langt's bald!« Biedenkopf dementierte, wie es sich gehört, bekam aber dennoch von Springer zu hören, in der CDU herrschten »partiell separatistische« Tendenzen in Bezug auf Berlin. Springer fügte hinzu: »Ich fürchte manchmal, daß ich mich Männern Ihres Jahrganges mit meiner ganz anders gearteten, übrigens bei mir sehr spät entwickelten Geschichtsauffassung nicht verständlich machen kann.«[322] »Separatisten« war damals Springers Schimpfwort für alle in der CDU, die zu deutschlandpolitischen Kompromissen bereit waren. War er freundlich gestimmt, so sprach er nur von »Opportunisten«.

Nach einem positiven Gespräch mit Biedenkopf[323] ruderte Springer zum Konzept des BFD als Vorfeldorganisation für die CDU zurück, klagte aber weiter: »CDU und SPD überschlagen sich in Interesselosigkeit für diese Stadt.«[324] Im Frühjahr 1975 stellte sich der BDF zur Wahl und scheiterte mit einem Stimmenanteil von 3,4 Prozent an der Fünf-Prozent-Hürde. Auf Seiten der CDU-Führung hatte man genau das befürchtet. Die Episode zeigte dreierlei: die Unsicherheit Springers, wann immer es um Parteistrategien ging; zugleich seine Unsicherheit in der Frage einer vierten Partei, und sein ambivalentes Verhältnis zur CDU. In den beiden letzten Punkten unterschied er sich durchaus nicht von Franz Josef Strauß.

Sein Argwohn gegen die pragmatische Deutschlandpolitik Helmut Kohls flammte Anfang 1976 erneut auf, als die CDU die Polen-Vereinbarungen im Bundesrat durchgehen ließ. Eigenartigerweise bewertete der einstmals eher polenfreundliche Springer nun jegliches Entgegenkommen gegenüber Polen mit großer Reserve. »Wo bleibt die Entrüstung der *Welt*«, schimpfte er in einem Brief an Kremp, »daß nach Anerkennung der Oder-Neiße-Grenze idiotische Verträge abgeschlossen werden, nach denen die Polen einen Kredit von einer Milliarde bekommen mit einer Laufzeit bis in das Jahr 2005 und für den sie nur 2,5 % Zinsen bezahlen, während die Bundesregierung sich das Geld für 9 % pumpen muss.«[325] In erster Linie bezog sich diese Schelte auf Schmidt und Genscher. Aber als Kohl und Biedenkopf auf die Regierungslinie einschwenkten, war dies ein weiterer Grund für Springer, sie als Opportunisten abzuqualifizieren.

Im Vorfeld der Bundestagswahl 1976 betrachtete er die CDU als orientierungslose, in sich zerrissene Partei. Wie vormals bezüglich der SPD sympathisierte er nicht mit der Partei als solcher, sondern nur mit dem rechten Parteiflügel, der einigermaßen seinen Vorstellungen entsprach. Hans Filbinger, der im Frühjahr 1976 die Landtagswahl in Baden-Württemberg mit einem Stimmenanteil von 56,7 Prozent für die CDU gewonnen hatte, erhielt ein begeistertes Telegramm: »Sozialismus oder Freiheit war die rechte Parole.«[326] Springers eigentliche Präferenz galt damals Gerhard Stoltenberg, der 1975 mit knapper Mehrheit Schleswig-Holstein für die CDU gehalten hatte. Seitdem der Verleger seinen schönen Wohnsitz Schloss Schierensee bezogen hatte, fühlte er sich wieder in Schleswig-Holstein zu Hause – unbeschadet seines Wahlberlinertums, wie er häufig betonte. In den Kämpfen des vergangenen Jahrzehnts war er zum unverfälschten Konservativen mutiert, und zu seinem emotionalen Wohlbehagen gehörte auch eine passable konservative Landesregierung. Zudem sah er in Stoltenberg den einzigen in der CDU noch verbliebenen Exponenten des marktwirtschaftlichen und unternehmerfreundlichen Parteiflügels. Anders als 1972 vermochte er sich somit 1976 nicht mehr parteipolitisch zu erregen oder groß zu engagieren. Dabei blieb es auch in den folgenden Jahren.

Sein Verhältnis zu den Sozialdemokraten war jetzt völlig zerrüttet. Willy Brandt hielt er inzwischen für den »zweiten Verderber Deutschlands«: »Der erste dieser Verderber hatte durch seinen wahnwitzigen Krieg die Sowjets hereingeholt, der andere hält es für richtig, uns in ihre Botmäßigkeit zu bringen.«[327] Die wenigen maßgeblichen Sozialdemokraten, in die er noch einiges Vertrauen setzte, ließen sich an den fünf Fingern einer Hand abzählen. Herbert Weichmann, Erster Bürgermeister von Hamburg, gehörte dazu. Ihn bedachte er von Zeit zu Zeit mit melancholischen Briefen. Doch Weichmanns politisches Leben ging 1974 zu Ende und mit ihm die Dominanz des Hamburger rechten Parteiflügels. Auch Alex Möller, den er gleichfalls sehr geschätzt hatte, war seit seinem Rücktritt als Bundesfinanzminister im Jahr 1971 politisch passé. Ein anderer, in den er noch einige Hoffnungen setzte, war der Verteidigungsminister Georg Leber. Den Berliner Regierenden Bürgermeistern Klaus Schütz und Dietrich Stobbe brachte er gleichfalls noch einiges Vertrauen entgegen. Doch er wusste, dass sie sich nur mit vielen Kompromissen über die Runden brachten. Die nachdrängenden Linken betrachtete er mit Grauen.

Tief gestört waren bald auch seine Beziehungen zu Helmut Schmidt. Anfangs hatte ein ganz erfreuliches Verhältnis bestanden. Mitte der fünfziger Jahre war Loki Schmidt zufällig die Lehrerin von Springers Ältestem gewesen. Springer behielt das in bester Erinnerung und kam gelegentlich darauf zurück. Helmut Schmidt selbst hatte er anfangs als soliden rechten Hamburger Sozialdemokraten geschätzt. Doch bald registrierte er mit einigem Missfallen, wie sich Schmidt schon bei den APO-Unruhen nicht völlig eindeutig auf seine Seite stellte und auf der Einerseits-andererseits-Klaviatur spielte. Seit dem Drama um die Ostverträge betrachtete er ihn als eine Art Verräter an den einstmals gemeinsamen Idealen. Von seinen Künsten als »Weltökonom« hielt er wenig. »Den Hamburger«, bekam die alte Freundin Ruth Sely 1981 von ihm zu hören, »kenne ich seit 35 Jahren. Er erscheint den Bürgerlichen als der Ihre, hat aber den deutschen Laden wirtschaftlich baden gehen lassen.«[328] Desgleichen warf er Schmidt vor, dass er auf der von Brandt betretenen schiefen Ebene der Entspannungspolitik mit markigen Worten weiter voranschreite.

In den Jahren der Kanzlerschaft Schmidts spielte ebenso wie zuvor schon bei Willy Brandt die Israel-Politik eine erhebliche Rolle. Schon während des Nahostkrieges 1973 war Springer hell empört, weil Brandt die Verladung amerikanischer Panzer, die für Israel bestimmt waren, untersagt hatte, und er ließ seine Zeitungen kräftig dagegen anschreiben. Schmidt sah er auf demselben araberfreundlichen Kurs. Manche seiner brieflichen Unwert-Urteile waren an Schärfe nicht zu übertreffen. Ende 1980 wärmte er seine ziemlich verrückte Idee wieder auf, Israel solle Mitglied der NATO werden, und schrieb in diesem Zusammenhang aus Jerusalem an Henry Kissinger: »Von den Westeuropäern ist nichts zu erwarten. Dort regieren Prokuristen und Großmäuler. Abgesehen von dem antisemitischen Giscard spielt Helmut Schmidt die übelste Rolle. Übel, weil er ein Deutscher ist.«[329]

Bei Durchsicht der ausufernden Korrespondenz Springers von Mitte der siebziger Jahre bis zu seinem Tod gewinnt man allerdings den Eindruck, dass er zusehends bezweifelte, über seine Zeitungen noch wesentlichen Einfluss auf die Bonner Politik nehmen zu können. Zwar änderte er nicht den Kurs und griff punktuell immer wieder einmal ein. Aber er glich doch mehr und mehr einem ausgebrannten politischen Krater.

Natürlich wurden die Winke des Verlegers von seinen Zeitungen weiterhin ernst genommen, und sie taten auch gut daran. Im September 1973 erhielt Springer den Abschiedsbrief eines Journalisten, der vom *Spiegel* zur *Welt* gegangen war und nach kurzer Zeit enttäuscht, aber einvernehmlich wieder weiterzog. Dieser legte den Finger auf zwei wunde Punkte. Eine neue Generation wachse heran, die jedweden Versuch geistiger Bevormundung ablehne: »Die Umwelt verändert sich, und der Journalist ist zuallererst Chronist dieses Werdegangs, Bühnenbeleuchter einer sich wandelnden Welt.« So viel zu den Richtungszeitungen. Der zweite Punkt hatte mit den eben angesprochenen »Winken« zu tun. Diesbezüglich wurde Springer darauf aufmerksam gemacht, »daß jede Äußerung des Verlegers von ein paar Leuten fünffach verstärkt nach außen schallt – und damit viermal zu stark.«[330] So verhielt es sich auch weiterhin. Alten Fahrensleuten in den Chefredaktionen vom Typ Boenisch, Kremp, Jacobi oder Prinz war das Problem natürlich bestens vertraut. Sie besaßen genügend Stehvermögen, Unausgegorenes, was aus der Verlegeretage kam, wegzustecken und ins Leere laufen zu lassen. Manchmal protestierten sie auch offen. Aber das Gesetz der fünffachen Verstärkung war nicht ganz aus der Welt zu schaffen.

Noch eine andere Tatsache blieb auch weiterhin in Kraft. Die kämpferische Energie seiner politischen Blätter erfreute zwar den Verleger, brachte aber kaum neue Abonnenten und führte zur Zurückhaltung bei den Inserenten. Das setzte bei Springer periodisch einen kritischen Reaktionsmechanismus in Gang. Er lobte seine Chefredakteure zwar gerne, wenn sie im Sinne seiner Überzeugungen eine scharfe Klinge führten. Stagnierte aber die Auflage oder wurde sie gar rückläufig und geriet das Blatt in die roten Zahlen, dann sah er die Gründe dafür weniger im Übermaß an Politisierung. Vielmehr neigte er dazu, dem jeweiligen Chefredakteur mangelndes Talent beim »Blattmachen« oder Führungsfehler im Umgang mit der Redaktion vorzuwerfen.

Es war bei Springers Top-Journalisten wohlbekannt, wie der Verleger in einem solchen Fall vorging. Zuerst erging eine Serie von süß-sauren Briefen an den Chefredakteur zu einzelnen Beiträgen im Blatt, verbunden mit kritischen Tönen zum Layout (manchmal gingen Abschriften an andere Top-Leute im Hause, damit es sich herumsprach). Zugleich kamen kritische Signale aus dem Verlegerbüro. »Väterchen ist traurig«, pflegte Claus Dieter Nagel das ironisch zu formulieren. Alsdann folgten zumeist energischere Bitten, das äußere Erscheinungsbild der Zeitung umzugestalten oder personelle Veränderungen innerhalb der Redaktion vorzunehmen. In der obersten Etage liefen dann häufig schon Überlegungen zu Umbesetzungen in der Chefredaktion und Planungsaufträge für die Neugestaltung des Blattes. Waren die Dinge erst einmal so weit gediehen, wurde der betreffende Chefredakteur oft nervös und stellte die Kabinettsfrage, woraufhin seine Versetzung erfolgte (zum Trost manchmal mit erhöhten Bezügen), oder aber der bisherige Redaktionschef wurde abrupt vom Blitz getroffen. Boenischs Ablösung als Chefredakteur von *BILD* im Jahr 1971 war ein Beispiel für das erstere Vorgehen, Karl-Heinz Hagens Sturz im Herbst 1961 illustrierte die Blitzschlag-Methode. In diese kritische Zone rückte nach dem politischen Debakel des 11. November 1972 *Die Welt*.

1976: Geplatzter Verkauf der *Welt* an die *FAZ*

Im Winter 1972/73 sinnierte Springer über die verlagspolitischen Konsequenzen der auch von ihm verlorenen Bundestagswahl. Die Instrumentalisierung der *Welt* zum Kampfblatt hatte sich als Schuss in den Ofen erwiesen. Die regionale Ausdehnung der Zeitung war zum Stillstand gekommen, doch die Kosten stiegen. Inzwischen war das Blatt hoch defizitär. Somit musste etwas Einschneidendes geschehen, um das »Flaggschiff« wieder in Fahrt zu bringen. Der alte Fahrensmann Julius Hollos wurde mit einer Analyse der Zeitung beauftragt. Diese fiel, wie von ihm nicht anders zu erwarten, ziemlich vernichtend aus. Er identifizierte drei Hauptfehler. Erstens sei *Die Welt* ein Sammelsurium verschiedener Stilelemente: »Entstanden aus einem kühlen Informationsblatt in 1946, wurde dann mitgemischt der Zeitschriftencharakter in der Ära Zehrer, aufgepfropft die Lebendigkeit für Lieschen Müller durch Meidinger und zum Schluß noch der Kampfcharakter (Wunsch des Verlegers).« Der zweite Notstand sei technischer Art. Die Zeitung sei auf einen De-facto-Redaktionsschluss um 16 Uhr abgestellt. (Vorschlag von Hollos: Druck in Süddeutschland, »eventuell in Etappen über Partner und Lohndruck«). Dritter Fehler: »Kampfblatt. *Die Welt* war jahrelang ein politisches Kampfinstrument. Das kann keine Zeitung sein, die überregional ist. Sie kann politisch wirksam sein, aber nur dann und solange sie sich nicht als Kampfinstrument gibt.«[331]

Springer entschied sich dafür, den Kampfcharakter der *Welt* etwas abzuschwächen und zugleich einen versierten Blattmacher mit der Umgestaltung des Konzepts zu beauftragen. Das Kunststück sollte Wolf Schneider zustande bringen. Er kam von Henri Nannens *Stern* und hatte sich bei Springer energisch, aber erfolglos bemüht, aus der Monatszeitschrift *Dialog* eine Art Gegen-*Spiegel* zu machen. *Dialog* kam aber nicht aus den roten Zahlen heraus (»jährlicher Verlust von 10 000 000 Mark«), sodass Springer entschieden hatte, die missglückte Neugründung Knall auf Fall einzustellen.[332] Aufgrund des Vorlebens von Schneider bei Nannen und Bucerius hatten Springer und Cramer leichte Zweifel an seiner Linientreue. Hans Habe, der damals das Ohr des Verlegers hatte und zugleich Kremp nicht mochte,[333] zeigte sich aber überzeugt, dass Schneider im Sinne des Verlegers funktionieren würde. Habe und Schneider selbst überzeugten Springer schließlich mit einer Vorlage, in der die Widersprüchlichkeiten wenigstens verbal überkleistert wurden: »*Die Welt* muß sympathischer werden. Gereiztheit und Nervosität verschwinden aus den Nachrichten, aber auch weithin aus den Kommentaren ... Wir wollen nicht die Predigt ändern, sondern die Kirche füllen. Wir wollen ein Kampfblatt machen – aber das beste Kampfblatt ist eine Zeitung, die sich *nicht* das Etikett ›Kampfblatt‹ auf die Stirn klebt.«[334] Springer wollte aber sichergehen und fühlte sich zudem Kremp weiter verpflichtet. Dieser hatte sich mit dem Wechsel auf den Posten eines »Redaktionsdirektors« einverstanden erklärt, aber zugleich »Richtlinienkompetenz« verlangt. Springer fand diese Lösung ganz praktisch. Schneider wurde im September 1973 Chefredakteur, um das Blatt aufzumöbeln und zugleich das Image zu verbessern, Kremp aber sollte darüber wachen, dass die Zeitung nicht auf Abwege geriet. »Dr. Kremp«, so hieß es in der Pressemitteilung, »bleibt für die politische Kontinuität der *Welt* verantwortlich.«[335]

Wie sich zeigte, hielt Springers Sympathie für den neuen Mann nicht lange an. Schon Anfang 1974 schrieb er ihm: »Als wir die Umgestaltung der *Welt* vornahmen, befürchtete ich zugleich die Entpolitisierung. Jetzt scheint mir ein Höhepunkt der Fahrlässigkeit gekommen zu sein.«[336] Die roten Zahlen blieben verheerend und wurden immer schlimmer. Ende Juli 1974 schätzte Verlagsleiter Adler den für 1974 zu erwartenden Verlust auf rund 40 Millionen D-Mark.[337] Selbst für ein reiches Haus wie Springers Zeitungsimperium war dies ein schlimmer Aderlass.

Auch Tamm wurde nun mit Vorwürfen überhäuft. »Ich mache mir Sorgen um die Zukunft meines Hauses«, bekam er von Springer zu hören, der wieder einmal in der Stimmung war, sich über alles und jeden zu beklagen. Beim Blick auf die Fehlinvestition in *Dialog* schimpfte er: »Ich möchte heraus aus einer Situation, in der ich nur zu entscheiden habe zwischen 50 Millionen Investition, 5 Millionen jährlichem Verlust oder Einstellung.«[338]

Wie kritisch die Dinge damals standen, zeigt ein langes Exposé, in dem der bereits mit Springer befreundete, aber noch nicht mit dem Haus verbundene Matthias Walden den ratlosen und auch verzagten Verleger zum Durchhalten ermutigte. Realistisch führte er ihm vor Augen: »Meiner festen Überzeugung nach müssen *Welt* und *WamS* gerettet werden. Eine Einstellung wäre ein so schwerer Autoritätsverlust des Verlages, ein solches Signal der Resignation, daß über die verheerenden politischen Auswirkungen hinaus auch der Verlagserfolg bei den anderen Publikationen des Hauses beeinträchtigt würde. Der Verlag hätte sein Profil verloren und mit ihm sein Gesicht. Es wäre wahrscheinlich der Anfang vom Ende.«[339] Aus der Tatsache, dass damals auch Verhandlungen über Teilverkäufe des Verlages liefen, lässt sich das Ausmaß der seinerzeitigen Resignation Springers ermessen.

Alle möglichen Optionen wurden geprüft: Verbleib in Hamburg, Entwicklung eines neuartigen Zeitungstyps nach dem Muster der *Financial Times* (in Zusammenarbeit mit dem *Wallstreet Journal*) oder ein neuer Zeitungstyp ähnlich dem konservativen *Daily Telegraph* in England.[340] Nun tauchte auch der Plan auf, die Redaktion der *Welt* von Hamburg nach Bonn zu verlegen. Peter

Tamm, Verlagsleiter Ernst Dietrich Adler und auch Herbert Kremp waren dafür. Kremp schickte Springer einen enthusiastischen Brief, in dem er die Vorzüge des Standorts Bonn herausstrich. *Die Welt* würde so zur »Hauptstadt-Tageszeitung«. In den kommenden zehn Jahren werde im Raum Bonn-Köln ein Ballungsgebiet von 10–12 Millionen Menschen entstehen. Außerdem sei man so den »kalifornischen Wachstumsregionen« der deutschen Wirtschaft nahe, also dem Rhein-Ruhr-Gebiet, dem Rhein-Main-Gebiet, dem Rhein-Neckar-Gebiet und dem Donau-Isar-Gebiet. Die Konzentration auf den Druckraum Essen helfe bei der Rationalisierung. Und der politische Einfluss der *Welt* würde wachsen, auch bei den Führungskräften und Zielgruppen des Landes.[341]

Widerstrebend gab der Verleger schließlich seine Zustimmung zu den Umzugsplänen. Eigentlich hätten alle Beteiligten wissen müssen, wie Springer zu Bonn stand. Als ihn Wolf Schneider bat, der Redaktion persönlich den Umzug bekannt zu geben (die Herren wären natürlich viel lieber bei ihren Segelbooten, Häusern, Familien oder Gespielinnen in Hamburg geblieben), diktierte Springer einen schwermütigen Brief, den er aber nicht absandte, sondern nur Peter Tamm und Claus Dieter Nagel vertraulich zur Kenntnis gab: »Die Hauptredaktion einer großen Zeitung von uns nach Bonn zu verlegen, bedeutet für mich in mancherlei Hinsicht den Abschied von der Lust an der Sache ...« »Resignation« sei das: »Hans Zehrers und Axel Springers *Welt* geht an den Rhein.« Damals rechnete er auch ziemlich sicher mit einem Presserechtsrahmengesetz und fügte hinzu: »Wie auch immer die Form geartet sein wird, sie bedeutet für mich den Abschied von einem bisher mit relativ glücklichem Erfolg betriebenen Beruf.«

Nachdem sich Springer für den Bonn-Umzug entschieden hatte, war der Verbleib Wolf Schneiders als Chefredakteur nur noch eine Frage der Zeit. Im November 1974 wurde er ziemlich unzeremoniell abgemeiert. Nach dem Gastspiel im Hause Springer ging er zu Gruner + Jahr zurück, machte als Verlagsleiter und Medienexperte weiter Karriere und wusste über seine Jahre bei Springer, vor allem aber über den Verleger, nur noch Kritisches zu berichten: »Gegen den Extremismus von rechts hatte er, um das Mindeste zu sagen, wenig einzuwenden. Als Chefredakteur der *Welt* 1973/74 bekam ich jedes Mal Ärger, wenn ich mich über die damals amtierenden mehr oder weniger faschistischen Regime kritisch geäußert hatte: über die griechischen Obristen, über Franco in Spanien, über Salazar in Portugal und über Pinochet in Chile ... Aus dem politischen Missionar mit noch akzeptablen Ansichten war in den siebziger Jahren ein Verblendeter geworden ... Er neigte zur Melancholie und scheute Entscheidungen ... Er war religiös bis über jene Grenzen hinaus, wo selbstquälerischer Mystizismus beginnt ... Woran werden sich die, die ihn kannten, erinnern? Viele wohl als an einen Charmeur mit wunder Seele, der zuviel Macht anhäufte und die Tugenden seiner Gründerjahre zu früh verlor.«[342]

Im Herbst 1974, als das Zwischenspiel mit Schneider zu Ende ging, ließ Springer erstmals die Idee prüfen, *Die Welt* an die erfolgreichere *Frankfurter Allgemeine* zu verkaufen. Das erste, streng vertrauliche Gespräch wurde am 22. Oktober 1974 in Berlin geführt. Das Haus Springer wurde durch Peter Tamm, Ernst Cramer und den Verlagsleiter der *Welt*, Ernst-Dietrich Adler, vertreten, der Verlag der *FAZ* durch Hans-Wolfgang Pfeifer und Reinhard Mundhenke. Wie in solchen Fällen üblich, tastete man sich anfangs beim Gespräch über eine Kooperation aneinander heran, begann aber dann bereits ernsthaft über ein »Zusammengehen« zu sprechen. Dass sich Springer bereits damals für das Aufgehen der *Welt* in der *FAZ* entschieden hatte, geht aus einer verlagsinternen Notiz für die Vorbereitung des kurz darauf folgenden zweiten Gesprächs klar hervor: »Verhandlungsziele AS: Kein sofortiger, sondern stufenweiser Verkauf. *Welt* soll noch zwei bis drei Jahre ... als selbständiger Titel erscheinen (Übergangsphase). Nach außen: Kooperation, kein Verkauf. – Nach der Übergangsphase muß Titel *Die Welt* als *FAZ*-Untertitel übernommen werden. – Übernahme von AS in die Gesellschafterversammlung der *FAZ* GmbH (neben Schneider, Muckel, Welter, Wirthle). – Übernahme eines Redaktionsmitgliedes der *Welt* in das *FAZ*-Herausgebergremium ... Eventuell Abgabe des Buchverlages Ullstein/Propyläen ...«

Angedacht war hier auch der »Abschluß eines Geheimvertrages mit *FAZ* des Inhalts, dass ASV AG nach Neuordnung der *Welt* und Umzug nach Bonn die *Welt*-Kosten drastisch herunterfährt und das Blatt Ende 1976/77 ... gegen Zahlung eines noch festzulegenden Betrags durch *FAZ* einstellt«. Dazu wurde vermerkt: »Außerordentlich problematisch für ASV AG im Hinblick auf *Welt*-Mitarbeiter, Betriebsrat.« Als Alternative war ein Optionsvertrag in der Überlegung.[343]

Bereits bei der zweiten Unterredung ließ Ernst Cramer die Katze aus dem Sack. Es sei die Meinung von Herrn Axel Springer, »der deutsche Markt werde auf lange Sicht vermutlich nur *ein* ›quality paper‹ tragen. Der freiheitlich konservative Gedanke würde möglicherweise besser von einem wirtschaftlich starken als von zwei finanziell schwachen Blättern vertreten, die in einem scharfen, möglicherweise sogar in einem Verdrängungswettbewerb miteinander stünden.« Auch die Vertreter der *FAZ* signalisierten prinzipielle Bereitschaft für ein »Zusammengehen«. Im Laufe dieser Unterredung gingen beide Seiten bereits stark ins komplizierte Detail.

Interessant war die Diskussion über die vier »Essentials« des Springer-Verlags. Die Auffassungen der *FAZ*-Gremien, so erbrachte dieser Teil des Gesprächs, und die Springers würden in diesem Punkt wohl nicht voll zur Deckung kommen. In der Ablehnung des politischen Totalitarismus und in der Verteidigung der sozialen Marktwirtschaft sahen die Verhandler der *FAZ* kein Problem. Sie gaben aber zu bedenken, dass die Wiederherstellung der deutschen Einheit in der *FAZ* »zwar ein Gesichtspunkt, aber kein Glaubenssatz« sei. Das Gleiche gelte für »das Herbeiführen einer Aussöhnung zwischen Juden und Deutschen« und für die »Unterstützung der Lebensrechte des israelischen Volkes«. Das Verhältnis der *Frankfurter Zeitung/FAZ* zum Judentum sei seit den Gründerjahren des Blattes ungebrochen, »so daß es für die Zeitung hier eines Glaubenssatzes nicht bedarf«. Tamm stellte abschließend fest, eine sofortige Lösung sei wohl unkomplizierter als eine Stufenlösung.[344]

Bei der fünf Tage später stattfindenden dritten Unterredung sprachen sich die Geschäftsführer der *FAZ* für eine »Ruck-Zuck-Lösung« aus. Jetzt ging es ans Eingemachte: die Bewertung der *Welt* und ihrer Verluste, die Ermittlung des Substanz- und Ertragswerts, die Probleme eines Sozialplans und eines möglichen Streiks, die vorzeitige Vertragsauflösung mit den Druckereien der *NRZ* sowie die kartellrechtlichen Risiken. Behutsam tastete man sich auch an den Kaufpreis heran. Mit großer Reserve äußerten sich *FAZ*-Manager zur Frage einer Aufnahme des Verlegers Axel Springer in das oberste Gremium, die Gesellschafterversammlung der *FAZ*-

GmbH. Dringend bat Peter Tamm darum, doch unbedingt die Vertraulichkeit zu wahren und noch keine Gespräche mit den *FAZ*-Herausgebern zu führen.[345]

Eine Woche nach diesem Gespräch wurde Chefredakteur Wolf Schneider von Springer abgesetzt – auch dies ein Signal an die *FAZ*, dass rasche Entscheidungen bevorstünden. Zu Beginn der vierten Unterredung am 12. Dezember stellte Tamm fest, das Haus befinde sich in zunehmendem Zugzwang und müsse bis Ende 1974 Klarheit haben. Die Springer-Herren rückten nun mit ihren Preisvorstellungen heraus: Die Aufwendungen der ASV AG würden sich bei einem Verkauf auf 60 Millionen belaufen. Ein Angebot der *FAZ* unter dieser Summe wäre ein Verlust. Hans-Wolfgang Pfeifer stellte dazu fest: »In dieser Größenordnung können wir uns das schlichtweg nicht leisten«, und bot 15 Millionen bei Übernahme der *Welt*. Dann entwickelte er das Schema der Bewertung nach einem Jahr durch einen neutralen Dritten mit einer gewissen Nachzahlung. Mehr als drei Millionen zusätzlich seien aber wohl nicht drin. Damit befand man sich erst einmal in einer Sackgasse.

Im Spätherbst 1974 scheiterten die Verhandlungen also in erster Linie am Kaufpreis. Springer entschied sich nun zur Einsetzung einer neuen Redaktionsspitze. Seitdem Claus Jacobi, einstmals Chefredakteur des *Spiegel*, definitiv zu Springer gestoßen war, betrachtete der Verleger ihn als eines der besten Pferde im Stall. Er entschied sich nun dafür, Kremp und Jacobi als Chefredakteure einzusetzen,[346] die das Blatt behutsam modernisieren sollten. Jacobi drängte bei dieser Gelegenheit darauf, Springers Ältesten als Mitglied der Chefredaktion unter seine Fittiche zu nehmen. Axel Springer bequemte sich seinerseits, zu einem Empfang der *Welt* nach Bonn zu reisen, hielt dort aber eine befremdliche Ansprache. Die versammelte Prominenz bekam vor allem von ihm zu hören, wie bedauerlich es sei, dass *Die Welt* nicht in der »wahren deutschen Hauptstadt« Berlin ihren Sitz nehmen könne. Bonn sei nur »das derzeitige politische Zentrum des Geschehens in unserem Lande«.[347]

Allem Anschein nach hatte der Bonn-Umzug die emotionale Beziehung Springers zur *Welt* stark abgekühlt. Dazu kamen die weiterhin steigenden Verluste. Während des gesamten Jahres 1975 gingen regelmäßig rügende Briefe bei der Chefredaktion ein – deutliches Indiz dafür, dass sich wieder etwas zusammenbraute. Die *FAZ* hatte *Die Welt* eindeutig überholt. Im dritten Quartal 1975 lag ihr Abonnentenstamm bei 240 747, derjenige der *Welt* bei 174 467. Etwas günstiger sah es bei den Gesamtverkaufszahlen aus: 287 007 Exemplare bei der *FAZ*, 231 095 bei der *Welt*. Im September 1975 meldete sich zu Springers Erleichterung die *Frankfurter Allgemeine* wieder.[348] Die Entscheidung zur Wiederaufnahme der Verkaufsverhandlungen blieb aber weiterhin in der Schwebe. Erst als Ende 1975 ein besonders beunruhigender Jahresabschluss der *Welt*-Gruppe vorlag, entschloss sich der Verleger, keine halben Maßnahmen mehr zuzulassen.

Am 24. Januar 1976 stand das Thema Verkauf an die *FAZ* auf der Tagesordnung des leitenden Managements im Hamburger Verlagshaus. Der Verlagsleiter Ernst-Dietrich Adler, entschlossen, bis zur letzten Patrone für den Bestand seiner Zeitung zu kämpfen, begann die entscheidende Besprechung im Büro von Peter Tamm mit der Frage, unter welchen Voraussetzungen Verleger und Vorstand *Die Welt* weiterführen würden. Tamms Antwort war kurz und knapp: »Unter keinen.« Der Umzug nach Bonn habe keine Auflagesteigerungen gebracht. Die Sparprogramme würden nichts ändern. Politische Erwägungen könne man vergessen. Selbst bei einem Wahlsieg von CDU/CSU im Oktober 1976 werde sich die neue Regierung eher auf die *FAZ* stützen und nicht auf »das Springer-Blatt *Welt*«. Die Verluste seien für die ASV AG untragbar und gefährdeten das Gesamthaus. Der Verleger habe entschieden, dass es jetzt nur noch um den Ablauf der Maßnahmen gehe. Die Chefredaktion war immer noch nicht eingeweiht. Springer ließ Kremp nur vage und düster wissen: »Ich möchte nicht unter den Trümmern meines Hauses begraben werden.«[349]

Das Verkaufsprojekt gewann jetzt ein atemberaubendes Tempo. Am 28. Januar billigte Springer das elfseitige Verkaufskonzept.[350] Der Kaufpreis konnte gegenüber den Verhandlungen von Ende 1974 geringfügig verbessert werden. Der Vertragsentwurf sah jetzt den Betrag von 18 416 000 D-Mark vor, zuzüglich Mehrwertsteuer, zahlbar bei Unterzeichnung.[351] Als Einstellungstermin für *Die Welt* wurde ein Zeitraum von sechs Tagen nach Vertragsunterzeichnung vorgesehen, frühestens Mitte März 1976.

Doch beim Blick auf die weiterhin gebotene Geheimhaltung

drängte jetzt alles zu höchster Eile. Inzwischen waren die sechs Herausgeber der *FAZ* eingeweiht. In dem Springer vorgelegten und von ihm abgezeichneten Drehbuch wurde realistisch darauf verwiesen, dass die *FAZ* bei einer Indiskretion keinerlei Risiko laufen würde: »Der Nachteil läge allein bei der *Welt*. Hier würden innerhalb kurzer Zeit Auflösungserscheinungen auftreten, so daß sie kaum mehr gehalten werden kann.«[352] Auch kartellrechtliche Schwierigkeiten könnten auftreten. Bei einem Einspruch des Bundeskartellamts hätte Springer die gesamte Kaufsumme zurückzuzahlen. Besonders gravierend, so stand in dem Drehbuch, seien die Rückwirkungen auf die traditionsreiche Druckerei in der Sachsenstraße, Essen. Seit dem Ersterscheinen der *Welt* am 12. Juli 1946 war ein Teil der Auflage dort gedruckt worden.[353] 780 Mitarbeiter müssten dort entlassen werden. Immerhin gebe es Möglichkeiten, einen Großteil der Belegschaft anderswo unterzubringen. Doch der Schock einer derart abrupten Einstellung könnte unkalkulierbare Reaktionen in den Druckereien des Konzerns auslösen (»go slow, Arbeitsniederlegungen bis hin zu wilden Streiks«). Solidaritätsaktionen würden dann möglicherweise andere Objekte gefährden, vor allem die *Bild*-Zeitung. Auch das Risiko von Schadensersatzleistungen bliebe bestehen. Im politischen Raum wäre eine denkbare Folge die Forderung nach Redaktionsstatuten und Wegfall des Tendenzschutzes. Zu erwarten seien auch schmerzhafte Einmalkosten: rund 43 Millionen wären für Abfindungen und anderes aufzubringen und weitere sieben Millionen für Schadensersatzleistungen. Rechnete man den von der *FAZ* aufzubringenden Kaufpreis dagegen, so sei wohl ein Verlust von 31 Millionen zu erwarten.

Doch Springer war entschlossen, das alles in Kauf zu nehmen. Bereits am 30. Januar trafen sich die Verhandlungsleiter von *Welt* und *FAZ* im »Frankfurter Hof«. Die Emissäre Springers verhandelten auf Grundlage des detaillierten Memos, auf das Springer zwei Tage zuvor seine Paraphe AS gesetzt hatte.[354] Bei einer Ostindischen Schwalbennestsuppe, einem Filetsteak Gabestou und einem Soufflé Grand Marnier wurde ein Verkaufsvorhaben fast unterschriftsreif gemacht, das die Zeitungslandschaft der überregionalen Tagespresse bis in die Grundfesten erschüttert hätte, wäre es vollzogen worden. Die Vertragsunterzeichnung wurde nun um einen Monat vorgezogen, um nicht noch im allerletzten Moment die

Geheimhaltung zu gefährden. Der Ablaufplan sah vor, am 2. Februar beiderseits zahlreiche Fachleute hinzuzuziehen, um den technischen Übergang zu organisieren. Am 4. Februar sollte das Informationsmaterial verabschiedet werden. Eine Verlagsverlautbarung würde detailliert begründen, warum die ungünstige Konjunktur, strukturelle Schwierigkeiten und hohe Verluste den Verkauf erzwungen hätten.[355] Für den 6. Februar war die Vertragsunterzeichnung vorgesehen. Die Bombe würde am 9. Februar platzen. Erst dann sollten die Gespräche mit den Redaktionen und den Betriebsräten beginnen.

Auch ein persönlicher Brief Springers an die Mitarbeiterinnen und Mitarbeiter der *Welt* lag bereits zur Verteilung bereit. Der entscheidende Satz lautete: »Mit ihrer Ausgabe vom Dienstag, dem 10. Februar 1976, hört *Die Welt* auf, eine selbständige Tageszeitung zu sein. Am Mittwoch geht sie in der *Frankfurter Allgemeinen Zeitung* auf, die fortan auch den Untertitel *Die Welt* führen wird.« Schuld seien allein die seit zehn Jahren anhaltenden roten Zahlen der *Welt*: »1973 verlor die *Welt* bei einem Umsatz von 84 Millionen Mark 17 Millionen; 1974 waren es bei 78 Millionen Mark Umsatz 27 Millionen; und 1975 erreichte der Verlust bei 73 Millionen Mark Umsatz die Rekordhöhe von 29 Millionen.« Von einer Kapitulation könne und dürfe man nicht reden. Der Vorgang sei vielmehr eine freie Vereinbarung, »eine Vernunftlösung«. Die tieferen Gründe seien in dem Standortnachteil der *Welt* zu suchen, »manche nennen es den ›Geburtsfehler‹ der *Welt*«. Von der britischen Besatzungsmacht gegründet, sei die *Welt* anfangs als »norddeutsche Zeitung« gegründet worden. Die Konzeption einer »Hauptstadtzeitung« hätte sich nicht verwirklichen lassen, »als für Berlin in immer weitere Ferne rückte, was seine natürliche Funktion ist: deutsche Hauptstadt«. Demgegenüber habe es die *Frankfurter Allgemeine Zeitung* in vieler Hinsicht leichter gehabt, »weil sie günstig angesiedelt war« im wirtschaftlichen und geographischen Zentrum von Westdeutschland. In diesem Entwurf versprach Springer den Verlagsangestellten, die bedrückenden Härten durch verlagsinterne Maßnahmen möglichst zu mildern, fügte aber realistisch hinzu: »mit Sicherheit leider nicht für alle«.

Die Operation lief an. Am 4. Februar suchte der Verlagsleiter Adler in einem letzten, düsteren Memo den fahrenden Zug aufzuhalten. Seine Hauptargumente: »Wir sind äußerst erpreßbar. – Wir handeln uns die Gegnerschaft der Belegschaft ein. – Wenn unsere Objekte nur eine Woche nicht erschienen, würde dies zu einem Umsatzausfall von ca. 20 Mio. führen, wobei fast alle Kosten erhalten blieben.« Fazit: »Es ist abzuwägen zwischen den DM 19 Mio. für die Einstellung und den aufgezeigten Risiken.«[356] Das war einer von mehreren Rettungsversuchen.

Gemäß dem Ablaufplan sollten Peter Tamm und Ernst Cramer zur Vertragsunterzeichnung nach Frankfurt fliegen. Der fertige Vertrag, auf dem nur noch die Unterschrift fehlte, trug das Datum des 6. Februar 1976. Doch am Abend zuvor warf Springer das Steuer abrupt herum. Ernst Cramer gegenüber begründete er seinen Sinneswandel mit den Worten: »Wenn wir *Die Welt* nicht mehr haben, bin ich nichts weiter als der *BILD*-Verleger; alles andere zählt nicht.«[357] Offenbar dämmerte ihm erst kurz vor dem Abgrund, auf welchen katastrophalen Plan er sich eingelassen hatte. Seine Rolle als politischer Verleger hatte 1953 mit dem Kauf der *Welt* begonnen. Mit dem spektakulären Verkauf wäre sie sichtlich zu Ende gewesen. Seine zahlreichen Gegner hätten ein Triumphgeheul angestimmt. Zugleich hätte der »Ruck-Zuck-Verkauf« durch den bisher auf seine Fürsorglichkeit so stolzen Verleger beim mittleren Management, bei den Arbeitern und bei den Angestellten der »Springer-Familie« unheilbare Wunden hinterlassen. So flogen Tamm und Cramer wie vereinbart nach Frankfurt, doch statt den Vertrag zu unterzeichnen, mussten sie mitteilen, dass die ganze Aktion abgeblasen sei.

Entschuldigend schrieb Springer selbst an Professor Ernst Schneider, den Vorsitzenden der Gesellschafterversammlung der *FAZ* GmbH: »Die politischen und geschäftlichen Gefahren – mit möglicherweise katastrophalen Folgen –, die sich plötzlich unabwendbar auftaten, glaubten meine führenden Leute nicht in Kauf nehmen zu können. Ich mußte mich überzeugen lassen, daß eine Aussetzung des Vertragsabschlusses eine lebensnotwendige Sache war.«[358]

Erstaunlich bei diesen sich lange hinziehenden Verkaufskampagnen war und blieb der Umstand, dass sowohl im Hause Springer wie auch bei der *FAZ* die Geheimhaltung funktionierte. Mehr als unspezifizierbare Gerüchte gelangte nicht an die Öffentlichkeit.

Offenbar hatte Springer es bei der *FAZ* mit Gentlemen zu tun. Eine gezielt gestreute Indiskretion über das ziemlich unglaubliche Vorhaben hätte das ohnehin in schwerer See stampfende Springer-Flaggschiff versenkt und der erfolgreichen Konkurrentin Nutzen gebracht. Das Vorhaben blieb unter der Decke. Bei der großen Abschiedsfeier für den Verlagsleiter Adler, als dieser 1990 in den Ruhestand ging, kam Peter Tamm nur andeutungsweise auf die dramatischen Wochen im Januar und Anfang Februar 1976 zu sprechen: »Wir verdanken es vor allem dir, daß *Die Welt* heute noch zu unserem Haus gehört.« Und in dem Nachruf auf Ernst-Dietrich Adler in der *Welt* vom 13. April 2007 erinnerte Gernot Facius daran, dass Adler bei dem Philosophen Max Horkheimer einen Hinweis darauf gefunden habe, wie der ideale Verlagsmanager aussehen soll: »Wir müssen theoretische Pessimisten und praktische Optimisten sein. Wir müssen das Schlimme befürchten und das Beste versuchen.«[359] Der Ausspruch bekundet, welche Empfindungen das Top-Management Springers beim Blick auf die 19. Etage in der Kochstraße bewegten. Der Chefredakteur der *Welt*, Herbert Kremp, kommentierte den Vorgang in einem Brief an Peter Tamm kurz und knapp mit den Worten: »Die Sache mit der *FAZ* hat mich schon getroffen, wiewohl Soldatenlos.«[360]

In der Folge schrieb somit *Die Welt* weiterhin »rote Zahlen«. Springer unternahm nach wie vor periodische Anläufe, das Blatt durch unterschiedlichste Arten der Umgestaltung attraktiver zu machen, wechselte die Chefredakteure aus und akzeptierte seufzend die Defizite. Immerhin bewiesen die folgenden Jahre, dass der Verkauf tatsächlich nicht nötig gewesen wäre. Die Verluste konnten mitgeschleppt und durch die Erträge anderer Zeitungen ausgeglichen werden. Dass Springer aber einige Jahre lang ernsthaft erwog, *Die Welt* zu verkaufen oder ihr Erscheinen notfalls einzustellen, ist ein sicheres Indiz dafür, wie sehr er sich innerlich von seinen einstmals geliebten Zeitungen entfernt hatte. Im entscheidenden Moment riss er sich zwar wieder am Riemen, doch Jahr für Jahr zog es ihn stärker fort vom Kommandostand des Mammutverlages: nach dem schönen Landsitz Schierensee, auf die Jacht im Mittelmeer, in die Schweiz, nach Israel und nach Patmos.

Ruhelosigkeit: Springers Wohnsitze

»Weshalb die Amerikaner inmitten ihres Wohlstandes so ruhelos sind.« So lautet ein Kapitel in Tocquevilles *Über die Demokratie in Amerika.*[361] Man hat den Eindruck, als hätte der Verfasser Springer vor Augen gehabt: »Er lässt sich an einem Ort nieder und fährt bald danach weg, um mit seinen gewandelten Wünschen anderswohin zu ziehen. Wenn seine Privatgeschäfte ihm etwas Ruhe lassen, so stürzt er sich alsbald in den Wirbel der Politik. Und bleibt ihm am Abschluß eines mit Arbeit ausgefüllten Jahres noch etwas Muße, so führt er seine unruhige Neugier ... dahin und dorthin spazieren. So wird er in wenig Tagen fünfhundert Meilen zurücklegen, nur um sich besser von seinem Glück abzulenken.«

Axel Springer ein moderner Amerikaner? In manchem schon. Wie zuvor bereits rotierte er auch in den siebziger und achtziger Jahren rastlos von Wohnsitz zu Wohnsitz, zerrissen zwischen dem Konzern, seinen Zeitungen, der Politik und dem unerfüllbaren Traum, eine völlig private Existenz führen zu können.

Die rasch vollzogenen, nur dem engsten Kreis vorangekündigten Wohnungswechsel hatten auch mit den Gefährdungen des »roten Jahrzehnts« zu tun. Diese begannen früh und hielten nach dem »deutschen Herbst« 1977 weiter an. Springer hatte erst das Schicksal von Jürgen Ponto, dann des unglücklichen Hanns-Martin Schleyer vor Augen, und weil auch er sich im Visier der RAF befand, konnte er keinen Schritt mehr ohne Leibwächter tun. Ständig wurden irgendwelche Drohbriefe abgegeben. Springer fürchtete vor allem auch Anschläge auf Friede Riewerts oder Entführungen seines Sohnes Nicolaus oder der Enkel. Wer die detaillierten Anweisungen für die Sicherheitsmaßnahmen der einzelnen Wohnsitze oder bei Reisen studiert, die Claus Dieter Nagel und P. C. (= Paul Carell) koordinierten, der kann nachvollziehen, wie exponiert Springer sich in seinen letzten 15 Lebensjahren fühlte.

Schon als er noch auf dem Falkenstein wohnte, wurden für die Fahrt zwischen diesem Wohnsitz und dem Verlag bis zu viermal in der Woche die Autorouten und die Fahrzeuge gewechselt. Der Zugang zu Springers Privaträumen neben dem Büro in der 12. Etage der Kaiser-Wilhelm-Straße wurde vermauert. Auch die Hochscheiben an der Hamburger Zeitungsdruckerei wurden durch Zementwände ersetzt, weil ein Steinwurf die Produktion stoppen könnte. Genauso scharf waren die Sicherheitsvorkehrungen in Berlin. Grundsätzlich fuhr Springer in der Kochstraße nur am Hintereingang vor. Auch Schierensee war gesichert wie der Landsitz eines amerikanischen oder französischen Präsidenten: schussfestes Panzerglas, sensorgespickte Zäune, überall Alarmanlagen. Überhaupt: kein Schritt im Inland oder im Ausland ohne schwerbewaffnete Leibwächer.

Gewiss, man gewöhnt sich an alles. Aber die Drohung, jede Minute ausgelöscht zu werden, lässt auch Hartgesottene nicht ganz unberührt, und Springer war keiner von den Hartgesottenen. Christian Kracht, der den munteren Springer der fünfziger Jahre gekannt hatte, später die Anfänge der Gefährdung bis 1970 registrierte und dann erneut 1980 bis 1983 den immer noch bedrohten Verleger erlebte, meint rückblickend: »Axel Springer wurde ein anderer, und für mich wurden viele Erscheinungen an seinem veränderten Charakter selbstverständlich.«[362]

Wenn sich in diesem letzten langen Lebensabschnitt unablässig Todesgedanken durch Springers umfangreiche Privatkorrespondenz zogen, so hatte das auch damit zu tun und nicht nur mit seinen Jenseitsvorstellungen, in die er sich immer mehr einspann. Doch zweifellos war es auch seine nunmehr fast alles dominierende christliche Spiritualität, die Springer unablässig an heilige Stätten trieb, wenngleich nicht auf Pilgersandalen, sondern im Privatjet oder mit dem Hubschrauber. Aber auch sein Gesundheitszustand zwang ihn zu permanenten Ortswechseln.

Immerhin gelang es Springer seit den frühen siebziger Jahren, einen gewissen Rhythmus in seine Rastlosigkeit zu bringen. Das Hauptverdienst daran hatte Friede Riewerts. Schon lange vor der formellen Eheschließung Ende 1977 übernahm sie die alles andere als einfache Aufgabe, sein Privatleben zu organisieren. Sie begriff, dass die Ruhelosigkeit Springers anlagebedingt war. Aber Verstetigung war möglich.

Die Städte, in denen Springer feste Wohnsitze besaß und auch geschäftlich anwesend sein musste, waren Hamburg und Berlin. Zu Hause fühlte er sich wie bisher auch weiterhin in Kampen auf Sylt und in Klosters in der Bergwelt Graubündens. Dazu kamen neue Wohnsitze: Schloss Schierensee unweit von Kiel, ein Penthouse in Jerusalem und sein *buon retiro* auf der abgeschiedenen griechischen Insel Patmos.

Im Jahr 1968 kaufte er eine elegante, klassizistisch inspirierte Stadtvilla mit fünf Etagen und schöner Dachterrasse am Hamburger Neuen Jungfernstieg. Es war eine Traumlage an der Binnenalster. Springers Herz hing aber nicht an diesem Haus, auch nicht mehr an Hamburg, aber unter funktionalen Aspekten war diese 600-Quadratmeter-Villa ideal gelegen: Ein paar Schritte nur, und man befand sich im »Vier Jahreszeiten«. Seitdem er in den dreißiger Jahren von Altona kommend erstmals in Hamburg aufgekreuzt war, war das Springers Lieblingshotel in Hamburg, für Geschäftsessen ebenso geeignet wie für abendliche Zusammenkünfte mit Freunden. Eigentlich konnte man vom Neuen Jungfernstieg aus auch unschwer zu Fuß in die Springer-Zentrale an der Kaiser-Wilhelm-Straße gelangen. Die Attentatsgefahr ließ das aber nicht mehr zu. Jetzt mussten selbst kleinste Distanzen im gepanzerten Mercedes zurückgelegt werden.

In dem einstmals geliebten Wohnsitz hoch auf dem Falkenstein fühlte Springer sich nicht mehr wohl. Das parkartige Grundstück mit dem Haus am Grotiusweg erinnerte ihn nur noch an die missglückten Ehen und viel Unangenehmes. Springer ließ die dortigen Häuser leer stehen. Seine Bemühungen, die 90 000 Quadratmeter zu parzellieren und günstig zu verkaufen, scheiterten am Hamburger Denkmalsamt. 1980, als er aufgrund des Freitods von Sven Simon Kummer genug hatte, ärgerte man ihn zudem noch mit einer Kampagne, weil er das dortige Haus Michaelsen angeblich verfallen ließ. Es war herrlich über der Elbe gelegen und in den zwanziger Jahren von dem renommierten Architekten Karl Schneider im Stil der damaligen Moderne erbaut worden. Schließlich machte Springer kurzen Prozess und schenkte der Stadt Hamburg das gesamte Gelände, mit der Auflage, daraus den Sven-Simon-Park zu machen. Als selbst dieses großzügige Geschenk seitens der Linken in der Bürgerschaft zu kritischen Anfragen führte,[363] verleidete ihm das Hamburg noch mehr.

In Berlin gefiel es ihm jetzt am besten auf der abgeschiedenen Prominenten-Insel Schwanenwerder. Er beglückwünschte sich im Nachhinein immer wieder, dass er das dortige Grundstück ausgerechnet am 13. August 1961 entdeckt hatte, als er zu Beginn der

Sperrmaßnahmen mit Peter Boenisch zusammen kreuz und quer durch die Stadt gefahren war. Ein paar Tage später hatte er es gekauft. Der im Stil der sechziger Jahre allseits verglaste, im Grünen erbaute Bungalow ließ sich aber nicht gegen Attentate sichern, sodass die Sicherheitsfachleute Anfang der siebziger Jahre entschieden abrieten, weiter darin zu wohnen. So ließ sich Springer dazu bewegen, dort ein großes, stattliches, auch mit allen Schikanen modernster Sicherheitstechnik ausgestattetes Landhaus zu errichten. Von welchen Träumen er sich dabei leiten ließ, hat er selbst in einem Brief aus dem Jahr 1978 skizziert: »Zu neuen Ufern: an die Havel, 8 km von Potsdam! Dort entsteht ein Haus, von dem ich hoffe, daß es schön sein wird. Möbel des 18. Jahrhunderts aus Berlin, Potsdam, Dresden. Bilder von den Malern der großen Könige, der Klassizistik, des Impressionismus, des Expressionismus bis hin zur Moderne. Leistikows, viele Lesser Urys, Pechsteins. Munch in seinen Berliner Jahren. – Berliner Silber, Fayencen, Porzellane um 1750 und früher. Und alles Schöne aus der Bernadotte-Straße. Alles, was ich an Sammlungen zerstreut in Deutschland habe, wird hier zusammengeführt. Eine Nationalstiftung im kleinsten, weil es ja doch keine geben wird. Es dauert noch ein Jahr ...«[364]

Die knappen Sätze zeigen manches. Springer verstand sich als ein Sammler, der zugleich daran dachte, seine Schätze irgendwann und irgendwie einer breiteren Öffentlichkeit zugänglich zu machen. Sein Kunstgeschmack war stark auf die Jahrzehnte des Rokoko und des Klassizismus fixiert, mit einigen Lieblingen aus den Jahren des Impressionismus und der klassischen Moderne. Und natürlich: Seine Sammlung sollte das Beste vereinen, was das alte Berlin zu bieten hatte. Springer nannte das schlossartige Haus, in dem er sich geborgen fühlte, »Tranquillitati«, frei übersetzt »Mein Ruheort«. Der lateinische Name kam von Schloss Schierensee. Dort war einstmals ein hübscher Pavillon namens »Tranquillitati« eine Zierde des Schlossparks gewesen.[365]

Als »Tranquillitati« fertig war, konnte Springer übrigens der Versuchung nicht widerstehen, das nur acht Kilometer Luftlinie entfernte Potsdam zu besuchen. Vorbereitung und Durchführung dieser Nostalgie-Reise im geteilten Deutschland haben in den Stasi-Akten eine breite Spur hinterlassen.[366] Im Mai 1980 fuhr er zusammen mit seiner Frau nach Potsdam und Sanssouci. Dabei interessierten ihn weniger die Bauten als »die mit offenem Hemd auftretenden, gleichgemachten Menschen« und Gruppen von »kleingewachsenen russischen Fliegeroffizieren«. Melancholisch resümierte er seine Eindrücke: »Die Trauer, die über allem liegt, ist kaum zu beschreiben. Wir halten uns immer nur bei dem Thema der materiellen Bedürftigkeit auf. Dabei ist die Freiheit ja doch das Allerwichtigste.«[367] Nach dem Mauerbau war dies sein einziger Besuch in der DDR.

Springers glänzendster Aufenthaltsort jedoch war Schloss Schierensee. Wen er dort empfing, der mag mit dem Gedanken geschieden sein: Auf dem Falkenstein hat der »Mammutverleger« wie ein Lord residiert, jetzt gibt er den Fürsten! Springer hatte den ziemlich heruntergekommenen Landsitz im Oktober 1968 gekauft, für acht Millionen Mark, wie alsbald etwas hämisch im *Spiegel* zu lesen war.[368] Lebensgeschichtlich haben ihn verschiedene Motive zu dem Kauf bewegt. Ende 1968, das waren die Monate, in denen ihm sein ganzer Konzern verleidet war, sodass er Christian Kracht beauftragte, alles für eine Milliarde zu verkaufen. Der Gedanke war somit naheliegend, sich einen stattlichen Ruhesitz einzurichten, fern von allem Ärger. Von der Idee eines Totalverkaufs war er zwar dann, wie geschildert, rasch abgekommen, doch der Gedanke war geblieben, wenigstens einen Teil des Konzerns mit einem verlässlichen Partner zu teilen, um sich nach ein paar Jahren ganz zurückzuziehen.

Zugleich war er 1968 zunehmend davon überzeugt, nach einer langen Abfolge gescheiterter Ehen und Liebschaften mit Friede Riewerts ein dauerhafte Beziehung aufbauen zu können. Nach Lage der Dinge schien das überhaupt nur fern von den bösen Zungen in Hamburg und Berlin möglich. Die Tatsache, dass er das schön gelegene Anwesen mit ihr zusammen erstmals besichtigte und sie dann um die Bauüberwachung bat, stützt diese Annahme. Der Ausbau dauerte mehr als drei Jahre. Dabei kam noch ein weiterer Faktor hinzu. Schon beim Kauf war Berlin politisch ein heißes Pflaster gewesen. Nun plagten Springer die großen Zweifel, ob West-Berlin als Ergebnis der »neuen Ostpolitik« nicht mittelfristig direkt oder verhüllt in die Hände der SED fallen würde. Trotz des Berlin-Enthusiasmus, der weiterhin echt war und zu dem er sich immer wieder zwang, wenngleich er die Berliner Wirklichkeit als »unappetitlich«[369] empfand, wollte er doch einen Wohnsitz im Bundesgebiet vorbereiten – keine Fluchtburg, sondern ein stilvolles, behagliches und gut gesichertes Schloss.

In den Monaten und Jahren, als ihm der Konzern ziemlich verleidet war, kam auch noch hinzu, dass er hier als Bauherr etwas Sichtbares, Schönes, Sinnvolles gestalten konnte. Als Verleger hatte er zeitlebens neue Aufgaben angepackt, sie konzipiert, finanziert und überwacht. So ging er auch diesmal zu Werke. Wie gewohnt, stützte er sich auf Experten, während der Bauarbeiten auf den Hamburger Innenarchitekten Eduard Brinkama und den Architekten P. Jebbens-Fresenius, später auf den Kunsthistoriker Henrik Lungagnini als Kustos der Sammlungen. Um selbst alles genauestens zu verstehen, verschlang er gleichzeitig in schlaflosen Nächten Unmengen einschlägiger Bücher, Prospekte oder Bauzeichnungen. Ebenso wie die originalgetreue Wiederherstellung des Schlosses und die Neuanlage des Gartens faszinierte ihn die Aufgabe einer partiell neuen Möblierung und Ausstattung.

Springer war ein autodidaktischer, eben deshalb leidenschaftlicher Sammler. »Ein gewisser Höhepunkt meiner Sammlertätigkeit ist Schierensee«, liest man in einem seiner zahllosen Briefe.[370] Er sammelte alte Möbel, er sammelte Bilder, aber sein liebstes Hobby war das Sammeln von Fayencen aus Schleswig-Holstein, Dänemark, Norwegen und Schweden. Es glückte ihm, in Kopenhagen und anderswo größere Sammlungen aufzukaufen. Die edlen Gefäße, zu guter Letzt etwa 750 an der Zahl, passten genau zu dem Schloss,[371] das der schleswig-holsteinische Diplomat Caspar von Saldern in den siebziger und achtziger Jahren des 18. Jahrhunderts erbaut hatte. Springer versenkte sich in die Biographie dieses Diplomaten und Grundherrn aus einer Zeit, als Dänemark, Norwegen und Schleswig-Holstein (Altona mit inbegriffen) zur dänischen Krone gehört hatten. Von Saldern stand zeitweilig in russischen Diensten, hatte in dieser Funktion auch mit Friedrich dem Großen zu verhandeln und sich dann, ähnlich wie Springer vorübergehend im Jahr 1968, enttäuscht von der großen Politik abgewandt, um sich allein dem Bauen zu widmen. Dass der umkämpfte Springer sich zeitweilig mit diesem Vorbesitzer identifizierte, versteht sich.

Die Restaurierung und Einrichtung von Schierensee, auch Springers Sammlerleidenschaft, müssen somit als Versuch verstanden werden, dem aus seiner Sicht höchst unerfreulichen letzten Drittel des 20. Jahrhunderts wenigstens zeitweilig zu entfliehen. »Ich habe mir, manchmal fast ein bißchen aus Verzweiflung, die Liebe zum Schönen bisher immer erhalten können«, schrieb er in diesen Schierensee-Jahren an den Freiburger Staatsrechtslehrer Joseph Kaiser.[372] Die unsteuerbare technologische Entwicklung (vor allem die Atombombe) ängstigte ihn genauso wie die unsteuerbare Weltpolitik. So schuf er sich in Schierensee ein künstliches Paradies im Stil der vorrevolutionären Jahrzehnte des späten 18. Jahrhunderts. Schierensee war sein schleswig-holsteinisches Arkadien, die Villa auf Schwanenwerder später sein preußisches Arkadien.

Ende 1972 war schließlich alles fertig. Von nun an war Schierensee für Springer der Ort, an dem er sich im Jahresverlauf am häufigsten aufhielt, besonders in den siebziger Jahren. Wie einstmals der Adel verbrachte auch er die gute Jahreszeit gern in der Frische seines Landsitzes. Die Wintermonate waren für Berlin reserviert, im Frühjahr und im Herbst zog es ihn in die Berge, manchmal noch nach Sylt und so oft wie möglich nach Israel. Gelegentlich nutzte er Schierensee für Blaulicht-Empfänge oder veranstaltete Konzerte für Gäste, die ihm nahestanden. In der Regel lud er aber nur Persönlichkeiten hierher ein, mit denen er sich politisch oder religiös auf der gleichen Wellenlänge wusste. Der große Nimrod Sven Simon durfte das Gut bejagen. Die gute alte Freundin Mary Lahmann aus fernen Hamburger Tagen und Ernst Gabel bewirtschafteten das große Anwesen. Am liebsten war es ihm, in Gesellschaft von Friede lange Wochenenden oder ganze Wochen hier allein zu verbringen, selbstverständlich im Dauerkontakt mit den Stallwachen in der Berliner Direktionsetage. Auch seine leichteren oder schwereren Krankheiten kurierte er nach Möglichkeit hier aus.

Doch ruhelos war und blieb er auch als Schlossherr von Schierensee. Immer noch zog es ihn nach Sylt. Im Klenderhof pflegte er mit den Verlagsspitzen Strategiesitzungen abzuhalten. Das Gebäude fiel allerdings im Jahr 1973 einem terroristischen Brandanschlag zum Opfer. Springer ließ es alsbald wieder aufbauen. Ganz sicher fühlte er sich hier aber nicht mehr. Für seinen jetzigen Geschmack lief ihm nun auf Sylt auch zu viel Hamburger Society herum – Verleger, Top-Journalisten, Exfreundinnen. Doch nach wie vor war es praktisch, sich hier zwanglos über Geschäfte zu unterhalten und von den Vorhaben der Konkurrenz zu erfahren. Auch sein Sohn Axel, längst unter seinem »Künstler-Namen« Sven Simon bekannt, mit dem er sich in den siebziger Jahren besser verstand, betrachtete Sylt als seine Lieblingsinsel. Je weiter sich Springer jedoch geistig von Hamburg entfernte, umso geringer wurde auch die Attraktivität von Sylt. Nachdem sich sein Sohn Anfang Januar 1980 ausgerechnet nach der Rückkehr von einem Weihnachtsurlaub auf Sylt erschossen hatte, verfolgten ihn dort auf Schritt und Tritt schmerzliche Erinnerungen, sodass ihm die einstmals geliebte Insel immer ferner rückte.

Vergleichsweise oft reiste er auch in den siebziger Jahren und danach bis in seine letzten Wochen in die Schweiz. Das Gebirgsklima bekam ihm. Zudem war in der Schweiz vieles in Reichweite, was er brauchte: Ärzte und Kliniken in Zürich und Vevey; das »Grand Hotel Dolder« in Zürich, das sich für diskrete Besprechungen eignete; die Privatschulen in Graubünden, wo sich erst Sohn Nicolaus, dann sein Enkel, Axel Sven Springer (der Sohn Sven Simons), aufhielten; und nicht zu vergessen Walter Blüchert – ganz Freund und ganz Geschäftsmann. Am liebsten hielt Springer sich seit 1980 auf der Fuxfarm in Klosters auf. Das ganz und gar nicht fürstlich dimensionierte Chalet entsprach seinen zunehmend genügsameren Neigungen. Nach vorangegangenem ausgiebigem Daseinsgenuss entdeckte er nunmehr auch die Vorzüge des einfachen Lebens. Einfaches Leben hieß natürlich auch hier: genug Personal und diskret auftretende Leibwächter.

Allerdings fühlte er sich auch in der Schweiz nicht mehr sicher, seitdem Brandstifter im Winter 1975 sein in Rodomont, hoch über Rougemont, gelegenes Chalet abgefackelt hatten.[373] Auch hier vermutete man die Hand der RAF, diesmal zu Unrecht. Erst im Jahr 2006, als die Verjährungsfrist für Brandstiftung ganz sicher abgelaufen war, suchte ein linker Schriftsteller namens Daniel de Roulet aus der welschen Schweiz mit einem Büchlein auf sich aufmerksam zu machen, indem er des Langen und Breiten ausführte, er habe die Tat zusammen mit seiner Freundin ganz allein vollbracht – aus ideologischen Überzeugungen.[374] Nach dem Brandanschlag entschied Springer, das Chalet nicht mehr aufzubauen. Stattdessen ließ er auf dem Grundstück aus Granitblöcken des Kamins ein Denkmal für den Schweizer Heiligen Nikolaus von der

Flüe errichten. Die Gedenktafel enthielt alles, was er im »deutschen Herbst« 1977 zum gegenwärtigen Zustand der Staaten und indirekt auch zum Terrorismus zu sagen hatte: »Was die Seele für den Körper ist, ist Gott für den Staat. Wenn die Seele den Körper verlässt, zerfällt er zu Staub. Ein Staat, aus welchem Gott verjagt wird, ist zum Untergang verurteilt.«[375]

Einer seiner liebsten Wohnsitze war das Appartement in Jerusalem. Begeistert schrieb er fernen Freunden, warum er sich hier zu Hause fühlte: »Während ich dies schreibe, schweift mein Blick hinüber auf die Mauern der Altstadt mit ihren Kirchen und Moscheen und auf den Ölberg mit den vielen, vielen jüdischen Gräbern. Und vor meinen Augen liegen auch die judäischen Berge, liegt die Straße, die hinunterführt nach Jericho und ans Tote Meer. Kurz, ich sehe hinaus auf die Wiege der westlichen Kultur, auf den zentralen Ort der christlichen und der jüdischen Religion.«[376] Jerusalem war für ihn »die zweite Vaterstadt jedes Christen«.

Seit dem Sechstagekrieg von 1967 herrschte hier auch ein pulsierendes politisches Leben. Zu Recht betrachtete ihn das politische und kulturelle Establishment als einen der besten Freunde des israelischen Staates. Er selbst schätzte es, bei den Spitzenpolitikern des Landes aus und ein zu gehen. Der Nahostkonflikt ließ ihn nie ruhen. Mit seinen ständigen, durch proisraelische Einseitigkeit gekennzeichneten Interventionen in Sachen Bedrohung Israels fiel er Hans-Dietrich Genscher, Franz Josef Strauß und Helmut Kohl fast unablässig auf die Nerven. Doch die spirituelle Erfahrung überdeckte alles: »Wichtiger aber als das alles«, ließ er John Silver, Präsident der Boston University, wissen, »ist der Geist dieser Stadt, der mich umfängt, ist die Geschichte, die mir auf Schritt und Tritt begegnet, ist schließlich der Hauch des Herrn, der hier deutlich zu spüren ist.«[377] Unnötig zu sagen, dass er sich in Israel auch physisch sicher fühlte. Der israelische Geheimdienst bewachte ihn völlig diskret. Die Jahre der Selbstmordattentäter lagen noch in ferner Zukunft.

Schließlich der eigenartigste seiner Wohnsitze: das Haus auf der Insel Patmos. Bereits Springers Fixiertheit auf Jerusalem beinhaltete viel mehr als nur die tief empfundene Verpflichtung, für die Wiedergutmachung an den Juden alles nur Denkbare zu tun. Inzwischen glaubte er, in der Endzeit zu leben. Die Schlacht Armageddon, so deutete er verschiedentlich geheimnisvoll an, stünde möglicherweise unmittelbar bevor. Jerusalem und das auserwählte Volk der Juden würden dabei eine Schlüsselrolle spielen. Seit den frühen siebziger Jahren tauchten in seinen Briefen zusehends eschatologische Hinweise auf. »Heilsgeschichte erfüllt sich«, bekam die gute alte Freundin Sibylle Blumenfeld zum Weihnachtsfest 1973 ausgerechnet von Axel Springer zu lesen, den sie ein Vierteljahrhundert zuvor nicht eben als Heiligen kennen gelernt hatte.[378] Das steigerte sich von Jahr zu Jahr. Der nicht besonders glaubensstarke Henry Kissinger bekam zum Ende eines alarmierenden Neujahrsbriefs von Ende 1980 zu hören, dass die Augen aller klugen und friedenssüchtigen Menschen sich jetzt auf Ronald Reagan richteten, in der Hoffnung, er möge die Situation begreifen: »Tut er es nicht, so sage ich ein weiteres Mal: da wird Krieg sein im Nahen Osten, und diesmal bedeutet er mit Sicherheit den großen Krieg auf dieser Welt: die Apokalypse.«[379] Das Wort Apokalypse war durchaus nicht metaphorisch gemeint, und es hing aufs Engste mit seiner Entdeckung der Insel Patmos zusammen.

Im Mai 1972 hatte sich Springer zusammen mit Friede Riewerts und Pierre Pabst in die Ägäis begeben, um dort auf seiner Jacht »Schierensee« Deutschland so weit wie möglich hinter sich zu lassen.[380] Eben war zu seinem Kummer das konstruktive Misstrauensvotum gegen Willy Brandt gescheitert. Und sein 60. Geburtstag am 2. Mai 1972 war auch kein Datum, über das er sich freute. Zeitlebens hasste er runde Geburtstage. Doch an mehr als eine Erholungsreise war nicht gedacht, um sich alsdann mit frischer Kraft wieder in den Kampf gegen Willy Brandt zu stürzen. Dass sich ausgerechnet in diesem Moment heftigster politischer Auseinandersetzung seine mystischen Sehnsüchte manifestierten, sagt viel über Springers oft recht widersprüchliche innere Verfassung aus.

Die kleine Reisegesellschaft hatte auf ihrem Segeltörn bereits verschiedene Inseln in der Ägäis angelaufen, als sich die Frage stellte, ob nicht auch Patmos eine Besichtigung wert sei. Zufällig fand sich in der kleinen Reisebibliothek ein Büchlein von Jakob Lorber über die Bedeutung der Insel. Bekanntlich zog es Springer periodisch zu mystisch-spekulativen Autoren, deren Schriften gewissermaßen wie unterirdische Ströme unter den Lehren der offiziellen Kirchen fließen. Ein solcher Geheimtipp aus der großen Zahl einschlägiger

Autoren war der aus der Steiermark stammende Musiklehrer Jakob Lorber (1800–1864). Ähnlich wie Springer hatte auch Lorber ein Bekehrungserlebnis, bei dem ihm eine innere Stimme diktierte: »Stehe auf, nimm deinen Griffel und schreibe!«[381] Gehorsam verfasste Lorber daraufhin 25 Bände einer »Neuoffenbarung«. In diesen »Neusalems-Schriften« fand sich vieles abgehandelt, was Springer brennend interessierte: das Leben Jesu, die Rätsel des Kosmos, die Engel- und Geisterwelt, die Geheimnisse der Geschichte, auch der Kampf zwischen Gut und Böse. Als »Reichsgrundgesetz« bezeichnete Lorber die Gottes- und Nächstenliebe, um die »geistige Wiedergeburt« zu erlangen. Bereits in der ersten Hälfte des 19. Jahrhunderts glaubte er, die Erde stehe in der Endzeit und Christus sei unerkannt zurückgekehrt, um nach einer tausendjährigen Kampfzeit das ewige Friedensreich zu bringen.

Bei Durchsicht der an viele Gleichgesinnte gerichteten Briefe Springers gewinnt man den Eindruck, dass ihn solche Prophezeiungen stark beschäftigt und dass sie auf seine Lebensführung eingewirkt haben. In dem schmalen Band über Patmos, den Springer nun las, war die Bedeutung der Insel beschrieben. Johannes, der Verfasser der »Offenbarung des Johannes«, war dem Vernehmen nach von Kaiser Domitian hierher verbannt worden. In einer einsamen, bis heute als heiliger Ort verehrten Grotte hatte er seine Vision empfangen und sie seinem Schüler diktiert.

Springer war von der Besichtigung der heiligen Insel stark bewegt. Elektrisiert vernahm er, wie Freund Pierre Pabst berichtete, jemand habe ihn beim Spazierengehen inmitten der Einsamkeit ständig beim Namen »Pierreee« gerufen. Wahrscheinlich seien das aber nur, wie Friede Springer vergnügt erzählt, die Schreie der Griechen gewesen, die ihre faulen, mit Lasten beladenen Esel mit dem Ruf »ehhh« in Trab brachten. Wie dem auch sei, der sehr fromm gewordene Springer glaubte an einen persönlichen Fingerzeig Gottes und erklärte: »Wir sind hier bei unserem Namen gerufen worden. Wir gehören hierhin. Hier werde ich mir ein Haus bauen.«

Daran hielt er fest. Ein Grundstück mit weitem Blick über den Hafen wurde gekauft, und der renommierte Architekt John Stefanidis errichtete dort ein nach außen schlichtes, im Innern erlesen ausgestattetes Haus im Inselstil, das 1975 bezugsfertig wurde. Zweimal jährlich, meist im Frühjahr und im Herbst, begab Springer sich nun zusammen mit Friede nach Patmos. Da er für umständliche Schiffsreisen keine Zeit hatte, donnerte er mit dem Hubschrauber in das beschauliche Skala. Patmos wurde ein weiterer Rückzugsort, der privateste von allen. »Manchmal denke ich, daß das der einzige Platz auf der Welt ist, wo ich wirklich Ruhe finde«, schrieb er ein Jahr vor seinem Tod.[382]

Im Allgemeinen durften ihn nur sehr geschätzte Vertraute in seinem griechischen Refugium besuchen. Prachtentfaltung wie auf Schierensee oder auch auf Schwanenwerder fehlte hier gänzlich. Wie in Jerusalem war es auch hier die spirituelle Aura, die ihn ständig anzog. Einigen teilte er mit, worauf es ihm auf Patmos vor allem ankam: »Eine Kapelle, ursprünglich 400 Jahre vor Christi Geburt als Baderaum von den Römern konzipiert, wandelte sich im Lauf der Zeiten zu dem Platz, wo Johannes taufte und heilte. Eine große Stätte der Christenheit. Ich richte sie wieder her. – Jeweils am 26. September, dem Todestag Johannes', findet dort ein Gottesdienst statt. Ansonsten dient diese wirklich heilige Stätte ganz allein mir und meinen Freunden zur Einkehr und Besinnung. Die alten dicken Wände strahlen eine große Wirkung aus.«[383]

Die unterschiedlichen Wohnsitze, zwischen denen Springer rotierte, ließen somit zweierlei erkennen: seine chronische Ruhelosigkeit, dies aber paradoxerweise verbunden mit dem Bedürfnis nach Ruhe, und die zunehmende psychologische Entfernung des »Mammutverlegers« von seinem Presse-Konzern, den er längst nicht mehr als Lust begriff, sondern vorwiegend als Last und Verpflichtung.

1977: Am Ende des »roten Jahrzehnts«

Das »rote Jahrzehnt« hatte am 2. Juni 1967 mit der Erschießung Benno Ohnesorgs begonnen. Es ging mit den Morden und Selbstmorden im Herbst 1977 zu Ende. In diesem langen Jahrzehnt war aus dem »Mammutverleger« eine der markantesten politischen Figuren bundesdeutscher Zeitgeschichte geworden, eine »Symbolfigur der Bundesrepublik«, wie er das selbst genannt hat.[384]

Schon die vorangegangene Phase von 1957 bis 1967 hatte im Zeichen rasch zunehmender Politisierung gestanden, doch die politischen Auswirkungen der Springer'schen Pressekampagnen hielten sich noch in Grenzen. Erste Ansätze zu einer erregten Anti-Atomtod-Kampagne und einer dynamischen Wiedervereinigungspolitik hatten 1958 zum Flop des Besuchs bei Chruschtschow geführt. Einen gewissen Einfluss auf die Politik brachte erst die Berlin-Krise. Jetzt spielte Springer bereits eine gewichtige Rolle als publizistischer Lobbyist für eine kompromisslose Verteidigung der Freiheit West-Berlins. In den Monaten zwischen dem Mauerbau am 13. August 1961 und der Kuba-Krise im Oktober/November 1962 hatte Springer sich als Meister ziemlich ungezügelter Pressekampagnen erwiesen, damals noch im Einvernehmen mit dem Bundeskanzler sowie sonstigen Hardlinern in Bonn und in Washington. Möglicherweise hatte er so in den kritischen Monaten vor der Kuba-Krise dazu beigetragen, Berlin-Positionen zu halten, die sonst vielleicht preisgegeben worden wären – mit weitreichenden Folgen. Doch wäre es bloß dabei geblieben, würde man ihm kaum einen wichtigen Platz in der Zeitgeschichte der Bundesrepublik einräumen. Immerhin betrachtete ihn die DDR-Regierung seither als einen der gefährlichsten Gegner ihrer Berlin-Politik.

Man zögert auch etwas, Springers Bedeutung im Kontext der Studentenbewegung besonders hoch zu veranschlagen. Er diente lediglich als erwünschte Zielscheibe, wurde dabei aber gleichzeitig zur bundesweit wahrgenommenen Gestalt. Seither fanden sich im linken Lager in der Tat aufgeregte Wortführer wie beispielsweise Professor Helmut Gollwitzer, die ihn in grotesker Überschätzung der Möglichkeiten eines mächtigen Verlegers »als den eigentlichen Herrn der Bundesrepublik«[385] bezeichneten. Immerhin haben seine Zeitungen in den Jahren 1967/68 eine Katalysator-Rolle bei der Ausformung des Selbstverständnisses der »neuen Linken« gespielt. Aber die anfangs sehr harte Repressionspolitik des Berliner Senats gegen die APO, die Erregung über die Notstandsgesetze und die verschwiegenen Einflussnahmen des SED-Regimes hätten wohl so oder so zur Radikalisierung geführt. Die Geschichte der Bundesrepublik, auch die Entstehung der »neuen Linken«, wäre wohl ohne Springer ähnlich verlaufen.

Für ihn selbst sowie für das Wachstum und Ansehen des Konzerns waren die heftigen Angriffe verheerend. Um ein Haar hätte er damals das Handtuch geworfen und das Unternehmen verkauft.

Niemand würde dann heute noch die Frage nach der zeitgeschichtlichen Bedeutung Springers aufwerfen. Man würde sich an ihn nur noch erinnern wie an einen verglühenden Stern oder Unstern. Rasch wurde nämlich deutlich, dass die Angst vor einem unwiderstehlichen Medienmonopol doch ziemlich übertrieben war. In demokratischen Systemen erwecken Monopolisten, die es zu toll treiben, bei der Konkurrenz und im politischen Raum so viel Widerstand, dass sie früher oder später gestoppt werden können. Springers Schicksal im Jahr 1968 bestätigt das.

Wie eingangs schon erwähnt, ist Springer erst im »roten Jahrzehnt« und danach recht eigentlich zu einer Gestalt geworden, die aus der deutschen Zeitgeschichte im letzten Drittel des 20. Jahrhunderts nicht mehr wegzudenken ist. Seine Blätter haben den Tendenzen zur »Systemüberwindung« nach Kräften widerstanden. Sie haben einen hinhaltenden Rückzugskampf gegen alles geführt, was der Verleger zusammen mit seinen Feuilletonisten als »Kulturrevolution« dieser Jahre identifizierte. Vor allem aber haben die Springer-Zeitungen leidenschaftlich gegen die »neue Ostpolitik« angeschrieben. Aus heutiger Sicht ist leicht zu erkennen, dass beim Ringen um die Entspannungs- und Deutschlandpolitik vom Ende der sechziger bis zum Ende der achtziger Jahre zwei gegenläufige moralische Haltungen aufeinanderprallten. Das Lager Willy Brandts fühlte sich vom moralischen Anspruch einer unbedingten Friedenspolitik legitimiert (dies ganz besonders beim Blick auf die durchaus nicht unwahrscheinliche Katastrophe eines Nuklearkriegs auf deutschem Boden). Das gegnerische Lager, wo die Zeitungen Springers eine Art publizistisches Trommelfeuer veranstalteten, fühlte sich vom Freiheitspathos beflügelt sowie von den zusehends schwächer werdenden Impulsen, die noch von der nationalen Idee ausgingen. Somit plädierten die Entspannungspolitiker für Realpolitik, für kleine Schritte und für nimmermüden Dialog mit dem Osten bei gleichzeitigem Verzicht auf eine offene moralische Verdammung der Diktatur, die sich auf deutschem Boden breitmachte. Umgekehrt hielten empörte Menschenrechtsidealisten im publizistischen Lager Springers eine nimmermüde Enthüllungsstrategie für geboten, dies verbunden mit heftigen Anklagen. Sie setzten auf Demaskierung der kommunistischen Regime, die Freiheitsregungen im Innern unterdrückten und aggressiv gegenüber dem Westen auftraten. Der frustrierte Idealist Springer artikulierte damals seinen Abscheu gegen jegliche pragmatische Realpolitik in den knappen Worten: »Das Wort ›Realitäten‹ bringt mich um.«[386] Er verzweifelte an der deutschen Politik.

Auf dieser Linie lag Springer am Ende des »roten Jahrzehnts«. Und auf dieser Linie blieb er auch danach. Die zehn Jahre erbitterter Auseinandersetzungen hatten ihren Tribut gefordert. 1967 stand er mit 55 Jahren im besten Mannesalter. 1977 war er 65, vom politischen Dauerstreit ziemlich ausgebrannt und innerlich müde, wenngleich weiterhin von seiner Sendung überzeugt und nicht willens aufzugeben.

Für die kritischen Monate, in denen der RAF-Terror seinen Höhepunkt erreichte, um blutig zu enden, hat sich später die melodramatische Bezeichnung »Deutscher Herbst« durchgesetzt. Springer hat es allerdings stets vermieden, die von Sympathisanten der RAF aufgebrachte Bezeichnung zu verwenden. Auch für ihn stand das Jahr 1977 im Zeichen des Todes. Es wurde zum Jahr der Grabreden. Am 21. April verstarb Hans Wallenberg. Springer feierte ihn als einen Repräsentanten des Hauses Ullstein, der nach 1945 wieder nach Berlin zurückgekehrt sei, um für »das bessere Deutschland« zu arbeiten. Bei solchen Gelegenheiten ließ er erkennen, wie sehr ihm die Rolle des Predigers gefiel, der auf die eigene Vergänglichkeit verweist: »Nichts verhilft so sehr zu innerer Wandlung wie das Gedenken des Todes und des Jüngsten Gerichts in einer lichten – oder finsteren Ewigkeit ... Erinnern wir uns, wie plötzlich ereilt uns der Tod; wie hinfällig sind alle irdischen Werte ...«[387] Eine Woche später war die Gedenkrede auf Karl Andreas Voss zu halten. Springer nutzte den Anlass zu einem großen Rückblick auf die Hamburger Anfänge: »Das Unternehmen glich einem Ritt über den Bodensee ...« Er bekannte aber auch unumwunden: »Was hier steht, ist sein Werk.«[388]

Am 5. Mai 1977 starb Ludwig Erhard. Schon längst betrachtete sich Springer als einen seiner Jünger. Pathetisch hatte er in einem offenen Brief in der *Welt* zu Erhards 80. Geburtstag geschrieben: »Ich möchte an Ihrem 80. Geburtstag ... unser Gelöbnis erneuern: Wir wollen weiter für die Freiheit kämpfen!« Erhards handschriftlicher Dankesbrief kurz vor der Einlieferung in die Klinik wurde nicht mehr vollendet: »So ist jeder von uns seinen Weg gegangen.

Umso beglückender werde ich mir dessen bewußt, daß wir uns in Geistes- und Sinnesart dennoch begegneten und in unseren Zielen übereinstimmten.«[389]

Der Nächste in der Reihe war Pierre Pabst. Der stark bewegte Springer schlüpfte auch bei dieser Gelegenheit wieder in die Rolle des Predigers mit eschatologischen Ausblicken: »Uns einte die Überzeugung, daß unsere Welt vor ernsten Prüfungen steht. Prüfungen, bei denen es nicht nur um politisches Geschick, sondern um Himmel und Hölle geht ... Nur Heilige sind heute noch imstande, den erkrankten Nationen die gewünschte Rettung zu bringen. Wo sind sie? Kommen sie? Wann kommen sie?«[390]

Er selbst fühlte sich krank, ausgelaugt und ständig ruhebedürftig. An Ehrungen zum 65. Geburtstag fehlte es zwar nicht; Bundespräsident Scheel wusste, was sich gehörte, und verlieh dieser in ihrer Art einzigartigen »Symbolfigur«, die gleichzeitig liberal, konservativ, christlich und sozial war, das große Verdienstkreuz mit Stern und Schulterband. Aber Springer konnte sich über keine Ehrung mehr so richtig freuen. An »Baby« Funke schrieb er ein paar Tage danach: »Meine in Griechenland erworbene Erholung scheint schon wieder dahin zu sein. Ach, wie sehr wünschte ich mir, zur Erreichung meiner Ziele, oder bescheidener gesagt, nur um sich treu bleiben zu können, mehr Gesundheit. Und Schlaf ... Vertraulich: heute nachmittag kommen Scheel und Stoltenberg mit ihren Frauen zu mir. Wir sind 6 Personen mit 50 Mann Polizeischutz. Eine verrückte Zeit. Aber ich werde bei aller Teetrinkerei meine Themen bereit haben: Freiheit, Berlin, Jerusalem.«[391]

Neuer Ärger kam Ende September mit dem Erscheinen des Buchs *Der Aufmacher* des Enthüllungsjournalisten Günter Wallraff. Dieser hatte sich unter falschem Namen von der *BILD*-Redaktion in Hannover einstellen lassen und richtete nun massive Vorwürfe der Nachrichtenfälschung gegen *BILD*. Der *Stern* serialisierte den Bericht. *Spiegel*, *konkret*, die *Frankfurter Rundschau*, andere Springer-kritische Blätter und natürlich »die üblichen Verdächtigen« unter den Linksintellektuellen stiegen kräftig in das Thema ein. Der Springer-Verlag ging gerichtlich gegen das Buch vor, und die Auseinandersetzungen zogen sich bis in die frühen achtziger Jahre hin. Aufgrund verschiedener Gerichtsurteile musste Wallraff in seinem vielgelesenen Dokumentar-Buch fast in jeder Auflage einiges streichen, fügte dafür aber wieder neue Passagen hinzu, sodass *Der Aufmacher* in rund zwanzig unterschiedlichen Versionen existiert.[392] Ausgerechnet im »heißen Herbst 1977« setzte also auch eine neue Anti-Springer-Kampagne ein.

Emotional war Springer damals vor allem auf die Anschläge der RAF fixiert. Die Ermordung Jürgen Pontos und Hanns-Martin Schleyers hatte ihn stark aufgewühlt, dies nicht nur deshalb, weil er selbst ganz oben auf der Abschussliste der Terroristen stand. Zum einhundertsten Jahrestag des Hauses Ullstein hatte er sich vorgenommen, noch einmal eine ähnlich glänzende Versammlung von 500 Gästen um sich zu scharen wie elf Jahre zuvor, am 6. Oktober 1966, bei der Einweihung des Axel Springer Verlags an der Berliner Mauer. Doch ausgerechnet dieser 9. September 1977, als er mit weit ausholender Rede die große und tragische Geschichte des Hauses Ullstein zu feiern gedachte, wurde ihm durch die aktuellen Tragödien verdorben. Vier Tage zuvor war Hanns-Martin Schleyer in Köln entführt und sein Begleitschutz ermordet worden. Symbolisch wurde für Schleyer in der ersten Reihe ein Platz freigehalten. Bundespräsident Scheel musste wegen einer Krisensitzung in Bonn absagen. Springer nutzte die Gelegenheit, um zur »Einkehr« aufzurufen: »Manchmal fürchte ich«, rief er aus, »daß die Mehrheit in unserem Lande heute genausowenig ›wetterfühlig‹ ist, wie sie es 1933 war … Wieder sind Termiten am Werk, die das Fundament unserer Freiheit und damit unserer Existenz zerstören wollen. Worüber viele eine klammheimliche Freude nicht unterdrücken können.« Er erinnerte dabei auch »an die sieben Männer, die nach dem Ersten Weltkrieg in einem Münchner Bierkeller den Grundstein zur NSDAP legten«. Seufzend schloss er: »Auf alle Fälle, ich bin's zufrieden, die Last des vorgegebenen Auftrags so zu tragen.«[393]

Der große Zeitungsverlag als Last … Offensichtlich hatte das »rote Jahrzehnt« Springers Schwung weitgehend aufgezehrt. Die Fotos von Axel Springer aus dem Jahr 1966, kurz bevor die Angriffe auf ihn begannen, zeigen noch einen Mann in den besten Jahren, durchsetzungswillig, selbstbewusst, selbstgefällig und zielstrebig. Häufig blitzt dort noch der einstige Strahlemann aus den fünfziger Jahren auf. Springers Fotoreporter verstanden zwar auch später ihr Handwerk. Auch er selbst hatte es nicht verlernt, sich weiterhin günstig in Szene zu setzen. Doch nur die Urlaubsfotos auf Schierensee, auf Patmos, in Klosters oder sonstwo an der frischen Luft zeigen noch den früheren, elastischen Springer. Auf den Fotos, die ihn in der zweiten Hälfte der siebziger Jahre bei Empfängen, Ansprachen oder Ehrungen zeigen, markiert er nun doch deutlich den älteren Herrn, soigniert zwar, sehr soigniert sogar, und immer noch von aufrechter Haltung, tadellos gekämmt und gekleidet, aber überwiegend doch ernst, in sich gekehrt, häufig etwas angestrengt und nur noch müde oder gezwungen lächelnd. Auffällig waren große Altersflecken auf der Haut. Anstelle der früheren Selbstgefälligkeit entdeckt man nun in seinen Blicken und Gesten resignative Altersweisheit oder Altersmilde. In dieser Stimmung ging es auf die achtziger Jahre zu.

Freilich darf man das Springer-Porträt dieser Jahre nicht zu düster einfärben, auch nicht völlig jenseitsgewandt. Springer war und blieb ein Stimmungsmensch. Viel von seinem Schwung, somit auch vom äußeren Erscheinungsbild, hing doch vom häufig schwankenden Gesundheitszustand ab. Aber dass es für ihn nun »Schluss mit lustig« hieß, lässt sich nicht bestreiten.

Der Gedanke an die Nachfolgeregelung ließ sich fortan nicht mehr leichthin beiseiteschieben. Im Dezember 1974 hatte ihm Gerd Bucerius nach langer Sendepause einen leicht rätselhaften, kurzen, im Ton kühlen Brief geschrieben. Eine ganze Reihe von deutschen Unternehmern habe auf verschiedenste Weise festgelegt, »dass ihre Erben nicht ohne weiteres ihre Nachfolger in der Unternehmensführung werden. Gibt es eine solche Regelung auch in Ihrem Hause? Wenn Sie das als eine private Information betrachten, werfen Sie diesen Brief in den Papierkorb. Wenn Sie mir eine Darstellung geben: Lassen Sie es mich wissen, ob ich sie öffentlich verwerten kann?«[394] Nach allem, was sich in den vorangegangenen Jahren ereignet hatte, wird man Springers rasche Antwort als bemerkenswert herzlich bezeichnen müssen. Harmoniebedürftig, wie er nun einmal war, konnte er sich wohl an den zurückliegenden Pressekrieg nur mit Grausen erinnern: »Ihrer Aufforderung, einfach Ihren Brief vom 2. Dezember in den Papierkorb zu werfen, vermag ich nicht zu entsprechen. Ich freue mich, daß wir nach so langer Zeit des gegenseitigen Schweigens nunmehr doch von Zeit zu Zeit wieder ins Gespräch kommen.« Zur Sache selbst meinte er: »Meine grundsätzliche Auffassung ist die: sollten meine Jungens etwa den Beruf des Arztes, des Kunsthistorikers, des Forstmeisters auswählen und dem meinen vorziehen, so würde ich mit allen Mitteln ihnen bei der Erfüllung ihrer Wünsche helfen. Die Sache und die Sorge um die Menschen des Hauses macht es sowieso problematisch für mich, eine Nachfolgeschaft einzusetzen. Der Tüchtigste oder die Tüchtigsten mögen das Haus fortsetzen, wobei es gar nicht ausgeschlossen ist, daß ihnen einer aus der Familie hilft.«[395]

In Wirklichkeit war das natürlich eine der Fragen, die ihn stark umtrieben. Man gewinnt den Eindruck, dass er die Hoffnung nicht ganz aufgegeben hatte, den eigenwilligen Erstgeborenen doch noch irgendwie in sein Zeitungsimperium einzubauen. Auch Friede Riewerts war nach Kräften bemüht, das schwierige Verhältnis zwischen Vater und Sohn zu kitten.

Einer in seiner Umgebung, der gleichfalls dabei zu helfen versuchte, war Claus Jacobi. Nach zwei Jahren als Chefredakteur der *Wirtschaftswoche* war er 1974 definitiv zu Springer zurückgekehrt und übernahm 1975 zusammen mit Herbert Kremp die Chefredaktion der *Welt*, danach – von 1976 bis 1988 – wurde er Chefredakteur der *Welt am Sonntag*. Claus Jacobi mochte den unkonventionellen und witzigen Sven Simon und baute ihn in die Chefredaktion der seit dem Umzug nach Bonn gefährlich schlingernden *Welt* ein. In der zweiten Hälfte der siebziger Jahre schien somit eine vernünftige Entwicklung nicht ausgeschlossen.

Nicolaus, der Zweitgeborene, war nach der Scheidung seiner Mutter zugesprochen worden und ging erst in Marbella, dann in der Schweiz zur Schule. Der Briefwechsel zwischen Axel Springer und diesem Sohn sowie seiner geschiedenen Frau »Mausi« ist größtenteils erhalten geblieben. Längere Briefe an »Lumpi« zeigen einen Vater, der sich redlich bemühte, Kontakt zu dem fernen Sohn zu finden und ihn für die eigene Tätigkeit zu interessieren. Gelegentliche Urlaubsreisen oder Urlaubsaufenthalte an einem der Wohnsitze Springers sollten dabei helfen. Die Probleme der Pubertät machten diese Anstrengungen aber weithin zunichte. Werbende Briefe des Vaters (»sei fleißig, lerne methodisch, damit Du in nicht allzu ferner Zeit mir helfen kannst«[396]) wechselten ab mit fast verzweifelten, heftigen Ermahnungen (»ich bin entsetzt ...«[397]).

Briefe, in denen Springer dem Sohn schrieb: »Weil ich Dich liebe, muß ich Dich führen«, bekundeten zwar anschaulich, wie ernst es der Vater meinte, konnten aber einen umtriebigen Sechzehnjährigen naturgemäß wenig beeindrucken. Allem Anschein nach kam Springer Ende der siebziger Jahre zu dem Schluss, dass auch der zweite Sohn sich erst einmal die Hörner abstoßen müsse, ohne klare Perspektive, ob er sich je für die Zeitungen oder für die Verlagsleitung eignen würde.

Aus Springers Sicht war der ruhende Pol in diesen weitgehend durch eigenes Zutun verworrenen Familienverhältnissen ganz offenkundig Friede Riewerts. Seit langem schon führten sie ein eheähnliches Verhältnis. Springer wusste durchaus, ein wie schwieriger Mensch er war – charmant, aber auch wehleidig, unruhig und ruhebedürftig, barmherzig wie der heilige Martin und egoistisch wie ein Baby, in der Öffentlichkeit ein Beau, tatsächlich aber auch immer wieder krank. Er wusste ebenso und sagte oder schrieb das auch oft guten Freunden, dass ihm Friede unentbehrlich geworden war. Doch dass ein viermal Geschiedener vor einer fünften Ehe zurückschreckte, konnte niemanden erstaunen. Genauso nachvollziehbar ist, dass der in seiner Vaterrolle gescheiterte Springer nach den bisherigen Erfahrungen mit seinem unlenkbaren Nachwuchs nicht noch weitere eigene Kinder wollte.

So entschloss er sich schließlich am Ende des kritischen Jahres 1977, Friede Riewerts eines Abends im »Maritim« zu Travemünde ganz unerwartet zu bitten, ihn doch zu heiraten.[398] Die lässige Art, wie er nach zehnjährigem Zusammenleben seinen Antrag formulierte, war klassischer Springer – Gentleman, leicht schuldbewusster Liebhaber und längst domestizierter Schwerenöter, alles in einem: »Friede, wollen wir nicht heiraten? Ich kann dieses ›Fräulein Riewerts‹ nicht mehr hören.« Alle guten Freunde hätten ihm zugeraten, nun brauche er ihren Pass und ihre Papiere, um das Aufgebot für Januar zu bestellen. Auf Schwanenwerder stand der Wohnsitz »Tranquillitati« kurz vor der Fertigstellung. Mag sein, dass auch dies ihn bewog, nochmals einen neuen Anfang zu wagen.

Bei der fünften Ziviltrauung macht man keine großen Umstände mehr. Als Trauzeugen bat er am 20. Januar 1978 nur Ernst Cramer und Claus Dieter Nagel aufs Standesamt in Charlottenburg. Als Bischof Jobst Schöne von der Eheschließung hörte, schrieb er dem Ehepaar einen taktvollen Brief mit dem Anerbieten: »Ich würde gern Ihre Ehe kirchlich einsegnen – ohne alle Öffentlichkeit, in ganz geschlossenem Rahmen, das versteht sich. Um Ihrer selbst willen denke ich daran: eine kirchliche Trauung wird die Verbindung, die Sie eingegangen sind, dazu bringen, daß Sie sich des Beistandes Gottes gewiß sein können.«[399]

Der Vorschlag wurde angenommen, und so kam es, dass wenigstens die erste und die letzte Ehe des ansonsten notorisch eheflüchtigen Verlegers kirchlichen Segen erhielten. Die Trauung fand am 17. Dezember in der altlutherischen Marienkirche statt. Springer hat die Feier genossen und seine letzte Ehe nie bereut. Vergnügt schrieb er an John Jahrs Frau Ellimann knapp ein Jahr vor seinem Tod: »Anläßlich Eurer Goldenen Hochzeit sagte ich, daß ich eigentlich auch so weit wäre! Allerdings ›nicht in einem Stück‹. Dafür wurde mir ein Engel mit dem hübschen Namen Friede geschickt, so daß ich heute der zufriedenste Ehemann der Welt bin.«[400] Und Hulda Seidewinkel bekam fast zur gleichen Zeit zu lesen: »Übrigens: ohne Friede gäbe es mich schon seit langem nicht mehr.«[401]

Lauter Abschiede
(1978–1985)

Bete und arbeite …

Das Jahrzehnt, in dem Axel Springer starb, hätte nicht grässlicher beginnen können. In der Nacht des 3. Januar 1980 erschoss sich sein ältester Sohn auf einer Parkbank am Alsterkanal. Er war nur von seinem Labrador Larch begleitet. Frühmorgens, als die Leiche entdeckt wurde, wollte der Hund niemanden an den Toten heranlassen. Für den 4. Januar hatte sich Axel Springer jr. bei seinem Vater auf Gut Schierensee zur Jagd angemeldet. Erst im Laufe dieses Tages wurde offenbar, dass der inzwischen ins Gerichtsmedizinische Institut verbrachte unbekannte Selbstmörder Springers Sohn war.

Über die Gründe für den Freitod ist viel gerätselt worden. Entgegen manchen Gerüchten hat Springers Sohn wohl keinen Abschiedsbrief hinterlassen. Claus Jacobi, der mit ihm befreundet war, vermutet, die Nachwirkungen einer Windpockenerkrankung in Verbindung mit einer Hautallergie hätten zu einer Depression geführt. Ohnehin litt der junge Springer wie sein Vater an einer Schilddrüsenerkrankung und neigte zu jähen Stimmungsschwankungen. Da er als Sohn des von der RAF bedrohten Verlegers selbst mit einer Entführung rechnen musste, führte er gelegentlich eine fünfschüssige Smith & Wesson bei sich. Eine Kurzschlusshandlung ist also nicht auszuschließen, Ergebnis vielleicht auch einer Beziehungskrise. Manche sahen in dem Freitod allerdings nur den Endpunkt einer langen, insgesamt verkorksten Vater-Sohn-Beziehung.

Der Verleger hatte längst eingesehen, dass er an seinem Sohn viel versäumt hatte. Nachdem dieser sich unter dem Namen Sven Simon als Fotograf eine Reputation erworben und eine eigene Existenz aufgebaut hatte, verbesserte sich das Verhältnis zu seinem Vater im Verlauf der siebziger Jahre. Axel Springer jr. war jetzt bei verschiedenen Springer-Zeitungen tätig – bei *Bild am Sonntag* als Leiter der Bildredaktion, bei der *Welt* und bei der Chefredaktion der *Welt am Sonntag*. Mit den überregionalen Blättern des Verlages war er nun bestens vertraut. Würde er somit nicht doch in den Konzern hineinwachsen? Auch Axel Springer sen. hatte schließlich in jungen Jahren ein recht unruhiges Leben geführt, sich allerdings vom Betrieb seines Vaters nie so demonstrativ entfernt wie Sven Simon. Doch inzwischen hatte der Junior, so dachten manche, ein inneres Verhältnis zu Springers Zeitungen gefunden. Die Übernahme einer verantwortlichen Spitzenposition im Verlag schien somit nicht ausgeschlossen. Allerdings hatte Springer sen. seinen Sohn immer wieder vor den Kopf gestoßen und ihn vor Dritten lächerlich gemacht. Die Kräfte des Vaters ließen zwar nach, und die Freude am »Mammutverlag« war inzwischen ziemlich erloschen, aber noch immer traute er nur einem einzigen zu, den komplizierten Konzern zu regieren – sich selbst. Als das Unglück eingetreten war, vertraute Springer Claus Jacobi an, dass er vorgehabt habe, dem ältesten Sohn just in diesem Januar die Übernahme einer wichtigen Führungsposition in seinem Verlagsimperium anzutragen. Er habe ihn bitten wollen, »Verbindungsmann zwischen den Verlagsspitzen und mir zu spielen«, was immer er sich darunter auch vorgestellt haben mag.[1]

Alle, die Springer nahestanden, berichten übereinstimmend, dass er den Schlag kaum verwand. Der Glaube half dabei. »Ich bete jeden Tag viele Male für ihn«, ist in seinen Briefen der folgenden Jahre häufig zu lesen.[2] Er wusste genau, dass er sich um den Sohn bei Lebzeiten viel zu wenig gekümmert hatte. Nun trieb er um ihn eine Art Totenkult. Das prächtige Areal auf dem Falkenstein, wo der junge Axel ein paar Jahre lang in seiner Nähe gewesen war, schenkte er der Stadt Hamburg, verbunden mit der Auflage, es Sven-Simon-Park zu benennen.

Springers Jenseits-Orientierung verstärkte sich. Schon zuvor hatten ihn Klöster und religiöse Gemeinschaften stark angezogen. Auf Patmos versenkte er sich seit Jahren in die feierlichen Riten der Ostkirche. Ein paar Wochen vor dem Freitod Sven Simons hatte er sich für ein paar Tage im Benediktinerkloster Niederaltaich aufgehalten. Dem Abt Emmanuel Jungclaussen schrieb er anschließend, er habe die Bedeutung der Benediktinerregel »Ora et labora« (»Bete und arbeite!«) entdeckt: »Immer mehr sehe ich in diesem Anruf meine Lebensregel. Ich erzählte Ihnen von den beiden Donnerschlägen, die mich lehrten, daß Arbeiten allein in die Verzweiflung führt. Die politischen Nachrichten werden immer düsterer. Die falschen Propheten steigen auf, und der Abfall vom alleinigen Gott wird eingeklagt. Ich habe Johannes' Antlitz ganz deutlich vor Augen, wie wir es in der Apokalypse auf Patmos sahen.«[3] Mit dem falschen Propheten war der Ayatollah Chomeini gemeint, der damals im Iran einen Gottesstaat errichtete. Die Apokalypse sah Springer nun im Nahen Osten heraufziehen. Den Benediktinerabt Jungclaussen betrachtete er jedenfalls als eine der geistlichen Autoritäten, nach denen ihn verlangte. Häufig kam er künftig in seiner Korrespondenz auf dessen Schrift *Aufrichtige Erzählungen eines russischen Pilgers*[4] zurück, wo er die Anleitung zu dem meditativen »Immerwährenden Jesusgebet« fand.

Zugleich verehrte er die Vorsteherin der Evangelischen Marienschwesternschaft, Mutter Basilea Schlink. Springer hatte erfahren, dass sie drei Jahre auf Patmos verbracht hatte, wo sie ein Buch über die Apokalypse des Johannes verfasste. Eine andere ihrer Schriften galt dem Schicksal des jüdischen Volkes. Nachdem Springer mit ihr Kontakt aufgenommen hatte, traf man sich auf Patmos und in Jerusalem. Die Marienschwestern unterhielten auf dem Ölberg eine Art Kloster.

Auch die regelmäßigen Briefe an Basilea Schlink zeigen, dass die Jenseitsgedanken Springer jetzt mindestens genauso stark beschäftigten wie die Zukunft seines Konzerns oder seiner Zeitungen. Weltliche Höhepunkte der Saison, die er früher mit allen Sinnen genossen hatte, waren Springer nun zutiefst zuwider. Mit Blick auf den Presseball in Berlin schrieb er beispielsweise: »Er wird mir zwar immer fremder und ist entsetzlich anstrengend. Aber ich muss teilnehmen mit zusammengebissenen Zähnen.«[5] Der sehr viel irdischere Sven Simon hatte übrigens den frommen Umgang seines Vaters meist nur mit Spott quittiert, und nicht nur er.

Dies war die eine Seite des in die Jahre gekommenen Axel Springer: eine tiefe Religiosität, verbunden mit selbstquälerischen, dem Irdischen teilweise entrückten Neigungen. »Mein weltlicher Beruf«, seufzte er in einem Brief an den Abt Jungclaussen, »zieht mich natürlich immer wieder vom intensiven Gebetsleben ab.«[6] Und »Ellimann«, die Frau von John Jahr, bekam jetzt von ihm zu lesen: »Der Ehrgeiz, als ein sogenannter Großer in unserem Beruf zu gelten, ist längst erloschen ...«[7]

Aber man durfte sich durch derart resignative Seufzer nicht täuschen lassen. Der unerbittliche politische Verleger hatte noch keineswegs aufgegeben, ganz im Gegenteil. Leidenschaftlich und unduldsam wachte er weiterhin über den politischen Kurs seiner Blätter, insbesondere über die nach Bonn verfrachtete *Welt,* die für seinen Geschmack ein viel zu lockeres Eigenleben führte. Er hielt es wie bisher für seine Pflicht, im Kalten Krieg und für Berlin eine Mahnerrolle wahrzunehmen. Er ging jeden Politiker oder Chefredakteur frontal an, der seinem hundertfünfzigprozentig proisraelischen Kurs nicht entsprach. Er war auch weiterhin darauf aus, irgendwie doch ins Fernsehgeschäft zu kommen. Und er dachte je länger desto weniger daran, dem Hamburger Management um Peter Tamm völlig freie Hand zu lassen. Zwar hatte er keine Lust mehr, von der 19. Etage seiner Zentrale aus Tag für Tag nach dem

Rechten zu sehen. Doch eben weil er so häufig verreiste – nach Schierensee, nach Klosters, nach Israel, nach Patmos, immer wieder auch in die USA –, insistierte er umso hartnäckiger auf seinen Prärogativen als letztlich verantwortlicher Verleger. Springer hatte auch immer noch genug Feuer im Bauch, um seinen Blättern die Richtung vorzugeben.

Bereits im Mai 1980, nachdem der Schmerz über den Tod seines Sohnes etwas abgeklungen war, überschüttete er seine Redaktionen mit Themenvorschlägen, die im Bundestagswahlkampf (bei dem er ganz auf Franz Josef Strauß setzte) eine Rolle spielen sollten. Man muss aus dem einen oder anderen dieser Briefe zitieren, um nicht den falschen Eindruck zu erwecken, dieser rastlose Mann sei nun ausschließlich aufs Jenseits fixiert gewesen. Häufiger noch als früher hatte jetzt Ernst Cramer den Auftrag, die »Anregungen« des Verlegers weiterzugeben. Sie zeigten zugleich, auf welchen Positionen sich Springer damals politisch bewegte: »1. Großprojekte: Was wird gebaut? Flughäfen, Brücken, Kraftwerke, Fabriken? Was lahmt? Warum und wo? ... Verspielen wir unsere industrielle Zukunft? ... 2. Renten: Wie ist die Finanzlage? ... Die eigenständige soziale Sicherheit der Frau: Wie? Bis wann? Kosten? Pläne? 3. Staatsverschuldung? Facts and figures? 4. Bürokratisierung, Hydra der Paragraphen: Wer tut was dagegen? Stobbe? FJS? Späth? Albrecht? 5. Europäisches Parlament: Was tut sich da? Was ist anders, seit es direkt gewählt ist? Auswirkungen? 6. Deutschlandpolitik, Bestandsaufnahme: Was läuft, was hapert, was fehlt? Leistung und Gegenleistung? Was zahlen wir wofür? Aussichten? 7. Äußere Sicherheit: Wie stark sind die Russen wirklich? Wie schlapp ist der Westen wirklich? Empfindungen und Vermutungen versus Fakten. Chemische, biologische Waffen; Krieg in der Stratosphäre? 8. Terrorismus: Hier; Italien; Israel? Anderswo? 9. Wo können Kommunisten oder Neo-Nazis Lehrer werden? In Hamburg? In Stuttgart? In Berlin? Wird die Bundesrepublik Deutschland so politisch zersiedelt? 10. EG in der Krise: Ohne Haushalt, den das Parlament ablehnte? ... Brauchen wir die EG oder – so Martin in der *WamS* (!) – verzichten wir besser darauf? 11. Haben wir noch eine Soziale Marktwirtschaft? Bei 47 % Staatsanteil? Bei Paragraphenflut aus Brüssel und Bonn? Initiative erdrosselt und Elastizität gleich Null? Was kann, muß geschehen? 12. Gewerkschaften: Einfluß, Macht? Vergleich mit anderen Ländern. Ist der Geist von Boeckler noch lebendig?«[8]

Das war zwar nicht mehr das tägliche Dauerbombardement mit Anregungen und Kritik, für das er in den fünfziger und sechziger Jahren berühmt gewesen war. Doch von völliger Abgehobenheit konnte keine Rede sein. Auch als Blattmacher wollte er es noch einmal wissen. Zusammen mit Günter Prinz, der dabei die treibende Kraft war, zog er ein letztes Mal eine originelle Neugründung hoch: *Bild der Frau*. Die Erstausgabe erschien im März 1983. Es war eine Neugründung, bei der alles stimmte wie einstmals beim *Hamburger Abendblatt* oder bei *BILD:* Zielgruppendefinition, Themen-Mix, Design und Auflagenkalkulation. Springer bewies dabei einen Riecher für die neue feministische Welle, und er war stolz darauf, mit Andrea Zangemeister eine Frau als Top-Blattmacherin entdeckt zu haben. Der Erfolg übertraf alle Erwartungen und bewies einmal mehr, dass sich Springers Kreativität auf dem Feld unpolitischer Blätter für ein unpolitisches Publikum am besten entfaltete. Vor allem aber: Springer bewies sich selbst, dass er noch kreativ war.

Auch in der Technik blieb das Haus in den frühen achtziger Jahren weiterhin an der Spitze. Peter Tamm hatte dem Verleger zwar die Genehmigung für die Offsetdruckerei Ahrensburg förmlich abringen müssen. Wer, wie Springer damals, wieder einmal Verkaufspläne verfolgt und die Wirtschaft inmitten einer tiefen Rezession sieht, überlegt es sich dreimal, ob er 300 Millionen in Zukunftstechnologie investiert. Doch als der Entschluss gefasst war, legte der ansonsten notorische Geburtstagsmuffel die Grundsteinlegung auf seinen 70. Geburtstag und ließ sich noch einmal als Schöpfer von Arbeitsplätzen in wirtschaftlich schwieriger Zeit, als Eigentümer eines drucktechnisch stets führenden Verlagshauses und als künftigen Herrn von Europas größter Offsetdruckerei feiern.

Ein Hauptziel Springers bei der Modernisierung des Konzerns war aber nach wie vor die Beteiligung am Fernsehgeschäft. Mit Kabel- und Satellitenfernsehen wurden neue Programme möglich. Er witterte nun eine Gelegenheit, die alten Pläne eines Verlegerfernsehens unter neuen technischen und rechtlichen Gegebenheiten doch noch zu realisieren. Wie schon beim ersten Anlauf fielen dabei betriebswirtschaftliche, technische und genuin politische Überlegungen zusammen. Noch stärker als früher fürchtete Springer, die Abwanderung großer Werbeblöcke ins Fernsehen werde zum Ruin vieler Printmedien führen. Er konnte sich auch nicht vorstellen, dass es den öffentlich-rechtlichen Rundfunkanstalten gelingen würde, das in vielen Ländern bereits etablierte Privatfernsehen mit seinen zahlreichen Programmen von der Bundesrepublik fernzuhalten. Nicht zuletzt sah er im öffentlich-rechtlichen TV-Betrieb Bastionen der SPD oder noch weiter links stehender Tendenzen. In diesem Punkt fielen seine eigenen Vorstellungen mit denen von CDU, CSU, auch FDP zusammen, die für ein duales System plädierten. Die Wende im Herbst 1982 mit der Etablierung der Regierung Kohl schuf aus seiner Sicht eine neue, günstige Lage.

Einmal mehr bombardierte er nun die CDU/CSU-Ministerpräsidenten und Bundeskanzler Helmut Kohl, aber auch den FDP-Vorsitzenden Hans-Dietrich Genscher mit Denkschriften. Heftig beklagte er sich über die Versäumnisse »vieler CDU- und CSU-Politiker. Seit über zwei Jahrzehnten haben ich und andere gewarnt … Gerade aus Kreisen der Union höre ich laufend bekümmerte und verärgerte Äußerungen über die Linkslastigkeit der öffentlich-rechtlichen Medien. Man hat von uns Jahr um Jahr publizistische Unterstützung in Wahlkämpfen verlangt. Nur wenige aber haben überlegt, was getan werden müßte, um die Presse so zu stärken, daß sie auch in Zukunft diejenigen Gruppen und Parteien unterstützen kann, deren Ziele und Programm die einzelnen Zeitungen für richtig erachten.«[9]

Nachdem CDU und CSU im Kreis der Bundesländer eine Mehrheit hatten, entschieden sich die Ministerpräsidenten in einem ersten Schritt für Pilotprojekte. Vorreiter war das Land Rheinland-Pfalz unter dem Ministerpräsidenten Bernhard Vogel. Springer war grundsätzlich entschlossen, sich unter erheblichem Mitteleinsatz an dem privaten Versuchsprojekt zu beteiligen, verlangte jedoch eine Lizenz für das Satellitenfernsehen.[10] Eine der Schwierigkeiten bestand aber darin, dass gleich zwei rivalisierende Gruppen ins Privatfernsehen drängten: die Gesellschaft Aktuell Presse-Fernsehen (AFP) mit insgesamt 139 Verlagen, bei der Springer Anteile von 35 Prozent hielt, und die Kirch-Gruppe mit dem Namen Programmgesellschaft für Kabel- und Satellitenrundfunk (PKS). Die Verleger, mit Springer in maßgeblicher Position, plädierten für den Primat von Nachrichtensendungen. Die PKS, gestützt auf das riesige Filmlager Kirchs und eng mit dem ZDF liiert, wünschte Billigprogramme im Unterhaltungsbereich. Ministerpräsident Vogel, von Springer und von Kirch gleichermaßen heftig umworben, suchte beiden gerecht zu werden. Er erreichte schließlich, dass die beiden Gesellschaften ein Konsortium bildeten. So wurde SAT 1 geboren. Springer wäre nicht Springer gewesen, hätte er sich nicht für Berlin als Sitz des Nachrichtensenders starkgemacht. Doch die Mehrzahl der Verleger hielt Hamburg für den besseren Standort. Und da die Lizenz von Rheinland-Pfalz erteilt wurde, musste die SAT-1-Zentrale damals in Mainz ihren Sitz nehmen.

Erschwerend kam bei alldem hinzu, dass Springer aufgrund eines verunglückten Geschäfts in den späten siebziger Jahren Kirch für einen »Kriminellen« hielt und das auch jedermann kundtat, was sogar zu einem Prozess führte. Tatsache war indessen, dass sich Kirch innerhalb der Gremien recht weitgehend durchsetzte, dies auch deshalb, weil Springer in seinen letzten Lebensjahren gesundheitlich stark geschwächt war. So hatte Springer, als er verstarb, zwar seinen Einstieg im Fernsehgeschäft erreicht, aber weder zu seinen Bedingungen noch mit seinem Konzept eines umfassend berichtenden Nachrichtensenders oder mit einem Partner, den er respektierte. Die Pläne beschäftigten ihn aber in den frühen achtziger Jahren persönlich unablässig, wenngleich er das operative Vorgehen Peter Tamm und seinem Medienbeauftragten Gerhard Naeher überließ.

Springers Fernsehinitiativen seiner späten Jahre sind aus mehreren Gründen erwähnenswert: Sie zeigen seine lebenslange Obsession vom Thema Fernsehen, sie illustrieren, wie er trotz Jenseits-Orientierung und häufigeren Abwesenheiten von der Berliner Zentrale weiterhin auf einem Feld aktiv war, das ihm als schlachtentscheidend erschien. Sie zeigen aber auch, wie ihm – ebenso wie den Nachfolgern – der Griff nach dem Fernsehen aus mancherlei Gründen missglückte. Auch die künftig weiterhin fatale Gestalt Leo Kirchs tauchte bereits in diesem Kontext auf.

Man muss jedenfalls Springers Aktivitäten in den achtziger Jahren beleuchten, um dem falschen Eindruck entgegenzuwirken, damals habe ein alt und matt gewordener »Mammutverleger« sich nur noch nach dem ewigen Leben gesehnt. Auch jetzt war und blieb Springer eine Ansammlung von Widersprüchen. Die Vitalität war schon reduziert, aber noch nicht gebrochen.

In der Schlussphase des Kalten Krieges

Seit den späten siebziger Jahren bis zum Todesjahr Axel Springers durchschritt die Welt nochmals eine der gefährlichsten Phasen des Kalten Krieges. Springers ausgedehnte Korrespondenz lässt erkennen, dass nicht nur seine Zeitungen jeden Vorgang nervös kommentierten, auch der Verleger selbst registrierte alles genau und war düster gestimmt: Expansion der Sowjetunion in Afrika, in Nicaragua, die Besetzung Afghanistans, das Kriegsrecht in Polen, Breschnews und Andropows Nahostpolitik, die Kampagne gegen die Nachrüstung ... Springers Grundeinstellung war durch Schwanken zwischen Weltuntergangsstimmung und Hoffnung gekennzeichnet. Auffällig ist, wie intensiv er sich jetzt in seine Jugendjahre zurückversetzte – sicheres Indiz dafür, dass ihn nun das Alter erfasst hatte. Dementsprechend neigte er weiterhin dazu, die Außenpolitik des Westens in seinem letzten Lebensjahrzehnt als Wiederholung der Appeasement-Politik der dreißiger Jahre zu bewerten.

Die langwierige Diskussion in den westlichen Hauptstädten über den Boykott der Olympischen Spiele in Moskau sah er jetzt ganz im Lichte der Berliner Olympiade von 1936, »als die ganze Welt vor Hitler den Kotau machte«[11]. Allerdings wusste er zwischen Hitler und der sowjetischen Führung zu differenzieren: »Die Sowjets sind auch politisch Kriminelle, nur sind sie nicht Vabanque-Spieler, sondern Schachspieler.« Wer ihnen Macht entgegensetze, glaubte er, bringe sie zur Vernunft, »ja zum Nachgeben«, führte er in einem *Stern*-Interview vom November 1981 aus und meinte recht zuversichtlich: »Ich halte also den Frieden, wenn nicht einer von den verrückten Anrainern sich da atomar mal selbständig macht, für sicher. Jedenfalls den zwischen Ost und West.«[12] Sorgen bereiteten ihm vor allem die kleineren Unruhestifter und die damals schon tätigen internationalen Terrororganisationen. »Die größte Gefahr unserer Zeit«, so sah er die Lage nun,

»ist nicht die atomare Rüstung, sondern der internationale Terrorismus. Das Ende der Welt wird eingeläutet, wenn Männer wie Gaddafi (partiell Förderer der Grünen) in den Besitz der Bombe gelangen.«[13]

Doch jetzt gab es auch Vorgänge, die hoffen ließen. Aus seiner Sicht hatten seit Ende der siebziger Jahre zwei Hoffnungsträger die Bühne betreten: der polnische Papst Johannes Paul II. und der amerikanische Präsident Ronald Reagan. Seit langem bewunderte Springer die Päpste. »Frohe Botschaft aus dem Vatikan. Ein Pole ist Papst geworden«, schrieb er am 24. Oktober 1978 begeistert an Peter Boenisch und fügte hinzu: »Am Sonntag vormittag saß ich über vier Stunden am Fernsehschirm. Das hat es in meinem Leben noch nie gegeben.«[14] Und Marianne Strauß teilte er im Juli 1979 mit: »Wenn ich auf die säkulare Erscheinung des großartigen neuen Papstes sehe, ist es schwer möglich, nicht traurig zu sein, nicht als Katholik auf der Erde zu wandeln. Es muss ja nicht unbedingt ein bayerischer sein.«[15] Der letzte Satz enthielt eine Fehlprognose. Springer bezog sich dabei auf eine Zusendung von Frau Strauß, in der sie ihn über eine Schrift des kurzzeitigen Münchner Kardinals und späteren Papstes informiert hatte: »Mit großer Freude und Gewinn las ich Kardinal Ratzingers Europa-Bild.«

Auch dass Springer im Widerspruch zu großen Teilen der öffentlichen Meinung in der Bundesrepublik rasch zum Reagan-Fan mutierte, kann nicht besonders erstaunen. »Selten habe ich mich über einen Wahlsieg so gefreut wie über den von Reagan«, schrieb er begeistert.[16] Eigentlich sei George Bush sein und Friedes Kandidat gewesen, bekam eine alte Freundin von ihm zu hören, »aber Reagan ist als Repräsentant im Massenzeitalter der richtige Mann«.[17] Vergleichsweise rasch erhielt er einen Termin im Weißen Haus. Als Reagan ihn bei diesem Besuch im Mai 1982 fragte, wie lange die Mauer in Berlin wohl noch stünde, gab Springer zur Antwort: »Gott allein weiß das. Doch ich rechne noch mit der Wiedervereinigung in unserer Zeit.«[18]

Im Auftreten von Solidarność in Polen sah er ein Hoffnungszeichen. Sein Sohn Nicolaus, dem er in jenen Jahren des Öfteren seine Gedanken über Gott und die Welt anvertraute, um ihn für die eigene Sicht der Dinge zu interessieren, erhielt im August 1980, noch vor Ausrufung des Kriegsrechts in Polen, eine für Springers Denken aufschlussreiche Notiz: »Verfolgst Du die Unruhen in Polen? Das ist möglicherweise der Anfang von einem Ende, das noch lange auf sich warten lassen kann ... Es ist zum Weinen. Dieses stolze Volk, dem die Deutschen so viel Unrecht angetan haben, sitzt jetzt in der Patsche, weil den braunen Diktatoren rote gefolgt sind. Und unsere deutschen Banken leihen Milliarden von Mark, die alle gleichsam in ein Faß ohne Boden geschüttet werden.«[19] Für die *Welt am Sonntag* schrieb er wenig später in einem gezeichneten Namensartikel: »Polen zeigt deutlich, daß der Zerfallsprozeß des kommunistischen Blocks in vollem Gange ist. Die Selbstzerstörung des Sowjetimperiums ist unaufhaltsam, auch wenn dieser Prozeß noch lange andauern mag.«[20]

Sorgen machte ihm weiterhin die bundesdeutsche Innenpolitik. Am wenigsten beunruhigten ihn in seiner Spätzeit die periodischen Angriffe seitens engagierter Springer-Gegner, auch wenn sie ihn innerlich tief kränkten. Nachdem die Gefahr gesetzlicher Maßnahmen gegen seinen Verlag vorüber war, hatte er sich angewöhnt, das Grummeln im Lager der Linksintellektuellen wenigstens nach außen hin mit einer gewissen stoischen Gelassenheit zu registrieren. Tatsächlich hegte er aber immer noch tiefen Groll gegen alle, die unentwegt versuchten, ihn und sein Haus schlecht zu machen. Im Großen und Ganzen überließ er es aber seinem Management, auf geeignete Weise dagegen vorzugehen oder auch nicht. So hatte er sich schon 1977 verhalten, als Günter Wallraff unerkannt bei *BILD* anheuerte und alle Springer-Gegner mit seinem dokumentarischen Bericht *Der Aufmacher* über Nachrichtenmanipulation bei *BILD* erfreute. Dass aber »die Anfeindungen unseres gesellschaftlichen Systems durch Untergrundkommunisten wie Wallraff« Gegenstand der Erörterungen im Unterricht des Instituts Montana in der Schweiz waren, gab ihm doch etwas zu denken. Stolz schrieb er in diesem Zusammenhang einem der Lehrer seines Sohnes Nicolaus, er selbst betrachte sich als »Anwalt des aufgeklärten Kapitalismus«.[21]

Im Übrigen war er sich sehr bewusst, dass die *Bild*-Zeitung für ihn so unentbehrlich war wie das tägliche Brot, aber kein Ruhmesblatt für einen frommen Verleger. In einem ungeschützten Gespräch mit dem guten alten Bekannten Ben Witter war ihm die Bemerkung entschlüpft: »Ich leide wie ein Hund darunter, daß manches in meinen Blättern steht, womit ich überhaupt nicht einverstanden bin. Und wie oft leide ich, wenn ich morgens die *Bild*-Zeitung lese. In Hunderten von Briefen beschwor ich die Chefredaktion, alles zu unterlassen, was gegen die Würde des Menschen verstößt …«[22] Das löste einen veritablen Redaktionsaufstand aus. Springer musste daraufhin mit allerlei Briefen und öffentlichen Erklärungen wieder für Schönwetter sorgen. Solche Stürme im Wasserglas bewiesen aber doch, wie nachdenklich ihn die Angriffe gegen *BILD* machten und wie weit er sich innerlich von diesem stärksten Machtinstrument seines Verlages entfernt hatte.

Nach außen gab er weiterhin den unbewegten Weisen, während er aber zugleich immer dünnhäutiger wurde. Gelegentlich machte er sich in Briefen an Gleichgesinnte Luft. Besonders christlich war es nicht, wenngleich nachvollziehbar, was er Matthias Walden in einem Weihnachtsbrief in Sachen Heinrich Böll schrieb. Er nannte seinen Intimfeind einen »politischen Wirrkopf und Staatsverächter«, einen »Terroristen-Verniedlicher und Springer-Verleumder« und tröstete sich mit der Feststellung: »Ich glaube nämlich, daß man Bölls Hinabsteigen in die Kloaken der politischen Auseinandersetzung und auch die daraus entstandenen minderwertigen politischen Spätwerke psychologisch deuten kann mit der unterbewußten Enttäuschung eines Mannes darüber, daß seine schriftstellerische Sonne unterzugehen begann, noch ehe sie den Zenith erreichte. Da wurde er schnell zu dem widerlichen Deutschen, den bloßzustellen er sich als literarische Aufgabe gestellt hatte.«[23]

Aber er litt nicht bloß an den Linksintellektuellen. In seiner Spätphase ging er mehr und mehr zu den Deutschen insgesamt auf innere Distanz. Fast alle waren sie ihm zuwider: die Linken, die keine Gelegenheit ausließen, ihn selbst und seine Zeitungen als öffentliche Gefahr zu beschreien; die unzuverlässigen Spitzenpolitiker aller Parteien; die nach links driftenden Kirchen; die Theaterszene; der Fernsehjournalismus; überhaupt die ganze hedonistische Gesellschaft der achtziger Jahre. »Ich liebe Deutschland in seiner vielgestaltigen Landschaft«, schrieb er im Mai 1981 an seinen Freund Arthur Cohn in Basel, »die Deutschen aber mag ich nicht.« Und er fügte hinzu: »Wo ist beispielsweise in meinem Land ein Politiker, dem ich mein Herz ganz öffnen könnte?«[24] Nun sind Politiker in aller Welt keine Rasse, der sensible Zeitungszaren ihre innersten

Gedanken ungeschützt anvertrauen sollten. Doch solche und viele andere Briefe dieser Jahre lassen doch erkennen, wie politisch isoliert er sich damals fühlte.

Dennoch wollte er nicht aufgeben. Auch nachdem Franz Josef Strauß die Bundestagswahl 1980 in den Sand gesetzt hatte, betrachtete Springer es weiterhin als seine Aufgabe, auf einen baldmöglichen Sturz der Regierung Schmidt hinzuwirken. Sein Hauptinstrument dabei war nach wie vor *Die Welt*. Man hatte ihm unter anderem mit dem Argument zum Bonn-Umzug geraten, dass dadurch die Chancen besser würden, im Sinn seiner Vorstellungen auf den dortigen Politikbetrieb einzuwirken. Verärgert stellte er nun fest, dass sich ein umgekehrter Prozess vollzog. *Die Welt* begann sich der Bundesregierung anzupassen.

Unvermeidlicherweise geriet nun sein langjähriger Darling Peter Boenisch in die Schusslinie. Das tiefe Zerwürfnis zwischen Verleger und Chefredakteur ist aus verschiedenen Gründen bemerkenswert. Es zeigt nicht nur, dass auch der alternde Springer weiterhin eine kompromisslos harte Linie bevorzugte. Er hatte auch immer noch »Biss«. Wenn er glaubte, dass das Maß des Erträglichen voll war, löste er sich genauso abrupt von alterprobten Gefährten wie einstmals von vieren seiner Ehefrauen. Engste Mitarbeiter wie Christian Kracht oder Peter Boenisch mochten, so sie tüchtig waren, dank der Sympathie des Verlegers zu höchsten Höhen aufsteigen, sie konnten dennoch wie gewohnt gestürzt werden, wenn das Wohlwollen nachließ. Es war berauschend, aber zugleich gefährlich, hoch in der Gunst Axel Springers zu stehen. Nur ganz wenige hielten sich dort auf Dauer.

Für das Zerwürfnis mit Boenisch gab es gute politische Gründe. Springer stand damals vor allem Bundeskanzler Helmut Schmidt geradezu hasserfüllt gegenüber. In die Briefe an nahe Vertraute, nicht zuletzt in Israel, flossen immer wieder grimmige Unwert-Urteile ein. Es war in starkem Maße Schmidts Nahostpolitik, die ihn zur Verzweiflung brachte – die geplante Lieferung von Leopard-Panzern an Saudi-Arabien, auch Schmidts Abneigung gegen Israels Ministerpräsidenten Menachem Begin. Überhaupt gab er auf die SPD gar nichts mehr: »Wo sind die alten Sozialdemokraten geblieben? Nur noch feine Pinkel, Klassenkämpfer und Mitläufer …«, beklagte er sich gegenüber dem Hamburger Staatsrat

Hans Fahning.[25] Ausgerechnet von Helmut Schmidt und seinem Gefolge, so stellte Springer nun fest, ließ sich Peter Boenisch umgarnen.

Die Trauer um seinen Sohn hielt Springer somit nicht davon ab, das ganze lange Jahr 1980 hindurch Boenisch direkt oder durch Leute aus seiner Umgebung zu maßregeln. Ihm lag daran, *Die Welt* unbeirrbar auf Gegenkurs zur Regierung Schmidt zu halten. Boenisch indessen war weiterhin der Meinung, *Die Welt* brauche ein liberaleres Image, sonst könne sie die jungen Leser nicht mehr gewinnen. Zudem wollte er dem Bundeskanzler nicht zusätzlich am Zeug flicken, den die eigene Partei mit Willy Brandt an der Spitze immer weiter an den Abgrund drängte. Trotz vieler warnender Signale aus der Berliner Zentrale blieb Boenisch allerbester Laune. Er war schon immer sehr aufgekratzt gewesen, doch mit seinem übermütigen Naturell verband sich nun eine gewisse Aufsässigkeit, verständlich genug bei einem Top-Journalisten, der seinem schwierigen Herrn und Meister über ein Vierteljahrhundert hinweg treu nachfolgte und inzwischen der festen Überzeugung war, dass Springers politische Vorstellungen nicht mehr zeitgemäß waren. Politisches verband sich mit Persönlichem, Persönliches mit Meinungsverschiedenheiten über die äußere und inhaltliche Gestaltung der *Welt*, und professionelle Differenzen gingen mit dem ständigen Kummer des Verlegers einher, einen Teil der jährlichen Gewinne des Konzerns zur Subventionierung der *Welt* verwenden zu müssen, die zu allem Überfluss auch noch im verachteten Bonn ihren Sitz hatte.

Den Anfang vom Ende der Freundschaft markierte ein sarkastischer »Spaziergang in Bonn«, den Boenisch im April 1980 als Gastgeber der Bonner Korrespondenten gegeben hatte. Höchst vergnügt verlas er dort angeblich »unveröffentlichte Aufzeichnungen aus meinem Tagebuch«. Pointe folgte auf Pointe, manche zu Lasten des eigenen Blattes. »Ich will mit meinen grauen Haaren keine Zeitung für alte Muffel machen«, lästerte er, »auch wenn wir von ihnen die Anzeigen kriegen.« Viel lieber wolle er die Jungen ansprechen, »und die sind ja überwiegend links«. Der Fasching war zwar vorbei, doch wie bei einer guten Büttenrede bekam jeder sein Fett ab, auch der Verleger. Helmut Schmidt, der dauernd zwischen Hamburg und Bonn hin und her flog, karikierte er mit den Worten:

»Der erste Hubschrauber-Flüchtling der Nation.« Zu Genscher meinte er: »Er reist mehr als der Reiseleiter von Neckermann.« Zu Bundespräsident Karl Carstens, dessen Marotte das Wandern in allen Teilen des Landes war, vermerkte er spöttisch: »Die Füße hatten es bei Scheel besser.« Es mochte auch noch hingehen, dass Boenisch unter Bezugnahme auf seine angebliche Sympathie für die Linken feststellte: »Hauptsache, es erwartet niemand von mir, dass ich die Wieczorek-Zeul heirate!« Doch als Tiefschlag wurde von Springer Boenischs Kommentar zur Entscheidung des Verlegers betrachtet, *Die Welt* von Hamburg nach Bonn zu verlegen: »Es war die richtigste Fehlentscheidung seines Lebens.«[26]

Springer ärgerte sich maßlos. Dem lockeren Auftritt unmittelbar voraufgegangen war nämlich ein dreiseitiger tadelnder Brief, in dem er Boenisch vorhielt, dass ihn ein *Welt*-Interview mit Horst Ehmke »außerordentlich erregt« habe, weil dieser die »Schicksalsfrage« der Nachrüstung geschickt beiseitegeschoben habe.[27] Dass es dabei um gravierende politische Meinungsverschiedenheiten ging, kam in dem Satz zum Ausdruck: »Und ich frage mich jetzt auch, weshalb Sie anscheinend in der *Welt* eine andere Politik machen als die, die ich vertrete.« Als der *PR Public Relations Report* auf Springers Schreibtisch kam, diktierte er einen warnenden, wenngleich noch in väterlichem Ton gehaltenen Brief und las den Boenisch am Telefon vor, ohne ihn danach abzusenden. Der Brief ist erhalten geblieben, und darin finden sich Sätze wie der folgende »Ich komme mir vor wie ein Vater, der seinem Sohn vor der Tanzstunde sagt, du darfst den Mädchen nicht auf den Po klopfen.«[28] Wenn sich ein fast Siebzigjähriger einem immerhin schon Mitfünfziger gegenüber väterlich zu geben sucht, geht das meistens schief. Der freundlichen telefonischen Ermahnung feuerte Springer schließlich einen weiteren kurzen Brief hinterher: »Ich kann nicht glauben, dass gesagt wurde, was in der Anlage steht. So ist es gesinnungslos, anmaßend und geschäftsschädigend.«[29] Bei ihm setzte sich endgültig nun der Eindruck fest, Boenisch gehe auf Konfrontationskurs zu ihm.[30] Die *Welt*-Kommentare häuften sich, die ihm missfielen, und so sandte er Boenisch schließlich einen grußlosen Brief, in dem er pointiert daran erinnerte, er habe ihn bewusst nur zum »Vorsitzende[n] der Chefredaktion« gemacht, er dürfe aber nicht den Titel Chefredakteur führen.[31]

Aufgebracht erinnerte ihn Boenisch nun daran, die Probleme der *Welt* erforderten langfristige Lösungen. Hier seien die Chefs gefallen »wie die Kegel (12 Chefredakteure in 13 Jahren)«. Bitter beklagte er sich, »daß aus der Distanz Distanzierung wird und Mißtrauen entsteht ...«[32] Boenischs Brief an Springer war immer noch »in Freundschaft« unterschrieben. Doch Springer ließ jetzt nicht mehr locker. Unnötig zu erwähnen, dass neben Springers Verdruss über das politische Abweichlertum Boenischs auch das Defizit der *Welt* eine Rolle spielte. Es belief sich im Jahr 1980 auf satte 35 Millionen D-Mark, wenn nicht gar auf 43 Millionen.[33] Zu guter Letzt begann Boenisch öffentlich lästerliche Reden zu führen, in denen er weder den Verleger noch den Konzern schonte. »Das Verhältnis Redaktion – Verleger spielt sich praktisch gar nicht ab«, gab er in einem Interview beim Bayerischen Rundfunk zum Besten und fügte hinzu: »Ich möchte sagen: bedauerlicherweise nicht, weil das Unternehmen zu groß geworden ist, der Verleger kommt nur höchst selten, meistens in Abständen von mehreren Jahren mal in seine Redaktionen. Und der Kontakt Chefredakteur – Verleger hält sich aus den gleichen Gründen ebenfalls in Grenzen.«[34] Das war zwar zutreffend beobachtet und ist in einer Springer-Biographie berichtenswert, grenzte aber an Majestätsbeleidigung.

Wie üblich, wollte Springer die Ablösung auf die sanfte Tour durchführen und bedachte Boenisch mit einem persönlich-vertraulichen Brief, in dem er ihn dringend bat, doch für einige Zeit bei der *Berliner Morgenpost* zu helfen, die momentan gleichfalls Verluste machte: »Kommen Sie nach Berlin. Wenn es geht, schon morgen ...« Boenisch aber bockte.[35] Vielleicht hielt er sich für unentbehrlich. So kam es zu einem im Springer-Verlag ganz seltenen Vorgang. Boenisch weigerte sich, so mir nichts, dir nichts die Chefredaktion aufzugeben. Springer löste ihn schließlich mit einem kühlen Brief ab und ernannte Wilfried Hertz-Eichenrode und Herbert Kremp zu Chefredakteuren.[36] Matthias Walden, der neue Stern am Verlagshimmel, sollte jetzt neben Axel Springer als Herausgeber tätig sein, sprich: dem Verleger den Ärger abnehmen, die notorisch eigenwillige Redaktion auf dem rechten Weg zu halten.

Springers Freundschaft mit Boenisch endete sogar im öffentlichen Zerwürfnis. Der gefeuerte Chefredakteur dachte nicht daran, ohne Protest klein beizugeben. Als er Ende März 1981 die Redaktionsgeschäfte abgab, erklärte er vor der versammelten Redaktionskonferenz: »Ich bin doch kein Knecht, der die Hacken zusammennimmt und Stiefelspitzen leckt.« Er wurde nach längerem Hin und Her mit einem »goldenen Handschlag« verabschiedet und ließ es sich nicht nehmen, in der Bad Godesberger Redoute eine große Abschiedsparty zu geben, zu der sich der Bundeskanzler mit Horst Ehmke und Egon Bahr im Gefolge einfand. Dabei kam in einer Laudatio nochmals der politische Grund des Zerwürfnisses zur Sprache: Boenisch sei wohl zu sehr ins linksliberale Lager abgerutscht und für Springer zum Revoluzzer geworden.[37]

Begleitet von den kritischen Kommentaren der *Welt* ging die Ära Schmidt nun ihrem Ende entgegen. Springer war zwar durchaus geneigt, den Abgang zu beschleunigen. Doch auch bei seinen Zeitungen und im engsten Kreis der Berater gab es zwei Denkschulen. Die einen hielten die Unterstützung einer neuen bürgerlichen Koalitionsregierung von CDU/CSU und FDP für geboten, die anderen neigten der Auffassung von Franz Josef Strauß zu, beim Zerfall der sozialliberalen Koalition sei es an der Zeit, sofort eine Auflösung des Deutschen Bundestags herbeizuführen und dann die FDP in einem frühzeitigen Wahlkampf zu vernichten mit dem Ziel einer absoluten Mehrheit von CDU/CSU.

Ungeachtet chronischer Unstimmigkeiten über die Israel-Politik unterhielt Springer nach wie vor gute Beziehungen zum FDP-Vorsitzenden und Bundesaußenminister Hans-Dietrich Genscher und dieser zu ihm. Während der Urlaubszeit traf man sich am 21. August 1982 auf Anregung Genschers zusammen mit den Damen im Zürcher »Dolder«. Genscher bestätigte die damals schon kursierenden Gerüchte, von der FDP-Führung werde ein Ausscheiden aus der Regierung Helmut Schmidts erwogen. Zu den Differenzen über die Wirtschaftspolitik, die dann im September über dem Lambsdorff-Papier offen ausbrachen, sei jetzt auch die Sorge getreten, dass der Bundeskanzler gegenüber der nachrüstungskritischen Mehrheit in der SPD an Boden verliere. Für den Fall eines Ausscheidens der FDP aus der Bundesregierung wollte Genscher die Möglichkeit einer Spaltung in der eigenen Partei nicht ausschließen. Da Helmut Kohl auf Neuwahlen dränge, könne die FDP dabei unter die Fünf-Prozent-Grenze geraten. Und jetzt kam er zu dem Punkt, um dessentwegen er die Zusammenkunft angeregt hatte. Entscheidend sei unter diesen Umständen, so deutete er an, eine massive Zweitstimmenkampagne. Die FDP müsse springen, könne dies aber nur, wenn das verstanden werde. Genschers offene Frage: Wie werde sich Springer und somit die Springer-Presse dazu stellen?

Springer hielt sich bei dieser Unterredung ziemlich bedeckt und wies darauf hin, die Zeiten seien vorbei, da ein Verleger seine Redaktionen durch präzise Vorgaben habe steuern können. Genscher wollte das überhaupt nicht glauben. Etwas verlegen wandte sich Springer mit der Frage »Was machen wir da?« an Bernhard Servatius, über den Genschers langjähriger Vertrauter Herbert Schmülling das Treffen arrangiert hatte. Servatius wies darauf hin, dass Matthias Walden im Hause Springer ja schließlich als »Signalschreiber« betrachtet werde. Wenn Walden bereit sei, sich im gewünschten Sinne einzusetzen, sei bei den Redaktionen die Linie des Hauses klar.

Der Vorgang ist aus zwei Gründen von Interesse. Zum einen lässt er vermuten, dass sich Springer in der labilen Situation des August 1982 selbst noch nicht darüber im Klaren war, welchen Kurs seine Blätter in der sich bereits abzeichnenden Wahlkampfschlacht steuern sollten. Sprach nicht auch viel für das Vernichtungskonzept von Franz Josef Strauß? Zum anderen machte das Gespräch deutlich, dass Springer damals in dieser entscheidenden innenpolitischen Frage gegenüber den eigenen Redaktionen in der Tat subtiler vorgehen wollte oder musste als in früheren Zeiten. Genscher war anscheinend der Meinung gewesen, ein Springer könne seinen kapriziösen Chefredakteuren in einer Detailfrage genauso verbindliche Weisung erteilen wie der Bundesaußenminister seinen Diplomaten.[38]

Springer hatte zwar bei dieser Unterredung nichts fest versprochen, doch als sich die neuen Koalitionäre für Neuwahlen im Frühjahr 1983 entschieden, ließ er natürlich Feuerschutz geben. Er erwartete jetzt, »daß Kohl seine Sache recht gut macht. Sein zuverlässiger Charakter macht bei allen Freunden im Ausland großen Eindruck.«[39] Für Helmut Schmidt, der sich nach dem Sturz zu einer heftigen Kampagne gegen den Machtwechsel hinreißen ließ, hatte er nur noch Verachtung übrig: »Der Schuldenmacher und Lord von Barmbeck hält jetzt klassenkämpferische Reden, nachdem er zugesehen hat, wie die Karre in den Dreck gefahren wurde.«[40] Sein Widerwille gegen Brandt war aber damals noch viel größer.[41]

Doch die Einigung zwischen Kohl, Genscher und Strauß, am 6. März 1983 eine vorgezogene Bundestagswahl abzuhalten, beunruhigte ihn dennoch. Er registrierte die Grundorientierung der deutschen Wähler mit zunehmender Skepsis. Somit fielen dem Idealisten Axel Springer nur noch materialistische Ratschläge ein. Er glaubte zu wissen, was wirtschaftlich geboten sei, kannte aber genauso gut die Grenzen aller Reformbemühungen. Karl Klasen gegenüber klagte er: »Das Volk hat noch gar nicht gemerkt, dass es ihm an den Kragen geht.« Die Bundesbank zusammen mit CDU/CSU »und von mir aus auch die FDP«, so träumte er, müssten acht Jahre lang eine Zwangsdemokratie der Vernunft ausüben. Dann würden wir auch mit allen Strukturkrisen, die es nun einmal gibt, fertig werden.«[42]

Dieter Stolze, damals als Staatssekretär des Bundespresseamts mit Regierungspropaganda befasst, erhielt ein paar charakteristische Briefe. Die Deutschen, so stellte Springer in einem dieser Schreiben fest, sind »ein gebrochenes Volk und folgen nicht der Flagge, sondern in der Mehrheit nur ganz handfesten Vorteilen. Die muß man ihnen bieten ...: höchste Steuervorteile für Handwerk und mittlere Betriebe. Möglichkeiten für schönste Arbeiter- und Angestelltenwohnungen. Und vieles andere mehr ...«[43] Im Übrigen hänge alles davon ab, die spröde Materie der Gefahren für die Wirtschaft in bilderreicher Sprache »dem einfachen Mann« näherzubringen: »Und dann ran ans Fernsehen. Sonst geht alles mit Sicherheit am 6. März schief.«[44] Nach wie vor zeigte er sich aber überzeugt davon, dass es neben dem Fernsehen vor allem auf *BILD* ankomme. An Helmut Kohl schrieb er einen Monat vor der Wahl: »Wir tun jedenfalls, was wir können!«[45]

Als der Sieg errungen war, hielt sich seine Begeisterung in Grenzen. »Ja, seit 13 Jahren litt ich unter der deutschen Politik und war oft hoffnungslos. Nun ist es anders gekommen. Nach 13 Jahren«, schrieb er ein paar Tage danach an Hans-Erich Bilges, den stellvertretenden Chefredakteur der *Welt*, und dankte diesem in höchsten Tönen für die »unschätzbaren Dienste«, besonders im letzten Wahlkampf. Dem fügte er aber hinzu: »Ob man es Ihnen, dem Haus, oder auch mir dankt, ist heute eine offene Frage. Die Antwort lautet: mit Sicherheit nicht. Noch nie haben Propheten das gelobte Land betreten dürfen, das sie gesehen haben. Trotzdem ist meine Freude riesengroß!«[46]

Gegenüber der Regierung Kohl konzentrierte er sich künftig im Wesentlichen auf die drei altbekannten Themen: Lobbying für ein Verleger-Fernsehen, Lobbying für Berlin und Lobbying für Israel. Mit seinen Fernsehplänen kam er, wie schon vermerkt, nur mühsam voran. Einmal mehr musste er konstatieren, dass in der CDU die Lobby der Fernsehanstalten genauso mächtig war wie sein eigener Einfluss, wenn nicht sogar stärker.[47] Verbittert erinnerte er in einem langen Brief an Bundesminister Norbert Blüm daran, dass er bereits im Juni 1967 bei Gelegenheit eines Vortrags vor CDU- und CSU-Rundfunk- und Fernseh-Interessierten – Kohl sei auch schon dabei gewesen – in der Politischen Akademie Eichholz ausgeführt habe: »Entweder setzen Sie sich rücksichtslos für Ihre Partei in den öffentlich-rechtlichen Anstalten durch, oder Sie schaffen ein privates Fernsehen, von dem ich dann allerdings gleich sagen muß, daß dieses auch Ihrer politischen Linie folgen sollte.«[48] Jeden Tag sei er »erneut über die CDU verärgert, daß sie diesen ganzen Rundfunk-Schlendrian zugelassen hat«.

Springers Berlin-Engagement blieb ungebrochen. Hier ließ er seine Zeitungen mit Blick auf die Wahlen zum Abgeordnetenhaus ihr Bestes tun, einen Wahlsieg der CDU unter Richard von Weizsäcker herbeizuschreiben. Große Illusionen über einen Umschwung machte er sich aber auch bezüglich West-Berlins nicht. Das schwierige Terrain war ihm inzwischen bestens bekannt. »Berlin kann nur behutsam von der CDU erobert werden«,[49] gab er vorsichtig zu bedenken. Richard von Weizsäcker schien ihm der richtige Mann für dieses Konzept. Er schätzte ihn vor allem auch als »treuesten Freund Israels«.[50] Die Sympathie erlosch aber schlagartig, als von Weizsäcker für das Amt des Bundespräsidenten kandidierte und gewählt wurde. Ein »verantwortungsloser Weggang« sei das, beurteilte er diesen Schritt verständnislos.[51] Zum »Staatsportier« sei von Weizsäcker geworden, »den wir in Berlin noch mindestens zwei Jahre dringend benötigt hätten«.[52]

Wie er es vorausgesehen hatte, bereiteten ihm CSU und CDU lauter Enttäuschungen. Als Franz Josef Strauß mit der DDR den Milliardenkredit einfädelte, hielt er seine Zeitungen nicht von heftigster Kritik ab. Matthias Walden behauptete zwar in einem Brief an den Strauß-Intimus Wilfried Scharnagel, weder der Verleger noch er selbst hätte den Redaktionen Signale zu einem »persönlichen Heruntermachen« gegeben, wies aber auf den »Glaubwürdigkeitsverlust« hin und arbeitete die Empörung im Hause Springer deutlich heraus: »Dort, wo man ganz besonders vertraut hat, wo man außergewöhnliche Übereinstimmung und Zuneigung empfunden hat, ist die Enttäuschung über alles, was diesen gemeinsamen Überzeugungen zuwiderläuft – oder zuwiderzulaufen scheint – natürlich am größten und am schmerzlichsten.«[53] Immerhin habe Axel Springer eine Attacke Solschenizyns gegen FJS »um der höheren Sache willen« verhindert.

Für Springer war die deutschlandpolitische Wende von Strauß schlichtweg katastrophal. Seine politische Isolierung in Sachen Verhältnis zur DDR wurde dadurch besonders grell beleuchtet. Keine Partei und kein Spitzenpolitiker waren nun noch bereit, Springers Plädoyer für eine moralische Quarantänepolitik gegenüber dem DDR-Regime zu unterstützen. Wenn das Einschwenken von Strauß dennoch nicht zum Ruin der persönlichen Freundschaft führte, dann auch deshalb, weil Springer eine Art Genie im Mitleiden war. Zum Unfalltod von Marianne Strauß im Juni 1984 sandte er ihm christlichen Trost.[54] Auch der letzte längere Brief an einen deutschen Politiker, wenige Wochen vor Springers Tod, war ein Glückwunschbrief zum 70. Geburtstag von Strauß.[55] Wider allen Augenschein redete sich Springer nun wieder ein, in manchen, insbesondere für »unser Vaterland« wichtigen Fragen, »waren und blieben wir Brüder im Geist«.

Die Beziehungen zu Strauß, noch mehr aber zur Regierung Kohl, wurden ganz besonders durch deren Israel-Politik belastet. Barsch hatte Strauß gelegentlich bemerkt: »Das müssen die in Berlin auch mal wissen: die Israel-Politik wird schließlich nicht in der Kochstraße gemacht.«[56] Springer war genau umgekehrter Meinung. Unablässig lag er Kohl, Genscher und Strauß in den Ohren, die Bundesrepublik dürfe nur eine bedingungslos proisraelische Politik betreiben. Diese dachten natürlich überhaupt nicht daran. Wie in Washington, London oder Paris hielt man auch in Bonn einen Kurs der Äquidistanz zwischen den arabischen Regierungen und Israel für ein Gebot des gesunden Menschenverstands.

1982, Helmut Schmidt war noch Bundeskanzler, vermerkte Springer voller Kummer: »Unser Haus ist das letzte westliche Verlagshaus, das unbeirrt zu den Israelis hält.«[57] Der Regierungswechsel änderte an dieser Grundkonstellation nur wenig. Springer war ein Israel-Lobbyist mit heilsgeschichtlicher Fundierung. Im Verhältnis zu Israel hatte sich sein stets lebendiges Empfinden einer »gemeinsamen moralischen Haftung« der Deutschen gegenüber den Juden[58] zusehends mit religiösen Überzeugungen aufgeladen. Er hielt die Juden, so geht aus vielen seiner Briefe hervor, tatsächlich für »das auserwählte Volk Gottes«. Somit sei Deutschland durch das Verbrechen des Holocaust auf Dauer an das Schicksal des jüdischen Volkes gekettet.

Bedingungslose Parteinahme für Israel war somit für ihn das höchste Gebot deutscher Moralität nach Hitler. In jedem Abgehen von dieser Grundlinie sah er eine unentschuldbare Sünde. Außenminister Genscher erhielt eines Tages einen mit vielen Informationen und guten Argumenten gespickten Brief, der mit den Worten schloss, »daß wir eines Tages danach gerichtet werden, ob wir auch wirklich an der Seite Israels gestanden haben«.[59] Bei Springer war das durchaus wörtlich gemeint. Er rechnete in diesen Jahren fest damit, dass das Ende aller Tage bevorstehe. »Sicherlich leben wir in der Endzeit«, schrieb er im Frühjahr 1984 an Peter Bachér.[60] Zu den apokalyptischen Vorstellungen, in die sich Springer hineinsteigerte, gehörte auch die Erwartung der Wiederkehr Christi, des Jüngsten Gerichts und des neuen Jerusalem. Eines seiner einschlägigen Lieblingsbücher trug den Titel *Biblische Prophetie und der Nahe Osten*. Noch wenige Monate vor seinem Tod verschenkte er an die 50 Exemplare dieser Betrachtung von Derek Prince[61] an die unterschiedlichsten Freunde und Bekannten, unter anderem auch an Helmut Kohl. Diesen rief er eigens an und bat ihn nachdrücklich, »Seite für Seite des Buches zu lesen. Ich sagte ihm, daß er als der Verantwortliche ständig darauf achten müsse, daß unser Land nicht in neue Schuld verstrickt wird.«[62]

Da sich Springer zudem regelmäßig in Israel aufhielt, war er nicht nur mit den Visionen christlicher und jüdischer Mystiker wohl vertraut, sondern auch mit den irdischeren Gegebenheiten israelischer Sicherheitspolitik. Das bezeugen zahlreiche Briefe, mit denen er den Größen der Bonner Außenpolitik auf die Nerven ging. Diese hatten, davon war er zutiefst überzeugt, von Israel und dessen Feinden nicht die blasseste Ahnung. Verächtlich stellte er unmittelbar nach dem Wahlsieg der CDU/CSU-FDP-Regierung am 6. März 1983 fest: »Was verstehen Kohl und Genscher von der Nahost- und Afrika-Politik? Mit Sicherheit nichts.«[63] Nach Ausweis seiner Korrespondenz brachte ihn die den Saudis zugesagte Lieferung von Leopard-II-Panzern damals mehr um den Schlaf als die Bedrohung der Bundesrepublik durch die sowjetischen SS-20-Raketen. In seinen letzten Lebensjahren kreiste sein politisches und religiöses Denken immer stärker um Israel. Zustimmend zitierte er in einem Brief an Hannelore Kohl eine Äußerung, die Boenisch einstmals über ihn gemacht hatte: »Wenn man eines Tages ein historisches Urteil über Axel Springer fällt, dann wird Jerusalem noch vor Berlin rangieren.«[64] In der Anlage erhielt die Frau des Bundeskanzlers zwei Schriften, die erklären sollten, warum er sich so intensiv der jüdischen und israelischen Frage widmete. Die eine, betitelt *Israel mein Volk,* hatte Basilea Schlink zur Autorin[65] – »man nennt sie auch eine Prophetin unserer Zeit«. Die andere mit dem Titel *Das Brandopfer* stammte von Albrecht Goes aus Stuttgart.[66] Und er fügte hinzu: »Ich muß gestehen, daß mir bei der Lektüre dieses Büchleins die Tränen über die Wangen liefen.«

So versuchte er auf dem Umweg über Hannelore Kohl einen Sinneswandel des Bundeskanzlers herbeizuführen, der wenige Wochen zuvor Israel besucht und Springer zutiefst befremdet hatte, da er nicht deutlich genug gegen die arabischen Gegner Stellung bezogen hatte. Kohls Pressesprecher Peter Boenisch hatte für Missstimmung gesorgt, weil er einen schwarzen Ledermantel trug, der an SS-Mäntel erinnerte. Springer zeigte sich entsetzt, fügte aber entschuldigend hinzu: »H. K. ist ja nicht böse, sondern manchmal nur ein wenig simpel.«[67] Anderen gegenüber äußerte er sich schärfer; so meinte er zu Francis Ofner in Tel Aviv: »Der schwergewichtige Herr Kohl ist kein Staatsmann und vor allem hat er nicht die Gabe, mit Erfolg zuzuhören.«[68]

Springer begnügte sich nicht damit, seine Blätter mit uneingeschränkt proisraelischer Tendenz schreiben zu lassen und in eigener Person periodisch bei Kohl, Genscher und Strauß zu intervenieren. Von Zeit zu Zeit nahm er auch durch Namensartikel in der *Welt,* in der *Welt am Sonntag* oder in der *Berliner Morgenpost* zu den aktuellen Kontroversen Stellung. Viel davon war von Ernst Cramer nach Stichworten Springers formuliert, dem daran lag, sich persönlich und öffentlich zu Israel zu bekennen. Wie bisher wurden in den Artikeln die Zusammenhänge zwischen der sowjetischen Expansionspolitik gegen die Erdöl-Länder am Golf und dem Nahostkonflikt um Israel thematisiert. Mit bemerkenswertem Nachdruck machte er jetzt aber auch auf eine neue Gefahr aufmerksam: »Ein mohammedanischer Fundamentalismus erwacht überall wieder im Orient.«[69] Er sah darin nur eine Wiederholung früherer Anstürme. Mit breitem Pinsel widmete er sich dabei der Historienmalerei. Süleiman der Prächtige und dessen Nachfolger hätten ihre Macht bis vor die Tore Wiens ausgedehnt. »Erst in den Kriegen zwischen 1683 und 1699 wurde der Islam vom christlichen Abendland zurückgeschlagen.« Heute erhebe »ein intoleranter Islam« erneut sein Haupt. Springer zeigte sich damals besonders durch die iranische Revolution des »Schiitenführers« Ayatollah Chomeini beunruhigt. Beziehungsreich sprach er in diesem Zusammenhang von »falschen Propheten«, deren Auftreten in der Endzeit vorhergesagt sei. Doch Chomeini sei nur »Symbol einer weitgefächerten Entwicklung«.

Mit großer Beunruhigung registrierte Springer auch die »Re-Islamisierung«[70] in Westeuropa. Im Verhältnis der christlichen Konfessionen untereinander oder in Bezug auf das Judentum hob er beharrlich die Gemeinsamkeiten hervor und schob das Trennende beiseite. Doch beim Blick auf den Ayatollah Chomeini strich er mit kämpferischer Unbedingtheit die Gegensätze heraus: »Zu behaupten, zwischen dem Islam, der hier wieder sein unverhülltes Gesicht zeigt, und der jüdisch-christlichen Glaubenstradition bestehe eine enge religiöse Verwandtschaft, ist auch dann falsch, wenn auf die ›Ein-Gott-Theorie‹ hingewiesen wird.«[71] Über die innere Widerstandskraft und das Unterscheidungsvermögen im christlichen Raum machte er sich wenig Illusionen. »Vertraulich« schrieb er im Oktober 1984 an den konservativen Publizisten Winfried Martini: »Die Kirchen der Katholiken und Protestanten werden bei uns immer leerer. Dafür gibt es mehr und mehr Moscheen in Deutschland, die auch bei uns die Wiedererstarkung des Islam verdeutlichen. Wenn der ›Papst zum Anfassen‹ die Türkei besucht, dort vermutlich den Boden küßt und dann sagt: ›Wir glauben alle an einen

Gott‹, dann sollte es einen Aufschrei geben. Allah ist nicht der Gott des alten und des neuen Bundes.«[72] Dass der von ihm ansonsten geschätzte Papst Johannes Paul II. in den Dialog der Religionen auch den Islam einbezog, erfüllte ihn mit Entsetzen.

Springer hatte stärkste Vorbehalte gegen die Türkei. Seit er Patmos entdeckt hatte, pflegte er ständigen Umgang mit den dortigen Mönchen oder griechisch-orthodoxen Würdenträgern, hatte aber auch ein offenes Ohr für den konservativen griechischen Ministerpräsidenten Konstantin Karamanlis. Sensibel, wie Springer nun einmal war, sog er im griechischen Milieu vorbehaltlos die Abneigung gegen die Türken auf. Das nach der türkischen Invasion geteilte Zypern erinnerte ihn an Berlin: »Grenztürme, Unrecht, usw. usw.«[73] Bei seinen außenpolitischen Präferenzen war und blieb Springer ein extrem empfänglicher Mensch, offen für das politische Klima der jeweiligen Milieus. Nachdem er sich einst für Berlin entschieden hatte, sog er die dortige Frontstadt-Atmosphäre in sich auf. Im griechisch-orthodoxen Umfeld öffnete er sich den dort virulenten antitürkischen Stimmungen. Und in Israel übernahm er wie ein geborener Israeli die Vorbehalte gegen die PLO, gegen die Islamisten und gegen revanchistische arabische Regierungen.

In dieser letzten Lebensphase neigte Springer dazu, sich von aktuellen Gefahren ängstigen zu lassen, doch seine Sorgen zugleich in große Entwicklungslinien einzuordnen, die Jahrhunderte und Jahrtausende umspannten, all das verbunden mit heilsgeschichtlichen Erwartungen. Diese beruhigten sein quälendes Katastrophenbewusstsein. Entsprechend unwillig und zusehends verständnislos war seine Ablehnung des säkularistischen Zeitgeistes. An Peter Boenisch, damals noch einer seiner Vertrauten, schrieb er im Herbst 1979, als die Errichtung der Islamischen Republik Iran durch Chomeini den Mittleren Osten erschütterte, während in Europa das Ringen um die Nachrüstung einsetzte: »Wir werden noch viel Mut gebrauchen, um die Katastrophe hinauszuschieben. Es geht nur mit einer klaren Frontstellung gegenüber dem Zeitgeist. Rückbesinnung auf die beiden großen Gs: Geschichte und Gott, in umgekehrter Reihenfolge.«[74]

Die Krisenzonen des Nahen und Mittleren Ostens, deren Länder zugleich Schauplätze der Heilsgeschichte waren, beschäftigten ihn jetzt gewissermaßen Tag und Nacht, dies verstärkt durch die regelmäßigen Aufenthalte in Israel und auf Patmos. Er vergaß darüber nicht die Probleme bundesdeutscher Tagespolitik, aber sie erschienen ihm nun nur noch von relativer Bedeutung. Daneben blieb aber Berlin bis zum Lebensende seine große Liebe. Bereits stark von Krankheit gezeichnet, warf er sich im März 1985, wenige Monate vor seinem Tod, wie ein altes Schlachtross nochmals mit ein paar Leitartikeln für die CDU ins Getümmel – gegen die Grünen, gegen die Feinde des Rechtsstaats, gegen Leute, »größtenteils Nichtberliner«, »die Berlin autofrei machen, die Schulpflicht beseitigen, die soziale Marktwirtschaft beenden, die Gefängnisse abreißen, die Bindungen zum Bund kappen und die westlichen Schutzmächte herausdrängen wollen«.[75] »Eine schreckliche Vision!«, seufzte er im Dezember 1983 in einem langen Brief an Bundeskanzler Kohl, als die Umfragen zeitweilig eine Mehrheit für Rot-Grün in Berlin erwarten ließen.[76]

Inzwischen war er ganz zum Konservativen mutiert. Neues fiel ihm nicht mehr ein. Er sah seine Aufgabe nur noch darin, die alten Überzeugungen unbeirrt zu wiederholen. Ein letztes Mal erneuerte er dabei auch sein Glaubensbekenntnis zur »alten Reichshauptstadt«, zum Platz Berlins »in der Weltgeschichte«, zu Berlin als »Hort der Freiheit«, zur Offenheit der deutschen Frage und zur Rolle Berlins als »Wegweiser der deutschen Einheit«. Die Bürger West-Berlins entschieden sich in der Tat nochmals für Eberhard Diepgen. Doch im März 1985 klang Springers Reichshauptstadt-Credo für viele wie »ein Märchen aus alten Zeiten«.

Sein letzter längerer Namensartikel erschien am 19. Mai 1985 unter dem Titel »Nach Bitburg«. Auf das – wie sich zeigen sollte – abschließende Glaubensbekenntnis zu Berlin folgte nun das Glaubensbekenntnis »zum Einsatz der Deutschen für das Lebensrecht des jüdischen Staates«, dies gekoppelt mit scharfer Kritik an der PLO, die sich dem »antijüdischen Terror« verschrieben habe.[77] Der Leitartikel hatte eine Vorgeschichte. Nach dem gemeinsamen Auftritt mit Frankreichs Staatspräsident François Mitterrand vor dem »Ossuaire de Verdun« war dem Bundeskanzler die unglückliche Idee gekommen, eine vergleichbare Zeremonie zusammen mit US-Präsident Reagan auf dem Soldentenfriedhof Bitburg in der Eifel zu wiederholen. Als dort einige Gräber von Angehörigen der Waffen-SS entdeckt wurden und Reagan in erhebliche innenpolitische Bedrängnis geriet, war auch Springer verzweifelt bemüht, den Bundeskanzler zu bewegen, Reagan von seinem Wort zu entbinden. Er rief Kohl am 25. April an, wenige Tage vor dem Zeremoniell in Bitburg, und empfahl ihm, einen »Alternativ-Vorschlag« als Freundschaftsgeste zu machen. Eine Idee Elie Wiesels aufgreifend, nannte Springer in diesem Zusammenhang das Mahnmal in Berlin-Plötzensee. Kohls Ansehen in Washington, so gab er zu bedenken, würde leiden, wenn »durch seine Schuld« der Präsident in eine missliche Lage geriete.[78] Der Bundeskanzler entschied bekanntlich, sein Vorhaben durchzuziehen. So war Springer in dem »Nach Bitburg«-Artikel bemüht, wenigstens im Rückblick aus dem Vorgang ein Plädoyer für Israel zu machen.

Beim Blick auf die deutsche Teilung setzte er seine Hoffnungen weiterhin ganz auf Ronald Reagan. Noch in den siebziger und den frühen achtziger Jahren war sein ostpolitischer Pessimismus groß gewesen. Er erwartete nur mittel- und langfristige Veränderungen. Doch seitdem Reagan das SDI-Konzept gestartet hatte, fasste er wieder Hoffnung. Anfang 1985, kurz nach der Rückkehr von seiner letzten Amerika-Reise und zugleich ein paar Monate vor seinem unerwarteten Tod, zeigte er sich plötzlich wieder ganz euphorisch. In kleiner Runde stellte er fest: »Die Wiedervereinigung kommt. Reagan treibt die Sowjets mit seiner High-Tech-Hochrüstung in den Konkurs, der Papst rollt die Menschen am sowjetischen Limes auf.« Bernhard Servatius, der das berichtet, warf skeptisch ein: »Bitte, nicht auch noch das Datum nennen!« Darauf sprach ihn Springer mit feierlicher Gebärde an, wie das manchmal so seine Art war, und sagte: »Wir sind Brüder im Geist, aber ich sage Ihnen: Gegen mich sind Sie ein ungläubiger Thomas. Ich sage Ihnen voraus: Die Wiedervereinigung liegt nicht nur in Ihrer Lebenserwartung, sondern auch in meiner – und ich bin ein bißchen älter.«[79]

Verkaufen! Doch an wen und für wie viel?

Versteht man Axel Springers Leben wie ein klassisches Drama, so spielte in den Jahren von 1980 bis 1985 der letzte Aufzug. Auf offener Bühne agierte er wie bisher. *Business as usual,* wenngleich mit längeren Abwesenheiten, weniger öffentlichen Auftritten, müderem Aussehen und spürbar gedämpfter Energie. Hinter den Kulissen aber liefen unablässig Verkaufsverhandlungen.

Drängender als zuvor stellte sich nach dem Tod Sven Simons die Aufgabe, »das Haus zu ordnen und zu bestellen«.[80] Der Traum, den Konzern noch so lange als Alleineigentümer zu halten, bis eventuell doch der Älteste an die Spitze treten könnte, war endgültig ausgeträumt. An den Zweitältesten, Nicolaus, war vorerst überhaupt nicht zu denken. 1980 war er gerade erst 18 Jahre alt. Springer hatte ihn jahrelang mit rührenden Briefen bedacht, gewann aber jetzt den Eindruck, dass auch dieser junge Mann erst einmal seinen eigenen Weg gehen wollte. Der Sohn aus wohlhabendem Hause begab sich nach England, unternahm dies und das, heiratete auch und wurde dort von einer schlimmen Krebserkrankung befallen.[81] Springer erfuhr im Unglücksjahr 1980 davon,[82] half nach Kräften, bewunderte auch die Zähigkeit, mit der dieser Sohn die Erkrankung überwand, wusste aber genau, dass er die Zukunftspläne für den eigenen Konzern ohne Rücksicht auf ihn zu machen hatte.

Man gewinnt den Eindruck, dass Springer die Hoffnung nicht ganz aufgab, auf lange Sicht doch noch einen Abkömmling der eigenen Familie für den Verlag zu interessieren. Doch der Sohn Sven Simons, wie sein Großvater Axel benannt und »Aggi« gerufen, wurde 1980, beim schrecklichen Ende des eigenen Vaters, gerade erst 14 Jahre alt. Axel Springer bedachte ihn im Internat mit ähnlich zärtlichen Briefen wie zuvor den eigenen Sohn Nicolaus, als dieser ähnlich alt gewesen war, ließ ihn dann und wann an den Wochenenden vom Fahrer nach Klosters kutschieren, sprach in Briefen an Freunde gelegentlich von ihm als »Axel III« und freute sich, im eigenen Enkel »einen neuen Sohn« geschenkt zu bekommen.[83] Doch der junge Mann war 19, als Springer starb. Auch das war keine realistische Perspektive. Blieben noch Barbara Choremi, die aber noch nie ein Verlangen danach gezeigt hatte, eine verantwortliche Position im Zeitungsgeschäft anzustreben, und »Aggis« Schwester Ariane, bei Springers Tod 23 Jahre alt. Axel Springer hat sich allem Anschein nach nicht ernsthaft darum bemüht, Tochter Barbara oder Enkelin Ariane seinem Imperium einzufügen. Dass der aus einer Männerwelt kommende Springer dann zu guter Letzt entdeckte, dass sein Lebenswerk doch bei einer Frau in guten Händen wäre, gehört zu den vielen Erstaunlichkeiten im Leben dieses Mannes.

Im Prinzip war mit der Gründung der Axel Springer AG schon 1970 eine Struktur geschaffen worden, die es erlaubte, verschiedene Wege zu beschreiten.Theoretisch konnte Springer noch zu Lebzeiten einen oder mehrere Partner hereinnehmen, dadurch die Wachstumskräfte des Unternehmens stärken, vom Verkaufserlös seinen Ruhestand aufs Allerschönste auspolstern und weiterhin über genügend Mittel für sein Mäzenatentum verfügen. Bei dieser Lösung gab es jedoch drei große Schwierigkeiten. Zum Ersten standen der freien Partnerwahl die strengen Bestimmungen des Bundeskartellgesetzes entgegen. Zum Zweiten legte Springer allergrößten Wert darauf, nur Partner aus der Medienbranche zu gewinnen, deren weltanschauliche Grundeinstellung mit der eigenen übereinstimmte. Damit hing die dritte Schwierigkeit zusammen. Springer wollte den Kurs der eigenen politischen Blätter so lange wie irgend möglich selbst bestimmen oder sie doch zumindest in absolut zuverlässige Hände legen. Das schränkte den Kreis möglicher Partner gleichfalls ein, zwang aber im Fall eines Verkaufs der Aktienmehrheit zu komplizierten, wenngleich durchaus machbaren Konstruktionen.

Eine Alternative zum Partnermodell war die Börseneinführung der Axel Springer AG, sei es in Verbindung mit dem Partnermodell (wie es dann im Jahr 1985 tatsächlich geschah), sei es mit maßgeblicher Beteiligung eines Bankenkonsortiums. Springer witterte aber in einem Bankenkonsortium oder auch bei einer einzelnen Großbank immer Gefahr. Sollte bei diesem Modell vermieden werden, dass das Zeitungshaus unter die Kontrolle einer Großbank oder eines großen Industriekonzerns geriet, waren komplizierte Vorkehrungen erforderlich. Auch in diesem Fall schien es Springer geboten, vertragliche und personelle Vorkehrungen zum Schutz seiner Richtungszeitungen einzubauen.

Eine weitere Alternative war das Stiftungsmodell. Auch dafür gab es verschiedene zeitgenössische Beispiele, etwa die Alfried Krupp von Bohlen und Halbach-Stiftung unter maßgeblicher Leitung von Springers Freund Berthold Beitz. Im Springer-Konzern selbst war es besonders Ernst Cramer, der für das Stiftungsmodell plädierte.[84] Eine karitative und mäzenatische Zweckbindung des

Vermögens wäre damit am elegantesten zu erreichen gewesen. Auch der Einfluss des Verlegers auf seine Zeitungen hätte sich damit verbinden lassen. Doch Springer schreckte davor zurück. »Stiftungsvorstände«, meinte er, »können weder den verlegerischen Impetus noch die verlegerische Kompetenz ersetzen.«[85] »Er hatte immer«, so Ernst Cramer, »eine Scheu davor, irgendwelche, vielleicht fremde, Stiftungsvorstände oder -geschäftsführer in Zukunft über ›sein‹ Unternehmen entscheiden zu lassen.«[86]

Theoretisch möglich, doch, wie sich zeigte, vorerst praktisch nicht realisierbar, wäre eine Fortführung des Konzerns als Familien-AG gewesen, sei es im Alleineigentum eines Familienmitgliedes oder von mehreren Familienmitgliedern. Nachdem schon die verschiedensten Möglichkeiten durchgespielt worden waren, kam Springer, wie sich zeigen sollte, selbst auf diese Idee. Im Sommer 1985 war er so weit, seine Frau Friede zur Alleinerbin zu machen.[87] Doch sie wollte dieses Odium nicht auf sich nehmen, und so kam ein besonders kompliziertes Modell zustande: eine Mischung aus Partnermodell, börsennotiertem Streubesitz und Familieneigentum.

Wir haben vorgegriffen. Das sich lange hinziehende Endspiel um die langfristige Zukunft des »Mammutverlags« ist aber nur voll verständlich, wenn man sich klarmacht, dass sich alle Mitspieler der verschiedenen Lösungsmodelle bewusst waren. Entsprechend inkohärent waren die Einflüsse, denen Springer ausgesetzt war, und entsprechend irritierend war sein unaufhörliches Schwanken.

Zur Verwirrung trug nicht zuletzt die personelle Konstellation in der Holding bei. Springer widerfuhr nämlich im Jahr 1980 ein doppeltes Unglück. Nachdem sich am Jahresanfang sein Sohn erschossen hatte, erlag im Oktober Heinrich Prinz Reuß, Springers rechte Hand in der Holding, einer heimtückischen Krebserkrankung. Springer hatte große Stücke auf ihn gehalten. Weltanschaulich lagen Springer und er auf der gleichen Wellenlänge.

Noch vor dem Ableben von Prinz Reuß wurden die Karten in dem Spiel neu gemischt. Was jetzt kam, war einigermaßen erstaunlich. Springer bat den zehn Jahre zuvor brüsk verabschiedeten Christian Kracht, ihn auf Schierensee zu besuchen: »Kommen Sie und bleiben Sie länger als drei Tage«,[88] soll er ihm mitgeteilt haben. Aus Kracht war inzwischen ein international gefragter Anlageberater mit Sitzen in der Schweiz und auch in den USA geworden, wo er sich momentan aufhielt. Doch er kam ohne zu zögern. Nach seiner Ankunft quartierte Springer ihn abends im Gästetrakt des großen Torhauses von Schierensee mit den Worten ein: »Ich lasse Ihnen die Betriebsabrechnung und die Bilanzen.« Der Butler brachte zwölf Leitz-Ordner, und Kracht kannte den alten Herrn und Meister gut genug, um zu wissen, dass von ihm eine sofortige Expertise erwartet wurde. So machte er sich die Nacht hindurch auf dem Sofa unter einem Pferdebild an die Arbeit; morgens um sieben tauchte Springer in einem kamelhaarfarbenen Morgenrock auf und sagte: »Ich höre Ihnen zu!« Kracht hielt, so erzählt er, vier Stunden lang Vortrag, Springer quittierte das schließlich mit den Worten: »Danke schön, jetzt weiß ich, woran ich bin. Das wird mir alles vorenthalten.«[89] Nun willigte Kracht ein, für einen begrenzten Zeitraum wieder zu Springer zurückzukehren, erhielt erneut die Generalvollmacht und wurde mit drei Hauptaufgaben betraut: diskrete Sondierungen und Verhandlungen mit Kaufinteressenten, Zuständigkeit für die Finanzen der Holding und Verwaltung von Springers Privatvermögen. Die vorhandene Korrespondenz bestätigt, dass die menschlichen Beziehungen über zwei Jahre hinweg wieder repariert waren. Zum Jahrestag von Krachts Kommen erinnerte Springer – »herzlichst« – an die Wiederbegegnung »Christian/A. S.« im großen Torhaus von Schierensee.[90]

Die beiden tauschten sich nun wieder fast täglich aus. Doch je mehr sich Springers Verhältnis zu Kracht erwärmte, umso stärker kühlten sich die Beziehungen zwischen Springer und Tamm ab. Kracht hatte zwar seinen neuen Aufgabenkreis nur unter der Bedingung übernommen, dass Tamm einverstanden wäre. Doch Springer war allem Anschein nach entschlossen, Tamm mit Hilfe von Kracht mürbezumachen. Manches kam bei den Misshelligkeiten zwischen Springer und Tamm zusammen: die sattsam bekannten Temperamentsunterschiede, konjunkturell bedingte Wachstumsschwierigkeiten der späten siebziger und der frühen achtziger Jahre (die Springer natürlich Tamm anlastete), die formelle Verantwortung Tamms für die »unerträglichen Defizite der *Welt*«, die Bonner Eskapaden von Peter Boenisch, aber vor allem die Tatsache, dass der Springer-Konzern beim Vergleich mit den konkurrierenden deutschen Medienunternehmen während der siebziger Jahre zurückgefallen war.

Der Kern des Problems lag wohl darin, dass die kühnen verlegerischen Impulse früher von Springer ausgegangen waren. Diese Zeiten waren aber lange vorbei. Seit der Zäsur von 1968 hatte ihn der Schneid verlassen. Mit den damaligen Panikverkäufen der Münchner Zeitschriften hatte er seine Position auf dem Zeitschriftenmarkt stark geschwächt. Das ließ sich nur schwer wieder aufholen. Außerdem machte die Politisierung des Verlages die Gewinnmaximierung nicht eben leichter. Die *Welt*-Gruppe hatte in den Jahren 1970 bis 1980 329 Millionen D-Mark Verlust gemacht, davon allein 43 Millionen im Jahr 1980.

Notgedrungen, aber auch weil er selbst kein Risiko-Typ wie einstmals der junge Springer war, hatte der umsichtige Tamm eine vergleichsweise konservative Unternehmensstrategie betrieben. Er stärkte die vorhandenen »Milchkühe« der *BILD*-Gruppe sowie *HÖR ZU* und *Funk Uhr*, investierte in modernste Drucktechnik (allein zwischen 1970 und 1980 624 Millionen)[91] und baute wieder eine Vielzahl spezialisierter Zeitschriften auf. Große Würfe waren nicht dabei, aber dahinter steckte doch eine Strategie, die im Verlauf der siebziger Jahre immerhin den Umsatz verdoppelte und einen Nettogewinn nach allen Ertragssteuern in Höhe von etwa 1,062 Milliarden D-Mark erbrachte.

Ein lästiges Hindernis für eine großzügige Expansionspolitik bildete Springers übergroße Vorsicht mit Blick auf das Bundeskartellamt. Der Schock der späten sechziger Jahre saß ihm noch in den Knochen. Tamm wollte anfangs die vernünftige Strategie verfolgen, die Machtbasis in Norddeutschland durch Beteiligungen bei potenten Regionalzeitungen zu verbreitern. Doch um bei den *Lübecker Nachrichten* zum Zuge zu kommen, musste Tamm den Verleger umgehen. Weder der Kauf des *Weser Kuriers* noch die Beteiligungen bei der *Hannoverschen Allgemeinen* wurden von Springer genehmigt.[92] Ebenso war Springer 1977 in München zurückgezuckt, als sich beim Bundeskartellamt Widerstand gegen seinen Einstieg beim *Münchner Merkur* regte. »Selbst auferlegte Beschränkungen« nannte Tamm das höflich, wenn er wegen des Vorwurfs innerlich kochte, er habe eine defensive Unternehmensstrategie betrieben.[93]

Auch Springer gegenüber ließ sich der mißtrauische Peter Tamm durchgehend von dem Grundsatz leiten, dass Vorsicht die Mutter der Porzellankiste ist. In Kenntnis der Stimmungsschwankungen seines Verlegers war er sorgsam bemüht, sich möglichst jedes Projekt von Springer absegnen zu lassen. Doch der Autokrat Springer, der sehr vieles, was man ihm vorlegte, blind unterzeichnete, schätzte es verständlicherweise nicht, wenn ihm der massive, stets bestens präparierte Vorstandsvorsitzende immer dann, wenn er sich über etwas erregte, Dokumente vorlegte, auf die er irgendwann einmal sein schwungvolles A. S. gesetzt hatte.

Nach Krachts Wiederauferstehung kam ein weiterer Punkt hinzu. Wer einen Konzern verkaufen will, muss die Braut schön machen. Interessenten verlangen nach Einsichtnahme in die internen Bilanzen. Defizitäre Zeitungen und Zeitschriften sind denkbar unerwünscht. Ein Teil des langen, recht kühlen und recht detaillierten Briefwechsels, der sich zwischen Kracht und Tamm entspann und der für Unfrieden sorgte, bezog sich auf derart lästige Details. Selbstverständlich kannte Tamm diese Zusammenhänge oder er erahnte sie doch. Dass ein Top-Manager, der spürt, wie ihm der Boden unter den Füßen weggezogen wird, sauer reagiert, ist nachvollziehbar.

Es wäre jedoch verkehrt, zu meinen, Springer hätte allein Christian Kracht mit Verkaufssondierungen beauftragt. Tamm selbst war die Anlaufstelle verschiedenster vertraulicher Anfragen. Zu Walter Blüchert in der Schweiz stand Springer nach wie vor in freundschaftlichen Beziehungen. Wie bisher hatte dieser weiterhin bei vielen Deals auf dem deutschen Medienmarkt seine Finger im Spiel und war nach wie vor stark daran interessiert, dem Verleger Käufer zuzuführen. In der Branche war auch bestens bekannt, welche Rolle Rechtsanwalt Servatius beim Aufsetzen einschlägiger Verträge Springers spielte – auch er war also ein geeigneter Ansprechpartner. Dasselbe traf auf Eberhard von Brauchitsch zu. Er galt weiterhin als geschätzter Berater Axel Springers und schien gleichfalls freundlichst entschlossen, am großen Endspiel um die Zukunft des Springer-Konzerns teilzunehmen. Natürlich verfolgten die bedeutenden Zeitungs- und Zeitschriftenverlage im deutschsprachigen Raum mit gespannter Aufmerksamkeit alles, was sich bei Springer tat, der nun auf die siebzig zuging und den vorerst einzig denkbaren Erben verloren hatte.

Einer der Ersten übrigens, mit denen Springer selbst vorsichtig wieder Kontakte knüpfte, war kein Geringerer als Reinhard Mohn. Nach einer Mandeloperation sei er »voller Tatkraft« von einem Ägäis-Urlaub zurückgekehrt, schrieb er an ihn und sandte unter Bezugnahme auf Zeitungsspekulationen einige Signale aus: »Nach dem Tod meines Jungen geisterten in Fülle Verkaufsabsichten durch die Presse. Ich muss Ihnen sagen, dass sie samt und sonders falsch sind. Ich würde Ihnen gern einmal gelegentlich sagen, was wirklich daran ist oder war. – Nach 10 Jahren ist Christian Kracht zu mir zurückgekehrt. Ich bin darüber aus menschlichen und sachlichen Gründen gleichermaßen beglückt.« Und damit Mohn auch ja merkte, dass alles Vergangene vergeben und vergessen war, fügte er hinzu: »Es mag Sie interessieren, dass in diesen Tagen Herr Köhnlechner mir einen Besuch machen will, bei dem nur Privates besprochen wird. – Ich hoffe, lieber Herr Mohn, dass wir uns gelegentlich wiedersehen. Ich komme zu diesem Zweck auch gern zu Ihnen nach Gütersloh.«[94] Man muss solche raffiniert formulierten Briefe Springers kennen, um nicht dem Irrtum zu verfallen, er sei im letzten Lebensjahrfünft nur noch ein weltabgewandter Frömmler gewesen. Er verstand es noch immer gut, seine Angel dorthin auszuwerfen, wo er die dicksten Fische vermutete. Und vorsichtig vermerkte er auf dem Briefdurchschlag: »Tresor!« Wie ernst es ihm mit der Vertraulichkeit war, ist aber dem Verteiler zu entnehmen: Walter Blüchert, Peter Tamm, Christian Kracht, Matthias Walden, Dr. Servatius, Dr. P. C. – also der innerste Kreis an der Konzernspitze und seiner Berater. Wie nicht anders zu erwarten, diktierte Mohn schon am folgenden Tage die Antwort. Auch sie war zugleich sehr freundlich im Ton, doch ausweichend: »Daß sich die Öffentlichkeit mit Ihrer Nachfolgefrage befaßt, ist nur zu verständlich. Langsam muß ja auch ich mich schon daran gewöhnen, daß über meine Nachfolge diskutiert wird. – Selbstverständlich würde auch mich ihre Konzeption der Kontinuitätssicherung für Ihr Unternehmen interessieren. Die von mir beabsichtigte Regelung ist Ihnen ja sicher aus der Presse bekannt.« Mohn schlug ein Treffen im November vor: »Es gibt sicher mancherlei uns gemeinsam angehende Fragen, die ein solches Gespräch rechtfertigen.«[95]

Nach den Vorgängen in den Jahren 1969/70 war Mohns Zurückhaltung mehr als verständlich. Das Treffen kam auch zustande und verlief in angenehmen Formen. Springer äußerte sich in einem handschriftlichen Dankesbrief »beglückt«, erwähnte auch, dass über mögliche Kooperationen bei Video und Druckerei gesprochen worden sei, was »über Freund Walter« (gemeint war Blüchert) weiterlaufen könne. Doch darüber hinaus nichts. Mohn hatte offenbar nicht mehr angebissen.

Demgegenüber zeigte der Hamburger Heinrich Bauer Verlag echtes Interesse. Mit 17 Publikumszeitschriften und 69 Roman- und Rätselreihen war Bauer damals das drittgrößte deutsche Verlagsunternehmen.[96] Der Generalbevollmächtigte Siegfried Moenig, respektvoll »der Stier von Hamburg« genannt, wollte sich im Alter von 65 Jahren zurückziehen und hätte seine Tätigkeit gerne mit einer Beteiligung am Hause Springer gekrönt. Ein wichtiges Argument für die Hereinnahme des Bauer-Verlags war der Umstand, dass in diesem Fall keine kartellrechtlichen Probleme auftauchen würden. Bereits im Mai 1980 lagen die von Kracht ausgehandelten Verträge unterschriftsreif vor.[97] Über die Gründe, weshalb Springer nicht abschließen wollte, existieren verschiedene Vermutungen, die einander nicht unbedingt ausschließen müssen. Christian Kracht zufolge hatte es sich nur um Scheinverhandlungen gehandelt: »Wir wollten auch für andere Interessenten die ›begehrte Braut‹ bleiben.«[98] Bernhard Servatius meint, die Chemie zwischen Springer und dem Erben Heinz Bauer habe nicht gestimmt. Springer hatte diesen nach der Rückkehr von Patmos zu einem Gespräch nach Schierensee eingeladen, um ihn zu beschnuppern. Doch der Gast sei auf keines der Themen, die Springer am Herzen lagen, eingegangen, weder auf die Fayencensammlung noch auf Architektur, Geschichte oder Politik. Springers Eindruck: eine Rechenmaschine, somit unpassend als Partner.[99] Daraufhin wurden die Verhandlungen abgebrochen.

Springers Wunschpartner waren die Burdas. In der Medienbranche galt der damals 77 Jahre alte Senator Franz Burda aus Offenburg als eine der farbigsten Figuren. Wie Springer war auch er ein Autokrat und hatte seinen Offenburger Druckereibetrieb zu einem respektablen Zeitschriftenimperium ausgebaut, mit der *Bunten* als Flaggschiff und einer ganzen Herde von »Milchkühen«. 1980 lag der Jahresumsatz der Burda-Gruppe immerhin schon bei 785 Millionen D-Mark.[100] Beim Vergleich mit den 2,05 Milliarden des Springer-Konzerns spielte Burda damals noch in der B-Klasse, doch anders als Springer war Burda mit Druckereien und Joint Ventures in Frankreich und den USA international aufgestellt. Springer und Burda kannten sich seit Urzeiten, duzten einander, luden sich gegenseitig auch zu ihren Festivitäten ein und schrieben sich freundschaftliche Briefe. Springer hatte Burda auch einmal im badischen Offenburg, das von Spöttern Burda-Burg genannt wurde, eine Art Staatsbesuch abgestattet. In ihrer Verachtung für »linke Vögel« und DDR-Kommunisten waren sich die beiden einig. Dabei verstand sich der alte Burda als absolut unideologischer Konservativer, was aber genauso wie bei Springer in seiner langen Sündenphase ein deftiges Liebesleben nicht ausschloss. Darüber hinaus war Springer ein Bewunderer der berühmten Aenne Burda, Verlegerin von Burda Moden und in der Branche schon eine Legende. Besonders hoch rechnete Springer es den Burdas an, dass sie seinen Sohn Axel stets so herzlich aufgenommen hatten. Dieser hatte sich mit Burdas Ältestem besonders gut verstanden. Beide waren sie begeisterte Jäger.

Als sich Springer nach dem Tod von Sven Simon daranmachte, sein Haus zu bestellen, galt sein Interesse gar nicht mehr dem Senior Franz Burda, sondern dessen drei Söhnen. Er bewunderte insgeheim, dass es dem alten Burda gelungen war, mit harter Hand gleich drei fähige Nachfolger heranzubilden, und beneidete ihn darum. Er selbst wäre schon mit einem einzigen glücklich gewesen. 1980 waren die drei schon gestandene Männer mit großer Erfahrung im Druckerei- und Zeitschriftengeschäft. Alle hatten sie sich in der Branche einen Namen gemacht, und der stolze, wenngleich intern stets hyperkritische Vater wusste ihre Talente gebührend herauszustreichen: »Der Älteste, mein Franzel« – 1980 48 Jahre alt – »ist ein hervorragender Drucktechniker ... Den Frieder ... kennst Du. Er ist in der Verwaltung meines Betriebes so gut, dass ich ruhig sagen kann: ›Ich könnte keinen besseren finden.‹ Und Hubert, der Jüngste (Jg. 1940), ist als Verleger und Chefredakteur von einmaliger Qualität. Er macht die *Bunte* und kümmert sich um alle wichtigen Verlagsgeschäfte. Er ist von außergewöhnlicher Intelligenz und das beste Pferd im ganzen Haus. Dabei ist er von einem Fleiß besessen, der einmalig ist ...«[101] Im Stillen machte sich der alte Burda inzwischen allerdings seine eigenen Gedanken über Springer. »Haltet mir den Spinner vom Hals, ich ertrag' den nicht mehr«, war einer der von ihm kolportierten Aussprüche.[102] Doch so dachten in diesen Jahren manche über den superfromm gewordenen Axel Springer, der fast nur noch Jesus, Jerusalem und das Jüngste Gericht im Kopf hatte. Und zudem: Was wäre nicht das Geschäftsleben, die Politik und auch die Existenz von Herrn Jedermann ohne heimliche üble Nachrede?

Gäbe es, so sagte sich jedenfalls Springer, bessere Partner als ein derartiges Trio? Auch die Firmen passten bestens zusammen. Allein ein gemeinsamer Papiereinkauf und Vertrieb würde immense Ersparnisse bringen. 20 Millionen D-Mark, rechnete ihm Kracht vor, könnten so jährlich gespart werden.[103] Dank des Einfallsreichtums der Burdas, hoffte Springer, könnte seinem Haus der Eintritt ins elektronische Medienzeitalter doch noch gelingen, ohne sich vom Print-Zeitalter gänzlich zu verabschieden. Zudem sah er in den Burda-Söhnen seine eigene Jugend wiederkehren. Handschriftlich schrieb er 1982 an Frieder Burda: »Mit Ihnen glaube ich an die Zukunft des gedruckten Wortes. Ganz einfach, weil Sie und Ihre Brüder bei aller Erfahrung junge Männer sind und weil A. S. 1948 und 1952 zwei Zeitungstypen schuf, die heute noch Gültigkeit haben. Sie, lieber Frieder, und Ihre Brüder sind erfolgreiche Söhne hoch zu respektierender Eltern, deren Lebenswerk weit über Deutschlands Grenzen hinaus Anerkennung gefunden hat.« Und er unterzeichnete dieses feierliche Schreiben mit der Grußformel »Ihr Kollege Axel«.[104] Friede Springer hörte von ihm: »Das sind im Grunde meine Nachfolger.«[105]

Zugleich aber waren die Burdas auch die Favoriten Christian Krachts. Dessen Verbindungen zu den Burda-Söhnen reichten bis in die sechziger Jahre zurück; damals hatte Kracht noch als Springers Generalbevollmächtigter in Hamburg residiert. Besonders Hubert Burda hielt große Stücke auf Kracht, der seinerseits Springer in der Absicht bestärkte, es noch einmal mit einer weitreichenden Partnerschaft zu versuchen, diesmal auf festerer Grundlage als bei dem verunglückten Bertelsmann-Deal.

Springer ging diesmal gewissermaßen aufs Ganze. Gemäß dem Vertrag, der nach monatelangen Verhandlungen paraphiert wurde, sollten bei Unterzeichnung 26 Prozent der Aktien der Axel Springer Gesellschaft für Publizistik sofort an Burda übergehen, sodass Burda eine Sperrminorität besessen hätte, und weitere 25 Prozent am 30. Juni 1983. Für die Burda-Söhne war der Springer-Deal auch deshalb sehr erwünscht, weil sie in diesem Kontext nun ihren alten Herrn zum partiellen Rückzug aufs Altenteil zu bewegen vermochten. Am 12. Februar 1982 überschrieb Franz Burda sen. jeweils ein Viertel der Burda GmbH an seine drei Söhne und setzte sie zu geschäftsführenden Gesellschaftern ein. Vom letzten Viertel wollte er sich noch nicht trennen.[106]

Die Nachfolgeregelung Springers war jedoch mit zwei Problemen behaftet. Das erste war evident. Der Deal bedurfte der Genehmigung durch das Bundeskartellamt. Das zweite Problem bestand darin, dass er die Rechnung mit drei Brüdern und einem Senior machte. Erst nach Springers Tod und als der alte Burda seine letzten Anteile an die Söhne übertragen hatte, wurde offenbar, dass die Brüder untereinander zutiefst uneins waren.

Doch die vorgesehene Erbfolgeregelung für das Haus Springer scheiterte schon am Kartellrecht. Wie nicht anders zu erwarten, hatte die Konkurrenz die mögliche Entstehung des vom Volumen her größten europäischen Medienkonzerns gebührend kritisiert. Auch bei größtem Wohlwollen hätte sich die marktbeherrschende Stellung eines solchen Konzerns schwerlich bestreiten lassen. Nach einer Abfolge intensiver Besprechungen mit den Häusern Springer und Burda teilte das Bundeskartellamt am 23. Oktober 1981 mit, dass die Fusion nicht genehmigt werden könne. Weder Springer selbst noch die Burdas waren gesonnen, dies widerstandslos hinzunehmen. Sie entschlossen sich, bei Bundeswirtschaftsminister Otto Graf Lambsdorff eine Ministergenehmigung zu beantragen. Anfangs war Springer ganz guter Dinge. »Die Vernunft wird siegen!«, schrieb er beruhigend an Frieder Burda.[107] Die Hauptschwierigkeiten schienen beim Bundeskartellamt zu liegen, und er ließ Burda wissen: »Erschüttert war ich nur ein einziges Mal, als R. A. Quack aus dem Kartellamt kam und mir sagte, dass er noch nie so viel Haß gegen einen einzelnen Menschen zu hören bekommen hätte, wie in jenem Gespräch. ›Wären Sie Müller, Meier oder Schulze‹, so meinte er, ›wäre die Sache längst gelaufen.‹ Haß gegen die vier Grundsätze unseres gemeinsamen Hauses?«

Die Sache schleppte sich über das ganze Jahr 1982 hin. Es waren die Monate, in denen die sozialliberale Koalition brüchig wurde, nicht zuletzt, weil die FDP in Wahlen und Umfragen abstürzte. Weder Graf Lambsdorff, der ordnungspolitische Bedenken hatte, noch Genscher hielten es unter diesen Aspekten für ratsam, die SPD und den linken Flügel in der eigenen Partei mit einer Ministergenehmigung zu reizen, die Springer und Burda zum Super-Medienkonzern gemacht hätte.

In solchen Situationen sieht man sich auch nach ausländischen Interessenten um, die noch nicht auf dem deutschen Markt vertreten sind, somit auch keine direkten Kartellprobleme verursachen. Der nimmermüde Walter Blüchert brachte die Schweizer Jean-Frey-Gruppe ins Spiel, Kracht versuchte Rupert Murdoch zu interessieren. Auch mit deutschen Häusern wurde verhandelt. Aber die meisten Interessenten waren naturgemäß auf Mehrheitsbeteiligungen aus, zumindest auf mittlere Sicht. Doch Springer zögerte. Er fühlte sich bei den Burdas im Wort und wollte auch noch nicht auf die eigene Mehrheit verzichten.

In jedem Fall wünschte Springer die publizistische Grundlinie seiner Blätter dauerhaft abzusichern. Dafür hätte es unterschiedliche Konstruktionen gegeben. Vorrangig wichtig erschien ihm dabei die Platzierung einer Persönlichkeit seines Vertrauens an der Spitze der Verlagshierarchie. Diese glaubte er in dem Journalisten Matthias Walden gefunden zu haben. Walden, Jahrgang 1927, hieß eigentlich Eugen Wilhelm Otto Baron von Sass, stammte aus Schlesien, hatte 1947 als Redakteur bei der CDU-Zeitung *Die Union* in Dresden begonnen, und war danach drei Jahrzehnte als Kommentator beim RIAS und ab 1956 auch beim Sender Freies Berlin tätig gewesen. Aus Springers Sicht stimmte bei ihm alles. Walden war ein brillanter, kompromisslos antikommunistischer, bei allen Linken entsprechend verhasster Journalist. Wie Springer selbst war er tief religiös, auch ein Freund Israels und zu allem ein begabter Volksredner. Springer und er waren seit den siebziger Jahren befreundet. Unmittelbar nach Sven Simons Tod beschloss Springer, ihn als seinen publizistischen Nachfolger aufzubauen.

Es war eine politische Entscheidung. Aller Welt wurde damit klargemacht, dass die Springer-Zeitungen unter Walden genauso kämpferisch-konservativ bleiben würden wie bisher. Desgleichen war es eine emotionale Entscheidung. Mittelfristig wollte Springer sein Werk an einen »Bruder im Geiste« übergeben, dem er bedingungslos vertraute. »Matthias, wie dankbar bin ich, daß wir zueinandergefunden haben und Sie mein Nachfolger sind«,[108] schrieb er ihm einmal.

Niemand hatte bisher bei Springer eine derartige Blitzkarriere gemacht wie Walden. Im März 1980 erhielt er den vagen Titel eines Chefkommentators, und schon im Februar 1981 ernannte ihn der Verleger an allen anderen Interessenten vorbei zu seinem Stellvertreter in der Geschäftsführerkonferenz der Axel Springer Gesellschaft für Publizistik, des höchsten Steuerungsorgans des Konzerns. Springer, der überall Ballast abwerfen wollte, machte ihn neben sich selbst auch zum zweiten Herausgeber der *Welt.* Nachdem es der Verleger im Verlauf der siebziger Jahre zweimal mit Industriemanagern an der Spitze des Konzerns versucht hatte, sollte Waldens Berufung jetzt deutlich machen, dass im Hause Springer wieder die Journalisten das letzte Wort hätten. Das ging jedoch nicht ohne Probleme ab. Walden war ein geradliniger, integrer Mann – »ein Gentleman in diesem von Intrigen durchseuchten Verlag«, so rückblickend ein Beteiligter. Doch er tat sich schwer, aus der Rolle des Journalisten in die des Top-Managers zu wechseln. Warum die Hamburger Direktionsetage dem Newcomer die Arbeit nicht erleichterte, bedarf kaum der Erwähnung.

Waldens Aufstieg stand eigentlich auch im Widerspruch zu Springers Idee, den Konzern auf mittlere Sicht von den Burda-Söhnen führen zu lassen. Franz und Frieder Burda, so sollte sich nach Springers Tod zeigen, waren, wenn es darauf ankam, knallharte Geschäftsleute. Nur Hubert Burda hatte an Kreativität, an Instinkt fürs Mediengeschäft, an Risikobereitschaft, auch an unergründlicher Unbedenklichkeit manches mit dem Springer von früher gemeinsam. Wie aber dieses Trio mit einem ideologischen Nachlassverwalter hätte kutschieren sollen, ist schwer vorstellbar.

1981 und 1982 waren somit für Springer Jahre des unruhigen Suchens nach Nachfolgern. Die Last des Konzerns war ihm zu schwer. Dass die Haifische in der Branche längst Witterung aufgenommen hatten und die Beute umkreisten, wusste er zwar, aber er wiegte sich immer noch in dem Glauben, das Schiff unter jüngeren Kapitänen auf dem alten Kurs halten zu können. In Momenten der Apathie, die sich zunehmend häufiger einstellten, neigte er zudem dazu, alles gottergeben einer höheren Macht zu überlassen. »Morgen früh bin ich bei der Monopolkommission«, schrieb er beispielsweise in einem Weihnachtsbrief an Rudolf Stiege bei der *Berliner Morgenpost*, »möge alles so laufen, wie Gott es will.«[109]

Alle Versuche, die große Burda-Lösung durchzusetzen, scheiterten. Die FDP hatte im Jahr 1982 andere Sorgen. Springer sah wieder einmal die Welt voller Feinde. In einem Brief an den Alt-Bundespräsidenten Walter Scheel beklagte er sich bitter über »die unglaublichen Praktiken ..., die mir gezeigt haben, daß wir zumindest partiell nicht mehr in einem Rechtsstaat leben und aus dubiosen Gründen Wege der Enteignung beschritten werden.«[110] Im Oktober 1982 teilte Bundeswirtschaftsminister Otto Graf Lambsdorff mit, eine Ministergenehmigung komme nicht in Frage.

In den kommenden Wochen trieb auch der verlagsinterne Machtkampf zwischen dem Vorstandsvorsitzenden Peter Tamm und dem Generalbevollmächtigten Christian Kracht seinem Höhepunkt zu. Springer hatte die Ende 1982 fällige Vertragsverlängerung für Tamm hinausgezögert. Je nachdem, wie die Frage Burda entschieden würde, musste dies Konsequenzen für die Zusammensetzung der Leitungsgremien haben. Aus Gründen, deren letzte Motive nicht klar sind, die letztlich aber auch nicht interessieren, entschied Springer sich nun für den zähen Tamm und gegen Kracht. Das Scheitern der von Kracht stark betriebenen großen Burda-Lösung war auch eine persönliche Niederlage für ihn. Versuche Krachts, nunmehr Rupert Murdoch ins Spiel zu bringen, alarmierten Springers Gefahreninstinkt. Murdoch galt in der Branche als Haifisch, der mit 25-Prozent-Anteilen begann, um bald bei 75 Prozent zu enden. Springer ließ die Gespräche abblasen. Überhaupt kam nun das alte Misstrauen gegen Kracht wieder hoch, das während des verunglückten Bertelsmann-Deals schon einmal zur Trennung geführt hatte. Betrieb Kracht vielleicht mit den Burda-Brüdern ein ähnlich raffiniertes Spiel, wie er es ihm schon einmal bei den Verhandlungen mit Köhnlechner vorgeworfen hatte? Misshelligkeiten im persönlichen Bereich kamen hinzu. In der Branche flüsterte man, vielleicht komme Eberhard von Brauchitsch wieder zurück, wenn er nur die Bonner Schmiergeldaffäre heil überstünde,[111] was schließlich, wie man weiß, nicht der Fall war.

Da Springer bei den Burdas gewissermaßen im Wort stand, entschied er schließlich, diese ins Boot zu nehmen – allerdings nicht mit 26 Prozent, sondern nur mit den kartellrechtlich erlaubten 24,9 Prozent plus ein Prozent als Option bei einem Wegfall der kartellrechtlichen Hinderungsgründe. Weitsichtig baute er aber in den Vertrag ein Vorkaufsrecht für den Fall ein, dass die Burdas ihre Anteile wieder verkaufen wollten. Aus der groß konzipierten Nachfolgeregelung war somit eine bloße Finanzbeteiligung geworden. Doch die Burdas mochten erwarten, dass noch mehr nachkommen würde. Jedenfalls war ihr Prestige durch die Verbindung mit dem Haus Springer gewaltig gewachsen.

Der Beteiligungsvertrag wurde am 6. Januar 1983 von Kracht und Frieder Burda in Zürich unterzeichnet. Zürich wurde damals aus Kostengründen häufig als Unterzeichnungsort für große Transaktionen gewählt. Springer erhielt für ein Viertel seines Konzerns 265 Millionen D-Mark. Der Abschied vom Verlag hatte begonnen. Sich selbst und anderen wollte er das aber nicht so recht eingestehen. An Tamm schrieb er am 6. Januar: »Ich sagte bereits mehrfach und wiederhole dies heute mit Nachdruck, daß ich – solange Gott mich läßt – Herr im eigenen Hause bleibe. Das heißt, zählen Sie wie bisher auf Ihren Verleger. Er wird nichts von seiner Kompetenz abgeben, er wird Ihnen mit Rat und Tat zur Seite stehen – mit einem Wort: er wird das Sagen behalten.«[112] Auch die Fähigkeit zur Selbstironie war ihm noch nicht ganz abhanden gekommen. Einen Brief an Günter Prinz schloss er mit den Grußworten: »Oberschwester Friede läßt herzlich grüßen. Desgleichen der Mammutverleger – 24,9 %.«[113]

Wenige Tage nach dem Teilverkauf fand im Haus am Neuen Jungfernstieg ein klärendes Gespräch mit Peter Tamm statt.[114] Dieser erhielt einen neuen Vertrag und war beim Verleger wieder in Gnaden aufgenommen. Fast gleichzeitig wurde das Vertragsverhältnis mit Christian Kracht gelöst. Eine offizielle Erklärung des Axel Springer Verlags wies darauf hin, Kracht habe die Aufgaben, um deren Erledigung Springer ihn 1980 gebeten habe – Neuordnung des Finanzwesens und die Lösung von Beteiligungsfragen – »mit Erfolg abgeschlossen. Er kehrt jetzt – auf eigenen Wunsch und wie von vornherein vorgesehen – in die Schweiz und in die USA zurück, um dort die Wahrnehmung seiner eigenen Interessen, die zwischenzeitlich ruhten, wieder selbst in die Hand zu nehmen.« Die

Freundschaft war definitiv zu Ende. Kracht und Springer haben sich nie wiedergesehen.

1983 machte Springer auch ein Testament, das den neuen Gegebenheiten entsprach. Nicht dass er sich schon dem Tod nahe fühlte, meint Bernhard Servatius,[115] der Springer in diesen und anderen juristischen Fragen maßgeblich beriet. Das Testament sollte mit der Holding-geführten Axel Springer AG in Einklang gebracht werden. Eines der einschlägigen Modelle zur Gestaltung derartiger Probleme, das seinerzeit unter Juristen diskutiert wurde, war die Gesellschafter-Lösung, damals ein noch ziemlich unklares Rechtsfeld. Wichtige Anregungen kamen dabei von Peter Ulmer, von 1969 bis 1975 Ordinarius für Handels- und Wirtschaftsrecht in Hamburg, danach in Heidelberg. Jetzt habe sich, so Bernhard Servatius, das Konzept einer Beteiligung der Testamentsvollstrecker an der konzernführenden Holding herauskristallisiert. Als gemeinsame Testamentsvollstrecker wurden Servatius selbst als Vorsitzender sowie Friede Springer und Ernst Cramer mit jeweils 33 1/3 Prozent eingesetzt. Springer verpflichtete sie darauf, den Verlag und das Privatvermögen in seinem Sinne zu erhalten. Oberstes Gebot: Konzentration auf das Unternehmen!

Die testamentarischen Verfügungen Axel Springers waren eine unendliche Geschichte, seit Jahrzehnten schon. Sein leitender Grundsatz war dabei die gedeihliche Fortentwicklung des »Mammutverlags« über seinen Tod hinaus. Dem hatten sich alle privaten Verpflichtungen unterzuordnen. Seit langem hatte er Wert darauf gelegt, seinen Ehefrauen und Kindern gegenüber möglichst freie Hand zu behalten. Prinzipiell zeigte er sich zu großzügigen Abfindungen oder vorweggenommenen Übertragungen bereit, doch bei gleichzeitigem Verzicht auf Erbansprüche. Selbst bei der Eheschließung mit Friede Riewerts war er noch so verfahren. Wie sie ihrer Biographin Inge Kloepfer mitteilte, hatte Springer sie damals gegen Verzicht auf den Pflichtteil mit einer Übertragung in der Größenordnung von ca. 20 Millionen D-Mark bedacht.[116]

1983 aber hatte sich Springer davon überzeugt, dass Friede die Einzige in der Familie war, von der sicher zu erwarten war, dass sie das Erbe in seinem Sinn weiterführen würde. Sie teilte Springers Überzeugungen, war zupackend, mit realistischem Wirklichkeitssinn bedacht und tat offensichtlich auch ihr Bestes, zu den Angehörigen der Springer'schen Patchwork-Familie, geschiedene Ehefrauen inbegriffen, ein vertrauensvolles Verhältnis aufzubauen. So setzte Springer sie zur Erbin der Hälfte seines Verlagsanteils und seines Privatvermögens ein. Barbara Choremi und der bei seinem Großvater in hoher Gunst stehende Enkel Axel Sven (»Aggi« genannt) wurden mit jeweils 25 Prozent bedacht. Die anderen Familienmitglieder sollten mit regelmäßigen Zahlungen versorgt werden – großzügig, wie sich das bei Springer immer von selbst verstanden hatte.[117]

Wie es aussieht, fasste Springer nach dem Debakel der großen Burda-Lösung den Entschluss, sich auf jeden Fall von der Aktienmehrheit zu trennen und nur noch eine Sperrminorität zur Kontrolle über seine Zeitungen zu behalten. Weshalb überhaupt, ist und bleibt ein Rätsel. Die späten sechziger und die frühen siebziger Jahre, als ihn gesetzliche Einschränkungen seiner Verfügungsgewalt und andere Schrecknisse ängstigten, waren vorbei. Das teilweise im Ausland arbeitende Privatvermögen und der neuerliche Erlös von 250 Millionen aus dem Verkauf an die Burdas hätten ihm erlaubt, weiterhin im gewohnten Stil zu leben und auch sein großzügiges Mäzenatentum zu praktizieren.

Der Drang, die Last abzuwerfen, ist zwar psychologisch nachvollziehbar, doch bei nüchterner Betrachtung war es doch eigentlich evident, dass jede Vergrößerung der Zahl der Partner im Axel Springer Verlag dem dadurch in die Rolle des Minderheitsaktionärs versetzten einstigen Alleinbesitzer keine Entlastung bringen würde, sondern eher mehr Ärger. Dies galt genauso bei der teilweisen Verwandlung des Konzerns in eine Publikumsgesellschaft. Eine derartige Lösung musste die Risiken ganz zwangsläufig multiplizieren, und dies nicht nur für Axel Springer selbst, sondern auch für seine Erben. Beim unentschiedenen Schwanken zwischen verschiedenen Kaufinteressenten und verschiedenen Lösungsformen machte sich der Verleger auch nicht klar – oder es war ihm inzwischen gleichgültig –, wie negativ sich derartige Unsicherheiten auf die Arbeitsmoral seines hohen Managements und auf das Klima in den Redaktionen auswirken würden.

Aber augenscheinlich war bei ihm der Gedanke, möglichst viel loszuwerden, inzwischen zur fixen Idee geworden. Hinzu kam, dass die potenten Größen in der Branche, von den Banken ganz zu schweigen, bei der freiwilligen Depossedierung des »Mammutverlegers« selbstverständlich ihr Schnäppchen machen wollten. Die Verkaufsgespräche gingen somit weiter, sei es, dass sie von Springer selbst angeregt wurden, sei es, dass sie – was häufiger der Fall war – von interessierten Dritten lanciert waren. Man gewinnt dabei den Eindruck einer gewissen Planlosigkeit. Dem großen Burda-Projekt hatte noch das Konzept einer Fusion mit Gleichgesinnten und mit talentierten jüngeren Kräften zugrunde gelegen. Nun hielt Springer sogar die an und für sich unkreative Idee einer bloßen Finanzbeteiligung für eine denkbare Option, wenngleich er eine Verlegermehrheit weiterhin vorgezogen hätte. Doch welcher Verleger würde zu ihm und zu den Burdas passen?

Das alles waren Fragen, deren Bedeutung er zwar sah, ohne aber noch die Kraft zu besitzen, sie entschlossen zu durchdenken. Fest stand offenbar nur noch sein Entschluss, möglichst viel von seinem »Mammutverlag« loszuwerden. Einerseits ergebnisoffen, andererseits aber zu plötzlichem Umschwenken disponiert, wofür er inzwischen berühmt war, ließ er mit verschiedensten Interessenten verhandeln: so mit einem bayerischen Bankenkonsortium, auch mit der DG-Bank und 1985 nochmals mit dem Bauer-Verlag. Daneben wurden die verschiedensten Stiftungsmodelle durchdekliniert.

Natürlich war Springer erfahren genug, um zu wissen, wie viele juristische Fußangeln eine jede Lösung enthielt. Doch diesbezüglich hatte er sich stets auf Experten verlassen – auf den alten Karl Andreas Voss, auf den findigen Christian Kracht mit seinen Hausjuristen, auf Eberhard von Brauchitsch, auf Heinrich Prinz Reuß, desgleichen auf externe Juristen wie Lois Erdl, vor allem aber auf Bernhard Servatius und auch auf Walter Blüchert, der regelmäßig mit neuen Interessenten ankam und neue Konstruktionen ins Spiel brachte. Letzten Endes war Springer doch ganz allein mit seiner Sorge um die Zukunft des Unternehmens und gleichzeitig im sicheren Wissen darum, dass er die finanziell und juristisch hoch komplizierten Probleme nicht genau einzuschätzen wusste. Zeitlebens hatte dieser Autodidakt zwei Rassen instinktiv gefürchtet, ohne sich je ganz von ihnen fernhalten zu können: die Bankiers und die Juristen. Doch wer sich um jeden Preis von seinem Lebenswerk trennen will, verfängt sich zuletzt ganz unvermeidlich in deren Netzen. Mit zunehmender Apathie gestaltete Springer nicht mehr selbst, »aus dem Bauch heraus«, wie er das gern nannte, sondern ließ mit sich machen. In dieser Schlussphase fiel vor allem auch die Tatsache ins Gewicht, dass seine ohnehin schon labile Gesundheit nun dramatisch verfiel.

Krankheiten

Seit Herbst 1983 begann sich Springers Gesundheitszustand bedenklich zu verschlechtern. Kerngesund war er eigentlich nie gewesen. Wer ihn von Jugend an studiert, wird an viele Theorien über den Zusammenhang von Genialität und Krankheit erinnert. Könnten wir über die Hunderte ärztlicher Untersuchungsergebnisse sowie Therapievorschriften verfügen und diese mit seinen Tageskalendern vergleichen, so ließe sich das unruhige Auf und Ab seiner Aktivität vielleicht besser erklären.

Schwache Bronchien mit periodisch langwierigen Bronchialerkrankungen machten ihm von Kindesbeinen an zu schaffen, weshalb ihm früh die Nordseeinseln mit ihrer jodhaltigen Luft zum periodischen Kuraufenthalt verschrieben wurden. Dass seine Lebensgeister auf Sylt dann auch und vor allem nicht allein aus Gesundheitsgründen aufblühten, steht auf einem anderen Blatt. Die schwachen Bronchien wären überhaupt nicht erwähnenswert, hätten sich entsprechende Erkrankungen nicht im Alter verstärkt und negativ auf das Allgemeinbefinden ausgewirkt. Auch an der Bauchspeicheldrüsenerkrankung, die den jungen Springer zwischen 1937 und 1945 um den Wehrdienst herumkommen ließ, war sicher etwas dran, selbst wenn sie mit Hilfe gütiger Ärzte aufgebauscht worden war.

Das bedenklichste gesundheitliche Manko aber war eine Unterfunktion der Schilddrüse, die wohl lange Zeit unentdeckt blieb. Später hat Springer das für ihn so charakteristische Schwanken zwischen Aktivitätsschüben und Perioden depressiver Abgeschlagenheit vor allem darauf zurückgeführt. Über die Ursachen der Krise, die 1957 ihren Tiefpunkt erreichte, kann man nur rätseln. Da der Kranke keine psychiatrische Untersuchung zuließ, wird sich deren psychosomatisches Ursachenbündel nie eruieren lassen. Ein schwerer Defekt spielte hier jedenfalls eine Rolle. Perioden von

Hypochondrie traten auch später auf. »Ich glaube zu wissen, was Depression bedeutet«, schrieb er 1981 tröstend an einen Jugendfreund.[118] Ziemlich durchgehend litt er zudem an Schlaflosigkeit. Dann versenkte er sich halbe Nächte in einen Berg Bücher, der immer bereitlag, wälzte Antiquitäten-Kataloge, hörte Musik, ärgerte sich übers Layout oder über bestimmte Berichte in seinen Zeitungen und plünderte den Kühlschrank. Ob und wie stark die Unregelmäßigkeiten seines Gesundheitszustandes primär auf seine Schilddrüsenprobleme zurückgingen, ist jedoch unklar. Erst 1969 fand er in der Mayo-Klinik im amerikanischen Rochester den Arzt, der die Unterfunktion der Schilddrüse klar diagnostizierte und medikamentierte. Seit diesem Besuch betrachtete er Dr. Emslander als seinen Lebensretter.

Dazu kamen Anfälligkeiten, wie sie jedermann hat. Periodisch klagte er in Briefen an Nahestehende über Viruserkrankungen. Auch Einbildung war im Spiel. Friede Springer, die seinen Zustand allerdings erst seit Mitte der sechziger Jahre studieren konnte und mit gesundem Menschenverstand zu kurieren suchte, meint sachlich, wenn man sie auf Springers Gesundheitszustand anspricht: »Auf Reisen war er immer irgendwie krank.«[119] Häufig wurden aber keine physiologischen Ursachen gefunden.

Schon früh war er schnell mit irgendwelchen Kuren bei der Hand. Manches war vernünftig. Die regelmäßigen, abwechselnden Aufenthalte auf Sylt und in den Schweizer Bergen brachten immer wieder Regeneration. Doch daneben setzte Springer alle Mittel ein, die einem reichen Mann zur Verfügung stehen: Experimentieren mit einer Abfolge von Ärzten und auch mit Quacksalbern, Frischzellenkuren, die seit den dreißiger Jahren in Mode waren, hoher Tablettenkonsum. Er gehörte noch einer Generation an, die sich gern mit Tabletten vollstopfte, ohne sich ängstlich beim Arzt oder Apotheker nach Risiken und Nebenwirkungen zu erkundigen. Der nie sehr methodische Springer hatte jedoch seine Probleme mit der Vorschrift, bei Medikamenten, die ihm verschrieben waren, auf peinlich genaue Regelmäßigkeit der Einnahme zu achten. Möglicherweise hat auch das auf Dauer sein Immunsystem geschwächt.

Erst relativ spät, als sich bereits manche kritische Symptome zeigten, bequemte er sich zum Maßhalten beim Essen und Trinken. Während Springer früher kein Kostverächter gewesen war, bestand Friede jetzt auf dringendes Anraten der Ärzte auf einer konsequenten Diät. Journalisten und Manager, die früher fröhlich bei ihm geschlemmt hatten, mokierten sich nun über die fettarmen Joghurtspeisen, den Haferflockenbrei und die Gesundheitstees. Springer selbst indes war fest davon überzeugt, dass er ohne Friedes konsequentes Gesundheitsregime die Radieschen schon längst von unten betrachtet hätte.

Zur größeren Umsicht in Gesundheitsfragen gehörten die deutlich länger werdenden Aufenthalte fern vom Büro in der Kochstraße an Orten, deren Ruhe ihm bekam: auf Schierensee, auf der Fuxfarm in Klosters, in der Ruhe auf Patmos oder auch in Jerusalem. Nach außen wurden solche längeren Abwesenheiten als Ausdruck der allseits bekannten Springer'schen Reisefreudigkeit getarnt. In Wirklichkeit aber wollte er oft lediglich verbergen, dass er sich krank fühlte oder tatsächlich objektiv krank war.

Bewusst oder unbewusst war ihm zumeist klar, dass manche seiner Leiden auch psychische Ursachen hatten. Lange Zeit suchte er dem mit esoterischen Verrücktheiten zu begegnen. Seit Mitte der fünfziger Jahre, verstärkt seit den späten sechziger Jahren, hatte er auch erfahren, dass ihm christliche Seelsorger halfen, seine Phobien und depressiven Schuldgefühle zu ertragen. Je frommer er wurde, desto häufiger suchte er seinen Frieden im Gebet. Der kreative Rausch, in dem er zwanzig Jahre hindurch den »Mammutverlag« aufbaute, seine Entscheidungen aus dem Bauch heraus, aber auch die späteren Krisen und eine gewisses Versiegen seiner Kreativität hingen jedenfalls allesamt stark mit seiner körperlich-seelischen Verfassung zusammen.

Ab 1983 machte sich ein galoppierender Kräfteverfall bemerkbar. Im September 1983 zog er sich eine Viruserkrankung zu, »deren Erreger scheinbar niemand zu finden wußte«.[120] Er klagte über Fieberschübe bis zu 40 Grad.[121] Wochenlang hielt er sich im Zürcher Kantonsspital auf, danach im Rudolphinum zu Wien,[122] zwischendurch häufig in Klosters. Schließlich hielten die Ärzte es für das Beste, seiner Sehnsucht nach Patmos nachzugeben. Wie es damals um ihn stand, teilte er Emmanuel Jungclaussen, einem seiner Seelsorger, im Juli 1984 mit: »Nach 11 Wochen Aufenthalt auf Patmos habe ich offensichtlich meinen quälenden Virus verloren. Ich sitze jetzt in Klosters zur Nachkur und vertraulich: ich weiß gar nicht, ob ich jemals wieder meine Arbeit aufnehmen will ... Ich hoffe sehr, im Herbst dieses Jahres noch einmal auf die Insel des Johannes gehen zu können. Manchmal denke ich, daß das der einzige Platz auf der Welt ist, wo ich wirklich Ruhe finde.«[123] Doch zuerst begab er sich für drei Wochen zur Kur nach Bad Wörishofen. Zu allem Überfluss machten sich nun auch Gehbeschwerden bemerkbar, möglicherweise Auswirkungen eines Muskelschwunds.

Bei der Erwähnung dieser Leiden darf man allerdings nicht vergessen zu erwähnen, dass er bezüglich seines Konzerns und seiner Zeitungen weiterhin ein Kontrollfreak blieb. Tag für Tag hatten ihm Ernst Cramer und Claus Dieter Nagel telefonisch, durch Fernschreiben, per Fax oder durch Kuriere über die Vorkommnisse zu berichten. Zwischendrin hielt er immer wieder einmal Besprechungen mit den Anwälten und mit den Getreuen im Verlegerbüro, die während seiner Abwesenheit als Stimme ihres Herrn agierten, was ihre Beliebtheit in den Redaktionen nicht gerade steigerte. Die öffentlichen Auftritte jedoch wurden seltener. Auf Außenstehende wirkte er immer in sich gekehrter und zunehmend freudlos. Die an beiden Enden brennende Kerze flackerte schon bedenklich.

Endspiele

Springers Leben eilte nun rasch seinem Ende entgegen. Betrachtet man allein ihn, wie er geschwächt und überfordert mit allem fertig zu werden versuchte, so wäre der Terminus »Endspiel« am Platze. Doch er war nicht der einzige Akteur, der jetzt den Gang der Dinge bestimmte. Die Überschrift »Endspiele« erfasst den Sachverhalt genauer.

Die letzte Lebensphase Axel Springers begann am 17. November 1984. In gesundheitlich ohnehin reduziertem Zustand traf ihn jetzt ein weiterer Schlag. Er hatte gehofft, große Teile des Konzerns irgendwie zu verkaufen, die publizistische Linie der verbleibenden Zeitungen aber weiterhin durch Matthias Walden gewährleisten zu können. Walden war auch mit Springers Stellvertretung in der Holding beauftragt. Doch wie zuvor schon Heinrich Prinz Reuß erkrankte auch er im Frühjahr 1984 an Krebs und verstarb am 17. November desselben Jahres. Offenbar stand über Springers

Nachfolgeregelungen ein Unstern. Herbert Kremp, inzwischen wieder Chefredakteur der *Welt,* der bei der Beisetzung zugegen war, erinnert sich, wie Springer im Trauerdefilee vor ihm und Wilfried Hertz-Eichenrode einherging, sich dann mit käseweißem Gesicht umdrehte und die Worte sagte: »Was nun, meine Herren?« Kremp meint: »Das war das Ende.«[124]

Seit den Jahren mit Karl Andreas Voss hatte Springer sich durchgehend auf fest in sich ruhende Partner gestützt, deren Fähigkeiten er bewunderte und auf deren Loyalität er vertraute. Im Grunde war er zeitlebens auf der Suche nach zielklaren, zuverlässigen Persönlichkeiten, die ihm schützend zur Seite stehen würden. Sein angeschlagener Gesundheitszustand verstärkte dieses Bedürfnis. Wie genau er sich darüber im Klaren war, zeigt die Passage in einem Brief, mit dem er sich am 3. Mai 1982 bei Hulda Seidewinkel für deren Geburtstagsgrüße bedankte: »In einer autographischen Beurteilung von mir (die Wissenschaftlerin wußte nicht, um wen es sich handelte) hieß es vor 5 Jahren: Er (A. S.) ist kein Arbeitgeber und kein Arbeitnehmer, er ist ein Erfinder mit künstlerischen Zügen. Was er dringend um sich herum braucht, sind hochkarätige, loyalste, charaktervolle Mitarbeiter, sonst gerät er in Gefahr. Wünschen Sie mir bitte solche Männer! Bernhard Servatius ist z. B. einer.« Damals, im Mai 1982, konnte Springer noch darauf vertrauen, in Walden eine Art »Kronprinz« gefunden zu haben. Jetzt war die Reihe an Servatius.

Längst hatte sich dieser als unentbehrlicher Jurist erwiesen. Doch war er klug genug gewesen, sich seine Unabhängigkeit als Anwalt zu bewahren, ohne sich voreilig ins Haifischbecken zu begeben. Nun setzte ihm Springer die Pistole auf die Brust. »15 Jahre kluge Ratschläge gegeben, jetzt müssen Sie selbst entscheiden!«[125] Er bot ihm die Position des Generalbevollmächtigten an sowie den Vorsitz in der Geschäftsführerkonferenz der Holding. Eigentlich hätte er am liebsten völlig auf den eigenen Vorsitz verzichtet. Doch er selbst, so Servatius, habe Wert darauf gelegt, nur den Titel »amtierender Vorsitzender der Geschäftsführung« zu erhalten.

Rückblickend berichtet Servatius weiter, bei dieser Gelegenheit habe er Springer davon überzeugt, seine Frau Friede müsse im höchsten Steuerungsgremium der Holding Platz nehmen. Damit wäre nicht zuletzt sichergestellt, dass der Verleger unverzüglich und objektiv über die dortigen Diskussionen informiert würde. Zuerst wollte der Gedanke, seine Frau länger von sich entfernt zu wissen, dem gesundheitlich angeschlagenen Springer nicht besonders behagen. Als die Frage auf Schierensee diskutiert wurde, sei er ans Fenster getreten und habe gesagt, vor einer Stunde sei Friede zu einem Arztbesuch abgefahren. Seither sei er schon zweimal am Fenster gewesen, um zu sehen, wann sie zurückkomme, obschon er wisse, dass sie noch gar nicht da sein könne. Und nun solle sie einen ganzen Tag lang zur Sitzung abwesend sein ...[126]

Wie sich bald zeigen sollte, war damit bereits eine entscheidende Weichenstellung für die Zukunft der Axel Springer AG erfolgt. Zugleich illustriert der Vorgang, dass Springer weder die Lust noch die Kraft mehr hatte, den Konzern persönlich zu leiten. Doch ließ er sich nicht davon abhalten, Anfang Dezember wieder in die USA zu fliegen. In New York zeichnete ihn das Leo Baeck Institute mit einer Walther-Rathenau-Büste aus. Wie seit langem schon konnte er an Ehrungen jüdischer Institutionen gar nicht genug kriegen. Im Anschluss daran begab sich das Ehepaar zur Erholung nach Key Biscayne.

Springers Todesjahr 1985 hatte noch nicht recht begonnen, da wurde der König des Boulevard-Journalismus selbst zum Objekt der Sensationspresse. Kidnapper entführten seinen Enkel »Aggi« aus dem Lyceum Alpinum in Zuoz. Die Entführer, zwei ehemalige Internatsschüler, forderten 15 Millionen und drohten, bei Einschaltung von Polizei oder Presse den jungen Mann zu töten. Die Entführung ging gut aus. Als das Fernsehen darüber berichtete, ließen die Entführer ihr Opfer frei und wurden bald danach gefasst. Charakteristisch war auch in diesem Fall die Zwiespältigkeit der Anweisungen Springers. In puncto Lösegeld sagte er zu Servatius, dem er – durchaus unaufgeregt – die Befreiung seines Enkels übertragen hatte: »Sie kennen meine Position, daß Zahlung von Lösegeld zu weiteren Erpressungen führt.« Zugleich verbot er ihm aber nicht, gegebenenfalls doch Lösegeld zu zahlen.[127]

Im Januar 1985 hatten sich die Springers zeitweilig auf der Fuxfarm in Klosters aufgehalten. Kaum war »Aggi« in Freiheit, da ging es schon wieder nach Israel. Teddy Kollek ließ sich für diesen Aufenthalt etwas ganz Besonderes einfallen: ein Versöhnungstreffen mit Willy Brandt. Springer befand sich jetzt in einem Alter, da sich fromme Leute angesichts des nahenden Todes gerne mit einstigen Gegnern versöhnen. So hatte er es schon Jahre zuvor mit Rudolf Augstein gehalten. Dieser hatte ihm Anfang 1980, nach dem Freitod Sven Simons, übers Telefon freundschaftlich mit den Worten kondoliert: »Ich rufe lieber an und will Dir nicht meine Sütterlin-Klaue zumuten ...«[128] Man telefonierte wieder miteinander, tauschte Briefe aus, kam auch persönlich zusammen. Friede Springer weiß zu berichten, wie sich der einstige Feind vor dem Bett des wieder einmal unpässlichen Springer niederließ und förmlich den Clown spielte, indem er seine Hand emporstreckte: »Kann Rudolf von dem großen Axel eine kleine Gabe haben?«

Auch das Verhältnis zu Gerd Bucerius hatte sich wieder eingerenkt. Anfang 1982 schrieb er ihm einen Brief, in dem sich die Sätze fanden: »Buc, wann sehen wir uns? In Berlin, auf Schierensee? Ich komme auch an jeden anderen Platz, den Sie vorschlagen. – Wir sind beide etwas ältere Herren geworden. Mir liegt viel daran, eine Freundschaft zu erneuern, die einstmals bei Erik in der Warburgstraße in Hamburg entstanden ist ... Ihr alter Axel.« Wie so oft in Fällen, in denen Springer im eigenen Hause signalisieren wollte, wie er zu einem seiner Konkurrenten stand, sandte er Kopien u. a. an Kracht, Cramer, Walden und natürlich an Erik Blumenfeld.[129] – Bucerius vergaß das Wort »Freundschaft« nicht, und als Springer verstarb, ließ er zur Beisetzung einen Kranz mit der Schleife anfertigen: »Dem Freund«.[130]

Nun also Willy Brandt. Das Zusammentreffen in einem Jerusalemer Hotel dauerte nicht lange, doch alle Anwesenden zeigen sich davon überzeugt, dass die beiden in dieser Stunde ihren Frieden miteinander gemacht haben. Erwähnenswert ist das Foto, das dabei entstand: Zwischen den beiden nach wie vor vital dreinschauenden Sozialdemokraten Brandt und Kollek steht etwas verloren ein ausgemergelter, vergeistigter, ziemlich abwesend dreinblickender Axel Springer.

Kein Wunder, dass der 72-Jährige nach der ganzen Aufregung in Verbindung mit der klimatischen Umstellung vom warmen Key Biscayne über Klosters bis ins winterliche Jerusalem unter Herzstechen litt. Die nächsten Stationen waren Zürich, wo ärztliche Untersuchungen anstanden, dann die Niehans-Klinik in Vevey für eine Frischzellen-Injektion und ein paar Tage Klosters. Mitte Februar fand man sich wieder in Schierensee ein, von wo aus Springer nach Abschluss dieser »Weltreise« an einen seiner Pastoren schrieb: »Die Kälte liebt der Gutsherr überhaupt nicht.«[131] Dauerndes Frösteln – dies eine neue Beschwerde, die Springer nun nicht mehr verließ, weder auf Schwanenwerder, wo er sich im April aufhielt, noch bei einem weiteren Kuraufenthalt in Bad Wörishofen oder in Patmos. Dort fühlte sich Springer erneut stark reduziert. »In Decken gehüllt«, beschrieb Friede Springer diesen letzten Aufenthalt auf Patmos, saß er in der Sonne, »trug zwei Pullover und las, meistens religiöse Bücher.«[132] Erst im Juli kehrte das Ehepaar nach Schierensee zurück.

Wenn man sich dieses rastlose Umherreisen des gesundheitlich angeschlagenen Springer vor Augen führt, versteht man etwas besser, warum er sich auf die entscheidenden Verhandlungen über die Zukunft seines Konzerns weder stark konzentrieren konnte noch wollte. Von den Kaufinteressenten, mit denen seit 1983 gesprochen wurde, war immer noch der Hamburger Heinrich Bauer Verlag im Rennen. Die Gespräche, an denen Blüchert und Servatius beteiligt waren, zogen sich seit den frühen achtziger Jahren hin.[133] Das sachliche Argument für die Verbindung lautete nach wie vor, dass es gelte, auf dem Feld der neuen Medien zusammenzuarbeiten. Dafür schien Bauer ein guter Kandidat. Die Überlegung, dass in diesem Fall nicht die Einwände des Bundeskartellamts zu überwinden seien, sprach gleichfalls für Bauer. Doch nach Hereinnahme der Burdas war Springer schon nicht mehr ganz frei. Er kam nicht umhin, Frieder Burda, der im Aufsichtsrat der Axel Springer Verlag AG saß, über solche und andere Sondierungen zu informieren. Dieser zögerte, sagte anfangs nicht ja und nicht nein. Die Burdas hatten die Hoffnung immer noch nicht ganz aufgegeben, unter der neuen Regierung Helmut Kohls doch noch die Ministergenehmigung für eine Mehrheitsbeteiligung zu erhalten.

Doch jetzt kam, angelockt wohl von Walter Blüchert, ein starker neuer Interessent ins Spiel: F. Wilhelm Christians, damals noch Vorstandsvorsitzender der Deutschen Bank. Verständlich genug aus seiner Sicht, machte er sich für das Modell einer Platzierung von 49 Prozent des Aktienkapitals der Holding an der Börse stark. Wäre der Börsengang mit Hilfe der führenden deutschen Großbank nicht eine hoch respektable Lösung? Bedenken, wie sie einstmals gegen Konsortiallösungen vorgebracht worden waren, bestünden hier nicht. Die Deutsche Bank würde den gesamten Verkauf aus eigener Kraft schultern. Springers tief verwurzelte Vorbehalte gegen die Dominanz von Banken wurden bei zwei Unterredungen während des Kuraufenthalts in Bad Wörishofen mit dem Versprechen relativiert, die Bank wolle nur als Makler fungieren. Außerdem schien das einstmals von Servatius ausgeknobelte Modell einer personengeführten Kommanditgesellschaft mit Beherrschungsvertrag über die neue AG weiterhin die Kontrolle durch den Verleger zu ermöglichen. Über die Börse, so machte Christians Springer seine Pläne schmackhaft, dürften nur vinkulierte Namensaktien ausgegeben werden. So hätten Vorstand und Aufsichtsrat die Möglichkeit, jede Stimmrechtsübertragung an einen unerwünschten Aktionär spielend abzuwehren.

Springers Top-Manager vermochten der Idee eines Börsengangs nicht viel abzugewinnen. Peter Tamm war aus vielen Gründen skeptisch, hütete sich aber, Springer entgegenzutreten, der sich jetzt zusehends für die Argumente von Christians und Blüchert erwärmte. Am offensten in seiner Opposition gegen das neue Konzept war Servatius. Ihn habe vieles gestört, berichtet er rückblickend. Der Wert des Konzerns sei mit 750 Millionen Mark viel zu niedrig angesetzt gewesen. Der Kursanstieg auf mehr als das Doppelte in den folgenden Jahren beweise das. Ein niedriger Ausgabekurs erleichtert zwar der Bank das Geschäft bei der Börseneinführung und erfreut die Aktionäre, wenn der Kurs danach rasch in die Höhe klettert. Er ist aber nicht im Interesse des ursprünglichen Eigentümers. Auch weitere Nachteile waren zu erwarten. Wichtige Entscheidungsprozesse, die möglicherweise innerhalb der Organe des Hauses oder zwischen diesen umstritten sein könnten, würden künftig im vollen Scheinwerferlicht der Öffentlichkeit stehen, zumal das notorisch verdächtige Haus Springer viel stärkeres Interesse auf sich ziehe als andere Aktiengesellschaften. Die verstärkte Publizitätspflicht könnte auch Konkurrenten, die sich ein geringeres Maß an Publizität leisteten, auf silbernem Tablett einen Wettbewerbsvorsprung servieren. Außerdem: Warum in aller Welt ohne Not überhaupt verkaufen!?

Weder Springer noch Christians oder Blüchert waren darüber erfreut, dass der neue Vorstand der Holding und Generalbevollmächtigte in dieser entscheidenden Frage offenen Widerstand leistete. Kam so ein Mann für die Rolle des Aufsichtsratsvorsitzenden der neuen Publikums-AG überhaupt in Frage? Die Folge: In der letzten Phase der Vorbereitung des Börsengangs steuerten die Beteiligten ihr Vorhaben absichtlich an dem mit allen Kniffen des Gesellschaftsrechts vertrauten Generalbevollmächtigten Servatius vorbei. Springer entschloss sich jetzt, anstelle des ursprünglich vorgesehenen Bernhard Servatius nunmehr Ernst Cramer zu bitten, als Aufsichtsratsvorsitzender der künftigen Axel Springer AG zu amtieren. Sein stärkstes Motiv, das ihn veranlasste, auf Ernst Cramer zu setzen, klingt in einem seiner letzten Briefe an, den er wenige Wochen vor seinem Tod an Frederick Ullstein in London schrieb: »Mein Nächster ist nun allein Ernst Cramer. Den Tod von Matthias Walden werde ich wohl nie verwinden ...«[134]

Hinzu kam noch ein weiterer kritischer Punkt. Die Deutsche Bank traute sich nicht, den Börsengang erfolgreich durchzuführen, wenn nicht gleich zu Beginn ein beträchtliches Aktienpaket an einen festen Interessenten gehen würde. Dieser stand in Gestalt von Leo Kirch bereits zur Verfügung. Die Beteiligung Kirchs war ein wesentliches Element in dem Paket, das Wilhelm Christians geschnürt hatte.

So standen die Dinge im Juni. Da der Deutschen Bank viel daran gelegen war, ihre Jahresbilanz 1985 mit dem Börsengang eines der größten und berühmtesten deutschen Privatunternehmen zu schönen, musste jetzt umgehend entschieden werden. So kam es zu der in der Geschichte des Hauses Springer später viel erörterten, fatalen Unterredung auf der Terrasse des Springer-Anwesens in Patmos am 17. Juni 1985. Wilhelm Christians, Ernst Cramer und Walter Blüchert kamen mit dem Hubschrauber aus Athen. Springer litt inzwischen wieder unter einem neuen Krankheitsschub und konnte das Gespräch nur im Liegen führen. Friede Springer beschränkte sich, wie sie selbst berichtet, weitgehend aufs Zuhören.

Als die Reisegruppe wieder zurückflog, war das mittelfristige Schicksal des Hauses Springer zu einem Gutteil besiegelt. Nachdem zuvor schon 24,9 Prozent an die Burdas gegangen waren, stimmte der geschwächte Verleger jetzt dem alsbaldigen Börsengang von weiteren 49 Prozent des Aktienkapitals der Gesellschaft für Publizistik zu. 37 Prozent sollten von der Deutschen Bank frei verkauft werden, zehn Prozent würden an Leo Kirch gehen. Dem bisherigen Konzernherrn verblieb nur noch eine Sperrminorität.

Springer hatte den Verkauf eines Aktienpakets an Kirch nur widerwillig geschluckt. Persönlich kannte er ihn nicht, misstraute ihm aber zutiefst. Franz Josef Strauß hatte ihn eindringlich mit den Worten gewarnt: »Er unterstützt mich im Wahlkampf. Aber er ist ein Haifisch. Wenn Du ihm den kleinen Finger reichst, reißt er Dir die Hand ab.«[135] Allerdings insistierte Springer darauf, Kirch dürfe keine Aktie mehr als zehn Prozent erhalten und keinesfalls in den Aufsichtsrat kommen. Das wurde ihm von Christians versprochen. Festgeklopft wurde bei dieser Unterredung auch – gegen ihr Widerstreben – die Mitgliedschaft Friede Springers im Aufsichtsrat der neuen Axel Springer AG. Das lag in der Logik der bisherigen Personalkonstruktion, bei der die Ehefrau des Verlegers bereits in der Geschäftsführung der Axel Springer Gesellschaft für Publizistik GmbH, also der Holding für die Presseorgane, Sitz und Stimme hatte. Zusammen mit dem Aufsichtsratsvorsitzenden Ernst Cramer sollte sie den Konzern weiterhin im Sinne Axel Springers auf Kurs halten.

Erst nach Verkauf der Aktien an die Deutsche Bank zum Zweck der Platzierung an der Börse kam es zu dem längst fälligen klärenden Gespräch zwischen Springer und Servatius. In einer Unterredung am 12. Juli, eine Woche vor der konstituierenden Sitzung des neuen Aufsichtsrats, zerpflückte dieser das Hauptargument von Christians, eine Verlegermehrheit von 51 Prozent sei ja in jedem Fall gesichert. Wie wolle man sicherstellen, dass der unternehmerisch gewandte Kirch nicht Mittel und Wege finden werde, sich mehr als zehn Prozent der Aktien zu beschaffen, etwa über Strohmänner? Könnte man ihn auf Dauer aus dem Aufsichtsrat heraushalten? Und würden die Burdas wirklich in jedem Fall bedingungslos mit der Springer-Seite stimmen? Nur wenn die Springer-Seite mit Hilfe der Burdas den Aufsichtsrat und den Vorstand kontrollierte, könnte sie sich auch gegen eine Umwandlung von Aktien zur Wehr setzen, die Kirch oder andere Interessenten mit dem Ziel erwerben würden, die Machtverhältnisse bei Springer umzustürzen. Springer, so berichtet Servatius, merkte jetzt, dass der Ärger bereits begann, den er ihm vorausgesagt hatte. Er habe sich hereingelegt gefühlt und schließlich gesagt: »Sie können mir heute den ganzen

Tag lang sagen, daß Sie mir das schon früher erklärt und die Suppe nicht eingebrockt haben. Aber Sie müssen sich jetzt bemühen, sie auszulöffeln.«[136]

So kam es, dass der Verleger in der Frage des Aufsichtsratsvorsitzes erneut umschwenkte und von nun an wieder auf Servatius bestand. Ihm war endgültig klar, dass die labile Konstruktion ohne einen Top-Juristen nicht funktionieren würde. Springer blieb die unangenehme Aufgabe, dies dem getreuen Ernst Cramer schonend beizubringen. Dieser würde aber weiterhin für die Springer-Seite im Aufsichtsrat verbleiben. An der Mitgliedschaft Friede Springers im Aufsichtsrat wurde natürlich überhaupt nicht gerüttelt.

Als die Aktien angeboten wurden, waren sie alsbald fünffach überzeichnet. Jetzt zeigte sich, dass die Hereinnahme Leo Kirchs völlig überflüssig gewesen war. Dem neuen Aufsichtsrat unter dem Vorsitz von Bernhard Servatius gehörten an: von Seiten des Verlegers Friede Springer, Servatius und Ernst Cramer; für die Burdas Frieder und Hubert Burda. Die Deutsche Bank hatte das Recht, vier Personen zu benennen, eine von ihnen war – entgegen früheren Absichtserklärungen – Wilhelm Christians.

Springer selbst hatte sein Privatvermögen durch den Verkauf nochmals um 556 Millionen vermehrt. Doch längst traf auf ihn das Wort zu: »armer, reicher Mann«. Immer noch hoffte er, im kommenden Herbst in der Mayo-Klinik wiederhergestellt zu werden. Spürte er, dass sein Ende nahe war? Ernst Cramer, sein langjähriges Alter Ego im Verlegerbüro, bestreitet das und meint: »An den Tod hat er zwar als religiöser Mensch oft gedacht, an seinen eigenen Tod aber in Wirklichkeit nie geglaubt, ihn ganz besonders im Sommer 1985 nicht erwartet und war folgerichtig auch nicht ernsthaft darauf vorbereitet.«[137]

Wie dem auch sei, zunächst jedenfalls war Springer entschlossen, in der Schweiz wieder Gesundheit zu tanken, zuerst im Frieden seines Hauses in Klosters, dann buchstäblich, wie schon öfters zuvor, mit einer erneuten Frischzellen-Injektion. Sein langjähriger Arzt, Wolfgang Horst, der in erster Linie Springers Schilddrüsen-Therapie überwachte, hielt dies aber bei dem erneut stark erkälteten Patienten für allzu riskant und riet davon ab. Dennoch reiste Springer in die Niehans-Klinik zu Vevey, ließ die dortigen Ärzte ungeduldig wissen, dass er eben in Zürich ausgiebig untersucht worden sei, sodass sich eine weitere gründliche Untersuchung erübrige, und ließ sich erneut ein Frischzellen-Serum spritzen, das ihm im Frühjahr sichtlich geholfen hatte. Hat er damit sein ohnehin geschwächtes Immunsystem überlastet? Anfang September landete er jedenfalls wieder mit einem deutlich verschlimmerten grippalen Infekt in der Zürcher Klinik.

Auf den 2. September wurde Bernhard Servatius eilig nach Zürich gebeten. Noch einmal machte Springer das »Grand Hotel Dolder« zu einem denkwürdigen Schauplatz seiner Biographie. 1962 war er hier mit Helga Alsen die vierte Ehe eingegangen, Sohn Nicolaus war damals schon unterwegs. Springer lag fiebernd zu Bett. Im Gespräch mit Servatius und in Gegenwart Friedes verfügte er nun eine Änderung des Testaments, das er zwei Jahre zuvor, am 17. Juli 1983, in Verbindung mit einer weiteren testamentarischen Regelung vom 13. August 1983 aufgesetzt hatte. Inzwischen hatte er sich klargemacht, dass der Ausschluss des zweiten Sohnes Nicolaus wohl doch eine unbillige Härte wäre. Dieser hatte inzwischen mit großer Zähigkeit seine Krebserkrankung überwunden, war jetzt bei einer Werbeagentur in London tätig und nach Meinung des Vaters auf gutem Wege.[138] Springers Instinkt sagte ihm zwar, dass es am besten wäre, wenn er seine Ehefrau Friede zur Alleinerbin machte, doch diese lehnte ab. Die veränderten Quoten für den Erb- bzw. Pflichtteil lauteten nun: 70 Prozent für Friede, jeweils zehn Prozent für die Kinder Barbara und Nicolaus, jeweils fünf Prozent für die Enkel Axel Sven und Ariane.

Als Testamentsvollstrecker würden fungieren Bernhard Servatius als Vorsitzender, Friede Springer und Ernst Cramer. Sie sollten nach dem Motto entscheiden: Firma geht vor Familie. Ein Kernsatz des in diesem Punkt weiterhin gültigen Testaments vom 13. August 1983 lautete: »Ich appelliere an meine Erben und Vermächtnisnehmer, stets dessen eingedenk zu sein, daß der wesentliche Gegenstand des Nachlasses mein berufliches Lebenswerk ist. Dieses Werk ist mir eine Verpflichtung, die mit meinem Leben nicht endet und die auch nicht nur meiner Familie gegenüber besteht. Die Bedeutung meiner Unternehmen und die in ihnen vertretenen Grundsätze verlangen Rücksichten, denen auch meine Erben unterworfen sind.«

In Abänderung der am 13. August 1983 getroffenenen Regelung

verfügte Springer aber bei dieser Unterredung, die Dauer der Testamentsvollstreckung statt der vorgesehenen 30 Jahre künftig offen zu lassen.[139] Der kranke Verleger beauftragte Servatius, sofort nach der Rückkehr die besprochenen Änderungen Erika Rüschmann, Springers langjähriger vertrauter Sekretärin, zu diktieren – »möglichst noch heute«. Servatius ließ am folgenden Tag von den Änderungen eine Maschinenschrift anfertigen und stellte diese Springer zu. Doch das Schriftstück blieb liegen. Wollte Springer, wenn er sich wieder besser fühlte, selbst eine handschriftliche Ausfertigung vornehmen und sie so rechtskräftig machen, ohne einen Notar herbeizuziehen? Nach seinem Tod fand sich die Maschinenschrift auf Springers Nachttisch unter einem Wust von Büchern zumeist religiösen Inhalts.

Auch das gehörte zu den Absonderlichkeiten dieses an Seltsamkeiten nicht armen Lebens. Einer der reichsten Männer Europas hatte sein Testament neu gefasst, der unerwartete Tod ließ es aber nicht mehr zu, das vor kurzem Verfügte in rechtsgültige Form zu bringen. Nach der Testamentseröffnung waren die Erben indessen bereit, die Änderungen notariell beglaubigen zu lassen und so den letzten Willen in Kraft zu setzen. Doch das ist schon eine neue Geschichte.

Nachdem Springer am 2. September über sein Vermögen verfügt hatte, flog das Ehepaar tags darauf in einer Chartermaschine bei Sturm, Regen und Nebel nach Berlin. Immer noch krank, doch interessiert wie stets, las ihr Mann, so berichtete Friede Springer ein Jahr nach dieser letzten Reise, eine im Flugzeug liegende schwedische Zeitung, fand Gefallen an dem Layout und riss, wie gewohnt, ein paar Stücke heraus, um sie an die eigenen Redaktionen weiterzugeben.[140] Letzter Akt im letzten Aufzug des Blattmachers Axel Springer!

Es folgte eine der denkwürdigsten Szenen in Springers Lebensgeschichte. Für den 4. September war in der Berliner Kochstraße unter dem Vorsitz von Bernhard Servatius eine Sitzung des neuen Aufsichtsrats vorgesehen. Zum zweiten Mal trat damit das höchste Steuerungsgremium der Axel Springer AG zusammen. Vor wenigen Monaten erst hatte sich der »Mammutverleger« endlich des größten Teils seines Konzerns entledigt – 37 Prozent wurden über die Börse verkauft, zehn Prozent waren an Leo Kirch gegangen. Der

Burda-Anteil war auf 25,9 Prozent aufgestockt worden. Zudem hatte der Verleger an Peter Tamm und Günter Prinz Aktien im Wert von jeweils einem Prozent übereignet, um die beiden auch künftig fest im Hause Springer zu verankern. Axel Springer verblieb gerade noch die Sperrminorität von 25,1 Prozent in dem von ihm aufgebauten Konzern, dessen Alleineigentümer er bis 1982 gewesen war. Doch auch diese 25,1 Prozent wurden nicht mehr von ihm persönlich vertreten, sondern von seiner Frau Friede zusammen mit Bernhard Servatius und Ernst Cramer. Er selbst war vom Tod gezeichnet. Ihm verblieb nur noch die Aufgabe, dem neuen Gremium in dem Haus, das er geschaffen hatte und das so etwas wie sein Ein und Alles gewesen war, einige gute Worte mit auf den Weg zu geben. *Translatio imperii,* Übergabe der Herrschaft, hieß das einstmals im monarchischen Zeitalter. Auch de Gaulle hat für das, was sich jetzt abspielte, ein einprägsames Bild gefunden: »Le naufrage de l'age ...«, der Schiffbruch des Alters. Im Fall Axel Springers war es eine Herzmuskelentzündung, die ihm den Tod brachte.

Vom Fieber geschüttelt, nahm er an der Vormittagssitzung nicht teil und ließ sich schließlich von Schwanenwerder aus in die Kochstraße fahren. In der 19. Etage befand sich ein Schlafzimmer, dort ruhte er etwas aus und schleppte sich dann, gestützt auf Friede, in die Große Bibliothek, wo die Aufsichtsratssitzung ablief. Die Sitzung wurde für eine Mittagspause unterbrochen. Springer, jetzt nur noch Ehrenvorsitzender, hielt mühsam eine kurze Ansprache. Er dankte und gab seiner Hoffnung Ausdruck, der neue Aufsichtsrat möge sein über vier Jahrzehnte aufgebautes Lebenswerk in seinem Sinn fortführen. Ein letztes Mal arbeitete er dann sein Credo heraus. In der dürren Sprache des Protokolls über Springers Ansprache liest sich das wie folgt: »Die Errichtung des Verlagshauses an der Berliner Mauer kennzeichnet symbolhaft eine seiner verlegerischen Zielsetzungen. Der Gang in das alte Zeitungsviertel Berlins – zu einer Zeit, als andere Unternehmen dieser Stadt den Rücken kehrten und ihr den Untergang prophezeiten – war für ihn und seinen Verlag Ausdruck des politischen Bekenntnisses zum geteilten Vaterland, auch wenn er von vielen deswegen heftig angefeindet wurde.«

Springer bewahrte zwar Haltung, doch die Anwesenden waren insgeheim entsetzt über sein schlechtes Aussehen. Er verharrte noch wenige Minuten, um die Erwiderung des Aufsichtsratsvorsitzenden anzuhören, dann ein Glas Champagner auf die Zukunft des Hauses, für jeden ein schlaffer Händedruck, für Peter Tamm, der den Laden zusammengehalten hatte und weiter zusammenhalten sollte, eine kraftlose Handauflegung mit den Worten »Dem habe ich viel zu verdanken«, ein paar Sätze beiseite mit Ernst Cramer und dann ein lautloser Abgang.

Fiebernd kehrte Springer nach Schwanenwerder zurück. Unermüdlicher Briefschreiber, der er zeitlebens gewesen war, hatte er auch jetzt noch die Kraft, ein paar Briefe zu diktieren. Franz Josef Strauß, dem er sich nach dem Unfalltod von dessen Frau Marianne wieder eng verbunden fühlte, erhielt noch einen formvollendeten Glückwunschbrief zum 70. Geburtstag.[141] Ein paar Wochen zuvor, als es ihm noch etwas besser gegangen war, hatte er Strauß von Schierensee aus mit einem dicken Lob bedacht, weil dieser in der *Bild*-Zeitung ein klares Ja zu Reagans SDI-Programm ausgesprochen hatte.[142] Und er hatte hinzugefügt: »Du weißt, daß die Sowjets für mich die rotlackierten Nazis bleiben.« Das war gewissermaßen Springers letztes Wort zur internationalen Politik – Abschied als Kalter Krieger.

Peter Boenisch, von dem er sich 1981 im Unfrieden getrennt hatte, wurde gleichfalls noch mit einem Brief erfreut. Boenisch heiratete am 21. September in der Dorfkirche St. Severin auf Sylt, mit der Springer sehr persönliche Erinnerungen verbanden. So schrieb er ihm: »Es ist immer noch so, daß Sylt für mich einer der schönsten Plätze der Welt ist. Leider hindert mich meine etwas geschwächte Gesundheit daran, häufiger die jodhaltige Luft auf der Insel zu atmen. Aber das kann eines Tages ja anders werden.«[143] Doch Springers Befinden verschlimmerte sich weiter. Am 21. September, Springer war eben in bedenklichstem Zustand ins Berliner Martin-Luther-Krankenhaus eingeliefert worden, kritzelte er noch einen Gruß an Max Schmeling und gab zwölf Flaschen Veuve Cliquot in Auftrag: »Mein lieber Max, in großer Anhänglichkeit und Liebe denken Friede und ich an Deinem 80. Geburtstag an Dich und Anni. Dein alter Axel.«[144] So schloss sich der Kreis: Im Juni 1945 hatte Axel Springer zusammen mit Max Schmeling und John Jahr im klapprigen P4 über die Elbbrücken im zerschmetterten Hamburg Einzug gehalten, um dort »den größten Verlag Europas«

zu errichten. Inzwischen war alles erreicht und ging in diesen Stunden wieder verloren. Tags darauf entschlief Springer. Friede Springer blieb bis zum letzten Atemzug an seiner Seite. Springers letzte, von ihr überlieferte Worte auf die Frage, wie es ihm gehe, waren: »Es könnte nicht besser sein.«[145]

Sind die Beisetzungsfeierlichkeiten eines Menschen noch Teil seines Lebens, oder sind es nicht schon andere, die nun über diese letzte Station verfügen, bei der zugleich das Nachleben beginnt? Einige Elemente der Trauerfeier hatte Springer selbst noch festgelegt, so das Adagio für Orgel und Streicher in g-Moll von Tommaso Albinoni. Desgleichen wünschte er, dass sein Seelsorger Jobst Schöne, Bischof der Altlutherischen Kirche Berlin, den Gottesdienst gestalten und die Grablegung vornehmen solle. Ganz im Sinne des Verstorbenen legte dieser der Predigt das Bibelwort vom Todestag Springers aus dem Losungsbüchlein der Herrnhuter Brüdergemeinde zugrunde.

Selbstverständlich war der Axel Springer Verlag im Einvernehmen mit den politischen Autoritäten darum bemüht, aus der Beisetzung zwar kein veritables Staatsbegräbnis zu machen, aber doch eine Art Staatsbegräbnis. Es ging so hoch und so würdig her wie zu Axel Springers besten Zeiten. 500 Trauergäste waren in die Kaiser-Wilhelm-Gedächtniskirche geladen, an ihrer Spitze Bundespräsident Richard von Weizsäcker und Bundeskanzler Helmut Kohl, der eine Ansprache hielt und Springer als »leidenschaftlichen Patrioten« würdigte. Der Berliner Regierende Bürgermeister Eberhard Diepgen rühmte Springers Verdienste um »die Hauptstadt«. Teddy Kollek versicherte, auch in Israel und besonders in Jerusalem werde man Springer nicht vergessen. Und Peter Tamm beteuerte, wie das bei solchen Anlässen geboten ist, der Verlag werde »in seinem Geist« weiterarbeiten.

Die Beisetzung fand auf dem evangelischen Friedhof in Berlin-Nikolassee statt. Axel Springer hatte sich das gewünscht,[146] weil dort der Schriftsteller Jochen Klepper begraben war. Klepper war 1942 zusammen mit seiner jüdischen Frau und deren Tochter aus dem Leben geschieden, als Letztere in ein Vernichtungslager abtransportiert werden sollte. Auf Springers Grabstein aus Travertin steht das Bibelwort aus Johannes 11, Vers 25, über das Bischof Schöne bei der Trauerfeier die Predigt gehalten hatte:

»Jesus spricht: Ich bin die Auferstehung und das Leben. Wer an mich glaubt, der wird leben, ob er gleich stürbe.« Darunter folgt der Name des Verstorbenen: Axel Springer * 2.5.1912 Altona † 22.9.1985 Berlin.

Die Grabinschrift fasste alles zusammen, was dem müden Axel Springer noch erwähnenswert erschienen war: die Jugend in Altona, die endgültige Ruhe in Berlin unter märkischen Kiefern, die Hoffnung auf das ewige Leben und – nicht weit entfernt vom Grab der Familie Klepper – das immerwährende Gedenken an das Schicksal der deutschen Juden. Aber kein Wort mehr vom »Mammutverlag«, den er groß gemacht hatte und den er jetzt los war.

Epilog

Axel Springer – außenpolitischer »Dissenter« im Entspannungszeitalter

Wie es sich gehörte, war Springer im Herbst 1985 mit schönklingenden Ansprachen und Nachrufen verabschiedet worden. Polemik gegen ihn erübrigte sich von nun an. Ein toter Indianer ist ein guter Indianer. In großen Teilen der politischen Öffentlichkeit hielten sich hingegen die Zweifel an der Urteilsfähigkeit des Dahingeschiedenen. Wer sich so stark exponiert, wie Springer das getan hatte, bietet auch viele Angriffsflächen. Dass er deshalb je nach Laune seiner Gegner dämonisiert, zur öffentlichen Gefahr erklärt oder verspottet wurde, lag in der Logik jener Jahrzehnte politischer Polarisierung. Nicht nur die Achtundsechziger, die den Marsch durch die Institutionen angetreten hatten, verachteten Springer als eine Figur von gestern und vorgestern, als doktrinären Außenseiter und als idealtypischen Kalten Krieger.

Doch dann führte das Ende des Kalten Krieges unversehens zu einer Neubewertung. Die Berliner Mauer, an der Springer sich seelisch wundgerieben hatte, sank in sich zusammen, mitsamt der DDR, die er stets in Gänsefüßchen gesetzt hatte, um zu betonen, dass sie weder deutsch sei noch demokratisch noch eine Republik. Fast genau fünf Jahre nach seinem Tod war Deutschland wiedervereinigt. Ende 1991 löste sich auch die Sowjetunion auf. Nunmehr konzedierten viele, der »Brandenburger Tor« sei halt doch ein großer Visionär gewesen.

Wer ihn als Visionär bezeichnet, der den Moment seines Triumphs nur um ein paar Jahre versäumt hat, liegt somit nicht ganz falsch. Auch er selbst hat sich immer dann, wenn ihm die deutsche Lage perspektivlos erschien, als eine Art Prophet betrachtet, der die Gegenwart in die geschichtliche Langzeitperspektive rückte. Nun war empirisch erwiesen, dass seine stark moralisch akzentuierte Lagebeurteilung zutreffend gewesen war. Die Wiedervereinigung in Frieden und Freiheit war vollzogen. Berlin wurde erneut zur Hauptstadt Deutschlands, auch wenn dahingestellt bleiben mag, ob ihn der Blick auf das wiedervereinigte Berlin der Momper, Landowsky und Wowereit rundum entzückt hätte. Verwirklichte Träume sind Leichen. Die Verlegung des Regierungssitzes aus dem verhassten Bonn nach Berlin hätte er aber sicher mit Jubel begrüßt.

Der Kollaps des Kommunismus veränderte auch das moralische Klima. Selbst einstmals linke Intellektuelle gewöhnten sich nun daran, die hässlichen Seiten der kommunistischen Regime ähnlich kritisch zu sehen wie vordem Springer. Auch die unbestreitbare Tatsache, dass beim Zusammenbruch des ehemaligen Ostblocks der nationale Gedanke mit der Freiheitsidee zusammenfiel, bestätigte die Überzeugungen Springers. Zuvor war die Sprengkraft nationaler Freiheitsbewegungen von einer großen Mehrheit der Politiker und Publizisten im Westen als friedensgefährdend betrachtet worden. So brachte die Zähigkeit, mit der er an seinen unzeitgemäßen Überzeugungen festgehalten hatte, Springer nun posthum einigen Respekt ein. Die Rolle, die der Kalte Krieger Axel Springer seinerzeit im Meinungsstreit über die Ostpolitik spielte, lässt sich seit dem Umbruch der Jahre 1989/91 entspannter beurteilen als früher.

Zu Beginn der achtziger Jahre war der Ausgang des Ost-West-Konflikts durchaus offen. Ein so kühler Analytiker wie Raymond Aron, der die deutsche Mentalität gut kannte, hatte noch 1983 geschrieben: »In Europa erscheint die Bundesrepublik Deutschland, die mehr als je zuvor der Eckstein der Atlantischen Allianz ist, erschüttert. Angrenzend an das sowjetische Imperium, bemüht sie sich darum, eine amerikanische Armee auf ihrem Territorium zu behalten, ohne die Männer im Kreml zu verärgern … Ob Sozialdemokrat oder Konservativer, der Bundeskanzler von Bonn blickt sowohl nach dem ihn bedrohenden Osten wie nach dem ihn schützenden Westen. In welche Richtung wird er schließlich gehen?«[1]

In den letzten Jahrzehnten des Kalten Krieges, als der Ausgang der globalen Auseinandersetzung noch in der Schwebe war, haben die westlichen Demokratien aufgrund einer eigenartigen Dialektik überlebt. Einerseits war pragmatisches Verhandeln geboten, um den Nuklearkrieg zu vermeiden, um den Gegner mit vielen Zwirnsfäden zu umwickeln, doch auch, um die nicht ganz zu Unrecht ängstlichen westlichen Gesellschaften bei der Stange zu halten. Diese Ziele verfolgten die Entspannungspolitiker mit der Konferenz über Sicherheit und Zusammenarbeit in Europa (KSZE), mit den MBFR-Verhandlungen[2] und mit bilateralen Abkommen, wozu vor allem auch der Moskauer Vertrag, der Warschauer Vertrag, der Grundlagenvertrag mit der DDR und alles an Übereinkünften gehörte, was sich bis Ende der achtziger Jahre daraus ableitete.

Andererseits aber wäre die ruhebedürftige Öffentlichkeit des Westens ohne antitotalitäre Menschenrechtskampagnen, ohne schrille Aufrufe zur Wachsamkeit und ohne publizistische Dauerkritik an der schmiegsamen Nachgiebigkeit westlicher Regierungen vielleicht doch eingeknickt. Dies galt ganz besonders für die gefährdete, durch die Teilung belastete und im exponierten Berlin ständig erpressbare Bundesrepublik. Auf paradoxe Weise waren somit in dem damals ziemlich gnadenlosen innerwestlichen Meinungsstreit beide Seiten im Recht: die pragmatischen Entspannungspolitiker *und* die kompromisslosen Kalten Krieger.

In dieser Konstellation spielte Springer den Part des Kalten Kriegers. Unerbittlicher und zäher als die Parteien sowie die Mehrzahl der bundesdeutschen Medien artikulierten die Springer- Zeitungen, vom Verleger unablässig angestachelt, die Gegnerschaft zum Ostblock-Kommunismus, zur Perpetuierung eines unfreien Regimes auf deutschem Boden und zur moralisch inakzeptablen Gefangensetzung eines Teils der Deutschen hinter KZ-ähnlichen Sperrsystemen.

Wurde Springer zum Antikommunisten, weil er ein Nationalist war, der das geteilte Deutschland wiedervereinigt sehen wollte? Die vorliegende Darstellung versucht, darauf eine differenzierte Antwort zu geben. Springer ist für Stimmungen eines frustrierten Patriotismus und für Nostalgie nach dem Deutschen Reich nicht ganz unempfänglich gewesen, dies verstärkt durch sentimentale

Erinnerungen an die »Reichshauptstadt« seiner jungen Jahre. Aber das Hauptmotiv seines tiefen Abscheus vor dem DDR-Regime war doch ganz eindeutig humanitär und libertär. Sein stark ausgeprägter Antikommunismus wurzelte im altliberalen Glauben an unveräußerliche Menschenrechte. Dasselbe galt übrigens auch für seinen retrospektiven Antinazismus. Die stärksten Motive seiner Wiedervereinigungspolitik entstammten dem Mitleid mit den unterdrückten Landsleuten. Er war nie ein Deutschnationaler. Machtstaatsgedanken und überzogener Nationalismus waren ihm fremd. Ihm ging es weniger um das Deutsche Reich als um die in der DDR eingesperrten und sozialistischer Gehirnwäsche unterzogenen Deutschen. Als sich die Teilung verfestigte, hat er des Öfteren betont, dass er mit einem geteilten Deutschland leben könnte, sofern nur die Deutschen im Osten genauso frei wären wie die im Westen. Was ihn empörte, war die Unfreiheit in der DDR und im gesamten Ostblock. Das setzte er gelegentlich auch Henry Kissinger auseinander, der das mit der Bemerkung quittierte: »Herr Springer, Sie erscheinen mir in einem neuen Licht. Ich dachte, Sie seien ein Nationalist.«[3]

Sein Antikommunismus entsprang aber nicht allein altruistischen Empfindungen, sondern zugleich defensiven Reflexen. Er ängstigte sich vor dem Expansionsstreben Moskaus. Zwar gab er nach außen gern den idealistischen Kämpfer, aber er war auch »in seinem tiefsten Innern ein ängstlicher Mensch«. So hat das sein Generalbevollmächtigter Eberhard von Brauchitsch formuliert, der ihn genau studiert hat.[4] Andere seiner engen Mitarbeiter bestätigen das. In Springers Antikommunismus hatte somit auch der Faktor Angst ein gewisses Gewicht: Angst davor, dass West-Berlin dem Sog des Ostblocks nicht widerstehen könnte, Angst vor einer sowjetischen Blitzoffensive gegen Westeuropa, Angst vor einem Atomkrieg und Angst vor der globalen Expansion der Sowjetunion. Wenn man häufig feststellt, dass freie Bürger den Kommunismus nicht nur aus ethischem Abscheu, sondern ebenso aus Furcht vor totalitärer Gewalt und totalitärem Übermut ablehnen, dann war auch der Antikommunist Springer ein typischer Bürger.

Deshalb legte er auch so großen Wert auf Berichterstattung über die globale Expansionspolitik der kommunistischen Staaten. Während der Kalte Krieger Axel Springer beim Blick auf die DDR und die kommunistischen Regime in Europa vorwiegend moralistisch argumentierte, betrachtete er die außereuropäische Welt eher mit dem Blick des Realpolitikers. Dass dabei in der Springer-Presse bei der Berichterstattung über prowestliche Diktaturen deren Menschenrechtsverletzungen nicht selten realpolitisch beschwiegen wurden, ist von den Gegnern Springers oft kritisch vermerkt worden. In diesem Punkt waren manche der Korrespondenten oder Kommentatoren ähnlich parteiisch wie auf der Gegenseite manche Entspannungspublizisten, die um die individuellen Leiden der Opfer im Ostblock gleichfalls nicht viel Wesens machten. Einseitigkeit und Beschweigen lästiger Tatsachen ist in Zeiten internationaler und innenpolitischer Polarisierung eher die Regel als die Ausnahme.

Jedenfalls war Springer von allen deutschen Kritikern der kommunistischen Regime mitten in Europa der unbeirrbarste und der einflussreichste. Er begriff seine Zeitungen als moralische Widerlager zur offiziellen Politik, die er für verhängnisvoll hielt. Dass der Antikommunismus oft schrill vorgetragen wurde, störte ihn überhaupt nicht. In Phasen kritischer Polarisierung kann und will die Meinungspresse nicht auf Einseitigkeit verzichten. Beim Ringen um die richtige Ostpolitik traf im Übrigen der Begriff »Kampfpresse« damals auf die Springer-Zeitungen genauso zu wie auf Augsteins *Spiegel* oder auf die ihre Überzeugungen vornehmer, aber gleichfalls kämpferisch artikulierende *Zeit*.

Springers politische Rolle in der alten Bundesrepublik reichte jedoch weit über die Bereiche Ostpolitik, Deutschlandpolitik oder Berlin-Politik hinaus. Zwischen 1967 und 1984 sind drei Wellen leidenschaftlicher Bewegungen über die Bundesrepublik hinweggegangen: zuerst die systemkritische Linke der Außerparlamentarischen Opposition; dann, ab Mitte der siebziger Jahre, die Anti-Kernkraft-Bewegung, aus der die Grünen entstanden; und seit 1980 die Friedensbewegung. Gegen die APO machte die SPD anfangs noch mobil, bis sich Willy Brandt auf den Weg machte, die Systemveränderer zu integrieren und dabei ein paar ihrer Ideen zu übernehmen. Als sich die Anti-AKW-Bewegung formierte, knickten die Sozialdemokraten vergleichsweise früh ein. Und gegen die tendenziell neutralistische, NATO-kritische und – wie wir heute wissen – auch stark vom Osten gesteuerte Bewegung gegen die westliche Nachrüstung stand in der SPD zum Schluss nur noch Helmut Schmidt mit wenigen seiner Getreuen.

So kam es in den für die Grundorientierung der Bundesrepublik kritischen Entwicklungsphasen der siebziger und der frühen achtziger Jahre des 20. Jahrhunderts neben der FDP vor allem auf CDU und CSU an. Diese Heerscharen wiesen die wohlbekannte Psychologie bürgerlicher Parteien der Mitte auf. Einige wenige der konservativen Bataillone gruben sich ein und leisteten kompromisslosen Widerstand. Doch die Kommandeure der zahlreichen Divisionen in der Mitte, wo Clemenceau zufolge der Sumpf ist, wollten einerseits widerstehen, andererseits sich arrangieren, um irgendwie wieder mehrheits- und koalitionsfähig zu werden. Und einige fortschrittliche Bataillone am linken Flügel wären am liebsten sofort zum Gegner übergelaufen. Vor allem kam auch damals der Umstand zum Tragen, dass CDU und CSU habituell unintellektuelle Parteien sind, ziemlich unfähig, funkelnde Ideen zu generieren, unwillig, die eigenen Prinzipien mit langem Atem zu vertreten, und unlustig, sich in der öffentlichen Dauerdiskussion unangepasst zu exponieren.

Somit orientierte der wesensmäßig parteiferne Individualist Springer seine Blätter vor allem auf die Befindlichkeiten der Unionsparteien und auf deren Anhänger hin, ohne dabei die in manchen Grundsatzfragen ähnlich zerrissene FDP zu vergessen. Die konservativen Bataillone und die schwankende Mitte erhielten publizistischen Feuerschutz, dessen sie dringend bedurften. In dieser Hinsicht war der Herr auf den Zinnen der Berliner Kochstraße und auf Schierensee, den die Führer von CDU, CSU und FDP respektvollst aufsuchten und karessierten, eine wichtigere politische Figur als mancher Ministerpräsident oder Kabinettsminister jener Jahre. Bereitwillig half er nicht nur mit seinen Zeitungen, sondern auch mit Parteispenden. Dass er die meisten dieser Politiker verachtete, versteht sich. Aber er spielte mit, weil er sich in der Pflicht sah, den Kommunismus zu verhindern und die SPD abzuräumen.

Glücklich wurde er bei seinem politischen Engagement nicht. Die Politisierung hat dem Wachstum seines Konzerns Einhalt geboten und der Akzeptanz seiner Zeitungen geschadet. Doch je mehr aus dem genialischen Dandy der Hamburger Anfänge ein ernsthafter Mann wurde, umso zäher hielt er an seiner selbstgewählten Rolle fest. Nicht der sogenannte Visionär Springer verdient also zeitgeschichtliches Interesse. Visionen entstehen aus dem Schlaf der Vernunft und sind immer verdächtig. Von Gewicht war allein der politische Verleger, der die Kräfteverhältnisse genau taxierte und sich als Kämpfer mit langem Atem für alles verstand, was er liebte, und noch mehr gegen alle, die er verabscheute.

Dem Sog der Linken um keinen Preis nachzugeben, weder in der Ost- und Deutschlandpolitik noch bei deren Drängen auf Systemveränderung, das war die Essenz seiner politischen Botschaft, die er seit den Erfahrungen der NS-Diktatur in dem Wort Freiheit komprimierte. Je länger, je mehr verstand er sich als eine Art Freiheitsapostel. In einem Land, das gern den realpolitischen Kniefall vor dem jeweiligen Status quo vollzieht, aber auch den Kollektivismus solidarischer Volksgemeinschaft und politischer Korrektheit liebt, war dieser genuin Liberale, der sich schließlich zum Konservativen mauserte, ein seltener Vogel.

Selbstironisch hat sich Springer gern einen »Radikalinski der Mitte«[5] genannt. Mit noch mehr Berechtigung könnte man auch feststellen, dass der provokant unzeitgemäße Axel Springer seit Ende der fünfziger Jahre bis in seine letzten Stunden ein »Dissenter« gewesen ist. So hat der britische Historiker A. J. P. Taylor einen Typ von Politikern und Publizisten genannt, die im 19. und im 20. Jahrhundert über Kreuz mit der offiziellen Außenpolitik lagen: »Der Dissenter verwirft deren Ziele, deren Methoden und deren Prinzipien. Noch mehr: er ist überzeugt, alles besser zu wissen und eine überlegene Sache zu vertreten; er beansprucht Überlegenheit, moralische Überlegenheit und intellektuelle Überlegenheit.«[6] Sicherlich war Springer dabei kein Exponent der Linken wie die meisten der von Taylor gerühmten britischen Dissenter. Aber auch er brachte den Schneid auf, konsequent gegen den *mainstream* seiner Epoche zu schwimmen.

Anfangs hatte sich Springer noch der Illusion hingegeben, ein politischer Verleger könne sich halbwegs aus den großen Kontroversen heraushalten. Anders als etwa der streitsüchtige Augstein oder der harte Bucerius war er eher ein Richard-Tauber-Typ, der auch gerne *bella figura* machte und von seiner Umwelt bewundert werden wollte. Erst als er sich voller Übermut ins politische Hornissennest Berlin gestürzt hatte, wurde aus ihm ein politischer Kämpfer.

Am meisten beeindruckt die Beharrlichkeit, mit der er seit den späten fünfziger Jahren an der einmal bezogenen politischen Grundlinie festhielt, ohne den Konzern trotz riskantester Politisierung zu ruinieren. Von allen Seiten bezog er gewaltige Prügel, und so hatte er stets mit der Versuchung zu ringen, den »Mammutverlag« irgendwie abzustoßen und sich auf seine schönen Landsitze zurückzuziehen. Doch letztlich hat er sich immer wieder davon überzeugt, dass seine Aufgabe darin bestand, nicht den glänzenden Privatier zu spielen, sondern den zähen Dissenter. Auch deshalb ist er in einem Land erinnerungswürdig, wo die angepassten Leisetreter viel angesehener sind als die politisch unkorrekten Unruhestifter.

Danksagungen

Die Idee zu der vorliegenden Biographie entstand im Journalistenclub des Axel Springer Verlages, wo man anständiges Essen bekommt und interessante Leute trifft. Ich hatte mich dort mit Christian Seeger, dem Programmleiter des Propyläen Verlags, zum Lunch verabredet, und wir fanden beide, es sei an der Zeit für eine neue Biographie über Axel Springer. Ich danke also Christian Seeger für die Anregung und ihm mitsamt dem Haus Ullstein für die weitere Unterstützung bei dem Buchprojekt.

Praktisch war das Vorhaben nur zu verwirklichen, weil zwei Persönlichkeiten die Tür zum Privatarchiv der Familie Springer und zum Unternehmensarchiv der Axel Springer AG aufschlossen: Frau Friede Springer (sie überzeugte auch die anderen für die Öffnung des Privatarchivs zuständigen Familienmitglieder) und Herr Dr. Mathias Döpfner. Dass daneben auch Professor Ernst Cramer beträchtlichen Anteil hatte, die Arbeiten in Gang zu bringen, kann niemanden erstaunen, der mit den Gegebenheiten vertraut ist. Es bestand Übereinstimmung, dass mir die relevanten Dokumente fast ausnahmslos ohne jede Auflage zur Verfügung stehen sollten. Alle Beteiligten wünschten keine »autorisierte Biographie«, sondern ein gut recherchiertes Buch, für das allein der Unterzeichnete einsteht. Ich danke für die Möglichkeit des Zugangs, ganz besonders auch Frau Springer und Herrn Cramer für die Bereitwilligkeit, viele Fragen im Gespräch zu beantworten.

Ein besonders nachdrücklicher Dank gilt dem Leiter des Unternehmensarchivs, Herrn Rainer Laabs M. A., und dessen Vorgänger, Herrn Dr. Erik Lindner. Ihre kundige, zupackende und sehr liebenswürdige Unterstützung bei den archivalischen Recherchen war unschätzbar. Auch den hilfreichen Damen und Herren der anderen für die Biographie benutzten Archive sei freundlichst gedankt, namentlich Herrn Dr. Ingmar Ahl von der ZEIT-Stiftung, Hamburg.

Die Arbeiten sind wesentlich gefördert worden durch ein Reise- und Sachmittelstipendium der Alfried Krupp Stiftung. Professor Dr. Dr. h. c. Berthold Beitz gilt mein besonderer Dank dafür.

In der Recherchephase der Arbeiten an dem Buch ist mir Herr

Dr. Nino Galetti über eine Reihe von Monaten hinweg mit seinem archivalischen Spürsinn eine sehr wertvolle Hilfe gewesen. Ich danke ihm herzlich. Desgleichen danke ich sehr Frau Helmi Cammin für ihre Hilfe bei der Tonbandabschrift.

Wie der Leser erkennen wird, stützt sich die vorliegende Biographie weit überwiegend auf schriftliche Quellen. Doch daneben waren natürlich Interviews unerlässlich. Den Angehörigen der Springer-Familie, den Journalisten und den Top-Managern, die sich freundlicherweise zu meist langen Gesprächen bereitfanden, gilt mein herzlicher Dank. Soweit ihre Informationen in das Buch eingeflossen sind, werden ihre Namen am gegebenen Ort erwähnt. Namentlich genannt seien hier aber doch die Herren Christian Kracht, Dr. Herbert Kremp und Professor Dr. Dr. h. c. Bernhard Servatius, die für meine bohrenden Fragen besonders viel Zeit und Geduld aufgewandt haben.

Dass die Verantwortung für die Interpretation aller bereitwillig zugänglich gemachten Informationen allein beim Verfasser liegt, versteht sich von selbst, sei aber an dieser Stelle nochmals eigens unterstrichen.

Wie so manche meiner früheren Bücher verdankt auch die Springer-Biographie dem Zuspruch und der tätigen Hilfe meiner Familie sehr viel. Ohne ihre Ermutigung wäre das Buch weder in Gang gekommen noch zu Ende geführt worden. Ganz besonders danke ich diesmal meinem Sohn Benno für seine effektive und wohltuend geduldige Hilfe bei den Arbeiten am Manuskript.

München, im November 2007 Hans-Peter Schwarz

Archivalien

Axel Springer AG, Unternehmensarchiv (= AS-UA)
Bundesarchiv Berlin (= BA Berlin)
Bundesarchiv Koblenz (= BA Koblenz)
Bundesbeauftragte für die Stasi-Unterlagen (= BStU)
Friedrich-Ebert-Stiftung, Bonn (= FES)
Konrad-Adenauer-Stiftung, Archiv für Christlich-Demokratische Politik, St. Augustin (= ACDP)
Landesarchiv Berlin
Public Record Office, London (= PRO)
Staatsbibliothek Berlin, Handschriftensammlung
Zeit-Stiftung, NL Bucerius

Kurzbibliographie

Alle Titel, auf die im Anmerkungsteil Bezug genommen wird, werden dort jeweils mit vollständigen bibliographischen Angaben verzeichnet. Die folgende Kurzbibliographie enthält nur Titel mit nachgesetzten Kurztiteln [= ...], auf die häufiger verwiesen wird. Diese Titel werden im Anmerkungsteil nur als Kurztitel aufgeführt. Bei Neuauflagen oder Taschenbuchausgaben wird das Ersterscheinungsjahr in spitze Klammern <...> gesetzt.

Bailey, George, *Verbindungsmann. Ein Leben zwischen Ost und West,* München: Ullstein, 2002 [= George Bailey, *Verbindungsmann* (2002)]

Benz, Wigbert, *Paul Carell. Ribbentrops Pressechef Paul Karl Schmidt vor und nach 1945,* Berlin: Wissenschaftlicher Verlag wvb, 2005 [= Wigbert Benz, *Paul Carell* (2005)]

Brauchitsch, Eberhard von, *Der Preis des Schweigens. Erfahrungen eines Unternehmers,* Berlin: Propyläen, 1999 [= von Brauchitsch, *Der Preis des Schweigens* (1999)]

Dahrendorf, Ralf, *Liberal und unabhängig. Gerd Bucerius und seine Zeit,* Frankfurt/M.: Fischer Taschenbuch 15942, 2003 <2000> [= Ralf Dahrendorf, *Liberal und unabhängig* (2003)]

Die Ersten Jahre. Erinnerungen aus den Anfängen eines Zeitungshauses. Beiträge zur Geschichte des Verlagshauses DIE WELT, Hamburg: Verlagshaus DIE WELT, 1962 [= *Die Ersten Jahre* (1962)]

Döpfner, Mathias (Hg.), *Axel Springer. Neue Blicke auf den Verleger,* Berlin: Axel Springer AG, 2005 [= Mathias Döpfner (Hg.), *Axel Springer* (2005)]

Dokumente zur Deutschlandpolitik, III. Reihe, 1956 ff., hg. vom Bundesministerium für Gesamtdeutsche Fragen, Frankfurt/M.: Alfred Metzner Verlag, 1963 ff. [= *DzD,* III. Reihe ...]

Frei, Norbert (Hg.), *Karrieren im Zwielicht. Hitlers Eliten nach 1945,* Frankfurt/M.: Campus, 2001 [= Norbert Frei (Hg.), *Karrieren im Zwielicht* (2001)]

Freisinger, Gisela, *Hubert Burda. Der Medienfürst,* Frankfurt/M.: Campus Verlag, 2005 [= Gisela Freisinger, *Hubert Burda* (2005)]

Freitag, Hans-Günther/Werner Engels, *Altona. Hamburgs schöne Schwester. Geschichte und Geschichten,* Hamburg: Hamburger Abendblatt, 1982 [= Hans-Günther Freitag/Werner Engels, *Altona* (1982)]

Hachmeister, Lutz/Friedemann Siering (Hg.), *Die Herren Journalisten. Die Elite der deutschen Presse nach 1945,* München: Beck, 2002 [= Lutz Hachmeister/Friedemann Siering (Hg.), *Die Herren Journalisten* (2002)]

Hoffmann, Paul Th., *Neues Altona 1919–1929. Zehn Jahre Aufbau einer deutschen Großstadt,* 2 Bde., Jena: Eugen Diederichs Verlag, 1929 [= Paul Th. Hoffmann, *Neues Altona 1919–1929* (1929)]

Jacobi, Claus, *50 Jahre Axel Springer Verlag. 1946–1996,* Berlin: Axel Springer Verlag, 1996 [= Claus Jacobi, *50 Jahre Axel Springer Verlag. 1946–1996* (1996)]

Jacobi, Claus, *Der Verleger Axel Springer. Eine Biographie aus der Nähe,* München: Herbig, 2005 [= Claus Jacobi, *Der Verleger Axel Springer* (2005)]

Janssen, Karl-Heinz/Haug von Kuenheim/Theo Sommer (Hg.), *Die Zeit. Geschichte einer Wochenzeitung 1946 bis heute,* München: Siedler, 2006 [= Karl-Heinz Janssen/Haug von Kuenheim/Theo Sommer (Hg.), *Die Zeit* (2006)]

Jürgs, Michael, *Der Fall Axel Springer. Eine deutsche Biographie,*

München: List Verlag, 1995 [= Michael Jürgs, *Der Fall Axel Springer* (1995)]

Kain, Florian, *Das Privatfernsehen, der Axel Springer Verlag und die deutsche Presse. Die medienpolitische Debatte in den sechziger Jahren*, Münster: LIT Verlag, 2003 [= Florian Kain, *Das Privatfernsehen, der Axel Springer Verlag und die deutsche Presse* (2003)]

Kloepfer, Inge, *Friede Springer. Die Biographie*, Hamburg: Hoffmann und Campe, 2005 [= Inge Kloepfer, *Friede Springer* (2005)]

Knabe, Hubertus, *Die unterwanderte Republik. Stasi im Westen*, München: Ullstein Taschenbuch 36284, 2001 <1999> [= Hubertus Knabe, *Die unterwanderte Republik* (2001)]

Koenen, Gerd, *Das rote Jahrzehnt. Unsere kleine deutsche Kulturrevolution 1967–1977*, Köln: Kiepenheuer & Witsch, 2001 [= Gerd Koenen, *Das rote Jahrzehnt* (2001)]

Kruip, Gudrun, *Das »Welt«-»Bild« des Axel Springer Verlages*, München: R. Oldenbourg Verlag, 1999 [= Gudrun Kruip, *Das »Welt«-»Bild« des Axel Springer Verlages* (1999)]

Lohmeyer, Henno, *Springer. Ein deutsches Imperium. Geschichte und Geschichten*, Berlin: edition q, 1992 [= Henno Lohmeyer, *Springer* (1992)]

Lüth, Erich, *Ein Hamburger schwimmt gegen den Strom*, Hamburg: Verlag Conrad Kayser, 1981 [= Erich Lüth, *Ein Hamburger schwimmt gegen den Strom* (1981)]

Merseburger, Peter, *Rudolf Augstein. Biographie*, München: DVA, 2007 [= Peter Merseburger, *Rudolf Augstein* (2007)]

Müller, Hans Dieter, *Der Springer-Konzern. Eine kritische Studie*, München: Piper, 1968 [= Hans Dieter Müller, *Der Springer-Konzern* (1968)]

Naeher, Gerhard, *Axel Springer. Mensch, Macht, Mythos*, Erlangen: Straube, 1991 [= Gerhard Naeher, *Axel Springer* (1991)]

Rhein, Eduard, *Der Jahrhundertmann. Hans-Ulrich Horster erzählt die Geschichte seines Lebens und seiner Zeit*, Wien: Paul Neff Verlag, 1990 [= Eduard Rhein, *Der Jahrhundertmann* (1990)]

Schmeling, Max, *Erinnerungen*, Berlin: Ullstein Taschenbuch 36762, 2005 <1995/1977> [= Max Schmeling, *Erinnerungen* (2005)]

Schneider, Wolf, *Die Gruner + Jahr Story. Ein Stück deutsche Pres-*

segeschichte, München: Piper Taschenbuch 3447, 2001 [= Wolf Schneider, *Die Gruner + Jahr Story* (2001)]

Schreiber, Hermann, *Henri Nannen. Der Herr vom* stern, München: Goldmann Taschenbuch 15132, 2001 <1999> [= Hermann Schreiber, *Henri Nannen* (2001)]

Schröder, Dieter, *Augstein*, München: Siedler, 2004 [= Dieter Schröder, *Augstein* (2004)]

Schuster, Jacques, *Heinrich Albertz. Der Mann, der mehrere Leben lebte. Eine Biographie*, Berlin: Alexander Fest Verlag, 1997 [= Jacques Schuster, *Heinrich Albertz* (1997)]

Seebach, Carl-Heinrich, *Schierensee. Geschichte eines Gutes in Holstein,* Neumünster: Karl Wachholtz Verlag, 2. Aufl. 1981 [= Carl Heinrich Seebach, *Schierensee* (1981)]

Sonntag, Christian, *Medienkarrieren. Biografische Studien über Hamburger Nachkriegsjournalisten 1946–1949*, München: Martin Meidenbauer Verlagsbuchhandlung *m-press*, 2006 [= Christian Sonntag, *Medienkarrieren* (2006)]

Springer, Axel, *Von Berlin aus gesehen. Zeugnisse eines engagierten Deutschen*, Stuttgart: Seewald Verlag, 1972 [= Axel Springer, *Von Berlin aus gesehen* (1972)]

Springer, Axel, *Aus Sorge um Deutschland. Zeugnisse eines engagierten Berliners*, Stuttgart: Seewald Verlag, 1980 [= Axel Springer, *Aus Sorge um Deutschland* (1980)]

Springer, Axel, *An meine Kinder und Kindeskinder. Auszüge aus einer Niederschrift*. Privatdruck. Am 1. Todestag von Axel Springer junior. Berlin, 3. Januar 1981, Berlin: Herausgeber Axel Springer [= Axel Springer, *An meine Kinder und Kindeskinder* (1981)]

Springer, Axel, *Reden wider den Zeitgeist*, Berlin: Ullstein, 1992 [= Axel Springer, *Reden wider den Zeitgeist* (1992)]

Springer, Friede (Hg.), *Axel Springer. Die Freunde dem Freund*, Berlin: Ullstein, 1986 [= Friede Springer (Hg.), *Axel Springer* (1986)]

Thomas, Michael, *Deutschland, England über alles. Rückkehr als Besatzungsoffizier*, Berlin: Siedler, 1984 [= Michael Thomas, *Deutschland, England über alles* (1984)]

Zahn, Peter, *Stimme der ersten Stunde. Erinnerungen 1913–1951*, Stuttgart: DVA, 1991 [= Peter von Zahn, *Stimme der ersten Stunde* (1991)]

Anmerkungen

Prolog

1 Kurt Pritzkoleit, *Die neuen Herren. Die Mächtigen in Staat und Wirtschaft* (Wien: Kurt Desch, 1955), S. 537.
2 Axel Springer, Ansprache in Ahrensburg, 2. 5. 1982, in: *Springer aktuell,* Nr. 3, Mai 1982.
3 Golo Mann, *Wallenstein. Sein Leben erzählt* (Frankfurt/M.: S. Fischer, 1971), S. 301.

Vorspiel

1 Mitteilung von Friede Springer an den Verf., 6. 7. 2006.
2 Hans Berlage, *Altona. Ein Stadtschicksal. Von den Anfängen bis zur Vereinigung mit Hamburg,* (Hamburg: Verlag Broschek, 1937), S. 89.
3 So noch im Jahr 1940, kurz vor der Zerstörung Altonas, Werner Jackstein, *Die Palmaille in Altona. Ein Kulturdokument des Klassizismus,* (Hamburg: Trautmann Verlag, 1940), S. 292.
4 Hans-Günther Freitag/Werner Engels, *Altona* (1982), S. 347.
5 »Meine Träume werden jetzt kontrolliert«. Gespräch mit Ben Witter, in: *Die Zeit,* 12. 12. 1980, S. 62.
6 Friede Springer im Interview mit dem Verf., 6. 7. 2006.
7 Saskia Rohde, »Synagogen im Hamburger Raum 1680–1943«, in: *Die Juden in Hamburg 1590 bis 1990,* hg. von Arno Herzig in Zusammenarbeit mit Saskia Rohde (Hamburg: Dölling und Galitz Verlag, 1990), S. 144.
8 Paul Th. Hoffmann, *Neues Altona, 1919–1929* (1929), Bd. I, S. 335.
9 Friedrich W. Kleinlein, »Erste Schuljahre in Altona«, in: Friede Springer (Hg.), *Axel Springer* (1986), S. 26 f.
10 Aufzeichnung vom 11. 6. 1945, AS-UA # 31.
11 Hajo Brandenburg, *Hamburg-Altona* (Erfurt: Sutton Verlag, 2003), S. 29.
12 *Hamburger Echo,* 11. 7. 1894, zit. nach Bernd Braun, *Hermann Molkenbuhr, 1851–1927. Eine politische Biographie* (Düsseldorf: Droste Verlag, 1999), S. 88.
13 Joachim Stang, *Die Deutsche Demokratische Partei in Preußen, 1918–1933* (Düsseldorf: Droste Verlag, 1994), S. 44.
14 »Meine Träume werden jetzt kontrolliert«. Gespräch mit Ben Witter, in: *Die Zeit,* 12. 12. 1980, S. 62.
15 Axel Springer im ZDF-Interview mit Gerhard Löwenthal, 2. 5. 1982, AS-UA.
16 Widmungsblatt, AS-UA.
17 Angaben nach dem »Ahnenbogen«, unterschrieben von Axel Springer am 16. 2. 1942, AS-UA.
18 Hans-Günther Freitag/Werner Engels, *Altona* (1982), S. 75 f.

19 Gesprächsaufzeichnung Edgar Walsemann, 29. 1. 1965, AS-UA. – Herbert Ehlers an Weiss, 27. 7. 1977, AS-UA # 050.
20 Adolph Verdieck an Axel Springer, 1. 2. 1949, AS-UA # 13.
21 Gespräch mit Walter Schultz-Dieckmann, 15. 5. 1968, AS-UA, NL Mahnke, 4.
22 »Viel Lärm um ein Zeitungshaus«, *Spiegel*-Reporter Ernst Hess bei Axel Springers Vortrag vor dem Hamburger Übersee-Club, in: *Der Spiegel,* 30. 10. 1967.
23 Axel Springer, Ansprache in Ahrensburg »Einigkeit und Recht und Freiheit«, 2. 5. 1982, *Springer aktuell, Hauszeitung für Mitarbeiter der Unternehmensgruppe Axel Springer.*
24 Gesprächsaufzeichnung Edgar Walsemann, 29. 1. 1965, AS-UA.
25 Daten nach dem Familienbuch von Ottilie Springer, AS-UA # 068.
26 Zu Walsemann siehe Paul Th. Hoffmann, *Neues Altona 1919–1929* (1929), Bd. 2, S. 480 f.
27 Angaben nach Paul Th. Hoffmann, *Neues Altona 1919–1929* (1929), Bd. 2, S. 625, und nach der Jubiläumsausgabe 75 Jahre *Altonaer Nachrichten,* 18. 6. 1927.
28 Gesprächsaufzeichnung Edgar Walsemann, 29. 1. 1965, AS-UA.
29 »Die öffentliche Stimme. Jubiläums-Bekenntnisse einer objektiven Zeitung«, in: Jubiläumsausgabe der *Altonaer Nachrichten,* 18. 6. 1927.
30 Hinrich Springer auf dem Personalfragebogen der Nachrichtenkontrolle zum Gesuch um eine Zulassung (Entwurf), 11. 6. 1945, AS-UA # 031.
31 Detlev von Liliencron, Poggfred. Kunterbuntes Epos in neunundzwanzig Kantussen, *Sämtliche Werke* (Berlin: Schuster & Löffler, o. J.), Bd. 11, S. 237.
32 Hans Leip an Axel Springer, 13. 2. 1949, AS-UA # 013.
33 Gesprächsaufzeichnung Edgar Walsemann, 29. 1. 1965, AS-UA.
34 Geschäftsfragebogen Hinrich Springers für MG/IC/D, 11. 6. 1945, AS-UA # 031.
35 Kurt Karl an Magdalene Thümmler, 29. 10. 1973, AS-UA # 69.
36 Siehe Fritz Lachmund, *Alt-Altona. Eine Bilderchronik in zeitgenössischen Photos* (Hamburg-Altona: Friba-Verlag, 1964), S. 54 f. und 58 f. (Fotografien der Königstraße 1912 und 1894).
37 Barbara Choremi an Friede Springer, 21. 8. 2006.
38 Notizbuch Hinrich Springers, Reise vom 15. 4.–14. 5. 1931, AS-UA # 063.
39 Friede Springer beim Gespräch mit dem Verf., 10. 2. 2004.
40 Axel Springer, »Symbol eines neuen Geistes in Deutschland«, 9. 4. 1968, in: Axel Springer, *Von Berlin aus gesehen* (1972), S. 127.
41 Gespräch von Paul Carell mit Frau »Baby« Funke, 9. 3. 1979, AS-UA # 051.
42 Axel Springer, Ansprache in Ahrensburg »Einigkeit und Recht und Freiheit«, 2. 5. 1982, in: *Springer aktuell,* Nr. 3, Mai 1982.
43 Zum Begriff und zur Sache siehe Thomas Nipperdey, *Deutsche Geschichte, 1800–1866. Bürgerwelt und starker Staat* (München: Verlag C. H. Beck, 1983), S. 440 ff.

44 Paul Th. Hoffmann, *Neues Altona 1919–1929* (1929), Bd. 2, S. 499, 634.
45 Axel Springer, Ansprache in Ahrensburg »Einigkeit und Recht und Freiheit«, 2. 5. 1982, in: *Springer aktuell,* Nr. 3, Mai 1982.
46 Einige Splitter finden sich bei Michael Jürgs, *Der Fall Axel Springer* (1995), S. 63, 86, 89 f.
47 Gespräch mit Walter Schultz-Dieckmann, 15. 5. 1968, AS-UA, NL Mahnke, 4.
48 Lissy Fritz an Friede Springer, 18. 10. 1998, AS-UA.
49 Interview des Verf. mit Friede Springer, 6. 9. 2006.
50 »Bernd Loosen sprach mit Axel Springer«, in: *Bunte Illustrierte,* 26. 10. 1966.
51 Hans Dieter Müller, *Der Springer-Konzern* (1968), S. 39.
52 Titel eines schwülstigen, auf Büttenpapier gedruckten Geburtstagsgedichts von Hans Habe, das dieser zum 65. Geburtstag Axel Springers am 2. 5. 1977 überreichte.
53 Hinrich Springer an Catharina Springer, 13. 7. 1904, AS-UA.
54 Albert Soergel/Curt Hohoff, *Dichtung und Dichter der Zeit. Vom Naturalismus bis zur Gegenwart* (Düsseldorf: August Bagel Verlag, 1964), S. 261 ff.
55 Gesprächsaufzeichnung Edgar Walsemann, 29. 1. 1965, AS-UA.
56 Notizen für die Ansprache beim Betriebsfest im Winterhuder Fährhaus, 15. 10. 1949, AS-UA.
57 Thomas Nipperdey, *Deutsche Geschichte 1866–1918,* Bd. I: *Arbeitswelt und Bürgergeist* (München: Verlag C. H. Beck, 1990), S. 251.
58 Elisabeth Noelle-Neumann, »Die stille Revolution«, in: *Allensbacher Jahrbuch der Demoskopie 1977,* Bd. VII (Wien: Verlag Fritz Molden), S. X.
59 Axel Springer, *An meine Kinder und Kindeskinder* (1981), S. 7.
60 Kurt Karl an Magdalene Thümmler, 29. 10. 1973, AS-UA # 69.
61 Zur Ewaldtschen Anstalt siehe Paul Th. Hoffmann, *Neues Altona 1919–1929* (1929), Bd. 2, S. 93.
62 Friedrich W. Kleinlein, »Erste Schuljahre in Altona«, in: Friede Springer (Hg.), *Axel Springer* (1986), S. 26. Kleinlein, wie Springer Jahrgang 1912, war von 1952–1978 Presssprecher des BDI.
63 Axel Springer, *Von Berlin aus geseh*en (1972), S. 30.
64 Dazu ausführlich Paul Th. Hoffmann, *Neues Altona 1919–1929* (1929), Bd. 2, S. 107–118.
65 Hans Leip an Axel Springer, AS-UA # 14.
66 Axel Springer, *An meine Kinder und Kindeskinder* (1981), S. 7.
67 Dazu Paul Th. Hoffmann, *Neues Altona, 1919–1929* (1929), Bd. 2, S. 138.
68 José Ortega y Gasset, Der Aufstand der Massen (1930), in: *Gesammelte Werke* (Stuttgart: Deutsche Verlags-Anstalt, 1978), Bd. 3, S. 81.
69 Axel Springer, *An meine Kinder und Kindeskinder* (1981), S. 35.
70 Ebenda, S. 10 f.
71 Interview von Inge Lohberg mit Christian Kracht, 12.10.1994, AS-UA.
72 Gespräch mit Walter Schultz-Dieckmann, 15. 5. 1968, AS-UA, NL Mahnke, 4.

73 Bestand Claus Jacobi, AS-UA; Teilabdruck dieser Briefe bei Claus Jacobi, *Der Verleger Axel Springer* (2005), S. 72–75.

Im Dritten Reich

1 Axel Springer, *An meine Kinder und Kindeskinder* (1981), S. 22.

2 »Deutschland!« (E. W.), in: *Altonaer Nachrichten,* 1. 1. 1933.

3 »Der Kanzler der acht Wochen«, (R. K.), in: *Altonaer Nachrichten,* 30. 1. 1933.

4 »Das Kabinett der vier Exponenten«, in: *Altonaer Nachrichten,* 31. 1. 1933.

5 »Vor der Entscheidung über Deutschlands Zukunft«, 4. 3. 1933, in: *Altonaer Nachrichten.*

6 »17 Millionen nationalsozialistischer Stimmen«, in: *Altonaer Nachrichten,* 6. 3. 1933.

7 Axel Springer, »Auf dem Boden des Altonaer Bekenntnisses«, an Wilhelm Giesen, 29. 4. 1968, in: Axel Springer, *Von Berlin aus gesehen* (1972), S. 231.

8 Nach Klaus Scholder, *Die Kirchen und das Dritte Reich.* Bd. I: *Vorgeschichte und Zeit der Illusionen 1918–1934* (Frankfurt/M.: Ullstein, 1977), S. 234–237.

9 Axel Springer, *An meine Kinder und Kindeskinder* (1981), S. 17 f.

10 »Schluß mit der Greuelpropaganda«, in: *Altonaer Nachrichten,* 29. 3. 1933.

11 Fragebogen (MG/PS/G/9). Durchschlag, 18. 9. 1945, AS-UA # 031.

12 Gespräch mit Frau »Baby« Funke, 9. 3. 1979, AS-UA # 051.

13 Eduard Meyer an das Reichssippenamt, 19. 2. 1943 (Entwurf), AS-UA # 069. Der Begleitbrief an Springer (»Mein lieber Axel! ... In alter Herzlichkeit Dein Ex Papa«) trägt das Datum des 23. 2. 1943 und bezieht sich auf eine »Unterredung«, die Springer diesbezüglich vorhatte.

14 Carl Zuckmayer, *Geheimreport,* hg. von Gunther Nickel und Johanna Schön (München: dtv, 2004 <2002>), S. 45 f.

15 Eintragungen im Familienkalender von Ottilie Springer, AS-UA # 068.

16 Zeugnis der *Bergedorfer Zeitung* für Axel Springer, 30. 9. 1933, AS-UA # 20.

17 Fragebogen MG/PS/G/9, 11. 5. 1945, AS-UA # 031. Springer gab dabei das Jahr 1933 an.

18 Wilhelm Backhaus, »›Ich kann Milliarden machen‹. Ein Psychogramm Axel Springers«, in: *Der Spiegel,* 1. 1. 1968, S. 26.

19 Ebenda.

20 Dorothee Hochstetter, *Motorisierung und »Volksgemeinschaft«. Das Nationalsozialistische Kraftfahrkorps 1931–1945* (München: Oldenbourg Verlag, 2005), S. 68, 108–120.

21 Axel Springer, *An meine Kinder und Kindeskinder* (1981), S. 19 f. In der Tat liegen im Bestand NS 24 des NSKK keine Unterlagen zu einer Mitgliedschaft Axel Springers vor (Mitteilung des Bundesarchivs, 3. 3. 2006). Springer war also wohl tatsächlich nur für kurze Zeit Anwärter im NSKK.

22 Axel Springer im ZDF-Interview mit Gerhard Löwenthal, 2. 5. 1982, AS-UA.
23 Personal-Fragebogen MG/IC/C, 11. 6. 1945. Auf Nachfrage gab er an, es habe sich um eine Pflichtmitgliedschaft ohne Beitrag gehandelt (Helmuth Covents an Axel Springer, 12. 10. 1945, AS-UA # 031). In den Beständen des Berlin Document Center hat sich nur eine Karteikarte erhalten, in der als Organisation AF (also wohl DAF) angegeben wird (Mitteilung Bundesarchiv, 3. 3. 2006). Genauso wie sein Vater war auch Axel Springer korporatives Pflichtmitglied in der Deutschen Arbeitsfront (DAF).
24 Geschäfts-Fragebogen MG/IC/D, 11. 6. 1945, AS-UA # 031.
25 Gewinn- und Verlustaufstellung zur Bilanz per 31. 12. 1939, Hamburg-Altona, 29. 3. 1940, AS-UA, Bestand Kracht. – Diese Zahlen sind natürlich zu den damaligen Einkommensverhältnissen in Beziehung zu setzen.
26 Oron J. Hale, *Presse in der Zwangsjacke 1933–1945* (Düsseldorf: Droste Verlag, 1965), S. 93 f.
27 Edgar Walsemann, 29. 1. 1965, AS-UA.
28 Axel Springer, *An meine Kinder und Kindeskinder* (1981), S. 29.
29 *Altonaer Nachrichten*, 9. 7. 1936.
30 »Zinswucher nicht geduldet« (NSR), in: *Altonaer Nachrichten*, 10. 7. 1936.
31 »Jubeltag der Druckerei Hammerich & Lesser in Altona«, in: *Altonaer Nachrichten*, 10. 7. 1936.
32 »Betriebe – vorbildlich im nationalsozialistischen Sinne«, in: *Hamburger Neueste Zeitung*, 29. 4. 1938, und »HNZ-Betrieb abermals durch Gaudiplom ausgezeichnet«, ebda., 28. 4. 1939.
33 *Hamburger Neueste Zeitung*, 31. 3. 1938.
34 »Über den Dächern Altonas. Mein Freund, der Flieger«, in: *Altonaer Nachrichten*, 8. 12. 1933.
35 Axel Springer, »Robert Gadens ›Bel Ami‹«, in: *Hamburger Neueste Zeitung*, 21. 2. 1940.
36 Axel Springer, »Vor dem Boxkampf des Jahrzehnts«, in: *Hamburger Neueste Zeitung*, 22. 6. 1938, sowie weitere Namensartikel vom 23. 6., 24. 6. und eine Reihe ungezeichneter Artikel.
37 »Schmeling oder Heuser?« (asp.), in: *Hamburger Neueste Zeitung*, 9. 5. 1939.
38 Das geht aus einer Bescheinigung vom 10. 3. 1942 hervor, AS-UA # 20. Nach Ausweis des Impressums lag die Verantwortung beim Hauptschriftleiter Dr. Gerhard Heile, siehe *Hamburger Neueste Zeitung*, 12. 4. 1941.
39 Axel Springer, *An meine Kinder und Kindeskinder* (1981), S. 32.
40 Gespräch mit Walter Schultz-Dieckmann, 15. 5. 1968, AS-UA, NL Mahnke, 4.
41 Axel Springer, *An meine Kinder und Kindeskinder* (1981), S. 24.
42 »Sind Pogrome zeitgemäß? Springers Verantwortung unter Hitler«, in: *Deutsche National- und Soldatenzeitung*, 16. 3. 1979.
43 Axel Springer an Nicolaus Springer, 5. 3. 1979, AS-UA.
44 Angaben nach Wigbert Benz, *Paul Carell* (2005), S. 7–17.

45 Peter Longerich, *Propagandisten im Krieg. Die Presseabteilung des Auswärtigen Amtes unter Ribbentrop* (München: R. Oldenbourg Verlag, 1987), S. 163.
46 Wigbert Benz, *Paul Carell* (2005), S. 57–90.
47 Notiz (ungezeichnet und undatiert), AS-UA. Aus dem anliegenden Aktenbestand, der auch einen einschlägigen Brief Axel Springers an P. C. enthält, lässt sich schlussfolgern, dass die Notiz von P. C. verfasst wurde – wahrscheinlich für den Hausgebrauch in der Verlagsspitze.
48 Werner Dähnhardt an Axel Springer, 20. 11. 1979, AS-UA.
49 Axel Springer an Rudolf Augstein, 3. 12. 1979. Kopien an Peter Tamm, Dr. P. C., Dr. Servatius, Matthias Walden, AS-UA.
50 Rudolf Augstein an Axel Springer, 9. 1. 1980, AS-UA.
51 Axel Springer, *An meine Kinder und Kindeskinder* (1981), S. 28.
52 Personal-Fragebogen der Nachrichtenkontrolle (MG/IC/D), undatierter Entwurf, AS-UA # 031.
53 Anlage zum Fragebogen, AS-UA # 69.
54 Axel Springer, *An meine Kinder und Kindeskinder* (1981), S. 28.
55 In der Datei Axel Springer in russischer Sprache, 2. 4. 1985, BStU, ZAIG 5/25770, ist vermerkt: »Charakteristisch ist für ihn, dass er häufig die Frauen wechselt, aber auch ein Homosexueller ist.«
56 Bescheinigung von Felix Jud, 10. 10. 1945, AS-UA # 11.
57 Christian Kracht im Interview mit Gerwin Dahm, Herbst 1994. Privatarchiv Christian Kracht.
58 So Springers Busenfreund seit dem Jahr 1937, Walter Schultz-Dieckmann, Gespräch am 15. 5. 1968, AS-UA, NL Mahnke, 4. Schultz-Dieckmanns Interview ist der farbigste Bericht über das Doppelleben Axel Springers von 1937 bis Mitte der sechziger Jahre.
59 Claus Jacobi, *Der Verleger Axel Springer* (2005), S. 71. Jacobi stand bekanntlich in freundschaftlichen Beziehungen zu Sven Simon, dem Sohn Axel Springers. Viele der von ihm berichteten Details fußen auf nachprüfbaren schriftlichen Quellen. Man darf somit davon ausgehen, dass auch die bloß auf Hörensagen beruhenden Anekdoten und Aussprüche korrekt wiedergegeben sind.
60 Fragebogen MG/PS/G/9, 11. 5. 1945, AS-UA # 031.
61 Handschr. Vermerk auf der Bescheinigung von Mary Meyer, geb. Seldis, für Axel Springer, 9. 10. 1945, AS-UA # 69.
62 Gespräch mit Frau »Baby« Funke, 9. 3. 1979, AS-UA # 051.
63 Martha Funke, geb. Meyer, geschiedene Springer, 7. 10. 1945, AS-UA # 69.
64 Mary Meyer, geb. Seldis, 9. 10. 1945, AS-UA # 69.
65 Beate Meyer, *»Jüdische Mischlinge«. Rassenpolitik und Verfolgungserfahrung 1933–1945* (Hamburg: Dölling und Galitz Verlag, 1999), S. 25.
66 Ebenda, S. 92.
67 Gemeint war wohl »die Schriftleiterlaufbahn«.
68 An das Reichssippenamt Berlin, Schiffbauerdamm, betr.: Frau Mathel Meyer geb. Seldis, geb. 31.12.89 in Hamburg, zuletzt wohnhaft Ham-

burg, Hagenau 29, ausgebürgert: 18. 7. 42 nach Theresienstadt, 19. 2. 43, AS-UA # 69.

69 Axel Springer an Dr. Suhren, 18. 8. 1941, AS-UA # 20.

70 Axel Springer an Schultz-Dieckmann, 7. 2. 1941, AS-UA.

71 Gespräch mit Walter Schultz-Dieckmann, 15. 5. 1968, AS-UA, NL Mahnke, 4.

72 Axel Springer an SA-Standarte Hamburg-Altona, 6. 3. 1943 – Axel Springer an Oberarzt Dr. habil. Beckermann, 29. 6. 1944, AS-UA # 69; Bescheinigung von Ober-Reg.Med.Rat Dr. med. Ernst Eskuchen, 3. 7. 1944.

73 Medizinische Klinik des Universitäts-Krankenhauses Eppendorf, Ärztliche Bescheinigung von Doz. Dr. med. Beckermann, Oberarzt, 5. 7. 1944, AS-UA # 69.

74 Michael Jürgs, *Der Fall Axel Springer* (1995), S. 29.

75 Axel Springer, *Stern*-Interview, 5. 11. 1981. – In einem wohl von Axel Springer inspirierten Brief hat Ernst Cramer festgestellt, der Ausspruch »Axel Springer is the most atypical German I ever met« stamme von Meyer Weisgal, Impresario von Max Reinhardt in den USA, Sekretär von Chaim Weizmann und später Präsident des Weizman-Instituts in Rehovot, Israel. So Ernst Cramer an Stefan Thomas, 8. 5. 1984, AS-UA.

76 Axel Springer, *An meine Kinder und Kindeskinder* (1981), S. 33–35.

77 Axel Springer an Leutnant Hermann Firchow, 26. 1. 45, AS-UA # 11.

78 Oron J. Hale, *Presse in der Zwangsjacke. 1933–1945* (Düsseldorf: Droste Verlag, 1965), S. 283 f.

79 So Axel Springer, *An meine Kinder und Kindeskinder* (1981), S. 31.

80 Gespräch mit Frau »Baby« Funke, 9. 3. 1979, AS-UA # 051.

81 Erich Göhle an Axel Springer, 21. 2. 1979, AS-UA # 051.

82 Rede Axel Springers vor Mitarbeitern der *Berliner Morgenpost, B. Z., ASD*, 21. 11. 1972, AS-UA.

83 Bescheinigung, 10. 3. 1942, AS-UA # 20.

84 Waterloo-Theater an Axel Springer, 9. 7. 1941,AS-UA # 20.

85 Axel Springer im ZDF-Interview mit Gerhard Löwenthal, 2. 5. 1982, AS-UA. Springer hat diesen Tiefpunkt seiner Laufbahn mit den Worten überhöht oder ironisiert: »Habe nach einem sorgfältigen Studium von Feinmechanik, Optik und Elektrotechnik dann einen Schein gemacht, um Kino-Vorführer im Hamburger Waterloo-Kino zu sein …«

86 Axel Springer an John Jahr, 28. 8. 1979, AS-UA.

87 Max Schütz, Kommunistische Partei Deutschlands, Ortsgruppe Glienicke, 8. 8. 1945, AS-UA # 36.

88 John Jahr jr., »Jahre mit Jahr«, in: Mathias Döpfner (Hg.), *Axel Springer. Neue Blicke auf den Verleger* (2005), S. 23.

89 Max Schütz, Kommunistische Partei Deutschlands, Ortsgruppe Glienicke, 8. 8. 1945, AS-UA # 36.

90 Axel Springer an John Jahr, 21. 10. 1950 und 25. 4. 1951, AS-UA # 36, sowie Erich Lüth an Axel Springer, 21. 10. 1950, AS-UA # 36.

91 John Jahr jr., »Jahre mit Jahr«, in: Mathias Döpfner (Hg.), *Axel Springer. Neue Blicke auf den Verleger* (2005), S. 22.

92 Axel Springer an John Jahr, 28. 8. 1979, AS-UA.
93 John Jahr an Axel Springer, 16. 9. 1943, AS-UA # 36.
94 Axel Springer an Lotte Westerich, 17. 7. 1943, AS-UA # 11.
95 Zu Reuss-Löwenstein und Andresen-Bundesgarder siehe Paul Th. Hoffmann, *Neues Altona 1919–1929* (1929), Bd. 2, S. 476 ff. und 483 f.
96 Felix Jud, 10. 10. 1945, AS-UA # 11.
97 Liste der im Druck und in der Bindung befindlichen Werke nach dem Stand vom 1. August 1944, AS-UA # 36.
98 Gespräch mit Walter Schultz-Dieckmann, 15. 5. 1968, AS-UA, NL Mahnke, 4.
99 Axel Springer, *An meine Kinder und Kindeskinder* (1981), S. 36.
100 Axel Springer an Lotte Westrich, 22. 3. 1944, AS-UA # 11.
101 Zahlen nach Jörg Friedrich, *Der Brand. Deutschland im Bombenkrieg 1940–1945* (München: Propyläen, 2002), S. 113.
102 Axel Springer an Kuno Felchner, 22. 9. 1943, AS-UA # 11.
103 Axel Springer an Kaye Sely, 20. 7. 1950, AS-UA # 14.
104 Gerd Bucerius, »Rede über das eigene Land«, zit. nach Ralf Dahrendorf, *Liberal und unabhängig* (2003), S. 44 f.
105 Axel Springer an Kuno Felchner, 22. 9. 1943, AS-UA # 11.
106 Axel Springer an John Jahr, 7. 10. 1943, AS-UA # 36.
107 Ottilie Springer, Kalendernotizen, Juli 1943, AS-UA # 068.
108 Axel Springer an John Jahr, 13. 9. 1943, AS-UA # 36.
109 Walter Schultze-Dieckmann, 15. 5. 1968, AS-UA, NL Mahnke, 4.
110 Axel Springer an Kuno Felchner, 22. 9. 1943, AS-UA # 11.
111 Axel Springer an John Jahr, 13. 9. 1943, AS-UA # 36.
112 Ottilie Springer, Kalendernotizen, 8. 4. 1945, AS-UA # 68.
113 Der Präsident der Reichsschrifttumskammer, Schließungsverfügung, 26. 8. 1944, AS-UA # 51.
114 Axel Springer an John Jahr, 7. 10. 1943, AS-UA # 36.
115 So Walter Schultz-Dieckmann, 15. 5. 1968, AS-UA, NL Mahnke, 4.
116 Walther von Hollander an Axel Springer, 2. 7. 1970, AS-UA # 129.
117 Axel Springer, *An meine Kinder und Kindeskinder* (1981), S. 40.
118 Axel Springer beim *Stern*-Interview, 5. 11. 1981.
119 Gespräch mit Karl Andreas Voss, 26. 11. 1968, AS-UA, NL Mahnke.
120 Kalendernotizen von Ottilie Springer, AS-UA # 68.
121 Max Schmeling an die britische Militärregierung, 24. 5. 1945, AS-UA # 32.
122 Max Schmeling, *Erinnerungen* (2005), S. 505 f.

Hamburger Gründerjahre

1 Uwe Bahnsen/Kerstin von Stürmer, *Die Stadt, die auferstand. Hamburgs Wiederaufbau 1948–1960* (Hamburg: Convent Verlag, 2005), S. 26 f.
2 Wolf Strache, *Ich kam aus den zerbombten Städten* (Düsseldorf: Droste, 1988), S. 148.

3 Peter von Zahn, *Stimme der ersten Stunde* (1991), S. 268.
4 Kurt W. Marek, »Kommen Sie – lassen Sie uns eine Zeitung machen!«, in: *Die Ersten Jahre* (1962), S. 16.
5 Wolf Strache, *Ich kam aus den zerbombten Städten* (Düsseldorf: Droste, 1988), S. 150 f.
6 Christian Sonntag, *Medienkarrieren* (2006), S. 55–73. Ich stütze mich hier und im Folgenden auf diese informative Studie.
7 PR/ISD = Public Relations/Information Control Division.
8 Michael Thomas, *Deutschland, England über alles* (1984), S. 237, 176.
9 Dazu Max Schmeling, »Anfang nach dem Ende«, in: Friede Springer (Hg.), *Axel Springer* (1986), S. 42, und Henno Lohmeyer, *Springer* (1992), S. 91 f. Lohmeyer stützte sich wahrscheinlich auch auf ein Interview mit der inzwischen verstorbenen Irmgard Bibernell.
10 Bescheinigung vom 17. 8. 1945, AS-UA # 69.
11 Dazu Erich Blumenfeld, »Er konnte Menschen begeistern«, in: Friede Springer (Hg.), *Axel Springer* (1986) S. 18 f. -Ralf Dahrendorf, *Liberal und unabhängig* (2003), S. 55 f. – *100 Jahre Blumenfeld in Hamburg 2. Januar 1871 – 2. Januar 1971* (Hamburg 1971), S. 55.
12 Comdg. No. 4 Information Control Unit, 18. 6. 1945 an Hammerich & Lesser Verlag, AS-UA # 31.
13 Anlage B unter Bezugnahme auf MG/IC/D, 11. 6. 1945, AS-UA # 31.
14 Aufzeichnung vom 3. 7. 1945, AS-UA # 31.
15 Max Schmeling, »Anfang nach dem Ende«, in: Friede Springer (Hg.), *Axel Springer* (1986), S. 41 f.
16 Axel Springer an Major Barnetson, 7. 9. 1945, AS-UA # 31.
17 *Daily Express,* 27. 8. 1945 (Abschrift), AS-UA # 32.
18 Christian Sonntag, *Medienkarrieren* (2006), S. 72.
19 *New York Times,* 29. 8. 1945, AS-UA # 32.
20 *Times,* 12. 9. 1945, AS-UA # 32. Dt. zit. nach *Hamburger Nachrichtenblatt der Militärregierung,* 11. 9. 1945, AS-UA # 32.
21 Max Schmeling, *Erinnerungen* (2005), S. 509 ff.
22 Axel Springer an Max Schmeling, 28. 9. und 24. 12. 1945, AS-UA # 11.
23 Major Barnetson, Director of Publications, an Hammerich & Lesser Verlag z. Hd. Herrn Axel Springer, 18. 9. 1945, AS-UA # 31.
24 Antrag nur im Entwurf vorhanden, AS-UA # 31.
25 Max Schmeling, »Anfang nach dem Ende«, in: Friede Springer (Hg.), *Axel Springer* (1986), S. 43.
26 Kurt Koszyk, *Pressepolitik für Deutsche 1945–1949. Geschichte der deutschen Presse,* Teil IV (Berlin: Colloquium Verlag, 1986) S. 134–142.
27 Zahlen nach Christian Sonntag, *Medienkarrieren* (2006), S. 118, 89, 105.
28 Lizenz Nr. C 8.39.B. vom 11. 12. 1945.
29 *Besinnung. Ewige Worte der Menschlichkeit. Ein Kalender für das Jahr 1946.* Bei Hammerich & Lesser in Hamburg, o. J.
30 Axel Springer beim *Stern*-Interview, 5. 11. 1981.
31 Eduard Rhein, *Der Jahrhundertmann* (1990), S. 433.
32 Peter von Zahn, *Stimme der ersten Stunde* (1991), S. 259.

33 Michael Thomas, *Deutschland, England über alles* (1984), S. 126.
34 Peter Bamm, *Die unsichtbare Flagge. Ein Bericht* (München: Kösel, 1952).
35 Peter von Zahn, *Stimme der ersten Stunde* (1991), S. 292.
36 Liste der im Druck und in der Bindung befindlichen Werke, Stand 1. August 1944, AS-UA # 11.
37 So Axel Springer im Geschäftsfragebogen vom 18. 9. 1945, AS-UA # 31.
38 Peter von Zahn, *Stimme der ersten Stunde* (1991), S. 277 f.
39 Zu Springers Kontakten mit diesen siehe Axel Springer an Ottilie Springer, 2. 3. 1946, AS-UA # 69.
40 Peter von Zahn, *Stimme der ersten Stunde* (1991), S. 282.
41 Axel Eggebrecht, *Weltliteratur. Ein Überblick* (Hamburg: Axel Springer Verlag, 1948).
42 Walther von Hollander, *Es wächst schon Gras darüber* (Hamburg: Axel Springer Verlag, 1947).
43 Dazu differenziert und kritisch Lu Seegers, »Fragen Sie Frau Irene: Die Rundfunk- und Familienzeitschrift *Hör Zu!* als Ratgeber bei Geschlechterproblemen in den fünfziger Jahren«, in: Jürgen Wilke (Hg.), *Massenmedien und Zeitgeschichte* (Konstanz: UVK Medien, 1999), S. 363–377.
44 Peter von Zahn, *Stimme der ersten Stunde* (1991), S. 342.
45 Vereinbarungen zwischen NWDR und Hammerich & Lesser, 1. 4. 1946, AS-UA # 31.
46 Gespräch mit Helmuth Klosterfelde, 31. 7. 1968, AS-UA, NL Mahnke, 4. – Otto Siemer, 25. 11. 1963, AS-UA.
47 Irene Gilbert vom Verlag »Die Heimbücherei« an Axel Springer, 5. 2. 1946, und Vollmacht für John Jahr über Papiereinkäufe in Berlin, 18. 3. 1946, sowie »Moische« Covents an René Gillert, 10. 4. 1946, AS-UA # 36.
48 Gespräch mit Karl Andreas Voss, 26. 11. 1968, AS-UA.
49 Axel Springer an Bruno E. Werner, 22. 2. 1946, AS-UA # 26.
50 Axel Springer an Oberst Heycock, 14. 3. 1946, AS-UA # 26.
51 Vertrag zwischen dem NWDR und Hammerich & Lesser, 30. 7. 1946, AS-UA # 31.
52 Gespräch mit Karl Andreas Voss, 26. 11. 1968, AS-UA.
53 Peter von Zahn, *Stimme der ersten Stunde* (1951), S. 263.
54 Michael Thomas, *Deutschland, England über alles* (1984), S. 240.
55 Die bislang beste Studie zu Eduard Rhein ist Lu Seegers, *Hör zu! Eduard Rhein und die Rundfunkprogrammzeitschriften, 1931–1965* (Potsdam: Verlag für Berlin-Brandenburg, 2001).
56 Eduard Rhein, *Wunder der Wellen. Rundfunk und Fernsehen dargestellt für Jedermann* (Berlin: Deutscher Verlag, 1935).
57 Eduard Rhein, *Du und die Elektrizität* (Berlin: Deutscher Verlag, 1940).
58 Eduard Rhein, *Das mechanische Hirn* (1928); *Die Jagd nach der Stimme* (1938).
59 Eduard Rhein, *Der Jahrhundertmann* (1990), S. 109–111, 203–207.
60 Lu Seegers, *Hör zu! Eduard Rhein und die Rundfunkprogrammzeitschriften, 1931–1965* (Potsdam: Verlag für Berlin-Brandenburg, 2001), S. 74.
61 Peter von Zahn, *Stimme der ersten Stunde* (1991), S. 300.

62 Eduard Rhein, *Der Jahrhundertmann* (1990), S. 281–284.
63 Lu Seegers, *Hör Zu! Eduard Rhein und die Rundfunkprogrammzeitschriften, 1931–1965* (Potsdam: Verlag für Berlin-Brandenburg, 2001), S. 79.
64 Eduard Rhein, *Der Jahrhundertmann* (1990), S. 355.
65 Hans-Ulrich Horster, *Ein Herz spielt falsch* (Berlin: Dt. Verl., 1950).
66 Interview des Verf. mit Christian Kracht, 29. 11. 2005. – Christian Kracht an Lu Seegers, 24. 3. 1996, AS-UA, Bestand Kracht.
67 Axel Springer an John Jahr, 8. 6. 1946, AS-UA # 36.
68 John Jahr an Axel Springer, 10. 6. 1946, AS-UA # 36.
69 Axel Springer an Ottilie Springer, 7. 3. 1946, AS-UA # 69.
70 Ebenda.
71 Axel Springer an Paul L'Arronge, 24. 8. 1946, AS-UA # 11.
72 Axel Springer an Director of Publications, 17. 1. 1946, AS-UA # 69.
73 Exposé vom 12. 2. 1947, AS-UA # 69.
74 Protokoll über die Gründungsversammlung für den »Verein der Zeitschriftenverleger in Hamburg und Schleswig Holstein e. V.«, 6. 3. 1947, AS-UA # 50.
75 Protokollnotiz über die Gründung einer zonalen Interessenvertretung der Zeitschriftenverleger der Britischen Zone am 4. 10. 1947, AS-UA # 50.
76 Axel Springer an Max Brauer, 19. 8. 1947, AS-UA # 11.
77 Gespräch mit Helmuth Klosterfelde, 31. 7. 1968, AS-UA, NL Mahnke, 4.
78 Axel Springer, Rede im Hamburger Presseclub, 25. 9. 1946, AS-UA.
79 Axel Springer im *Stern*- Interview, 5. 11. 1981.
80 Axel Springer an Kaye Sely, 1. 2. 1949, AS-UA # 13.
81 Axel Springer an Gerd Bucerius, 22. 2. 1946, AS-UA # 11.
82 Axel Springer im *Stern*-Interview, 5. 11. 1981.
83 Christian Kracht im Interview mit Gudrun Kruip, 12. 10. 1994, AS-UA, Bestand Kracht.
84 Axel Springer an Max Brauer, 22. 11. 1946, AS-UA # 11.
85 Gespräch mit Karl Andreas Voss, 26. 11. 1968, AS-UA.
86 Michael Thomas, *Deutschland, England über alles* (1984), S. 177.
87 Eduard Rhein, *Der Jahrhundertmann* (1990), S. 431.
88 Erich Lüth, *Ein Hamburger schwimmt gegen den Strom* (1981), S. 89.
89 Ben Witter, »Meine Träume werden jetzt kontrolliert«, Spaziergänge mit Prominenten, in: *Die Zeit*, 12. 12. 1980, S. 62.
90 Gespräch mit Helmuth Klosterfelde, 31. 7. 1968, AS-UA, NL-Mahnke, 4. – Voss seinerseits wusste zu berichten, Klosterfelde und verschiedene andere hätten ihn mit Springer zusammengebracht – »wie das so ist«. Gespräch mit Karl Andreas Voss, 26. 11. 1968, AS-UA.
91 Christian Sonntag, *Medienkarrieren* (2006), S. 42 f. – Voss wurde am 1. 1. 1940 mit der Mitgliedsnummer 7 794 728 in die Partei aufgenommen, AS-UA, Akte K. A. Voss, Fotokopie aus dem Document Center, Berlin.
92 Gespräch mit Karl Andreas Voss, 26. 11. 1968, AS-UA.
93 Gespräch mit Walter Schultz-Dieckmann, 15. 5. 1968, AS-UA, NL Mahnke, 4.
94 Gespräch mit Helmut Klosterfelde, 31. 7. 1968, AS-UA, NL Mahnke, 4.

95 Gespräch mit Karl Andreas Voss, 26. 11. 1968, AS-UA, NL Mahnke, 4.
96 Axel Springer an Vogel, Anlage, 17. 9. 1946, AS-UA # 11.
97 Ansprache Axel Springers beim Betriebsfest im Winterhuder Fährhaus am 15. 10. 1949 (Stichworte), AS-UA.
98 *In einem Boot. Bei Hammerich & Lesser.* Zum 26. August 1947, AS-UA. – Die Beiträge dieser Erinnerungsgabe schrieb Hans Harbeck.
99 Telefonrecherche Rolf von Bargens bei Helmuth Klosterfelde, Felix Jud, Rudolf Michael und Hans Früchtnicht, 22. 4. 1977, AS-UA.
100 Exposé Axel Springers, 15. 11. 1947, AS-UA # 69.
101 Otto Siemer, 25. 11. 1963, AS-UA. In den britischen Akten figurierte Springers Vorhaben seit April 1948 unter der Bezeichnung *Hamburger Abendblatt;* G. R. Gauntlett an Vaughan Berry, 27. 4. 1948, FO 1056/208.
102 Dieselben Überlegungen zum »internationalen Bürgerkrieg« finden sich auch in einem Leserbrief Springers an *Die Welt* zum Fall Garbe: »Das Urteil Garbe«, 3. 4. 1947, AS-UA # 69.
103 Exposé für *Excelsior.* Die unabhängige Tageszeitung aus Hamburg, 15. 11. 1947, AS-UA # 69. Abdruck in Mathias Döpfner (Hg.), *Axel Springer* (2005), S. 171–175.
104 So Dr. Hiss (zuständig für den Wirtschafts- und Schifffahrtsteil) und Georg Zimmermann (Lokalressort), 27. 11. 1963, AS-UA. – Otto Siemer, 25. 11. 1963, AS-UA.
105 Christian Kracht im Interview mit Gudrun Kruip, 12. 10. 1994, AS-UA, Bestand Kracht.
106 Hans Dieter Müller, *Der Springer-Konzern* (1968), S. 19, 310.
107 G. R. Gauntlett an Vaughan Berry, 27. 6. 1948, FO 1056/208.
108 Christian Sonntag, *Medienkarrieren* (2006), S. 159.
109 Axel Springer an Katrin Springer, 19. 6. 1949, AS-UA # 69
110 Axel Springer an Katrin Springer, 17. 6. 1950, AS-UA # 69.
111 Axel Springer an Heinz Ruhnau, 5. 11. 1972, AS-UA # 220.
112 Bürgermeister Max Brauer an Information Services, Regional Staff, 24. 6. 1948, FO 1056/208.
113 Erich Lüth, *Ein Hamburger schwimmt gegen den Strom* (1981), S. 90.
114 Monthly Report for the Period 1.–31. August 1948, 7. 9. 1948, FO 1005/1648.
115 Fragebogen zur Feststellung des Finanzbedarfs in der Britischen Zone, 15. 8. 1949, FO 1056/197.
116 Axel Springer an Katrin Springer, 19. 6. 1948, AS-UA # 69.
117 Gespräch mit Karl Andreas Voss, 26. 11. 1968, AS-UA, NL Mahnke.
118 Gespräch mit Helmuth Klosterfelde, 31. 7. 1968, AS-UA, NL Mahnke, 4.
119 Gespräch mit Karl Andreas Voss, 26. 11. 1968, AS-UA, NL Mahnke.
120 Christian Kracht im Gespräch mit dem Verf., 29. 11. 2005.
121 Gerhard Naeher, *Axel Springer* (1991), S. 81.
122 Zur Verlagspolitik des Hauses Broschek siehe Christian Sonntag, *Medienkarrieren* (2006), S. 177–179.
123 Gespräch mit Helmuth Klosterfelde, 31. 7. 1968, AS-UA, NL Mahnke, 4.
124 Axel Springer an Otto Siemer, 25. 12. 1969, AS-UA # 108.

125 Christian Kracht im Gespräch mit Gerwin Dahm, 1994.
126 Otto Siemer, 25. 11. 1963, AS-UA.
127 Dr. Hiss, Georg Zimmermann, 27. 11. 1963, AS-UA.
128 Gespräch mit Walter Schultz-Dieckmann, 15. 5. 1968, AS-UA, NL Mahnke, 4.
129 Christian Kracht im Interview mit Gudrun Kruip, 12. 10. 1994, AS-UA, Bestand Kracht.
130 Peter Tamm im Gespräch mit dem Verf., 9. 6. 2006.
131 Zahlen nach Christian Sonntag, *Medienkarrieren* (2006), S. 175 f.
132 Dr Hiss/Georg Zimmermann, 27. 11. 1963, AS-UA.
133 Uwe Bahnsen/Kerstin von Stürmer, *Die Stadt, die auferstand. Hamburgs Wiederaufbau 1948–1960* (Hamburg: Convent, 2005), S. 31.
134 Gespräch mit Walter Schultz-Diekmann, 15. 5. 1968, AS-UA, NL Mahnke, 4.
135 Axel Springer an Traute Sington, 29. 1. 1949, AS-UA # 13.
136 Todesanzeige Axel Springers zum Tod Hinrich Springers am 25. 1. 1949, 28. 1. 1949, AS-UA # 20.
137 Axel Springer an Max Brauer, AS-UA # 20.
138 Axel Springer an Ottilie Springer, 16. 3. 1949.
139 Rede des Verlegers Axel Springer vor dem Übersee-Club, 26. 10. 1967, AS-UA # 59. Leicht verändert in: Axel Springer, *Von Berlin aus gesehen* (1972), S. 144 f.
140 Ansprache Axel Springers beim Betriebsfest im Winterhuder Fährhaus (Stichworte), 15. 10. 1949, AS-UA.
141 Axel Springer an Kaye Sely, 20. 7. 1950, AS-UA # 14.
142 Ansprache Axel Springers beim Betriebsfest im Winterhuder Fährhaus (Stichworte), 15. 10. 1949, AS-UA.
143 Antrag Axel Springers an den Beratenden Ausschuß für das Pressewesen der Hansestadt Hamburg betr. Neufassung des Zeitschriftentitels »Nordwestdeutsche Hefte«, 18. 11. 1948, AS-UA.
144 Eduard Rhein, *Der Jahrhundertmann* (1990), S. 328 ff.
145 Axel Springer an Kaye Sely, 10. 10. 1949, AS-UA # 13.
146 *Zeitungslust- und Nutz. Beiträge zur Geschichte des Verlagshauses Axel Springer* (Hamburg: Axel Springer Verlag, 1956).
147 Erik Verg, *Vierzig Jahre Hamburger Abendblatt* (Hamburg: *Hamburger Abendblatt*, 1988), S. 55.
148 Berthold Beitz im Interview mit dem Verf., 2. 5. 2006.
149 Axel Springer an Vogel, 17. 9. 1946, AS-UA # 11.
150 Axel Springer an Kaye Sely, 10. 10. 1949, AS-UA # 13.
151 Peter von Zahn, *Stimme der ersten Stunde* (1991), S. 282.
152 Traute Sington, »Galopp an der Elbe«, in: Friede Springer (Hg.), *Axel Springer* (1986), S. 47.
153 Kaye Sely an Axel Springer, 13. 10. 1954, AS-UA # 16.
154 Axel Springer an Peter Boenisch, 30. 4. 1970, AS-UA, NL Boenisch.
155 Axel Springer an Kaye Sely, 7. 2. 1950, AS-UA # 14.
156 Axel Springer an Rosemarie Springer, 8. 5. 1980, AS-UA # 52.

157 Gerd Bucerius, »Der Mann und seine Sehnsucht«, in: *Die Zeit*, 27. 9. 1985.
158 Axel Springer an Kaye Sely, 1. 12. 1948, AS-UA # 12.
159 Valdis O. Lumans, »Werner Lorenz. Chef der ›Volksdeutschen Mittelstelle‹«, in: Ronald Smelser/Enrico Syring (Hg.), *Die SS: Elite unter dem Totenkopf. 30 Lebensläufe* (Paderborn: Ferdinand Schöningh, 2000), S. 334 f. Die folgende Skizze der Tätigkeit von Lorenz stützt sich auf diese Studie.
160 Axel Springer an Rosemarie Springer, 8. 5. 1980, AS-UA # 52.
161 Henno Lohmeyer, *Springer* (1992), S. 165 f.
162 Axel Springer an Erich Mende, MdB, 5. 7. 1952, AS-UA # 69.
163 Axel Springer an Rosemarie Springer, 8. 5. 1980, AS-UA # 52.
164 Ottilie Springer an Axel Springer, wohl im Juni oder Juli 1949, AS-UA.
165 Axel Springer an Kaye Sely, 10. 10. 1949, AS-UA # 13.
166 Vermählungsanzeige von Horst-Herbert Alsen mit Helga Ludewig Sarre, 25. 11. 1950, AS-UA # 33.
167 Axel Springer an Kaye Sely, 7. 2. 1950, AS-UA # 14.
168 Axel Springer an Kaye Sely, 10. 10. 1949, AS-UA # 13.
169 Axel Springer an Rosemarie Springer, 8. 5. 1980, AS-UA # 52.
170 Axel Springer an Traute Sington, 28. 9. 1953, AS-UA # 69.
171 Axel Springer an Rosemarie Springer, 8. 5. 1980, AS-UA # 52.
172 Rosemarie Springer an den Verf., 17. 12. 2005.
173 Otto Köhler, »Bärendienst«, in: *Der Spiegel*, 8. 12. 1968.
174 Rosemarie Springer an den Verf., 17. 12. 2005.
175 Zu Sely siehe George Clare, *Berlin Days: 1946–47* (London, Macmillan, 1994), S. 68, 72, 100.
176 Kaye Sely an Axel Springer, 13. 2. 1949, AS-UA # 13.
177 Axel Springer an Kaye Sely, 1. 2. 1949, AS-UA # 13.
178 Axel Springer an Kaye Sely, 1. 12. 1948, AS-UA # 12.
179 Kaye Sely an Axel Springer, 9. 1. 1949, AS-UA # 13.
180 Axel Springer an Kaye Sely, 1. 2. 1949, AS-UA # 13.
181 Kaye Sely an Axel Springer, 13. 2. 1949, AS-UA # 13.
182 Axel Springer an Kaye Sely, 16. 5. 1949, AS-UA # 13.
183 Kaye Sely an Axel Springer, 15. 6. 1950, AS-UA # 14.
184 Axel Springer an Kaye Sely, 7. 2. 1950, AS-UA # 14.
185 Für die folgenden Angaben siehe Christian Sonntag, *Medienkarrieren* (2006), tabellarischer Anhang nach S. 325.
186 Axel Springer an Wolfgang Köhler, 1. 2. 1952, AS-UA # 69.
187 Axel Springer an Rudolf Michael, 23. 1. 1953, AS-UA # 31.
188 Rudolf Michael, Januar 1964, AS-UA.
189 Rede Axel Springers vor dem Übersee-Club, 26. 10. 1967, in: Axel Springer, *Von Berlin aus gesehen* (1972), S. 143.
190 Axel Springer an Rudolf Michael (mit Durchschlag an Dr. H. G. Funk und A. Szimmetat), 16. 6. 1953, AS-UA # 31.
191 Rosemarie Springer im Gespräch mit dem Verf., 25. 8. 2006.
192 Rudolf Michael, Januar 1964, AS-UA.

193 Eduard Rhein, *Der Jahrhundertmann* (1990), S. 325, 336–340.
194 Axel Springer im *Stern*-Interview, 5. 8. 1981.
195 Eduard Rhein, *Der Jahrhundertmann* (1990), S. 444.
196 Rosemarie Springer im Gespräch mit dem Verf., 25. 8. 2006.
197 Rolf von Bargen, *BILD*, 10. 9. 1963, AS-UA. Die folgende Darstellung der Planungsüberlegungen stützt sich stark auf diesen spannenden Bericht Rolf von Bargens sowie auf vergleichbare Berichte von Rudolf Michael (Januar 1964), Jochen Blume (17. 1. 1964) und Wilhelm Stampfel, alle in AS-UA.
198 Gespräch mit Rolf von Bargen, *BILD*, 10. 9. 1963, AS-UA.
199 Hans Dieter Müller, *Der Springer-Konzern* (1968), S. 77 f.
200 Von Rolf von Bargen, *BILD*, 10. 9. 1963, AS-UA.
201 Axel Springer an Rudolf Michael, 23. 1. 1953, AS-UA # 31.
202 Axel Springer an Rudolf Michael, 17. 11. 1953, AS-UA # 31.
203 Ebenda.
204 Axel Springer an Rudolf Michael, 7. 7. 1953, AS-UA # 31.
205 Vermerk Axel Springers an Hans Funk, 18. 6. 1954, AS-UA # 37.
206 Axel Springer an Rudolf Michael, 13. 4. 1954, AS-UA # 31.
207 Axel Springer an Rudolf Michael, 8. 10. 1955, AS-UA # 31.
208 Ebenda.
209 Axel Springer an Rudolf Michael, 5. 1. 1956, AS-UA # 31.
210 Rudolf Michael an Axel Springer, 14. 6. 1957, AS-UA # 31.
211 Wilhelm Stampfel, *BILD* und *Hamburger Abendblatt*, 5. 4. 1964, AS-UA.
212 Kurt Pritzkoleit, *Die neuen Herren. Die Mächtigen in Staat und Wirtschaft* (Wien: Kurt Desch, 1955), S. 538.
213 Axel Springer an Hans Zehrer, 8. 3. 1946, AS-UA # 185.
214 Hans Zehrer an Axel Springer, 1.[?]3. 1946, AS-UA # 185.
215 Gespräch mit Karl Andreas Voss, 26. 11. 1968, AS-UA, NL Mahnke.
216 Erwein O. Spielmann, »Die Seite zwei«, in: *Die Ersten Jahre* (1962), S. 138.
217 Steel McRitchie an Axel Springer, 12. 3. 1949, PRO, FO, 1056/219.
218 D.H. Gretton an R.H. Parker, 30. 12. 1949, PRO, FO, 1056/219.
219 Zahlen nach *Die Ersten Jahre* (1962), S. 247.
220 Der Vorsitzende des Presserats an A. L. Pope, Director of Press Branch, 4. 7. 1949, PRO, FO1056/213 *Die Welt*: Policy.
221 A/Director Press Branch an D/Chief, I. S.D, Subject: Future of *Die Welt*, 8. 8. 1949, PRO, FO 1056/213 254980.
222 Niederschrift über die 6. Sitzung des Beratenden Ausschusses für das Pressewesen, 15. 6. 1950 (Abschrift), BA Koblenz, Bestand BPA B145/1813, Verkauf *Die Welt*.
223 Helwig Wölk, »Die Anzeigenabteilung«, in: *Die Ersten Jahre* (1962), S. 59. Wölk, Leiter der Anzeigenabteilung, war gleichfalls Mitglied der Gesellschafterversammlung.
224 Gespräch mit Karl Andreas Voss, 26. 11. 1968, AS-UA, NL Mahnke.
225 Günther Sawatzki, »Aufbau unter Küstermeier«, in: *Die Ersten Jahre* (1962), S. 85.

226 Erwein O. Spielmann, »Die Seite zwei«, in: *Die Ersten Jahre* (1962), S. 138.
227 Kurt Becker, »Drei Chefredaktionen«, in: *Die Ersten Jahre* (1962), S. 12–106.
228 Walter Fliess, Report on a meeting concerning *Die Welt* and *Deutsche Presse Agentur (dpa)*, 25. 11. 1950, PRO, FO 1055/386.
229 Adenauer an Bucerius, 27. 11. 1950, BA Koblenz, Bestand Bundeskanzleramt, Verkauf *Die Welt* B 136/5867.
230 Ralf Dahrendorf, *Liberal und unabhängig* (2003), S. 121–125.
231 Der Bundesminister der Finanzen an das Bundeskanzleramt. Verbindungsstelle zur Hohen Kommission, 8. 7. 1950, BA Koblenz, Bestand BPA, B 145/1813, Verkauf *Die Welt.*
232 Aufzeichnung von Dr. Féaux de la Croix, undatiert, BA Koblenz, Bestand BPA B 145/1813, Verkauf *Die Welt.*
233 95. Kabinettssitzung, 12. 7. 1950, in: *Die Kabinettsprotokolle der Bundesregierung*, hg. für das Bundesarchiv von Hans Booms, Bd. 2: *1950* (Boppard a. Rhein: Harald Boldt Verlag, 1984), S. 686.
234 Gerd Bucerius an Adenauer, Geheim, 1. 12. 1950, BA Koblenz, Bestand Bundeskanzleramt, B 136/5867.
235 Control Commission for Germany (British Element) an Foreign Office, Tel.No. 198, 28. 2. 1951, PRO, FO, 1008/84 255 085.
236 Gerd Bucerius an Adenauer, 17. 3. 1951, BA Koblenz, Bestand BPA, B 145/1813, Verkauf *Die Welt*, Bd. 3.
237 Kirkpatrick an Adenauer, 19. 4. 1951, BA Koblenz, Bestand BPA, B 145/1813, Verkauf *Die Welt*, Bd. 3.
238 Blankenhorn an Lenz, 14. 7. 1951, BA Koblenz, Bestand BPA, B145/ 1813, Verkauf *Die Welt*, Bd. 3.
239 161. Kabinettssitzung, 13. 7. 1951, in: *Die Kabinettsprotokolle der Bundesregierung*, hg. für das Bundesarchiv von Hans Booms, Bd. 4: *1951* (Boppard a. Rhein: Hans Boldt Verlag, 1988), S. 542.
240 Aufzeichnung Referat I/3, 9. 5. 1951, BA Koblenz, Bestand BPA, B 145/1813, Verkauf *Die Welt*, Bd. 3.
241 M. A. Robb an Chaput de Saintonge, 30. 9. 1952, PRO, FO 1014/ 312 255 124.
242 Steel McRitchie an M. A. Robb, 31. 3. 1953, PRO, FO 1014/ 312 255 124
243 Ebenda.
244 Siehe *Hamburger Echo* (SPD), 17. 4. 1953, PRO, FO 1056/ 393 254 980.
245 Note for the Files from Director Bechtolf, Norddeutsche Bank, 14. 4. 1953, PRO, FO 1056/393 254980.
246 Gespräch mit Karl Andreas Voss, 26. 11. 1968, AS-UA.
247 Note for the Files from Director Bechtolf, Norddeutsche Bank, 14. 4. 1953, PRO, FO 1056/393 254980.
248 Axel Springer an Günther Diehl, 30. 12. 1952, AS-UA # 34.
249 M. A. Robb an Foreign Office, 16. 4. 1953, PRO, FO 1056/393 254 980.

250 Note for the Files from Director Bechtolf, Norddeutsche Bank,14. 4. 1953, PRO, FO, 1056/393 254980.
251 Ivone Kirkpatrick an Foreign Office, 13. 2. 1952, PRO, FO, 1014/ 312 255 24.
252 Steel McRitchie an G. E. Bell, 21. 4. 1953, PRO, FO 1056/393 254980.
253 Steel McRitchie an Michael Robb, 22. 4. 1953, PRO, FO 1956/393 254980.
254 Erik Blumenfeld an Konrad Adenauer, 5. 6. 1953, BA Koblenz, Bestand Bundeskanzleramt, B 136/5867, Verkauf *Die Welt.*
255 Steel McRitchie an G. E. Bell, 24. 4. 1953, PRO, FO 1056/393 254980.
256 Felix von Eckardt an E. von Mauchenheim, 27. 6. 1953, BA Koblenz, Bestand BPA, B 1451813, Verkauf *Die Welt*, Bd. 2.
257 Steel McRitchie an Michael Bell, 24. 4. 1953, PRO, FO 1056/ 393 254 930.
258 Minute for the record, Michael Robb, 7. 5. 1953, PRO, FO
259 Ivone Kirkpatrick an Christopher Roberts, 30. 7. 1953, PRO, FO 1056/ 396 255085.
260 Michael Robb an Foreign Office, 11. 5. 1953, PRO, FO 1056/ 393 254 980.
261 Protokoll der Beiratssitzung vom 12. 5. 1953, AS- UA.
262 Protokoll der Gesellschafterversammlung *Die Welt* Verlagsgesellschaft mbH am 12. 5. 1953, AS-UA.
263 Ivone Kirkpatrick an F. K. Roberts (Entwurf), 22. 5. 1953, PRO, FO, 1056/397 254 980.
264 Minute Sheet, A. L. Pope, 1. 5. 1953, PRO, FO, 1056/303 254980.
265 Aktennotiz von Michael Robb über eine Unterredung Kirkpatricks mit Max Brauer, gebilligt von Ivone Kirkpatrick, 20. 5. 1953, PRO, FO 1014/309.
266 Erik Blumenfeld an Konrad Adenauer, Persönlich, 19. 5. 1953, BA Koblenz, Bestand BPA B 145/1813, Verkauf *Die Welt*, Bd. 2.
267 Aktennotiz: Herrn von Eckardt sofort!, 21. 5. 1953, BA Koblenz, Bestand BPA B 145/1813, Verkauf *Die Welt*, Bd. 2.
268 Aktennotiz betrifft Broschek & Co. Buchdruckerei und Tiefdruckanstalt, 21. 5. 1953, PRO, FO 1056/395 2550 85.
269 Ivon Kirkpatrick an Frank Roberts, 30. 7. 1953, PRO, FO 1056/396 255085.
270 Frank Roberts an Ivone Kirkpatrick, 29. 5. 1953, PRO, FO 1056/394 254980.
271 Dazu Hans-Peter Schwarz, »Die geteilte Welt: Deutschland und die Freiheit in Europa«, in: Hans-Joachim Veen (Hg.), *Die abgeschnittene Revolution. Der 17. Juni in der deutschen Geschichte* (Köln: Böhlau Verlag, 2004), S. 15–39.
272 High Commission in Germany an Foreign Office, 31. 7. 1953, PRO, FO 1056/346 255085, und Steel McRitchie an Michael Robb, 21. 7. 1953, PRO, FO 1056/396 255085.

273 Steel McRitchie an Michael Robb, 24.4.1953, PRO, FO 1056/393 254 980.
274 Axel Springer an Ivone Kirkpatrick, 22.5.1953, PRO FO 1056/391 254 980.
275 McRitchie an Robb (Telefondiktat), 17.9.1953, PRO, FO 1056/398 255085.
276 Christian Kracht im Gespräch mit dem Verf., 29.11.2005.
277 Steel McRitchie an Michael Robb, 19.8.1953, PRO, FO 1056/396 255085.
278 Minute for the Record, Robb, 15.7.1953, PRO, FO 1056/396 255085.
279 Christian Kracht im Gespräch mit dem Verf., 29.11.2005.
280 Robb an Head of Chancery, 21.8.1953, PRO, FO 1056/396 255085.
281 H.B. McKenzie-Johnston, 16.9.1953, PRO, FO 1056/398 255085.
282 J.G. Ward an Adenauer, 16.9.1953, PRO, FO 1056/396 255085.
283 G. Turner an ISD, 18.9.1953, PRO, FO 1056/398 255085.
284 Zu den komplizierten Berechnungen siehe J. G. Ward, Acting High Commisioner, an Foreign Office, 26.9.1953, PRO, FO 1056/398 255085.
285 J.G. Ward an Foreign Office, 5.2.1954, PRO, FO 1056/398 255085.
286 Hans Zehrer an Axel Springer, 5.8.1954, AS-UA # 40.
287 J.G. Ward an Foreign Office, 26.9.1953, PRO, FO 1056/398 255085.
288 Minute Sheet, A. L. Pope, »Minister Seebohm's criticism of sale of *Die Welt* to Axel Springer«, 27.1.1954, PRO, FO 1056/398 255085.
289 Fritz Sänger an Karl Voss, 31.10.1955, PRO, FO 1056/398 255085.
290 Christian Kracht im Gespräch mit dem Verf., 29.11.2005.
291 Ebenda.
292 Willi Frischauer, »Portrait of a German ›press lord‹«, in: *World Press*, 8.10.1954.
293 Hans Zehrer an Axel Springer. Persönlich, 27.4.1953, AS-UA # 185.
294 Max Brauer an Axel Springer, 9.2.1954, AS-UA # 16.
295 Axel Springer an Max Brauer, 11.2.1954, AS-UA # 16.
296 Adenauer an Springer, 26.5.1954, ACDP, Bestand Felix von Eckardt. Es ging dabei um eine Glosse in der *Welt* vom 24.5.1954, betitelt »Strategischer Rückzug«.
297 Erik Blumenfeld an Adenauer, 15.2.1954 (Auszugsweise Abschrift), 15.2.1954, BA Koblenz, Bestand BPA B 145/1813, Bd. 5.
298 Diese fand am 15.6.1954 statt. Von Eckardt an Adenauer, 11.6.1954, BA Koblenz, Bestand BPA B 145/1813, Verkauf *Die Welt*, Bd. 5.
299 Parlamentarisch-Politischer Pressedienst (PPP), 6.8.1954 (47), BA Koblenz, Bestand BPA B 145/1813, Verkauf *Die Welt*, Bd. 5.
300 Dimitag-Zirkular, Nr. 56/54, 18.6.1954, AS-UA # 16.
301 Reinhold Heinen an Axel Springer, 13.8.1954, AS-UA # 16.
302 Axel Springer an Reinhold Heinen, 14.8.1954, AS-UA # 16.
303 Hans Zehrer an Axel Springer, 2.9.1954, AS-UA # 185.
304 M.A. Robb, 30.6.1955, PRO, FO, 1056/399 255085.
305 J.K. Dunlop an M.A. Robb, 7.3.1955, PRO, FO 1056/399 255085.
306 J.K. Dunlop an M.A. Robb, 17.2.1955, PRO, FO 1056/399 255085,

und J. G. Ward an Foreign Office, 5. 2. 1954, PRO, FO 1056/398 255085.

307 Hans Zehrer an Axel Springer, 30. 12. 1954, AS-UA # 16.

308 Ferdinand Fried, *Der Aufstieg der Juden* (Goslar: Blut und Boden Verlag, 1937).

309 A. L. Pope an Robb, 27. 1. 1954, PRO, FO 1056/398 255085.

310 A. L. Pope an Col. Edwards, 29. 1. 1955, PRO, FO 1056/398 255085.

311 J. G. Ward an Foreign Office, 5. 2. 1954, PRO, FO 1056/398 255085.

312 Matthias Weiß, »Journalisten: Worte als Taten«, in: Norbert Frei (Hg.), *Karrieren im Zwielicht* (2001), S. 295–299.

313 Axel Springer an Ernst Friedländer, 4. 11. 1955, AS-UA # 16.

314 Paul Sethe, »Das war Hans Zehrer. Ein Wanderer zwischen den politischen Welten«, in: *Die Zeit*, 2. 9. 1966, S. 9.

315 Kurt Sontheimer, *Antidemokratisches Denken in der Weimarer Republik. Die politischen Ideen des deutschen Nationalismus zwischen 1918 und 1933* (München: Nymphenburger Verlagshandlung, 1962), S. 369.

316 Kurt Sontheimer, »Der Tatkreis«, in: *Vierteljahrshefte für Zeitgeschichte* 7 (1959), S. 254 f. Die gleichfalls stark wirksame Untersuchung von Ebbo Demandt, *Von Schleicher zu Springer. Hans Zehrer als politischer Publizist* (Mainz: 1971), liegt ebenso auf der von Sontheimer verlegten Interpretationsschiene wie Michael Jürgs, *Der Fall Axel Springer* (1995), S. 61–81. Unter den zahlreichen seither erschienenen Studien zu Zehrer überzeugt am meisten der differenzierte Aufsatz von Hans B. von Sothen, »Hans Zehrer als politischer Publizist nach 1945«, in: Frank-Lothar Kroll (Hg.), *Die kupierte Alternative. Konservatismus in Deutschland nach 1945* (Berlin: Duncker & Humblodt, 2005), S. 125–178.

317 Hans Zehrer, »Wo bleibt der Patriot?«, in: *Die Welt*, 24. 10. 1953.

318 Hans Zehrer, »Die dreifache Einheit«, in: *Die Welt*, 17. 5. 1955.

319 Hans Thomas (= Hans Zehrer), *Percy auf Abwegen* (Berlin: Deutscher Verlag, 1938).

320 Hans Zehrer an Axel Springer, 8. 4. 1961, AS-UA # 185.

321 Christian Kracht im Gespräch mit dem Verf., 29. 11. 2005.

322 Axel Springer an Hans Zehrer, 11. 12. 1953, AS-UA # 40.

323 Axel Springer an Hans Zehrer, 5. 3. 1954, AS-UA # 40.

324 Axel Springer an Hans Zehrer, 3. 6. 1954, AS-UA # 40.

325 Hausmitteilung von Hermann F. Arning an Axel Springer, 26. 6. 1954, AS-UA # 40.

326 Hans Zehrer an Axel Springer, 19. 11. 1953, AS-UA # 40.

327 Hans Zehrer an Axel Springer, 2. 9. 1954, AS-UA # 185.

328 Hans Zehrer an Axel Springer, 8. 11. 1954, AS-UA # 40.

329 Hans Zehrer an Axel Springer, 5. 8. 1954, AS-UA # 40.

330 Hans Zehrer an Axel Springer, 5. 8. 1954, AS-UA # 40.

331 Hans Zehrer an Axel Springer, 2. 9. 1954, AS-UA # 185.

332 Hans Zehrer an Axel Springer, 5. 8. 1954, AS-UA # 40. Beiliegend Vertragsentwurf.

333 Hans Zehrer an Axel Springer, 2. 9. 1954, AS-UA # 185.

334 Hans Zehrer an Axel Springer, 30. 12. 1954, AS-UA # 16.
335 Otto Siemer an Axel Springer, 8. 8. 1955 mit Anlage, AS-UA, Bestand Ullstein.
336 2. 7. 1955, dpa, Inf. 997.
337 Hans Zehrer, »Reise in die Vergangenheit« (I-XVI), in: *Die Welt*, 29. 6.–21. 7. 1955.
338 John Foster Dulles an Adenauer, 15. 8. 1955, in: Konrad Adenauer, *Erinnerungen 1953–1955*, Stuttgart 1966, S. 480–484.
339 Rede des Verlegers Axel Springer zum Betriebsfest am 20. 10. 1956 (Entwurf), AS-UA. – Springer hatte zu diesem Hamburger Betriebsfest eine entsprechende Passage zur Beteiligung mit 26 % an Ullstein eingefügt, in der auch von der »Reichshauptstadt«, vom »Reich« und von »unseren Reichsobjekten« die Rede war, diese aber dann gestrichen, vielleicht beim Blick auf die sehr kritische internationale Lage während der revolutionären Erschütterungen in Polen.
340 Axel Springer an Gerd Seidensticker, 24. 9. 1959, Landesarchiv Berlin, B Rep. 002, Nr. 3285, Bd. I.
341 Gerd Bucerius, 7. 7. 1955, Aktennotiz, *Zeit*-Stiftung, NL Bucerius.
342 Gerd Bucerius an Adenauer, 23. 10. 1956, ACDP, NL Krone, I-028–032/1.
343 Gerd Bucerius an Adenauer, 11. 10. 1956, ACDP, NL Krone, I-028–032/1.
344 Gerd Bucerius an Axel Springer, 27. 1. 1956, AS-UA # 34.
345 Axel Springer an Gerd Bucerius (undatiert), AS-UA # 34.
346 Wolf Schneider, *Die Gruner + Jahr Story* (2001), S. 11.
347 Dieter Schröder, *Augstein* (2004), S. 71.
348 Wolf Schneider, *Die Gruner + Jahr Story* (2001), S. 21.
349 Ralf Dahrendorf, *Liberal und unabhängig* (2003), S. 109.
350 Karl Heinz Janssen/Haug von Kuenheim/Theo Sommer, *Die Zeit* (2006), S. 113.
351 Gerd Bucerius, 7. 7. 1955, Aktennotiz, *Zeit*-Stiftung, NL Bucerius.
352 Ebenda.
353 Karl-Heinz Janssen/Haug von Kuenheim/Theo Sommer, *Die Zeit* (2006), S. 129.
354 Dazu und zum Folgenden die Aufzeichnung von Hans Funk »Wie die BILD-Zeitung und das Springer-Haus nach Berlin kamen. Eine Dokumentation«, Mitte September 1962, AS-UA, Varia 62/4.
355 Verband der Deutschen Journalisten: *Hetzer, Fälscher, Meinungsmacher. Axel-Springer-Pressekonzern der Ultras* (Berlin: 1963), S. 17.
356 Hans Funk, »Wie die BILD-Zeitung und das Springer-Haus nach Berlin kamen. Eine Dokumentation«, Mitte September 1962, AS-UA, Varia 62/4.
357 Axel Springer an Karl H. Ullstein, 9. 10. 1957, AS-UA # 37.
358 *125 Jahre Ullstein. Presse- und Verlagsgeschichte im Zeichen der Eule* (Berlin: Axel Springer Verlag, 2002), S. 77 f.
359 Zu den Details siehe *Hundert Jahre Ullstein. 1877–1977*, 4 Bde. (Berlin: Ullstein Verlag, 1977).

360 Hausmitteilung von W. E. Schultz-Dieckmann an Axel Springer, 26. 3. 1956, AS-UA, Bestand Ullstein.
361 »Tante Marthas Aktien«, in: *Der Spiegel*, 12. 9. 1956, S. 19.
362 Axel Springer an Kaye Sely, 19. 12. 1955, AS-UA # 17.
363 Kaye Sely an Axel Springer, 12. 12. 1955, AS-UA # 1.
364 Zusammensetzung der Ullstein-Aktiengesellschaft, AS-UA, Bestand Ullstein. – »Tante Marthas Aktien«, in: *Der Spiegel*,12. 9. 1956, S. 20.
365 John Jahr an Axel Springer, 13. 1. 1956, AS-UA # 36.
366 *Telegraf*, 4. 9. 1956.
367 Gerd Bucerius an Christian Kracht, 21. 7. 1956, AS-UA, Bestand Ullstein.
368 Ralf Dahrendorf, *Liberal und unabhängig* (2003), S. 124.
369 John Jahr an Axel Springer, 29. 12. 1959, AS-UA # 36.
370 John Jahr an Axel Springer, 13. 11. 1956, AS-UA # 39. – Axel Springer an John Jahr, 16. 11. 1956, AS-UA # 36.
371 J. K. Dunlop an Foreign Office, 7. 3. 1955, PRO, FO 1056/399 255085.
372 Lisa Buhre.
373 Axel Springer an Kaye Sely, 13. 8. 1955, AS-UA # 17.
374 Axel Springer an Rosemarie Springer, 8. 5. 1980, AS-UA # 52.
375 Kaye Sely an Axel Springer, Nikolausvorabend 1955, AS-UA # 17.
376 Axel Springer an Kaye Sely, AS-UA # 17.
377 Axel Springer an Wolfgang Köhler, 23. 9. 1955, AS-UA # 69.
378 Axel Springer an Wolfgang Köhler, 9. 12. 1955, AS-UA # 37.
379 Axel Springer an Kaye Sely, 10. 12. 1955, AS-UA # 17.
380 Hans Zehrer an Axel Springer (Persönlich!), 27. 4. 1953, AS-UA # 185.
381 *Jahrbuch der öffentlichen Meinung 1947–1955*, hg. von Elisabeth Noelle und Erich Peter Neumann (Allensbach am Bodensee: Verlag für Demoskopie, 1956), S. 120.
382 »Aufgabe und Ziel«, in: *Merlin* (Hamburg: Axel Springer Verlag, 1948).
383 Michael Jürgs, *Der Fall Axel Springer* (1995), S. 63.
384 Mitteilung von Christian Kracht an den Verf., 25. 12. 2006.
385 Christian Kracht im Gespräch mit dem Verf., 29. 11. 2005.
386 Mitteilung von Friede Springer an den Verf., 19. 12. 2007.
387 Tagebuch Hans Zehrer, 5. 3. 1964 – 7. 5. 1965, Staatsbibliothek Berlin, Handschriftensammlung.
388 Rosemarie Springer im Gespräch mit dem Verf., 25. 8. 2006.
389 Axel Springer an Rudolf Michael, AS-UA # 31.
390 Axel Springer an Kaye Sely, 16. 12. 1955, AS-UA # 17.
391 Axel Springer an Kaye Sely, 18. 2. 1956, AS-UA # 18.
392 Christian Kracht im Gespräch mit dem Verf., 29. 11. 2005.
393 Ben Witter, »Mit Axel Springer am Wannsee«, in: *Die Zeit*, 8. 12. 1967.
394 Erik Lindner, *Die Reemtsmas. Geschichte einer deutschen Unternehmerfamilie* (Hamburg: Hoffmann und Campe, 2007), S. 415 f., 448, 471 f.
395 Wilhelm Schamoni, *Wie sie Gott wiederfanden. Wahre Zeugnisse aus 15 Jahrhunderten* (Wiesbaden: Credo-Verlag, 1960).

396 Harald Vocke, »Axel Springer als Christ«, in: *Deutsche Tagespost Würzburg*, 27. 9. 1985, AS-UA.
397 Axel Springer an Heinrich Prinz Reuss, 13. 7. 1978, AS-UA # 346.
398 Axel Springer an Walter Nigg, 3. 1. 1983, AS-UA. – Siehe Walter Nigg, *Große Heilige* (Zürich: Artemis 1952), und *Bleibt, Ihr Engel, bleibt bei mir* (Frankfurt/M.: Propyläen, 1978).
399 Claus Dieter Nagel im Gespräch mit dem Verf., 29. 8. 2006.
400 Axel Springer an Konrad Adenauer, 4. 11. 1955, AS-UA # 16.
401 Christian Kracht im Gespräch mit dem Verf., 29. 11. 2005.
402 Aufzeichnung Felix von Eckardts vom September 1956. ACDP, NL Eckardt, I-010–019/4.
403 Hans Zehrer, »Berlin 1960«, in: *Die Welt*, 31. 12. 1956.
404 Die entsprechenden Überlegungen sind erstmals umfassender, auf Grundlage des Nachlasses von Eckardt und der Tagebuchaufzeichnungen von Blankenhorn, dargestellt worden in: Hans-Peter Schwarz, *Adenauer.* Bd. 2: *Der Staatsmann* (Stuttgart: DVA 1991), S. 320–328.
405 Axel Springer an Michael und Bluhm, »Zu *Bild am Sonntag* Nr. 46«, 11. 11. 1956, AS-UA # 40.
406 Axel Springer an Rudolf Michael, 8. 11. 1956, AS-UA # 31.
407 Erklärung der Regierung der »DDR«, 27. 7. 1957, in: *DzD,* III. Reihe/Bd. 3, Zweiter Drittelband (1967), S. 1299–1304.
408 Axel Springer an Zehrer, Siemer, Michael, Menne. Vertraulich!!!, 4. 11. 1957, AS-UA # 40.
409 Aus den Erklärungen des Bundeskanzlers auf der Bundespressekonferenz, 5. 4. 1957, in: *DzD,* III. Reihe/Bd. 3, Erster Drittelband (1967), S. 578.
410 H. Z.: »Der Schock«, in: *Die Welt*, 16. 3. 1957.
411 Axel Springer an Hans Zehrer, 12. 2. 1957, AS-UA.
412 Axel Springer an Erich Lüth, 9. 1. 1980, AS-UA.
413 Ansprache Axel Springers zur Eröffnung der Bibliothek des Israel-Museums in Jerusalem, 24. 3. 1969, in: Axel Springer, *Von Berlin aus gesehen* (1972), S. 118.
414 Hans Zehrer, »Krieg und Frieden«, in: *Die Welt*, 16. 11. 1957.
415 Hans Zehrer, »Kein Spiel mit dem Feuer«, in: *Die Welt*, 14. 12. 1957.
416 Hans Zehrer an Axel Springer, 18. 9. 1957, AS-UA # 40.
417 Hans Zehrer an Axel Springer, 20. 5. 1957, AS-UA # 185.
418 Axel Springer an Hans Zehrer, 3. 6. 1957, AS-UA # 185.
419 Hans Zehrer an Axel Springer, 6. 6. 1957, AS-UA # 185.
420 Hans Zehrer an Axel Springer, 18. 9. 1957, AS-UA # 185.
421 Axel Springer an Hans Zehrer, 24. 9. 1957, AS-UA # 40.
422 Axel Springer an Rudolf Michael, 6. 12. 1957, AS-UA # 31.
423 Hans Zehrer an Axel Springer, 9. 12. 1957, AS-UA, Bestand Ullstein, 121.
424 Christian Kracht an Karl Ullstein, 19. 12. 1957, AS-UA, Bestand Ullstein, 122.
425 Karl Ullstein an Christian Kracht, 30. 12. 1957, AS-UA, Bestand Ullstein, 119.

426 Ansprache vor dem Hamburger Presseclub zur Moskau-Reise, 24. 2. 1958, AS-UA # 64.
427 *Politik und Wirtschaft*, 8. 1. 1958 und 15. 1. 1958.
428 Willy Brandt, *Erinnerungen* (Berlin: Propyläen, 1989), S. 288. – Christian Kracht im Gespräch mit dem Verf., 29. 11. 2005.
429 Globke an Adenauer, 11. 2. 1958, StBKAH III/43.
430 Rosemarie Springer im Gespräch mit dem Verf., 25. 8. 2006.
431 Eduard Rhein, *Der Jahrhundertmann* (1990), S. 440 f.
432 Christian Kracht beim Interview mit dem Verf., 29. 11. 2005.
433 »Wiedervereinigungsplan in 5 Etappen«, undatiert. AS-UA # 64. Abdruck des Iljitschow übergebenen Phasenplans in Mathias Döpfner (Hg.), *Axel Springer* (2005), S. 179 ff.
434 Axel Springer an Iljitschew, Leiter der Presseabteilung des Außenministeriums der UdSSR, 17. 1. 1958, AS-UA # 64.
435 Im Dokument unterstrichene Passagen sind hier *kursiv* gesetzt. Die Absätze im Dokument werden hier durch Gedankenstriche gekennzeichnet.
436 Schreiben des Ministerpräsidenten Bulganin an Bundeskanzler Adenauer, 10. 12. 1957, in: *DzD*, III. Reihe/Bd. 3, Dritter Drittelband (1967), S. 2037–2055.
437 Christian Kracht im Gespräch mit dem Verf., 29. 11. 2005.
438 *Der Spiegel*, 15. 1. 1958, Personalien, S. 48.

Politisierung in der »Frontstadt« Berlin

1 A. J. P. Taylor, *English History 1914–1945* (Oxford: Clarendon Press, 1965), S. 26.
2 Dominic Sandbrook, *Never Had It So Good. A History of Britain from Suez to the Beatles* (London: Abacus, 2006), S. 126 f.
3 Anthony Sampson, *Wer regiert England? Anatomie einer Führungsschicht* München: Piper, 1963), S. 134–141.
4 A. J. P. Taylor, *English History 1914–1945* (Oxford: Clarendon Press, 1963), S. 443.
5 William J. Thompson, *Khrushchev. A Political Life* (New York: St. Martin's Griffin, 1995), S. 178.
6 Roy Medvedev, *Khrushchev. A Biography* (Garden City N. Y.: Anchor Press/Doubleday, 1983), S. 143.
7 Rede Chruschtschows in Minsk, 22. 1. 1958, in: *DzD*, III. Reihe/Bd. 4, Erster Drittelband, (1969) S. 226–232.
8 1) »Niederschrift der vertraulichen Unterredung N. S. Chruschtschow mit den westdeutschen Pressevertretern A. SPRINGER und H. ZEHRER«, davon acht Seiten offizielles Protokoll und acht Seiten protokollarische Niederschrift des Übersetzers, SAPMO-BA, DY 30/J IV 2/202/75, 2) »Unterredung N. S. Chruschtschow mit dem westdeutschen Verleger Axel Springer und dem Chefredakteur der Zeitung *Die Welt*«, offenbar die Übersetzung einer russischen Vorlage durch Heinz Schewe, Korrespon-

dent der *Welt* in Moskau, AS-UA, Bestand Moskaureise, abgedruckt am 7.2.1958 in der *Welt*, 3) Vermerk des DDR-Botschafters in Moskau, Johannes König, vom 8.1.1958, SAPMO-BA, ZPA, DY 30/J IV 2/202/75. Zu den verschiedenen Versionen und zum gesamten Moskau-Besuch liegt eine umfassende Magisterarbeit von Verena Schulemann vor: *Axel Springer als Außenminister? Patriotismus und Kalter Krieg, 1958–1962* (Philosophische Fakultät I, Humboldt Universität zu Berlin, 2005). Die dort abgedruckten Interviews mit Rosemarie Springer und Christian Kracht beinhalten weitgehend dieselben Informationen, die Kracht am 29.11.2005 und Rosemarie Springer am 25.8.2006 dem Verfasser gegeben haben.

9 Ansprache von Axel Springer vor dem Hamburger Presseclub zur Moskau-Reise, 24.2.1958, AS-UA # 64.

10 Axel Springer im ZDF-Interview mit Gerhard Löwenthal, 2.5.1982, AS-UA.

11 Hans Globke an Adenauer, 11.2.1958, StBKAH III/43.

12 Hans Zehrer an Axel Springer. »Vertraulich! Durch Boten«. Nur persönlich öffnen!, 3.2.1958, AS-UA # 64.

13 Kommentierter Text in: *DzD*, III. Reihe/Bd. 4, Erster Drittelband (1969), S.449–460.

14 Paul Sethe, »Brücken schlagen«, in: *Die Welt*, 7.2.1958.

15 Ludwig Erhard, Niederschrift über eine Besprechung mit Herrn Axel Springer, 10.2.1958, AS-UA # 64, Bestand Moskaureise.

16 Am 15.4.1957 hatte er an Zehrer geschrieben: »die Russen wollen Handel mit uns. Ich möchte gern mit Ihnen und Zimmermann über eine deutsche Gegenforderung sprechen. Über eine russische Garantie der Verkehrswege von Westdeutschland nach Berlin. Bitte, aber *vor* einer evtl. öffentlichen Behandlung dieses Themas mit mir sprechen.«, AS-UA # 40.

17 Axel Springer im ZDF-Interview mit Gerhard Löwenthal, 2.5.1982, AS-UA.

18 Ludwig Erhard, Niederschrift über eine Besprechung mit Herrn Axel Springer, 10.2.1958, AS-UA # 64, Bestand Moskaureise.

19 Hilde Benjamin war von 1953 bis 1967 (erzwungener Rücktritt) Justizministerin der DDR.

20 Axel Springer an Chefredaktion von *BILD*, 17.3.1958, AS-UA # 31.

21 An »B«, Nr. 3262, Betr.: Plan des Hamburger Springer-Konzerns zur Aufweichung der DDR und der Länder des sozialistischen Lagers. Streng geheim, 1.3.1958, BStU, MfS-HA XX, Nr. 11090.

22 Axel Springer an Herrn Zehrer, Herrn Michael, Herrn Siemer/Dr. Hiss, Herrn Menne. Vertraulich, 20.3.1958, AS-UA # 31.

23 Axel Springer an Hans Zehrer, 9.5.1958, AS-UA # 40.

24 Ansprache von Herrn Axel Springer vor dem Hamburger Presseclub zur Moskau-Reise, 24.2.1958, AS-UA.

25 Axel Springer an George Bailey, 4.11.1959, AS-UA # 21.

26 Dazu John Jahr an Axel Springer, 6.2.1960, AS-UA # 36, und Axel Springer an John Jahr, 16.7.1965, AS-UA # 36.

27 Gerd Bucerius an Axel Springer, 1.2.1960, AS-UA # 34, und 3.2.1960, ZA 31; Axel Springer an Gerd Bucerius, 13.2.1960, *Zeit*-Archiv, NL Bucerius, 31.
28 Hans G. Funk an Axel Springer. Einschreiben, 8.5.1967, AS-UA # 81.
29 Datum nach *Hundert Jahre Ullstein 1877–1977* (Berlin: Ullstein, 1977), Bd. 3, S. 565.
30 *Der Tagesspiegel,* 25.5.1959.
31 Hans G. Funk an Axel Springer. Einschreiben, 8.5.1967, AS-UA # 81.
32 »Dreißig Jahre Hamburger Abendblatt«, Ansprache im Hamburger Congreßzentrum, 28.10.1978, in: Axel Springer, *Aus Sorge um Deutschland* (1980), S. 314.
33 Presseverlautbarung, 8.1.1963, AS-UA, Bestand Ullstein.
34 Grundsteinlegung Verlagshaus Axel Springer. Ansprache von Axel Springer, 25.5.1959, AS-UA # 59.
35 Ansprache des Regierenden Bürgermeisters Willy Brandt, 25.5.1959, AS-UA # 59.
36 Hans Wallenberg (Hg.), *Berlin Kochstraße* (Berlin: Verlag Ullstein, 1966), Urkunde.
37 Axel Springer im ZDF-Interview mit Gerhard Löwenthal, 2.5.1982, AS-UA.
38 Axel Springer an Willy Brandt, 7.4.1959, AS-UA # 21.
39 Gespräch mit Karl Andreas Voss, 26.11.1968, AS-UA, NL Mahnke.
40 Axel Springer anlässlich der Trauerfeier für Karl Andreas Voss, am 27.4.1977, in: Axel Springer, *Aus Sorge um Deutschland* (1980), S. 382.
41 Erik Verg, *Vierzig Jahre Hamburger Abendblatt* (Hamburg: Hamburger Abendblatt, 1988).
42 Gerd Bucerius: Im Würgegriff Axel Springers. Entwurf, 18.9.1967, *Zeit*-Archiv, NL Bucerius, 31.
43 Gerd Bucerius an Axel Springer, 1.2.1960, AS-UA # 34.
44 Christian Kracht an Axel Springer, 20.4.1961, AS-UA, Bestand Kracht.
45 Christian Kracht im Gespräch mit dem Verf., 29.11.2005.
46 Axel Springer an Rudolf Ullstein, 4.2.1960, AS-UA, Bestand Ullstein.
47 *Hundert Jahre Ullstein. 1877–1977* (Berlin: Ullstein, 1977), S. 437.
48 Christian Kracht im Gespräch mit dem Verf., 29.11.2005.
49 Rudolf Ullstein an Axel Springer, 31.3.1960, AS-UA, Bestand Ullstein.
50 Axel Springer an Rudolf Ullstein, 13.4.1960, AS-UA, Bestand Ullstein.
51 Axel Springer, »Heinz Ullstein, der Berliner«, in: Axel Springer, *Aus Sorge um Deutschland* (1980), S. 370.
52 Christian Kracht an Axel Springer, 4.4.1960, AS-UA, Bestand Ullstein.
53 »Dreißig Jahre Hamburger Abendblatt«, in: Axel Springer, *Aus Sorge um Deutschland* (1980), S. 316.
54 Erörterungen Krachts zum Bilanzergebnis 1963, 9.1.1964, AS-UA, Bestand Kracht.
55 Kurt Pritzkoleit, *Die neuen Herren. Die Mächtigen in Staat und Wirtschaft* (Wien: Verlag Kurt Desch, 1955), S. 537 ff.
56 Rudolf Augstein, »Ave Cäsar«, in: *Der Spiegel*, 3.10.1966.

57 Claus Jacobi, *Der Verleger Axel Springer* (2005), S. 134.
58 Bernhard Servatius im Gespräch mit dem Verf., 5. 11. 2007.
59 Axel Springer, »Karl Andreas Voss, der Verleger«, in: Axel Springer, *Aus Sorge um Deutschland* (1980), S. 382.
60 Axel Springer an Christian Kracht. Hausmitteilung/Aktennotiz, 18. 12. 1969. AS-UA, Bestand Kracht.
61 Hans Dieter Müller, *Der Springer-Konzern* (1968), S. 231 f.
62 Mitteilung von Herbert Kremp an den Verf., 5. 4. 2006.
63 Christian Kracht im Gespräch mit dem Verf., 29. 11. 2005.
64 Axel Springer an Christian Kracht, 18. 1. 1951, AS-UA # 14.
65 Axel Springer an Norddeutsche Bank, 11. 7. 1955, AS-UA # 17.
66 Beschlussprotokoll vom 9. 5. 1963, unterzeichnet von Springer, Voss und Kracht. AS-UA # 25.
67 Geschäftsführeranweisung Christian Krachts, 10. 5. 1963, AS-UA # 25.
68 Bilanzergebnis 1963, 9. 1. 1964, AS-UA, Bestand Kracht.
69 Rückblickend betont er aber, diese habe eine optimale dezentrale Strukturierung durchaus erlaubt. Christian Kracht beim Interview mit dem Verf., 29. 11. 2005.
70 Axel Springer an Otto A. Friedrich, 31. 10. 1963, AS-UA # 35.
71 Undatierte Aufzeichnung, AS-UA, NL Mahnke.
72 Christian Kracht und Ernst Cramer im Gespräch mit dem Verf., 29. 11. 2005 und 27. 6. 2006. – Gudrun Kruip, *Das »Welt«-»Bild« des Axel Springer Verlages* (München: Oldenbourg, 1999), S. 109 f.
73 Ernst Cramer im Gespräch mit dem Verf., 27. 6. 2006.
74 »Ist Axel Springer ein nichtjüdischer Zionist?«, in: *Deutsche National- und Soldatenzeitung*, 11. 8. 1967.
75 Manfred Bissinger, »Die Axel-Springer-Story«, in: *Stern*, 12. 11. 1967.
76 Hans Dieter Müller, *Der Springer-Konzern* (1968), S. 229.
77 Prozess Horst Mahler. Zeugenaussagen. 1970, AS-UA, Bestand Rechtsabteilung, GL 95.
78 Ernst Cramer an Axel Springer. Hausmitteilung, AS-UA # 202.
79 Bilanzergebnis 1963, Christian Kracht an Axel Springer, 9. 1. 1964, AS-UA.
80 Z. B. Aufzeichnung betr. Spiegel, 8. 8. 1965, AS-UA, NL Mahnke.
81 Dieter Schröder, *Augstein*, S. 80.
82 Lutz Hachmeister, »Ein deutsches Nachrichtenmagazin. Der frühe *Spiegel* und sein NS-Personal«, in: Lutz Hachmeister/Friedemann Siering (Hg.), *Die Herren Journalisten* (2002), S. 87–120.
83 Horst Mahnke an Axel Springer, 28. 11. 1962, AS-UA # 201.
84 Horst Mahnke an Axel Springer, 28. 3. 1962, AS-UA # 201.
85 Horst Mahnke an Axel Springer, 20. 12. 1968, AS-UA, NL Mahnke.
86 Helmut Zürn, »PR für AS«, 17. 11. 1965, AS-UA, NL Mahnke.
87 Horst Mahnke an Axel Springer, 14. 7. 1966, AS-UA, NL Mahnke.
88 Horst Mahnke an Axel Springer, 29. 7. und 8. 8. 1965, 22. 11. 1966, AS-UA, NL Mahnke.
89 Horst Mahnke an Axel Springer, 30. 7. 1965, AS-UA, NL Mahnke.

90 Horst Mahnke an Axel Springer, Betr.: Politische Lage, 10.2.1967, AS-UA, NL Mahnke.
91 Horst Mahnke an Axel Springer. Hausmitteilung/Aktennotiz, 9.2.1966. AS-UA, NL Mahnke.
92 Horst Mahnke an Axel Springer. Hausmitteilung/Aktennotiz, 8.6.1967.
93 Ernst Cramer an Axel Springer, 3.6.1968, AS-UA, Bestand Cramer.
94 Axel Springer an Erich Ollenhauer, 3.9.1958 mit Anlage betr. Initiativen der Regierungsstellen, des Bundestages, der Öffentlichkeit, von Verbänden usw. wegen der alarmierenden Vorgänge in der Zone, FES, Korrespondenz Axel Springer, Erich Ollenhauer, Mappe 227.
95 Axel Springer an Hans Zehrer (mit Durchschlägen an Rudolf Michael und Rolf von Bargen), 3.9.1958, AS-UA # 40.
96 Axel Springer an die Herren Chefredakteure Siemer, Zehrer, Bezold, Menne, Vollhardt, Frankenfeld, 4.11.1959, AS-UA # 41.
97 Kurt Becker, »Vom Verleger zum politischen Missionar«, in: *Die Zeit,* 27.9.1985, S.26.
98 Berlin-Ultimatum, 27.11.1958, in: *DzD*, III. Reihe/Bd. 1, Erster Halbband (1971), S.151–177.
99 Egon Bahr an Adam Vollhardt, 17.2.1960, Landesarchiv Berlin, Senatskanzlei.
100 Egon Bahr an Axel Springer, 13.5.1960, Landesarchiv Berlin, Senatskanzlei.
101 Adam Vollhardt an Hans E. Hirschfeld, 14.3.1960, Landesarchiv Berlin, Senatskanzlei.
102 Axel Springer an Karl H. Ullstein, 9.10.1957, AS-UA # 37.
103 Egon Bahr, »Der verlässliche und schwierige Patriot«, in: Mathias Döpfner (Hg.), *Axel Springer* (2005), S.44.
104 Reproduktion des Fotos in: Axel Springer, *Von Berlin aus gesehen* (1972), zwischen S.32/33.
105 Axel Springer an Frau »Baby« Funke, 3.11.1971, AS-UA # 055.
106 »Presse«, in: *Der Spiegel*, 13.4.1961, S.57f.
107 Axel Springer an Felix von Eckardt, 1.6.1961, AS-UA # 23.
108 Adenauer an Axel Springer, 19.2.1959, AS-UA # 21.
109 Axel Springer an Felix von Eckardt, 10.8.1960, AS-UA # 21.
110 Axel Springer an Adenauer, 21.7.1960, AS-UA # 22.
111 Axel Springer an Adenauer, 12.9.1960, AS-UA # 22.
112 Axel Springer an Konrad Adenauer, 12.9.1960, AS-UA # 22.
113 Willy Brandt, *Erinnerungen* (Berlin: Siedler, 1989), S.288.
114 Florian Kain, *Das Privatfernsehen, der Axel Springer Verlag und die deutsche Presse* (2003), S.39–43.
115 Rüdiger Steinmetz, *Freies Fernsehen. Das erste privat-kommerzielle Fernsehprogramm in Deutschland* (Konstanz 1996), S.176.
116 Axel Springer an Konrad Adenauer, 1.11.1960, AS-UA # 22.
117 Axel Springer an Konrad Adenauer, 23.5.1961, AS-UA # 23.
118 Adenauer an Axel Springer, 28.6.1961, AS-UA # 23.
119 Axel Springer an die Herren Chefredakteure Siemer, Zehrer, Bezold,

Menne, Vollhardt, Frankenfeld, 4. 11. 1960. Sehr vertraulich!, AS-UA # 41.

120 Axel Springer an Christian Kracht, Pfingstmontag 1959, AS-UA, Bestand Kracht.

121 Axel Springer an George Bailey, 4. 11. 1959, AS-UA # 21.

122 Axel Springer an Ludwig Rosenberg, 18. 1. 1960, AS-UA # 22.

123 Kurt L. Shell, *Bedrohung und Bewährung. Führung und Bevölkerung in der Berlin-Krise* (Köln: Westdeutscher Verlag, 1965), S. 228–232.

124 Axel Springer an Ina Hetzel, 12. 1. 1961, AS-UA # 23.

125 »Die Fahne hoch«, in: *Der Spiegel*, 8. 2. 1961.

126 Bericht Christian Krachts zum Geschäftsjahr 1964 an Axel Springer und Karl A. Voss, AS-UA, Bestand Kracht.

127 Vermerk von Arning für die Unterredung mit der Wettbewerbskommission der Bundesregierung, 19. 10. 1965, AS-UA, Bestand Servatius.

128 Axel Springer an Hans Wegner, 5. 11. 1959, AS-UA # 31.

129 Claus Jacobi, *50 Jahre Axel Springer Verlag* (1996), S. 92.

130 Axel Springer an Johannes Christoph Besch, 7. 10. 1961, AS-UA # 23.

131 Will Tremper, *Große Klappe. Meine Filmjahre* (Berlin: Rütten & Loening, 1998), S. 78.

132 Undatierter Vermerk von Ernst Cramer, AS-UA # 23.

133 Axel Springer an von Brentano, 29. 7. 1961, AS-UA # 23.

134 Axel Springer an Gerstenmaier, 1. 7. 1961, AS-UA # 23.

135 Peter Merseburger, *Willy Brandt. 1913–1992. Visionär und Realist* (Stuttgart: DVA, 1992), S. 393 f.

136 Claus Jacobi an Axel Springer, 16. 7. 1982, AS-UA, Bestand Jacobi, mit Abschrift des Berichts der Quelle V 610 (veröffentlicht in *Welt am Sonntag*, 8. 8. 1982).

137 Axel Springer an Henry Kissinger, 2. 6. 1982. Die folgende Darstellung beruht auf dem detaillierten Brief an Kissinger.

138 George Bailey, »Nichts ist dümmer als ein toter Millionär«, in: *Wirtschaftswoche*, 3. 8. 1973, S. 24.

139 Sebastian Haffner, »Noch einmal davongekommen?«, in: *Die Welt*, 15. 8. 1961.

140 Axel Springer an Adenauer, 15. 8. 1961, AS-UA # 23.

141 Adenauer an Axel Springer, in: *Adenauer. Briefe 1959–1961. Rhöndorfer Ausgabe* (Paderborn: Ferdinand Schöningh, 2004), S. 312.

142 Axel Springer an Adenauer, 16. 8. 1961, AS-UA # 23.

143 Adam Vollhardt an Axel Springer, 20. 8. 1974, AS-UA # 23.

144 Adenauer an Axel Springer, 10. 5. 1962, AS-UA # 24.

145 Axel Springer an Henry Kissinger, 2. 6. 1982, AS-UA. – Axel Springer an Hermann Kreutzer, 19. 11. 1984, AS-UA.

146 Aleksandr Fursenko/Timothy Naftali, *Khrushchev's Cold War. The Inside Story of an American Adversary* (New York: W. W. Norton, 2006), S. 382.

147 Aktennotiz Arnings über ein Telefonat mit K.-H. Hagen, 20. 12. 1961, AS-UA # 31.

148 *BILD*, 18. 8. 1962.
149 *BILD*, 25. 8. 1962.
150 Aide mémoire, 25. 8. 1962, AS-UA # 38.
151 ASV-Redaktioneller Beirat-Geschäftsführung. Protokoll eines Gesprächs über die Marktanalyse der *Welt,* 11. 1. 1966, 19:00, im Zimmer von Herrn Springer, AS-UA # 99.
152 Herbert Kremp, »Entschlossen dem Zeit-Trend entgegen«, in: *Rheinische Post*, 2. 4. 1996.
153 Gert von Paczensky, »AS befahl die Schwenkung«, in: *Der Spiegel*, 20. 11. 1967, S. 66.
154 Hans Zehrer an Axel Springer, 29. 5. 1960, AS-UA # 185.
155 Axel Springer an Hans Zehrer, 21. 5. 1958, AS-UA # 40.
156 Axel Springer an Hans Zehrer, 5. 6. 1958, AS-UA # 40.
157 Hausmitteilung/Aktennotiz von Arning an Springer, 20. 1. 1961, AS-UA, Bestand Servatius.
158 Hans Eberhard Friedrich an Axel Springer, 3. 3. 1955, AS-UA # 16.
159 Axel Springer an Hans Eberhard Friedrich, 7. 3. 1955, AS-UA # 16.
160 Ernst Cramer im Gespräch mit dem Verf., 12. 7. 2004.
161 Erich Kuby, *Das ist des Deutschen Vaterland. 70 Millionen in zwei Wartesälen* (Stuttgart: Henry Goverts Verlag, 1957).
162 Erich Kuby, *Mein ärgerliches Vaterland* (Berlin: Verlag Volk und Welt, 1990), S. 188 ff.
163 Dieter Schröder, *Augstein* (München: Siedler, 2004), S. 146–149.
164 Peter Merseburger, *Rudolf Augstein* (2007), S. 317.
165 Paul Sethe an Axel Springer, 2. 5. 1960, AS-UA # 22.
166 Axel Springer an Paul Sethe, 4. 5. 1960, AS-UA # 22.
167 Hans Zehrer an Joachim Besser, 20. 6. 1960, AS-UA # 185.
168 Uwe Soukoup, *Ich bin nun mal Deutscher – Sebastian Haffner. Eine Biographie* (Frankfurt/M.: Fischer Taschenbuch 15642, 2003 <2001>), S. 211.
169 Aleksandr Fursenko/Timothy Naftali, *Khrushchev's Cold War. The Inside Story of an American Adversary* (New York: W. W. Norton, 2006), S. 440–444, 450 f., 459 f.
170 Sebastian Haffner an Axel Springer, 13. 8. 1959, AS-UA # 35.
171 Dazu Uwe Soukoup, *Ich bin nun mal Deutscher – Sebastian Haffner. Eine Biographie* (Frankfurt/M.: Fischer Taschenbuch 15642, 2003 <2001>), S. 201–219.
172 Hans Zehrer an Axel Springer, 3. 12. 1962, BA Koblenz, NL Hans Zehrer, 311/23.
173 Hans Zehrer an Axel Springer, 26. 2. 1964, BA Koblenz, NL Hans Zehrer, 311/23.
174 Kaye Sely an Axel Springer, 4. 11. 1962, AS-UA # 201.
175 Axel Springer, 17. 11. 1962, AS-UA # 201.
176 Axel Springer an Otto A. Friedrich, 10. 4. 1963, AS-UA # 35.
177 Hans Zehrer an Axel Springer, 17. 10. 1963, BA Koblenz, NL Hans Zehrer, 311/27.

178 Hans Zehrer an Axel Springer, 17. 10. 1963, BA Koblenz, NL Zehrer, 311/23.
179 Tagebuch Hans Zehrer, Eintrag vom 16. 9. 1964, Staatsbibliothek zu Berlin, Handschriftensammlung 133.
180 »Olympia«, in: *Der Spiegel,* 34/1960.
181 Axel Springer an Rosemarie Springer, 8. 5. 1980, AS-UA # 52.
182 Axel Springer an Hans Zehrer, 5. 3. 1965, BA Koblenz, NL Zehrer, 311/27.
183 Axel Springer an Hans Zehrer, 15. 3. 1966, BA Koblenz, NL Zehrer, 311/23.
184 Axel Springer an Erika Zehrer, 11. 8. 1966, BA Koblenz, NL Zehrer, 311/23.
185 Axel Springer, »Hans Zehrers Vermächtnis« (Grabrede am 29. 8. 1966), in: Axel Springer, *Von Berlin aus gesehen* (1972), S. 298.
186 Axel Springer an Georg Schröder, 9. 9. 1975, AS-UA # 248.
187 Paul Sethe, *In Wasser geschrieben. Porträts, Profile, Prognosen* (Frankfurt/M.: Verlag Heinrich Scheffler, 1968), S. 169 [= Leserbrief an den *Spiegel,* in: *Der Spiegel,* 19/1965].
188 Gert von Paczensky, »AS befahl die Schwenkung«, in: *Der Spiegel,* 20. 11. 1967, S. 65–70.
189 Gerd Bucerius an John Jahr und Richard Gruner, 17. 12. 1966, *Zeit*-Archiv, 32.
190 »Springer hatte genügenden Weitblick«, in: *Der Spiegel,* 12. 1. 1976.
191 Horst Mahnke an Axel Springer, 26. 8. 1965, AS-UA, Bestand Mahnke.
192 *BILD,* 23. 3. 1965.
193 Axel Springer an Konrad Adenauer, 4. 11. 1963, AS-UA # 24.
194 Axel Springer an Konrad Adenauer, 3. 5. 1963, AS-UA # 24.
195 Axel Springer im ZDF-Interview mit Gerhard Löwenthal, 2. 5. 1982, AS-UA.
196 Axel Springer an Franz Josef Strauß. Persönlich! 28. 11. 1961, AS-UA # 24. – Franz Josef Strauß an Axel Springer, 22. 12. 1961, AS-UA # 24.
197 Egon Bahr, *Zu meiner Zeit* (München: Karl Blessing Verlag, 1996), S. 163.
198 Axel Springer an Willy Brandt, 23. 2. 1964, Landesarchiv Berlin, B Rep. 002, Nr. 3285 Bd. I.
199 Jacques Schuster, *Heinrich Albertz. Der Mann, der mehrere Leben lebte. Eine Biographie* (Berlin: Alexander Fest Verlag, 1997), S. 70–94.
200 Rainer Barzel, »Ein Patriot«, in: Friede Springer (Hg.), *Axel Springer* (1986), S. 55 f.
201 Axel Springer an Jürgen Stange, 8. 10. 1975, AS-UA, Bestand Cramer.
202 Notiz, Oktober 1965, aber wohl später aufgezeichnet, AS-UA, NL Mahnke.
203 Florian Kain, *Das Privatfernsehen, der Axel Springer Verlag und die deutsche Presse* (2003), S. 121 f.
204 Leserbrief von Eberhard Günther, in: *Der Spiegel,* 5. 9. 1966.
205 Hans Zehrer, 7. 5. 1965, Tagebuch Hans Zehrer, 5. 3. 1964 – 7. 5. 1965, Staatsbibliothek Berlin. Handschriftensammlung 133.

206 »Berlin, 6.0ktober 1966«, in: Axel Springer, *Von Berlin aus gesehen* (1972), S. 30.
207 Rudolf Augstein, »Ave Cäsar«, in: *Der Spiegel,* 3. 10. 1966.
208 Ralf Dahrendorf, *Liberal und unabhängig* (2003), S. 178.
209 *Platow-Dienst,* 5. 6. 1959.
210 Gerd Bucerius an Axel Springer. Durch Boten!, 1. 2. 1960, AS-UA # 34.
211 »Nicht nett zueinander«, in: *Der Spiegel,* 7. 2. 1961, S. 80.
212 »Bauer schlägt Springer«, in: *Der Spiegel,* 14. 5. 1961, S. 86 f.
213 Christian Kracht an Axel Springer, Bericht zum Geschäftsjahr 1963, 9. 1. 1964, AS-UA, Bestand Kracht
214 Axel Springer, »Presse und Fernsehen«, Vortrag auf der Hauptversammlung des Bundesverbandes Deutscher Zeitungsverleger in München, 28. 6. 1961, AS-UA # 59.
215 Axel Springer, »Presse und Fernsehen«, in: Axel Springer, *Von Berlin aus gesehen* (1972), S. 189–199.
216 Axel Springer, »Über die Vormacht des Bildschirms«. Rede vor der DISTIPRESS, 20. 10. 1975, in: Axel Springer, *Aus Sorge um Deutschland* (1980); S. 251.
217 Ebenda, S. 248.
218 Die beste neuere Darstellung unter starker Berücksichtigung der Rolle Springers stammt von Florian Kain, *Das Privatfernsehen, der Axel Springer Verlag und die deutsche Presse. Die medienpolitische Debatte in den sechziger Jahren* (Münster: LIT Verlag, 2003). Siehe auch die entsprechende Skizze von Gerhard Naeher, *Axel Springer* (1992), S. 177–199.
219 Axel Springer an Ludwig Rosenberg, DGB-Vorsitzender, 19. 3. 1963, AS-UA # 24.
220 »Aus dem süßen Leben«, in: *Der Spiegel,* 7. 8. 1967, S. 36–45.
221 »Abteilung Pub.«, in: *Der Spiegel,* 17. 10. 1967, AS-UA # 71.
222 Christian Kracht an Hermann F. Arning. Persönlich, 22. 10. 1967, AS-UA # 71.
223 Josef-Müller Marein, »Der Meinungsmoloch«, in: *Die Zeit,* 1. 9. 1967.
224 Rudolf Augstein, »Edle Einfalt, schiere Größe«, in: *Der Spiegel,* 21. 8. 1967, S. 14.
225 Rudolf Augstein, »Lex Springer«, in: *Der Spiegel,* 1. 8. 1966, S. 10.
226 Geschäftsbericht für 1964 von Christian Kracht, AS-UA, Bestand Kracht.
227 Klaus Emmerich, »Deutschlands Pressekonzerne arbeiten auf Zeit«, 28. 7. 1965, in: *Die Presse,* Wien, S. 5.
228 Wolf Schneider, *Die Gruner + Jahr Story* (2001), S. 30.
229 »Stimmen verstummen«, in: *Der Spiegel,* 25. 9. 1967, S. 44.
230 Wolf Schneider, *Die Gruner + Jahr Story* (2001), S. 51.
231 Ebenda, S. 7.
232 Ralf Dahrendorf, *Liberal und unabhängig* (2003), S. 166–171.
233 Hermann Schreiber, *Henri Nannen* (2001), S. 299 f.
234 Gerd Bucerius an Christian Kracht. Vertraulich!, 6. 2. 1961, *Zeit*-Stiftung, NL Bucerius, 31.

235 Gerd Bucerius an Axel Springer, 21. 9. 1963, AS-UA # 34.
236 Johannes Scheer an Ebelin Bucerius, 31. 3. 1965, *Zeit*-Stiftung, NL Bucerius.
237 Wolf Schneider, *Die Gruner + Jahr Story* (2001), S. 10–15.
238 »Unterzeichnung im Gewitter«, in: *Der Spiegel*, 28/1965.
239 Klaus Emmerich, »Deutschlands Pressekonzerne arbeiten auf Zeit«, 28. 7. 1965, in: *Die Presse*, Wien, S. 5.
240 Wolf Schneider, *Die Gruner + Jahr Story* (2001), S. 18.
241 Hans Huffzky an John Jahr, 11. 5. 1966, *Zeit*-Stiftung, NL Bucerius, 32.
242 John Jahr an Gerd Bucerius und Richard Gruner, 11. 5. 1966, *Zeit*-Stiftung, NL Bucerius, 32.
243 John Jahr an Axel Springer, 12. 5. 1966, *Zeit*-Stiftung, NL Bucerius, 32.
244 Gerd Bucerius an Axel Springer, 13. 5. 1966, AS-UA # 71.
245 Der Name Augsteins wurde von ihm handschriftlich eingetragen, sodass Springer nicht erfuhr, dass der an die Partner gerichtete Brief auch an Augstein weitergegeben worden war.
246 Axel Springer an Gerd Bucerius, 17. 5. 1966, AS-UA # 34.
247 Axel Springer an John Jahr, 26. 5. 1966, *Zeit*-Stiftung, NL Bucerius, 32.
248 Gerd Bucerius an Axel Springer, 29. 8. 1966, *Zeit*-Stiftung, NL Bucerius, 31.
249 Axel Springer an Gerd Bucerius, 1. 9. 1966, *Zeit*-Stiftung, NL Bucerius, 31.
250 Rudolf Augstein, »Lex Springer«, in: *Der Spiegel,* 1. 8. 1966, S. 11.
251 Peter Merseburger, *Rudolf Augstein* (2007), S. 336.
252 Christian Kracht im Gespräch mit dem Verfasser, 29. 11. 2005.
253 Ansprache Axel Springers, Betriebsversammlung, 10. 10. 1967, AS-UA.
254 Rudolf Augstein, »Wechselnde Beziehungen«, in: Friede Springer (Hg.), *Axel Springer* (1986), S. 54.
255 John Jahr an Bucerius und Gruner, 9. 12. 1966, *Zeit*-Stiftung, NL Bucerius, 32.
256 Gerd Bucerius an John Jahr und Richard Gruner, 17. 12. 1966, *Zeit*-Stiftung, NL Bucerius, 32.
257 John Jahr an Bucerius, 22. 12. 1966, *Zeit*-Stiftung, NL Bucerius, 32.
258 Gerd Bucerius an John Jahr, 7. 9. 1967, *Zeit*-Stiftung, NL Bucerius, 32.
259 Axel Springer an Ruth Arndt, 17. 3. 1978, AS-UA # 326.
260 Wolf Jobst Siedler, »Preußens Auszug aus der Erinnerung« (1965), in: Wolf Jobst Siedler, *Weder Maas noch Memel. Ansichten vom beschädigten Deutschland* (Stuttgart: DVA, 1982), S. 50.
261 »Bernd Loosen sprach mit Axel Springer innerhalb der Serie ›Deutschlands erfolgreichste Männer‹«, in: *BUNTE Illustrierte*, 26. 10. 1966.
262 »Ein Mann beherrscht Millionen Deutsche«, in: *Civis,* April 1967.
263 Ernst Cramer im Gespräch mit dem Verf., 8. 2. 2005.
264 Barbara Taufar, *Die Rose von Jericho* (Wien: Edition S, 1994).
265 Der zweiteilige Film »Der Verleger«, in dem Springer nicht mit Namen genannt wird, wurde im Oktober 2001 an zwei Abenden ausgestrahlt.

266 Barbara Taufar, *Die Rose von Jericho* (Wien: Edition S, 1994), S. 85.
267 Gespräch von Ernst Cramer mit dem Verf., 27. 6. 2006.
268 Tom Segev, *1967. Israels zweite Geburt* (München: Siedler, 2007), S. 213 f.
269 David S. Landes, *Die Macht der Familie. Wirtschaftsdynastien in der Weltgeschichte* (München: Siedler, 2006), S. 220.
270 Ebenda, S. 11.
271 Claus Jacobi, *Der Verleger Axel Springer* (2005), S. 199.
272 Hermann Schreiber, *Henri Nannen* (2001), S. 320–325.
273 Inge Kloepfer, *Friede Springer* (2005), S. 51.
274 Claus Jacobi, *Der Verleger Axel Springer* (2005), S. 196.
275 Inge Kloepfer, *Friede Springer* (2005), S. 31, 49.
276 Michael Jürgs, *Der Fall Axel Springer* (1995), S. 218 f.
277 Der Kommandeur der 3. Panzer-Division an Axel Springer, 24. 8. 1961, AS-UA # 69.
278 Axel Springer an Funker Axel Springer, 9. 11. 1991, AS-UA # 69.
279 Axel Springer an Gefreiter Axel Springer, 7. 2. 1962, AS-UA # 69.
280 Michael Jürgs, *Der Fall Axel Springer* (1995), S. 218 f.
281 Henno Lohmeyer, *Springer* (1992), S. 305.
282 »So unverblümt«, in: *Der Spiegel*, 49/1964, S. 38.
283 Eduard Rhein, *Der Jahrhundertmann* (1990), S. 452–457.
284 Ebenda, S. 435.
285 Tagebuch Hans Zehrer, 7. 5. 1965. Staatsbibliothek zu Berlin. Handschriftensammlung, 133.

Im »roten Jahrzehnt«

1 Überschrift nach dem Titel von Gerd Koenen, *Das rote Jahrzehnt* (Köln: Kiepenheuer & Witsch, 2001).
2 »Nichts sehen, nichts hören«, in: *Der Spiegel*, 15. 7. 1968, S. 30.
3 Mitteilung von Friede Springer, 2. 11. 2007.
4 Georges Sorel, *Über die Gewalt* (Frankfurt/M.: Suhrkamp Verlag, 1969 <1906>), S. 341.
5 Gerd Koenen, *Das rote Jahrzehnt* (2001), S. 38.
6 Johano Strasser, *Als wir noch Götter waren im Mai. Erinnerungen* (München: Pendo Verlag, 2007).
7 Gretchen Dutschke, *Rudi Dutschke. »Wir hatten ein barbarisches, schönes Leben.« Eine Biographie* (Köln: Kiepenheuer & Witsch, 1996).
8 Gerd Koenen, *Das rote Jahrzehnt* (2001), S. 37.
9 »Viel Lärm um ein Zeitungshaus«, Rede Axel Springer im Hamburger Übersee-Club, 26. 10. 1967, in: Axel Springer: *Von Berlin aus gesehen* (1972), S. 152.
10 »Die These von der Enteignung des SPRINGER-Verlages. Ihr Ursprung und ihre Wirkung«, Juli 1967, AS-UA, NL Mahnke.
11 Walter Ulbricht, Rede vor dem ZK am 21. 4. 1966, NL Walter Ulbricht, Reden und Aufsätze 1966, BA Berlin, N4 4182/733.

12 Rudolf Augstein, »Lex Springer«, in: *Der Spiegel*, 1.8.1966.
13 Interview mit Rudi Dutschke »Wir fordern die Enteignung Axel Springers«, in: *Der Spiegel*, 10.7.1967, S. 29–33.
14 »Die These von der Enteignung des SPRINGER-Verlages. Ihr Ursprung und ihre Wirkung«, Juli 1967, AS-UA, NL Mahnke.
15 Hubertus Knabe, *Die unterwanderte Republik* (2001), S. 182–233.
16 Betr.: Marktanalyse des Axel Springer-Verlags über die Perspektiven der Westberliner Presse. Eingang 14.12.1954, Streng geheim!, BStU, MfS HA XX.
17 Einzelinformation Nr. 2932, 24.12.1957, BStU, MfS HA XX.
18 Ministerium f. Auswärtige Angelegenheiten an Ersten Sekretär des ZK der SED Walter Ulbricht, 19.2.1958. In Anlage »Niederschrift der vertraulichen Unterredung N. S. Chruschtschows mit den westdeutschen Pressevertretern A. Springer und H. Zehrer«, 29.1.1958, Bestand ZK der SED – Büro Walter Ulbricht, D4 30–3497.
19 Einzelinformation Nr. 3262, 1.3.1958, Streng geheim!, BStU, MfS HA XX Nr. 11090.
20 BstU, MfS-HA XX I AKG Nr. 5871.
21 »Betr.: Maßnahmen gegen Springer-Konzern«, 2.2.1961, BStU, MfS HA XX Nr. 11090.
22 Informationsbericht über den Axel-Springer-Verlagskonzern, Hauptsitz Hamburg, 1.11.1962, BStU, MfS HA II/13 (SOU »Sumpf«).
23 Oberstltn. Halle, Leiter der Abteilung Agitation an Genossen Minister, betr.: Material über Springer-Konzern, mit Anlagen: 2 Berichte, 6.11.1962, BStU, MfS ZAIG Nr. 10040, Teil 2 von 2.
24 *Hetzer, Fälscher, Meinungsmache. Axel-Springer-Pressekonzern der Ultras.* Herausgegeben vom Verband der Deutschen Journalisten, Berlin 1963, S. 78.
25 Franz Knipping, *Jeder vierte zahlt an Axel Cäsar* (Berlin: Rütten & Loening, 1963).
26 Juli 1966, BStU, MfS HA II/13.
27 Bericht des Genossen Kurt Wagner über seinen Einsatz vom 26.4. bis 5.5.1966 nach Nordrhein-Westfalen. Bestand der Westabteilung des ZK, BA Berlin, D4 30 IV AZ/10.02/38.
28 Albert Norden an Erich Mielke, 10.6.1966, mit Anlage: Fragen zu Springer, BStU, MfS ZAIG Nr. 10040 Teil 2 von 2.
29 Oberstlt. Kehl, Leiter der Abtlg.Agitation, an Genossen Minister, mit Anlage: Beantwortung von Fragen zu Springer, 16.6.1966, BStU, MfS ZAIG Nr. 10040, Teil 2 von 2.
30 Werner Lamberz an Walter Ulbricht, 21.2.1967, mit Anlage: Bericht von K.G. Egel vom 6.2.1967, BA Berlin, Bestand ZK der SED. Büro Walter Ulbricht, D4 30/3564.
31 Aktennotiz. Antispringerkampagne in Westdeutschland und Westberlin, mit Anlage: hdschr. Verlaufsprotokoll, 27.10.1967, BStU, Ersatzkopie, MfS ZAIG 10040.
32 Einzel-Information über geplante Maßnahmen gegen den Springer-Kon-

zern in Westdeutschland und Westberlin. Nr. 952/67. Streng vertraulich! 30.10.1967. BStU, Ersatzkopie, MfS ZAIG 10040. – Konzeption des Springer-Tribunals. Vorläufiger Entwurf (Oktober 1967), BStU, Ersatzkopie, MfS ZAIG 10040.

33 Peter Schneider (im Dokument geschwärzt) an das Innenministerium der DDR, 25.11.1967, BStU, Ersatzkopie, MfS ZAIG 10040.

34 Oberst Kistowski (HA VII) an Generalleutnant Beater, 14.12.1967, BStU, Ersatzkopie, MfS ZAIG, 10040.

35 Karl Georg Egel an Werner Lamberz, 22.3.1968, Bestand Abteilung Agitation des ZK, BA Berlin, D4 30 IVA2/902/70.

36 Werner Lamberz an Walter Ulbricht, 21.2.1967, mit Anlage: Bericht K.G. Egels, 6.2.1967, BA Berlin, Bestand des ZK der SED, Büro Walter Ulbricht, D4 30/3564.

37 Claus Dieter Nagel im Gespräch mit dem Verf., 22.8.2006.

38 Abteilung Agitation. Aktennotiz von Oberstlt. Hauck der Unterredung am 28.8.1968, BStU, MfS ZAIG, 10040, Teil 1 von 2.

39 »Dialog mit Axel Springer«, ZDF-Interview von Klaus Harpprecht, 8.2.1968, in: Axel Springer, *Von Berlin aus gesehen* (1972), S.266.

40 Axel Springer, »Ein Deutscher in Jerusalem«, Ansprache bei der Eröffnungsfeier der Bibliothek des Jüdischen Nationalmuseums, Jerusalem, 24.3.1969, in: Axel Springer, *Von Berlin aus gesehen* (1972), S.113 f.

41 Axel Springer, »Es darf nicht in Vergessenheit geraten«, Rede im Leo-Baeck-Institut am 27.4.1967, in: Axel Springer, *Von Berlin aus gesehen* (1972), S.120 f.

42 Axel Springer an Hella Rabinowitsch, 31.5.1982, AS-UA.

43 Das GVK mit Stern wurde am 17.4.1967 ausgestellt, offenbar aus Anlass des 55. Geburtstags von Axel Springer am 2.5.1967. – »Hohe Ernennung«, in: *B.Z., 2.6.1967.*

44 Mitteilung Ernst Cramers an den Verf., 5.7.2007.

45 Manfred Bissinger, »Die Axel-Springer-Story«, in: *Stern*, 12.11.1967.

46 Stichworte von Joachim Freyburg für das Fernsehinterview, 8.2.1968, AS-UA # 68.

47 Axel Springer, »Ein Deutscher in Jerusalem«, Ansprache zur Eröffnung der Bibliothek des Israel-Museums, Jerusalem, 24.3.1969, in: Axel Springer, *Von Berlin aus gesehen* (1972), S.115.

48 Mitteilung Ernst Cramers an den Verf., 5. 7. 2007.

49 Axel Springer, »Ein Deutscher in Jerusalem«, Ansprache zur Eröffnung der Bibliothek des Israel-Museums, Jerusalem, 24.3.1969, in: Axel Springer, *Von Berlin aus gesehen* (1972), S.116.

50 Hans Küng, *Umstrittene Wahrheit. Erinnerungen* (München: Piper, 2007), S.203.

51 *Jahrbuch der öffentlichen Meinung 1965–1967*, hg. von Elisabeth Noelle und Erich Peter Neumann (Allensbach: Verlag für Demoskopie, 1967), S.361.– *Jahrbuch der öffentlichen Meinung 1968–1973*, hg. von Elisabeth Noelle und Erich Peter Neumann (Allensbach: Verlag für Demoskopie, 1974), S.461.

52 Axel Springer an Reinhard Mohn, 3.6.1970, AS-UA # 56.
53 Gerd Bucerius an John Jahr sen. und Richard Gruner. Hausmitteilung, 2.3.1967, *Zeit*-Stiftung, NL Bucerius, 32.
54 Rudolf Augstein, »Lex Springer«, in: *Der Spiegel*, 1.8.1966.
55 Sebastian Haffner, »Nacht der langen Knüppel«, in: *Stern*, 25.6.1967.
56 John Jahr an Gerd Bucerius und Richard Gruner, 8.8.1967, *Zeit*-Stiftung, NL Bucerius, 32. – Gerd Bucerius an John Jahr und Richard Gruner. Fernschreiben, 14.8.1967, *Zeit*-Stiftung, NL Bucerius, 32.
57 Gemeint war die Günther-Kommission zur Untersuchung der Konzentration im Pressewesen.
58 Gerd Bucerius an Axel Springer, 18.7.1967, *Zeit*-Stiftung, NL Bucerius, 32.
59 Richard Gruner an Gerd Bucerius. Hausmitteilung, 3.8.1968, *Zeit*-Stiftung, NL-Bucerius, 28.
60 »Aus dem süßen Leben«, in: *Der Spiegel*, 7.8.1967.
61 Axel Springer, »Und nun auch noch Agentenchef«, in: *Die Zeit*, 18.8.1967, S.3.
62 Adam Vollhardt an Hans Bluhm, Hausmitteilung/Aktennotiz, 8.9.1967, AS-UA # 73.
63 »Abteilung Pub.«, in: *Der Spiegel*, 17.10.1967.
64 Josef Müller-Marein, »Axel Springers Fall«, in: *Die Zeit*, 25.8.1967.
65 Gerd Bucerius an John Jahr und Richard Gruner. Hausmitteilung, 14.8.1967, *Zeit*-Stiftung, NL Bucerius, 32.
66 Gerd Bucerius an John Jahr sen. Hausmitteilung, 2.9.1967, *Zeit*-Stiftung, NL Bucerius, 32.
67 John Jahr an Gerd Bucerius und Richard Gruner. Hausmitteilung, 7.9.1967, Zeit-Stiftung, NL Bucerius, 32.
68 Michael Jürgs, *Bürger Grass. Biographie eines deutschen Dichters* (München: Bertelsmann, 2002), S.213.
69 »Arnold Zweig: ›Das Leben in der DDR ist die Hölle.‹ SED-Kampagne gegen einen jüdischen Schriftsteller«, in: *Berliner Morgenpost*, 9.9.1967, S.1.
70 »Grass macht Front gegen Springer«, in: *Süddeutsche Zeitung*, 28.9.1967.
71 *BILD*, 28.9.1967.
72 »Sieben Verleger gegen Springer«, in: *Abendzeitung* (München), 14./15.10.1967.
73 Hermann Schreiber, *Henri Nannen* (2001), S.346.
74 Manfred Bissinger, »Die Axel-Springer-Story«, in: *Stern*, 12.11.1967.
75 Gerd Bucerius an Henri Nannen, 24.10.1967, *Zeit*-Stiftung, NL Bucerius, 31.
76 John Jahr an Gerd Bucerius, 30.10.1967, *Zeit*-Stiftung, NL Bucerius, 31.
77 John Jahr an Gerd Bucerius. Hausmitteilung, 13.11.1967, *Zeit*-Stiftung, NL Bucerius, 32.
78 Dr. Heinrich Senft, Schutzschrift in Sachen Axel Springer ..., 31.10.1967, *Zeit*-Stiftung, NL Bucerius, 31.

79 Redaktioneller Beirat. Geschäftsführung. Betr. *Stern*, Nr. 46/1967, 6. 11. 1967, AS-UA # 041.
80 John Jahr an Gerd Bucerius, 13. 11. 1967, *Zeit*-Stiftung, NL Bucerius, 32.
81 John Jahr an Henri Nannen, 6. 11. 1967, *Zeit*-Stiftung, NL Bucerius, 32.
82 Mitteilung des ASV an die Agenturen, 7. 11. 1967, AS-UA # 041. – Gert Kistenmacher, »Hickhack zwischen Springer und Stern«, in: *Süddeutsche Zeitung*, 8. 11. 1967.
83 Gerd Bucerius an John Jahr. Hausmitteilung, 10. 11. 1967, *Zeit*-Stiftung, NL Bucerius, 32.
84 Kress-Report, # 36/9. 11. 1967.
85 Christian Kracht an Gerd Bucerius. Hausmitteilung, 21. 11. 1967, AS-UA # 081.
86 John Jahr an Gerd Bucerius. Hausmitteilung, 13. 11. 1967, *Zeit*-Stiftung, NL Bucerius, 32.
87 Axel Springer an Karl Schiller, AS-UA # 79.
88 Wolf Schneider, *Die Gruner + Jahr Story* (2001), S. 51.
89 Karl-Heinz Hagen und Günter Prinz an Axel Springer, 28. 9. 1967, AS-UA # 071.
90 Wolf Schneider, *Die Gruner + Jahr-Story* (2001), S. 58 f.
91 »Dialog mit Axel Springer«. Springer im Gespräch mit Klaus Harpprecht, ZDF, 8. 2. 1968, in: Axel Springer, *Von Berlin aus gesehen* (1972), S. 266.
92 Wilhelm Backhaus, »Ich kann Milliarden machen. Ein Psychogramm Axel Springers«, in: *Der Spiegel,* 1. 1. 1968, S. 36.
93 Hans Dieter Müller, »Ich werde Deutschland wiedervereinigen, ob Sie es glauben oder nicht«. Geschichte und Analyse des Springer-Konzerns, in: *Der Spiegel,* 6 Folgen, 8. 1.–19. 2. 1968.
94 Stichworte für ein Fernsehinterview von Joachim Freyburg, 8. 2. 1968, AS-UA # 046.
95 Hans Dieter Müller, *Der Springer-Konzern* (1968).
96 Horst Mahnke, Betr.: Hans Dieter Müller: Der Springer-Konzern. Eine Großorganisation der Presse, AS-UA # 72.
97 Horst Mahnke an Axel Springer. Hausmitteilung/Aktennotiz, 24. 1. 1967, AS-UA # 72.
98 Gemeint war die Günther-Kommission.
99 Protokoll der konstituierenden Sitzung des Arbeitsstabes Axel Springer, 13. 12. 1967. Teilnehmer Axel Springer, Adam Vollhardt, Horst Mahnke, Rudolf Gothner, W. Joachim Freyburg, Günter Böddeker, AS-UA # 041. Dem Arbeitsstab gehörten künftig Böddeker, Ernst Cramer, Freyburg, Gothner, Vollhardt sowie ein Jurist an.
100 »Dialog mit Axel Springer«, ZDF-Interview mit Klaus Harpprecht, 8. 2. 1968, in: Axel Springer, *Von Berlin aus gesehen* (1972), S. 261–272.
101 Axel Springer an Hans Albert Kluthe, 27. 5. 1968, AS-UA # 44.
102 Technische Universität vom 11. 4. 1968, 20 Uhr. Tonbandaufnahme. AS-UA, Bestand Rechtsabteilung. Prozeß Horst Mahler, Sign.01-0002, Laufzeit: 1968.

103 Wolf Schneider, *Die Gruner+Jahr Story* (2001), S. 55.
104 Der Generalbundesanwalt an den Bundesminister der Justiz, betr.: Beteiligung der SDS-Gruppe Berlin an den Osterunruhen, 9. 9. 1968, AS-UA, Rechtsabteilung, Prozeß Mahler, Sign.01–0006, Laufzeit: 1968.
105 Axel Springer, »Symbol eines neuen Geistes in Deutschland«. Rede am 9. 4. 1968 an der Brandeis University, in: Axel Springer, *Von Berlin aus gesehen* (1972), S. 122–128.
106 Mitteilung Ernst Cramers an den Verf., 5. 7. 2007.
107 Peter Tamm im Gespräch mit dem Verf., 9. 6. 2006. – Henno Lohmeyer, *Springer* (1992), S. 333.
108 »Dialog mit Axel Springer«, ZDF-Interview mit Klaus Harpprecht, 8. 2. 1968, in: Axel Springer, *Von Berlin aus gesehen* (1972), S. 265.
109 Theo Sommer, »Die Vernunft blieb auf der Strecke«, in: *Die Zeit,* 19. 4. 1968.
110 In: *Die Zeit,* 11. 4. 1968.
111 Karl-Heinz Janssen/Haug von Kuenheim/Theo Sommer, *Die Zeit* (2006), S. 230.
112 *Der Spiegel*, 22. 4. 1968, S. 26.
113 Ebenda, S. 44 ff.
114 *Der Spiegel,* 29. 4. 1968.
115 »Gefahr für uns alle«, in: *Der Spiegel*, 6. 5. 1968, S. 42.
116 Rede von Axel Springer, 25. 4. 1968, AS-UA.
117 Ansprache Axel Springers auf einer Betriebsversammlung, 29. 10. 1967, AS-UA.
118 Mitteilung Christian Krachts an den Verf., 8. 10. 2007.
119 Axel Springer an Heinz Barth, 29. 4. 1968, AS-UA # 85.
120 Axel Springer an Pastor Wilhelm Hesse, 20. 9. 1968, AS-UA # 44.
121 H. A. Kluthe an Axel Springer, 15. 4. 1968, AS-UA # 092.
122 Wilhelm Giesen an Axel Springer. Telegramm, 20. 4. 1968, in: Axel Springer, *Von Berlin aus gesehen* (1980), S. 227.
123 Axel Springer an Kurt Georg Kiesinger, 25. 6. 1968, AS-UA # 093.
124 John Jahr an Axel Springer, 24. 4. 1968, AS-UA # 92.
125 Axel Springer an John Jahr, 10. 5. 1968, AS-UA # 92.
126 John Jahr an Axel Springer, 14. 5. 1968, AS-UA # 36.
127 »Der Springer-Verkauf«, in: *Der Spiegel,* 1. 7. 1968, S. 54.
128 John Jahr an Christian Kracht. Persönliches und vertrauliches Fernschreiben, 20. 6. 1968, *Zeit*-Stiftung, NL Bucerius, 32.
129 Gerd Bucerius an John Jahr sen. und Richard Gruner, 16. 6. 1968, *Zeit*-Stiftung, NL Bucerius, 32.
130 John Jahr an Richard Gruner. Hausmitteilung, 20. 6. 1968, *Zeit*-Stiftung, NL Bucerius, 32.
131 Gerd Bucerius an John Jahr sen. und Richard Gruner. Hausmitteilung, 24. 6. 1968, *Zeit*-Stiftung, NL Bucerius, 32.
132 *Der Presse-Beobachter,* 5. 7. 1968.
133 *Berliner Morgenpost,* 25. 6. 1968.

134 »Springer wechselt Geschäftsführer aus«, in: *Süddeutsche Zeitung*, 10.9.1968.
135 »Mit Springer verkracht«, D. Z., in: *Die Zeit*, 13.9.1968.
136 »Zar und Zimmermann«, in: *Der Spiegel*, 9.9.1968, S. 76.
137 Axel Springer an Cilly Schneider-Pass, 15.3.1968, AS-UA # 152.
138 Wolf Schneider, *Die Gruner + Jahr Story* (2001), S. 67.
139 Ebenda, S. 63.
140 Gedächtnis-Protokoll zu einem Gespräch über die *Bild-Zeitung* am 2. und 3.10.1968 in Kampen, AS-UA # 63.
141 Aktennotiz zu einem Gespräch über Situation und Zukunft der *Bild-Zeitung* am 20. und 21.6.1968 im Klenderhof.
142 Michael Jürgs, *Der Fall Axel Springer* (1995), S. 387 f.
143 Springer-Rede auf Betriebsfest, 7.12.1968, AS-UA.
144 Aktennotiz über ein Gespräch in New York, 16.4.1969, AS-UA, Bestand Kracht.
145 Christian Kracht an Axel Springer. Hausmitteilung/Aktennotiz, 31.1.1969, AS-UA, Bestand Kracht.
146 Undatierter Entwurf zum Gang der Verkaufsverhandlungen mit Springer, *Zeit*-Stiftung, NL Bucerius, 121.
147 Hermann Schreiber, *Henri Nannen* (2001), S. 354 ff. – Wolf Schneider, *Die Gruner + Jahr Story* (2001), S. 354–359.
148 Herbert Kremp an Axel Springer, 16.4.1973, AS-UA # 188.
149 Herbert Kremp im Gespräch mit dem Verf., 29.11.2005.
150 Christian Kracht, Aktennotiz über Gespräche über unternehmerische und finanzielle Überlegungen des Inhabers, 3.–13.6.1969, AS-UA, Bestand Kracht.
151 Wolf Schneider, *Die Gruner + Jahr Story* (2001), S. 68–72.
152 Inge Kloepfer, *Friede Springer* (2005), S. 82 ff.
153 Christian Kracht, Gedächtnisstütze, 15.10.1969, AS-UA, Bestand Kracht.
154 Axel Springer an Christian Kracht. Hausmitteilung/Aktennotiz, 18.12.1969, AS-UA, Bestand Kracht.
155 Verhandlungen des Deutschen Bundestages, 6. Wahlperiode, 28.10.1969, S. 21.
156 Axel Springer an Walter F. Blüchert, 23.12.1969, AS-UA # 053.
157 Herbert Kremp, »Erst kommt der Machtkampf, dann die Moral. Gründe und Hintergründe des Streits Augstein-Springer«, in: *Rheinische Post*, 31.8.1967.
158 Herbert Kremp, Aktennotiz über Gespräch mit Axel Springer, 24.10.1968, Privatarchiv Herbert Kremp.
159 Herbert Kremp, Erklärung vor der Redaktion am 2.1.1969, AS-UA, Privatarchiv Herbert Kremp.
160 Zur rückblickenden Lagebeurteilung Kremps in den Jahren 1968/69 siehe Herbert Kremp, »Entschlossen dem Zeittrend entgegen«, in: *Welt am Sonntag*, 2.4.1996.
161 Axel Springer an Reinhard Mohn, 3.6.1970, AS-UA # 56.
162 Die folgende Darstellung stützt sich auf einen undatierten und unge-

zeichneten Entwurf aus dem Frühjahr 1970, der wahrscheinlich von Bucerius diktiert wurde und in dem sich der Gang der Verhandlungen mit Blick auf den Prozess zwischen dem Springer Verlag und dem *Stern* aus seiner Sicht skizziert findet, *Zeit*-Stiftung, NL Bucerius, 121.

163 Axel Springer an Reinhard Mohn, 3. 6. 1970, AS UA # 56.

164 Bescheinigung der Notare Alfred de Chapeaurouge und Partner zum Vertrag vom 17. 2. 1970, § 6: Vorkaufsrecht des Käufers; § 7: Verpflichtung der Erben des Verkäufers, 12. 3. 1970, AS-UA # 215.

165 Mitteilung Tamms, 23. 2. 1970, AS-UA # 128.

166 Mitteilung Tamms, 24. 2. 1970, AS-UA # 215.

167 Entwurf aus dem Frühjahr 1970, *Zeit*-Archiv, Nr. 123.

168 Wörtliche Zitate aus der Gegendarstellung Springers, 26. 2. 1970, AS-UA # 215.

169 Axel Springer, Eidesstattliche Versicherung, 24. 2. 1970, AS-UA # 215.– Christian Kracht, Eidesstattliche Versicherung, 25. 2. 1970, AS-UA # 215.

170 »Ausverkauf III: Die Geheimnisse des Axel Cäsar Springer« in: *Stern*, 1. 3. 1970.

171 Ungezeichnete Notiz »An Bissinger«, 6. 3. 1970, *Zeit*-Stiftung, NL Bucerius, 123.

172 Gerd Bucerius an Henri Nannen, 3. 3. 1970, *Zeit*-Stiftung, NL Bucerius, 123.

173 Axel Springer an Reinhard Mohn, 3. 6. 1970, AS-UA # 054.

174 Werner Dähnhardt (Deutschland-Redaktion *Der Spiegel*) an Gerd Bucerius, 7. 4. 1970, *Zeit*-Stiftung, NL Bucerius, 121.

175 Gerd Bucerius an Werner Dähnhardt, 7. 4. 1970, *Zeit*-Stiftung, NL Bucerius, 121.

176 Aktennotiz über eine Unterredung mit Springer am 2. 3. 1970, AS-UA # 215.

177 Ebenda.

178 Reinhard Mohn an Axel Springer, 10. 3. 1970, AS-UA # 128.

179 Manfred Köhnlechner an Axel Springer, 2. 4. 1970, AS-UA # 128.

180 Wolf Schneider, *Die Gruner + Jahr Story* (2001), S. 81 f.

181 Axel Springer an Reinhard Mohn, 3. 6. 1970, AS-UA # 56.

182 Peter Tamm im Gespräch mit dem Verf., 9. 6. 2006.

183 Axel Springer an Otto Freiherr von Sass, 26. 7. 1970, AS-UA # 130.

184 Axel Springer an Xiel Federmann, 27. 7. 1970.

185 Bernhard Servatius im Gespräch mit dem Verf., 31. 7. 2006.

186 Axel Springer an Peter Boenisch, 30. 4. 1970, AS-UA, NL Boenisch.

187 Eberhard von Brauchitsch, *Der Preis des Schweigens* (1999), S. 165–168.

188 Bernhard Servatius im Gespräch mit dem Verf., 6. 6. 2006.

189 »Mit ›Bild‹ weiter als Kolumnen-Schreiber verbunden«, K. B., in: *FAZ*, 8. 2. 1971.

190 Bernhard Servatius im Gespräch mit dem Verf., 6. 6. 2006.

191 Claus Jacobi, *Der Verleger Axel Springer* (2005), S. 245.

192 Eberhard von Brauchitsch, *Der Preis des Schweigens* (1999), S. 174 f.

193 Bernhard Servatius im Gespräch mit dem Verf., 6. 6. 2006.
194 Memo Ernst Cramers über die Gespräche mit Dow Jones, 6.–9. 8. 1973, Bestand Ernst Cramer, Wall Street Journal/Dow Jones 1973/74.
195 Peter Boenisch an Ernst Cramer, 18. 1. 1974, Bestand Ernst Cramer, Wall Street Journal/Dow Jones 1973/74.
196 Gerd Bacher an Ernst Cramer, 29. 7. 1977, AS-UA, Bestand Servatius.
197 Gerd Naeher, *Axel Springer* (1991), S. 380. Naeher kannte das Personal und die Dossiers. 1966–1981 war er als Redakteur und Chef vom Dienst der *Welt* in Hamburg und in Berlin tätig, 1982–1984 Direktor des Geschäftsführungsbereiches Neue Medien und Beteiligungen, danach weiter bei den Fernseh-Aktivitäten der Axel Springer Verlag AG.
198 John Goshko, »Der (Henry) Luce von Deutschland«, in: *Washington Post*, 22. 4. 1973 (Übers. ins Deutsche, Verlegerbüro, 8. 5. 1973), AS-UA, NL Boenisch.
199 Bundeskanzler Brandt, Sten. Protokolle des Deutschen Bundestags, 32. Sitzung des 6. Bundestages, 20. 2. 1970, S. 1477 f.
200 Hans Habe an Axel Springer, 4. 4. 1971, AS-UA # 680.
201 Axel Springer an Heinz Ruhnau, 5. 11. 1972, AS-UA # 220.
202 »Einige Tage im Leben des Axel Springer«, Dialogausschnitte aus dem Fernsehfilm mit Renate Harpprecht, ausgestrahlt am 22. 6. 1970, in: Axel Springer, *Von Berlin aus gesehen* (1972), S. 286.
203 Axel Springer an Otto Siemer, 25. 12. 1969, AS-UA # 108.
204 Axel Springer, »Die unveränderten Ziele des Kremls«, Rede vor der Deutschen Atlantischen Gesellschaft in Stuttgart, 7. 3. 1972, in: Axel Springer, *Aus Sorge um Deutschland* (1980), S. 127.
205 Gerhard Naeher, *Axel Springer* (1991), S. 311.
206 Axel Springer an Hans Habe, 28. 12. 1971, AS-UA # 680.
207 Axel Springer an Hans Habe, 8. 11. 1971, AS-UA # 680.
208 John Goshko, »Der (Henry) Luce von Deutschland«, in: *Washington Post*, 22. 4. 1973 (Übers. ins Deutsche, Verlegerbüro, 8. 5. 1973), AS-UA # 680.
209 Axel Springer an Klaus Schütz, 6. 12. 1969, AS-UA # 108.
210 Axel Springer, »Die unveränderten Ziele des Kremls«, Rede vor der Deutschen Atlantischen Gesellschaft, 7. 3. 1972, in: Axel Springer, *Aus Sorge um Deutschland* (1980), S. 128.
211 »Einige Tage im Leben des Axel Springer«, Dialogausschnitte eines Gesprächs mit Renate Harpprecht aus dem Material eines Fernsehfilms, gesendet am 22. 6. 1970, in: Axel Springer, *Von Berlin aus gesehen* (1972), S. 286.
212 Axel Springer, Grußadresse an Präsident Carter in der *Welt*, 14. 7. 1978, in: Axel Springer, *Aus Sorge um Deutschland* (1980), S. 107 f.
213 Axel Springer an Frau »Baby« Funke, 3. 11. 1970, AS-UA # 055.
214 Axel Springer an Egon Bahr, 25. 12. 1969, AS-UA # 223.
215 Egon Bahr an Axel Springer, 30. 12. 1969, AS-UA # 34.
216 Axel Springer, »Von Überläufern, Mitläufern und Leerläufern«, Ansprache vor deutschen Buch-, Zeitungs- und Zeitschriftengrossisten in

Lindau, 29.9.1972, in: Axel Springer, *Aus Sorge um Deutschland* (1980), S. 54.

217 Axel Springer, »Die unveränderten Ziele des Kremls«, Rede vor der Deutschen Atlantischen Gesellschaft, 7.3.1972, in: Axel Springer, *Aus Sorge um Deutschland* (1980), S. 128.

218 Ernst Cramer an Axel Springer, 22.11.1970, AS-UA # 113.

219 Axel Springer an Johann B. Gradl, 8.11.1971, AS-UA # 150.

220 Axel Springer, »Pax americana oder pax sovietica«, Rede im National Press Club, Washington, 26.10.1971, in: Axel Springer, *Von Berlin aus gesehen* (1972), S. 305.

221 Axel Springer an Klaus Schütz, 6.12.1969, AS-UA # 108.

222 Axel Springer an Herbert Kremp, 27.8.1980, AS-UA.

223 Axel Springer an Peter Boenisch, 8.3.1979, AS-UA, NL Boenisch.

224 Axel Springer, »25 Jahre – nur ein kurzer Seufzer der Geschichte«, Rede im »Haus der ostdeutschen Heimat« in Berlin, 5.9.1970, in: Axel Springer, *Von Berlin aus gesehen* (1970), S. 43, 45.

225 Axel Springer an Klaus Besser, 21.3.1973, AS-UA # 192.

226 Axel Springer an Renate Harpprecht, 31.7.1970, AS-UA # 129.

227 »Im Hintergrund Musik vom Alten Fritz«. *Spiegel*-Interview mit Renate Harpprecht, in: *Der Spiegel,* 20.7.1970.

228 Leserbrief von Renate Harpprecht, in: *konkret,* 25.3.1971.

229 Hans Habe, »Die Parforcejagd auf Axel Springer. Ein offener Brief von Hans Habe an den Verleger«, in: *Die Welt,* 27.12.1967.

230 Hans Habe an Axel Springer, 4.4.1971, AS-UA # 680.

231 Claus Jacobi an Dr. Oehl, 16.12.1971, AS-UA, Bestand Jacobi.

232 Axel Springer an Hans Habe, 24.5.1971, AS-UA # 680.

233 Hans Habe an Axel Springer, 1.6.1971, AS-UA # 680.

234 Aktennotiz von Ernst J. Cramer über ein Gespräch mit Hans Habe in Ascona am 9./10.9.1971, AS-UA # 134.

235 Hermann Schreiber, *Henri Nannen* (2001), S. 277.

236 Hans Habe an Peter Tamm, 23.10.1971, AS-UA # 680.

237 J. Seelmaecker an Axel Springer, 20.12.1971, undatierte Anlage betr. Jacobi/Gruner-Magazin-Planung, AS-UA, Bestand Jacobi.

238 Axel Springer an Hans Habe, 8.11.1971, AS-UA # 680.

239 Hans Habe an Peter Tamm, 23.10.1971, AS-UA # 680.

240 Axel Springer an Hans Habe, 29.12.1971, AS-UA # 680.

241 Axel Springer an Ulrich Frank-Planitz, Chefredakteur von *Christ und Welt*, 8.9.1970, AS-UA # 128.

242 *Der Spiegel,* 18.9.1972, S. 3.

243 Axel Springer an Herbert Kremp, 18.9.1971, AS-UA # 151.

244 Axel Springer an Herbert Kremp, 29.5.1970, AS-UA # 054.

245 Axel Springer an Herbert Kremp, 31.8.1969, AS-UA # 98.

246 Axel Springer an Herbert Kremp, 15.6.1970, AS-UA # 054.

247 Axel Springer an Herbert Kremp, 23.6.1970. – Axel Springer an Herbert Kremp. 18.9.1971, AS-UA # 135.

248 Axel Springer an Herbert Kremp, 3.1.1973, AS-UA # 188.

249 Axel Springer an Herbert Kremp, 9. 11. 1970, AS-UA # 054.
250 Axel Springer an Herbert Kremp, 18. 9. 1971, AS-UA # 135.
251 Herbert Kremp an den Verf., 5. 4. 2006.
252 Herbert Kremp im Gespräch mit dem Verf., 29.11. 2005.
253 Axel Springer an Peter Boenisch, 21. 12. 1960, AS-UA, NL Boenisch.
254 Mariam Lau, »Von ›Gegenöffentlichkeit‹ und Mainstream«, in: Matthias Döpfner (Hg.), *Axel Springer. Neue Blicke auf den Verleger* (2005), S. 98.
255 Peter Tamm an Axel Springer, Weihnachten 1972, AS-UA # 161.
256 Herbert Kremp an den Verf., 24. 3. 2006.
257 Axel Springer an Herbert Hupka, 29. 2. 1972, AS-UA # 177.
258 Ernst J. Cramer an Axel Springer, 22. 11. 1970 (Abschrift), AS-UA # 113.
259 Stefan Aust, *Der Baader Meinhof Komplex* (München: Goldmann TB 12953, 1998), S. 246–248.
260 Stefan Aust, *Der Baader Meinhof Komplex* (München: Goldmann TB 12953, 1998), S. 246–248. – Butz Peters, *Tödlicher Irrtum. Die Geschichte der RAF* (Frankfurt/M: Fischer TB 17265, 2007), S. 289 ff.
261 Axel Springer, »Bomben im Hamburger Verlagshaus«, in: Axel Springer, *Aus Sorge um Deutschland* (1980), S. 213.
262 Axel Springer an Franz Josef Strauß, 29. 5. 1972, AS-UA # 179.
263 Claus Jacobi, »Axel Springer«, in: Lothar Gall (Hg.), *Die großen Deutschen unserer Epoche* (Berlin: Propyläen, 1995), S. 530 f.
264 Axel Springer, »Bomben im Hamburger Verlagshaus«, ZDF-Interview mit Gerhard Löwenthal, 24. 5. 1972, in: Axel Springer, *Aus Sorge um Deutschland* (1980), S. 217 f.
265 Axel Springer an Helga (»Mausi«) Springer, 26. 6. 1972, AS-UA # 48.
266 Rede Springers vor Redakteuren von *Bild am Sonntag* und *BILD*, 23. 11. 1972, AS-UA.
267 Axel Springer an Rainer Barzel, 11. 11. 1972, AS-UA # 175.
268 Friede Riewerts an Axel Springer, AS-UA # 48.
269 Axel Springer an Pastor Jobst Schöne, 8. 11. 1972, AS-UA # 179.
270 2. Rede Axel Springers vor Journalisten der *Berliner Morgenpost,* von *B. Z.* und von ASD, AS-UA.
271 Axel Springer zum Thema »Nach der Wahl« vor Redakteuren der *Welt* und der *Welt am Sonntag*, 21. 11. 1972, AS-UA.
272 Klaus Mehnert an Axel Springer, 20. 11. 1972, AS-UA # 169.
273 Axel Springer, Ansprache am 17. 12. 1972, AS-UA.
274 Axel Springer an Klaus Mehnert, 20. 12. 1972, AS-UA # 169.
275 Axel Springer an Pfarrer Horst Bannach, 29. 4. 1968, in: Axel Springer, *Von Berlin aus gesehen* (1972), S. 230–236.
276 Axel Springer an Martin Saller, 23. 1. 1969, in: Axel Springer, *Von Berlin aus gesehen* (1972), S. 236.
277 Axel Springer an Martin Saller, 12. 8. 1970, AS-UA # 053.
278 Axel Springer an Bischof Kurt Scharf, 31. 12. 1971, in: Axel Springer, *Von Berlin aus gesehen* (1972), S. 249.

279 Axel Springer an Superintendent Heinz Schladebach, 10. 8. 1970, AS-UA # 130.
280 Axel Springer an Günter Prinz, [?]. 2.1983, AS-UA.
281 Christopher Andrew/Wassili Mitrochin, *Das Schwarzbuch der KGB. Moskaus Kampf gegen den Westen* (Berlin: Propyläen, 1999), S. 397.
282 Ulrike Ackermann, *Sündenfall der Intellektuellen. Ein deutsch-französischer Streit von 1945 bis heute* (Stuttgart: Klett-Cotta, 2000), S. 147.
283 Alexander Solschenizyn, *Die Eiche und das Kalb. Skizzen aus dem literarischen Leben.* Vierter Nachtrag, Juni 1974 (Darmstadt: Luchterhand, 1974), S. 470.
284 Reinhard Lauer, *Geschichte der russischen Literatur. Von 1700 bis zur Gegenwart* (München: C. H. Beck, 2000), S. 833. – Wolfgang Kasack, *Die russische Schriftsteller-Emigration im 20. Jahrhundert. Beiträge zur Geschichte, den Autoren und ihren Werken* (München: Sagner, 1996).
285 George Bailey, *Verbindungsmann* (2002), S. 271.
286 Carl Heinrich Seebach, *Schierensee* (1981), S. 124, 130, 226.
287 Axel Springer, »Die Freiheit ist kein Märchen«, Interview für *Kontinent*, in: Axel Springer, *Aus Sorge um Deutschland* (1980), S. 339.
288 Golo Mann an Marion Gräfin Dönhoff, 21. 6. 1980, in: Tilmann Lahme/Kathrin Lüssi (Hg.), *Golo Mann. Briefe 1932–1992* (Göttingen: Wallstein Verlag, 2006), S. 266.
289 Axel Springer an Alexander Solschenizyn, 29. 3. 1974, AS-UA # 223.
290 George Bailey, *Verbindungsmann* (2002), S. 271.
291 Alexander Solschenizyn, »Geleitwort zur ersten Ausgabe«, in: *Kontinent* 1 (Frankfurt/Main: Ullstein, 1974), S. 5.
292 Herausgeber-Vertrag (Entwurf), AS-UA # 244.
293 Christopher Andrew/Wassili Mitrochin, *Das Schwarzbuch des KGB. Moskaus Kampf gegen den Westen* (Berlin: Propyläen, 1999), S. 413 f.
294 Günter Grass, »Offener Brief an Andrej Sinjawskij und Alexander Solschenizyn«, in: *Süddeutsche Zeitung*, 2. 10. 1974.
295 Heinrich Böll, *Die verlorene Ehre der Katharina Blum, oder: Wie Gewalt entsteht und wohin sie führen kann. Erzählung* (Köln: Kiepenheuer & Witsch, 1974).
296 Zur Zürcher Pressekonferenz im Herbst 1974 siehe Michael Scammel, *Solshenitsyn. A Biography* (New York: W. W. Norton, 1984), S. 898. – Claus Jacobi, *Der Verleger Axel Springer* (2005), S. 265.
297 Reinhard Lauer, *Geschichte der russischen Literatur. Von 1700 bis zur Gegenwart* (München: C. H. Beck, 2000), S. 840.
298 Ernst Cramer an Joachim W. Freyburg, 13. 9. 1983, AS-UA.
299 Axel Springer an Walter Stoessel, 31. 1. 1981, AS-UA.
300 George Bailey, *Verbindungsmann* (2002), S. 273.
301 Axel Springer an »Slava« Rostropowitsch, 18. 6. 1981, AS-UA.
302 George Bailey, *Verbindungsmann* (2002), S. 275–279.
303 George Bailey, »Helfer der Dissidenten«, in: Friede Springer (Hg.), *Die Freunde dem Freund* (1986), S. 143.

304 Mstislaw Rostropowitsch, »Unvergessliche Gespräche«, in: Friede Springer (Hg.), *Die Freunde dem Freund* (1986), S. 151.
305 Axel Springer an Asher Ben-Nathan, 19. 7. 1973, AS-UA # 192.
306 Axel Springer an Helmut Kohl. Persönlich-vertraulich, 27. 11. 1972, AS-UA # 177.
307 Axel Springer an Mira Avrech, 29. 3. 1973, AS-UA # 191.
308 Axel Springer an Franz Burda, 7. 3. 1973, AS-UA # 193.
309 Herbert Kremp an Axel Springer, 16. 4. 1973, AS-UA # 188.
310 Helmut Schmidt an Axel Springer. Persönlich, 29. 8. 1974, AS-UA # 223.
311 Hans-Dietrich Genscher an Axel Springer (undatiert), AS-UA # 220.
312 Axel Springer an Hans-Dietrich Genscher. Privat, 9. 1. 1974, AS-UA # 220.
313 Herbert Kremp an Axel Springer, 1. 2. 1973, AS-UA # 188.
314 Aktennotiz. Gespräch Springers mit Ludwig Erhard am 27. 11. 1972, 28. 11. 1972, AS-UA, NL Boenisch.
315 Hans-Erich Bilges an Herbert Kremp, 13. 9. 1973, AS-UA # 188.
316 Herbert Kremp an Axel Springer, 11. 1. 1973 (Eingangsdatum), AS-UA # 188.
317 Herbert Kremp an Axel Springer, 3. 4. 1973, AS-UA # 188.
318 Herbert Kremp an Axel Springer, 31. 7. 1973, AS-UA # 188.
319 Herbert Kremp an Axel Springer, AS-UA # 188.
320 Ebenda.
321 Information, 28. 9. 1974, AS-UA # 219.
322 Axel Springer an Kurt Biedenkopf, 3. 12. 1974, AS-UA # 251.
323 Axel Springer an Kurt Biedenkopf. Persönlich, 18,1.1975, AS-UA # 248.
324 Axel Springer an Roman Legien, 21. 1. 1975, AS-UA # 248.
325 Axel Springer an Herbert Kremp. Persönlich, AS-UA # 248.
326 Axel Springer an Hans Filbinger, 5. 4. 1976, AS-UA # 275.
327 Axel Springer an Claus Jacobi, AS-UA # 049.
328 Axel Springer an Ruth Sely, 28. 8. 1981, AS-UA.
329 Axel Springer an Henry Kissinger, 28. 12. 1980, AS-UA, Bestand Jacobi.
330 Joachim Feyerabend an Axel Springer, 18. 9. 1973, AS-UA # 195.
331 Exposé von Julius Hollos, Probleme der *Welt* Redaktion, AS-UA # 84.
332 Axel Springer an Peter Tamm, AS-UA, Bestand Cramer.
333 Hans Habe an Axel Springer, 5. 4. 1971, AS-UA # 680.
334 Wolf Schneider an Axel Springer, 24. 2. 1974, AS-UA # 268.
335 Pressemitteilung Peter Tamm, 22. 9. 1973, AS-UA # 188.
336 Wolf Schneider an Ernst Cramer, 24. 2. 1974, AS-UA # 268.
337 Fotokopie aus Bestand AS, 3. 7. 1974, 30. 7. 1974, AS-UA, NL Adler.
338 Axel Springer an Peter Tamm, 12. 4. 1974, AS-UA, NL Boenisch.
339 Matthias Walden an Axel Springer, 7. 2. 1974, AS-UA # 223.
340 Axel Springer an Peter Tamm, 12. 4. 1974, AS-UA, NL Boenisch.
341 Herbert Kremp an Axel Springer, 24. 7. 1974, AS-UA # 266.
342 Wolf Schneider, *Die Gruner + Jahr Story* (2001), S. 246–249.
343 Zusammengehen *Welt/FAZ*. Stichworte für das Gespräch am 30. 10. 1974 in Frankfurt, AS-UA, NL Adler.

344 Protokoll über ein 2. Gespräch mit der *FAZ*, 30.10.1974 in Frankfurt, AS- UA, NL Adler.
345 Protokoll über ein 3. Gespräch mit der *FAZ*, 5.11.1974, AS-UA, NL Adler.
346 Mitteilung der Abteilung Information, 30.12.1974, AS-UA # 266.
347 Ansprache Axel Springers in den neuen Redaktionsräumen der *Welt* in Bonn (Endgültige Fassung), 22.5.1975, AS-UA.
348 Axel Springer an Claus Jacobi, 16.9.1975, AS-UA # 243.
349 Mitteilung Herbert Kremps an den Verf., 8.2.2006.
350 Thema *Welt/FAZ*, 28.1.1976, AS-UA, NL Adler.
351 Vertragsentwurf, 6.2.1976, AS-UA, NL Adler.
352 Thema *Welt/FAZ*, 28.1.1976, AS-UA, NL Adler.
353 Adolf Lanninger, »Der Start in Essen«, in: *Die Ersten Jahre* (1962), S.42.
354 Thema *Welt/FAZ*, 28.1.1976, AS-UA, NL Adler.
355 Gedanken für eine Verlautbarung, 3.2.1976, AS-UA, NL Adler.
356 Gedanken zum Thema *Welt*, 4.2.1976, AS-UA, NL Adler.
357 Mitteilung Ernst Cramers an den Verf., 5.7.2007.
358 Axel Springer an Ernst Schneider, 13.2.1976, AS-UA, NL Adler.
359 Gernot Facius, »*Welt*-Kapitän in unruhigen Zeiten. Zum Tode von Ernst-Dietrich Adler«, in: *Die Welt*, 13.4.2007.
360 Herbert Kremp an Peter Tamm, 12.3.1976, AS-UA # 292.
361 Alexis de Tocqueville, *Über die Demokratie in Amerika*, 2. Teil von 1840 (Zürich: Manesse Verlag, 1987), S.201.
362 Mitteilung Christian Krachts an den Verf., 25.10.2007.
363 Bürgerschaft der Freien und Hansestadt Hamburg. 9. Wahlperiode. Schriftliche Kleine Anfrage des Abgeordneten Sachs (SPD), Drucksache 9/2789, 10.12.1980.
364 Axel Springer an Ruth Arndt, 17.3.1978, AS-UA # 343.
365 Carl-Heinrich Seebach, *Schierensee* (1981), S.72 f., 207.
366 Oskar Fischer an Erich Mielke, 8.5.1980, BStU, Information. Gruppe Springer 46176–46181. – 23.6.1980, Auskunftsbericht. Arbeitsgruppe XVII/1, 9.1.1981.
367 Axel Springer an Peter Schiwy, 10.7.1980, AS-UA # 56.
368 »Großes S«, in: *Der Spiegel*, 2.1.1968, S.34.
369 »Dialog mit Axel Springer«, ZDF-Interview mit Klaus Harpprecht, 8.2.1968, in: Axel Springer, *Von Berlin aus gesehen* (1972), S.265.
370 Axel Springer an Joseph Kaiser, 19.7.1974, AS-UA # 222.
371 Henrik Lungagnini, »Die Fayencensammlung«, in: Carl-Heinrich Seebach, *Schierensee* (1981), S.257–301.
372 Axel Springer an Joseph Kaiser, 19.7.1974, AS-UA # 222.
373 »Winters war für den Pressezaren der Bergsitz kaum zu erreichen«, in: *Frankfurter Rundschau, 8.1.1975,* AS-UA # 065.
374 Daniel de Roulet, *Ein Sonntag in den Bergen. Ein Bericht* (Zürich: Limmat Verlag, 2006).
375 *24 Heures,* 19./20.11.1977, AS-UA 065.
376 Axel Springer an John Silver, 22.3.1984, AS-UA.

377 Ebenda.
378 Axel Springer an Sibylle Blumenfeld, Weihnachten 1973, AS-UA # 192.
379 Axel Springer an Henry Kissinger. Vertraulich!, 28. 12. 1980, AS-UA, Bestand Jacobi.
380 Der folgende Bericht stützt sich auf ein Gespräch des Verf. mit Friede Springer, 6. 9. 2006. Siehe auch Inge Kloepfer, *Friede Springer* (2005), S. 115–121.
381 »Lorber-Gesellschaft«, in: *Die Religion in Geschichte und Gegenwart*, hg. von Kurt Galling (Tübingen: Mohr-Siebeck, 1960), Bd. IV, S. 450.
382 Axel Springer an Emmanuel Jungclaussen OSB, 13. 7. 1984, AS-UA.
383 Axel Springer an Pater Emmanuel Jungclaussen OSB, 24. 1. 1981, AS-UA.
384 »Dialog mit Axel Springer«, Axel Springer im Gespräch mit Klaus Harpprecht in der Sendung ZDF-»Dialog«, 8. 2. 1968, in: Axel Springer, *Von Berlin aus gesehen* (1972), S. 263.
385 H. A. Kluthe an Axel Springer, 15. 4. 1968, AS-UA # 92.
386 »Einige Tage im Leben des Axel Springer«, ARD-Interview Renate Harpprechts mit Axel Springer, 22. 6. 1970, in: Axel Springer, *Von Berlin aus gesehen* (1972), S. 286.
387 Axel Springer, »Hans Wallenberg, der Journalist«, Trauerrede auf Hans Wallenberg, 21. 4. 1977, in: Axel Springer, *Aus Sorge um Deutschland* (1980), S. 375.
388 Axel Springer, »Karl Andreas Voß, der Verleger«, Gedenkrede auf Karl Andreas Voss, 27. 4. 1977, in: Axel Springer, *Aus Sorge um Deutschland* (1980), S. 381.
389 Axel Springer, »Sie haben den Weg geebnet«, offener Brief zum 80. Geburtstag von Ludwig Erhard, *Die Welt*, 3. 2. 1977, in: Axel Springer, *Aus Sorge um Deutschland* (1980), S. 103 f.
390 Axel Springer, »Pierre Papst, der Freund«. Letzte Worte bei der Beisetzung von Pierre Pabst, 27. 6. 1977, in: Axel Springer, *Aus Sorge um Deutschland* (1980), S. 385 f.
391 Axel Springer an Frau »Baby« Funke, 21. 6. 1977, AS-UA # 050.
392 Jürgen Gottschlich, *Der Mann, der Jürgen Wallraff ist* (Köln: Kiepenheuer & Witsch, 2007), S. 177.
393 Axel Springer, »Hundert Jahre Ullstein«, Festrede, 9. 9. 1977, in: Axel Springer, *Aus Sorge um Deutschland* (1980), S. 277 f.
394 Gerd Bucerius an Axel Springer, 2. 12. 1974, AS-UA # 219.
395 Axel Springer an Gerd Bucerius, 12. 12. 1974, AS-UA # 219.
396 Axel Springer an Nicolaus Springer, 30. 11. 1978, AS-UA # 050.
397 Axel Springer an Nicolaus Springer, 9. 7. 1979, AS-UA # 051.
398 Inge Kloepfer, *Friede Springer* (2005), S. 95.
399 Jobst Schöne an Friede und Axel Springer, 14. 3. 1978, AS-UA # 050.
400 Axel Springer an Ellimann Jahr, 28. 10. 1984, AS-UA.
401 Axel Springer an Hulda Seidewinkel, 17. 11. 1984, AS-UA.

Lauter Abschiede

1 Claus Jacobi, *Der Verleger Axel Springer* (2005), S. 296.
2 Axel Springer an Pfarrer Johannes Kuhn, 18. 3. 1982, AS-UA. – Axel Springer an Gertrud Bail, 16. 9. 1982, AS-UA.
3 Axel Springer an Emmanuel Jungclaussen OSB, 1. 1. 1979, AS-UA.
4 Emmanuel Jungclaussen, *Aufrichtige Erzählungen eines russischen Pilgers*, Neuaufl. 1990.
5 Axel Springer an Emmanuel Jungclaussen, 1. 12. 1979, AS-UA.
6 Axel Springer an Emmanuel Jungclaussen, 24. 1. 1981, AS-UA.
7 Axel Springer an Ellimann Jahr, 20. 4. 1980, AS-UA.
8 Ernst Cramer an Peter Boenisch u. a., 28. 5. 1980, AS-UA.
9 Axel Springer an Ernst Albrecht, 9. 1. 1984, AS-UA.
10 Gerhard Naeher, *Axel Springer* (1991), S. 512–529.
11 Axel Springer an Erich Lüth, 18. 6. 1981, AS-UA.
12 Axel Springer im *Stern*-Interview, 5. 11. 1981.
13 Axel Springer an Annette Matthaes, 2. 5. 1983, AS-UA.
14 Axel Springer an Peter Boenisch, 24. 10. 1978, AS-UA, NL Boenisch.
15 Axel Springer an Marianne Strauß, 23. 7. 1979, AS-UA.
16 Axel Springer an Hella Rabinowitsch, 14. 11. 1980, AS-UA.
17 Axel Springer an Ruth Sely, 28. 8. 1981, AS-UA.
18 Friede Springer im Gespräch mit dem Verf., 6. 9. 2006.
19 Axel Springer an Nicolaus Springer, 16. 8. 1980, AS-UA # 051.
20 Axel Springer an Claus Jacobi, Undatiertes Manuskript eines Artikels Springers für die *Welt am Sonntag* (wohl vom Dezember 1979), AS-UA.
21 Axel Springer an Hans Martin Steinmann, AS-UA # 050.
22 Ben Witter, »Meine Träume werden jetzt kontrolliert«, in: *Die Zeit*, 12. 12. 1980, S. 62.
23 Axel Springer an Matthias Walden, 23. 12. 1982, AS-UA, Bestand Walden.
24 Axel Springer an Arthur Cohn, 13. 5. 1981, AS-UA.
25 Axel Springer an Hans Fahning, 22. 12. 1982, AS-UA.
26 *PR Public Relations Report*. Der wöchentliche Informationsdienst für Führungskräfte, 23. 4. 1980, Nr. 726.
27 Axel Springer an Peter Boenisch, 17. 4. 1980, AS-UA, NL Boenisch.
28 Axel Springer an Peter Boenisch, 5. 5. 1980, AS-UA, NL Boenisch.
29 Axel Springer an Peter Boenisch, 9. 5. 1980, AS-UA, NL Boenisch.
30 Ernst Cramer an Peter Boenisch, 23. 5. 1980, AS-UA, NL Boenisch.
31 Axel Springer an Peter Boenisch, 30. 6. 1980, AS-UA, NL Boenisch.
32 Peter Boenisch an Axel Springer, 10. 7. 1980, AS-UA, NL Boenisch.
33 Axel Springer an Hans Jürgen Baden, 20. 2. 1981, AS-UA, NL Boenisch. – Aktennotiz von Peter Tamm an Christian Kracht, 20. 5. 1981, AS-UA, Bestand Servatius.
34 Öffentliche Erklärungen von Peter Boenisch. Peter Boenisch im Interview mit dem Bayerischen Rundfunk, 13. 12. 1980, AS-UA, NL Boenisch.
35 Peter Boenisch an Claus Dieter Nagel. Persönlich/Vertraulich, 27. 1. 1981,

AS-UA, NL Boenisch. – Peter Boenisch an Axel Springer. Persönlich/Vertraulich, 27. 1. 1981, AS-UA, NL Boenisch.

36 Pressemitteilung. Axel Springer Verlag, 31. 3. 1981, AS-UA, NL Boenisch.

37 Meldung ASD, 8. 5. 1981, AS-UA.

38 Bernhard Servatius im Gespräch mit dem Verf., 6. 6. 2004.

39 Axel Springer an Axel Sven Springer, 19. 11. 1982, AS-UA # 052.

40 Axel Springer an Axel Sven Springer, 1. 11. 1982, AS-UA # 052.

41 Axel Springer an Claus Jacobi, 30. 12. 1982, AS-UA, Bestand Jacobi.

42 Axel Springer an Karl Klasen, 5. 1. 1983, AS-UA.

43 Axel Springer an Dieter Stolze, 15. 12. 1982, AS-UA.

44 Axel Springer an Dieter Stolze. Vertraulich, 11. 11. 1982, AS-UA.

45 Axel Springer an Helmut Kohl, 1. 2. 1983, AS-UA.

46 Axel Springer an Hans-Erich Bilges, 11. 3. 1983, AS-UA.

47 Axel Springer an Norbert Blüm, 3. 2. 1984, AS-UA.

48 Axel Springer an Norbert Blüm, 3. 2. 1984, AS-UA.

49 Axel Springer an Johannes Otto, 26. 9. 1982, AS-UA.

50 Axel Springer an Hella Rabinowitsch, 31. 5. 1982, AS-UA.

51 Axel Springer an Hermann Kreutzer, 19. 11. 1984, AS-UA.

52 Axel Springer an Norbert Blüm, 3. 2. 1984, AS-UA.

53 Matthias Walden an Wilfried Scharnagl. Persönlich/Vertraulich, 1. 8. 1983, AS-UA, Bestand Walden.

54 Axel Springer an Franz Josef Strauß, 10. 7. 1984, AS-UA.

55 Axel Springer an Franz Josef Strauß, 6. 9. 1985, AS-UA.

56 Matthias Walden an Axel Springer, 29. 7. 1983, AS-UA.

57 Axel Springer an Herbert Kremp, 14. 4. 1982, AS-UA.

58 Axel Springer an Christoph A.Weidlich, 6. 4. 1984, AS-UA.

59 Axel Springer an Hans-Dietrich Genscher, 24. 5. 1982, AS-UA.

60 Axel Springer an Peter Bachér, 11. 4. 1984, AS-UA.

61 Derek Prince, *Biblische Prophetie und der Nahe Osten*, Neuaufl.1994 <1984>.

62 Axel Springer an Jan Willem van der Hooven, 4. 3. 1985, AS-UA.

63 Axel Springer an Hans-Erich Bilges, 11. 3. 1983, AS-UA.

64 Axel Springer an Hannelore Kohl, 3. 4. 1984, AS-UA.

65 Basilea Schlink, *Israel, mein Volk* (Darmstadt: Evangelische Marienschwesternschaft, 1959).

66 Albrecht Goes, *Das Brandopfer* (Frankfurt: Fischer 1974 <1954>).

67 Axel Springer an Michael Meisner, 2. 4. 1984, AS-UA.

68 Axel Springer an Francis Ofner, 10. 2. 1984, AS-UA. - Ähnlich Axel Springer an Michael Meisner, 2. 4. 1984, AS-UA.

69 Axel Springer an Claus Jacobi, Undatiertes Manuskript eines Beitrags Springers für die *Welt am Sonntag* (wohl vom Dezember 1979), AS-UA.

70 Axel Springer an Basilea Schlink, 28. 7. 1984, AS-UA.

71 Axel Springer an Claus Jacobi, Undatiertes Manuskript eines Beitrags Springers für die *Welt am Sonntag* (wohl vom Dezember 1979), AS-UA.

72 Axel Springer an Winfried Martini, 23. 10. 1984, AS-UA.

73 Axel Springer an Hubertus Prinz zu Löwenstein, 21. 2. 1984, AS-UA.

74 Axel Springer an Peter Boenisch, 24. 9. 1979, AS-UA.
75 Axel Springer, »10. März entscheidet über Berlins Zukunft«, in: *Welt am Sonntag*,, 3. 3. 1985.
76 Axel Springer an Helmut Kohl, 9. 12. 1983, AS-UA.
77 Axel Springer, »Nach Bitburg«, in: *Welt am Sonntag*, 19. 5. 1985.
78 »Eine Bitte höchster amerikanischer Regierungsmitglieder und engster Freunde des Präsidenten«, 25. 4. 1985.
Darauf vermerkt: »Anruf mit obigem Inhalt: AS-H.Kohl 25/IV.85, 08:00 Uhr«.
79 Mitteilung von Bernhard Servatius an den Verf., 5. 11. 2007.
80 Axel Springer an Hans-Joachim Reiche, 12. 1. 1982, AS-UA.
81 Axel Springer an Anny Schmeling, 7. 2. 1984, AS-UA.
82 Gisela Freisinger, *Hubert Burda* (2005), S. 193.
83 Axel Springer an Claus Jacobi, 19. 3. 1982, AS-UA, Bestand Jacobi.
84 Mitteilung Ernst Cramers an den Verf., 5. 7. 2007.
85 Axel Springer an Hans-Joachim Reiche, 12. 1. 1982, AS-UA.
86 Mitteilung Ernst Cramers an den Verf., 5. 7. 2007.
87 Bernhard Servatius im Gespräch mit dem Verf., 31. 7. 2006
88 Christian Kracht im Interview mit dem Verf., 29. 11. 2005.
89 Ebenda.
90 Axel Springer an Christian Kracht, 21. 7. 1981, AS-UA.
91 Die folgenden Zahlen stammen aus einem 30-seitigen Memo Peter Tamms, in dem er seine Unternehmensstrategie in den Jahren 1970–1980 darlegte und rechtfertigte. Hausmitteilung/Aktennotiz von Peter Tamm an Christian Kracht, 20. 5. 1981, AS-UA, Bestand Servatius
92 Peter Tamm im Gespräch mit dem Verf., 9. 6. 2005.
93 Hausmitteilung/Aktennotiz, Peter Tamm an Christian Kracht, 20. 5. 1980, AS-UA, Bestand Servatius.
94 Axel Springer an Reinhard Mohn, 6. 10. 1980, AS # 56.
95 Reinhard Mohn an Axel Springer, 7. 10. 1980, AS-UA # 56.
96 Wolf Schneider, *Die Gruner + Jahr Story* (2001), S. 177 f.
97 Kaufvertrag (Entwurf), 20. 5. 1980, AS-UA, Bestand Servatius.
98 Christian Kracht an Eckhard Bremer, 19. 4. 2003, AS-UA, Bestand Kracht.
99 Bernhard Servatius im Gespräch mit dem Verf., 31. 7. 2006.
100 Gerhard Naeher, *Axel Springer* (1991), S. 480.
101 Franz Burda an Axel Springer, 15. 12. 1983,
102 Gisela Freisinger, *Hubert Burda* (2005), S. 197.
103 Christian Kracht an Eckhard Bremer, 19. 4. 1983, AS-UA, Bestand Servatius.
104 Axel Springer an Frieder Burda, 19. 1. 1982, AS-UA, Bestand Servatius.
105 Gisela Freisinger, *Hubert Burda* (2005), S. 200.
106 Ebenda, S. 418.
107 Axel Springer an Frieder Burda, 19. 1. 1982, AS-UA, Bestand Servatius.
108 Axel Springer an Matthias Walden, 8. 12. 1982, AS-UA.
109 Axel Springer an Rudolf Stiege, 21. 12. 1981, AS-UA.

110 Axel Springer an Walter Scheel, 7. 9. 1982, AS-UA.
111 Sicherer Tip«, in: *Der Spiegel,* 14. 2. 1983.
112 Axel Springer an Peter Tamm, 6. 1. 1983, AS-UA.
113 Axel Springer an Günter Prinz, 1. 2. 1983, AS-UA.
114 Peter Tamm an Axel Springer, 18. 1. 1983, AS-UA.
115 Bernhard Servatius im Gespräch mit dem Verf., 6. 6. 1983.
116 Inge Kloepfer, *Friede Springer* (2005), S. 98.
117 Ebenda, S. 135 f.
118 Axel Springer an Thorsten Müller, 9. 12. 1981, AS-UA.
119 Friede Springer im Gespräch mit dem Verf., 10. 2. 2004.
120 Axel Springer an Rudolf Krämer-Badoni, 2. 5. 1984, AS-UA.
121 Axel Springer an Anny Schmeling, 7. 2. 1984, AS-UA.
122 Axel Springer an Harold K. Solmsen, 30. 1. 1984, AS-UA.
123 Axel Springer an Emmanuel Jungclaussen, OSB, AS-UA.
124 Herbert Kremp im Gespräch mit dem Verf., 29. 11. 2005.
125 Bernhard Servatius im Gespräch mit dem Verf., 6. 6. 2006.
126 Im Gespräch mit Axel Springer, 6. 6. 1984.
127 Bernhard Servatius im Gespräch mit dem Verf., 31. 7. 2006.
128 Friede Springer im Gespräch mit dem Verf., 6. 9. 2006.
129 Axel Springer an Gerd Bucerius, 8. 2. 1982, AS-UA.
130 Michael Jürgs, *Der Fall Axel Springer* (1995), S. 413.
131 Axel Springer an Wolfgang Hammer, 12. 2. 1985, AS-UA.
132 Friede Springer, »Letzte Heimkehr nach Berlin«, in: Friede Springer, *Axel Springer* (1986), S. 191.
133 Walter Blüchert an Axel Springer. Persönlich. Streng vertraulich, 7. 5. 1983, AS-UA, Bestand Servatius.
134 Axel und Friede Springer an Frederick Ullstein, 26. 8. 1985.
135 Inge Kloepfer, *Friede Springer* (2005), S. 127.
136 Bernhard Servatius im Gespräch mit dem Verf., 6. 6. 2006.
137 Ernst Cramer an den Verf., 5. 7. 2007.
138 Axel Springer an Frederick Ullstein, 18. 8. 1985.
139 Bernhard Servatius im Gespräch mit dem Verf., 6. 6. 2006.
140 Friede Springer, »Letzte Heimkehr nach Berlin«, in: Friede Springer (Hg.), *Axel Springer* (1986), S. 191.
141 Axel Springer an Franz Josef Strauß, 6. 9. 1985, AS-UA.
142 Axel Springer an Franz Josef Strauß. Persönlich, 25. 7. 1985, AS-UA.
143 Axel Springer an Peter Boenisch, 10. 9. 1985, AS-UA.
144 Axel Springer an Max Schmeling, 21. 9. 1985, AS-UA.
145 Friede Springer, »Letzte Heimkehr nach Berlin«, in: Friede Springer (Hg.), *Axel Springer* (1986), S. 194.
146 Friede Springer im Gespräch mit dem Verf., 6. 9. 2006.

Epilog

1 Raymond Aron, *Erkenntnis und Verantwortung. Lebenserinnerungen* (München: Piper, 1983), S. 501.
2 MBFR = Mutual Balanced Forces Reductions (beiderseitige, ausgewogene Reduzierung der Streitkräfte).
3 Mitteilung von Bernhard Servatius an den Verf., 5. 11. 2007.
4 Eberhard von Brauchitsch, *Der Preis des Schweigens* (1999), S. 166.
5 Axel Springer an Asher Ben-Nathan, 13. 10. 1983, AS-UA.
6 A. J. P. Taylor, *The Trouble Makers. Dissent over Foreign Policy 1792–1939* (Manchester: Panther Book, 1970 <1957>), S. 13 f.

Personenregister

Kursiv gesetzte Ziffern beziehen sich auf die Abbildungen.